HUMANITIES AND SOCIETY

16和17世纪英格兰大众信仰研究

Keith Thomas

[英国] 基思·托马斯 著 芮传明 梅剑华 译

译林出版社

图书在版编目（CIP）数据

16和17世纪英格兰大众信仰研究／（英）基思·托马斯（Keith Thomas）著；芮传明，梅剑华译．—南京：译林出版社，2019.8
（人文与社会译丛／刘东主编）
书名原文：Religion and the Decline of Magic: Studies in Popular Beliefs in Sixteenth- and Seventeenth-Century England
ISBN 978-7-5447-7434-5

Ⅰ.①1… Ⅱ.①基… ②芮… ③梅… Ⅲ.①宗教信仰-研究-英国-近代 Ⅳ.①B929.561

中国版本图书馆CIP数据核字（2018）第144504号

Religion and the Decline of Magic by Keith Thomas
First published in 1971 by Weidenfeld and Nicolson Ltd., an imprint of the Orion Publishing Group
Chinese simplified character translation copyright © 2019 Yilin Press, Ltd
All rights reserved.

著作权合同登记号　图字：10-2017-706号

16和17世纪英格兰大众信仰研究　［英国］基思·托马斯／著　芮传明　梅剑华／译

责任编辑	陶泽慧
装帧设计	胡　苨　黄　晨
校　　对	蒋　燕
责任印制	单　莉

原文出版	PENGUIN BOOKS, 1991
出版发行	译林出版社
地　　址	南京市湖南路1号A楼
邮　　箱	yilin@yilin.com
网　　址	www.yilin.com
市场热线	025-86633278
排　　版	南京展望文化发展有限公司
印　　刷	江苏凤凰通达印刷有限公司
开　　本	880毫米×1230毫米　1/32
印　　张	30.625
插　　页	2
版　　次	2019年8月第1版　2019年8月第1次印刷
书　　号	ISBN 978-7-5447-7434-5
定　　价	168.00元

版权所有　·　侵权必究

译林版图书若有印装错误可向出版社调换。质量热线：025-83658316

主编的话

刘 东

总算不负几年来的苦心——该为这套书写篇短序了。

此项翻译工程的缘起，先要追溯到自己内心的某些变化。虽说越来越惯于乡间的生活，每天只打一两通电话，但这种离群索居并不意味着我已修炼到了出家遁世的地步。毋宁说，坚守沉默少语的状态，倒是为了咬定问题不放，而且在当下的世道中，若还有哪路学说能引我出神，就不能只是玄妙得叫人着魔，还要有助于思入所属的社群。如此嘈嘈切切鼓荡难平的心气，或不免受了世事的恶刺激，不过也恰是这道底线，帮我部分摆脱了中西"精神分裂症"——至少我可以倚仗着中国文化的本根，去参验外缘的社会学说了，既然儒学作为一种本真的心向，正是要从对现世生活的终极肯定出发，把人间问题当成全部灵感的源头。

不宁惟是，这种从人文思入社会的诉求，还同国际学界的发展不期相合。擅长把捉非确定性问题的哲学，看来有点走出自我围闭的低潮，而这又跟它把焦点对准了社会不无关系。现行通则的加速崩解和相互证伪，使得就算今后仍有普适的基准可言，也要有待于更加透辟的思力，正是在文明的此一根基处，批判的事业又有了用武之地。由此就决定了，尽管同在关注世俗的事务与规则，但跟既定框架内的策论不同，真正体现出人文关怀的社会学说，决不会是医头医脚式的小修小补，而必须以激进亢奋的姿态，去怀疑、颠覆和重估全部的价值预设。有意思的是，也许再没有哪个时代，会有这么多书生想要焕发制度智慧，这既凸显了文明的深层危机，又表达了超越的不竭潜力。

　　于是自然就想到翻译——把这些制度智慧引进汉语世界来。需要说明的是，尽管此类翻译向称严肃的学业，无论编者、译者还是读者，都会因其理论色彩和语言风格而备尝艰涩，但该工程却绝非寻常意义上的"纯学术"。此中辩谈的话题和学理，将会贴近我们的伦常日用，渗入我们的表象世界，改铸我们的公民文化，根本不容任何学院人垄断。同样，尽管这些选题大多分量厚重，且多为国外学府指定的必读书，也不必将其标榜为"新经典"。此类方生方成的思想实验，仍要应付尖刻的批判围攻，保持着知识创化时的紧张度，尚没有资格被当成享受保护的"老残遗产"。所以说白了：除非来此对话者早已功力尽失，这里就只有激活思想的马刺。

　　主持此类工程之烦难，足以让任何聪明人望而却步，大约也惟有愚钝如我者，才会在十年苦熬之余再作冯妇。然则晨钟暮鼓黄卷青灯中，毕竟尚有历代的高僧暗中相伴，他们和我声应气求，不甘心被宿命贬低为人类的亚种，遂把迻译工作当成了日常功课，要以艰难的咀嚼咬穿文化的篱笆。师法着这些先烈，当初酝酿这套丛书时，我曾在哈佛费正清中心放胆讲道："在作者、编者和读者间初步形成的这种'良性循环'景象，作为整个社会多元分化进程的缩影，偏巧正跟我们的国运连在一起，如果我们至少眼下尚无理由否认，今后中国历史的主要变因之一，仍然在于大陆知识阶层的一念之中，那么我们就总还有权想象，在孔老夫子的故乡，中华民族其实就靠这么写着读着，而默默修持着自己的心念，而默默挑战着自身的极限！"惟愿认同此道者日众，则华夏一族虽历经劫难，终不致因我辈而沦为文化小国。

一九九九年六月于京郊溪翁庄

献给我的父母

目 录

前　言 …………………………………………… 001
致　谢 …………………………………………… 004
参考文献说明 …………………………………… 006
缩写表 …………………………………………… 007

序　曲

第一章　大环境 ………………………………… 003

宗　教

第二章　中世纪教会的巫术 …………………… 029
第三章　宗教改革的影响 ……………………… 063

第四章　天　命 …… 100

第五章　祈祷与预言 …… 147

第六章　宗教与大众 …… 197

巫　术

第七章　巫术疗法 …… 231

第八章　术士与大众巫术 …… 278

第九章　巫术与宗教 …… 332

占星术

第十章　　占星术：实践与范围 …… 369

第十一章　占星术：其社会与知识的作用 …… 422

第十二章　占星术与宗教 …… 468

往昔的魅力

第十三章　古代预言 …… 509

妖　术

第十四章　英格兰的妖术：罪行及其历史 …………… 571

第十五章　妖术与宗教 ………………………………… 616

第十六章　妖巫的诞生 ………………………………… 660

第十七章　妖术及其社会环境 ………………………… 702

第十八章　妖术的衰落 ………………………………… 747

共生的信仰

第十九章　幽灵与妖仙 ………………………………… 767

第二十章　时节与预兆 ………………………………… 804

尾　声

第二十一章　若干相互关系 …………………………… 825

第二十二章　巫术的衰落 ……………………………… 838

索　引 …………………………………………………… 873

前　言

　　本书试图彰显一些信仰体系的意义,这些信仰体系曾兴盛于16、17世纪的英格兰,但在今天它们已不再受人关注。占星术、妖术、巫术疗法、占卜术、古代预言、幽灵和妖仙,在今天毫无疑问都受到聪明人的轻视。它们在过去却受到当时聪明人的认真对待,历史学家要做的,就是解释何以如此。我力图展示它们在我们祖先生活中的重要性及其所拥有的实际功用。在这项工作中,我受惠于现代社会人类学家对广泛存在于非洲和其他地方的相似信仰的研究。

　　随着研究的深入,我开始关注这些信仰与同一时期宗教观念之间的密切关系。在对不幸提供解释和对噩运提出拯救方案这一点上,它们似乎扮演了一种与英格兰国教会既紧密联系又相互竞争的角色。有时候它们寄生于基督教的教导;有时候它们与其针锋相对。因此,我拓宽了研究范围,以便为对当时的宗教进行更充分的考虑预留空间。我把宗教与其他较少受人重视的信仰体系并列,希望对这两个方面都多加澄清,从而对于理解早期现代英格兰精神状况有所裨益。另外,我也试图从更普遍的意义上来探讨这一精神状况与物质环境的关系。

　　这就必然导致长篇大论。我充分意识到在如此长的时段里,处理如此多的不同话题将导致研究内容大量的压缩和过度简化。但是为了尽量找出这些不同信仰之间的关联,我只能把它们放在一起处理。本书如此安排,是为了便于读者轻松地跳读一些介绍不同信仰的章节,但是整体必然大于部分之和。同时,我也想强调宗教改革运动与启蒙运动兴起的一致性。这就是本书从 16 世纪早期中世纪教会的崩溃谈起,而止于 17 世纪末知识氛围明显嬗变的原因。而且资料也表明,在 17 世纪末出现了停滞,因为无论世俗的还是宗教的法庭,对于我所关心的问题,其所能提供的相关记载都在那个时间点后变得不那么有用了。

我所谈到的话题只有很小一部分是英格兰特有的;实际上其大部分都是西方世界一般文化史的一部分。但是本研究严格限于英格兰(偶尔牵涉到威尔士)范围内,我抵制了将其与苏格兰、爱尔兰和欧洲大陆进行比较的诱惑。除非每一个国家的资料都收集得完整而精确,否则无论怎样有诱惑性,比较历史研究也是不可能做到的。事实上,对于英格兰的材料我也只是浅尝辄止,并且模糊了一些重要的地区性差别。

尤其令人遗憾的是,我没有能够提供更多精确的统计数据,而这正是分析历史变化经常依赖的东西。尽管我们希望总有一天,那些存在于大量未出版的法庭记录中的素材会被系统地量化整理出来,但遗憾的是,这些资料现今还无法支持这样的数据计算。事实上,我并没有像原本计划的那样频繁光顾那些广泛散布在各处的档案资料,而我的数据研究也没有那么系统。在尝试讨论主题的要点的时候,我也仅仅通过正例、反例等历史学家的传统方法来进行说理。尽管这种方法有一定的优点,但是这种技术与计算机的量化计算相比,就如同在核武器时代使用弓箭一样。不过,除非有能够用于计算机的恰当材料,否则计算机无法处理,而目前并没有真正的科学方法可以用来测度过去时代的思想变化。因此我论证当中的很多要点并没有给读者以统计性的论据,不能供他们选择到底是接受还是拒绝我阅读该时期文献之后所形成的印象。不过我已经非常高兴地看到，就妖术问题而言，我的判断在艾伦·麦克法兰博士的统计成果中得到了充分的确证。麦克法兰博士关于埃塞克斯郡（现有充分证据允许进行这种研究的郡）的妖术指控的系统研究现在已经出版了。[1] 我的主要目的是想促使大家对过去的一个相对被忽视的广大领域给予关注。如果未来有一天，我这番试探性的概括能够被更为充分的真相版本所替代的话，我将感到无比欣慰。

企鹅版前言

在这一版里，我更正了一些错误，删减了一些多余的部分，根据最近的出版文献增加了一些注释。衷心感谢我的朋友、记者和评论家的种种建议。

基思·托马斯
1972年6月1日

1　艾伦·麦克法兰：《都铎和斯图亚特王朝时期的巫术》，1970。

致　谢

很多朋友给我提供了观点和资料,我无法全部罗列于此。我试图在注释中感谢一些具体的帮助,如有忽略,尚请海涵。我尤其要感谢的是在贝列尔学院工作的前导师和我所有在圣约翰学院的学生。我尤其感谢 Christopher Hill 博士,他激起了我对 17 世纪英格兰史的兴趣并对我的早期研究进行指导。我还要感谢我的朋友们:Richard Grassby 先生、Brian Harrison 博士和 John Walsh 博士,他们经常送我一些与我主题相关的参考资料。与 Alan Macfarlane 博士富有启发的谈话帮助我明确了自己的一些观念。本书的部分内容在国内外发表过或者做过演讲,来自各方面的批评让我获益匪浅。

关于妖术和大众巫术的章节取材于我在 BBC 就妖巫和巫师的两次演讲(再版于 *Listener*,1972 年 3 月 5 日和 12 日),以及我为社会人类学学会作的文章《论社会人类学与英格兰巫术历史研究的关联性》(《巫术忏悔和指控》,M.Douglas 编,社会人类学学会专题论文第九期,塔维斯托克出版社,1970)。很多朋友给予我极有价值的参考消息。我尤其要感谢 Philip Tyler 博士,他提供给我关于约克教区的信息。Elizabeth Allen 小姐给予我一些彼得伯勒教区的档案资料。F.C.Morgan 让我能在赫勒福德教堂图书馆查阅

致 谢

资料,而且允许我借阅并引用他关于赫勒福德市的手稿。我还要感谢 J.Addy 博士、M.Bindoff 博士、Macfarlane 博士、Neale 女士、J.A.F.Thomson 博士和 R.B.Walker 博士。我也由衷感谢 B.S.Capp 博士、R.A.Houlbrooke 博士、J.A.Sharpe 先生和 P.A.Slack 先生。

我也得到许多档案馆管理员和图书馆管理员的帮助,他们允许我查阅很多由他们保管的文献或者提供给我一些影印资料。我必须感谢柴郡、康沃尔、德文、多塞特、埃塞克斯、格拉摩根、汉普郡、赫特福德、伊普斯威奇和东萨福克、肯特、兰开夏、伦敦、米德尔塞克斯、诺福克、北安普敦、萨默塞特和约克(东区)这些地区档案局的负责人。我也要感谢伯明翰市、格洛斯特市、谢菲尔德市的图书馆管理员、莱斯特城市博物馆的档案馆馆员,布里德波特和莱姆里杰斯大区档案馆管理员以及兰贝斯宫图书馆、威廉姆斯博士图书馆、雷丁大学图书馆、牛津科学史博物馆、市政厅图书馆、大英博物馆、公共档案馆等的职员。我们要特别感谢博思威克历史研究学院 N.K.Gurngey 夫人、剑桥大学图书馆 D.M.Owen 夫人、康沃尔皇家学院 H.L.Douch 先生和朋友之家图书馆馆员 E.H.Milligan 先生。引用自公共档案馆的文献的版权归皇家所有。

在牛津,圣约翰学院图书馆的 Charles Morgenstern 先生、科德林顿图书馆的 G.Webb 先生帮助我减轻了不少工作量。还有牛津大学图书馆的馆员提供了大量无私的帮助,对此我感激不尽。我的学院在休假方面对我非常宽容,并在打印手稿的费用上提供了慷慨的资助。我的妻子给了我最大的帮助。

基思·托马斯
牛津大学圣约翰学院
1970 年 7 月 1 日

参考文献说明

　　本书的注释如此之多,以至于无须再列一份正式参考文献。有兴趣的读者可以从每一章的注释中获得相关主题各个方面的信息。出于审美考虑,文献量本可以减少,但我不能这样做,使得读者找不到文献的出处。不过我使用了大量缩写。它们列在后面的缩写表中。另外,在每一章第一次引用的时候,我会给出文献的具体信息,随后的引用就是缩写。书中省略了古希腊和希伯来的一些名称。未加说明的出版地均为伦敦。对于绝大多数历史文献的引用,在拼写和标点方面都做了修订。

缩写表

Add.	附加卷（用于档案名简写）
Ady	T. 艾迪，《黑暗中的蜡烛》(1656)；重印名为《对妖巫的完美发现》(1661)，页码不变
A.P.C.	《枢密院法令》
Archaeol.	考古（用于档案名简写）
Ashm.	《阿什莫尔手稿》（牛津大学博德利图书馆）
Aubrey, *Gentilisme*	J. 奥布里，《异教与犹太教之遗稿》，J. 布里滕编辑（民俗学会，1881）
Aubrey, *Miscellanies*	J. 奥布里，《不同主题的杂记》（第四版，1857）
Bacon, *Works*	《弗朗西斯·培根著作集》，J. 斯佩丁、R.L. 艾里斯和 D.D. 希斯编辑（1857—1859）
Bernard, *Guide*	R. 伯纳德，《大陪审团指南》(1627)
B.M.	伦敦大英博物馆
Bodl.	牛津大学博德利图书馆
Borthwick	约克郡博思威克历史研究学院
Brand, *Antiquities*	J. 布兰德，《对大不列颠大众古物的考察》，H. 埃利斯爵士修订（博恩版，1849—1855）

Bull.	公报（用于档案名简写）
Burton, *Anatomy*	R. 伯顿,《忧郁的解剖》(1621)（大众文库版,1932）
Calvin, *Institutes*	J. 加尔文,《基督教要义》,H. 贝弗里奇译(1957)
C.B.	法庭卷宗
C.S.P.D.	国务档案,内务系列
Cooper, *Mystery*	T. 库珀,《神秘的妖术》(1617)
C.U.L.	剑桥大学图书馆
D.N.B.	《英国人物传记词典》
D.R.	管区主教记录：
	剑桥大学图书馆伊利管区主教记录
	德文档案馆埃克塞特管区主教记录
	格洛斯特市图书馆格洛斯特管区主教记录*
	赫勒福德郡档案馆赫勒福德管区主教记录*
	大伦敦市图书馆伦敦管区主教记录
	诺福克和诺里奇档案馆诺里奇管区主教记录
	北安普敦郡档案馆彼得伯勒管区主教记录
	肯特郡档案馆罗切斯特管区主教记录
	萨默塞特档案馆韦尔斯管区主教记录*
	卡斯尔,温切斯特（汉普郡档案馆）温切斯特管区主教记录*
	*在我查阅的时候,并不是所有上述记录都进行了整理编目。
D.T.C.	《天主教神学词典》,A. 瓦康等编辑（第三版,巴黎,1930— ）
Durham Depositions	《自1311年至伊丽莎白时期达勒姆法庭上的证词及其他诉讼记录》,J. 雷恩编辑（瑟蒂斯学会,1845）

Durham High Commission	《达勒姆教区高等委员会法令》,W.H.D. 朗斯塔夫编辑(瑟蒂斯学会,1858)
E.E.T.S.	早期英语文体学会
E.H.R.	《英格兰历史评论》
Ewen, i	C.L. 尤恩,《妖巫搜捕和妖巫审判:巡回审判中1373起季度法庭上的妖巫控告,1559—1736》(1929)
Ewen, ii	C.L. 尤恩,《妖术与魔鬼:英格兰和威尔士法庭上宣誓证词和忏悔的简要记述》(1933)
Ewen, *Star Chamber*	C.L. 尤恩,《星法院中的妖术》(1938)
Foxe	《约翰·福克斯的行传和纪念》(第四版,J. 普拉特)(1877)
Frere and Kennedy, *Articles and Injunctions*	《新教改革时期的巡视记录和禁令》,W.H. 弗里尔和W.M. 肯尼迪编辑(阿尔昆俱乐部,1910)
Hale, *Precedents*	W.H. 黑尔,《一系列犯罪案例的先例和诉讼记录:伦敦教区宗教法庭上的诉讼记录,1475—1640》(1847)
Hereford City Records	F.C. 摩根先生整理和保存的赫勒福德记录的抄写合订本
Heywood, *Diaries*	《奥利弗·海伍德神甫(1630—1702):其自传、日记、逸事和大事年表》,J. 霍斯福尔·特纳编辑(布里格豪斯和宾利,1882—1885)
H.M.C. Homilies	《历史手稿委员会,关于朗读于教堂的两本布道书》,J. 格里菲思编辑(牛津,1859)
Josten, *Ashmole*	《伊莱亚斯·阿什莫尔(1617—1692):其自传、历史笔记、通信,以及当时与他的生平和著述相关的文献》,C.H. 乔斯滕编辑(牛津,1966),

	并附有一篇传记性质的导读
Journ.	杂志(用于档案名简写)
Kittredge, *Witchcraft*	G.L. 基特里奇,《新老英格兰的妖术》(1929;纽约,重印于 1956)
Kocher, *Science and Religion*	P.H. 科克,《伊丽莎白时期英格兰的科学与宗教》(圣马力诺,加利福尼亚,1953)
Lambeth	兰贝斯宫图书馆
Lea, *Materials*	《妖术史资料集》,H.C. 利收集,A.C. 豪兰编辑(费城,1939)
Lib.	图书馆(用于档案名简写)
Lilly, *Autobiography*	《威廉·利利自传,1602—1681》(1715,重印于 1822)
Lilly, *Christian Astrology*	W. 利利,《基督教占星术三书》(1647)
L.P.	《亨利八世时期国内外档案材料》,J.S. 布鲁尔等编辑(1862—1932)
Malleus	《女巫之锤》,M. 萨默斯翻译(1948)
Murray, *Erceldoune*	《厄尔塞尔杜恩的托马斯所著预言和传奇》,J.A.H. 默里编辑(早期英语文体学会,1875)
Notestein, *Witchcraft*	W. 诺特斯坦,《英格兰妖术史,1558—1718》(1911;纽约,重印于 1965)
O.E.D.	《新英语历史原则大辞典》,J.A.H. 默里(牛津,1888—1933)
Oxf. Univ. Arch.	牛津大学档案室(博德利图书馆)
Perkins, *Discourse*	W. 珀金斯,《巫术篇:恶魔般的艺术》(剑桥,1608)
Potts	《波茨在兰卡斯特郡发现的妖巫……1613》,J. 克罗斯利编辑(切塔姆学会,1845)

Powicke and Cheney, Councils and Synods	《宗教会议和教会法院第二卷，1205—1313》，F.M. 波威克和 C.R. 切尼编辑（牛津，1964）
P.R.O.	英国国家档案馆
Procs.	诉讼记录（用于档案名简写）
P.S.	帕克学会
Rev.	评论（用于档案名简写）
R.O.	档案馆（肯特郡档案例中的档案室）
Robbins, Encyclopedia	R.H. 罗宾斯，《妖术与魔鬼学百科词典》（1960）
Sarum Manual	《塞勒姆手册》，A. 杰弗里斯·科林斯编辑（亨利·伯拉萧学会，1960）
Soct, Discoverie	R. 斯科特，《妖术探索》（1584）[最好的现代版本出自 B. 尼科尔森（1886），最近的一个压缩本出自 H.R. 威廉森（1964）]
Sloane	斯隆手稿（大英博物馆）
Soc.	学会（用于档案名简写）
Somers Tracts	《萨默斯爵士晚期珍稀手册集》，第二版，W. 斯科特编辑（1809—1815）
Southwell Act Books	《索思韦尔大教堂法规记录》，W.A. 詹姆斯编辑[雷丁大学图书馆（942.52）]
S.T.C.	A.W. 波拉德和 G.R. 雷德格雷夫，《英格兰、苏格兰和爱尔兰发行图书以及域外发行的英语图书简明目录，1475—1640》（1926；重印于1956）
Taylor, Mathematical Practitioners	E.G.R. 泰勒，《都铎和斯图亚特王朝时期的数学家》（剑桥，1954）
Thiers, Superstitions	J.B. 梯也尔，《论涉及圣礼的迷信》1679；巴黎，1741，第五版

Thomson, *Later Lollards*	J.A.F. 汤姆森,《晚期罗拉德派,1414—1520》(牛津,1965)
Thorndike, *Magic and Science*	L. 托恩戴克,《妖术与实验科学史》(纽约:晨边高地,1923—1958)
Trans.	议事记录(用于档案名简写)
T.R.H.S.	《皇家历史学会学报》
Turner, *Providences*	《囊括天罚与恩慈的当前时代辉煌天命全史》(1697)
V.C.H.	《维多利亚县历史》
Wing	D. 温,《英格兰、苏格兰、爱尔兰、威尔士和不列颠属北美洲发行图书以及域外发行的英语图书简明目录,1641—1700》(纽约,1945—1951)
Wood, *Ath. Ox*	A. 伍德,《牛津传记词典》,P. 布利斯编辑(牛津,1813—1820)
Wood, *Life and Times*	《牛津古物研究者安东尼·伍德传记,1632—1695》,A. 克拉克编辑(牛津历史学会,1891—1900)
York Depositions	《17世纪来自约克城堡以及北部其他地区罪行的证词》,J. 雷恩编辑(瑟蒂斯学会,1861)

人一旦相信有某种神秘的力量能带来繁荣或逆境,这世间便有了崇拜,此乃人之本性。

乔治·吉福德,《论妖巫和邪术士的魔鬼行径》(1587)

序　曲

第一章

大环境

在 16、17 世纪,英国仍然是一个前工业化的国家,它的许多基本特征很接近于今天的"欠发达地区"。它的人口相对稀少:在英格兰和威尔士,1500 年大约有 250 万人口;到了 1700 年大约只有 550 万。即使到 17 世纪后期也鲜有工业化来临的迹象。的确,那时农业的商业化程度很高,纺织工业生机勃勃,煤炭工业产量很大,还有正在兴起的殖民贸易。但是大多数人仍然从事粮食生产,而资本主义结构仍非常原始,几乎没有"工厂"。生产的典型单元是小型作坊,而纺织业的基础依然是乡村工业。

大多数人生活在农村,根据统计学先驱格雷戈里·金的计算,我们获悉了大量当时的数据:1688 年,近 80% 的人生活在乡村和小村庄里。多数城区占地面积都很小:仅有伯明翰、布里斯托尔、埃克塞特、纽卡斯尔、诺里奇、约克等区域中心城市人口过万。其中最大的城市诺里奇也就 3 万人。与这些分散性的农村社区相比,首府城市就极为不同了。伦敦的人口在这段时期翻了十倍;到 1700 年已经超过 50 万并持续增长。据估计,总人口中约有六分之一的人曾在这座大城市里生活过一段时间。其中有许多人带着新学到的城市生活习惯回到了农村。[1]

当时的英国社会等级森严,贫富差距显著。据格雷戈里·金估算,在1688年,半数以上的人口"使王国财富缩减",也就是说他们入不敷出。毫无疑问,三分之一到半数的人口徘徊在贫困边缘且长期处于失业状态。正如格雷戈里·金所称呼的那样,这些人是"佃农、贫民、劳工和异地打工者"。由于英格兰农业的衰落已成定局,他们中大部分都不过是拥有廉价住所的公簿持有农,但更多的是打工者。在他们之上的阶层是富足的农场主、自由持有农和商人。居于顶端的阶层则是地主乡绅和贵族所构成的传统精英。当时的他们亦受到新兴职业团体,如律师、神甫、商人和官员的挑战。格雷戈里·金评论道,尽管地主和职业团体只占总人口的5%,但他们为国家赢得的收入大于占人口逾50%的所有底层阶级。

不同阶层的生活条件非常不同,较之两者的相似之处,历史学家不免更为两者间的差异所震惊。都铎和斯图亚特王朝时期的英格兰依靠着营养不良且愚昧无知的民众,国力并不强盛。但是,科学与智性活动却史无前例地激荡,而且它孕育了世界上最伟大的文学文化之一。并不是每一个欠发达社会都拥有属于自己的莎士比亚、弥尔顿、洛克、雷恩和牛顿,这些社会精英都受过良好的教育。据估算,到1660年,每4400人就有一所语法学校,2.5%的适龄男性在牛津、剑桥,或伦敦培养律师的四所学院受到高等教育。第一次世界大战之前,该比例一直比其他任何历史时期都高。[2] 在这个时期的戏剧、诗歌、散文、建筑学、神学、数学、物理学、化学、历史、语文学和许多其他学术性学科的领域中,产生了大量极富创造性的活动。但是在这个时期,仍然有众多至今数量未知的人(或许半数到三分之二的成年男性)是文盲,只能用符号签名。[3]

鉴于人与人之间生活水准、教育水平和知识敏感度有着如此大的差异,整个社会也更趋于多样化,所以很难概而论之。不仅两个世纪环境各异,不同层次的信仰阶层也相当复杂。此外,印刷术的发明使得那些源自其他地方的,或某些古老而经典的思想体系得以保存和传播。在此,历史学家的工作难度要远远大于社会人类学家,后者只需要研究小部分同类社区,那里大部分居民有着共同的信仰,其中只有少数出自其他社区的信仰。但是,我们所面对的世界并非简单统一的原始世界,而是一个充满活力和无限变化的社会。在这样的世界中,社会和智性的变化随时发生着,并往不同的方向蔓延。

本书所关注的信仰包含社会层面和精神层面的多重维度。然而,信仰的主要特征之一就是致力于对人类的不幸加以说明和缓解。无疑,这种关注正反映了极度不安全的环境的风险所在。这并不是说,因为这些风险使得信仰得以存在。相反,大多数信仰是从上一代人中继承下来的,因此信仰先于信仰盛行的社会而存在。尽管如此,它们也难免沾染了16世纪和17世纪某些特有的色彩。

其中的第一个特征就是预期寿命。关于这两个世纪的英格兰历史的人口统计学研究才刚刚起步,证据的不足很可能意味着,我们关于当时人口的健康和身体状况的知识总是不完备的。但是以我们现在的标准来说,毫无疑问,都铎和斯图亚特王朝时期的英格兰人极易被伤痛、疾病折磨,且易夭折。即便是那些比其他阶层更走运的贵族也不例外。在1675年至1700年间,出生男婴的预期寿命只有29.6岁。现在预期寿命则是约70岁。三分之一的贵族婴儿不到5岁就会夭折,而其中成年人的死亡率与19世纪最后10年的印度很是相似。[4] 伦敦的情况尤其恶劣。根据首位英格兰人口统计学家约翰·格朗特在1662年的统计:伦敦每100个新生儿中就有36个死于6岁前,此外幸存下来的婴儿中,有24个于6岁到16岁之间死亡。他推测的出生预期数据比印度在1911年至1921年流行病猖獗时的数据还要惨淡。[5] 格朗特的预测有些过于悲观。而且他所生活的时代死亡率一度也是很高的。不管怎么说,16世纪中期乡村的预期寿命曾高达40岁至45岁。[6] 但是,那时的人并不需要详尽地做人口统计学调查,以获知生命之短暂和使个体生命时间缩短的种种可能。一位 1635 年的作者评论说："我们发现大多数人在 30 岁或 35 岁以前死去,而没法活得更长。"[7] 即便幸存者的一生也会时常遭受病痛折磨。文献资料显示,许多人长期受慢性病折磨,当时的饮食可以为这一看法提供佐证。

食物供应总是不足,每季收成的好坏仍起着至关重要的作用。为数不多的现存证据显示,1500 年到 1600 年间的谷物产量翻番,而人口数量也跟着翻了一倍。每六次收成中就会有一次粮食歉收,特别是收成少的时节伴随着(或引起)流行病大规模爆发的时候,死亡人数往往激增。[8] 然而这种情况在 17 世纪很少出现,当然,饥寒交迫进而暴尸街头的情况也是有的。[9] 即使在富庶的时代,大部分人也缺少维生素 A(黄色和绿色蔬菜)和维生素 D(牛奶和鸡蛋)。这种维生素的缺乏首先解释了大量"眼睛酸疼"的干眼病现象,其次它也为广泛传播的佝偻病找到了原因。贫血病亦相当普遍。很多少女患有众所周知的"面色苍白症",这被当时的人们赋予了性别的色彩。实际上是由于缺铁而导致的萎黄病或贫血症。这实际上是上流阶层鄙视新鲜蔬菜所致。富人的饮食摄入了过多的肉类且经常引发便秘。成年人则很少喝牛奶,所以,他们经常受尿道感染的困扰,臭名远扬的斯图亚特病即膀胱结石。相反,底层阶级虽匮乏饮食,但这充其量说明他们很贫穷,并不能证明他们也如上流人士一般无知。工人阶层直到 19 世纪才有足够的肉类食品和黄油供应。他们既没患痛风也没患过富人阶层的斯图亚特病,而且由于长期食用蔬菜,牙齿也变得很好。但他们长期营养不良,且易患结核病。此外,腐败食品还常常导致肠胃病("肠绞痛")。[10] 富人和穷人都一样因为糟糕的卫生状况、防腐手段与有效清洁手段的缺失而付出了代价。17 世纪,伦敦因流行病致死者占总人口的 30% 之多。流行性感冒、斑疹伤寒和痢疾则呈周期性爆发的态势。当时的病理学家托马斯·西德纳姆认为,天花迟早会肆虐开来。1670 年至 1689 年间,伦敦有 3 万人死于天花。1667 年至 1774 年间《伦敦公报》刊登的公告研究显示：每100个死去的人之中，至少有16个是天花所致。[11]

最为恐怖的要数流行于17世纪最后25年的鼠疫。这是一种在城镇中流行的病，尤其容易在穷人之间传染。穷人生活在拥挤而肮脏的环境中，这样的环境招来了不少黑老鼠，而现在普遍认为是黑老鼠所携带的跳蚤传染了这种病。（就像今天的印度人一样，17世纪的英格兰下层阶级仍然用牛粪当燃料。[12]）在1665年的大瘟疫以前的150年里，伦敦仅有大约12个年头没受过瘟疫侵袭。尽管相当数量的死亡被当时的人归为瘟疫，且时不时有大批人死亡，但这种情况也很可能出于其他的原因。1563年，据称伦敦约有2万人死亡；1593年1.5万人；1603年3万人或逾六分之一的居民死去；1625年4.1万人，又一个六分之一；1636年1万人；1665年6.8万人。在乡下城镇，死亡人数的比例有时甚至更高。[13]

瘟疫的突发性、致死率及其社会效应都威慑着当时的人们。上流阶层会临时从疫区迁走，留下穷人等死。失业、食物稀缺、抢劫和暴动便由此滋生。由于害怕难民带来疾病，同胞们常以粗暴的方式对待难民。因当局强制施行检疫制度和隔离措施，进一步的暴行则伴随着民众的反抗一同发生。在限制感染者及其家人出行时，大规模的群众反抗运动就愈加高涨了。瘟疫是所有病症的根源，一位布道者说：

> 最为可怕和恐怖的是……随后所有朋友离我们而去，再后来一个人孤独地待着，对于昔日与他往来的人而言，他已是个陌生人。一个人如果发烧，还能有个陪床或探病的人，并且可以得到仆人的殷切服侍，这些将是很好的安慰。但是如果此人染上了瘟疫，那么他将不得不独自承受。[14]

倘若一个现代西方旅行者探访这种前工业化社会，他会配备所有现代医药措施：他可以服药以防胃部感染，种下疫苗预防天花、伤寒、瘟疫以及黄热病。都铎和斯图亚特时代的居民可没有这种免疫措施，因为当时的医学技术对大多数疾病都束手无策。有组织的医疗职业人士是有的，但他们能做的微乎其微。在16世纪和17世纪早期，受过大学教育的病理学家也只接受了纯粹的学院式训练，该训练是在希波克拉底、苏格拉底以及盖伦的著作中所阐明的系统生理学原则下展开的。病因在于四种体液的不平衡（血液、黏液、黄胆汁、黑胆汁）。治疗致力于探究哪一种体液出现了紊乱，并尝试恢复其平衡状态，要么放血（通过静脉放血术、划痕法或水蛭疗法），要么对患者进行催泻或催吐。于是，医生就遵循着这样一个可怕的治疗流程，不断开出药膏、软膏或药液来对患者进行放血和催泻。他们的着眼点在于疾病的症状是什么，感冒还是痢疾，而非病源本身。在这种情况下，患者的尿液就成了最好的指示剂，许多职业医师认为，观察患者尿液足以对疾病下定论，甚至不需患者本人到场，但皇家医学院则严厉谴责这种行为。[15]那时严密的盖伦氏理论正巧也认为，某种体液会异常地占据主导地位，因此按定义来说，几乎无法达到真正的健康状况。[16]

所以17世纪的医生无法诊断或处置当时的大部分疾病。"许多疾病他们根本无法治疗，"罗伯特·伯顿说，"比如中风、癫痫、结石、痛性尿淋沥、寒热病、三日疟，一种普通的疟疾通常都能让他们束手无策。"[17]内服药不得不与生理学和解剖学的缓慢发展保持同步。没有X射线，也没有听诊器，且医生通常对患者的病因一无所知。外科有不少治疗肿瘤、溃疡、骨折以及性病的方法。但是外科技术却被视为逊于内科的次要疗法。加之外科医生缺少麻醉剂和杀菌手段，他们的作用实在很小。手术很大程度上仅限于截肢、钻头骨和切除结石、接骨、割除脓疮等。患者都非常害怕这种手术的折磨，且术后死亡率极高。理查德·怀斯曼的《外科秘笈》（1676）就被戏称为"怀斯曼的殉道之书"而声名远扬。[18]

当时，落后的医疗技术显然难以应付到处泛滥的瘟疫。少数医生注意到，瘟疫爆发时，有很多老鼠到处游窜，[19]但他们并未把此事与瘟疫联系起来；实际上，人们为了避免疫情传播而大规模屠宰猫狗的行为，很可能反而加剧了疫情的蔓延。尽管当时的人对瘟疫成因以及瘟疫是否传染的问题仍有分歧，但他们还是倾向于认为是空气中有毒的雾气和体液紊乱共同导致了疾病。正如一个传道者在1603年直言不讳的那样："从何而来？如何而起？为何而来？……他们都承认对此一无所知。"[20] 各种各样的护身符和保护剂，诸如烟草、砒霜、水银、干蛤蟆全都被加以利用。人们臆测，乐观的人不会感染瘟疫，同时也投入了大量精力寻求缓解公众恐慌的良策。作为进一步的预防措施，医生实行了更切合实际的卫生标准。然而，将感染者留在家里却不是明智之举，因为其他家庭成员也被限制在老鼠栖息地，这势必导致死亡人数进一步增加。1665年伦敦大瘟疫到来的时候，瘟疫的研究仍然没有任何进展。"这是一种诡秘的疾病，"当时皇家学会的官员坦承，"而就我们的观察和讨论来说，它恐怕会继续如此。"[21]

然而，医生对当时的瘟疫或其他同期疾病的束手无策并没有困扰大部分民众。大部分民众得不到训练有素的医生的诊视，因为训练有素的医生总是供不应求。皇家医学院已于1518年建立，其职责在于监督并授权医生在伦敦及其半径7英里以内的地区行医。尽管城市人口迅猛增长，学院却极其吝啬地行使着它垄断的权力，将其学员数目维持在极少的水平上。学院建立第一年仅有10余名学员，伦敦的人口却有近6万人。到1589年，学院的学员数已达38人，而同期的伦敦人口已经增长了一倍有余。在那以后直至内战爆发前夕，城市居民的数量仍在不断攀升，但学员规模始终维持在一个稳定的水平。1663年，研究员的数量一度达到40人，斯图亚特王朝时期，学院得到了进一步扩张。但伦敦人口对学院现有人员及持证医师的比例从未低于5000∶1，且该比例常常还会扩大很多。[22]

地方上的情况要好多了，学院对发证权的影响不像教会和大学那样大。乡村医生的数量在这段时期持续增长。一名现代学生曾编辑了一张1603年到1643年间814名持证医生的名单。[23] 名单显示,某些城镇拥有老练的医生。诺里奇有17个,坎特伯雷有22个,埃克塞特有13个,约克有10个。并不是所有这些人都有实践经验,但名单本身也不够完整,因为,并非所有这个时期的记录都留存于世。到17世纪末期,英格兰几乎已没有缺乏长驻医生的城镇了。不遵奉英国国教的新教徒理查德·巴克斯特总是疼痛缠身,他年轻的时候至少找过不下36位医生。[24]

尽管如此,就算医生根据患者的经济状况适当调整收费标准,看病对下层阶级来说还是太贵了。17世纪,一位绅士一天的医疗预算是1英镑,但如果医生乐意,穷人也许花几先令就能接受治疗。[25] 尽管如此,人们还是常常抱怨,只有富人才能负担得起日常的医疗费用。拉蒂默主教于1552年断言:"医术仅仅是用来医治富人而非穷人的疗法;因为穷人无法负担医疗费用。"17世纪末,理查德·巴克斯特写道,"数以千计的人由于请不起医生而死于疾病":即便"年薪20英镑或30英镑的节俭的自由持有农"都很难拿出"10先令在生病的危急时刻活命"。[26] 皇家医学院在1687年规定,其成员应免费给穷人做咨询,随后建起临时药房以成本价售药。此举激怒了药剂师(杂货店主兼药店主),也并未解决问题。[27] 教区的贫民都盼着教会支付医疗费,同时,有些自治区也委派了一些城镇医生,[28] 然而,只有一些乌托邦思想家致力于推进政府的医疗服务。其中一人名叫约翰·贝勒斯,他于1714年宣称:每年有一半的人死于可治疗疾病,他们是因贫穷到无法支付医疗费而死去的。[29]

除了内科医生,患者还可以求助外科医生和药剂师。1514年的伦敦有72名外科医生具备行医资格,而据估计,伦敦在1634年至少活跃着150位药剂师。到1701年,据说外科医生的数量已达到1000名,外加1500余名学徒。外科与内科在人数上的比例是5∶1,[30] 外科医生的数量已经远远超过了内科医生。此外,药剂师不仅出诊、开药,还承担了提供药品的重任。内科医生起而抗议药剂师挤占自己的市场,[31]这样一场僵持不下的法律之争贯穿了整个17世纪,直到1704年上议院支持药剂师提供医疗服务(虽然不可收费)之时才终止。在一些药剂师、内科医生、外科医生区分不严格的大行政区,药剂师长期从事一般性的医疗服务。他们宣称自己把持了17世纪末以前95%的医疗业务。这为1704年以后,他们向现代全科医师的转型提供了保证。药剂师的医疗手段也并不比内科医生差。相反,为了替代耗时极长的体液疗法,很多患病的委托人会迫使药剂师开出令皇家医学院不悦的新药。[32]

然而,正规行医人员对底层群众的影响仅仅流于表面。大部分穷人放弃了几乎所有的持证执业医师,转而去向使用草药的江湖郎中或其他"无知大众"咨询,他们的医疗和外科治疗活动于1512年受到议会的谴责。1542年至1543年间,另一项法令允许任何有足够相应知识的人治疗外伤和结石。1669年,据一位小册子作者所言,那时城市里几乎没有不贴满江湖庸医广告的厕所。[33]有人用学来的乡村草药知识兜售骗人的特效药;还有人致使患者病情加重,甚至造成了致命伤害。[34]

然而最重要的是,这段时间家庭已经出现了医药治疗。每一个家庭妇女都有一套自己的治疗方案。"全体国民都是医生,"尼古拉斯·卡尔佩珀在1649年评论说,"如果生病了,你所遇到的任何人,不论男女,都会给你开出一个药方。""尽管没有医疗实践经验或者缺乏专业的助产技术,"1662年剑桥郡德莱德雷顿的村民报告说,"邻里之间总是友善地互助。"[35]事实上,人们很少请专业医生接生,医生是富人或紧急情况才动用的。当时并不缺少有执照或没执照的助产士,但她们的从业资格都令人担忧。17世纪早期,彼得·张伯伦发明了产钳,但他秘而不宣,而通常的助产工具都极其原始且低效。1687年,一个助产士推测说约有三分之二的流产、死胎、死亡事故都应归咎于助产士的看护不利或技术问题。[36]纽瓦克有个药剂师的妻子害怕任何助产士接近自己,她的丈夫只好把她锁在她自己的房间里直到分娩结束。[37]

17世纪末期的伦敦仅有圣巴塞洛缪和圣托马斯两家医院治疗疾病,其他地方基本没有医院。这些医院首先都会考虑接待穷人,但没有人会愿意进入这些医院接受治疗;如果他接受了,那就意味着他感染致命疾病的概率势必大大提升。

患精神疾病的人得到的治疗就更少了。当时的医学疗法主要针对肉体疾病。"至于心灵疾病,"罗伯特·伯顿写道,"我们并不对此予以关注。"胡言乱语的精神病患者被其亲属锁起来,并置于教会执事的看护之下或者被送到感化院。[38]还有部分相对轻微的精神疾病要么被当作抑郁症的案例通过催泻或放血来治疗,要么被错误地诊断为源于子宫的歇斯底里症。直到17世纪晚期,托马斯·威利斯才构想出歇斯底里症的大脑起源理论,进而攻克该难题,该理论也成了神经科学的先驱。此前,神经病的子宫起源说在英格兰从未受到过真正的质疑。[39]

所以,没有正统的医疗机构能为精神病提供令人满意的治疗。各色草根从业医师则挂出"精神患者以及神经错乱者的治疗师"的行医执照,其中有人还私营精神病医院。然而,即便是伦敦的圣母玛利亚疯人院的病号,若一年之内不康复,也会被当成无可救药的患者予以释放。[40]如此,精神抑郁的超自然解释越来越多,治疗精神病的医生大多是神甫也就不足为奇了。一位清教神谕者威廉·珀金斯宣称:"单凭药物是不足以治疗抑郁症的。"[41]

在当时的情形下,如此之多的异端疗法颇负盛誉。人们大抵都不喜欢盖伦氏令人作呕的疗法,[42]也都害怕接受外科手术。当时有些聪明的外行人对传统药物不屑一顾;而那些受皇家医学院追捕的异端游医,却有不少颇具影响力的支持者。[43]詹姆斯一世国王认为学术性医学仅仅是幻想的结果,因此不具效用。弗朗西斯·培根认为:"许多时候,江湖医生和老年妇女的治疗要比那些博学的医生更

第一章　大环境

有效。"大主教罗伯特·伯顿及其同期相对寂寂无名者大都语同此辙。一些科学家和知识分子都追随帕拉塞尔苏斯的范例,并准备向草药医生和女巫讨教。[44] 托马斯·霍布斯对于存活问题保有强烈的兴趣,他宁可接受那些临床经验丰富的老妇人所给的建议或治疗,也不愿求助于博学但缺乏经验的医生。[45] 宗派成员洛多威克·马格尔顿认为外科医生是"这世上……最大的骗子。如果世上从来不曾有过医生,人们将活得更长更好"。[46]

在评价这种外行的观点之前,我们有必要回顾一下17世纪伟大的医学家托马斯·西德纳姆的观点,他注意到许多穷人把病因归咎于无法支付常规医疗费上,并且认为,对许多患者而言,若没有发明医疗技术也许会更好。[47] 在他的同行中,也并非仅有他一人持此观点。约翰·奥布里回忆道:"我曾经听到学识渊博而又虔诚的医生里奇利说:'如果世人知道内科医生和药剂师坑蒙拐骗的伎俩,世人就会在大街上向他们扔石头。'"[48]

在我们关心的信仰背景中,面临疾病的无助状态是一个必不可少的因素。正如面临其他各种灾难所展现的无助一样,人们在遇到突发事件的时候,显得尤为脆弱。直接危及生命的火灾给人们造成的创伤几乎不亚于瘟疫。由于没有先进的灭火装备,16世纪和17世纪的火灾要比现在更加危险。茅草屋顶、木制烟囱和拥挤的生活环境,使得城镇遭受火灾时更是脆弱不堪。由于缺乏安全的火柴,人们通常选择从邻居那里取走一桶燃炭,而不是浪费时间去点燃火绒盒。在夜间,他们通常依靠蜡烛照明,蜡烛在干燥环境下很容易导致火灾。"好妻子,怕烛火,"农业时代作家托马斯·塔瑟说,"怕把蜡烛放在草楼、谷仓和车棚。"当烟囱需要清理的时候,人们通常都会用火枪给烟囱开一个小口或者给烟囱点火——这正是1586年贝克尔斯大火的起因,这次火灾最后烧毁了80间房屋。[49] 由于安全措施都非常原始,危险更多来自数量众多的分布于住宅区的手工作坊。啤酒工人、染色工人以及肥皂工人经常造成安全事故：1612年，一个染色工过度加热火炉，进而造成了令蒂弗顿镇损失20万英镑的大火。[50]

一些巨大的火灾是因人们的疏忽再加上落后的生活条件而引发的。渥本市1595年的大火起因是一位老妇把垫床草扔到火上点着了茅草屋，那场大火烧毁了150栋建筑物。1598年，蒂弗顿受到火灾重创，缘起于一些买不起柴火的乞婆用稻草烤煎饼，最终酿成悲剧。1675年，北安普敦的大部分地区付之一炬，也是由于一个妇女把洗锅放在火上太久导致的。1698年，白厅宫殿的大面积焚毁，则是一名荷兰洗衣女工想在室内炭火上尽快烘干亚麻布招致的恶果。[51]

火灾一旦爆发就很难及时扑灭。在诺曼征服和伊丽莎白一世过世之间的岁月里，灭火技术几无实质性的改进。[52] 即便是大多数发达城市也仅仅拥有一些皮革桶、梯子以及用于扯下茅草屋顶来阻止火势蔓延的铁钩，除此之外，再没有更多的灭火工具了。时至17世纪中叶，把水抽到高处的发动机依然短缺，此外，供水通常也不稳定。有些城镇要求房主在自家门外放一桶水。其他城镇则要求对木质建筑以及茅草屋顶予以彻查。自12世纪以来，这个要求已经变成了伦敦城的官方政策。然而，制定这样的规章比实际执行省事得多，灭火设备往往不足以应付发生的火灾。没有灭火队，并且火灾现场通常也异常混乱。当时人们所知唯一有效的办法就是把火灾周围的建筑物全部炸毁以阻止火势蔓延。而火势减弱时，总会有不少人发现财物遭窃。[53]

实际上，人们无力阻止火灾爆发，在大火燃烧的过程中很无助，除此之外人们还几乎无力承担火灾所造成的损失。一直到17世纪最后二十年还没出现明确的火灾保险。火灾受难者唯一能做的就是向教堂申请救助，并委托教堂在公众场合进行募捐。乞求信都是基于各种不同的慈善目的，而且像现在的公益事业募捐日一样不稳定。由于周围总有数不胜数的骗子，这种募捐就更受不到多少好评

第一章 大环境

了。但是,募捐有助于我们对火灾的实际受损程度做出大体的估计。譬如,17世纪后半叶有89次火灾,据估计,每次火灾都带来1000英镑或更多的损失。总体损失达913 416英镑。[54] 评价此数据时,我们应该注意,1666年的伦敦大火不在其列,伦敦大火造成了1000万英镑的损失,烧毁13 000余栋房屋,导致将近10万人无家可归。[55] 这统计也排除了无数小型火灾,以及那些没有留下记录,或没被简报提及的火灾。然而,所有这一切都发生在救火技术开始提高的时期;16世纪的情况比这还要糟糕。

因此,火灾仅作为纯粹的经济因素已是极为关键的衡量标准。它对个人带来的影响更是不言而喻,因为没有其他什么事可以如此生动地展示人类命运的不稳定性。"就如先知所说,他在一点钟的时候还身价5000英镑,用银盘盛放的酒杯喝酒,但还不到两点钟就只留下一个木头碟子吃饭,而且还失去了栖身之所。"[56] 每周日教堂都会高声宣读这类简报,以这种瞬间由富到穷的变化警醒世人,且谁也不知道谁将是下一个遭此噩运的人。变幻莫测的危险加剧了人们心理上的危机感。有一些城镇几无大火;而其他一些城镇却屡遭重创。蒂弗顿曾于1598年、1612年和1731年被焚毁过三次。马尔伯勒、布兰福德、多尔切斯特以及贝明斯特再三地遭受火灾。沃里克和北安普敦分别遭到一次严重的火灾,这两次火灾都破坏了绝大部分城区。大都市的火灾是如此频繁,以至于1666年伦敦大火发生时,邻近地区的居民对其几无觉察。[57]

总之,贫穷、疾病、无妄之灾成了这段时期社会环境的显著特征。然而,我们不应该犯一个时代性的错误,即假定当时的人就像我们担心这些问题一样而为此担忧。在都铎和斯图亚特王朝时期,人们已然很习惯疾病和短命了。由于清楚地知道孩子可能在襁褓中就会夭折,父母就不急于记住自己孩子的特征了。当一方死亡的时候,丈夫和妻子都很自然地接受再娶和改嫁的想法。穷人看待自己命运的态度似乎是随意且淡泊的。许多中产阶级观察者曾就穷人面临瘟疫危机所呈现的麻木态度发表过评论,并震惊于他们居然不愿遵守出于安全考虑而制定的规章制度。[58]面临饥饿威胁的时候,穷人可以使用暴力来获取食物,但他们对于那个时代的政治激进主义无所裨益,而且对于改变他们自己所处的社会地位也毫无兴趣。与当今不发达国家的居民不同,那时的穷人对其他国家相对较好的生活状况知之甚少。他们并不积极投身到社会改革之中,而是转而寻求更直接获得自由的方式。

比方说,饮酒在当时已成为社会生活中不可缺少的一部分。几乎在每一场公共或私人的庆典、每一次商业谈判、每一场行会仪式、每一个红事或白事场合,酒水都起着极为重要的作用。集市和商场直到1874年才有经营许可的限制,而此前的酒水销量大得惊人。"到市镇的尽头,那里有集市,"1638年一位布道者评论说,"在那里似乎经历过打斗,随处可见躺在地上的家伙。"正如一个法国人1672年观察到的一样,英格兰没有啤酒就做不成生意。[59]一个中世纪晚期的布道士抱怨说,工人一周至少要喝醉一次;而查理二世时期的外国观光者注意到,工人每天都要光顾酒馆打发时间。[60]

啤酒的生产成本很低廉。伊丽莎白女王时代的神甫威廉·哈里森在自己家里每个月酿造200加仑啤酒,而每次仅需支出20先令的成本。[61]我们并不知道他的家庭规模,但日均消费量显然很高。在海上和陆地上,啤酒的供应标准似乎曾是每人每天1加仑。[62]不论大人或小孩,啤酒都是日常用餐的基本组成部分。17世纪晚期才出现第一份反映全国消费量的数据。资料显示,1684年英格兰和威尔士的整体消费量是6 318 000桶啤酒(包括4 384 000大桶啤酒和1 934 000小桶啤酒),伦敦每桶啤酒有36加仑,外省地区每桶啤酒有34加仑。这表明人口的各个组成部分:男人、女人、小孩,每人每年消费近40加仑啤酒,也就是将近每天1品脱。另外,必须将那些私人酿造故而并未支付消费税的酒列入考虑范围。格雷戈里·金

第一章 大环境

于 1688 年估计,这部分私酿酒量已超过统计总量的 70% 之多。即使不算上私酿酒,这一人均数值也比我们现在任何可知的数据要高。[63] 此外,外国酒进口量和烈酒消费增长量的数据也尚未列入统计数据中。

在 17 世纪,可能是咸肉和鱼的大量消费使人们感到颇为干渴。同时,大量食用谷物造成的精神萎靡,似乎也提升了兴奋剂的需求量。其他可选饮料的缺乏更驱使人们将目光投向了酒精。茶叶和咖啡尚属奢侈品。17 世纪末期,1 磅茶叶需花费 20 先令,[64] 直到 18 世纪最后四分之一,茶才成为工人阶级的饮品。尽管咖啡在伦敦名流之中非常流行,但在广大群众的啜饮习惯中,咖啡比茶更显得无足轻重。

那时,为了缓解生活压力,酒成了人们不可或缺的麻醉剂。酒精模糊了社会界限,并将人们从绝望中暂时释放,继而投入一种短暂的乐观情绪中。这在伊丽莎白时代的监狱[65]和底层阶级中非常普遍。(唯独 17 世纪,贵族的饮酒量超过了乞丐,一度成为社区中酗酒最多的成员。)[66] 穷人喝酒以求摆脱对生活的厌恶。瘟疫时期,酒精饮料随处可见。"我亲眼见到,"1638 年一位神甫回忆说,"当死亡人数越来越多的时候,即使那些很难从不断搬运尸体到墓地中抽身出来的搬运工以及其他类似的家伙,都会在大街上醉得一塌糊涂。"[67] 供给死刑犯的送行酒从没停过:1653 年,女巫安妮·博登汉在索尔兹伯里被判处死刑。她不断地要求饮酒。若是行刑官同意的话,她或许都会因酗酒而身亡。[68] 当时有个人写道:

> 麦芽酒确实抚慰了沉痛而又苦闷的心灵;它让一个忧伤的寡妇欢笑,忘却丧夫之痛;……它犹如赤裸者的外套中最温暖的衬里;酒精就着面包,穷人得到充分的满足并缓解了饥饿与寒冷;它是牧羊人、刈草者、庄稼汉和铁匠最崇拜的圣物;它是修补匠的财富,是小商贩的珠宝,是乞丐的欢乐,是对囚犯的悉

心照料。[69]

作为一种使生活暂时好过些的方式,酒的作用在穷人眼中几近无可匹敌。一位15世纪的异教徒宣称:一小桶麦芽酒比四部福音书的好处还多些。他认为,与《圣经》相比,麦芽酒能更好地帮助人们理解上帝的作为。[70]

另一种新的麻醉剂是烟草。早在伊丽莎白一世统治时期,烟草就传入了英格兰,而到伊丽莎白一世逝世之时,烟草早已被人们广为接受了。最初,有人试图把烟草描绘成医疗用品掩人耳目,但这种骗人把戏很快就被戳穿了。1597年,有人注意到,上瘾者消费烟草"过于放纵……毫无节制,不,甚至连吃饭时也不能间断吸烟片刻"。詹姆斯一世时期的评论家对那些从早到晚,甚至在床上都离不开烟斗的烟鬼习以为常。[71] 1621年,英格兰国会的一个议员宣称:"禁他们烟就好像要他们的命。"[72] 但是,用烟斗吸烟仍是一个奢侈的习惯。烟草价格根据供应量的变化而起伏不定。然而,詹姆斯一世时期1磅烟草的价格几乎不会低于1英镑,而且通常的售价比这个价格还要高。全国烟草消费的数据时断时续,但是仍显示出持续增长的态势。烟草销售量从1614年至1621年的14万磅增加到1699年至1709年的1130万磅。这意味着人均消费量从世纪初每年不满1盎司,增加到世纪末的几乎每人每年2磅。直到1907年,该数据才再次达到这个水平。[73] 烟草确实发挥过重要作用,使得斯图亚特王朝统治时期的英格兰人得到了精神上的慰藉。一位现代历史学家曾指出,这一点并非完全无益,它有利于促进17世纪晚期出现的政治妥协。克里斯托弗·马洛认为,圣餐礼在"吞云吐雾的氛围下将会非常融洽"。[74]

另一个更为逃避现实的方式就是赌博。在现代社会,靠足彩暴富的可能性吸引着数以百万计的人,它也使那些工作在恶劣环境下的工人得以保持乐观。秉持着幸运者尽管处于不平等的社会体系中,但仍能改善自身处境的美好愿景,17世纪劳苦大众的注意力因赌博而发生了转移,他们已不再整天想着自我救赎或是发动什么政治激进运动了。男人们参与到纸牌、骰子、赌马、竞走、斗熊、斗鸡,以及诸如此类的消遣活动中。即便是再穷的人都可以参与到这种投机的冒险之中;当时的司法记录偶尔也会记载这样一些穷苦工人,他们在赌博中失去了全部财产,以至于无法供养老婆和孩子。[75] 1663年,塞缪尔·佩皮斯很惊奇地发现,普通劳工也会在斗熊和斗鸡的赌博中输掉10英镑或20英镑的钱。[76]

中产阶级改良者通过反对泛滥成灾的酒馆和酗酒行为,挑战了此类流行的消遣,展开了持续的风俗改良运动,并试图打破这些不良习气。他们讨伐的正是那些沉溺于哀伤且别无选择者的悲观宿命论。他们认为人们应该转向那些解释不幸,并设法缓解不幸之痛苦的信仰。但我们也很清楚地意识到,当时的某些人倾向于借助更为简单直接的逃避方式。

24

注 释

文献说明:这个概略的介绍主要针对那些对那段时期英格兰历史缺乏具体知识的读者。关于这个时期经济和社会结构的信息可以在以下著作中找到: *The Agrarian History of England and Wales*, iv (1500—1640), ed. J. Thirsk (Cambridge, 1967); C. Wilson, *England's Apprenticeship, 1603—1763* (1965); P. Laslett, *The World We Have Lost* (1965); D. C. Coleman, "Labour in the English Economy of the Seventeenth Century", *Econ. Hist. Rev.*, 2nd ser., viii (1955—1956); D. V. Glass, "Two Papers on Gregory King", in *Population in History*, ed. D. V. Glass and D. E. C. Eversley (1965); L. Stone, "Social Mobility in England, 1500—1700", *Past and Present*, xxxiii (1966); A. Everitt, "Social Mobility in Early Modern England", ibid.; E. Kerridge, *The Agricultural Revolution* (1967)。

1. E. A. Wrigley, "A Simple Model of London's Importance... 1650—1750", *Past and Present*, xxxvii（1967）, p. 49.

2. W. K. Jordan, *Philanthropy in England, 1480—1660*（1959）, p. 291; L. Stone, "The Educational Revolution in England, 1540—1640", *Past and Present*, xxviii（1964）, pp. 68—69,以及一些乔登关于学校比例评估的重要批评: pp. 44—47。

3. 目前与该主题相关的有限证据在以下文章中有所讨论: L. Stone "Literacy and Education in England, 1640—1900", *Past and Present*, xlii（1969）, and R. S. Schofield, "The Measurement of Literacy in Pre-industrial England", in *Literacy in Traditional Societies*, ed. J. Goody（Cambridge, 1968）。

4. T. H. Hollingsworth, *The Demography of the British Peerage*（Supplement to *Population Studies*, xviii [1964]）, pp. 54, 56, 68. 拉斯利特先生指出,英格兰17世纪90年代的人均寿命并不比20世纪30年代的埃及的长; *The World We Have Lost*, pp. 93—94。

5. *The Economic Writings of Sir William Petty*, ed. C. H. Hull（Cambridge, 1899）, ii, pp. 386—387; D. V. Glass, "John Graunt and his *Natural and Political Observations*", *Notes and Records of the Royal Soc.*, xix（1964）, p. 75.

6. 这是里格利在科利顿的德文郡村的死亡率研究中得出的结论; *Daedalus*（Spring, 1968）。霍林斯沃思的研究数据显示: 16世纪人均寿命只有35岁到36岁（op. cit., p. 56）。

7. D. Person, *Varieties*（1635）, pp. 157—158.

8. B. H. Slicher van Bath, *Yield Ratios, 1810—1820*（Wageningen, 1963）, pp. 41—42, 47—48; W. G. Hoskins, "Harvest Fluctuations and English Economic History, 1480—1619", *Agricultural Hist. Rev.*, xii（1964）; id. "Harvest Fluctuations and English Economic History, 1620—1759", ibid., xvi（1968）.

9. 17世纪一些关于死亡形式的暗示见: J. Hull, *Saint Peters Prophesie of these last daies*（1610）, p. 525; *The Works of Gerrard Winstanley*, ed. G. H. Sabine（Ithaca, New York, 1941）, p. 650; L. H. Berens, *The Digger Movement in the Days of the Commonwealth*（1906）, pp. 159—160; C. Bridenbaugh, *Vexed and Troubled Englishmen*（Oxford, 1968）, pp. 376—377; J. E. T. Rogers, *A History of Agriculture and Prices in England*（Oxford, 1866—1902）, v, p. 621; Lastlett, *The World We Have Lost*, pp. 115—117; C. Creighton, *A History of Epidemics in Britain*（2nd edn, 1965）, i, p. 562。

第一章 大环境

10. 我查询了 J. C. Drummond and A. Wilbraham, *The Englishman's Food*（revd edn, 1957）。工人的饮食在下书中有讨论: *The Agrarian History of England*, iv, pp. 450—453。下书中含有同时代的人对人们健康状况的有趣评论: A. Ascham, *Of the Confusions and Revolutions of Governments*（1649）, p. 25。

11. Creighton, *A History of Epidemics in Britain*, ii, pp. 454—455; D. V. Glass, "John Graunt…", *Notes and Records of the Royal Soc.*, xix（1964）, p. 72; *The Cambridge Economic History of Europe*, iv, ed. E. E. Rich and C. H. Wilson（Cambridge, 1967）, p. 54.

12. *The Agrarian History of England and Wales*, iv, p. 453; *Agriculture and Economic Growth in England, 1650—1815*, ed. E. L. Jones（1967）, pp. 61—62; Kerridge, *The Agricultural Revolution*, p. 242. 在16世纪90年代的梅德斯通,济贫院的居民们将猪养在室内; W. B. Gilbert, *The Accounts of the Corpus Christi Fraternity and Papers relating to the Antiquities of Maidstone*（Maidstone, 1865）, p. 92。一些现代的医史学家认为瘟疫也可能曾经通过跳蚤传播。Cf. J. -N. Biraben in *Daedalus*（Spring, 1968）, p. 544; *Cambridge Economic History of Europe*, iv, p. 7, n.1.

13. J. F. D. Shrewsbury, *A History of Bubonic Plague in the British Isles*（Cambridge, 1970）是近期非常重要的调查数据,尽管 C. Morris 发表在 *The Historical Journal*, xiv（1971）的评论中予以批评,这篇文献仍然值得阅读。Creighton, op. cit. 仍然不可或缺,而下文也是一篇重要的评论: R. S. Roberts, "Epidemics and Social History", *Medical History*, xii（1968）。此外同样有价值的著作有: W. G. Bell, *The Great Plague in London in 1665*（revd edn, 1951）; F. P. Wilson, *The Plague in Shakespeare's London*（new edn, Oxford, 1963）and K. F. Helleiner, "The Recent Surveys", in *The Cambridge Economic History of Europe*, iv, chap. 1, and R. S. Roberts in *Procs. Royal Soc.Med.*, lix（1966）。

14. *The Works of the Rev.William Bridge*（1845）, i, pp. 468—469.

15. Sir G. Clark, *A History of the Royal College of Physicians of London*（Oxford, 1964—1966）, i, p. 178.

16. 正如 R. Klibansky, E. Panofsky and F. Saxl, *Saturn and Melancholy*（1964）, p. 11 and n.27 中所指出的那样。

17. Burton, *Anatomy*, ii, p. 210.

18. R. North, *The Lives of the… North*, ed. A. Jessopp（1890）, ii, p. 248.

19. E.g., T. Lodge, *A Treatise of the Plague*（1603）, sig. C2^v.

20. H. Holland, *Spirituall Preservatives against the Pestilence*（1603）, p. 35.

21. *The Correspondence of Henry Oldenburg*, ed. and trans. A. R. and M. B. Hall（Madison and Milwaukee, 1965—　）, ii, p. 527.

22. Clark, *History of the Royal College of Physicians*, i, pp. 70, 71, 132, 188, 190, 304, 315, 356; ii, pp. 736—739. 1673年前具备证书的确切人数很模糊,大概只有9人。

23. J. H. Raach, *A Directory of English Country Physicians, 1603—1643*（1962）。为了全面讨论这些题材可以参见 R. S. Roberts, "The Personnel and Practice of Medicine in Tudor and Stuart England", *Medical History*, vi（1962）and viii（1964）。

24. *Reliquiae Baxterianae*, ed. M. Sylvester（1696）, i, p. 10.

25. 除了以下文献以外,似乎没有关于当时医药费用的现代讨论:E. A. Hammond, "Incomes of Medieval English Doctors", *Journal of the History of Medicine*, xv（1960）, and Sir D. A. Power, "twenty-minutes' talk", in *Procs. Royal Soc. of Medicine*, xiii（1920）。一天一镑的原则是在以下书目的一系列的例子中提取出来的:*H.M.C., Rutland*, iv; *The Autobiography and Correspondence of Sir Simonds D'Ewes*（1845）, ii, p. 5; and *Diary of Walter Yonge*, ed. G. Roberts（Camden Soc., 1848）, p. xxiii。Clark, *History of the Royal College*, ii, p. 436显示10先令是通常的费用。在18世纪早期莫里斯收取穷人半克朗; *The Diary of a West Country Physician*, ed. E. Hobhouse（1934）, p. 26。但是1697年的一位外科医生詹姆斯·扬为每日的工作收取5英镑酬劳; *The Journal of James Yonge*, ed. F. N. L. Poynter（1963）, p. 207。

26. *Sermons by Hugh Latimer*, ed. G. E. Corrie（Cambridge, P.S., 1844）, p. 541; F. J. Powicke, "The Reverend Richard Baxter's Last Treatise", *Bull. John Rylands Lib.*, x（1926）, p. 187.

27. Clark, *History of the Royal College*, ii, chaps. xx 和 xxiii。

28. E.g., Newcastle（Clark, op. cit., i, p. 163 n.）; Denbigh（A. H. Dodd, *Life in Elizabethan England* [1961], pp. 46—47）; Norwich（J. F. Pound in *Univ. of Birmingham Hist. Journ.*, viii [1961—1962], p. 147）; Barnstaple（J. B. Gribble, *Memorials of Barnstaple* [Barnstaple, 1830], ii, pp. 293—294）; Chester（R. H. Morris, *Chester in the Plantagenet and Tudor Reigns* [n.d.], pp. 357—358）. See also R. M. S. McConaghey, "The History of Rural Medical Practice", in *The Evolution of Medical Practice in Britain*, ed. F. N. L. Poynter

(1961), p. 126.

29. J. Bellers, *An Essay towards the Improvement of Physick* (1714), p. 2.

30. R. R. James in *Janus*, xli (1936); C. Wall and H. C. Cameron, *A History of the Worshipful Society of Apothecaries*, i, ed. E. A. Underwood (1963), pp. 77, 289, 394; K. Dewhurst in *St. Barts. Hospital Journ.*, lxvi (1962), p. 261.

31. Wall and Cameron, op. cit., p. 131.

32. See R. S. Roberts in *History of Science*, v (1966).

33. (D. Coxe), *A Discourse wherein the interest of the Patient in Reference to Physick and Physicians is Soberly Debated* (1669), p. 313; 3 Hen. viii, cap. 11; 34 and 35 Hen. viii, cap. 8.

34. 有关伊丽莎白时期一名妇女因园丁的草药疗法而丧命, see *Middlesex County Records*, ed. J. C. Jeaffreson (1886—1892), i, p. 276。

35. N. Culpepper, *A Physicall Directory* (1649), sig. A2; W. M. Palmer, "Episcopal Visitation Returns, Cambridge (Diocese of Ely), 1638—1662", *Trans. Cambs. and Hunts. Archaeol. Soc.*, iv (1915—1930), p. 407. Cf. Burton, *Anatomy*, i, p. 210.

36. E. Cellier, *A Scheme for the Foundation of a Royal Hospital* (1687) (in *Somers Tracts*, ix), p. 248.

37. P. Willoughby, *Observations on Midwifery*, ed. H. Blenkinsop (1863; 1972 reprint, East Ardsley), pp. 240—241. 该书出色地论述了17世纪助产士的活动。

38. Burton, *Anatomy*, i, p. 69; A. Fessler, "The Management of Lunacy in Seventeenth-century England", *Procs. of the Royal Soc. of Medicine* (*Hist. section*), xlix (1956), 基于兰开夏郡季度法庭的记载。

39. See I. Veith, *Hysteria. The History of a Disease* (Chicago, 1965); G. Abricossoff, *L'Hystérie aux XVIIe et XVIIIe siècles* (Paris, 1897); I. Hunter and R. A. Macalpine, *Three Hundred Years of Psychiatry* (1963), pp. 69, 187.

40. Hunter and Macalpine, op. cit., *passim*; Clark, *History of the Royal College*, i, p. 263; R. R. James in *Janus*, xli (1937), p. 102; E. H. Carter, *The Norwich Subscription Books* (1937), p. 138; J. Spencer, *A Discourse of Divers Petitions* (1641); J. J. M., "A Clerical Mad-Doctor of the Seventeenth Century", *The East Anglian*, i (new ser.), (1885—1886).

41. Cited by Kocher, *Science and Religion*, pp. 300—301.

42. 正如 J. Primrose, *Popular Errours*, trans. R. Wittie (1651), pp. 231—233, 278, 280 中观察到的,尽管并不需要什么证据。

43. Clark, *History of the Royal College*, i, pp. 111, 114, 116, 143—147, 195, 262.

44. Sir G. Keynes, *The Life of William Harvey* (Oxford, 1966), p. 142; Bacon, *Works*, iv, p. 388; Burton, *Anatomy*, i, p. 257; Clark op. cit., i, p. 195. See also *H.M.C., Rutland*, i, p. 163; *Yorkshire Diaries*, ed. C. Jackson (Surtees Soc., 1877), p. 221; G. Harvey, *The Art of Curing Diseases by Expectation* (1689), p. 6.

45. J. Aubrey, *Brief Lives*, ed. A. Powell (1949), p. 251.

46. L. Muggleton, *The Acts of the Witnesses* (1699), p. 111.

47. K. Dewhurst, *Dr Thomas Sydenham (1624—1689)* (1966), pp. 163, 116.

48. Bodl., Aubrey MS 10, f. 113^v.

49. T. Tusser, *His Good Points of Husbandry*, ed. D. Hartley (1931), p. 177; *A Collection of Seventy-Nine Black-Letter Ballads and Broadsides* (1867), p. 82.

50. F. J. Snell, *The Chronicles of Twyford* (Tiverton, n.d. [C. 1893]), p. 60.

51. (T. Wilcocks,) *A Short, yet a True and Faithfull Narration of the Fearfull Fire that fell in the Towne of Wooburne* (1595), p. 4; *The True Lamentable Discourse of the Burning of Teverton* (1598); *The State of Northampton* (1675); *A Full and True Account of a Most Dreadful... Fire... at Whitehall* (1698) (*The Harleian Miscellany*, ed. T. Park [1808—1813], vi, p. 398).

52. 抗击火灾的早期历史可以从 G. V. Blackstone, *A History of the British Fire Service* (1957) 开始追溯。更多相关材料应该可以在同时代的自治市镇档案中找到。

53. See e.g., G. Atwell, *The Faithfull Surveyour* (Cambridge, 1962), pp. 95—96.

54. 我根据 W. A. Bewes, *Church Briefs* (1896) 简要的清单计算出所有数据。至于一些额外的数据, see E. L. Jones, "The Reduction of Fire Damage in Southern England, 1650—1850", *Post-Medieval Archaeology*, ii (1968)。

55. W. G. Bell, *The Great Fire of London* (3rd edn, 1923), pp. 174, 224.

56. Snell, *The Chronicles of Twyford*, p. 50.

57. Bell, *Great Fire of London*, pp. 30—31. 下书中有一份伦敦大火灾情的

第一章 大环境

清单: *Flagellum Dei*（1668）。

58. See e.g., *H.M.C. Gawdy*, p. 163; *C.S.P.D.*, 1665—1666, p. 5; W. Kemp, *A Brief Treatise of the Nature... and Cure of the Pestilence*（1665）, pp. 15—16; Wilson, *The Plague in Shakespeare's London*, p. 41.

59. (R. Younge,) *The Drunkard's Character*（1638）, p. 338; R. V. French, *Nineteen Centuries of Drink in England*（2nd edn, n.d.）, p. 224. 关于一位早期节制改革者所做的一个前工业期饮酒习俗的调查, see J. Dunlop, *The Philosophy of Artificial and Compulsory Drinking Usage in Great Britain and Ireland*（6th edn, 1839）。

60. G. R. Owst, *Literature and Pulpit in Medieval England*（2nd edn, Oxford, 1961）, p. 364;（L. Magalotti）, *Travels of Cosmo the Third, Grand Duke of Tuscany, through England*（1821）, p. 398.

61. W. Harrison, *Description of England*, ed. F. J. Furnivall（New Shakespeare Soc. [1877—1908]）, i, pp. 158—159.

62. E. M. Myatt-Price, "A Tally of Ale", *Journ. Royal Statistical Soc.*, ser. A, cxxiii（1960）; L. Stone, *The Crisis of the Aristocracy, 1558—1641*（Oxford, 1965）, p. 558; M. Oppenheim, *A History of the Administration of the Royal Navy*, i（1896）, p. 140; F. G. Emmison, *Tudor Secretary. Sir William Petre at Court and at Home*（1961）, p. 150; J. D. Chambers, *Nottinghamshire in the Eighteenth Century*（2nd edn, 1966）, pp. 290—291.

63. B. R. Mitchell and P. Deane, *Abstract of British Historical Statistics*（Cambridge, 1962）, p. 251; G. King, *Natural and Political Observations* in G. Chalmers, *Estimate of the Comparative Strength of Great Britain* [1802]）, pp. 55—56. Cf. G. B. Wilson, *Alcohol and the Nation*（1940）, table 2.

64. Drummond and Wilbraham, op. cit., p. 117.

65. *Shakespeare in His Own Age*, ed. A. Nicoll（*Shakespeare Survey*, xvii [Cambridge, 1964]）, pp. 98—99.

66. 这一变化记录在: J. Hart, *The Diet of the Diseased*（1633）, p. 135, and H. Moseley, *An Healing Leaf*（1658）, p. 4。

67. Younge, *The Drunkard's Character*, p. 248. Cf. *The Plague Pamphlets of Thomas Dekker*, ed. F. P. Wilson（Oxford, 1925）, pp. 150—151.

68. E. Bower, *Doctor Lamb revived*（1653）, pp. 34, 36.

69. 约翰·泰勒, 水边诗人, quoted in W. T. Marchant, *In Praise of Ale*

(1888), p. 57。

70. Thomson, *Later Lollards*, p. 62.

71. A. Chute, *Tobacco*, ed. F. P. Wilson (Luttrell Soc., 1961), p. xxvii; W. B. Willcox, *Gloucestershire. A Study in Local Government* (New Haven, 1940), p. 158.

72. M. Prestwich, *Cranfield* (Oxford, 1966), p. 313.

73. C. M. MacInnes, *The Early English Tobacco Trade* (1926), p. 35; Mitchell and Deane, *Abstract of British Historical Statistics*, pp. 355—357; A. Rive, "The Consumption of Tobacco since 1600", *Economic History*, i (1926).

74. D. Ogg, *England in the Reign of Charles II* (2nd edn, Oxford, 1955), i, p. 76; P. H. Kocher, *Christopher Marlowe* (Chapel Hill, 1946), pp. 35—36, 60.

75. T. Gataker, *Of the Nature and Use of Lots* (2nd edn. 1. 627), pp. 288—289; *Quarter Sessions Records*, ed. J. C. Atkinson (North Riding Rec. Soc., 1884—1887), i, p. 209; (T. Brasbridge,) *The Poore Mans Jewell* (1578), sig. biii^v.

76. S. Pepys, *Diary*, 21 Dec. 1663.

宗　教

第二章

中世纪教会的巫术

> 无疑,如果一个人对罗马天主教的教义审查一番,他将很轻易地看出其大部分都只是巫术。
>
> 威廉·珀金斯,《金色之纱》(1591)
> (见《珀金斯著作集》,剑桥,1616—1618,第一节,第40页)

几乎所有原始宗教信仰都被其信奉者当成获取超自然能力的媒介。这并不妨碍它成为一种系统的解释,一种道德律法的资源,一种社会秩序的象征或是一条通往不朽的道路;但是,它的确意味着,宗教信仰可以提供一种愿景,人们借此愿景就相信存在一种掌控芸芸众生的超自然方式。早期基督教的历史无一例外地沿袭了这种惯例。不管是原始教会时期还是较为新近的教会时期,皈依者常常被灌输如下观点,他们获得的不仅仅是来世获救的途径,更是一种新奇且更为强大的巫术。正如《旧约》中的希伯来神甫试图通过公开挑战巴力的信徒施展超自然能力来击败他们,早期教会的传道士也是通过施展奇迹和表演超自然疗法的方式,吸引了众多的追随者。《新约》和早期基督教的教父时代文献都见证了这些行为在皈依中的重要意义;施展奇迹很快就成了验证神性不可或缺的能力。

盎格鲁-撒克逊教会抵御异教徒的必要手段就是,宣称他们拥有异教徒所无法掌控的超自然力。传教士因而成功地强调了基督教祈祷相对于异教咒语的优越性。[1]

因此,中世纪的教会便与这一习俗相依为命,那就是:施展奇迹是一种证明自身权威最有效的手段,这样他们就可以宣称只有自己才掌握着真理了。到了12世纪和13世纪,《圣徒传》已被预设为一种范式。他们把神圣者的神奇成就联系起来,着重指出他们何以能预见未来、控制天气、抵御火灾和洪灾的侵袭、奇迹般地运输重物、缓解病痛,等等。《金色传奇》重述了这些故事,该书是关于13世纪热那亚大主教的一个流行版本。这本集子在1483年由卡克斯顿译成英文,并在宗教改革运动发起前再版过至少7次。[2]

在宗教改革运动前夕,教会所扮演的角色并不是一个宣称拥有奇迹力量的团体。然而,它从那些被认为从上帝那里获取施行奇迹的天赋的成员那里获取了声望。教会强调指出:圣徒仅仅是调停者,他们的乞求或许也会被上帝忽视,但它默许了无数在乐观的假想下主动投至其门下的对于祈祷的赞誉。分布在格拉斯顿伯里、林迪斯法纳、沃尔辛厄姆、坎特伯雷、威斯敏斯特、圣奥尔本斯以及其他神圣场所的圣徒神殿变成了朝圣的对象,体弱多病的朝圣者经过长期的艰难跋涉,都非常强烈地渴望得到神奇治疗。人们将500余次的神奇现象尽数与贝克特和他的神殿联系在一起;在诺福克郡布伦霍尔姆的神圣十字架前,据说有39人起死回生,另有12位盲人重获光明。神圣遗迹则变成了盲目崇拜的对象,朝圣者相信它具有治疗疾病、豁免危难的神奇功效。1426年左右,达勒姆主教的记述中包含因施神迹而收受报酬的事迹:他在16头牲畜上打下圣威尔弗里德的印记,就可以避免它们得传染病。[3]

神圣的形象也被人们冠以类似的神效之名。圣克里斯托弗的画像经常用于装饰英格兰乡村教堂的墙壁,据说观看画像者可以免除一天的病痛或者多活一天。据说对丈夫不满的妻子若愿意将一捧燕麦供奉给矗立在圣保罗大教堂前的圣维尔福特（即圣安康伯）雕像，她们的丈夫就会被除掉。在邻近巴拉德的兰代洛菲有一尊用木头搭建的大型德费尔·格达恩像，能保护人和牲畜免受突如其来的灾难，从炼狱中拯救他们的灵魂，并且还为他们的敌人带去疾病。亨利八世的手下发现，在他们摧毁这尊木像的当天，神殿里竟有五六百名朝圣者。[4]人们的确认为圣徒具有给予并消除疾病的能力。"我们出于恐惧崇拜圣徒，"威廉·廷代尔于16世纪早期写道，"我们唯恐圣徒不悦或动怒，进而给我们带来瘟疫或伤害；有谁不害怕圣劳伦斯呢？由于惧怕圣安东尼可能带来的火灾，有谁敢拒绝向他供奉羊毛呢？又有谁不担心他在自家羊群中播散羊痘呢？"[5]

崇拜圣徒是中世纪社会结构中不可或缺的组成部分，而且出于一些重要的社会因素，这种崇拜才得以维系。个别教堂拥有自己的庇护圣徒，强烈的地域联系赋予圣徒崇拜一种近乎图腾般的特征：托马斯·莫尔著作中的一个人物说："在所有的圣女中，我最爱沃尔辛厄姆圣女。"另一个人物说："而我则偏爱伊普斯威奇圣女。"[6]朝圣者把金钱带入社区后，当地居民就开始依赖他们：例如，伊丽莎白时期，莱斯特郡的圣威斯坦教堂在早期就是靠每年的朝圣撑持的。[7]在中世纪，每种行业都有专门庇护自己的圣徒，这些圣徒受到行业人士共同的崇拜，且他们的圣日与行业也有着密切的联系：

> 油漆工有路加，织布工有史蒂芬，碾磨工有阿诺德，裁缝有古德曼，鞋匠有克里斯平，陶工有肩负魔鬼、手中执壶的圣戈尔。有比圣洛伊更好的兽医吗？有比圣安东尼更会阉割母猪的人吗？或比圣阿波琳更好的拔牙者吗？

因此，雷金纳德·斯科特在宗教改革之后的年月里嘲笑这些职业化圣徒，但他的言辞揭示了对圣徒的热烈追捧有着多么深厚的社会根基。圣徒庇护给小型或无明显特征的团体以一种身份认同感与集体感。因此即使在新教时期,圣徒之名仍作为大学和学校的名字而持续享有声望。

所以,地域性的忠诚足以维系个别人对某个特定圣徒的拥戴。但对圣徒的崇拜大体上依赖于这样的信仰:过去的圣男圣女不仅仅作为道德行为的理想范例,更可以施展神奇的力量消除其追随者的噩运。疾病就像职业和方位一样受到某个特定圣徒的管辖,圣徒在大众心里通常被视为专家,而不仅仅是一般从业者。"圣约翰和圣瓦伦丁善于驱魔,"斯科特回忆说,

> 圣洛克善治瘟疫、圣彼得罗尼善治疟疾。至于圣玛格丽特,她取代生育女神鲁西娜管辖繁衍……圣马普格也同担此职。圣罗马尼善治疯子和着魔者,托钵修士拉芬亦善此道。科斯姆斯和戴米安善治疮瘤、圣克莱尔善治眼疾、圣阿波琳善治牙病、圣乔布善治痘疹、圣阿加莎善治心痛。[8]

圣徒总是随时待命,准备处理平日各种各样的不测事件。孕妇会坚持使用修道院保存的圣徒遗物——腰带、裙子、外套等。助产士还鼓励她们呼喊圣玛格丽特或圣母玛利亚,以求减轻分娩之苦。此外,如果她们希望生个男孩的话,就需要恳求圣腓利西塔斯。亨利七世的王后为生孩子支付了6先令8便士,从一个修道士手中买了圣母的腰带。[9] 约翰·奥布里对威尔特郡乡民日常生活中圣徒影响的追忆,也显示出圣徒同样会涉足到其他各种俗事之中:

> 在圣奥斯瓦德当和法德当等地附近,牧羊人在夜晚和清晨向在当地殉道的圣奥斯瓦德祷告以求保护羊圈中羊群的安全……入睡时,他们就把火耙在一起,在灰烬中画个十字,并乞求上帝和圣奥西蒂把他们从水火等噩运中解救出来……到用炉子烤面包的时候,他们则乞求上帝和圣史蒂芬给他们带来大

量面包和安稳的一日。[10]

到15世纪,人们膜拜圣徒的动力似乎衰减下来。[11] 然而,直到宗教改革运动时期,有关神殿奇迹的故事仍时有耳闻。1538年,萨塞克斯郡的一位神甫依旧建议教区居民向圣洛伊和圣安东尼供奉,以求治疗患病的家畜。

尽管如此,人们归功于圣徒的神力不过是全部神力的一类特例,而中世纪教会则作为神的善意的散布者,宣称掌控着全部的神力。到中世纪早期,基督教的权柄已经扩大到极为广泛的程度:他们设置了固定的模式,进而为俗世活动降下神之赐福。[12] 用盐和水来祷告的基本赐福仪式是为了强健身体并驱走恶灵。但是,那个时代的礼拜仪式书籍也含有用于保佑房子、家畜、农作物、船只、工具、盔甲、水井和砖窑的仪式内容。此外,也有旅行、决斗、打仗或者乔迁新居的祈福规则。当时还有对于疾病、不育动物、驱雷及祈祷多育子女的整套程序。神甫通常都在这些仪式现场,同时,人们也会使用圣水和十字架。整个程序以驱魔为根本:咒语靠祈祷者的诵读并以神的名字祈求神助从躯体中驱除魔鬼。[13] 所以,驱魔的圣水能够用来驱除恶灵并驱散传播疾病的雾气。这是防止疾病和不育症的疗法,也是赐福于房屋和食物的一种手段;然而,这是否自动生效,抑或只有司祭神甫才具有足够的个人神力,仍是神学争论的问题。

神学家并没有宣称这些程序令日常生活的小心翼翼变得多此一举,但他们的确坚信它们拥有一种力量,而且,这力量并不仅仅是精神上或象征性的。圣餐面包祝圣的程序就是在星期日圣餐场所给普通信徒以圣餐面包,以召唤上帝赐福面包,"因此谁要是吃了面包就会既有健康的身体又有健康的灵魂"。[14] 于是,圣餐面包被当作一种治疗疾病和对抗瘟疫的药物。

至于圣水,有些神学家认为,把它当药物饮用,或是为了丰收而洒在土地上,这都是迷信的做法;但是,基于祷词的正统观点则认为这种行为并无不妥,只要施行者怀有真正的基督教信念。[15]因此,圣水被定期带到教区周围,虔诚的教徒可以把它"洒在房子上、土地上以及家畜身上"。晚至1543年,当一场风暴席卷坎特伯雷的时候,当地居民竟冲去教堂索要圣水洒在屋子里,以求驱除空气中的恶魔,并用此法防止闪电损毁自己的财产。大约就在同一天,贝瑟斯登的肯特神甫也曾建议一名患病教民饮用圣水求得康复。[16] 17世纪,杰里米·泰勒为爱尔兰人感到悲哀:"尽管当时圣水连一只鸡都没能治愈。但是,在所有使用圣水的场合,人们都会把圣水洒在孩子的摇篮里、患病家畜的角上以及被诅咒的一切事物上……不论他们如何康复,人们都会将其归因于圣水。"[17]教民都相信魔鬼害怕圣水,一旦察觉到魔鬼的影响,就可以用圣水进行治疗。伊丽莎白一世统治时期,寡妇怀斯曼——后来天主教的殉教者——向迫害她的托普克利夫投圣水,托普克利夫的马旋即就将他抛到了地上。后来,他对怀斯曼大发雷霆,"并称她是对马施幻术并强行摔倒他的老妖巫。而(这个小插曲与天主教联系起来)她则高兴地看到圣水给了他一个漂亮的下马威"。[18]正如新教时事评论家极力主张的那样:巫术与宗教的界限几乎难以分清。

同样的事实是:许多教会都鼓励人们使用辟邪物和护身符。就如一个新教诗人写道的:

> 这些天主教徒的脖子和手上总是挂着护身符,用以对抗所有痛苦和各种令人不悦之伤害。[19]

神学家认为穿戴刻有福音书中诗文或有十字架标志的纸片或纪念章并非迷信,只要没有同时刻有非基督教的标志即可。[20]护身符中最普遍的就是神羔,通常是复活节受教宗赐福的一小块蜡烛所制,上面有羔羊和旗帜的图案。这一护身符用于抵御恶魔的攻击,并预防雷、电、火灾、溺水、早夭等类似的危险。在宗教改革运动之后,霍尔主教曾对那些有关《约翰福音》的保护力量的残余信仰评论道:"这些字句被印在小圆盘上兜售给容易受骗的无知者,并附上愚蠢的保证:任何带着盘子的人都会幸免于难。"[21]17世纪时,念珠也被当成类似的护身物,保佑人们免于火灾、暴雨、热病和恶灵的侵害。[22]

同样的保护功能还曾被归因于圣迹:譬如,据说在1591年,牛津的一个不遵奉国教者约翰·阿林拥有基督的一部分血液,并以20英镑1滴的价格出售。谁有这样一滴血就可永葆身体安康。[23]十字架标志也被用来抵挡恶灵以及其他危险。在1589年的北威尔士,有人报告说,当人们关上窗户,离开家畜,以及清晨离家的时候,仍然在胸前画十字。如果有不幸降临到自己或牲口身上,他们通常就会说,"你今天没有好好地画十字",或者"你没有在牲口身上做十字架标记"。而这些都是基于以下假定:忽略这些酿成了灾祸。[24]

这种由基督教会沿袭下来的传统,旨在各种环境下为信徒提供保护。教堂施过成圣仪式的大钟可以使教民有效地抵御恶灵,并帮助他们驱散恶魔制造的雷电。每当暴风雨突发之时,人们会为了阻止暴风雨而敲钟。例如,敲钟行为曾先后两次发生在桑德威奇地区1502年和1514年"大风暴"突发的时候。[25]另外,人们还可以求助圣巴巴拉抗击雷电,或者给想保护的建筑挂上护身符——尽管神龛并没能在13世纪的电闪雷鸣中救下圣奥尔本斯修道院。[26]刻在瓦片、铃铛和护身符上的"圣阿加莎字母"被用于预防火灾。圣马可节的斋戒是另一种获得保护的手段;此外,还可以求助于圣克莱门特或爱尔兰圣徒科隆贝可勒。[27]1180年,切斯特城的居民抬动圣维尔贝加的神龛,奇迹般地使该城在大火中幸免于难。[28]除此之外,驱魔能让农田丰收;圣烛能保护农场的动物;庄重的咒语还可以驱除偷食种子的毛毛虫和老鼠,并去除杂草。在圣埃德蒙斯伯里修道院解散之时,人们发现了一些"求雨的圣物和其他一些防止庄稼长杂草的迷信用品"。[29]

这样一来,中世纪教会就充当了超自然力量的贮备库,同时,这种奇异力量也协助信徒解决了各种日常问题。作为神与人之间的桥梁,神甫通过禁欲和成圣仪式从芸芸众生中脱颖而出,也必然会获得属于这个地位额外的威望。教会的神甫及其圣器也不可避免地成了大众迷信的归宿,它们顺理成章地把神学家不曾认可的巫术力量加在了宗教事物身上。比如,人们非常想把无袖圣服或是修道士的外衣穿在自己身上以防止瘟疫和疟疾,甚至有人想和这些衣服葬在一起,以此作为获得拯救的捷径。休·拉蒂默主教坦承,他曾认为如果当了修道士就能免受地狱之苦。[30]教堂和墓地也被广泛认为拥有一种特别的力量,这主要是因为它在成圣仪式中被泼洒了盐和水。据说教堂的大门钥匙是治疗疯狗的有效器具。[31]教堂墓地的泥土被认为具有神奇力量。人们渐渐开始认为:在神圣土地上犯罪是极其可耻的行径,而它和其他犯罪活动的区别仅仅在于犯罪地点。这种观点曾在爱德华六世时期的法规中得到印证,它为冒犯神圣土地的行为规定了惩罚措施;如果成圣地域被暴力犯罪行为所亵渎,那么在再次用于宗教活动之前就有必要对其进行修复。[32]即便是宗教仪式的募捐硬币也被公认具有巫术价值。当时有许多人迷信圣餐银币,许多民众将其用于治疗疾病或当作幸运符来化解危险。

　　但是这些信仰的产生首先是因为它们与教会圣礼有关联。人们尤其喜欢把弥撒和巫术联系在一起,因此,我们必须指出,教会的教义至少对此负有间接责任。在漫长的基督教会史中,祭坛的圣礼经历了一场场新的神学解释。到了中世纪晚期,教会圣礼的重点已经从强调信徒参加圣餐仪式转向注重由神甫主持的正式祭祀仪式了。因此,仪式的机械效用便在教众头脑中形成了,该效用运转的关键并不在于已沦为观众的教众是否亲身参与,而仅取决于神甫的特殊能力。所以,参加宗教仪式的普通教众便认为即便不理解其过程,他们仍能从教义中受惠。如果太过无知以致不能跟上某个弥撒的抄本,他们仍被允许背诵自己所知道的任何祈祷词;因此,弥撒、神甫和一般信徒实际上是在分别追求着不同的奉献方式。据说关于这种仪式有一种有名的说法,它运转起来"就像迷惑毒蛇的幻术"。[33] 圣餐变体的奇迹之所以奏效,是因为成圣仪式起了"程序性的作用"。神学家颇下了一番心思对"程序性的作用"加以诠释,但是其精微之处仍旧难为大众所理解。[34] 凸显其中的巫术观点竟认为:仅仅凭借对仪式语词的发音就能影响物质对象的特征。

把保留在祭坛的圣礼当作敬度的对象在13世纪的英格兰已经变得很平常了,到后来的中世纪,其神秘因素进一步巩固,人们已经开始圈起一些神殿以防俗人的觊觎。对字面意义的解释催生出一些逸闻,如圣体如何变成了血肉,甚至是小孩。[35] 此外,民间还流传着这样的观念:现世的好处或许仅仅是因冥想得来的,而且,这种信念会因愿意将弥撒在各种世俗场合施作抚慰手段而得到加固。曾有很多人出于病痛、临产、好天气、安全出行等原因,或是为了对抗瘟疫和别的传染病而举行弥撒。1532年的《塞勒姆弥撒书》中记载了一场为避免猝死而施的特殊弥撒。[36] 1516年,科尔切斯特的圣十字修道院被赠予了一块土地,因为它"为了镇子的持久繁荣"举行了庄重的弥撒。[37] 人们通常会赋予接连举办的弥撒以特定的价值——比如5场、7场、9场或者30场(即为期30天的追思弥撒)。庆祝弥撒甚至还可能堕落成某种可怕行为,把为死者举行的弥撒,施给尚在人世者,从而催促生者尽快死去。15世纪的专著《富豪与乞丐》痛斥那些人:

> 他们因对某些人愤恨不已,而取走祭坛的铺盖,同时换上晦气的覆盖物,要么是用荆棘围裹祭坛或十字架,抑或是取走教堂的烛火……对生者唱诵安灵弥撒,希望他们遇到坏事,然后早死。[38]

这显然暗指了神甫自己有时也会卷入这些堕落的行为中。

因此，大量低级的迷信行为都积聚在祭坛圣礼四周。神甫不希望任何圣化物品被浪费或者被随意抛掷在地上，这种期望更助长了圣体具有超自然力量的看法。司祭神甫被要求吃下圣餐杯里的残留物，苍蝇或是任何其他有必要的东西都需吃干净，以确保祭祀用品中没剩下任何食物。[39]人们认为那些没吞下圣餐面包并将其含在口中带回家的领圣餐者将获得强大的巫术力量。他们可以用带回来的圣餐面包治疗瞎子和热病患者；同时，他们也将其带在身边用来防止噩运袭身；或者把面包捣成粉末撒在花园里当作符咒来对付毛毛虫。中世纪流传着很多有关圣体被亵渎的故事，其中记述了圣体是如何被用于灭火、治疗猪瘟、滋养土地以及刺激蜜蜂产蜜。即便是小偷也能把圣体用在善良意图上，当然他们也可能将其用于邪恶的目的。有人深信吞下圣餐的罪犯将逃过追捕；还有人坚持认为如果吃圣餐的同时与妇女交流，就可以得到她的爱。[40]16世纪，约翰·贝尔曾抱怨弥撒已经变成了治疗人和牲畜的手段。弥撒被"妖巫……邪术士、魔咒师、施咒者、梦想家、预言家、死灵术士、奇术家、十字架挖掘者、魔鬼召唤者、施奇迹者、榨取他人脂膏者和鸨母"所利用。由此，第一版《公祷书》坚决要求：司祭长直接将圣餐面包放进领圣餐者的嘴里。因为过去人们常常把圣餐带走并"自己保存起来，还在迷信与邪恶上造成了种种滥用"。[41]

因为人们认为巫术力量存在于神圣的物体中，所以教会当权者早就认为有必要采取严密的措施防范失窃。1215年的第四次拉特兰会议已经规定用钥匙和锁保存圣餐和圣油，且随后的中世纪英格兰教堂也极热忱地执行了这项规定。举例来说，到1557年后期，红衣主教波尔在对剑桥大学所下的命令中，坚称应该将洗礼盆锁起来，以避免圣水被盗。[42]偷盗圣体总是不时发生，在1532年，伦敦曾报道过三起偷盗事件。宗教改革后期，圣餐面包曾持续被用于非法的巫术：詹姆斯·戴维斯是1612年兰开夏郡的一名妖巫，他的祖母老登迪克曾告诉他，要为圣餐奉献自己的一切，并把圣餐面包带

第二章　中世纪教会的巫术

回家。⁴³

然而,这些迷信行为大部分并不像从祭坛偷圣体那样富有戏剧性。仅仅出席弥撒就可能获取世俗的好处。14世纪利勒夏尔的奥斯丁教士约翰·米耶克在其《教区神甫手册》中宣称圣奥古斯丁圣徒的威严时,提到任何一个看见持圣体神甫的人,都将在此后的日子里酒肉不缺,更能免于猝死或失明的危险。⁴⁴16世纪早期,威廉·廷代尔写道:"上千人相信,若在神甫读《约翰福音》之时画十字,当天就不会发生不幸之事。"⁴⁵弥撒也可以作为预知未来的途径,或者能使人在策划的冒险中一切顺利。神甫到处讲述圣餐奇迹般的好处,同时也散布着那些不配领取圣餐而参与仪式的人遭受恶果的故事。⁴⁶在1549年的第一版《公祷书》记载的圣餐礼中,助理神甫受命警告会众,那些不配领圣餐的人,一旦接受了圣餐就将在精神和现实生活中永世受地狱之苦。如果这样做,"我们就激起了上帝的愤怒;刺激他用种种疾病和各种各样的死亡降灾难于我们"。17世纪一位聪明的观察者注意到,天主教的教义说弥撒"对海、陆,骑马或步行旅行之安全;对不育、年老,或生育中的妇女;对发烧和牙痛;对公猪和母鸡;对失物复得等诸如此类的事情"仍旧非常灵验。⁴⁷

其他的基督教圣事也都像弥撒一样,引发了一系列相伴而生的信仰。而它们被强加的现实意义是教会领袖们从未宣称过的。在宗教改革前夕,这些仪式大部分已经演变成至关重要的"跨界仪式"。设计这种仪式是为了使人能够更顺利地从一种社会状态跨入到另一种新的阶段,在强调人生新阶段的同时也要获得神的赐福。象征新生儿成为教会成员的洗礼,对于婴儿转变成完整的人是非常必要的仪式,到13世纪,人们仍认为婴儿在出生的第一个星期内就应受洗。教会教导会众说,要获得拯救,仪式是绝对必要的,且生前未受洗的婴儿通常会被置于地狱边缘,他们在那里将永远看不到上帝,据一些神学家所言,这些婴儿甚至会永世受地狱之苦。[48] 因此,人们要在洗礼的仪式中给孩子驱魔(这明显暗示了其先前已被魔鬼占有),给他们涂抹圣油,同时,还要用沾有圣水的十字架对他们画十字。此外,还需用一件白袍扎在婴儿头上(婴儿白色洗礼袍),若婴儿夭折,白色洗礼袍则做裹尸布用。

作为将孩子正式接纳进入社会的洗礼仪式,其社会重要性不言而喻。所以,除了教会认可的意义,仪式被人们赋予更广泛的内涵也就不足为奇了。即便在20世纪早期,一些偏远乡村的人仍相信孩子在受洗之后"会长得更好"。中世纪晚期的人们一般都认为,如果要使孩子活下来,受洗是一项必要的仪式,甚至还有关于失明的孩子由于受洗而恢复视力的传说。杂七杂八的迷信牵涉了仪式应在哪天举行,应该使用哪种水,以及教父、教母应该具备怎样的资格。此外,也有试图在不适当的情况下举行仪式的事例,比如有人曾于婴儿降生前对其胎膜施洗礼,还有人在母亲分娩过程中驱魔。[49] 更有极普遍的观念认为:动物也有可能受益于仪式。16、17世纪所记载的众多事例中就有一些对狗、猫、羊和马[50]施洗礼的尝试,这种情况或许并非出于清教徒对英国国教仪式的嘲弄或者醉酒行为,而是反映了"仪式对任何活的生物都具有实际效用"的古老迷信思想。

同样,人们对坚振礼的仪式也有类似的看法。这项仪式起初是与出生洗礼结合,作为一个完整的基督教入会仪式。中世纪早期,尽管人们仍期望坚振礼在孩子非常小的时候举行,但是这两个仪式还是被分开了。13世纪的英格兰主教规定了各种不同的接受坚振礼的最大年龄,从一岁到七岁都有;虽然后来七岁渐渐成为底线,习俗却没能跟上:亨利八世的女儿伊丽莎白于降生三天后受了洗礼和坚振礼。唯独16世纪中期,特伦托会议要求受礼的孩子必须达到有自主权的年龄,并能够复述其信仰的基本组成部分。[51] 在坚振礼仪式中,主教会把手放在小孩身上,并在小孩前额系一条亚麻布制的带子,这条带子需要孩子在随后三天一直戴着。人们相信这能增强他抵御魔鬼的能力，流行的说法是：任何情形下解开那条带子都会招致极端的噩运。此外，身体的感觉也被庸俗地归因于仪式：这种信仰直到 19 世纪仍有遗留，如诺福克地区有个老女人证实了这种信念，因为她发现该仪式可治疗其风湿症。[52]

还有一种具有极强社会意义的基督教仪式是分娩之后的安产感谢礼或净化礼，这表示社会对女人作为母亲这一新角色的认可，并且经过仪式后要有一段时期的隔离和回避，她才可以与丈夫重新开始性关系。极端的新教改革者后来把这种洗礼视为英国国教中最可憎的天主教遗风，然而中世纪的神甫也同样花费了大量精力驳斥这种风行的迷信思想。比如，有些观念认为，在被净化之前，母亲出现在其住宅以外的地方，看到天空或大地都颇为不妥。教会把净化仪式当成对安全分娩的感恩，不情愿为施礼做任何拖延。而且，教会也不接受"女人在被带到教堂接受感恩仪式之前都应该待在室内"的观点。正如《塞勒姆手册》和《富豪与乞丐》强调的那样，只要未受净化的妇女愿意，她们任何时间都可以去教堂。这两本书还着重指出："那些称未净化妇女为异教徒的人，本身就处在愚蠢和罪孽之中……罪孽深重。"但是，安产感谢礼对一般人而言，无疑是一种与其犹太教先例密切相关的净化仪式。[53]

激进的新教徒后来责备仪式本身"在普通人心中培育并滋养了许多迷信观点；就好像女人有了孩子就不干净也不圣洁了"。[54] 但是，更公平的看法应该是：迷信催生了仪式，而非仪式导致了迷信。处女或者至少节制性交，仍然是一种为人们普遍接受的圣洁状态；而且中世纪有许多人拥护埃塞克斯郡大托瑟姆的劳狄安教区神甫的看法，该神甫拒绝那些处在月经期的女人和在前一晚发生过性行为的女人参加圣餐仪式。[55] 这样的偏见或许是因为教会的纯男性特征和对禁欲的强调而加重，但是此类偏见在原始社会中是如此的普遍，以至于不能仅将其视为中世纪宗教信仰的产物。妇女的安产感谢礼仪式在公众眼里含有一种半巫术的意味；因此，教会曾试图遏制如下观点,即那些分娩时死去且未参加安产感谢礼的女人不能以基督徒的方式安葬。[56]然而教会的努力是徒劳的。净化观点平安度过了宗教改革浪潮;甚至到17世纪末,威尔士还有部分地区报道:"除非有人把妇女当成阻止巫术的护身符,否则普通妇女几乎不会被带去参加安产感谢礼,人们还认为,妇女产后被带到教堂接受感恩仪式之前,草将无法在她们踏过的地方生长。"[57]

详细述说与婚姻典礼相关的迷信是毫无必要的。这些迷信大多教导人们:违背仪式的要求可能会对结亲的命运有不利影响,这些要求关系到仪式的时间、地点、新娘装束,等等。典型的观念认为:只要新娘一直戴着戒指,结婚戒指就会形成一个有效遏制无情和冲突的秘诀。[58]这种观念进一步显示:教会圣礼是如何招致与之相伴随的迷信,这种迷信又是如何粗糙地给神学家的宗教规则增添了原始的现实效用。

这种趋向也许在与埋葬死者相伴的各种仪式里不太明显,如尸体应面对东方,或者葬礼同时应该施舍穷人等惯例。尽管在公众眼里,这些仪式很重要,但它们主要与死者精神上的福利相关,几乎没有任何有碍生者福利的直接影响。除非死者灵魂无法安息,进而回来困扰亲属。[59]丧葬习俗是值得研究的,因为丧葬方式有助于缓和死亡所带来的一系列社会调整。但是,由于它们的特性,在大众心中这种基督教仪式所带来的实际效果并没有像其他"跨界仪式"那样以相同的方式得到证实。

然而,在一个人死去之前,他还是会经历七个圣礼中的最后一场圣礼——临终涂油礼。在其中,接受涂油者被涂抹上圣油并被给予临终圣餐。以平常人的观点看来,这是个可怕的仪式,而从盎格鲁-撒克逊时代起,人们就有了一个坚定的信念:认为接受临终圣餐实质上就是死亡判决,这将使接受者无法康复。中世纪教会认为有必要谴责这样的迷信:临终涂油礼的接受者一旦好转,就应该克制不要吃肉、赤足,也不应再和妻子性交。[60]也许是为了驱散这样的恐惧,教会领袖强调:只要有坚定的信仰,涂油礼促进患者康复是有可能的。其着重强调的原因恐怕就是试图遏制上述迷信带来的恐惧感。特伦托会议强调指出,仪式可以激发接受者的生存意愿,而且邦纳主教在1555年写道:

> 虽然在我们这个恶劣时期,接受这种圣礼并能幸免不死的人数微乎其微……但是,这并不能归咎于这种圣礼的过失或者缺失,相反,原因在于人们缺乏坚定且持续的信念,这种信念应该在那些圣礼本该帮助的人身上显灵;在质朴的教堂中,人们强烈的信念促使全能的上帝在被涂油患者身上发挥出巨大而有效的作用。[61]

这就将涂油礼与教会其他治疗意图大过象征意义的赐福仪式紧密地联系起来了。[62] 由此它自证了人们广泛寄寓的物理功效确实被宗教仪式所囊括了。

除去作为获得神助手段的圣礼,紧接着的就是信徒的祷告。这种祷告具有多种形式,而与世俗问题最相关的类型则要数"代祷"。人们借此召唤上帝在拯救之路上提供指导,同时也解决物质方面的困难。在灾祸丛生的时期里,神甫和大众祈求神的救助是合情合理的。个体恳求上帝成全其私人的诉求,而整个社会则提出共同的恳求,最典型的是由教会安排的盛大的游行队伍。中世纪英格兰的游行队伍普遍是为了应对瘟疫、粮食歉收和恶劣天气;并且人们确信这么做可以触发上帝的仁慈,从而扭转自然进程以响应众人之忏悔。1289年,奇切斯特主教规定,当看见暴风雨即将来临的时候,不等上面下达命令就指挥游行并祈祷是每位神职人员的职责。[63]

认为俗世可能受到超自然干预的信仰,本身并不是一种巫术。一方面,神甫祷告和巫师咒语之间的根本区别是后者声称巫术能自然奏效；祷告不能确定必然成功，若上帝不容许就得不到承认。另一方面，咒语需要永远正确，除非仪式忽略了某个细节，或者敌对巫师使用了更强的反巫术。换句话说，祷告是祈求的形式；咒语是机械的操纵手段。巫术假定巫师学会了控制自然的隐秘力量，但是宗教则假定某个有意识的代理人通过祷告和恳求来改变世界的方向。19世纪的人类学家普遍认同这种区别，但他们的现代后继者却拒不承认这种差异，其理由是：它既没能考虑到巫师仪式中恳求妖仙的部分，也没能考虑到巫术在某些原始宗教形式中所扮演的角色。[64] 但在强调基督教祷告并非强制性的范畴上，它是有用的。教会的教导在这点上通常是毫不含糊的：祷告也许会产生实际结果，但谁也无法保证一定会如此。

然而，在实际操作中，这种区分在大众心中一再地被模糊。教会推荐在医治患者或采集医用草药时进行祈祷。告解神甫要求忏悔者重复规定数目的《主祷文》、《圣母经》和《使徒信经》，由此培养出认为用外语祷告的吟诵具有意想不到效果的观念。随后的中世纪歌祷堂都是在这样的信仰基础之上修建的，人们认为定期祷告会对建造者的灵魂有益处；他们预先假定了弥撒的数量价值，正如研究它们的最新近史学家所评价的那样："仅仅是仪式的重复就有着近乎奇迹般的意义。"[65] 救赎本身似乎借由机械手段就可以达到，而祷告越多就越有可能成功。因此以自己的名义为他人祈祷幸福安康就变得有价值了。亨利八世统治时期，埃克塞特的侯爵夫人付20先令给肯特郡的修女伊丽莎白·巴顿，以祷告不会在下一次分娩时失去她的孩子，还祈祷她的丈夫会安全从战场回家。[66] 托马斯·莫尔爵士曾谈及一个考文垂的修士，此人声称每天诵读一次《玫瑰经》就会得到拯救。索尔兹伯里大教堂的手册中有一条礼拜规则的惯用语："无论谁拜上帝和圣洛克后做此祷告，都将承神之恩泽不死于瘟疫。"杰里米·泰勒说，天主教教导人们，"祈祷自身……的确奏效"，就"像魔咒师的咒语一样，即使无法理解也会奏效"。[67]

第二章　中世纪教会的巫术

　　中世纪教会就此做了大量的工作以弱化祈祷和符咒间的根本差异，并鼓吹重复圣语有好处的观点。伊丽莎白时代的两位小册子作者认为这是天主教学说的遗产，"典型的无知大众在目睹忧郁缠身之人时会盲目地认为物理疗法对他们于事无补，而单凭博学者优美的话语和祷告就能重塑他们完美的健康"。[68] 由于中世纪神学家鼓励人们在收集草药时进行祈祷，所以那些认为草药除非以仪式之方式采摘否则便无用的观念就保留了下来。16 世纪和 17 世纪的乡村巫师之间的区别在于，他们是否认为仅靠仪式和特殊祷词的念诵就可以使患者康复。[69] 而中世纪教会却不曾如此教导过教众，尽管祷告很有必要，但祈祷并不撇开医疗措施，意图独自生效。但是，圣职者已经断言，祷词的朗诵对害虫或恶魔足以起防护作用；[70] 此外，教会若不鼓励人们庄重地重复一系列祈祷，关于《圣母经》和《主祷文》拥有治疗力的巫术信仰就不会出现。都铎王朝时的英格兰乡村巫师尚未发明自己的巫术：他们的巫术继承自中世纪教会，且其规则和仪式在很大程度上也是几个世纪天主教教义的衍生品。因为，除官方支持的祷告外，尚存众多秘密的半基督教符咒，而这些符咒基本上都套用了基督教的程式。罗伯特·雷内斯是 15 世纪诺福克郡阿克来地区的教会地方官，以下从他摘录簿中选取的段落很典型地反映了这个问题：

　　英诺森教宗理所当然地认为：任何能忍受我主耶稣基督三颗钉子施加于身，并每日以五遍《主祷文》，五遍《圣母经》和《诗篇》来膜拜三颗钉的人，无疑会得到七件礼物的允诺。第一，他不会死于刀剑。第二，他可免于猝死。第三，他的敌人不会征服他。第四，他将善良诚实地生活。第五，毒物、热病、伪证都折磨不到他。第六，他不会在接受教会的圣礼前死亡。第七，他会免于所有恶灵，包括从瘟疫到所有邪恶之事的损害。[71]

宗教改革以后的那个世纪中,这类符咒是大众巫术的一个共同特点;并且过去的天主教祷告礼节上也是如此详述的:例如,祈祷者熟知的圣布里奇特"O"字头祈祷词(因为他们全都是以祷文"O"开头),人们认为重复祈祷它15天能占卜自己的死亡日期。[72] 祷告也可以用在有害意图上。比如,倒过来朗诵就是有害的。[73]《富豪与乞丐》一书声称:"人们常听说,妖巫在其痛恨者的脚印中滴下神圣蜡油并念诵《主祷文》将致使那个人的脚溃烂。"这显然并没有夸大其辞:1543年,坎特伯雷的乔安娜·梅里韦瑟"因为讨厌一个叫伊丽莎白·赛尔西的年轻女佣和她的母亲,就点燃了上述伊丽莎白的粪便;并将神圣的蜡烛丢在那粪便上。然后她告诉邻居说,这种巫术将使该女佣的屁股裂成两半"。[74]

　　通过发誓在祈祷兑现之时做出偿还来提高成功率,是另一种胁迫上帝答应恳求者请求的方法。由此,上帝和人便可以通过彼此的私利盟约而联合起来。一位面临海难危险的水手也许会许诺向神坛进奉蜡烛或保证自己会做一场艰苦卓绝的朝圣以使自己逃脱当前的危险。[75] 17世纪的妇女仍然仿效汉娜的榜样庄严地发誓说,如果能摆脱不育,她们将会让孩子们致力于宗教事业。[76] 斋戒仪式也被认为是灵验的。15世纪曾出现过这样一种信念:一个人如果每年在"天使报喜节"那周举行斋戒,就可以避免猝死。相反,"黑斋戒"则被用来置敌人于死地。[77]

　　民众认为中世纪教会能够支配超自然力量的进一步实例体现在司法管理的宗教制裁中。促使证人诚实做证的标准做法是,要求其庄严地对证词的真实性发誓。这种做法隐含着做伪证将遭上帝报应的意味,惩罚必定存在于来世,且在现世也极可能发生。故此,世俗法庭经历了漫长的岁月,才把伪证作为一种民事罪行来加以处理。若是对着圣物,如《圣经》,或者圣人遗迹发誓,其对发誓者的威慑力就更强了。例如,卡迪根小修道院的神圣锥就"被用于起誓重

第二章 中世纪教会的巫术

大或艰难的证词",进而成了修士牟利的财源。在11世纪《德比红皮书》中的一个记录宣称:"人们通常相信,如果用谎言对此书发誓就会疯掉。"16世纪的爱尔兰人曾以类似的方法利用圣帕特里克的拐杖,他们相信对这个圣物做伪证将遭受比对福音书立誓做伪证更严重的惩罚。同样,为了使事后背弃誓言的人得到更严酷的制裁,人们曾在祭坛上放置盎格鲁-撒克逊宪章或将其复制在福音书或《圣经》里。[78] 这种威慑物的效用则完全是另一回事:研究中世纪早期法律的史学家宣称"我们的祖先做了伪证是不受惩罚的",而且庭审中频繁出现的伪证在中世纪晚期曾招致普遍的抱怨。[79] 尽管如此,教会却一如既往地支持神圣制裁。

作为良心的拷问,弥撒是另一类备选策略,它常常成为支持证词和约束协议的非正式手段。受怀疑的当事人被要求领受圣餐,因为人们认为如果他有罪或不诚实,则必受诅咒。若他自愿接受这个测试的话,将由此构成他的无罪证明。在都铎王朝统治期间,人们有时会把圣餐当作清除恶意诽谤的良方。[80] 类似的做法渐渐形成了惯例,劳德大主教试图把这种惯例变为强制性的措施,让新婚夫妇首先参加婚礼,紧接着就要一起参加领受圣餐的圣礼,以此来进一步证明他们的婚姻誓言。到了现代,新近皈依的非洲人也曾把基督徒圣礼当作神裁法加以运用。[81] 中世纪的神圣遗物也是出于同样的目的而使用的。拉蒂默主教曾就人们聚集在格洛斯特郡的海利斯修道院围观基督之血的事件做出评论。他认为"亲眼所见确实能使人们打消以前的疑虑,并确信他们的生活环境是纯洁的,以及他们本身都处在未被罪恶污染的救赎中"。[82]

偷窃案也有相应的超自然方法可以追查,尤其是那些偷窃圣物的案件。圣徒的生活经历总是充斥着各种神奇的果报故事,其中有的故事说,圣徒逮住了试图盗窃教会宝库的贼,或是逮住了潜入某神圣场所的意图不轨者。一旦圣徒进入这些神圣场所,窃贼就无法脱身,要么就是被盗的圣物粘住了小偷的手。1467年,从伦敦教堂窃取圣餐盒的小贼直到坦白罪责并得到赦免的时候,才能看见圣体。[83] 也有各式各样侦查窃贼的民间方法,其中,祈祷或《圣经》起到了至关重要的作用;1499年,萨福克郡的一个妖巫建议委托她庇护的人们,给他们自己的马提供圣餐面包和圣水,以防止它们被偷走。[84]

这样一来,中世纪教会就被各种各样的世俗力量当成取之不尽用之不竭的巫术仓库。确实很难想象有哪些世俗愿望是教会无法满足的。几乎所有与教会仪式有关的事物,在人们眼中都有着某种特别的意味。《圣经》中任意一种祷告或片段或许都蕴藏着某些有待叩问的神秘力量。《圣经》可以作为随机开启并揭示命运的占卜工具。给分娩的妇女大声朗读福音书,能保证她们安全分娩。若将《圣经》放置在躁动的儿童头边就可使其安稳地睡去。《富豪与乞丐》宣称,倘若满怀虔敬之心背诵圣语去迷惑蛇或鸟,这种做法便是可以接受的。[85]

这种观念的广泛传播明白无误地向我们证明,英格兰人归功于教会机构的神奇力量是如何而来的。类似的假设也存在于许多新近皈依的非洲人之中。许多赞比亚和马拉维的切瓦人相信,基督徒把《圣经》作为强有力的占卜工具来使用,并且还把皈依假想成取得世俗成功的序曲;而当地圣灵降临教会的预言者确实有取代传统占卜师角色的倾向。北美洲的马卡红印第安人同样把基督教当作新式的占卜和治疗手段。居住在南非德兰士瓦东北部的佩迪人之所以被吸引加入新的宗教,是因为他们希望能获得对抗疾病的额外保护,而对班图人而言,基督教的治疗功效才是福音传道最为关键的核心。[86] 1465年,中世纪英格兰宗教与物质繁荣间的类似关联生动地展现在一个事例之中:一个被逐出教会的人在一个场合反驳道,将他驱逐出教会并没有产生人们期望的效应,因为他的麦田相比邻居而言并没有变小,而如果上帝对这项驱逐令予以支持的话,他的庄稼地本应该是变小的。[87]

第二章　中世纪教会的巫术

当然,如果认为中世纪教会故意为世人提供用超自然手段解决问题的巫术体系,这无疑是对教会职能的明显曲解。教会主要的关切点是超脱尘世的。大多在宗教基础上提出的巫术主张都是寄生于教义的,而这些主张或多或少都曾遭到过教会领袖的有力驳斥。实际上,我们对于迷信的了解大多来自那些谴责迷信的中世纪神学家和教会委员会。根据新教改革者的控告来推断中世纪教会领袖的态度或许是错误的。中世纪神职者通常都把着眼点放在教会仪式的代祷本质上。祷告朗诵、圣徒崇拜、圣水的使用和手画十字全部是出于安抚心灵的自愿目的,而非强制所致。作为基督化身的永恒延伸,教会声称自己是人与上帝之间的媒介,是通过规定的渠道在人间分配上帝之仁慈和恩典的执行者。圣礼不考虑教士道德评判的好与坏,只是自顾自地运转着,这显然赋予了中世纪基督教一种巫术般的特性。[88] 但是,大多数其他传教实践只能由好的教士和虔诚的信徒来完成。他们取决于那些参与者的精神状况:例如,如果参与者信念不够坚定,那么神羔(耶稣基督的别名)也许就保护不了这样的佩戴者。

只有在大众层面上,人们才普遍相信,教会具有神奇且强大的力量。许多中世纪晚期的神学家就性情而言都是坚定的"理性主义者",他们更愿意提倡人进行自救的重要性。他们从古老的时代继承了礼拜式,并且慎重地审度着它们。这些神学家视圣礼为一种象征性的仪式,而非具有物质效力的手段。教会作为监督机构,热忱地把教众的虔诚度控制在合理的范围内,并严密地审查每一起奇迹事件所发表的声明,从而对大众"迷信"起到了很好的管控作用。[89] 此外,中世纪晚期的天主教教众并不都是愚昧的农民;他们中有许多城市居民,这些人在智力上比神职者更敏锐,且普遍都受过教育。15世纪的白话文学很好地诠释了他们对社会的现实见解。[90]

然而,有诸多情形都在强化着这样的观念:教会作为一个巫术机构扮演着毫不逊色于其信仰机构的角色。视教会为巫术机构的看法是最初皈依教会时就遗留下来的，而不仅仅是因为盎格鲁-撒克逊教会的领袖格外注重圣徒施展奇迹的能力，同时散播奇闻逸事的传言，进而展示他们相较于异教徒巫术的优越性；然而，这种状况本身给后来肃清"粗劣"宗教教义造成了不少困难。真正的困难源于早期的基督教领袖急于将陈旧的异端因素纳入其宗教活动，而不愿意把过于直接地否决其他任何崇拜的观念灌输给新近皈依者。对井、树木和石头的古老崇拜与其说被废止了，不如说只是变换了形式而已。基督徒不过是接管了异教徒的活动场所，并将这些地点同圣徒联系在一起，从而堂而皇之地取代异教神的地位罢了。异教的节日同样也被并入教会年之中。新年成了割礼日；五朔节是圣腓力节和圣雅各节；仲夏节是施洗约翰节。丰收仪式的内容被改成基督徒游行，而圣诞柴则被引入基督诞生的庆祝中。[91]

  这些众所周知的同化过程当然也让基督教付出了一定的代价，因为它意味着许多古老的异端邪说所服务的对象，如今都披上了基督教的外衣。零零散散分布在乡村的数百个巫术泉成了与圣徒相关的"圣井"，但是它们仍被用于巫术疗法和占卜未来。这种圣井之水有时甚至被当成适于洗礼的圣水。[92] 遵守基督教的年度节日被视为有助于生儿育女和庄稼的丰收。教会有选择性地赞助举办一系列宗教活动：于首耕周一"在火周围放置耕犁"，"以求一年有个好开端，期盼整个一年取得更好的进展"；[93] 每年五朔节、施洗约翰节前夜和其他节日要在山坡上点篝火；[94] 村民用花朵环绕圣井加以装饰，燕麦、乳酪和其他商品则供在圣徒神殿里。[95] 其中一些是遵循日历惯例的仪式，其异教起源早就被人们遗忘了，而其他仪式活动则留有明显的巫术意图。人们总是假想物质的繁荣与遵守这些仪式有某种内在联系；并且，每年参与这些活动增强了人们处理日常事务的信心。这种活动所带来的慰藉是如此强大，以至于教会无法忽视它们的作用；如果人们想要求助于巫术，那么，选择那些教会掌控中的巫术会更好。

第二章　中世纪教会的巫术

　　教会的巫术主张也会因教会自身的宣传而被强化。虽然神学家在宗教和迷信间划了一条明确的界限，但是他们对于"迷信"概念总是有一定弹性。除了它们原先被指定的目的，把圣物用于其他目的就意味着"迷信"。此外，若不是有某些自然诱因，进行未经教会批准而试图产生某种效果的行为也是"迷信的"。然而，同界定其他事情一样，在所有这类问题上，最终下定论的总是教会。一般来说，只要教会不赞同某种仪式，那这种仪式就会被划入"迷信"的范畴之内，而得到教会肯定的就不算"迷信"。正如梅赫伦会议于1607年所规定的那样：如果奇迹的产生既不源于自然的原因或神圣的手段，也不来自教会的神职授任或认同时，那么任何奇迹不过是迷信而已。[96]因此，如果成圣仪式宣称可以改变物质的本性，这就不算是迷信：这不算巫术，巫术必然牵扯了恶魔在其间作祟，而上述情况是上帝和教会运作所致。15世纪，一名反对巫术的作家强调说，只有自然的活动才可能达到自然的效果；但是，他们并没有根据这个规则而将某些得到认可的行为打入迷信的行列，比如四处搬运圣体从而减少暴风雨的做法就依然被视为正当的举措。[97]因为天主教神学家始终都在强调，教会的权威认可直接决定着所有行为的正当性。神甫和巫师之间的区别主要不取决于他们所声称能达到的效果，而在于他们的社会地位，以及他们各自的主张所仰仗的权威靠山。伊丽莎白一世时代的雷金纳德·斯科特曾讽刺地写道："他（教宗）把富人封作圣徒，却把穷人贬作妖巫。"[98]

　　通过强调信仰的神秘力量能保护信徒免受恶灵之侵袭，神学家使得公众更加相信教会拥有极为强悍的巫术力量。他们并不否认恶魔可能会通过雷电暴雨造成物质损失，或用神秘疾病折磨人和动物。但他们更加关注教会支配下的反巫术。如果一头母牛被施了魔法，应该将圣水灌入它的喉咙。如果一个人认为他看见了恶魔，他应该用手画十字。如果恶魔带来了风暴，那就要敲响圣钟才能与之抗衡。如果恶魔占据了某人的心智，教会可以举行仪式为他驱魔。[99]只要宗教术语可以解释某些物质世界的灾难，那这些灾难就可以用宗教武器来加以遏制；在这个方面，教会声称其具有不容置疑的权威。

因此，每当符合自身利益的时候，教会领袖往往都会放弃反迷信的斗争。在整个中世纪，教会领袖基本上都怀着矛盾的心情，看待那些轻信巫术的单纯的教会追随者。虽然教会高层人士不希望追随者都如此粗俗且迷信，但他们也不愿意劝阻这些信徒，因为那将不利于增进信徒的普遍忠诚。如果崇拜圣体的巫术效力有助于提高教士的威望，并能使信众更勤勉地参与教堂礼拜，那么，对它睁一只眼闭一只眼又有什么坏处呢？像遗物崇拜、祷告朗诵或者佩戴辟邪物和护身符这样的做法，都可能导致过度应用的后果，但是，只要这种应用促使人们与真正的教会和真实的上帝产生更为紧密的联系，过度或许也就没什么好谴责的了。真正发挥作用的是崇拜者的意图，而不是引发崇拜所使用的手段。乔叟的教区神甫评论说："如果医治人或野兽创伤或疾病的符咒奏效，那很可能是上帝容许的偶然事件，因此，人们应该对以上帝之名开展的行为寄予更多的信任和尊敬。"假如这么做能促进对上帝及其圣徒的真诚信赖，那它们就不会有什么真正的坏处。

总之，至少大多数教士是这样推论的。[100]他们这么做其实是把中世纪教会变成了一个更加灵活的机构，而它的效果可能超出了他们的期望。因为对教会巫术能力的信仰常常构成教众虔诚的基本要素，他们必须宽容地看待这种状况。中世纪神学家和现代史学家倾向于认为，这种宽容的态度仅针对中世纪天主教主体上的附属分支，人们可以通过修剪这些附属物来净化信仰，而这样做并不会影响信仰的本质。所以，从神学家的视角来审视这个问题，它的确就是这样的状况。然而，在大众层面上，真正的宗教和寄生在宗教上的迷信之间的严格区别是否成立，仍旧是存在疑问的。教会在巫术与信仰这两方面的作用通常是密不可分的。许多教区神职者自己

第二章　中世纪教会的巫术

都没有对这二者进行过区分：1538 年，拉伊地区的一个孩子曾被建议，用圣餐杯分三次喝圣水来治疗他的百日咳，该建议不是由某些无知的教区居民提出的，而是神甫本人提出的。[101] 在许多原始社会中，巫术和宗教间的界限总是难以清晰地勾勒出来；而要在中世纪的英格兰将这二者区分开同样是困难的。

57

注　释

文献说明：关于中世纪教堂此方面的基本文献有：A. Franz, *Die kirchlichen Benediktionen im Mittelalter*（Freiburg-im-Breisgau, 1909），该书基于中世纪早期的礼拜文献。但并没有太多与中世纪晚期或者英格兰相关的材料。除了 *York Manual and Sarum Manual*，我还从 W. Maskell, *Monumenta Ritualia Ecclesiae Anglicanae*（2nd edn, Oxford, 1882）中摘录了一些礼拜文本。13 世纪的 G. Durandus, *Rationale* 是对于教堂仪式非常宝贵的指南（由 Ch. Barthelémy 译成法语 [Paris, 1854]），以及 *D.T.C.* 中的大量文章。围绕圣礼的迷信调查首推：Thiers, *Superstitions*。C. G. Loomis, *White Magic. An Introduction to the Folklore of Christian Legend*（Cambridge, Mass., 1948）提供了对圣徒生活奇异内容的有用分析，而下书中有一份对教堂巫术的粗略试探性阐述：V. Rydberg, *The Magic of the Middle Ages*, trans. A. H. Edgren（New York, 1879），chap. 2。See also P. Delaunay, *La Médicine et l'église*（Paris, 1948）。

1. See e.g., B. Colgrave, "Bede's Miracle Stories", *Bede, His Life, Times and Writings*, ed. A. Hamilton Thompson（Oxford, 1935), and the passages in Bede cited by J. D. Y. Peel, "Syncretism and Religious Change", *Comparative Studies in Soc.and Hist.*, x（1967—1968), p. 134, n. 40.

2. *S.T.C.* 列出了 1483 年到 1527 年间的八个版本。一个现代的重印版本由 F. S. Ellis（Temple Classics, 1900）编辑，以及下书中有相关讨论：H. C. White, *Tudor Books of Saints and Martyrs*（Madison, Wisc., 1963), chap. 2。关于教堂医术的早期例子，see W. Bonser, *The Medical Background of Anglo-Saxon England*（1963), pp. 118—119, and Loomis, *White Magic*, *passim*。

3. P. A. Brown, *The Development of the Legend of Thomas Becket* (Philadelphia, 1930), p. 258; W. Sparrow Simpson, "On the Pilgrimage to Bromholm in Norfolk", *Journ. Brit. Archaeol. Assoc.*, xxx (1874); Kittredge, *Witchcraft*, pp. 37—38. 求助于神奇圣地的例子, see J. C. Wall, *Shrines of British Saints* (1905), pp. 129, 213。

4. M. D. Anderson, *Looking for History in British Churches* (1951), pp. 144—145 举出了 186 个圣克里斯托弗的绘画的例子。关于圣安康伯: T. More, *The Dialogue concerning Tyndale*, ed. W. E. Campbell (1931), pp. 166—167, 以及关于德费尔·格达恩: G. Williams, *The Welsh Church from Conquest to Reformation* (Cardiff, 1962), pp. 495, 502。

5. W. Tyndale, *Expositions and Notes*, ed. H. Walter (Cambridge, P.S., 1849), p. 165. Cf. D. Erasmus, *Pilgrimages to St Mary of Walsingham and St Thomas of Canterbury*, ed. J. G. Nichols (1849), p. 79.

6. More, *Dialogue Concerning Tyndale*, p. 62. 关于圣徒和他们的位置参见下书中的数据统计: F. Arnold-Forster, *Studies in Church Dedications* (1899), iii, and F. Bond, *Dedications and Patron Saints of English Churches* (1914)。

7. W. G. Hoskins, *The Midland Peasant* (1957), p. 79.

8. Scot, *Discoverie: A Discourse of Divels*, chap. xxiv. 标准圣徒清单和他们相应的专长, see T. J. Pettigrew, *On Superstitions connected with the History and Practice of Medicine* (1844), pp. 37—38; Brand, *Antiquities*, i, pp. 363—364; W. G. Black, *Folk-Medicine* (1883), pp. 90—94。

9. *The Whole Works of... Jeremy Taylor*, ed. R. Heber and revd by C. P. Eden (1847—1854), vi, p. 257; C. F. Bühler, "Prayers and Charms in Certain Middle English Scrolls", *Speculum*, xxxix (1964), p. 274, n. 31. Cf. *Later Writings of Bishop Hooper*, ed. C. Nevinson (Cambridge, P.S., 1852), p. 141; Frere and Kennedy, *Articles and Injunctions*, ii, p. 58, n. 2; C. S. L. Linnell, *Norfolk Church Dedications* (York, 1962), pp. 11—12 n.

10. Aubrey, *Gentilisme*, p. 29.

11. See R. M. Clay, *The Mediaeval Hospitals of England* (1909), p. 9, and G. H. Gerould, *Saints' Legends* (Boston, 1916), p. 292.

12. *L.P.*, xiii (1), no. 1199.

13. 有关这些仪式参见上面的文献参考笔记。N. 多卡斯托于 1554 年翻译了大量的内容且出版为 *The Doctrine of the Masse Booke*。

14. *Sarum Manual*, p. 4; Maskell, *Monumenta Ritualia*, i, p. cccxviii, n. 74.

15. Thiers, *Superstitions*, ii, p. 24.

16. *L.P.*, xviii（2）, pp. 296, 300.

17. *The Whole Works... of Jeremy Taylor*, vi, p. 268.

18. *The Chronicle of the English Augustinian Canonesses Regular of the Lateran, at St Monica's in Lou vain*, ed. A. Hamilton（1904）, i, p. 84.

19. T. Naogeorgus, *The Popish Kingdome*, trans. B. Googe, ed. R.C. Hope（1880）, f. 57^v.

20. See Aquinas, *Summa Theologica*, ii. 2. 96. 4; Scot, *Discoverie*, XII. ix; J. L. André, "Talismans", *The Reliquary*, n.s., vii（1893）.

21. *The Works of... Joseph Hall*, ed. P. Wynter（Oxford, 1863）, vii, p. 329. 关于神羔, see *D.T.C.*, i, cols. 605—613。

22. *H.M.C., Rutland*, i, p. 526.

23. *C.S.P.D., 1591—1594*, p. 29. *H.M.C.*, x, appx. i, p. 553 中描述了威尼斯人群聚于圣查尔斯·博罗梅奥祭坛以寻求免于意外死亡的庇护。

24. P.R.O., SP 12/224/ 145v（also printed in *Archaeologia Cambrensis*［3rd ser.］, i［1855］, p. 236）.

25. D. Gardiner, *Historic Haven. The Story of Sandwich*（Derby, 1954）, p. 166. 其他例子参见 Kittredge, *Witchcraft*, p. 158; Aubrey, *Miscellanies*, p. 141; J. C. Cox, *Churchwardens' Accounts*（1913）, pp. 212—213; B. Weldon, *Chronological Notes concerning the... English Congregation of the Order of ST. Benedict*（1881）, p. 185。关于圣钟的仪式参见 *Sarum Manual*, pp. 175—177。

26. T. Walsingham, *Gesta Abbatum monasterii Sancti Albani*, ed. H. T. Riley（Rolls Series, 1867—1869）, i, p. 313.

27. *Homilies*, p. 62, n. 20; V. Alford, "The Cat Saint", *Folk-Lore*, lii（1941）; P. B. G. Binnall in ibid., liii（1943）, p. 77; W. Tyndale, *An Answer to Sir Thomas More's Dialogue*, ed. H. Walter（Cambridge, P.S., 1850）, p. 61; G. R. Owst, *Literature and Pulpit in Medieval England*（2nd edn, Oxford, 1961）, p. 147; C. Singer, "Early English Magic and Medicine", *Procs. Brit. Acad.*, ix（1919—1920）, p. 362.

28. Wall, *Shrines of British Saints*, p. 61.

29. B. Willis, *An History of the Mitred Parliamentary Abbies and Conventual Cathedral Churches*（1718）, i, appx., p. 58; G. Storms, *Anglo-Saxon Magic*

(The Hague, 1948), pp. 313—314; Scot, *Discoverie*, XII. xxi (holy candles); B. L. Manning, *The People's Faith in the Time of Wyclif* (Cambridge, 1919), p. 94; G. G. Coulton, *The Medieval Village* (Cambridge, 1925), p. 268; id., "The Excommunication of Caterpillars", *History Teachers Miscellany*, iii (1925); G. R. Elton, *Star Chamber Stories* (1958), p. 206.

30. Foxe, vii, p. 489; *Homilies*, p. 59. 原始记录参见 H. C. Lea, *A History of Auricular Confession and Indulgences* (1896), iii, pp. 263, 496—500, and H. Thurston, "Scapulars", *The Month*, cxlix—cl (1927)。

31. Thiers, *Superstitions*, ii, p. 499.

32. A Watkin, *Dean Cosyn and Wells Cathedral Miscellanea* (Somerset Rec. Soc., 1941), p. 158; 5 and 6 Edward VI chap. 4 (1551—1552)。

33. 这种表达参见 G. G. Coulton, *Medieval Studies*, 14 (2nd edn, 1921), pp. 24—25。这种有争议的主题我在 C. W. Dugmore, *The Mass and the English Reformers* (1958), and F. Clark, *Eucharistic Sacrifice and the Reformation* (1960) 中都见过。

34. C. W. Dugmore, in *Journ. of Theol. Studs.*, n.s., xiv (1963), p. 229.

35. C. N. L. Brooke, "Religious Sentiment and Church Design in the Later Middle Ages", *Bull. of the John Rylands Lib.*, 1 (1967). 关于流行的字面意义的例子参见 E. Peacock, "Extracts from Lincoln Episcopal Visitations", *Archaeologia*, xlviii (1885), pp. 251—253。

36. G. G. Coulton, *Five Centuries of Religion* (Cambridge, 1923—1950), i, pp. 117—118. 这类目的的列表参见 Delaunay, *La Médicine et l'église*, pp. 10—11; Maskell, *Monumenta Ritualia*, i, pp. lxxx—lxxxi; Dugmore, *The Mass and the English Reformers*, pp. 64—65。对德国最完整的表述参见 A. Franz, *Die Messe im deutschen Mittelalter* (Freiburg-im-Breisgau, 1902)。

37. *Essex Review*, xlvi (1937), pp. 85—86.

38. *Dives and Pauper* (1536), f. 51. Cf. Kittredge, *Witchcraft*, p. 75; Thiers, *Superstitions*, iii, 5, chaps. vii—viii, xi; G. R. Owst, "*Sortilegium* in English Homiletic Literature of the Fourteenth Century", in *Studies Presented to Sir Hilary Jenkinson*, ed. J. C. Davies (1957), p. 281。

39. Weldon, *Chronological Notes*, pp. 234—235 通过一则令人作呕的逸闻阐释了这个学说。

40. Coulton, *Five Centuries of Religion*, i, cap. 7; Thiers, *Superstitions*, ii,

3, chap. xi; P. Browe, *Die eucharistischen Wunder des Mittelalters*（Breslau, 1938）; *Mirk's Festial*, ed. T. Erbe（E.E.T.S.）, i（1905）, pp. 173—174; *The Works of John Jewel*, ed. J. Ayre（Cambridge, P.S., 1845—1850）, i, p. 6; Scot, *Discoverie*, XII. ix.

41. *Select Works of John Bale*, ed. H. Christmas（Cambridge, P.S., 1849）, p. 236; *The Two Liturgies... in the Reign of King Edward VI*, ed. J. Ketley（Cambridge, P.S., 1844）, p. 99. A. G. Dickens, *Lollards and Protestants in the Diocese of York, 1509—1558*（1959）, p. 16 中有一个恰当的例子。

42. Powicke and Cheney, *Councils and Synods, passim*; Kittredge, *Witchcraft*, p. 470; Frere and Kennedy, *Articles and Injunctions*, ii, p. 416.

43. Kittredge, *Witchcraft*, p. 150; Potts, sig. H3.

44. J. Myrc, *Instructions for Parish Priests*, ed. E. Peacock（E.E.T.S., 1868）, p. 10. Cf. W. Harrington, *In this Boke are Conteyned the Comendacions of Matrymony*（1528）, sig. Eiii^v.

45. Tyndale, *An Answer to Sir Thomas More's Dialogue*, p. 61.

46. Thiers, *Superstitions*, iii, v, chap. xii; Manning, *The People's Faith in the Time of Wyclif*, p. 79; J. A. Herbert, *Catalogue of Romances in the Department of Manuscripts in the British Museum*, iii（1910）, *passim*.

47. H. More, *A Modest Enquiry into the Mystery of Iniquity*（1664）, p. 76.

48. A. van Gennep, *The Rites of Passage*, trans. M. B. Vizedom and G. L. Caffee（1960）, pp. 93—96。这本先驱著作中有关于洗礼的一次简要讨论。关于中世纪教义的主题: G. G. Coulton, *Infant Perdition in the Middle Ages*（*Medieval Studies*, 16, 1922）and G. W. Bromiley, *Baptism and the Anglican Reformers*（1953）, pp. 48—52。关于跨界仪式的意义的讨论见 M. Gluckman, *Essays on the Ritual of Social Relations*, ed. Gluckman（Manchester, 1962）and R. Horton, "Ritual Man in Africa", *Africa*, xxxiv（1964）。

49. 关于这些概念: Thiers, *Superstitions*, ii, i, *passim*; Brand, *Popular Antiquities*, ii, pp. 374—375; F. A. Gasquet, *Parish Life in Mediaeval England*（1906）, pp. 189—190; Delaunay, *La Médicine et l'église*, p. 10; W. M. Williams, *The Sociology of an English Village: Gosforth*（1956）, pp. 59—60; W. Henderson, *Notes on the Folk-Lore of the Northern Counties*（new edn, 1879）, p. 15; *County Folk-Lore*, v, ed. Mrs Gutch and M. Peacock（Folk-Lore Soc., 1908）, pp. 228—229; R. F（arnworth）, *The Heart Opened by Christ*（1654）, p. 5。

50. E.g., *V.C.H.,Oxon*, ii, p. 42 ; *Sussex Archaeol. Collns.*, xlix (1960), pp. 53—54 ; *C.S.P.D., 1611—1618*, p. 540 ; *1631—1633*, p. 256 ; *Southwell Act Books*, xxii, p. 213 ; *H.M.C., Hatfield*, x, p. 450 ; Lilly, *Autobiography*, p. 97.

51. Powicke and Cheney, *Councils and Synods*, pp. 32, 71, 298, 369, 441, 591, 703, 989 ; J. D. C. Fisher, *Christian Initiation* (Alcuin Club, 1965), pp. 122—123 ; W. A. Pantin, *The English Church in the Fourteenth Century* (Cambridge, 1955), p. 199 ; Maskell, *Monumenta Ritualia*, i, pp. cclx—cclxiii, 42, n. 9 ; Tyndale, *Answer to More's Dialogue*, p. 72 ; Harrington, *In this Boke are conteyned the Cōmendacions of Matrymony*, sig. Eii.

52. R. Forby, *The Vocabulary of East Anglia* (1830), ii, pp. 406—407. Cf. Thiers, *Superstitions*, ii, 2, chap. iii ; W. Tyndale, *Doctrinal Treatises*, ed. H. Walter (Cambridge, P.S., 1848), p. 225 ; *County Folk-Lore*, v. ed. Gutch and Peacock, p. 108 ; *Folk-Lore Journ.*, ii (1884), p. 348.

53. *Dives and Pauper* (1536), f. 229 ; *Sarum Manual*, p. 44 ; Harrington, *In this Boke are Conteyned the Cōmendacions of Matrymony*, sig. Div ; T. Comber, *The Occasional Offices... Explained* (1679), pp. 506, 507, 510.

54. J. Canne, *A Necessitie of Separation* (1634), ed. C. Stovel (Hanserd Knollys Soc., 1849), p. 109 n.

55. J. White, *The First Century of Scandalous, Malignant Priests* (1643), p. 50. 天主教把禁欲视为可取的行为,但并不是必须这样做; Thiers, *Superstitions*, iv, pp. 563—564。

56. J. Toussaert, *Le Sentiment religieux en Flandre à la fin du Moyen-Âge* (Paris, 1963), p. 101. Cf. *Sermons and Remains of Hugh Latimer*, ed. G. E. Corrie (Cambridge, P.S., 1845), p. xiv.

57. Kittredge, *Witchcraft*, p. 145. 引自 19 世纪 J. E. Vaux, *Church Folk-Lore* (2nd edn, 1902), pp. 112—113 中保存下来的记录; *County Folk-Lore*, v, p. 228。

58. W. Taswell, *The Church of England not Superstitious* (1714), p. 36 ; Thiers, *Superstitions*, iv, 10.

59. See below, pp. 701—717.

60. *Sarum Manual*, p. 113 ; Powicke and Cheney, *Councils and Synods*, pp. 305—306, 596, 707, 996 ; Thiers, *Superstitions*, iv, 8, chap 7.

61. E. Bonner, *A Profitable and Necessarye Doctryne, with Certayne*

Homelies Adioyned Therunto（1555），sig. Ddiii；Council of Trent, Session xiv, Doctrine on the Sacrament of Extreme Unction, chap. ii.

62. R. M. Woolley, *Exorcism and the Healing of the Sick*（1932）；B. Poschmann, *Penance and the Anointing of the Sick*, trans. F. Courtney（Freiburg, 1964）, pp. 233—257. "为眼痛祈福"又载于下书附录：W. Beckett, *A Free and Impartial Enquiry into... Touching for the Cure of the King's Evil*（1722）,pp.6—7。

63. Powicke and Cheney, *Councils and Synods*, p. 1086, and index under "processions".

64. 关于区别, see e.g., J. G. Frazer, *The Magic Art*（3rd edn, 1911）, i, chap. 4；有关批评, G. and M. Wilson, *The Analysis of Social Change*（Cambridge, 1945）, p. 72, and below, pp. 318—325, 765—768。

65. K. L. Wood-Leigh, *Perpetual Chantries in Britain*（Cambridge, 1965）, pp. 308, 312.

66. *L.P.*, vi, p. 589；A. D. Cheney, "The Holy Maid of Kent", *T.R.H.S.*, n.s. xviii（1904）, p. 117, n. 2.

67. H. M. Smith, *Pre-Reformation England*（1938）, pp. 161—162；*Private Prayers Put forth by Authority during the Reign of Queen Elizabeth*, ed. W. K. Clay（Cambridge, P.S., 1851）, p. 392, n. 1.；*Whole Works of... Jeremy Taylor*, vi, p. 251.

68. J. Deacon and J. Walkeralker, *A Summarie Answere to... Master Darel his Bookes*（1601）, pp. 211—212.

69. See below, pp. 210—216, 318.

70. Manning, *The People's Faith in the Time of Wyclif*, pp. 93—94.

71. C. L. S. Linnell, "The Commonplace Book of Robert Reynys", *Norfolk Archaeology*, xxxii（1958—1961）, p. 125.

72. Deacon and Walker, *A Summarie Answere*, p. 211. 同样的祷词亦可用于把祖先从炼狱中解救出来, H. C. White, *The Tudor Books of Private Devotion*（Madison, Wise, 1951）, pp. 216—217（their text is in Maskell, *Monumenta Ritualia*, iii, pp. 275—282）。

73. Thomson, *Later Lollards*, p. 83. 剑桥郡的一个女人于1619年被诬陷曾从事这类行为；Ely D. R., B 2/37, f. 78。

74. *Dives and Pauper*, f. 53；Ewen, ii, p. 447.

75. *The Colloquies of Erasmus*, trans. N. Bailey and ed. E. Johnson（1878），

i, pp. 278—279; *L.P.*, i, no. 1786. 目前意大利南部村庄也有类似看法, E. C. Banfield, *The Moral Basis of a Backward Society* (Glencoe, III, 1958), pp. 131—132。

76. Aubrey, *Gentilisme*, p. 97; R. H. Whitelocke, *Memoirs of Bulstrode Whitelocke* (1860), p. 288.

77. *Dives and Pauper*, ff. 60v—61v; below, pp. 611—612.

78. *Three Chapters of Letters relating to the Suppression of Monasteries*, ed. T. Wright (Camden Soc., 1843), p. 186; *York Manual*, p. xx; E. Campion, *Two bokes of the histories of Ireland*, ed. A. F. Vossen (Assen, 1963), p. [22]; P. Chaplais, "The Origin and Authenticity of the Royal Anglo-Saxon Diploma", *Journ. of the Soc. of Archivists*, iii (1965), p. 53. Cf. *Whole Works of... Jeremy Taylor*, vi, p. 175. 关于誓言的概述参见 J. E. Tyler, *Oaths, their Origins, Nature and History* (1834); H. C. Lea, *Superstition and Force* (3rd edn, Philadelphia, 1878), pp. 323—327; *Dives and Pauper*, ff. 93v—94; Aubrey, *Gentilisme*, p. 128; C. Hill, *Society and Puritanism in Pre-Revolutionary England* (1964), chap. 11。

79. Sir F. Pollock and F. W. Maitland, *The History of English Law* (2nd edn, Cambridge, 1952), ii, p. 543; D. Wilkins, *Concilia* (1737), iii, p. 534; *Sermons by Hugh Latimer*, ed. G. E. Corrie (Cambridge, P.S., 1844), p. 301.

80. *The Works of John Jewel*, i, p. 6; C. Chardon, *Histoire des Sacremens* (Paris, 1745), ii, p. 239; Thiers, *Superstitions*, ii, pp. 320—324; Coulton, *Five Centuries of Religion*, i, p. 114.

81. *C.S.P.D., 1640*, p. 279; Aubrey, *Gentilisme*, p. 130; cf. M. G. Marwick, *Sorcery in its Social Setting* (Manchester, 1965), p. 90.

82. *Sermons and Remains of Hugh Latimer*, ed. Corrie, p. 364.

83. Smith, *Pre-Reformation England*, p. 156. Cf. Loomis, *White Magic*, pp. 55, 85, 97—98, 194; L. F. Salzman, "Some Sussex Miracles", *Sussex Notes and Queries*, i (1926—1927), p. 215.

84. C. Jenkins, "Cardinal Morton's Register", *Tudor Studies*, ed. R.W. Seton-Watson (1924), p. 72. 在奥斯特发现的其他寻找丢失物品的教堂手法参见 *Literature and Pulpit*, pp. 147—148; Scot, *Discoverie*, XII. ix, xvii; Deacon and Walker, *A Summarie Answere*, p. 210。 Cf. below, p. 254.

85. Tyndale, *An Answer to Sir Thomas More's Dialogue*, pp. 61—62; B. Holyday, *Motives to a Good Life* (Oxford, 1657), p. 129; *Dives and Pauper*, f. 59.

86. Marwick, *Sorcery in its Social Setting*, p. 90 ; J. R. Crawford, *Witchcraft and Sorcery in Rhodesia* (1967), pp. 41, 221 ff. ; P. Tyler, "The Pattern of Christian Belief in Sekhukuniland", *Church Qtly Rev.*, clxvii (1966), pp. 335—336 ; B. G. M. Sundkler, *Bantu Prophets in South Africa* (2nd edn, 1961), pp. 220, 254—255 ; B. A. Pauw, *Religion in a Tswana Chiefdom* (1960), chaps. 2 and 6 ; E. Colson, *The Makah Indians* (Manchester, 1953), p. 277. Cf. M. J. Field, *Search for Security* (1960), pp. 51—52 ; M. Wilson, *Communal Rituals of the Nyakyusa* (1959), p. 184 ; R. W. Lieban, *Cebuano Sorcery* (Berkeley and Los Angeles, 1967), pp. 32—33 ; J. D. Y. Peel, "Understanding Alien Belief Systems", *Brit. Journ. Sociology*, xx (1969), p. 76.

87. *Parliamentary Papers*, 1883, xxiv (*Report of the Commissioners Appointed to Inquire into the Constitution and Working of the Ecclesiastical Courts*, i), p. 162. 关于现代爱尔兰的类似信仰参见 K. H. Connell, *Irish Peasant Society* (Oxford, 1968), p. 155。

88. Cf. Pauw, *Religion in a Tswana Chiefdom*, pp. 147—148, 195.

89. Franz, *Die kirchlichen Benediktionen*, ii, pp. 120—123 ; Manning, *The People's Faith in the Time of Wyclif*, pp. 83—85 ; E. Delcambre, *Le Concept de la sorcellerie dans le Duché de Lorraine*(Nancy, 1948—1951), pp. 132—133 ; A. B. Ferguson, "Reginald Pecock and the Renaissance Sense of History", *Studies in the Renaissance*, xiii (1966), p. 150.

90. A. B. Ferguson, *The Articulate Citizen and the English Renaissance* (Durham, N.C., 1965), chaps. 1—5.

91. 这一主题尤其参见 E. K. Chambers, *The Mediaeval Stage*, i (Oxford, 1903), chap. 6, and C. R. Baskervill, "Dramatic Aspects of Medieval Folk-Festivals in England", *Studies in Philology*, xvii (1920)。

92. Brand, *Antiquities*, ii, pp. 374—375 ; 以及一些例子, ibid., pp. 369, 385 ; R. C. Hope, *The Legendary Lore of the Holy Wells of England* (1893) ; Kittredge, *Witchcraft*, p. 34 ; *V.C.H., Oxon*, ii, p. 17。教堂反对极端圣井崇拜的例子参见 *Diocese of Hereford. Extracts from the Cathedral Registers, A. D. 1275—1535*, trans. E. N. Dew (Hereford, 1932), p. 97。

93. *Dives and Pauper*, f. 50.

94. *Mirk's Festial*, p. 182 ; Sir J. G. Frazer, *Balder the Beautiful* (1913), i, pp. 196—197 ; below, p. 82.

95. Frere and Kennedy, *Articles and Injunctions*, ii, p. 57; Bodl., Oxford DioC. Papers C. 22（Depositions, 1590—1593）, f. 76.

96. Thiers, *Superstitions*, ii, p. 8. Cf. *Malleus*, II. 2. 7; R. Whytforde, *A Werke for Housholders*（n.d., copy in Bodl., Ashm. 1215）, sig. Cii^v. 关于这个观点的相对性, cf. H. Thurston, *Superstition*（1933）, pp. 15—19。

97. *Malleus*, II. 2. 7.

98. Scot, *Discoverie: A Discourse of Divels*, chap. xxiv.

99. See below, pp. 570, 588.

100. Chaucer, *Parson's Tale*, I. 606; Aquinas, *Summa Theologica*, ii. 2. 96. 4; Owst, *Literature and Pulpit*, pp. 141, 148; Lea, *Materials*, p. 135; Manning, *The People's Faith in the Time of Wyclif*, pp. 78—83.

101. *L.P.*, xiii（1）, p. 430. 关于同一个模式, Scot, *Discoverie*, XII. xvii, 以及神甫在流行巫术中所扮演的角色, below, pp. 326—327。

第三章

宗教改革的影响

如果说巫术和宗教之间的区别被中世纪教会模糊了,那么其区别却为新教徒改革的布道者所再次强调。从一开始,罗马天主教的敌人就紧握巫术的要旨,在他们看来,巫术的要旨植根在教会仪式的各个方面。早在1395年,罗拉德派成员就在他们的"十二结论"中坚定地陈述了激进的新教立场:

> 教堂里对酒、面包、蜡、水、盐、油、香火、祭坛石头,以及外衣、主教法冠、十字架和香客的拄杖的神圣化和驱魔是妖术的行径,而不是神圣的神学。所以我们得出如下结论:人们认为被驱魔的物体被赋予了高于其自身禀赋的能力,我们借着错误的信念认为这种被施了符咒的东西具有了魔力,这正是恶魔施展邪恶伎俩的原理。[1]

罗拉德派成员援引了圣水的事例作为例子。他们坚持主张,如果教会的驱魔和祈福真能够起到实质性的效果,那么圣水对任何疾病都将是最佳药物。在设计好的仪式中依托上帝之手给普通水赋予神奇的力量,进而实现身心健康、驱逐恶魔或者消除传染病的诉求,不仅不合理,而且是亵渎神灵的行径。实际上,圣水并不比井水或河水更优越。² 也不会仅仅因为施了咒语,圣餐就获得了什么新的特性。³ 相似的反驳也曾出现在以下这两类情况中,一类是为抵御暴风雨而对教堂大钟进行的成圣仪式,另一类是为了在危险的情况下得到庇护而携带《圣经》铭文。⁴ 这类行径是纯粹的妖术,是把有效之力赋予念诵词句的无稽之谈,是将某种神力凌驾于事物自然属性之上的无望尝试。罗拉德·瓦尔特·布鲁特认为,教士的某些典型做法都是从巫师那里模仿来的,他们都认为,咒语在某些时间和地点发出会在效力上更优于其他时间和地点,他们都采取面朝东方念咒的方式,他们也都相信单凭词句就能产生神奇的功效。⁵

"罗拉德派"名下种种不同的观点通常都持这种态度,它全面否定了教会运用上帝神力的合法性。教会的赐福、驱魔、奇术和神圣化毫无用处。教士的诅咒也不会在世俗冒犯者身上实现。要么这些违禁者破坏了上帝的法则,并由上帝自己对其进行了诅咒;要么违禁者并未破坏上帝的法则,而教会的诅咒也是徒劳无功的。⁶ 所以,早期的新教不承认教会拥有强大神力,更不承认其具备上帝所赋予的诸多能力。宣称能创造奇迹本身就是一种亵渎神明的做法,是对全能的上帝之挑衅。"因为,如果人也能降妖除魔并治愈身心疾病,那我们为什么还需要上帝呢?"⁷

在都铎王朝宗教改革时期,当新教徒将矛头指向天主教仪式的成圣和驱魔效力时,这一议题也就特别为他们所津津乐道。詹姆斯·考夫黑尔质疑说,如果"用十字架、干灰、水、盐、油、奶油、树枝、骨头、树干和石头施法并将其神圣化,给尖塔上的挂钟洗礼,召唤田野里蠕动的虫子,让人们佩戴《约翰福音》的那些神甫,不是'天下最卑鄙可耻的巫师',那谁又能配得上这种称呼呢?"朱厄尔主教问道,神羔的"咒语"怎么能将力量赋予其佩戴者,以使他们免受风暴雷电之袭?一小片蜡对抵御上帝制造的风暴到底有多大效用?至于圣阿加莎的铭文(用于防火灾),在主教皮尔金顿看来,不过是纯

第三章　宗教改革的影响

粹的邪术,且在雷暴中使用圣钟也仅仅是某种"妖术"罢了。[8]出于类似的考虑,当时的人们不再对十字架标志、[9]圣徒遗物和所有天主教巫术用具感兴趣。爱德华六世时代的1547年曾颁布法令,禁止基督徒开展如下宗教活动:

> 在床上洒圣水……携带圣餐或者《约翰福音》……敲圣钟,或者用圣烛祈福,以求释放罪孽的重负,或者驱逐恶魔,或者驱散梦魇和臆想,或者……将对健康和拯救的信任、信心投入同样的仪式中。

在伊丽莎白一世统治时期,引入神羔或类似的象征就意味着严重的冒犯罪名。[10]

所有这些仅仅是对天主教核心教义的攻击的开端。因为,如果奇术和驱魔是无效的,那么所谓圣餐就仅仅成了一出戏法而已:"它是一种拥有某种力量的虚饰,这是所有法老巫师都不可能做到,甚至也不敢尝试去做的事情,即改变某种事物的本质,因为这已经远远超出了可信范畴。"加尔文写道:"在圣礼中,天主教徒实际上只是假装存在某种独立于有效信仰的神奇力量。"对胡珀主教而言,弥撒"仅仅是私下嘀咕念诵的神圣言辞,它并不比巫师念诵的咒语强多少"。[11]简单的纪念典礼取代了圣餐,且这种圣礼并未延续下去。新教改革者不会支持任何有关接受圣餐或冥想神圣要素而受惠的旧观念。相反,他们专门制定了圣餐礼,用它消除古代迷信的根基。1552年,第二版《公祷书》明确提出应该在圣餐礼中使用普通面包,从而代替过去天主教徒专门使用的未经发酵的薄饼。甚至还有人反对圣餐的固有模式,旧时圣餐礼有这样一种防范措施:面包和酒的供应量不能比领圣餐的人数多,因为这暗示了物质会在仪式中改变它们的性质。以这种方式,爱德华六世时代的改革者猛烈地否定了天主教仪式,也就是贝尔主教所称的"他们的弥撒和其他妖术"。[12]

　　伊丽莎白一世时期,肯特郡的地方官员雷金纳德·斯科特在其《妖术探索》(1584)中进行了更深入的批驳。今天我们记住这部睿智的作品,是因为它抗议对无助老妇的迫害,然而其重要性并不仅限于此,它对中世纪天主教巫术元素和它们与其他同期巫术活动的关联进行了彻底的披露。对斯科特来说,驱魔的力量专属于十二使徒,早已无人能够行使。天主教会的错误就在于,当人们不再对奇迹寄予任何期望时,他们仍将这种依托奇迹的仪式保留了下来。这些规矩就像伊丽莎白女王时代伦敦街头的巫师一样自负而迷信。斯科特宣称:"我真的看不出这些巫术和天主教祈祷间有什么区别,因为它们在顺序、用语和内容上都一致,且在任何情形下都没分别,但是天主教徒可以毫不避讳地公开进行祈祷活动,而其他人则只能私下秘密地使用咒语。"那时的人们认为,天主教成圣礼不过是一种"巫术咒语"罢了。[13]

　　托马斯·霍布斯在其措辞犀利的文章中总结了这一个世纪的新教教义。在《利维坦》(1651)中,他谴责了罗马天主教"把成圣礼变成奇术和咒语"。正如他所详尽阐述的那样:

> 　　在《圣经》中,成圣是以虔敬而合宜的言辞和动作,将一个人或任何其他东西从一般运用中划出来,奉献或供奉给上帝。这就是使之变得圣洁,或使之成为上帝的,并且只由上帝所派定的仆人使用的原因;这样并没有改变成圣的事物,而只改变了它们的用途,使之从凡俗和普通,变得圣洁且特用于侍奉上帝。如果有人竟然声称,事物的性质或本质通过这些言辞就变了,那便不是一种成圣礼,而是上帝的非凡业绩,要不然就是虚妄和渎神的奇术。但是人们冒称在成圣礼中事物的本质发生了改变,这种情况屡屡出现,所以这便不是上帝的非凡业绩,而不过是一种奇术或咒语,他们利用这种办法,令人违反自己的

第三章 宗教改革的影响

视觉和其他一切感觉所得到的证明，相信事物的本质发生了其实没有的变化。

霍布斯说这种妖术的典型案例就是罗马圣礼弥撒，其中据说只要按照适当的原则念咒就可以改变面包和酒的性质，即使人们根本感觉不到有什么明显变化。类似的咒语也用在洗礼上，"在洗礼中，上帝的名讳被每个参与者滥用，并同时用作三位一体的统称，在每个名字上都画上十字，并施以符咒"。天主教士难道不是从圣水、圣盐和圣油中将恶魔召唤出来，然后使婴儿"受众多符咒支配"吗？并且"在教堂门口，教士吹三下儿童的脸，然后说：'不干净的精灵，快走吧，给圣灵留下空间'；在此之后便是驱魔和'其他咒语'。同样地，'其他圣礼，如婚礼、临终涂油礼、慰问患者礼、教堂和墓地的成圣礼等'，无一例外需要引用符咒。其中，施了咒语的油和水加上十字架和大卫铭文（'主啊，你必恩洒于我'）的滥用，都成了驱逐幻觉和假想幽灵的有效方式"。[14]

早期的新教成员秉持这种态度，详细检查了教会所有可能与巫术相关联的圣礼。某些罗拉德派成员宣称，洗礼对于获得拯救是多余的，[15]并由此简化了其过于虚饰的特征。第二版《公祷书》删除了驱魔的内容，因为这部分内容隐晦地指出未受洗的婴儿有魔鬼附身，以及如果没有经历涂油仪式就为初生婴儿穿白色洗礼服，那么也将招致同样的后果。然而，该仪式不仅仅是象征性的。在洗礼前死去的婴儿，其命运仍然有某些争议。第一版《公祷书》强调了新生命诞生数日需要洗礼的问题，后来的伊丽莎白《公祷书》认为，万一出现"必要"的紧急情况，应允许施洗在星期天和假日以外的日子进行。多数伊丽莎白女王时代的神学家不承认特伦托会议的教义，该教义规定要想获得拯救就必须经过洗礼。但是，他们仍然认为洗礼"在形式上"是有必要的。出于这个方面的忧虑，某些神甫对分娩事故在助产士和外行人手中发生时进行洗礼的必要性进行过辩护，同时也引发了另外一些激烈的争辩,比如肯特郡的阿什福德神甫就曾在1569年宣称,未经洗礼就死掉的孩子是地狱恶魔。这个问题长期以来一直令人们争执不休。[16]

天主教仪式对许多清教徒而言具有"迷信"色彩是不足为奇的。他们否认圣水盆具有特殊功效;反对十字符号;此外,他们还讨厌教父、教母的设置。长老会制定的《公共礼拜指南》(1644)省去了手画十字这一道规程,与此同时也删去了把圣水盆摆在教堂门附近某个特殊位置的要求。神甫被进一步要求提醒会众,洗礼并非必要到婴儿若不受洗就会被诅咒的地步。这样的条款的确降低了它们作为跨界仪式的重要性;宗派主义者要求废止给婴儿施洗的倾向也是一种必然趋势。然而,抵制婴儿洗礼的某些早期分离主义者在成为父母之后却返回了英国国教会,唯恐自己的孩子在施洗前死掉;[17]并且,在19世纪的多塞特地区,某些乡下人为孩子迅速地操办洗礼,因为"他们知道,如果孩子没有在洗礼中被命名就死去,其灵魂就会在丛林和荒野上飞来飞去不得安息"。现代不列颠还有许多无宗教信仰的人也认为,不受洗就意味着不幸。[18]

罗拉德派曾猛烈攻击的坚振礼已经完全被某些改革者抛弃了,他们认为坚振礼不过"是纯粹的邪术、魔鬼术、妖术、杂耍和戏法,甚至什么都不是。主教对着孩子嘟囔几个拉丁词,对他施以符咒,在他身上画十字,给他抹上发恶臭的天主教圣油,并在孩子脖子上拴一条亚麻带子,然后就把他送回家"。[19]英国国教会否认了典礼的圣礼性质,并且放弃使用圣油和亚麻带子。它还对那些认为中世纪教会过早为孩子施洗礼的人做出了让步,并要求受礼的孩子须掌握《使徒信经》、《天主经》以及《十诫》,并能回答教义问答书中的所有问题。这样,人们的关注点就更多地放在典礼前期的问答准备上,而非典礼本身了。但是,这些变化并没有满足清教徒的诉求。人们认为按手礼会使旧天主教的迷信进一步加深,因为该迷信观点认为:主教能提升孩子抵御魔鬼的能力;不管怎么说,人们都深信洗礼仪式使坚振礼丧失了必要性并显得多余。于是,1604年的千人请愿请求废止坚振礼仪式。[20]然而,英国国教会事实上无疑还是保留了这项仪式。实际上,随后受礼年限提高到14岁,这一仪式便成了跨界仪式,并标志着他们迈入了"社会"意义上的青春期。[21]

然而,新教徒对圣礼巫术的攻击严重侵蚀了教会的固有仪式。天主教会(洗礼、坚振礼、婚礼、圣餐礼、神职授任礼、忏悔礼和临终涂油礼)的七个圣礼中,仅洗礼和圣餐礼保留了它们毋庸置疑的圣礼特色,虽然这些仪式也都遭到了削弱,变得没有以前那么重要了。罗拉德派认为在教堂举行婚礼是没有必要的,[22]这种看法在后来宗派主义者把世俗婚姻的观念当作私人契约时又再次出现,虽然这种看法直到1833年才完全取得法律上的支持。此外,临终涂油礼和忏悔礼则被完全舍弃了。[23]1547年和1549年之间,教会进一步放弃了圣水、圣油和圣餐的使用。第二版《公祷书》规定,慰问病残可以省略给患者涂油的仪式;人们同样也丢弃了圣钟驱逐魔鬼的信念,以及圣烛和手画十字可以创造奇迹的想法。到16世纪末,人们已经广泛接受了极端新教徒的观点,即认为任何仪式都不会产生物质效力,神圣的仁慈和恩典也不会因为人施了奇术或运用强制手段而获得。分离主义者约翰·坎内说:"圣礼并不是上帝赐予用来……当作符咒和邪术的。"[24]

教会的成圣礼则是论战的另一个敏感地带。罗拉德派猛烈攻击了土地成圣的整个理念,[25]毋庸置疑,如果爱德华六世时代的改革者大权当道,成圣礼也会被抛弃。1542年,在法弗舍姆布道的约翰·斯考瑞谴责教堂的奉献仪式是一种迷信,称其仅仅是因为主教的利益而开展的。他认为,如果确有必要从砖石和泥墙中将魔鬼驱赶出去,那么,世上怎么还会有适宜居住的房子。大多数当时的新教徒都赞同这样的观点:教堂"之所以是一块圣地,并不是因为巫术咒语的迷信言辞;土地也不是通过在石头上做标记和刻字符而成为圣土的;而是得益于上帝的意志以及……其神圣用途"。[26]因此,主教里德利禁止把祭坛神圣化的做法；而且，伊丽莎白《公祷书》中也没有收录有关教会成圣仪式的内容。唯独16世纪末，成圣的风气又悄无声息地复苏了。这是劳德派复兴的一个显著特征，在那个时期，成圣的做法甚至逐渐被中立的国教徒所接受。[27]

与此同时，伊丽莎白女王时代的分离主义者亨利·巴罗指出，巫术的理念隐含在现存教堂建筑的整个结构当中。关于教堂的地基，他注意到，

> 第一块石头必须由主教或其副手亲手放置，并辅以特定的巫术祷告、圣水和其他偶像崇拜的仪式……在西端是圣钟，且对圣钟也同样要进行施洗，喷洒圣水，等等……他们把用来保存施洗圣水的圣水盆放置在教堂内部……他们还放置专属于教士的最神圣东西，即圣坛……用教堂中的十字架龛作为神圣物之间的隔离物。教士和圣坛之间有一道特别的门，除他自己以外没有人能通过……这样建造的教堂被他们喷洒的水彻底神圣化，并且以某个圣徒或天使的名字奉献和施洗，从而受其保护，使教堂免于敌人、幽灵、风暴、暴风雨等的伤害。同样，他们窗户上和墙壁上的圣徒和天使的神圣队伍也有类似的保护作用。因而我认为，这些教堂的建立无疑是偶像（无论他们是异教的或天主教的）崇拜的结果。

因此宗派主义者认为：码放特定的教堂建筑石块都有其固有的迷信内涵，以至于除了把整块教堂用地夷为平地，重新建造以外，没有任何其他破除这种迷信的方法。认为宗教改革运动已然消除了偶像崇拜情结还为时过早。因为

> 这样古老的法庭、狱室、走道、圣坛以及圣钟的偶像崇拜构造还能派上什么用场呢？还能一边留着这些建筑一边撇清那些偶

第三章 宗教改革的影响

像崇拜的构造和遗留吗？这些东西是整个建筑不可分割的内在；就像是难以根除的麻风病一般，除非隔离病源，统一管理，如他们的年轻修女、修道士所做的那样……而偶像的形质根本无法从一块块叠加的石头中分离出来。[28]

因而，虔诚的非国教徒宣扬漠视或蔑视成圣场所的态度也就再平常不过了。分离主义者像罗拉德派前辈一样，对在成圣的土壤上埋葬死者的想法感到吃惊，并且否认在神圣场合的祈祷更有可能奏效的说法。1582年，在伊丽莎白时代，切尔滕纳姆的琼斯宣称，她在田间服务上帝像在教堂里服务一样虔诚。1613年，埃塞克斯的一个妇女为自己没能在教堂祷告辩解说，在家一样可以有效地祷告。在内战的前夕，朴茨茅斯有个人说，教堂和墓地不比通常的土地神圣多少。[29] 到1640年，这种类似的看法发展到了巅峰，当时，根枝请愿书请求判罚主教，因为"他们圣化教堂和小礼拜堂，圣化圣水盆、桌子、讲道台、圣餐杯、墓地，以及很多其他事物，为它们添加神圣的元素，伪造出需要圣化的不洁状态，仿佛若不经过他们的成圣仪式，一切都是不干净的"。[30] 此后不久，各个宗派重新开始要求推倒迷信的教堂建筑。在成圣场所中进行膜拜是错误的：谷仓、马厩、猪圈也可以达到同样的膜拜效果。[31] 朴素且实用的贵格会礼拜堂，正是这种观点的最终成果。

英国国教会不情愿放弃的另一项半巫术仪式是妇女的安产感谢礼。伊丽莎白《公祷书》对这个仪式的描述沿袭了中世纪的做法，着重强调了安全分娩在感恩方面的要素。但是对清教徒来说，这似乎保留了太多旧的仪式净化思想。他们对程式化的分娩附属规则感到愤恨——躺在"铺着白色床单的床上"，"盖着面纱，表现得像做了蠢事一般羞愧"。《公祷书》的礼拜规程并没有要求妇女佩戴白色面纱，正统神甫却坚持认为理应如此，且詹姆斯一世统治时期的一次判决支持了如上规定。[32] 许多教堂都给初为人母的妇女提供特别的位子,同时让助产士站在其后不显眼的地方。所有这些在清教徒看来似乎都暗示了这样一种结论,即分娩后的妇女在被施法净化以前都是不圣洁的;的确,有的主教确实将"净化"视为一个恰当的字眼。一位谈及性交的传教者宣称,对于这种净化的需求明白无误地证实了"生育引入了某些需要净化的污点或其他事物"的观点。[33] 清教徒的疑虑并没因为典礼中朗诵《诗篇》第121段古怪的咒文"日间太阳必不伤你,夜间月亮必不害你"而减少,约翰·弥尔顿对此嗤之以鼻,好像女人"不是在她的床上分娩,而是在阿拉伯的沙漠中分娩"一般。[34]

亨利·巴罗嘲讽地分析了整个仪式中的禁忌因素:

> 在她们安全分娩并安静地平躺下来以后,为期数月的孕育过程便结束了;然后,她们会到教堂去,跪在靠近祭坛的某处(自不必说,她是在助产士的陪伴下,用头巾遮裹着面部,并且不敢仰望太阳或天空,直到教士重新接纳她),朝向走过来的神甫,此时,神甫会直接站在她身旁,给她诵读《诗篇》第121段,并向她保证,太阳不会在白天灼烧她,月亮也不会在夜里伤害她,(此外)读他的《主祷文》,同时读一些他规定和收集的短诗与答唱咏。随后,她便把惯常的供奉品献给他作为酬劳,上帝加速了她的净化,她再次得以自立,成为像过去一样圣洁的女人。到此她才可以卸下她遮掩的方巾,直视她的丈夫和邻居……有什么会比这种模仿行为更愚蠢,更像犹太净化观的复燃呢?

对巴罗来说,确切地证明仪式中存在巫术因素的关键点在于,仪式举行之前产妇还需要处在被隔离的状态:

> 如果她没有被分娩染污,那为什么要隔离她呢?为什么要

第三章 宗教改革的影响

对她施行净化呢?为什么在她孕期结束时(恢复体力之后)不能去教堂呢?为什么她不可以用自己惯有的方式,给予上帝感谢呢?……为什么吩咐她来,神甫却以这种命令式的方式接待她呢?为什么迷信观点认为妇女这样的行为是必要的呢?[35]

如此,在内战前的那个世纪,反抗安产感谢礼或佩戴面纱成了神甫或普通信徒中持清教态度的一个最确切的标志。[36] 英国国教虽然在宗教改革运动以后摈弃了念诵《诗篇》第121段的做法,同时,渐渐地也不再强调仪式的义务特性了,却仍旧紧紧抓着仪式本身不放手。

同样,对巫术色彩的反感也指导着新教徒对于祈祷的态度。事实上,并非是通常与此相关的19世纪人类学家率先阐明了祈祷和咒语之间的传统区别,而是16世纪的新教神学家做了这项区分工作。清教徒理查德·格里纳姆很好地阐述了如下观点:在自己的良心受到困扰时,教区居民不应该设想神甫能给他们最及时的慰藉。

>(他写道)这更像是向巫师(他们通过咒语的词句,使得愚蠢的灵魂向他们求取健康)而不是向上帝的神甫靠拢,后者的言辞才是最为天使般的慰藉。且须等待,直到它们可以取悦上帝赐福给他们。的确有的时候上帝拒绝了,因为我们带着过多有关后者的成见,好像他们是贤人(即巫师),我们不应将他们用作手段,而应该全然从上帝那里求取并留住我们的慰藉。

换句话说,字词和祈祷本身并没有力量,除非上帝选择留意它们;而符咒的作用却可以在念诵中自动生效。威廉·廷代尔也正是出于这种区别才指责罗马天主教徒,他说:

> 一种错误的祈祷,仅仅停留在动动舌头和嘴唇的基础之上……心却没有祷告……对上帝的允诺也不抱任何信心;人们仅仅信任祈祷字词的堆砌,以及漫长祷告的痛苦和乏味;就像一个奇术师反复念诵咒语的迷信词句一样。

另一名新教徒说,"重复进行而不加理解"的祈祷,比"符咒好不了多少"。[37]

为了去除正式祈祷中的咒语因素,英国国教尝试了从拉丁语到本国语的转向。它同样也采取措施,清除了一些祈祷文,因为它们似乎暗示着,超自然的力量存在于任何地方,而并非与上帝同在。圣人遗物不再因想象出来的神奇特性而备受崇拜,同时,人们也认为应该严厉谴责向圣徒祈祷的观点;罗拉德派谴责了当时最著名的朝圣对象,沃尔辛厄姆的妖巫。[38]在都铎王朝宗教改革早期,许多庞大的神庙都被有计划地拆除了。[39]教会也放弃了其他一些天主教仪式,比如在圣十字节唱的赞美诗,就被认为"含有巫术符咒的性质"。[40]如果可能的话,清教徒也许会更进一步改革或废除连祷,他们认为其中的许多祈祷文"不过是施了奇术和符咒的不纯正的重复堆砌"。汉普顿法院会议也曾致力于删除那些为解救暴死而设置的祈祷,因为这种祷告是"对上帝施奇术"的可憎行径。[41]

但是,许多祈祷的咒语特征并不是那么容易就能消除的。17世纪的第五王朝派教徒约翰·罗杰斯告诉我们说,当他还是孩子的时候,因为害怕"恶魔会把(他)撕成碎片",曾一口气背出祈祷词,希望祈祷能起到符咒的作用保证他夜晚的安全;由于害怕第一次背诵时忽略了个别发音,他有时还会狂热地重复第二遍。同样地,当人们种植和嫁接的时候,甚至寻找失物时,都会习惯性地背诵规定的祷告词。[42]

英国国教死死抱定了规定的祈祷原则不放,然而,它至少也采取过一些措施,以清除那些似乎试图强制上帝而非恳求上帝的仪

第三章　宗教改革的影响

式。1547年，皇家禁令叫停了依照传统的特殊需求而举行的宗教游行。起初，游行被取缔据说是因为这些场合总会有争先恐后的人群制造的冲突，以及普遍的无序混乱状态。然而，最终游行还是被当作是完全多余的活动：在教堂里献上祈祷同样有效，而且也没那么浮夸做作。

　　唯一保留下来的游行是每年祈祷周的教区巡视。这是众多中世纪仪式中仅存的硕果，该仪式在室外举办，以确保获得丰收和好天气：在圣诞节以后的主显节上为树祈福，对泉水朗读福音书使其水质纯净，青年男女在棕枝全日接受圣礼之后为玉米祈福。[43] 中世纪的连祷或祈祷（主要的在圣马可节，次要的在耶稣升天节前三天）来源于更早的异教仪式，曾被设计用来与战争、疾病、暴死和其他非农业的恐怖行为做斗争。但是游行也包括列队横跨田野，拿着十字架、旗帜和钟，从而驱除恶灵并求神赐福于庄稼。在1559年的皇家禁令及随后的补充指令的改革之下，教区范围内每年都会组织定期的巡视。也就是耶稣升天周的星期一、星期二或者星期三，由教区神甫和重要人物主持巡视。在方便的场合，神甫将告诫人民，需要向大地的果实表示感谢，并警告那些移走邻居界标的人，他们将会遭到诅咒。其间会歌唱两遍赞美诗和连祷文，也会安排演讲布道或训诫。人们努力想去除这些场合与天主教的一切联系。神甫不必身着白色法衣，也不必拿着旗帜或停在路边的十字架旁。正如格林德尔主教所强调的那样，仪式"并非列队游行，而是散步式的巡视"。[44]

　　如此，巡视的目的在于确保一年之中，教区的边界未遭侵犯，同时也祈祷好天气并得到好收成。但是，许多同时代的人却认为仪式有着机械般的效力；因为它与中世纪做法的联系过于紧密：即廷代尔所称的"在游行周，在田野里对着玉米念福音书，会促使玉米更好地生长"。[45] 这种做法的含义迟至1540年才被理查德·塔弗纳在《基督教义评注集》一书中加以强调，塔弗纳注意到恶灵造成了空气污染，使得瘟疫肆虐，他解释道：

正是出于这个原因,在玉米地和草丛等开阔区域宣读特定的福音书,借助上帝语言的功效和运作,使得空气中散布的恶灵的力量随之消除,空气也就再次变得纯洁且干净,这样做的意图在于,玉米本身不会受到伤害,也不会被所谓的有害精灵所染污,却能提供给我们日常应用,并补充人们身体所需。

塔弗纳认为,倘若游行带着应有的敬意完成,毫无疑问"上帝将发出圣音并释放其功效和力量于玉米和空气中,那些空中的恶灵就绝不会伤害我们的玉米田和牛畜了"。[46]

因此,适当的宗教仪式可以带来物质利益的看法一直存在。神甫必须被强制放弃他们的白色法衣和旗帜;而且他们有不愿放弃在路边十字架曾经竖立的地方做祈祷的习惯。十字架有时被刻在树干上以指示曾经读过福音书的地方。在牛津郡的斯坦德雷克,教区神甫曾在切克旅馆的地窖里的桶上方读过福音书,据说这个地点曾是最初竖立十字架的位置。的确,直到内战期间,某些地区还保存着中世纪在玉米地里诵读福音书的习俗,即便人们认为这种巡视应被限制在教区边界区域。多数教区都有关于在巡视的路途中振奋精神的特殊风俗:亨廷顿郡的大格兰斯登就有这样一种惯例,他们会把教区神甫头朝下地倒立在水坑中。[47]

清教徒相应地对所有这些事都怀有敌意。1565年,一名埃塞克斯的巡视者询问道:"你是不是喝醉了才觉得这里有个能被奉为偶像的人?"亨利·巴罗则将巡视说成是"对田野施咒"。[48]1631年,牛津郡德丁顿地区的清教神甫威廉·布鲁德内尔就曾表现出这种典型的顾虑,他拒绝在室外穿白色法衣,更令其教区居民沮丧的是,该神甫不愿在地上标有十字架的惯常地点诵读福音书。他询问:"他出于什么目的应该进行诵读,还说他不会勉强朝着那些可能是某些牧羊人或小男孩挖的洞的方向站立,此外,他还说只有天主教才遵守旧式风俗;他进一步的举动是站在一棵老树下的水沟中,然后开始布道。"在其他场合下,他拒绝来到教区边界附近的区域,他质疑这么做的目的并且诘问道(值得注意的是)"它对穷人是否有好处或收益"。他收到的唯一答复是,这种仪式是惯例;然而这种答复并未使他感到满意,所以他还是拒绝了巡视工作。[49]

当然,这些被称作祈祷仪式、"游行日"或者"十字架日"的节庆活动,并非最初就被看成是利用巫术催熟庄稼的神奇方式。从根本上说,这些活动不过是农村公社的一种团体性聚会,一个可以吃吃喝喝并解决争执的场合。像教区边界巡视活动这种麻烦的仪式之所以沦于废止,与其说这是因为理性的增长,不如说这主要是因为社会的变迁打破了旧式社区的交往形式,并且妨碍了教区边界巡视这样不灵活的活动的继续进行。这类仪式原本是为那些田野开阔的乡村设计的,但是圈地和耕作导致旧有地界标志遭到破坏,并且也妨碍了部分道路的使用权。富庶的居民越来越厌恶为村庄中的乌合之众支付资金以供其喝得烂醉,这表明人们的集体感正在逐步走向弱化。17世纪20年代,戈林的许多居民迈出了实质性的一步,他们声称准备诉诸法律以争取支持,同时拒绝为酗酒活动买单。[50] 同时,勘测及绘制地图等新方法的广泛传播,使得以前测量边界的许多传统做法逐步遭到淘汰。在物质匮乏时期,劳德派主教曾设法将这些活动作为调解纠纷的手段保存下来,[51] 还有一些教区则出于保存这种狂欢活动的想法,将这些惯例活动一直延续至19世纪。然而,到16世纪以后,人们已经基本不再认同仪式具有物质效力的看法了。

与此同时,新教也展开了新的抗争,以反对早期教会对异教残留所做的大量妥协。天主教被他们描述成"异教徒迷信"的巨大宝库,此外,许多天主教仪式都被当成是早期异教仪式略加掩饰的零星变种。他们花费大量精力,就是为了证实:圣水曾是古罗马的洗礼水,教区节庆的前身曾是古罗马的酒神节,忏悔星期二的庆典曾是农神节,而祈祷游行也曾是古罗马祈祷农作物丰收的仪式,等等。[52] 早期的改革者也着手废止这些定期举行的传统习俗,比如首耕周一游行（于1548年被禁止），以及那些与某些特定行业和职业相关的圣人节（于1547年被禁止）。他们通过解散宗教性质的行会，使得耕犁会、爱马会和耕犁火柴收集会这样的乡村机构最终消亡。教区内的教堂圣餐奉献仪式被迫改到每年10月的第一个星期天，而所有其他的教区节庆都遭到了封禁。后来的教会禁令则不允许主持节庆的司仪或是灯草节的游行队伍等进入教堂或墓地。[53]

如同许多其他情况一样，后来新教徒在这些问题上产生了分歧。17世纪早期的教会领袖允许举行五月游艺、圣灵降临节、莫里斯舞和五朔花柱节，而清教徒却想废止所有残留的宗教节日，禁止五朔花柱节，也不许人们在星期天跳舞，此外，他们还想涤除所有宗教仪式中的世俗附属因素。[54]他们反对风笛手和小提琴手陪伴新婚夫妇一同去教堂，也不赞成往新人身上投掷谷粒（相当于16世纪版的五彩纸屑）。他们反对在葬礼上出现敲钟、哀悼服以及向穷人施舍救济物等仪式附属品，并认为这些都是"迷信和异教的作为"。出于同样的原因，他们也排斥互赠新年礼物的风俗。[55]没有什么习俗能够逃脱他们的眼睛。在共和政体时期和护国时期，牛津废止了新人的入教典礼；而且在1644年，威斯敏斯特会议甚至决议要求国会"复审爵位次序中可能存在的迷信成分"。[56]祝愿某人健康的干杯风俗也被视为异教徒的残存物，被看成是对某些几乎被遗忘的异教神的献祭。柴郡清教徒约翰·布鲁恩出席郡长宴会时拒绝向国王祝酒，但他表示会用祈祷作为替代的祝福。[57]那个时代的人们对这类意识形态上的顾虑重重似乎是只属于清教徒的明显特征，约翰·哈林顿爵士会讽刺那些看到别人打喷嚏后就要呼喊"基督帮帮我！"的敬神同胞，就好像呼喊"这是妖术，该下地狱"一样。[58]清教徒通过着迷似的关注这类小事情，表达了他们消灭所有含有非基督教或是巫术意味的仪式、迷信和惯例的强烈欲望。

通过采取对宣誓的新态度，新教徒中的极端分子同样降低了日常生活中超自然认可的作用。宗教改革之后，法庭仍将宣誓当成保

第三章 宗教改革的影响

障证词的有力手段,罗拉德派曾经的反对声音又由都铎王室的分离主义者及其后继者重新提出。除了再洗礼派教徒,改革者并不完全明确地拒绝使用誓言。他们只是反对向神的创造物(例如圣徒或圣物)发誓,而非对神本身发誓的做法。[59] 然而,新教徒强调人自身的良心,以前人们因惧怕遭到天惩而中规中矩地生活,现在新教徒的这种主张不可避免地使得人们从对天惩的外在恐惧中解放出来,并转而诉诸虔诚的内心责任感,以此获得良心上的慰藉和满足。一个人只要做出了承诺就应该履行,托马斯·霍布斯曾宣称:"誓言不能增加约束力。"于是,贵格派信徒拒绝立下誓言,因为宣誓的行为意味着一个未经宣誓的证词似乎不太真诚,而这是他们所不能接受的;此外,牛津大学在共和政体时期用允诺的方式替代了学校仪式的宣誓。[60]

然而,对不太自觉的人而言,随着遭到天谴的恐惧逐步消退,他们也就不那么在乎誓言的约束了。16 世纪和 17 世纪的人们对伪证的怨言与日俱增,且在此问题上接二连三出台的法令也说明,惩戒违背誓言之行为的世俗约束力是如此的不尽如人意。虔诚者会严肃认真地立下誓言,但多数人的态度并不端正,一名 17 世纪早期清教徒曾抱怨说:

> 在立法会议、治安法庭和民事法庭每次的开庭和判决中,每天要举行如此多的教会委员、警察、陪审员和证人的宣誓仪式……然而,人们认为宣誓仪式与拿起一根稻草相比,根本没什么区别。他们觉得宣誓只不过是把手放在《圣经》上,并且亲吻这本书而已。每个人都这样想:"呸!发这些誓言有什么用。我所有邻居都在我面前发过誓,也没见他们把这当回事儿。"

17 世纪晚期,威廉·佩蒂爵士也认同这种观点:"誓言的神圣威望被大大地削弱了。"[61] 北美洲新英格兰的殖民者制定了严酷的法律来防范伪证,因为他们对超自然的天惩已不抱任何希望了。[62] 国内的法律改革要缓慢得多。但是在广阔的商业世界,神之惩罚开始被自私自利所取代,进而变为诚实的评判标准。誓言逐渐被诺言所取代,没有哪个成功的商人敢于破坏自己许下的诺言:正如都铎王朝时期的一位商人所说的:"如果货物丢失了,损失很大;如果时间丢失了,损失将更多;但是,如果丢了信誉,那就什么也不剩了。"[63] 只要诚信是人们行为的最佳评判原则,那么,神之惩罚的衰落也就不再重要了。

在所有这些不同的方面,中世纪教会曾大量使用过的巫术力量和超自然许可都遭到了新教改革者的强烈拒斥。在新教徒神话里,中世纪被描述成一个臭名远扬的黑暗时期,那时的咒语和符咒披着宗教的外衣,而神职人员也充当了巫术活动的主要角色。据说,学术研究中也涉及占卜的技巧,而且从邓斯坦到红衣主教莫顿和沃尔西等许多英格兰神职人员,都被刻画成染指恶魔技艺的邪术师。坊间亦流传着一张曾担任奇术师、邪术师和施咒者的教宗名单,且其中包括西尔维斯特二世和格雷戈里七世之间所有18位罗马教宗。[64] 由于文艺复兴时期的教宗确曾对赫尔墨斯巫术和新柏拉图主义做出妥协,这种传闻就得到了更进一步的确证。[65] 然而,巫术的重新发现并不是改革者反对声音的根本,其根本在于这些巫术深植于天主教的基本仪式中。

所以,伊丽莎白一世统治时期,"奇术师"这一专门用语成了不服从国教的天主教士的同义词。[66] 理查·戴维斯主教曾提醒威尔士人民说,天主教时期的宗教是由"迷信、符咒和咒语"构成的,此外,清教徒宣言也把罗马大教堂描述成"所有邪术"的发源地。1586年,约克郡某新教徒目睹一系列罗马特赦令时,立马可以指出这些都是"妖术和天主教的伎俩"。天主教的奇迹事件无疑要归因于巫术。

丹尼尔·笛福所使用的"天主教会"一词是指"反基督教的完整巫术体系",除此之外,伊丽莎白时代的律师威廉·兰博德则将"教宗"这个词等同于"妖巫之王"。[67]

然而对于英国国教徒而言,这类争论或许很尴尬。早期改革者发起的攻势生出了更多激进的批评,以至于最终几乎任何正式祷告或仪式都被抨击者谴责为"妖术"或"邪术"。正如莱斯利·斯蒂芬所述,新教不可避免地成了遮蔽理性的一道屏障。[68]那些曾保留被朱厄尔主教称为"舞台布景器具"的英格兰教堂,因其"巫术仪式般的礼拜式"而遭到激进新教徒的严厉批判;宗派主义者亨利·巴罗则将伊丽莎白女王时代的神职者描绘成"埃及施咒者"。[69]清教教义绝大部分的修辞都用了这个术语,以至于不遵奉国教者把祈祷书都说成是"妖术",甚至要求神甫"停止其妖术、奇术和邪术"由此打断礼拜仪式。约翰·艾略特爵士认为,议会应该"制约劳德派仪式,并废止其邪术",坚定不移地抵制他们的革新。[70]到1645年,由于人们反对正式祈祷的呼声愈演愈烈,以至于埃塞克斯的再洗礼派教徒甚至都可以宣称"念《天主经》的除了妖巫和邪术士以外,别无他人"。[71]极端宗派主义者同样也把职业神甫概念当成巫术来看待。约翰·韦伯斯特断言,所有被委任为神甫,或出于受聘目的而布道的人都是"巫师、邪术士、施咒者、预言家、死灵术士和召请精灵者"。摈弃神甫职位的贵格派信徒会毫不犹豫地把神甫公开指责为"奇术师";并且在杰勒德·温斯坦利的掘土派乌托邦里,任何曾从事布道和祷告业务的人都将被"当成妖巫"处死。[72]

当然,新教徒对教会巫术的这种态度并没大获全胜;且某些天主教旧时的传统历久犹存。例如,许多过去的圣井仍保有自身半巫术的性质,即便新教徒也认为这些泉水实际上是以自然方式发挥疗效。一些地区把新年的水或"井之花"带到教堂并安置在圣坛上,这种行为一直持续到17世纪;装扮神圣场所的习俗也长期地延续了下来。[73] 17世纪,向霍利韦尔的圣威尼弗雷德的著名水井朝圣的规模有时非常大,并且去那里祈求疾病康复的绝不仅仅是那些不服从国教的天主教徒。1630年,有个人在讥讽该井所谓的神力后被发现死在井里,而当地陪审团则做出那个人是因天罚而死的裁决。[74]

就像教会年历中的宗教节日和教堂建筑的奉献仪式一样,水井也会对保持圣徒的威望起到作用。1589年,克雷诺格的卡那封教区仍传承着这样的惯例:赶着阉牛到墓地并把它们献给当地的守护圣徒圣比尤诺,因为人们相信动物的市场价格会因此而提升。据一名提供资料的人称,克雷诺格地区的每个教区教堂都有一个圣徒,"人们认为在处于绝境时可以向他祈祷……当一些突如其来的危险降临的时候",当"他们说,'上帝和比尤诺、上帝和伊娃,或者上帝和玛利亚和米迦勒帮助我们'"时,脑子里总算还记得把上帝放在前面。17世纪晚期,人们仍然相信,只要在星期五把患者放在圣比尤诺的坟冢,三个星期内就可以确知这个患者是康复还是会死掉。[75] 约翰·奥布里转述了这样一个故事:老西蒙·布伦斯登由玛丽都铎王朝委任,出任威尔特郡的温特伯恩巴塞特的教区干事,他怀着保护当地圣徒的信念一直活到詹姆斯一世统治时期:当牛虻偶然间蜇了他的公牛,并使它们在乡村原野上惊跑的时候,他会一边追赶它们,同时大声祈祷着:"圣温特伯恩仁慈的圣凯瑟琳,让我的牛停住吧。圣温特伯恩仁慈的圣凯瑟琳,让我的牛停住吧。"甚至在当代,德文郡的农村还在用埃克塞特大教堂圣徒雕像的栅栏给牛和猪驱逐疾病。[76]

此外,某些旧时的重大仪式同样被证实难以根除。尽管宗教改革已经完成,但首耕周一在农业年仍然是一个重要的日子,有些村庄的教堂一直到17世纪晚期仍保留着镀金的耕犁。丰收的家庭会制作稻草人或玉米"玩偶"。[77] 在托马斯·奥弗伯里爵士的《伟人传》(1615)一书中,他在"富兰克林"中描述道:"他每年都坚持着,夏天举行的守护神节日纪念活动,忏悔活动,圣诞节前夕观望双桅船,领圣餐或香饼,但并没有把它们当作天主教的遗风。"这种列入日

第三章 宗教改革的影响

历的风俗是划分农业年的好办法,此外还能给人们提供一些娱乐方式。但是他们仍然相信防患于未然是相当必要的手段,这样就可以对抗恶灵或者更笼统地说,那些突发的不幸。人们必须严格遵守与这些风俗相关的特殊游戏规则或食品的相关约束规定。耶稣受难日当天,热腾腾的带有十字架图案的圆形圣糕能给人们带来好运,并保护房屋免遭火灾。吃了米迦勒节的鹅也意味着会有不错的运气。而在新年馈赠礼物的送礼者同样被认为会有好运。类似的吉祥物还有圣诞节酒宴使用的碗,另外在复活节穿新衣也被当成是某种祥瑞征兆。[78]

很难说参与仪式的人到底对遵守仪式规则的这一层含义有多么的推崇,而且,"娱乐"通常都是诱使人们参与仪式的主导因素。毫无疑问,这样的仪式虽然有时呈现出衰落的样子,但直到19世纪仍在乡村的多数地区传承着。施洗约翰节或圣彼得节前夕,人们依然会在山坡上燃起火来。[79] 此外,共和政体时期一度遭禁的五朔花柱节和莫里斯舞后来也得到了恢复。而这类活动依然保持仪式的庄重性。在两次世界大战之间,一位关注人类学的德国教授问一群来牛津公园表演的乡村化装演员中的一名年长成员,妇女是否曾被允许参与演出。他得到了这样一个意味深长的答复:"不行,先生,化装表演可不是女人能做的。她们有很多其他内容轻浮的表演项目,但在这里,化装表演更像是神甫的专职工作。"[80]

也有证据显示,旧的天主教保护手段有时能在新教环境中留存下来。在罗拉德派看来,手画十字"除了能把苍蝇赶跑以外,就没有什么别的用处了",晚至1604年,兰开夏郡居民还有手画十字的习惯,"在他们所有的行动中都是如此,即便打呵欠时也不例外"。[81] 伊丽莎白一世时代的人们仍然用"圣母做证"这样的字眼发誓,另外,神羔程式化地变成了通用的商业标记。霍尔主教后来认为,迷信者会随身携带"一小片神圣的蜡"作为"对抗所有魔鬼的手段"。[82] 伊丽莎白女王时代的新教徒认为,遗迹可以保护人们免受魔鬼侵扰;它们被保存在约克大教堂里,一直持续到1695年。[83]少数英国国教神职人员随身携带圣水,教民生病时,他们会为教民画十字或者涂抹圣油。[84]而关于圣餐面包和捐款的治疗价值的寄生迷信则残存至今;并且还有许多关于《圣经》和其他宗教物品的防护价值的伴生信仰。[85]

所有这些只能说明,根本性的变革不是一蹴而就的。1584年,一份清教徒文献称,至少有四分之三的人仍旧与古老的迷信紧密结合在一起。这并不能作为不服从国教行为的参考:虔诚天主教徒的活跃人数尚不确定。在1604年,约克郡这类人据估计仅仅占该郡居民人数的1.5%。[86]然而这暗示着,中世纪天主教的信仰观点仍然有其生存空间。新教徒对巫术的拒斥态度对于那些尚未设置讲道神甫的地区的影响是缓慢的。本杰明·鲁戴尔德爵士曾在1628年提醒下议院:"北部边区民众的祈祷更像是某种咒语和符咒。"他所考虑的并非自觉不服从国教的天主教徒,而是那些在他看来不比北美印第安人更了解基督教核心教义的半文盲民众。[87]在这种背景下,原始的宗教观念才作为超自然力量的直接来源得以残存下来。

天主教会在欧洲大陆的传教也使宗教信仰维持着活跃状态,因为天主教徒仍然相信圣人遗物、朝圣和神龛有着某种神奇力量。而且,天主教殉教者还令圣物和圣地进一步得到扩充。不服从国教的天主教助产士制作了神圣的腰带供产妇在生产时佩戴,或者鼓励她们向圣母玛利亚祈求缓解病痛。天主教传教士为了准备英格兰之旅,特地设计了免受瘟疫和其他危险的弥撒。[88]此外,不服从国教的天主教传教者极力渲染了天主教神职者在英格兰或欧洲大陆的天主教神庙产生奇迹的治疗活动。[89]特伦托会议之后的天主教官方发言人确实在竭力遏制民众过度的敬虔行为,其遏制手段包括:仔细调查奇迹事件的原委,禁止仅用祈祷或圣物治病的种种尝试,减少带有明显迷信色彩的弥撒,限制淫乱的繁殖力仪式,等等。红衣主教贝拉明甚至还质疑使用圣钟抵御雷电侵袭的做法。[90]但是这样的态度变化在普通大众层面上是比较模糊的,并且民众含有"迷信"特质的普遍忠诚极大地吸引着来到欧洲大陆的英格兰访客。天主教会继续为各种各样半巫术的实践提供良好的环境。德国南部的农民聚集起来,为的是得到圣弗朗西斯·泽维尔画像祝福过的水,用它来抵挡瘟疫。而在罗马,这种保护则由圣母玛利亚像提供。威尼斯的人们则认为圣洛克像有此功用。只要天主教高级教士还会运用这种手段,像1620年坎佩尔的主教那样,他曾寄希望于将神圣的羔羊投入危险的火中来灭火,那么罗马教会就很难摆脱在日常生活中使用超自然疗法的名声。[91]在重塑信仰的抗争过程中,不服从国教的天主教神职者并未忽视其宗教信仰的超自然功效;那些仍坚信圣餐酒有神奇治疗功效的英格兰人觉得从天主教士手中接来的圣餐酒会尤其有效也就不足为奇了。[92]

然而,尽管民间仍旧流传着各种天主教残余物,但不可否认的是,普通民众对这类带有巫术意味的宗教仪式已经产生了显著的厌恶情绪,并且这种厌恶感正急速扩散开来。这种厌恶倾向始于罗拉德派,其成员主要是卑微的底层阶级和缺乏学识者。15世纪,朝圣和圣徒言行录已然走向衰落。此外,雷金纳德·皮科克也抱怨有的圣礼是"普通教徒出于施行巫术和某些掩人耳目的目的而举行的"。[93]亨利八世改革时期,新教有着非常活跃的大众基础。其热烈的态势直接反映在某些大胆的新教徒排斥罗马教会的奇术和驱魔中。据说,圣水"因为加了盐……用来做调味汁会更加美味可口",还有说法认为圣水"对背部磨伤的马有非常好的药物疗效;而且,如果圣水中放入葱,会是种不错的羊杂调味汁"。[94]1548年,在格洛斯特主教区的斯利姆布里奇,两位居民宣称,圣油"除了可以给羊抹抹以外,没有什么额外的功用"。萨默塞特的道恩海德曾报道有人说"自己的母马可以像所有教士一样制作圣水",并且他的手也"像教士的手一样,可以为任何人提供祭坛圣礼"。当被传唤解释这番言论时,他在法庭上说,既然水能通过被赐福而变得神圣,那么这种赐福或许也会降临在他的母马的尿中,从而使这平凡的水同样产生神奇的功效。所以也难怪,爱德华六世统治的第一年竟通过了一条限制恶意评判圣礼的法令。[95]

然而,这种粗俗的语言确实传达着一个至关重要的信息。那就是,很多人现在已经不相信实物可以通过驱魔和成圣的仪式而改变其原本的性质了。爱德华改革时代,有不少圣像遭到了破坏和玷污。弥撒书、外衣、基督受难像、画像和十字架都遭到了不同程度的损毁。圣坛的石料变成了铺路石、桥梁、壁炉,甚至厨房的水槽。达勒姆的惠廷厄姆教务长在自己的厨房里,用以前的两个圣水钵来腌制牛肉和鱼,并且他的妻子还烧掉了圣卡斯伯特的旗帜。[96]普通民众讥讽地要求给新生马驹穿白色洗礼服,除此之外他们甚至会招摇地把圣餐面包喂给狗吃。圣像则被拿来供孩子当玩具戏耍。诺福克的一名资深新教徒宣称,"沾满粪的粪叉和蜡烛一样可以用来敬献上帝"。林肯郡一个鞋匠的妻子声称自己的尿与"教士现在制作和洒在我们身上的水"同样都可以用作圣水。17世纪早期的一个日记作者记录道,德比郡的"四个醉鬼"曾骑着一头刚产仔的母牛进入教堂,"他们读……给这头母牛的内容,是为安产感谢礼而准备的内容,并且指引它走向圣水盆的所在:这是个多么邪恶且可怕的事实"。[97]内战爆发期间,议会士兵再次展开了圣像破坏运动,他们甚至砍倒了格拉斯顿伯里的圣荆棘。[98]虽然这种暴力和恶言谩骂招人厌恶,但它确实说明公众对中世纪教会的看法发生了彻底的转变。旧天主教信仰的衰落并不是宗教迫害所导致的直接后果,而是反映出大众的宗教观发生了变化。[99]

所以,新教便通过努力剔除宗教中的巫术成分,根除教会仪式有机械效力的想法,放弃借助成圣和驱魔等特殊手段使物体产生某些超自然性质的方法,来呈现自身的形象。最重要的是,他们大大

第三章 宗教改革的影响

降低了充当神之仁慈与恩典分配者的教会在人们心中的分量。每个人都能直接面对上帝,独自依靠并信赖神的无限权威。圣徒或神职者已不再是人与上帝沟通的唯一媒介了;人们也不再相信通过庄严的宗教仪式,就能促使上帝恩准自己的欲求了。改革者则着手去除教会仪式和教堂装饰中的夸张成分,并致力于降低神职人员的神圣地位。神甫不再通过仪式般的禁欲而区别于教徒,同时,他也无法在弥撒中再次施展奇迹的效力了。极端的新教徒反对残留的天主教传统,因为这些传统似乎给物质加上了神圣的外衣,例如,它会赋予一周的某几天,一小块土地,或者教堂的某些部分以奇特的意义。他们否认真正的教会具有某种奇迹的属性,并把罗马天主教的奇迹当成欺骗、错觉或者恶魔的把戏而加以摒弃;1624年,伊夫舍姆的不遵奉国教的天主教徒嘲笑国教的神职人员,声称他们不过是议会的神甫,而且根本没有施展奇迹的能力,这番批评出自天主教徒真是再典型不过了。[100]新教徒还曾发挥积极作用,在性质上对巫术和宗教进行了区分,其中巫术是一种强制性仪式,而宗教则是替他人祈求神的怜悯及恩惠的代祷。中世纪神学家眼中的巫术是一种伪宗教,而现在的人们已经不再如此看待巫术了;巫术实则是一项与宗教完全不同的活动。

通过贬低宗教的奇迹功效,并强调个体信仰上帝的重要性,新教改革促成了关于宗教的新概念。今天我们把宗教看成是一种信仰,而不是某种实践活动,它根据信条而不是依据行为状态来界定。[101]但是,这种描述与流行于中世纪的天主教的契合度和其他原始宗教相比也相差无多。据我们所知,一个中世纪的农民所知晓的《圣经》历史或教会学说知识通常都少得可怜。教会之所以对他重要,并不是因为信仰规范化的准则,而是由于礼拜式伴随着许多重要生活事件,如出生、婚姻及死亡。人们在这些场合举行隆重的庆祝仪式,是为了通过提供适当的跨界仪式来强调重大人生事件的社会意义。宗教是生活的一种礼节形式,而不仅仅意味着一种信条。

17世纪,杰里米·泰勒描述爱尔兰农民时写道,他们

> 说不清他们的宗教是什么,只是相信教士对他们所吩咐的一切,参加他们并不怎么理解的弥撒,通过数珠的方式来记述自己祷告的次数,在大斋期间戒食肉蛋,拜访圣帕特里克井,并在圣井里投下别针和丝带,纱线或者棉线,向上帝、圣母玛利亚和圣帕特里克、圣科伦巴努和圣布里奇特祈祷,期望绑着圣弗朗西斯的绳索下葬,每到星期六都进行斋戒以纪念圣母玛利亚。[102]

教会充当着超自然救助的不竭源泉,而这种救助能够处理日常生活中的大多数问题,这对天主教徒而言也是非常重要的。它为人们赐福以辅助重要的世俗活动,它提供驱魔和防护灾难的仪式,使人们免受恶灵或灾害事故的侵扰。其目的并不在于使人们的勤奋和自救变得多此一举,但它也确实试图为他们提供宗教援助。

初看起来,宗教改革似乎摒弃了教会施行超自然救助的全部功用,否认了教会仪式的价值,并促使信徒把希望重新寄托在上帝那不可预知的悲悯之上。如果宗教仍被其追随者认作力量的来源,那么这种力量显然在很大程度上遭到了削弱。然而,过去巫术手段曾试图解决的一些问题至今仍旧困惑着世人,包括自然的变幻莫测,火、瘟疫和疾病的威胁,对恶鬼的恐惧以及所有日常生活中的不确定因素,等等。在发明其他技术来弥补巫术缺失的空白之前,人们又怎能放弃中世纪教会提供的巫术解决方案呢?若仅仅依赖自己的资源和能力,人们是否已在内心准备好勇敢地面对这些问题呢?为了代替中世纪宗教施与的救助,人们是否必须转而诉诸其他巫术的控制?或者,新教会不会违背初衷,进而发展自己独特的巫术呢?这正是我们下面要涉及的问题。

第三章 宗教改革的影响

注 释

文献说明: 不久前一份精彩的调查对于本章考虑的英格兰宗教改革问题给出了一个简要的讨论，A. G. Dickens, *The English Reformation*（1964）。我们可以在福克斯和派克协会的书卷中找到典型的罗拉德教派和新教徒的主张，但大多数其他资料都集中在同时代作家的著作中，以及宗教法庭未经公布的大量记录中。在这一章中，"新教徒"一词被用来描述16世纪的改革者。我并不考虑他们后来的解释及重新定义。

1. H. S. Cronin, "The Twelve Conclusions of the Lollards", *E.H.R.*, xxii（1907）, p. 298.

2. Foxe, iii, pp. 179—180, 590, 596; iv, p. 230; E. Welch, "Some Suffolk Lollards", *Procs. Suffolk Inst. Archaeology*, xxix（1962）, p. 164; Thomson, *Later Lollards*, p. 248.

3. Foxe, iii, p. 596; iv, p. 230; *Lincoln Diocese Documents, 1450—1544*, ed. A. Clark（E.E.T.S., 1914）, p. 91. 罗拉德派教徒的极端观点认为，圣餐和圣水不但没有奇效，反而由于被施了魔法而变得更糟（*V.C.H.,Cambs.*, ii, p. 164; Foxe, iii, p. 598）。它们可能基于肯蒂什·罗拉德的一项有趣的观察，人们可以在一年内避免三周的圣餐和圣水的赐福，而获得财富（Thomson, *Later Lollards*, p. 185）。

4. Foxe, iii, pp. 590, 596, 581; *An Apology for Lollard Doctrines*, ed. J. H. Todd（Camden Soc., 1842）, pp. 90—92.

5. Foxe, iii, pp. 179—180.

6. Foxe, iii, p. 107. See also below, p. 600.

7. N. Dorcastor, *The Doctrine of the Masse Booke*（1554）, sig. Aiii.

8. J. Calfhill, *An Answer to John Martiall's Treatise of the Cross*, ed. R.Gibbings（Cambridge, P.S., 1846）, p. 17; *The Works of John Jewel*, ed. J. Ayre（Cambridge, P.S., 1845—1850）, ii, p. 1045; *The Works of James Pilkington*, ed. J. Scholefield（Cambridge, P.S., 1842）, pp. 177, 536, 563.

9. 在以下长篇大作中尤为明显: Calfhill, *Answer to Martiall*。

10. *Documents Illustrative of English Church History*, ed. H. Gee and W. J.

Hardy（1896），p. 428n；13 Eliz.，cap. 2.

11. H. More，*A Modest Enquiry into the Mystery of Iniquity*（1664），p. 428；F. Clark，*Eucharistic Sacrifice and the Reformation*（1960），p. 359；Frere and Kennedy，*Articles and Injunctions*，ii，p. 274.

12. F. Procter and W. H. Frere，*A New History of the Book of Common Prayer*（1901），p. 74；C. W. Dugmore，*The Mass and the English Reformers*（1958），p. 120；*The Labororyouse Journey and Serche of John Leylande... enlarged by Johan Bale*，ed. W. A. Copinger（1895），p. 10.

13. Scot，*Discoverie*，XV，xxii；E. Bulkeley，*A Sermon*（1586），sig. B4^v.

14. T. Hobbes，*Leviathan*（1651），chap. 44.

15. Thomson，*Later Lollards*，pp. 76，106，127；Welch in *Procs. Suffolk Inst. Archaeology*，xxix（1962），p. 163.

16. A. Hussey，"Archbishop Parker's Visitation，1569"，*Home Counties Magazine*，v（1903），p. 286. Cf. *Proceedings Principally in the County of Kent*，ed. L. B. Larking（Camden Soc.，1862），p. 118. 关于这一主题的争议，see G. W. Bromiley，*Baptism and the Anglican Reformers*（1953），pp. 48—64，and W. H（ubbocke），*An Apologie of Infants in a Sermon*（1595）。有关大主教尼尔之餐桌的话题，see *Associated Architectural Societies*，*Reports and Papers*，xvi（1881），p. 48。有关清教徒的看法，see W. Perkins，"*A Discourse of Conscience...*"，ed. T. F. Merrill（Nieuwkoop，1966），pp. 130—134；以及有关施洗者的看法，see T. Grantham，*The Infants Advocate*，*against the Cruel Doctrine of those Presbyterians*，*who hold that the Greatest Part of Dying Infants shall be Damned*（1688）。

17. P. Collinson，*The Elizabethan Puritan Movement*（1967），p. 369；Procter and Frere，*A New History of the Book of Common Prayer*，pp. 159—160；*The Writings of Henry Barrow*，*1590—1591*，ed. L. H. Carlson（1966），p. 92；（A. Gilby），*A pleasant dialogue*（1581），sig. M5；A. G. Matthews，*Calamy Revised*（Oxford，1934），p. 521；A. C. Carter，*The English Reformed Church in Amsterdam in the Seventeenth Century*（Amsterdam，1964），p. 56.

18. *Kilvert's Diary*，ed. W. Plomer（new edn，1960），ii，pp. 442—443；B. R. Wilson，*Religion in Secular Society*（1966），pp. 10—12.

19. T. Becon，*Prayers and other Pieces*，ed. J. Ayre（Cambridge，P.S.，1844），p. 234. Cf. Thomson，*Later Lollards*，p. 127；Welch in *Procs. Suffolk Inst.*

Archaeology, xxix（1962）, pp. 159, 163.

20. Gee and Hardy, *Documents Illustrative of English Church History*, p. 509; *The Seconde Parte of a Register*, ed. A. Peel（Cambridge, 1915）, i, pp. 200, 259。平息抵抗的有关资料, see e.g., *Wiltshire County Records Minutes of Proceedings in Sessions, 1563 and 1574 to 1592*, ed. H. C. Johnson（*Wilts. Archaeol. and Nat. Hist. Soc.*, 1949）, p. 123。

21. 宗教改革之后的坚振礼, see S. L. Ollard, "Confirmation in the Anglican communion", *Confirmation and the Laying on of Hands, by Various Writers*, i （1926）, pp. 60—245。社交的青春期和心理上的青春期的区分是由以下作者完成的: A. van Gennep, *The Rites of Passage*, trans. M. B. Vizedom and G. L. Caffee（1960）, pp. 65, 67。

22. Thomson, *Later Lollards*, pp. 41, 127.

23. 有关忏悔, see below, pp. 183—187。

24. J. Canne, *A Necessitie of Separation*（1634）, ed. C. Stovel（Hanserd Knollys Soc., 1849）, pp. 116—117.

25. B. L. Woodcock, *Medieval Ecclesiastical Courts in the Diocese of Canterbury*（1952）, p. 80; Thomson, *Later Lollards*, pp. 40, 78, 183.

26. *L.P.*, xviii（2）, p. 305; Calfhill, *An Answer to John Martiall's Treatise*, p. 131.

27. Introduction by J. W. Legg to *English Orders for Consecrating Churches in the Seventeenth Century*（Henry Bradshaw Soc., 1911）, esp. pp. xvii—xix.

28. *The Writings of Henry Barrow, 1587—1590*, ed. L. H. Carlson（1962）, pp. 466—468, 478。类似观点, see C. Burrage, *The Early English Dissenters*（Cambridge, 1912）, i, pp. 89, 240。

29. Thomson, *Later Lollards*, pp. 132, 183; Foxe, v, p. 34; B. Hanbury, *Historical Memorials relating to the Independents*（1839—1844）, ii, p. 88; Gloucester D.R., Vol. 50; Essex R.O., D/AEA 27, f. 35（由艾伦·麦克法兰博士向我友情提供）; *Extracts from Records… of the Borough of Portsmouth*, ed. R.J. Murrell and R. East（Portsmouth, 1884）, p. 124。非传统的极端阐述, see N. Wallington, *Historical Notices*, ed. R. Webb（1869）, i, pp. 189—190。

30. Gee and Hardy, *Documents Illustrative of English Church History*, p. 541.

31. T. Edwards, *Gangraena*（2nd edn, 1646）, i, p. 30; ii, p. 5; iii, p. 62. Cf. *C.S.P.D.*, *1635*, p. 40; *1637*, p. 508; C. Hill in *Historical Essays 1600—1750*

presented to David Ogg, ed. H. E. Bell and R. L. Ollard（1963）, p. 51.

32. *The Puritan Manifestoes*, ed. W. H. Frere and C. E. Douglas（1907）, pp. 28—29；R. Burn, *Ecclesiastical Law*（2nd edn, 1767）, i, p. 290.

33. *The Works of Henry Smith*, ed. T. Smith（1866—1867）, i, p. 12. Cf. W. P. M. Kennedy, *The 'Interpretations' of the Bishops*（Alcuin Club, 1908）, p. 36.

34. *Complete Prose Works of John Milton*（New Haven, 1953）, i, p. 939. Cf. Gilby, *A Pleasant Dialogue*, sig. M5；K. Chidley, *The Justification of the Independant Churches of Christ*（1641）, p. 57.

35. *The Writings of Henry Barrow, 1587—1590*, pp. 462—463.

36. 一些例子参见 Hale, *Precedents*, pp. 167, 169, 225, 230, 237；A. Gibbons, *Ely Episcopal Records*（1890）, p. 84；*The State of the Church in the Reigns of Elizabeth and James I*, ed. C. W. Foster（Lincoln Rec. Soc., 1926）, pp. xxxix, lxxix, lxxxi；*V.C.H., Beds.*, i, p. 336n. 3；*V.C.H., Wilts.*, iii, p. 36；*C.S.P.D., 1637—1638*, pp. 382—383。

37. *The Workes of... Richard Greenham*, ed. H.（olland）(3rd edn, 1601）, p. 5；W. Tyndale, *Expositions and Notes*, ed. H. Walter（Cambridge, P.S., 1849）, p. 80；Cooper, *Mystery*, p. 351.

38. J. C. Dickinson, *The Shrine of our Lady of Walsingham*（Cambridge, 1956）, p. 27.

39. 参见下书中的描述：J. C. Wall, *Shrines of British Saints*（1905）, chap. 6。

40. T. Jackson, *A Treatise containing the Originall of Unbelief*（1625）, p. 236.

41. Procter and Frere, *A New History of the Book of Common Prayer*, pp. 129—130, 137—138. Cf. *The Writings of Henry Barrow, 1590—1591*, p. 94.

42. E. Rogers, *Some Account of the Life and Opinions of a Fifth-Monarchy Man*（1867）, pp. 8, 11；*The Country-man's Recreation*（1654）, p. 60；J. Dod and R. Cleaver, *A Plaine and Familiar Exposition of the Ten Commandements*（18th edn, 1632）, p. 95.

43. Aubrey, *Gentilisme*, pp. 40, 58, 59.

44. Frere and Kennedy, *Articles and Injunctions*, iii, pp. 160, 164, 177, 208, 264, 290, 308—309, 334, 378；*The Remains of Edmund Grindal*, ed. W. Nicholson（Cambridge, P.S., 1843）, pp. 240—241.

45. W. Tyndale, *An Answer to Sir Thomas More's Dialogue*, ed. H. Walter

（Cambridge，P.S.，1850），p. 62.

46. R. Taverner,*Postils on the Epistles and Gospels*,ed. E. Cardwell(Oxford，1841），p. 280. 文章认为同时代的伊拉斯谟学派的理性可能被夸大了。

47. T. S. Maskelyne,"Perambulation of Burton, 1733", *Wilts. Archaeol. and Nat. Hist. Mag.*, xl（1918）; R. P（lot）, *The Natural History of Oxford-Shire* (Oxford, 1677), p. 203; Aubrey, *Gentilisme*, pp. 32—34, 40; M. W. Beresford and J. K. S. St Joseph, *Medieval England; an Aerial Survey* (1958), p. 77.

48. F. G. Emmison, *An Introduction to Archives* (1964), plate 12; *The Writings of Henry Barrow, 1587—1590*, p. 543. Cf. *The Puritan Manifestoes*, p. 33; *A short dialogue* (1605), p. 12; Canne, *A Necessitie of Separation*, p. 123.

49. Bodl., Oxford Diocesan Papers, c 26, ff. 182—184. 其他发生在伊利的神甫不合作事例参见 D.R., B 2/15, f. 4ᵛ; Wells D.R., A 102。

50. Bodl., Oxford Diocesan Papers, d 11, f. 226ᵛ. 其他禁酒事例参见 Hale, *Precedents*, p. 243; W. H. Turner, in *Procs. of the Oxford Architectural and Hist. Soc.*, n.s., iii (1872—1880), p. 137; Ely D.R., B 2/21, f. 83ᵛ (1601); *V.C.H., Wilts.*, iii, p. 46; 以及圈地和耕种导致的阻碍,参见 M. Bowker, *The Secular Clergy in the Diocese of Lincoln, 1495—1520* (Cambridge, 1968), pp. 113—114; Hale, *Precedents*, pp. 162, 237, 243; Heywood, *Diaries*, ii, p. 291。

51. E.g., *Articles to be enquired of... in the trienniall visitation of... Lancelot Lord Bishop of Winton... 1625*, sig. B1.

52. 以此为主旨的作品主要有：T. Moresinus, *Papatus, seu depra-vatae religionis Origo et Incrementum* (Edinburgh, 1594), and J. Stopford, *Pagano-Papismus: or, an exact parallel between Rome-Pagan and Rome-Christian in their Doctrines and Ceremonies*(1675)。Conyers Middleton,*A Letter from Rome* (1729) 将其发挥到了极致。Cf. W. Lambarde, *A Perambulation of Kent* (1596), p. 335; S. Harsnet, *A Declaration of Egregious Popish Impostures* (1603), p. 88; Hobbes, *Leviathan*, chap. 45.

53. Frere and Kennedy, *Articles and Injunctions*, ii, pp. 126, 175; iii, p. 271; *Journal of the English Folk Dance and Song Soc.*, viii (1957), p. 76, n. 65; (A. Sparrow), *A Collection of Articles* (1684), p. 167.

54. See C. Hill, *Society and Puritanism in Pre-Revolutionary England* (1964), chap. 5.

55. 关于婚礼：*Puritan Manifestoes*, p. 27; *Chetham Miscellanies*, v (1875),

p. 7; see also, below, pp. 740—741。关于葬礼：*Puritan Manifestoes*, p. 28; Canne, *A Necessitie of Separation*, p. 113; *The Writings of Henry Barrow, 1590—1591*, pp. 82—83; W. M. Palmer, in *Procs. Cambs. Antiq. Soc.*, xvi(1912), pp. 147—148; and below, pp. 721—772。关于新年礼物：Brand, *Antiquities*, i, pp. 16, 18—19; *The Workes of ... William Perkins* (Cambridge, 1616—1618), ii, p. 676。

56. Wood, *Life and Times*, i, p. 140 (有关早期反抗活动：W. D. Christie, *A Life of Anthony Ashley Cooper, 1st Earl of Shaftesbury* [1871], i, appx., pp. xii—xiii); *Minutes of the Sessions of the Westminster Assembly*, ed. A. F. Mitchell and J. Struthers (1874), p. 24。

57. W. Hinde, *A Faithfull Remonstrance of the Holy Life ... of John Bruen* (1641), pp. 192—193, cf. M. Scrivener, *A Treatise against Drunkennesse* (1685), pp. 120—121; J. Geree, *A Divine Potion* (1648), p. 5; A. Hildersham, CVIii. *Lectures upon the Fourth of John* (4th edn, 1656), p. 123; T. Vincent, *Words of Advice to Young Men* (1668), p. 96.

58. *The Letters and Epigrams of Sir John Harington*, ed. N. E. McClure (Philadelphia, 1930), p. 180. 有时候打喷嚏也被看作是预兆；W. Shelton, *A Discourse of Superstition* (1678), p. 25。

59. 下文指出了其中的区别，H. G. Russell, "Lollard opposition to oaths by creatures", *American Hist. Rev.*, li (1946)。

60. Hobbes, *Leviathan*, chap. 14; Wood, *Life and Times*, i, pp. 165, 207. 对誓言的全面讨论，Hill, *Society and Puritanism*, chap. 11。

61. A. Hildersham, *CLII Lectures upon Psalm LI* (1635), p. 184; *The Petty Papers*, ed. Marquis of Lansdowne (1927), i, p. 275. Cf. T. Comber, *The Nature and Usefulness of Solemn Judicial Swearing* (1682), p. 22; Sir J. F. Stephen, *A History of the Criminal Law of England* (1883), iii, pp. 244—248.

62. B. C. Steiner, *Maryland during the English Civil Wars* (Baltimore, 1906—1907), ii, pp. 92, 98; G. L. Haskins, *Law and Authority in Early Massachusetts* (New York, 1960), p. 125.

63. *John Isham, Mercer and Merchant Adventurer*, ed. G. D. Ramsay (Northants. Rec Soc., 1962), p. 172.

64. A. G. Dickens, *Lollards and Protestants in the Diocese of York* (1959), p. 124; Tyndale, *Expositions and Notes*, p. 308; F. Coxe, *A Short Treatise* (1561),

sig. Biiij^v; J. Geree, *Astrologo-Mastix*（1646）, p. 19; T. Rogers, *The Catholic Doctrine of the Church of England*, ed. J. J. S. Perowne（Cambridge, P.S., 1854）, p. 180.

65. 正如 F. A. Yates, *Giordano Bruno and the Hermetic Tradition*（1964）, p. 143 指出的那样。

66. E.g., J. Strype, *Annals*（1725）, ii, pp. 181—182; S. Haynes, *A Collection of State Papers*（1740）, p. 603.

67. G. Williams, *The Welsh Church from Conquest to Reformation*（Cardiff, 1962）, p. 461; *The Seconde Parte of a Register*, i, p. 50; Borthwick, R. VI. G 2456; H. Foley, *Records of the English Province of the Society of Jesus*（1877—1884）, iv, p. 131;（D. Defoe）, *A System of Magick*（1727）, p. 352; *William Lambarde and Local Government*, ed. C. Read（Ithaca, N. Y., 1962）, p. 101. 天主教与巫术之间广泛的传统的其他事例, E. Worsop, *A Discoverie of Sundry Errours*（1582）, sig. E4; H. Holland, *A Treatise against Witchcraft*（Cambridge, 1590）, sig. Bl; A. Roberts, *A Treatise of Witchcraft*（1616）, p. 3; Bernard, *Guide*, pp. 16—17; J. Gaule, *Select Cases of Conscience touching Witches and Witchcrafts*（1646）, pp. 16—17; R. Bovet, *Pandaemonium*（1684）, ed. M. Summers（Aldington, Kent, 1951）, pp. 71—73; Brand, *Antiquities*, iii, pp. 255—256; R. T. Davies, *Four Centuries of Witch-Beliefs*（1947）, pp. 120—122。

68. L. Stephen, *History of English Thought in the Eighteenth Century*（3rd edn, 1902）, i, p. 79.

69. The Zurich Letters, trans. and ed. H. Robinson（Cambridge, P.S., 1842）, p. 23; *The Writings of Henry Barrow, 1587—1590*, pp, 346, 353, 381.

70. F. W. X. Fincham, "Notes from the ecclesiastical court records at Somerset House", *T.R.H.S.*, 4th ser., iv（1921）, p. 121; T. Richards, *Religious Developments in Wales（1654—1662）*（1923）, p. 399 and n. 11; *The Diary of Abraham de la Pryme*, ed. C. Jackson（Surtees Soc., 1870）, p. 293; S. R. Gardiner, *History of England from the Accession of James 1 to the Outbreak of the Civil War*（1904—1905）, vi, p. 234。Davies, *Four Centuries of Witch-Beliefs*, pp. 122—124,给出了劳德派仪式怎样被误办成巫术仪式之可能的很好例证,但是他认为"艾略特的演讲暗示了劳德派教徒试图干涉1604年巫术法规"的看法似乎有点幻想的意味。

71. Essex R.O., Q/SBa 2/58（这一文献由艾伦·麦克法兰博士友情提供）。

72. J. Crossley 为下书作的引言：*Potts*（for Webster）; *A Brief Relation of the Irreligion of the Northern Quakers*（1653）, p. 74; *The Works of Gerrard Winstanley*, ed. G. H. Sabine（Ithaca, N. Y., 1941）, p. 597。据说贵格会领袖乔治·怀特海德曾公开声明"那些认为神圣的圣父、圣子以及圣灵'三位一体'实际由三个人组成的人都是异想天开的白日梦者和巫师", R. B., *Questions propounded to George Whitehead and George Fox*（1659）, p. 1。

73. Plot, *Natural History of Oxford-Shire*, pp. 49—50; R. Lennard, "The Watering-Places", *Englishmen at Rest and Play*, ed. R.Lennard（Oxford, 1931）, p. 10; Aubrey, *Gentilisme*, pp. 33, 223—224; Brand, *Antiquities*, ii, pp. 374, 377—378; R. C. Hope, *The Legendary Lore of the Holy Wells of England*（1893）, pp. 159, 170; *The Diary of Thomas Crosfield*, ed. F. S. Boas（1935）, p. 93; D. Edmondes Owen, "Pre-Reformation Survivals in Radnorshire", *Trans. of the Hon. Soc.of Cymmrodorion*, 1912; A. R. Wright, *British Calendar Customs*, ed. T. E. Lones（Folk-Lore Soc., 1936—1940）, ii, pp. 21—22.

74. 有关更多16和17世纪水井的历史, see *Analecta Bollandiana*, vi（Paris, 1887）, pp. 305—352; *The Life and Miracles of S. Wenefride*（1712）（1713 年再版时添加了 W. 弗利特伍德带有敌意的评论）; Foley, *Records of the English Province of the Society of Jesus*, iv, pp. 534—537。有关不包含宗教暗示的布里斯托尔的圣文森特井所治愈的名单, see Sloane 640, ff. 340—351; 79, ff. 110—111。

75. P.R.O., SP 12/224, f. 145（also in *Archaeologia Cambrensis*, 3rd ser., i〔1855〕, pp. 235—237）; *Memorials of John Ray*, ed. E. Lankester（1846）, p. 171。

76. Aubrey, *Gentilisme*, pp. 28—29; *Trans. Devonshire AsSoc.*, lxxxiii（1951）, p. 74; ibid., lxxxvi（1954）, p. 299; T. Brown, "Some Examples of Post-Reformation Folklore in Devon", *Folk-Lore*, lxxii（1961）, pp. 391—392.

77. Ely D.R., B 2/34, ff. 4v—5; W. Saltonstall, *Picturae Loquentes*（Luttrell Soc., 1946）, p. 28; Wright, *British Calendar Customs*, ii, p. 101; Brand, *Antiquities*, ii, pp. 16—33; M. W. Barley, "Plough Plays in the East Midlands", *Journ. of the Eng. Folk Dance and Song Soc.*, vii（1953）; W. M. Palmer, "Episcopal visitation returns", *Trans. Cambs. and Hunts. Archaeol. Soc.*, v（1930—1937）, p. 32（在威灵厄姆和康伯顿两地，犁会被移走，1665）。

78. Brand, *Antiquities*, i, pp. 63, 156, 370, and *passim*; Wright, *British Calendar Customs*, i, pp. 69—73, 83; *County Folk-Lore*, ii, ed. Mrs Gutch (Folk-Lore Soc., 1901), p. 243. 洛克周一（即迪斯塔夫周一）是主显节后的那个周一，这天纺纱活动重新开始：*O.E.D.*。

79. *Durham Depositions*, p. 235; *Kilvert's Diary*, iii, p. 344; Brand, *Antiquities*, i, pp. 299—311; A. Hussey, "Archbishop Parker's Visitation, 1569", *Home Counties Magazine*, v (1903), p. 208; Wright, *British Calendar Customs*, iii, pp. 6—12, 24—25.

80. R. R. Marett, in *Journ. of the Eng. Folk Dance and Song Soc.*, i (1933), p. 75. 关于莫里斯舞, Brand, *Antiquities*, i, pp. 247—270; B. Lowe, "Early Records of the Morris in England", *Journ. of the Eng. Folk Dance and Song Soc.*, viii (1957); E. C. Cawte, "The Morris Dance in Herefordshire, Shropshire and Worcestershire", ibid., ix (1963)。

81. Welch in *Procs. Suffolk Inst. Archaeology*, xxix (1962), p. 158; *H.M.C., Montagu of Beaulieu*, p. 40. See also *Shropshire Folklore*, ed. C. S. Burne (1883—1886), p. 167.

82. Gilby, *A Pleasaunt Dialogue*, sig. M3v; F. A. Girling, *English Merchants' Marks* (1964), pp. 14, 17; *The Works of... Joseph Hall*, ed. P. Wynter (Oxford, 1863), vi, p. 110. See also J. Deacon and J. Walkeralker, *A Summarie Answere* (1601), p. 210.

83. S. Harsnet, *A Discovery of the Fraudulent Practices of John Darrel* (1599), p. 60; N. Sykes, *From Sheldon to Secker* (Cambridge, 1959), p. 186.

84. J. S. Purvis, *Tudor Parish Documents* (Cambridge, 1948), p. 177; J. White, *The First Century of Scandalous, Malignant Priests* (1643), p. 40; *The Private Diary of Dr John Dee*, ed. J. O. Halliwell (Camden Soc., 1842), p. 35; *D.N.B.*, "Whiston, William"; and see below, p. 590.

85. Kittredge, *Witchcraft*, p. 145; *County Folk-Lore*, v, ed. Mrs Gutch and M. Peacock (Folk-Lore Soc., 1908), pp. 94, 107—108; *A Frenchman in England, 1784*, ed. S. C. Roberts (Cambridge, 1933), p. 86; *Kilvert's Diary*, ii, p. 414, Fox, viii, pp. 148—149. Cf. *The Wonderful Preservation of Gregory Crow* [1679].

86. *The Seconde Parte of a Register*, i, p. 254; A. G. Dickens, "The Extent and Character of Recusancy in Yorkshire, 1604", *Yorks. Arch. Journ.*, xxxvii (1948), p. 33 (cf. id. and J. Newton in ibid., xxxviii [1955])。这在汉普郡是非

常相似的, J. E. Paul, "Hampshire Recusants in the time of Elizabeth I", *Procs. of the Hants. Field Club*, xxi（1959）, p. 81, n. 151。

87. *Memoirs of Sir Benjamin Rudyerd*, ed. J. A. Manning（1841）, p. 136.

88. *H.M.C., Hatfield*, xv, p. 387.

89. E.g., *Miracles lately wrought by the intercession of the glorious Virgin Marie, at Montaigu, nere unto Siche in Brabant*, trans. R. Chambers（Antwerp, 1606）. 通过奇迹治疗疾病以及解救自身的例子在英格兰不服从国教的天主教文献中简直数不胜数。But see below, pp. 147 n. 51, 583.

90. R. Dingley, *Vox Coeli*（1658）, pp. 134—135. 有关这个被忽略的反宗教改革的方面, see M. Grosso and M. F. Mellano, *La Controri-forma nella Arcidiocesi di Torino*（*1558—1610*）（Rome, 1957）, ii, pp. 209, 250, 257; iii, p. 227（由 J. Bossy 在他的论文："Regimentation and Initiative in the Popular Catholicism of the Counter Reformation" 中引用并在 *Past and Present* 会议提交至大众宗教板块, 1966）; A. Franz, *Die Messe im deutschen Mittelalter*（Freiburg-im-Breisgau, 1902）, chap. 10。

91. V. L. Tapié, *The Age of Grandeur*, trans. A. R. Williamson（1960）, pp. 154—155; R. Crawfurd, *Plague and Pestilence in Literature and Art*（Oxford, 1914）; *D.T.C.*, i, col. 612; and Thiers, *Superstitions*, *passim*.

92. Kittredge, *Witchcraft*, p. 148; and see below, pp. 586—588.

93. R. Pecock, *The Repressor of Over Much Blaming of the Clergy*, ed. C. Babington（Rolls Series, 1860）, p. 563; and the reference cited above, p. 31, nil.

94. D. Wilkins, *Concilia*（1737）, iii, pp. 804—807.

95. Gloucester D.R., Vol. 4, p. 34; Wells D.R., A 22（no foliation）; 1 Edw. VI cap 1.

96. *English Church Furniture*, ed. E. Peacock（1866）, *passim*; F. G. Lee, *The Church under Queen Elizabeth*（new edn, 1896）, pp. 134—137; "The Life of Mr William Whittingham", ed. M. A. E. Gree（*Camden Miscellany*, vi, 1871）, p. 32, n. 3; *A Description... of all the Ancient... Rites... within the Monastical Church of Durham*（1593）, ed. J. Raine（Surtees Soc, 1842）, p. 23.

97. Gloucester D.R., Vol. 20, p. 25（1563）; Hale, *Precedents*, p. 124; J. W. Blench, *Preaching in England in the Late Fifteenth and Sixteenth Centuries*（Oxford, 1964）, p. 122; *L.P.*, xii（i）, no. 1316; R. B. Walker, *A History of the Reformation in the Archdeaconries of Lincoln and Stow, 1534—1594*（Ph.D.

thesis, Univ. of Liverpool, 1959), p. 238.

98. Sloane 1457, f. 19v ; Hanbury, *Historical Memorials Relating to the Independents*, iii, p. 343.

99. 引自 J. Bossy 为下书作的引言: A. O. Meyer, *England and the Catholic Church under Queen Elizabeth* (1967 edn), p. xxiv。

100. *C.S.P.D., 1623—1625*, p. 187. Cf. Yates, *Giordano Bruno and the Hermetic Tradition*, p. 208 ; Foley, *Records of the English Province of the Society of Jesus*, vii, p. 1058.

101. A. R. Radcliffe-Brown, *Structure and Function in Primitive Society* (1952), pp. 155, 177.

102. *The Whole Works of... Jeremy Taylor*, ed. R.Heber and revd by C. P. Eden (1847—1854), vi, p. 175.

第四章

天　命

考虑到农民很大程度地倾向于认为,所有事物的发展都顺其自然,耕作土地就会收获谷物,养牛就会有牛奶和牛犊,乡村神甫必须费尽心力地让他们相信上帝在操纵万物,事情并非遵循他们所认为的必然法则,上帝常根据自己的判断而变更结果,或为奖赏,或为惩戒。

乔治·赫伯特,《驻寺神甫》,第三十章

让我们研究一下天命:它们必有所指。
奥利弗·克伦威尔致罗伯特·哈蒙德上校,1648 年 11 月 25 日

这就好比在贝弗利,天色已经晚了,很多人在玩斗熊游戏,教堂在晚祷时分突然倒塌,压倒了当时在里面的人。一个善良的家伙在听完这个故事后说,看吧,让他下地狱去,你就会明白在晚祷时分玩斗熊,会出什么状况。

托马斯·莫尔,《廷代尔的谈话》,第三章第二节

第四章 天 命

一　不幸的神圣起源

如我们所见,新教徒否认中世纪的教会能够把神的恩典用于世俗目的。他们并不寄托于超自然的助力,而是更倾向于提醒忠实的信徒:今生的苦痛可因为来世的福佑而变得可堪忍受。不朽福佑的希望是对人类生存的苦难哀痛绰绰有余的补偿。但是,这个遥远的希望并不是人们过去唯一归功于上帝的神力。神圣的全能反映在日常事务之中,而人世间为上帝意志的持续呈现提供了充足的证明。

宗教改革之后,所有神学家都教诲说,世界上的任何事情都要得到上帝的允许才能够发生。贯穿他们著作的共同主题是对偶然事件或意外事件可能性的否认。伊丽莎白一世时期的主教托马斯·库珀写道:"那些我们称之为命运的因素只不过是上帝之手的产物,而我们无法得知整个过程如何运作,以及为何如此。机缘和命运是人们无端的设想,这种假想是因我们对真实、万能、不朽的上帝的无知所致。"约翰·诺克斯认为:"命运或投机是异教徒嘴里的字眼,绝不应当进入忠实信徒心中。……你们可笑地称为命运和坚忍的必要性的东西……我们称之为上帝的永久选择和不变意志。"[1]

诺克斯是在重复圣巴西尔的话,对运气或命运这些异端邪说的抵触一直是常见的基督教主题。但是,仍然有理由认为宗教改革时代见证了对上帝神权的重新确认。尽管阿奎那曾强调天命的见解并不拒绝偶然性或运气的存在,像皮尔金顿主教这样的16世纪的作家却能明确地断言,偶然性是不存在的。[2] 中世纪的基督徒,从波爱修斯到但丁,在信仰上帝全能的同时也保持着对幸运女神的异教信仰。但是,对于都铎王朝时期的神学家来说,运气这样的念头就是对全能上帝的侮辱。英国国教的《布道书》宣称,把幸运当作女神的想法是叛教。玛丽一世时的殉道者约翰·布雷德福德曾对他的质问者说:"对上帝来说,任何时候事情都不是偶然发生的,虽然有时对于人类来说看起来是这样。"[3]

因此,每个基督徒都欣慰地知道,人生并非靠运气,而是上帝意志的反映。假如事情变坏,他不必怪罪于自己的坏运气,而是确信这是由上帝之手操作的:世间凡事没有随机的,而是安排好了的。库珀主教写道:"每当人们遭遇到灾难或瘟疫,这都不像是世间凡人所想象的那样是意外或自然发生的,而是上帝所授予的天命。"诺丁汉的一位教士在日记里写道:"自然、运气、天命,我认为这三者是上帝的必然意志。"一个人不应该讲"命运",奥利弗·克伦威尔对第一任护国公制议会如此宣讲,这是个"十分异端的字眼"。生命之舟从不会没有舵手,不管乘客是醒还是睡,上帝都在掌舵。[4]

令人生疑的是,是否有许多信徒花费了大量的时间为天命所赖以运转的精确机制而担心。神学家为首要原因和次要原因的问题倾注了很大的精力,并为上帝是通过自然抑或在它之上治世而争论不休。多数人同意库珀的观点,他认为,我们称之为自然的"只不过是上帝在他的创造物中工作的手段"。上帝的全能被看作以规律的方式行使着,而自然世界的缘由和规律是因为这样才被科学家的研究所求得。许多17世纪早期的神学家教诲说,上帝允诺遵守他所制定的自然法则。[5]但是没有人敢断言神的操纵只是遥控。加尔文曾宣称超自然的事情每天都有发生,[6]而伊丽莎白时代的所有科学家都没有排除这种可能性。《圣经》说,上帝能让太阳停止不动,能中断自然的进程。到16世纪,一般认为这样的奇迹已经终止了,但是由于世界完全由天命统治,因此上帝在任何他想的时候都能制造地震、洪水和类似的灾难。通过对一系列独立的原因及后果的同时运作,他也能制造惊人的事件或巧合,即"特殊天命"。上帝之手可以操作哪怕最琐细的事情。[7]

17世纪后期的机械哲学给"特殊天命"说带来了很大压力。在它的影响之下,许多作者倾向于认为,仿佛上帝的天佑只存在于创世之初的行动中,之后世界就按照创世主设定好的轨道运行。但是,那

第四章 天 命

些相信宇宙是个巨大钟表的人们,大多数实际上迟迟不敢面对他们如此类推的隐含意义。波义耳和牛顿在否认《圣经》中的奇迹和日常生活里天命的作用时都缺乏自信。[8] 在18世纪曾出现一些睿智的观念,认为自然灾害并非由上帝对人类罪行的即刻反应造成的,而是上帝在创世的最初日程表里就设定了的,因为他能预见人类会采取的道德抉择以及人类需要被考验或惩罚的时机。如此一来,人类行为的变化仍能对应于自然现象的变动,关于奖励和惩罚的理论也由此对新的机械科学做出了妥协。[9] 但是在18世纪之前,这样精细的合理性几乎是不必要的。世界一般被认为具有目的性,并能对它的创造者意愿做出反应;认为上帝不在场而任由其创造物自主运转的念头是要被谴责的。[10] 偶尔出现奇迹的可能性并不被排除,但是上帝权力的直接性始终会通过自然事件的正常运行得到充足的证明。威廉·夏洛克认为:"我们不应该期盼奇迹,上帝拥有对于自然和道德世界的绝对统治,他可以随心所欲,不需借助奇迹。"[11]

当噩运的受害者得知,他的命运由上帝操纵,他或许可以从中得到些许慰藉,即便上帝、人和自然的角色有时只是出于精密计算而已。这可以从伯克郡农民罗伯特·洛德的反思看出来,他把1616年描述为:

> 今年因为播种太早,我损失了10英镑(上帝是此中的原因,而这一器具是遵循他的意愿工作的),所以我的大麦地里长满了野芥,很显然是通过这个器具,上帝……我的主,无疑地是其中的主使。[12]

正如加尔文指出的,对于那些认为所有事情都是偶然发生,命运反复无常的人来说,日常生活的险恶可能会让他们觉得生活难以忍受。基督徒听从于上帝,他笃信除非上帝允许,否则不会有伤害降落到他身上,而且即使不幸仍然向他袭来,那它们也是为了他好。

达文波特主教认为,每一个充分领会了天命之说的人都能"坚毅地忍受他所遭遇的所有不幸"。[13] 主宰 16、17 世纪英格兰宗教文学的两个主题就是对逆境("神赐的苦难")的坚忍和虔诚意念里的幸福。这一时期虔诚作品的标题也反映出他们共同的写作目的:《患者的药膏……所有虔诚的基督徒在病痛时期学会如何耐心而感恩地生活》,《对丧失了亲人的上帝的虔诚信徒的劝告和鼓舞》,《对正在哀悼他们年纪轻轻就逝去的充满希望的孩子的父母的抚慰》。[14]

这些作品所给予的安慰的真实性是确切无疑的。一位老妇人告诉她的访客说,丈夫去世后,假如她不是依靠挂在她屋里的清教神甫约翰·多德所说的格言,[15] 她几乎就要发疯。她是无数个被剥夺了亲人后把宗教作为驱除绝望的唯一方法的典型例子。传教士曾挖苦地说,困难和不幸的遭遇是把人们的思想导向宗教的最有力工具,而虔诚最大的敌人莫过于世俗的成功。[16] 对受难者来说,宗教可以带来慰藉甚或快乐;我们没有理由对 17 世纪再现于清教徒传记极富启发性的故事的真实性产生质疑,这些故事是对信徒们安详的伴着圣歌死去的美好描述。许多信徒借由对神圣天命的信仰,而从亲人亡故的处境中得到慰藉,这种信仰不仅支撑他们从世间的不幸中求得安慰,更作为一种对世俗存在的短暂哀痛的补偿,提供了永久快乐的愿景。在《圣经》的经文中,虔诚的信徒能够很快找到与他们自身经历类似的例子,并安心地认为,他们最大的苦难都已在约伯、耶利米和其他《圣经》英雄故事中穷尽了。

与此同时,天命之说的自我确认特征也是不容忽略的一个问题。因为一个理论一旦被公众接受就很难再被推翻。如果邪恶的人遭遇不幸,显然会被认为是来自上帝的惩罚;而如果一个好人遭受灾祸重创,则会被认为是在经受上帝的考验。对虔诚的基督徒而言,一切进展顺利就该感谢上帝的福泽,然而他不会忧心堕落的邻居为何也诸事顺利,因为他知道世间苦难的缺乏往往是上帝不再恩宠的可怖先兆。的确,许多遇难者的经历恰恰能成为上帝对某些人格外

第四章 天 命

宠爱的佐证。这样一来,宗教通过生命的苦难就得到了稳步巩固。清教徒约翰·董那门认为,现世苦难通常是上帝关爱的表征。事实上,15岁的主教继任者詹姆斯·厄舍在一段时间内确信,若一个人没有明显的困难或良心的烦扰,则说明上帝不再爱他。[17] 对于天命的信仰有着相当大的弹性。罗伯特·洛德在好年景赞赏上帝的协助,而在坏年景他也隐忍地接受上帝根据喜好分配恩惠。

但对于信仰不坚之人来讲,所有这些都是倒胃口的说辞,许多神甫的精力都专用于对教友解释,为什么即便是最悲惨的祸事也应当作为上帝的意愿而被虚心接受。一个儿子被淹死的人怀着极大的悲痛来找清教神甫理查德·格里纳姆,想得知他到底犯了什么不可饶恕的罪孽,竟招致如此严厉的惩罚。格里纳姆列举了约伯的例子作为证据回应说,这件事没有解释的必要:很多原因都可以导致上帝如此粗暴的抉择。在这个特殊的例子中,该神甫还有多种行为方式可以选择,他可以去纠正这样一个极度强调安全感,过分溺爱孩子,对孩子的心灵成长丝毫不心存感激的父亲,抑或是他没有代孩子做足够的祈祷,也可能上帝要带走小孩子以使父亲有更多的时间为主效力。[18]

对于那部分被坏运气所伤的信徒,正确的反应是探究他自己,以便发现是否存在道德上的缺陷而激起上帝的愤怒,或检讨自身是否去除了自身招致上帝有意试探的自满。当埃塞克斯的厄尔斯科恩教区的神甫拉尔夫·若瑟兰的幼子在1648年死于白喉时,这位丧子的父亲想探寻是什么过错招致上帝的惩罚,并得出结论:虚荣的思想以及不合时宜地下象棋是导致如此惩处的罪魁祸首。当内科医生无法治愈刘易斯·曼塞尔爵士的眩晕症时,他就写信给教区神甫里斯·普里查德想了解为什么上帝让这样的不幸降临到自己头上。他收到回信,信中劝诫他要耐心并且以"磨炼是必要的"为由说服了他。当长老会的大臣亚当·马丁代尔的妹妹死于天花且面部浮肿,马丁代尔很肯定地认为这是上帝对她以外表美丽自居表示愤怒的显现。[19]

按照惯例,国家的灾祸也被视为上帝对人们罪孽的回应。《布道书》教诲说:贫穷、匮乏和饥荒均是上帝对人类罪恶的愤怒所致。《圣经》指出:瘟疫和苦难通常是对那些声名狼藉的罪孽的惩罚,而神圣的复仇会像来世一样也出现在现世。[20]圣扎迦利·博根于1653年在哈佛出版的《〈圣经〉中的威胁与惩罚记录编年概览》包含600余页详细整理成一览表形式的对每种罪孽的相应惩罚,从"通奸"到"怠慢上帝的礼拜"皆有所涉及。

因此,无论何时灾祸发生,传道者和时事记录者都会迅速指出,直接根源是人们在道德上的过失。从1580年的大地震到1703年的暴风雨,每次惊人的自然灾害无不伴着汹涌而来的说教文学和醒世时评。[21]饥荒、瘟疫、洪水和火灾均是那些身受灾难者的道德状况激起上帝不满所致。1607年,近30个西部城镇被洪水淹没时,时事记录者就提醒读者说:"上帝……如最初的大洪水一样,本也可以倾覆整个人类世界。"当1692年牙买加城的皇家港口被大地震彻底毁掉时,不遵奉国教的教士埃德蒙·卡拉米最迅捷的反应就是:"如果上帝仁慈的天命不加以区别,英格兰本也可能受难的。"[22]雷暴雨似乎也是有违天意的表现。事实上因闪电导致的死亡常常被当作上帝所为。[23]1680年,伯克郡的一对父子在库克姆的田间耕地时被闪电击中,验尸官陪审团反馈的死亡判决理由为"万能的主的最直接天意"。[24]17世纪城镇居民所恐慌的火灾也被认为是上帝的惩罚。据记载,发生在1665年的那场大火灾吞噬了162个家庭,同时造成近30 000英镑的直接经济损失,[25]什罗普郡的神甫在教区记录中写道:"纽波特的人们不要再制造更多罪孽了,以免更多惩罚降临你身。"

当巧合发生时,天命信仰被用于解释的功能就会尤其突出。刘易斯·贝利在1613年第三次编辑再版的极富影响力的指南《虔诚的实践》中毫不迟疑地指出:蒂弗顿三场大火中的前两场应归咎于当地居民亵渎安息日的集市筹备活动。[26]此次迅速识别上帝震怒的

第四章 天 命

原因与1653年国会在马尔伯勒的细致调查相比,后者中上帝的审判是难于探究和预见的。[27]

疾病的发生尤其易于被赋予神学意义。伊丽莎白《公祷书》要求神职人员在拜访患者时这样开头,即帮助患者认识到任何形式的疾病皆由上帝造访所得。当然,医生会通过自然的方式治疗患者,但是这种治疗是要被谨慎引入的,并要遵从唯有上帝允许方能施治的原则。服药是合法的,但过分相信药物就是非法的。一个神甫作家在1637年警示他的读者说,他们不应该"对药物方法的疗效寄予过多希望,而应该……通过正当地使用药物,向主虔诚地祷告以祈求赐福"。[28] 健康受益于上帝,而非医生。外科医生应当在实施手术前进行祈祷,不信神的医生无论医术如何精湛,都不应该被患者雇用。[29]

至少在17世纪后半叶之前,这是神学家和道德学家共同的教诲。然而我们知道,在实际操作中,医生和一般信徒通常都会把疾病归结为一种纯自然现象。一些内科医生只是口头上承认罪孽是疾病最常见成因的观点,但是这些医学人士无视疾病在信神方面的原因的清醒姿态,使得他们长久地得到了无神论者的名誉。很多神职人员似乎也假设上帝遵从一般自然过程行事,相对于医生,他们不过是对自然过程的神圣起源投注了更多目光。某些神学家甚至宣称在某些特定环境下,上帝会在不利用任何自然的手段下令人突然死去。1555年,威廉·特纳指出,"为了报复或惩罚那些众所周知的罪孽和过错",尽管很偶然,上帝是可能这么做的。格林德尔主教也有类似观点,认为突如其来的死亡应被认为是来自上帝的特定判决。加尔文特别指出如果万能的主决定了人的死亡时间,那么就没有任何医学方法能够阻挠其进程。[30]

这个有关疾病的宿命论观点最普遍地反映在性病中,因为它有较明显的道德惩罚因素,又或者反映在传染病中。当着眼范围内极其需要就整个社会或某些特定地区的罪孽进行解释时,宿命论观点尤其适于解读瘟疫的成因。以清教徒为例,他们把传染病归咎于对天主教的忍受、戏院的嘈杂、对安息日的扰乱,以及劳德派改革。约翰·多德于1635年宣称:"上帝制造的瘟疫是降临在教会指挥下的宗教混合的产物上。"其他论断则将原因归咎给贪婪、不虔诚或其他显而易见的罪孽。[31]

在某些地区,神职人员理所当然地把受难者当作是对社区惩罚的替罪羊。1597年至1598年间,肯特郡的克兰布鲁克有190人死于瘟疫,圣邓斯坦教堂的教士在他的诊断记录中写道:这是对这个镇子罪孽的天罚,特别是对那些"充斥此地的酗酒风气"。它难道不是起于"销赃犯布莱特林格的家中",又止于"妻子淫乱的酒鬼亨利的住所"。此外,"感染几乎都发生在旅店和餐馆,造成了极大的混乱,如此以致上帝确乎是在惩罚那些被大众忽略的罪孽"。希钦的神甫则把1665年的那场瘟疫归罪于当地的妓女。[32]

不论采取哪种理论,人们都假定上帝通过自然途径操纵世界,即通过空气中的传染源或腐败源带来传染病,这些人理所当然地认为瘟疫是遭天谴所致。但是所有神学者都坚持认为自然救治的希望非常渺茫,除非患者对自己的行径有了足够的忏悔。劳伦斯·查德顿在1578年宣称:"房屋和街道的清洁并不能清除上帝的报应,而应该由人们从心灵中涤荡他们的罪孽。"理查德·格里纳姆也有类似观点认为,悔改是对那些医疗措施无力回天的病症唯一的救治方法。他因而抓住机会抨击慈爱教的自然主义观点。慈爱教是当时的一个宗教教派,而这一教派的教众显然将所有困惑都归咎于自然的外部因素,该教派曾因为一个教徒把自身的伤寒当作神灵造访而驱逐了他。[33]

疾病的康复建立在悔改上,离"宗教信仰能使人豁免于疾病"的说法仅有一步之遥。早在15世纪,《富豪与乞丐》的作者就曾指出:部分好人也会在没做任何坏事的情况下偶遇不幸。但他仍坚信所有人的不幸必定是罪孽的产物。[34]16世纪,这一认知进一步发展。

第四章 天 命

胡珀主教坚信没有疾病能够危及真正敬畏上帝的人;只有背离信仰才会招致疾病。空气中的腐败物不会危害那些信仰纯粹的人,因为只有通过上帝的安排,人才会死于瘟疫。[35] 其他人则相信从瘟疫传染区逃脱是白费力气,因为上天的惩处不是如此轻易就能被逃脱的。[36] 一些人甚至认为,如果瘟疫只害死了少数人,那就是超自然的现象,这完全是福佑天使的直接施为。[37]

上述观点同时认为,既然瘟疫受害者被上帝的判决制定了命运,疾病应该就非自然蔓延而是遵从天命了;不应该禁止探视传染病患者,且任何预防传染措施都不会生效。即便大量的神职人员和医者反驳了这一说法,然而在 1603 年,该说法"不但被底层民众所推崇,而且也影响到部分上层社会人士"。[38] 后来有作家将当时医学的落后归咎于一种对生命的广泛信念,即每个人都被分配了特定的生命跨度,而这种跨度是绝无延长之法可循的。[39] 在 1588 年以前,政府的《瘟疫决议》要求神甫反驳"避免拜访感染的房屋是不必要举措"的观点。亨诺克·克拉彭是个杰出的神甫,他曾因一再坚持不隔离病区于 1603 年入狱。他在一部发表的著作中坚称瘟疫只传染罪孽深重者,除非缺乏信仰,否则信徒是绝不会死于瘟疫的。如此的宿命论也是当时官方尤其想要驳倒的观点。[40]

然而,有些人依旧认为真正的信徒对瘟疫具有免疫力,所以预防是没有必要的。查理一世统治时期,托马斯·杰克逊宣称:"瘟疫甚于其他所有人感染的疾病,敏锐的人在观察整个瘟疫的发展过程后得出结论,尽管与他人相比没有暴露更恶劣且可见的危险,拥有贪婪的思想和永不满足的贪欲的人通常很快就会招致感染。"[41] 据说在 1637 年,一些持此观点的"蠢人"确信死于瘟疫正是人有罪的证据。[42] 在《圣经》被按照字面意思进行解释的时期,人们很难忽略第 91 篇圣诗的训诫:"不该有邪恶降临你身,也不该有瘟疫潜入你的住宅。"威廉·布里奇认为,这并不是对完全免疫的承诺,"但圣诗的广泛传播,在瘟疫流行期间为信仰者提供了专门保护"。[43]

于是，当时便有这样一种强烈的倾向传播于世，人们设想着遵从上帝的诫命有益于繁荣安定。面对上帝不可知的标准，任何事都不会有确切的担保，也不仅仅是犯下罪孽者才会被惩罚。但是《圣经》的解说者多德和克利弗十分肯定：虔诚的信徒从来不需要祈求；气象学家罗伯特·丁利宣称上帝选中的信徒被闪电击到的机会要渺茫得多。清教徒理查德·罗杰斯写道，不沾罪孽，则不惹烦恼。空位时期，一个女教徒忏悔说，当她看到邻人比自己过得兴旺发达时，她曾一度陷入对宗教的沮丧中，因为这只可能意味着邻居比她更多地在家中祈祷。马克斯·韦伯推断没有任何宗教如清教这般将经济成就与精神成就密切地联系在一起。44

关于天命的信仰是一个复杂的课题，且易于被夸大。一个新教的神职人员不会对那些遵从上帝旨意的信徒允诺健康和世俗意义上的成功；他仅仅试图带来精神上的慰藉，而非物质繁荣的希冀。但直到17世纪晚期及后来的某些情况下，绝大多数神职记录者和虔诚的信徒都诚挚地相信不论是在身体健康方面还是专业成就方面，人的道德行为和命运总是紧密相关。教会在反复强调"罪孽最可能导致不幸"的同时，必然要暗示"虔诚在某种程度上与富足相关"。当然，布道者会解释他们关心的是精神富足，并告知信徒，上帝的允诺只与来世有关。而教众经常持一种粗略的看法，神职人员自身也时而如此。

二 充满警示的传说

俗世的重大事件可以被认为是上帝的判决所致。这是一种"实体世界反映人类道德行为"的最基本假设的升级版本。这也反映在人们对自然界异常现象（"惊人事物"）非常有可能预示上天判决即将来临（"前兆"）的坚定信念上。这种信念在原始社会并不普遍。事实上，原始社会的居民有时对那些令人称奇的自然现象并不感兴

第四章 天 命

趣。只有具备了足够的科学意识,人们才会注意到这些不规律的现象。[45] 但对于自然前兆的信仰在英格兰很是普遍。17 世纪晚期,斯普拉特主教认为,轻信神奇事物和天命是英国国民特有的弱点。[46]

当时的人不仅将道德因素与打雷、闪电、地震、日食、月食或彗星等自然现象联系起来,更令人吃惊的是,人们还能在天上看到我们现在看不到的虚幻幽灵,如奔驰的马、龙或战争中的军队。这些飞碟的相似物被想成是奇异的形状:例如,两个乡下女人在 1651 年 4 月 16 日黄昏前的短暂时刻,在天上看到了一场战争,随之而来的是天使,"泛蓝的颜色,大如阉鸡,长着一张像猫头鹰似的脸(如她们所想象)"。[47] 但通常他们都是在列举幻觉,他们所目睹的不过是一些普通场景,人类的感知总是局限在他们生活的社会环境中,为一些从前人那里继承来的刻板印象所左右。直至 17 世纪晚期,仍有很多文学小册子记录了掠过死人床前的飞鸟、导致海难的幽灵,以及在天上作战的军队。[48]

当然,这其中许多描述带有宣传的意图,专门为那些天真无邪的读者而设计。但受过教育的人也不必然轻视这些描述。反而,惯常的情况是这些描述被许多教会和国家公开支持。约翰·福克斯坚信宗教改革之前出现过神奇事物的征兆。朱厄尔主教则为畸形儿的故事而感到担忧。每个人都把 1580 年的大地震看作是预兆,但大多数人只将它视为警告,若认为随之而来的灾祸是必然结果则犯了再洗礼派的错误。清教神甫威廉·格林希尔宣称:"上帝必在惩罚前做出预告。"[49] 整个 17 世纪,布道者都反复强调彗星、洪水及畸形儿是上帝为使人悔改而派遣的。1643 年,一群天空中的马被布莱克希思的数学家威廉·乌特雷德看到并小心地加以记录。大主教劳德笃信,上帝会通过一点微小的启示来预示成功或失败,当他本人的肖像从墙上掉下时,他彻底被吓坏了。不服从国教的天主教徒对那些显示他们即将被拯救的神启现象寄予厚望,而持异议者则系统地利用当时的信仰瓦解复辟方案。[50] 从修道院的灭亡到 1688

年光荣革命,几乎所有重大事件都被受过教育的人认为在俗世中有过征兆。[51]普通人的死亡和不幸有时也被认为早有预兆在先,而且有许多家族灾难也伴有关于征兆的传说。[52]

现代史学家倾向于认为:作为现代科学的拓荒者和大不列颠帝国的缔造者,斯图亚特时代自强不息的英格兰人与我们非常相似,不太会担心天空中的战争或怪胎降生的传说。面对这些原始思想的残存,我们也完全不必为其感到羞赧。因为这些倾向于关注不凡之人和各种预兆的想法出自一套连贯的世界观。这种世界观认为这个世界的本质是对上帝意图的道德秩序的反映,并且能够敏锐地对人类的道德行为作出反应。这种观念不完全是"伪科学"。探寻无关事件间的联系是一种行之有效的研究方法,而人们分析上帝的预示时通常是极其谨慎的。[53]人们赋予自然现象以道德意义的信仰恰恰同他们对气象规律的认知有关。比如,天空坠物砸死一个人,大家就会认为死者是被上帝惩罚了。17世纪晚期,尽管人们开始认为彗星的出现有着自然的原因且可以预测,但人们并没有停止把它当作神意的预警。1682年,博古家拉尔夫·陶瑞斯拜在日记中写道:"我还没无知到把彗星的出现看成非自然现象……它们时常预示着即将降临的灾难。"[54]而18世纪的神甫指出,某些自然现象原本就在上帝的策划之内,它们不时地降临人间,以此对即将发生的灾祸加以暗示,没有科学手段能质疑这些设想。这种说法的兴起并非出于对自然规律的无知,而是源自人们的古老信仰,即人类的道德行为与环境的骤变有密切关联。

同样的信仰支持了当时有关历史的天命观点,该观点认为国家的兴亡正是难以预料的上帝旨意使然。这类史书通常都是由那些自认为知道神旨的人编写的。一个很好的例子是由约翰·福克斯推广并影响广泛的神话,其将英格兰人说成是上帝为特殊神旨的需要而挑选出来的一个种族。英格兰则是一个神选的国家,依据上帝的指引在神启事件的布局中担任特殊角色。这一说法在新教神话中尤为突出,且为宗教改革运动后一个世纪的众多史学著述注入了新鲜的活力。[55] 据称,英格兰从 16 世纪西班牙无敌舰队和火药阴谋的威胁下侥幸逃脱,便是上帝庇护最直接的表现,而英王的财富也直接随其虔诚政策的变化而变化。加尔文派主教乔治·卡尔顿在记录英格兰史时,自然而然地将著述命名为《感念上帝之仁慈:从历史角度看由福音书在此繁荣是上帝对教会和英格兰城邦伟大且仁慈的解救》。[56]《布道书》宣称,上帝是战争胜利的唯一给予者,大多数神甫坚信国家的道德行为决定了其兴衰。以丹麦和诺曼人征服英格兰为例,就是统治者连续的欺骗行为招致的惩罚;玫瑰战争以及对法战争的失利是迫害罗拉德派的结果;国家的罪孽导致詹姆斯一世之子亨利王子的短寿。[57] 通常的说法是,善恶都会得到相应的报偿,该报偿即形成对日常生活强大的约束力。热衷支持宗教习俗改革的清教徒受坚定信仰的激励,认为若人类不改革,上帝的盛怒就将以直接且明确的形式降临。胡珀大主教引用约拿的传说说明,为了避免神的惩罚降罪全体公众,罪孽深重者理应得到惩罚。1637 年,"第十幼兽号"的全体船员拒绝再度跟其船长出航,也正是因为该船长亵渎上帝的誓言可能招致沉船的噩运。[58] 清教徒依据对上帝坚不可摧的信仰,将许许多多为其所不容的露骨事例解释成:若不代表神旨对抗天主教徒、劳德教徒、贵格会教徒及其他一切可能的敌人,每个人都会遭受上帝惩罚。[59] 大量的说教性文学作品在重大瘟疫灾难和火灾之后出现,它们强调了道德革新与自我利益间的联系。于是寻找替罪羊就理所当然地有了理由,因为每次自然灾害都必由某种道德原因促成。

当时的人们可以毫不迟疑地认定上帝对其邻居的惩罚,抑或是甄别那些曾经触怒上帝的罪行。人们很乐于收集关于亵渎神明者、诅咒他人者、发假誓言者、通奸者和破坏安息日者遭到惩罚的传说。并且,他们信心十足地认为,上帝会制裁他们的政敌。一位神甫记载道,许多人出于害怕被惩罚而定期祷告就毫不稀奇了,因为他们相信,如果不这样做,"他们就将被上帝制裁而在自身、家庭或日常事务中遭受诸如火灾、偷盗、暴风雨雪灾害、遗传病、死亡……或其他可怕事故的侵袭"。[60]

中世纪传教者援引《说教传说》,将有教育意义的罪恶和幸运之事的惩罚传说展示给虔诚信徒。16世纪至17世纪,积攒类似的传说开始成为每个人的宗教义务。清教的门徒被要求记录神启。因此日记和自传成为一时的潮流,作者们在其中记载自己一生的大事,而占星师把这些大事称作"事故"。虔诚的作者会庄重地列举所有儿时得过的疾病和他曾遭遇的各色不幸事故。他同样也会警惕其他人遭遇过的明显的惩罚事件。那些幸运的巧合被视为"神启",而那些侥幸逃脱的惩罚则可能被归因于上帝的"解救"。比如,当一个悲伤的人将要自杀时,某偶然造访者的拜访;当乘马者正奔赴一场不甚令人满意的婚礼时,马匹碰巧被绊倒了;上帝子民的迫害者突如其来的猝死——这些奇闻逸事的素材都被虔诚信徒所搜集并记录在他们的日记中。[61]事实上,对于现代的读者来说,清教日记作者从日常生活中探查上帝行事规则的意愿是这些日记最显著的特色;对上帝特殊关照的感知也是清教的一大特色。[62]

从这些私人记录中,我们掌握了大量的惩罚和天启事件。这种风格根源于学究式的史学著作,如约翰·利德盖特的《王子的衰落》(写于1430年)和都铎王朝中期的《治安官的写照》,书中叙述了邪恶统治者被命运所颠覆的故事。《治安官的写照》一书如其他都铎王朝时期的作品一样是一部过渡时期的产物,其中异教徒对命运无常的看法与基督教带有目的性的神启观念是联系在一起的。[63]从16世纪晚期到17世纪早期,这类作品大量激增。它们不仅描述伟大人物的命运,而且都持有基督教的观点。约翰·福克斯开创了记录迫害者命运的先河,而伊丽莎白一世时期的清教徒安东尼·曼德、约翰·菲尔德和菲利普·斯塔布斯编制了一份清单,其中记录了破坏安息日者、醉汉和其他有罪孽者身上曾发生过的天罚事件。[64]神

第四章 天 命

甫斯蒂芬·巴特曼在《警示世人审判日的末日景象》(1581)一书中提供了他读到的书籍中大量有关奇观和怪胎的编年史。这些作者中最具影响力的当数托马斯·比尔德。他是奥利弗·克伦威尔的公学教师，以及《上帝惩罚之剧场》(1597)的作者。他借助《圣经》和文学名著，同时也借助同时代作者的作品充当实例，以显示坏人突然遭遇的惩罚。比尔德的著作多次再版并增订，该书为之后的说教者和道德家提供了极为丰富的素材。埃德蒙·鲁迪特于1618年出版了名为《上帝盛怒的闪电》的精简版本。

该类作品一旦确立其威信，就会浮现诸多效仿者。一个埃克塞特的商人约翰·雷诺兹于1621年出版了《上帝报复十恶不赦罪人的巨大成绩》，该书于17世纪末前曾多次再版。亨利·伯顿的《近期上演的神圣悲剧》(1636)中提出了56个例证，均是关于此前两年中突遭惩罚的安息日破坏者的事例，他的书还被清教徒作为反对《娱乐之书》的利器而在私下广泛传播；伦敦工人尼希米·沃林顿在其遗留的手稿中也提到了类似的问题。[65] 另外，一些收集上帝惩罚与仁慈事例的人中，较为突出的就是新教神甫塞缪尔·克拉克，他的《给圣徒和罪孽者的写照抑或自省镜》(1646)至1671年已经扩充到第四个两卷本版本了。

接近克伦威尔护国后期时，出现了更臻详尽的《著名神启事件专录》，发起者是长老会神甫马修·普尔，共同作者还有英格兰本土神甫及新英格兰的神职人员。其核心理念是要编辑一份完整记录神启文献的清单，从而展开一种弥合教派鸿沟的协作探索。每个郡设置一名秘书，负责汇集反馈上来的材料，并将其转寄给锡翁学院的普尔做进一步分析。这种方法与皇家协会的科学家对自然现象进行分类整理的相似性是显而易见的，值得回忆的是，弗朗西斯·培根就曾力主编辑一部关于神启的权威史。[66] 然而，即便普尔的计划失败了，但他在后来启发了英克里斯·马瑟。马瑟编著的《记录著名神启活动的随笔》（波士顿，1684）据称是源自1681年马萨诸塞州神甫会议的类似课题，然而他实际是借助普尔遗留的一本手稿才得以完成。

同时，那些持异议的激进分子也编纂起一份收集而来的材料，内容是一名反保王派奇才的耸人听闻且部分虚构的事迹，取名为《奇迹年》，分为三卷于1661年至1662年间陆续出版。这项编辑工作是亨利·杰西的《神对英国的大声呼喊》（1660）的延续，该书列举了"上帝的惩罚，表现为地震、闪电、旋风、大量蟾蜍和苍蝇的出现，以及各色人士的猝死"等事例，所有这些都发生在查理二世复辟后最初的两个月。《奇迹年》第一卷所记载的故事中的预兆有54个在天上，有23个在地上，有10个在水上，还有23个判给特殊个人的天罚。所有这些都被引述为谴责王权和英国国教的神圣证据。虔诚的神甫有可能曾被驱逐出教区，编者对此评论道："但是他们的失职，已由上帝从天堂对我们的直接传道所明确指出。"第二、三卷记录了更多的神奇事件，其中的大多数都令政府很反感。虽然文本保留了下来，但在广泛调查之后，作者身份依然难以认定。但作为宣传物，它们非常粗制滥造。事实上，理查德·巴克斯特认为他们是第五王朝派教徒的产物，并坚信他们的所作所为弊大于利。[67]它们显示出，利用神奇事件总是能够有效地影响大众观点，在必要的时候哪怕是造假也再所不惜。博学的神甫菲利普·亨利被《奇迹年》深深吸引，并由此觉得将其大段节选进日志是很有价值的，而长老会教徒约翰·弗拉维尔发表看法，认为上帝的子民已通过"明智地停止归咎于自然"的方式澄清了他们所受到的责难。至于马修·普尔也已经注意到，大多数人都"更容易为事例而不是明辨所吸引"。只有政府的授权法案阻止《奇迹年》进一步出版发行。[68]

说教的意图同样助长了17世纪编纂本的最终热潮：萨塞克斯郡的瓦尔伯顿教区神甫威廉·特纳于1697年出版了《一部关乎非凡天命现象的通史，兼顾发生在当代的天罚和仁慈之事》。但该书的意图旨在为整个宗教，而不是某个教派的主张辩护。特纳宣称："记录天命事件,也许是对抗当下猖獗的无神论最有利的方法。"出于类似的原因,身为科学家兼神学家的威廉·惠斯顿盼望着50年后,人们能做出更多其他尝试,以编辑出一部更具权威性的天罚史。[69]

三 渎 神

毋庸置疑,清教徒最会在日常事务运行过程中注意到上帝的存在。事实上,早期的新闻报道曾借助发人深省的清教徒手册把关涉道德重要性的命运和灾难联系起来。然而,上天惩罚邪恶行为这一准则也得到了各个宗教教派的推崇。清教的多数奇闻逸事均是有关亵渎神灵者、做伪证者,以及破坏安息日者突遭天罚的内容,这些掌故都出自中世纪教会转述的《说教传说》。宗教改革运动过后,天主教的支持者要么毫不迟疑地谴责宗教改革带来的瘟疫泛滥与其他不幸事件,要么就把偶然降临在迫害者头上的噩运理解为上帝的天罚。[70]

天主教的影响也存在于以下广为流传的传统中:据说亨利七世没收的修道院地产带有神圣的诅咒,一旦新的地主把这些献给上帝的土地用于世俗用途,那他就会受诅咒。各种各样的因素促成了这样的观念。首先是各种亵渎神灵的行为本身即会招致惩罚的古老假想。疏离上帝的任何事都不可能兴旺。所以中世纪有很多关于可怕命运突然降临于某些人的传说,这些人要么劫掠过圣洁的圣坛,要么就亵渎了教会的财产。正如约翰·奥布里指出的那样,1630年,反传统信仰的亨利·舍菲尔德破坏的不仅仅是索尔兹伯里的圣埃德蒙教堂绘有上帝的圣窗,当他正站在教堂长凳上施展破坏之力时,他还摔断了自己的腿。许多奥布里同时代的人都有这样一个共同的观点,即那些亵渎或抢劫教堂的人毫无疑问将不得善终。[71]

这种长期的约束力同一个不太严格的基督教会观念连接了起来,这个观念在平常英文谚语中即有所体现,该谚语说,非正当途径获得的事物从不兴旺。这一说法现存有多种版本:"不当所得,轻易获取也会轻易失去";"不当所得挨不过三轮收成的时间";抑或是最普遍的一种说法是,"不义之财传不过三代"。《布道书》宣称:"经验教导我们,万能的上帝绝不会满足第三代继承人享受其祖辈不当资产之要求。"[72] 这种传统信仰很好地抑制了各种贪得无厌的行为。譬如,据说剥夺长子的继承权一定会招致噩运,再者就是臭名昭著的家族总是撑不过三代即销声匿迹;约翰·奥布里就曾预言不管是在北安普敦郡,还是在白金汉郡,没有任何一个地主在驱赶民众之后出现繁荣的发展。[73] 这也预先假定了一个前提,那就是,罪责是会被继承的,且最初的犯罪者死后,整个家族还需继续承担死去的家庭成员的罪。

人们相信上天惩罚确有其事,并随时将其应用于渎神的案例。比如1686年,萨尼特的圣彼得教堂的圣餐杯被盗,这件事连同一篇有关渎神罪的简短檄文一并被严肃地记录在教区的登记簿上,文中着重指出上帝时刻准备惩罚有罪的人及其子孙,如有必要将彻底根除其家族。1649年的一本小册子问道:"访遍历代年鉴,你能找出一名偷盗教堂圣物者,其后人能繁荣至第三代吗?"[74]

诅咒将施与修道院土地买方的观念直到17世纪早期才确立下来,但这种观念根植于早已风行的渎神观念。修士们自己就曾预言,上帝将会采取措施报复修道院的破坏者,伴随着16世纪中期的宗教变革,大量的教会财产遭到侵占和破坏,其间有关渎神者命运的告诫也大量传播。[75] 即便如此,那种购买修道院土地者的家族三代过后就会灭族的观念,似乎到伊丽莎白晚期才流传开来。埃弗拉德·迪格比的《关于盗用教堂物资的劝诫》(1590)虽然认可修道院的解散,却和那时的新教徒持相同观点,认为修道院的财物不该移作他用。迪格比仅引用11世纪威廉·鲁弗斯因一桩很轻微的损毁圣物案而突遭上天惩罚的事例,却并没有提供他本人所处时代的案例。1593年,一份关于隐蔽教堂属地的备忘录的作者指出,上帝

第四章 天 命

的诅咒(《玛拉基书》3∶9)会降罪于那些侵吞教会地产并用于不当之途的人。[76] 正逢此时,约克郡的神甫迈克尔·舍布鲁克在其未发表的专著中谈到,爱德华六世、沃尔西、克伦威尔及其他损毁教堂的主要发起者突遭天惩的遭遇。[77]

后来,认为所有持修道院土地的人及其家族都负有集体的罪责的更为决绝的观念,最早只能追溯到詹姆斯一世时期。1613 年,剑桥的一名传道士福克·罗巴茨完整地表述了这一观点:

> 如果我们可以将所有昔日的朝臣及靠破坏教产而变富的人都登记编目的话,他们如此大量的地产中能有几处最终不倒塌损毁呢? 这个世界实际上本身有物质交替变化的机理,人类希望自己的名字、土地和房屋能永世存留,不过这种想法都是徒劳的。但在这么短的时间内一些家庭发生了剧变,他们本可活得更久,因此有必要令人们领悟……这些事为全能的上帝所不喜,"私吞圣物者必将毁灭"(《箴言篇》20∶25)。[78]

亨利·斯佩尔曼爵士为以上观点的广泛传播做了大量工作。他的首部著作发表于 1613 年,在那个世纪发行了四版。著作名称为《不应侵犯教堂》,该书抨击世俗者把什一税移交私人保管,同时强调神的惩罚通常会给渎神者以打击。1647 年,一名神甫耶利米·斯蒂芬斯在一本名为《什一税是烫手山芋》的书中,将亨利·斯佩尔曼逝世前编辑的《关于什一税的大量专著》正式出版。但斯佩尔曼最轰动的著作还要数《渎神罪的历史与命运》。这本书源自他因为滥用诺福克郡的两处庙宇而亲身经历的不幸。那次经历将他牵连到一场旷日持久的官司之中,直到他开始明白"惊扰圣地是大不敬的",这场官司才告一段落。这本书在他去世时还未完结,由斯蒂芬斯续完,直到 1698 年才出版。然而在 1646 年,他的儿子克莱门特·斯佩尔曼在《不应侵犯教堂》第三版的劝诫性序言中进一步宣传了该书的某些结论。该书长篇累牍地从《旧约》开始,叙述了上帝赐予渎神者种种惩罚的冗长历史,其中影响最为深远的当数购买英格兰修道院土地的买家的内容。斯佩尔曼系统分析了诺福克郡耶尔弗顿所在地劳罕姆方圆 12 英里以内,那些修道院地产所有者的命运。研究的结果发现:在短短不到一个世纪的时间里,"除开仅有的两处例外,所有修道院最少有三次令拥有者流离失所,更有甚者多达四次、五次,乃至六次,而且噩运并不仅仅表现为人丁不旺或者生意惨淡,更多地表现为严重的事故或频发的灾难"。此外,没人敢在修道院的土地上再造房屋,因为"惧怕不幸的恶果会追随而来"。[79]

这是对呼之欲出的结论最恰当的证明。西蒙·德格于 1669 年写就的随笔《关于斯塔福德郡的修道院土地所有者的观察》阐述了类似的现象,表达了作者对该郡历史概况的感受。该书指出,在此前的六十多年中,斯塔福德郡多达一半的土地曾易主,并将主要的原因归结于解散修道院的渎神行为。德格的结论正如斯佩尔曼的想法一样,被人们视为极其危险而不适于出版的东西,所以到 1717 年才出版印刷成册。[80] 第二年,布朗·威利斯的《天主教男女修道院史》(1718)使得这个传说深入人心。威利斯像多数古文物研究者一样,把矛头指向人们的道德,并悲恸于那些伴随着废除渎神罪的进程同时发生的亵渎教堂和原始手稿的行为。毁坏巴特尔大教堂者的子孙目前"以卑微的身份"住在附近。与此同时,巴克斯的比德斯登大教堂的所有者曾遭遇一系列灾祸的侵袭。威利斯没有再列举"其他类似的典型案例,其结局的悲惨程度都大致相当",不过,他研究的整体倾向已然清晰可辨。古文物研究者托马斯·赫恩赞同他的观点,且同样对发布相关信息持警惕态度。[81]

这类历史研究工作,长久以来因冒犯了那些靠教会财产聚敛财富的贵族和绅士而引起他们的不悦。然而,渎神的土地拥有者被诅咒一事,已成为流传甚广的共识。17 世纪初,天主教辩论家就曾详尽阐发过灾祸尾随教堂土地所有者的论述。[82] 英国国教会的主要神

第四章 天 命

职人员,包括约翰·惠特吉夫特、弗朗西斯·戈德温、兰斯洛特·安德鲁斯、杰里米·泰勒、约瑟夫·米堤亚、艾萨克·巴西尔和罗伯特·索思也都发出警示,指出惩罚必定会降临在渎神者及其后代的头上。[83] 在肯特郡的布拉斯特德,一名保王派郊区神甫托马斯·贝利在内战期间遭驱逐,就是因为宣称"持有教堂土地的行为已被上帝诅咒,他们因此而衰落"。[84]

许多同时代的史学家和古文物研究者的著作也反映了相同的观点。该理论似乎对当时的历史现象具有强大的解释力,即16世纪到17世纪间土地所有权前所未有的流动性,以及那异常大量的葬身断头台的贵族人数。[85] 一般信徒则对噩运的传说印象深刻,尤其是那些曾在宗教改革运动中毁坏过教堂,抑或偷窃过教会财物的人,整个家族都被噩运纠缠不休。[86] 11世纪,据说索尔兹伯里地区的主教奥斯蒙德曾对那些从主教手里夺去舍伯恩领地的人念了咒语;在詹姆斯一世时代,人们指出宗教财产拥有者,诸如早夭的亨利王子、被处决的沃尔特·雷利爵士和丢了职位的国王宠臣萨默塞特伯爵都是因渎神而遭惩罚。[87] 有些人警告过自己的后人不要购买教堂的土地,或者暗示了潜藏在渎神者背后的命运,其中包括威廉·塞西尔、伯利勋爵、托马斯·温特沃思、斯特拉福德伯爵、爱德华·海德、克拉伦登伯爵,甚至连精明的乔治·蒙克将军(据为他作传的神甫说)"也绝不会购买曾用于献给上帝的土地"。[88]

警告人们渎神罪造成的后果的,并不仅仅只有那些为大教堂消失悲恸万分并将中世纪浪漫化的天主教支持者,还有一些有识之士,这些人关心宗教改革期间修道院的地产,以及被普通信徒挪用的教堂什一税的命运。比如詹姆斯一世时期活跃的传道者托马斯·亚当斯,他对修道士没什么好感,却非常不满把教会财产移交私人保管的制度,因为这使得神甫正当的神职被剥夺。他视此为必遭天谴的渎神行径,认为偷盗教堂物资者绝没有好下场。他还在1612年对教堂的会众说:"我认为许多英格兰家庭都血债淋淋,尽管他们靠私吞教会财产打下的根基还没有崩坏,但你可见过教堂盗贼的后人繁荣过三代？"⁸⁹许多神甫认为,教会财产被修士们拿来中饱私囊,这些财产应该归还给解散修道院运动期间的教会。1628年,圣保罗大教堂的一名传道士说,这类财物给世俗物主带去了诅咒。⁹⁰

国教会教徒后来也援引相同的上帝报复威胁论,用以抵御清教徒对国教会土地问题的抨击。1642年,一个后来转变为保王派的清教神甫伊弗雷姆·尤达尔在他的警语小册子《禁止干涉的警告》（1642）中指出,亨利八世因解散修道院一事,后裔受到了断子绝孙的惩罚,将修道院财产移交私人保管的行为也都没有好下场。

> 这是一件应当审慎考虑的事情,(他评论道)许多古老的家族（正如某些智者研究的那样）,从先祖手中继承了土地……当他们靠解散修道院运动的法令接收那些出自什一税和神甫土地的赃物时,很快被这些财产像吐秽物一样驱逐了出来。

于是,人们就建议那些希望保存遗产并使后代免遭噩运的绅士,不要从教会获取赃物"以免因此而受到损害"。作家也认为,爱德华六世时期致力于掠夺教会物资和小教堂土地的人,其地产已经"在上帝秘密的诅咒下"败落了。⁹¹

然而上述观念也终究无法避免空位期间教会土地遭征用和买卖的命运,科尼利厄斯·伯吉斯甚至觉得有必要出三版《购买主教土地并不渎神》（1659）来为这种行为辩护。然而,保王派的反对者得意地指出,不虔诚的伯吉斯曾私下参与了巴斯和韦尔斯地区的巨额土地交易,他后来陷于贫困,并因颈部的癌变郁郁而终。不过值得注意的是,即便伯吉斯本人也不否认渎神行为会招致上帝诅咒。他只不过是将"渎神行为"重新解释为"卑鄙地盗取上帝物品的行径";由于《圣经》并未提及主教地产的相关内容,他认为也就没有这

第四章 天　命

样的处罚能够以这样的名义施行。[92]

尽管如此，解散修道院时期的修道院地产、空位期间的教会地产均呈现的火爆交易量，显示出人们对渎神的忌惮心理并没持续多久。就大多数人而言，这是一种看到好事赞成好事，见到利益却行坏事的状况。但据我们所知，至少还有十个人要么归还了自己挪用的教会财物，要么就是扩建了教区神甫的住宅。这些行为都受到了亨利·斯佩尔曼爵士或其著作的直接影响。另外还有很多人开始向他请教这些问题。1646 年，查理一世国王曾经庄严宣誓，一旦他夺回王位，他将归还王室名下的全部修道院地产。[93] 另有一些传闻显示，想要成为修道院土地所有者的买家，抑或是那些破坏修道院教堂和教会建筑的人，不时地会感到良心不安。譬如，当一系列不吉利的事故发生在施工工人身上时，拆迁工作就会暂时被叫停。节操高尚的神甫也对继承修道院土地存有疑虑。[94] 19 世纪，斯佩尔曼的继承者能举出很多本地传统，这些传统往往与"损毁修道院"和"祖先涉足修道院地产且纠缠不清"等导致的坏运气有关。[95] 但所有证据都表明，这种顾虑最终都被打消了。1560 年在苏格兰展开的英法战争中，英格兰人之所以迟疑着不敢炮轰作为敌人掩体的教堂，就是怕毁坏圣地，进而触怒神灵。但构想出辩解之词后，英格兰人没多久就重新开始了攻势，理由是法国人于教堂构筑防御工事的行为，已经抢先犯下了侵犯神灵的错误。[96] 同样，修道院地产的吸引力实在太过强大，以至于人们无法凭良心的反省轻易遏制对它的渴望。

不管怎样，并不是所有人都接受这种渎神观念。激进的新教徒，如托马斯·富勒和约翰·弥尔顿，言辞激烈地否认各种解散修道院会亵渎神灵的说法。国家全能论者约翰·塞尔登嗤之以鼻道："当修道院的建造者对那些该拿走地产的人念咒时，我倒是想知道他们到底有什么样的能力诅咒我。"[97] 到 1685 年，传道者已经可以宣称，渎神"已成为普遍现象，且关系到众多人的利益，想把它定为一项罪名着实需要一番勇气"。两年过后，又有人指出："亨利·斯佩尔曼爵士在其著作《不应侵犯教堂》中写的内容……即便已经重印五次，迄今为止并未造成多大影响。"正如伯内特主教敏锐地观察到的，人们并不把皇室在1534年挪用的首年金与什一税的行为视为渎神，而只"在一些鸡毛蒜皮的事情上使用渎神的罪名"。[98] 修道院土地所有者为诅咒所困的传说，只是"上帝惩罚也会以世俗方式呈现"这一信仰的有趣印证。但这种信仰并没有驱使人们与物质利益背道而驰，这一失败也是其无甚效用的明证。

四　教义及其功用

许多有关上帝天罚的奇闻逸事都试图强化现存的道德规范。对清教徒而言，安息日破坏者的灾难案例就是强调遵守安息日最有力的理由。这类传说的首要功能是说教，在有的故事里，人们因为在布道期间洗澡而溺水身亡，还有的城镇因允许商铺在星期日开张而遭火灾，被烧得片瓦不留。[99] 其他祖祖辈辈反复传诵的故事也有同样的目的，有的故事记述了臭名昭著的发假誓者的命运，如米恩斯托克的伊丽莎白·埃厄克"在乞求上帝裁定一则谎言时死去"，[100] 还有的故事记述了莽撞地迫害上帝信众者是如何遭到报复的。政治观点也能以此种方式得到强化。16世纪的官方记载专门记述了反抗权威的反叛者，以及确定无疑地降临在他们身上的灾祸。[101] 内战期间，保王派和国会议员一样倾向于把敌人的溃败当作是上帝的惩罚。此外，如安息日破坏者和亵渎者所受到的惩处一样，共和主义者和财产查封人的不幸下场也以相同的方式被记述了下来。[102]

然而，作为影响舆论的方式，这些传说的价值是很有限的。当然，偶有虔诚的年轻人以前曾与臭名远扬的恶棍有过来往并将自己宗教信仰上的转变归功于恶棍的突遭不幸。[103] 然而，正如种子只有埋在适宜的土壤中才会发芽，除非目击者持有相应的道德观念，否则某些事故绝无可能会被视为"天罚"。某些人眼里明显的天命，在

第四章 天 命

其他人眼里可能只是时运不济。1623 年 10 月 26 日,在伦敦的黑衣修士桥上,罗马天主教的会众压垮了地面。事发时,人们正聚集着听耶稣会会士布道。这起事故造成近百人伤亡。在新教徒看来,这是明显的天罚,而天主教徒则强调该灾难的偶然性,并将关注点引向地板的腐朽状况。[104] 所有神甫纷纷表示,1666 年 9 月那场伦敦大火是对当地居民罪孽的惩罚。人们却根据自身的倾向赋予罪孽各种解释:荷兰人将那场大火视为降临在与之征战的敌国的神圣天罚;而西班牙人则记载如下:"斯特兰德大街上的天主教礼拜堂在大火中竟毫发无伤,充分证明上帝的意图是为了谴责新教徒的异端邪说。"[105] 对于高教会派教徒来说,旧时代拥有大量土地的那些家族之所以败落,似乎正是侵吞修道院土地的渎神行为招致了惩罚。然而,对于奥利弗·海伍德这样的持异议者来说,那些家族的衰落则是出于惩罚他们骄奢懒散的生活做派。人们深感社会动荡的事实,却从不同角度进行着诠释。[106]

因此,观察者的观点对一个事件是天罚还是拯救有着决定性的导向作用。同时代的保王派很少会被那些国会的士兵因《圣经》口袋书躲过枪林弹雨而大难不死的故事所打动。[107] 天主教徒也不甚关心诸如伊丽莎白·米德尔顿的故事:她于 1679 年赌咒说教宗阴谋若是真的,她情愿身受天罚,没想到其视力在随后的两天竟神秘丧失。[108] "人们战胜了对手,"杰勒德·温斯坦利评论道,"却说上帝给了他胜利。"[109] 当奥利弗·克伦威尔把海军舰队远征伊斯帕尼奥拉岛失败当成是对他的神圣天罚时,就表现出释然的态度,而这种态度在当时那种境况下并不多见。[110] 人们通常只关注印证个人偏见的天罚和天命事件。

然而恰恰是这种信念的主观性产生了强大的力量。人们下意识地选择那些能够获得正面解释的事件,从而极大地强化"上帝支持自己"的坚定信念。只要有诡辩家宣扬说任何幸运的机遇都该被视作上帝赐予的良机,人们就有义务对其善加利用,[111] 于是有关天命的教诲逐渐成为某些重大事件中鼓舞士气的良方：1671年，持异议者布拉德上校试图盗取皇冠上的宝石，他随身携带着一本书，其上记录着六十种从危险中得到解救的方法。[112]清教徒们视自身每一个抉择都遵从着上帝的旨意，这种倾向尤其使得清教反对者反感，尽管这种习惯倾向有时是那样的单纯无害：虔诚的约翰·布鲁恩参加一次宗教仪式时，他的目光被一个极其漂亮的年轻女子所吸引。他当时立刻意识到："看吧！这也许就是上帝有意安排做我妻子的女人。"然而布鲁恩和他的传记作者都不认为"布鲁恩把求爱当作严肃执行神的旨意"一事有任何可笑的成分，后来那女子确实就做了他的妻子。约翰·温思罗普倒没那么自以为是，他不过是发现自己射击不够准，并将之归结为射杀野禽的罪孽遭到了惩罚（他非常爱好打猎）。[113]

但有时，这种教条则以非常残忍的形式呈现。1658年，北安普敦郡罗思韦尔地区的神甫约翰·贝弗利沾沾自喜地记录了其教区居民丧子的经过，他写道："这是上帝的手笔。因为……他不久前曾因为我谴责他教子无方而轻蔑地反击我没有子嗣，并说我将绝后。"[114]对天命的信仰沦为一些成功策略近乎残酷的正当理由，已经是司空见惯的了。传道士警告教徒们不要使天命成为"我们行为的依据"，并坚称即便上帝可能有时清楚地表明他的抉择，但通常不能为我们所把握。[115]清教徒饶有兴致地记录下其反对者遭遇的怪胎降生或类似的不幸事件，他们的幸灾乐祸激怒了一个英国国教会神甫，他因此盼望大肆鼓吹天惩者的舌头被剪掉，因为上帝终究是仁慈的。[116]没人会比奥利弗·克伦威尔对"非凡的天命"投入更多关注。正如某国会议员指出的那样，天命和必然性的学说是把双刃剑，小偷也可以把自己偷得钱包解释为崇高的天命。[117]

多数原始社会居民认为美德与成功事迹理所当然有关联。在后康德时期的现代，道德家设想道德义务和自我倾向有可能相互冲突。然而一些更古老且常见的假说则持不同观点，譬如，希腊人就

第四章 天　命

认为美德与物质财富有种种密切的联系。原始社会凡是遇到不幸事件,人们第一反应就是检查自己以前的行为举止以找出其道德根源。[118]

在都铎和斯图亚特王朝时期,这些假说在英格兰科学家和神学家中极受推崇。譬如,反映在微观宇宙理论中,人们借由该假说相信天空的紊乱是一种预兆,影射了人间的道德败坏和社会动荡。该假说同样也渗透到了胚胎学领域。道德家总是教导说,乱伦、通奸及其他形式有关性的不道德行为,都将受到患病和畸形儿的惩罚。18世纪晚期的医生和助产士多持此观点,他们相信见不得人的性关系很可能种下畸形儿的恶果。这种牵强的理论认为,性交当事人的意识形态直接造就了胚胎的形态。[119]

这些看法背后隐藏着人们普遍的矛盾心态,他们不愿意承认这世界并不总是"善有善报,恶有恶报"。通过证明"长远来看,美德会受奖赏,而邪恶会遭惩罚",天命学说试图以严肃的态度把人类命运显然的"随机性"硬扣上"规则"的帽子。在那些道德混乱的地方,神无上的权利有如大厦一般巍然耸立。但要做出全面合理的解释,这种说法却不够有力。尽管契约神学者尝试令上帝捍卫诺言,然而,即便最乐观的天命学说倡导者也不敢坚称:美德总是会获得奖赏。这些人迫于无奈只好退让,并承认只有来世的正义裁处能彻底弥补现世的无常。他们能做的仅仅是辩驳说,许多实例能证明道德和物质成就间的联系是极为密切而不容忽视的。

可到了17世纪晚期,就连来世的主张都显得不足为信了。上帝的赏罚在这世上如何分配并起作用,从来都是个谜团。新教徒已将类似的奇迹归为早期教会的愚昧。[120]甚至连《圣经》中的奇迹都在机械论哲学的发展下难以立足。一位匿名作家,很可能是自然神论者查尔斯·布朗特,在其小册子《遵循自然法则的奇迹》(1683)中援引霍布斯和斯宾诺莎的作品,以支持其"任何奇迹都不会违背自然法则而发生"的观点。植物学家尼希米·格鲁否认《圣经》中的奇迹有着超自然的成因。天文学家哈雷更辩驳说，即便是《旧约》中讲述的席卷整个世界的大洪水也能科学地加以解释。18世纪的作家如托马斯·伍尔斯顿，科尼尔斯·米德尔顿，大卫·休谟都大力支持该观点，认为这是符合逻辑的结论。[121] 科学家还反对预兆和奇迹的说法，他们专门为各种奇异事件配备了精巧的"自然"原因。对斯普拉特主教而言，上帝通过自然的因果主宰世界已经足够了，基督教没必要接受庸俗的奇迹。[122]

同时，即时天命学说受到越来越严格的论证标准的挑战。新的重点放在加尔文派原初教义上，强调"上帝之秘密神秘莫测"。约翰·塞尔登宣称："我们说不清什么是上帝的天罚，妄图了解是放肆的。"18世纪的医生理查德·米德似乎也不承认疾病直接来源于上帝的观点。他指出："上帝很难通过让人生病的方式达到惩罚人类的目的，除非有确定的依据可循，能把他的惩罚与普通事件区别开来，不然在瘟灾中无辜者与有罪者一样可能患病。"[123]

历史记录显示：17世纪中叶以后，人们以神的旨意来解释事件的做法日趋减少。克拉伦登伯爵并不否认英国内战乃是神的作为，而尽管如此他还是选择用"自然原因"来解释那场战争。[124] 大多数人都反对那些神的狂热信徒，这些人能从日常生活中识别出上帝的天罚；即便是持异议的教派也不再像从前那样格外关注天命的说法了。贵格会刊登过的"天罚"事件比任何宗教团体都多，可是，贵格会教徒托马斯·埃尔伍德在发行他那一版的《乔治·福克斯日记》（1692—1694）时，却巧妙地删去了一些关于"天罚"的记载，而这部分内容原本是记录在日志中的。1701年，贵格会彻底废止了一项惯例，不再要求会员在教友集会时做"天罚"报告，从此他们不用再上报前十二个月中发生在迫害者身上的"天罚"事件。[125]

风行的不信教潮流也发生着变化。在1666年的牛津大学基督学院，曾有"智者"公开提出"神的天命存在与否"的质疑。1682年，约翰·奥尔德姆写道：

第四章 天 命

有人不承认所有天命事件
认为世事仅被偶然事件支配；
上帝充其量是个无作为的旁观者。
就像国王整日无所事事地坐在宝座上。[126]

国教会神甫并没有回归到这种伊壁鸠鲁式的怀疑论上，但多少也改变了对天命运行方式的看法。约翰·威尔金斯在《自然宗教的义务与原则》(死后出版，1678)中评论道，如果所有好的行为都能确定无误地获得现世的快乐，那么优良品质就失去价值了。[127]对于18世纪大部分神职人员来说，世界并非受惩罚之所，而是承受考验之地。但这并不意味着人们不能期望美德将有回报。与之相反，道德家严厉斥责的不道德行为，与不注意节俭造成衰落的不谨慎习性关系极为密切。酗酒、通奸、懒惰，凡此种种都将很快遭到报应。宗教改革运动过后多年中，人们对经济方面美德的神圣化使得"诚实"成了最好的法则。同时，人们依赖超自然因素的干预来维护正义或惩处罪孽的需求也随之下降了。不虔诚的行为自会得到应有的报应。奥利弗·海伍德记载道："当人们罪孽深重且对神灵不敬时，上帝就把他们引上这么一条道……即促成并加速他们自我毁灭的进程。"即使恶习没得到惩罚，恶徒也无法避免良心的焦躁不安。总之，天罚受到的关注越来越少，新教道德家相对更多地关注受困心灵所遭受的苦痛。[128]

当然，人们对上帝即时天命的信仰并没有即刻消逝。"17世纪的世事变迁使政治方面的天命论得到加强而非削弱，"一位新近的作家说。许多当时的智识人士都难以相信，那些诸如1665年大瘟疫的灾难事故仅仅出于自然的成因。[129]17世纪晚期，哈利法克斯的侯爵认为仍有必要告诫人们"仅把天罚应用于特定事件是一种普遍的错误"。17世纪80年代到90年代，为了抵御机械论哲学发展壮大的势头，许多神甫都发起了捍卫特殊天命学说的最后一轮反击。[130]

事实证明，人们对上帝即时天命的信仰是极其坚定的。18世纪发生的传染病、火灾及地震仍被人们宣扬是上帝所为。循道宗信徒和福音会教徒将事件归因于"天命"与"拯救"的情况丝毫不少于他们的清教徒先辈。维多利亚时代的神甫将性病看成是通奸的惩罚，并认为牲口得瘟疫是农场工人遭虐待引发的。人们持续引用《旧约·诗篇》的第91首诗，以此证明虔诚者不会受传染病侵扰，因此接种天花疫苗被看成是"对天命的质疑"。[131]在许多方面，19世纪的福音会教徒和宗派主义者都像克伦威尔时期和巴克斯特时期的某些人一样，几乎把神圣天命作为信仰。正如其他许多信仰那样，在这一点上，天命信仰的地位在早期与晚期只有程度上的差异。但区别依然是有的。从16世纪到17世纪早期，我们目睹这一学说为多数受过良好教育的社会成员所认同。到19世纪，只剩下早期学说的残余。它们无法与现今的科学原理吻合，就连许多神甫自己也不再接受以前的假说了。

然而，即便是16世纪和17世纪，教义的影响也是有限的。宗教改革运动之后，人们对上帝最高神权的关注本身就是一种革新，它取代了古典时期遗留的捉摸不定的"运气"、"命运"或"机遇"这类概念，而这些概念在中世纪的文学作品中仍然享有极高的尊崇。宗教改革运动开展之前，俗世奖惩无定数的观念要远比改革进行一段时间之后要流行。在中世纪的日常生活中，人们对运气概念再熟悉不过了，所以用不着把各色事件都归因于神圣的天命。无疑，中世纪的人们更倾向于轻信奇观的传说，比如17世纪的英格兰人就根本不会相信14世纪的诺福克郡玉米田遭遇蝇虫害的传说，据说那些飞虫一边翅膀上写着"Ira"，另一边写着"Del"字样。[132]而中世纪的祖先面对日常灾祸时，也未必会诉诸超自然的解释。中世纪及此后很长时间，验尸裁定为"意外事故致死"都是稀松平常之事，"运气"作为幸运的概念在13世纪也很流行。都铎王朝时期，曾经

第四章 天　命

流传着很多好运与不幸的谚语。[133] 加尔文在其《基督教要义》(1536)中评述说,万事皆偶然的舆论"在我们这个时代简直太兴盛了,这使得真正的天命学说不但知者甚少,甚至可以说已经被埋葬了"。

> 如果有人遇到劫匪或极度饥饿的野兽;如果海上的飓风导致船舶失事;如果有人被倒塌的房屋或树砸到;或者是迷失在沙漠中并获救;或者经历风暴,最终抵岸而死里逃生。所有这些事件,或好或歹,都被这些凡夫肉眼归因于简单的命运。[134]

可是,宗教改革运动之后的神学家将上帝全能学说强加给平民百姓,而这些百姓长久以来早已习惯了各类其他的解释说法。他们早就能用善良精灵与恶灵来解释灾难了;或者他们也可以认为是忽视那些关乎好运和噩运的各种仪式或是预兆招来了不幸;再不然,他们还能把灾祸看作是随机且变幻莫测的事件。天命学说打算压倒所有这些异端邪说,它在灾难和罪过之间设置了更直接的联系,并指出上帝对很多罪行的惩罚都遵循一定的原理。

建立在罪恶感基础上的解释性理论得到了新育儿方法的相助:孩子们在小型的新式家庭中长大,父母可以给幼儿灌输强烈的责任观。毫无疑问,人们有理由相信,不同社会的成人对不幸的不同反应与从小不同的抚养方式有着密切关联。[135] 然而,目前掌握的资料实在是太少了,很难令都铎和斯图亚特时期的育儿法在这方面产生多少参考价值。相反,有必要指出,天命学说对底层人民的吸引力远不如敌对的运气说。运气信奉者可以在不伤及自尊的前提下解释灾难的成因。运气的概念解释了美德与回报之间显著的差异,从而使人们与生存环境相妥协。吉尔伯特·默里记载道:"有一种社会是滋生迷信最好的温床,其中人们的财富几乎与自己的品德和努力没有任何联系。"[136] 对命运女神的崇拜始自古典时代,在那种社会体系中生活的人们，其辛勤劳作很难收获应有的报偿。现代的赌博情结将生活视为一次"命运的转机"，这种观念同样是失败者的人生观。

　　人们通常相信自己必然能得到应得的东西的信念，对那些有机会就完善自身的人而言，构成了极大的诱惑。商人、店主和有抱负的手艺人恐怕都盼着自己的德行能有回报。其自相矛盾的地方在于，最强调神权的人在另一方面也是最活跃的自力更生者。虽然有时对天命的信仰与积极的自助行为并不那么契合，他们还是把二者结合了起来。即使都铎王朝时期英格兰的《布道书》曾抱怨地指出：人们总是不太愿意承认自身一切成就皆来自上帝的赐予。他们也许在精神财富上愿意承认这一点，但至于"那些我们称为物质财富的事物（如财富、权力、晋升、名誉），有些人……认为这些……皆源于我们勤俭自强、辛勤劳作，而非超自然因素"。这也是新潮的神甫罗伯特·索思在1685年布道时所持的观点，他可以坚定地质疑并强调是"运气"而非"品德"决定着人类的命运，而且"运气"在上帝的操控之下。[137]

　　但是，从这个社会阶级往下追溯，问题就不同了，因为穷人们几乎不把自力更生当一回事。17世纪的大多数经济类作家曾宣称，穷人只能怪自己，是他们的懒惰和浅见将自己置于如此困窘的境地。[138]自助论对富庶者来说是个令人满意的学说，而对占人口比例绝大多数的底层社会成员而言几乎没有任何吸引力，这部分人群没有任何达到温饱线的希望。神甫因此试图用神圣天命的学说来慰藉这些不幸者，告诉他们任何事背后都隐藏着上帝的意志，即使这种意志不可捉摸。这是一种令人沮丧的人生观，教导着人们如何忍受一切，并着重教化人们：神的意愿是不可测知的。其中最乐观的说法恐怕是，如果你耐心承受这世上的罪恶，那么来世就会获得回报。可就像那个时代的人说起的那样："穷人很容易被引诱去怀疑神圣天命。"[139]所以，很多人转投非宗教的思维方式也就不足为奇了，

第四章 天 命

因为这种方式能赋予解脱更直接的愿景，且更直截了当地解释了为何有人兴旺发达，而其他人却几乎要饿死路旁。

注　释

1. T. Cooper, *Certaine Sermons*（1580），p. 164；*The Works of John Knox*, ed. D. Laing（Edinburgh, 1846—1864），v, pp. 32, 119（echoing Calvin, *Institutes*, I. xvi. 8）.

2. Aquinas, *Summa contra Gentiles*, III, lxxiv；*The Works of James Pilkington*, ed. J. Scholefield（Cambridge, P.S., 1842），p. 309.

3. H. R. Patch, *The Goddess Fortuna in Medieval Literature*（Cambridge, Mass., 1927）；*Homilies*, p. 478；*The Writings of John Bradford*, ed. A. Townsend（Cambridge, P.S., 1848—1853），i, p. 491.

4. Cooper, *Certaine Sermons*, p. 176；T. M. Blagg and K. S. S. Train, "Extracts from the Paper Book of Robert Leband, Vicar of Rolleston, 1583—1625", *A Second Miscellany of Nottinghamshire Records*, ed. K. S. S. Train（Thoroton Soc., 1951），p. 19；T. Carlyle, *The Letters and Speeches of Oliver Cromwell*, ed. S. C. Lomas（1904），ii, p. 424. 1578 年，当剑桥大学为伊丽莎白女王安排一场关于"运气和命运"的辩论时，伯利反对说如不细心处理，这一辩题"可能会引发许多基督徒不快的言论"；C. H. Cooper, *Annals of Cambridge*, ii（Cambridge, 1843），p. 362。

5. Cooper, *Certaine Sermons*, p. 163；P. Miller, *Errand into the Wilderness*（Cambridge, Mass., 1956），pp. 66—67.

6. Calvin, *Institutes*, I. v. 11.

7. J. Preston, *Life Eternall*（1631），p. 154（2nd pagination）；T. Browne, *Religio Medici*（1643），I, xvii；R. C. Winthrop, *Life and Letters of John Winthrop*（Boston, 1864），p. 316；W. Sherlock, *A Discourse Concerning the Divine Providence*（1694），p. 42. 下书中对这个主题有很全面的论述：Kocher, *Science and Religion*, chap. 5, and P. Miller, *The New England Mind. The Seventeenth Century*（1939），pp. 227—231。See also H. Baker, *The Wars of Truth*（1952），

pp. 12—25.

8. See for this R. S. Westfall, *Science and Religion in Seventeenth-century England* (New Haven, 1958), esp. pp. 75, 86—89, 95, 203—204, and D. Kubrin, "Newton and the Cyclical Cosmos: Providence and the Mechanical Philosophy", *Journ. Hist. Ideas*, xxviii (1967).

9. See T. D. Kendrick, *The Lisbon Earthquake* (1956), pp. 15—19.

10. 关于这种异端的例子, see below, pp. 127, 202。

11. Sherlock, *A Discourse concerning the Divine Providence*, p. 389.

12. *Robert Loder's Farm Accounts, 1610—1620*, ed. G. E. Fussell (Camden ser., 1936), p. 124.

13. Calvin, *Institutes*, I. xvii. 11; J. D (avenant), *Animadversions* (1641), p. 403.

14. By T. Becon (1561), J. Flavel (in *A Token for Mourners* [1674]), and T. Whitaker (1693). 关于宗教对信仰的普遍性, cf. E. Durkheim, *The Elementary Forms of the Religious Life*, trans. J. W. Swain (New York, 1961), p. 354。

15. W. Haller, *The Rise of Puritanism* (New York, 1938), p. 59.

16. *The Workes of... Richard Greenham*, ed. H. H(olland)(3rd edn, 1601), p. 1; T. Tymme, *The Chariot of Devotion* (1618), p. 29. Cf. Bacon, *Works*, vi, p. 414.

17. J. Downame, *The Christian Warfare* (3rd edn, 1612), pp. 204—205; N. Bernard, *The Life and Death of... Dr James Usher* (1656), p. 28.

18. *The Workes of... Richard Greenham*, p. 35. 上帝有时将其子民逼入绝境的原因, see T. Mocket, *The Churches Troubles and Deliverance* (1642), pp. 5—17。

19. *The Diary of the Rev. Ralph Josselin, 1616—1683*, ed. E. Hockcliffe (Camden ser., 1908), pp. 46—47; R. Prichard, *The Welshman's Candle*, trans. W. Evans (Carmarthen, 1771), pp. 358—365; *The Life of Adam Martindale, written by himself*, ed. R. Parkinson (Chetham Soc., 1845), p. 18. 一般性原则参见 Calvin, *Institutes*, III. iv. 11, and J. Dod (and R. Cleaver), *Ten Sermons* (1632), pp. 25—26。

20. *Homilies*, pp. 85—86, 158, 166, 299, 497. 上帝之怒手段的分析, R. Bernard, *The Bibles Abstract and Epitome* (attached to *Thesaurus Biblicus* [1644]), pp. 87—92。

第四章 天　命

21. 下书列举了一系列小册子,其中记录了印发1580年4月6日大地震的种种原因: *Thomas Twyne's Discourse on the earthquake of 1580*, ed. R.E. Ockenden(Oxford, 1936), pp. 7—14。*S.T.C.* 和 Wing 则提供了后来文献的引导。

22. *1607. A True Report of Certaine Wonderfull Overflowings of Waters*, sig. A3；E. Calamy, *An Historical Account of My Own Life*（1830）, i, p. 326.

23. See e.g., S. Harward, *A Discourse of the Severall Kinds and Causes of Lightnings*（1607）; J. Hilliard, *Fire from Heaven*（1613）; R. Fludd, *Mosaicall Philosophy*（1659）, pp. 115—119；*Dreadful News from Southwark*（1679?）.

24. *A Full and True Relation of the Death and Slaughter of a Man and His Son at Plough*（1680）."上帝之行为"在法律意义上的解释参见 C. Durnford and E. H. East, *Reports of Cases... in the Court of King's Bench*（1787—1800）, i, p. 33（*Forward v. Pittard*, 1785）。

25. *Shropshire Parish Documents*（Shrewsbury [1903]）, p. 248. Cf. O. Stockton, *Counsel to the Afflicted；or Instruction and Consolation for such as have suffered Loss by Fire*（1667）.

26. 1708 edn, p. 247. 当蒂弗顿第三次葬身火海,这一指控再次复苏。代表赤贫居民的收税官驳斥了这一诽谤,宣传"这完全是谎言,敬虔的行为没有得到应有的回报(另一种解读为敬虔的行为令他们罪孽深重——译注),其中的双关含义引发了嘲笑"（*Anecdotes and Traditions*, ed. W. J. Thorns [Camden Soc., 1839], p. 60）。

27. W. A. Bewes, *Church Briefs*（1896）, p. 365.

28. J. Sym, *Lifes Preservative against Self-Killing*（1637）, p. 14.

29. *Early Writings of John Hooper*, ed. S. Carr（Cambridge, P.S., 1843）, p. 308；*Sermons by Hugh Latimer*, ed. G. E. Corrie（Cambridge, P.S., 1844）, p. 542；J. Halle, *An Historiall Expostulation*, ed. T. J. Pettigrew（Percy Soc., 1844）, pp. 46, 47；M. Fotherby, *Atheomastix*（1622）, p. 235. Kocher, *Science and Religion*, chap. 13, 是对整个问题的一次出色调查。

30. W. Turner, *A New Booke of Spirituall Physik*（1555）, f. 57v；*The Remains of Edmund Grindal*, ed. W. Nicholson（Cambridge, P.S., 1843）, p. 9；Calvin, *Institutes*, I. xvii. 3.

31. *C.S.P.D., 1636—1637*, p. 514（关于多德）。其他例子参见 H. Holland, *Spiritual Preservatives against the Pestilence*（1603）, sig. A5v；(H. Burton), *A Divine Tragedie lately acted*（1636）, p. 30；R. Kingston, *Pillulae pestentiales*

(1665), pp. 30—32; A. F. Herr, *The Elizabethan Sermon* (Philadelphia, 1940), pp. 42—43; M. Maclure, *The Paul's Cross Sermons, 1534—1642* (Toronto, 1958), p. 228; P. Morgan, in Bodleian *Library Record*, vii (1967), pp. 305—307。

32. C. E. Woodruff, *An Inventory of the Parish Registers and Other Records in the Diocese of Canterbury* (Canterbury, 1922), pp. 59—60; R. L. Hine, *Relics of an Un-common Attorney* (1951), p. 71.

33. 查德顿引自 J. O. W. Haweis, *Sketches of the Reformation* (1844), p. 262 (同一观点的另一种表述参见 F. Hering, *Certaine Rules, Directions, or Advertisments for this time of Pestilentiall Contagion* [1625], sig. A3); *The Workes of... Richard Greenham*, pp. 362, 419—420。

34. *Dives and Pauper* (1536), f. 337.

35. *Early Writings of John Hooper*, pp. 308, 333. Cf. W. Cupper, *Certaine Sermons concerning Gods late visitation* (1592), p. 100; *The Workes of... William Perkins* (Cambridge, 1616—1618), iii, pp. 476—477.

36. *Early Writings of John Hooper*, p. 333; Hering, *Certaine Rules, Directions, or Advertisments*, sig. A3^v; J. Primrose, *Popular Errours, or the Errours of the People in Physick*, trans. R. Wittie (1651), p. 101. 这是中世纪的普遍看法。Cf. J. F. Royster, "A Middle English Treatise on the Ten Commandments", *Studies in Philology*, vi (1910—1911), p. 16.

37. S. Forman, "Of the Plague generally and of his sortes" (1607) (Ashm. 1436), f. 105v; S. Bradwell, *Physick for the Sicknesse, commonly called the Plague* (1636), p. 2; R. Kephale, *Medela Pestilentiae* (1665), pp. 49 ff; Kocher, *Science and Religion*, pp. 273 ff.

38. J. Balmford, *A Short Dialogue* (1603), sig. A2^v, quoted by Kocher, *Science and Religion*, p. 274.

39. Primrose, *Popular Errours*, p. 108.

40. 克拉彭的观点由下书做出阐述: *An Epistle Discoursing upon the Present Pestilence* (1603), 并在克林克的下书中撤销了这一观点: *Henoch Clapham, his Demaundes and Answeres touching the Pestilence* (1604)。W. T., *A Casting up of Accounts of Certain Errors* (1603) 也持同样的观点。

41. T. Jackson, *Diverse Sermons* (1637), p. 47 (2nd pagination).

42. T. S., *Sermons, Meditations, and Prayers upon the Plague* (1637),

第四章 天　命

p. 53. 1603 年,这个观点已由诺里奇的一位清教神甫约翰·洛表达过了; *The Registrum Vagum of Anthony Harrison*, ed. T. F. Barton (Norfolk Rec. Soc., 1963—1964), i, p. 163。

43. *The Works of the Rev.William Bridge* (1845), i, p. 475 (以及 491)。分离主义者对这篇文章更为字面意义的应用参见 R. Boye, *A lust Defence of the Importunate Beggers Importunity* (1636), sig. C1^v; E. Norice, *The True Gospel* (1638),pp. 50—51; C. F. Mullett, *The Bubonic Plague and England*(Lexington, 1956), p. 97。多数评论者对此持谨慎态度; see e.g., (T. Wilcox,) *A Right Godly and Learned Exposition upon the whole Book of Psalmes* (1586), p. 294。

44. Dod and Cleaver, *Ten Sermons*, pp. 100—101 [cf. J. Bentham, *The Societie of Saints* (1630), p. 70]; R. Dingley, *Vox Coeli* (1658), p. 159; R. Rogers, *Seven Treatises* (1603), p. 530; V. Powell, *Spirituall Experiences of Sundry Beleevers* (2nd edn, 1653), p. 79; M. Weber, *The Sociology of Religion*, trans. E. Fischoff (1965), p. 205.

45. E. E. Evans-Pritchard, *Theories of Primitive Religion* (Oxford, 1965), p. 54 and n. 1.

46. T. Sprat, *History of the Royal Society*, ed. J. I. Cope and H. W. Jones (St Louis, 1959), p. 362. Cf. W. J. Brandt, *The Shape of Medieval History* (New Haven, 1966), pp. 52—59.

47. Ashm. 423, f. 182.

48. 正如熟读 *S.T.C.* 和 Wing 之后所看到的那样,更多相关的讨论参见 L. H. Buell, "Elizabethan Portents: Superstition or Doctrine?" *Essays Critical and Historical dedicated to Lily B. Campbell* (Berkeley, 1950); R. A. Fraser, *Shakespeare's Poetics* (1962), pp. 18—24。

49. Foxe, iv, p. 257; *The Works of John Jewel*, ed. J. Ayre (Cambridge, P.S., 1845—1850), iv, p. 1253; Jackson, *Diverse Sermons*, sig. V1; W. Greenhill, *The Axe at the Root* (1643), p. 13.

50. Josten, *Ashmole*, pp. 344—345; The Works of… *William Laud*, ed. W. Scott and J. Bliss (Oxford, 1847—1860), iii, p. 237; *C.S.P.D., 1619—1623*, p. 29. 关于持异议者, see below, pp. 111—112。

51. M. Chauncy, *The Passion and Martyrdom of the Holy English Carthusian Fathers*, trans. A. F. Radcliffe and ed. G. W. S. Curtis (1935), pp. 57—59 (解散); Brand, *Popular Antiquities*, iii, p. 112 (1688 年事件); *Yorkshire Diaries*,

ed. C. Jackson（Surtees Soc., 1877）, pp. 363—364（内 战）; Josten, *Ashmole*, pp. 485—486（对查理一世的行刑）。

52. W. Sikes, *British Goblins*（1880）, book II, chap, vii; N. Wanley, *The Wonders of the little World*（1678）, pp. 549—554; Josten, *Ashmole*, p. 241; R. Gough, *Antiquities and Memoirs of the Parish of Myddle*（Shrewsbury, 1875）, pp. 47—48; A. Malloch, *Finch and Baines*（Cambridge, 1917）, p. 72; R. Plot, *The Natural History of Oxford-Shire*（Oxford, 1677）, pp. 204—206。

53. 对比 B. de Jouvenel 的评论, *The Art of Conjecture*, trans. N. Lary（1967）, pp. 89—90。可能征兆的列表参见 T. Jackson, *Signs of the Times, in his Diverse Sermons*, sig. V2。杰克逊编辑了一系列这类主题（同前, sig. Ee2v）, 然而, 我尚不知道这些文字是否曾经出版发行过。

54. *The Diary of Ralph Thoresby*, ed. J. Hunter（1830）, i, p. 132. 有关彗星：below, pp. 396, 415。

55. W. Haller 在下书中曾加以讨论: *Foxe's Book of Martyrs and the Elect Nation*（1963）。有关新英格兰的挪用: Miller, *The New England Mind*, chap. 16, 以及苏格兰, S. A. Burrell, "The Apocalyptic Vision of the Early Covenanters", *Scottish Hist. Rev.*, xliii（1964）。

56. 1624, 以及随后的三个版本。其他有关得到"神助"的历史事例参见 F. S. Fussner, *The Historical Revolution*（1962）, chap 7; F. J. Levy, *Tudor Historical Thought*（San Marino, Calif., 1967）, index, *s.v.*"Providence"; M. Fixler, *Milton and the Kingdoms of God*（1964）, p. 38; R. M. Benbow, "The Providential Theory... in *Holinshed's Chronicles*", *Texas Studies in Literature and Language*, i（1959）。

57. *Homilies*, p. 10; *Dives and Pauper*, f. 105; *A Proper Dyaloge be-twene a Gentillman and a Husbandman*（1530）, sigs. Bii^v—Biii; T. Gataker, *A Discours Apologetical*（1654）, p. 36.

58. J. W. Blench, *Preaching in England in the Late Fifteenth and Sixteenth Centuries*（Oxford, 1964）, p. 94; *C.S.P.D., 1636—1637*, p. 339.

59. 关于这种信仰, C. Richardson, *A Sermon concerning the Punishment of Malefactors*（1616）, sig. B3; C. Russell, "Arguments for Religious Unity in England, 1530—1650", *Journ. of Ecclesiastical Hist.*, xviii（1967）, p. 222; Heywood, Diaries, i, p. 146; iii, p. 18; 以及关于某些实际应用的事例, *Proceedings Principally in the County of Kent*, ed. L. B. Larking（Camden Soc.,

第四章 天 命

1862), pp. 20—22, and *Diary of Thomas Burton*, ed. J. T. Rutt (1828), i, pp. 26, 110。

60. R. Bolton, *Some Generall Directions for a Comfortable Walking with God* (5th edn, 1638), p. 45.

61. 这种类型应该能在清教徒的传记或自传中找到大量的实例, e.g., *Reliquiae Baxterianae*, ed. M. Sylvester (1696), i, pp. 11—12, 21; *Memoirs of the Life of Mr Ambrose Barnes*, ed. W. H. D. Longstaffe (Surtees Soc., 1867), pp. 237—238; W. Hinde, *A Faithfull Remonstrance of the Holy Life and Happy Death of Iohn Bruen* (1641), chap. 46; J. Beadle, *The Journal or Diary of a Thankful Christian* (1656); *The Life and Death of Mr Vavasor Powell* (1671), pp. 124—126; Heywood, *Diaries*, iii, pp. 179 ff.; Sir W. Waller, *Recollections* (in *The Poetry of Anna Matilda* [1788])。

62. Miller, *The New England Mind*, pp. 33—34.

63. W. Farnham, *The Medieval Heritage of Elizabethan Tragedy* (Oxford, 1956), pp. 279—280; Levy, *Tudor Historical Thought*, pp. 28, 222. See in general H. A. Kelly, *Divine Providence in the England of Shakespeare's Histories* (Cambridge, Mass., 1970).

64. Foxe, esp. viii, pp. 628—671 (关于他在这一联系上的不准确性参见 Wood, *Ath. Ox.*, ii, cols. 789—790); A. Munday, *A view of sundry examples* (1580) (reprinted in A. Munday, *John a Kent and John a Cumber*, ed. J. P. Collier [Shakespeare Soc., 1851], pp. 67—98); J. Field, *A Godly Exhortation* (1583); P. Stubbes, *The Anatomie of Abuses*, ed. F. J. Furnivall (New Shakespere Soc., 1877—1882), i, pp. 94—96, 111—113。

65. *H.M.C.*, iii, p. 191. 沃林顿的汇编主要搜集于同期的小册子, 收录于 Sloane 1457 (extracts in N. Wallington, *Historical Notices of Events*, ed. R. Webb [1869])。另一批可观的汇编收于以下作品中: (S. Hammond), *Gods Judgements upon Drunkards, Swearers and Sabbath-breakers, in a Collection of the Most Remarkable Examples* (1659)。

66. Bacon, *Works*, iii, pp. 341—342. I. Mather, *An Essay for the Recording of Illustrious Providences* (Boston, 1684) 的前言简要地解释了普尔的计划。1657 年至 1661 年间的相关信件的副本收录于: *C.U.L.*, MS DD. iii. 64, ff. 136—141v。

67. *Reliquiae Baxterianae*, i, pp. 432—433. 三部分为 *Mirabilis Annus, or*

the *Year of Prodigies and Wonders*（1661）; *Mirabilis Annus Secundus, or the Second Year of Prodigies*（1662）, and *Mirabilis Annus Secundus, or the Second Part of the Second Years Prodigies*（1662）。一系列反对的评论集结成下书出版于 1707 年：*The Oracles of the Dissenters*。有关该书的作者身份参见 Wood. Ath. *Ox.*, iv, col. 408；Josten, *Ashmole*, p. 838；C. E. WhitinG. *Studies in English Puritanism*（1931）, pp. 547—551；有关政府的调查参见 *C.S.P.D., 1661—1662*, pp. 23, 54, 87, 104, 106, 107, 128, 173, 184, 426, and *1663—1664*, pp. 180, 257, 297。

68. *Diaries and Letters of Philip Henry*, ed. M. H. Lee（1882）, pp. 101, 104—107；J. Flavell, *Divine Conduct: or, the Mysterie of Providence*（1678）, p. 15；*H.M.C., Rawdon Hastings*, iv, p. 121；*C.S.P.D., 1664—1665*, p. 344；C.U.L., MS. DD. iii. 64, f. 136ᵛ；*Bishop Parker's History of his own Time*, trans. T. Newlin（1727）, pp. 23—26.

69. Turner, *Providences*, sig. blv；D. P. Walker, *The Decline of Hell*（1964）, pp. 101—102.

70. Examples in F. W. X. Fincham, "Notes from the Ecclesiastical Court Records at Somerset House", *T.R.H.S.*, 4th ser., iv（1921）, p. 117；F. G. Lee, *The Church under Queen Elizabeth*（new edn, 1896）, pp. 38—39；*The Troubles of Our Catholic Forefathers*, ed. J. Morris（1872—1877）, iii, pp. 56, 57—59；L.P., viii, no. 949；Blench, *Preaching in England*, p. 280；R. Challoner, *Memoirs of Missionary Priests*（1741—1742）, i, pp. 7—9；ii, p. 404；H. Foley, *Records of the English Province of the Society of Jesus*（1877—1884）, iv, pp. 494—496；v, pp. 74—75, 208；vii, pp. 1072, 1073, 1139.

71. Aubrey, *Gentilisme*, p. 105. Cf. H. Peacham, *The Complete Gentleman*, ed. V. B. Heltzel（Ithaca, N.Y., 1962）, p. 181.

72. *Homilies*, p. 497. 其他版本参见 M. P. Tilley, *A Dictionary of the Proverbs in England*（Ann Arbor, 1950）, p. 267；R. Whytforde, *A Werke for Householders*（n.d., copy in Ashm. 1215）, sig. Eiv；A. Dent, *The Plaine Mans Pathway to Heaven*（16th edn, 1617）, pp. 156—158；Gough, *Antiquities and Memoirs of the parish of Myddle*, p. 84。

73. Bodl., Aubrey MS 10, f. 133；Aubrey, *Gentilisme*, p. 107；R. H. Tawney, *The Agrarian Problem in the Sixteenth Century*（1912）, p. 148, n. 1.；Gough, op. cit., p. 49；Bacon, *Works*, vi, p. 391. 有关其迷信内容参见 W. H.

Hosford, "An Eye-Witness's Account of a Seventeenth-century Enclosure", *Econ. Hist. Rev.*, 2nd ser., iv（1951—1952）, p. 216; E. Kerridge, *Agrarian Problems in the Sixteenth Century*（1969）, p. 102。

74. Woodruff, *An Inventory of the Parish Registers and Other Records in the Diocese of Canterbury*, pp. 162—163; H. Brown, *The Ox Muzzled and OxFord dried*（1649）, p. 6. 犯渎神罪者受天谴的名单, *The Cheshire Sheaf*, lvi（1961）, pp. 48—49。

75. See e.g., J. E. Oxley, *The Reformation in Essex*（Manchester, 1965）, pp. 126—127。威斯敏斯特玛丽安修道院的院长约翰·费克纳姆, 就这个主题写作了 *Caveat Emptor*, 但我还没有找到副本。

76. *C.S.P.D., 1591—1594*, p. 325.

77. *Tudor Treatises*, ed. A. G. Dickens（Yorks. Archaeol. Soc., 1959）, p. 142.

78. F. Robartes, *The Revenue of the Gospel is Tythes*（Cambridge, 1613）, p. 79.

79. *The History and Fate of Sacrilege*（4th edn., 1895）by "two priests of the Church of England"（J. M. Neale and J. Haskoll, with appendix by C. F. S. Warren）, pp. i, 136. 通过统计19世纪600余户家庭的630个曾为其渎神罪支付费用的受访者, 本版作者更新了斯佩尔曼的书。

80. 作为 S. Erdeswicke, *A Survey of Staffordshire*（1717）的一项附录。这类调查的禁忌参见 *The English Works of Sir Henry Spelman*（1723）, sig. b3; J. Blaxton, "The English appropriator or sacrilege condemned"（n.d.,［after 1634］）, Bodl.MS Add. A 40, f. 131。

81. B. Willis, *An History of the Mitred Parliamentary Abbies and Conventual Cathedral Churches*（1718）, I. p. 33; ii, pp. 14—15; *Reliquiae Hearnianae*, ed. P. Bliss（2nd edn, 1869）, ii, pp. 106, 127; J. Leland, *De Rebus Britannicis Collectanea*, ed. T. Hearne（1774）, vi, p. 84. Cf. W. Dugdale, *Monasticon Anglicanum*, ed. J. Stephens（1718）, p. xi.

82. E.g., C. Reyner, *Apostolatus Benedictinorum in Anglia*（Douai, 1626）, pp. 225—231. Cf. N. Strange's Preface（p. 22）to *A Missive to His Majesty of Great Britain*, *King James. Written divers yeers since by Doctor Carier*（Paris, 1649）.

83. F. G（odwin）, *Annales of England*, trans. M. Godwyn（1630）, p. 175;

The Works of... Joseph Mede（1677）, p. 123；and citations in Spelman, *Sacrilege*（1895 edn）, pp. lxxiii—lxxxvi.

84. J. White, *The First Century of Scandalous, Malignant Priests*（1643）, p. 40.

85. 斯佩尔曼断言修道院解散后的二十年间被处罚或处决的个人比整个诺曼征服时期还多（Preface to H. Spelman, *De Non Temerandis Ecclesiis* [1646], sig. d2）。

86. J. Harington, *Nugae Antiquae*, ed. T. Park（1804）, ii, p. 147；G. Holles, *Memorials of the Holies family*, ed. A. C. Wood（Camden ser., 1937）, pp. 63, 214.

87. *C.P.S.D., 1623—1625*, p. 548. 这一故事的随后版本可以从下书中找到：*March 2. Matters of Great Note and Consequence*（1641）, and R. Boreman, *The Country-Mans Catechisme*（1652）, p. 32。

88. 除了下书中的引用 Spelman, *Sacrilege*（1895 edn）, pp. lxxv—lxxviii, 还可见 *Calendar of the Clarendon State Papers*, ed. O. Ogle and W. H. Bliss, i（Oxford, 1872）p. 371；T. Gumble, *The Life of General Monck*（1671）, p. 472；*Reliquiae Hearnianae*, ii. p. 106 n. 该信仰的其他事例参见 W. Dugdale, *The Antiquities of Warwickshire*（1656）, p. 148；The Diary of *Abraham de la Pryme*, ed. C. Jackson（Surtees Soc., 1870）, pp. 159, 174；Aubrey, *Miscellanies*, p. 28；T. Fuller, *The Church History of Britain*（1837）, ii, p. 202；*Crosby Records. A Cavalier's Notebook*, ed. T. E. Gibson（1880）, p. 210；Wood, *Ath. Ox.*, ii, col. 742；L. Atterbury, *The Grand Charter of Christian Feasts*（1686）, p. 23。

89. *The Works of Thomas Adams*, ed. J. Angus（Edinburgh, 1861—1862）, ii, p. 245. Cf. G. Hakewill, *An Answere to a Treatise written by Dr Carier*（1616）, pp. 148—149, 252—253.

90. W. Walker, *A Sermon Preached in ST. Pauls-Church*（1629）, p. 44. Blaxton, "The English appropriator..." 是一份折中的论述,透露了还有许多人写作过这个主题。

91. Udall, op. cit., pp. 26—27（misprinted as 18—19）；S. Clarke, *A Mirror or Looking-Glass both for Saints and Sinners*（4th edn, 1671）, ii, p. 643, and i, p. 575. 两篇国教短文列举了独身者的命运：*An Answer to a Letter Written at Oxford, and superscribed to Dr Samuel Turner*（1647）, esp. pp. 44—45, and（J. Warner）, *Church-lands not to be sold*（1648）。

第四章 天 命

92. I. Basire, *Deo & Ecclesiae sacrum* (2nd edn., 1668), sig. c2. 关于伯奇的处理的讨论参见 D. Underdown, *E.H.R.* (1963), lxxviii。

93. V. Staley, *The Life and Times of Gilbert Sheldon* (n.d.), pp. 40—46. 杰里迈亚·史蒂芬斯在他为斯佩尔曼下书所作的前言中给出了一份皈依者的名单: *Larger treatise concerning tithes* (1647 edn) (in *The English Works of Sir Henry Spelman* [1723], pp. lxii—lxiv)。For others see R. Bolton, *Last and Learned Worke* (1632), pp. 178—179; *A Certificate from Northamptonshire* (1641), pp. 9—10; Boreman, *The Country-Mans Catechisme*, pp. 30—31.

94. Spelman, *Sacrilege* (1895 edn), pp. 142—143, 151; T. Sharp, *The Life of John Sharp*, ed. T. Newcome (1825), ii. pp. 113—116.

95. Spelman, *Sacrilege* (1895 edn), pp. xxvii, chap. vii; F. G. Lee, *Glimpses in the Twilight* (1885), p. 412; G. Baskerville, *English Monks and the Dissolution of the Monasteries* (1937), p. 275.

96. Sir J. Hayward, *Annals of the First Four Years of the Reign of Queen Elizabeth*, ed. J. Bruce (Camden Soc., 1840), pp. 58—60.

97. J. Selden, *Table-Talk* (Temple Classics, n.d.), p. 1. Cf. T. Fuller, *The Historie of the Holy Warre* (1651), p. 240; id., *Church History*, ii, pp. 295—296; *Complete Prose Works of John Milton* (New Haven, 1953—   ), iii, p. 469.

98. Atterbury, *The Grand Charter of Christian Feasts*, p. 22; N. Johnston, *The Assurance of Abby and other Church-Lands* (1687), p. 113; *Bishop Burnet's History of His Own Time* (Oxford, 1823), v, p. 118.

99. 这种奇闻逸事的例子数不胜数。中世纪不守安息日者的传说可以参见 A. S. Napier and R. Priebsch to *An English Miscellany Presented to Dr Furnivall* (Oxford, 1901)。

100. W. A. Fearon and J. F. Williams, *The Parish Registers and Parochial Documents in the Archdeaconry of Winchester* (1909), p. 34.

101. W. H. Greenleaf, *Order, Empiricism and Politics* (1964), pp. 110—114; W. Notestein, *The English People on the Eve of Colonization*(1954), p. 49; P. Laslett, *The World We Have Lost* (1965), p. 178.

102. E.g., J. Taylor, *The Noble Cavalier caracterised* (Oxford, 1643); *The Visible Vengeance: or, a True Relation of the Suddaine, Miserable End, of one White, late Mayor of Exceter* (1648); Woodruff, *An Inventory of the Parish Registers and other Records in the Diocese of Canterbury*, p. 81; *Crosby Records*.

A Cavalier's Notebook, pp. 211, 292—293.

103. For an example, Mather, *An Essay for the Recording of Illustrious Providences*, Preface.

104. (T. G.), *The Dolefull Even-Song*(1623); *Something Written by Occasion of that Fatall and Memorable Accident in the Blacke Friers*(1623); S. R. Gardiner, *History of England... 1603—1642*(1904—1905), v, pp. 142—143. 这个事件常常连同1588年和1605年的"救赎"被后来的新教徒当成典范,并在其文学作品中频繁出现,例如: S. Clarke, *Englands Remembrancer*(1657), pp. 87—100。

105. W. G. Bell, *The Great Fire of London*(3rd edn, 1923), pp. 99, 314—315, 321.

106. Heywood, *Diaries*, iii, p. 194. Cf. Calvin, *Institutes*, I. xvi. 6, and below, pp. 279, 644.

107. In *Reliquiae Baxterianae*, i, p. 46; *Memoirs of the life of Mr Ambrose Barnes*, p. 107.

108. *A Full and True Narrative of one Elizabeth Middleton*(1679).

109. *The Works of Gerrard Winstanley*, ed. G. H. Sabine (Ithaca, N.Y., 1941), p. 297.

110. Carlyle, *Letters and Speeches of Oliver Cromwell*, ii, p. 471.

111. G. L. Mosse, *The Holy Pretence*(Oxford, 1957), pp. 100—101, 124—125, 135. 关于实际施行的学说参见 *H.M.C., Portland*, i, p. 421。

112. *H.M.C.*, vi, p. 370.

113. R. Halley, *Lancashire: Its Puritanism and Nonconformity*(2nd edn, Manchester, 1872), p. 107; *D.N.B.*, "Winthrop, John".

114. N. Glass, *The Early History of the Independent Church at Rothwell*(1871), pp. 7—8.

115. W. Lyford, *The Plain Mans Senses Exercised*(1655), p. 32; *The Works of William Bridge*, i, p. 433; *The Works of... Isaac Barrow*, ed. J. Tillotson(3rd edn, 1700), iii, pp. 228—238.

116. A. G. Matthews, *Walker Revised*(Oxford, 1948), p. 215.

117. *Diary of Thomas Burton*, i, p. lxix. 这种类推更早的版本参见 J. M. Wallace, *Destiny his Choice: the Loyalism of Andrew Marvell*(Cambridge, 1968), p. 62。Cf. G. F. Nuttall, *The Holy Spirit in Puritan Faith and Experience*(Oxford,

第四章 天 命

1946）, pp. 124—126.

118. A MacIntyre, *A Short History of Ethics*（1967）, pp. 59, 84—85, 114; D. Forde, in *African Worlds*（1954）, p. xii. 关于缺乏道德目的的原始宇宙, S. F. Nadel, *Nupe Religion*（1954）, pp. 33, 37。

119. *Dives and Pauper*, f. 35; I. R., *A Most Strange and True Discourse of the Wonderfull Iudgement of God*（1600）; J. Maubray, *The Female Physician*（1724）, p. 54.

120. Westfall, *Science and Religion in Seventeenth-century England*, pp. 99—101. 关于新教徒对奇迹的看法, see also below, pp.146—147, 585。

121. Sir L. Stephen, *History of English Thought in the Eighteenth Century*（3rd edn, 1902）, i, 提供了这种或类似争论者的一般论述。See also W. E. H. Lecky, *History of the Rise and Influence of the Spirit of Rationalism*（1910 edn）, i, pp. 149—158.

122. Sprat, *History of the Royal Society*, p. 360. Cf. J. Spencer, *A Discourse concerning Prodigies*（2nd edn, 1665）.

123. J. Selden, *Table-Talk*, p. 62; R. Mead, *Medica Sacra*, trans. T. Stack（1755）, p. 31.

124. *The History of the Great Rebellion*, ed. W. D. Macray（Oxford, 1888）, i, pp. 1—2. Cf. Fussner, *The Historical Revolution*, pp. 25, 245, 283.

125. *The Journal of George Fox*, ed. N. Penney（Cambridge, 1911）, i, pp. xvi—xvii, 394.

126. *H.M.C.*, *Finch*, i, p. 443; C. Hill, "Newton and His Society", *The Texas Quarterly*, 1967, p. 38.

127. J. Wilkins, *Of the Principles and Duties of Natural Religion*（5th edn, 1704）, p. 87.

128. Heywood, *Diaries*, i, p. 221. 关于这个主题参见 Q. D. Leavis, *Fiction and the Reading Public*（1932）, pp. 104, 296—297。Cf. Kendrick, *The Lisbon Earthquake*, p. 156; Weber, *The Sociology of Religion*, p. 43.

129. Wallace, *Destiny his choice*, p. 257; *C.S.P.D., 1665—1666*, p. 344.

130. *The Complete Works of George Savile, First Marquess of Halifax*, ed. W. Raleigh（Oxford, 1912）, p. 7; Miller, *The New England Mind*, p. 229.

131. Kendrick, *The Lisbon Earthquake*, p. 160, and *passim*; F. K. Brown, *Fathers of the Victorians*（Cambridge, 1961）; W. L. Burn, *The Age of Equipoise*

(1964), p. 45; J. Hart, in *Past and Present*, xxxi (1965), p. 56; W. Daniell, *Warminster Common* (1850), p. 376; E. Gosse, *Father and Son* (Harmondsworth, 1949), pp. 39, 202, 221; *Life and Struggles of William Lovett* (1920), i, p. 5.

132. G. R. Owst, *The Destructorium Viciorum of Alexander Carpenter* (1952), p. 18.

133. R. F. Hunnisett, *The Medieval Coroner* (Cambridge, 1961), pp. 20—21; *O.E.D.*, *s.v.* "chance"; Tilley, *A Dictionary of the Proverbs*, index, *s.v.* "luck".

134. Calvin, *Institutes*, I. xvi. 2.

135. See J. W. M. Whiting and I. L. Child, *Child Training and Personality: a Cross-cultural Study* (New Haven, 1953).

136. G. Murray, *Five Stages of Greek Religion* (Oxford, 1925), p. 164. 这份文献以及相关的一些思考归功于 R. K. Merton, *Social Theory and Social Structure* (revd edn, Glencoe, Ill., 1957), pp. 147—149, and V. Aubert, "Chance in Social Affairs", *Inquiry*, ii (1959)。

137. *Homilies*, p. 478; R. South, *Twelve Sermons* (6th edn, 1727), p. 327. Cf. E. Bonner, *A Profitable and Necessarye Doctryne* (1555), sig. ZZi; G. A. Starr, *Defoe and Spiritual Autobiography* (Princeton, N. J., 1965), p. 192; 来自乔治·赫伯特的那段话成了本章的题词。

138. See e.g., E. S. Furniss, *The Position of the Laborer in a System of Nationalism* (Boston, 1920), pp. 99—104.

139. R. Kidder, *Charity Directed: or the Way to give Alms to the Greatest Advantage* (1676), p. 23.

第五章

祈祷与预言

我实实在在地告诉你们,
你们若向父求什么,
他必因我的名,赐给你们。

《约翰福音》(16:23)

一 祈 祷

新教改革者关于神圣天命的教化表明,他们相信上帝会凭其意志力干涉俗务以助其子民。他们也坚持认为,虔诚的基督徒为其所求祈祷,就不会无所获益。"不管我们是需要还是缺少任何与身体或与灵魂相关的东西,"《布道书》论及祈祷时宣称,"我们理所当然要求助于上帝,他是所有善事的唯一赐予者。"[1] 教会不仅允许此种要求,甚至主动引领这种要求。祈求每天的食物是基督徒的职责,教会以此提醒教众:即使是在最物质化的情境中,基督徒也不要妄想仅靠自身努力便可生存下去。教会的官员在他们的巡视文章中,要求教区神甫提醒教众在富足的时候感谢上帝,并在受到饥馑威胁时祈求上帝的怜悯。祈求式祈祷应定期进行,其中为维护健康和正当财产的祈祷不应少于危难时寻求指引和解脱的祈祷。

当然,并不是所有祈祷都是针对物质的,虔诚的人应当首先祈祷信仰和赎罪这类精神层面的赐福。但在祈求过精神食粮之后,人们接着要求物质食粮就完全合情合理了。健康、兴旺、丰收、顺产,以及出行平安顺利,成功的事业,个人问题的忠告——所有这些都有赖上帝之力赐予。上帝也经常实现祈祷者的凤愿。"如果我去遍察所有显示祈祷之效的事例,"拉蒂默主教宣称,"那么我绝不可能完成得了。毫无疑问,虔诚的祈祷从未失败过。它补救了一切。"²

根据这一准则,《公祷书》中的连祷文包含了从好天气到避免猝死等各种物质赐福的特殊请求。灾祸横行时,人们就会一起做额外的祈祷,试图以此来消除饥荒、瘟疫、战争或者恶劣的天气。这种类型的祈祷贯穿了整个17世纪并延续下去。³人们对这类祈祷并不存有异议。清教徒和英国国教徒,天主教徒和不遵奉国教者都同样坚信这类祈祷会生效。

然而,也有些人反对某些类型的祈求式祈祷。英王亨利八世时期的殉难者托马斯·比尔尼认为,为缓解身体虚弱而祈祷是错误的。⁴同样,伊丽莎白一世时期的清教徒托马斯·卡特赖特抗议连祷文中为了免遭雷电而做的祈祷。但他的理由仅仅是,如果连这些相对低概率的危险都一一被提到的话,拯救就没有尽头了:"你也许还要祈祷人不从马上跌落,不落在强盗之手,不失足落水,并祈祷避免发生率远超过雷击的暴卒事故。"惠特吉夫特回应说,这种危险并不常有,但与一般危险相比更可怕,因为其不同之处在于:"对其抵御非任何人力所能为之。"尽管卡特赖特的清教同僚常常反复提及他的反驳,但他本人并未做出回应。⁵

此外,清教徒与其他人的唯一区别在于,他们对待祈求式祈祷的态度相对独特。清教徒更为强调祈祷要与斋戒和个人苦修相伴。诸如此类的清教式斋戒并无特别之处,因为伊丽莎白一世时期的教

第五章 祈祷与预言

会经常命令教众在瘟疫盛行时进行斋戒。但清教徒将这个原始的仪式应用得最为广泛。斋戒的严格戒律要求参与者不可食肉饮酒，避免日常劳作，少睡，穿着简朴，禁欲。在宗教仪式期间，他们通过阅读《圣经》、唱诗和祈祷度日。[6]1604 年国教会教规规定：除非得到主教管区的主教之特许，否则就不能专门组织斋戒和祈祷活动。[7]然而，这样的规定却遭到了普遍的藐视，即便到了内战前，情况也是如此。内战过后，各宗派的教众为求好天气或治疗病员就常常聚集在一起举行斋戒。空位时期政治危机发生时，人们频繁地组织斋戒和受难日的祈祷。实际上直到 18 世纪末期，公众斋戒依然被认为是一种阻止天罚的有效办法。

而且，祈求式祈祷乃是例行程序，神职人员可以轻松地给出合适的祈祷词。在《祈祷的方法》（1710）一书中，不遵奉国教的马修·亨利提供了关于此类祈祷的全面细目。除了应付通常的生育、结婚和死亡等突发事件，他还为那些祈求从火灾、暴风雪、传染病等类似灾难中解脱的教徒，以及那些即将远行和面临潜在危险的基督徒提供了特定形式的祈祷词。[8]这样，祈祷就能在每一种场合进行了。事实上，据说有人为了不正当的目的也进行祈祷。托马斯·莫尔先生注意到，在威尔士和爱尔兰，小偷为了成功在行窃之前也常进行祈祷；据记载，17 世纪一个长老会教徒在拦路抢劫前祈祷了两个小时。[9]托马斯·布朗爵士认为："赌博前进行祈祷并不荒谬。"[10]

对于传统教士来说，这样的行为是要受到谴责的。教徒固然应该祈祷，但是其诉求应该得体，他绝不该祈求与公众利益相悖的私人利益。[11]在这样的限制下，虔诚者可以经常进行祈祷，而他们的努力也不会没有回报。在清教徒和持异议者的信徒圈子里，正如记录其他神圣天命显现一般，保持对"祈祷回报"的记录逐渐成了一种流行做法。17 世纪传教士的自传和日记中大量记载了祈祷成功的例子。[12]实际上，宗教传记作者的一大写作目的就是要例证祈祷显灵之功效。他们以此显示了虔诚者的持续祈祷抑或广大教众的斋戒与祈祷如何降伏恶劣天气和致命疾病。塞缪尔·温特医生的《人生》列举了11个有关祈祷见效的独立事件。这些事例相差很大,从祈祷帮助温特选到一个风平浪静的日子渡海到爱尔兰,到他在基尔肯尼祈祷救活琼斯上校的罹患黄疸奄奄一息的夫人,他那被疑患有瘟疫的侄子,大出血的弟媳,差点死在产床上的商人妻子,还有他一直患有"肠绞痛"的女儿。他的传记作者评论说,即使没有其他显示温特"祈祷的力量及广度"的事例,这些事例已足以说明上帝是"一个可以听见祈祷的上帝"。[13]

然而,并没人断言祈祷在任何场合都会自行灵验。许多基督徒为了获取物质利益而祷告,并得到了上帝的准许,但更多基督徒的祈祷并未应验。这种显而易见的不确定性并不困扰这些祈求式祈祷的捍卫者,因为他们总能找出理由来解释为什么任一特定的祈祷没能被准许,比如可能是因为这些请愿者没有为自己过去的罪孽充分忏悔。恶人不能期望他们的祈祷为上帝所容许。若要求不合理,即便是虔诚者的祈祷也同样不会被准许。(当然,没有谁知道什么是合理的,什么又是不合理的,因为情况不同,条件就会变化,而且上帝是唯一的裁决者:"上帝要比我们自身更清楚什么对我们有益。")为了试探一个祈祷者的信念是否坚定,上帝可能会拒绝他的祈求:"如果谁向上帝要求财富、名誉、健康、自由等诸如此类的东西,而他又什么也没得到,却拥有了维系他的上帝的荣耀和福佑,于是他从上帝那得到的远比他所要求的多。"任何祈祷者都确乎能获得对其自身有益的东西,尽管可能并不是他所希望的。祈求中的物质成分越少,被准许的可能性就越大:"如果你要求的不是世间的事物,而是诸如精神和天国的事物,那么你势必会有所收获。"[14]

所以,对祈求式祈祷的信仰是一个自我确认的体系。一旦接受此教义,就没什么能撼动祈祷者的信念,无论他自身对物质上帮助的祈求是如何不会得以实现。当伊丽莎白一世时期的教会为减弱瘟疫或暴风雨而组织祈祷时,总是小心翼翼地补充说,由于一些只有上帝才最明白的原因,也许他认为不接受某些拯救的请求是合时宜之举,并且这些否决请求的理由本质上是好的,所以他没有回应我们的祈祷。神甫们祈求天罚能高抬贵手,但同时认为,他们当然也应该承受上帝给予他们的任何磨难。人们普遍相信:通过神圣手段获得物质援助是有可能的。这种信念得以维系,在于人们相信,每一次祈求失败的背后都有令人们满意的解释。

其他类型的祈祷不必借助这种简单的解释原则也能发挥效用。在礼拜和感恩的过程中,也有非祈求式祈祷可以用来强化信徒的虔敬与奉献。也有一些帮助人们在困难处境中做出决策的祈祷。一些当时的日记和自传表明,虔诚的人们如何通过祈祷能将心思集中在一个问题上,并获悉解决之道。当医生对托马斯·莫尔爵士的女儿玛格丽特·波佩尔的汗症束手无策之际,莫尔爵士开始祈祷,"突然间灵光一现,他获知灌肠是挽救女儿唯一的方法",后来事实印证了他的想法。同样,数学家佩尔对约翰·奥布里说,正是上帝帮助他解决了一部分最艰深的问题。[15]

此外,人们也将祈祷作为占卜的一种手段,也就是说,祈求者面临多种抉择时,祈祷将提供超自然的引导。约克郡的农民亚当·艾尔就曾经询问上帝是否该抛弃其不称职的妻子。埃塞克斯的神甫拉尔夫·若瑟兰祈求得到神的意见,以确定他该居住在该郡的哪个位置。虔诚的信徒杰维斯·迪斯尼希望通过祈祷,得知自己是否应该离开诺丁汉。[16]1681 年,在约克郡的瓦利,一个虔诚的年轻教徒曾试图靠祈祷获知盗窃父亲谷物的小偷的身份;他在幻觉中看到三个人,然后就祈求上天的保佑将他们抓起来。祈祷的功能开始变得如同当时乡村巫师使用的侦破盗贼的巫术一般,而这些巫师通常使用镜子、磨光的石头来替客户辨认偷盗者的特征。[17]

关于这种占卜性质的祈祷,不遵奉国教的神甫奥利弗·海伍德提供了一个生动的例子。1673 年,奥利弗·海伍德神甫在日记中记载了他和他妻子如何计划到约克旅行:

有好些理由足以使我们相信这是旅行的最佳时节,但也有许多理由与之相悖。我摇摆不定,对走哪条路怀疑颇多,于是就像从前那样向上帝祈祷……现在,我获得了一种待在家里的强烈意愿。依照《箴言篇》第16章第3节所云:"你所作的,要交托耶和华,你所谋的,就必成立。"在很短的时间之中,我的想法就是以这种方式不期而至的。[18]

构成如此程序的心理过程需留给读者去揣摩。但很明显,这种祈祷方式起到了类似占卜的作用。它帮助求助者了解其内心,并提出相应的解决措施。祈祷者在自己无意识的倾向背后看到了上帝之手。

正统信徒并不反对以此种方式祈求神的指引。但是他们不乐于见到有人用抽签占卜的方式迫使上帝代其做出抉择。早期基督教会的一些教徒试图通过抽签来获得神的救助。人们以古典时代的"维吉尔抽签法"祈祷得到指引,接着打开《圣经》或《诗篇》,设想着从目光所及的经文中能找到困扰他们的问题的答案。中世纪时的教会一致反对以此种方式来做出决策,理由是:这种行为含有一种试探上帝的意味。然而,这种禁令的效力很弱。"从4世纪到14世纪,"吉本写道,"这种任意抽取《圣经》经文进行占卜的做法,虽一再受到教务委员会所立法令的谴责,国王、主教、圣徒却都一再将其应用于实践。"中世纪晚期教会的统治者已不再像他们早期所做的那样,公开求助于这类占卜手段。但是在大众之中,诉诸宗教经典的占卜已成为一种成熟的实践。[19]

在这方面,宗教改革似乎没有带来什么不同。在大众占卜中,《圣经》和《诗篇》仍然起着重要的作用,[20]16世纪和17世纪的许多公众人物和新教徒诉诸《圣经》占卜法是有历史记载的。当埃德温·桑迪斯担任剑桥大学副校长之时,他被安排向诺森伯兰公爵传道,时逢爱德华六世死亡之后的政治动荡期间。于是,他选择了一篇经文祈求得到指引,然后信手打开了《圣经》。1632年,宗教狂热分子安德鲁·汉弗莱求助于《圣经》的指导后,才给国务大臣寄信描述自己获得的启示。1636年,裁缝约翰·戴恩在考虑是否移居国外时,以及1681年,百慕大船长克里斯托弗·蒙克被阿尔及利亚海盗俘获时,都采用了同样的办法。[21] 这个时代类似的故事还有许多,其中还有关于查理一世和大主教劳德的故事。[22] 这些故事或真或假,不过无论真假,它们都说明,在艰苦的时代,人们有相信超自然指引的可能性的一般倾向。如独立派传道士威廉·布里奇认为,无人知晓上帝什么时候会"乐意为凡人打开一页《圣经》"。[23]

事实上,整个社会早已习惯了通过抽签来决定可能引起争议的决策。据塔西佗记载,古代德国人就是这么做的。12世纪的朝圣者也通过抽签来决定该参拜哪座圣坛。16世纪行政区的官员有时也是通过抽签选出来的。1583年,韦尔斯大教堂理事会甚至用这种方式分配资助款。[24] 抽签法常被用在为众多求助者分配物资的过程中:在17世纪早期的雷丁,有三个女仆每年在耶稣受难日抽签分配恩主的捐款。[25] 教堂中的座椅有时也以此种方式分配。[26] 从国家层面看,从伊丽莎白统治时期开始,政府就经常用抽签法来集资。[27] 一条常见的军纪是强迫受惩罚者抽标有他们编号的签,如果抽到就要死,这种方法在内战时期曾被大量应用。[28] 1704年,为改善穷苦神甫的生活,安妮女王奖金得以创立,其特定资助对象就是通过抽签产生的。1665年的一项决议甚至允许陪审团在无法达成共识的情况下,把抽签解决分歧作为复审的一个备选方案。(不过,这种妥协办法在十一年后被废止,到18世纪,陪审团用此法裁决案件已是非常严重的罪名了。[29])

对多数人而言,广泛使用抽签法仅仅是一种省事的手段,一种结果明确、且所有竞争者都可以接受的方式。但也有人认为抽签法含有更为重大的意义。1653年,伦敦的一个宗教团体提议,新一届议会应由各个宗教的会众"在郑重祈祷(《圣经》中上帝惯常使用且独有的一种方式)后通过抽签"从提名者中选出。[30] 这其中暗示了通过这种方式做出的选择会得到某种神圣的认可。类似的信念也许已经隐含在中世纪乡下人的抽签过程中了,那时人们通过抽签择时播种或砍树。[31] 在选择哪个罪犯行刑这件事上,抽签当然也扮演了重要的角色,幸运签有时写着:"上帝赐予你生命。"[32] 虔诚者用抽签做决定时,脑海里也会浮现这种概念。正如巡回传道者劳伦斯·克拉克森在离开科尔切斯特的路上选择方向的方法一样:"将手杖立在地上,它倒向哪边,我就将走哪条路。"1649 年,新模范军的委员会通过祈祷探寻上帝的意见,然后用抽签决定派哪支部队前往爱尔兰。[33] 苏格兰领导人沃瑞斯顿勋爵阿奇博尔德·约翰斯顿和许多早期的循道宗教徒的很多决定都是通过这种方式做出的。约翰·卫斯理死后,循道宗的正式会议流程先是求助于祈祷,然后进行抽签表决,进而解决"循道宗的布道者是否有管理圣餐仪式的教会领导权"的重大问题。[34]

一直到 17 世纪初期,抽签都被普遍视为一种寻求神圣天命的直接途径。正如威廉·珀金斯所言:"抽签是一种宗教行为,通过它我们求助于上帝做出决策,除此之外别无他法。"使用抽签严肃且并不常见。"我们一般不使用抽签,"珀金斯继续说,"但出于深深的敬畏,因为上帝直接安排好了一切,抽签用于平息重大的争端是合适的。"抽签不应当被用在琐碎的日常事务中。如果有某种另外的抉择方式可用,抽签就不可使用。"当一个人有其他方式可选时,"约翰·维姆斯写道,"那么,使用抽签法就是对上帝的试探。"这是中世纪教会的神学家和圣典学者持有的共同立场,后来的清教神甫又重申了相同的观点。[35] 严格说来,这些机会游戏(如诡辩家所称呼的那样)应该完全被禁止,因为它们为了一些不值当的理由而求诸天启。所有依赖于冒险和机会的事务应该完全放弃,并不仅是因为这助长了懒惰和浅见,而且是因为它们根本不尊重上帝。"签放在怀里,"《箴言篇》写道,"定事由耶和华。"这就是"上帝的严律"。[36]

出于同样的理由,有些神学家谴责把抽签用于一些其他例行事

第五章　祈祷与预言

务之中的行为。他们允许在分家产、解决纷争的场合中使用抽签。但是在日常事务抉择、教会神职人员的选举和募资等行为中，抽签是被严格禁止的。如果在追查或公诉疑犯的时候使用抽签，也是要受到谴责的。旧时的神裁法被中世纪教会谴责为试探上帝，于13世纪初就被取消了。但是，将抽签用于决定是否有权采取决斗裁判法的做法还是残留了下来；另外一些裁决原则在乡村巫师和术士侦破盗贼的巫术中得到广泛运用。"占卜式抽签"因神学家认为其不合时宜而受到谴责。[37]1635年，当理查德·利尔伯恩提议通过决斗裁决法去解决一桩法律诉讼时，查理一世国王因为"这么做在宗教上不妥"而予以反对。[38]

于是，大众对于抽签便有了三种态度：第一种把抽签当作借助上帝之力处理日常事务的工具，由此在中世纪这种裁决法得以广泛运用。第二种日益强大的态度倾向于认为在日常琐事中求助上帝之力是渎神且有罪的。由此，中世纪圣典学者对其加以禁止，比如达德利·芬纳的《论守法和不守法的消遣方式》（1587年初版，1592年再版）和詹姆斯·鲍姆福德的《关于玩牌之不合法的对谈》（1593年初版，1623年再版）便执此观点。第三种态度带我们进入现代世界，因为它否认抽签具有任何神学意义，或者说它认为抽签不比任何其他事物更具有神学意义。

托马斯·加塔克在《抽签的功用和本质》（1619年初版；1627年第二版）中首次系统地论述了第三种态度。加塔克的目的是要消除关于抽签不必要的道德焦虑，同时为它们在日常中的运用做出辩护。对他来说，抽签就是"解决疑虑的常用手段"或者换句话说，随机获得一个结果。当然，对于大多数神甫来说，运气本身是一个异教的概念，他们认为上帝是偶然事件背后的直接推手。但是加塔克完全拒绝上帝决定所有事件的预设，他认为这种决定只存在于最笼统的层面。掷骰子与太阳每日升起相比，并不是一种更明显的天意，上帝的作用在意外的事件和必然的事件中是一样的。通过消除偶然事件的神学意味,加塔克得以把不敬神的隐含意味从抽签的世俗用法中剥离开来。只要再没有人将结果看作是上帝的某种裁定,用抽签来分配家产就变得和其他方式一样妥当了。机会游戏也就变得可以接受了。然而,占卜抽签却是荒唐的,因为没有理由相信它们拥有任何特殊的预测能力。关于机会自身可能服从规律的观念便是加塔克在著作中提出的。[39]

但是,尽管另外一位著名的神学家丹尼尔·费特利为加塔克的书撰写了一篇赞美的序言,他的观点还是过了很久才被完整地接受下来:迟至1687年,英克里斯·马瑟还认为加塔克的观点不是主流神学观点。[40] 法国的法学家巴贝拉克在18世纪早期发展了加塔克的观点,他指出:一些希腊人和罗马人已广泛使用抽签的方法,但是并没有赋予其任何迷信的意义。[41] 然而这个观点受到激烈的攻击。对机会游戏的反对声音持续回荡;把抽签和神裁的结果当作完全随机的事件,仍然是一种相对超前的观点。[42]

同时,一些虔诚的人仍旧通过抽签的方法寻求上帝对某些具体事务的意见,17世纪出现了许多类似的惊人案例。威廉·沃勒爵士就使用《圣经》占卜法预测他的妻子能否顺产。[43] 很多作者在作品中提到了都铎时期的贵妇霍尼伍德夫人的故事。她对救赎感到绝望,便打算向地上砸一个玻璃杯子,并且坚定地说如果杯子碎了那么她就一定会下地狱。幸运的是杯子完好无损,于是她又恢复了信心。[44] 一百年之后,一个歇斯底里的女孩莎拉·维特抛掷了一个陶瓷茶杯,说如果茶杯真的碎了,那就说明没有地狱。这回杯子也并没有任何破损。还一个类似的故事是关于阿默舍姆的乔安·德雷克夫人的,她经常喜欢打开《圣经》并将手指随意放在某一句经文上,并宣称"现在,不论我的手指所指是什么,那就是我未来的实际情况。不论那情况是什么,它就是我的命运"。"但是上帝的安排,"我们从历史记载中得知,"总是让经文显示出鼓舞人心和令人舒适的内容。"[45]

那个时代的人还会通过让上帝介入俗事的方法来验证上帝的存在。"基督，我的基督，"埃塞克斯郡的妖巫伊丽莎白·洛维斯在1564年声称，"如果你是救世主，就降临替我复仇，否则你就不是救世主。"[46]另外一个伊丽莎白时代的怀疑论者大卫·贝克则在试探之后皈依基督教。当他骑着马困于危河之上的窄桥时，他宣称如果他能平安归来，那么他相信上帝存在。一个贵格会教徒詹姆斯·内勒曾说过一个年轻人受惑把手放到水壶的沸水之中看上帝能否保证其完好的故事。他的宗教同盟者所罗门·埃克尔斯挑衅浸礼会教友，要求他们连续七天不吃不睡来证明他们的宗教的合理性。另外一个奇人于17世纪70年代在英格兰北部游荡，他的应敌之策是：邀请敌人一同祈祷，祈求上帝给他们之中的犯错者以迅速一击，不论犯错者是谁。[47]许多道德论者在他们的传教布道作品中提出这些例子，作为对宗教的支持。他们讲述了很多人因错误地祈求上帝代表他们而导致可怕后果的事例，也讲述了很多正当的诅咒行之有效的事例。[48]上帝干预的可能性广泛地体现在各种各样的大众信仰和口头传说之中，许多都是由神甫在有策略地四处传播。大部分人仍然愿意用抽签法来占卜和做决定。"在无知之徒和盲信之徒中，"威廉·珀金斯说，"这样的实践相当普遍且数量众多。"即使神裁法也以非正式的形式得以保存下来；17世纪审判妖巫的时候，嫌疑人不能正确念诵《天主经》，或者丢到水里浸泡却无法浮起——这些都被受过教育的观察者视为有罪的证据。[49]

二 治 疗

尽管绝大多数宗教改革之后的神学家也都认可祈求式祈祷的功效，但他们通常会强调需要以自然疗法为主，不能本末倒置。若有人在完全能够自立的情况下，仍要依赖神的帮助，那么他就既不敬神又盲信。"只祈求福佑而自身不做出努力，这并非祈祷上帝而只是试探上帝,"伊丽莎白时期的一个主教说。这就好比一个农夫祈求丰收却从不耕作。只有在所有自然之力都耗尽之后,祈求者才能祈求上帝的恩赐,即使这样也不应靠祈求不可能之事来试探天命。[50] 只有天主教徒也许还继续完全依赖祈祷,甚至希望以这种方式获得奇迹。[51] 但是新教徒并不寻找任何种类的奇迹之助。奇迹就是婴儿期教会的襁褓布,对于不信教者的最初皈依是必要的,一旦信仰得到确立,奇迹就显得多余了。天主教徒错误地认为,产生奇迹的力量是基督教真正的本质特征。[52]

这种观点用了很久才得以立足。早期新教徒并未完全放弃真正的宗教含有高阶巫术的观念。据说,奇迹治愈发生在罗拉德的殉道者理查德·威奇的坟墓。约翰·福克斯曾坚定地宣称,只要他手中有威廉·廷代尔翻译的《圣经》,奇术师就不能对他施展恶魔的手段。[53] 仅靠祈求式祈祷就能生效的信念一直延续了下去。1617年,一个作者对祈祷足以治愈疾病的低俗信念发表了怨言:"据他们所言,上帝让他们得病,上帝也能把病带走。"在北爱尔兰,一个传道者遇到的人认为"不管是什么得了病,不管是灵魂抑或身体上的疾病,不管得病的是年幼者抑或年老者、农作物抑或牲口,除了祈祷不必用其他任何方法"。[54] 在内战之前的那个世纪,偏远地区的宗教狂热分子吹嘘说,他们可以运用祈祷获得超自然的效果。伊丽莎白时代的一个宗教狂热分子威廉·哈克特自夸说,如果他说出相应的话语,即使所有英格兰的神学家一起祈祷求雨,雨也不会下。1636年,伦敦的两个织布工也做出了类似的宣称。分离主义者赖斯·博伊出版了好几种著作,捍卫上帝将会赐予任何虔诚祈求者以生存之道的观点。[55]

然而,在1640年长期议会会议、教会法庭以及大主教法庭解散之后,出现了前所未见的大规模狂热活动。对于为什么这段时期宗派如此林立,解释的方式各种各样。有人指责新教徒未经考验的良心有分裂之趋势,也有人认为新宗派更多地表达了穷人的社会政治

第五章　祈祷与预言

热情,而这种热情是英国国教会无法满足的。但是,宗派分子声称,他们可以为新教改革者严词拒绝满足的世俗问题提供超自然解决方案,且这种信仰观点的重要性应引起我们的注意。这些宗派复兴了中世纪天主教的奇迹效用观,并且去掉了其罗马特征和等级制度特征。他们滥用预言和信念治疗,广为宣传光靠祈祷就能生效的信念,相信单是祈祷就能治疗疾病并可能完成其他奇迹,他们甚至宣称能起死回生。这样的虚夸为受过教育的人所谴责鄙视,但是对于那些更为不幸的人来说,却颇具吸引力。

尽管新教已发展一百多年,中世纪教会的巫术所欲解决的问题仍没有任何替代性解决方案。底层阶级在遇到疾病和来自环境的自然危害时,其无助之感仍然无法缓解。当1640年基督教分裂之后,正是各个宗派填补了这一空缺。各宗派的领袖有时试图展示奇迹以证明其可信性。因为正如托马斯·韦伯所言,除非神甫能够演示奇迹,否则没有人会在意他的教派。[56] 超自然救赎的前景为各宗派带来巨大的吸引力;就如在现代,宗教治疗、预言和先知为圣灵降临教会吸引到众多斑图人信徒。非洲的各分离主义教派亦是如此。[57]

并不是所有为英格兰宗派所宣称的奇迹都有明显的实用价值。有些人长期斋戒,四十天甚至更久不吃任何食物,只是为了证明他们极致的虔诚。[58] 如此壮观的斋戒,尤其是在食物价高的时候,有助于证明信徒凭借精神之力可以战胜尘世之中的种种困难。但我们不能当真认为,斋戒可以解决信徒的任何实际问题。另一方面,祈祷治愈疾病确实具有相当的吸引力。浸礼派依据《雅各书》第 5 章第 14 节进行治疗("你们中间有病了的呢,他就该请教会的长老来。他们可以奉主的名用油抹他,为他祷告。")。汉塞德·诺利斯就决定不服用任何药物治疗,而是让他的同僚为他抹油膏和祈祷。他和威廉·基芬一起,试图利用祈祷和圣油来使盲者复明。[59] 亨利·德恩声称可以通过浸湿来治愈妇女。1647 年,桑德威奇的一个裁缝受到启发试图利用奇迹疗法来治愈病者和盲者。[60] 另外,林肯斯因某个狂热分子马修·柯克在1654年宣称,上帝赋予他凭触摸治病的禀赋,并且他已借此治愈一个麻风病患者、一个盲人和一个跛子。[61]1659年,斯坦福德的神甫坚定地说,一位天使的介入完成了一次伟大的治疗。[62]

就展示壮观奇迹的热情来说,没有哪个教派能赶得上贵格会。仅他们教派领袖乔治·福克斯一人就治愈了150多名患者,[63]其他教徒也相继夸耀类似的治愈能力。还有些人模仿喧嚣派教徒约翰·罗宾斯(人们认为他能使死者复活)。1656年,詹姆斯·内勒宣称他让埃克塞特郡监狱的寡妇多卡斯·埃尔伯瑞复活。1657年,苏珊娜·皮尔森试图让一个自杀的贵格派教徒威廉·普尔复活,却失败了。[64]福克斯在身后留下了《奇迹之书》教导其追随者。在奇迹治疗这方面,早期贵格会因几乎与早期基督教会比肩而著名。在这些奇迹的帮助之下,贵格会在吸纳教徒数量上成为最为成功的教派。

福克斯自己怎么看待奇迹治疗,尚有可以争论的余地。他并不忽视自然治疗,他也完全意识到了心理疗法的有效性。"许多福克斯疗法只能看作强势个性对心理和生理疾病的控制,"一位现代专家说。但福克斯绝不能被视为先于时代而生的精神病医生,因为他利用了宗教中的高度狂热状态来实施治疗。他深信狂热状态的奇迹特征。一旦发现"肉身"方法会影响精神的虔诚,他就会毫不犹豫的拒斥药物治疗。他同时宣称自己具有强大的心灵感应之术,被敌人当作妖巫,也被某些人认作是可以带来降雨的人物。[65]

直到王政复辟时期,各种教派团体的奇迹疗法并未完全绝迹。贵格会的奇迹理论仍然持续,浸礼会也长期地保持在患者身上涂油的仪式。持异议者生病时经常求助于斋戒和祈祷。在18世纪早期的英格兰,法国一个逃亡的新教徒先知借助高度宗教狂热的气氛,治愈了理查德·巴尔克利爵士的疝病,并且发力想让一位亡故的成员起死回生,虽然以失败告终。[66]这种类型的治疗和驱魔是对宗教改革所致力反对的宗教类型的回归。威廉·普林观察发现,各个宗派都依靠"展示奇迹和驱魔来招募新成员,就如耶稣会士和天主教徒所做的一般"。[67]

三 预 言

尽管国教会的大多数正统成员认为宗教改革导致了奇迹的消失,他们对宗教预言的相应情形则并不确定。有些人认为基督徒现在拥有他们所需要的所有神示,但是其他人感觉到并不能完全排除会有更多的来自上帝的启示的可能性。早期教会将对鲜活重复之梦具有超自然意味的原始信仰保存了下来,所以异教徒为求得预言在阿斯克勒庇俄斯神坛进行的求梦睡眠仪式,也被教会改头换面,变成圣徒神殿的守夜而继承了下来。[68]16世纪,梦仍然十分重要。神学家教导说大部分梦都源起于纯粹的物理原因,且不应该被过分关注。但是他们也承认有些梦确实有超自然的启示,尽管源头既可能是邪恶的也可能是神圣的。宗教改革之后,许多作家忙于建立标准,以区分梦境到底是神之暗示,还是恶魔的伪装或仅仅只是消化不良。一些严格的新教徒很少关注梦:大主教克兰默认为梦具有欺骗性;詹姆斯一世的妻子做过一个不祥之梦,这个梦要国王取消前往苏格兰的行程,但被他拒绝了,他的臣民由此为他坚定的意志所折服。[69]杰维斯·霍利斯告诉我们一则逸闻:1635年,他做了一个梦,梦见临盆的妻子和尚未降生的孩子双双因为难产死去,结果果然如此;但是当他告诉他岳父母时,"他们却不认可这种关联,因为他们是严格的清教徒"。[70]

人们通常认为神启之梦尽管可能性不大,但也并非绝无可能。[71]约翰·福克斯、尼古拉斯·沃顿、弗朗西斯·培根、理查德·格里纳姆、威廉·劳德、彼得·黑林、威廉·桑克罗夫特等历史名人以及其他相对不那么有名的人,都或多或少地重视过某些梦。[72]清教徒哈钦森上校通常并不迷信,但当他做了一个特别的梦后,他与妻子都相信这个梦一定有神圣来源。萨福克神甫弗朗西斯·蒂尔尼对自己在内战第一个月中做的关于公共事务的梦境颇感为难。然而,他仍然认为值得向下议院议员哈博特尔·格里姆斯通爵士汇报,因为这些梦可能有着极强的预见性。[73]阿什比德拉祖什的清教神甫安东尼·吉尔比曾劝告未来的主教约瑟夫·霍尔的母亲,他梦到她的慢性病得以痊愈,而这一定有着神圣来源。虔诚的17世纪约克郡妇女爱丽丝·桑顿女士,被她的丈夫和姨妈告诫要忘记她做的梦,而这些不祥的梦最后都应验了。[74]在显明天命的收集者和清教圣徒的记载中,梦是基本的要素,通过他们的编纂,梦就进入了清教徒的神话。切舍的神甫爱德华·伯格霍尔认为"如此之梦并不琐屑"。[75]

由此,宗教强化了借梦占卜的古代信仰。那些在中世纪英格兰[76]流传的释梦指南的手稿也因此进而被伊丽莎白·托马斯·希尔所写的《释梦的愉悦艺术》之类的书所取代。另外一本流行手册是古希腊医生以弗所的阿尔特米多鲁斯所著的《梦之决断》。此书在1518年被翻译成英文,1722年已经出到第20版。释梦是当时巫师和占星师的主要服务项目。[77]当时还有与各种各样的巫术相关联的占梦方式,比如在年轻少女的枕头下放一个东西,能让她梦见自己未来的丈夫。[78]梦能帮助人做决定,表达他们的希望和恐惧。1559年,诺里奇市民尼古拉斯·科尔曼宣称将会有一队外面穿着乞丐装束,但是里面穿着紧身丝绸上衣的外邦人穿过城市,在市镇和村庄里纵火,最终烧毁诺里奇。他知道这些是因为他在梦中预见到了。另外,伊丽莎白时期的神甫总是收到很多关于梦境的描述。[79]17世纪中期,约翰·奥布里认为他的许多同时代的人都对自己的梦做了详细的笔记。[80]各个教派充分利用了对于梦境的超自然可能性的信念。[81]空位时期充斥的大部分"幻觉"和"启示",大概就是我们所说的梦吧。

宗教预言的可能性在更为正式的圈子中也获得了承认。"我们

第五章　祈祷与预言

这些主教认为,"考文垂和利奇菲尔德的主教约翰·哈克特的传记作者写道,"预言的精神并未枯竭,上帝还是会突如其来地赐予人类预知未来的知识。"理查德·巴克斯特批评各教派依赖启示而不是《圣经》,但他自己也并不忽视启示的可能。[82] 斯普拉特主教虽然认为预言不太可能,但也不敢忽视它。[83]

中世纪后期,神秘活动变得随处可见,这种天启也变得广为人知。隐士有时担任先知的角色,宗教人士经常被认为拥有获得先见的特别渠道。[84] 在白金汉公爵咨询天主教加尔都西会教士尼古拉斯·霍普金斯后,霍普金斯受到神启,预言亨利八世没有子嗣,白金汉公爵将继承他,之后1521年,白金汉公爵因叛国罪被判处死刑。肯特郡的修女伊丽莎白·巴顿长期宣称自己具有预知的能力,她预言国王如果坚持迎娶安妮·博林,就会失去王位。[85] 预言能力是圣洁的人和天主教殉道者的内在品质,据传记作者所言,托马斯·莫尔爵士和天主教加尔都西会神甫都享有预言的才能。16世纪30年代,天主教曾从隐士梦境和预言中寻求支持;在伊丽莎白时期,许多人试图利用歇斯底里妇女的启示为苏格兰的玛丽皇后做政治宣传,也为复兴弥撒仪式做宣传。[86]

少有人知的是,早期英格兰的新教英雄也被认为具有这种预言能力。据说玛丽一世时期的宗教迫害被胡珀、布雷德福德、拉蒂默以及其他新教徒的殉道者预言过。约翰·福克斯的著作《行传与见证》充斥着各种殉道者的故事,他们或预言了自己的死亡,或因为预言到玛丽皇后之死和迫害的终结而使他们的支持者满怀希望。[87] 这种预言没有被看作政治判断的结果,而是作为直接启示的证据。1565年,约翰·诺克斯宣称:"上帝向我揭示世人不知的隐秘之事。"福克斯的巨著宣扬虔诚的信徒可以获得关于未来的超自然信息,这一点在英格兰新教徒中广为流传。[88] 据说这位殉教者的传记作者在被流放途中布道时,奇迹般地预知并宣布,重返英格兰的日子终于来了,尽管那时他还不知道前一天玛丽皇后死亡的消息。1634年,福克斯的孙女宣称有一个老人仍然活着,而且在当时见证了那一神圣时刻。这种故事在内战时启发了许多教派。[89]

对于都铎和斯图亚特王朝的圣徒传记作者来说,通过旁人的议论证实主人公的预言能力是非常普遍的。据说理查德·胡克、兰斯洛特·安德鲁斯、乔治·阿博特、托马斯·杰克逊、尼古拉斯·费拉尔、詹姆斯·厄舍、罗伯特·凯特林以及其他一些人都预见到了内战。[90] 清教徒爱德华·迪尔林所做的风趣评论被他的后代阐释为对主教衰落的严肃预言;理查德·巴克斯特预测了布里奇诺斯大火;约翰·汉普顿预测了奥利弗·克伦威尔后期的生涯;托马斯·古德温被错误的神启所误导,认为摄政王的疾病并不致命,由此他抱怨上帝欺骗了他;来自神的启示使得艾尔的约翰·威尔士从一个布包裹之中辨认出瘟疫。[91] 很多虔诚信徒被认为能够预见到自己的死期,许多清教徒小英雄也能预见到自己的死期。[92] 17 世纪宗教文献中没有不涉及这类故事的。这反映了流俗的看法:虔诚的人总是比其他人更可能被赋予预见未来的天赋。

公认虔诚的人偶然发表的预言,不同于无名小卒有关天启的狂喜宣言,后者只会把自己拖进公众瞩目的中心,在社会戳穿他们的虚假,降罪于他们之前,享受片刻的荣耀。内战时期是这种狂热行为最活跃的时期,但在之前的那个世纪,稳定的准预言者阵营就已经成形。他们中的一些人甚至宣称自己是基督化身或基督委任的代表。这种自我标榜在中世纪英格兰以及都铎王朝作者论心理疾病的文献中随处可见。[93] 其他人则依照《启示录》(11∶3—11)中的两个见证人,把他们自己或他们的伙伴塑造成见证人的角色,宣称他们有预言、控制天气、消除瘟疫、击溃敌军、令死者复活的能力。《圣经》也暗示了其他先知的存在,在末日审判之前,他有望化作人形出现。纽伯里的一个罗拉德派教徒盼望以诺或者以利亚在1491年能够出现。[94] 伊莱亚斯或以利亚的出现,已被《玛拉基书》(4∶5)

第五章 祈祷与预言

预见到,也为许多新教徒所憧憬。

伊丽莎白时期产生了一系列的假弥赛亚。在1561年4月的伦敦,约翰·莫尔因为自称是基督被鞭打并投入监狱,他的同伴威廉·杰弗里,因宣称他是基督的使徒彼得而遭到同样的对待。一个月后,一个"不知名人士"因宣称自己是主中之主,王中之王而被送入囚笼。次年,布匹商人埃利泽乌什·霍尔因为冒充木匠之子耶稣之名,被伦敦大主教逮捕审问。他认罪说他感知到自己被选作上帝和女王之间的信使,被特许访问天堂和地狱两天。他不吃肉、鱼,不喝酒,穿着特别的服装,不幸的是许多细节没有留存下来。他被送到布莱威感化院,皮尔金顿主教在女王面前专为他布道驱魔。[95]1586年,埃塞克斯郡雷利的鞋匠约翰·怀特宣称自己是施洗约翰,而来自同一个郡的神甫拉尔夫·德登宣称他自己是王中之王,主中之主,将带领圣徒去到耶路撒冷。之后的那年,迈尔斯·弗赖伊化名为金雀花王朝的以马内利,他告知伯利,他是圣父借伊丽莎白女王所生之子,权威远高于加百列。[96]通常情况下,政府只会将这些"先知"视为"精神错乱者"或者"疯子"。[97]但是当狂热分子的行为威胁到当局时,政府的反应相当迅速,比方说,1591年威廉·哈克特的案例迅速地以非常严重的罪名收尾。

哈克特是个文盲和破产的男仆。他相信自己就是弥赛亚,代表上帝判决尘世之事。他声称自己拥有预言和制造奇迹的天赋,还威胁说,除非立即改革,不然英格兰会有一连串的瘟疫。他是个很狂暴的人,据称他啃下了对手的鼻子并将它吃下。"他祈祷的方式"看起来"就像在跟上帝面对面交谈"。哈克特在英格兰各地区都受到了严酷对待,1591年他名声大振,因为他与两个清教徒绅士埃德蒙·科平杰和亨利·阿丁顿扯上了关系。他们被他所说服,被他委任为先知,一个掌管仁慈,一个掌管审判。哈克特所认可的人会被科平杰在额头上封一印,变成选民;他所不喜欢的人则被交给阿丁顿,开始永恒的复仇。我们应该注意到,科平杰不是长子,而阿丁顿负债累累。他们可能都认为哈克特能解决他们的困难。阿丁顿后来把哈克特对他的影响归结为妖术,但是科平杰的信仰很坚定,他坚信哈克特所祈祷的一切都会自动被赐予,相信哈克特既是欧洲之王又是天使,能在末日审判来临之前,把好人和坏人区分开来。即使他入狱,锁链也会不可思议地脱落。

1591年7月16日,哈克特和他的同伴们在切普赛德街的一辆马车上宣讲。民众聚集起来,听哈克特说枢密院应该重组,女王已经失去了王权。他们三个遭到了逮捕,哈克特被控告为怀疑女王权威、损害皇家威信的叛国罪。不管他如何期望在最后一刻产生奇迹,他还是被处死了。科平杰在监狱绝食至死,而阿丁顿则放弃信仰了,在收到坎伯兰伯爵的资助之后,转而写作神学著作。[98]

主教们大肆宣传这些事情,试图败坏整个清教徒运动的声誉。这个事件的官方报道强调哈克特和彭利、尤德尔、埃杰顿、保罗·温特沃思及其他知名清教徒之间的关系。当然,这件事情也确实令当时清教组织大受挫败。但是哈克特和正统清教徒并没有真正的联系,相反,这个事件为内战时期各教派的狂热行动提供了一个生动的先例。17世纪,一个老人告诉理查德·巴克斯特,阿丁顿和科平杰是被格林德尔顿人附体。格林德尔顿人是约克郡的唯信仰派,先于追索者和贵格会。[99] 而哈克特把罪人移交天罚的正式仪式,后来变形为17世纪50年代洛多威克·马格尔顿所运用的仪式性诅咒。

1636年,伦敦两个织工理查德·法纳姆和约翰·布尔也利用了类似的手段,吸引了不少公众的注意。他们也宣称自己是神圣的先知,拥有将瘟疫传播给人类和预见未来的力量。"我是《启示录》第11章所谈到的两个见证人之一,"法纳姆说,"上帝赐予我开关天堂之门的力量。"这两个人都被高等委员会关进了监狱,并死于1642年。但是在这之前,他们承诺说自己会死而复生,永远统治世界。有一小部分女教徒仍然相信这两位先知已然死而复生,让以色列的十个部落都皈依了,而且他们将会重返世间统治王国。他们的支持者"被知其者尊为善女,谈话诚实,熟读《圣经》"。[100] 后来,又有两个裁缝约翰·里夫和洛多威克·马格尔顿宣称自己是《启示录》中的两个见证人,他们还宣称自己是基督的使者并拥有开启天堂和地狱之门的钥匙,并在共和国时期建立了一个教派。

还有一个内战前的弥赛亚是再洗礼派和阿里乌斯派信徒爱德华·怀特曼。1612年,他成为最后一个因为异教信仰而被烧死的英格兰人。他宣称自己是《玛拉基书》第4章第5节所预言的伊莱亚斯或以利亚,是摩西所说的先知,将会为其教友推举,那些拒斥他言论的人将会遭遇嘲笑以利亚的孩童的命运。[101] 这种威胁并没有把怀特曼从可怕的死亡中挽救回来,但是他的可悲命运也并没有吓退其他试图模仿他的人。1623年,约翰·威尔金森宣称他是上帝派来的先知。詹姆斯一世时期的犹太教信徒约翰·特拉斯克认为自己是第二个伊莱亚斯,相信自己能够创造奇迹,可以治疗詹姆斯国王的痛风。1628年,一个分离主义者宣称自己是使徒。[102]

随着内战爆发,这样的人物急剧增加。短工罗兰·贝特曼在1644年夏天被捕入狱,因为他宣称自己是正直的亚伯,将被杀害,又会复活。几个月后,从强行征兵的议会军队处逃跑后,他在埃塞克斯郡巡回法庭接受审问。被问及原因时,他陈述道"逼迫他的人们就是在逼迫上帝反对上帝。附在他和查理国王身上的孩子可以合为一体,就是天堂之王……当他要被处死之时,查理国王才会返回故乡"。此外,"除了查理国王和他自己,以及圣父、圣子和圣灵,没有人了解《圣经》。而且……在他……被处死的三天之后,他就会复活,那时,顺他意者会被拯救,逆他意者会被打入地狱"。[103]

这是一个不寻常的保王派弥赛亚案例。这样的伪装对于议会党的激进派系中是非常平常的事情,尤其是在至善论观念广泛传播之后。一个陆军上尉被指控自称是基督,他解释说,他的意思是说任何有信仰的人都在基督之中,基督也在他之中。"一些可怜的家伙称自己是基督,"第五王朝派教徒女先知汉娜·特拉普奈尔承认说,"是因为他们弄不清楚所谓的与基督的合而为一,是指精神层面还是肉体层面。"这种对内在精神和世俗之躯的不区分正是贵格会信徒詹姆斯·内勒的弥赛亚幻觉的原因所在。[104] 这也使得喧嚣派教徒约翰·罗宾斯的事业成为可能。他的追随者把他奉为上帝。他们也把他的妻子当作圣母玛利亚,把他的孩子当作幼年耶稣。罗宾斯自己并不宣称有任何神性,但是毫不犹豫地宣称自己受到圣灵的启示和神圣指引,要让犹太人皈依,并重新征服耶路撒冷。[105]

类似的人还有威廉·富兰克林,1650年,这个伦敦的缆索工宣称自己是弥赛亚,结果在温切斯特巡回法庭上垂头丧气地放弃了狡辩。他委派学徒扮演摧毁天使、治愈天使,以及施洗约翰的角色,他的活动也吸引了"大量的民众"。1666年,肯特郡特罗特斯克里夫的教区长威廉·伍德沃德,因为宣称他的房客富兰克林是基督和救世主而被剥夺教士一职。1650年,因为同样的罪行,他也曾失去了汉普郡教士一职。[106] 类似的情况还有很多,其中包括:1647年,三个纽伯里再洗礼教徒升入天堂的尝试以失败告终;托马斯·塔尼自称是上帝的神甫,被派来召集犹太人;喧嚣派教徒玛丽·亚当斯自吹自擂,说由于圣灵她怀了一个孩子;其他几个假弥赛亚也纷纷现身;波克林顿的一个老妇人被一对夫妇钉死在十字架上,他们劝慰老妇人说,她将在第三天复活。[107]

还有一些人虽然没有说自己就是弥赛亚,但也自吹能够直接获得天堂的启示。"所有的圣徒都在某种程度上是预言者,"第五王朝派教徒玛丽·卡里说道。[108] 内战前,最著名的预言者是埃莉诺·戴维斯(或者道格拉斯),她是卡斯尔黑文伯爵的女儿,先和约翰·戴维斯爵士结婚,后来改嫁给阿奇博尔德·道格拉斯。[109] "1625年的一个清晨,她听到来自天国的声音,好像从喇叭里传出来一样:'离最后的审判只有19年半的时间了。'"直到1652年去世,她一直在从事预言工作,只有被捕入狱那段时期中断过。当时民众相信她预言了查理一世、劳德和白金汉公爵以及她第一任丈夫的死亡。她那迷狂晦涩的念词经常印刷出版,也经常受到限制。1633年她因为在阿姆斯特丹非法出版《但以理书》评注(在评注中她预言了劳德和查理一世的不幸命运)而被捕入狱,受到宗教事务高等法院的重罚。几年后,她在利奇菲尔德大教堂发了狂病,玷污圣坛帘布,占据主教的宝座,宣称自己是英格兰的首席主教。这使得她受到了长期的管制。

然而她也有自己的拥趸。大政治家爱德华·迪尔林爵士认为她具有真正的预言能力,她的拥护者还包括避难的波希米亚女王和国教神甫彼得·杜穆林。[110] 她的敌人要么认为她是一个危险的宗派分子,要么接受当时给她的回文绰号"Dame Eleanor Davis"(如此疯狂的女人)。对现代读者来说,她的疯话大多不可理解,而且人们还会认为她精神错乱。尽管她的行为举止毫无疑问是癫狂偏激的,但我们解读其行为的最佳角度无疑是,她的行为举止是对她遭遇的社会阻力的抗争。她的两任丈夫不仅不赞成她对公共事务的兴趣,而且还烧了不少她的书籍。宗教事务高等法院对其的指控是"她并不仅仅诠释《圣经》……(这与她的性别不相称)而且也是女预言家"。那个时候,妇女没有被教堂、国家或大学赋予任何自我表达的正式渠道,要是谁想打破性别的界限就得用奇谈怪论作为她们的自我保护手段。特立独行的女学者,纽卡斯尔的公爵夫人玛格丽特·卡文迪什亦是如此。[111]

那个时期的宗教预言家中有着非常多的女性,其部分原因在于如下事实:最有希望为女性的倾诉觅一聆听之耳的就是令她们获知天启。尽管内战时期审查制度的崩溃给予女性更多自我表达的机会,但妇女采取这样的立场,还是由于世俗的条条框框限制了她们。埃莉诺·道格拉斯女士从1641年到11年后临终时,一共出版了37本小册子。在内战之前,求助预言成为大部分妇女传播她们对公共事件看法的唯一途径。

1629年,亨廷顿郡的一个女人简·霍金斯预见到主教和英国国教的衰落。她在一个大型宗教集会前就此做了宣讲。当地的助理神甫做了笔记。威廉斯主教及时介入才防止了事态的扩大。[112] 另

163 外一个女预言家格雷丝·卡里是布里斯托尔的一位寡妇,她在1639年预见到内战。她追随国王左右,敦促他尽快改革,给予清教徒更多自由,采取行动反击天主教徒,并限制亨里埃塔·玛丽亚王后恬不知耻的天主教信仰。[113] 在那段时期,若干男预言家采取了同样的策略。[114] 毫无疑问,他们也发现,以天启的方式而非冒险谏言的方式表达自己的要求,要更容易一些。

内战期间,预言家游说国王或者军队领袖的情形相当普遍,他们通过对上帝旨意的预言解说,来表达他们自己的政治倾向。他们的社会政治目标相当明确,这种行为也颇具吸引力。就算是一个籍籍无名的人,也能通过宣称他的治世方针获得了神圣恩准而获得一些听众(至少是暂时)的尊敬。1647年至1654年间,奥利弗·克伦威尔和他同伙的会议至少有六次被打断,好让一些无名预言家(通常是女人)发表预言。[115] 这种预言一般会先辅以斋戒和降神,以助于将人们的注意力吸引到女预言家身上。经过适当的宣传,它们能保证她的预

164 言被大量听众所重视,这比她用其他方法获取的听众要多很多。

再者,只要神权理论仍被宣扬作为对现有政权的支持,那么对于任何改革者来说,证明上帝站在他那一边都是相当重要的。为达此目的,他可以从《圣经》中摘取支持他观点的那些道德政治建议:这一直是政治论证的一个基本形式,没有人会对引用《圣经》支持自己的观点有任何抵触。但是,预言也开启了一个更加宽广的可能之域。因为预言家宣称预言取代了上帝书写的律法,而且除非提出相反的预言,否则预言无法反驳。1646年,一个新教徒宣称给婴儿洗礼是不对的,因为这是基督私下告诉她的,她因此在一场《圣经》文本的争论中立于不败之地。[116]

这些事情有助于解释为什么在空位期的困难岁月,预言和天启如此流行。关于神启的宣传总与激进政治相伴,只有如平均主义者领袖这样异常复杂的人物,才能在推行其政治理念时无须借助神启。当然,并不是所有这些年代关于预言的文献都有政治目标,而

第五章　祈祷与预言

且一些有政治目标的文献也是保守的而非激进的。[117]但是绝大部分宣传神权的人都是在为政治和社会的权威而奔走。

将预言和激进主义联系在一起并不新鲜。早期分离主义者的辩论经常以天启的形式预测主教和罗马教会的不幸；当米德兰农民的领袖"钱袋头儿"（约翰·雷诺兹）于1607年发动起义时，他鼓吹说上帝不允许圈地。[118]但是在空位期，这种趋势愈演愈烈，每一种预言都被公开讨论。有孩子的预言，老人临终的预言。有的宗派分子宣称基督曾经私下造访过他，其他新教徒则宣称通过天使受到天启。时人认为一些布道"几乎是预言"，很多冒失者则直接称其为预言。乔治·福克斯毫不犹豫地宣称他预测到克伦威尔的死亡、护国时期的崩溃、第二次荷兰战争和伦敦的瘟疫。他的许多贵格会教友也说过类似的话。他们习惯于预测大火和瘟疫降于恶人，而且能轻而易举地找出这方面的证据支持他们的大话。[119]

许多在内战之前的那个世纪成名的预言家，要么预言末日审判就要来临，要么认为自己会在《启示录》末日审判前的重大事件中起特别的作用。他们的活动表明，民众普遍相信上帝的国以某种方式唾手可得。这种信念并没有什么新鲜的。从古代世界继承下来的弥赛亚预言在中世纪的欧洲产生了相当大的影响，尤其对这样一小部分人来说，未来福佑的前景似乎是对他们现世苦痛的补偿。这种周期性的浪潮席卷了欧洲，如下观点一直为人们所熟知：通过击败敌基督的化身，为上帝的国的降临做好准备是很有必要的。[120]在英格兰，罗拉德派也反映了这样的趋势。《启示录》第8章预言巴比伦的覆灭似乎很明显是在暗示罗马；对《启示录》中此篇章及相似篇章的语词阐释在改革的前夕广为流传。福克斯的《行传与见证》认为一批中世纪的预言家预测到了基督教会的新教改革，而《启示录》所说的敌基督的1260天（年）显然指罗马天主教的黑暗时期。[121]

通过让《圣经》更易为大众所获，宗教改革增加了公众对《但以理书》和《启示录》中预言部分的关注。这也使得字面意义的解释比中世纪学究的解释更为流行。伊丽莎白时期，许多饱学之士认为世界已年老昏聩，并且已经离终结不远。关于末日到来的时间，人们有广泛的猜测：1589年廷臣安东尼·马滕宣称"上帝每日派遣先知以告诫世人末日将至，警告世人准备万全"。[122] 神学家认为试图估算最后审判日的日期是不合适的，但是朱厄尔主教在1583年观察发现，过去两百年人类一直在估算，虽然从没有成功。[123] 而且，与最后审判日临近的古老信念相关的是更显著的千禧年观念：一旦千禧年来到，就会出现一系列的事件导致世界的末日，包括犹太人的皈依，土耳其人的挫败，罗马的崩溃以及基督和圣徒的统治，要么一千年[《启示录》（20:4）]，要么永远[《但以理书》（7:18,27）]。

对很多人来说，千禧年已经开始了。但是在17世纪，也有作者认为千禧年尚未到来。经调查，在各个年份中，1666年尤其流行，因为兽的数量是666[《启示录》（13:18）]。[124] 另外一个备选日期是1656年，因为这是在创世和洪水之间流逝的年数。[125] 但是，其他各种年份（尤其是17世纪末）也都有能够自圆其说的理由。[126]

学者和神学家对这些推测给予了严肃的关注。到1649年，英格兰就这个主题出版了约80本著作。[127] 由于正统宗教团体相信敌基督即将溃败，所以对千禧的展望在当时广为传播。[128] 但是，在内战及其后果的压力之下，对基督再次降临人间的估算不再是学究们的爱好，而成为无知大众关心的事情。早在1643年5月，沃林福德地区的议会军队就在讨论一个传闻，其中基督将降临打败查理一世，而埃塞克斯伯爵则是施洗约翰。四年后，伊利大教堂的传道者威廉·塞奇威克去伦敦传播消息："世界将在两周之内终结，基督将降临审判，这个消息他上周在伊利研习经文时，基督显现告诉他的。"[129] 由此，议员们积极的千禧年主义与较为古老的末日审判临近的信仰和平共处。

第五章　祈祷与预言

不过大体上来说，对于千禧年的展望虽然激动人心，但主要是一种被动等待。但是，四大君主国（巴比伦、波斯、希腊、罗马）将由圣徒统治的前景，确实催生了一个积极行动的团体：第五王朝派。他们自1651年起就在英格兰政坛扮演了重要的角色。为了达至千禧年，这个由传道士、士兵和城市底层阶级组成的教派准备诉诸政治行动，甚至诉诸暴力。即将到来的乌托邦是他们各自社会理想的投影。取消什一税，改革法律，提升穷人生活水平，把大人物拉下马，这些都是遵循圣徒统治的明确体现。没有痛苦的劳作，没有早夭，没有饥荒，"没有人安逸享受，没有人不在教堂祈祷，这都是圣徒的期望"。[130] 但是他们对事情的影响极其微弱。1653年12月贝尔朋国会崩溃之后，他们坚持对护国会采取激烈却无效的抵抗。随着酒桶匠托马斯·文纳在1657年和1661年领导的反叛失败，第五王朝派教徒也走到了尽头，不过他们的观点还是存续了许多年。王政复辟后，千禧年主义再次以更为消极的知识分子情怀重燃；对1666年或1697年的展望得到热烈讨论，但是没有人再积极到试图去推动历史。

我们很难确切说明，为什么千禧年主义从消极到积极的简短而又显著的转变会发生在空位期。或许，相比17世纪40年代后期的物价高涨和生活艰难，意识到生活在一个前所未有的政治变动时代所导致的灾祸之感是更为重要的原因。内战和国王被处死从来没有在英格兰的历史上发生过，对此产生的认识起了决定性的影响。这解释了为什么像平均主义者这样的激进分子会放弃如下观点：捍卫任何政治方案都需要先例，而且他们有意识地把过去当作无关之物加以拒绝。[131] 这也解释了为什么如此之多的内战宗派分子深信他们所处的时代是历史的至高点，所有之前发生的事件都只是为这个时代所做的准备。对于第五王朝派教徒而言，最为重要的是，查理一世的处决为耶稣的统治开辟了道路。在天意如此显明之后，残缺议会和克伦威尔仍然无法开创新纪元，圣徒为自己而行动似乎成

169

为必然。

　　社会人类学家认识到,空位期的千禧年情绪与当今欠发达国家中仍在上演的千禧年运动的中心思想并无二致。美拉尼西亚膜拜"货物"的仪式涉及从超自然资源中获得欧洲财富("货物")的仪式实践。他们展示了同样的期望和对即将来临的拯救的等待。这样的活动通常被认为产生于闭塞和匮乏之感,为那些不合群和迷失了方向的社会成员所体验到,对他们来说,通常的政治活动似乎无法提供拯救的希望。[132] 在某种程度上,第五王朝派教徒符合这种描述。但是他们的经济状况长期堪忧;他们的社会状况没有给予他们任何可以被拯救的希望,倒是国王被处死所导致的一系列惊人事件给他们以希望。某种地方性的因素也对他们的独特品性有所贡献:相信英格兰是被选国,为了完成神的旨意而被选中;《圣经》解释的悠久传统;普遍相信《圣经》诠释者有预言潜力,尤其是当预言者宣称自己是被上帝所激发的。

　　即使如此,要不是在空位时期,审查制度遭到破坏,传统社会失去控制,千禧年主义也许永远不会出现。相反,之前的一个世纪,正是社会秩序强有力的维持,阻止了内战前夕的预言家和假弥赛亚吸引忠实的追随者。在当时,特拉斯克、法纳姆和布尔已经建立了教派,而哈克特为"一群社会底层的小孩和年轻人"所追随。[133] 但是,因为政府的及时干预,他们中的任何一个人都没能引起千禧年活动的爆发。至少从15世纪开始,千禧年情绪在英格兰社会的一部分地区存在,主要是缺少常规的限制,这使得内战期间的千禧年运动因为其范围和多样变得引人注目。

　　王政复辟、国教回归、对持异议教派的迫害,都导致了预言的泛滥被遏制。统治阶级决定防止任何空位期的社会混乱再次发生,大部分宗派分子急于证明自己遵纪守法。但仍然有一些预言家宣称自己获得神启或者宣告末日即将来临,[134] 但17世纪60年代以后,他们就变得不那么常见。第五王朝派教徒渐渐消失；1694年，白金汉郡沃特斯特拉特福德地区的主教约翰·梅森冒充自己是伊莱亚斯先知并聚集自己的一拨信徒等待千禧年，他们成了当时人们的消遣而没有激起他们的愤怒。[135] 但是要想和过往的预言完全断绝关系需要持续的努力，许多英国国教神甫仍然是消极的千禧年教义信徒。从1697年开始，中产出身的费城人协会开始出版各种关于千禧年来临的小册子。1707年，在受到路易十四迫害之后，三个法新教先知，因为宣称末日即将到来在伦敦被游街示众；那一年有四百多人在各地发布预言。[136] 晚至1746年，继任艾萨克·牛顿成为剑桥卢卡斯教授的威廉·惠斯顿认为再过二十年，千禧年就到了。[137]

公众意见的变化总是很难清楚地表示。19世纪，英格兰农村周期性地出现乡村弥赛亚，这与空位期时的情况一样怪诞，而且怪诞神甫经常躲在屋子里估算兽的数目。在法国大革命和拿破仑时期，英格兰充斥着大量预言宣讲和作品。[138] 但是这些遗留不应阻碍我们看到实际发生的变化。甚至在中世纪，一些有经验的观察者就把所谓宗教先知的活动当作一种心理疾病。[139] 17世纪，这种态度变得越来越普遍。培根和霍布斯尝试对梦和预感做生理和心理的解释。斯普拉特主教强调疾病冒充了灵感。其他人指出，宗派的斋戒苦行与他们容易进行预言和获得神启之间有生理上的关联。许多冒充宗教狂热分子的人被视为精神病而遭到关押。到1655年，莫里克的卡佐邦甚至断言，每一个宗教迷狂的例子都不过是"某种程度上的癫痫罢了"。[140] 17世纪后期，但凡正统宗教人士皆认为预言禀赋已告终结；上帝已经发出所有需要的启示，《但以理书》和《启示录》需要在隐喻的意义上而非仅仅字面的意义上理解。"如果有人向我假称，上帝以非自然的方式跟他直接对话，我会对此深表怀疑，"霍布斯说道，"我想不出他能拿什么观点说服我。"[141] 到1700年，甚至贵格会也把预言当作相当古怪之事。[142] 广大律师通过法律巩固了这一观念运动，假装获得来自上帝的启示或者危言耸听吓唬人，都被规定为违法。[143] 这种变化通过以下这种方式可以更清楚地呈现：16世纪，一个自称先知的言论会被严肃地审视，即使最后表明其无根无据。但是到18世纪，大部分受过教育的民众都一致把预言当作从根子上来说就是荒谬的事情。[144]

四　结　语

因此，在新教改革之后，宗教并没有立即失去它的所有神奇功效。确实，为物质效用而做的最夸张的声言都出自内战时期的各个教派，公平地讲，他们被当作非典型案例，既因为他们人数较少（贵格会人数算是最多了，但到1660年也只有3万到4万人左右），也是因为空位期间的局势动荡混乱。但是，仍需注意的是，预言、奇迹以及祈祷的可能性在更保守的圈子里依然得以维系。

然而，应该强调的是，这些活动的附带作用和它们的显明目的一样重要。如果只是关注表面价值，那它们就被理解错了。伊丽莎白时代，那些召集众人祈求瘟疫结束的人，并不仅仅是意图获得实际效果而从事巫术活动。的确，他们请求上帝救赎，尽管他们毫不确定请求能否获准。但是，他们仍会公开地显明整个社会的忧虑，这些忧虑来自社会所遭遇的威胁。通过聚会，他们展示了面临流行病时的社会凝聚力；通过对他们认为是导致恶果的罪恶的忏悔，他们重新确立了社会的伦理规范。这种集体活动是一种控制恐慌和失序的相当有价值的办法。甚至现在，处在国家危急时刻，人们也将拥入教堂，但他们并不必然认为这样做就能有望减轻生活困苦。他们转向宗教仪式，是因为通过参与这种面对危机的团体活动可以获得安慰。在这个意义上，祈祷绝非白费力气。宗教仪式有一种社会心理学家所说的潜在功能，这一点也不逊于仪式的表面功能。正如一个人类学家评论苏丹的丁卡人所践行的宗教仪式时说："工具效用并非源于这种象征活动的唯一效用，这种活动本身就会取得另

第五章　祈祷与预言

一种效用。"[145]

如果要辨认伊丽莎白时期的特殊祈祷的全部意义，或者看清17世纪中期全体斋戒和受难日的全部意义，我们就必须牢记这种考虑。我们也不应忘记这些场合为之服务的各种政治目的。一个伊丽莎白时期的清教徒热忱地参加有组织的斋戒，其目的可能是为了会见神圣团体中的成员；而这种聚会亦是团体凝聚力的体现。长期议会的领袖用斋戒布道作为集合成员和告知既定方针变动的一种方法。[146]新模范军也会在一系列新的行动前宣布举行斋戒：据当时一个保王派人士的观察，军队斋戒通常预示一些新的作战行动，因为除非时机成熟，否则克伦威尔的士兵绝不会祈求上帝。[147]

个人在遇到困难之时做出的祈求祈祷也具有类似的象征功能。仪式帮助教徒集中注意力审视自身，也能通过减轻他们的无助感来缓解焦虑。同时，我们也不能低估这种程序所带来的道德力量。战争前夕新模范军所唱的赞美诗，或者玛丽一世宗教迫害时期的殉道者为能在痛苦中支撑下去而做的祈祷并非多余的无关痛痒之事；他们使得这些事件的成功成为可能。[148]

公共祈祷也能帮助社会成员暂停对个人利益的追求，转而将精力集中于整个社会共同面临的问题上。国家级祈祷日的衰落对阶级意识和教派利益的放任增长负有一定的责任。1853年，爱丁堡长老会恳请维多利亚女王进行一场抵抗霍乱的国家斋戒。帕默斯顿勋爵将这个请求扫至一边，反而建议用硬毛刷和漂白粉更在点子上。[149]他因自己的"理性主义"行为受到赞扬；但在那些保守主义者看来，他的观点很浅薄，保守主义者将教堂活动和国家级的代祷视为一种手段，可以弥补阶级利益分化，而且可以将人们的注意力从造成公众不幸的社会原因上转移开。

当被用作信仰疗法时，祈祷治病的可能性也不应被忽视。一方面，乔治·福克斯的患者约翰·班克斯预见到福克斯独自就能治愈他，当我们了解到这一点是他成为贵格会领袖的成功治愈案例之一时,它就不会让我们吃惊;另一方面,福克斯在肯德尔遇到一个瘸子,并让其丢掉拐棍之时,尽管瘸子能够不依赖拐棍走路了,但他依然是个瘸子,这也就不足为怪了。[150]

175　　对比与之竞争的各种非宗教预言,宗教预言的社会功能将能更好地得以理解。到此为止,我们已然可以得出一些结论。首先,预言扮演了一种验证神话的角色。人们利用预见和神启使其他人相信他们所行之事的正确性。比如,梦可以作为外在推力来辅助推行某些其他方式难以落实的政策。林肯郡的骑士曾向亨利二世报告说,圣彼得以及加百列天使长命他提出一些预示了《大宪章》的要求,他也许是英格兰众多激进主义者中认为对政治方案施加超自然许可比较稳妥的第一人。同样的情况另有发生,1649年,掘土派先知威廉·埃弗拉德宣称获得一个神圣预见,证实了他共产主义观念的权威性。事实上,正是梦境的作用驱使掘土派成员选择圣乔治山作为他们的实验地点。[151]梦给人们提供了做决定、辨识窃贼以及从事各种有争议行为的权威性。红谷仓谋杀案(1828)是当时最著名的神秘谋杀事件,该案是因有人公开宣称做了案发的梦而告破的。[152]相反,在所谓圣灵的影响之下,人们也可能犯下谋杀:1633年,什罗普郡克兰地区一名农夫伊诺克·阿普埃文与其母亲和兄弟就领圣餐是否应该下跪一事发生争执,并于争吵后杀了他们,而他在案发前不久曾得到过这个问题的神启。[153]

176　　因此,人们不应该如此果断地把那些预言者和治疗者归入精神病患者的行列,并认为受害者的幻觉和歇斯底里分别是由斋戒和性压抑引发的。[154]仅仅把这种人描述成疯子是远远不够的。我们必须弄明白这些精神失常者为什么恰恰要选择这样一种特有的发泄形式。我们不能忽视这样一个事实:宗教预言和神启确实潜藏在我们每一个人身上。17世纪中叶的一位作家评论道,只有那些够资格的人才能传道,但是任何人都有可能受激发而做出预言。[155]诠释《圣经》或政治哲学都需要有某种层次的教育背景,所以,这些活动大部分都仅限于上等阶层。相比之下,许多预言家都是完全没受过教育的人:哈克特和法纳姆目不识丁,大部分宗派分子来自工匠阶层和商人阶层。对于他们来说,预言是一个吸引注意力的好办法。就如一个狂热分子所承认的:"有时候这肉身……会因为它的骄傲、自负、卓越,以及对大众喝彩、获得声名、变得有名、出众并受人关注的欲望把我推向前,就如塞奇威克先生和索尔特马什先生一样;为什么我不能说点和他们一样的东西?"[156]

　　自然,这让不受约束的预言带有无政府主义倾向。就如托马斯·克伦威尔笔下的肯特郡修女那样:"如果给予这种无耻之徒以信用,就会使她自己确信获得了上帝的启示,那么还能有什么更容易的方法去颠覆共和国和良好秩序?"[157] 宗教狂热分子和社会激进分子之间的联系总是非常紧密,在空位期间尤其得以加强,因为当时的每一种革命计划都援引上帝——当时有人称他为"全能的平均主义者"[158]——作为他们的权威。以宗教形式掩盖对公权的渴望的一个典型例子是温切斯特神甫约翰·布雷恩所做的神圣预言,在他1649年发表的猛烈抨击之中:

　　　　君主制将会消亡,首先在英格兰,然后在法国,然后在西班牙;之后在所有基督教国家消亡;当基督取消了这种权力,他自己就开始统治,最先在英格兰,现在受到鄙视的最卑微的人将会第一个获得真理,然后将其传入其他诸邦。[159]

经过很长一段时间后,这种观点才能安全地通过非宗教形式得以表达。同时,宗教预言为这种激进宣传提供了一个出色的载体。如一个罗马天主教徒所指出:

　　　　没有改革者会如此健忘和愚蠢,但是他伪称他的灵感来自《圣经》、上帝之荣耀、福音书的光芒和自由、救赎真理的培育,等等;凡违背其精神的人都是敌基督、巴比伦的娼妇、《启示录》中的兽,因此必须被消灭,不管他是谁。[160]

上帝与他同在的信念,带给下层激进分子自信和革命的动力。相应地,由此被冒犯的有产者自然要怨恨这种行为。如一个第五王朝派教徒所言:"文盲和蠢妇的组合自称会任何黑暗预言的技艺,能预测未来事务,即使最博学的拉比,最博识的政治家也没有如此妄想过。"[161] 王政复辟以后,宗教狂热主义和平均主义被统治阶级归为一类,被他们视为阿特伯里主教所称的"贫困者绝望的骗术,要让所有事情都变为公有";[162] 他们不厌其烦地坚持:人民的声音绝不能再次和上帝的声音混淆。

注 释

1. *Homilies*, p. 324.
2. *Sermons by Hugh Latimer*, ed. G. E. Corrie (Cambridge, P.S., 1844), pp. 508—509.
3. 国教的特殊祈祷目录请参见 *S.T.C.* ("Liturgies: State Services" and "Special Forms of Prayer on Various Occasions") and Wing ("Church of England")。
4. Foxe, iv, p. 629.
5. *The Works of John Whitgift*, ed. J. Ayre (Cambridge, P.S., 1851—1853), ii, pp. 477, 482—483; (A. Gilby), *A Pleasaunt Dialogue* (1581), sig. M4v; *The Writings of Henry Barrow, 1590—1591*, ed. L. H. Carlson (1966), pp. 94—95.
6. *Cartwrightiana*, ed. A. Peel and L. H. Carlson (1951), pp. 127—152; H. Mason, *Christian Humiliation, or a Treatise of Fasting* (1625); A. Hildersham, *The Doctrine of Fasting and Praier* (1633).
7. See below, pp. 579—580.
8. 关于早期的祈求祈祷请参见 W. Perkins, *A Golden Chaine* (1591), sig. H6。

第五章 祈祷与预言

9. T. More, *The Dialogue concerning Tyndale*, ed. W. E. Campbell（1931）p. 168；*Diary of Dr Edward Lake*, ed. G. P. Elliott（*Camden Miscellany*, i, 1847）, p. 31.

10. *Religio Medici*（1643）, I, xviii. Cf. T. Jackson, *A Treatise containing the Originall of Unbeliefe*（1625）, p. 354.

11. T. Becon, *The Early Works*, ed. J. Ayre（Cambridge, P.S., 1843）, p. 167.

12. E.g., Heywood, *Diaries*, i, pp. 47, 63, 285；iii, pp. 151 ff.；iv, pp. 67, 73, 78, 107, 157, 158；*The Diary of the Rev. Ralph Josselin, 1616—1683*, ed. E. Hockliffe（Camden ser., 1908）, pp. 15, 68；Sir W. Waller, *Recollections*（in *The Poetry of Anna Matilda*［1788］）, pp. 126 ff.；Aubrey, *Miscellanies*, pp. 163—164；Turner, *Providences*, ii, pp. 90—93.

13. S. Clarke, *The Lives of Sundry Eminent Persons*（1683）, i, pp. 103—109.

14. T. Tymme, *The Chariot of Devotion*（1618）, pp. 19—20，这部著作把其他作家的争论进行了收集整理，cf. Becon, *Early Works*, pp. 141—143, 257—258；G. Webbe, *Augurs Prayer*（1621）, pp. 44—49；A. Hildersham, *CLII. Lectures upon Psalme LI*（1635）, pp. 70—71, 81—83；id., *CVIII. Lectures upon the Fourth of John*（4th edn, 1656）, pp. 361—364。

15. W. Roper, *The Life of Sir Thomas Moore*, ed. E. V. Hitchcock（E.E.T.S., 1935）, pp. 28—29；Aubrey, *Miscellanies*, pp. 115—116.

16. *Yorkshire Diaries*, ed. C. Jackson（Surtees Soc., 1877）, p. 53；*Diary of Ralph Josselin*, pp. 9, 57—58；*Some Remarkable Passages in the Holy Life and Death of Gervase Disney*（1692）, p. 64.

17. Heywood, *Diaries*, iv, pp. 31—32. Cf. below, pp. 252—259。

18. Heywood, *Diaries*, iii, pp. 155—156.

19. E. Gibbon, *The Decline and Fall of the Roman Empire*, ed. J. B. Bury（1900—1902）, iv, p. 115；Abbé du Resnel, "Recherches historiques sur les sorts appelés communément par les payens sortes Homericae", *Mémoires de littérature tirés des registres de l'Académie Royale des Inscriptions et Belles-Lettres*, xix（Paris, 1753）；J. T. McNeill and H. M. Gamer, *Medieval Handbooks of Penance*（New York, 1938）, p. 229；*Dives and Pauper*（1536）, f. 50v；Kittredge, *Witchcraft*, p. 384.

20. Below, p. 254.

21. S. Clarke, *A Generall Martyrologie*（2nd edn, 1660）, ii, p. 7；*C.S.P.D., 1631—1633*, p. 344；C. Bridenbaugh, *Vexed and Troubled Englishmen*（Oxford, 1968）, p. 462；C. Mather, *Wonders of the Invisible World*, in R. Baxter, *The Certainty of the World of Spirits*（1834）, p. 138.

22. Brand, *Popular Antiquities*, iii, pp. 336—338；*The Works of... William Laud*, ed. W. Scott and J. Bliss（Oxford, 1847—1860）, iii, p. 146；H. Jessey, *A Looking-Glass for Children*, ed. H. P.（3rd edn, 1673）, p. 19；Clarke, *The Lives of Sundry Eminent Persons*, p. 113；Aubrey, *Gentilisme*, pp. 90—91, 232；C. Doe, *A Collection of Experience of the Work of Grace*（1700）, p. 23；Turner, *Providences*, i, p. 123.

23. *The Works of the Rev. William Bridge*（1845）, i, p. 425.

24. Tacitus, *Germania*, x；D. J. Hall, *English Mediaeval Pilgrimage*（1965）, p. 97；C. Gross, "The Early History of the Ballot in England", *American Hist. Rev.*, iii（1897—1898）, p. 456；W. H. Turner, *Selections from the Records of the City of Oxford*（1880）, pp. 290—291；*H.M.C., Wells Cathedral*, p. 243.

25. *Reading Records*, ed. J. M. Guilding（1892—1896）, ii, p. 48. R. Howell, *Newcastle upon Tyne and the Puritan Revolution*（Oxford, 1967）, p. 315, 有另一个事例。

26. E.g., Hertfordshire R.O., A.S.A. 7/17.

27. C. L. Ewen, *Lotteries and Sweepstakes*（1932）；J. Cohen, "The Element of Lottery in British Government Bonds", *Economica*, n.s.xx（1953）.

28. E.g., *C.S.P.D., 1640*, p. 189；*H.M.C. Egmont*, i, p. 285；Wood, *Life and Times*, i, p. 93；C. H. Firth, *Cromwell's Army*（1905）, pp. 287—288, 295；R. Gough, *Antiquities and Memoirs of the Parish of Myddle*（1875）, p. 42；R. E. Scouller, *The Armies of Queen Anne*（Oxford, 1966）, p. 267, n. 4.

29. P. H. Winfield, *The History of Conspiracy and Abuse of Legal Procedure*（Cambridge, 1921）, p. 190.

30. J. Nickolls, *Original Letters and Papers of State Addressed to Oliver Cromwell*（1743）, p. 122. 下书中有一个类似的通过抽签决定下院议员的体制"Theophilus P.", *Salus Populi, Desperately Ill of a Languishing Consumption*（1648）, p. 10（由布莱尔·沃登先生向我友情提供）.

31. B.M., Royal MS 13 A VII, f. 5（quoted in *A Contemporary Narrative of the Proceedings against Dame Alice Kyteler*, ed. T. Wright [Camden Soc., 1843], p.

第五章　祈祷与预言

xxxi）.

32. B. Whitelock, *Memorials*（Oxford,1853）, iii, p. 20.

33. L. Claxton, *The Lost Sheep Found*（1660）, p. 21；Whitelock, *Memorials*, iii, p. 19.

34. *Diary of Sir Archibald Johnston of Wariston*, ii（1650—1654）, ed. D. H. Fleming（Scottish Hist. Soc.,1919）, pp. 64—65,77,125,126,157,202,296—297（"在说出这些咒语后我抽了签"）; ibid.,iii(1655—1660),ed. J. D. Ogilvie(Scottish Hist. Soc.,1940）, pp. 45,52—53,74—75,110—111,132,169；（S. Gott）, *Nova Solyma*, ed. W. Begley（1902）, ii, pp. 114—115。Cf. *Procs. of the Wesley Hist. Soc.*, xiii（1922）, pp. 189—190；xiv（1924）, pp. 15,18,144；R. Southey, *The Life of Wesley*, ed. M. H. Fitzgerald（Oxford,1925）, i, pp. 95,132,154,170,246；R. A. Knox, *Enthusiasm*（Oxford,1950）, pp. 452—453.

35. *The Workes of... William Perkins*（Cambridge,1616—1618）, ii, pp. 141—142；Perkins, *A Golden Chaine*, sig. H2；J. Weemse, *A Treatise of the Foure Degenerate Sonnes*（1636）, p. 79；B. Hanbury, *Historical Memorials*（1839—1844）, i, p. 444；W. Ames, *Conscience with the Power and Cases thereof*（1639）, IV, xxiii. Cf. Aquinas, *Summa Theologica*, ii. 2. 95. 8；G. R. Owst, in *Studies presented to Sir Hilary Jenkinson*, ed. J. C. Davies（1957）, pp. 279—280；Thiers, *Superstitions*, I,3, chap. vi；W. Tyndale, *Doctrinal Treatises*, ed. H. Walter（Cambridge, P.S.,1848）, p. 456；Scot, *Discoverie*, XI. x.

36. D. Fenner, *A Short and Profitable Treatise of Lawfull and Unlawfull Recreations*（Middleburgh,1587）, sigs. A6ᵛ—A7；（E. Topsell）, *Times Lamentation*（1599）, p. 384；J. Balmford, *A Modest Reply to Certaine Answeres*（1623）. *Prov.* xvi,33 的用途参见 Calvin, *Institutes*, I. xvi. 6。

37. 除了注释 35 中引用的著作,也请参见 G. A（lley）, *The Poore Mans Librarie*（1571）, f. 38；Cooper, *Mystery*, pp. 149—150。

38. *C.S.P.D., 1634—1635*, p. 464. Cf. Aquinas, *Summa Theologica*, ii. 2. 95. 8；*The Reformation of the Ecclesiastical Laws*, ed. E. Cardwell（Oxford,1850）, pp. 79—80. 关于苦难的经历, see below, pp. 259—261。

39. See below, pp. 784—785. W.E.H. 莱基首先把注意力引向了加塔克著作的重要性；*History of the Rise and Influence of the Spirit of Rationalism in Europe*（1865）（1910 edn, i, p. 280, n. 1.）。

40. I. Mather, *A Testimony against Several Prophane and Superstitious*

Customs（1687），pp. 13——15。

41. J. Barbeyrac，*Discours sur la nature du sort*，in his translation of G. Noodt，*Du Pouvoir des souverains*（2nd edn，Amsterdam，1714），pp. 82——207。值得注意的是，他的反对者 P. 德·容古把自己的论述建立在珀金斯威信的基础上（*Quatre Lettres sur les jeux de hazard*［La Haye，1713］，pp. 202——205）。

42. 关于17世纪那些支持者的例子请参见 Burton，*Anatomy*，ii，p. 82；Gott，*Nova Solyma*，ii，p. 114。关于此后的不确定因素，see e.g.，*A Narrative of the Life of Mr Richard Lyde*（1731），p. 66。

43. Waller，*Recollections*（in *The Poetry of Anna Matilda*），pp. 126——127。

44. 关于这个逸闻的版本参见 Aubrey，*Miscellanies*，pp. 126——127；J. F. Mozley，*John Foxe and His Book*（1940），pp. 106——107；P. Collinson，*A Mirror of Elizabethan Puritanism*（1964），p. 30；S. Clarke，*A Mirrour or Looking-Glasse both for Saints and Sinners*（1646），pp. 10——11；R. Younge，*A Sovereign Antidote*，p. 189（in *A Christian Library*［1660］）；J. Flavell，*Divine Conduct*（1678），p. 73。

45. H. Jessey，*The Exceeding Riches of Grace advanced... in... Mrs Sarah Wight*（2nd edn，1647），p. 11；Turner，*Providences*，i，p. 123。

46. Essex R.O.，D/AEA 2（这一文献由艾伦·麦克法兰博士友情提供）。

47. Wood，*Ath. Ox.*，iii，cols. 8——9；H. Barbour，*The Quakers in Puritan England*（New Haven，1964），p. 115；C. E. Whiting，*Studies in English Puritanism*（1931），pp. 165，193；Heywood，*Diaries*，i，p. 361。

48. 关于诅咒，see below，pp. 602——605。

49. *The Workes of... William Perkins*，iii，p. 625；below，p. 658。

50. 温切斯特晚期主教威廉·戴（quoted in Sir J. Harington，*Nugae Antiquae*，ed. T. Park［1804］，ii，p. 97）；*The Life of Mr Robert Blair*，ed. T. M'Crie（Wodrow Soc.，1848），p. 63；Burton，*Anatomy*，ii，p. 9；Cooper，*Mystery*，p. 46；Hildersham，*CVIII. Lectures upon the Fourth of John*，p. 232；G. A. Starr，*Defoe and Spiritual Autobiography*（Princeton，1965），pp. 189——190。Cf. G. Lienhardt，*Divinity and Experience. The Religion of the Dinka*（Oxford，1961），pp. 283，291。

51. 参见下书中的逸事：R. Challoner，*Memoirs of Missionary Priests*（1741——1742）；*The Troubles of our Catholic Forefathers*，ed. J. Morris（1872——1877）；H. Foley，*Records of the English Province of the Society of Jesus*（1875——

1883), *passim*。圣奥古斯丁颁布的原则指示,如果我们可以用普通疗法治愈疾病,就不要试探上帝。

52. T. Fuller, *The Holy State* (3rd edn, 1652), p. 39, and *The Church History of Britain* (1837), ii, p. 239 ; *An Apology for Lollard Doctrines*, ed. J. H. Todd (Camden Soc., 1842), p. 92 ; Calvin, *Institutes*, IV. xix. 19 ; J. White, *The Way to the True Church* (2nd edn, 1610), pp. 301—302, 453—455.

53. C. Barron, review of Thomson, *Later Lollards*, in *Journ. of the Soc. of Archivists*, iii (1967), pp. 258—259 ; Foxe, iii, pp. 702—703 ; v, p. 129.

54. Cooper, *Mystery*, p. 264 ; *The Life of Mr Robert Blair*, ed. M'Crie, p. 63.

55. (R. Cosin), *Conspiracie, for Pretended Reformation* (1592), p. 22 ; and below, p. 158 ; R. B (oye), *The Importunate Begger* (1635), and *A lust Defence of the Importunate Beggers Importunity* (1636).

56. E. Stokes, *The Wiltshire Rant* (1652), p. 55.

57. B. A. Pauw, *Religion in a Tswana Chiefdom* (1960), esp. chap. 6 ; J. D. Y. Peel, "Syncretism and Religious Change", *Comparative Studies in Society and History*, x (1967—1968), pp. 130—134.

58. E.g., J. Reynolds, *A Discourse upon Prodigious Abstinence* (1669) ; *George Fox's 'Book of Miracles'*, ed. H. J. Cadbury (Cambridge, 1948), pp. 32—36 ; G. F. Nuttall, *James Nayler, A Fresh Approach* (supplement 26 to *Journ. of the Friends' Hist. Soc.*, 1954), pp. 9—10, 13.

59. R. Barclay, *The Inner Life of the Religious Societies of the Commonwealth* (3rd edn, 1879), p. 219 n. ; *George Fox's 'Book of Miracles'*, pp. 2—3 ; 关于求助于圣油的其他例子参见 *Mr Tillam's account examined* (1657), p. 31 ; *The Life and Death of Mr Vavasor Powell* (1671), p. 15 ; *Narrative of the Miraculous Cure of Anne Munnings of Colchester...* 1705 (Totham, 1848) (copy in Bodl., MS Rawlinson B 243, f. 5)。

60. T. Edwards, *Gangraena* (2nd edn, 1646), i, p. 213 ; *The Divell in Kent* (1647).

61. *A Short and Plain Narrative of Matthew Coker* (1654) ; *A Prophetical Revelation given from God himself unto Matthew Coker* (1654) ; M. Coker, *A Whip of Small Cords to Scourge AntiChrist* (1654) ; *Conway Letters*, ed. M. H. Nicolson (1930), pp. 99—103 ; *The Faithful Scout*, 189 (21—28 July, 1654), p.

1508.

62. *The Good Angel of Stamford*（1659）.

63. *George Fox's 'Book of Miracles'*, p. ix. Cf. Fox, *Journal*, ed. N. Penney（Cambridge, 1911）, i, pp. 108, 140—141, 420—421, 433; ii, pp. 234, 310, 342.

64. *George Fox's 'Book of Miracles'*, pp. 6, 13—15; J. Taylor, *Ranters of Both Sexes*（1651）, p. 2; *A List of some of the Grand Blasphemers*（1654）.

65. Fox, *Journal*, i, pp. 50, 273; ii, pp. 5, 110; 以及 H. J. Cadbury 在他的 *George Fox's 'Book of Miracles'* 引言中的精彩讨论。

66. 关于施洗者, see e.g., R. Davis, *Truth and Innocency Vindicated*（1692）, p. 86, and T. W. W. Smart in *Sussex Archaeol. Collections*, xiii（1861）, pp. 67—68, 关于18世纪除反叛法王路易十四的法国新教徒参见 J. Douglas, *The Criterion*（1807）, pp. 234—236。有关其他奇迹疗法的描述参见 *George Fox's 'Book of Miracles'*, pp. 79—83; *H.M.C.*, v. p. 384; *A True Relation of the Wonderful Cure of Mary Maillard*（1694）; *A Relation of the Miraculous Cure of Mrs Lydia Hills*（2nd edn, 1696）; T. A（ldridge）, *The Prevalency of Prayer*（1717）; M. Pratt, *A List of a Few Cures performed by Mr and Mrs De Loutherbourg*（1789）。

67. Quoted in *George Fox's 'Book of Miracles'*, p. 1.

68. E. R. Dodds, *Pagan and Christian in an Age of Anxiety*（Cambridge, 1956）, pp. 46—53.

69. T. Cranmer, *Miscellaneous Writings and Letters*, ed. J. E. Cox（Cambridge, P.S., 1846）, pp. 43—44; *C.S.P.D., 1611—1618*, p. 438; *H.M.C.*, iii, p. 38.

70. *Memorials of the Holies Family, 1493—1656*, ed. A. C. Wood（Camden ser., 1937）, p. 231.

71. 代表性观点参见 F. Seafield, *The Literature and Curiosities of Dreams*（2nd edn, 1869）, pp. 113—115; Cooper, *Mystery*, pp. 144 ff.; M. Fotherby, *Atheomastix*（1622）, p. 127; D. Person, *Varieties*（1635）, pp. 252—253; R. Bernard, *Thesaurus Biblicus*（1644）, appendix, pp. 159—160; P. Goodwin, *The Mystery of Dreames, historically discoursed*（1658）, esp. pp. 268, 318—319; M. Amyraldus, *A Discourse concerning the Divine Dreams mention'd in Scripture*, trans. J. Lowde（1676）, esp. pp. 126—127。

72. Foxe, vii, pp. 146—147; viii, pp. 454, 456—457; I. Walton, *Lives*（World's Classics, 1927）, p. 102; *The Workes of... Richard Greenham*, ed. H. H

第五章 祈祷与预言

(olland) (3rd edn, 1601), p. 10 ; Bacon, *Works*, ii, pp. 666—667 ; *The Works of William Laud*, iii, *passim* ; J. Barnard, *Theologo-Historicus* (1683), pp. 280—281 ; Bodl., MS Sancroft 51, pp. 1—6, 37. J. Heydon, *Theomagia, or the Temple of Wisdome* (1664), iii, pp. 228—229 中列举了做预言之梦的贵妇人名单。

73. *Memoirs of the Life of Colonel Hutchinson Written by His Wife Lucy* (Everyman Lib., n.d.), pp. 340—341 ; Hertfordshire R.O., VIII, B. 153 (partly summarized in *H.M.C., Verulam*, p. 35).

74. *The Works of Joseph Hall*, ed. P. Wynter (Oxford, 1863), i, p. xxi ; *The Autobiography of Mrs Alice Thornton*, ed. C. Jackson (Surtees Soc., 1875), pp. 123, 169.

75. E. Burghall, *Providence Improved*, ed. J. Hall (Lancs. and Cheshire Rec. Soc., 1889), p. 4.

76. 关于中世纪梦境知识参见 W. C. Curry, *Chaucer and the Medieval Sciences* (2nd edn, 1960), chaps. 8 and 9 ; M. Forster, in *Archiv für das Studium der neueren Sprachen*, cxxv (1910), cxxvii (1911) and cxxxiv (1916) ; G. R. Owst, *The Destructorium Viciorum of Alexander Carpenter* (1952), p. 35 ; 埃兰在他复制版的 *La Clef des songes* (Paris, 1925) 中做了注。

77. Thorndike, *Magic and Science*, vi, p. 476 ; Josten, *Ashmole*, p. 31 ; Ashm. 420, ff. 344, 346v.

78. 典型的对梦境产生诱导作用的咒语：Bodl., MS e Mus 243, f. 31v。

79. *Depositions Taken before the Mayor and Aldermen of Norwich, 1549—1567*, ed. W. Rye (Norfk & Norwich Archaeol. Soc., 1905), pp. 61—62 ; *H.M.C., Hatfield*, xi, pp. 132—133 ; xiii, pp. 215—216.

80. Aubrey, *Gentilisme*, p. 57.

81. E.g., W. Y. Tindall, *John Bunyan, Mechanick Preacher* (New York, 1964 reprint), pp. 19, 228 ; E. Rogers, *Some Account of the Life and Opinions of a Fifth-Monarchy Man* (1867), pp. 11—12, 21—22 ; Jessey, *The Exceeding Riches of Grace Advanced*, pp. 148 ff. ; *Mr Evans and Mr Penningtons Prophesie* (1655) ; *A Narration of the Life of Mr Henry Burton* (1643), pp. 9—10, 17—18.

82. T. Plume, *An Account of the Life... of... John Hacket*, ed. M. E. C. Walcott (1865), p. 42 ; *Reliquiae Baxterianae*, ed. M. Sylvester (1696), i, p. 387 ; G. F. Nuttall, *The Holy Spirit in Puritan Faith and Experience* (Oxford, 1946), p. 56.

83. T. Sprat, *History of the Royal Society*, ed. J. I. Cope and H. W. Jones（1959）, p. 359.

84. R. M. Clay, *The Hermits and Anchorites of England*（1914）, chap. xii; C. J. Holdsworth, "Visions and Visionaries in the Middle Ages", *History*, xlviii（1963）; A. G. Dickens, *The English Reformation*（1964）, p. 18.

85. *3rd Report of the Deputy Keeper of the Public Records*（1842）, appx. ii, pp. 231—232; A. D. Cheney, "The Holy Maid of Kent", *T.R.H.S.*, n.s., xviii（1904）; L. E. Whatmore, "The Sermon against the Holy Maid of Kent", *E.H.R.*, lviii（1943）; *Three Chapters of Letters relating to the Suppression of Monasteries*, ed. T. Wright（Camden Soc., 1843）, pp. 34 ff.

86. H. C. White, *Tudor Books of Saints and Martyrs*（Madison, WisC., 1963）, pp. 120—121, 125; M. Chauncy, *The Passion and Martyrdom of the Holy English Carthusian Fathers*, trans. A. F. Radcliffe and ed. G. W. S. Curtis（1935）, pp. 59, 117, 159—161; *The Letters and Despatches of Richard Ver-stegan*, ed. A. G. Petti（Catholic Rec. Soc., 1959）, pp. 177, 180; B. Riche, *The True Report of a Late Practice enterprised by a Papist, with a Yong Maiden in Wales*（1582）, 以及 F. Peck, *Desiderata Curiosa*（1779）, pp. 105, 113（伊丽莎白·奥顿）; Kent R.O., High Commission Act Book（PRC 44/3）, pp. 161—163（玛丽·泰勒, 1588）。证明安妮·博林的"基督的天使"出现在 *L.P.*, vi, p. 655。

87. Foxe, iii, pp. 543, 702; vi, pp. 608—609, 638; vii, pp. 146—147, 313, 463; viii, pp. 456—457.

88. Quoted by S. R. Maitland, *Notes on the Contributions of the Rev. George Townsend*（1841—1842）, ii, p. 116.

89. G. Atwell, *An apology*（1660）, pp. 32—33. Cf. Mozley, *John Foxe*, pp. 105—107. 关于福克斯内战言论的引用: *Yorkshire Diaries*, ed. Jackson, p. 364; B. Hubbard, *Sermo Secularis*（1648）, p. 50; *Works of William Bridge*, i, p. 417; Jessey, *The Exceeding Riches of Grace Advanced*, p. 140。

90. 由"一位神甫（1692）"将绝大多数的习俗收集在了 Plume, *Life of Hacket*, pp. 41—42, and *A Practical Discourse on the Late Earthquakes*。其他习俗参见 B. Oley, *Life of George Herbert*（1652; 1836 reprint）, pp. ci—civ; J. E. B. Mayor in *Cambs. Antiqn. Soc., Commns.*, i（1859）p. 263; W. Haller, *The Rise of Puritanism*（New York, 1957）, p. 208; *Autobiography of Mrs Alice Thornton*, p. 24; C. S. R. Russell in *Bull. Institute Hist. Research*, xli（1968）, p. 235。

第五章 祈祷与预言

91. Collinson, *A Mirror of Elizabethan Puritanism*, pp. 26—27; Barclay, *Inner Life*, p. 208; Sir R. Bulstrode, *Memoirs and Reflections* (1721), p. 193; *Bishop Burnet's History of his Own Time* (1823), i, p. 141; Clarke, *The lives of sundry eminent persons*, i, p. 213.

92. Plume, *Life of Hacket*, pp. 137—138; Clarke, *A Generall Martyrologie*, ii, p. 12; Wood, *Ath. Ox.*, ii, col. 434; Barnard, *Theologo-Historicus*, pp. 280—281; R. Ward, *The Life of... Henry More*, ed. M. F. Howard (1911), pp. 152—153; *Diaries and Letters of Philip Henry*, ed. M. H. Lee (1882), pp. 160, 377; Turner, *Providences*, i, pp. 71 ff.; J. Janeway, *A Token for Children* (1676), pp. 47, 68. 关于"神童"的传说参见 *The Wonderful Child*, ed. W. E. A. Axon(*Chetham Miscellanies*, n.s., i[1902])。

93. F. W. Maitland, *Roman Canon Law in the Church of England* (1898), chap. 6; A. Boorde, *The Breviary of Healthe* (1557), f. lxxviii; P. Barrough, *The Method of Phisick* (3rd edn, 1596), p. 46; R. A. Hunter 和 I. Macalpine, *Three Hundred Years of Psychiatry, 1535—1860* (1963), pp. 103—105。

94. Thomson, *Later Lollards*, p. 76. Cf. Sir J. Harington, *A Discourse showing that Elias must personally come before the Day of Judgment* (*Nugae Antiquae*, ed. Park, ii).

95. J. Strype, *Annals of the Reformation* (Oxford, 1824), i (1), pp. 400, 433—435; *Holinshed's Chronicles* (1807—1808), iv, p. 202; P.R.O., SP 12/23, ff. 91—92. 关于霍尔的进一步信息可在 Bernard Quaritch Ltd. (London) 于 1972 年出售的一份文件中找到; *Catalogue*, no. 914, item 4。

96. Strype, *Annals*, iii(1), pp. 637—639, 693—695; iii(2), pp. 479—487; C. H. Cooper, *Annals of Cambridge*, ii (Cambridge, 1843), pp. 446—447.

97. H.M.C., *Hatfield*, vii, pp. 259—260; xi, p. 219; xiii, p. 519; Ewen, ii, p. 175.

98. Cosin, *Conspiracie for Pretended Reformation*; *C.S.P.D., 1591—1594*, pp. 75—76; H.M.C., *Hatfield*, xi, p. 154; J. Stow, *The Annales of England* (1592), pp. 1288—1290; R. Bancroft, *Daungerous Positions and Proceedings* (1593), pp. 144—183; H. Arthington, *The Seduction of Arthington by Hacket* (1592); P. Collinson, *The Elizabethan Puritan Movement* (1967), pp. 424—425; H. A(rthington), *The exhortation of Salomon* (1594).

99. R. Gilpin, *Daemonologia Sacra* (1677), ed. A. B. Grosart (1867), p.

145; Nuttall, *The Holy Spirit*, appx. i; Whiting, *Studies in English Puritanism*, pp. 290—291.

100. T. H(eywood), *A True Discourse of the Two Infamous Upstart Prophets* (1636); *False Prophets Discovered* (1642); *C.S.P.D., 1636—1637*, pp. 459—460, 487—488; *1637—1638*, p. 66.

101. C. Burrage, *The Early English Dissenters* (Cambridge, 1912), i, pp. 218—219; Ashm. 1521 (vii).

102. Burrage, op. cit., i, p. 194 and n.; E. Norice, *The New Gospel, not the True Gospel* (1638), pp. 7—8; Whiting, *Studies in English Puritanism*, pp. 314—316; *The Diary of Thomas Crosfield*, ed. F. S. Boas (1935), p. 20. 在詹姆斯一世统治时期，据说活跃的索齐尼教徒——三使节兄弟沃尔特、托马斯和巴塞洛缪曾"自以为他们的名字能够预见未来，且赋予他们作为新使徒的使命"。结果沃尔特死于溺水，托马斯死在纽盖特监狱中，而巴塞洛缪则葬身于史密斯菲尔德的大火中。E. Jessop, *A Discovery of the Errors of the English Anabaptists* (1623), p. 77.

103. *Beware of False Prophets* (1644); Essex R.O., P.R.O., Assizes 35/85/T/34(对于1644年9月6日事件的调查)的副本由阿瑟·瑟尔先生友情提供。

104. Capt. F. Freeman, *Light vanquishing Darknesse* (1650), pp. 12—13, 35, 48 ff.; (A. Trapnel), *The Cry of a Stone* (1654), p. 66; Nuttall, *The Holy Spirit*, p. 182.

105. G. H., *The Declaration of John Robins* (1651); L. Muggleton, *The Acts of the Witnesses* (1699), p. 21; *All the Proceedings at the Sessions of the Peace holden at Westminster, on the 20 day of June 1651* (1651).

106. H. Ellis, *Pseudochristus* (1650); *Return of all appeals made to High Court of Delegates, 1533—1832* (Parl. Papers, 1867—1868, lvii), pp. 20—21.

107. *A Looking-Glas for Sectaryes* (1647); *D.N.B.*, "Tany, Thomas"; *The Ranters monster* (1652); *Hell broke Loose* (1646), p. 6; *Perfect Proceedings*, 290 (1655); *D.N.B.*, "Evans, Arise"; Middlesex R.O., Calendar of Sessions Records, 1644—1652 (typescript), p. 83 (Nicholas Nelson, 1647, "the Lord's anointed for this Kingdom"); Ewen, ii, p. 454; Gilpin, *Daemonologia Sacra*, p. 395。其他列举于 *A List of Some of the Grand Blasphemers* (1654)。

108. M. Cary, *The Little Horns Doom and Downfall* (1651), p. 106.

109. See S. G. W(right), "Dougle fooleries", *Bodl. Qtly Record*, viii (1932);

第五章 祈祷与预言

C. J. Hindle, *A Bibliography of the Printed Pamphlets and Broadsides of Lady Eleanor Douglas* (Edinburgh Bibliog. Soc., revd edn, 1936); T. Spencer, "The history of an unfortunate lady", *Harvard Studies and Notes in Philol. and Litre.*, xx (1938);以及她的作品列表参见 *H.M.C., Rawdon Hastings*, iv, pp. 343—346。

110. *Proceedings, Principally in the County of Kent*, ed. L. B. Larking (Camden Soc., 1862), p. xii; *C.S.P.D., 1625—1649*, p. 458; G. Ballard, *Memoirs of British Ladies* (1775), p. 197.

111. See D. Grant, *Margaret the First* (1957).

112. J. Hacket, *Scrinia Reserata* (1693), ii, pp. 47—48; *C.S.P.D., 1628—1629*, pp. 530—531, 537.

113. *C.U.L.*, MS Add. 32; *H.M.C.*, vii, p. 514; Theophilus Philalethes Toxander, *Vox Coeli to England* (1646).

114. E.g., Andrew Humphrey (*C.S.P.D., 1631—1633*, pp. 291, 344, 413; *1633—1634*, pp. 146, 204—205; *1634—1635*, p. 279); Robert Seale (*C.S.P.D., 1634—1635*, p. 186)。关于詹姆斯一世时期的先知参见 *C.S.P.D., Addenda, 1580—1625*, p. 552; *Ben Jonson*, ed. C. H. Herford, P. Simpson and E. Simpson (Oxford, 1925—1952), x, p. 276。

115.（1）约翰·索尔特马什（*D.N.B.*）；（2）"荷兰先知"（*The Moderate Intelligencer*, 134 [7—14 Oct. 1647]; B. Whitelocke, *Memorials* [1682], p. 284）;他可能会被确认为是那些自认为是上帝指派的第五君主并像大卫二世一样执政的日耳曼人（H. More, *Enthusiasmus Triumphatus* [1656], pp. 30—31），而荷兰先知对英国将赢得第二次英荷战争的预言于1666年1月出版于 *Gazette* (Josten, *Ashmole*, p. 1049);（3）伊丽莎白·普尔（*The Clarke Papers*, ed. C. H. Firth [Camden Soc., 1891—1901], ii, pp. 150—154, 163—170; Sir W. Dugdale, *A Short View of the Late Troubles* [Oxford, 1681], p. 367; E. Poole, *An Alarum of War* [1649]; *A Vision* [1649]; Whitelocke, *Memorials*, p. 360);（4）亨利·平内尔（H. Pinnell, *A Word of Prophesy* [1648], pp. 6—7, 9—10);（5）玛丽·波普（[M. Pope], *Heare, heare, heare, heare. A Word or Message from Heaven* [1648], p. 38);（6）凯瑟琳·约翰逊（J. Price, *The Mystery and Method of his Majesty's Happy Restauration* [1680], p. 39);（7）埃莉诺·钱侬（W. Gostelo, *The coming of God* [1658], sig. A3; A. Evans, *A Message from God... by E. Channel* [1653])。乔治·福斯特没能得到许可（G. Foster, *The Sounding of the Last Trumpet* [1650], sig. A3)。

116. Edwards, *Gangraena*, i, p. 88.

117. 例如:阿莱斯·埃文斯(*D.N.B.*);埃莉诺·钱侬(n. 115, above);沃尔特·格斯泰罗(*Charls Stuart and Oliver Cromwell united*[1655];*C.S.P.D., 1663—1664*, p. 214);吉尔伯特·安德森(*C.S.P.D., 1660—1661*, p. 14)。许多皇室婴儿预示了王政复辟;*Vox Infantis or, the Propheticall Child*(1649);*The Age of Wonders*(1660)。

118. Burrage, *The Early English Dissenters*, p. 240; E. F. Gay, "The Midland Revolt and the Inquisitions of Depopulation of 1607", *T.R.H.S.*, n.s., xviii(1904), i, p. 217, n. 1.

119. *Journal of George Fox*, I. pp. 107, 281, 302—303, 327, 342, 346; ii, pp. 89—90, 315; Barbour, *The Quakers in Puritan England*, p. 153; F. Wilde, *Prophecy Maintain'd*(1654); *The Vision of Humphrey Smith*(1660); E. Biddle, *A Warning from the Lord God*(1660), and *The Trumpet of the Lord*(1662); D. Baker, *A Certaine Warning*(1659), and *Yet one Warning more, to thee O England*(1660); (T. Reeve), *Mr Reeves his Alarm to London*(1678).

120. N. Cohn, *The Pursuit of the Millennium*(Mercury Books, 1962)是一项极好的调查。基督再临派成员 L.E. 弗鲁姆的宣传物中有大量关于《圣经》预言的文选, *The Prophetic Faith of Our Fathers*(Washington, D. C., 1950—1954)。

121. Foxe, iii, pp. 105—106; iv, pp. 93 ff., 109—114, 115—116, 230, 237, 240, 253—259; v, p. 655; vii, pp. 664, 689; viii, p. 441; Thomson, *Later Lollards*, pp. 36, 76, 115, 240—241, 242, 243; C. Welch in *Procs. Suffolk Inst. Archaeol.*, xxix(1962), p. 158; M. Fixler, *Milton and the Kingdoms of God*(1964), p. 16. 关于处理这个主题的好方法, C. Hill, *Antichrist in Seventeenth-century England*(1971)。

122. A. Marten, *A Second Sound, or Warning of the Trumpet unto Judgement*(1589), f. 21v. W. B. Stone, "Shakespeare and the Sad Augurs", *Journ. Eng. & Germanic Philol.*, lii(1953),提供了一个非常精彩的伊丽莎白时代末世论的表述。

123. *The Works of John Jewel*, ed. J. Ayre(Cambridge, P.S., 1845—1850), ii, pp. 872—873. Cf. E. Coke, *Institutes*, iii, chap. 55; Kocher, *Science and Religion*, pp. 64, 79; V. Harris, *All Coherence Gone*(Chicago, 1949), p. 115; C. Hill, *Intellectual Origins of the English Revolution*(Oxford, 1965), pp. 269—270。

第五章 祈祷与预言

124. 关于 1666 年一些有趣的事例参见 *A Prophesie that hath lyen hid above these 2000 yeares*（1610）, p. 45; *C.S.P.D., 1629—1631*, p. 327; *1663—1664*, pp. 468, 652; *1665—1666*, p. 184; Brand, *Antiquities*, iii, pp. 267—268; *Diary of Thomas Burton*, ed. J. T. Rutt（1828）, i, p. cxlvii, n.; Heywood, *Diaries*, iii, p. 93; J. B. Williams, *Memoirs of... Sir Matthew Hale*（1835）, p. 224; *The Last Letters to the London-Merchants and Faithful Ministers*（1666）; W. Lilly, *Merlini Anglici Ephemeris*（1667）, sigs. A3—4v; E. N. Hooker, "The Purpose of Dryden's *Annus Mirabilis*", *Huntington Lib.Qtly.*, x（1946—1947）。

125. E.g., R. Saunders, *Apollo Anglicus*（1656）, sig. C7; Nuttall, *The Holy Spirit*, p. 109; id., *Visible Saints*（Oxford, 1957）, p. 146; J. Swan, *Speculum Mundi*（Cambridge, 1635）, p. 20; *The Records of a Church of Christ, Meeting in Broadmead, Bristol, 1640—1687*, ed. E. B. Underhill（Hanserd Knollys Soc., 1847）, p. 60.

126. 一些吉利日子可以参见 Swan, *Speculum Mundi*, pp. 9—27, and *Memoirs of the Life of Mr Ambrose Barnes*, ed. W. H. D. Longstaffe（Surtees Soc., 1867）, pp. 246—247。See also L. F. Brown, *The Political Activities of the Baptists and Fifth Monarchy Men*（New York, 1911）, pp. 23—24; C. Hill, "Newton and His Society", *Texas Quarterly*, 1967, pp. 41—43, and *Antichrist in Seventeenth-century England*, p. 111.

127. Nuttall, *Visible Saints*, p. 157. See Froom, *The Prophetic Faith of Our Fathers*, ii, pp. 512—518, 524—525, 535—597. 一位天主教徒以《但以理书》为基础，预测詹姆斯一世将死于 1621 年，对他的审判参见 *Cobbett's Complete Collection of State Trials*, ii（1809）, cols. 1085—1088。

128. 正如下书近年强调的：W. M. Lamont, *Godly Rule*（1969）, and J. F. Wilson, *Pulpit in Parliament*（Princeton, N. J., 1969）, chap. vii. See B. S. Capp, "*Godly Rule* and English Millenarianism", *Past and Present*, lii（1971）.

129. *Journal of Sir Samuel Luke*, ed. I. G. Philip（Oxfordshire Rec. Soc., 1950）, p. 76; A. G. Matthews, *Calamy Revised*（Oxford, 1934）, p. 432; *Clarke Papers*, i, p. 4. 关于 1640 年代的千禧年主义调查参见 B. S. Capp, *The Fifth Monarchy Men. A Study in Seventeenth-century English Millenarianism*（1972）, chap. 2。

130. Cary, *The Little Horns Doom*, p. 302. 卡普博士的作品也做了非常全面的研究。

131. See below, pp. 512—513.

132. *Millennial Dreams in Action*, ed. S. L. Thrupp (Supplement ii to *Comparative Studies in Society and History* [The Hague, 1962]); P. Lawrence, *Road Belong Cargo* (Manchester, 1964). 有关千禧年说之政治效用的一次令人兴奋的讨论参见 P. Worsley, *The Trumpet Shall Sound* (1957)。

133. Cosin, *Conspiracie for pretended reformation*, sig. 14.

134. 例如（不包括许多贵格会先知）：*The Revelation... unto... Anne Wentworth* (1679); Josten, *Ashmole*, p. 1498; *C.S.P.D.*, *1661—1662*, p. 81; *1663—1664*, p. 161; *1680—1681*, p. 151; N. Glass, *The Early History of the Independent Church at Rothwell* (1871), p. 57; N. Luttrell, *A Brief Historical Relation* (Oxford, 1857), i, p. 86; G. D. Nokes, *A History of the Crime of Blasphemy* (1928), pp. 47—48。

135. C. Hill, *Puritanism and Revolution* (1958), chap. 12 有一个有趣的故事。B.M., Add. MS 34,274, ff. 142—144 中一个同时代的相似案例增添了一些细节。像很多前辈一样，梅森把自己当作以利亚并把两位追随者指定为见证人（F. Hutchinson, *A Short View of the Pretended Spirit of Prophecy* [1708], p. 45）。

136. Whiting, *Studies in English Puritanism*, pp. 298—308; D. P. Walker, *The Decline of Hell* (1964), chaps. xiii—xv; *D.N.B.*, "Lacy, John"; J. Sutherland, *Background for Queen Anne* (1939), pp. 225—226.

137. *D.N.B.*, "Whiston, W."

138. See e.g., Froom, *The Prophetic Faith of Our Fathers*, ii, pp. 640—695; E. P. Thompson, *The Making of the English Working Class* (1963), pp. 116—119, 382—388; R. Matthews, *English Messiahs* (1936); P. G. Rogers, *Battle in Bossenden Wood* (1961). 18 世纪 90 年代的预测文献将印证这一分析结果。

139. R. Klibansky et al., *Saturn and Melancholy* (1964), p. 94.

140. Bacon, *Works*, ii, pp. 666—667; iv, pp. 376—377; Hobbes, *Leviathan*, chaps. 27, 32, 33; Sprat, *History of the Royal Society*, p. 359; Hill, *Puritanism and Revolution*, p. 335; id., *Intellectual Origins of the English Revolution*, p. 121; Hunter and Macalpine, *Three Hundred years of Psychiatry*, *1535—1860*, pp. 103—105; M. Casaubon, *A Treatise concerning Enthusiasme* (1655), p. 95; (J. Twysden), *A Short Discourse of the Truth and Reasonableness of the Religion delivered by Jesus Christ* (1662), pp. 240—241.

141. Hobbes, *Leviathan*, chap. 32. 对比约翰·怀尔德曼于 1647 年在普特

第五章 祈祷与预言

尼的事例；*The Clarke Papers*, ed. Firth, i, p. 384。

142. Barbour, *The Quakers in Puritan England*, p. 234；R. S. Mortimer, "Warnings and Prophecies", *Journ. of the Friends' Hist. Soc.*, xliv（1952）；W. C. Braithwaite, *The Second Period of Quakerism*（119）, p. 603.

143. W. Hawkins, *A Treatise of the Pleas of the Crown*（2nd edn, 1724）, i, p. 7.

144. 1741年，什罗普郡的一个预言者宣称其先后与罗伯特·沃波尔爵士和坎特伯雷大主教交谈过，参见 *H.M.C., Egmont Diary*, iii, pp. 178—179, 226。

145. M. Douglas, *Purity and Danger*（1966）, p. 68（详述了 Lienhardt, *Divinity and Experience*，并提供了关于这个观点的极好表述 [see e.g., pp. 234, 240, 289, 291—292]）。

146. Collinson, *The Elizabethan Puritan Movement*, pp. 214—215；H. R. Trevor-Roper, *Religion, the Reformation and Social Change*（1967）, chap. 6.

147. Price, *The Mystery and Method of his Majesty's Happy Restauration*, pp. 87—88.

148. 关于显著的事例，参见17世纪晚期，一个水手描述了上帝全程帮他战胜法国人的经过，全文摘自 W. James, *The Varieties of Religious Experience*（32nd imp., 1920）, p. 471 n. Cf. R. R. Willoughby, "Magic and Cognate Phenomena: an Hypothesis", in *A Handbook of Social Psychology*, ed. C. Murchison（Worcester, Mass., 1935）, p. 489；M. Spiro, "Religion: Problems of Definition", *Anthropological Approaches to the Study of Religion*, ed. M. Banton（1966）, pp. 113—114.

149. E. Ashley, *The Life and Correspondence of... Viscount Palmerston*（1879）, ii, pp. 265—266.

150. Fox, *Journal*, ii, pp. 466—467；*George Fox's 'Book of Miracles'*, p. 21. 关于信仰疗法的全面讨论，see below, pp. 246—251。

151. W. L. Warren, *King John*（1961）, p. 179；Whitelocke, *Memorials*, iii, p. 18；*The Works of Gerrard Winstanley*, ed. G. H. Sabine（Ithaca, N.Y., 1941）, pp. 15, 260.

152. D. Gibbs and H. Maltby, *The True Story of Maria Marten*（Ipswich, 1949）, pp. 32—33. 关于早期事例参见 J. Cotta, *The Infallible True and Assured Witch*（1624）, pp. 149—150；F. Nicholson and E. Axon, *The Older Non-conformity in Kendal*（Kendal, 1915）, pp. 250—256；J. Beaumont, *An Historical, Physiological and Theological Treatise of Spirits*（1705）, pp. 240—

244; Seafield, *Literature and Curiosities of Dreams*, pp. 386—388。

153. *C.S.P.D.*, 1633—1634, pp. 133, 162, 183; P. Studley, *The Looking-Glasse of Schisme* (1635);清教徒却拒绝承认与该事的关联(R. More, *A True Relation of the Murders committed in the Parish of Clunne* [1641]); *Proceedings, Principally in the County of Kent*, ed. Larking, pp. 86—87)。类似案例参见 Collinson, *The Elizabethan Puritan Movement*, p. 150。

154. N. Walker, *Crime and Insanity in England*, i (Edinburgh, 1968), p. 38, Cohn, *The Pursuit of the Millennium*, p. 336, and E. Le Roy Ladurie, *Les Paysans de Languedoc* (Paris, 1966), p. 644, n. 4 代表了这一研究路径的不同版本。

155. E. Drapes, *Gospel-Glory Proclaimed* (1649), p. 10.

156. Pinnell, *A Word of Prophesy*, pp. 4—5.

157. *Three Chapters of Letters relating to the Suppression of Monasteries*, ed. Wright, p. 29.

158. G. Foster, *The Pouring Forth of the Seventh and Last Viall* (1659), sig. A3.

159. *A Vision which one Mr Brayne (one of the ministers of Winchester) had in September, 1647* (brs., 1649).

160. Preface by N. Strange to *A Missive to his Majesty of Great Britain, King James, written divers yeers since by Doctor Carier* (Paris, 1649), p. 24.

161. Preface by C. Feake to Cary, *The Little Horns Doom*, sig. A6.

162. Quoted by U. Lee, *The Historical Backgrounds of Early Methodist Enthusiasm* (New York, 1931), p. 106.

第六章

宗教与大众

　　1681年11月4日,我在去韦克菲尔德的路上经过哈德格荒野,在那遇到一个男孩儿,他总喜欢与我交谈。我问了他一些宗教的基本问题。他答不出有多少位神,其中都有谁;也不知道是谁创造了世界,基督是何许人;不懂得天堂或地狱之说或来世的概念;以及他来到世上是出于什么目的,他在何种情况下诞生,等等。我又问他是否认为自己有罪,他则表示,希望没有。然而这是个很机灵的孩子,可以游刃有余地谈论各种世事……他10岁了,不会读写且极少去教堂。

奥利弗·海伍德,《日记》,第四章,第24页

　　自从我们被触动,并决定开始去教堂,英格兰就再也不是快乐的英格兰。

布朗,拉姆斯盖特的驳船夫,1581年
[《肯特考古学报》(1904),第二十六章,第32页]

一　教会与社会

即使在宗教改革运动过后，有序的宗教组织仍旧扮演着"解读灾难"和"在困惑的情况下提供引导"的角色，进而为人们解决生活中的实际问题。同时也有人试图将宗教信仰用于占卜或者超自然疗法。为什么当时会有人求助于巫术、占星术或其他非宗教体系的信仰呢？这个问题正是本书余下的篇幅将着重讨论的。

宗教改革运动后期，正统宗教所占据的地位坚不可摧。从这个角度看，这些不那么正统的信仰的挑战力乍看起来还是很令人惊奇的。在那个时期，英国国教会完全表现为社会本身不可或缺的一部分，[1] 几乎所有人都认为孩子应该出生在国教会的氛围中，人们期盼自己的孩子由当地神甫施洗礼，大一些后便由父母或者雇主送去教堂，通过问答法学习基督教义。周日不去教堂对一个人而言是可耻的大不敬行为，同样大不敬的还有规避教堂仪式，因为人们生存的社会正是以教堂里的崇拜模式为标志的。正如中世纪教堂精心设置的座次一样，英国国教会的座位设置正是教区居民等级的写照；区分如下：男女分开，年轻女子与已婚妇女分开；富人座位靠前，而穷人则坐在后面。有时，当绅士进来时，地位卑微者要起立并鞠躬致意。[2] "上等人"很可能不和穷人同天接受圣餐礼。根据信徒的社会地位不同，一些教区的圣餐质量也有很大差异。[3]

人们对待上帝的态度本身就反映了这种社会习俗。在教堂，人们脱帽下跪，就好像是对社会地位高于自己的人行礼一般。有些布道者称上帝是"最尊贵的地主"，[4] 或者说，上帝是个独裁的父亲，他有着一般父亲所具备的特征。他的指令就是社会本身的指令。1543年，一个肯特郡的神甫教导说：天堂并非只有一个，而是三个。一个是贫瘠者的天堂；第二个天堂属于那些略有薄产的人；第三个则是富人的天堂。[5]

第六章　宗教与大众

然而宗教崇拜不仅促进了社会和谐,同时也加重了社会分化。"公共祈祷"是一种集体行为,它保证了社会的团结。就这点而论,宗教崇拜凝聚了整个社会的共同关注。"跨界仪式"为人们指出人生的意义,是社会认可人生阶段的一种仪式。教会除了掌管"跨界仪式",还提供社会引以为基础的道德教育。在每位公民的成长过程中,传教、布道和问答式讲授起着至关重要的作用。许多观察者认为这些活动或活动背后的神圣许可,保证了社会的正常运转。

教会同时也是大地主,主教和大主教作为上议院的成员,在政治上和政府中均占据统治地位。此外,教会还操控着公共舆论。神甫掌管新闻界的审查权、教师和医生的许可证的发放权,并管理大学的各项事务。在没有收音机、电视机或报纸(直至17世纪中叶才出现)的那些年代,讲道台是最主要的大众传播媒介。布道活动不仅讨论宗教问题,还涉及道德、政治、经济和时事新闻。教会的触角通过宗教法庭伸展出去,对婚姻、诽谤、遗嘱验证以及可想象的各种私人道德事务享有极大的裁判权。如果一个人与妻子争吵,和女仆私通,恶毒地传播邻居闲话,在圣徒纪念日工作,或者放贷并收取利息,那么他恐怕就离宗教法庭不远了。这样的话,他就可能被迫受当众忏悔的侮辱,甚至被逐出教会,也就是说,教会的一切圣礼都将禁止他参加。更严苛的处罚是:社区的其他成员在社交和经济方面完全排斥受罚者,这种惩罚恰恰反映了我们所设想的教会即社会的属性。

教会如此强大地集社交和管理职能于一身,其经济来源并不单靠内部出资,而是仰仗什一税、教会税收,以及教区居民需要交给神甫的各种费用。没有任何一项教会的职能是纯宗教性的。乡村教区是这一行政结构的最底层,用于处理各种世俗诉求。教堂本身就是个重要的事务会面场所。

除国教会以外的其他宗教团体也提供这样全方位的架构。为了达到重塑共同社区价值观的目的,国教反对派密切控制着成员的私生活,并为内部纠纷提供裁定服务,此外,还协调管理成员的私密事务，而染指这类事就连宗教法庭都有所迟疑。"史密斯弟兄……婚姻不美满……坎皮恩弟兄倾慕一位有婚约的姐妹"，北安普敦郡的独立宗教团体在其议事日程上记录了以上内容，这表明这些宗派团体在多大程度上引导着教徒的生活。[6] 正如现代南非的分离主义教派弥合了那些由对部落的忠诚的衰败引发的隔阂一样，这些新教派在伦敦兴盛不足为奇，因为它让第一代移民找到家的感觉。[7] 因此，宗教以其丰富的多维特质在人们的生活中占据着重要地位，而这种地位是巫术信仰无法与之匹敌的。巫术信仰缺乏组织机构、理论体系、道德规范和广泛的社会功能。但是，正统宗教并没能垄断大众的忠诚，反而在诸多方面都难以应对外部的竞争。

二 对建议的需求

教区神甫的职能并不仅限于主持正式的宗教仪式。神甫同时也被视为教区居民的启迪者和引导者。每当普通教徒间发生争执，神甫理应是最合适的调停人选。人们常常声称天主教国家比其他国家的诉讼案少很多，因为那里的神甫就是教徒的仲裁人。[8] 然而，新教徒中也有相同的神甫仲裁。乔治·赫伯特认为模范教区长会成为律师兼神甫："要教导教徒不要触犯法律，当争议出现时也应充当他们的判官。"林肯市的威廉斯主教曾公断了多起有争议的案件从而免去事主诉讼之苦，他因此得到其传记作者的高度赞扬。而塞缪尔·费尔克拉夫仅仅是众多因解决教区居民的纷争而闻名的清教神甫中的一分子。[9] 调解纠纷是所有教派神甫义不容辞的责任。内战时期，据说议会的律师曾与长老会的同盟者决裂，"与其说是良心问题，不如说是惧怕长老会用调解纠纷替代法律占据他们的市场"。[10] 此外，乔治·赫伯特提出的"神甫调解纠纷"一说，使得教区神甫成了所有公众表达诉求的媒介。每当处理纠纷之时，神甫"从不擅作主张，而是召集三到四个德高望重的教区居民一起聆听案情，并首先听取他们的意见，以防自己因无知或掌握的证据不充足而判断错误"。[11]

不过，在宗教改革运动将教堂内的告解室废除以后，神甫在这类事务中的作用就被大大削弱了。想要全面考量中世纪忏悔礼的本质和工作原理是不可能的，因为没有任何证据保留下来。而这项圣礼对教徒的重要性也极易被夸大。有些神甫认为一年做一次忏悔就足够了，除非有人觉得罪孽实在深重或者疾病逼近濒于死亡，其忏悔才会在一年中达到三次以上。[12] 忏悔因此成了人们生活中并不频繁发生的一件事，人们无疑会把很多重要事件积攒在一起，并趁这个机会一吐为快。我们很难说清神甫和忏悔者之间会沟通些什么，但现存的中世纪忏悔手稿记述了应该会发生的一切：从上一次忏悔被赦免开始，普通教徒将坦白自己的罪孽，其信条要接受审查，另外，还会被问及其他尚未忏悔但可能有罪之事。随后神甫宣判赦免其罪，并对其施以适当的苦行，通常还会吟诵祈祷文。而且，所有这些程序都在相对没有隐私的情况下进行，16世纪改革后的忏悔箱，才使这种情况得到了改善。

设计忏悔程序是为了强化宗教道德观。人们普遍认为该程序在宗教改革运动中消失所形成的"真空地带"，就连日趋活跃的宗教法庭也难以弥补。对每个教徒所做的忏悔和询问与单独起诉声名狼藉的宗教冒犯者相比，前者大概是一个更完备的社会规范体系。譬如，中世纪的神甫就对侦查偷盗起着积极的作用，众所周知的案例是：小偷经过教会询问后，将偷来的钱款如数归还。[13] 于是，有些清教徒回首中世纪，认为当时的神甫通过强制手段使教众遵守其传授的行为准则。"那时人们通过忏悔，良心就会受到威慑，"约翰·奥布里写道，"以至于公正的行为和品德成为一种常态。"[14] 埃德温·桑迪斯爵士对我们说，在他去欧洲旅行之前，他总认为告解室是一种行之有效的整肃措施，且"能极大地抑制邪恶力量"（而事实将令他很失望，因为他后来发现告解室都是做表面文章敷衍了事）。[15] 许多

天主教传播者都认同这一观点。告解室的废除已经削弱了社会的根基,天主教流亡者本杰明·凯瑞尔宣称:

> 取消告解室,仆人就有更多反对雇主的自由,孩子会反抗父母,人民会反抗主教,臣民会反抗国王⋯⋯因为没有这种圣事的约束,只有绞刑架还能令下等人畏惧⋯⋯而上等人直到人民揭竿而起才知道自己的过错。[16]

有关当时人口的研究显示,17世纪英格兰的私生子和未婚先育的比率很可能高于17世纪的法国。[17]如果这个推测结果是对的,那么人们将饶有兴致地探究,告解室在决定这些关键问题时是否参与其中,就像维多利亚时期的时事评论家把爱尔兰女子高尚的忠贞归因于相同的因素一样。[18]的确,高私生率和新教之间的联系令19世纪人口统计家印象深刻,而17世纪的人们对二者间的联系是有所察觉的。乔治·希克斯是一位在1689年拒绝对威廉和玛丽宣誓效忠的神甫兼语言学家,他于1677年在一篇抨击苏格兰长老会的著名檄文中论述说:

> 法利赛人常犯的通奸与淫邪,以及那些杂种在这片"西方圣地"泛滥,竟比所有周边国家总和还多。把地方教区、长老会教区、乡村教区的记录拿来和其余教区的对比一下,这个结论就很明显了。[19]

这一定是迄今为止最早将教区记事簿的记录运用在社会学的做法,它证明了不受援助的新教徒良知称不上合格的品德(尤其是在性道德方面)这一广泛传播的看法。

在中世纪,普通教徒能轻易地通过告解室向本地神甫倾吐心声。按照规矩,告解神父必须耐心倾听忏悔者的每句话,不论对方说的内容是否漫无边际。[20] 我们可以适当地推知,人们的各种事情都可能会诉诸某个负责的神甫,且其中必然有非精神层面的困惑。而人们除了忏悔自己的罪以外,也常常会详述其邻人的罪,这一点可谓臭名昭著。直到 18 世纪,神父趁人忏悔时询问同谋犯姓名的做法才被禁止。每位新教辩论家都知道,罗马神甫熟知夫妻间、主仆间最隐私的秘密。[21] 天主教徒习惯于在对某件事拿捏不准时求助神甫。17 世纪有个很有名的例子:1649 年,沃尔特·惠特福德向天主教告解神父询问意见之后,组织了针对艾萨克·多里斯劳斯(英联邦派往荷兰的使节)的谋杀案。[22] 一位劳德派主教说,秘密忏悔最主要的目的是"给每个基督徒的特定行为以告知、引导和忠告"。[23]

虽然英国国教会已经废弃了日常忏悔的规矩,但神甫仍然希望维持顾问和忠告者的形象。祈祷书要求助理神甫在主持圣餐仪式时劝诫内心迷惘或亟须引导的人们分别单独到他那里去聆听"奇异的教导、忠告和慰藉"。正如 1604 年教规要求的那样,很多主教在访问文章里着重问:这样的劝诫是否都执行了,因忏悔而产生的秘密是否完好保存着。[24] 类似的忏悔还被引入《探视患者准则》中。劳德派频频被指企图复兴强制性的忏悔习俗,[25] 且不时有个别神甫因背着宗教法庭组织教徒做忏悔而招惹了麻烦。[26]

事实上,大部分神甫都对废止告解室感到十分惆怅。忏悔习俗至少在某些特定场合,是受到朱厄尔、里德利、厄舍、拉蒂默,以及英国国教的其他主要人物拥护的。[27] 长老会教徒托马斯·卡特赖特建议那些有疑问的教徒应该向"审慎博学的《圣经》神甫寻求帮助",获取信息,在誓言、婚姻、赔偿损失、与仇人和解方面寻求他的指导并获得慰藉。[28] 清教徒亚瑟·希尔德海姆赞成个人向神甫忏悔必有益处;理查德·格里纳姆非常确信废止旧制度弊大于利。[29] "人们真的想要忏悔,"一名劳德派神职人员称,"取消后有些人就忏悔到绞刑架去了。"另一个人说:"若不建立忏悔机制,国教会永远不会完善。"[30] 人人都相信,在困难时刻求助于神甫,会像杰里米·泰勒所说的那样,"有极大的功效和益处"。[31]

在忏悔场所,神甫试图采用新办法(除了讲道和劝诫以外)影响普通信徒的决策方式。决疑法这种被高超神学家用来解决两难道德处境的方法,曾是中世纪告解神父的手册中的一个条目,到了17世纪,新教徒神学家制作了大量有关"良知案例"的书卷,受过教育的教徒能够从中找到最切近自身状态问题的解决方案。[32] 虔诚的信徒也有可能诉诸自身的灵魂,将他的困惑和疑虑托付给精神日记,并依靠祈祷释惑。像人们通常指出的那样,清教日记或自传的心理作用与天主教告解室极其相似。然而针对个人的忠告对大多数人而言是无可替代的,正如杰里米·泰勒说的那样:"人永远都需要一个活生生的引导。"[33] 约翰·福克斯这类正直虔诚的表率吸引了广大内心负疚的信徒,公正地说,清教有很多女教徒都倾向于寻求布道者的定期忠告和指点,这恰恰与虔诚的天主教徒求助告解神父有相同之处。[34] 神甫的咨询是精神疗法极其重要的一种形式,忧郁症患者或有自杀倾向的人会定期得到神甫的安慰和帮助。就连巫术师约翰·迪伊都将歇斯底里病患移交给神甫。[35] 高超决疑家,比如约翰·雷昂纳多斯这样的《圣经》译者,于是就成了答疑解惑的"传神谕者",类似的措辞还被用在他的同僚身上。[36]

但是这些行为是非官方的,无法协调也弥补不了废除告解室留下的"断层"。然而,教会神职人员成分混杂,其中还包括愚昧无知者、外地居民和冷漠无情的人。1603年,至少有六分之一的教士是兼职的。[37] 一味地主张消灭不道德行为,这种态度只会让神甫沦为大家讨厌的对象,而不是平易近人的顾问。这样一来,无论神甫多么虔诚,那种即便是最不起眼的中世纪神职人员都顶着的巫术光环,他都不会有了。此外,他也无法再迫使人们去聆听他的忠告了。有些本该遵循引导的信徒却转而向那些更敢于声称有超自然天赋或掌握了玄妙智慧的人寻求帮助,如此看来,他们这种转变也就不足为奇了。

三　无知与冷漠[38]

由于正统宗教并没有彻底吸引住英格兰民众的注意力，所以非宗教体系信仰的吸引力相应得到了提升。至于那个时代某些地区的居民是否有宗教信仰确实不好说。虽然我们无法获得最完整的统计数据，但我们依然可以确信：并非所有都铎和斯图亚特时代的英格兰人都去过教堂，而很多去过的人也怀着非常勉强的心情。此外，还有相当比例的人，终其一生都对基督教义最基本的教条一无所知。

教堂实际的出席情况难以估量，但目前已有一些项目正在研究少数存世的历史同期统计数据，该数据记录了参加一年一度的复活节圣餐礼的出席人数。及至目前的研究结果表明，尽管各个教区的差异极大，17世纪晚期法国反宗教改革教会在复活节义务仪式上达到的99%的出席率从未在英格兰出现过。[39]另有间接证据有力地证明了实际去教堂的人口规模远不及理想状态。比如，由于人口不断变化，一些教区的教堂甚至连潜在会众的一半都容纳不下。[40]其他教堂离本地又很远。[41]很多为了问心无愧而远离教堂的不服从国教的天主教徒和持异议者有属于他们自己的宗教活动形式。但仍然有一类社会层级的人并非因为这样的原因而缺席。对于社会层级低到一定程度的人，政府强制他们出席教会仪式的热情似乎并不太高。以格林德尔大主教1571年对约克教省下达的禁令为例，该禁令规定：所有平民都应该去教堂，"特别是户主"，仆人和穷人不在此列。[42]

尽管很少有人逃避洗礼、婚礼和葬礼仪式，我们依然有大量证据显示：许许多多最贫穷的阶层不会经常参加教堂的例行活动。伊丽莎白时代便是这样的情况，那时的一位作家曾罗列了多项穷人的罪孽，"他们极少到神甫那里去认真聆听并获知他们的责任"；同样，这在18世纪早期也是事实，当时牛津郡的一个神甫宽恕了穷人在圣日当天低迷的出席率,并解释说:"他们都是可怜的劳动者,不施舍钱物就不该期望他们出席。"[43] 在这两个时期之间也一直有人抱怨穷人远离教堂是出于冷漠、敌意或其他原因;还有人以穷人的衣衫褴褛为他们开脱;[44] 更有甚者处心积虑要把穷人排除在外,原因是担心他们把瘟疫传播给其他人。[45]

同时,更多数量可观的公众不去教堂的理由是:他们有病在身,他们有工作等着做,或者他们怕欠债出门有被捕的危险。[46] 有些人因为被逐出教会而不去教堂。在17世纪早期的一些主教管区,被驱逐出教的人及其家属约占当地人口的15%。[47] 据说在1540年至1542年间的科尔切斯特的圣吉尔斯教区,周日和节假日去教堂领受圣餐的教徒连一半都不到。1633年大雅茅斯的复活节圣餐仪式有1200人缺席。很多同时期的人引用一位詹姆斯一世时期布道者的抱怨说:"有些时候,在安息日参加神圣礼拜的人连一半都不到,要想将这些人引到救赎之路上是件多么困难的事情啊。"[48] 一个小册子编写者在1635年记录道,只有两三个人以上帝的名义聚集在一起的事例确实有发生;有时,教堂的神职人员甚至比教众还多。[49] 1656年,温切斯特地区靠施舍过活的贫民被迫前去教堂,他们被威胁若不这么做,他们的救济金就将停发。[50]

即便他们照做,却还是表现出满脸的不情愿。众多礼拜者的表现实在令人不满,以至于仪式预想的意图完全被歪曲了。实际上,从宗教法庭的一些案例中可以看出各种不敬的(且不相干的)行为都在礼拜过程中发生过。会众争抢教堂的条形板凳,互相推搡,清嗓和吐痰,争吵,做针线活儿,恶劣的大放厥词,讲笑话,打瞌睡,甚至放枪。[51] 布道对于有教养的基层来说是很受欢迎的,却会激起其他人的愤恨。1547年,斯蒂芬·加德纳述说了一个故事:"剑桥的一个教区神甫走上讲坛诵读自己写的内容时,大批教区居民冲出了教堂,跑回家喝酒去了。"可以肯定的是,酒馆的魅力可以轻而易举的打败布道。[52] 而且,一旦神甫走上讲坛,他就面临着被轻浮愚蠢且出言不逊的听众羞辱的危险。1630年,在埃塞克斯的霍兰麦格纳,当埃文斯先生讲到亚当和夏娃用无花果树叶为自己做衣服时,竟有个人高声询问:"他们用什么东西缝衣服?"[53]而当那个时代的另一个布道者试图解释说,天堂很高,以至于一块磐石从天堂掉落要花几百年时间才能落地,这时就有个听众问那么人上天堂要花多久。[54]在伊丽莎白一世时代萨默塞特的斯托格西地区,一个神甫助手由于发表讲话的时间过长,会众中有人大骂着让他下台,好让女佣回去挤奶。[55]

宗教法庭屡次惩处这类无理取闹的事件,但这反倒有可能激起教众对当事人的同情心。1598年,剑桥郡有个人被指控在教堂做了下流行为,"他朝演讲者放屁,乱敲出声响,并且嘲讽演讲内容",其无理的行为引发了"对好人极大的冒犯,同时使恶人欢欣鼓舞"。[56]伊丽莎白一世时期的教堂会众其态度就像令人生厌的学校男孩。他们从教堂一窝蜂似的奔到小酒馆,人群中流淌出亵渎上帝的玩笑,意味着他们从恼人的约束中获得解放了。1610年,格洛斯特郡的韦斯特伯里地区有一伙年轻人在神甫结束问答式讲授后,"就陷入手舞足蹈、酗醉和骚乱之中",继而编了一套既渎神又庸俗的教义问答。[57]1601年在威斯贝奇,当神甫以"你是彼得,我要把我的教会建造在这磐石上"结束《圣经》文句的传道后,有个裁缝编了一个典型的渎神段子:

> 他在小酒馆手持满满的水壶,用打趣的态度宣称:"我要把我的信仰建造在这磐石上。"与此同时,在众人中有一个名叫彼得的人,他就把这个话题和他扯上了关系说:"你是彼得。"然后,他拎着壶说:"但我要把我的教会建造在这磐石上。"[58]

1623年在布罗姆斯格罗夫,一个屠夫曾惹祸上身,因为他"虔诚地"将一枚弯曲的别针赠给一个熟人,并宣布:"将它赠予你是让你记住韦奇布里的帕金斯为你而死,你要心存感激。"[59]

所以17世纪虔诚的人开始把自己视为邪恶世界中那弱势的少数分子,且认为社会的底层人是纯正宗教信仰最大的敌人,也就不奇怪了。理查德·巴克斯特于1691年断言:"如果有人能招募军队消灭真理和宗教信仰,那么补锅匠、阉猪匠、搬运工、乞丐、船员以及所有不会阅读的下等人……都会踊跃参军。"他认为,"绝大部分人"痛恨虔诚。[60]1596年,爱德华·托普赛尔认为:年轻人像穷人一样坏,他们之中享受祈祷或布道的简直是凤毛麟角。至于乞丐,他们"绝大多数对上帝没有一点惧怕心理"。[61]

如此一来,这些现象就给宗教教旨的谆谆教导添加了一定的阻力。神甫的布道总是远远超出受众的接受能力。有些神甫的着眼点放在如何能得到晋升上,因而他们会发表一些学术性的布道文章,以便吸引位高权重的资助人。普通教众的头脑连受过教育的学童都不如,然而在神甫追逐名利的过程中,他们都不在乎大多数教众有何种诉求。约翰·多德认为:"大多数英格兰神甫通常都从他们的本地教众身旁匆匆地擦身而过。"约翰·洛克也赞同:"你……不可能对一个穷苦的日间劳工用阿拉伯语传道,并使用宗教中充斥的书籍和争论中的概念和语言,他们可明白不了。"[62]"现今尚存的各式英语书籍是非常有益的,但广大群众无福消受,"一个作家在1631年评论道,"因为大部分此类作品的风格和措辞只有学者才能够阅读。"[63]

公众教育的缺陷意味着,虔诚布道者付出的大量心血都是徒劳无益的。西蒙兹·迪尤斯爵士述说了他是如何在布道期间做笔记并成为一个"理性的听众……而此前,我与教堂中的那些野蛮人几乎没什么区别,从不尊重或注意礼拜的任何细节"。[64]威廉·潘布曾记录了一位六旬老人的有益故事,他毕生每周日参加两次布道,其他时间也很勤勉。然而,他临终之前回复神甫的问题却暴露了他的

第六章　宗教与大众

本质:

> 当他被询问"对上帝有何看法"时,他回答说,他是个好人;"救世主是什么?"答曰,他是个驯良的少年;"他的灵魂如何?"答曰,是他身上的一块大骨头;"死后他的灵魂会成为什么?"答曰,如果他曾行善,那么他就该到一片令人愉快的绿洲去。

潘布说,这是个一辈子至少听过两三千遍布道的人:

> 但是,我的教友们,请确信这个人并不孤独;有成百上千的人像他一样来教堂,并听过大量,或许是每年150次布道;然而,一年到头,他们不过是倚在柱子上或坐在凳子上,什么也没听进去。[65]

公众对宗教的愚昧无知,最初是由于拉丁语祈祷文难以用本土文字替换导致的。1551年,格洛斯特地区刚上任的新教主教对主教管区的神甫实行了一项调查,他发现311个神甫中,171人不能复述《十诫》的内容,27人不知道《天主经》的作者是谁,还有10人不能复述《天主经》。[66] 多年后,一份要求礼拜使用英文的请愿书抱怨道,宗教改革运动之前,所有不会拉丁语的教徒都不能够用英语说出《天主经》也不懂得《使徒信经》的任何经文,或者引述《十诫》内容。[67] 一名埃塞克斯神甫在1598年报道说,一半人口的宗教知识会令10岁孩子都感到羞愧难当。"穷人基本不能理解《天主经》的意思。"[68] 三年后,另一个神甫评论说,在那些没有宣讲布道的地区,人们对上帝无知的地步就像土耳其人或异教徒一般。他发现,在一个400人规模的教区,仅有10%的人对基督教教义有些许认识。[69] 休·拉蒂默评论道,相比布道,大多数人更喜欢罗宾汉传奇。1606年,尼古拉斯·邦德评述说,他们对罗宾汉的了解比对《圣经》中的故事还多,"相比之下,《圣经》对于他们就如同你告诉他们的新闻那样陌生"。"大部分人都太无知了,"朱厄尔主教说,"他们不知道《圣经》是什么;也不知道《圣经》确实存在。"[70]

情况各异的环境也决定着各个教区的宗教知识水平有所不同。教区神甫的热情,教区居民的职业,教育普及程度,以及当地绅士阶层的态度都会起作用。宗教知识的匮乏或许在蛮荒地带和林区是极为普遍的现象,在那里,各阶层间的交往与安定而封闭的乡村社区不同,没有那么刻板、有序。威廉·哈里森曾在伊丽莎白统治时期提及这些地区的非法定居者,以及他们对基督教的无知与野人无甚分别。而且,地形学者约翰·诺登也在1607年提到:

> 我曾游历的一些地方,有一望无际的荒地和群山……很多……建起了小村舍,人们基本不劳作,靠粗劣的燕麦面包、酸腐的乳浆和山羊奶过活,远离任何教堂,并且对上帝或现代的文明生活一无所知,就像异教徒中的野蛮人一样。[71]

据说这个时期的北方到处是无知的粗人。坎伯兰郡边界处的居民说不出《天主经》,而诺森伯兰郡的人们直到死亡都未曾听说过它。[72]伊丽莎白一世时代威尔士地区的约翰·彭里宣告说有好几千人对基督一无所知:"诚然,所有这些人都从未听说过他。"[73]

但这样的情况并非只发生在偏远地区。据称1656年,埃塞克斯人就像印第安人一样对基督教没有半点认识;在沼泽的水排干以前,阿斯霍姆岛的居民曾是没有信仰的野人;威尔特郡的部分地区过去完全没有宗教知识;汉普郡的居民曾是"没有信仰的野人"。[74] 1679年,当13名罪犯在伦敦开庭被判处死刑时,监狱的神甫发现这些可悲的人"对宗教原则完全没有概念,就好像他们出生在非洲,又被美洲的野蛮人养大似的"。[75]

第六章 宗教与大众

众所周知,中世纪的大部分农村人都对宗教教义知之甚少。14世纪的布道者约翰·布罗姆亚德曾讲述一个故事:主人公是个牧羊人,他被问到圣父、圣子、圣灵是谁,答曰:"我知道父亲和儿子是谁,因为我正在照管他们的羊群。至于第三个家伙我就不知道了,我们村没人叫这个名字。"[76]中世纪的宗教重视日常仪式性的演练,并不注重背诵理论信条。[77]宗教改革运动过后,人们认为公众的无知不过是教宗制度遗留下的弊病;后来,清教又将其成因归咎于"缺乏传道神甫";最终,人们承认这是一个生活中的事实。定期宣讲福音的浪潮对多数教区形成了冲击,但问题依旧如故。人们都知道乔治·怀特菲尔德发现金斯伍德这个林区的矿工"只比异教徒稍好一些";而且在19世纪,有组织的教会对工业城镇的影响也微乎其微。[78]然而,并不是工业化的压力导致了这个现象,因为该问题长久以来一直存在。弗朗西斯·基尔弗特神甫在日志中记录了多塞特的弗丁顿地区的神甫在19世纪初抵达那里时,发现农村教区居民的宗教知识是那样匮乏。一座教堂只有两个男性领圣餐者。当圣杯递到第一个人手中时,他摸着自己的额发说:"祝您健康,先生。"另一个相对教育良好的人说:"祝我们的上帝耶稣基督健康。"在奇彭纳姆地区,有一个穷人举着圣餐杯,并祝愿神甫"新年快乐"。[79]

当然,我们也须将当时一些神甫严苛的标准考虑进来,一些神甫在教民不过是产生一些轻微的神学困惑时就把他们贬斥为"无知的粗野人"。理查德·胡克的评论有一定道理,他说"完全不敬畏上帝"或者"头脑粗鄙"到不配称为人类的人是比较稀少的。[80]然而,对上帝如此淡薄的观念像其他信仰一样是为教会所谴责的。即便是普遍的宗教跨界仪式有时都会遭到规避。坚振礼是很多地方遵守的礼节,但有的主教管区如:伊丽莎白统治时期的牛津和伊利,那里长期处于主教管辖缺失状态,说明其宗教庆典已经空缺了数十年了。彼得伯勒主教怀特·肯尼特在1722年游览拉特兰郡时,发现那里已经有40年没举行过坚振礼了。[81]有些人甚至逃避洗礼。18

世纪中期,一个作家发表看法说:"或许降生以来从没被带去施洗礼的下等人并不在少数。"[82]

四　怀疑论

所以,从16世纪到17世纪,尽管英格兰在宗教理论上是统一的,但在很大程度上仍给异端势力留有余地。伊丽莎白一世和詹姆斯一世时期,作家们所愤慨的日益壮大的"无神论"是对一些不道德行径或不遵奉国教的行为的宽泛批判。他们所担心的怀疑论主要来自一小撮贵族智者,而这些智者多受古典著作和帕多瓦的"阿维洛伊学说"的影响,进而采用理神论的态度否认灵魂的不朽、天堂和地狱的真实性,有时甚至还否认基督的神性。然而,我们不能肯定这些人是否是严格意义上的无神论者。他们效仿了意大利人文主义者和法国自由主义者。有些人赞同马基雅维利的宗教观点,认为宗教信仰作为一种有益的手段将好的行为逐步灌输给平民百姓,与此同时,他们否认基督教的很多正统教条,比如克里斯托弗·马洛确实陈述过《新约》是"污秽文字"的观点,认为基督是私生子,而他的门徒则是些卑鄙的家伙。他还先于现代神学家提出了"耶稣是同性恋者"的看法。[83]据说沃尔特·雷利爵士和其友人否认天堂和地狱的存在,声称:"我们死去就像动物一样,逝去后不再有人记着我们。"[84]类似骇人的反偶像崇拜无神论也曾是控诉托马斯·哈里奥特、乔治·加斯科因、约翰·凯厄斯、尼古拉斯·培根、牛津伯爵和其他一些伊丽莎白一世时代的知识分子的罪名。据西班牙大使在1617年估计,英格兰有90万名无神论者。[85]这个数字也许可以一笑置之,但有一点很清楚,那个时期的知识分子在人文主义者的影响下,已经创制了一套不同于正统基督教的宗教模式。霍布斯和斯宾诺莎的作品也进一步强化了这种怀疑论。

贵族的不信奉行为对历史学家而言是司空见惯的。然而,历史学家极少关注底层社会成员显示出的怀疑宗教的迹象。那个时期的宗教传记有一个最显著的特点,就是揭露了无神论思想甚至能够使"最敬虔的人"感到困扰。[86] 很多准清教圣徒似乎也曾暂时性地质疑过上帝和魔鬼、天堂和地狱是否存在,以及《圣经》经文的真实性。事实上,约翰·班扬、理查德·巴克斯特和其他众多知名信徒的困惑之所以被我们知晓,是因为它们都被记录下来出版成册以便帮助其他人。[87] 但另有迹象显示有些质疑的声音确实很普遍。比如说詹姆斯一世时期著名海军将领的妻子蒙森太太曾于 1597 年迫于无奈咨询占星师,因为"她无法入睡,总陷入大量病态的思索中……她认为魔鬼总是引诱她对自己作恶,并怀疑到底有没有上帝"。[88]

人们质疑基督教信仰基本教条的倾向并不是什么新鲜事。中世纪众多神甫和普通教徒都曾受到过亵渎上帝的言行和无神论两者的巨大吸引力的困扰,[89]15 世纪的教会法庭也曾发现各种广为流传的怀疑论。历史学家错误地将其中大部分怀疑论笼统地划归为"罗拉德派信仰"。 然而,罗拉德派宗教思想或原始新教理论并不是人们不愿意接受基督教基本教义的原因。好多异教徒都否认灵魂不朽和死者将来可能复活的说法。有人质疑《圣经》中记述的上帝创世的说法。还有人拒斥基督的复活。[90] 此外,更有人不加掩饰地公开采取冷漠的态度,如伦敦一名妇女在 1493 年被指控使用巫术,这名妇女宣称她在此世已达天堂,不在乎来世有没有天堂。[91] 还有些其他的残余邪说:在 1313 年的贝克斯利地区,有个人确定要杀害其女仆之前,在花园中制作了石木的肖像,并把它当成上帝顶礼膜拜。[92] 此外,还有些迷茫的人持异端邪说,比如 1518 年拉特兰郡的一名妇女坦言,她由于猛然产生某种难以解释的冲动,从而决定放弃去教堂并屈服于魔鬼。[93]

我们无法知道宗教法庭上的怀疑宗教者具有多大的代表性。在外来人口比例较高的地区,那些最可能因信仰异端而遭揭发的人通常都是不被社会充分接纳的外来者;就像那些后来被控告操弄妖术的人通常在社会中所处的位置都是模糊不清或不稳定的。如果这是真的，那么实际存在的不信教者规模很可能比已有证据显示的还要大。

宗教改革运动并没阻断公众宗教怀疑论的连续性。爱德华六世掌政时期有许多著名的异端分子拒斥灵魂不朽，进而否认天堂和地狱的存在。再洗礼派教徒和家庭主义教成员都同情"灵魂灭绝论"的学说：灵魂不会在最后审判日来临前苏醒；1573年，一群伊利教区的宗派分子持这样的看法，即地狱纯粹是个寓言性质的东西。[94] 人们还对"耶稣基督是上帝之子的人形化身"提出了质疑。1542年，达特福德的一个居民说"基督从圣母玛利亚的子宫所获得的身体，并没有升入天堂，亦不在天堂"。[95] 十四年后，另一个肯特郡人，这回是滕斯托尔教区长，他被指控说过"任何相信基督坐在上帝右手上的人都是傻子"。[96] 1576年，诺福克郡有个"极端恶劣的家伙"甚至宣称有"若干个基督"。[97] 在1582年格洛斯特郡的乌顿地区，另一个人因为对"基督道成肉身"持一种令人厌恶的态度而被控告。[98] 此后不久，约翰·迪伊的朋友爱德华·凯利就受到蛊惑否定基督的神性。还有质疑者在宣布"基督不是救世主，福音只是神话传说"后，被告上了星法院。[99]

这类宗教异端邪说后来得以逐渐转化成彻头彻尾的怀疑论。1573年，罗伯特·马斯特在肯特郡的伍德丘奇因其错误观点被指控，原因在于"他否认上帝创造日、月、大地和水，他还否认（最后审判日）全体死者的复活"。[100] 埃克塞特的主教抱怨道，他的主教管区在1600年"常发生关于上帝存在与否的争论"；班克罗夫特也在伦敦的主教管区遭遇了类似的质疑者。[101] 在埃塞克斯布拉德韦尔近海地区有一个农民，"据说他支持的观点是'万物源于自然'，并且他作为一个无神论者特别确信这一点"。[102] 据说托马斯·阿斯顿于1616年在伍斯特郡曾谈论说："圣灵创造了舞台剧，《圣经》不过是人类自己的发明。"[103] 理查德·夏普曾经在拉特兰郡的温林发表言论说,"没有上帝,也没有等待他去拯救的灵魂",并于 1633 年遭到指控。[104]1635 年的达勒姆地区出了布赖恩·沃克的案子,当被问及是否惧怕上帝时,他反驳说:"我不信有上帝或者魔鬼,只相信我亲眼所见的东西。"他推荐把一本"名为乔叟的书"作为替代《圣经》的书籍。[105] 许多不那么武断的怀疑论者则质疑神圣天命的存在。比如伊丽莎白一世时期的萨里治安推事威廉·加德纳,他由于 1582 年的言论而遭到指控,言论的内容是:"自从上帝创造世界以来,他就与世界没什么关系了,而且上帝也不主宰世界。"[106]

空位期的相对自由使得这种瘟疫般的怀疑论更趋于公开化。[107] 1648 年,该年度《亵渎上帝言行条例》的作者认为有必要提出一些惩罚措施,针对持以下观点的人群:否认不朽说,质疑《圣经》,抵制耶稣基督和圣灵,甚至是否认上帝存在和上帝万能。[108] 有一些渎神观点在各教派中得到了庇护。索齐尼派教徒就否认基督的神性。喧嚣派否认灵魂不朽、字面意义上的耶稣复活、《圣经》压倒一切的权威,以及天堂和地狱的实体存在。再如家庭主义教成员,他们仍旧沿用这类概念,但选择象征性地对待;有个版本说,当人们笑时就是天堂,当他们疼痛时就是地狱。地狱只存在于人们的想象中,有人断言理查德·夏普曾说过:"生活在地狱的恐惧中就等于活在地狱。"[109] 挖掘派的杰勒德·温斯坦利就曾嘲笑过这种做法,称其为:"错误的老师将一个虚幻的天堂植入你脑内,讨你欢心的同时却也偷了你的钱包。"17 世纪晚期有许多知识分子都反对"恶人遭受终身折磨"的说法,然而,政权空位期的神秘教派已经对这种怀疑论进行了广泛的宣传。[110]

最终,这种异端邪说终将招致对所有宗教的正式抵制。喧嚣派的劳伦斯·克拉克森开始相信"除自然以外并不存在上帝";预言家威廉·富兰克林的一位追随者也认同这一看法。洛多威克·马格尔顿说他曾遇到很多持此观点的人。[111]1656 年,两个莱科克的织工因一系列异端信仰而被指控崇拜星宿,他们断言:"如果《圣经》被重新制作,梅尔克舍姆的汤姆·兰派尔做出来的绝不比《圣经》差。"他们还说:"世上既没有天堂也没有地狱,它们只存在于人的良心中;如果他拥有大笔财富并生活舒适,那就是在天堂;如果他生活窘迫极其悲惨,那本身就是地狱和死亡,接着他将像牛马般死去。"其中一个人把唯信仰论的教义,即"万物中都有上帝的身影,无论什么样的罪孽或恶果都有上帝的,上帝是它们的主人,一切都在主之中运作",与以下个人反思结合起来,即他会为了一壶酒而出卖所有宗教。[112]

评定这类言辞需要注意到,这个时期的宗教异端邪说仍被视为一种极端严重的冒犯,尤其是因为底层人民仍把对天堂和地狱的信仰当作良好行为的必要准绳。1548年至1612年间,至少有八个人由于持反三位一体学说的信仰而被烧死。这些人中的造犁工马修·哈蒙特于1578年死在诺里奇,他否认基督神性及死而复生,并认为《新约》"不过是个骗局,是个私人的故事,或充其量是一个寓言"。[113]那些吐露类似观点的人都冒着巨大风险,甚至到1612年后,一些劳德派主教还对废止处决一事感到惋惜。甚至到1639年,大主教尼尔仍想烧死一个异端者;[114]并且霍布斯认为宗教改革以后他很可能还要遭受相同的命运。[115]这种惩罚异端邪说的方法直到1677年才由火刑降至开除教籍。在这样的背景下,我们不应低估流传广泛的宗教怀疑论的证据,因为我们可以合理推断,很多人都不敢把心里想的大声说出来。也难怪查理二世统治时期,达德利地区的诺斯勋爵四世曾认为那个时期相信死后有来世的人并不多,"特别在粗俗人中更是如此"。[116]

"世俗观念"和"冷漠"也具有难以估量的影响力,势必会强化人们对宗教教条的有意的抵制。一位史学家称伊丽莎白时代为"20世纪之前宗教淡漠最严重的年代",[117]虽然这看上去很夸张,但可以肯定绝大部分人要么冷眼旁观,要么公开仇视。宗教法庭揭露了部分更为放肆的冒犯者:如1598年切舍有两个居民,他们说可以出钱

第六章 宗教与大众

拆毁教区教堂,但不会出钱将它盖起来;1608年,伊利的主教管区有个屠夫放狗去咬教堂里的人;还有一个伦敦演员说,看他的戏剧比学习20篇布道文章要收获更多。[118] 可是,太多人选择专注于生活事务,而将精神问题放任自流;比如赫勒福德的放债者,当他被要求为了灵魂的考虑必须要放弃"放荡的生活和可憎的高利贷",他答复的话是:"魂归何处?给我足够的钱,我不在乎是上帝还是魔鬼拥有我的灵魂。"[119]

目前,学界对世俗主义的兴起还没有进行过系统的历史研究。[120] 考虑过这个问题的学界权威倾向于寻求社会学家埃米尔·涂尔干的分析,以便得出符合逻辑的结论。他们认为,如果社会通过宗教仪式确保整体协调一致,那么仪式的衰落就意味着这种统一性也就随之消失了。公共价值观的崩塌,随之而来的都市化和工业化浪潮,使得这种社会统一性愈发难以得到保证。宗教改革运动过后,这种溃变随着敌对宗教团体的形成而日渐明晰起来。这个过程最终在工业革命进一步侵蚀了英格兰社会的道德体系后得以完成。人们以前将社会行为规范视作上帝的条款,在经历了这番溃变之后,社会行为规范需要适应环境的变迁而仅仅沦为实用性的规则。在道德统一性硕果仅存的乡村,有组织的宗教有可能还保留了一些社会性含义。而在城市,宗教冷漠变得尤为明显,因此那里的社会统一性遭到了最为严重的破坏。[121]

这种传统的解读无疑夸大了中世纪的社会统一性。涂尔干自己将中世纪浪漫化成一个"人们在庄园、村庄和行会这样的小群体中惬意地联系在一起"的时代,并且类似的理想化已经对那些不以历史性思考问题的社会学家的工作造成了一定的影响。其实人们提出的整个问题很可能是错的。我们对祖先的宗教信仰和宗教活动的了解不足以确知其实际衰落的程度。对于工业化开端前就长期存在的冷漠、异端和不可知论的规模,人们已做出的评断完全是不充分的。即便是最远古的社会也有宗教怀疑者存在。[122] 英国发生在16世纪到17世纪之间的社会变革很可能助长了怀疑论的发展。有一点很清楚,有组织的宗教对人们的控制从未全面到不给敌对信仰系统以余地的程度。

注 释

1. 有关此主题的进一步信息请参见 S. L. Ware, *The Elizabethan Parish in Its Ecclesiastical and Financial Aspects*（Baltimore, 1908）; A. Heales, *The History and Law of Church Seats or Pews. I. History*（1872）;以及克里斯托弗·希尔博士在下书中对宗教社会角色的讨论 *Economic Problems of the Church from Archbishop Whitgift to the Long Parliament*（Oxford, 1956）and *Society and Puritanism in Pre-revolutionary England*（1964）。

2. *Anecdotes and Traditions*, ed. W. J. Thorns（Camden Soc., 1839）, p. 59; *Documents relating to Cambridgeshire Villages*, ed. W. M. Palmer and H. W. Saunders（Cambridge, 1925—1926）, iv, p. 73。

3. Hill, *Society and Puritanism*, p. 427; Norfolk R.O., MSC 9（反驳詹姆斯·巴克的文章, no. 28）; Ware, *The Elizabethan Parish*, p. 79; H. N. Brailsford, *The Levellers and the English Revolution*, ed. C. Hill（1961）, p. 45; *Elizabethan Churchwardens' Accounts*, ed. J. E. Farmiloe and R. Nix-seaman（Pubs. Beds. Hist. Rec. Soc., 1953）, p. xxviii。

4. R. Bernard, *The Ready Way to Good Works*（1635）, p. 7; N. Homes, *Plain Dealing*（1652）, p. 33。

5. *L.P.*, xviii（2）, p. 294。

6. N. Glass, *The Early History of the Independent Church at Rothwell*（Northampton, 1871）, pp. 77, 75. Cf. the comments of C. Hill, *Reformation to Industrial Revolution*（1967）, p. 166, and B. R. Wilson, *Sects and Society*（1961）, p. 354。

7. B. G. M. Sundkler, *Bantu Prophets in South Africa*（2nd end, 1961）, and B. A. Pauw, *Religion in a Tswana Chiefdom*（1960）。

第六章　宗教与大众

8. A. O. Meyer, *England and the Catholic Church under Elizabeth*, trans. J. R. McKee（1916）, p. 209. Cf. Aubrey, *Miscellanies*, p. 220.

9. G. Herbert, *A Priest to the Temple*（1652）, chap. xxiii; J. Hacket, *Scrinia Reserata*（1693）, ii, p. 61; S. Clarke, *The Lives of Sundry Eminent Persons*（1683）, i, p. 175; ii, pp. 120—121; id., *The Lives of Two and Twenty English Divines*（appended to *A General Martyrologie*）, p. 210. 关于教会的调停角色，see also below, p. 628。

10. *The Letters and Journals of Robert Baillie*, ed. D. Laing（Edinburgh, 1841—1842）, ii, p. 360.

11. Herbert, op. cit.

12. B. L. Manning, *The People's Faith in the Time of Wyclif*（Cambridge, 1919）, p. 32; W. Lyndwood, *Provinciale*（Oxford, 1679）, p. 343;（W. Harrington）, *In this Boke are Conteyned the Comendacions of Matrymony*（1528）, sig. Eiii. 英格兰的 *Prymer*（Rouen, 1538）却要求每周忏悔; F. A. Gasquet, *The Eve of the Reformation*（1900）, p. 287。

13. C. T. Martin in *Archaeologia*, lx（2）（1907）, pp. 361—363. Cf. below, pp. 599—601.

14. Aubrey, *Miscellanies*, p. 218.

15.（Sir E. Sandys）, *Europae Speculum*（Hague, 1629）, p. 10.

16. *A Missive to His Majesty of Great Britain, King James, written Divers Yeers since by Doctor Carier*（Paris, 1649）, p. 48.

17. Cf. P. Goubert, *Beauvais et le Beauvaisis de 1600 à 1730*（Paris, 1960）, pp. 31, 69; id. in *Population in History*, ed. D. V. Glass and D. E. C. Eversley（1965）, p. 468; and in *Daedalus*（Spring, 1968）, p. 594; L. Pérouas, *Le Diocése de la Rochelle de 1648 á 1724*（Paris, 1964）, p. 171; P. Laslett, *The World We Have Lost*（1965）, pp. 134, 140; E. A. Wrigley in *Econ. Hist. Rev.*, 2nd ser., xix（1966）, p. 86.

18. F. W. Newman, *Miscellanies*, iii（1889）, p. 273; H. C. Lea, *A History of Auricular Confession, and Indulgences in the Latin Church*（1896）, ii, pp. 433—435. 但是正如J.L. 弗朗德兰指出的那样，若不假定（或许并不确切）私通者未采取避孕措施，私生子的数据就只揭示了一小部分实际发生的性行为; *Annales*（*économies, sociétés, civilisations*）, 24e année（1969）。

19.（G. Hickes）, *Ravillac Redivivus*（1678）, p. 73（"53"）.

20. Lyndwood, *Provinciale*, p. 328.

21. Lea, *A History of Auricular Confession*, i, pp. 394—395; W. Tyndale, *Doctrinal Treatises*, ed. H. Walter (Cambridge, P.S., 1848), p. 337.

22. *H.M.C., Portland*, i, pp. 591—592. Cf. Lea, op. cit., ii, p. 440.

23. Francis White, Bishop of Ely, cited in C. Wordsworth, *Appendix to a Sermon on Evangelical Repentance* (1842), p. 77.

24. E. B. Pusey, Preface to Abbé Gaume's *Manual for Confessors* (2nd edn, Oxford, 1878), pp. xli—xliii.

25. *A Large Supplement of the Canterburian Self-Conviction* (1641), p. 61; J. White, *The First Century of Scandalous, Malignant Priests* (1643), pp. 29, 40, 43; *Walker Revised*, ed. A. G. Matthews (Oxford, 1948), p. 331; *H.M.C., House of Lords*, addenda, *1514—1714*, p. 434; J. Rushworth, *Historical Collections* (1721), ii (2), pp. 1378—1380; H. Foley, *Records of the English Province of the Society of Jesus* (1877—1884), ii, p. 565.

26. P. Collinson, *The Elizabethan Puritan Movement* (1967), p. 347; Wells D.R., A 77 (沃尔特·罗林斯, 米德尔佐伊的神甫, 1587—1588)。当时的一些巡访文章也质疑这种活动。

27. 出于维护党派的目的, 19世纪的著作汇集了大量这类观点, 比如: Wordsworth, *Appendix to a Sermon on Evangelical Repentance*, and Pusey's preface to Abbé Gaume's *Manual for Confessors*。Cf. T. W. Drury, *Confession and Absolution* (1903).

28. *Cartwrightiana*, ed. A. Peel and L. H. Carlson (1951), pp. 92—97.

29. A. Hildersham, *CLII Lectures upon Psalm LI* (1635), pp. 164—166; *The Workes of... Richard Greenham*, ed. H. H (olland) (5th edn, 1612), p. 359. Cf. R. A. Marchant, *The Puritans and the Church Courts in the Diocese of York, 1560—1642* (1960), pp. 226—227.

30. White, *The First Century of Scandalous, Malignant Priests*, p. 39; N. Wallington, *Historical Notices of Events*, ed. R. Webb (1869), i, p. 192.

31. Quoted by Pusey in preface to Abbé Gaume's *Manual*, p. cxiii.

32. 其中一些文章曾被T. 伍德在其下书中讨论过: *English Casuistical Divinity during the Seventeenth Century* (1952); G. L. Mosse, *The Holy Pretence* (Oxford, 1957); K. Kelly, *Conscience: Dictator or Guide?* (1967)。

33. Quoted in Wood, op. cit., p. xiii.

第六章 宗教与大众

34. J. F. Mozley, *John Foxe and his Book*（1940）, p. 96; P. Collinson in *Studies in Church History*, ii, ed. G. J. Cuming（1965）, p. 260.

35. R. Hunter and I. Macalpine, *Three Hundred Years of Psychiatry*（1963）, p. 240; Ewen, ii, p. 186. Cf. J. Sym, *Lifes Preservative against Self-Killing*（1637）, p. 324.

36. Wood, *Life and Times*, i, p. 460; Heywood, *Diaries*, i, p. 43; Hunter and Macalpine, op. cit., p. 113; S. Clarke, *The Marrow of Ecclesiastical History*（2nd edn, 1654）, pp. 851, 926, 931; id., *The Lives of Two and Twenty Divines*, pp. 210—211; *Memoirs of... Ambrose Barnes*, ed. W. H. D. Longstaffe（Surtees Soc., 1867）, p. 422; Hacket, *Scrinia Reserata*, ii, pp. 61—62; *Samuel Hartlib and the Advancement of Learning*, ed. C. Webster（Cambridge, 1970）, p. 76.

37. Hill, *Economic Problems of the Church*, p. 226.

38. 更多关于本节与下一节的例证可以参见 C. Hill, "Plebeian Irreligion in England", in *Studien über die Revolution*, ed M. Kossok（Berlin, 1969）, 该文在我写作这本书时不慎被遗漏。

39. Laslett, *The World We Have Lost*, pp. 71—73. 关于法国请参见 G. Le Bras, *Études de sociologie religieuse*（Paris, 1955）, i, pp. 276—277; Pérouas, *Le Diocèse de la Rochelle de 1648 à 1724*, p. 162。

40. 关于他们身体残疾的评论请参见 *C.S.P.D., 1625—1626*, p. 525; *1637*, p. 125;（E. Chamberlayne）, *Englands Wants*（1667）, pp. 6—7; N. G. Brett-James, *The Growth of Stuart London*（1935）, p. 201; R. Nelson, *An Address to Persons of Quality and Estate*（1715）, p. 105。

41. W. Vaughan, *The Spirit of Detraction*（1611）, p. 94.

42. *The Remains of Edmund Grindal*, ed. W. Nicholson（Cambridge, P.S., 1843）, p. 138.

43. H. Arth（ington）, *Provision for the Poore*（1597）, sig. C2; *Articles of Enquiry... at the Primary Visitation of Dr Thomas Secker, 1738*, ed. H. A. Lloyd Jukes（Oxon. Rec. Soc., 1957）, p. 6. 更多其他证据由下书引用: Hill, *Society and Puritanism*, pp. 472—474。

44. *The Churchwardens' Presentments in the Oxfordshire Peculiars of Dorchester, Thame and Banbury*, ed. S. A. Peyton（Oxon. Rec. Soc., 1928）, p. 68; *Barlow's Journal*, ed. B. Lubbock（1934）, i, pp. 15—16; F. J. Powicke, "The Reverend Richard Baxter's Last Treatise", *Bull. John Rylands Lib.*, x（1926）, p.

215.

45. C. Creighton, *A History of Epidemics in Britain*（2nd edn,1965）, i, p. 314.

46. 其他借口的例子请参见 Ely D.R., B 2/12, f. 20^v; Wells D.R., A 91（至少有 6 个例子）; Bodl., Oxford Archdeaconry papers, C. 13, f. 174; Bodl., Oxford DioC. papers, D. 11, f. 189。

47. R. A. Marchant, *The Church under the Law*（Cambridge,1969）, p. 227.

48. J. E. Oxley, *The Reformation in Essex*（Manchester,1965）, p. 145; *C.S.P.D., 1634—1635*,p. 538; W. Warde,*Gods Arrowes, or, Two Sermons*（1607）, f. 23^v.

49. W. Scott, *An Essay of Drapery*（1635）, pp. 109—110. Cf. *The Letters of Stephen Gardiner*, ed. J. A. Muller（Cambridge,1933）, p. 356; S. Hammond, *Gods Judgements upon Drunkards, Swearers, and Sabbath-Breakers*（1659）, sig. Cl; *A Representation of the State of Christianity in England*（1674）, p. 5.

50. C. Bailey, *Transcripts from the Municipal Archives of Winchester*（Winchester,1856）, p. 73.

51. 针线活,参见 Bodl., MS Gough Eccl. Top. 3, f. 101, f;以及放枪,参见 Ely D.R., B 2/20, f. 79^v。对推搡和睡觉的抱怨则数不胜数。

52. *The Letters of Stephen Gardiner*,p. 314; Ware,*The Elizabethan Parish*,p. 24 n; *The Works of Thomas Adams*, ed. J. Angus（Edinburgh,1861—1862）, i, p. 298; Winchester D.R., C. B. 60（1588）.

53. S. C. Powell, *Puritan Village*（New York,1965）, p. 89.

54. R. Coppin, *Truth's Testimony*（1655）, p. 42.

55. Wells D.R., A 98（1593—1594）.

56. Ely D.R., B 2/14, f. 137.

57. Gloucester D.R., Vol. 111.

58. Ely D.R., B 2/20, f. 59.

59. *Worcester County Records. The Quarter Sessions Rolls*, ii, ed. J. W. Willis Bund（Worcs. Hist. Soc.,1900）, p. 360（and cf. p. 362）。

60. Powicke, "The Reverend Richard Baxter's Last Treatise", *Bull. John Rylands Lib.*, x（1926）, p. 182; R. B. Schlatter, *Richard Baxter and Puritan Politics*（New Brunswick, N.J.,1957）, p. 63.

61.（E. Topsell）, *The Reward of Religion*（1596）, pp. 239,119.

62. Clarke, *The Lives of Two and Twenty English Divines*, p. 209; *The Works of John Locke*（12th edn, 1824）, vi, pp. 157—158. 詹姆斯一世时期赫勒福德郡马奇都切奇的一位当任神甫常在用英文布道之前先用拉丁文念一遍，由此引出"与其听神甫用拉丁文传道，不如听马放屁"的评论；Hereford D.R., C. B. 71（1616—1617）。

63. E. Reeve, *The Christian Divinitie*（1631）, sig. A5v.

64. *The Autobiography and Correspondence of Sir Simonds D'Ewes*, ed. J. O. Halliwell（1845）, i, p. 345.

65. *The Workes of... Mr William Pemble*（3rd edn, 1635）, p. 559. 类似逸事参见 G. Firmin, *The Real Christian, or a Treatise of Effectual Calling*（1670）, pp. 162, 229。

66. J. Gairdner in *E.H.R.*, xix（1904）, pp. 98—99. 不单看这些数据的表面价值的几个原因参见 P. Heath, *The English Parish Clergy on the Eve of the Reformation*（1969）, pp. 74—75。

67. Foxe, viii, p. 123.

68. G. Gifford, *A Brief Discourse of Certaine Points of the Religion, which is among the Common Sort of Christians*（1598）, f. 43.

69. J. Nicholls, *The Plea of the Innocent*（1602）, pp. 218—219.

70. *Sermons by Hugh Latimer*, ed. G. E. Corrie（Cambridge, P.S., 1844）, p. 208; N. Bownd, *Sabbathum Veteris et Novi Testamenti*（2nd edn, 1606）, p. 339; *The Works of John Jewel*, ed. J. Ayre（Cambridge, P.S., 1845—1850）, ii, p. 1014.

71. J. N（orden）, *The Surveyors Dialogue*（1607）, p. 107. Cf. *The Agrarian History of England and Wales*, iv, ed. J. Thirsk（Cambridge, 1967）, pp. 409—411.

72. *C.S.P.D., 1629—1631*, p. 473; *1598—1601*, p. 362; *Calendar of Border Papers*, ii, p. 494.

73. J. Penry, *Three Treatises concerning Wales*, ed. D. Williams（Cardiff, 1960）, p. 32. 关于威尔士和英格兰北部的宗教无知的讨论参见 J. E. C. Hill, "Puritans and the Dark Corners of the Land", *T.R.H.S.*, 5th ser., xiii（1963）。

74. G. F. Nuttall, *Visible Saints*（Oxford, 1957）, p. 136; *The Diary of Abraham de la Pryme*, ed. C. Jackson（Surtees Soc., 1870）, p. 173; Clarke, *The Lives of Sundry Eminent Persons*, i, p. 19.

75. *The Execution... of... Thirteen Prisoners*（1679）, p. 2.

76. Quoted by G. G. Coulton, *The Medieval Village*（Cambridge, 1925）, pp. 265—266. 对比同一位作者的 *Ten Medieval Studies*（3rd edn, Cambridge, 1930）, chap. 7。

77. Cf. above, p. 88.

78. L. Tyerman, *The Life of the Rev.George Whitefield*（1876）, i, p. 182; K. S. Inglis, *Churches and the Working Classes in Victorian England*（1963）.

79. *Kilvert's Diary*, ed. W. Plomer（new edn, 1960）, ii, p. 442; iii, p. 133.

80. R. Hooker, *Of the Laws of Ecclesiastical Polity*, v. ii.

81. *Reliquiae Baxterianae*, ed. M. Sylvester（1696）, i, p. 250; J. Strype, *The Life and Acts of John Whitgift*（Oxford, 1822）, iii, pp. 288—290; G. V. Bennett, *White Kennett, 1660—1728*（1957）, p. 227. 关于13世纪的一个类似情况参见 Coulton, *Ten Medieval Studies*, p. 119。

82. *A Collection of the Yearly Bills of Mortality from 1657 to 1758*（1759）, p. 4.

83. P. H. Kocher, *Christopher Marlowe*（Chapel Hill, 1946）, chaps. 2 and 3.

84. P. Lefranc, *Sir Walter Raleigh écrivain*（Paris, 1968）, p. 381（关于雷利的信仰的详尽讨论参见 chap. 12）。

85. *Correspondence of Matthew Parker*, ed. J. Bruce and T. T. Perowne（Cambridge, P.S., 1853）, pp. 251—252; E. A. Strathmann, *Sir Walter Ralegh*（Morningside Heights, 1951）, chap. 2; Lefranc, op. cit., p. 341; *C.S.P.D., 1547—1580*, p. 444; M. J. Havran, *The Catholics in Caroline England*（Stanford, 1962）, p. 83. 关于这个主题的概述参见 F. Brie, "Deismus und Atheismus in der Englischen Renaissance", *Anglia*, xlviii（1924）; G. T. Buckley, *Atheism in the English Renaissance*（Chicago, 1932）; D. C. Allen, *Doubt's Boundless Sea. Skepticism and Faith in the Renaissance*（Baltimore, 1964）。

86. R. Gilpin, *Daemonologia Sacra*, ed. A. B. Grosart（Edinburgh, 1867）, p. 243.

87. J. Bunyan, *Grace Abounding*, ed. R.Sharrock（Oxford, 1962）, p. 31; G. F. Nuttall, *Richard Baxter*（1965）, p. 28; *Autobiography and Correspondence of Sir Simonds D'Ewes*, i, pp. 251—252; *Nicholas Ferrar. Two Lives*, ed. J. E. B. Mayor（Cambridge, 1855）, p. 5; H. Jessey, *The Exceeding Riches of Grace Advanced... in... Mrs Sarah Wight*（2nd edn, 1647）, pp. 7, 11—12, 78, 128; T. Taylor, *The Pilgrims Profession*（in *Three Treatises*［1633］）, pp. 165—166,

168; Clarke, *The Lives of Sundry Eminent Persons*, i, pp. 70—71; W. Haller, *The Rise of Puritanism*(New York, 1957), p. 99; L. Muggleton, *The Acts of the Witnesses*(1699), p. 18; *Satan his Methods and Malice baffled. A Narrative of God's Gracious Dealings with that Choice Christian Mrs Hannah Allen*(1683), pp. 3, 15, 58.

88. Ashm. 226, f. 233. 关于类似的谵妄, see below, pp. 565—566。

89. See e.g., G. G. Coulton, *The Plain Man's Religion in the Middle Ages*(*Medieval Studies*, no. 13, 1916), pp. 6—8.

90. Thomson, *Later Lollards*, pp. 27, 36—37, 76, 80, 82, 160, 186, 248; id., in *Studies in Church History*, ii, ed. Cuming, p. 255. 把非常规的怀疑者贬损为"醉鬼"和"疯子"的倾向降低了汤姆森这一伟大作品的价值,也因此没能探清这些话语所归属的传统。

91. Hale, *Precedents*, p. 36.

92. F. R. H. Du Boulay, *The Lordship of Canterbury*(1966), p. 312.

93. *An Episcopal Court Book for the Diocese of Lincoln*, *1514—1520*, ed. M. Bowker(Lincoln Rec. Soc., 1967), pp. 84—85.

94. Buckley, *Atheism in the English Renaissance*, pp. 29—30, 48—50; *The Two Liturgies... Set Forth... in the Reign of King Edward VI*, ed. J. Ketley(Cambridge, P.S., 1844), p. 537; J. Strype, *Annals of the Reformation*(Oxford, 1824), ii (i), p. 563; L. Einstein, *Tudor Ideals*(1921), p. 226; C. Hill, "William Harvey and the Idea of Monarchy", *Past and Present*, xxvii(1964), pp. 62—64; J. Strype, *The Life and Acts of Matthew Parker*(1711), p. 437.

95. Rochester D.R., DRb/Jd 1(Deposition Books, 1541—1571), f. 7.

96. Kent R.O., PRC 39/2, f. 23^v. 在 1563 年诺福克黑文汉姆的托马斯·洛弗尔因为质疑"为什么我们信仰上帝之子却只向上帝祈祷而不向他儿子祈祷;为什么上帝之子在自己的国家没有信徒,反而被驱赶,而他们却比我们活得更好"而遭到指控; Norfolk and Norwich R.O., Norfolk Archdeaconry General Books, 2A(1563)(这条文献归功于 R.A. 霍尔布鲁克博士)。

97. *H.M.C., Hatfield*, ii, p. 136.

98. Gloucester D.R., Vol. 50.

99. M. Casaubon, *A True and Faithful Relation of what passed... between Dr John Dee... and Some Spirits*(1659), p. 240; J. Hawarde, *Les Reportes del Cases in Camera Stellata*, *1593 to 1609*, ed. W. P. Baildon(1894), pp. 41—42.

100. C. Jenkins, "An Unpublished Record of Archbishop Parker's Visitation in 1573", *Archaeologia Cantiana*, xxix（1911）, p. 314.

101. *H.M.C., Hatfield*, x, p. 450 ; J. Swan, *A True and Breife Report of Mary Glovers Vexation*（1603）, p. 68.

102. Cited by Sister Mary Catherine in *Essex Recusant*, viii（1966）, p. 92（no date given）.

103. Hereford D.R., Court Book 70.

104. Peterborough D.R., Correction Book 65（1633—1635）, f. 75^v.

105. *Durham High Commission*, pp. 115—116.

106. L. Hotson, *Shakespeare versus Shallow*（1931）, pp. 55, 198, 202. Cf. W. R. Elton, *King Lear and the Gods*（San Marino, Calif., 1966）, p. 19 ; Wood, *Ath. Ox.*, iii, cols. 8—9 ; J. Flavell, *Divine Conduct: or, the Mysterie of Providence*（1678）, sig. A5.

107. 关于这整个主题,参见 C. Hill, *The World Turned Upside Down*（1972）and A. L. Morton, *The World of the Ranters*（1970）。

108. *Acts and Ordinances of the Interregnum, 1642—1660*, ed. C. H. Firth and R. S. Rait（1911）, i, pp. 1133—1136.

109. *C.S.P.D., 1648—1689*, p. 425 ; Coppin, *Truth's Testimony*, pp. 40—41. 关于喧器派教义请参见 Morton, *The World of the Ranters*, and Hill, *The World Turned Upside Down*.

110. D. W. Petegorsky, *Left-wing Democracy in the English Civil War*（1940）, p. 144 ; D. P. Walker, *The Decline of Hell*（1964）.

111. H. Ellis, *Pseudochristus*（1650）, pp. 32, 37 ; Muggleton, *The Acts of the Witnesses*, p. 19. 关于克拉克森, see below, p. 567。

112. *H.M.C., Various Collections*, i, pp. 132—133. Cf. below, pp. 457—458.

113. H. J. MacLachan, *Socinianism in Seventeenth-century England*（Oxford, 1951）, p. 31 ; J. Stow, *The Annales of England*（1592）, pp. 1173—1174 ; Buckley, *Atheism in the English Renaissance*, pp. 56—58.

114. L. O. Pike, *A History of Crime in England*（1873—1876）, ii, p. 125 ; *C.S.P.D., 1639*, pp. 455—456. 当时一名异端者被判处死刑,但于 1618 年改为缓刑; *C.S.P.D., 1611—1618*, pp. 522, 525, 526, 527。

115. J. Aubrey, *Brief Lives*, ed. A. Powell（1949）, p. 245.

116. *D.N.B.*, "North, Dudley, 4th Baron North".

117. L. Stone in *E.H.R.*, lxxvii（1962）, p. 328. 类似观点请参见 R. G. Usher, *The Reconstruction of the English Church*（New York, 1910）, i, p. 281；M. M. Knappen, *Tudor Puritanism*（Gloucester, Mass., 1963）, p. 380。

118. "The Bishop of Chester's Visitation for the year 1598", *The Cheshire Sheaf*, 3rd ser., i(1896), p. 69；Ely D.R., B 2/26, f. 133；F. W. X. Fincham, "Notes from the Ecclesiastical Court Records at Somerset House", *T.R.H.S.*, 4th ser., iv（1921）, p. 138.

119. *Hereford City Records*, ix, f. 3438.

120. Cf. C. Geertz in *Anthropological Approaches to the Study of Religion*, ed. M. Banton（1966）, p. 43："如果对宗教献身的人类学研究发展不充分，那么对宗教无献身的人类学研究就无从谈起。"

121. 关于这一争论的情况，参见 B. R. Wilson, *Religion in Secular Society*（1966）, part 1, and A. MacIntyre, *Secularization and Moral Change*（1967）。

122. Cf. P. Radin, *Primitive Man as Philosopher*（New York, 1927）, chap. xix.

巫 术

第七章

巫术疗法

巫师无处不在;村里人称呼他们为术士、法师和白巫师,只要人们有求于他们,不管是身上的病症还是心理上的毛病,他们都敢帮忙。

罗伯特·伯顿,《忧郁的解剖》(1621),
第二部分第一章第一节

巫术和医药一样急需,而巫医比医生更为人们所需要。

威廉·珀金斯,《关于受诅咒的巫术技艺的讲演》
(剑桥,1608),第153页

我跪求怜悯,哦,用你的手轻触我吧,
尊贵的恺撒!我笃信,
我将得到拯救,只要我的"王",你触摸我一下。
罪恶并不与你相伴:我的苦难在欢歌,
罪恶属于我,但那祛除罪恶者,却是王者您。

罗伯特·赫里克,《西方乐士》(1648),第153页如果我们接受看不到原因就什么都不信的原则，我们就会怀疑国王触摸即愈的王邪，这还算不算得上魔力。

乔治·麦肯齐爵士，《为一些异常事件辩护》

（爱丁堡，1672），第186页

一　魔咒师与术士

拉蒂默主教在1552年说："我们中有大量的人在遇到麻烦、生病或丢失东西后，会四处奔走，从我们称之为贤人的巫师或邪术士那里寻求帮助和慰藉。"一百多年后，清教神甫安东尼·伯吉斯使用了几乎同样的措辞："如果人们丢失了东西或患有病痛，那么他们马上就会去拜访贤人。"[1] 其他许多观察者也证实了其同时代人痴迷于使用巫术方法的行医者——乡村巫师或"贤人"（该词相当于"东方三贤人"中的"贤人"）。在16世纪和17世纪，这些大众巫术师有各种各样的名字。"术士"、"女贤人"、"魔咒师"、"赐福者"、"奇术家"、"巫师"、"妖巫"，他们提供了形形色色的服务，从治愈疾病和寻找失物直到算命看相与预言占卜。本章将只谈及他们的医疗活动，这些活动仅仅是他们五花八门的职能系统中的一条分支。

我们已经看到，正统的医疗服务的能力是如此有限，以致都铎和斯图亚特王朝时期的英格兰有大量的人依赖于传统的民间医术。这本质上是一种常识性疗法的混合物，基于护理和接生的基础上积累的经验，并且与有关矿物、植物医疗性能的祖传技艺相结合。但是它也包括了某些仪式性治疗形式，其中祈祷、符咒与药物相辅相成，甚至是独当一面完成治疗。有时候，施行这类巫术疗法的是患者自己或其家属，但是通常这都是术士的工作，患者求助于他们，并通常会付以某种形式的报酬。有的术士专门治疗某些疾病；但另一些人则声称能医治百病。[2]

这类巫术疗法大多反映了教众对中世纪教会医疗能力的古老

信仰。一个典型的从业者是玛格丽特·亨特,她于 1528 年向伦敦的代理主教描述了她的方法。首先,她确定患者的名字,然后跪下来祈求三位一体帮助患者脱离邪恶的敌人,恢复健康。她吩咐患者们连续 9 夜诵念 5 遍《主祷文》、5 遍《圣母经》以及 1 遍《使徒信经》,接着念 3 遍以上《主祷文》、3 遍《圣母经》以及 3 遍《使徒信经》"以礼拜圣灵"。在就寝时重复 1 遍《主祷文》、1 遍《圣母经》和 1 遍《使徒信经》,以礼拜圣伊夫,把他们从一切嫉妒中拯救出来,对于疟疾,她开出的处方是各式各样的草药。而对于溃疡,则也推荐草药,只不过附加一点圣水和祈祷。她的处方是从一个威尔士的埃尔姆特老妇那里学来的。[3]

长期以来,用拉丁文念诵的天主教祈祷词一直是巫术疗法的通用元素。1557 年,梅德斯通一个声称已年过百岁的老人透露,他只用祈祷就能包治百病。他的处方很简单,即念诵 5 遍《主祷文》、5 遍《圣母经》和 1 遍《使徒信经》,以礼拜圣灵和圣母。1590 年,吉斯莱的亨利·马修曾在约克大主教的法庭上坦白,说自己在 16 年前曾洗过一个妇女的肿痛的眼睛,然后念了 3 遍《主祷文》和 1 遍《使徒信经》。但是他现在已放弃了这种做法,因为他曾因此被人看成是"魔咒师"。[4] 那些被指控为使用符咒或巫术的人通常都愤愤不平地声称自己丝毫没有使用巫术,而只是用祈祷帮助人们。例如,1607 年,约克郡奥斯顿的伊莎贝拉·贝克特告诉当地的教区神甫说,上帝和她自己的祈祷治好了病牛。[5]

这类祈祷词往往不像宗教语言表述的劝告性套语那样有许多恳求之语,这可以在古德威夫·维齐的例子中看到。她是治疗各种癣症的专家,1604 年,她曾被举荐到罗伯特·塞西尔跟前。她的方法是念 3 遍"我以上帝的名义开始,以上帝的名义结束。以圣父、圣子和圣灵的名义,令你这癣虫从这里滚开";此后,她就在患处涂上一点蜂蜜和胡椒。[6] 有时候,归因于这类祈祷的功效之强,甚至用不着大声念诵,而只要把它写在一张纸上,挂在患者的脖子上就能发挥作用。例如,吉斯莱的詹姆斯·赛克斯在1590年承认他曾把祈祷词写在纸上,并挂在马鬃上而医治了马群。[7]

贤人所使用的符咒的来历更为驳杂。它们是粗鄙的基督教祈祷文,或者仅仅是零碎又含糊不清的半宗教诗句,描述了想象中的基督或圣徒的人生逸事。它们反映了神话事件是超越时间的超自然神力源泉这一古代信仰。[8]下面是一段典型的记叙式的符咒,18世纪早期曾于霍克斯黑德作为止血疗法使用:

> 有个人生在犹太的伯利恒,他的名字叫基督。孩子在约旦河的洪水中受洗;他温顺又善良;以圣父、圣子和圣灵的名义,我要求这(人或动物的)血像水一样保留在他们的躯体中。

治疗烫伤的符咒如下,它来自17世纪中叶的德文郡:

> 两个天使来自西方,
> 一个带来火;一个带来霜。
> 以圣父、圣子、圣灵的名义祈求,
> 火走开,霜进来!

医治牙痛的咒语则更为简单,占星师威廉·利利有此记录。患者必须在纸上把下述短诗写3遍:

> 耶稣基督发慈悲,
> 请把牙痛驱赶开。

然后他大声诵念此咒,再焚化该纸符。[9]

有时候希伯来语中指称神的词汇也会被用在此类祈祷文中,比如Sabaoth(万民之主)、Adonay(上帝),或者Yhvh(表示上帝的四字母词）。它们原是反映对于神圣名字具有魔力的信仰，但是至16世纪，它们对于巫师来说就像对于其主顾一样，几乎没有什么实际意义了。一个同时代人注意到奇术家使用了混合语的名字，诸如Ravarone、Hur、Asmobias、Mebarke、Geballa；它们既非英语、拉丁语、希伯来语、希腊语、阿拉伯语、叙利亚语，也非其他任何语言。[10]例如，伊丽莎白一世时代的一个巫师有一种能够巧妙医治牙痛的疗法：

> 首先，他必须知道你的名字和年龄，并将它们记在一张小纸片上。纸片上写着这样的拉丁文词句："功效就在言辞中，功效就在宝剑中，功效正在起作用。"而在下方则写上大写字母：AAB ILLA, HYRS GIBELLA。他发誓这是纯粹的迦勒底语，以及进入血液导致感冒，随后引起牙痛的三个精灵的名字。这张纸同样必须焚化掉，这样施行三次后就能驱走精灵，净化血液，缓解病痛。[11]

还有一种处方则反映了巫师对于古代有魔力的小方格纵横字谜和藏头诗的追忆，例如一则医治疟疾的处方是：

> 写下这些词：Arataly、Rataly、Ataly、taly、aly、ly，并把它们敷在患者的臂上，历时9天，每天念3遍《主祷文》，以参拜圣彼得和圣保罗，然后取下符纸焚化，疾病就会痊愈。[12]

数以百计的这类符咒流传下来，保存在其同时代人的笔记中，或者在宗教法庭控诉其使用者的过程中被揭露出来。有些符咒是众所周知的，如所谓的洁白主祷文，它的一个版本残留在儿童祈祷中，即"马太、马可、路加和约翰，保佑我睡的床铺永平安"；其他一些符咒则是严格保密的。符咒用于妇女分娩、狂犬、病马以及一切可以想象的患者，犹如当时一个人描写的那样，它们用于"蛇啮、鼻衄、瘟气、炎症、火灼、水烫、疟疾、牙痛、痉挛、刺痛、扎伤、狂怒、心痛、肿瘤、胃灼热、头晕,等等"。[13] 还有一些符咒则在仪式性地采集草药时使用。马鞭草被认为具有特殊的保护性能,所以采集它时就得一边手画十字一边祈福:

> 神圣的马鞭草啊,你生长在这里,却在耶稣的受难之地首次登场。
> 你治愈了我们的救世主耶稣基督,止住了他伤口的血。
> 以圣父、圣子和圣灵的名义,我把你从土中拔起。[14]

许多古典的和早期基督教的符咒到了16世纪和17世纪已蜕变成模糊不清和缺乏意义的套语了,而要追溯这些套语的来历则需要渊博的知识。有些套语充分证实了古典的影响残存在整个黑暗的中世纪。另一些则揭示了从盎格鲁-撒克逊时代到都铎时代的直接继承关系。许多符咒几乎就是欧洲大陆上所使用的巫术套语。[15] 但是,到了这一时期,它们的最初含义已非使用者所知了。由于在脖子上佩戴这些符咒的人往往是文盲,所以套语的难以理解也有助于其威力的增加。

然而,作为这些符咒的基础的某些假设是我们可以探知的。有些观念认为,对于躯体,疾病是个外来者,需要用咒语把它驱除走。人们还相信,宗教语言拥有神秘的威力,能用于各种实用的目的。有些符咒不管施行者有何道德观,都同样有效;有些则取决于医治者的特殊品性:兰开夏郡的魔咒师托马斯·霍普在1638年解释道,童年时代他与叔叔一起游览罗马,用专门的水洗涤之后才拥有了这种威力。[16]

这种原始疗法的三个要素:咒语、药物和施行者的特殊条件多多少少都会出现。[17] 但是患者求助术士并不需要连贯明晰的理论。患者确实经常对于所使用的套语一无所知,这就像大量现代药物的

第七章 巫术疗法

细节一样：它们都太神秘复杂了，从而外行难能知晓。

格洛斯特郡巴恩士列的教区委员们在1563年报告说：

> 我们教区有个爱丽丝·普拉布里，她的做法使自己被怀疑为妖巫，她不仅为基督徒治疗莫名其妙的疾病，也治疗马匹和其他一切牲畜的病。她利用符咒治病，但是她不让任何人得知她在念些什么。[18]

在玛丽·都铎在位期间，另一个魔咒师伊丽莎白·佩奇也采取了类似的做法。按照请她治过病童的一位萨默塞特老妇的说法，

> 佩奇观看着躺在摇篮里的患儿……跪在摇篮旁，在孩子额上画十字，并了解他的名字……她对患儿说了一些话；至于她说了些什么，这位证人则无法辨清。然后，她站起来，吩咐证人尽管放心，她的患儿很快就会康复。

两天后，这个婴儿就痊愈了。[19]这种保密始终是重要的，虽然许多同时代的符咒书保存了下来，但是它们从未被印刷和出版过，除非有些人想把它们作为骗术和邪术揭露出来，才会出版它们。患者深信不疑地把符咒佩戴在身上。1623年，费尔珀姆的约翰·沃尔特替邻居拜访了萨塞克斯郡松普廷的魔咒师索顿，索顿给了他一瓶水让患者服用，还有一张画有十字和字母的纸，让患者佩戴。[20]这种做法就像现代医生开的处方一样。

当时的人们认为他们所使用的处方有着极大的效果。例如，1617年，在萨默塞特郡贝德敏斯特地区经营药店的埃德蒙·兰登把一张纸片交给他的患者，让他佩戴着护身，他说这张护身符威力十分巨大，"如果把它挂在鸡脖子上，那么就没有人能杀死这只鸡"。[21]这类处方也常常用于动物。1601年，剑桥郡的奥利弗·登被控施行

邪术：

> 他在一片面包上写下一些词句,然后把它喂给被狂犬咬了的狗,这样就会防止它们成为疯狗……一个名叫沃尔特·沃德的人有几头猪也被疯狗咬了,登就拿了些苹果,切成两半,并在半片苹果上写上一些字母,然后喂给猪吃,他说这样就可以使猪免于发狂或……死亡。

用写在纸上的符咒喂疯狗或被疯狗咬过的动物乃是一种普遍的做法。[22]

因此,在大多数情况下,巫师简直就是一个"赐福者"或"魔咒师",他们对着身体的患处嘟哝几句,或者在白纸上写下治疗套词就算治疗完毕了。1546年,当牛津郡阿德伯里一个名叫吉本斯的人(她的胳膊脱了臼)向女贤人伊丽莎白·克拉克洛求助时,女贤人就要其丈夫"拉直吉本斯的手臂,并滔滔不绝地祈祷,然后她就在手臂的各处画十字,并吩咐其丈夫念1遍'上帝保佑不要这样'"。她享有很高声誉,曾"奔赴各地治疗患者"。[23]这样的医治者认为疗效全在于对适当套语的正确念诵。但是也可以使用少量的技术辅助手段。例如,1604年,诺森伯兰郡的凯瑟琳·汤姆森和安妮·内维尔森就是以"患者及其财物的全能魔咒师"的面目出现的;她们的方法是把一只白鸭的嘴塞进患者的口中,然后咕噜几遍咒语。另一个来自东北地区的女贤人安·格林在1654年承认用符咒医治"心痛":用一根袜带对着患者的耳朵画十字,并且念9遍"愿上帝救助"。她也医治头部的伤痛:拿一绺患者的头发与他的尿一起煮烧,然后把这混合物扔进火里。[24]巫术诊断的一个更为普通的方法是检查患者衣饰上的某样物件,最好是他的腰带。这是基于这样的假设:腰带尺寸的变化会共感地反映出佩戴者的健康状况。1566年,剑桥郡的伊丽莎白·莫特洛克描述了这一程序。她开始时是念:

第七章　巫术疗法

用俚俗语言诵念5遍《主祷文》以礼拜主的5个伤口，5遍《圣母经》以礼拜圣母玛利亚的5种欢乐，1遍《使徒信经》以礼拜神圣的圣父、圣子、圣灵……和圣徒。在这以后，她就用她从肘到拇指的距离来测量患者或被附身者的腰带，祈求上帝以圣查理特之名，让她得知患者是否被妖仙附身，如果是的，那么腰带就会缩短，她的腕尺会比正常情况下超出腰带更多。

她声称用这种方法已治愈了几个被"妖仙"附身的儿童。[25] 这种方法是非常传统的，下列事实即显示了这一点：她的叙述几乎完全重复了一百多年前（1438年）萨默塞特郡艾格尼丝·汉考克所承认的话。她也是通过查验患者的腰带或鞋子而专门治疗被"妖仙"附身的儿童。[26]

这种腰带检测法是一种古老做法，广泛流传于欧洲各地。它假想如果患者被恶灵（"妖仙"）附身，那么就会在不断变化的固定长度上反映出来。这种方法在16世纪末还在使用。剑桥郡都林汉姆的马蒂尔达·阿林在1592年被控"携带好几个患者的手帕、头带、腰带和紧身衫并检测病猪，而这样做就涉嫌使用了邪术和妖术"。上述事件的两年前，据说约克郡希克尔顿的托马斯·博尔顿的妻子曾"制作了一条关于某件事情的腰带，并告诉一个人说，她那时不会死"。（在此情况下，约克大主教"怀疑此人是否是个魔咒师"。）还有另一种巫术疗法也建立在腰带的共感品性的基础上，这由迈尼赫德的琼·萨金特揭示出来。她在1532年承认，当她的孩子生病时，她曾接受一个流浪乞丐的劝告，"把孩子的腰带切成五段，然后去教堂念诵5遍《主祷文》和5遍《圣母经》，再回去把这些腰带分别藏在五个不同的地方"。[27]

其他的方法包括：焚烧或活埋一只动物，以帮助患者康复；[28] 将患者浸在南流的河水中；拖着患者穿越树林或灌木丛，[29] 以及用一根特殊的棍棒触碰患者。1523年，莱斯特郡萨普科特的约翰·桑顿声称曾用"摩西杖"医治动物达30年之久。[30]有的巫师则劝其患者在教堂墓地挖坑,在尿里煮鸡蛋,以及把棍棒、盐和草药系在母牛的尾巴上。[31]

在肯特郡,爱丽丝·鲍尔曼使用红荨麻、蓝布和某些词句。诺森伯兰郡的玛格丽特·斯托瑟德则用自己的嘴唇凑到病孩的嘴上"大声吮吸,以至患儿的母亲以为她要把孩子的心都吸出来了,而惊吓不已"。[32]我们可以列出一张长长的巫术疗法清单。但是,最初催生这些疗法的原始象征的含义则基本上不再为人所知。在16世纪,这些做法并没有反映出一致的宇宙论或分类框架,而是被从许多不同的思想体系的废墟中拾掇出来的。

巫术医疗业务的最大特点恐怕就在于巫医会轻易地把病痛归咎为超自然的原因,说患者是被恶灵、幽灵或"妖仙"附身,或者被蛊惑。而他在该领域的权威反而又使他的诊断具有极大的声望。例如,16世纪中叶,梅德斯通的居民一旦怀疑自己遭受蛊惑后,就一定会去请教住在贝瑟斯登的一个巫师凯特雷尔,他精于此道。1576年,埃塞克斯郡霍恩切奇的詹姆斯·霍普金认为,他主人的牲畜遭了蛊惑,便自然地求助于女术士珀索夫人。1598年,约克郡的威廉·泰勒被控向两个术妇即媪妇黑格和媪妇卡尔了解医治其疾病的办法;她们的诊断是他受到了蛊惑。[33]还有其他许多术士专门从事这类业务。

巫师声称能诊断妖术的方法多种多样。他可以使用大众所熟悉的方法,诸如煮患者的尿,或者焚烧有妖巫嫌疑的人家的屋顶茅草,看看这是否会使妖巫赶到现场。他还可以借助镜子、水晶球、筛子和剪刀、听差精灵,或者其他占卜方法。[34]1555年,善于在邻里间发现妖巫的琼·泰里被要求解释她的行为,她直截了当地回答说,那是因为妖仙告诉了她。[35]1594年,约克的卡思伯特·威廉森声称他拥有一种超感官知觉,可以分辨出一位主顾是否遭受了蛊惑,如果确实遭受蛊惑,那么他的眼睛里就会流出眼泪。还有些巫师说,

第七章　巫术疗法

如果患者不能从巫师的眼睛里看到自己的倒影,或者如果他不会念祈祷词,那么就是受到了蛊惑。[36]

在宣布患者遭受蛊惑后,术士就采取形形色色的治疗方法。其中有些疗法反映了这样的观念:只要适当地使用基督教的资源,就足以对付黑暗势力。1622年,伦敦的江湖医生罗伯特·布克说一个患者遭受了蛊惑,并给患者涂了油,然后念了一段咒语:"三个恶者咬了他:心脏、舌头和眼睛;三个善者将帮他:圣父、圣子和圣灵。"这是标准的套词,至今还留下了许多实用例子。[37]它暗示了三种假想的巫蛊之源:恶毒的心肠("心脏")、刻薄的语言("舌头")和视觉的诱惑("眼睛"),它还强调了宗教力量足以对付它们。这不是正统的新教观点,当它见于术士之中时,它与天主教的密切关系是很明显的。例如,16世纪90年代初,诺丁汉郡的琼·贝蒂森经常用背诵15遍《主祷文》、15遍《圣母经》和3遍《使徒信经》的方法(这是她从祖父处学来的秘方)来治愈受到蛊惑的牲畜。在17世纪初,诺丁汉郡另一个名为格罗夫斯的巫师常向他的主顾兜售《约翰福音》以预防妖术。妖仙的心腹朋友琼·泰里开给受蛊惑者的草药常常伴有念诵5遍《主祷文》、5遍《圣母经》以及1遍《使徒信经》。卡马森郡的玛格丽特·戴维用"来自耶路撒冷"的水和土来发挥其治疗效果。[38]

然而,有时候巫师的所作所为与宗教信仰毫无明显关系。1555年,萨默塞特的伊丽莎白·佩奇所使用的戏剧性程序便证明了这一点。伊丽莎白·赖特曾请她医治自己患病的女儿,但是这位女贤人第一次来,看了这个女孩后就不作一声地走了。几天后,焦急的母亲又去问她,如果孩子受了蛊惑,她是否能帮助治一治;她回答说"好的",并说明了治疗病孩的方法:

> 在患儿被治愈之前,她必须使自己像她一样地生病(当时孩子已濒于死亡),但是此事必须在半夜其丈夫酣然入睡之前进行。那时她将尽力用其方法帮助孩子,希望母亲在那晚把患

儿放在她床上,那么在半夜左右孩子就会康复了。事情都按她所说的进行了。半夜一点钟后,整夜昏睡在母亲身旁的孩子康复了,并吃了东西。……此后,只要伊丽莎白·佩奇看见这个孩子,她就会当着众人之面公开地说:"这是我的孩子,因为要是没有我的话,她就死了。"³⁹

该事件的整个过程证明了人们心目中还残存着这样的概念:疾病是外来的成分,只要采用适当的程序,它就会从一个载体转移到另一个载体。这种想法也是兰开夏郡魔咒师亨利·巴吉利的做法的基础,他在1634年承认他使用的是"一个荷兰人"教给他父亲的疗法,并说"在他祷告的整个期间,他总是突然地遭受灾疾,而且所遭灾疾的形式与他为之消灾的人或动物的灾疾一样"。⁴⁰

与巫术疗法密切相关的还有旨在使妇女安全分娩的种种措施。中世纪教会常常鼓励人们在产妇难产时祷告圣母玛利亚或者使用圣化物,这种做法在宗教改革时期还保留着。但是另有一些法术则不包括任何基督教的祈祷。使用腰带和量器缓解分娩痛苦,打开箱柜和门户,以及念诵符咒和祈祷词是乡村助产士的普通手段。⁴¹ 伴随这些做法的信仰是:婴孩的寿命可通过检验胞衣而预卜出来,或者,将孩子出生时的胎膜包在头上,则会带来好运气。甚至在17世纪中叶,一个乡下绅士还把他的胎膜视为至宝而珍藏起来,并传给子孙。⁴²

还存在一些巫术手段旨在控制怀孕或决定孩子的性别。1613年,邪术士玛丽·伍兹承认她曾给埃塞克斯的伯爵夫人开了大量药粉挂在脖子上,以期怀孕,而这样类似的案例非常之多。⁴³还有一些比较少见的做法,如1533年汉普郡纽埃尔星斯福德的伊迪丝·胡克所声称的,她说她能够使一个妇女"不受男性精液"而怀孕;一个证人说她"给妇女吃药而使之生育,这药是用马的精液制成的"。这可能是炼金术企图创造侏儒的民间翻版,反映了玫瑰十字会想跳过

第七章　巫术疗法

托马斯·布朗爵士所说的"平庸粗俗的性交方式"而繁衍后代的愿望。[44]一个类似的例子来自1522年牛津郡的南利,教会执事谈及约翰·菲普斯及其妻子时,表示他们在床侧放一只摇篮,"仿佛其中真有个孩子"一般照顾它,[45]遂被同时代的权威们看成是盲目崇拜的事例,但是这更可能是通过模仿而产生预期效果的交感巫术的一则例子,因为这对夫妇想要个孩子。然而,预防怀孕的符咒则相对稀少,表明作为生育控制的手段,它们不及众所周知的体外射精法与各种堕胎药物那样流行于大众之中。[46]

至于预先确定婴儿性别的巫术,则继承了古典医学的种种惯例,它包括睡在床的正确一侧以怀有所期望性别的孩子。它们广泛地散见于诸如流行的《亚里士多德性爱大全》(1684年,并经常再版)这样的手册中,[47]但是很难找到公众是否严肃采用它们的证据。巫师有时被要求预言尚未诞生的孩子的性别,他们就利用常规的占卜方法进行预测,其中一些方法明显受到古典传统影响。然而,少有孕妇具有17世纪后期辉格党政治家古德温·沃顿的情妇帕里什夫人的鉴别能力,她的巫术水平达到自己一旦有孕,她就立刻可以知道,并且每次都能肯定地辨别出婴儿的性别。当然,她是骗子,但是她的情夫却把她所说的话当真。[48]

在整个医疗领域中,自然疗法和超自然或象征性疗法之间往往没有明显的界限。很多在我们看来似乎是巫术的17世纪处方,在当时实际上是建立在关于自然物的物理特质假定的基础上,只是这些假定现今已经过时了。当克里斯托弗·哈顿送给伊丽莎白女王一只戒指以预防瘟疫,或者当伊莱亚斯·阿什莫尔佩戴3只蜘蛛以抵御疟疾时,他们并不是在求助巫术,而是在使用完全物质性的治疗形式。[49]在这一时期,没有学者会注意不到社会的各个阶层都依赖于这类事物。1633年,纽卡斯尔伯爵的夫人被请求佩戴发声鹰石以减轻产前的阵痛;皇家学会会员塞缪尔·佩皮斯把野兔腿挂在脖子上以医治疝痛;杰出的非国教信徒约翰·阿林对死尸头骨上的苔藓特别敬重;理查德·巴克斯特吞下了金子弹以治疗其慢性病,但他无法再把它取出来,直到绝望地参加礼拜仪式的会众祈祷后,金子弹才通过大便排泄出来。[50] 这类物体有其功效的信仰完全来自古代的分类体系,这种分类体系暗示了天地万物各部分之间存在着一致和类似的属性。即使在当时,仍有许多人相信外征的说法,按照这种说法,每一种药物都或多或少地带有其用途的明显标志;例如,黄色的花意味着可能治疗黄疸病,或者形状如脚的根系就是医治痛风症的药。[51] 根据这样的相似性推理,我们就不难明白为什么内部会发声的鹰石会被认为有益于孕妇了。但是迄于17世纪,这样的象征意义基本上已消失了。事实上,作为药物使用的蟾蜍、鸽子、金戒指或蛇皮都是根据所想象的其固有的自然性能而被证明为合理的。

巫师根据患者的小便而做出诊断和预测的做法也存在着同样歧义的解释。1631年出版的一本手册向读者保证,把一棵荨麻放在患者的尿中浸24小时就可以得知他能否继续活下去。如果荨麻最后干枯了,那么他就会死去;如果它最后依然鲜活绿油油的,那么患者就会活下来。[52] 而博学的医生也大量地利用小便诊断,所以很难指出这一方法在哪个阶段才变得荒谬。关于这一点,甚至有许多同时代的新柏拉图主义知识分子也想把纯粹自然的结果归因于符咒。

在新柏拉图主义者看来,巫术疗法具有神秘效应和交感的最显著例子是武器药膏,17世纪30年代曾围绕此事发生过一场激烈的争论。在造成伤口的武器上涂油以治疗创伤的想法对于我们来说是荒谬的,但其意图绝不是巫术性的。据说把武器插入一种特殊的软膏中,就可以使得凝固的血液中的生命力与受伤者的躯体重新结合,因此甚至远在30英里外也能治愈伤口。凯内尔姆·迪格比爵士在书中解释了如何可以"自然地和毫无巫术性地"实施武器药膏疗法,该书竟再版29次。他在1658年说,几乎每个乡村理发师医生都知道这种疗法。但是对于一般大众来说,这种交感疗法的有效是否来自这种纯粹的理性基础,则是可疑的;它们在民间医学中占

第七章　巫术疗法

有主导地位,直到 19 世纪,那时候这种理性解释早已被遗忘了。[53]

确实,从患者的观点来看,他们所无法理解的一切医学处方都有点巫术的意味,因为它们都通过神秘的方式在起作用。[54] 因此毒药就与巫术紧密地结合在一起。外行人总是对专业医学感到困惑不解,并不期望去理解每种疗法背后的理论基础。17 世纪后期的塞缪尔·巴特勒描写"接受医疗者"道:"他相信医生是一种奇术家,能够干出奇妙的事情,并且他很乐意这样认为。"另一个同时代人观察到"有些人……去请医生就好像是请一个从事魔咒的人,能够消除他们的一切痛苦,而他们则只能听任摆布"。据 1697 年一个住院医生的说法,甚至连巴斯的罗马浴场也被许多人视为"以奇迹治病"的地方。[55]

人们因此不大注意区别各种治疗方法。约翰·格雷夫承认 1592 年曾请埃塞克斯郡的巫师帕福德治疗他的病畜,但是声称他从不把帕福德看作巫师;1598 年,保罗·里格登在坎特伯雷的领班神父面前坦白,他妻子生病时,曾请钱伯斯老妇治病,这是因为大家都知道她治好了许多患者,而不是因为她是个邪术士。[56] 被控的巫师常常辩解说,自己只是使用了传统的治疗方法。剑桥郡斯泰普尔福德的琼·沃登在 1592 年被控为女术士时,申辩说她"并没有使用符咒,而只是用药膏和草药治愈了许多疾病"。1590 年,约克郡妇女爱丽丝·马登也做了同样的申辩,她认为是用药物和酒治好了牲畜的病,她并没有使用符咒。[57] 女术士(cunning women)这一称呼使我们觉得她仅仅是一个比别人懂得更多的女人而已,这并不意味着她一定使用了超自然的治疗方法。

在实际应用中,有无符咒伴随药物一起使用,成了检验是否涉及巫术的标准;当时即使头脑最简单的人也能够区别医生和魔咒师。但是即使如此还不时地会出现混淆,因为大家都知道只依赖自然药物而不依靠上帝的帮助是错误的,以及进行祈祷始终是适宜的。作为最后的一招,分辨一种医疗法是不是巫术的唯一方法是委托给权威——教会、法庭和皇家医生学会。如果它们允准使用这种疗法，那么人们就不必再有顾虑了。

二 触摸疗法

仅有一种巫术疗法连官方都公开地乐此不疲，那便是国王触摸疗法。在由圣公会神甫指导的专门宗教仪式上，国王用手触摸排成长队的每个患者。患者依次跪在国王面前，国王轻轻地触摸他们的脸庞，同时有一个教士高声朗诵圣马可的诗句："他们将把手置于患者身上，患者就会康复。"患者退下后再次上前，以便国王可以在他们颈项上挂上缀着金币的白丝带。

这就是所谓"王邪"（King's Evil）的治疗仪式，"王邪"指的是淋巴结核或甲状腺肿这一类颈部结核炎症。实际上，它被更广泛地用来指代大量影响头、脖子和眼睛的疾病，尤其是唇肿、肿瘤、溃疡和水疱。淋巴结核本身可能是由受了感染的牛奶引起的。17世纪的伦敦死亡统计表记载了一长串死于淋巴结核的例子。[58] 且不说性命之虞，仅仅是这种疾病带来的痛苦和外貌变丑，也足以使患者不惮其烦地试图治愈它了。全国的教区主事都会筹集资金，帮助患者去伦敦治疗。国王的有些患者甚至来自海外。

尽管对国王之手的治病威力的信仰可以追溯到很早的年代，但那并不是无法追忆的远古时代。这种做法由忏悔者爱德华创始，而完善的仪式则确立于亨利七世在位期间。它的声名随着其应用而广传。据说13世纪末，爱德华一世每年触摸治疗1000名患者，但是从不很充分的资料来看，金雀花王朝诸君的治病活动远未达到斯图亚特王朝后期的规模。据说查理二世在1660年至1664年和1667年至1683年这20年间治疗的患者共达9万以上。在查理二世的治疗活动中，1682年5月到1683年4月算是高峰，当时的国王治病注册簿上有8577条记载。这个数字显然因为部分患者的二次到来而增大了,但它依旧清楚地证明了仪式的吸引力。当时有人声称,查理二世触摸治疗了"将近半数国民"。[59]

关于查理二世之前的都铎和斯图亚特王朝诸国王的治疗活动,我们并无充分的数据保留下来,但是不乏证据表明,在这 200 年间,国王一直拥有稳固的触摸治疗特权。詹姆斯一世对于参加他认为是迷信的仪式犹豫不决,但是他最终还是接受了别人的劝告,遵照其前人的做法。从 1634 年开始,君王治病的仪式便包括在祈祷书中,这种情况一直保持到将近 18 世纪中叶。[60]直到 1688 年光荣革命后的年代里,这种仪式才衰落下去,部分是将它当作罗马天主教仪式来反对,因为它是詹姆斯二世重新发起了宗教改革前的礼拜仪式才得以延续下来的。威廉三世不曾触摸治疗;虽然安妮女王使用了这种仪式(她最著名的患者是婴儿塞缪尔·约翰逊),但她已是这样做的最后一位英格兰君主了。约翰逊是在名医约翰·弗洛耶爵士的劝告下前往女王那儿去的。但是,到了 18 世纪,医生已不再推荐国王触摸疗法了。

然而,这并不意味着公众的要求也完全消失了。有些人跑到海外去寻求流亡的斯图亚特王室成员进行治疗,而后者则很愿意填补汉诺威王室及其谋士的犹豫不决所造成的真空。在国内则仍有兴旺的触摸治疗片的交易,这种触摸治疗片是以前在皇家典礼上赐予的,现在挂在脖子上作为纪念品或护身符。18 世纪约克郡的一个术士治疗"王邪"的处方是喝下事先煮过查理一世时代 13 枚法新铜币的一杯水。在肯特郡的阿什本汉,有一块查理一世的遗骨保存在教堂里,淋巴结核患者对它的朝拜持续至 1860 年。在苏格兰,还有些人认为维多利亚女王有治病能力。[61]

国王触摸疗法的真正原理则众说纷纭。如雷金纳德·斯科特指出的那样:"有些人把它归因于个人的特性,有些人归因于上帝的独特权能,有些人则归因于言辞的功效。"[62]从来没有人说不可以用自然方法治愈"王邪"。当时的医生为它开方治疗,就像对待其他的疾病一样,外科医生也常常给患部开刀。人们相信,传统的符咒也可以产生疗效。[63]只是作为最后的办法,患者才会被建议去求助于国王。即使这样,对于国王个人是否真有治病威力以及他的作用是否只限于替患者进行宗教代祷的程度,人们也是大有争议的。斯科特写道:"女王陛下只使用了神圣的祈祷和若干施舍,就把治病的事交给上帝和医生了。"[64]

大众信仰往往较为偏激。规定典礼的宣言会涉及国王用神圣触摸来治病的威力以及对上帝的祈祷,但是在查理一世在位期间,关于祈祷上帝的说法被略去了。[65]许多同时代人简单地认为疗效之灵验与任何宗教典礼无关。约翰·奥布里谈到了宗教幻想家阿里斯·伊万斯,他"生着一个菌菇般的鼻子;他说他得到启示,国王的手能够治愈他的病,于是当查理二世一走进圣詹姆斯公园,他就亲吻国王的手,并用自己的鼻子擦了国王的手;这使国王很恼怒,却治愈了他"[66]。

即使是轮流接受官方治疗的患者,也注意到这种气氛并不特别具有宗教特色。约翰·奥布里说:"触摸治疗时固然诵念祈祷词,但是无论是国王还是教士对此都不放在心上。"参加的人群的大部分精力用在免使自己在拥挤中受伤。[67]

有人认为,神迹的力量来自国王在其加冕典礼(此典礼在早期宗教改革中保留了下来)上使用的圣油。[68]例如,1650年玛丽·尤雷被诊断患了淋巴结核,她前往巴黎,由年轻的路易十四进行触摸治疗,然而她到达巴黎后得知他的触摸治疗不会有效,因为当时路易十四尚未正式加冕。[69]但是事实上,17世纪的英格兰国王通常都是从继位之日起就实施触摸治疗的,而无须等待任何这类加冕仪式。因此大多数人把治愈"王邪"的能力看作属于神圣国王的内在品性。神学家企图通过强调加冕典礼上的圣油,以及治疗仪式上对上帝的祈求,而把这种仪式与正统的宗教信仰统一起来。但是在公众看来,国王的治病能力是天生的,是附属于其职位的神秘品性。

1643年，一个保王派对查理一世说："陛下拥有天生的超自然的治病方法。"人们同样相信王权具有神秘的庇护作用，当时佩戴皇家指环和画像作为护身符的热潮便反映了这一点。[70]

因此，治愈"王邪"的能力便成了英格兰王位所有权的试金石，它基于这样的假定：唯有合法的国王才能治愈淋巴结核。伊丽莎白一世的治病能力被用来证明教宗将她革出教会的谕令是无效的；这甚至被用来证明她的使臣在外交上优于西班牙使臣。[71]查理一世的神圣触摸促成了内战余波期间保王党的宣传运动，当时人们蜂拥到囚在霍尔姆比府邸的这位国王处，请求触摸治疗，他们考虑周到地带来了金币，因为国王此时正陷于贫困境地。他的治病能力以及浸染其鲜血的神迹手帕都被视作无可辩驳的证据，来证明对他的处决是不公正的和大不敬的。[72]查理二世在流亡之中就开始实施触摸治疗，并且在复辟以后仍没有放弃利用治病能力来获取政治利益的机会。在登陆英格兰仅数天后，他就一下子触摸治疗了600人；此后在其在位期间，尤其是在1681年后，他在保王派反动期间触摸治疗患者的数量之巨，反映了斯图亚特王朝在空位期的骚乱之后力图巩固自身地位的决心。蒙茅斯公爵预感到必须进行触摸治疗以作为他在1680年和1685年争取王位的一部分筹码；犹如流亡王朝的治病能力成为1688年后詹姆斯二世拥戴者的宣传运动中必不可少的成分一样。[73]忏悔者爱德华那被认为由上帝赐予的个人天赋就这样变成了合法性和王朝连续性的持久象征。加冕典礼上的圣油和治疗仪式上的祈祷在大众的心目中是次于血统和王位的。[74]

巫术威力也被广泛地归因于国王挂在患者脖子上的金片。到查理一世时期，这已经从单单一块作为护身符的金币发展成专门铸造的触摸治疗金片。并不是每个评论者都认为它是仪式的一个基本部分，但是人们普遍地把它视为包含着治病能力的护身符。玛丽·都铎曾劝其患者切莫与之分离，而许多人也相信，一旦与之分离，其治疗就会停滞。汉普郡西沃尔德汉的教区注册簿记录了1657

年玛丽·博伊斯的死因,她曾于1647年在汉普顿宫廷接受查理一世的触摸治疗,从而治愈了淋巴结核,但是后来她"离开了她接受触摸治疗时国王赐给她挂在脖子上的金币,于是旧疾复发,并且无可救药了"。[75] 这种金片的护身符特性是对18世纪愤世嫉俗者[76] 的有力回应,他们认为触摸治疗仪式对于患者的主要吸引力在于可以得到金片。诚然,有些患者确实旋即将它兑了现钱,因为我们在店铺中经常可以发现这种金币。然而还是有许多人确实把它视为珍贵的传家宝。[77]

触摸治疗仪式必然还附带着其他一些迷信,例如,有的人相信只有在耶稣受难日接受触摸治疗才会有效。1685年2月,忏悔者爱德华的棺材被发现时,许多旁观者都带了点棺木碎片回去,他们认为这些木片有着治疗"王邪"的神力。在空位期间,有个外科医生甚至解释道,他只有在拥有一点已故国王的土地后,才能治愈"王邪",[78] 因为治病能力是与国王的土地连在一起的。当时人们认为环绕国王治病威力的宗教仪式仅仅是原始巫术的保护性框架。

一股新教怀疑主义的潜伏情绪不可避免地把整个仪式看成是迷信的骗局。仪式(其真实性据说来自忏悔者爱德华的神迹)是很难给诸如清教徒哈钦森夫人这样的人留下好印象的,她认为国王是"迷信的王公,反倒因为其不信神的品行而成为神圣者"。[79] 在内战期间,清教徒公开表达对触摸治疗仪式的敌意。当时,共和主义者亨利·马腾煽起了中伤的流言,他欣然指出,查理一世不在时,可以代之以国会的大印来医治淋巴结核。[80] 1647年,患者拥往被囚国王处,这导致国会组织了一个委员会起草一份"关于触摸治疗'王邪'的迷信"的声明,而看守查理一世的士兵则不尊敬地给他取了个"触摸者"的绰号。[81] 公开处决国王则标志着对国王个人拥有巫术力量的信念予以正式的否定。在护国时期更为自由的气氛中,弗朗西斯·奥斯本在其通俗的反偶像崇拜的著作《对儿子的忠告》里公开断言,国王触摸疗法"在根本上是不可能的"。在后一世纪,贵格会

第七章 巫术疗法

教徒威廉·斯托特的一个姐妹曾由查理二世触摸治疗过,他认为这种触摸治疗"不过是罗马天主教仪式的残余",并错误地以为它已随着詹姆斯二世一起消失了。[82]

然而,政治上的考虑始终限制了怀疑论的公开表达。詹姆斯一世曾经私下指出,既然神迹已没有了,那么整个仪式肯定是迷信的。但是自由思想对于一个普通臣民来说却是危险的享受。1684年,长老会神甫托马斯·罗斯韦尔因为涉嫌诋毁国王治病能力的真实性而以叛逆言论的罪名受审。[83]但是在同时代文献中,明确怀疑触摸治疗的资料之相对稀少显示了自觉不相信国王治病能力的情况可能始终只存在于受过教育的或反皇室的少数人当中。查理一世的处决无疑造成了一段真空期,许多持反对立场的治疗者都认为值得赶快来填补这一空白。格洛斯特郡克罗姆霍尔的一个铁匠声称自己已成功地治愈了一些人的"王邪",他在1648年还被介绍给外地的患者。另一个治疗者在伦敦的纽盖特监狱施展治疗术。[84]约克郡的罗伯特·艾什顿医生声称,他得到了"自前国王辞世以来治疗'王邪'的一条天启",他每月举行一次治疗典礼,穿着白色的长袍,用手按着患者,并念诵"某种像咒语一样的祈祷词"。[85]在自称拥有治愈"王邪"的神圣天赋的宗派主义者中,最著名的是乔治·福克斯,据说他曾在1659年用触摸疗法治好了一个淋巴结核患者。当威廉三世要废止触摸治疗仪式时,赫特福德郡的浸礼会教徒宣布了一个牧羊人仅仅由于出席了他们的仪式就治愈了"王邪"的消息。[86]当然,在正常时期,许多清教徒和不遵奉国教者都乐意遵照皇家的宗教仪式。贵格会教徒在1687年致詹姆斯二世的一次演说中曾正式承认国王的触摸治疗功效。[87]

用触摸疗法医治淋巴结核并不是国王治病的唯一形式。在伊丽莎白一世继位之前,国王一直为癫痫和相关疾病的患者举行治疗仪式。最初,患者用相同数量的钱赎买国王在基督受难日祈祷时赠赐的金币,以便用这些金币加工成指环给癫痫患者佩戴。后来,这种假装的赐钱形式被废除了,代之以国王在一个专门的仪式上直接使指环圣化,他用手指摩擦指环,然后分给患者。这种所谓的"痉挛指环"(cramp-rings)不仅是患者用巫术疗法医治癫痫而戴的一种指环,而且还是极有威望的指环。它们不仅用以治疗癫痫,也用以医治惊厥、风湿病和肌肉痉挛。这一圣化仪式的完全确立是在爱德华二世在位期间,并毫无间断地一直持续到玛丽·都铎去世。指环在16世纪早期极为流行,有的甚至出口至欧洲大陆。[88]

这种仪式反映了这样的观念:从教会捐款中取回的任何钱财都具有巫术价值;中世纪有许多用教会捐款制作巫术指环的秘方。14世纪至16世纪期间,王室故意强行借用古老的信仰,以建立王权的超自然地位。国王参加仪式本来是多余的,其作用最初只是次要的,但接着他就成了主要角色。最后,在玛丽一世女王在位期间,仪式的诗句中清楚地声称痉挛指环的功效来自君主之手的摩擦,因涂油礼而圣化。这样,尽管治疗力最终来自上帝,但实际上整个威望都隶属于上帝在人间的代表。国王将超自然的品性输入预先制作好的指环中。像斯蒂芬·加德纳这样的神甫会指出,这种指环要用圣水布洒,故国王之手拥有的治病能力"并不是他们自己的力量,而是通过祈求上帝的名字而获得的"。[89]但是以民众的眼光来看,它们的基本功效来自国王的个人神力。

在伊丽莎白一世继位时,赐福痉挛戒指的做法在毫无解释的情况下被废止了。这种变化的背后可能隐藏着新教徒的审慎,虽然关于这点并无直接的证据;[90]此外,值得注意的是,虔诚的年轻国王爱德华六世在这种仪式被从罗马天主教的程序中删去时也并未阻拦。在天主教中还留存着对于旧仪式的怀念。17世纪中叶,一个罗马天主教徒带给赫勒福德的一个金匠一些圣化的先令,要他用来制作痉挛指环。詹姆斯二世甚至打算重新开启治疗典礼,因为他在统治期间复兴了部分旧的礼拜仪式,并且印刷出版了相关的材料,以作为试探,但后来的光荣革命使之未能进一步发展。[91]

并非只有国王才宣称能用触摸疗法治病。触摸和抚摸也是术士和女术士治疗仪式的一个常见部分。但是他们会因此遭到教会的骚扰,并被控使用巫术和妖术。如约翰·邓恩指出的那样,当英格兰国王在实施同样的方法时,巫师的这种处境实在有点讽刺意味。据说,当两派争论武器药膏的正当性时,唯有"当局——它为通常的'王邪'治疗辩护,认为不是魔鬼的作用——参与其间"才能结束争论。[92]像国王一样,术士在进行触摸治疗时通常也念诵祈祷词或咒语。但是有时候他们则认为不用祈祷也能触摸治疗。1624年,詹姆斯一世的白金汉公爵弟弟洛德·伯陪克精神错乱,一位治疗者只触摸了他的头就治愈了他。十年后,皇家医生学会拘押了一个名叫克里斯托弗·巴顿的织工,他专门用按摩治疗头部疾病。1647年,一个书信代写者记录了康沃尔郡年轻姑娘安妮·杰弗里斯的事迹,她只要用手触摸就能治愈骨折或癫痫。[93]

使用触摸疗法的治疗者通常可以分为两类。一类是被认为由上帝或其他神秘来源赋予神迹威力的人,另一类则是因其独特的社会地位而拥有天赋的人。在后一类人中,最突出的是所谓的第七子,或者能力最强的是第七子的第七子。这些家传怪人为何有此独特光环,其起源已很难揭示。这种观念在现代虽然广泛传播于整个欧洲,但是在16世纪前则看不到,而在英格兰,直到17世纪初这种观念都很罕见。[94]但是到18世纪,不少这样的治疗者已获得了显著的名声,而且肯定还有更多的人未被记录下来。

通常,只有当官方把他们看成是对国王垄断触摸治疗能力的威胁时,他们的行为才会被记录在案。查理一世的政府对此情形尤其敏感,经常追查治疗对手的欺君大罪。1632年,高等法院的囚徒、法国人布瓦戈德里宣称他拥有治疗"王邪"的能力而受到首席法官的审问。他的疗法是:在手上吐点唾沫,然后摩擦患者的患处,并画十字,最后把一张写着拉丁文"以耶稣基督名义予以治疗"字样的纸挂在患者的颈项上。据说他一天治疗的患者多达140人,而患者仅仅买一杯水就要付25先令。布瓦戈德里先前是因负债而被监禁的,他显然以实际的行动改善了命运。他声称已治愈了200人,并将其成功归因于他是七子中的最幼者这一事实。[95]

五年后,枢密院责令皇家医生学会调查另一个第七子(实际上是第四子)嫌疑者詹姆斯·莱弗里特,他用触摸疗法治疗"王邪"和其他疾病,他的宣辞明显地模仿皇家的仪式:"上帝保佑;我来触摸;上帝治愈。"据说他还轻蔑地提及其对手查理一世的治疗仪式,并且夸口说他所睡的床单也具有治病的效力。枢密院鞭挞了他,并把他投入监狱。[96]1637年的另一例是萨默塞特郡一个农民的第七子理查德·吉尔伯特的案子,他开创了出生仅一天就成为"触摸者"的记录。至5岁时,他每周一在家中开设治疗门诊,他触摸患者,医治粉瘤、肿胀和"王邪",并假装神圣地念诵"我来触摸;上帝治愈"。在此例中,孩子的祖母似乎负有发起这一行为的责任。但是她的动机是很真诚的。他们并不收取报酬,得利的只是当地的小客栈,那里聚集着许多有身份的人,来亲眼看看这种治疗方法。[97]

所有这些例子都涉及"王邪"。但也还有一些治病能力不那么专门化的第七子。1607年,一个治疗耳聋、失明和跛脚的第七子受到伦敦主教的调查,结果被发现他根本不能胜任这类治疗。1623年,诺丁汉的副主教处理了被"威沙尔的少年贤人"触摸过的16个人。在不久之后,一个小提琴手的第七子"加达尔明的少年"也从事类似的触摸治疗;他与他的患者在治疗过程中都要斋戒,这是奇迹治疗者的常见做法。17世纪末,剑桥郡布林克利也有一个小男孩(也是个第七子)为瞎子、瘸子和聋子治病。[98]人们认为不仅第七子有神力,而且第七女也有这种治病能力,此外他们还有预言能力。一直晚至19世纪,农村地区仍然流行着这种信仰。[99]

第七子的治病能力来自其诞生的偶然性,犹如国王治疗者及其模仿者那样;例如,1587年在利奇菲尔德被捕的詹姆斯·米德尔顿

第七章 巫术疗法

是个流浪的北方人,他声称自己是斯图亚特王室成员,属于苏格兰一脉,因而拥有治疗癫痫症的特殊能力。[100]还有些人则不管自己家族血统如何,声称自己由上帝直接授权,能够产生奇特的疗效,有时候专门医治某一种病,但是更通常的是医治一切疾病。如我们所见,这类说法在空位期的各教派中尤其突出。[101]然而天主教徒也有他们的奇迹治疗者。假冒耶稣会士的布莱克在1663年7月到达牛津的迈特里旅馆,试图用念诵拉丁祷词和画十字的方法来治疗疾病。次月,他在切斯特吸引了一大批人,他声称逐走了附在一个妇女身上的魔鬼。早先,他曾在圣詹姆斯宫廷的女王教堂举行过一个公开典礼(买票才能入场),在此,伴随着天主教仪式一起,他将缎带系在患者的脖子上。[102]这与国王治疗典礼相似到令人尴尬的地步;这也成了此后布莱克的同乡瓦伦丁·格雷特雷克斯出现的序曲,他是17世纪最著名的玄秘治疗者。

格雷特雷克斯是个爱尔兰绅士,他曾在克伦威尔的军队里服役过。复辟后不久,一种神秘的冲动使他觉得自己拥有用触摸疗法治愈"王邪"的天赋。他也惊奇地发现自己的触摸很有效,于是便开始了治疗者的职业历程,此后他的医疗范围扩大至疟疾和其他疾病。在爱尔兰(他在那里的患者包括天文学家弗拉姆斯蒂德)建立声誉后,他于1666年被请往沃里克郡的拉格利,试图用他的手去医治康韦子爵夫人安妮的慢性头痛。结果证明这已超出了他的能力范围(虽然他能够医治自己的头痛),但是他的声誉吸引了成百上千的各式各样的患者,他成功地治愈了其中的不少人。他得到当时许多重要的知识分子的拥护,其中包括剑桥大学的柏拉图主义者莫尔、卡德沃思和惠奇科特,以及科学家罗伯特·波义耳和约翰·威尔金斯。他得意扬扬地应邀来到伦敦,在那里治愈了聚集在其寓所周围的人群中的许多人。但是他在查理二世及其宫廷大臣面前的示范失败了,所以在1666年5月,仅在抵达伦敦5个月后,他就返回了爱尔兰,重新开始其地方治安官和乡绅的生活。[103]

这一简短的插曲引起了公众的极大注意,因为尽管格雷特雷克斯曾有许多次失败,但他显然还是治愈了其主顾中相当可观的一部分。此外,他并未利用欺诈来骗取钱财,他的治疗除了旅费之外不取分文。按照他的解释,他的神迹能力是由上帝直接赋予的。这一解释对于新教神学家来说毫无吸引力,因为他们一直认为奇迹都已消失。他们更喜欢从治疗者的生理学方面寻求解释,找到某种天生的奇特品性,可给予躯体自然的治疗,即如亨利·莫尔所谓的"有疗效的传染"。根据这种研究路子,康纳的教务长乔治·拉斯特坚信格雷特雷克斯的尿有紫罗兰味。[104] 但是另一些人则对他的治疗功效产生了怀疑,或者把他视为一个依赖于恶魔帮助的奇术家。1676年,剑桥大学的一个通讯记者回忆道:"无论它在伦敦是什么面貌,它都要在大学里遭到嘲笑。"[105]

格雷特雷克斯的真正动机是深不可测的。他似乎确信他所说的神圣冲动,并且似乎一直沉溺于真正的治病冲动中。很可能的是,他以触摸治疗"王邪"开始的治病经历,乃是抗议复辟和查理二世所声称之奇迹能力的隐秘教派运动。格雷特雷克斯虽然自称忠于英格兰国教会,但是他与爱尔兰的克伦威尔政权积极合作,并且是波墨的崇拜者。[106] 一个自称对他十分了解的同时代人后来说,他是个怪人,老是谈论魔鬼和妖巫。[107] 有些人把他的行为与其他许多反君主制的奇人(这些出自复辟后的分离派)联系起来,这也许是正确的。

像这样的"触摸疗法"未必就是"迷信"的治疗形式。通过合理化,我们也能使它符合盖伦医学理论。根据这个理论,为了恢复人体的平衡,患者必须释放过量的体液。而重建这一平衡的传统方法是通便、呕吐和放血。触摸则代表了一种磁性疗法,使有害的体液通过手足排出。这就是格雷特雷克斯所声称的做法,这一理论也是该时期其他触摸治疗师的行为基础。个别例子中的疗法十分恐怖,会用刚被绞死之人的手触摸患者,以祛除甲状腺肿和其他疾病,甚至罗伯特·波义耳也认为这种疗法是有益的。[108] 1637年,治疗"王邪"的第七子詹姆斯·莱弗里特肯定地说,他每次实施治疗时都能感觉到自己体内有力量流出,所以他在一整天的触摸后就必然会衰弱地睡倒在床上。[109] 但是在大多数情况下,治疗者或其信徒都不去设想这样的生理学机能。他的威力被认为是来自天生的品性,有时被简单地描述为上帝的赐予。它基本上是一种固有能力,附属于治疗者的职位(例如国王),或者在家庭中的地位(如第七子),或者附属于其无法解释的神力(如格雷特雷克斯和其他许多术士)。

三 巫术疗法的功效

我们可以看到,在都铎和斯图亚特王朝时期的英格兰流行着大量形形色色的神秘疗法。但是,其效果究竟如何?为什么有那么多患者愿意接受他们的治疗?

人们首先特别肯定国王触摸的医疗价值。外科医生理查德·怀斯曼证实他曾目睹了数百个治愈的病例,并断言,查理二世在一年中治愈的患者"比伦敦外科医生一辈子治好的还多"。[110] 但是,这种说法由于隐含着谄媚的保王派因素,所以必定是有水分的。一旦经过细致的检查,当时许多关于国王神迹有效的说法就被识破了。国王神迹的官方维护者从来不认为国王的手是始终可靠的或者其疗效是即刻性的。大多数的"疗效"似乎在一段时间以后才产生,这些完全可以合理地归因于某些腺结核病的自愈趋势。[111] 其他一些疾病则包括习惯上称之为"王邪"的轻微疾病,例如,几乎所有"眼痛"病例都被认为适宜于进入国王的治病仪式。

少数明显的淋巴结核得到治愈的例子被当时的理性主义者贬低为想象力的作用。一本小册子的作者写道:"医生将治愈原因更多地归之于当事人的想象力,而不是触摸的功效。"[112] 就淋巴结核来说,这种诊断法似乎令人难以置信,但很多症状可能根本上就源自癔症,那么出现惊人的疗效也就不足为奇了。宗教典礼的巨大影响,在国王面前所感到的神经质的兴奋（他们可能以前从未见过国王），以及他们在被允准面见国王前外科医生对他们肢体的洗刷，所有这些因素或个别地或综合地产生了效果，它们完全可能使那些并不真有器官疾病的患者得到治愈。此外，淋巴结核一般是周期性地出现症状，因此可能会暂时表现出被治愈的迹象；而此后若病症再次出现，就会被认为是"旧病复发"，如果患者正巧没有佩戴触摸治疗片，那么这往往就成了颇可接受的解释。

这样，即使在不断的失败后，国王触摸治疗的声誉仍能保持下来。卢尔德圣地的例子使我们看到，只要一次明显的疗效就会抹去人们对于一百次失败的记忆。对于国王触摸治疗的信仰并非产生于对所有接受治疗者的医学历史的系统性检验，而是取决于公众相信这类奇迹的意向，这种意向来自对王权和国王的社会地位的神秘看法。是这种心态产生了声誉卓著的疗法，而不是疗法灌输出这种心态。伟大的法国历史学家布洛赫提到"王邪"时是这样说的：

> 正是必有奇迹的观念造成了对奇迹的信仰。也正是这种观念使奇迹得以存在下去，许多世纪过去了，代代信徒所积累的证言和证迹，使奇迹仿佛是建立在经验的基础上一样，没有任何人产生怀疑。至于据说有很多庄严触摸治疗后无法治愈的"王邪"例子，则很快被人遗忘了。这就是盲信群众的乐观主义。[113]

马克·布洛赫认为相信国王神迹乃是集体谬误的结果，它来源于对王权的超自然特性的信仰。这种信仰是有社会利益的，因为它防止了国王与其臣民中的任何一派过分地相像，它把国王抬高到了一个神秘的地位，以致使他可以象征各派的统一体。[114] 在17世纪的英格兰，这种神性减弱了。对国王的家长崇拜受到了率直的共和主义怀疑论的挑战，这由不断增长的"国王不过凡人"的普遍主张展示出

第七章 巫术疗法

来。[115]所以,对于国王治病能力的信仰是与一种衰退的政治心态相联系的。这种心态相信皇家血统有其独特的品性,它可以上溯至诺亚;国王不同于其他凡人,只对上帝负责。但是王权神授说的衰落和汉诺威王朝的胜利意味着国王神迹的结束。人们不再期待它,因此它也就不再发生了。

国王的特殊地位虽然有助于解释其治疗能力的声望,却没有这样的理由来解释乡村巫师的吸引力。当然,这里的主要因素显然是缺乏有才能的医生,尤其是对于贫困阶级来说。巫师的报酬各有高低,但是通常比当时医生的报酬要低廉得多。一位权威说:"他们的报酬通常是患者给的;有的人索取多一点,有的人只取一点儿,有的人则不取任何报酬,有人声称,如果他们收了报酬,其医术就不灵了。"可能有许多"赐福者",诸如玛丽·肖,她是兰开夏郡一个裁缝的妻子,她不收取钱财,而"只要人们给予她善意";还有如亨利·巴吉利,他只"接受餐食或奶酪或类似物品,而从不收取钱财或任何其他报酬"。[116]此外,符咒和祈祷在当时比医生更受人认可。无痛的疗法比外科手术或者常规的泻药和吐剂更吸引人。国王触摸疗法同样要远胜于医生治疗"王邪"所用的痛苦的烧灼法。

17世纪的下层阶级拒绝放弃他们的魔咒师和贤人,相当于今天的原始人不肯完全依赖从西方引入的医学。他们注意到,人们在医院里也照样死去,欧洲人对于阳痿和不育这类疾病实际上并无治疗办法。所以他们坚持使用自己的传统疗法,因为它们能提供医学所不能提供的安慰作用。他们喜欢巫术疗法戏剧性的一面,仪式性地驱除病痛,以及在社会环境中对疾病进行象征性的治疗。原始的心理疗法尤其能与其现代的对手相媲美。[117]在医学技术取得如此惊人进步的今天,心理疗法仍然受众甚广,那么在医疗方法依然沿着泻药和放血的传统道路前进的17世纪,村民们对于心理疗法持有的那种态度就毫不令人费解了。巫师之所以能保持其声望,盖伦派医生的弄虚作假之所以长期未受到挑战,二者的原因基本上相同。

不管怎样,乍看之下,术士所享有的声誉是令人瞩目的。有人说:"有许多种疾病,即使你拜访过所有医生却还是无法医治;而有时候那些被称为术士的人却治好了这些病。"威尔特郡的老妖巫安妮·博登汉公开地宣称她的疗法"能够治愈最好的医生都不能治好的病"。[118]我们现在无法验证这些传说的真实性,例如,据说在韦尔斯,有个巫师治愈了一百多人的疟疾,他使用的方法只是给患者贴一张纸,上面写着用咒语拼成的藏头诗。[119]但是我们知道,当时许多有知识的人都相信这样的疗法确实是有效的。解剖学家罗伯特·伯顿记道:"我们大家都看到,如牙痛、痛风、癫痫、疯狗咬伤以及许多这类病症都是由咒语治好的。"[120]不仅仅是无知的顾客拥护它们,而且那些地位很高的人也往往庇护它们。[121]事实上,它们成功的最好证明正是由那些急于想把它们从这块土地上铲除的人提供的。许多神学家强调的是巫术治疗的邪恶,而不是它的无效。威廉·富尔克承认:"不仅仅是溃疡,还有瘘管、牙痛以及其他许多疾病都被符咒治愈了。"[122]

在说明这种成功时,我们应该部分地把它的疗效归功于有时与巫术疗法结合在一起的实用医疗法。术士会诊断普通的病症,并开方配药予以治疗。[123]他们能够利用业已积累了千百年,涵盖广泛,有时有效的草药学。他们的交感疗法可以使伤口不必敷贴有害的药膏而自然地痊愈。[124]格雷特雷克斯甚至还施行过外科手术,他割开肿瘤,挤出脓血。所以在原始民族中,巫术和技术往往是同时并用的。有时他们也借助于诈术,例如爱德华六世在位期间,伦敦一个威尼斯医生便是如此。他收治一个失去知觉的患者时,明明得知患者并无真正的危险,却声称他要使之起死回生,创造奇迹,结果他当然做到了。[125]

巫术疗法的效果还得归功于人体无须借助外界帮助而自动祛除普通小病的能力。术士奇迹般"治愈"的许多疾病乃是随着时间

第七章　巫术疗法

推移本来就会自然康复的那类疾病：发烧、耳痛、疣、外伤等。在这方面取得的明显成功有利于掩饰身体在无法抵抗的传染病面前遭受的失败。意味深长的是，几乎没有任何迹象显示一个术士能治愈瘟疫患者，虽然他可以给人一张护身符以防止感染。

当失败不可避免时，巫术信仰就提供一个现成的借口。术士往往把他们的患者说成是"受了蛊惑"，这就等于暗示，只要是自然的毛病，他们就能治愈。即使1664年在圣詹姆斯教堂举行符咒仪式的天主教徒也准备以此为借口。[126] 这种方式的巫术疗法实际上就不会出错。如果患者康复了，那么就归功于术士；如果患者死了，那么受到指责的则是妖巫。患者由于必须完全服从术士的指导，从而只能完全听任他们摆布。如理查德·伯纳德在评论巫师时所说的："日常的经验发现，利用巫师最多的人最需要巫师。"[127]

但是，在维持术士声誉的诸因素中，最重要的一个因素乃是他的疗法对于患者的心理吸引力。许多业余治疗者都能成功处理那些虽无官能性疾病却有肉体症状的患者。两位现代医生曾经刻薄地指出："格雷特雷克斯不过是直觉地意识到，即使人体没有器质性疾病也可能出现各种各样的身体疼痛、功能紊乱和躯体麻木。"他是通过患者的心智而不是通过其躯体治愈他们的，他的方法远在梅斯梅尔、沙可和此后的其他心理疾病研究者所使用的方法之前。[128] 术士的最大的资源就是其患者的想象力；如今我们知道，当医生和患者都有绝对的信心时，疾病就有极大的治愈潜能，这一潜能是不容忽视的。

科学地研究心理暗示在治疗中所起的作用是最近才开始的事情，但是其惊人的效果，已足以使历史学家不敢小视17世纪治疗者仅用符咒而产生的真正神效了。现代医学中称为"安慰剂效果"的作用早已充分显示出来，尽管其原因还不很清楚，对其争议也颇多。无论药丸中有多少有效成分，只要医生患者对它有信心，它就有可能达到奇效。许多实验揭示了安慰剂（假装成真药而给患者服下的无效物质)在解除诸如头痛、晕船或术后疼痛等方面,有时候具有很高的成功率。这种药被用作有效的镇静剂,以缓解精神的紧张。在某些病例中,安慰剂的成功率确实可大到与真正的药物一样。[129]

这就使得对疗效的信念显得更为重要了,门外汉习惯于把医疗看成只是针对躯体而不是针对心灵,所以心态对疗效的影响就能达到使门外汉吃惊的地步。它对原始医疗的现实意义更大,因为实验表明安慰剂与原始药箱是直接相关的,它对于按时到教堂做礼拜者的成功率大于不可知论者;对付酬患者的成功率大于通过卫生机构接受免费治疗的患者。当治疗伴有一些令人印象深刻的仪式时,疗效会更加显著。正如巫师有时候装神弄鬼一样,安慰剂的制造者也小心地将其药丸制得特别大或特别小,色彩鲜艳,使其外形尽可能不同于如阿司匹林之类为人们所熟悉的药片。17世纪,魔咒师在基督教的环境中施展法术,并伴有使人畏惧的仪式,这就为疗效的达成创造了最理想的条件。按照现代人对于信仰和想象力的医疗作用的研究来看,当时术士声称用触摸、指令、咒语甚或遥控等方法进行治疗,确实会被人们当真。

当时的知识分子很清楚想象力的医疗效力以及想象力对于邪术士的重要性。他们注意到,术士需要患者自愿的合作。"这些巫师承认他们不能医治那些不信的人,"理查德·伯纳德写道。[130] 而且他们还敏锐地考察了直接通过心灵就能治愈身体疾病的证据。罗伯特·伯顿写道:"正如有些人被幻想折磨得痛苦不堪一样,有些人也会因为美好的奇想而轻易地恢复健康……这里并无符咒的功效,而只有强烈的想象和信念。"弗朗西斯·培根也认为"造就奇迹的信仰"有治疗效力,而当时最有洞察力的巫术问题作家之一爱德华·乔登在讨论诸如咒语、护身符和圣水的医疗价值时评论道,它们可能获得的任何成功都不能归因于固有的超自然功效,而得归因于"忧郁或易动感情的人所可能持有的坚定信念"。[131] 这种看法得到一些零星逸事记载的支持,其中由丹尼斯·格兰维尔(他是1684

第七章 巫术疗法

年至1691年达勒姆的主持神甫）复述的逸事最具有典型性：一个法国医生的患者坚信自己是被魔鬼缠上了，于是这位法国医生请来了神父和外科医生，同时自己也带了装有一只活蝙蝠的袋子。患者被告知说，要对他施行一次小手术来治愈他。神父为他做了祈祷，外科医生则在他胁上割了一道小口子。正值外科医生开刀时，法国医生便放出蝙蝠，让它飞入房间，并喊道："瞧哪，魔鬼跑掉啦！"于是那个人便认为自己被治好了。[132]

17世纪关于由心理状态导致肉体疾病的概念比现在更广，因为当时的知识分子总是夸张了想象力的威力。他们认为瘟疫更可能感染恐惧者，并且相信孕妇能够通过其思想而影响尚未出生的胎儿的模样。[133]同时代的新柏拉图主义者强化了这种观念，但是他们也依仗当时许多由心治身的例子，因为在那个时代，纯粹物理治疗的潜能还十分有限。

然而，有时候魔咒师不但可以治疗轻信者，还可以治愈怀疑论者的病。一个受过良好教育的作家阿瑟·威尔逊记道，17世纪初他在法国旅行时患了疟疾，他便请教了加斯科尼的一个磨坊主，此人用一张符治愈了他，犹如这位磨坊主治疗其他许多人一样。威尔逊关于这一插曲的记载揭示了他心中的困惑。这不是他的想象力在起作用，因为他事先并不相信磨坊主的治病能力。那么难道人的眼神会有某种神秘的威力，或者仅仅写在纸上的字母会有某种玄妙的功效吗？这也不可能是魔鬼在作祟，因为磨坊主是个虔诚的胡格诺教徒。所以这一结果使他大惑不解。[134]像这样主顾在求教术士时对其法术并无特别的信念，而只是抱着试试看的心理的案例还有很多。对于其结果，最说得通的解释是：在一个轻信的时代，即使怀疑论者也有着受压抑的信仰之心，这种信仰念头在适当的环境中会摆脱束缚迸发出来；正如有时候通常都比较理智的人也会被热烈的复兴运动会议的巨大影响所感染。但是，显然不管阿瑟·威尔逊是否去请教那个磨坊主，他的疟疾总会好转的。

试图研究较早时代巫术治疗者之工作情况的历史学家就这样走上了思辨心理学的道路,对于这种研究来说,他们肯定是难以胜任的。但是很清楚,这些医疗者未必就是无能的和欺诈的。当然,如果从彻底的怀疑一下子转到完全相反的无条件信任,则也是错误的。十多年前,英格兰医学会列出了至少六条原因来说明大多数巫术的"疗效":(1)错误的诊断;(2)错误的预后;(3)病情的减轻;(4)暂时的缓解;(5)自发的痊愈;(6)同时使用的其他疗法。[135]我们已看到,所有这些因素都在该时期的治疗中起着作用。而且我们应该注意到,其中有些因素恰恰是彼时的部分医疗案例取得成功的原因所在,毕竟当时的医药和手术均不能处理器质性疾病。必然有许多人死于不完善的诊断或治疗,而在今天,他们的生命是可以挽救的。巫术不能抵御传染病,不能取代卫生学、X光和其他的现代诊断手段。但是它可以提供有效的心理疾病治疗法,就像今天所使用的疗法一样。

注 释

文献说明:关于术士治病的大量信息记载在 Kittredge, *Witchcraft*。我补充了一些关于出现在宗教法庭上的术士的未出版记录。E. Delcambre, *Le Concept de la sorcellerie dans le Duché de Lorraine*, III: *Les Devins-Guérisseurs*（Nancy, 1951）极好地解释了欧洲相应的情况。W. G. Black, *Folk-Medicine*（1883）and T. J. Pettigrew, *On Superstitions connected with the History and Practice of Medicine and Surgery*（1844）都很有用。下书也同样有用: W. Bonser, *The Medical Background of Anglo-Saxon England*（1963）。

下书记载了"王邪"的仪式疗法的历史, T. J. Pettigrew, op. cit., pp. 117—154,并由 R. 克劳弗德在下书中增订, *The King's Evil*（Oxford, 1911）,其权威疗法参见 *Les Rois thaumaturges*（Paris, 1925; 1961 reprint）。

第七章 巫术疗法

1. *Sermons by Hugh Latimer*, ed. G. E. Corrie（Cambridge, P.S., 1844）, p. 534；A. Burgess, *CXLV Expository Sermons upon the Whole 17th Chapter of the Gospel according to St John*（1656）, p. 95.

2. J. Mason, *The Anatomie of Sorcerie*（Cambridge, 1612）, p. 37.

3. Hale, *Precedents*, pp. 107—108.

4. *Archdeacon Harpsfield's Visitation, 1557*, ed. L. E. Whatmore（Catholic Rec. Soc., 1950—1951）, p. 216；Borthwick, R. VI. A 10, f. 61.

5. Borthwick, R. VI. B 3, f. 66. Below, p. 318.

6. *H.M.C., Hatfield*, xvi, pp. 280—281.

7. Borthwick, R. VI. A 10, f. 61.

8. See A. A. Barb, "The Survival of Magic Arts", in *The Conflict between Paganism and Christianity in the Fourth Century*, ed. A. Momigliano（Oxford, 1963）, pp. 122—123.

9. *Trans. Cumbs. and Westmorland Antiqn and Archaeol. Soc.*, xiv（1897）, p. 372；F. G（lanvile）et al., *The Tavistocke Naboth proved Nabal*（1658）, pp. 40—41；Ashm. 364, p. 119（another version in Aubrey, *Miscellanies*, p. 135）.

10. E. Digby, *Theoria Analytica*（1579）, p. 384.

11. H. Chettle, *Kind-Heart's Dream*（1592）. ed. E. F. Rimbault（Percy Soc., 1841）, pp. 29—30.

12. Sloane 3846, f. 14^v.

13. E. P（oeton）, "The Winnowing of White Witchcraft"（Sloane, 1954）, f. 173^v. 有关洁白主祷文的版本参见 W. J. Thorns, "Chaucer's Night-Spell", *Folk-Lore Record*, i（1878）, and W. D. Macray, "Lancashire Superstitions in the Sixteenth and Seventeenth Centuries", *Local Gleanings relating to Lancs. and Cheshire*, i（1875—1876）。

14. J. White, *The Way to the True Church*（2nd impn, 1610）, sig. C2^v. 有关16世纪到17世纪间的大量咒语手稿,参见 Bodl., MS e Mus. 243 and MS Add. B. 1；Sloane 3846；W. Rye, "A Note Book of Sir Miles Branthwayt in 1605", *Norfolk Archaeology*, xiv（1900）, pp. 131—132。有关更多细节和讨论,除了文献参考笔记中提及的下书作者著作外：Kittredge, Pettigrew, Black and Bonser, see also Scot, *Discoverie*, XII. xiv；W. Sparrow Simpson, "On a Seventeenth-century Roll Containing Prayers and Magical Signs", *Journ of Brit. Archaeol. AsSoc.*, xl（1884）；G. Storms, *Anglo-Saxon Magic*（The Hague, 1948）；T.

Davidson, "Animal Charm Cures and Amulets", *Amateur Historian*, iii（1956—1958）; C. F. Bühler, "Prayers and Charms in Certain Middle English Scrolls", *Speculum*, xxxix（1964）; T. R. Forbes, *The Midwife and the Witch*（New Haven, 1966）, pp. 80—93。

15. 参考下书中的咒语,我们可以看到很多对比和反差, *Leechdoms, Wortcunning, and Starcraft of Early England*, ed. O. Cockayne（Rolls Series, 1864—1866）,且由以下文章做出分析: F. Grendon, "The Anglo-Saxon Charms", *Journ. of American Folk-Lore*, xxii（1909）。有关他们各不相同的世承,参见 C. Singer, "Early English Magic and Medicine", *Procs. of Brit. Acad.*, ix（1919—1920）。对比下书的医疗原则: Delcambre, *Le Concept de la sorcellerie*, iii, pp. 229—238。

16. Lancashire R.O., QSB/½02/8.

17. Cf. C. Geertz, *The Religion of Java*（Glencoe, Ill., 1960）, p. 94.

18. Gloucester D.R., Vol. 20, p. 58.

19. Wells D.R., D 7（Depositions, 1554—1556）.

20. *Churchwardens' Presentments*（*17th Century*）. *Part I: Archdeaconry of Chichester*, ed. H. Johnstone（Sussex Rec. Soc.［1949］）, pp. 82, 92.

21. *Records of the County of Wilts*, ed. B. H. Cunnington（Devizes, 1932）, pp. 61—62.

22. Ely D.R., B 2/20, f. 48. 其他例子参见 Aubrey, *Miscellanies*, p. 135, and *Gentilisme*, p. 125; J. Hewitt, "Medical Recipes of the Seventeenth Century", *Archaeol. Journ.*, xxix（1872）, pp. 75—76。

23. Bodl., Oxford Diocesan Papers, D. 14, f. 86.

24. *York Depositions*, pp. 127 n., 64—65.

25. Ely D.R., B 2/5, f. 273.

26. *The Register of John Stafford... 1425—1443*, ed. T. S. Holmes（Somerset Rec. Soc., 1915—1916）, ii, pp. 225—227.

27. Ely D.R., B 2/12, f. 11; Borthwick, R. VI. A 10, f. 224; Wells D.R., A 7. Cf. A. D. Rees, "The Measuring Rod", *Folk-Lore*, lxvi（1955）. 英格兰以外的例子参见 Thorndike, *Magic and Science*, i, p. 512; Delcambre, *Le Concept de la sorcellerie*, iii, pp. 31—35; J. Grimm, *Teutonic Mythology*, trans. J. S. Stallybrass（4th edn, 1883）, pp. 1163—1165; P. Kemp, *Healing Ritual. Studies in the Technique and Tradition of the Southern Slavs*（1935）, pp. 120—126; Lea,

第七章　巫术疗法

Materials, p. 619。

28. E.g., Kittredge, *Witchcraft*, pp. 93—97; C. M. L. Bouch, *Prelates and People of the Lake Counties*（Kendal, 1948）, p. 216; *Notes and Queries*, i（1849—1850）, p. 294.

29. Ewen, ii, p. 447; *Durham Depositions*, pp. 99—100; Brand, *Popular Antiquities*, iii, pp. 287—293; T. Jackson, *A Treatise containing the Originall of Unbeliefe*（1625）, p. 179; A. Hussey, "Archbishop Parker's Visitation, 1569", *Home Counties Magazine*, v（1903）, p. 115.

30. A. P. Moore, "Proceedings of the ecclesiastical courts in the Archdeaconry of Leicester, 1516—1535", *Assocd Architectl Socs., Reports and Papers*, xxviii（1905—1906）, p. 613. 类似案例参见 Hale, *Precedents*, p. 108; *The Fabric Rolls of York Minster*, ed. J. Raine（Surtees Soc., 1859）, p. 266。关于摩西杖, see below, pp. 280—281。

31. W. Drage, *Daimonomageia*（1665）, p. 39; Bouch, *Prelates and People of the Lake Counties*, p. 216; Hertfordshire R.O., HAT/SR 2/100（more briefly in *Hertford County Records*, i, ed. W. J. Hardy [Hertford, 1905], pp. 3—4）.

32. *Archdeacon Harpsfield's Visitation*, *1557*, i, p. 109; E. Mackenzie, *An Historical, Topographical, and Descriptive View of the County of Northumberland*（2nd edn, Newcastle, 1825）, ii, p. 34.

33. J. Halle, *An Historiall Expostulation*, ed. T. J. Pettigrew（Percy Soc., 1844）, pp. 28—29; Hale, *Precedents*, p. 163; Borthwick, R. VI. E. la, f. 64.

34. 关于这些技巧, see below, chap. 8。其应用的代表性例子参见 Lambeth, V/Di/III/3（筛子和剪刀"以上帝和圣史蒂芬之名", 1558）; Ewen, ii, pp. 190, 230（镜子和水晶）, 234（精灵）。

35. Wells D.R., A 21 and A 22. Cf. below, pp. 296, 317.

36. J. S. Purvis, *Tudor Parish Documents*（Cambridge, 1948）, pp. 199—200; Bodl., MS e Mus. 173, f. 63^v; Bernard, *Guide*, p. 138.

37. C. Goodall, *The Royal College of Physicians*（1684）, pp. 403—404, and Sir G. Keynes, *The Life of William Harvey*（Oxford, 1966）, p. 65（关于布克）。其他例子参见 Kittredge, *Witchcraft*, p. 39; Lancashire R.O., QSB /1/139（81）（Henry Baggilie, 1634）; A. Watkin, *Dean Cosyn and Wells Cathedral Miscellanea*（Somerset Rec. Soc., 1941）, p. 157。其他版本参见 B.M., Egerton MS 825, f. 109v; Bodl., MS e Mus. 173, f. 63; Bodl., Douce MS 116, pp. 145,

148; Bodl., Add. MS B. 1, f. 45v; K. M. Briggs, *Pale Hecate's Team* (1962), pp. 262—263。

38. R. F. B. Hodgkinson, "Extracts from the Act Books of the Archdeacons of Nottingham", *Trans. Thoroton Soc.*, xxx (1926), p. 51; *Records of the Borough of Nottingham* (Nottingham, 1882—1956), iv, p. 275; Wells D.R., A 21; Ewen, ii, p. 331. 关于天主教祈祷对受蛊惑之人的治疗作用的全面讨论, see below, chap. 15。

39. Wells D.R., D 7.

40. Lancashire R.O., QSB/1/139 (81) (其他通过类似原则起作用的例子参见 Ewen, ii, pp. 175, 323, 448; Drage, *Diamonomageia*, p. 43). 有关其他巫术的治疗方法, see below, pp. 648—650。

41. Kittredge, *Witchcraft*, pp. 114—115; Brand, *Popular Antiquities*, ii, pp. 67—72; Scot, *Discoverie*, XI. xv; below, p. 308. 典型咒语参见 B.M., Harley MS 1735, f. 40; Sloane 1311, f. 33^v。

42. Brand, *Popular Antiquities*, iii, pp. 114—119; A. Roberts, *A Treatise of Witchcraft* (1616), pp. 65—66; Aubrey, *Gentilisme*, p. 113; *The Memoirs of Sir Daniel Fleming*, ed. R.E. Porter and W. G. Collingwood (Kendal, 1928), p. 69; T. F. Thiselton-Dyer, *Old English Social Life* (1898), pp. 120—121.

43. *C.S.P.D., 1611—1618*, 187 (cf. p. 183). 类似套语参见 Sloane 3846, f. 15^v; Bodl., MS e Mus. 243, f. 13。

44. Winchester D.R., C. B. 6, pp. 71, 75; Sir T. Browne, *Religio Medici* (1643), ii. 9.

45. *Oxfordshire Archaeol. Soc.Report*, lxx (1925), p. 95.

46. 有关涉及巫术的流产和避孕, 参见 Ewen, i, p. 318; Aubrey, *Gentilisme*, p. 118; Borthwick, R. VI A 13, ff. 64^v—65 (1594); W. W (illiams), *Occult Physick* (1660), p. 135; J. T. Noonan, JR., *Contraception* (New York, 1967); below, pp. 759—760。对比在16世纪发表的下书的生动阐述: *Coitus Interruptus in Three Chapters of Letters relating to the Dissolution of Monasteries*, ed. T. Wright (Camden Soc., 1843), p. 97。

47. Cf. (T. Lupton), *A Thousand Notable things* (1660), pp. 13, 24. 有关盖伦对这一主题的学说, 参见 Thorndike, *Magic and Science*, i, p. 175。类似方法也间或用于畜牧业, see below, p. 776。

48. 参见沃顿的自传(B.M., Add. MSS 20, 006—007), i, ff. 45, 68^v, 83^v,

84ᵛ, 106ᵛ, 107, etc。Ben Jonson, *An Entertainment at the Blackfriars*（1620）中的助产士能够预言性别。艾伦·麦克法兰博士曾发现一件1589年的事例,其中筛子和剪刀被用于预测婴儿的性别（Essex R.O., D/ACA 18, f. 80）。概述参见 Forbes, *The Midwife and the Witch*, pp. 50—63。

49. B.M., Harley MS 416, f. 200；Josten, *Ashmole*, p. 1680。

50. *H.M.C., Portland*, ii, p. 123；W. G. Bell, *The Great Plague in London*（revd edn, 1951）, pp. 163—164, 259—260；R. Baxter, *The Certainty of the World of Spirits*（1691；1834 edn）, p. 70. 有关这个庞大话题的某些证据参见 Scot, *Discoverie*, XII. vi；Aubrey, *Gentilisme*, index, *s.v.* "amulets"；Burton, *Anatomy*, ii, p. 250；Forbes, *The Midwife and the Witch*, pp. 64—79；G. F. Still, *The History of Paediatrics*（1931）, p. 122；N. Hodges, *Loimologia*, ed. J. Quincy（1720）, pp. 218—222；J. Evans, *Magical Jewels of the Middle Ages and the Renaissance*（Oxford, 1922）, chaps. 7 and 8；C. N. Bromehead, "Aetites or the Eagle-Stone", *Antiquity*, xxi（1947）；A. A. Barb, "Birds and Medical Magic. 1. The Eagle-Stone", *Journ. Warburg and Courtauld Institutes*, xiii（1950）。

51. Cf. below, p. 265.

52. G. Simotta, *A Theater of the Planetary Houres*（1631）, pp. 30—31. 类似故事参见 *The Iudycyall of Uryns*（n.d., ? 1527）；*The Key to Unknowne Knowledge*（1599）；J. Hart, *The Anatomie of Urines*（1625）；T. Brian, *The Pisse-Prophet, or Certaine Pisse-Pot Lectures*（1637）；E. P（oeton）, "The urinall crackt in the carriage"（Sloane 1954, ff. 143—160）。有关尿液和妊娠的测试,参见 Forbes, *The Midwife and the Witch*, pp. 34, ff。

53. W. Foster, *Hoplocrisma-Spongus*（1631）；（R. Fludd）, *Doctor Fludds answer unto M. Foster*（1631）（声称治愈超过一千人,其中有一些是贵族）, p. 124；id., *Mosaicall Philosophy*（1659）, pp. 221—234, 236—292（引用了许多治愈的例子）；Sir K. Digby, *A Late Discourse... touching the Cure of Wounds by the Powder of Sympathy*, trans. R. White（1658）, pp. 3, 14；N. Highmore, *The History of Generation*（1651）, appx；J. Primrose, *Popular Errours*, trans. R. Wittie（1651）, pp. 400—434；B.M., Add. MS 28, 273, f. 141（秘方属于约翰·洛克的父亲）；R. T. Petersson, *Sir Kenelm Digby*（1956）, pp. 264—274；S. Boulton, *Medicina Magica*（1656）；[C. Irvine], *Medicina Magnetica*（1656）；H. More, *The Immortality of the Soul*（1659）, pp. 453—457；Pettigrew, *On Superstitions connected with the History and Practice of Medicine*, pp. 157—167；

Sir J. G. Frazer, *Aftermath* (1936), pp. 60—62; and see below, pp. 266, 649。

54. Cf. below, p. 520.

55. S. Butler, *Characters and Passages from Note-Books*, ed. A. R. Waller (Cambridge, 1908), p. 143; R. Hunter and I. Macalpine, *Three Hundred Years of Psychiatry*, *1535—1860*(1963), p. 292; R. Peirce, *Bath Memoirs*(Bristol 1697), p. 7. See also below, p. 800.

56. *Lincoln Diocese Documents*, *1450—1544*, ed. A. Clark (E.E.T.S., 1914), p. 109; A. Hussey, "Visitations of the Archdeacon of Canterbury", *Archaeologia Cantiana*, xxvi (1904), p. 21.

57. Ely D.R., B 2/12, f. 10^v; Borthwick, R. VI. A. 11, f. 13.

58. 约翰·格朗特统计在 1629 年至 1636 年间和 1647 年至 1658 年间的 229 250 名死者中，有 537 人是因"王邪"致死的；*The Economic Writings of Sir William Petty*, ed. C. H. Hull (Cambridge, 1899), ii, p. 406。1665 年有 86 人；*Guildhall Miscellany*, ii (1965), p. 317。布洛赫的判断（*Les Rois thaumaturges*, p. 28）在这一点上需要有所更改，然而在其他问题上则不用改动。

59. Cited in Bloch, op. cit., p. 377 n. 与他们相关的数据和问题，see ibid., pp. 97—105, 378, n. 1. 布洛赫关注的"常客"的一个绝佳例子是威廉·威克斯，他被查理二世触摸过两次，被詹姆斯二世触摸过三次；W. Vickers, *An Easie and Safe Method for Curing the King's Evil* (9th edn 1713), p. 5。

60. 英文版本直至 1728 年；拉丁文版本直至 1774 年。

61. Bloch, op. cit., p. 396; W. H. Dawson, "An Old Yorkshire Astrologer and Magician, 1694—1760", *The Reliquary*, xxiii (1882—1883), p. 200; C. J. S. Thompson, *Magic and Healing* (1947), p. 49.

62. Scot, *Discoverie*, XIII. ix.

63. Cf. *The Autobiography and Personal Diary of Dr Simon Forman*, ed. J. O. Halliwell (1849), p. 15; R. C. Hope, *The Legendary Lore of the Holy Wells of England* (1893), p. 157; F. N. L. Poynter and W. J. Bishop, *A Seventeenth-century Doctor and his Patients* (Beds. Hist. Rec. Soc., 1951), pp. 4, 100—101; J. Hall, *Select Observations*, trans. J. Cooke (1657), pp. 309—311; R. Wiseman, *Severall Chirurgicall Treatises* (1676), pp. 245—335; T. Fern, *A Perfect Cure for the King's Evil* (1709)（声称治愈 400 人）; J. Gibbs, *Observations of Various Eminent Cures of Scrophulous Distempers* (1712)。

64. Scot, *Discoverie*, XII. ix. 詹姆斯一世采纳了这个观点，他"为患'王邪'

的孩子进行的即席演讲"的副本收于 B.M., Add. MS 22, 587, f. 4。

65. Crawfurd, *The King's Evil*, pp. 165, 175, 176.

66. Aubrey, *Miscellanies*, p. 128（and J. Browne, *Adenochoiradelogia* [1684], iii, pp. 162—164）。

67. Aubrey, *Gentilisme*, p. 241; Crawfurd, op. cit., p. 107.

68. P. E. Schramm, *A History of the English Coronation*, trans. L. G. W. Legg（Oxford, 1937）, pp. 99—100, 102, 139; Crawfurd, op. cit., p. 70; Browne, *Adenochoiradelogia*, iii, p. 3.

69. M. M. Verney, *Memoirs of the Verney Family*（2nd edn, 1904）, i, p. 499. 她最终于1653年被查理二世触摸了（i, p. 509）。

70. *To the Kings most excellent majesty. The Humble Petition of divers hundreds of the Kings poore subjects afflicted with... the King's Evil*（1643）, p. 6（几乎肯定是保王派的宣传资料）; R. C. Strong, *Portraits of Queen Elizabeth*（Oxford, 1963）, p. 39。

71. H.M.C., *Hatfield*, x, pp. 166—167; Bloch, *Les Rois thaumaturges*, p. 335, n. 3. Cf. M. del Rio, *Disquisitionum Magicarum Libri Sex*（Leyden, 1608）, pp. 14, 63.

72. Crawfurd, *The King's Evil*, pp. 98—101; Bloch, op. cit., pp. 373—375; F. Peck, *Desiderata Curiosa*（1779 edn）, p. 392; T. A., *The Excellency or Handy-Work of the Royal Hand*（1665）, pp. 8—9; Josten, *Ashmole*, pp. 485—486; Wiseman, *Severall chirurgicall treatises*, pp. 246—247; Browne, *Adenochoiradelogia*, iii, pp. 150—155; D. H. Atkinson, *Ralph Thoresby the Topographer*（Leeds, 1885—1887）, ii, p. 237.

73. Crawfurd, op. cit., pp. 138—139, 154—155; T. B. Howell, *A Complete Collection of State Trials*, xi（1811）, col. 1059; His *Grace the Duke of Monmouth honoured*（1680）; Bloch, op. cit., pp. 392—395; H. Farquhar, "Royal Charities", *Brit. Numismatic Journ.*, xv（1921）, pp. 161 ff.; *D.N.B.*, "Carte, Thomas". 1703年，神奇的治疗发生在詹姆斯二世墓前，*H.M.C. Stuart*, i, pp. 186—187。

74. 下书强调指出国王需要遵纪守法：Browne, *Adenochoiradelogia*, iii, pp. 80—82。

75. W. A. Fearon and J. F. Williams, *The Parish Registers and Parochial Documents in the Archdeaconry of Winchester*（Winchester, 1909）, p. 83. Cf.

Bloch, op. cit., pp. 320—321; Crawfurd, op. cit., p. 67; Browne, op. cit., iii, pp. 148—149.

76. D. Barrington, *Observations on the More Ancient Statutes* (4th edn, 1775), p. 107.

77. Browne, *Adenochoiradelogia*, iii, p. 93,可以找到它们在商店出现的例子。作为传家宝的例子参见 Bloch, *Les Rois thaumaturges*, p. 396; H. Aveling, *Northern Catholics* (1966), p. 404; Kent R.O., Shoreham Box 28; Bedfordshire R.O., AB P/W 173½0 (由卢顿的一名铁皮工人于1731年馈赠,"这两块金片我一般用链子挂在脖子上来预防'王邪'")。

78. Browne, *Adenochoiradelogia*, iii, pp. 106—107; *Revolution Politicks* (1733), i, p. 9; T. A., *The Excellency or Handy-Work of the Royal Hand*, p, 20.

79. *Memoirs of the Life of Colonel Hutchinson by his Wife Lucy* (Everyman, n.d.), p. 3.

80. S. R. Gardiner, *History of the Great Civil War, 1642—1649* (new edn, 1893), iii. p. 242. 有关清教徒和持异议者对仪式的厌恶,参见 W. Tooker, *Charisma sive Donum Sanationis* (1597), p. 109; Browne, op. cit., *passim*; (D. Lloyd), *Wonders no Miracles* (1666), p. 13; H. Stubbe, *The Miraculous Conformist* (1666), p. 9。

81. *Commons Journals*, v, p. 151(但没有任何迹象表明有任何由此导致的宣言); H. N. Brailsford, *The Levellers and the English Revolution*, ed. C. Hill (1961), p. 336。

82. F. Osborne, *Advice to a Son*, ed. E. A. Parry (1896), p. 126; *The Autobiography of William Stout of Lancaster, 1665—1752*, ed. J. D. Marshall (Manchester, 1967), p. 69.

83. *Reliquiae Baxterianae*, ed. M. Sylvester (1696), ii, pp. 199—200; *Notes and Queries*, clv (1928), p. 112; A. G. Matthews, *Calamy Revised* (Oxford, 1934), p. 418.

84. Glamorgan R.O., DI/DF F/249; *Perfect Occurrences of Every Daie Journall in Parliament* (30 April—7 May 1647), p. 144.

85. *York Depositions*, pp. 36—38. 这或许是和1651年那起记载在下书中的事件雷同的案例: *Quarter Sessions Records*, ed. J. C. Atkinson (North Riding Rec. Soc., 1884—1892), v, p. 85。

86. *The Journal of George Fox*, ed. N. Penney (Cambridge, 1911), ii, p.

310；*George Fox's 'Book of Miracles'*, ed. H. J. Cadbury（Cambridge, 1948）, pp. 98, 117；*A True Copy of a Letter of the Miraculous Cure of David Wright*（1694）。

87. H. Farquhar, "Royal Charities", *Brit. Numismatic Journ.*, xiv（1920）, p. 100. 有关宗派信徒的例子,参见 *Yorkshire Diaries*, ed. C. Jackson（Surtees Soc., 1877）, p. 62；Browne, *Adenochoiradelogia*, iii, pp. 141, 172—173。

88. 有关本段以及下述段落,参见下文的全面叙述：R. Crawfurd, "The Blessing of Cramp-Rings: a Chapter in the History of the Treatment of Epilepsy", *Studies in the History and Method of Science*, ed. C. Singer（Oxford, 1917）, 以及布洛赫在下书中的讨论：*Les Rois thaumaturges*, pp. 159—183, 323—327, 332—334, 445—448。另一个痉挛戒指的例子参见 P.R.O., SP 46/162/174（in 1556）。

89. *The Works of Nicholas Ridley*, ed. H. Christmas（Cambridge, P.S., 1841）, p. 500.

90. *Pace* Bloch, op. cit., pp. 332—334,他从加德纳给里德利的信件中读出的内容（*Works of Nicholas Ridley*, pp. 495—504）比原文能够提供的还多。

91. *A Narrative of the Life of Mr Richard Lyde of Hereford*（1731）, p. 8；Bloch, op. cit., p. 388, n. 1.

92. J. Donne, *Biathanatos*（1646）, pp. 216—217；F. Osborne, *A Miscellany of Sundry Essays*, p. 28（in *Miscellaneous Works of... Francis Osborn*［11th edn, 1722］, i）. 有关对巫师的迫害, see below, pp. 292—293, 307—313。

93. （T. Longueville）, *The Curious Case of Lady Purbeck*（1909）, p. 99；*Privy Council Registers preserved in the P.R.O.*, viii（1968）, p. 190；C. Goodall, *The Royal College of Physicians of London*（1684）, pp. 467—468；*Devon and Cornwall Notes and Queries*, xiii（1924）, pp. 312—314（and below, p. 727）.

94. See Bloch, *Les Rois thaumaturges*, pp. 293—298, 498—499. 英格兰第一份为人所知的文献出现于：T. Lupton, *A Thousand Notable Things*（1579,且经常重印）。

95. *C.S.P.D., 1631—1633*, pp. 252, 347—348.

96. Goodall, *The Royal College of Physicians*, pp. 446—463；*C.S.P.D., 1636—1637*, p. 328；*Privy Council Registers preserved in the P.R.O.*, i—ii（1637—1638）（1967）, pp. 220, 309, 437, 515；Keynes, *The Life of William Harvey*, pp. 2648. 有关其他保王派对与皇室竞争的第七子表现出敌意的例子,参见 T. A., *The Excellency or Handy-Work of the Royal Hand*, pp. 1, 3；J. Bird, *Ostenta*

Carolina（1661），p. 78。

97. *C.S.P.D., 1631*, pp. xl—xlii, 450, 548—589. 布洛赫主张（pp. 296—297）这个插曲反映了 Lupton, *A Thousand Notable Things* 的直接影响力，但他没能注意到，婴儿在该书的权威介入前已经治疗了一个患者。

98. *Diary of Walter Yonge*, ed. G. Roberts（Camden Soc., 1848），p. 13；R. F. B. Hodgkinson, "Extracts from the Act Books of the Archdeacons of Nottingham", *Trans. of the Thoroton Soc.*, xxx（1926），p. 57；E. P（oeton）, "The Winnowing of White Witchcraft"（Sloane 1954），ff. 190—192；E. L. Cutts, "Curious Extracts from a MS Diary, of the Time of James II and William and Mary", *Trans. Essex Archaeol. Soc.*, i（1858），p. 124. 有关其他请参见 W. H. Dawson in *The Reliquary*, xxiii（1882—1883），p 200；Ashm. 1730, f. 162；Sir T. Matthew, *The Life of Lady Lucy Knatchbull*（1931），p. 35。

99. Brand, *Popular Antiquities*, iii, pp. 265—266；*Folk-Lore*, vi（1895），p. 205；ibid., vii（1896），pp. 295—296；G. A. Cranfield, *The Development of the Provincial Newspaper, 1700—1760*（Oxford, 1962），p. 221；Thiselton-Dyer, *Old English Social Life*, p. 77；C. J. S. Thompson, *The Quacks of Old London*（1928），pp. 71—72, 189；*Trans. Cumbs. and Westmorland Antiqn. and Archaeol. Soc.*, xiii（1895），p. 362；ibid., xiv（1896），p. 373. 但是在 J. Quincy, *Dr Carr's Medicinal Epistles*（1714），p. 132 中，据说七兄弟已经丧失了他们广受欢迎的威望了。

100. 无论如何，他的方法引入了传统的祈祷、驱魔和咒语，P.R.O., SP 12/206/54—53（ii）；SP 12/208/2。

101. Above, pp. 148—151.

102. Wood, *Life and Times*, i, p. 486；J. Barrow, *The Lord's Arm stretched out in an answer of Prayer: or, a True Relation of the Wonderful Deliverance of James Barrow*（1664），sig. BI；*C.S.P.D., 1663—1664*, p. 243（我猜测所有这些都指向布莱克，但同一时段也有一些爱尔兰人和耶稣会信徒在从事巫术治疗活动，see e.g., Hunter and Macalpine, *Three Hundred Years of Psychiatry*, *1535—1860*, p. 151；Sloane 1926, f. 4；J. Heydon, *Theomagia, or the Temple of Wisdome*〔1664〕, iii, p. 224）。

103. 从同时代的小册子中可以探知他的职业：*Wonders if not Miracles*（1665）；（D. Lloyd），*Wonders no Miracles*（1666）；H. Stubbe, *The Miraculous Conformist*（Oxford, 1666）；*A Brief Account of Mr Valentine Greatraks*（1666），

第七章　巫术疗法

and "A Detection of the Imposture of Mr V. G." (Sloane 1926, ff. 1—10)。See also *Conway Letters*, ed. M. H. Nicolson (1930) and *D.N.B.* R. A. Hunter and I. Macalpine 在下书中就他的治愈做了发人深省的讨论：*ST. Bartholomew's Hospital Journ.*, lx (1956)。

104. Stubbe, *The Miraculous Conformist*, p. 11；J. Glanvill, *Saducismus Triumphatus* (1681), i, pp. 90—92. 然而，赫勒福德的主教赫伯特·克罗夫特将自己的治疗看成一种超自然现象；*Correspondence of the Family of Hatton*, ed. E. M. Thompson (Camden Soc., 1878), i. p. 49。

105. *C.U.L.*, Add. MS 1, no. 26.

106. Sloane 1926, f. 4^v.

107. *The Diary of Abraham de la Pryme*, ed. C. Jackson (Surtees Soc., 1870), pp. 90—91。

108. Quincy, *Dr Carr's Medicinal Epistles*, p. 132. 有关 1687 年用死人头颅治疗"王邪"的尝试，参见 *Local Population Studies*, v (1970), p. 62。

109. Keynes, *The Life of William Harvey*, p. 265.

110. Wiseman, *Severall Chirurgical Treatises*, pp. 246, 247；see also Browne, *Adenochoiradelogia*, iii, p. 81.

111. Keynes, *The Life of William Harvey*, p. 269；Primrose, *Popular Errours*, p. 442.

112. *An Answer to a Scoffing and Lying Lybell* (1681), p. 2.

113. Bloch, *Les Rois thaumaturges*, p. 429 (文本是意译的)。我大量引用了他在这几页中极富智慧的探讨：pp. 409—429。

114. Cf. E. E. Evans-Pritchard, *Essays in Social Anthropology* (1962), p. 84.

115. 1664 年丹吉尔一名囚徒的话；H. A. Kaufman, *Conscientious Cavalier* (1962), p. 193。

116. Bernard, *Guide*, pp. 131—132；Lancashire R.O., QSB/1/78/49, and QSB/1/139 (81)。关于费用的更多信息，see below, pp. 295—298。

117. See e.g., S. F. Nadel, *Nupe Religion* (1954), pp. 161—162；R. Firth, "Ritual and Drama in Malay Spirit Mediumship", *Compve. Studs. in Soc.and Hist.*, ix (1966—1967), p. 207；R. W. Lieban, *Cebuano Sorcery* (Berkeley, 1967), chap. 5；and *Magic, Faith and Healing, Studies in Primitive Psychiatry Today*, ed. A. Kiev (1964), *passim*.

118. Mason, *The Anatomie of Sorcerie*, p. 69；E. Bower, *Doctor Lamb*

revived（1653），p. 25.

119. Aubrey, *Miscellanies*, pp. 134—135.

120. Burton, *Anatomy*, i, p. 256.

121. See e.g., Scot, *Discoverie*, XV. xli; *C.S.P.D., 1625—1626*, p. 367; Thompson, *The Quacks of Old London*, p. 30; above, p. 16.

122. W. Fulke, *Answers to Stapleton, Martiall and Sanders*（Cambridge, P.S., 1848），p. 157. Thomas Lodge（*Complete Works*［1963 reprint］, iv, p. 35）, Gervase Babington（*Workes*［1622］, iii, p. 27）, and James Cotta（*Cotta contra Antonium*［Oxford, 1623］, p. 39）agreed. Cf. below, p. 305.

123. Scot, *Discoverie*, XVI. v, 对他们同时使用药物的评论。Cf. Bernard, *Guide*, p. 149. 有关一名诊断黄疸病的"魔咒师", 参见 A. Hussey, "Visitations of the Archdeacon of Canterbury", *Archaeologia Cantiana*, xxvi（1904）, p. 21。

124. 正如下书中指出的那样: Pettigrew, *On Superstitions connected with the History and Practice of Medicine*, pp. 163—164; and see Petersson, *Sir Kenelm Digby*, p. 274。

125. A. A. Ruddock, "The Earliest Records of the High Court of Admiralty（1515—1558）", *Bull. of Institute of Hist. Research*, xxii（1949）, p. 145.

126. Barrow, *The Lord's Arm Stretched Out*, sig. B2.

127. Bernard, *Guide*, p. 143.

128. Hunter and Macalpine in *St Bartholomew's Hospital Journ.*, lx(1956), p. 368.

129. 关于这个主题的一篇关键文章: L. Lasagna et al., "A Study of the Placebo Response", *American Journ of Medicine*, xvi（1954）, 且下书中有一份有用的文献调查: J. D. Frank, *Persuasion and Healing*（1961）, chap. 4。See also B. Inglis, *Fringe Medicine*（1964）, and id., *Drugs, Doctors and Diseases*（1965）. 戴维·瑟里奇博士在圣约翰大学论文研讨会发表的一篇极富启发性的论文使我首次认清这一主题的重要性。J. 扬指出了原始医术与它的联系, *Muntu. An Outline of Neo-African Culture*, trans. M. Grene（1961）, pp. 127—129。

130. Bernard, *Guide*, p. 139; and also Cooper, *Mystery*, pp. 219, 245. Cf. V. W. Turner in *Magic, Faith and Healing*, ed. Kiev, p. 263.

131. Burton, *Anatomy*, i, p. 256; Bacon, *Works*, ii, p. 641; iv. p. 400; E. Jorden, *A Briefe Discourse of a Disease called the Suffocation of the Mother*（1603）, p. 25.

第七章 巫术疗法

132. Cited by Kittredge, *Witchcraft*, p. 135. 类似的故事参见 G. Gifford, *A Dialogue concerning Witches and Witchcrafts*（1593）(Shakespeare AsSoc., 1931), sig. G4; J. Selden, *Table-Talk*（Temple classics, n.d.), pp. 40—41; Turner, *Providences*, ii, p. 135; Ewen, ii, p. 129。

133. Hunter and Macalpine, *Three Hundred Years of Psychiatry*, p. 230; W. Pagel, *Paracelsus*（Basel, 1958), pp. 121—125; Still, *History of Paediatrics*, p. 342; M. Underwood, *A Treatise on the Disorders of Childhood*（1797), ii, pp. 199—209. 大多数同时代的瘟疫地区都强调了想象的作用。

134. Peck, *Desiderata Curiosa*, p. 461.

135. *Divine Healing and Co-operation between Doctors and Clergy*（B.M.A., 1956), p. 10.

第八章

术士与大众巫术

你曾听说过的巫女诺丁汉,终其一生都擅洒神水,在她之后是巫女波恩尔;之后,在辣椒巷有一个叫哈特菲尔德,他对找寻丢失的东西非常在行。另一个住在科尔港的人,对行星的运转了若指掌。黄金巷的圣母斯图尔顿能预言;泰晤士岸边区的巫女菲利普斯善治背痛,还有科勒肯威尔格林一个非常受人尊敬的夫人,她也擅长很多东西。泰晤士岸边区的玛丽小姐善于雕塑;还有一个在威斯敏斯特的人,善用书本和钥匙、筛子和剪刀。他们都凭着各自的本事安身立命。

托马斯·海伍德,《女贤人》(1638),第三部分第一章

如果妖术确实存在,如俗人所信,那毫无疑问,世上没有其他东西比它更能施展令人受益或受害的能力。

《达·芬奇笔记》,E. 麦柯迪编辑(1938),第一章,第 87 页

算命者都是道德主义者,也是底层阶级的安慰者。他们提供了社会不能提供的需求。

《旧日之书》,R. 钱伯斯编辑(1863),第一卷,第 284 页

第八章 术士与大众巫术

一 丢失财物

治病只是术士和女贤人所履行的巫术职能之一。在其余的职能中最普遍的似乎是侦破盗贼和寻回财物,社会对于这种事务几乎没有提供其他类似的服务。在这类情况中,巫师使用占卜方法中的一种,以确定谁偷了财物。

一种普通的方法是筛子和剪刀卜测法:

> 将剪刀插在一只筛子的硬皮上,然后由两个人各用食指抬住剪刀的把,使筛子稳定地悬在空中;于是巫师便询问彼得和保罗,是某甲,还是某乙或某丙偷了那东西;在提到有罪者的名字时,筛子便会转动。[1]

这种方法不要求操作者有任何专门的资格,它不是术士独享的特权,只要懂得施术的人都可以使用。例如,1554年,一个名叫威廉·哈斯尔伍德的神甫在伦敦的代理主教法庭面前做了忏悔:

> 他丢了一个钱包,其中有十四个四便士的银币。于是他立刻想起幼年时曾听母亲说过,任何人丢了东西,只要用一只筛子和一把剪刀就可以知道失物在谁那里。……这样,他就拿了一只筛子和一把剪刀,并用剪刀尖把筛子吊起来,一边念着"依靠彼得和保罗,就能重获遗失物",一边则提到他所怀疑的人的名字。

同样地,1598年,约翰·卡森向诺丁汉的副主教承认道:

> 约在九个月以前,教区里丢失了一只阉羊,有一种方法可

以测知这只阉羊的情况:用一只筛子和一把剪刀,并念道"以圣父、圣子和圣灵的名义",念过后筛子就会转动。他和他的姊妹有一次曾并无恶意地试过这种方法。

1641年,一个工人的妻子在兰开夏郡的季度法庭上使用筛子和剪刀发现了盗窃一只羊和一只母鸡的人,并且还测定了两个当地妇女是否怀孕。² 这种技术很容易掌握,不需要特别的设备,所以被广泛地应用。³

根据同一原则的另一种方法则是用钥匙和书(书本通常为《诗篇》或《圣经》)进行占卜。其步骤也十分简单:钥匙夹在书中一个挑选出来的地方,然后把诸嫌疑者的名字分别写在各张纸片上,并逐一塞入钥匙尾端的孔内,当写有盗贼的纸片塞进去时,那本书就会"摆动不休",并从拿着它的手指间掉下来。⁴1551年,格洛斯特郡圣欧文的神甫威廉·纽波特使用了这一方法的一个变种。据目击者说,神甫把钥匙插入书内后,用绳子把书扎起来。然后,他祷告圣父、圣子和圣灵,要求念到有罪者的名字时钥匙会转过来。当他提到玛格丽特·格林希尔的名字时,钥匙转动了。然后,与会者离开了举行仪式的圣坛,去搜索嫌疑者草垫中的失物。⁵ 这种用钥匙和书占卜的方法在中世纪广为人知,并且到了19世纪仍流行于许多乡村地区。⁶

区别犯罪者和其他嫌疑者的第三种方法是把写有他们名字的纸片卷起来塞在土制小球中,然后把这些小球放入一只水桶,看哪卷纸先松开来。这一方法也有许多变种。⁷ 然而,术士们往往使用更为复杂的技术。有些人试图用占星术进行操作,在制成一张天宫图后就能描绘出窃贼的样子。有些人则使用泥土占卜法,即解释巫师在半昏睡状态中在地上任意乱画出来的图案的含义。还有些人使用镜子或水晶球,巫师会问主顾,他是否能认出镜子或水晶球中出现的有罪者的相貌。约翰·迪伊有个作此用途的水晶球,"大如鸡蛋,非常光亮、清晰和华丽"。[8]小孩的拇指甲擦亮以后也可以用来占卜；甚至可以用一桶水来进行占卜。[9]

伴随着这类占卜方法的还有精心设计的半宗教仪式。1631年，一个巫师解释道："任何人要找到被窃的财物都是相当艰难的，他要禁食和祈祷三天，并且忍受巨大的痛苦。"[10]奥布里谈到了赫勒福德郡的一个服装商，他在许多服装失窃后，于半夜时分拿出水晶球，并请一个小男孩或女孩作为其水晶球占卜师（因为据说这种占卜师必须是完全的童身），他们要从水晶球中看出窃贼的样貌。[11]当然，这种水晶球占卜法距离蓄意地召唤精灵只有一步之差。西部的一个术士约翰·沃尔什在1566年承认，为了发现丢失的财物，他雇用了一个妖精，这个妖精有时候呈鸽子形状，有时候以狗的面目出现，有时候则是有着偶蹄的人。1610年，肯特郡哈尔登的神甫威廉·劳斯发现其牲畜被伤，谷物被盗。他便求助于勃塞斯腾的织工威廉·蔡尔斯来找干这件事的人。根据一本法术书的指导，他们用粉笔在地板上画了一个大圈，圈中写着一些拉丁词句。他们之中的第三个人必须高声朗读《诗篇》，而蔡尔斯则宣称："我用咒语驱逐你。"尽管施术颇具威慑力，但过程中并无精灵出现。但是，1662年，当一个仆人被控盗窃多塞特郡布兰德福德的灵缇旅馆的财物时，他就去求助于一个奇术家，奇术家则利用一个恶灵找出了真正的窃贼，并且奇迹般地从50英里以外的地方找到了他。[12]

一旦用这种方式找到窃贼后，主顾们就深信不疑地去追查此事了。下面是一个失窃者的话。

> 我求你了，善人法奎斯（1510年一个受冤屈的伦敦人说）把钱还我，因为你占有了我失去的钱财，你是从我钱包中拿去的，因为占卜者向我展示了这一点。他告诉我，在我的朋友中有个脸上长颗痣的人拿了我的钱，而其中只有你具有这种标记，所以我请你还给我吧，你确实是拿我钱的人。[13]

但是公众对此法并非都如此笃信。有的主顾精明地拖延付给巫师酬劳,直至他的鉴别被证明正确为止。[14]然而,至少晚至17世纪后期,乡村巫师对于盗窃或类似犯罪问题的裁决总是具有一定的影响力。据说司法官员也都根据这样的勘定来逮捕嫌疑犯,有时候确实值得贿赂一下术士,以便确保抓获犯人。[15]

这种侦破窃案的方法绝不是像看起来那样无中生有。搜查窃贼通常都是一开始就有线索的,术士们往往采取细查由主顾提供的嫌疑犯名单的方式。术士所要做的是必须把有罪者辨别出来。他很可能明白自己的主要责任是把主顾本人最怀疑的人定为有罪者。而这和现代非洲占卜者的做法如出一辙,有些社会人类学家观察到,他们的做法与英格兰术士的做法极为相似。学者们指出,几乎所有的非洲占卜方法都容易受到求卜者的操纵,占卜者"之所以成功,是因为他揭示了求卜者希望他揭示的东西"。[16]尽管占卜程序相当复杂,但它仍给巫师留下了主观判断和解释的余地。在降神会上,他"嗅出了"问题的答案,因为他可以借助诱导问题及其听众的一系列明晰的暗示来获知自己是否找到了正确的线索。主顾的内心几乎毫无例外地都有一个确定的嫌疑者,只是缺乏通常的证据罢了。而占卜者则旨在坚定这些怀疑,这样就能使得主顾遵照他占卜之前业已形成的看法去做了。[17]

与非洲占卜者相似的是,英格兰的术士由于对主顾的反应很敏感,所以他很可能在念到其主顾最怀疑的人的名字时,会发现筛子或钥匙转动。如果像经常出现的情况那样,由受害者亲自来操作占卜程序,那么他听到最怀疑者的名字时就会因兴奋和愤怒而颤抖,于是他就更易获得类似的结果。这不仅仅是猜测,17世纪传教士托马斯·加塔克的考察展示了这一点,他注意到:

> 在使用筛子和剪刀占卜念诵嫌犯名单时,当念到众人怀疑的对象时,即便没有故意操纵,众人或操作者的强烈想象力也

第八章 术士与大众巫术

足以使手产生一种不自觉的颤动,从而使筛子和剪刀转动。

这段议论是很拙笨的,但它的判断击中了事实的要害。[18]

因此,按照这一解释,"降神会"的目的与其说是勘定盗贼(盗贼往往是已经知道了的),还不如说是强化主顾对于盗贼的指控。巫师所做的便是给予原来的怀疑提供一个明显的独立认可。1590年,一个证人的率直供认很好地证明了这一点,他意识到赫特福德郡的术士托马斯·哈丁是个骗子,因为哈丁拒绝指控证人所怀疑的烧他房子的任何人,甚至在证人指出嫌疑者后仍然如此。[19] 水晶球同样能认定现成的嫌疑者。主顾被要求查看玻璃球,看是否能认出里面所显示出的人的相貌,而通常都是能够认出自己怀疑的对象的。[20] 或者,术士先描述了一番外貌,等候主顾的反应。任何一种方法的操作,都有着同样的功能。这种实验在实施过程中的装腔作势基本上并未对主顾提供新的线索,而不是确认了他原始的想法。

作为这一时代的巫术窃案侦探者所举行的实际审议会的再现来说,我们的构想似乎是假设的。但是它与非洲占卜者的做法的类似性则与现存的证据相符。例如,15世纪的一个巫师神父托马斯·诺丁汉为一个诺里奇公民侦破盗案,他把一个妇女误勘为窃贼,直至其主顾轻声告诉他说艾格尼丝·瓦茨是有罪者后,圣书和钥匙才又肯定了这一指控。[21] 这种占卜法的作弊是众所周知的,例如,有一种办法是把写着有罪者名字的纸的周围都包上黏土,以确保它一浸入水中就最先展开来。[22] 当然,这并不意味着所有的占卜者都不老实,或者所有的主顾心中都有一个明确的嫌疑者。不过这种确定预设嫌疑者的程序确实大大有助于保持他们的声望。

这种巫术侦破法的第二个特点是倾向于恐吓罪犯。这也是原始民族中占卜术的一个共同特点。他们让所有嫌疑者都过一遍神裁法,此法基于这样的假设:清白无辜者在仲裁中将毫无损伤,而有罪者则会遭受极度的痛苦。在1215年教会不再容许使用神裁法之前,神裁法一直是英格兰法庭的惯用手法。在许多种类的神裁法中,有四种最为通用:烙铁测罪法,嫌疑者必须身受烙刑;沸水测罪法,嫌疑者将手浸入沸水中;"圣食"测罪法,"圣食"是被视为神圣的面包和奶酪,能一口吞下的人为清白者,噎住的人则为有罪者;冷水测罪法,人浸入冷水中,如果沉下去就是无罪的。这种方法显然于侦破无益,但是一位著名的法学史家认为,"只能把它们说成是荒谬的",这并不正确。[23] 许多原始社会的经验表明,通常要到嫌疑犯已被认定后才使用神裁法。它只是对其罪行的附加测试,而不是发现罪犯的最初手段。它的使用反映了中央权力的软弱,以致若不借助于附加的超自然许可,就无法强制惩罚罪犯。[24] 但是神裁法还有着心理学的作用,有罪者往往在经受这种测试之前就已精神崩溃了。他的心理防线会崩溃并因而承认自己有罪。或者,他对这种方法的可靠性的信任所产生的恐惧会使他连吞服食物或饮料这样简单的事都干不成,而清白的人则会欢迎这种测试,以便为自己洗脱嫌疑。[25]

相应地,在中世纪的神裁法中,在仪式进行时所表现的任何畏缩或错误都会被看成是有罪的证据。拒绝采取神裁法是很普通的事,看来,这一制度在某种程度上单靠威慑力就足以起作用。此外,似乎有的测罪法极难通过,尤其是烙铁,而另一些则几乎不可能通不过,诸如冷水测罪法。通常很可能根据被控者是否已被确认有罪而来选择测罪法的。这样,神裁法的功能就成了对业已做出的裁决的强化。

这类猜测最好留给中世纪历史学家去研究。[26] 不容置辩的是,只要参加者相信这些原始仪式的超自然效应,它们有时候就会像任何更为复杂的侦探手段那样发挥作用。16世纪和17世纪还残存着神裁法的痕迹。被控谋反或重罪(即受到过受害者或其子孙的正式指控)的人如果愿意的话,可以要求用决斗来判断是否有罪,以代替接受审讯。然而,在民事诉讼中,司法决斗只限于根据《权利令状》而涉及的所有权问题,而且即使在这种情况下,被告也可以拒绝决

第八章 术士与大众巫术

斗而把诉讼提交至法庭。在其他情况下,决斗裁判的权利一直得到完整的保留,直至1819年废除为止,在此之前,一切想废除此法的企图均未成功。在16世纪和17世纪的某些场合,仍有人安排决斗,尽管最后关头都会被取消,令各位律师长出一口气。[27]古老的冷水测罪法以非正式的方式重现在"浸泡"妖巫嫌疑者的做法中。[28]

另一种测罪的方式是强迫杀人嫌疑犯去接触被害者的尸体。这是基于这样的假设:如果触摸者有罪的话,那么尸体就会再次大量出血。当时相信共感和异感的科学家毫无困难地接受了这种方法的确实性;在16世纪和17世纪,法官和验尸官在许多场合都正式使用这种方法。雷金纳德·斯科特和弗朗西斯·培根都倾向于相信它是有作用的。[29]然而,它的主要作用是使潜在的凶手因为对超自然侦查的恐惧而在几乎完美的行凶中露出马脚。嫌疑者若反对接受神裁法,也会被视为犯罪的证据。1636年,奥姆斯柯克一个名叫琼·埃尔德森的涉嫌妖巫被认为杀了两个孩子,于是她因为害怕人们强迫她触摸尸体而远远地躲开了孩子们的葬礼;1613年,萨默塞特的一个凶手宁肯潜逃也不愿触摸受害者的尸体。[30]

巫师们采用的巫术窃案侦破法也以类似的考虑为基础。在所有涉事人面前举行占卜一事本身就足以令人惊慌。就其精神上来说,这与现代惊险电影中的最后一幕极为类似,侦探在一群嫌疑犯面前重构犯罪的经过,而彪形大汉则监守着,以防止犯人从门口脱逃。这无疑包含了恐吓的因素。1618年,卡那封郡的简·巴尔克利被邀侦破一件窃案,她将一块乳酪切成十份,每份写上符咒,然后要嫌疑犯每人吃下一块。她的方法即是中世纪早期教士用以侦查嫌疑犯的"圣食法";可以想象得出,有罪者面对着这不祥的乳酪块会有什么想法。[31]另一种方法是使用干粉,而这很可能哽在罪人干燥的喉咙口。还有则是在墙上画一只大眼睛,令嫌疑者盯着它看;如果有罪,那么他的眼睛里就会出现泪水。[32]甚至钥匙和圣书的测罪仪式也可以转换成神裁法的形式。18世纪,虔诚的贵妇乔安娜·特纳回忆了18世纪40年代她在上流的寄宿学校时的情况,她曾偷过一先令,于是便和其他女孩子一起被"用《圣经》和钥匙测查,犹如惯常所做的那样,看谁的手颤动得最厉害"。[33]

因此,巫术窃案侦破法的基本原则是诱发窃贼内心的恐惧,以使他不由自主地暴露自己,或者归还偷窃的财物。无论是当时的巫术问题作家,还是某些普通的民众都充分地认识到了这一点。被窃的人会审慎地宣称,他们已经拜访了一个术士,或者正要去拜访术士。1609年,一个历书制作者写道:

> 当他们回到家里后,他们做如下的报告(多数是虚假的)。她说(读者应明白,大多数这样的人是妇女),"你知道,我会见了一个极为博学的人,他用一面镜子向我展示了拿我戒指的人,他告诉我戒指现在在什么地方,如果明天早晨以前不把戒指还我,那我就会再去找他,他会使拿戒指的人吃了苦头后送回戒指来",以及诸如此类的话。这番话会以秘密的形式让全部邻里都听到。这样,偷戒指的人就会因为害怕而把戒指放到很快会被发现的地方;于是就会传出一个说法:这个术士使得被窃的戒指归还了原主。[34]

所以当15世纪伦敦的一个家庭妇女神秘地宣称她能选择一个时间在院子里挂出衣服,致使"英格兰所有的窃贼"都不敢来偷时,她的这种疯狂中肯定包含着某种方法。[35]1788年,谢菲尔德的一个工人在传布他将求助于奇术家找出盗贼后,取回了被窃的储蓄。18世纪后期,有个仆人甚至谋杀了他的东家,以阻止他去请教巫师,从而发现仆人所犯的盗窃罪。[36]人们相信术士会施行巫术秘法,可使罪犯遭受肉体伤害,或者可使之瘫痪,以致无法带着赃物逃走。[37]这种威慑效果非常类似于用洗抹不掉的油漆喷洒夜间窃贼的现代设备所起的作用。一个地主的弟兄钱财失窃,这个地主便去拜访林伍德附近的一个术士。不久后窃贼遇到了一场暴风雨,他自然地将暴风雨归因于巫师的法术;于是他做贼心虚,被迫归还了钱财。[38]

在认为有可能存在巫术的社会里,术士就这样提供了威慑力量和侦破手段。在小型社区(村庄、修道院、学校)中,术士的技术尤其有效,不过它在任何地方都有着一定的价值。因为即使巫师做出了不真实的指控,那个被错误指控的人也会设法侦探出真正的窃贼。他可能会求助于另一个奇术家以获得另一个判断,这个判断可以为他洗刷冤屈,并引向其他的嫌疑犯;或者他会采取行动对付指控者的诽谤。[39] 无论采取何种方式,这个过程都会进行下去,直到社区全部资源都被调动起来侦查罪犯。不适当的指控固然会导致冲突,[40]但是巫术侦破制度在其全盛时期有着无可置疑的实用价值。苏莱郡阿尔伯里的教区长、数学家威廉·奥特里德被人们看作是一个奇术家,而按约翰·奥布里的看法,他欣然接受了这样的看法。约翰·塞尔登觉得,"自从妖仙离开了舞蹈,神甫离开了奇术,就不再有欢乐的世界。奇术家使盗贼敬畏,他给国家带来的好处就像治安推事一样"。[41]

二 奇术与巫术的传统

迄于17世纪后期,执业巫师的做法一直得到许多当时知识分子相应活动的证实。某些巫术类型的可能性确实是大多数科学家和哲学家世界观的基本前提。传统的宇宙论所描绘的非生命地球或元素世界正是各天体施展影响的场所。这种宇宙论本身就足以鼓励人们思索地球现象的星界原因,并且产生出许多从占星术衍生出来的植物和矿物性能的学问。同时,它还暗示了这样的可能性:巫师发现了获知星体影响的方法,并把它转用于其他目的。整个中世纪期间都有着一股连续不断地沿着这些方向的巫术思索潮流。

但是,人类发挥独创性的可能性由于文艺复兴时期横扫欧洲的新柏拉图主义浪潮而大大地增大了。这一最后的古代非基督教哲学学派的复活,助长了抹杀物质与精神差别的倾向。大地不再被看成是无生命的物质,而被认为是有生命的。宇宙间居住着一个精灵阶层,并被认为以各种各样玄秘的影响和共感体现出来。宇宙是个有机的整体,其中的每一部分都与其余部分有着共感关系,甚至颜色、字母和数字也被赋予巫术性质。对于这种现象的研究,乃是自然哲学家的主要任务,而将这种现象应用于自己的目的则是巫师的显著标志。这样就揭示了巫术活动的三个主要类型:自然巫术,旨在探索世界的玄秘性质;天体巫术,专注于星体的影响;仪式巫术,请求精神生物的帮助。

在大致这样的知识风气中,许多巫术活动很容易获得在今天来说不再可能拥有的合理性。关于自然界各部分之间都有对应关系的理论使得对于诸如手相术和面相术的占卜体系的信仰成为可能;因为正如相信个人以缩影的方式反映世界一样,人们也相信手或脸反映了整个人。德国人科尼利厄斯·阿格里帕称这种体系的工作原理为"人体各部的和谐对应"。[42] 根据部分的性质可以推导出整体的性质。按照同样道理,外征说也是可以接受的,它认为一切药物都有可见的外部症状来体现其医疗作用。占星师的作用同样得到了加强,因为人们可以不再怀疑天体对于地球诸物结构的影响。甚至泥土占卜法也被证明是合理的,因为人在狂喜状态中传达了灵魂的预言信息。[43]

对于这一合理性的进一步支持来自磁力说,这是由威廉·吉尔伯特提出来的,他本人坚持世界是有生命的理论。磁力说似乎为传心术、巫术治疗法和远距离作用的可能性开辟了道路。[44] 使用武器药膏的共感疗法很容易被人接受,因为它利用了世界与之一起振动的磁素和感应力。这也使得将药膏涂在武器上而不是伤口上的做法变得颇为合理了,因为凝结在武器上的鲜血中的活力会经过空中而重归躯体。罗伯特·弗拉德说,这种技术并非"邪恶巫术,而只是自然巫术"。早年,皇家学会也曾对这种"磁疗法"表示很大兴趣。[45] 磁力理论还刺激了占卜棍的使用,因为它可以被看成是一种天然磁石,"通过其天生的神秘特性而不是有人傻想的符咒术来吸引铁"。皇家学会也曾严肃地对待它。[46] 艺术鉴赏家伊莱亚斯·阿什莫尔写道:"如果我们迷信磁力的作用,那么无论是天上还是地上,都不再有使我们难以相信的神秘事情了。"[47]

新柏拉图主义的理论还强调了想象力对于躯体、心灵对于物质,以及言辞、咒语和书面符文对于自然物体的感应力。操作者通过发挥想象力,使用巫术、符号和咒语,可以使他自己或受术者改变性质。既然世界是搏动着的活泼感应力和无形精灵的大集合体,那么巫师就必然会有适当的办法来控制它们。于是他便能够创造出奇迹的。

对于巫术的知识性研究是一种欧洲大陆现象,它以佛罗伦萨文艺复兴时期的柏拉图主义开始,代表者为菲奇诺和皮科·德拉·米兰多拉;它又通过帕拉塞尔苏斯和科尼利厄斯·阿格里帕的著作而传播到北欧。在此过程中起关键作用的是菲奇诺的拉丁文译本《赫尔墨斯全书》,这是传说中由古埃及神透特,即"赫尔墨斯·特里斯梅杰斯图"所写的书。这部书是在纪元后的最初几百年中编纂起来的,但是文艺复兴时期的知识分子普遍认为它是纪元前的、柏拉图前的,甚至可能是摩西前的作品。书中写道,人类通过神秘的再生,有可能重新获得在堕落时失去的对自然的主宰权。书中的占星术和炼金术的学问有助于创造对于任何神秘和巫术的活动产生共感的认识环境。[48]

在英格兰,秘传的巫术思索基本上是受欧洲大陆著述的推动而形成的派生物,几乎没增加多少自己的东西。在常规的新教教育中并无巫术的地位。迪伊、吉尔伯特和雷利都深受巫术思索的影响,但是培根则怀疑共感和异感的说法,他认为这"只是毫无根据和非常懒惰的猜测"。[49] 他还把暗含功效的神秘隐语看成是艰苦思索和研究的狂妄取代物。英格兰最认真的赫尔墨斯学者是罗伯特·弗拉德（1574—1637），他的不幸在于他诞生在该体系的理性思索业已遭到抨击的时代。尽管伊萨克·卡索邦的研究成果早在1614年就否定了《赫尔墨斯全书》产生于纪元前的说法，但是在整个17世纪，英格兰仍有许多崇拜赫尔墨斯·特里斯梅杰斯图的信徒，这部分是因为卡索邦的发现被埋没在他与反宗教改革的历史学家巴隆纽斯的辩论中了。弗拉德在此后几十年中写了许多书，并未因卡索邦的发现而受到干扰，而约翰·埃弗拉德对于赫尔墨斯的《派曼德》（1649）这本书的翻译则把这个传统传播得更广泛了。书的前言中顽固地声称，该书完成于"摩西之前数百年"。17世纪下半叶，占星师和神秘派医生继续断言该书的古老性和半神圣性："赫尔墨斯·特里斯梅杰斯图"甚至作为基督教名出现在汉普郡的教区注册簿上。[50]

但是，当巫术传统开始对人民大众任意施加真正的影响之时，正是它开始丧失其理性声誉之日。约在17世纪中叶，大多数严肃的科学家都从泛灵宇宙论转向了机械宇宙论。那些继续探索玄秘功效和感应关系的大师们，则基本上是处于科学思维的主流之外的。科学思维至牛顿而趋于顶峰，尽管牛顿赞成赫尔墨斯派的观点，认为上帝早就把有关宇宙的真正知识揭示给"远古神学家"了。[51] 自然科学在很大程度上有赖于赫尔墨斯学思维的激励，然而它从这一传统中解脱出来，则是在17世纪后期了。[52]

因此，在该时期的大部分时间里，巫术探索拥有某种理性尊严。在大学里，许多詹姆斯一世时代的学生都对巫术很感兴趣；不管是对自然巫术感兴趣还是对召唤精灵的巫术感兴趣，似乎都相当于今日之吸毒成为大学生的时髦诱物一样。青年承认参加降神会的例子相当少，[53] 大学的巫师也很多。[54] 牛津大学在1620年、1637年、1652年和1669年曾公开辩论诱淫巫术的潜在可能性；[55] 此外，虽然在1605年已经认为咒语不能医治疾病，但是在1653年却确认共

第八章 术士与大众巫术

感治疗法的现实性。[56] 其他的辩论还涉及自然巫术的可能性、玄秘性能的存在以及符咒的威力。1657年，据说先前被视为巫术的一种"视觉幻象"成为牛津大学光学系学生的娱乐活动。[57] 斯莫尔对于普通百姓仍把学问看作是巫术感到十分惊讶："你是个学者；霍拉肖，请谈谈看。"如果不涉及精灵，还谈得上什么学问？据说在1600年时，"他在普通人眼中一点也不被看成学者，除非他能够用占星术给人算命，能够驱赶魔鬼，或者拥有某种预言的本领"。[58]

巫术传统的民主化开始于内战和空位期间，这是许多贵族要塞陷落的时期。当时有大量欧洲大陆的巫术著作被译成英文，至今这些译著中还夹杂着含义不清的拉丁语或其他外语的巫术语言。这些著作中包括阿格里帕、德拉·波塔、"赫尔墨斯"、诺代和帕拉塞尔苏斯的作品；它们与罗杰·培根、约翰·迪伊、伊莱亚斯·阿什莫尔和托马斯·沃恩等人的方言作品的出版物或再版物是一致的。1650年至1680年间在英格兰出版的炼金术书籍多于之前和之后。[59] 对于科学家来说，巫术可能已经不时髦了，他们在伦敦和牛津集会，产生了皇家学会，但是巫术在由内战推出的激进宗派之间获得了新的皈依者，其中许多人都催促把玄秘科学引入教学课程中去。[60] 在复辟时期，波兰流亡者塞缪尔·哈特立伯是兴旺的赫尔墨斯运动的中心人物。[61] 空位期间巫术的成功有助于加速此后科学家对它的抛弃，他们急于摆脱宗派激进主义的色彩。[62]

乡村巫师的做法究竟在什么程度上被看成是知识界流行的巫术理论的大众化应用呢？在巫师追随者和新柏拉图主义哲学家的理论之间可以看到一个明显的相似之处。对感应力的信仰是以巫师对患者腰带或其他衣服的注意为基础的。对宝石之玄秘功效的信仰使得护身符和防腐剂的使用变得正当化。符咒的念诵被认为在空气中产生了节奏和放射，从而神秘地影响了受术者。那不勒斯人德拉·波塔的大众化自然巫术，由于运用自然方法产生了奇迹般效果而显示了使人着迷的魅力；它鼓励一切使用诡计和伪装的欺诈行为。占星术、泥土占卜、手相术以及类似的各种占卜方法都有着公认的理性基础。甚至用巫术方法使人怀孕的企图也反映了广泛流传的生命可以源自腐败物质的信仰。炼金术同样也由大众理论构成；金属如同植物一样，是可以生长的活的有机物。既然预先假设了物质的统一性，那么材料都可以分解至同样的最小单位。金属的嬗变仅仅是范围广泛的空想目标之一，这个目标就是希望用石料炼出贵金属。帕拉塞尔苏斯的炼金术从寻求金子转移到了寻求更好的药物。液体状态的金子乃是治疗一切疾病的药物，并且有助于制造长生不老药。侏儒和遥视的创造则是另外的偶然收获。

因此，把大众巫术解释为同时代科学家和哲学家的理性兴趣的反映似乎是颇具吸引力的。但是这样的一串推理几乎肯定是错误的。迄于这一时期，大众巫术和理性巫术基本上是两种不同的活动，虽然在某些方面是重合的，但在很大程度上是真正地互相独立进行的。乡村巫师的大部分巫术都继承自中世纪，并与盎格鲁-撒克逊和古典的做法有着直接的联系。许多法术则类似于其他原始社会中的应用。文艺复兴时期巫术研究的复活或者作为文艺复兴最有特色的产物的大量学术书籍只稍稍影响了英格兰的乡村巫术。约翰·迪伊（在他为亨利·比林斯利1570年的《欧几里得》所撰的前言中）和雷金纳德·斯科特（在其1584年的《妖术探索》的第12篇中）都为用当地语出版自然巫术知识做了点贡献；但是在17世纪中叶以前，极少有欧洲大陆的巫术著述被译成英文。英格兰在这个领域的主要贡献者罗伯特·弗拉德的书几乎全部用的是拉丁文，并且发表在国外。

所以，虽然那些名家和以大学为基地的巫师显示出极受文艺复兴时期巫术思索的影响，[63] 但是乡村巫师却完全不是那么一回事。这种人极难得拥有书籍，他们的活动也几乎不是建立在成体系的自觉理论的基础上。当然，一个巫师也可能有一本印刷的算命指南或者来自阿格里帕或德拉·波塔的一些秘方。但是，他的法术通常是

第八章 术士与大众巫术

从某个亲戚或邻居那里口头上学来的。[64]这种法术理论或者源自中世纪的宗教,或者源自文艺复兴时期以前的古代思维模式。医疗术、抗妖术和窃案侦破术等几乎丝毫未受当时知识分子思想的影响。甚至当一个术士的方法被公认为是新柏拉图主义学说或赫尔墨斯派学说的低阶反映时,通常也几乎没有迹象表明这个术士意识到了这种继承关系。他的仪式是模式化的,而非此前刻苦完成的理论的应用。

然而,16世纪时相反的影响却很大。不是乡村巫师把阿格里帕或帕拉塞尔苏斯的学说付诸实施,而是理性巫师受到术士活动的刺激,去探索他认为其背后必定存在着的玄秘影响力。在此期间,有一股认真研究长期以来所确立的民间法术的趋势,旨在发现这种法术赖以存在的基本原则。在此过程中,自然巫术的追随者试图使毫无理性基础的巫术秘法合理化。甚至武器药膏也被认为是从民间实践衍生而来。在此,如同其他许多领域一样,现存的巫术手法乃是理论科学的促进因素,而不是它的结果。

但是,对于有些大众巫术来说,书籍是基本的,在其中可以看到当时理性思索的直接影响。最明显的例子是召唤精灵。自古典时代以来,人们一直相信,只要举行适当的仪式就可能与超自然生物进行接触,以至于可以把它们的非凡能力用于世俗目的。在中世纪,这类仪式十分突出,后来在文艺复兴时期新柏拉图主义的推动下其数量成倍地增加。要追溯各种不同套语的演化过程以及确立《著名技术》中的各篇短文(《所罗门的钥匙》、《荣誉章程》、《精灵手册》等)的精确传承关系将是一项长期的和互不关联的工作。它们通常是以手稿形式传播,并由其主人极其秘密地收藏着。既然在这一时期的大部分时间里,召唤精灵是一项死罪,那么我们对于这种秘藏就不会感到惊奇了。然而,这种秘诀不时地有一些粗劣的印刷品,十分引人注目的是斯科特的《妖术探索》的第三次增补版(1665),书中第15篇里的大部分都用来解释这种召唤套语。这种秘诀在罗伯特·特纳翻译的伪书《阿格里帕第四书》(1655)和《所罗门的著名技术》(1656)中也很突出。这些著述向读者提供了召唤全部天使和魔鬼的可能性,每个精灵都有其名字和特点。这种召神仪式各不相同,但通常都包括这样的程序:用粉笔在地上画圈、诵念咒语、举行仪式性斋戒和祈祷,以及使用诸如圣水、蜡烛、权杖、剑、法杖和金属片等法器。[65]

毫无疑问,广泛地举行这类仪式的既有当时的知识分子,也有缺乏教育的冒牌巫师。常常可看到该时期手稿收藏品中的所谓的《巫书》载有十分清楚的召神套语,在流传下来的手稿《实验书》中不乏这种降神术的例证(有时候可以从"实验"一词在这一语境下的应用来推断当时参与者的心态)。由约翰·迪伊及其知己爱德华·凯利举行的最著名的降神会记录于1659年出版,以演示这类活动在精神上的危险性,但这类活动并不少见。[66]关于召神法器的制造和召神会的举行有足够的客观证据,它表明召神是一种标准的巫术活动。人们认为精神生物提供了通往财富、爱情、知识和一切权力的捷径;在伊丽莎白一世和詹姆斯一世时代的观众看来,浮士德的传说有着毫不夸张的现实含义。

最好是让心理学家来确定在这些召神会上究竟发生了些什么情况。召神活动常常会失败,往往毫无精灵出现的迹象,尽管通常一阵狂风也会被看成是精神生物就在附近的证据。但是有时候人们会相信确有精灵出现,如水晶球中的图形、虚空中的声音(按威廉·利利的说法,声音带着爱尔兰口音),[67]甚至以人形出现。有时候只有水晶球占卜师看得见精灵,通常是小男孩或小女孩,他们的想象力显然适合于这一方面。有时候,精灵则通过一个暗示的或欺骗性的中介者而使人感到他的存在,例如凯利就使得迪伊有可能与诸精灵就范围广泛的主题进行许多次谈话。有时候巫师本身也会成为自我诱发的幻觉的受骗者。

与此密切相关的一项活动便是死灵术,亦即是求助于亡灵的巫

第八章 术士与大众巫术

术。这是一种古代巫术。一个著名的例子是1371年王座法庭上的一个案例。一位巫师持有一个袋子,里面装着他从托莱多带回的一个撒拉森人的头颅,他宣称在这个头颅中装着能回答问题的精灵。1440年,卷入一桩谋反案的一个人交代,他曾被告知说,一个人若持有握着蜡烛的死人手臂,就能免遭逮捕。[68] 在16世纪和17世纪,颅骨、死尸和墓地泥土有时候都会出现在巫术程序中,人们试图让亡灵供巫术之用。[69] 但是这些活动与同时代知识分子理论之间的关系则十分微小。

三 大众巫术与占卜

巫术师由于开发了精神世界的资源,因此就提供了无穷的可能性。明显起源于基督教的符文和在占星术的吉利时辰进行占卜的金属图谶以及被监禁在指环和石头中的听差精灵一起使用。有赢牌的巫术,[70] 有胜诉的巫术,[71] 还有免遭拘捕的巫术。术妇安妮·博登汉给了主顾一张符文,告诉他说:"只要他佩上符文,就不必再为他欠下的钱财担心了,没有一个地方官员敢来占有或干涉他的钱。"1621年,有一个人要求奇术家巴布和博斯托克帮助他收回亲戚欠他的钱。[72] 1571年至1580年间,牛津大学巴利奥尔学院院长亚当·斯夸尔由于涉嫌卖给赌徒一个听差精灵——它能保证他们在掷骰子时获胜——而差一点丢了饭碗。[73] 伊丽莎白时代的奇术家埃尔克斯也曾被要求提供在赌台上使用的指环;指环里面藏着一个精灵,指环上面镌有希伯来铭文。[74]

其他有些图谶可以保障打仗时的安全,使佩戴者隐形,驱赶蛇虫以及不受雷电伤害,[75] 等等。有的巫术可以扑灭火灾,使儿童入睡以及避免醉酒。[76] 1544年,一个奇术家向内维尔勋爵保证,他借助于俄耳甫斯神灵就能"像英格兰的任何人一样弹奏诗琴和古钢琴"。1631年,威廉·巴克西尔斯担保一只船上的六个窃贼能在南安普敦码头抛锚上岸,他说他的巫术能使船员在任何时候睡着。1586年,游民威廉·韦克承认,他无论走到哪里都劝说人们:"只要他们把他所给的纸片挂在脖子上,就能始终交好运。"[77]

这类护身符的种类繁多。爱德华三世铸在钱币上的拉丁铭文"耶稣与使用者同在"被有些人看成是既可预防钱币被窃,又可使钱币主人免遭伤害的平安符。1597年,伊丽莎白女王给埃塞克斯郡伯爵送去这样一枚钱币,保护他征讨亚速尔群岛时不受伤。[78]内战期间在纽瓦克铸造的"应急钱币"也成了护身符:英国政府的西班牙大使安东尼·阿斯卡姆在1650年被暗杀时身上佩着一枚应急钱币。[79]

那些从事政治冒险事业的人特别倾向于寻求巫术方法的帮助。犹如国王的治病能成为其合法性的证据一样,造反者也经常用谣传的超自然能力来加强其威严。杰克·凯德被控召请魔鬼和使用巫书来推进其1450年的叛乱。[80]安东尼·福蒂斯丘爵士与两个波兰弟兄在1562年反对伊丽莎白女王的阴谋中雇用了巫师,以咒文召唤精灵。[81]第三代高里伯爵被认为在其反对苏格兰的詹姆斯六世的密谋中曾使用了巫术。[82]1607年在米德兰起义的土地均分论者的首领约翰·雷诺兹(别名"钱袋头儿")声称对于一切来者都有一种巫术性的自我防护能力。[83]1639年,有个名叫约翰·哈蒙德的人吹嘘说,他拥有巫术威力,可在一个小时之内夺去君王的性命,并使另一个人戴上王冠。1660年,伍斯特郡的一个妖巫宣称,要是她事先不遭逮捕,她就能够制止复辟。[84]甚至蒙茅斯的公爵在其争取王位期间也带着手写的符文和咒语,虽然他假装并不十分认真地看待它们。[85]

与此极为类似的是旨在使施术者获得身居高位者青睐的巫术。据说沃尔西和托马斯·克伦威尔都使用过巫术指环以博取亨利八世的宠信,这种方式无疑是地位较低者使用的;例如1532年威廉·内维尔也曾使用过。[86]1620年,一个名为皮科克的教师受到查询和拷打,因为他施行巫术而使詹姆斯一世对埃克塞特夫人毁谤托马斯·莱克及其家庭的著名讼案做出了糊涂的判决。[87]

第八章 术士与大众巫术

就大众阶层来说,爱情符咒和春药的制作成为乡村巫师日常业务中的标准项目。1492年,理查德·劳基斯顿受到代理主教法庭的制裁,因为他为了收取一定的酬谢而为穷寡妇提供一个拥有一千英镑财产的丈夫。他还肯定地说,自己的妻子认识"一个术士,他能利用法术使女人得到她所爱的任何男子"。1561年,温切斯特的受俸神甫伦纳德·比尔森推荐一个天主教神父去"遵奉咒语",从而使之获得理查德·科顿爵士孀妻的青睐。[88] 当时巫术书籍中的一个共同特征是"实现肉体欢娱"或消除婚嫁困难的符咒。1582年,马格特的古德威夫·斯旺声称,她能制作一种饮料,"她说,如果她把这种饮料给她所喜爱的任何青年男子喝下,那么他就一定会爱上她"。[89] 同年,兰开夏郡的一个自耕农亚历山大·阿瑟顿向星法院抱怨说,有人曾阴谋使用巫术,使之爱上了伊丽莎白·温斯坦利,以致当她拒绝嫁给他时,他变得憔悴不堪了。[90]

1590年,江湖郎中托马斯·范索姆被坎特伯雷主教管区的高等委员会拘捕,他的案例显示出一些商贩靠兜售爱情秘方赚钱。他承认,他曾给一位妇人一张咒文以使其丈夫爱上她,他获得的酬谢是6先令8便士,外加两件短裙和一只金戒指;此外,他还给另外一个女人一张咒文,使她获得"我的多佛老爷"对其丈夫的善意(为此他也得到了6先令8便士的报酬)。他还为三个男人提供了巫术性的书写物,确保他们获得姑娘们的爱情;他还提供给第四个男人求婚的吉日良辰。[91]

求助于这类秘方的不只是普通百姓。1559年,钱多斯勋爵的女儿弗朗西斯·思罗格莫顿也寻求巫师商议如何"获得其丈夫的全部爱情"。1613年,在托马斯·奥弗伯里爵士谋杀案之后的丑闻流布期间,埃塞克斯的伯爵夫人弗朗西斯及其知心女友特纳夫人曾拜访了占星学家和巫师西蒙·福尔曼,希望分别获得萨默塞特伯爵和克里斯托弗·梅恩韦林爵士的爱情。此后,在詹姆斯一世在位期间,萨塞克斯伯爵的情妇弗朗西斯·舒特曾每年付给一名巫师酬金,以获得王室宠儿白金汉的爱怜。[92]这种做法使人想起中世纪后期教会法庭不断指控有人企图利用巫术使国王昏庸的情况。[93]

爱情巫术也像追寻失物一样地追寻失踪者。据记载，1617年，剑桥郡萨顿的约翰·雷德曼在其妻出走后，"求教了一个又一个巫师，或如人们所称的'贤人'，以使妻子复归"。同样地，1712年，琼·史蒂文斯遇见赫特福德郡威辛顿的伊丽莎白·瓦特金斯，"听说她正热恋着一个名叫塞缪尔·史密斯的男子，而此人已离她出走时，便告诉她说，她能够使他再回来"。作为预付的报酬，她（琼·史蒂文斯）获得了一只银项圈、一只价值10先令的金戒指，以及3先令6便士的现钱。[94]1635年，雷丁监狱的一些犯人越狱后，狱吏威廉·特纳"本来想去找个术妇……但是他的妻子不愿意他这么做"。在1634年奥姆斯柯克治安法庭开庭期间，据说被告巫师约翰·加尼特曾告诉有些主顾说，有个失踪的朋友被人谋杀了，并被弃尸在当地的泥灰岩采掘场；根据他的指控，有两个无辜的劳工被临时逮捕。[95]

寻找失踪的人是极可理解的，但是巫师还和显然不那么合理的一个诉求联系在一起：搜寻埋藏的财宝。假想到处散布着财宝密窟似乎是当时许多稀奇古怪的幻想之一，但是，我们得注意到，在没有其他金融储蓄体系的情况下，意外发现密藏宝窟的可能性却绝不是妄想。在富人中间，把值钱的东西藏在箱子里，放在床底下或者埋在地底下，乃是司空见惯的事。[96]这类积蓄往往被偶然发现，一起被发现的还有中世纪的古钱币窟藏，这为那些宝藏搜寻者提供了正当的理由。传说有时候整个家族都因其犁头或铲子下的幸运发现而骤然致富。这些故事可以用来说明本来令人迷惑的社会流动性；这在许多静止的社会里是很普遍的，在这种社会里，人们认为只有偶然的幸运才能改变一个人的命运。[97]当时许多人都深受这种观念的影响，对宝藏的搜寻消耗了很多人的精力，这些人的这种嗜好若在此后的年代里就会使之致力于股票交易的投机事业。

第八章 术士与大众巫术

在大众神话中，一座荒废修道院或城堡很可能是宝藏的传统储藏地之一。远古的土丘或坟冢尤其受人重视；迄于都铎王朝初期，希望暴富而进行的发掘是如此的普及，以致"土丘挖掘者"成了公认的辱骂拼命弄钱者的字眼了。[98] 与此相连的另一个称号是"十字架挖掘者"，这产生于宝藏往往在路边十字架下被发现的信念，这一假想激励了威斯特摩兰伯爵之子内维尔勋爵在1546年的寻宝探险。1542年，在《巫书》的绪言中怀有敌意地提到了那些寻宝者和新教偶像的破坏者，说他们"在这个地区内挖出和推倒了无数十字架——或者为了侮辱基督，或者为了酷爱钱财"。[99] 古物收藏家约翰·利兰在北安普敦郡的布拉克利发现三个石十字架中有一个"最近被寻找财宝的窃贼推倒了"。晚至1615年，切斯特还有三个人为了寻宝推倒了十字架而被捕。[100]

像这样的寻宝未必有什么巫术，但是实际上，人们非常频繁地求助于奇术家或巫师。这一部分是因为人们认为专门的占卜工具可能是有帮助的，诸如"摩西杖"，至今留下当年对于它的许多套语；约翰·迪伊相信他能够利用共感和异感的定律发现隐藏着的财宝。[101] 但是，当宝藏必须驱除了守卫它的魔鬼或邪神后才能获得时，人们就需要巫师了。在那时的许多巫术书中，[102] 可以见到如何处置宝藏的指导，其中还有一长串秘密寻宝的探险记录，这种探险借助于巫术，有时还包括身份很高的人。[103] 例如，1589年，伦敦塔内的一个囚徒告诉伯利说，在蒙茅斯郡的斯肯弗里思城堡有一个宝藏，由一个恶魔及其妻子守卫着。1634年，威斯敏斯特的副主教允准了一次探险，他们配备了"摩西杖"，并由国王的钟表师戴维·拉姆塞带队，在威斯敏斯特大教堂内寻宝。1652年左右，安妮·博登汉提供了一张可以发现1000英镑财富的巫术咒文，她声称这笔财产埋在已故的彭布罗克伯爵的威尔·登花园。1680年，在布里奇沃特由当地的术士指点，有一股利用召唤精灵和魔杖而发现财宝的企图。1692年，在威尔特郡的季度法庭上，一个妇女因进行占卜而遭到控告，她声称能够发现隐藏着的财宝。[104]

但是在所有这类事件中,没有一件比涉及辉格党政治家古德温·沃顿(1653—1704)的事例更为引人注目的了。他在17世纪的最后25年里几乎持续不断地从事着宝藏探寻事业。为了寻宝,他求助于鬼神、妖仙和当时的最新技术。1685年,前平均主义者约翰·怀尔德曼也参加进来,他当时是蒙茅斯公爵的支持者,有鉴于此他急于想找到钱财。借助于一个被处决的重罪犯"乔治"的鬼魂的帮助,沃顿和怀尔德曼在萨默塞特府邸搜寻宝藏,驱走了四个魔鬼(怀尔德曼还听到了一个魔鬼的"嘘嘘"声);他们共同寻找圣殿中大祭司法衣上的宝物(据怀尔德曼估计,单是宝石一项就值2.5万英镑)。霍尔伯恩的一所房子也被认为埋有财宝,并由精灵守卫着,所以怀尔德曼装扮成一个房客住在那里。但是这一次寻宝的成果远不够后来他被敦促送给妖仙们的50几尼贿赂费。这位前平均主义者抱怨说"上帝不可能是失望和延误的创造者,他们受到的欺诈不可能来自上帝",而天使们则反驳他说,是他自己缺乏信仰才阻碍了行动。将怀尔德曼作为谋反者而发出的拘捕令终止了他的这一事业,但是沃顿继续搜寻着,并受到其肆无忌惮的中介者及情妇帕里什夫人的怂恿。1691年,他借助于天使发明的占卜设备,查到了苏格兰北岸外的一艘西班牙大帆船的残骸。同时,他在下议院变得越来越重要,并于1697年被任命为海军部委员,这是一个突出的例子,表明神秘的巫术事业能够与外表的体面与尊贵结合起来。[105]

巫师艺术的另一个分支便是算命。这通常是当时专业巫师或非专业巫师使用的许多预言诡计中的一种。然而,必须把它和利用合理的可能性来估测预言未来事件的企图区别开来,例如,后者基于对自然规律的观察而预报天气,这已是一种人人熟知的预报,在通常认为是约翰·克拉里奇编纂的《班伯里的牧羊人》中可以看到这种预测,该书印刷于1670年,后来经常再版。[106]巫师则是基于今天看来毫不相干的证据而做出其预言的。

有的占卜体系有着值得重视的知识来源。江湖巫术师的活动有其特殊的基础,16世纪形形色色的法令指控他们"假装在面相术、手相术或其他被滥用的科学方面有先见之明,他们凭着眼前的人就能说出其命运、生死、财产以及其他像虚妄的想象一样的事情"。[107]这些精巧的占卜体系及其下分细目——诸如利用脸上黑痣或额上皱纹所进行的卜测——都记载在许多中世纪的文章中,而自伊丽莎白时代以来,它们更是广泛散布于印刷的手册里,并往往配有作为示范的手和脸的粗糙图形。[108]许多文艺复兴时期的知识分子都认真汲取这类学问,虽然在乡村巫师等级上的实践可能是变了质的。培根接受了面相术的潜在可能性,而约翰·奥布里则认为它是性格的可靠指南。[109]詹姆斯一世时代的分裂教派信徒约翰·特拉斯克甚至声称,通过察验一个人的脸庞就能够确定他是会得救还是会下地狱。[110]这类思想的明显继承者便是利用头盖骨形状进行卜测的颅相学,它流行于维多利亚时代。

其他的占卜手册则鲜有可以辨别的知识基础。有本题为《秘术》的书,"教每个人了解自己的重大命运",由威廉·沃德(此后为剑桥大学的医学教授)从法文翻译过来,仅在1562年至1637年间就出了七版,并在16世纪末以前又重版了好几次。[111]它根据对个人名字中字母数值的精心计算而进行卜测,这导源于可以追溯到古典时代的一种流派:"生死球"。球体或"轮"的发明通常归功于柏拉图或毕达哥拉斯,或者某个早期的基督教圣徒。它们通常由划分成许多部分的环状物构成,各部分中含有不同的命运,按照计算出来的主顾姓名的数值,再加上日期和其他数字,便能从中选出一种命运来。这种方法大量地残存于中世纪的手卷中,并甚至见于16世纪后期的印刷品内。[112]其任意性类似于中世纪的《算命书》,读者利用掷骰子而选择其命运。[113]从17世纪直至今天,在发行的印刷品中一直包括这类算命形式,并且变动很小。

最后，还有大量的天气和收成的预测，它们根据一年内重大日期中发生的事件（例如天气），或者根据这些事情发生在星期几而进行卜测。例如，如果圣诞节恰好是星期日，那么这一年就是好年成；或者，如果圣保罗节下雨了，那么谷物就会昂贵。[114]有许多这样的公式，涉及圣诞节其中的十二天、各圣徒的节日以及太阴月中的日期。根据圣斯威辛节所做的预言长期以来一直是这类一度广泛传播的卜测的一个范例。基于同样原则，人们可以按照一个人出生在星期几或几月几日而预知他的命运——"星期一的孩子有着漂亮的脸蛋"。迄于17世纪，这类格言所反映的象征意义基本上已经丧失，但是口号本身仍然存留着。[115]

这种类型的印刷文献被许多术士或江湖算命者使用着。早在1493年，有个女贤人声称她有一本书，可以告诉她关于未来的任何事情。[116]罗伯特·哈里斯（他在1556年以其卓越的占卜本领而使梅德斯通的人们大为吃惊）便是通过细察主顾的脸相进行预卜的。面相术的原则也是瓦伦丁·斯特普尔赫斯特的活动的基础，他于四年后也来到梅德斯通，尽管他是文盲，但他宣称能知道过去、未来之事。[117]其他一些人则各有自己的一套占卜方法：据说肯特郡东兰登的琼·莫尔斯在1525年利用青蛙的鸣叫声预言未来；17世纪的农夫通过观察炽热炉子上谷粒的动态而预测谷物的价格；18世纪的巫师宣称能通过"投掷咖啡渣"进行占卜，这可能是更为现代的"分辨茶叶"做法的先驱。[118]有些术妇说自己是千里眼，因为她们是第七个孩子。[119]还有些人则不使人得知他们用以预言未来的任何方法。

有时候，即使不通过术士，外行人也能一瞥未来之事。除了遍布于整个社区中的范围广泛的占卜法术外，还有大量可以意外获得的征兆，诸如梦境、云的形状或者与飞禽走兽的意外相遇等。其中任何一种预兆都可能有着惊人的意义。[120]更为令人注意的是一年中某一段时期内的通宵守夜。约翰·奥布里记载了施洗约翰节前

第八章 术士与大众巫术

夕坐在教堂门口的做法,这是为了观察此后十二个月内将要死亡的人的幽灵,"这种方法多数由妇女使用;我听她们谈到了有关它的古怪故事"。1608年,威尔士比的凯瑟琳·福克斯盖尔在诺丁汉副主教面前的陈述表明这种方法并不是纯粹的虚构,凯瑟琳于圣马可节前夜在教堂门口通宵观察,以致可怕地预言了一年之内将要死亡的一些邻人,为此,她成了其邻居们的诅咒者。[121] 关于参加这种古怪守夜的人的恐怖故事到处流传。1634年,林肯郡伯顿的两个居民看到了其教区神甫的幽灵在诵读他们的五个邻人的葬礼经文,结果在此后的一年里,这五个人确实全部死了。此外,当林肯郡阿斯霍姆岛的一个成衣匠罗伯特·哈利维尔大约在同一时期也试图观察一下时,他恐惧地看到了其教区居民中的若干人的鬼魂。这种景象使他大受惊吓,以致据说他从此看上去像个鬼一样。他所看见的那些人在此后一年里全都死去后,成衣匠受到谢菲尔德勋爵的召请,要他谈谈其经历。"此人害怕老爷会叫他再去教堂门口守夜,所以吓得躲在沼泽地里,直到几乎饿死。"这类守夜一直残留到19世纪。[122]

现存证据的性质使得我们比较容易重构占卜和算命的大众信仰的范围,而不是弄清各个人占卜算命的详细内容。术士们十分慎重精明,并且往往缺乏教育,以致不会把测算用文字记载下来,所以至今存留下来的关于其活动的资料难以用来详细地重建他们与其主顾之间的关系。因此,在任何对于占卜的社会作用的解释中,推测以及与其他地区占卜实践的比对必定占据着相当大的比例。

然而,似乎很清楚的是,求教一位算命者通常并不是一项轻率的举动,而往往是发生了对主顾内心产生重大压力的事情后,他才去请教算命者的。1624年,盐业行会的长老吉尔伯特·赖特的妻子曾经常去请教巫师,以确定她是否会比丈夫长寿;有证据表明,这是一种普遍的查询形式。[123] 在许多情况下似乎"希望即是思想之父",而问题直接反映了在一场不幸婚姻中双方的紧张状况。例如,1613

年,萨克林医生的妻子去拜访看手相的诺里奇人玛丽·伍兹时,先是要知道其丈夫是否会死,接着便表示如果这位女贤人能毒死她的丈夫,她可以付钱酬谢。这类特殊的算命者通常都通过威胁其主顾而向当局隐瞒其巫术活动:如果她们指控她,那她就倒过来告发她们企图谋害丈夫,而这类罪名也确实是有点道理的。[124]

主顾烦恼缠身而发泄虽然具有消解忧愁的作用,但是他们也可能期望算命者提供一点个人的看法。古典时代的大预言家通常都被要求断定两种不同行为的优劣之处,或者指出达到既定目标的最佳方法。[125] 这一时期中的术士经常履行的就是这种职责。1654年在利奇菲尔德执业的尼古拉斯·格雷顿就以回答下列问题而闻名:主顾应去何处购买某种物品?是否要向其家庭借款。据说詹姆斯一世的前宠臣萨默塞特伯爵曾经请教过一个巫师,寻求如何重新得宠的方法。[126] 占卜还可以通过提供对于某一具体问题的肯定答案而解决分歧。早在公元785年,教会就曾禁止利用巫术作为解决矛盾的手段。在中世纪,据说凡是拜访过牛津郡附近宾锡的圣玛格丽特奇迹之井的人都"放下了沉重的精神负担并解决了疑问,仿佛拜访了先知一样"。[127] 使用这种方法,能够帮助人们在其他办法失效的情况下做出决定。它的基本功能是将责任从行为者身上移开,为他提供采取冒险举动的一个借口,勉励他做出若用常规手段便无法预测其结果的一个决定。

因此,占卜者的预言与其主顾的原来意图并不相悖;恰恰相反,它正是一个强迫主顾了解自己内心的审议过程。占卜可以使想象力自由地驰骋。[128] 在水晶球占卜和类似的主观行为中有着催眠的自我暗示因素。这就解释了为什么密谋者经常觉得必须通过巫师预言他们的事业将取得成功而来加强其决心。因为没有任何证据表明那些造反者曾因不利的预兆而放弃原来的计划,恰恰相反,他们似乎紧紧地抓住了每一样好像能证明他们可以沿着既定方向前进的征兆。已经掷下占卜钱币以图获得对既定计划的支持的人是不可能被不利的结果所阻止的。他必将再掷,或者寻找其他方法来肯定其原来的目标。[129]预兆与人的意向有着类似的关系。我们做了许多梦,但是我们所记得的只是那些与我们现有的希望及恐惧相一致的梦境。命运三女神的言辞遭到了班戈的怀疑,但是它们却打动了麦克白的心弦。

占卜者就这样地存在下来,加强了主顾的决心,鼓励了他们的乐观主义。当安妮·博林怀孕时,当时的巫师无一例外地都说她替亨利八世所怀的孩子是个儿子。[130]犹如其他各类巫术一样,占卜能够加强士气。培根评论道:"仪式、字符、咒语、动作、护身符以及诸如此类的东西都可能是似是而非伪装,其威力并非来自与恶灵的暗中或神圣的接触,而只是用来加强和激发使用者的想象力。"佩戴巫术指环或巫术图谶,能使一个人"比平时更为积极和勤奋,以及更有信心和毅力。而勤奋和毅力所产生的巨大作用(尤其是在民间事务方面)又有谁不知晓"?[131]

如果说占卜能够坚定那些朦胧知道自己目的之人的决心,那么占卜也有助于毫无主张的人。当按照理性无法选择时占卜能让人们在不同的行为方式之间进行挑选,否则便是毫无选择余地的,所以这就使得漫无目的的行为合法化了。今天,相信"幸运数"能影响他选择彩票的人至少懂得,在这方面没有更佳的挑选办法。17世纪利用魔杖探寻矿藏的矿工也没有更为合理的选择。占卜使得人们能够追随自己的幻想;它鼓励了人们与传统社会中的准则分道扬镳。[132]

占卜师就这样提供了一种做出决定的方法,许多人感到这是必不可少的。英格兰的占卜师就像其非洲对应者一样,通过运用骗局和心理学,维持了他们的声望,他们可能将其主顾引入一间候诊室,在此,主顾们的谈话可以被巫师窃听到,所以当巫师随后出现时,他已奇迹般地了解了其主顾的难题和个人处境。或者,巫师可能以某种其他方式事先获得关于其顾客的资料,而在会见时装作无意地提及这些资料,以造成有利的印象。[133] 有时候,占卜师的做法(尤其是在爱情问题上)则采取试图安排未来而不是预言未来的形式,[134] 其中许多人有着拉皮条者和淫媒的丑恶名声。甚至不用任何有意识的骗局,他们也可能收集到大量当地的情况,使之适用于那些求教者。于是,就以这种方式,固定开业的巫师在其老主顾中维持了声望,而其他过着比较漂泊不定生活的巫师则至少能在他所待的那一段时期内在该社区中大体上赢得声誉。就像古希腊的大预言家一样,他们或许倾向于给予肯定的意见,但只是模糊的预言,无法证实或驳斥。此外,一次偶然的成功足以抵消大量的失败。一位同时代人写道:"如果他们猜对了一次,那么就会到处张扬宣传;但是如果搞错了一百次,那么就会立刻默默地掩盖起来并被淡忘掉。"[135]

但是,他们不一定是受欢迎的,因为他们对于一个小小社区中潜伏着的冲突和怀疑毕竟知道得太多了。1575年,约克郡巴特克兰的教会执事把埃伦·斯平克说成是"其邻人中的一个邪恶女人,负责宣告他们的命运"。萨默塞特的尼古拉斯·巴特勒据称能找回被盗的财物并确认窃贼,他在1557年被控"欺骗了各种各样的人,并导致了人们之间的极大不和"。1588年,对于诺丁汉郡诺威尔的邪术师和手相家琼·科菲也有同样的指责,说她在邻里之间散布不睦。[136] 有些巫师,诸如约翰·迪伊有着创造和睦的名声。[137] 但是不幸的是,所谓的算命往往是意味着荒唐地预言某人突然死亡或者某人之敌的私生子。有时候占卜者会将主顾自己的心理紧张揭示出来,但是在另一些情况下,他也会给主顾带来新的烦恼,这种烦恼与求诊者原来希望解除的烦恼毫不相干。据说詹姆斯一世时代的巫师约翰·拉姆曾引起了夫妇之间的许多不睦。[138] 在法庭上,对于巫术的指控有时候包括反社会的罪名,诸如争吵和骂街;在极端情况下,术妇会发现自己面对着更为致命的指控:邪恶的妖术。[139] 任何分支的巫术实践都将巫师置于略异于社区中其他人的地位,虽然女贤人可能有数百名主顾,但是她总是危险地处于社会隔离的边缘。

第八章 术士与大众巫术

四 巫术职业

同时代的基督教布道者毫不怀疑术士人数众多、活动积极的现状。例如，1590年，剑桥传教士亨利·霍兰悲叹"下等人不断地与巫师来往"；1621年，林肯的未来主教罗伯特·桑德森在谈及"魔咒师、算命者和巫师"时说："令人难以置信的是，我们的那些愚昧大众竟会如此普遍和可悲地迷信于他们的技巧；并且由于大众自己的愚蠢轻信而受到那些该诅咒的诈局的欺骗。"[140] 但是，他们所提供的数字估计是十分不确切的。1549年，一个被捕的邪术师威廉·威彻利声称："他认为在英格兰有500名以上的奇术家……尤其是在诺福克、赫特福德郡、伍斯特郡和格洛斯特郡。"[141] 35年后，雷金纳德·斯科特写道，每个教区都有自己的奇迹施行者，有的教区甚至有十七八个这样的人。罗伯特·伯顿重复了每个村庄有一个术士的说法。[142] 16世纪，当时颇有见识的人都认为巫师的数量大致相当于教区神甫的数量。

这种估计是很难肯定的，因为术士往往不把任何记录保存下来，他的行业多少是种偷偷摸摸的勾当。且不说一切都会涉及宗教法庭的惩罚这种不利条件，此外还有接连的三条议会法令对某些最普通的大众巫术形式施以世俗的处罚。1542年，对于使用巫术探寻财宝、找回失物或者"召唤任何人堕入非法爱情"的做法都被处以重罪，即死刑。1547年撤销了这条法令，但是紧接着在1563年又通过了另一法规，同样禁止这些活动，虽然减轻了处罚：犯第一条罪者，判处一年监禁和四次颈手枷示众；犯第二条罪者，则判处终身监禁和抄没财产。至1604年，这条规定又被更为严厉的法令所取代：犯第二条罪者判处死刑，在这三条法令中，召唤精灵都是重罪。[143] 还有大量的法规针对游方的算命者，[144] 以及对炼金术的全面禁止，直至1689年，金属的嬗变炼制依然是一项重罪。所以，在这期间的大部分时间里,术士的活动一直明显地属于非法的范畴。甚至治病的符文也被基督教会以及各种各样负责批准医生执照的权力机构所禁止。

然而,实际上当局的态度是比较宽厚的。对于涉嫌伤害他人的邪恶巫师的控告案例甚为众多,但是巡回法庭和季度法庭的记录显示,对相对来说比较善良的巫师则不会被控有罪,除非他们的活动是欺诈性的或者是伤害性的。每一种巫术都在这一时期或那一时期受到指控:算命、卜测失物、符咒治病或者用奇术探寻财宝。[145] 但是除了对邪恶妖术的指控外,现存的案例数量似乎小得不合比例,尤其是考虑到所推测的术士数量之巨及其施术范围之广时,更显得如此。[146] 我们可以合理地推想,巫师通常受到其顾客的尊重,只有当其中有的人与他发生纠纷时,事情才会引起较高层次者的注意。此外,并无世俗的法律措施反对魔咒师治愈患者并分文不取。大众对于善良巫术的普遍宽容就这样缓和了法律的严酷性。对于主顾的指控更不多见,这也许是因为涉及"唆使者和劝诱者"的妖术法规的条款,似乎只与那些旨在请求术士共谋犯罪和施行邪恶妖术的人有关。善良巫师的主顾是否犯罪不很清楚,他们极少出现在法庭上。正如一个清教作家愤愤地写道:"祈祷者躲开了,抛开那些愚昧的大众于不顾,任其纷纷趋向于这种'善良的'魔鬼。"[147]

但是不管怎样,被指控的危险总是很大的,它足以使得术士不敢招致不必要的公开性,所以这就使得我们更难确定术士到底普遍到什么程度。从世俗法庭的记载中无法得出有用的统计数字,其间关于术士出现的记录总是断断续续的。然而,教会法庭所披露的巫师则具有极大的规律性。没有人能够说出有多少巫师的名字收集在迄今残留下来的卷帙浩繁和几乎完全没有公开发表的教会书籍和巡视记录中,实际上在英格兰的每个主教管区都有几百部这样的文献。一个人若要取得该问题的大致答案,恐怕得花费终生的光阴。[148] 印刷的摘录本十分简略,并有着很大的选择性,所以难以提

第八章 术士与大众巫术

供许多统计数据,虽然在 1597 年诺里奇主教管区的主教巡视记录中披露了 14 名术士和术妇,这一点值得注意。同时,在发表的巡视记录的节选本以及未发表的《法令手册》中收录了 16 世纪后期坎特伯雷主教管区的 30 个巫师的名字。[149] 而那些探究更深的资料中还有着更为大量的数据。1560 年至 1640 年间,约克主教管区的记录中足足有 100 多例大众巫术。[150] 埃塞克斯郡的记录可算是特别丰富,并且是唯一进行真正调查的记录,它认定了 61 名术士,其中至少有 41 名是在本地区境内执业的。在伊丽莎白时代,埃塞克斯境内没有一个人的居住地点会远距某一著名术士达 10 英里以上。[151] 如果我们考虑到肯定有大量巫师成功地使其名字不出现在法庭的记录中,那么我们对于他们的无所不在就会留下更为深刻的印象了。

颇有价值的是范围广泛的其他主教管区的巡视记录,它们给人以这样的总体印象:16 世纪后期,任何主教或副主教的巡视很难得不披露善良巫师,至少披露一个,但更为普遍的是披露数个。如果我们想到,在英格兰有 21 个教区,那么我们有可能对平均每年受到侦查的巫师数量形成某种概念,但是要记住,他们恐怕只代表了总数中的一小部分。

宗教法庭的记录显示,关于这些案例,其高峰是在伊丽莎白一世在位期间,而在斯图亚特王朝早期便开始持续下降,到了复辟之后则几乎完全消失了。几乎可以肯定,这一统计曲线所告诉我们的,不是关于术士的历史情况,而是关于教会法庭的兴趣及其行为效率的改变情况。17 世纪后期,宗教的每一种指控都减少了,主教们在其巡视项目中对于贤人或术妇的调查变得少见了。[152] 所以,若从该时期宗教法庭的记录中得出乡村巫师已经消失了的结论,则是过于轻率了。与此相反,现代的民俗学学者业已收集了大量证据,表明善良巫师乃是 19 世纪农村生活中的显著特色。罗伯特·索西在 1807 年写道:"术士或术妇——如人们所称呼的那样——几乎见于每一个城镇,虽然有时候他们会遭到法律的反对,但这仍然是一项有利可图的生意。"[153]

我们容易得出以下结论，巫术事业之所以生生不息在于它给许多专业巫师的人体面的营生。法律业的例子提醒我们注意到，一个充实的社会群体总是可能对其自己制造出来的问题提供解决办法，从而维持自身存在下去。术士和女贤人对于提高其巫术诊断的声望有着无可置疑的兴趣，仅仅是他们的存在就可能有助于延长业已过时了的思维模式。到了17世纪，巫术不再是一条通往权力和影响的道路，而这在原始时代是可能的；犹如托马斯·布朗爵士正确评论的那样："巫师是落后阶层的普通人。"[154] 但是，因提供指导而获得的报酬至少有助于许多人补偿其本来十分菲薄的收入。正如现代非洲同行的情况那样，很少有巫师完全依靠巫术活动的收入来维持生活。他通常还得干些手工活儿，诸如磨面、制鞋、制皮等，巫术不过是其副业。无论男女都可以成为巫术施行者，他们存在于社会的各个阶层中。1561年，宗教会议采取了一次突袭，以各种巫术罪名逮捕了9个人，其中包括一个商人、一个五金商、一个盐商、一个金匠、一个磨面师、一个自由民和三个教士。[155] 但是那些在农村中辛勤从事雇用工作的巫师则通常只拥有相当卑微的社会地位。有些人（尤其是妇女）实际上完全依赖于主顾的酬金。正如1555年萨默塞特的女贤人琼·泰里承认的那样：妖仙"教会了她这种可以赖以为生的知识"。[156]

酬金的数额似乎差异很大。巫师没有专业的组织，因而也就没有公认的收费标准。此外，酬金的多少经常视成功与否而定，犹如正统医务者的报酬情况一样。15世纪末在萨福克施行巫术的埃塞德丽达·尼克松规定以其寻回的失物价值的25%作为酬金，[157] 但是像这样有系统地收费并不多见。现在所见的涉及因各种交易而付给巫师的酬金额的大量资料通常都被摘录在此后的诉讼案件中。但其中没有一个清晰的模式和规律。大体上有把握的是，乡村巫师索取的酬金额一般在1镑以下，并往往只有几先令。例如

第八章　术士与大众巫术

琼·贝蒂森（她在 1595 年承认医治受蛊惑的牲畜）只对每头牲畜收费 1 便士，并且如果其主顾十分贫穷，她就分文不取。1653 年，玛格丽特·斯托瑟德特也只收取 1 便士作为"魔咒师费用"。事实上，她也收取一只羊所剪下的毛，因为当时一般都用实物作为酬劳。1590 年左右，活跃在赫特福德郡的托马斯·哈丁，有一阶段在寻找失物时收取价值 5 先令的现钱、熏肉和鸽子。我们所知的他的其他酬金则为：医治病孩收费 6 便士；确认纵火犯收费 20 镑，其中 2 镑是预付的。[158]

有时候酬金也可能是相当丰厚的。17 世纪早期，《约翰福音》曾作为护身物品在诺丁汉郡卖到 10 先令一本。威尔特郡克莱菲皮帕特的克里斯蒂娜·威克斯在 1651 年因为用符咒逐出了一个主顾腿里的恶灵而得到了 4 几尼。爱德华·阿什莫尔由于追踪到了逃到爱尔兰的一个债务人而在数十年后获得 5 英镑。查理一世在位期间，德比郡的一个织工在用符纸治疗一个疯子前要求付给他 3 镑现金，而在患者被治愈后则又要了 3 镑的酬费。[159] 都铎王朝早期的一个巫师被允付给 10 镑年金，以作为制作内维尔勋爵亨利的巫术指环的酬谢，而白金汉公爵的被保护人则支付 40 镑或 50 镑作为治愈某些暗疾的报酬。在詹姆斯二世时期，第五代萨塞克斯伯爵的情妇弗朗西斯·舒特为巫师兼占星师马赛厄斯·伊万斯提供每年 50 镑的聘任金。奇术家巴布和里普顿为了找回一个主顾的钱财而索取 35 镑，外加寻找时的费用。詹姆斯一世时代的另一个巫术施行者爱丽丝·韦斯特据说从一个绅士那里取走了 60 镑，那人急于知道他是否能比其妻子活得更久。[160]

所以，一个施术者每年的收入就可以相当可观了，尤其如果他的生意如乔治·吉福德所说的女贤人那样兴旺的话（她每周的顾客可多达 40 人）。肯特郡贝瑟斯登的锯工凯特雷尔（检验尿和对付妖术）据说在 1565 年已有足够的钱可以购买田地和房屋了。17 世纪早期，一个剑桥的巫师告诉理查德·伯纳德，如果他持续地以其法术用镜子寻找失物的话,那么他将每年收入 200 镑。17 世纪末,林肯郡的一个低级算命者据知年收入可达 30 镑至 40 镑。他在其职业中的代表性也许如游方巫师约瑟夫·海恩斯在其职业中的代表性一样,后者于 1676 年在赫特福德郡瓦里算命后,合计收入是"5 英镑……三名少女的初夜和一段牛的小腿"。[161]

如果我们还记得,17 世纪后期从事农业的劳工很少有希望每天赚到 1 先令以上,以及 1704 年英国国教会中有俸教士里几乎有一半人年薪还不到 50 镑的话,[162] 那么就可以看出,巫师们的金钱收入是不可小视的了。这就容易理解,为什么有些人只不过是为了钱财而施术的骗子,他们私下对自己的法术毫不相信。迄今所知,自己承认的骗子只是大量施术巫师中的一小部分,而即使真心实意的巫师在其法术中也有着明显的经济意图。他们利用言辞或印刷纸张所做的广告肯定吸引了此前从未对巫术产生过兴趣的主顾,正如在乡村中游方的算命者能够为此前从未走出村庄找过占卜者的人们提供指导意见一样。

不过,强调专业巫师的既得利益是巫术得以长久维持的根源这一解释,乃是毫无根据的误解。魔咒师和赐福者有时候为人施术而不取任何正式的报酬,正如现代的一些非洲巫师一样,声望便已是很足够的报酬了。[163] 此外,如果在这一难题过程中有什么东西是清楚明白的话,那么这就是:巫术是迎合需要而产生的。专业巫师绝不是被迫为其事业做广告,而只是屈从于人们的要求。1549 年,使用《诗篇》和钥匙的专家威廉·威彻利抱怨道:"人们为此目的而与他天天纠缠不休,使他无法逃避,以致不得不把自己关在屋里。"据说对于"粗人"来说,徒步 20 英里或 40 英里去请教一个女巫是毫不稀罕之事,只要他们有着特别希望解决的问题。[164] 大众巫术事业一直无视教会的禁令、教士的谩骂和严酷的妖术法规。人们去找巫师时冒有风险,因为奇术中始终包含着危险,这可能招致死刑。此外,拜访术士这一行动本身就是一种可怕的历险。巫师可能衣着威

第八章 术士与大众巫术

严醒目(据说庸医亚历山大·哈特"穿着袍子,坐得像个郡长"),并经常吹嘘自己能召唤精灵而吓唬其主顾。[165]1633年,约克郡的大主教听人说,威廉·道如何根据一个术士的建议而去莫尔顿境外寻找一只失踪的母牛:"他过后说,他头上的帽子被扯掉了,但是他感到幸运的是他'逃掉了'。"[166]

主顾们并没有因为紧张害怕而放弃。布道师理查德·格里纳姆抱怨道:"即使最终损失一点世俗财物,他们也毫不惧怕……他们焦虑不安,直到咨询了巫师和女巫为止,并不害怕上帝对这桩罪过的威胁。"[167]隐含在这种与巫师持续交往中的对现存权威的蔑视由一个名叫约翰·肖恩克的人很好地表达出来,他在1585年被控请教埃塞克斯的巫师帕福德。肖恩克承认这一指控属实,但是他是"为了帮助妻子才去找帕福德的,他是个'善良巫师';如果再有这种情况发生,他还会干同样的事,以帮助妻子"。[168]

术士就这样吸引了大量主动找上门的顾客的支持。如1597年奥尔德堡的教会执事谈及女贤人玛格丽特·尼尔时所说的那样:"她毅然地利用祈祷治疗疾病,因此人们远道而来向她求助。"同样地,几十年以前,当斯托马克特的一个老妇人声称她能"用咒语"治疗一切疾病时,可以预料的结果是,"来自各地的大量人拥集到她那儿去"。[169]这种情况与中世纪圣徒圣地获得治病声誉后吸引了大批人群的情况极为相像。术士在自己的社区中往往是使人恐惧和受人尊敬的。如果一个女贤人受到当局的怀疑,其乡邻就会团聚起来保护她,他们在宗教法庭上提供被告无罪证据,或者上书证明,证实她的无辜。即使她被监禁了,人们还会拥来救助她。[170]威廉·珀金斯总结了整个过程:"如果某人的孩子、朋友或牲畜染上了某种病痛,或者被某种鲜见的和未知的疾病折磨时,他所干的第一件事便是反省自己和请教一个贤人或女贤人,寻求他们的帮助。"如果患病者最后似乎因符咒而康复了,"那么全部结论便是喝彩:'啊,我真幸运,遇到了这样一个人来帮助我!'"[171]

16和17世纪英格兰大众信仰研究

注　释

文献说明：17世纪前，堪称英格兰大众巫术最大素材库的仍然是这本书：Kittredge, *Witchcraft*, 尽管作者几乎没花多少精力解释他辛辛苦苦搜集到的证据。有一本书对一位17世纪巫师的活动做了详尽的记载，该书从当时一名医学从业者的视角出发，至今仍未出版：E. P（oeton）, *The Winnowing of White Witchcraft*（Sloane 1954, ff. 161—193）。我们可以通过其他同时代的类似作家，一点点地搜集更深入的信息，比如以下这些作者：雷金纳德·斯科特、威廉·珀金斯、托马斯·库珀和理查德·伯纳德。然而，有关江湖术士活动最好的素材，则是大批未经出版的世俗法庭和教会法庭上的证言证词及诉讼资料。下书对这些关乎埃塞克斯的素材进行了很好的分析：Alan Macfarlane, *Witchcraft in Tudor and Stuart England*（1970）。我们可以从英格兰众多区域的民俗研究中找到19世纪巫师作为的大量记述。下书是对以上问题的实用指导：W. Bonser, *A Bibliography of Folklore as Contained in the First Eighty Years of the Publications of the Folklore Society*（Folklore Soc., 1961）。以下这本书中描写了"贤人"的相关情况：J. C. Atkinson, *Forty Years in a Moorland Parish*（1907 edn）, pp. 103—125, 这几页尤其揭露了一些问题。

关于更多巫术传统富于智慧的方面，可以参见 Thorndike, *Magic and Science*; D. P. Walker, *Spiritual and Demonic Magic from Ficino to Campanella*（1958）, and F. A. Yates, *Giordano Bruno and the Hermetic Tradition*（1964）, *Theatre of the World*（1969）, and "The Hermetic Tradition in Renaissance Science", in *Art, Science and History in the Renaissance*, ed. C. S. Singleton（Baltimore 1967）。

1. Bodl., MS Add. B 1, f. 25（16世纪晚期）。其他版本参见 Scot, *Discoverie*, XII, xvii, and Aubrey, *Gentilisme*, p. 25。

2. Hale, *Precedents*, p. 139; R. F. B. Hodgkinson, "Extracts from the Act Books of the Archdeacons of Nottingham", *Trans. Thoroton Soc.*, xxx（1926）, p. 51; Lancashire R.O., QSB ½55/38, 70—71。

3. 下书摘录了其应用的例子：Kittredge, *Witchcraft*, pp. 198—200, 511—

513，还可以另外参考下书中的例子 Borthwick, R. VI. A. 18, f. 195（1615），and R. VI. Ela, f. 60v（1598）; Peterborough D.R., Correction Book 62, f. 35（1629）; *H.M.C., Various Collections*, i, pp. 283, 307（1633）; T. F. Thiselton-Dyer, *Old English Social Life*（1898），p. 77（1715）; and above, p. 220 n. 34。有关当今用于菲律宾的类似手法（剪刀加筛子）的一张照片，请参见 R. W. *Lieban, Cebuano Sorcery*（Berkeley, 1967），facing p. 85。

4. Scot, *Discoverie*, XVI, v, 用来插钥匙的赞美诗似乎各不相同。

5. *H.M.C., Various Collections*, vii, p. 53; F. D. Price, "Gloucester Diocese under Bishop Hooper, 1551—1553", *Trans. Bristol and Glos. Archaeol. Soc.*, lx（1938），pp. 120—121.

6. 有关大量例子参见 Kittredge, *Witchcraft*, pp. 196—198, 509—510, and W. E. A. Axon, "Divination by Books", *The Manchester Qtly*, ci（1907），p. 32。Others may be found in A. H. Thompson, *The English Clergy and their Organization in the Later Middle Ages*（Oxford, 1947），p. 222（1448）; J. E. Oxley, *The Reformation in Essex*（Manchester, 1965），pp. 102—103（1530s）; Hereford D.R., Office Court Book 64（1582）; *The Book of Examinations and Depositions, 1622—1644*, ii（1627—1634），ed. R.C. Anderson（Southampton Rec. Soc., 1931），p. 108; *Kilvert's Diary*, ed. W. Plomer（1960），i, pp. 300—301; *Trans. Devonshire AsSoc.*, lxxxiv（1952），p. 300.

7. 各式各样的方法参见 Sloane 3846, ff. 43—44; Bodl., MS e Mus. 173, f. 20v; Bodl., MS Add. B. 1, ff. 11v—12。有关其用法参见 Kittredge, *Witchcraft*, pp. 192—192; *Kilvert's Diary*, i, pp. 300—301。其他相关的技法参见 B.M., Egerton MS 825, f. 109v, and Sloane 3846, f. 27v。

8. T. Besterman, *Crystal-Gazing*（1924），p. 18. Cf. H. Syer Cuming, "On Crystals of Augury", *Journ. of Brit. Archaeol. AsSoc.*, v（1850）.

9. Kittredge, *Witchcraft*, p. 187; M. R. James, "Twelve Medieval Ghost-Stories", *E.H.R.*, xxvii（1922），pp. 420—421; B.M., Egerton MS 2618, ff. 159—160v.

10. *The Book of Examinations and Depositions, 1622—1644*, ii, p. 104.

11. Aubrey, *Miscellanies*, p. 157.

12. *The Examination of John Walsh*（1566），sig. Avv; *Records of Maidstone*（Maidstone, 1926），pp. 266—267; *Mirabilis Annus Secundus*（1662），p. 41.

13. London D.R., DL/C/206, f. 21v.

14. E.g., E. Peacock, "Extracts from Lincoln Episcopal Visitations", *Archaeologia*, xlviii（1885）, p. 262.

15. Ewen, *Star Chamber*, p. 16. 有关巫术侦查后的逮捕情况，参见 Kittredge, *Witchcraft*, pp. 188, 195—196; *Archaeologia*, lx（2）（1907）, pp. 377—378; Thompson, *The English Clergy and their Organization*, p. 221; *A.P.C.*, xvii, pp. 31—32; J. Brinley, *A Discovery of the Impostures of Witches and Astrologers*（1680）, p. 20。

16. E. E. Evans-Pritchard, *Witchcraft, oracles and Magic among the Azande*（Oxford, 1937）, p. 173. Cf. B. Reynolds, *Magic, Divination and Witchcraft among the Barotse of Northern Rhodesia*（1963）, p. 126.

17. M. Hunter, *Reaction to Conquest*（1936）, pp. 308—309, 336, 346; B. A. Marwick, *The Swazi*（Cambridge, 1940）, p. 246; E. J. and J. D. Krige, *The Realm of a Rain-Queen*（1943）, pp. 227—228, 260—262; H. Kuper, *An African Aristocracy*（1947）, p. 168; J. Middleton, *Lugbara Religion*（1960）, pp. 81, 137; G. Lienhardt, *Divinity and Experience*（Oxford, 1961）, p. 69; M. Gelfand, *Witch Doctor*（1964）; M. G. Marwick, *Sorcery in Its Social Setting*（Manchester, 1965）, pp. 91—92; W. Bascom, *If a Divination*（Bloomington, 1969）, p. 69。

18. T. Gataker, *Of the Nature and Use of Lots*（2nd edn, 1627）, p. 403. 下书和培根持有相同的观点，Reginald Scot, *Discoverie*, XII, xvii; *Works*, ii, p. 660。

19. Hertfordshire R.O., HAT/SR/2/100.

20. 下书中有个不错的例子：*H.M.C., 10th Report*, appx, pt iv, p. 476（full text in *Essex R.O., Transcript no. 49*）。

21. L. F. Salzman, *More Medieval Byways*（1926）, p. 172.

22. Gataker, *Of the Nature and Use of Lots*, pp. 402—403.

23. T. F. T. Plucknett, *Edward I and Criminal Law*（Cambridge, 1960）, p. 69. 有关中世纪欧洲神裁法主要类型的概述，参见 F. Patetta, *Le Ordalie*（Turin, 1890）, chap. 7。

24. J. M. Roberts, "Oaths, Autonomic Ordeals and Power", *American Anthropologist*, lxvii（2）（1965）, pp. 208—209.

25. Roberts, art. cit., p. 207; Reynolds, *Magic, Divination and Witchcraft among the Barotse*, pp. 121—127.

26. 有关建设性的洞见，参见 E. B. Tylor, "Ordeals and Oaths", *Macmillan's Magazine*, xxxiv（1876）, p. 4; H. C. Lea, *Superstition and Force*（3rd

edn, Philadelphia, 1878), p. 274; P. Vinogradoff, "Ordeal (Christian)", in *Encyclopaedia of Religion and Ethics*, ed. J. Hastings (Edinburgh, 1908—1926), ix; T. p. Oakley, *English Penitential Discipline and Anglo-Saxon Law* (New York, 1923), pp. 159—160; H. Nottarp, *Gottesurteile. Ein Phase im Rechtsleben der Völker* (Bamberg, 1949), pp. 12 ff.; A. L. Poole, *Obligations of Society in the XII and XIII Centuries* (Oxford, 1946), pp. 79—80, 82—83; E. Bentz, "Ordeal by Fire", in *Myths and Symbols*, ed. J. M. Kitagawa and C. H. Long (Chicago, 1969). 伦敦彭布罗克学院的 P. R. 许亚姆斯博士目前正在研究这个问题。

27. G. Neilson, *Trial by Combat* (Glasgow, 1890), pp. 158—160, 323—331; *Notes and Queries*, 7th ser., iv (1887), pp. 461—462.

28. Below, p. 658.

29. Scot, *Discoverie*, XIII, ix; Bacon, *Works*, ii, p. 660. 其应用的例子参见 G. D. Owen, *Elizabethan Wales* (Cardiff, 1962), p. 181 (于1574年由一位验尸官提供); Potts, sig. Y3 (1612); Brand, *Popular Antiquities*, iii, p. 231 (Hertford Assize, 4 Car. I); *H.M.C., Finch*, i, p. 62 (1620s); *Diary of Walter Yonge*, ed. G. Roberts (Camden Soc., 1848), p. xxiii (于1613年由一位地方治安官提供); J. Webster, *The Displaying of Supposed Witchcraft* (1677), pp. 305—306 (1661); *York Depositions*, p. 172 (该可能性于1669年被提出); W. A. Fearon and J. F. Williams, *The Parish Registers and Parochial Documents in the Archdeaconry of Winchester* (Winchester, 1909), p. 83 (1681); *The Weekly Miscellany*, 171 (27 March 1736), p. 3 (于1736年由一位陪审员提供); *County Folk-Lore*, v, ed. Mrs Gutch and M. Peacock (1908), p. 142 (1832); *Bye-gones relating to Wales and the Border Counties*, 2nd ser., v (1897—1898), p. 424 (1796). Cf. Lea, *Superstition and Force*, pp. 315—323.

30. Lancashire R.O., QSB. 1/170/59; *The Autobiography and Correspondence of Sir Simonds D'Ewes*, ed. J. O. Halliwell (1845), i, pp. 59—60.

31. Ewen, *Star Chamber*, p. 16. 类似例子参见 L. F. Salzman, *Medieval Byways* (1913), p. 14; M. Aston, *Thomas Arundel* (Oxford, 1967), p. 63, n. 3。

32. Sloane 3846, f. 41; Bodl., Add. MS B 1, f. 11; K. M. Briggs, *Pale Hecate's Team* (1962), p. 261.

33. *The Triumph of Faith... exemplified in the life... of... Mrs Joanna Turner* (Bristol, 1787), p. 22.

34. Pond. 1609. *A President for Prognosticators. MDCIX. A New Almanacke*（1609）, sigs. C6v—C7.

35. J. A. F. Thomson, *Clergy and Laity in London, 1376—1531*（Oxford, D.Phil. thesis, 1960）, p. 69. 1493 年也曾有人自吹过类似的话，请参见 Bodl., Tanner MS 100, f. 57（Visitation of Norwich, 1494）（由 R.A. 霍尔布鲁克博士向我友情提供）。

36. *The Gentleman's Magazine Library: Popular Superstitions*, ed. G. L. Gomme（1884）, p. 291; Brand, *Popular Antiquities*, iii, p. 64.

37. 典型的情况参见 Ashm. 421 ff. 231—232; Bodl.MS Add. B 1, ff. 11, 24v; MS Ballard 66, pp. 55—56; Scot, *Discoverie*, XII, xxii; Kittredge, *Witchcraft*, pp. 190—191, 200—202; Briggs, *Pale Hecate's Team*, p. 260; Sloane 3846, ff. 17v, 20, 26—27v。1505 年，一位货运者被抢劫，伦敦的巫师告诉他，如果他愿意的话，可以得到劫匪的一条胳膊、一只眼睛或者一条腿, *Select Cases in the Council of Henry VII*, ed. C. G. Bayne and W. H. Dunham（Selden Soc., 1958）, p. 165。

38. *The Oglander Memoirs*, ed. W. H. Long（1888）, pp. 134—135.

39. See e.g., Hale, *Precedents*, pp. 63, 84; *Archaeologia*, lx（2）（1907）, pp. 377—378; Kittredge, *Witchcraft*, pp. 192—195; Thompson, *The English Clergy and their Organization*, p. 221; *York Depositions*, pp. 101—102; Ashm. 175, f. 131^v.

40. See e.g., G. R. Owst, in *Studies presented to Sir Hilary Jenkinson*, ed. J. C. Davies（1957）, p. 291; Kittredge, *Witchcraft*, p. 192; *Gentleman's Magazine*, xxiv（1754）, p. 290.

41. J. Aubrey, *Brief Lives*, ed. A. Clark（Oxford, 1898）, ii, p. 109; J. Selden, *Table-Talk*（Temple Classics, n.d.）, p. 97. Cf. Atkinson, *Forty Years in a Moorland Parish*, pp. 122—123.

42. H. C. Agrippa, *Three Books of Occult Philosophy*, trans. J. F（reake?）（1651）, p. 107.

43. 关于外征说, see e.g., H. More, *An Antidote against Atheisme*（1653）, ii. 6（and above, p. 224）,以及有关泥土占卜,参见 C. H. Josten, "Robert Fludd's Theory of Geomancy and His Experiences at Avignon in the Winter of 1601 to 1602", *Journ. of the Warburg and Courtauld Institutes*, xxvii（1964）。

44. W. Gilbert, *On the Magnet*, ed. D. J. Price（New York, 1958）, V. xii;

Kocher, *Science and Religion*, pp. 181—182. 有关吉尔伯特作品中提及的希望的有价值的讨论参见 A. G. Debus, "Robert Fludd and the Use of Gilbert's *De Magnete* in the Weapon-Salve Controversy", *Journ. of the Hist. of Medicine*, xix (1964)。

45. R. Fludd, *Mosaicall Philosophy* (1659), p. 289; T. Birch, *The History of the Royal Society of London* (1756—1757), i, pp. 25, 29, 31, 33; *Philosophical Trans.*, xix (1697), pp. 518—521. See above, p. 225.

46. (G. Plattes), *A Discovery of Subterraneall Treasure* (1639), p. 13; Birch, op. cit., i, pp. 231—232, 234, 270.

47. E. Ashmole, *Theatrum Chemicum Britannicum* (1652), p. 464.

48. 有关现代的版本参见 *Hermetica*, ed. W. Scott (Oxford, 1924—1936), and *Corpus Hermeticum*, ed. A. D. Nock and A.-J. Festugière (Paris, 1945—54)。有关赫尔墨斯传统的详细记述，请参见文献说明中提及的耶茨小姐的作品。

49. Bacon, *Works*, ii, p. 671—672; iv, pp. 84, 167, 255, 355, 366—368, 376 (这些观点在 1601 年已经由后来担任索尔兹伯里的副主教的威廉·巴洛表达过, *H.M.C., Hatfield*, xi, p. 4); and see Walker, *Spiritual and Demonic Magic*, pp. 199—202; P. M. Rattansi in *Ambix*, xiii (1966), pp. 133—135; P. Lefranc, *Sir Walter Raleigh écrivain* (Paris, 1968), pp. 434—467; and Yates, "The Hermetic Tradition in Renaissance Science", pp. 265—270。关于迪伊, 参见 Peter J. French, *John Dee. The World of an Elizabethan Magus* (1972)。

50. Fearon and Williams, *The Parish Registers... in the Archdeaconry of Winchester*, p. 24. 关于 17 世纪英格兰的一些赫尔墨斯主义者, 参见 C. L. Marks, "Thomas Traherne and Hermes Trismegistus", Renaissance News, xix (1966); J. Maxwell, *A New Eight-fold Probation of the Church of Englands Divine Constitution* (1617), sig. B1; C. R. Markham, *A Life of the great Lord Fairfax* (1870), p. 368; H. C. Agrippa, *His Fourth Book of Occult Philosophy*, trans. R. Turner (1655), sig. A3^v; E. Maynwaring, *Medicus Absolutus* (1668), p. 25; Webster, *The Displaying of Supposed Witchcraft*, p. 314; H. More, *Tetractys Anti-Astrologica* (1681), p. 18; W. Salmon, *Medicina Practica: or, Practical Physick* (1692), sig. A2; T. Tryon, *A Treatise of Dreams and Visions* (2nd edn, n.d.), p. 239; J. Case, *The Angelical Guide* (1697), sigs. b5^v—b6; and W. Shumaker, *The Occult Sciences in the Renaissance* (Berkeley and Los Angeles,

1972），pp. 236—248。近期关于弗拉德的讨论参见 S. Hutin, *Robert Fludd* (*1574—1637* [Paris, 1971]), by A. G. Debus, *The English Paracelsians* (1965), chap. 3, and Yates, *Theatre of the WorlD*.

51. J. E. McGuire and P. M. Rattansi, "Newton and the 'Pipes of Pan'", *Notes and Recs. of the Royal Soc.*, xxi (1966). Cf. below, pp. 511—512.

52. Yates, "The Hermetic Tradition in Renaissance Science"; P. M. Rattansi, "The Intellectual Origins of the Royal Society", *Notes and Recs. of the Royal Soc.*, xxiii (1968).

53. See *H.M.C., Various Collections*, v. p. 246; Cooper, *Mystery*, pp. 9—13; Sloane 1926, f. 7v, and 1954, ff. 179—182v; Bodl., Rawlinson MS D 253, pp. 50, 63—64; Heywood, *Diaries*, i, p. 340; *The Diary of Abraham de la Pryme*, ed. C. Jackson (Surtees Soc., 1870), pp. xviii, 22, 26, 27; *The Cheats of London Exposed* (n.d.: copy in Bodl., Douce Adds f. 4), p. 55.

54. 例如：凯厄斯学院的约翰·弗莱切（B.M., Add. MS 36, 674, ff. 23—46v）；国王学院的约翰·沃勒和威廉·科比（Wood, *Ath. Ox.*, i, cols. 188—189）；纽因学院的约翰·伯克利（*Archaeologia*, xl (1866), pp. 391—394）；牛津大学的理查德·约翰斯（1532；*L.P.*, v, p. 695）；以及下书提及的其他内容：Wood, *Ath. Ox.*, ii, col. 275；Bodl., Rawlinson MS D 253, p. 50, and *The Life and Death of Gamaliel Ratsey* (Shakespeare AsSoc.facsimiles, 1935), sig. B4v。万灵学院也有法术书（R. T. Gunther, *Early Science in Oxford* (1923—1967), xi, p. 331）；此外1655年罗伯特·特纳翻译了 *Fourth Book of Occult Philosophy*，原书被认为并非出自H.C.阿格里帕之手，这本巫术著作译本以六名剑桥大学成员的诗文为序言。

55. *Register of the University of Oxford, II* (1571—1622), i, ed. A. Clark (Oxford Hist. Soc., 1887), p. 179; Oxf. Univ. Arch., Q 16 f. 179^v; Qa 17, f. 151; Qb 18, f. 177^v.

56. *Register of the University of Oxford, II* (1571—1622), i, p. 191; Oxf. Univ. Arch. Qa 17, f. 151v.

57. Oxf. Univ. Arch., Qb 18 ff. 174, 175^v; Bd 19, f. 204^v; *Register of the University of Oxford, II* (1571—1622), i, p. 171; W. E. Houghton, "The English Virtuoso in the Seventeenth Century", *Journ. of the Hist. of Ideas*, iii (1942), p. 203.

58. W. Vaughan, *The Golden-Grove* (1600), sig. Y8v. 有关巫师与"学者"

第八章 术士与大众巫术

这个词联系起来的例子参见 J. Fletcher, *The Chances*（1647）, V. I。

59. According to J. Ferguson in *Journ. of the Alchemical Soc.*, 1914（cited by D. Geoghegan, in *Ambix*, x［1962］, p. 97 n. 5）. Cf. R. S. Wilkinson in *Ambix*, xv（1968）; p. 56. W. Cooper, *A Catalogue of Chymicall Books*（1675）, 该书提供了炼金术文献的一个有用概念。

60. P. M. Rattansi, "Paracelsus and the Puritan Revolution", *Ambix*, xi（1963）; and below, p. 446.

61. C. Webster, "English Medical Reformers of the Puritan Revolution", *Ambix*, xiv（1967）, pp. 29—35. 有关哈特立伯对巫术图谶的信仰, 请参见 Josten, *Ashmole*, p. 72。

62. P. M. Rattansi, "The Intellectual Origins of the Royal Society", *Notes and Recs. of the Royal Soc.*, xxiii（1968）, pp. 136—137.

63. 有关涉及波塔、阿格里帕和帕拉塞尔苏斯的例子, 参见 *L.P.*, v, p. 69（Richard Johns, 1532）; P.R.O., SP 12/71, f. 160v（John Bowckeley, 1570）; Josten, *Ashmole*, p. 536（Ashmole, 1650）。

64. 有关这点的代表性数据, 参见 Hale, *Precedents*, pp. 108, 139; Hodgkinson, in *Trans. Thoroton Soc.*, xxx（1926）, p. 51; *The Examination of John Walsh*, sig. Av; E. Bower, *Doctor Lamb revived*（1653）, pp. 26—27; Webster, *The Displaying of Supposed Witchcraft*, p. 35。

65. 有关主要文本的概述, 参见 E. M. Butler, *Ritual Magic*（Cambridge, 1949）。*The Key of Solomon the King*（*Clavicula Salo-monis*）is trans. and ed. by S. L. M. Mathers（1909）.（这一技术非常著名, 因为其中牵涉到标记和符记。）

66. M. Casaubon, *A True and Faithful Relation of what passed for many yeers between Dr John Dee… and some Spirits*（1659）. 其他巫术著作和实验, 参见 K. M. Briggs, "Some Seventeenth-century Books of Magic", *Folk-Lore*, lxiv（1953）, and *Pale Hecate's Team*, appx. iv; Bodl., Ballard MS 66; Bodl., MSS e Mus. 238, 243 and 245; Bodl., MS Add. B 1; Bodl., Douce MS 116; Sloane 3714, ff. 16—17; 3846; 3851; 3853; B.M., Add. MS 36, 674; Thorndike, *Magic and Science*, ii, p. 284。Bodl., Rawlinson MS D253 是一本相继被四名巫师传阅的著作, 其中详尽地描述了 1590 年一位术士在降神会期间被打断时留下的工具, 参见 *Archaeologia*, xl（1866）, p. 397, 以及一名有代表性的奇术师的自白, 参见 J. Hawarde, *Les Reportes del Cases in Camera Stellata*, ed. W. P. Baildon（1894）, p. 251。

67. Lilly, *Autobiography*, p. 199.

68. *Select Cases in the Court of King's Bench under Edward III*, vi, ed. G. O. Sayles（Selden Soc., 1965）, pp. 162—163; M. Aston, "A Kent Approver of 1440", *Bull. Institute of Hist. Research*, xxxvi（1963）, pp. 86—87.

69. Ewen, I. pp. 91, 209; C. M. L. Bouch, *Prelates and People of the Lake Counties*（Kendal, 1948）, p. 216; Kittredge, *Witchcraft*, pp. 142—145, 312—314; Bodl., Ballard MS 66, p. 35; *The Examination of John Walsh*, sig. Avij; *The Autobiography and Personal Diary of Dr Simon Forman*, ed. J. O. Halliwell（1849）, p. 19; below, p. 281.

70. Kittredge, *Witchcraft*, p. 229; Sloane 3846, f. 33v; 3851, ff. 144v—145; Bodl., MS e Mus 243, ff. 15v—16v.

71. Kittredge, *Witchcraft*, pp. 55, 406.

72. Bower, *Doctor Lamb revived*, p. 4; B.M., Royal MS 17 B XXIV, f. 3.

73. *Ben Jonson*, ed. C. H. Herford, P. and E. Simpson（Oxford, 1925—1952）, x, pp. 62—63.

74. P.R.O., SP 12/186/92.

75. Sloane 2628, ff. 8v, 9, 38v—39; Aubrey, *Gentilisme*, p. 181; Kittredge, *Witchcraft*, p. 176.

76. Bodl., Rawlinson MS D 253, p. 176, and Aubrey, *Gentilisme*, p. 136（火灾）; Bodl.MS e Mus. 243, f. 13ᵛ（儿童）; *The Works of... Joseph Hall*, ed. P. Wynter（Oxford, 1863）, vii, p. 330; Bodl., MS e Mus. 243, f. 17（酒醉）。

77. Kittredge, *Witchcraft*, p. 67; *The Book of Examinations and Depositions*, ii, p. 105; P.R.O., SP 12/192, f. 49.

78. E. Le Blant, "Notes sur quelques anciens talismans de bataille", *Mémoires de l'Institut national de France. Acad. des Inscriptions et Belles-Lettres*, xxxiv（1895）; J. S. Corbett, *The Successors of Drake*（1900）, pp. 167—168.

79. Royal Cssn on Historical Monuments（England）, Newark on Trent. *The Civil War Siegeworks*（1964）, p. 73; Josten, *Ashmole*, p. 428, n. 1. 概述参见 Aubrey, *Gentilisme*, pp. 76, 153—154, 238; Kittredge, *Witchcraft*, pp. 53—55, 405—406; 以及下书的精彩概述: L. Hansmann and L. Kriss-Rettenbeck, *Amulett und Talisman. Erscheinungsform und Geschichte*（Munich, 1966）。

80. *H.M.C.*, v, p. 455.

81. Kittredge, *Witchcraft*, pp. 260—261.

第八章　术士与大众巫术

82. J. Chamber, "A confutation of astrologicall demonologie" (1604) (Bodl., Savile MS 42), f. 198; D. Calderwood, *The History of the Kirk of Scotland*, ed. T. Thomson (Wodrow Soc., 1842—1849), vi, p. 44.

83. E. F. Gay, "The Midland Revolt and the Inquisitions of Depopulation of 1607", *T.R.H.S.*, n.s., xviii (1904), p. 217, n. 1.

84. *C.S.P.D., 1639—1640*, p. 269; *Diary of Henry Townshend*, ed. J. W. Willis-Bund (Worcestershire Hist. Soc., 1920), i, pp. 40—41.

85. *H.M.C.*, iii, p. 41.

86. Kittredge, *Witchcraft*, pp. 63—64, 109—110; G. R. Elton, *Policy and Police* (Cambridge, 1972), pp. 50—56.

87. J. Spedding, *The Letters and the Life of Francis Bacon* (1861—1874), vii, pp. 76, 70—80; *C.S.P.D., 1619—1623*, p. 125. 这类污秽案例的细节描述，参见 S. R. Gardiner, *History of England 1603—1642* (1904—1905), iii, pp. 189—194。

88. Hale, *Precedents*, p. 32; G. L. Kittredge, in *Harvard Studies and Notes in Philol. and Litre.*, xvi (1934), p. 99.

89. A. Hussey, "Visitations of the Archdeacon of Canterbury", *Archaeologia Cantiana*, xxvi (1904), p. 19. 这类手法参见 Sloane 3851, f. 58v; 3846, f. 15; Bodl., MS e Mus. 173, ff. 73v—75; T. Lupton, *A Thousand Notable Things* (1660), p. 20; M. Gaster, "English Charms of the Seventeenth Century", *Folk-Lore*, xxi (1910), p. 376。

90. W. W. Longford, "An Accusation of Witchcraft, 1582", *Trans. Hist. Soc. of Lancs. and Cheshire*, xcii (1941).

91. Kent R.O., PRC 44/3, pp. 167—168.

92. P.R.O., SP 12/7, ff. 76—77^v; *Cobbett's Complete Collection of State Trials*, ii (1809), pp. 932—933; C. L. Ewen, "Robert Radcliffe, Fifth Earl of Sussex; Witchcraft Accusations", *Trans. Essex Archaeol. Soc.*, n.s., xxii (1936—1940).

93. Cf. Kittredge, *Witchcraft*, pp. 84—85, 105—107.

94. Ely D.R., B 2/35, f. 205v; *Hereford City Records*, v, p. 99 (6 June 1712).

95. *Reading Records*, ed. J. M. Guilding (1892—1896), iii, p. 261; Lancashire R.O., QSB/1/138/59.

96. See e.g., L. Stone, *The Crisis of the Aristocracy, 1558—1641*（Oxford 1965）, pp. 509—510; S. Pepys, Diary, 19 June and 10—11 Oct. 1667; A. G Matthews, *Walker Revised*（Oxford, 1948）, p. 341.

97. Cf. G. M. Foster, "Peasant Society and the Image of the Limited Good", *American Anthropologist*, lxvii（1965）, pp. 307—308.

98. E.g., *Norwich Consistory Court Depositions, 1499—1512, and 1518—1530*, ed. E. D. Stone and B. Cozens-Hardy（Norfolk Rec. Soc., 1938）, no. 6; and D. Turner, *Norfolk Archaeology*, i（1847）, p. 51. 有关早期盗墓,参见 L. V. Grinsell, *The Ancient Burial-Mounds of England*（2nd edn, 1953）, pp. 110—111。

99. Kittredge, *Witchcraft*, pp. 67—68, 205, 209—210. 约翰·巴尔把"十字架挖掘者"与其他巫术并列在一起, *Select Works*, ed. H. Christmas（Cambridge, P.S., 1849）, p. 236。

100. *The Itinerary of John Leland*, ed. L. T. Smith（1964）, ii, p. 36; Ewen, ii, p. 415. 1519 年的案例参见 *An Episcopal Book for the Diocese of Lincoln, 1514—1520*, ed. M. Bowker（Lincoln Rec. Soc., 1967）, pp. 111—112。

101. *A Collection of Letters Illustrative of the Progress of Science*, ed. J. O. Halliwell（1965 reprint）, pp. 15—16（迪伊）。关于探矿杖,参见 Aubrey, *Gentilisme*, p. 115; J. Childrey, *Britannia Baconica*（1661）, pp. 44—45; Bodl., Douce MS 116, p. 77; Lilly, *Autobiography*, p. 79, and below, p. 796。

102. E.g., Scot, *Discoverie*, XV, x; *The Key of Solomon*, ed. Mathers, pp. 57—58; Sloane 3846, ff. 27^v29; 3824, f. 5^v; Bodl., MS e Mus. 173, ff. 29, 40^v—41, 64.

103. 一些概述参见 Kittredge, *Witchcraft*, chap. 12; W. J. Andrew, "Buried Treasure", *Journ. of Brit. Archaeol. AsSoc.*, n.s., ix（1903）; and C. R. Beard, *The Romance of Treasure Trove*（1933）. 其他例子参见 Ewen, i, p. 186; Ewen, ii, p. 428; C. Jenkins in *Tudor Studies*, ed. R.W. Seton-Watson（1924）, pp. 72—73; Ashm. 200, f. 239v; Sloane 3677, ff. 180—181v; S. Harsnet, *A Declaration of Egregious Popish Impostures*（1603）, pp. 13—14; A. Clark, "Buried Treasure at Bee-leigh Abbey", *Essex Review*, xvi（1907）; L. A. Vidler, *A New History of Rye*（Hove, 1934）, p. 70.

104. Owen, *Elizabethan Wales*, p. 65; Lilly, *Autobiography*, pp. 78—81; Bower, *Doctor Lamb revived*, p. 26; E. E. Trotman, "Seventeenth-century Treasure-Seeking at Bridgwater", *Somerset and Dorset Notes and Queries*, xxvii

（1961）, pp. 220—221; *H.M.C., Various Collections*, i, p. 160.

105. *Autobiography of Goodwin Wharton*（B.M., Add. MSS 20,006—007）, esp. at I, ff. 59—120. 关于他特别的预言工具的文献,参见 B. Woodcraft, *Titles of Patents of Invention*（1854）, p. 37; *H.M.C.*, v, p. 381。

106. *The Shepheards Legacy: or, John Clearidge, his forty years' experience of the weather*（1670）; J. Claridge, *The Shepherd of Banbury's rules to judge of the changes of the weather*（1744, etc.）. 有关早期成就,参见 *Perpetuall and Naturall Prognostications of the Change of Weather*, trans. I. F.（1598）（原文意大利语）。

107. 关于这些法令, see below, p. 292。

108. 有关中世纪这种题材的著作,参见 H. Craig's introduction to *The Works of John Metham*（E.E.T.S., 1916）, pp. xix—xxxi, and *An Old Palmistry*, ed. D. J. Price（Cambridge, 1953）. 后来的指南包括: J. ab Indagine（von Hagen）, *Briefe introductions... unto the Art of Chiromancy... and Phisiognomy*, trans. F. Withers（1558）,以及后期版本; B. Cocles, *A Brief and Most Pleasaunt Epitomye of the whole Art of Phisiognomie*, trans. T. Hill（1556）; G. Wharton, *Chiromantia*（1652）,是对 J. 罗特曼著作的翻译（Erfurt, 1595）; R. Saunders, *Physiognomie and Chiromancie*（1653）, and *Palmistry*（1663）. 关于两种技艺下书中都有相关的章节: *The Compost of Ptolomeus*（below, p. 350）,以及有关面相学参见 *Arcandam*（see below）,以及以下著作: *The True Fortune-Teller*（2nd edn, 1686）, *Aristotle's Masterpiece*（1684, etc.）, etc。相关讨论参见 W. C. Curry, *Chaucer and the Medieval Sciences*（2nd edn, 1960）, pp. 56—90; Brand, *Popular Antiquities*, iii, pp. 348—351, 355—356; L. B. Wright, *Middle-Class Culture in Elizabethan England*（Chapel Hill, 1935）, pp. 565—567; C. Camden, "The Mind's Construction in the Face", *Philological Qtly*, xx（1941）, and "Elizabethan Chiromancy", *Modern Language Notes*, lxii（1947）。

109. Bacon, *Works*, iii, p. 368; Bodl., Aubrey MS 10, f. 85.

110.（J. Falconer）, *A Briefe Refutation of John Traskes Iudaical and Novel Fancyes*（1618）, p. 7.

111. 参见 *S.T.C.* and *Wing*。我认为不能接受 W.D. 史密斯关于该著作是一部讽刺文学的观点（*Shakespeare Qtly*, ix[1958], p. 168）。它于 1584 年被肖尔迪奇的一名巫师约翰·珀金斯所用（London D.R., D/LC 301, f. 28,这一文献由艾伦·麦克法兰友情提供）。

112. See Thorndike, *Magic and Science*, i, pp. 682—684, and C. Singer in *Procs. British Acad.*, ix (1919—1920), pp. 348—351. There are many copies in Harley, Sloane and other B.M.MSS. Printed versions in *A Brefe and Plesaunte Worke, and Sience of the Phelosopher, Pictagoras* (1560?); *The Geomancie of Maister Christopher Cattan*, trans. F. Sparry (1591), pp. 236—240; S. Strangehopes, *A Book of Knowledge* (1663); *The True Fortune-Teller* (2nd edn, 1686). 有关他们应用的例子参见 *Dives and Pauper* (1534), f. 50v; Sloane 1926, f. 7v; J. S. Purvis, *Tudor Parish Documents* (Cambridge, 1948), p. 198; London, D.R.D/LC 301, f. 28; *C.S.P.D., 1666—1667*, p. 134。

113. See T. C. Skeat, "An Early Mediaeval Book of Fate... with a Note on Books of Fate in General", *Medieval and Renaissance Studies*, iii (1954). 有关用骰子做预言,参见 Sloane 513, ff. 98v—99v, and *The Dutch Fortune-teller* (1650),是否出自约翰·布克之手尚存疑问。

114. G. Markham, *The English Husbandman* (1635 edn), pp. 14—17; Brand, *Popular Antiquities*, i, pp. 39—42.

115. 关于预言类型的讨论参见 M. Forster, "Die Klein-literatur des Aberglaubens im Altenglischen", *Archiv, für das Studium der neueren Sprachen*, cx (1903), and "Beiträge zur mittelalterlichen Volkskunde", ibid., cxx—cxxix (1908—1912). See also *The Works of John Metham*, pp. xxxii—xlii, 146—158; C. Swainson, *A Handbook of Weather Folk-Lore* (1873); Thorndike, *Magic and Science*, i, chap. 29; R. H. Robbins, "English Almanacks of the Fifteenth Century", *Philological Qtly*, xviii (1939); C. F. Bühler, "Astrological Prognostications in MS 775 of the Pierpont Morgan Library", *Modern Language Notes*, lvi (1941); M. A. Denham, *A Collection of Proverbs and Popular Sayings relating to the Seasons, the Weather, and Agricultural Pursuits* (Percy Soc., 1846); A. Taylor, *The Proverb* (1931), pp. 109—121. 两部早期出版并假托是亚里士多德作品的例子是 *De Cursione Lune* (1530?) and *Here begynneth the nature, and dysposycyon of the dayes in the weke* (1535?)。其他许多都存于手稿之中。

116. Hale, *Precedents*, p. 37.

117. J. Halle, *An Historiall Expostulation*, ed. T. J. Pettigrew (Percy Soc., 1844), pp. 6, 11.

118. B. L. Woodcock, *Medieval Ecclesiastical Courts in the Diocese of*

Canterbury（Oxford, 1952）, p. 81; Markham, *The English Husbandman*, pp. 16—17; *Anti-Canidia: or Superstition Detected*（n.d., ?1754）, p. 42.

119. 例如："贤良女士,第七女的女儿",她（17 世纪晚期）的广告仍保存在 B.M.Harley 5946, no. 6。

120. See below, pp. 745—748.

121. Aubrey, *Gentilisme*, pp. 26, 97; Hodgkinson in *Trans. Thoroton Soc.*, xxx（1926）, p. 52.

122. 两段故事都由以下作者记录在 Gervase Holles, B.M., Lansdowne MS 207（c）, ff. 193—195; partly printed in *County Folk-Lore*, v, ed. Gutch and Peacock（Folk-Lore Soc., 1908）, pp. 132—135。Cf. *Life in the Middle Ages*, ed. G. G. Coulton, i（Cambridge, 1930）, p. 34; A. Watkin, *Dean Cosyn and Wells Cathedral Miscellanea*（Somerset Rec. Soc., 1941）, p. 157; R. Bovet, *Pandaemonium*（1684）, ed. M. Summers（Aldington, 1951）, pp. 126—129; Brand, *Popular Antiquities*, i, pp. 192—193; *The Autobiography of Samuel Bamford*, ed. W. H. Chaloner（1967）, i, p. 161; *Folk-Lore Journ.*, iii（1885）, p. 279; A. R. Wright, *British Calendar Customs*, ed. T. E. Lones（Folk-Lore Soc., 1936—1940）, ii, pp. 189—192; iii, pp. 19—20.

123. Lilly, *Autobiography*, pp. 28—29. Cf. J. Hall, *The Court of Virtue*（1565）, ed. R.A. Fraser（1961）, p. 298; E. Worsop, *A Discoverie of Sundry Errours*（1582）, sig. F4; *The Knowledge of Things Unknown... Godfridus*（1649）, p. 167; *The Severall Notorious and Lewd Cousnages of John West, and Alice West*（1613）, sigs. B2^v, B3; J. Heydon, *Theomagia*（1664）, iii, pp. 80—81; below, pp. 375, 454.

124. Ewen, ii, p. 451; *C.S.P.D., 1611—1618*, p. 134.

125. P. Amandry, *La Mantique apollinienne à Delphes*（Paris, 1950）, pp. 171, 174（由 D.A. 罗素先生向我友情提供）。

126. R. F（arnworth）, *Witchcraft Cast Out*（1655）, pp. 13—14; Sir A. Weldon, *The Court and Character of King James*, in *Secret History of the Court of James the First*（Edinburgh, 1811）, i, 425—426.

127. J. Johnson, *A Collection of the Laws and Canons of the Church of England*（Oxford, 1850—1851）, i, p. 280; R. C. Hope, *The Legendary Lore of the Holy Wells of England*（1893）, p. 125.

128. Cf. M. Douglas, "Nommo and the Fox", *Listener*, 12 September 1968.

129. Cf. O. Fenichel, "The Misapprehended Oracle", *Collected Papers*, ed. H. Fenichel and D. Rapaport（1954—1955）, ii, chap. 16.

130. *L.P.*, vi, p. 465.

131. Bacon, *Works*, iv p. 400; ii, p. 642.

132. Cf. J. Cohen, *Behaviour in Uncertainty and Its Social Implications*（1964）, esp. pp. 11—12; and G. K. Park, "Divination and Its Social Contexts", *Journ. Roy. Anth. Inst.*, xciii（1963）.

133. 关于这类技巧的例子,参见 *Dives and Pauper*, f. 46v; *The Brideling, Sadling and Ryding, of a Riche Churle in Hampshire*（1595）; *The Severall Notorious and Lewd Cousnages of Iohn West*, sig. Cl; *H.M.C., Hatfield*, v, 81—83; T. Brian, *The Pisse-Prophet*（1637）; J. Wilson, *The Cheats*, ed. M. C. Nahm（Oxford, 1935）, p. 193; R. Gough, *Antiquities and Memoirs of the Parish of Myddle*（1875）, p. 61。

134.（D. Defoe）, *A System of Magick*（1727）, pp. 360—377,提供了一个典型的例子。

135. M. R. Nilsson, *Cults, Myths, oracles, and Politics in Ancient Greece*（Lund, 1951）, p. 125; Webster, *The Displaying of Supposed Witchcraft*, p. 29（probably echoing Scot, *Discoverie*, XI. xxii）。

136. Borthwick, R. VI. A 5, f. 44; Wells, D.R., A 27; *Southwell Act Books*, xxii, p. 292.

137. Josten, *Ashmole*, pp. 1333—1334.

138. *A Briefe Description of the Notorious Life of John Lamb*（"Amsterdam", 1628）, p. 2; *H.M.C., Finch*, i, p. 62. Cf. J. Beattie, "Divination in Bunyoro, Uganda", *Sociologus*, xiv（1964）, p. 50.

139. See below, p. 677.

140.（H. Holland）, *A Treatise against Witchcraft*（Cambridge, 1590）, sig. B1; *The Works of Robert Sanderson*, ed. W. Jacobson（Oxford, 1854）, iii, p. 117.

141. *Narratives of the Days of the Reformation*, ed. J. G. Nichols（Camden Soc., 1859）, p. 335.

142. Scot, *Discoverie*, I. ii; Burton, *Anatomy*, ii. p. 6. Cf. Cooper, *Mystery*, p. 315（"这些善良的巫师在每个教区都十分活跃"）。

143. 区别是1542年的法令禁止任何以非法的目的召唤任何精灵而后来的

第八章　术士与大众巫术

两个法令禁止以任何目的召唤邪恶的精灵,参见 Ewen, i, pp. 13—21。

144. 22 Hen. VIII, C. 12 ; 14 Eliz., C. 5 ; 39 Eliz., C. 4 ; 1 Jac. I, C. 7.

145. 例如预言: Ewen, ii, pp. 393, 451 ; Kittredge, *Witchcraft*, p. 230 ; *Quarter Sessions Records*, ed. J. C. Atkinson（North Riding Rec. Soc., 1884—1892）, vi, p. 133 ; *C.S.P.D., 1611—1618*, pp. 348, 565 ; *1667*, p. 30 ; *H.M.C., Various Collections*, i, p. 160 ; *Hertford County Records*, i, pp. 267—268, 275。物品丢失: Ewen, i, p. 285 ; Ewen, ii, pp. 280, 414, 424, 436 ; *Quarter Sessions Records*, ed. Atkinson, iv, p. 20 ; Owen, *Elizabethan Wales*, pp. 62—63 ; B.M., Harley MS 1026, f. 68v ; Lancashire R.O., QSB 1/55（38）,（70—71）; *Norfolk Archaeology*, iv（1885）, pp. 250—251。治疗: Ewen, ii, p. 415 ; H. H. Copnall, *Nottinghamshire County Records*（Nottingham, 1915）, p. 45 ; J. Stow, *The Annales of England*（1592）, p. 1021 ; Lancashire R.O., QSB 1/78/49 ; 1/202/33, 38, 39 ; 1/139/81。财宝: Ewen, i, p. 186 ; *C.S.P.D., 1611—1618*, p. 29。

146. 麦克法兰博士发现埃塞克斯的善良巫术在季度法庭的 48 个案例中占了 13 个,而在巡回法庭的 503 个案例中只有 11 个, *Witchcraft Prosecutions in Essex, 1560—1680*（Oxford D.Phil. thesis, 1967）, pp. 42, 44。

147. Cooper, *Mystery*, p. 200. 我所知的出版文献中仅有的几个被法庭处死的委托人案例在: Ewen, i, p. 220 ; Ewen, ii, p. 418 ; *Records of the Borough of Nottingham*（Nottingham, 1882—1956）, iv, p. 275 ; *Middlesex County Records*, ed. J. C. Jeaffreson（1886—1892）, iii, p. 252 ; and *Hertfordshire County Records*, v（1928）, p. 131。通过规定拜访术士是违法行为,残缺议会的法律改革委员会将明确这一活动的性质（below, p. 309）。詹姆斯一世曾想把这种拜访者处死（*Daemonologie*[Edinburgh, 1597], Iii. vi）。

148. 已故的 B.L. 伍德科克认为"所有现代学者在宗教法庭案例的千分之一出版前都将过世,这个文献太庞大了", *Medieval Ecclesiastical Courts*, p. 140。

149. *Diocese of NorwicH. Bishop Redman's visitation, 1597*, ed. J. F. Williams（Norfolk Rec. Soc., 1946）, p. 26. *Archdeacon Harpsfield's Visitation, 1557*, ed. L. E. Whatmore（Catholic Rec. Soc., 1950—1951）; *Home Counties Magazine*, iii—xiii（1901—1911）; *Archaeologia Cantiana*, xxvi—xxix（1904—1911）; Lambeth Lib., V/Di/III/3—5.

150. 全部基于我在博思威克的研究,结合菲利普·泰勒博士友情提供的资料中的事例。Cf. P. Tyler, "The Church Courts at York and Witchcraft

Prosecutions, 1567—1640", *Northern History*, iv (1969), p. 93.

151. Macfarlane, *Witchcraft in Tudor and Stuart England*, *passim*.

152. Below, pp. 309—310.

153. R. Southey, *Letters from England*, ed. J. Simmons (1951), p. 295. Cf. the publications of the Folk-Lore Society, *passim*.

154. Sir T. Browne, *Pseudodoxia epidemica* (1646), I. iii.

155. (Sir E. Coke), *A Booke of Entries* (1614), f. 1.

156. Wells D.R., A 22.

157. Jenkins in *Tudor Studies*, ed. Seton-Watson, p. 72.

158. Hodgkinson in *Trans. Thoroton Soc.*, xxx (1926), p. 51; E. Mackenzie, *An Historical... View of the County of Northumberland* (2nd edn, Newcastle, 1825), ii, p. 36 (corrected date in Ewen, ii, p. 323); Hertfordshire R.O., HAT/SR 2/100.

159. *Records of the Borough of Nottingham*, iv, p. 275; *H.M.C., Various Collections*, I. p. 120; F. J. Pope, "'A Conjuror or Cunning Man' of the Seventeenth Century", *British Archivist*, i (1914); J. C. Cox, *Three Centuries of Derbyshire Annals* (1890), ii, p. 88.

160. Kittredge, *Witchcraft*, p. 67; C. Goodall, *The Royal College of Physicians* (1684), p. 397; Ewen in *Trans. Essex Archaeol. Soc.*, xxii (1936—40), p. 236; B.M., Royal MS 17 B XXIV, f. 3; *The Severall Notorious and Lewd Cousnages of Iohn West*, sig. B2v.

161. G. Gifford, *A Dialogue concerning Witches* (*1593*) (Shakespeare AsSoc., 1931), sig. H1; Halle, *An Historiall Expostulation*, pp. 28—29; Bernard, *Guide*, p. 138; *Diary of Abraham de la Pryme*, pp. 56—57; *Hertford County Records*, i, p. 268.

162. J. E. T. Rogers, *Six Centuries of Work and Wages* (10th edn, 1909), pp. 392—396; A. Savidge, *The Foundation and Early Years of Queen Anne's Bounty* (1955), p. 9.

163. B. G. M. Sundkler, *Bantu Prophets in South Africa* (2nd edn, 1961), p. 22; J. R. Crawford, *Witchcraft and Sorcery in Rhodesia* (1967), p. 203. Cf. above, pp. 244—245.

164. *Narratives of the Period of the Reformation*, p. 332; Holland, *A Treatise against Witchcraft*, sig. B1.

165. Lilly, *Autobiography*, p. 62. Cf. Kittredge, *Witchcraft*, pp. 107—108; *C.S.P.D., 1581—1590*, pp. 246—247; *The Journal of George Fox*, ed. N. Penney (Cambridge, 1911), i, p. 10; Borthwick, R. VII. I. 660.

166. Borthwick, R. VI. B4, f. 427v.

167. *The Workes of... Richard Greenham*, ed. H. H(olland)(3rd edn, 1601), p. 662.

168. Hale, *Precedents*, pp. 185—186.

169. *Bishop Redman's Visitation*, p. 133; *C.U.L.*, MS Ee. 2. 34, no. 129, f. 112^v.

170. 有关狱中诉诸巫师帮助,参见 *The Chronicle of the English Augustinian Canonesses Regular of the Lateran, at St Monica's in Louvain*, ed. A. Hamilton (1904—1906), i, p. 83, and Ewen, i, p. 37。有关邻里代表他们的证明:*H.M.C., Kenyon*, i, p. 36, and *Somerset and Dorset Notes and Queries*, v (1896—1897), pp. 308—309。有关他人保证宣告被告无罪, see below, p. 312。

171. Perkins, *Discourse*, p. 175.

第九章

巫术与宗教

　　这样看来在原则方面，巫术与宗教是相互抵触的。这足以解释巫师被祭司压迫的原因：祭司在神前面卑躬屈膝，因此极其厌恶巫师的傲慢态度，和对神权的无礼僭越。巫师自大地宣称，自己拥有和神灵同样的权力。在崇尚神权的祭司看来，巫师的态度与行为是大不敬的，甚至在意图篡夺上帝的特权。我们也可以怀疑，巫师们偶尔表现出来的卑劣动机，会进一步激起祭司的敌意。因为祭司自称是上帝和人类之间的中介人，那么他们的对手巫师必然经常损害到他们的利益和宗教情感。此外，巫师所宣扬的简单确切的实现方法对于朝圣那条充满艰难险阻的道路来说是不利的。

J.G. 弗雷泽，《金枝》(1932，第三版)，第一章，第226页

　　这些法术的专家尽管行径很邪恶，但是他们谎称以耶稣之名行事。

约瑟夫·霍尔，《著作集》，P. 温特编辑(牛津，1863)，
第二章，第383页

第九章 巫术与宗教

《圣经》教诲众人神的创世、救赎、人的现世修养和赎罪，以及圣餐的重要性等，然而，人们并不相信这些，到头来还是走向了巫术。

理查德·格里纳姆，《著作集》（1601，第三版），第554页

一 宗教与巫术的对抗

基督教会自从进入英格兰以后，一直与俗人对巫术和巫师的依赖进行着斗争。盎格鲁－撒克逊的教士禁止占卜、符咒和诱淫巫术，对于异教的残存物也予以禁止，诸如崇拜水井和树木，以及向异教神祇献祭。这种巫术和占卜的禁令一直继续到诺曼征服之后，并且在中世纪教会的宗教会议上经常重申。迄于13世纪，教会已经形成一种习惯，每年都宣布将一切巫师革出教会，教区神父也期望利用忏悔作为手段，迫使教徒放弃其历史悠久的巫术依赖。后来流行于16世纪和17世纪的形形色色的巫术，当时都被列上了诸如伦敦主教拉尔夫·鲍多克的早期训令，他在1311年命令其副主教采取行动对付那些用巫术寻找失物和预言未来以及召唤精灵和使用石头与镜子做法事的人。中世纪后期，传教士猛烈地抨击俗人实施的巫术，宗教法庭也时常反对巫师和求助于巫师的人。[1]

这种禁止所依据的理论十分合乎情理。它并不反对利用纯粹自然的方法治疗疾病或者预言未来。[2]教会从来不阻止人们使用药物，或者（例如）根据可观察到的自然现象来预报天气。但是，如果所获得的结果要大于已知自然原因所显示的结果，那么就会立即受到猜疑。例如，假若有人说其愈病能力来自咒语或书写的词句，或者利用不相干的数据（诸如圣诞节的那个星期的日子）来预测天气，那么这种事情就会受到严格的审查。教会并不否认超自然作用的可能性，但是它强调这种作用只可能出自两个来源：上帝和魔鬼。有些超自然的结果可被举行上帝和教会所规定的仪式的那些笃信者

预测出来，例如，属于弥撒或圣水威力的结果。还有一些作用也可能奇迹般地发生，即如圣徒的治病活动一样。但是其余的作用则是属于魔鬼的，应该予以摒弃。因此，任何巫师如果旨在通过既非纯粹自然又非上帝规定的方法取得奇迹结果，那么他就是犯了与撒旦暗中或公开勾结的罪行。这就是那些迷信地将愈病能力归因于未经教会许可的言辞或仪式的人的罪行，是那些企图利用某种占卜方法去窥破只有上帝才能知道的未来秘密的人的罪行。在但丁《神曲》的《地狱篇》中，可以看到这类预言者的头被扭向了背后，以作为对其邪恶的好奇性的惩罚。[3]

这一态度的两个方面是一望而知的。首先，任何巫术仪式的合法性取决于教会所持的官方观点。只要神学家允许使用——例如——圣水或圣钟以驱散暴风雨，那么这类行为就毫无"迷信"可言；如我们已经看到的，教会对于它自己批准的巫术疗法不加任何干涉。其次，教会对于其他任何法术的看法取决于它事先的假定：是否"自然的"。16世纪和17世纪受到新的柏拉图主义影响的教会人士比其保守的同事更倾向于将事情归因于自然原因，后者则赞成不太灵活的亚里士多德学派的事物观。在罗伯特·弗拉德看来，武器药膏是完全值得赞赏的做法，因为它利用了搏动于整个自然界中的无形力量；但是在他的教会对手，即白金汉郡赫奇里的教区神甫威廉·福斯特看来，该方法是邪恶的，而且他还认为其最初的发明者帕拉塞尔苏斯乃是在自然范围之外作用的可怕奇术家。亚里士多德不是已经证明远距离不能产生作用了吗？[4]这里的争议几乎不是宗教原则上的分歧，而是对自然界的不同看法。如果教会人士在检测魔鬼作用方面比某些俗人更为敏感，那是因为他们接受关于亚里士多德主义的大学教育较多，而与其宗教训练无关。在科学进程中的每个阶段，都会有一些奇迹性发现，致使不相信这种结果会纯粹源于自然的保守者去诉诸这样的观点：它们肯定产生自魔鬼。

"巫术"活动的界限就这样地取决于教会对于自己的套路和自

第九章　巫术与宗教

然的潜在可能性的看法。英格兰宗教改革使得那些属于圣语或圣物的威力极大地降低,以致更为极端的新教徒实际上否认了任何教会巫术的存在。与此同时,他们对于非宗教巫术的敌对态度仍一如既往。占卜、符咒、算命以及乡村巫师的其他一切活动都依旧遭到谴责。似乎产生奇迹效果而无法辨别是自然原因的任何方法都会立即受到猜疑。甚至奇术家和魔术师作为娱乐而变的戏法有时候也会涉嫌其得到了魔鬼的帮助。[5] 在那些认为基督教奇迹时代业已过去了的新教徒看来,一切超自然的效果必然来自骗人的幻觉或者魔鬼的作用。他们相信,撒旦十分熟悉自然的秘密,因此当他无法直接制造的时候就伪造一个效果。那些设法将物体用于自然不能证明其有理之目的的人,就是犯了偶像崇拜和迷信的罪,至少是暗中乞求了魔鬼的帮助。

这一观点与中世纪教会的看法并无大异。其主要的不同之处是,如今新教徒不仅攻击民间巫术,同时也攻击古代宗教巫术中的大部分。因此他们对伴随大众信仰而出现的某些狂妄古怪行为更不宽容。使用基督教祈祷词治病或预卜未来的乡村巫师现在变得像采用明显源自异教传统法术的人一样邪恶。托马斯·库珀认为"赐福者"和"善良巫师"使用的这类祈祷词只是助长了"嘴皮上的功夫和形式上的信仰,以及罗马教宗制度的生命"。[6]

由于设法不用上帝的帮助而获得超自然结果,所以,术士就犯了公然叛逆的大罪。然而,激发宗教舆论的只是他想实施奇迹的要求,而不是其任何意义上的成功;因为在巫师符咒的实际功效这一问题上,神学家们分成了两派,一派把这看成是纯属妄想,如清教徒理查德·格里纳姆所言:"它们毫无能力伤害我们或帮助我们。"另一派则承认其功效,但是把它归因于魔鬼的暗中相助:魔鬼促成了邪术士的设想,以便攫取巫师与其主顾们的灵魂。[7] 有人认为,巫师治愈的患者不久就会旧病复发;[8] 有人则认为,此人在这个世界上是能康复的,但是死后即会下地狱。

从这个观点来看,似乎术士比邪恶巫师造成了更为致命的威胁,因为后者的恶毒行为使其在社区中很不得人心,而善良巫师所提供的法术则肯定是极具吸引力的。所以威廉·珀金斯分析道:"最可怕和最可恶的怪物即是'善良'巫师。"邪恶巫师伤害的是其邻人的躯体,但是术士则可以对其灵魂予以致命的打击。[9] 然而由于两者都乞求于魔鬼的帮助,并且都吸引开了上帝子民的忠诚,因而许多神学家并不划清不同巫术活动之间的差别。在宗教法庭上,诸如"妖巫"、"邪术士"、"魔咒师"、"赐福者"等字眼几乎是可以互换使用的。

但是事实上,善良巫师从未受到过严厉的惩罚。宗教裁判法理上有权将极端的异教徒交付俗权处以火刑,但是似乎从未对巫术案例施行过这种方式,对于巫师所处的刑罚要更为温和。因此,那些倾向于认为术士、术妇应该被处死刑[10] 的宗教改革后的作者无法从教会法庭的行为中找到客观依据。在爱德华六世在位期间的一次主教管区委员会上,曾有人起草了一份改革教会法的计划,建议对术士及其主顾处以最严厉的惩罚,但是这个方案始终没有实施。1563年在教士会议上,埃克塞特的主教威廉·艾利提出的建议(对"妖巫、魔咒师、邪术士、妖人等"处以"惩罚性的、严厉的、极端的重刑")也未得到实施。[11] 只有以都铎王朝法规形式颁布的反对妖术的世俗法才曾经规定了对巫术活动的真正严厉惩罚,但是即使这样,当时未被指控对任何人造成任何人体伤害的术士也得到了相对宽大的处理。在教会法庭看来,大众巫术并不比诸如不守安息日、毁谤、私通等常规罪行更为严重。它也并未被当作一项特别邪恶的罪名而单列出来。继续煽动对乡村巫师实施严厉惩罚的人似乎——除了少量例外——属于英国国教中的更激进的新教宗派,此后随着时间的推移,他们越来越不能代表宗教阶层的上层了。没有一个教会人士会否认在巫术中隐含着与撒旦的默契,但是似乎很少人会认真地看待这种含意,把它当成真的一样。

第九章 巫术与宗教

但是不管怎样，16世纪中叶的新教徒和天主教徒都对大众巫术持有强烈的敌意，二者都用其中世纪前辈认可的言辞来指责大众巫术。1547年的皇家禁令严厉谴责魔咒师、邪术士、妖人、妖巫和占卜者，其语言与七年后玛丽一世女王的伦敦主教埃德蒙·邦纳的说法十分相似。邦纳写下了冗长的文字来反对巫术，他断言："妖巫、奇术家、妖人以及诸如此类都是借助于魔鬼而施术的，他们所犯的重大罪行和对上帝的背叛，到了无以复加的地步。"[12] 1559年，伊丽莎白禁令也禁止世人使用"符咒、邪术、召神术、妖术、占卜，或者任何这类由魔鬼发明的法术和狂想"，并禁止人们请求巫师的"指导和帮助"。此后，这些罪状由主教和副主教们在其巡视项目中进行了调查，所以其罪行在宗教法庭上受到了谴责。最普遍谈及的巫术类型包括侦探失窃财物、用符咒医治人畜、预言人的命运、使用非法祈祷词，或者召请鬼神。伍斯特的主教埃德温·桑兹在1569年列出了一份详尽的巫术类型清单："用符咒医治人畜；召请恶灵；用钥匙、书本、书板、剪刀、筛子卜测失物或窃物的情况；察看水晶球或者其他图形反射物。"[13] 教区的神甫和教会执事一旦得知任何个人施行这类法术或者涉足任何其他类型的巫术活动时，就应该向主教或副主教报告，甚至是被证明是巫师的主顾都须上报。在教会的眼里，向巫师请教问题的人的罪行与巫师的罪行是一样的。

教会急于镇压大众巫术也可能是16世纪早期教会力图控制医生和助产士批准权的主要原因之一。1512年赋予主教以医务业批准权的法令引证了当时江湖庸医的迷信活动，也证明采取这一步骤的正确性，[14] 亨利八世在位期间采用的助产士审批制度，则清楚地包含了对于抑制使用巫术生育的关注。有时候这被说成是宗教改革带来的变化，它使得教会对一切助产士的宗教正统化产生了兴趣，因为这些妇女有权给在神父到来之前可能会死去的任何新生儿施行洗礼。但是1486年的《女巫之锤》已经敦促助产士必须宣誓，以消除任何求助于妖术的可能性。15世纪，英国国教会对迷信的助产士予以起诉,而审批制度则在宗教改革开始前由伦敦主教菲茨-詹姆斯(1506—1522)行使。如拉蒂默主教所言,助产士常常是"极为迷信和使神蒙受耻辱的职业"。[15]现存最早的助产士宣誓例子可以追溯到1567年,它包括在工作期间不使用任何巫术或妖术的允诺。这种规定一直保持到18世纪下半叶;此外,主教在其巡视项目中还包括询问孕妇对腰带和符咒的使用。[16]

17世纪上半叶,教会继续进行着反对术士的运动,虽然关于大众巫术的问题不再像都铎时期那样成为巡视调查的习以为常的特色了。留存下来的分散的巡视记录使得我们难以进行确切的比较。但是绝无理由认为,国教会在内战前夕对于巫术的态度迥异于其中世纪的前辈。[17]也没有理由认为空位期造成了这方面的停顿。长老会对于大众巫术表现出强烈的敌意,1648年的一条训令规定对一切求助于巫师或算命者的人处以停止圣餐的惩罚。独立会教徒、胡格诺教徒、浸礼会教徒以及贵格会教徒都持有同样的态度。[18]在残缺议会时期,会议着手改革法律,打算将求助术士作为刑事罪行,诸如请巫师帮助"找寻任何失物或窃物,了解谁将成为其丈夫或妻子或者任何这类未来的偶然事件"。[19]这一规定将填补因教会法庭的暂时消失而出现的空缺,但是就像其他许多所谓的法律改革一样,它也从未付诸实施。

真正的态度变化似乎是1660年后伴随着国教会的宗教改革而出现的。内战前一度成为巡视项目主要特色的对于魔咒师和巫师的调查,如今默默地从事件清单上消失了,而主教和副主教通常正是根据这类清单从其教民那里获得情报的。在宗教法庭上仍有零星的巫术活动控告案例,偶然也还有对于巫师的巡视调查——至今能追溯到的最后一例是在1716年诺里奇主教的巡视项目中。[20]但是它们在此前五十年间已经稀少下来了,任何有组织运动的企图显然已经成为过去。17世纪后期的布道文献也反映了教会对于这一曾被视为当务之急的问题的冷漠态度。教会似乎觉得大众巫术不

第九章　巫术与宗教

再值得认真对待。旧日的恐惧被遗忘得如此彻底,以至于1710年理发匠医生行会在请愿反对坎特伯雷大主教的外科医务批准权时,敢于说1512年法令(它赋予主教以批准权)所主张的镇压巫术疗法的企图是轻率的:"(它)是当时由教宗的教会倡导的一场武断的运动,旨在把侍候在垂死者床前的一切人的审批权都抓在他们自己的手中。"[21]

即使教会反对巫术活动持续下去,其效果仍是令人怀疑的。只要教会法庭的记录基本上保持未出版的状态,那么该运动的确切影响就无法估计出来;尤其是宗教裁判所在得出最终判决前反复拖延案件,这种令人沮丧的趋势使得我们极难知道一项个人被控案的结果到底是什么。但是还是可以相当肯定地做出一些论断。[22]

首先,我们必须明白,教会法庭所发动的任何运动的最终成功取决于各地教区神甫及其教会执事的合作程度,他们肩负着向主教或其代理人提供嫌疑者的义务。这种合作程度差异极大。例如,在17世纪后期似乎常常出现这样的事:有些地区对于涉及教区精神领域的各个方面的全面调查并无正规报告。早在1622年,存留下来的伊利主教管区54份教区委员的陈诉中有一份是空白的。[23] 这种千篇一律的陈诉若作为任何教区实际状况的证据,显然是毫无价值的;但是它们有助于使人看到整个主教巡视制度的影响正在衰落。随着17世纪的流逝,空白的报告变得越来越普遍。到了斯图亚特王朝后期,各教区对于报告私生子案例极感兴趣(这可能在于它们对地方税收的影响),但是却放过了另一些常犯的宗教罪行。甚至在伊丽莎白时代,即报告往往要丰富得多的时期内,对于诸如不守安息日或教士不奉国教等问题的回答也已反映出宗教舆论的情况和宗教罪行的实际范畴。因此,可以合理地推测,关于邪术士出现在宗教法庭上的频率主要是根据教区居民对其所取态度而变化不定的。在邻里中颇得人心的女贤人可以避免被控;而与邻里发生纠纷的女贤人则不但可能被控施行符咒,甚至可能被控施行邪恶妖术。

此外,有时候巫术嫌犯可能过于强大,以致教会执事不敢冒险去指控她。1619年,北安普敦郡金萨顿的教区官员含糊地说,有些不知名的人曾请教过一些邪术士寻找失物,但是他们踌躇着没有提到犯罪者的姓名,因为后者"声称他们有足够的钱把参与指挥的神甫逐出本镇"。[24]

即使一个术士真的落入宗教法庭的手中——肯定有数千人是这样的——他的最终命运在相当程度上也取决于与其邻里的关系。如果他否认指控,那么宗教法庭的正常程序就是命令他从自己的教区中征集证人,以证明他的无辜。如果他成功地得到了所需的证人数(通常是4至8人),那么他就可以在取保后被释放。所以在整个过程中,巫师征集证人的能力就成了关键的因素。当然,他在这方面的成败基本上是其名望的标志。有时,证明被告无罪的证人们因宗教法庭远离自己的教区而会遇到不少麻烦和经济上的损失,为此被告巫师往往会在经济上补偿他们。如果他无财无势,那么就很难征集到支持者。1583年,阿格尼丝·莫尔对指控她施行妖术予以否认,她因为这一指控而曾被带至南韦尔的教学联合会的法庭上,后来她未受惩罚而被释放了,因为"她是个穷女人,无力召请其任何邻人来证明她无罪"。[25] 但是这种赦免仅仅是偶见的个别情况。

就这样,召请证人的机会以及朋友们不愿做证反对他,使得被控巫术师获得了逃避惩罚的良机:16世纪后期,约克主教管区中约有一半的邪术案例最终撤销了,有的证明无罪,有的并未证明。[26] 即使巫师被定罪,其所受的惩罚与普通法庭上的惩罚(监禁、颈手枷,甚至死刑)比较起来,也是很轻微的。宗教改革以后,教会法庭已放弃了施行肉体惩罚的做法,[27] 而只是把他们革出教会,或者对于更轻一点的案例仅做忏悔。革出教会通常是针对不肯出庭者或顽固不化者的。出席审讯并被认为有罪的巫师则可能被判处不同公开程度的忏悔,通常是在教堂里当着做礼拜的教区居民之面忏悔,有时是在邻近城镇的集市场上进行。他身穿白色忏悔服,手执一根细树枝,还要悬挂一块写着其罪行细节的牌子,这个倒霉的邪术士无疑受到了莫大的公开羞辱,这种处罚在当时的"熟人社会"中比在今天的社会中更能使人感到耻辱。但是在这过程中,他做足了免费广告,所以当一切事情过去后,他完全可能重操旧业。[28]

教会法庭就以这种方式与术士进行斗争,直至整个宗教裁判系统都堕入迅速衰落的17世纪后期。甚至在其全盛时期,教会法庭的成就也是有限的。许多邪术士像其他犯人一样,藐视整个程序,他们完全拒绝出庭。虽然这样的顽固不化者通常要被革出教会,但是几无证据表明他们如严格的法律理论所要求的那样,在世俗监狱中被监禁40天以上。一般的情况与宗教改革前的一段时期中的情况极为相像。教会的镇压机构本身并不强大到足以切断大众巫术与其社会根源的联系。

二 相似与差异

反对大众巫术的斗争在布道坛和法庭上同时进行。一代接一代的教士向其教徒们慷慨陈词,警告他们说,与善良巫师的一切交往只会导致最终的精神毁灭。"在需要的时候,最好是用祈祷恳求上帝,而不是求助于巫师和占卜师。"此话为盎格鲁-撒克逊时代的布道师伍尔夫斯坦所说,[29]但也是都铎和斯图亚特王朝时期英格兰的任何教会人士的申言。即使祈祷没有用,转而代之的符文、咒语也是邪恶的,因为即使撒旦治愈了躯体,它也肯定会攫取灵魂。此外,"如果圣人的诚心专注的祈祷都不能确保取得成功,那么,不通过勤奋的努力和良好的方法,怎么能使那种有口无心的空洞的嘟哝反而获得成功呢?"[30]

如果不是那么明显地符合作为专业阶级的教会人士的利益,这种劝告本可以起到更大的作用。虔诚的神甫不可能认识不到术士是其宗教势力的强大对手。托马斯·莫尔爵士懊丧地说:"许多蠢人对巫师的信仰大大超过了对上帝的信仰。"詹姆斯一世时代的一个神甫问道:"赐福者的皈依者和患者不是比医生和正当布道师的皈依者和患者更多吗?"晚至1680年,斯塔福德郡的一个绅士还在重复这种抱怨:善良巫师的"追随者与最伟大的教士的追随者一样多"。[31]

当人们烦恼、患病和失财时,不是去求上帝,而是去找巫师。这就是教会抱怨之所在,这等于用另一种方式说,术士威胁了他们,要夺去他们最重要的职能之一。托马斯·皮克林教士在1608年写道:"由于上帝的神甫们确实解决了可疑和困难的良心问题,所以撒旦的代理人就立即应撒旦之约,以贤人和女贤人的名义来使之逆转,指导和帮助无知者,从而动摇处于心烦意乱、苦恼不堪或其他肉体不幸之中的人们的信念。"[32]世人寻求巫师的帮助和指点,无论其烦恼是肉体上的还是心理上的,他们都获得了安慰和济助。乔治·吉福德写道:"这是一件普通的事情,并在经验中得到了很好的考验,许多处于极度痛苦中的人在求教这类贤人或女贤人之后就轻松了,康复了,而他们却说不出如果不这样做,那个人和其财务将会变成一副什么模样。"威廉·利利告诉我们,其妻子在使用了西蒙·福尔曼的图谶后,才使其第一任丈夫免于自杀。[33]

所以,不足为奇的是,邪术士所声称的可以产生的实际结果往往比教会竭力强调的主张更具吸引力,后者认为,一切都必须任由上帝的莫测高深的仁慈来安排,并且认为失掉一件事情也绝对比通过邪恶手段取回来要好。理查德·伯纳德写道,一个行为的合法性并不是只从其效果来判断的。"宁可失去衣服和钱财,也不要借助撒旦来找回,"这是托马斯·加塔克的宣言。[34]无可避免地,这些狂热的清教教士的意见只能引起许多陷于烦恼和危险中的人的反抗情绪。有的故事宣扬了一些人因神甫强迫他们烧掉术士所给的护身符而死去。教会人士的这种干涉似乎无视人们的物质福利。1570年,坎特伯雷监狱狱吏坦率地承认他曾容许一个被囚的女贤人外出,因为"这个女巫利用其医术所做的善事要比上帝教导的布道师庞达尔爵士和伍德爵士所做的还多";乔治·吉福德的《关于妖巫的谈话》(1593)中的一个人物在谈到当地的女贤人时说:"她在一年中所做的善事要比所有这些《圣经》念诵者一生所干的还要多。"[35]

同样引起争议的是术士所声称的能诊断和处理邪恶妖术的能力。许多俗人若不是因为怀疑有人用巫术伤害他是绝不会求助巫术的。在这方面,巫术与宗教两种对立的疗法之间的冲突表现最为尖锐。因为虽然大多数教会人士接受关于邪恶妖术的说法,但是他们却无法有效地与术士提供的疗法或者其他各种传统的民间法术进行竞争。国教会废弃了圣水、十字符号以及罗马天主教驱魔师的一切装备,但是他们除了些许祈祷和忏悔的通用词句外,毫无取代的东西。教会就这样纵容了关于妖术威力的传统观念,尽管他们抛弃了宗教的反巫术。受害者若借助巫术方法来对付妖术,便会冒被宗教法庭指控的危险。[36] 教会认为,受到蛊惑的孩子宁可死去,也比被术士挽救了生命要好。[37] 在此情况下,就完全可以预料,巫师的疗法会变得越来越具有吸引力。雷金纳德·斯科特明智地看到,中世纪教会圣徒所空出的位子由都铎王朝乡村中的女贤人占据了。虔诚的天主教徒可以向帕多瓦的圣文森特和圣安东尼祈祷而找回丢失或被窃的财物;而新教徒则只能求助于术士了。16世纪末,珀金斯惋惜地说,那种"无知的人"对于符咒比对于上帝的话更熟悉。[38]

教会徒劳地与这种状态进行着斗争。他们利用宗教法庭,竭尽全力地抑制其对手,惩罚术士的主顾,强迫他们公开承认"对于寻求人的帮助而非神的帮助感到真心实意的后悔"。[39] 但是其麻烦之处在于,主顾们并不把巫师看成是普通的人,并且不明白请求巫师治疗究竟有什么错。约翰·斯特恩写道:"人们是相当拥护他们的,并认为,为什么有人干了善事还要受到质疑?"布里奇丁的修士理查德·怀特福德写道:"我亲自听到他们经常谈论"16世纪早期的"普通人":"先生,我们对他们怀有好意,我们确实非常相信他们,我们认为治愈一个患者或一头病畜是件仁慈的善举。"⁴⁰神学家企图消除邪恶巫师和善良巫师的区别,把他们都说成是信奉魔鬼,但是得到巫师帮助的人从未接受过这种说法。恰恰相反,他们更倾向于相信术士是由上帝教导出来的,或者是得到天使的帮助,甚至他们本身就拥有某种神圣性。托马斯·库珀写道,普通人认为这些巫师的威力来自"上帝所给的某种非凡的天赋"。另一个人则说,人们崇敬术士,"如同对待半神之人一样"。人们追随伦敦的家禽贩子格里格(他用祈祷治愈了不少患者),"就仿佛他曾是个神一样",他们给予都铎王朝时期的奇术家罗伯特·艾伦一个诨号——"诺福克之神"。⁴¹

术士们本身有时候也鼓励了这种假想。1555年,萨默塞特的琼·泰里声称:"她治愈人畜的做法是妖仙教给她的上帝的威力,所以既是敬神的又是善良的。"1657年,弗林特郡的安妮·埃利斯说,她曾做过为儿童和牲畜祈福的善事,"因为上帝的赐福肯定是好事,它是通过那些有能力和有勇气讲出来的人而给予的"。1499年,妖仙们送给了艾格尼丝·克拉克的女儿一根"圣杖",淳朴的母亲便把它拿给萨福克郡阿什菲尔德的副神甫,要他为之祝福,经过神甫的祝福,圣杖就可用来探测隐藏着的财宝了。⁴²许多人深信术士是由上帝专门选拔出来的。但是关于巫师法术的确切来源似乎不做明确规定。巫师的声誉依赖于其法术和知识,而不是任何特殊的生命神圣性。他会谦虚地说,他可以"干一两件事"。⁴³偶尔有巫师声称使用了一个听差精灵(这种精灵可以被宽厚地视为善良天使),但他们通常没有其他的神性虚饰。是教会迫使巫师背上了神圣治疗者的名头,因为教会拒绝让巫术力量具有神学中性的地位。获得半神声誉的术士有时候是为了摆脱魔鬼崇拜者的标签才这样做的。

但是,即使在宗教改革后的年代里,把巫术和宗教看成势不两立的两种体系也是错误的。在宗教里存留着巫术的成分,在巫术中则有着宗教的色彩。这使得巫术的对手即教会很难在其中间划一

第九章 巫术与宗教

条界限。魔咒师和赐福者经常采用标准的宗教祈祷词来医治患者。只要新教会承认疾病可以通过神圣的方式产生和消除,那么就绝不能指责人民因疾病而祈求上帝。当然,可以将合法祈祷形式和非法祈祷形式区别开来,即禁止使用诸如拉丁语的《主祷文》和《使徒信经》等罗马天主教的宗教套语,或者不准祈求圣母玛利亚和圣徒。同样可以禁止把基督教术语与胡言乱语混杂在一起的做法。但是,这里仍然存在着问题,因为有的术妇采用完全可以接受的新教祈祷词而治愈其邻里的疾病。教会法庭如何证明对诸如布里奇特(别名金胡子)或马杰里·斯克尔顿这样的妇女提出起诉是正当的呢?前者在1576年说,已经"用其善良的祈祷词"帮助了格洛斯特的许多人;后者在1566年被控使用妖术和邪术,但是她反驳道,她已利用祈祷词治愈了6个人。[44]当然,教会的回答是,如果不首先采用自然疗法而期望上帝施行奇迹治疗,那就是对神的亵渎。使用祈祷并不意味着阻止使用医药,而是与之一起使用。单纯依赖祈祷就是迷信,而仅仅相信医学则是不信神。然而这种区别难以捉摸。有的教士也认为有些疾病可以毫无自然原因地由上帝施之于人,这就难怪有些俗人会混淆不清了。[45]

如果说宗教仍然保持着某些巫术色彩,那么巫术反过来也受到当时宗教的影响。正如术士出于神圣力量与玄秘力量互相关联的假想而使用基督教符咒一样,更具野心的巫术师所企图召请的精灵或为基督教的天使,或为天使与魔鬼之间的中介体。[46]此外,犹如许多评论家指出的那样,奇术家的仪式及其奉神、焚香和献祭都是罗马弥撒的遗留物。[47]当然,大多数教士对于这类召神术深恶痛绝,他们坚持认为,根本没有神学上的中性精灵,而只有善良或邪恶的精灵;善良精灵不可能响应这种强制性的召唤,而恶灵只是切望抓住良机攫取这类鲁莽家伙的灵魂。大多数教士或者说这些听差精灵是恶毒的魔鬼,或者说这种声名狼藉的法术是徒劳的,其理由是,人类不可能与神性世界发生接触。[48]然而不管怎样,教会所关注的传统主要依赖于理性才得以建立,因为那些受到新柏拉图主义思索方式影响的人会更容易承认这类行为在理论上的可能性。但是在英国国教会中的新柏拉图主义者太少了,尽管罗伯特·弗拉德声称有三个主教赞成之。弗拉德的对手威廉·福斯特则说:"我们的大学和尊敬的主教们——感谢上帝——十分谨慎地不允许巫术书籍的印刷。"在英格兰如同意大利一样,赫尔墨斯巫术并不是没有教会的支持,但是在很大程度上,国教会的基调是对任何种类的奇术或精灵召唤怀有极度的敌意。[49]

不过就巫术师本身来说,对超凡生物的召请乃是一个宗教仪式,其中祈祷扮演着主要角色,而虔诚和纯洁被认为是必需的。1631年,南安普敦的一个巫师说道:"在精灵被召来后,除了十一二岁的男孩和同年龄的处女外,没有人能够看见它。"[50] 弗拉德自己就发誓保住童身,把肉欲视为一切邪恶的根源。[51] 超凡巫术或神通是基于这样的观念:人们可以通过祈祷、禁食和虔诚,准备严肃认真的程序来接触上帝。对于许多人来说,这绝不是一套公式的机械性操作,而是谦卑恭顺的乞求,致使上帝赋予其特权,使之能独特地看到上帝的奥秘。沃尔特·雷利爵士写道:"巫术乃是崇拜上帝的艺术。"[52] 在布拉格,约翰·迪伊告诉皇帝鲁道夫二世说,他寻求知识历经40年,但是没有一本书或一个活人能告知他所想了解的东西。于是他便决定借助于一块特殊的石头和神圣天使,去向上帝求情,以启发他了解宇宙万物的性质。在他与天使的交往中,他始终小心翼翼地确保所来的精灵是善良的,而不是魔鬼。在他的玄秘徘徊中,他从未认为自己越出了基督教的范围。[53]

就这一层面上来说,巫术成了神圣的追求;对于知识的探索不是通过学习和研究,而是通过启示。生命的圣洁是通往科学发现的基本开端这一观念长远地存在于炼金术历史中,并影响了17世纪玫瑰十字会的宗旨。现在仍然不能肯定玫瑰十字会是否只是种象征性的存在,但是它的价值是一样的;它们追溯到古代的"灵知"传统:通过祈祷、禁食和圣餐求得上帝的启示,从而获得知识。从这个观点来看,宗教和巫术并不是敌对双方,而是在通往一致和全面真理的道路上的同路人。宗教的成熟会带来巫术的威力。

因此,大多数主要的炼金术士就认为自己是在追求真正的精神修养,而不是庸俗的黄金贪欲。金属的炼制只是次要目的,其主要目的是取得精神上的演变。炼金术是与禁欲主义联系在一起的,它轻视尘世生活。尽管有着形形色色的禁令,但是仍有许多中世纪的炼金术士成为修士,这绝不是偶然的,在宗教改革后的年代里,不少修道院还以拥有这种玄秘知识而著称。[54]关于见于修道院遗址内的具有非凡色泽的壶罐的大量故事有助于创造一个广泛传播的神话:巫术与神圣之间有着联系。[55]当然,国教对于这类故事通常并不赞成:极正统的加尔文派教士对于炼金术持明显的敌对态度。他们之所以不相信它,是因为他们怀疑一切巫术:演变自然乃是一种狂妄的企图,只有魔鬼之手才会这样做。托马斯·杰克逊认为炼金术士表现出了"最初把物理学变成巫术的狂妄风气"。大多数17世纪的清教徒都指责炼金术是邪恶的。[56]

然而,精神追求的古老传统——它因文艺复兴时期的赫尔墨斯主义的影响而得以加强——依然能引起高度宗教性人士的想象。国教士梅里克·卡佐邦在1659年不得不承认许多化学秘密是通过精灵的启示而获得的。国教士中对炼金术感兴趣的还有伍斯特的主教约翰·索恩伯勒、弗拉德的庇护人理查德·斯韦恩、多塞特的一个神甫,还有数学家威廉·奥特里德。[57]17世纪中叶两个主要的赫尔墨斯主义者托马斯·沃恩和约翰·埃弗拉德都是国教神甫。但是埃弗拉德成了家庭主义者,炼金术在神秘的各大宗派中扎下了最深的根子。空位期是标准的炼金术和玫瑰十字会书籍翻译和出版的重要时期,炼金术与宗教热情密切地联系在一起。早在1601年,一个教士可能兼信犹太神秘主义和家庭主义,而在内战前很久,布道师就开始抨击"把神性变成妄想的玫瑰十字恶狼"了。当时有人认为，宗派主义者对于物理学的狂热就如对于神性的狂热一样。[58] 炼金术士和宗派主义者都有小集团色彩，他们都强调新加入者必须具备适当的精神条件。诸如约翰·韦伯斯特、约翰·阿林和托马斯·特赖恩等宗派主义者把赫尔墨斯的占卜巫术传统一直保持到17世纪末。[59] 有些主要的贵格会教徒对于"赫尔墨斯"颇感兴趣；在家庭主义者或波墨主义者看来，炼金术乃是内部再生的外部象征。[60] 晚至1784年，康沃尔的一个医生仍认为炼金术的训练是"使人更接近造物主的一种研究"。[61]

巫术与神圣之间的这种假想关系的影响可以见于各个阶层。它成了诸如托马斯·米德尔顿爵士这类清教徒的行为的基础，米德尔顿可以托人制造以占星术为基础的巫术图谶，但是在佩戴之前必须念上一段专门的祈祷词。[62] 这就解释了为什么南安普敦的一个低级巫师威廉·巴克西尔斯在侦探被窃财物前要禁食和祈祷三天；并解释了为什么诺福克的一个居民在1605年声称，他通过祈祷与一个天使见了面，他能告诉他一切事情的真相。[63] 在大众传说中也可以看到《圣经》中的伟大英雄本身就是巫术师，而海尔梅斯理论认为，亚当获得的一切自然事物知识虽然在堕落中丧失了，但是却通过诺亚、所罗门和其他优秀的伟人流传了下来。摩西"懂得埃及人的一切学问"，他尤其以其巫术威力而闻名。在有些中世纪的神秘剧里，摩西被塑造成邪术士的形象，而加尔文也曾反对把这一先贤污蔑成仅仅是一个巫师。克里斯托弗·马洛是几个"无神论者"之一，被控的原因是他曾藐视地说："摩西只不过是个魔术师。"[64] 当时的巫师们热切希望取得他们所相信的古代圣人所拥有的神力，并且设法重建传说中的法器，他们想象这种法器（摩西杖、以利沙指环、所罗门指环）能帮助他们获得成功。仪式巫术的书籍被归功于以诺或所罗门，而一本中世纪的解梦指南则被称为《但以理书》。朱厄尔主教注意到，那些最无知的巫师通常都吹嘘自己的法术源自亚当和亚伯、摩西和亚他那修，或者大天使拉斐尔。甚至最为声名狼藉的奇术家

第九章 巫术与宗教

也把禁食和祈祷视为其法术的一部分。[65]

所以,虽然教会利用其官方职能来指责巫术,但是有证据表明,大众阶层根本没意识到这种是滔天大罪。1583 年至 1584 年间,伯克郡的教会执事曾请一个术妇查找是谁偷了他们圣餐桌上的衣服,这一例子表明,国教会的下层职员并不都认为宗教与小巫术之间存在着冲突。16 世纪所记载的几件事例中有一件谈到了任用当地巫师去查找被窃的圣餐盘或其他教会财产。[66] 杰出的埃塞克斯炼金士和术士迈尔斯·布洛姆菲尔德在 1582 年被选为切尔姆斯福德的教会执事。有个神甫说:"寻求妖巫或邪术师的帮助是项常见的罪,人们习以为常。"[67] 但是事实上,即使是教士本人也难免求助于巫术师。有几个中世纪的男修道院和小修道院院长曾请邪术士寻找过失物,[68] 而托马斯·贝克特和巴约主教奥多只是以受算命者影响而闻名的教会领袖中的两个例子。[69] 这类请教巫师的例子还见于宗教改革之后,其中有高级的宗教人士,诸如圣安德鲁斯的大主教帕特里克·亚当森,他在 1579 年求助于一个女贤人;其中也有地方教区的教士,诸如萨塞克斯郡库克菲尔德的神甫埃德蒙·柯蒂斯以及奇切斯特主教的兄弟,后者在 1579 年被剥夺了俸禄,罪名是"巫师求教者"。1640 年,在埃什尔发生了一场大风暴,人们普遍认为这是当地一个教士去拜访奇术家要求找出拖倒其圣坛围栏的人而造成的后果。[70]

我们很容易把巫术和宗教之间的这种关联看成是源自宗教改革之前时期的世俗残存物。旧的拉丁语祈祷词特别普遍地被用作符咒,天主教的符号象征在巫术仪式中扮演着显著的角色,二者在仪式巫师的降神会上以及大众占卜法术中都被使用。新教时代,在巫术活动无限扩展的情况下,再声称这是继承过去的教宗制度,肯定是陈词滥调了。[71] 但是要精确地估计天主教信条与巫术之间的关系,却是十分困难的。很清楚的是,英国国教会在宗教改革前和宗教改革后都致力于反对大众邪术的斗争。如我们所见,中世纪后期和 17 世纪之间,教会对这个问题的方法和态度基本上没有什么改变。此外，在宗教改革前所揭发的魔咒师和赐福者中有几个是得到罗拉德派的同情。[72] 强烈反对巫术的反宗教改革的教会有时清楚地把邪术与新教的兴起联系起来。[73] 在新教时代以前，新柏拉图主义的影响实际上在英格兰并不十分大。迪伊（他本人是国教的有俸神甫）认为，巫术就高尚的意义来说，并不是中世纪的残余，而是文艺复兴对于古典传统的发现。在低级层次上来说，则没有理由认为，伊丽莎白时代主教巡视所揭发出来的乡村巫师和魔咒师的数量必然异于15世纪的平均数。只有到17世纪中叶，这一数字才跌落下来，而如我们刚才所见，这很可能是宗教法庭的效能衰落的征状，而不是大众巫术的消失。

中世纪教会对于邪术的态度与其新教继承者的态度并无重大差别。有区别的只是中世纪教会本身也有着更大范围的巫术方法。做弥撒、圣徒和圣人遗物的治病威力以及对于着魔者的驱魔等，天主教会有着一整套完备的巫术，这是16世纪和17世纪的英国国教会望尘莫及的。但是这并未使得天主教的信条给予乡村巫师的活动以更多的同情；恰恰相反，正是因为天主教会有了自己的巫术，所以它就对其他的巫术十分不满。虽然中世纪教会禁止大众巫术，使得邪术没有资格与教士职权相提并论，但是在大众心目中，[74] 教士与巫师绝不能清楚地区别开来。部分是因为地方上的教士往往是社区中受过最好教育的人，因而也最有能力来阅读和理解符咒书籍和用以召请精灵的召神套语。此外，教士可以借助于他的献祭以及他在弥撒奇迹中的决定性作用而在俗人面前装模作样，这也沾染了巫术气氛。姑且置其知识不论，即使其独特的仪式权力以及他公开的纯洁性，也足以使教士有资格成为大众巫术活动中的关键人物。

中世纪后期的教士就这样经常被看成一切古怪的占卜和召神法术的知识拥有者。修士和亲随教士一直卷入15世纪使用巫术手段的政治阴谋中。[75] 一个引人注目的特点是，16世纪初所记载的邪术案例中，经常包括了教士。这一点在寻宝探险或其他需要召请精

第九章 巫术与宗教

灵的活动中显得尤其突出,有些巫术作家认为,这类巫术必须让教士参加。[76] 有些教士曾在内部传阅巫术文献,并在其教区居民中施行巫术。中世纪后期英格兰的乡民绝不比现代天主教国家的农民少,他们似乎往往认为其教区神甫拥有特殊的治病或占卜能力,因而就去请教他。[77]

与此形成对照的是,宗教改革正好剥夺了天主教士们的大部分巫术职能。他的被魔权力丧失了,其献祭式和祝福式也大大简化了。圣餐变体信仰的结束、天主教弥撒祭服的废弃以及教士独身生活的终止越来越减少了教士在教区中的神秘性。与此同时,世俗教育机构的发展削弱了教会对于知识的垄断,甚至在宗教改革之前,这种垄断就已崩溃。教士参与大众巫术的明显衰退肯定要归因于这些变化。但是这种变化是逐步发生的,所以在大众心目中,巫术与教士职位的联系是慢慢地消退的。

宗教改革以后,在许多乡村教区中,神甫将其宗教职责与医务活动结合起来,有时候,其方法与当时的民间治疗者的方法几无差别。罗伯特·伯顿写道:"许多穷苦的乡村神甫由于缺乏其他方法,所以人们便转向江湖庸医和走方郎中。"[78] 一个成功的行医者——诸如德文郡卡尔佛莱的教区神甫休·阿特韦尔以及康沃尔郡圣尤尔的教区长(1599—1615)——能够轻而易举地被扣上巫师的名声,仅仅是因为他的治疗确实有效果。[79] 而这样的怀疑常常是有根据的。乔治·赫伯特在鼓动教士像治病者一样对待其教民时,强调了"在医治任何疾病时,神甫及其家庭应该以做祈祷为前提,因为这才像一个神甫在治病"。[80] 但是这类祈祷很容易蜕化成毫无功效的迷信。1606年,皇家医生学会采取措施阻止教士约翰·贝尔继续用写在纸片上的词句来医治发烧。1632年,高等委员会的法庭严厉地处理了另一个教士约瑟夫·哈里森,罪名是生活邪恶和涉嫌"用符咒医猪"。5年后,莱斯特郡弗勒克尼的神甫被控用符文医治牙痛;萨里郡凯珀尔的教区神甫约翰·艾伦在1645年被拘押,据说也是因为写了一张医治牙痛的符文,并且狡辩地说,只有患者相信,符文才灵验。一个妇人在圣餐式上听了对于世俗生活者的警告后,内心深感不安,德比郡霍普的神甫便"给她一张护身符,即《约翰福音》中的一些句子,写在纸上,挂在她颈中,还有一些驱除魔鬼的草药"。晚至1804年,多塞特郡阿尔夫帕德尔和托纳斯帕德尔的神甫威廉·埃特里克还用"一张用原始字母写着神圣词语的驱邪符治愈了他所认为是受了蛊惑的一个孩子"。[81] 非国教教士有时候也被控使用类似的法术。术士兼占星师尼古拉斯·格雷顿是17世纪50年代利奇菲尔德附近一个独立修士团的领袖。迪福说认识贝德福德郡的一个浸礼会布道师,他用诗文中的词句治疗疟疾,并给患者一张纸,一直放在口袋里。[82]

宗教法庭有时候也有揭露偏僻地区教士的小规模邪术例子。1564年,北方高等委员会法庭命令约翰·贝特森将其《柏拉图体》和《毕达哥拉斯体》交上去,他曾利用它们来为主顾们寻回失物。1601年,林肯郡的神甫约翰·加西特因为使用奇术和纵欲而被革职。[83] 1599年,剑桥郡吉尔登摩登的神甫约翰·奈特利抗议说,伊利执事长教区的宗教法庭法官早已宣判他的邪术无罪,但是多年以后其教区居民继续指控他。[84] 在清教徒的《神甫概观》(1586)中有三个以上的诺福克教区神甫被控施行奇术。类似的指控还出现在17世纪40年代对于国教教士的猛烈抨击中。[85] 有时候所涉及的教士有着天主教的倾向。温切斯特的受俸神甫伦纳德·比尔森(其巫术活动在1561年被揭露)似乎是一个天主教团体中的一员;由于他的这个案例,1568年,主教朱厄尔在索尔兹伯里大教堂的巡视项目中进一步调查是否还有受俸神甫在召请魔鬼或从事占卜或施行类似的法术。[86]

少数国教教士甚至被控施行邪恶妖术;其中之一,萨福克郡布兰德斯顿的神甫约翰·洛斯因此于1645年被处决,这是此前30年内对他的巫术活动的一系列指控的高潮。洛斯并非天主教徒,只是

第九章　巫术与宗教

在年轻时表示过清教倾向。他的极度非典型案例反映了他的教区居民与他之间所产生的异常的敌对关系。[87]一般来说，兼职术士的教区神甫是能感动其教民的，而不是与之对立。这种形式并未因宗教改革而消失，因为晚至17世纪，仍然有些教区神甫在其教民中享有巫术声誉。[88]

教会反对巫术的官方运动是否有效地减少了巫术对公众的吸引力，这是值得怀疑的。在宗教改革前后，宗教法庭始终迫害邪术士，这就促使巫术活动具有了秘密特性，16世纪和17世纪的妖术法规又进一步加强了这种特性。但是宗教法庭即使在其最盛时期也有不足之处，在17世纪，它们越来越不起作用了。只有在它们所定的标准被当地社区认同的情况下，宗教法庭才能运转良好。所以，如果公众要求巫术存在下去，那么就难以想象教会会消灭它。清教的发展证明了天主教会在面对有着真正群众基础的运动时的极端无能。如果巫师使得教会害怕，那么他们就绝不会消失。

但是宗教另有一种方法可以使得巫术的声誉下降，而这绝对是一种更为有效的方式。只有当人们发现一种比术士向其主顾提供的实际帮助更有吸引力的取代物时，巫术才会决定性地衰落。这就是宗教改革前的宗教所做出的重大贡献。中世纪教会企图提供一个对立的宗教巫术体系来取代大众巫术。但是新教徒的解决办法则与此迥异。他们不是提供一种对立的秘方，而是指责整个巫术观念。他们这种做法只能获得部分的成功，因为如我们所见，巫术能够偷偷地回到宗教里，即使在新教统治的环境中亦然。但是宗教改革开始朝着一个根本性的新方向前进。因为人们现在被教导说，他们只有将自救和求助上帝结合起来才能解决实际问题。包括在巫术之中的取代活动也被指责为邪恶的和无效的。他们特别强调努力和勤奋的优良品德，这成了16世纪和17世纪宗教训导的一个显著特色，无论是天主教还是新教，都反映和帮助了一种新的精神状态的形成，这种精神状态摒弃了巫术所提供的廉价的解决办法，不是因为这种解决办法是邪恶的，而是因为它太容易了。人们应该用其额头的汗水去赚得面包。这就是弗朗西斯·培根反对巫术方法的原因，巫术"使得上帝要求人们用艰苦劳动换取的崇高结果只需要用少量轻松而懒惰的仪式去获得"。北安普敦郡的医生约翰·科塔在几年后几乎使用了培根的原话：

> 上帝给予人类的只有其辛劳和刻苦；上帝根据人们的勤勉、操劳、节俭、精打细算、孜孜不倦和努力而施予种种美好的事物。他不会把奇迹给予我们的普通需求，也不会解决我们的日常事务。

这种对于人类努力的潜在性的肯定鼓励了人们去寻求技术而不是巫术来解决其问题。[89]

但是在这种坚定的自力更生更普遍地传播以前，没有任何宗教可望扫除巫术。巫师所履行的职能太多了。宗教改革前，他们在英格兰维持其吸引力，犹如现代非洲的巫医在许多名义上的基督教皈依者中保持其影响力一样。[90]1552年，"北方使徒"伯纳德·吉尔平谈到了都铎王朝早期巫术在宗教变革中存留下来的情况。"粗俗的迷信和愚昧之所以仍然留在人民之中，只是因为缺乏信仰坚定的布道师，"他惊呼道，"不信神、偶像崇拜邪术、符咒、妖术、奇术、相信数字以及其他诸如此类的废物……它们起初潜伏在阴暗角落里，后来就开始出来，只是因为缺乏布道。"[91]"信仰坚定的布道师"固然是这类活动的死敌，但是吉尔平错误地以为教会能够指望只用规劝来取得胜利。实际上，必须由社会力量和知识力量结合起来才能摧毁大众巫术。在这场革命中，新教的教义发挥了一定的作用。但是宗教改革绝不能在没有相应的精神和物质环境的情况下扼杀巫术。

第九章 巫术与宗教

注 释

1. 有关 16 世纪前基督教反巫术的活动,参见 Kittredge, *Witchcraft*, chap. ii; Ewen, i, pp. 2—10; J. Johnson, *A Collection of the Laws and Canons of the Church of England* (Oxford, 1850—1851), i, pp. 219, 230, 244, 267, 280; ii, pp. 15, 36, 355; Powicke and Cheney, *Councils and Synods*, pp. 214, 222, 230, 303, 434, 444, 457, 496, 632, 644, 820, 1062, 1073, 1089, 1349—1350。现存最早期的一套主教巡视文章重现了一份关于施巫术者的调查(*Annales Monastici*, ed. H. R. Luard [Rolls Series, 1864—1869], i, p. 297 [Lichfield, 1252])。 有关开除教籍的一般情况, see below, p. 599; 有关告解室的应用, 参见 J. Myrc, *Instructions for Parish Priests*, ed. E. Peacock (E.E.T.S., 1868), p. 27。许多诉讼案例摘自 Kittredge, *Witchcraft*, chap. ii, and pp. 85, 107, 113, 114, 130, 187—188, 191—192, 207—208, 209, 228; and above, pp. 217—218, 278。有关其他信息参见 *Archaeologia Cantiana*, xxxii (1917), p. 169; *The Register of John de Grandisson, Bishop of Exeter (A. D. 1327—1369)*, ii, ed. F. C. Hinges-ton-Randolph (1894—1899), pp. 1044—1045; M. Aston, *Thomas Arundel* (Oxford, 1967), pp. 63 and n. 404; *E.H.R.*, xlv (1930), p. 97; ibid., li (1936), p. 4, n. 3; Thomson, *Later Lollards*, pp. 63, 179, 241; *T.R.H.S.*, 3rd ser., viii (1914), p. 117; *The Register of Bishop Philip Repingdon, 1404—1419*, ed. M. Archer (Lincoln Rec. Soc., 1963), p. xxxiii; A. H. Thompson, *The English Clergy and their Organization* (Oxford, 1947), pp. 220—222; *V.C.H.,Oxon*, ii, p. 19; *Lincoln Diocese Documents, 1450—1544*, ed. A. Clark (E.E.T.S., 1914), p. 111; B. L. Woodcock, *Medieval Ecclesiastical Courts in the Diocese of Canterbury* (Oxford, 1952), p. 81; *Journ. Soc.Archivists*, iii (1968), p. 339; Bodl., Tanner MS 100, f. 57 (Visitation of Norwich diocese, 1494)。

2. 有关代表性的陈述参见 John of Salisbury, *Policraticus* (revelant sections translated by J. B. Pike as *Frivolities of Courtiers* [Minneapolis, 1938]); *Corpus Iuris Canonici*, ed. A. L. Richter and E. Friedberg (Leipzig, 1879), i, cols. 1020—1036, 1045; Aquinas, *Summa Theologica*, ii. ii. 95—96; G. R. Owst, "*Sortilegium* in English Homiletic Literature of the Fourteenth Century", *Studies

presented to Sir Hilary Jenkinson, ed. J. C. Davies（1957）; *Dives and Pauper*（1536）, 1st commandment, chaps. 30—36, 39—40, 47—48。

3. *Inferno*, xx, 13—15. 萨福克的村妇说，在她与精灵对话后，她的脑袋曾被短暂地扭到后面，或许把她这种富于幻想的说法与《神曲》联系起来并无甚实际意义（C. Jenkins, "Cardinal Morton's Register", *Tudor Studies*, ed. R.W. Seton-Watson [1924], p. 73）。

4. W. Foster, *Hoplocrisma-Spongus: or, a Sponge to wipe away the Weapon-Salve*（1631）, and Kocher, *Science and Religion*, pp. 70—71. 有关其他认为药膏是恶魔之物的人，参见 Sloane 1954, f. 189（E. Poeton）; Bernard, *Guide*, pp. 97, 125—126; J. Stearne, *A Confirmation and Discovery of Witchcraft*（1648）, p. 51。

5. E.g., Foxe, v, p. 129; J. Webster, *The Displaying of Supposed Witchcraft*（1677）, p. 61. 施展巫术伎俩的手册宣称某些职业确实召唤了精灵，而这又进一步加深了人们的疑虑; *Hocus Pocus Junior*（3rd edn, 1638）, sig. H3ᵛ。

6. Cooper, *Mystery*, pp. 4—5.

7. *The Workes of... Richard Greenham*, ed H. H（olland）（5th edn, 1612）, pp. 821—822. 欧洲大陆的权威在这两方的言论, cited in Burton, *Anatomy*, ii, pp. 5—6。See also above, p. 246.

8. E.g., I. Basire, *Deo et Ecclesiae Sacrum. Sacriledge Arraigned*（1668）, p. 150.

9. Perkins, *Discourse*, p. 174. 类似的陈述参见 Cooper, *Mystery*, pp. 232, 294; Bernard, *Guide*, sigs. A5ᵛ—A6; J. Gaule, *Select Cases of Conscience touching Witches*（1646）, pp. 30—31。

10. E.g., Kittredge, *Witchcraft*, p. 70（Hooper）; *The Sermons of Edwin Sandys*, ed. J. Ayre（Cambridge, P.S., 1841）, p. 129; G. Gifford, *A Dialogue concerning Witches*（Shakespeare AsSoc., 1931）, sig. H2; H. Howard, Earl of Northampton, *A Defensative against the Poyson of Supposed Prophecies*（1620）, f. 44; Perkins, *Discourse*, p. 256; C. Richardson, *A Sermon concerning the Punishing of Malefactors*（1616）, pp. 15—16; Bernard, *Guide*, pp. 254, 256—258; T. Gataker, *Of the Nature and Use of Lots*（2nd edn, 1627）, pp. 373—375, 379—380; Stearne, *A Confirmation and Discovery*, sig. A3.

11. *The Reformation of Ecclesiastical Laws*, ed. E. Cardwell（Oxford, 1850）, pp. 33—35; Kittredge, *Witchcraft*, p. 263.

12. Frere and Kennedy, *Articles and Injunctions*, ii, pp. 111（1547）, 353（Bonner）, and others at pp. 301, 388, 425。其观点是在他的下书中发表的：Bonner, *A Profitable and Necessarye Doctryne*（1555）, sig. Hhii。

13. Frere and Kennedy, *Articles and Injunctions*, iii, pp. 5（1559）, 227—228（Sandys）; and others at pp. 92, 106, 214, 270, 313, 343; W. P. M. Kennedy, *Elizabethan Episcopal Administration*（1924）, ii, pp. 15, 60, 121—122, 131; iii, pp. 166, 230, 263, 328; J. S. Purvis, *Tudor Parish Documents*（Cambridge, 1948）, p. 14.

14. 3 Hen. VIII, C. 11.

15. *Malleus*, iii. 34; *The Fabric Rolls of York Minster*, ed. J. Raine（Surtees Soc., 1859）, p. 260; J. H. Bloom and R. R. James, *Medical Practitioners in the Diocese of London*（Cambridge, 1935）, pp. 84—85; *Sermons and Remains of Hugh Latimer*, ed. G. E. Corrie（Cambridge, P.S., 1845）, p. 114; ibid., p. 222. T. R. Forbes, *The Midwife and the Witch*（New Haven, 1966）是近期的出版物。该主题的这一方面在 G. 克拉克爵士结论性不强的 "Note on the Licensing of Midwives"（*A History of the Royal College of Physicians* [Oxford, 1964—1966], i, pp. 66—67）中有所提及。

16. 1567 年的誓言印于：*Registrum Matthei Parker*, ed. E. M. Thompson and W. H. Frere（Canterbury and York Soc., 1928）, p. 472。后期的例子参见 *Bull. of the Hist. of Medicine*, xli（1967）, pp. 75—76（1588）; Ely D.R., F 5/34, f. 142（C. 1636—1638）; *The Book of Oaths*（1649）; *T.R.H.S.*, 4th ser., iv（1921）, p. 138（1673）; *Sussex Archaeol. Collections*, iv（1851）, p. 249（1675）; *Journ. Derbyshire Archaeol. and Nat. Hist. Soc.*, xix（1897）, pp. 46—48（1686）; R. Burn, *Ecclesiastical Law*（2nd edn, 1767）, ii, p. 440。Frere and Kennedy 下书中有关于巡视的部分：*Articles and Injunctions*, ii, pp. 58—59, 292, 356, 372; iii, pp. 270, 383, and Kennedy, *Elizabethan Episcopal Administration*, ii, pp. 166, 230。

17. See below, pp. 596—597.

18. *Acts and Ordinances of the Interregnum*, ed. C. H. Firth and R. S. Rait（1911）, I. p. 1206. Cf. A. M. Gummere, *Witchcraft and Quakerism*（1908）, pp. 27—28; Bedfordshire R.O., x 239/1, p. 29（Stevington Baptist Church Book, 14 April 1693）: *Actes du consistoire de l'église française de Thread-needle St, Londres*, i（1560—1565）, ed. E. Johnston（Pubs. Huguenot Soc., 1937）, p. 34;

Colloques et synodes, 1581—1654, ed. A. C. Chamier（ibid., 1890）, p. 10.

19. *Somers Tracts*, vi, p. 237（由 W.R. 普雷斯特博士友好地为我指出）。

20. *Articles to be enquired of and answered unto... in the Ordinary Visitation of... Charles [Trimnell] Lord Bishop of Norwich*, *1716*, p. 6. 其他复辟后发生的例子出现在下述人物的文章中：利奇菲尔德主教和考文垂主教（John Hacket, 1662, 1664, 1668）；奇切斯特主教（Peter Gunning, 1670）；伊利主教（Peter Gunning, 1679, 1682）；罗切斯特主教（John Warner, 1662；John Dolben, 1668）；圣阿瑟夫主教（Isaac Barrow, 1671, 1678）；利奇菲尔德（William Paul, 1662）和约克的主持神甫（Henry Finch, 1705）；以及约克的执事长（Knightley Chetwood, 1705）。我能查到的 1660 年至 1720 年间现存的 132 篇巡视文章中，并没有提到巫术的信息。

21. S. Young, *The Annals of the Barber-Surgeons of London*（1890）, pp. 347—348.

22. 我认为，它们和 R.A. 马钱特博士有关基督教法庭惩罚效力的极具价值的评论并不冲突（*The Church under the Law* [Cambridge, 1969], chap. 6），后者的材料我直到本章进入校样时才读到。

23. C. Hill, *Society and Puritanism in Pre-revolutionary England*（1964）, p. 392, n. 2. 类似的一份于 1640 年反馈给莱斯特副主教的报告藏于 Leicester City Museum, 1 D 4½/1。

24. *The Churchwardens' Presentments in the Oxfordshire Peculiars of Dorchester, Thame and Banbury*, ed. S. A. Peyton（Oxfordshire Rec. Soc., 1928）, p. 294. 在之后的拜访中他们仍旧支支吾吾的（p. 299）。

25. *Southwell Act Books*, xxii, p. 121.

26. Purvis, *Tudor Parish Documents*, p. 197. 在 1567 年至 1640 年间 *York Act Books* 中的 117 个案例中，P. 泰勒博士只找到其中 25 例被判定受罚；"The Church Courts at York and Witch-craft Prosecutions, 1567—1640", *Northern History*, iv（1969）, p. 98.

27. 宗教改革后以下摘录的页码中有些许案例：Purvis, op. cit., p. 86；*Southwell Act Books*, xxi, pp. 83—84（1566）；S. L. Ware, *The Elizabethan Parish*（Baltimore, 1908）, p. 56, n. 1. 89。泰勒博士在北方高等委员会的 *Act Books* 中找到了个别例子。但我并没有找到任何对邪术士实施鞭刑的案例，这和早年的做法并不一致（e.g., Thompson, *The English Clergy and their Organization*, p. 221）。

第九章 巫术与宗教

28. 阿德伯里的女贤人伊丽莎白·克拉克洛（above, p. 216）漠视牛津大主教停止使用咒语的命令（Bodl., Oxford DioC. Papers d 14, f. 86）；而且，在1573年，诺里奇的主教曾抱怨一名斯托马基特的老妇，她接二连三地违背他禁止使用巫术诅咒疾病的命令（J. Strype, *The Life and Acts of Matthew Parker*［1711］, p. 369）。

29. Cited by Kittredge, *Witchcraft*, p. 30.

30. J. Cotta, *A Short Discoverie of the Unobserved Dangers of Severall Sorts of Ignorant and Unconsiderate Practisers of Physicke*（1612）, p. 49.

31. T. More, *A Dialogue of Cumfort*（Antwerp, 1573）, f. 43^v; Cooper, *Mystery*, p. 19; J. Brinley, *A Discovery of the Impostures of Witches and Astrologers*（1680）, p. 4. 类似证言参见 *Homilies*, pp. 480—481。

32. 给珀金斯的书信参见 *Discourse*, sig. 93v。

33. G. Gifford, *A Discourse of the Subtill Practises of Devilles by Witches and Sorcerers*（1587）, sig. H1^v; Lilly, *Autobiography*, pp. 33—34.

34. Bernard, *Guide*, p. 152; Gataker, *Of the Use and Nature of Lots*, p. 388. 同样的观点参见 Aquinas, *Summa Theologica*, II, ii. 95. 4, cf. below, p. 434。

35. Aubrey, *Miscellanies*, pp. 135—136; Ewen, i, p. 37; Gifford, *Dialogue*, sig. M3v.

36. E.g., W. J. Pressey, "The Records of the Archdeaconries of Essex and Colchester", *Trans Essex Archaeol. Soc.*, xix（1927—1930）, p. 18; Peterborough D.R., Correction Book 43, f. 110; 46, f. 97^v.

37. Perkins, *Discourse*, p. 156; Bernard, *Guide*, pp. 153—154; Gaule, *Select Cases of Conscience*, p. 167; and see below, pp. 591—592.

38. Scot, *Discoverie: A Discourse of Divels and Spirits*, chap. xxiv; *The Whole Works of... Jeremy Taylor*, ed. R. Heber and revd. by C. P. Eden（1847—1854）, vi, p. 257; *Miracles lately wrought by the Intercession of the glorious Virgin Marie*, trans. R. Chambers（Antwerp, 1606）, sig. B4; Perkins, *Discourse*, p. 131.

39. Hale, *Precedents*, pp. 185—186. 其他这类诉讼的例子，ibid., p. 219; *A Miscellany of Notts. Records*, ed. T. M. Blagg（Thoroton Soc., 1945）, p. 36; Ely D.R., B 2/17, f. 124; K. Major, "The Lincoln Diocesan Records", *T.R.H.S.*, 4th ser., xxii（1940）, p. 59; Peterborough D.R., Correction Book 36, ff. 78, 101; 41, p. 475; 43, f. 214^v; 47, ff. 11^v, 63; A. D. J. Macfarlane, *Witchcraft Prosecutions in*

Essex, 1560—1680（Oxford D.Phil. thesis, 1967）, p. 65（38 个案例）。

40. Stearne, *A Confirmation and Discovery*, p. 11；R. Whytforde, *A Werke for Housholders*（n.d., copy in Ashm. 1215）, sig. CII.

41. Cooper, *Mystery*, p. 37（and cf. pp. 205, 232）；E. Poeton in Sloane 1954, f. 164v. C. Wriothesley, *A Chronicle of England*, ed. W. D. Hamilton, ii（*Camden Soc.*, 1877）, p. 42: *Narratives of the Days of the Reformation*, ed. J. G. Nichols（Camden Soc., 1859）, p. 330. 类似证言参见 Gifford, *Dialogue*, sigs. F1v, M3v；Bernard, *Guide*, p. 150；Gaule, *Select Cases of Conscience*, p. 125。洛林的天主教会也没能成功地打破流行的好巫师和坏巫师的分类方法, E. Delcambre, *Le Concept de la sorcellerie dans le Duché de Lorraine*（Nancy, 1948—1951）, iii, chap. 16。

42. Wells D.R., A 21；Ewen, ii, p. 334；C. Jenkins in *Tudor Studies*, p. 73.

43. 1630 年，一名裁缝的妻子求神赐福与动物, 她自夸说"她能有一些小作为", Lancashire R.O., QSB/1/78/49。

44. Gloucester D.R., Vol. 40, f. 5；Hale, *Precedents*, p. 148.

45. Cf. above, pp. 99, 101.

46. K. M. Briggs, *The Anatomy of Puck*（1959）, pp. 169—171. 求助于守护天使来完成偷盗巫术的尝试参见 Ashm. 421, ff. 231—232。

47. E.g., J. Melton, *Astrologaster*（1620）, pp. 16—17. 对比术士亚瑟·冈特利特保存的献祭方式, 参见 Sloane 3851, f. 11^v。

48. Aquinas, *Summa Theologica*, II. ii. 96. 1；Kocher, *Science and Religion*, pp. 119—120；G. Alley, *The Poore Mans Librarie*（1571）, f. 54；R. H. West, *The Invisible World. A Study of Pneumatology in Elizabethan Drama*（Athens, GA., 1939）, p. 230；Thorndike, *Magic and Science*, i, p. 506；H. Hallywell, *Melampronoea: or, a Discourse of the Polity and Kingdom of Darkness*（1681）, p. 50；H. More, *A Modest Enquiry into the Mystery of Iniquity*（1664）, p. 66.

49. *Doctor Fludds Answer unto M. Foster*（1631）, p. 22；Foster, *Hoplocrisma-Spongus*, p. 37；F. A. Yates, *Theatre of the World*（1969）, pp. 64, 68, 70. 胡珀反对阿格里帕著作的出版（*Early Writings*, ed. S. Carr [Cambridge, P.S., 1843], p. 327）, 这与费尔出版罗杰·培根著作形成反差（*Reliquiae Hearnianae*, ed. P. Bliss [2nd edn, 1869], ii, p. 153）。

50. *The Book of Examinations and Depositions, 1622—1644*, ii（1627—1634）, ed. R.C. Anderson（Southampton Rec. Soc., 1931）, pp. 104—105. Cf.

Kittredge, *Witchcraft*, pp. 51, 185—187, 190; Bodl., Aubrey MS 10, f. 114. Cf. above, p. 256.

51. S. Hutin, "Robert Fludd, le Rosicrucien", *Revue Métapsychique*, xx (1953), pp. 7, 9 n.

52. Quoted by K. M. Briggs, *Pale Hecate's Team* (1962), p. 44. R. 特纳翻译的下书阐述了同样的观点(衍生自柏拉图的思想): *Fourth Book of Occult Philosophy*, 该观点还被归因于阿格里帕(1655), sig. A2v。

53. M. Casaubon, *A True and Faithful Relation of... Dr John Dee... and Some Spirits* (1659), p. 231; C. H. Josten, "An Unknown Chapter in the Life of John Dee", *Journ. Warburg and Courtauld Institutes*, xxviii (1965), p. 235. 然而迪伊坚持使用财宝探寻术,尽管有人警告说这种方法需要牵涉对邪恶天使的召唤,并使这些天使成为世界的主宰; Casaubon, op. cit., p. 171, sig. *43。

54. 最著名的是乔治·里普利,他是一名奥古斯丁教团教士。有关其他人,参见 *Visitations of Religious Houses in the Diocese of Lincoln*, ed. A. H. Thompson (Lincoln Rec. Soc., 1914—1923), ii, pp. 208—212; *Visitations of the Diocese of Norwich*, ed. A. Jessopp (Camden Soc., 1888), p. 267; G. G. Coulton, *A Medieval Garner* (1910), pp. 518—521; W. C. Waller, "An Essex Alchemist", *Essex Rev.*, xiii (1904)。

55. Josten, *Ashmole*, pp. 78—79, 564, 588; E. J. Holmyard, *Alchemy* (Harmondsworth, 1957), p. 204; Bodl, Wood MS F 39, f. 354.

56. T. Jackson, *A Treatise containing the Originall of Unbeliefe* (1625), p. 184; W. Fulke, *A most pleasant Prospect into the Garden of Naturall Contemplation* (3rd edn, 1640), ff. 65^v, 66; *The Private Diary of Dr John Dee*, ed. J. O. Halliwell (Camden Soc., 1842), p. 47; *The Workes of... William Perkins* (Cambridge, 1616—1618), ii, p. 227; Bernard, *Guide*, p. 57; *The Complete Works of Stephen Charnock*, ed. J. M'Cosh (Edinburgh, 1864—1865), i, p. 518; Kocher, *Science and Religion*, p. 66 and n. Cf. *Dives and Pauper*, 1st commandment, chap. 49.

57. Casaubon, *A True and Faithful Relation*, sig. E4; D.N.B., "Thornborough, John"; R. Fludd, *Mosaicall Philosophy* (1659), p. 118; C. F. Richardson, *English Preachers and Preaching, 1640—1670* (1928), p. 152.

58. H. Clapham, *Aelohim-triune, displayed by his Workes* (1601), sig. A3v; S. Denison, *The White Wolfe* (1627), p. 38; W. Ramesey, *Some Physical*

Considerations of the Matter, origination, and Several Species of Wormes（1668），p. 3. 有关炼金术和宗教情怀的结合，参见 T. Sprat, *History of the Royal Society*, ed. J. I. Cope and H. W. Jones（St Louis, 1959），pp. 37—38；C. Hill, *Intellectual Origins of the English Revolution*（Oxford, 1965），pp. 122—123。

59. Webster, *The Displaying of Supposed Witchcraft*, pp. 5, 7, 9；T. W. W. Smart, "A Notice of Rev. John Allin", *Sussex Archaeol. Colls.*, xxxi（1881）；*Some Memoirs of the Life of Mr Tho. Tryon*（1705），sig. C7. 其他宗派的专家包括：约翰·凯恩（C. Burrage, *The Early English Dissenters*［Cambridge, 1912］, i, p. 181）；小约翰·温思罗普（R. S. Wilkinson in *Ambix*, xi［1963］）；查尔斯·霍瑟姆（*D.N.B.*）；伊斯雷尔·唐（Wood, *Ath. Ox.*, iii, cols. 1262, 1264）。各个宗教团体的炼金术士：Richardson, *English Preachers and Preaching, 1640—1670*, pp. 152—154。

60. H. J. Cadbury, "Early Quakerism and Uncanonical lore", *Harvard Theol. Rev.*, xl（1947），pp. 191—195；M. L. Bailey, *Milton and Jakob Boehme*（New York, 1914），pp. 77—82, 107；*Some memoirs of... Tho. Tryon*, sigs. C8, ff. Cf. below, pp. 446—447。

61. J. W. Etheridge, *The Life of... Adam Clarke*（1858），p. 81（由 J.D. 沃尔什博士向我友情提供）。

62. Ashm. 431, f. 152；Sloane 3822, f. 35。

63. Above, p. 275；*H.M.C., Hatfield*, xvii, p. 25. 关于禁食在巫术中的作用，参见 H. Holland, *The Christian Exercise of Fasting*（1596），sig. A1^v。

64. Calvin, *Institutes*, I. viii. 6；L. B. Wright, in *Modern Philology*, xxiv（1927），pp. 271—272. P. H. Kocher, *Christopher Marlowe*（Chapel Hill, 1946），pp. 45—49, 讨论了马洛并给出了摩西传统的文献。另一个事例在：*C.S.P.D., 1611—1618*, p. 527。See also E. M. Butler, *The Myth of the Magus*（Cambridge, 1948），part 1, chap. 2。

65. *The Works of John Jewel*, ed. J. Ayre（Cambridge, P.S., 1845—1850），i, p. 23；ii, p. 991；J. Hall, *A Poesie in Forme of a Vision*（1563），sig. Biiii；Scot, *Discoverie*, XV. xxxi；Josten, *Ashmole*, pp. 85, 88. 有关巫术发明家阿贝尔的内容，参见 L. Thorndike, *Mélanges Auguste Pelzer*（Louvain, 1947），p. 241。关于所罗门，参见 G. Naudé, *The History of Magick*, trans. J. Davies（1657），pp. 279—282, and G. R. Owst in *Studies presented to Sir Hilary Jenkinson*, p. 286；人们相信托马斯·克伦威尔有一枚所罗门的指环（*L.P.*, v, p. 696）。关于《以

诺书》,参见 Thorndike, *Magic and Science*, i, chap. 13, 关于摩西杖, above, p. 280。关于《但以理书》,参见 C. du F. Ducange, *Glossarium*（1884—1887）,*s.v.*, "somnialia"。

66. Kittredge, *Witchcraft*, pp. 197—198; C. H. Poole, *The Customs, Superstitions and Legends of the County of Stafford*（1883）, p. 72. 17 世纪中叶, 一位术士曾被要求找回失落的《圣经》, *The Hartford-shire Wonder*（1669）,p. 2。

67. I. Gray, "Footnote to an Alchemist", *Cambridge Review*, lxviii（1946）, pp. 172—174; T. Taylor, *Christs Victorie over the Dragon*（1633）, p. 506.

68. Kittredge, *Witchcraft*, p. 48（塞尔比修道院院长, 1280）; *Visitations of Religious Houses*, ed. Thompson, ii, 209—211（莱斯特修道院院长, 1440）; iii, p. 233（纽纳姆修道院副院长, 1440）; *H.M.C.*, viii, p. 265（威斯敏斯特修道院院长, C. 1450—1460）。

69. John of Salisbury, *Frivolities of Courtiers*, pp. 127—128; *D.N.B.*, "Odo".

70. *D.N.B.*, "Adamson, P."; H. N. Birt, *The Elizabethan Religious Settlement*（1907）, pp. 431—432; *C.S.P.D., 1640*, p. 486. 有关其他神甫向巫师的请教, Kittredge, *Witchcraft*, p. 188; Thompson, *The English Clergy and their Organization*, p. 221; Scot, *Discoverie*, I. ii; J. Heydon, *Theomagia, or the Temple of Wisdome*（1664）, iii, pp. 97—107。

71. See above, p. 78. 有关天主教和大众巫术联合的有力否决, 参见 A. D., *A Reply made unto Mr Anthony Wotton and Mr John White ministers*（1612）, pp. 35—39。

72. Thomson, *Later Lollards*, pp. 179, 241; *V.C.H., Bucks*, i, p. 297.

73. D. P. Walker, *Spiritual and Demonic Magic from Ficino to Campanella*（1958）, p. 178; R. Mandrou, *Magistrats et sorciers en France au XVIIe siècle*（Paris, 1968）, p. 144. 有关对抗巫术的反宗教改革活动, 参见例子: E. Brouette, in *Satan*（*Études carmélitaines*, 1948）, pp. 366—367; *The Canons and Decrees of the Council of Trent*, ed. T. A. Buckley（1851）, p. 287。

74. *Corpus Iuris Canonici*, ed. Friedberg, i, col. 1045; W. Lyndwood, *Provinciale*（Oxford, 1679）, I. iv. 2; *Dives and Pauper*, f. 51.

75. Kittredge, *Witchcraft*, pp. 50, 79—84.

76. 关于这种远征, 参见 A. G. Dickens, *Lollards and Protestants in the Diocese of York*（1959）, p. 16; D. Turner in *Norfolk Archaeology*, i（1847）, pp. 46—64; *L.P.*, iv, pp. 2221—2222; xii（2）, p. 387; G. R. Elton, *Policy and*

Police（Cambridge, 1972）, p. 48；Kittredge, *Witchcraft*, pp. 207—210。对比以下资料中的财宝探寻指南：Bodl., MS Add. B 1, ff. 3—10ᵛ。

77. 有关伊丽莎白一世之前，施行念咒招魂、盗窃巫术、预言以及运用巫术治病的天主教修士和神甫，参见 Kittredge, *Witchcraft*, pp. 38, 56, 58, 62, 65, 71, 80, 187, 198—199；Ewen, ii, pp. 36—37；Aston, *Thomas Arundel*, p. 63；Foxe, iv, pp. 233, 656；A. Watkin, *Dean Cosyn and Wells Cathedral Miscellanea*（Somerset Rec. Soc., 1941）, p. 158；*Journ. Soc. Archivists*, iii（1968）, p. 339；Thomson, *Later Lollards*, p. 179；*E.H.R.*, xxxvii（1922）, pp. 420—321；ibid., xliv（1929）, p. 287；A. F. Pollard, *The Reign of Henry VII*（1913—1914）, i, p. 205；J. E. Oxley, *The Reformation in Essex*（Manchester, 1965）, pp. 102—103；Elton, *Policy and Police*, pp. 47—48；*Narratives of the Days of the Reformation*, pp. 333—334；Thompson, *The English Clergy and their Organization*, p. 222；Sloane 513（属于一位15世纪僧侣的巫术小册子）；Bodl., MS e Mus. 238（由修道士收藏的16世纪巫术小册子摹本）；*Visitations in the Diocese of Lincoln*, ed. A. H. Thompson（Lincoln Rec. Soc., 1940—1947）, ii, p. 122；*Original Letters Illustrative of English History*, ed. Sir H. Ellis（3rd ser., 1846）, iii, pp. 41—42；W. Hone, *The Year Book*（1832）, cols. 425—427；G. R. Owst, *The Destructorium Viciorum of Alexander Carpenter*（1952）, p. 18；*The Examination of John Walsh*（1566）, sigs. Aij, Aiijᵛ。Cf. *Cistercian Statutes, A. D. 1256—1257*, ed. J. T. Fowler（1890）, p. 56。

78. Burton, *Anatomy*, i, p. 36。詹姆斯·哈特抱怨说，教区医生可以在"乡村的大多数角落"找到，*The Anatomie of Urines*（1625）, p. 113；此外，乔治·克拉克爵士认为，相较于16世纪，这类事件更多地发生在17世纪，*History of the Royal College of Physicans*, i, p. 248。

79. 关于他作为一位术士的声誉，参见 T. Brian, *The Pisse-Prophet, or, Certaine Pisse-Pot Lectures*（1637）, p. 95。关于其他事例，cf. J. Cotta, *The Infallible True and Assured Witch*（1624）, p. 75。

80. *A Priest to the Temple*（1652）, chap. xxiii.

81. Clark, *History of the Royal College*, i, pp. 198—199；*Reports of Cases in the Courts of Star Chamber and High Commission*, ed. S. R. Gardiner（Camden Soc., 1886）, p. 272（由约翰·鲍尔先生向我友情提供）；*Assocd Architectl Socs., Reports and Papers*, xxix（1908）, p. 524；A. G. Matthews, *Walker Revised*（Oxford, 1948）, p. 348；*Diaries and Letters of Philip Henry*, ed. M. H. Lee

(1882), p. 194; *Witchcraft at Toner's Puddle*, ed. C. Hole (Dorset Rec. Soc., 1964)。

82. R. F(arnworth), *Witchcraft cast out* (1655); *Journal of George Fox*, ed. N. Penney (Cambridge, 1911), i, pp. 180—181;(D. Defoe), *A System of Magick* (1727), p. 155.

83. Purvis, *Tudor Parish Documents*, p. 198; *H.M.C., Hatfield*, xi, pp. 565, 586.

84. Ely D.R., B 2/17, f. 124v; W. M. Palmer, "The Archdeaconry of Cambridge and Ely, 1599", *Trans. Cambridgeshire and Hunts. Archaeol. Soc.*, vi (1947), p. 4。他也因不穿白色法衣而被指控, Ely D.R.B 2/11, ff. 62^v, 93。

85. A. Peel, *The Seconde Parte of a Register* (Cambridge, 1915), ii, pp. 147, 151, 154(以及一个在沃里克郡的事例, p. 169); Matthews, *Walker Revised*, p. 237。

86. G. L. Kittredge, in *Harvard Studies and Notes in Philology and Litre.*, xvi (1934), pp. 98—99; P.R.O., SP 12/16, f. 120; *Essex Recusant*, iii (1961), pp. 3 ff.; Frere and Kennedy, *Articles and Injunctions*, iii, p. 204. 其他天主教神甫牵涉进巫术中的例子请参见 J. Strype, *Annals of the Reformation* (2nd edn, 1725—1728), ii, pp. 181—182; S. Harsnet, *A Declaration of Egregious Popish Impostures* (1603), p. 13; B.M., Royal MS 17 B XXIV, f. 4; Ewen, ii, p. 66; *A.P.C.*, xvii, pp. 31—32; *H.M.C., Hatfield*, xi, p. 135; ibid., xvi, p. 248; Kittredge, *Witchcraft*, p. 261。

87. See Ewen, *Star Chamber*, pp. 44—54. 有关其他针对神职人员的指控, 参见 Kittredge, *Witchcraft*, p. 88; Ewen, ii, p. 425。

88. See e.g., *County Folk-Lore*, v, ed. Mrs Gutch and M. Peacock (1908), p. 76; J. E. Vaux, *Church Folk Lore* (2nd edn, 1902), p. 401; *Folk-lore*, lxv (1954), pp. 110—111. 其他16世纪至17世纪间牵涉进巫术中的神甫, 参见 Purvis, *Tudor Parish Documents*, p. 196; P. Tyler, "The Church Courts at York and Witchcraft Prosecutions, 1567—1640", *Northern History*, iv (1969), pp. 93—94; W. R. Dawson, "A Norfolk Vicar's Charm against Ague", *Norfolk Archaeology*, xxiv (1930—1932); *H.M.C., Hatfield*, xvii, p. 22; xxi, p. 128; *A.P.C.*, xii, pp. 23, 26—27; J. Aubrey, *Brief Lives*, ed. A. Clark (Oxford, 1898), ii, pp. 108—111; F. Coxe, *A Short Treatise* (1561), sig. Aviij; R. Bovet, *Pandaemonium*, ed. M. Summers (Aldington, 1951), p. 54; above, pp. 253—

254, and below, p. 450。有关怀有巫术兴趣的教区职员,参见 *Lincolnshire Archives Committee. Archivists' Report*（1954—1955）, p. 51 ; Borthwick, R. VI. A20, f. 101v（clerk of Methley, Yorks., 1623）; above, p. 256。

89. Bacon, *Works*, iii, p. 381 ; Cotta, *A Short Discoverie*, p. 35. Cf. below, chap. 22.

90. See e.g., P. Tyler, "The Pattern of Christian Belief in Sekhukuniland", *Church Qtly Rev.*, clxvii（1966）, p. 230.

91. B. Gilpin, *A Sermon preached in the Court at Greenwitch*（1552）（1630）, p. 21.

占星术

第十章

占星术：实践与范围

我解决的占星问题有如下这些：患者是否能够康复；失踪者的生死；一个女人会有几任丈夫、几个孩子；你是否该嫁给梦寐以求的他或是别的某个人；她到底有没有处女膜，或者，在婚后是否会对你忠诚；对她的财产分配应否公正；一个男人是聪明还是愚蠢；今年和明年，哪一年穿新衣服比较妥当，哪一年更换朝臣更为适宜；梦境不分好坏吗；某个孩子是亲子吗，什么结论比较能带来好运；航海船只是否平安；搬家到底有没有好处；执法服应该穿哪一面更好；以及所有其他稀奇古怪的占星问题。

约翰·威尔逊，《骗子们》（1662），第二章，第2页

一 导 言

在本书研究的种种信仰体系中，占星术是最需要知识的。其原则建立在由巴比伦人所创始的一种古代学问上，为希腊人和罗马人所发展，并为中世纪早期的阿拉伯天文学家进一步扩充。尽管在细

节上略有出入,但是在16世纪和17世纪的英格兰人所了解的占星术与公元2世纪埃及的托勒密在其《占星四书》中所阐述的主题是一样的。17世纪,英格兰占星师们以英语文献形式使这门学问大众化了,其中记载了关于这一主题的每一项细节,以供大众检验,但是他们阐述的学说基本上还是传统的。事实上,有几篇关于占星术的英语论文几乎就是早期拉丁文作品的翻译。[1]就像基督教一样,占星术被证明是可以适用于迥异于产生它的另一种社会环境的需要的。

占星术的基本假设不难领会。因为,如果说天文学是对于天体运动的研究,那么占星术就是对这些运动之影响的研究。天体有规律的行为与地面生活的变化无常适成对照,这给古代世界的天文学家留下了深刻的影响。他们因此假设宇宙中有一种划分,由优秀的、永恒的天体世界来统治整个要死亡和变化的地面即尘俗世界。他们设想星辰有着特性和独特的影响力,它可以下传给被动的地球,并且影响的大小随着天体间的相互关系的不同而变化。由于不适当的天文观察技术,古代科学家没有关于存在着无数太阳系的概念,也没有关于各个可见星辰之间相隔极远的概念。这使他们假想只有一个体系,体系中七颗移动着的星(太阳、月亮、土星、木星、火星、金星和水星)以固定的黄道十二宫为背景,相对地球及互相之间的位置而移动。于是,这些天体在每一瞬间所施加影响的性质就取决于各天体的位置了。占星师画下天体图,即星位,就能分析出其方位,并测出其含义。把这一原则扩而充之,并配以必需的天文学知识,占星师就能制作未来某一时间的星位图,从而预言那时天体将产生的影响。

关于这些总的假想,没有什么奥秘之处。16世纪初,占星学说乃是有教养者对于宇宙及其作用的构图。人们普遍接受这样的说法:尘世地区由四要素(土、气、火、水)构成,这些要素由于天体的运动而无休止地互换状态。不同的行星传播出不同量的生理特质:

热、冷、干、湿。它们所产生的相互作用包括了一切物质变化。地面事件与天体运动之间的关系仅仅是联结整个天然宇宙的许多关系和感应中的一种。所以,占星术与其说是一门分离的学科,不如说是人们普遍接受的世界构图的一部分。占星术便成了理解生理学,进而是药学的基础。它涉及星辰对植物和矿物的影响,由此改变了植物学和冶金学。心理学和人种学也在相当大的程度上以占星学问为前提。占星术在宗教改革时期比在中世纪更甚地渗透到科学思想的一切方面。它并不是一种小范围的学问,而是教育人们的整个知识结构中的一个基本方面。

不管怎样,这一专题有着它自己的生命力和独立的动力,尤其是当托勒密的宇宙构图的声誉在哥白尼到牛顿这一百五十年间的天文学发现的压力下开始崩溃时,情况更是如此。在此期间,占星术逐渐地丧失了作为宇宙的符号象征的作用,而僵化成一个孤立的和完全萎缩了的信仰体系。当16世纪来到时,这种变化仍然是一种将来时。虽然有许多人怀疑占星说的个别细节,尤其在明确预言具体人物行为的可能性方面,但是就这个学科的基本原则而言,则还没有真正的持歧见者。没有人否认天体对于气候的影响,或者争论占星术对于医疗或农业的现实意义。在17世纪前,对于占星学说的普遍怀疑极为少见,无论在英格兰还是在其他地方,都是如此。

在16世纪和17世纪,星占学(这是全称,因为简称的"占星术"一词在英语中常常被用作"天文学"的同义词)活动有四个主要分支。第一是"综合预测",这基于天体的未来运动,记录日食、月食或者主要行星在黄道十二宫的某一段上的会合等即将到来的事件。这些预言涉及气候、庄稼收成、死亡、时疫、政治和战争。它们预言了整个社会的命运,而不是个别的个人命运。第二是"生辰天宫图",这是个人在诞生时的天体图,它或者应婴儿父母之请,在婴儿出生时当场制作,或者在其成年后重构,个人则提供其出生时间的详细情况。如果诞生日期遗忘或遗失了,那么占星师就能根据主顾生活中的"事故"或重大事件与当时的天体状况之间的关系来推导出其生日来。随着诞生时的天宫图而来的便是"流年图",占星师可以根据它计算出个人在来年的状况。

第三种是所谓的"卜选",即为正确行为选择正确时刻,主顾若要从占星师的第三种服务项目中获益,则也需要用上他的生辰天宫图。将个人生辰天宫图中指示的趋向之间的关系与已知的天体未来的运动相比较,就能确认从事含有潜在风险的活动——诸如旅行或择妻——的吉利时辰。对于日常行为,诸如剪发、剪指甲或洗澡,也需要卜选适宜的时刻。占星术的第四个分支是"时刻解题",这是占星师法术中最有争议的一个部分,它是由托勒密以后的阿拉伯人发展起来的。它们最乐观的假设是,占星师能够通过研究任何问题在提出时的天体状态而解答这些问题,它所依据的原则是:"犹如生辰天宫图在于躯体诞生的时间一样,时刻解题在于想法诞生的时间。"[2] 如果提出的是一个医学问题,那么患者就得同时提供小便抽样;占星师便根据患者小解时或者小便进入其诊视室时的天体状况分析做出解答。每一种个人问题都可能作为一个时刻问题来处理。

这四个活动方面(综合预测、生辰天宫图、卜选和时刻解题)构成了占星师法术的总和。一个施术者可能专门从事一个方面的活动,但是人们指望他精通各个方面。他可能也懂得一些医学知识。黄道十二宫中的各段被认为主宰着身体的各个部分,所以,服药、放血或施行外科手术都必须选择适当的时刻。16世纪的所有医生都接受这种看法。但是,还有一种更为特异的占星医术体系,它把治疗的每个阶段都与天体的分布联系起来。占星医生声称,通过对"疾运盘"(即患者感到不适的时刻)的计算以及对看尿样时的问题解答,他们能够诊断疾病,开方治疗,并预言疾病何时是紧要关头,以及预测其最后结果。

这就是16世纪和17世纪英格兰(其实也包括欧洲)占星术的

第十章 占星术：实践与范围

主要分支。这一体系虽然旨在成为一门客观的科学，但是它过于灵活多变，因为它给无休止的争论留下了余地：既包括其总原则，也包括其对具体问题的解释。每一个占星诊断都包括对于天体的计算，天被划分成十二段，即十二"宫"，每一宫都关系到人类生活的不同方面。由于缺乏精确的时间记录，所以要构建这一计算数字是十分困难的，而且，在所需的错综复杂的天文计算中，存在着大量的数学错误。即使天宫图画好，并与事件相对应了，也还存在着如何解释的问题。行星被认为具有色彩、性别、物理特性等。而沿着这些方向增多的精心构思的神话并不总是与之一致的。此外，行星只是众多可变因素中的一个，其他成分还包括四要素、气质、特性以及黄道十二宫。主顾自己的生辰天宫图可能需要和他居住地的天宫图相比较，或者和他与之交往的人的天宫图相比较。于是，占星师便发现自己陷入了组合和互换的纷乱之中，这使得解释任务大大复杂化了。通常认为，占星师要走通这条路，不仅需要高超的技能，而且还要有判断力。换言之，任何解释最终都得求助于主观方面。不同的施术者可能会对同一问题做出不同的解答，而且，预言得越具体，就越不可能获得一致的同意。

占星术恐怕是有史以来想把纷繁驳杂的人类事务简化成某种易于理解的体系的最为野心勃勃的企图，但是正如不断增多的词汇和技术反映了占星术所涉问题的丰富性和易变性那样，要对这种问题给予一个明确的答案是越来越困难了。占星师的术语越精微，他需要考虑的因素就越多，就肯定更不容易掌握前景的客观状况。使概念工具变得锐利的努力仅仅意味着他更加接近于在纸上复现他在周围世界中看到的混乱的多样性。

这种困难只在16世纪初的英格兰才被隐约地领悟到，当时占星活动似乎已处于相对低潮。在中世纪有许多杰出的英格兰占星术作品，但是其数量在15世纪直线下降，并且在150多年中没有再复兴过。[3] 因此16世纪初流传着的预言基本上来自国外。例如，1524

年所有七大行星会合双鱼宫的事件所产生的大量文献中,没有一部是英格兰的著作,虽然那年关于即将来临的大洪水的谣言四起,使得史密斯菲尔德的圣巴托罗缪修道院院长博尔顿在哈罗山上为自己盖了间房子,并储藏给养以备洪水威胁。[4] 在此期间,英格兰占星术著作的缺乏反映了英格兰科学的普遍呆滞。在伊丽莎白统治时期恢复了对由约翰·迪伊和迪格斯家族开拓的数学兴趣,并基本上维持至17世纪末。如果占星术的声望可用占星术著作的出版来测量的话,那么约在16世纪末乃是一个高峰,接着是内战之前二十年间的一个明显停顿,此后则是一场空前的出版洪流,它开始于内战,而继续至17世纪末。

因此,如果按照大众所受的影响来看,则英格兰占星术出版物的关键时期是在17世纪的最后60年内,尤其是在空位期间。在爱德华六世时代,大量的占星术知识仍被禁闭在学术语言的黑暗之中,而至查理二世时期,英格兰读者才接触到这门学科中的各个分支。在伊丽莎白时期,有少量原著和外文翻译本出版,但是最好的占星术学问的本国语版本(托马斯·艾伦对于托勒密的评论)则仍然是手抄的。[5] 如我们刚才所见,罗伯特·弗拉德的巨著是用拉丁文写的,并且发表在国外。只是到了空位期(该时期内有许多其他的"秘术"被揭示在公众眼前)才有第一批关于星占学的本国语作品源源不断地在英格兰出版。继威廉·利利、尼古拉斯·卡尔佩珀、威廉·拉姆塞以及约翰·加德伯里的大众化作品之后,是复辟后的类似的世俗化著作,作者是理查德·桑德斯、约翰·帕特里奇、威廉·萨蒙和约翰·凯斯。他们为了获得基本上是无知识的大众,对占星术的各种信仰进行了全面的总结,但是具有讽刺意味的是,这些著述正好发表于整个占星术体系在知识日益自命不凡的社会环境中不再博得尊敬的那段时期里。托勒密的占星术直到1701年才在英国出版。[6]

关于占星术的英文论著就这样成了该学科声誉可怜的晴雨表。

第十章 占星术：实践与范围

尽管缺乏本地语文献，大多数都铎君王及其谋士还是鼓励占星师，并听取他们的指导。亨利七世以及那些阴谋反对他的人都与意大利占星师威廉·帕龙保持着关系。[7] 亨利八世庇护德国人尼古拉斯·克拉泽，阻止其主教们谴责占星术，并且从约翰·罗宾斯那里听取占星术方面的指导，后者是当时关于这一学科的唯一重要的英格兰作者。[8] 红衣主教沃尔西对占星术的兴趣是众所周知的。传说他曾计算亨利八世的天宫图，以迎合国王的突发奇想；并且他在1527年计算了其法国大使的启程日期，使之符合占星术的吉利时辰。[9] 摄政萨默塞特公爵似乎在私底下曾怀疑过占星术的预言能力，[10] 然而在他倒台后，意大利学者杰罗姆·卡登则到英格兰为年轻的爱德华六世及其导师约翰·奇克（一个有名的吸毒者）制作生辰天宫图。[11] 另一个对此颇感兴趣的高级行政官员是国务大臣威廉·佩吉特爵士，意大利占星师圭多·博纳图斯曾在1550年将其著作（巴塞尔版）献给他。[12] 博纳图斯的同事威廉·保莉特爵士则支持历书作者乔治·哈特吉尔，[13] 而对于托马斯·史密斯（大使及未来的国务大臣）说来，占星术活动则绝不是临时的兴趣，他为此耗费了大量的精力，以至于"如果不想它，几乎就夜不能寐"。[14]

伊丽莎白一世的朝臣也显示了类似的热情。莱斯特的伯爵雇用了理查德·福斯特作为其占星医生，并委托托马斯·艾伦制作天宫图。[15] 他还给艾伦提供了主教职位。约翰·迪伊正是应莱斯特伯爵之请，才用占星术为伊丽莎白的加冕典礼选择吉日的。迪伊与当时许多显贵保持着关系，并应女王之召而对1577年的彗星提出看法。[16] 伯利曾做过有关占星术事件的笔记，[17] 而埃塞克斯的伯爵则拥有一篇有关占星术和泥土占卜的精详论文。[18] 伊丽莎白女王未来的大法官克里斯托弗·哈顿曾接受过约翰·梅普尔特献给他的占星术课本《命运盘》（1581）。关于菲利普·西德尼爵士对待占星术态度的证据是矛盾的，[19] 但是牛津的伯爵肯定研究过这门学科。[20] 难怪清教徒劳伦斯·汉弗莱在1563年抱怨道，在贵族中间，有许多人相信和热衷于星占学。[21] 对于贵族家庭来说，在孩子出生时制作生辰天宫图是习以为常的事，[22] 并且他们几乎必然地要求助于使用半占星方法的医生。[23]

在17世纪，这种形势只是缓缓地改变着。许多显赫贵族和政治家还保留着占星学问。阿伦德尔的伯爵雇用了历书作者汉弗莱·卢埃德作为其私人医生。北方枢密院主席斯克罗普勋爵是占星医生理查德·内皮尔的患者。查理一世的财政大臣韦斯顿勋爵把占星师尼古拉斯·菲斯克任为其儿子的家庭教师。布里斯托尔的第二代伯爵本身就是一个极有本领的占星师。在1649年被处决的汉特利的侯爵，是拙劣的占星指导的牺牲品。伯内特写道："他相信星辰，所以星辰就欺骗了他。"内战期间的另一个贵族牺牲者蒙特洛斯的侯爵，年轻时曾与登比的伯爵同游海外，他们一起"请教了能打听到的所有占星师"。[24]

在保王派流亡期间，爱德华·德林（后来成为伦敦杰出的商人）曾想维持其同志们的士气，向他们保证说，星辰站在他们一边。复辟以后，他成为当时占星师的大庇护者。[25] 我们知道，查理二世有时也向占星师请教。[26] 1669年，当蒙茅斯的公爵告诉法国国王路易十四，说英国国王信仰占星术后，路易十四真的认为值得把法国占星师普雷格内尼神父任为驻英特使。但是这一险招在纽马克特的一次赛马后宣告失败，因为神父不幸未能为国王选中赢家，这导致了一场外交事故，从而被召回国。[27] 甚至1688年的革命以后，在上层阶级中还可见到对占星术的兴趣。威廉三世的国务大臣约翰·特伦查德爵士曾制过生辰天宫图，他在临终前承认，占星师关于他的一切预言最后都实现了。[28]

对于知识分子来说，占星术一直是一个十分诱人的论题。随便举几个同情者的例子，就包括若干著名人物：沃尔特·雷利爵士、[29]《忧郁的解剖》作者罗伯特·伯顿、[30] 切尔布里的赫伯特勋爵、[31] 凯内尔姆·迪格比爵士[32] 和托马斯·布朗爵士，[33] 在17世纪的科学

第十章　占星术：实践与范围

家中,数学家埃德蒙·冈特制作过生辰天宫图;而部分或全部相信占星术的,则有著名人士默切斯顿的内皮尔、塞缪尔·哈特立伯、威廉·哈维和亨利·奥尔登伯格。[34]艾萨克·牛顿年轻时曾在斯陶尔布里奇集市上买了一本关于占星术的书。[35]在约翰·奥布里的文章中有沃尔特·查尔顿(曾担任过皇家医生学会会长)的生辰天宫图,这是由第一任皇家学会主席布龙克尔爵士制作的。[36]约翰·德莱顿终其一生都是占星术的热爱者。[37]

这些证明了16世纪和17世纪许多有身份的人和重要的知识分子都热衷于占星术。当然,我们不是始终能轻易地分辨出他们到底是如何认真地对待它的。许多人无疑是出于娱乐和好奇才制作生辰天宫图的,[38]而另一些人则根据生辰天宫图做出重要的决定。但是可以肯定,迄于17世纪中期,占星术绝不是私人的临时爱好,而是许多有教养者使用的一种占卜形式。

然而,更为引人注目的是,对于占星术的兴趣不仅限于宫廷中或者大人物的侍从中,犹如它们在中世纪的大致概况那样,而是广泛地分布在全体人民中。关于这一点,印刷术的发明起了主要作用。就这样,此时的占星术要比中世纪时以宫廷为基地的占星师们拥有多得多的追随者。这种传播的领导者是早期现代英格兰最广泛流传的即兴文学形式——历书。

二　历书与预言

严格地说,历书包括三个可以清楚分开的部分。[39]第一项是天文历书本身,它指出来年的天文事件:日食、月食、行星会合以及因年而异的节日。第二项是日历,它展示了星期和月份中的日子以及固定的基督教节日。第三项是预言,即利用占星术预先报告一年中的重要事件。它们通常合并一本,一起出售,其中掺进了各种杂七杂八的信息(今天的日志中还有):集市和庙会的清单、公路及路程指南、自开天辟地以来的重要历史事件简表、医药处方、法律惯用语言、园艺须知，等等。到了17世纪中叶，它们还载有书籍、专利药品和数学教师的广告。这种小小的袖珍书籍与现代日历的祖先——大幅印张历书截然不同。它们含有更多的信息，并且包含的时间更长。当时的人们觉得它们通常就像日志、笔记本和便览一样是无价之宝。因此至今在牛津大学图书馆、大英博物馆以及其他大型图书馆中还藏有大量这类书籍。

袖珍历书与现代日志之间的最明显区别便在于前者特别强调占星术。比较精致的历书包括星历表，即展示一年内天体每日位置的表格。读者借助于这种表格，便可预知黄道十二宫上全部的行星活动，并且预见到星体各种各样的会合和冲。他便借助于此制作自己的生辰天宫图。此外，他还可以参看解剖学者标出的黄道十二宫与人体各部的对应图。据此，他便能确定适宜的服药或治病时间。总之，在这种预言中，历书的作者详细地预测了来年的政治、气候、庄稼收成和民众健康等情况，从而展示了其熟练的技巧。

中世纪的历书是以手抄本传播的，它们最初似乎旨在供学生和医生使用。只是到了都铎王朝时期，印刷的英文历书才在大众中广泛流传开来。16世纪早期，出版了各种各样的欧洲大陆预言的翻译本，其中有些书的销售十分走俏。[40] 但是在1545年以前，从未见到有英格兰人自己编纂出版的预言。前加尔都西会成员安德鲁·布尔德的预言是许多英格兰预言中的第一本。虽然外国的预言还在流传，但是其地位已逐渐被国内产品取代了。至1600年，可能已有600多种不同的历书在英格兰出版，而且其数量还在不断增大。17世纪出版的各种历书数量估计超过2000种，并且足有200多名作者与这些出版物有关。通常每版的印数到底有多少是不得而知的。但是颇有意思的是，伦敦出版业行会像对待《圣经》一样，撤除了原来对于历书的1250至1500本的印数限制，而对于其他书籍的限制却仍然照旧。威廉·利利的年历和预言《英格兰预言家》在1646

第十章 占星术：实践与范围

年印刷 13 500 本，1647 年为 17 000 本，1648 年则为 18 500 本。到 1649 年据说出售近 30 000 册。[41] 这本特别的历书异乎寻常地流行，有人说历书在 17 世纪的总发行量为 300 万至 400 万册之间，这显然还是低估了它；仅仅在 1663 年 11 月后的十年里的发行量即差不多相当于这个"总数"了。甚至《圣经》在当时也未达到这么高的销售量。[42]

我们很容易看到，为什么历书在商业上会获得这么大的成功。它们的出版迎合了全国各地的天文学鼎盛期，各个城镇有着各种专门的历书，即使小如艾尔斯伯里或萨弗伦沃尔登这样的地方亦然。历书中所收的资料是小心地根据读者对象的类型而挑选出来的。例如，有供给治安推事的法律措辞，供给测地员的土地丈量指南，或者供给海员的航海须知。到了 17 世纪中叶，历书甚至迎合了五花八门的政治口味，并且价格低廉。17 世纪时的标准价格似乎是 2 便士，虽然装帧精美的要贵一点。[43]

然而，占星预测绝不是历书的固定特色，有时甚至只用作预测天气。高度政治性的预言（这是内战期间的普通种类）在内战前一个世纪里相当少见。17 世纪 30 年代之前，所谓的预言只是这一年里世俗事务的一份附加日历。到了后来检查制度崩溃后，才使得政治预测成了普通的言论。

但是，即使没有预言，历书也提供了一种日常活动的指南。它利用占星术指出了放血、服泻药和沐浴的最佳日期；并且展示了从事大多数农业活动——种植、播种、割草或阉割牲畜——的正确或错误时间。有了这种可供一年之用的袖珍历书——可能还有时间更长的指南，诸如伦纳德·迪格斯的《永久预言》（1555 年出版，后屡次再版）[44]——农夫便能很好地从事其不断重复的劳动，而患者则知道给他服药或为他放血的亲属是按照充分确认了的方式进行的。

然而实际上，真正的占星历书不得不与某些低级得多的书籍来争夺读者。这些低劣作品中的主要一本是名为《以拉·佩特》的预言书,据说以拉·佩特是"犹太人中的犹太人"(同时代的一句韵文说:"只要声称所学来自犹太人,笨伯便会相信一切全是真。")。《以拉·佩特》实际上导源于中世纪广泛流传的《以斯拉》的永久预言。[45] 像迪格斯的历书一样,它载有一张根据新年开始时的星期日子而预测气候的表格,还列有一份凶日清单,"在这种日子,如果任何男女的伤口出血或血管放血,那都将在 21 天内死去;或者,如果有人在这些日子中的任何一天得病,那都将不治而亡"。(这种凶日完全不是占星术,而是所谓的"埃及日"的翻版,自盎格鲁-撒克逊时代以来,英格兰人就一直把它们视为不祥了。)这种粗劣的小册子在1536 年至 1640 年间至少重版了十多次。18 世纪前,它被说成是威廉·利利的作品。亨利·皮查姆在写到斯图亚特王朝早期的农民时说:"《以拉·佩特》以及本年的历书是他们消磨其时间仅有的两本书——如果他们能阅读的话。"同时霍尔主教描绘其《迷信人》中的人物道,他若不在口袋里带上本《以拉·佩特》是绝不会出门的。[46]

与《以拉·佩特》密切相关的其他低劣预言作品也具有模糊的占星术特色,但是缺乏真正的占星历书的严格性。其中一本即是《神甫日历》,1503 年译自法文,并在此后的一百五十年中至少重版了17 次,尽管它有着明显的罗马天主教特征。它所提供的指南,涉及行星对于人体的影响以及半占星式的算命。[47] 其中的占星术部分此后被一本题为《托勒密综成》(1532?)的书所抄袭,该书在随后至少单独出了四版。还有一本类似的手册名为《戈弗里杜斯》,所谓的《农夫惯例》或《永久预言》便载在此书中。它包括根据圣诞节所在的星期日子而算出的一整套长期的气候预测,还有按照个人诞生时的星期日子或月亮相位而做的命运预言。17 世纪下半叶它至少出了十二版。[48] 除此以外,还有《秘术》、《毕达哥拉斯体》以及其他非占星术的占卜手册。[49] 伊丽莎白时代的巫师加布里埃尔·哈维写道:"这些就是他们的导师以及这种形式的图书馆,它拥有一些古老的羊皮手卷、书板和文件。《以拉·佩特》是其儿童识字课本,《神甫日

第十章 占星术：实践与范围

历》是其入门书，《托勒密综成》是其《圣经》，《秘术》则是他们的《新约》。"[50] 于是，占星历书只是全部出版物流派中的一种，这些出版物指导读者如何预测未来，如何选择特别有利于任何行为的日期。占星类型与其他类型的区别仅在于它在知识方面的严格性。但是就大众读者层而言，是否能清楚区别这一点则是十分可疑的。

历书的吸引力和对于月亮相位变化影响的信仰密切相关，这种信仰广泛地流行于农村地区，并且延续至今。[51] 大多数原始人认为月亮影响着气候，以及植物、动物和人类的生长和受孕。在中世纪的学说中，人们相信人体内体液的平衡随着月亮盈亏而变化。月亮被认为控制着人体内的含水量，最潮湿的大脑尤其容易受到月亮的影响。因此就出现了把精神错乱视为"月亮病"的概念。[52]1660 年，一个占星师声称，满月时诞生的孩子永远不会健壮。[53]

于是许多人便按照月亮的相位来确定各种活动时间。中世纪的教会曾猛烈抨击只在月亮渐盈期举行婚礼和迁入新屋的做法。在 16 世纪和 17 世纪，人们仍然认为上半个月是穿新衣或者开始从事其他新活动的时间。[54] 托马斯·图塞尔和其他农业作家建议农民在月亮渐亏期收割庄稼，并在月亮渐盈期播种。[55]17 世纪后期，据说剪头发和修指甲"通常是在月亮渐盈期进行的"。[56] 有些大众化的预言手册甚至把这种原则进一步发展到规定具体的活动时间应该与具体的太阴月的日子一致。它们规定了放血、药泻、旅行、买卖，甚至开学的适宜日期。严格的占星师几乎不赞成任何这类建议，这表明了自命的科学占星术与模糊的具有占星特点的大众信仰之间的鸿沟。

出版占星预测的书总是畅销的。当 1653 年清教神甫托马斯·加塔克想写篇文章驳斥利利的一篇预言时，他极难找到这本预言书，因为它很快地销售一空。[57] 但是读者之中仍然有怀疑论者。尤其是天气预测受到了大量的嘲笑；[58] 历书也遭到了讽嘲洪流的冲击。从

1544年无名氏的《逗乐预言》一直到1708年斯威夫特对于约翰·帕特里奇的无情挖苦,形成了一道从未间断的反占星术文章的阻击线。1569年,尼古拉斯·艾伦在其小册子《星学家的比赛》中,成功地利用了当时三位历书作者的预言进行对照,这成了一种标准的攻击方法。[59]

然而,伊丽莎白时代和詹姆斯一世时代的有识之士抨击历书和预言的频繁性正好证明了历书和预言的影响之大。1612年,一位作者写道:"有谁不极端重视其历书,选择日期、时刻和季节,必使其所干的事情获得最大的成功呢?"[60]1561年,弗朗西斯·考克斯抱怨普通民众说:"他们如果尚未请教过这些盲目的预言者,那么就几乎不会出门旅行。"威廉·珀金斯说,人们购买历书是为了事先得知庄稼的收成状况和物品的价格,以便从中获利。后来,一个作者也注意到"阅读历书的普通人是非常留意地遵守它们的"。1652年,约翰·高尔认为,人们更喜欢查阅和思索他们的历书,而不是《圣经》,这是众所周知的事实。[61]1642年3月的内战前夕,一个可靠的观察员从威斯敏斯特报道说:"即使国会中的最优秀分子"也被约翰·布克历书中的一些段落扰得心神不宁,其中预言了"在本月下旬那残酷且血腥的国会将受到制裁"。[62]1666年《伦敦公报》披露的事件极其戏剧性地证明了历书的影响:卷入一件共和密谋的六个前议会党军人在参阅了利利的历书并进行了占星计算后,选择9月3日作为起事的日子。[63]晚至1708年,乔纳森·斯威夫特还发现许多乡绅把时间消磨在"研读帕特里奇的历书上,以查找这一年里的国内外大事;他们在加德伯里或帕特里奇确认气候状况之前,绝不敢制订狩猎计划"。[64]

除了历书上所载的常规预言外,还有些不固定的文献专门研究反常的天体情况,诸如彗星、日食、月食以及大行星的会合,所有这些都被认为是地面世界剧变的预兆。都铎王朝时期的数学家罗伯特·雷科德写道:"除非上帝通过天象预先警告人们及早悔悟和提

第十章 占星术：实践与范围

防，否则世界上就不会有什么大变动，不会有朝代更替，不会有著名王公去世，也不会有饥荒和大量死亡。"[65] 1572 年仙后星座中出现的"新星"、1577 年的彗星、1583 年、[66] 1603 年和 1623 年木星和土星的会合、1652 年的日食以及 1680 年的彗星，都引起了大规模的讨论和预言。伊丽莎白一世由于对于 1577 年的彗星显示出毫不介意而赢得了巨大声望。她的朝臣们试图阻止她去观看这个可怕的东西，但是她却大胆地走向窗口，并声称"骰子已经掷下去了"。[67] 据说詹姆斯一世曾召见剑桥大学的数学家们，要他们解释 1618 年的彗星，他们便预言了三十年战争和斯图亚特王朝的灭亡。[68]

　　这类天象预兆所产生的反应由"黑色星期一"（1652 年 3 月 29 日的日食）生动地展现出来。书商托马森所收集的 3 月份的出版物中，计有四分之一以上涉及这次日食及其意义。[69] 甚至梅厄勋爵和伦敦副市长也在 28 日听了一次有关这一问题的布道。[70] 约翰·伊夫林回忆道，民众是如此的惊慌，以致"几乎没有人再工作，也没有人敢跑出屋去，因而可笑地受到了奸诈和无知的占星者的欺骗"。[71] 富人则坐上马车，逃离伦敦，而江湖庸医便趁机大做消解日食影响的药剂生意。据说达尔基斯的穷人丢弃了自己的财产，"仰面朝天躺在地上，眼睛望着天空，激动万分地祈求基督，让他们重见天日，并拯救他们"。[72] 当时一个日记作者认为，日食的最大影响是使预言者丧失信用。因为此后并未发生可怕的结果，似乎仍是一个好天，"所以占星师们丢尽了脸面"。[73] 占星师的预测也可以是政治性的。利利预言长老派信仰的衰落、法律的改革以及新议院的设立。卡尔佩珀预言了民主和第五王朝的开始。另一些激进分子则预言了罗马教会的衰败和君权的普遍结束。[74] 他们可能是旨在对抗《黑色星期一》小册子，这是发表于 1651 年 12 月的一份隐蔽的保王派宣传品。这些无名的小册子作者的预言给广大民众造成了巨大的损害，他们预言了黑暗、突然死亡和"巨大的疯狂，使得千百万人陷入狂热和恐怖之中"。结果，国会发布了一份文件，解释道，日食、月食乃是自然事件,不会产生政治影响。[75]

印刷的出版物就这样成了占星师对当时的生活和思想施加影响的主要方法之一。有些历书十分流行,非但流行于其作者在世时期,而且继续存在于其身后。例如,1655年出版的历书作者郁可莱斯特里、庞德、达德、沃克斯和伍德豪斯,这些人当时都已亡故。尽管历书的销售量极大,其作者却通常并无多大收益:托马斯·奥弗伯里在1615年估计,一个历书作者每年可赚40先令;而这可能是17世纪的正常行情。[76]但是历书可以使得开业的占星师把人们的注意力吸引到其私人咨询的业务上来。因为私人业务是专业占星师谋生的正规手段,这种业务也是他对其他人的生活施加最大影响的途径。

三 占星从业者

伊丽莎白时代的一个人说,到了伊丽莎白一世在位时,占星术已成了"一门很好的技艺,以至于许多人都赖以为生"。[77]知识和道德差距悬殊的许多男人(在少数情况下也有女人)都从事占星行业。有时候这只是一种副业。1560年,威廉·富尔克认为大多数占星师都是医生。[78]许多医生制作与其专业有关的天宫图,而有些人则也提供非医术的占星指导。乡村巫师也宣扬占星方法,旨在利用数字算式来算命或者寻找失窃财物。天平的另一端,则是在伦敦拥有大量主顾的专家和高阶层的大师们,他们出于好奇和知识上的兴趣,为自己及其朋友们制作生辰天宫图。

这种状况究竟持续了多长时间很难确定,因为英格兰的正规占星业的起源已经模糊不清了。在盎格鲁-撒克逊时代的英格兰,占星知识似乎是一门很稀罕的技能,尽管据说诺森布里亚的埃德温王有一个名为佩利图斯的"占星师"为他的军事问题提供指导。[79]恐怕是随着12世纪的科学复兴和阿拉伯的占星著作的流传,宫廷圈

第十章 占星术：实践与范围

子才熟悉了占星术。先前只有少数人能够进行制作天宫图所必需的观察研究。此后,对于中世纪的国王们来说,接受占星指导或者被一些占星预言激起兴趣,已是属于并不稀奇的事情了。拥有大量主顾的职业占星师则罕见得多。占星术最初主要是宫廷、贵族和教会所关心的事务。12世纪布卢瓦的彼得已经认为值得发出警告,反对占星咨询,然而在中世纪的英格兰并无明显证据表明存在着类似于一些地中海沿岸国家中流行的咨询机构。[80]

英格兰私人占星业的第一个确切的证据可以上溯至15世纪。[81] 1505年的一件诉讼案披露了一个运输工失窃钱财后的即时反应,他在亨廷顿郡圣艾夫斯的一个旅店借宿时,被人从行李中偷去了钱,他便去寻求占星师帮助他辨认窃贼。他未能在剑桥的教士中找到占星师,于是不得不去伦敦求取天宫图预测。[82] 他清楚地认为这种方法是适用的(他找到的占星师被描述为"死灵术士",可能中世纪后期的某些"死灵术士"也用占星方法施术;他们通常被说成是"计算"失物在何处。)。[83] 然而16世纪的占星术仍然与贵族联系在一起。伊丽莎白时代最著名的从业者约翰·迪伊不是小街陋巷的江湖医生,而是女王及其大臣们的心腹知己,尽管他也指点地位低微的人。晚至1603年,占星术作家克里斯托弗·海登爵士还说,占星术"在任何时候都几乎与卑微的平民毫不相干,但是那些大人物(诸侯、国主和皇帝)对此却极为熟悉"。然而,迄于此时已有大量(虽然具体数目不详)下层的顾问散布于各地,他们声称用占星方法施术,并主要由普通大众和天真淳朴的主顾们赞助。[84]

实际上,其中许多人与乡村巫师并无区别。17世纪中叶以前,英格兰的占星术论著比较罕见,所以,那些自称的早期占星师的知识是否博大精深,是颇可怀疑的。许多人被当局拘押后,显示出对于自己所声称的业务极端无知。而另一些人则在早期从业者遗传下来的支离破碎的巫术方法和占星算术的基础上施术。例如,1591年被监禁的斯蒂芬·特里富拉克便拥有大量参考图书:两张星历表、

《秘术》、法国人奥吉耶·费里尔所著《生辰天宫图判断》的翻译本，以及各种各样的驳杂方法，诸如：

> 知道一个人寿命多少，以及是否能得到所期望的财宝的算术；得知失落物品的算术；关于若干事物的咒语书；召请精灵以及禁锢和释放它们的各种奇术，了解某人生死情况或者再娶的算术；博取任何妇人爱情的法术，以及诸如此类的事务。

这是一个给人深刻印象的五花八门的军械库。[85] 与此形成对照的是，那些虚张声势的骗子却对占星术一窍不通，例如前教员约翰·斯图尔德（1510 年住在纳尔斯伯勒）便是如此，他经常为盗窃案提供咨询。他爽快地承认，他假装参考了一本天文学书而给主顾留下深刻印象，但是他实际上"什么也不懂"，虽然有时撞上好运，事情还真会像他所预言的那样。[86] 托马斯·勒夫金也声称占星术是其法术的基础，1558 年，梅德斯通的妇女纷纷拥向他，"仿佛拥向上帝一般，以了解一切秘密、过去和未来"。事实上他毫无占星知识，尽管他随时准备预言其主顾的丈夫与孩子的数量，以及预言另一些人在下个月里的死亡。[87] 甚至那闻名遐迩的"医生"约翰·拉姆——白金汉的知己——在 1627 年被皇家医生学会查询时，也被证明对于他专门从事的星占学一无所知。[88]

这类骗子甚至到了 17 世纪后期仍很普遍，当时占星指导在英格兰的传播使得那些略有文化的人都可以从事这种业务。1652 年，伊莱亚斯·阿什莫尔抱怨道，"若干文盲教授"使得占星术堕落了，因而这一学科招致了本来不应该有的坏名声，[89] 其他许多严肃的从业者也都做出了类似的抗议。他们对这类江湖骗子的印象，诸如 1695 年在林肯郡引起大骚动的游方算命者，他对有的主顾说，他们面临死亡的危险，对另一些人则又断言他们必定遭受了蛊惑。他的设备便是一些陈旧的历书、占星图表和温盖特的《算术》的一份抄本。[90]

第十章 占星术：实践与范围

除了许多杰出的从业者（他们撰写关于这一学科的书籍，并在伦敦指导大规模的实践）外，还有许多地方性的角色，他们确实懂得占星术的基本原理。例如，格拉斯顿伯里的药剂师爱德华·班伯里在1653年曾被要求协助侦破一起财物失窃案。他查检了一本书，并写了一张条子，因而取得2先令的报酬。他在季度法庭上被控施行巫术时申辩说，他是"按照占星术的规则而不是魔鬼的法术"施术的。实际上，他可能是威廉·利利的一个学生。相隔不久的是汤顿附近切登菲兹佩因的贾斯珀·贝尔，他也旨在用"占星术规则"寻找被窃财物，虽然始终难以成功。[91] 这类人物遍见于英格兰的大多数地区。查理二世的医生威廉·拉姆塞认为"每个城镇和乡村"都有占星师。[92] 最后，到了17世纪，已有好几百名历书作者，其中许多人都是开业的占星师。但是在底层人民中肯定有着多得多的从业者。所以，往往只有偶然事件才会使我们意识到他们的存在。例如，17世纪80年代诺丁汉的一个鞋匠爱德华·阿什莫尔只是在凑巧卷入了一件大法院讼案后才出了名，在诉讼中，对手将他的占星活动揭露出来，以使这位证人信誉扫地。最后的口供表明，阿什莫尔已经给人提供了几百次咨询服务。[93]

然而，占星职业中的优秀分子则见于伦敦，其影响在17世纪中叶臻于顶峰。不过，我们难以确定，利利及其同行们究竟在多大程度上促成了一次真正的占星术复兴，以及空位期究竟在多大程度上把长期处于地下状态的占星术暴露于公众之中。利利自己则贬低了其先驱者的成就，愉快地把自己看成是这门技艺的复兴者，"这门技艺几乎失传了，不仅仅在这里，而且几乎整个欧洲都失传了"。[94] 还有同时代的证词也支持这种观点：占星术在空位期间得到了空前的流行。纳撒内尔·霍姆斯在1652年认为，"我们现在才注意到星占学，要比创世以来的任何基督教国家注意到它晚得多，我们对此真是羞于出口"。翌年，托马斯·加塔克同意此观点，认为占星术是晚近才在英格兰博得极度重视的业务。而在后一世纪，丹尼尔·笛福断言,在1665年的大瘟疫之前的那些年头里,"人们沉溺于预言和占星奇术,达到了空前绝后的地步"。[95]

很难评价以上这些说法。伊丽莎白后期的占星师西蒙·福尔曼精心编纂的判例汇编中保留了早期的证据,[96] 它暗示了当时对于占星咨询的需求与空位时期的一样迫切。整个16世纪内,预言文献的历史从未间断,而历书的销售也证明了都铎王朝对于占星预测的嗜好。但是17世纪中叶在两个方面出现了新现象:首先,英文的占星手册大量出版;其次,占星师享有较大的公开性和相对的自由。一个正式的占星师学会组成了,并且据说在1649年到1658年之间,学会每年在伦敦举行聚餐会,它还在1682年短暂地复活过。它任命职员,组织年会,并禁止讨论政治。1649年,其会员达40多人。就这样,它成了一个著名的自封为科学的组织,兴盛于皇家学会组成前的整整十年之间。[97] 那些主要的占星大师拥有前来求学的学生,以及全国各地写信来的仰慕者。尤其是利利,他建立了一支庞大的私人追随者队伍。至1647年,他声称他所"造就的这一职业的学者要超过全英格兰所有自称懂得这门技艺的人"。[98] 有一张清单记载了他在西部地区的"学者",此外,他在剑桥郡、兰开夏郡、北安普敦郡、诺里奇、拉特兰、威尔特郡以及英格兰其他许多地方都有仰慕者和信徒。主顾和咨询者远从那不勒斯、马德里和巴巴多斯赶来向他求教。[99] 1651年,埃塞克斯郡伯顿的一个磨面师威廉·希尔斯承认"曾利用从利利先生那里学来的占星技艺"帮助人们寻找失窃的财物。三十年后,安妮·金斯伯里告诉布里奇沃特的市长说,利利曾教她使用占卜棍探寻财宝。[100]

利利就这样成了诱人的占星师圈子的中心,很幸运的是,保存下来的证据中,最多的就是与这些专业从业者有关的。关于其业务的性质可以从他们发表的手册中大胆地推断出来,这些书籍概要地描述了制作天宫图的方法,并解释了如何解答最可能被问到的问题。但是,更有启发性的信息则见于著名的判例汇编丛书中,后来被伊莱亚斯·阿什莫尔获得,其藏书与手稿现藏于牛津大学图书馆手卷的一部分。借助于这些独一无二的文献,就可能重建17世纪占星业的工作细节,我们现在就得来谈论这一问题。

四 在咨询室里

在阿什莫尔手卷中,其活动被描述得最为生动的占星师是西蒙·福尔曼、威廉·利利和约翰·布克,他们全在伦敦开展活动。理查德·内皮尔也保存着冗长的判例汇编,他是白金汉郡大林福德教区神甫,他把占星术和医学结合起来施术达四十多年,直到1634年逝世。四个占星师中最早的一个是威尔特郡人福尔曼,他放弃了教员工作,从1583年到去世一直断断续续地在伦敦行医。在这段经历中,他作为巫术师、炼金术士和占星师,博得了巨大的名声。由于他是"无执照从业者",所以遭到了教会和皇家医生学会的迫害,曾经数度短期入狱。他死后的声誉到1615年逐渐下降。因为在托马斯·奥弗伯里爵士的毒杀案的调查中,揭露了福尔曼与埃塞克斯伯爵夫人及其他宫廷贵妇的连带关系。关于其私生活的记载包含在他的私人文件中,这些记录证明了他性生活方面的坏名声并不是毫无道理的(19世纪中叶,卡姆登学会曾计划编辑一套他的个人日记,但是据《全国人物传记辞典》说,由于"这位占星师坦率地承认了他的不道德的生活,所以委员会在业已付印一些书页后,取消了这次出版计划")。虽然皇家医生学会认为福尔曼不懂占星术,但是剑桥大学却发给他许可证,让他行医。其私人文件表明,他是个十分细心的从业者,其判例记录相当详细。[101]

约翰·布克(1603—1667)是个较受尊敬的人物。他生于曼彻斯特,在1630年从事占星术之前曾经当过缝纫用品商的学徒工和书法教员。他从1631年起开始出版历书,现在存留下来的关于他作为占星顾问的大规模实践记录则始于1648年。内战期间,他被任为数学书籍许可证的颁发者,这是从偷猎者变成猎场看守人的具有讽刺意味的事情,因为他在此前十年间由于出版了未经许可的历书而曾与高等委员会发生过纠纷。布克也十分详细地做了记录,只是他用的是速记法。[102]

利利(1602—1681)年轻时来到伦敦谋生。他的父亲是莱斯特郡的一个穷苦自由民。利利最初当了一名家庭仆人,后来由于娶了东家的孀妻而改善了境遇。1632年,他花费了七八个星期学习占星术,并于1641年正式开业。他的第一本历书发表于1644年,随之而来的是大量的出版物。他享有巨大的政治影响,并且是行中公认的领袖。他的判例汇编有助于说明其咨询业务,但是他却仍然是个并不坦率的人物,他的《自传》中留下了许多未予回答的问题。[103]

这三套判例汇编都包括了同一类型的占星算术,通常——但并不是始终——还附有他们主顾的姓名或相貌,以及他或她的问题的性质。一般情况下,主顾亲自前来请教,但是有时候也可能通过书信或信使。占星师一获得主顾的问题,便记下提出问题的精确时刻,然后画出其天宫图,默默思索一番,最后宣布他的发现。整个操作过程不到一刻钟。[104] 遗憾的是,占星师的笔记本往往未能使我们了解他最终是怎样告诉主顾的。

笔记本给予我们的直接印象是,这些占星师从事的业务量甚为巨大。在1597年至1601年间,福尔曼平均每年进行1000次计算,而从患者那儿收到的询问则远远超过这一数目。利利1644年至1666年间残存下来的判例汇编也揭示了其业务的快速增长,在高峰时期,每年可达到将近2000例。约翰·布克的记录最为完整,在1648年至1665年间,每年的平均数约为1000例;整个这段时期内,他处理的咨询约为16 500件。[105] 但是,这四个人未必就是200多名占星师中最繁忙[106]的人,这些人都是从伊丽莎白一世继位到安妮去世这段时间里兴起的有一定知名度的占星师,这使我们对于该时期内英格兰人求助于占星卜测的规模留下十分深刻的印象。

第十章 占星术：实践与范围

登记册错误太多，以致无法用来进行数字统计，但是它们展示了占星师所处理的咨询事例的主要类型。他们像巫师一样提供寻找失物的方法。这一类主顾似乎大多数是家庭主妇，要寻找遗忘了的器皿和被窃的衣服，或者是那些来自名门大户的仆人，要求调查不见了的银器或其他值钱的物品。例如，1646 年至 1647 年间，形形色色的主顾要求利利查询"格雷斯因"法学会丢失的金银餐具、西班牙商船上丢失的 150 镑现钱、"红衣主教沃尔西"客栈的抢劫案以及"萨瑟克的一个胖女人"被窃的 20 镑现钱。[107]1569 年至 1570 年冬天，书商威廉·贝多要求查找肯特的一个朋友家里失窃的钱财，他去牛津寻求帮助，后来便委托给纽因学院的学者约翰·伯克利，他为贝多制作了一张占星图，但是没有成功。[108]16 世纪 90 年代，牛津大学圣约翰学院的罗伯特·弗拉德应其导师之请，用占星术寻找抢劫他的人。1637 年，药剂师约翰·罗杰斯店里的杰勒德《草本志》抄本被人偷走后，立即去求助于伦敦的一个占星师。[109]通常，占星师只描绘嫌疑犯的外貌，而不说出他的名字。1505 年在圣艾夫斯一家旅店中，运输工的物品被盗，他确信一个伦敦占星师对于窃贼的描绘，于是根据这一点逮捕了店老板的儿子。但不幸的是，他没有事先核对一下这位少年是否有着占星师所说的污秽的牙齿。当后来这个少年张开嘴巴时，运输工发现他的牙齿洁白无瑕，因而狼狈不堪，并激起了一场对于非法逮捕罪的反对行动。[110]

与失物问题连在一起的是人的失踪问题。在通讯极其缓慢的时代里，许多妻子因为丈夫长期外出办事、消息断绝而心神错乱。占星师就专门卜测失踪者的去向，并且设法确定有关其健康及一般境况等一切可以想象到的细节。[111]例如，他们为之服务的主顾有安娜·奥弗伯里，她在 1595 年向西蒙·福尔曼了解其丈夫的情况，他乘商船出海已十八个星期，还有格拉布街的爱丽丝·怀特，她在 1617 年请教另一位占星师，"打听距伦敦 366 英里的丈夫的归来问题"。[112]利利的判例汇编中记满了设法了解丈夫生死的妻子的例子。事实上，很难设想还有其他的资料能比这种简洁的记录册更加生动地反映出内战给人们带来的苦难了。战争停止后很久，仍有这类咨询被记录下来。1649 年 7 月，一个于 1643 年外出当兵的面包师的妻子向利利了解其丈夫的情况，利利告诉她说，此人已在五年前死去了。[113] 可能这条消息使她最终死了心。

17 世纪 50 年代的海上冒险同样地也使人们焦虑不安。1645 年夏天的几个星期内，利利接受了许多人的询问。其中有个女顾客问，她那被鲁珀特亲王抓去当战舰木匠的丈夫是否还活着；另一个人想了解她的配偶，乘"圣查理特号"去弗吉尼亚的一个外科医生的情况；还有人则想知道三年前被派遣往爱尔兰的一个骑兵的消息。[114] 翌年，向利利征求意见的，有在布莱克和佩恩舰队服役的人的亲属，或者在西班牙政府为报复克伦威尔攻击西印度群岛而实行的商业禁运期间在西班牙做生意的人的亲属。[115]

占星师们也为有仆人逃跑的雇主提供咨询意见，或者帮助担惊受怕的人，诸如托马斯·皮切斯，他是卢德盖特监狱的一个低级狱吏，他曾大意放跑了一个归他管理的犯人。[116] 1528 年，路德派异端分子托马斯·加勒特从牛津出逃，在躲过逮捕后，新学院院长和代理主教便雇用了一个占星师来测算他逃跑的方向。[117] 类似的情况还发生在 1652 年，王党分子、陆军中将约翰·米德尔顿从伦敦塔逃跑后不久，约翰·布克便受委托对他进行紧急查询，了解其去向。[118] 该世纪末，都柏林的占星师约翰·沃利应当局要求而调查蒙茅斯公爵藏在哪里。[119]

失踪的船只也可以用占星方法来寻找。似乎许多船主一旦在自己的船只莫名其妙地误后，就马上去请教占星师。航海人员可能占到利利的主顾总数的六分之一。[120] 伊丽莎白在位的后期，大航海家威廉·蒙森爵士曾毫不犹豫地向西蒙·福尔曼了解一次即将举行的远航的前景；1603 年，利特先生（也许即是商人尼古拉斯·利特）曾要福尔曼确定是否有通往中国北方的水道。福尔曼与蒙森的

第十章 占星术：实践与范围

关系相当亲密，经常向他提供有关法律和财务方面的意见；蒙森夫人在其丈夫出海期间也向福尔曼请教问题。[121]1602年，他在普利茅斯计算女王船只的前景。[122]

福尔曼去世以后，占星师们继续处理那些十分棘手的失踪船舶问题。利利及其同事们的笔记中载有许多船舶名字，是由船主或船员亲属来查询的。占星师选择合适的日子让船只下水或者启程远航，并给予许多水手以忠告，要他们充分考虑到航海至巴巴多斯、弗吉尼亚或摩洛哥的危险。[123]他们使那些担心会淹死的神经质的乘客消除顾虑，他们还使那些把握不定是否要参加某船的股份或者对船只耽搁原因感到不安的生意人安下心来。内战期间，他们处理了有关海盗风险或者在海上遭到敌人拦截的问题。[124]17世纪末，据说牙买加的居民若不首先请教占星师，是极不情愿出海的；甚至到了18世纪中叶，北美人还习惯于制作天宫图来确定航海日期。[125]

一个怀疑论者评论道，如果占星师们真能这么详细地知道航海舟船的命运，那他们不妨经营航海保险事业，可以告诉承保人如何轻易地获利。[126]事实上，占星师们在航海保险业的早期确实经常为保险问题提供咨询服务。利利的判例汇编中便有几处提到，有主顾问他是否要为船只投保。[127]1644年，利利正确地证实了一艘船的安全，这艘船据报道已在开往西班牙途中沉没，尽管承保者坚信此船业已沉没，从而拒绝接受60%的佣金。这件事为利利大做了一番广告。[128]约翰·加德伯里在其供航海者使用的占星学指南中记载了几个事例，他声称曾为船主们节约了几千英镑的保险费。他也曾指导过当时的著名航海家，诸如弗雷舍维尔·霍利斯以及欧文·考克斯。[129]

在其他事务上，占星师同样乐于提供帮助。他们在历书中的预言就是想预测"每年什么物品将贵昂，什么物品将低廉"。[130]在16世纪，安特卫普大商人雇用了占星师来预测市场的波动状况，[131]而在17世纪的英格兰则有许多实业家向占星师请教，力图减少其职业中的不确定性。还有些咨询是有关购置房屋、马匹、船只以及其他一切物品的得当性。妇女们询问她们如何用年金投资,或者是否要开一家店铺。1616年,玛格丽特·克鲁想"知道绞银子会得到什么好处"。一个更为野心勃勃的投机者居然询问把人贩卖到意大利去前景如何。[132] 几乎没有什么事务不要求占星师做出解答。当木雕大师格林林·吉本斯在1682年要着手从事一项有伟大成果的事业(其中包括把一个工厂迁往海外)时,他感到必须去征求一下阿什莫尔的占星意见,看看这次冒险是否会成功。[133]

倘若人生不顺,则占星师还能指导调查。在判例汇编中保存着许多来自事业失败者的询问,要求解释。"阿尔德盖特的一个老头——怎么办?他不昌盛的原因是什么?"这类简洁的记载是利利1644年至1645年的档案里的许多项目的代表。[134] 1651年,有个主顾从科吉舍尔写信来问约翰·布克,是否能解释他仅在四年里就在生意中损失了800英镑的问题。他问:"这种大萧条的原因是什么?"是否有人阴谋败坏了他的信誉,以及顺便问一下,他的父亲什么时候死,以及他的遗产会留给谁?[135]

就这样,关于过去的咨询不知不觉地转到了对未来的推测。在不少情况下,利利被要求预言某项司法诉讼的结果,恐怕这是主顾为了知道是否值得再为之奋斗。[136] 1649年夏天,一个顾客绝望地问,他是否"还会得到公正"。[137] 另一些人则显示了对于被定罪的悲惨处境的忧虑。一个妇女想知道她丈夫会不会因为偷了30头阉牛而被处以死刑;另一个人则想知道"她在纽盖特监狱的朋友是否会被吊死"。[138] 1592年,天主教徒谢利夫人问剑桥的占星师约翰·弗莱彻,她被认为有罪的丈夫是否有可能逃过死刑。[139] 西蒙·福尔曼也许是因为其主顾中有不少人都站在法律的对立面,所以拟定了揭示"个人的住宅是否被官吏搜查过"的规则。[140] 在布克的一份判例汇编中有一个名叫托马斯·威尔逊的人所写的一封语法错误百出的书信:

第十章 占星术：实践与范围

> 所以我的希望是你高兴回答我的问题，我背了债，现在有被逮捕的危险。我希望知道城市还是乡下对我最好，如果是城市是哪个部分，如果是乡下是哪个部分，什么时候我最危险，还有什么时候最好和我的债权人和好，我求求你尽最大努力。[141]

然而，对于预言命运的要求也可能来自较高的社会阶层。1670年，马修·安德鲁斯问利利，他是否要继续与圣奥尔本斯勋爵打交道，以购买大法院记录员的职位和海军特派员的职位。[142]1650年，托马斯·沃顿医生请教阿什莫尔，他是否会被选上皇家医生学会的会员。[143]这类问题有助于弄明白询问者的愿望，虽然并不是所有的愿望都像1597年一个贵妇人对福尔曼表达的那么赤裸裸：她的丈夫与埃塞克斯的伯爵一起出海去了，她"想知道丈夫不在时，她是否要当个情妇"。[144]有时候，占星师显得只不过是个高级的消息灵通人士。约翰·布克曾被人询问，谁将赢得斯坦福德马赛的奖杯。1646年，利利应邀从"栗色马、灰斑马和铁灰马"中选出马赛的优胜者。他预测了栗色马。[145]

但是并不是所有的查询者都是这样琐碎轻佻的。整个这段时间内，占星师们都为高层政策提供咨询意见，预测重要政治事件的结果。福尔曼曾被询及诸如1597年国会会议、奥斯坦德之围、埃塞克斯伯爵的爱尔兰冒险，以及搜寻火药阴谋者之一托马斯·珀西等重大事件。[146]阿什莫尔曾被罗伯特·霍华德爵士纠缠着盘问有关查理二世与保王派国会的关系发展情况。霍华德是1671年至1673年间的财政委员会大臣，所有记载都说他是个恶劣人物。其中有个问题提到，国会是否会"继续清除那些似乎不像所希望的那样正规和良好地处理事务和提供意见的大人物"。[147]更令人惊奇的是发现查理二世本人也请教过阿什莫尔，征求有关他与国会的未来关系的占星意见，并且要阿什莫尔用占星术确定一个吉利时刻，由此他最后决定于1673年10月27日向国会发表演说。[148]像国王这样能干的政治家也觉得需要求助于占星师,那就难怪有那么多地位更低的人向占星师求教了。另一次著名的咨询是"教宗助产士"塞利尔夫人协同约翰·加德伯里确定托马斯·丹杰菲尔德是否会在谋杀查理二世的所谓的"餐盆阴谋"中成为合适的同谋者。[149]

判例汇编用实例说明了内战所产生的操行和忠节方面的许多问题。利利只有一次被问到当时最基本的问题:"追随国王好,还是追随国会好?"[150]但是有大量主顾想知道,他们是否应该从军? 如果参了军,其前途又如何?"如果儿子去打仗了,他能安全回来吗?"这是1644年3月惠特比先生的问题,它反映了许多缺乏勇气的国会支持者的恐惧。(由于惠特比是圆颅党人,所以利利说这个年轻人能平安地载誉而归。[151])还有许多主顾的问题与威洛比船长的差不多,他想知道自己是否能在战争中交上好运;或者如鲁宾逊先生,他问,是设法升迁文官好呢,还是武官好?[152]站在保王派一面的是霍尔伯恩太太,她在1645年秋天问利利,其丈夫罗伯特爵士是否应该与国会妥协。[153]然而,在所有这些征求占星意见的例子中,理查德·奥弗顿的问题最为引人注目,他是平均主义者党派的领导人之一,曾在1648年4月写了个条子给利利,问:"我和军队里普通士兵的代表们联合起来争取公民权、土地自由权和取消对人民的压迫,我的这些诉求会成功吗?"一个现代史学家评论道,奥弗顿是个"信条对他来说几乎丧失了作用的理性主义者"。这样一个最老于世故和"理性主义"的政治思想家的询问是17世纪中叶求助于占星咨询的最有力证据。[154]

除了帮助个人做决定外,利利还解决了各种各样的军事和政治方面的争议问题。能夺下贝辛宫吗? 庞蒂弗拉克特什么时候投降? 国王真的已夺得了剑桥吗? 他能从爱尔兰带来军队吗?[155] 1645年,利利告诉布尔斯特罗德·怀特洛克说,如果新规范军能够避免6月11日的一个战役,那么他们必将取得最辉煌的胜利。14日在内兹比的结果使他十分满意。[156]战后,利利还为国会和军队之间的争端

第十章 占星术：实践与范围

制作天宫图，并且应切尔克的托马斯·米德尔顿爵士之请，计算长老制还能持续多久。[157] 对于王室、教会和保王派成员的土地之没收反映在投机者或被抄没者的许多问题中，前者急于知道他们的购买是否是安全的投资，后者则仍然抱有恢复财产的希望。[158] 国会对于牛津大学的视察导致一个满怀希望的名利追逐者在 1648 年 2 月问，"对于大学的清洗是否会成功？"以及"询问者的儿子是否会成为教员"。[159] 在共和时期与护国公执政时期，利利当着护国公及其枢密院的面用天宫图计算国会选举的结果。[160] 实际上，当时没有一个政治问题不是或早或迟地出现在咨询室里的。

如果说在主顾们所提的问题中哪个问题最为频繁，那就是"Quid agendurn?"这是利利记录时习惯使用的不规范拉丁语句子，即"应该怎么办？"因为正是人们需要做出决定，才来到占星师工作室的。这些决定形形色色、千奇百怪。有的涉及职业的选择，因为既然占星师声称一个人的出生时间决定了其总的资质和才能，那么他们觉得自己完全有资格对这类事情提出看法。例如，福尔曼有一套规则可以展示"一个人干哪门生意或科学才会生活得最好"。[161] 1644 年，中殿律师学院的一个 20 岁的学生约翰·科克交给布克一张全面意见征询表，内容从法律职业的合适性一直到婚姻和未来财产的前景。[162] 1649 年，理查德·亨特从剑桥写信来问利利，他应该读哪一方面的书，是东方语言，还是神学？[163] 学徒工则问，他们是否应该留在现在的师傅那里。[164]

就如可以预料的那样，不断有女仆来询问其未婚夫的情况，或者想知道她们应该怎样对待现在的男朋友，"是否要答应现在求婚的男子？如果不答应，又应该答应哪一种人"？或者，如一位少女所问："应该接受两个求爱者中的哪一个？"[165] 这是向利利提出的成百上千个问题中的代表。有个女织工想知道"她的朋友是否像他应该的那样爱她"。斯特兰德大街的琼·琼斯问，约翰·富勒是否可能娶她（也许因为有消息说她已经"不是处女"，所以占星师说约翰·富勒不会娶她。利利的1646年的判例汇编中有一项类似的记载:"一个人已怀了孕,那个男子会娶她吗?")。另一个姑娘问福尔曼,向她求婚的那个男子是否真心。[166] 还有不少神经过敏的主顾,例如,有个匿名询问者担心某个绅士是否会"因为接到了一封信而生气";还有一个傲慢的女士问利利,"嫁给那个无足轻重的男人是否适宜"?就占星师的常识来说,对于后一问题的答案必然是否定的。[167]

除了许多女仆询问其东家是否喜欢她们,或者寡妇拿不定主意是否再醮,男主顾也有类似的问题。福尔曼为这些问题设计了一套全面的占星规则。被求婚的新娘到底有多富?她真的在恋爱吗?她真的不是妓女吗?妻子偷汉子了吗?无论是什么问题,"先知福尔曼"(这是本·琼森对他的称呼)都能做出答复。[168] 处理微妙的家庭问题是占星师们的无上乐趣。他们解除各种男人的忧虑,例如,有个男人担心孩子是不是亲生的;内皮尔的一个主顾想知道"其仆人的孩子是不是他的";而一个私生子则要利利告诉他,究竟谁是他的父亲。[169] 一个与情夫吵了嘴的女人问,他是否会将公开她情书的威胁付诸实施;一位年轻绅士想知道"某个贵妇人是否会对他设置骗局";一个妻子问,"她是否能找到比丈夫更强的";一个女仆问,"她的婆婆是否会对她持有偏见";一个男青年想知道"他的父亲会怎样对他";一对忧虑的夫妇要求为其"曾逃离双亲"的儿子制作生辰天宫图。[170] 或迟或早地,每个占星师的咨询室都被这样种种的家庭琐事所充塞。

尤其给人启发的是人们经常问及关系密切的亲人的寿命。1615年,科尔曼街的玛丽·沃希普相当圆滑地向一个占星师了解其丈夫的财产规模;[171] 利利有许多女主顾想知道她们什么时候可以继承遗产。占星师像术士一样,经常有丈夫或妻子询问他,自己是否会比其配偶的寿命更长。这对于福尔曼来说是个经常性的问题,而利利在1644年至1645年间也至少有13次被人提到这种问题。[172] 在《一个假冒的占星师的品格》(1673)中,一位讽刺作者真实地谈

第十章 占星术：实践与范围

到"年轻的花花公子如何用一个几尼贿赂了他,以了解其备受痛苦的父亲何时进天堂"。利利曾劝他的同事们,对于任何人的确切死亡时间的预言要谨慎从事,他说他自己一直力图避免给予明确的答复。他承认,麻烦之处在于人们迫切需要这类信息,因为"其中的消息对于诸如购买租契、官职或其他与生命、生活有关的东西来说是极其有用的"。[173]

占星师技艺中剩下的一个主要部分即是医术。地道的占星医生完全利用星辰来施术,而无须看见患者。例如,西蒙·福尔曼在 1593 年向皇家医学院保证说,他除了星历表,根本用不着知道疾病的情况,他借助于天象和星群,就能立即说出发病的原因。[174] 据说理查德·内皮尔也同样地把患者的病患作为简单的"时刻解题"来处理。[175] 对于这类预言并无虚伪的谦虚。有一册课本说:"许多次的经验证明,不少医生用其最灵验的药物也无法医治的疾病,星学家只通过对星宿运动的观察研究,使用简单的草药便治愈了。"[176] 这些"医术和占星术的研究者"——这是他们对自己的称呼,而他们的敌人则更喜欢称他们为"小便预言者"——有时候也撰写一些十分严谨的关于用占星术诊断疾病的论文。[177] 有意思的是,福尔曼还进行过一些计算,来展示"医生可以从患者那里得到什么赚头和物品,以及患者是否会给他丰厚的报酬"。[178]

占星师还被要求诊断孕妇,以及在母亲分娩时,测算其结果的好坏,并预言尚未出生者的性别。[179] 他们的咨询室里经常挤满了因为长期和莫名的不孕而陷于绝望境地的妇女,她们已经到了把生育视为主要社会责任的年龄,并且家族的香火接续也主要依赖于此。她们还能生孩子吗?并且最至关重要的是,她们会生个儿子吗?这即是富家女子大量询问的要点,它体现在许多问题中。1635 年 12 月厄斯菲尔德太太问理查德·内皮尔,她是否怀孕了,而回答似乎是很令人放心的。他在判例汇编中记道:"确像有喜了。"但是几个星期后她又来了,这一次有了新的诊断:"未怀孕,胃病,躯体肿胀。"

内皮尔的另一个患者在一次失火事故后停止了月经。这是否意味着她现在怀孕了？[180] 利利设计了一套占星规则，以展示"产妇在分娩时会怎么样"，这套规则在1646年12月回答一个主顾时确实发挥了作用，那个主顾想知道"其妻子是否会在生孩子时送命"。[181] 即使专业的助产士也不得不求助于占星师，虽然不见得许多人都陷入像助产士尼科尔森夫人那样的境地：她在1614年急匆匆地去向一个占星师求援，因为"一位贵妇人发生了事故"。[182]

利利的判例汇编给人的总印象是，他对于患者是十分小心的，他记录下来的处方表明，它们未必特别具有占星术的特征。他随时准备使用药物，而且至少有一次，他介绍其主顾去找医生。还有一次，他只被要求推荐患者去找年轻医生还是年老医生。[183] 但是，就像一切占星师一样，他也随时打算承认妖术的可能性，并且有规则来测定这是否是患者的病根。许多这类怀疑都用这种方法测定。[184]

判例汇编所记载的实例还说明了当时对于秘藏财宝的迷恋。福尔曼、内皮尔、卡尔佩珀、加德伯里和其他占星师都拟定了计算财宝埋藏地点的规则。[185] 1597年，福尔曼被要求测定弗朗西斯·德雷克爵士曾经住过的一所房子里是否埋有财宝。[186] 利利的主顾中有"两个掘宝者"。他的来往信件中有一封来自利默里克的信，1654年，那里谣传有"大量财宝"，写信者愿意将收益的一半作为报酬——如果他找到财宝的话。阿什莫尔也进行过有关藏宝的计算；晚至1697年，还有报告说一个占星师成功地发现了耶稣会士藏在萨瓦的财宝。[187]

占星师也为点金石寻找者提供咨询意见。福尔曼规定"炼金科学属于第九宫"，并致力于用占星术和泥土占卜术来卜测自己的前景和对此感兴趣的主顾们的前景。[188] 利利与布克偶然也被要求测算主顾在炼金上的成功机会。在利利的教科书中，有些记载谈到他曾告诉一个主顾说，如果该主顾坚持其炼金的追求，那么只会毁坏自己的健康，虽然利利仍然坚信点金石是能够获得的。他写道："但

第十章 占星术：实践与范围

是由于它是人世间一切幸事中的幸事，所以我认为它只能由极少数人获得，这些极少数人是通过上帝的善良天使的启示而不是个人的勤奋才获得点金石的。"[189]

判例汇编中注释的不完善性使得我们不可能对每一类咨询都得出确切的数字。利利的判例汇编里有许多篇幅没有充分地展示我们在此研讨的主题。有些只是没做任何解释的计算；还有一些则是对于主顾或问题之类型的含糊注解，通常用的是不规范的拉丁文；具有代表性的句子如"Generosa de Viro"（"出身名门的女士问及一个男人"）或者"de servo"（"询及一个仆人"）。但是咨询的主题是很清楚的。关于私人关系、生意和旅行的前景、疾病、丢失财物以及失踪人物的记录（大体上按这一次序）乃是占星师业务中占压倒性优势的项目。

从这点可以推断出，有两类情况极为普遍地将主顾推向占星师。首先，是对于他人所无法提供的信息的需求：丢失的财物、失踪的船只或某人的下落；对于普通医生所无法确诊的疾病的诊治。其次，是对于建议而非信息的需求，虽然这种需求完全可能掩盖在对于信息的要求之下。问题的措辞揭示了主顾内心的不确定性。"走什么航线？""请求何人？""进行下去是否好？""作为担保人是否妥当？""是否比她丈夫强？""她能很好地处理自己的业务吗？""有没有对她设置圈套？""是否会因为一个朋友的丑行而玷污名声？""朋友在患难中是否忠诚？"这些套语都见于利利的1644年至1645年的判例汇编中。[190] 它们表明，他的主顾们希望通过向占星师的请教而减轻自己的忧虑。他们让利利来选择进行其工作的最佳时日，以及让他来判断其他人的思想和动机。占星师的主要职责就是帮助主顾下定决心，并使他对于和其他人的关系产生信心。

主顾本身来自各个阶层，尽管现在的笔记中缺乏系统的记录，以致不可能做出正确的统计数字分析。占星师的敌人也许会把他们的顾客贬低为"无知和庸碌的愚蠢大众",[191]不可否认,在利利的主顾中,家庭仆役、海员以及其他下层阶级的成员占突出的地位。此外,还有在日益扩大的都市里的许多外国人和无所寄托的旅行者。利利的一个样本的主顾中,有三分之一以上都可以称之为女仆,但是男女主顾的总数几乎是相等的,其中许多顾客是贵族成员或者社会名流。绅士及其妻子大致占利利主顾总数的六分之一以上。[192]他从詹姆斯·盖洛韦勋爵那里获得了鼓励,并为杰勒德勋爵(后来的麦克尔斯菲尔德伯爵)、肯辛顿夫人以及大量其他贵族提供了咨询意见。在复辟前夕,安东尼·阿什利·库珀曾向他征询意见,此人后来是谢夫茨伯里的第一任伯爵,历史学家伯内特对于伯爵的占星术兴趣做了颇不友好的评论。[193]另一个主顾是彭布罗克的第四代伯爵菲利普,他的前任正好死于倾心于占星术的导师所预言的那一天。[194]

福尔曼也为贵族服务。弗朗西斯·普兰尼尔与赫特福德伯爵爱德华·西摩于1600年秘密结婚后,曾求教过福尔曼,想知道她是否怀孕了,如没有,那么什么时候会怀孕。[195]福尔曼的另一个主顾是埃塞克斯伯爵夫人,她的顾问中包括女占星师索斯沃克的安妮·泰勒。[196]一个从业者帕特里克·桑德斯的笔记表明,他曾于1629年处理过约翰·昂德希尔的失窃案,并为区法院院长沃尔特·科普提供咨询意见。[197]尼古拉斯·菲斯克曾为罗伯特·霍尔本爵士制作过生辰天宫图,他是造舰税案件中汉普顿的辩护人,后来成了利利的主顾和"特别的朋友"。[198]理查德·内皮尔曾为许多绅士和小贵族提供过咨询意见。约翰·伯克曾受到伯克利勋爵、里弗斯伯爵、爱德华·哈林顿爵士以及不少有称号的贵妇人的咨询。[199]他还有一个主顾是奥利弗·克伦威尔的女婿约翰·克莱普尔。[200]阿什莫尔的主顾,除了查理二世、罗伯特·霍华德爵士和财政大臣克利福德外,还包括画家马撒·比尔、皇家学会主席约翰·霍斯金斯爵士以及荷马和维吉尔著作的未来翻译者约翰·奥格尔比(他要求确定一个开

第十章 占星术：实践与范围

始学习希腊文的吉利时日）。[201] 还有两个向占星师提供详细生平的著名人物，他们是人口统计学家格雷戈里·金和政治家亨利·圣约翰，即博林布罗克子爵。[202]

所以，任何占星笔记都可能载有当时某些著名人物的名字，显然，成功的从业者的金钱报酬是十分可观的。利利对于穷人的医务咨询往往分文不取，或者，他们如果愿付的话，就取 1 先令或半克朗的报酬。他虽然怂恿其同行们"无偿地施与穷人，无论是金钱还是建议"，但是同时也坦率地承认，他之所以在伦敦开业，是因为"那里有钱可赚"。[203] 对于常规的占星咨询，其标准收费也许是半克朗。[204] 但是他为高级政客们提供的机密建议则要索取多得多的费用。1647年，他向一个保王派中间人提议，如果查理一世得以从汉普顿宫廷脱逃，那么就应该逃向埃塞克斯，为此他获得了 20 块金币。1649年，他受雇于共和国会，取酬 50 镑现金和每年 100 镑的津贴。[205] 他也赚学生的钱。1640 年，约翰·汉弗莱付给他 40 镑学费，并很愿意再给他 200 镑作为一些附加秘术的酬劳，然而利利却宁可保留这些秘术。[206] 越来越扩展的业务以及卷帙浩繁的出版物使他拥有了相当可观的资财。据说他在 1662 年赚了 500 镑。[207] 他的一些同事也颇为兴旺。西蒙·福尔曼的遗产是 1200 镑，理查德·德拉海则为 2000 镑到 3000 镑。约翰·帕特里奇在去世时的财产达 2000 多镑。[208] 另一位成功的占星师是约翰·凯斯，他在门上挂着一块招牌，写着两句歪诗："医生凯斯，居住在此。"艾迪生评论道："据说他因为这两句诗而赚得的钱要比德莱顿先生全部著述所得的钱还要多。"[209] 与此相反，威廉·普尔、尼古拉斯·菲斯克和威廉·拉姆塞在逝世时却极为贫困，约翰·迪伊在其晚年甚至被迫卖书度日。[210] 占星术收费随占星师的地位以及主顾的财产状况而异。布克通常至少索费 2 先令 6 便士，[211] 而据说尼古拉斯·菲斯克曾以 100 镑的代价为罗伯特·霍尔本爵士制作生辰天宫图。[212] 恐怕 17 世纪早期具有代表性的收费标准当数约翰·沃克斯了，他是奥克兰的圣海伦教堂神甫,他常在圣餐桌上兜售历书。寻找被窃的牝马,收费1先令;寻找一匹公马和一匹母马,收费4先令,外加6便士的酒;寻找其他失窃财物,则收5先令。他说:"就像应该付给任何律师的费用一样。"[213]

上文所述已足以展示,至少到17世纪后期,英格兰人是非常认真地看待占星师的。他们的历书和预言一出版就被抢购一空,而他们的咨询室则门庭若市。有些同时代人把他们的成功归因于"许多无知乡下人的愚昧不化",[214] 但是现存的大多数证据都表明,占星业的特点是都市性的。拥向福尔曼、利利和布克的主顾包括贵族、商人和拥有杰出的知识和艺术地位的人。现在将要解释为什么会出现这种状况。

注 释

文献说明:占星术早期的历史可以根据下书追溯:A. Bouché-Leclercq, *L'Astrologie grecque*(Paris, 1899), A. J. Festugière, *La Révélation d'Hermès trismégiste, I. L'Astrologie et les sciences occultes*(2nd edn, Paris, 1950), F. H. Cramer, *Astrology in Roman Law and Politics*(Philadelphia, 1954), and F. Boll and C. Bezold, *Sternglaube und Sterndeutung. Die Geschichte und das Wesen der Astrologie*, ed. W. Gundel(Leipzig, 1926)。Thorndike, *Magic and Science* 提供了可靠的有关占星著作和手稿的描述,然而其中很少谈及占星的实际应用和其社会意义。下书增补了一些有用信息:F. J. Carmody, *Arabic Astronomical and Astrological Sciences in Latin Translation. A Critical Bibliography*(Berkeley and Los Angeles, 1956)。更多重要的图像信息参见 R. Klibansky, E. Panofsky and F. Saxl, *Saturn and Melancholy*(1964)。有关占星医术的简要导论参见 C. A. Mercier, *Astrology in Medicine*(1914),而进一步相关的知识可参见 H. Bober, "The Zodiacal Miniature of the *Très Riches Heures* of the Duke of Berry-its Sources and Meaning", *Journ. of the Warburg and Courtauld Institutes*, xi(1948)。

关于英格兰,则最好从阅读以下书目开始:T. O. Wedel, *The Mediaeval Attitude toward Astrology, Particularly in England*(Yale Studies in English,

第十章 占星术：实践与范围

1920), and D. C. Allen, *The Star-Crossed Renaissance. The Quarrel about Astrology and Its Influence in England* (Durham, N. Carolina, 1941)。针对占星术最有力的批判著作可以参阅 H. G. Dick's introduction to Thomas Tomkis, *Albumazar* (Berkeley and Los Angeles, 1944)。有关知识背景，M. H. Nicolson, *The Breaking of the Circle* (revd edn, New York, 1962), H. Craig, *The Enchanted Glass* (Oxford, 1960), and Kocher, *Science and Religion*, chap. 10 都是有用的材料。此外，以下几本指南也有所助益：C. Camden, "Elizabethan Astrological Medicine", *Annals of Medical History*, new ser., ii (1930), id., "Astrology in Shakespeare's Day", *Isis*, xix (1933), and M. Sondheim, "Shakespeare and the Astrology of His Time", *Journ. of the Warburg Institute*, ii (1939)。关于 16 世纪占星术出版物最全面的巡礼是 appendix on "Sources of the Renaissance Englishman's Knowledge of Astrology" to J. Parr, *Tamburlaine's Malady, and Other Essays on Astrology in Elizabethan Drama* (Alabama, 1953)。17 世纪没有类似的书目，尽管下书中有许多相关的主题：F. Leigh Gardner, *A Catalogue Raisonné of Works on the Occult Sciences*, II, *Astrological Books* (1911)。

与知识层面的占星术研究相比，历史学家在占星术的实践问题上投入的关注非常少，这方面的信息可以参见 C. J. S. Thompson, *The Quacks of Old London* (1928), Josten, *Ashmole*, and H. G. Dick, "Students of Physic and Astrology", *Journ. of Hist. of Medicine*, i (1946)。我的记述是基于各个时期短暂呈现的占星术文学作品，以及当时的占星师未发表的书信和判例汇编。这些材料中的大部分都在下书中有记载 E. J. L. Scott, *Index to the Sloane Manuscripts in the British Museum* (1904)，此外，牛津大学图书馆中由 W.H. 布拉克编辑的阿什莫尔手稿的完备目录也有记载 (Oxford, 1845)。

1. 因此，威廉·利利的 *Christian Astrology* (1647) 是 17 世纪最具影响的英语专著，据说该书几乎就是中世纪阿拉伯占星师文字的译文，*Albohazen Haly filius Aben-ragel* (J. Gadbury, *Dies Novissimus* [1664], p. 47)。尽管利利宣称至少该书的第一部分是其独创，(*Autobiography*, p. 129)，但他还是附录了相当多的文献，显示出他对前辈的借鉴。

2. J. Gadbury, *The Doctrine of Nativities* (1658), ii, p. 235.

3. Thorndike, *Magic and Science*, iii, pp. 104—118, 143—135, 325—346; iv, pp. 98, 145—146; R. T. Gunther, *Early Science in Oxford*, ii (Oxford, 1923), pp. 42—67; G. Hellmann, "Versuch einer Geschichte der

Wettervorhersage im XVI. Jahrhundert", *Abhandlungen der Preussischen Akademie der Wissen-schaften*, *Physikalisch-Mathematische Klasse*, 1924, p. 18.

4. *Hall's Chronicle*（1809 edn）, p. 675. Cf. Thorndike, *Magic and Science*, v, chap. xi.

5. 有一个副本收于 Ashm. 388。

6. *Ptolemy's Quadripartite*, trans. J. Whalley（1701）.

7. C. A. J. Armstrong, "An Italian Astrologer at the Court of Henry VII", in *Italian Renaissance Studies*, ed. E. F. Jacob（1960）; A. F. Pollard, *The Reign of Henry VII*（1913—1914）, i, pp. 117—122.

8. Taylor, *Mathematical Practitioners*, pp. 12, 165; J. J. Scarisbrick, *Henry VIII*（1968）, p. 406; Thorndike, *Magic and Science*, v, pp. 320—321.

9. W. Tyndale, *Expositions and Notes*, ed. H. Walter（Cambridge, P.S., 1849）, p. 308; *H.M.C., MSS in the Welsh Language*, i, p. vi（这条文献归功于 P.T.J. 摩根博士）。

10. *Narratives of the Days of the Reformation*, ed. J. G. Nichols（Camden Soc., 1859）, p. 173.

11. H. Morley, *Jerome Cardan*（1854）, ii, chap. VI. 1552 年前后支付给皇家"天文学家"的数额记录在：*C.S.P.D., 1601—1603, and Addenda*, p. 420。有关奇克的占星兴趣,参见 Foxe, viii, p. 257; Taylor, *Mathematical Practitioners*, pp. 314, 168, 170; J. Strype, *The Life of the learned Sir John Cheke*（1705）, p. 221。

12. G. Bonatus, *De Astronomia Tractatus*（Basle, 1550）. 编辑尼古拉斯·普鲁克纳曾在随后的那年给爱德华六世奉上了 14 世纪占星师费尔米库斯·马特尔努斯的版本。

13. Taylor, *Mathematical Practitioners*, p. 332.

14. J. G. Nichols in *Archaeologia*, xxxviii（1860）, p. 103; M. Dewar, *Sir Thomas Smith*（1964）, pp. 65, 78, 131, 181—183. 史密斯的计算参见 Sloane 325, 以及他的占星学书目参见 J. Strype, *The Life of... Sir Thomas Smith*（Oxford, 1820）, p. 279。一位同时代的目击者说,史密斯并没有接受占星的真实性（ibid., p. 163）,但是即便是多疑者罗杰·阿斯卡姆竟然也向他咨询占星建议; L. V. Ryan, *Roger Ascham*（1963）, p. 242。

15. Taylor, *Mathematical Practitioners*, pp. 170, 320; J. Aubrey, *Brief Lives*, ed. A. Clark（Oxford, 1898）, i, p. 27; Wood, *Ath. Ox.*, ii, col. 542. 1585 年,

第十章　占星术：实践与范围

罗伯特·格林把 Planetomachia（其中包含对占星术的辩护）献给了莱斯特。

16. *Autobiographical Tracts of Dr John Dee*, ed. J. Crossley (in *Chetham Miscellanies*, i [Chetham Soc., 1851]), p. 21。下书中描述了一块有女王纹章的占星星盘：G. H. Gabb, *Archaeological*, xxxvi (1936)。

17. J. Strype, *Annals of the Reformation* (2nd edn, Oxford, 1725—1731), ii, appx., iv (on which see Nichols in *Archaeologia*, xxxviii [1860], p. 110)。

18. *H.M.C.*, iii, pp. 112—113。然而一部对占星术的早期抨击，即 W. C (ovell), *Polimanteia* (Cambridge, 1595) 是献给他的。

19. M. S. Goldman, "Sidney and Harington as Opponents of Superstition", *Journ. English and Germanic Philology*, liv (1955); R. Howell, *Sir Philip Sidney* (1968), pp. 222—223; J. M. Osborn, "Mica Mica Parva Stella: Sidney's Horoscope", *Times Lit. Supp.*, 1 July 1971; P. J. French, *John Dee* (1972), chap. 6.

20. B.M.Ward, *The Seventeenth Earl of Oxford* (1928), p. 50.

21. L. Humfrey, *The Nobles: or, of Nobilitye* (1563), sig. y vi^v.

22. See e.g., N. Williams, *Thomas Howard, Fourth Duke of Norfolk* (1964), p. 1 (1538); C. D. Bowen, *The Lion and the Throne* (1957), p. 64 (1584); *H.M.C.*, ix (2), p. 375 (1584); *Trans. Anglesey Antiqn Soc. and Field Club* (1937), p. 28 (1632); F. H. Sunderland, *Marmaduke Lord Langdale* (1926,) pp. 36—38 (1627—1639).

23. E.g., *H.M.C., Hatfield*, xvi, p. 310 (1604); *C.S.P.D., 1629—1631*, p. 210; below, pp. 420—422.

24. Taylor, *Mathematical Practitioners*, p. 319; Ashm. 421, ff. 162v—164; Lilly, *Autobiography*, p. 73; Edward, Earl of Clarendon, *The History of the Rebellion*, ed. W. D. Macray (Oxford, 1888), vi, p. 49; *Bishop Burnet's History of His Own Time* (Oxford, 1823), i, pp. 64—65, 51.

25. Josten, *Ashmole*, pp. 241—242; J. Gadbury, *Cardines Coeli* (1684), p. 17; *Autobiography and Anecdotes by William Taswell*, ed. G. P. Elliott, in *Camden Miscellany*, ii (1853), pp. 30—31; J. Partridge, *Merlinus Liberatus* (1697), dedication. 有关被流放的保王派对占星预言的兴趣参见 *C.S.P.D., 1657—1658*, pp. 304, 327, and J. Price, *The Mystery and Method of His Majesty's happy Restauration* (1680), pp. 40—41。

26. Below, p. 371.

27. M. Mignet, *Négociations relatives à la succession d'Espagne sous Louis*

XIV（Paris, 1835—1842）, iii, pp. 73—80；C. H. Hartmann, *Charles II and Madame*（1934）,pp. 239—241. 有关其他试图利用国王对占星术的信仰的事例，参见 W. Harris, *An Historical and Critical Account of... Charles II*（1814）, v, p. 374。

28. Wood, *Ath. Ox.*, iv, cols. 405—406. 他的生辰天宫图（in the Trenchard Papers in the Dorset R.O.）显示他的出生日期是 1649 年 3 月 30 日，而不是 D.N.B. 中所说的 1640 年。

29. Allen, *The Star-Crossed Renaissance*, p. 153.

30. Ibid., p. 153；Wood, *Ath. Ox.*, ii, cols. 652—653；*Oxford Bibliogl Soc., Procs. and Papers*,i（1922—1926）,p. 186. 正是伯顿的一段文字激起了约翰·加德伯里对占星术的兴趣；Gadbury, *Cardines Coeli*, p. 59。

31. 尽管他认为占星术只是在综合预测有用，而对个体案例无效；*The Autobiography of Edward, Lord Herbert of Cherbury*, ed. S. Lee（2nd edn,n.d.）,p. 27 and n。

32. R. T. Petersson, *Sir Kenelm Digby*（1956）, pp. 15—16, 72—73, 98, 328；Ashm. 174, no. 4；Ashm. 243, f. 124.

33. Below, p. 417.

34. Aubrey, *Miscellanies*, p. 62；Lilly, *Autobiography*, p. 237；Josten, *Ashmole*,p. 565；F. N. L. Poynter in *Journ. of the Hist. of Medicine*,xvii（1962）,p. 157；*The Correspondence of Henry Oldenburg*, ed. A. R. and M. B. Hall（Madison, Milwaukee, 1965—   ）, i, pp. 281, 308. 占星师约翰·毕晓普断言罗伯特·波义耳是个占星老主顾；R. Kirby and J. Bishop, *The Marrow of Astrology*（1687）, ii, dedication。

35. L. T. More, *Isaac Newton*（1934）, p. 32；有些证据表明正是对占星术的兴趣把牛顿引向了天文学；F. E. Manuel, *Isaac Newton, Historian*（Cambridge, 1963）, pp. 263, 274。

36. Bodl., Aubrey MS 23, f. 54.

37. *The Works of John Dryden*, ed. Sir W. Scott and G. Saintsbury, xviii（1893）, p. 134；Aubrey, *Brief Lives*, ed. Clark, i, p. 241. 有关 17 世纪科学家的态度，see below, pp. 416—420。

38. As was suggested by J. Fage, *Speculum Aegrotorum. The Sicke Mens Glasse*（1606）, sig. A3.

39. E. F. Bosanquet 的开创性著作是这一主题的起点：*English printed*

Almanacks and Prognostications. A Bibliographical History to the year 1600（1917）（with additions and corrigenda in *The Library*, 4th ser., viii［1927—1928］and 4th ser., xviii［1937—1938］）; and "English Seventeenth-Century Almanacks", *The Library*, 4th ser., x（1930）。See also C. Camden, "Elizabethan Almanacs and Prognostications", ibid., 4th ser., xii（1932）, and C. Blagden, "The Distribution of Almanacks in the Second Half of the Seventeenth Century", *Studies in Bibliography. Papers of the Bibliogl Soc.of the Univ. of VA.*, ed. F. Bowers, xi（1958）。现存的该时期的历书列表参见 *S.T.C.* 和 Wing。

40. 正如一名牛津书商约翰·多姆的描述所透露的那样（ed. F. Madan in *Collectanea*, i, ed. C. R. L. Fletcher［Oxford Hist. Soc., 1885］）。

41. H. R. Plomer, "A Printer's Bill in the Sevententh Century", *The Library*, new ser., vii（1906）, p. 35; J. A（llen）, *Judicial Astrologers totally routed*（1659）, p. 15. 1635 年对正常出版物的印数限制提升至 2000 册，而对特殊用途的图书印数限制则提升至 3000 册。

42. Blagden in *Studies in Bibliography*, xi（1958）, pp. 115—116. 有关《圣经》的印刷数量，参见 C. Bridenbaugh, *Vexed and Troubled Englishmen*（Oxford, 1968）, p. 278 & n。

43. Bosanquet in *The Library*, 4th ser., x（1930）, p. 366; *Robert Loder's Farm Accounts*, 1610—1620, ed. G. E. Fussell（Camden ser., 1936）, p. 71; *Durham High Commission*, p. 40. 1659 年具有代表性的历书集子（Bodl., Rawl. Alm. 11）价钱是 2 便士一本，至于更详细的布莱格拉夫、利利和沃顿版本则卖到 6 便士一本。

44. 最近的版本是：*Old Ashmolean Reprint*（Oxford, 1926）。该书的声望参见 E. F. Bosanquet in *Oxford Bibliogl Soc., Procs. and Papers*, i（1922—1926）。

45. E. Worsop, *A Discoverie of Sundrie Errours*（1582）, sig. F4^v; *The Works of John Metham*, ed. H. Craig（E.E.T.S., 1916）, pp. xxxii—xxxvii.

46. H. Peacham, *The Truth of our Times*（1638）, p. 119; *The Works of... Joseph Hall*, ed. P. Wynter（Oxford, 1863）, vi, p. 110. 类似的作品有：*Verus Pater, or a bundell of truths*（1611 and 1622）。关于"埃及日", see below, pp. 735—736。

47. 当代有个版本由 H.O. 萨默（1892）提供。

48. Wing 中收藏了 10 个版本，我也在近期古董书商发布的目录中注意到了其他2个版本(1660年版和1679年版)。

49. Above, pp. 283—284.

50. *Gabriel Harvey's Marginalia*, ed. G. C. Moore Smith(Stratford-on-Avon, 1913), p. 163.

51. 关于这个主题，参见 E. B. Tylor, *Researches into the Early History of Mankind* (2nd edn, 1870), pp. 134—135; H. Webster, *Rest Days* (New York, 1916), chap. 5; p. Saintyves [E. Nourry], *L'Astrologie populaire étudiée spécialement dans les doctrines et les traditions relatives à l'influence de la lune* (Paris, 1937); J. G. Frazer, *Adonis, Attis, Osiris* (2nd edn, 1907), iii, chap. 9; Brand, *Popular Antiquities*, iii, pp. 141—153; W. Farnham, "The Days of the Mone", *Studies in Philology*, xx (1923)。

52. W. C. Curry, *Chaucer and the Mediaeval Sciences* (2nd edn, 1960), pp. 13—14; D. Person, *Varieties* (1635), p. 12; W. Drage, *A Physical Nosonomy* (1665), pp. 12—13.

53. G. Atwell, *An Apology, or Defence* (1660), pp. 6—7.

54. Powicke and Cheney, *Councils and Synods*, p. 179; G. R. Owst in *Studies Presented to Sir Hilary Jenkinson*, ed. J. C. Davies (1957), p. 291; Brand, *Popular Antiquities*, iii, pp. 151—152; T. Harley, *Moon Lore* (1885), p. 210; Aubrey, *Gentilisme*, p. 85.

55. *Thomas Tusser. His Good Points of Husbandry*, ed. D. Hartley (1931), pp. 59, 96; (T. Hill), *The Profitable Arte of Gardening* (3rd edn, 1574), sig. Eiijv, p. 18; C. Lucar, *A Treatise named Lucarsolace* (1590), p. 152; [W. L.], *A New Orchard and Garden* (1623), pp. 18, 19; J. B (lagrave?), *The Epitome of the Whole Art of Husbandry* (1669), pp. 62 ff.

56. R. H. , "Astrologia Siderata, or a whip for divining Soothsayers" (Sloane 412), f. 47^v. Cf. J. Primrose, *Popular Errours*, trans. R. Wittie (1651), pp. 247—248.

57. T. Gataker, *His Vindication of the Annotations by him published* (1653), p. 2.

58. 正如下书指出的那样：*Gilden, 1619. A new Almanacke and Prognostication*, sig. B2。

59. Allen, *The Star-Crossed Renaissance*, chap. 5; F. P. Wilson, "Some English Mock-Prognostications", *The Library*, 4th ser., xix (1939).

60. J. M. , *A Christian Almanacke*（1612）, sig. A3.

61. F. Coxe, *A short treatise*［1561］, sig. Avj ; W. P（erkins）, *Foure great lyers*［1585］, sig. B2（关于著作者, 参见 H. G. Dick in *The Library*, 4th ser., xix［1938—1939］）; Primrose, *Popular Errours*, p. 242 ; J. Gaule, *The Mag-Astro-Mancer, or the Magicall-Astrologicall Diviner posed, and puzzled*（1652）, sig. A3。

62. D. Gardiner, *Historic Haven. The Story of Sandwich*（Derby, 1954）, pp. 253—254.

63. *The London Gazette*, 48（1666 年 4 月 26 日至 30 日）。然而利利的那一年历书中并没有相关资料。

64. *Predictions for the year 1708.*

65.（R. Recorde）, *The Castle of Knowledge*（1556）, sig. av. 关于概括性的讨论, 参见 S. K. Heninger, Jr, *A Handbook of Renaissance Meteorology*（Durham, N. Carolina, 1960）; Parr, *Tamburlaine's Malady*, pp. 74—79。

66. 关于这一点, 参见 M. E. Aston, "The Fiery Trigon Conjunction: an Elizabethan Astrological Prediction", *Isis*, lxi（1970）。

67. H. Howard, Earl of Northampton, *A Defensative against the Poyson of Supposed Prophecies*（1620）, f. 77.

68. *The Most True and Wonderful Relation of a Starre*（1658）, pp. 2—3 ; retold in *The Worlds Wonder*（1659）.

69. *Catalogue of the Pamphlets... collected by George Thomason, 1640—1661*, ed. G. K. Fortescue（1908）, i, pp. 863—866. 利利统计指出, 日食激发人们出版了 24 本小册子（*Merlini Anglici Ephemeris*［1653］, sig. A2）。

70. F. Bellers, *Jesus Christ the Mysticall or Gospell Sun... or Eclipses Spiritualized*（1652）.

71. *Diary*, ed. E. S. de Beer（Oxford, 1955）, iii, p. 63.

72. *On Bugbear Black-Monday, March 29 1652*（brs., BM. 669 f. 16［42］）; J. G（adbury）, *Philostragus Knavery epitomized*（1652）, p. 14 ; Gataker, *His Vindication of the Annotations*, p. 114 ; W. Lilly, *Merlini Anglici Ephemeris*（1653）, sigs. A2—A4. 其他反应参见 T. F. Thiselton-Dyer, *Old English Social Life*（1898）, p. 372 ; *H.M.C., De Lisle and Dudley*, VI. p. 613。

73. "The Diary of John Greene（1635—1657）", *E.H.R.*, xliv（1929）, p. 112.

74. W. Lilly, Annus Tenebrosus (1652), pp. 28, 54; N. Culpepper, *Catastrophe Magnatum* (1652); *The Levellers Almanack: for the Year of Wonders, 1652* (1651) (copy in Library of Christ Church, Oxford); S. Thurston, *Angelus Anglicanus* [1651]; N. R., *Strange Newes of the Sad Effects of the Fatall Eclipse* (1652); *The Year of Wonders* (1652)。

75. L.P., *The Shepherds Prognostication* (1652); F. A. Inderwick, *The Interregnum* (1891), p. 132 (尽管我没能找到他引的文献)。

76. Sir T. Overbury, "An Almanack-maker", in *New and Choise Characters* (1615); (R. Braithwaite), *Whimzies: or, a new cast of Characters* (1631), p. 3; Blagden in *Studies in Bibliography*, xi (1958), p. 111.

77. Coxe, *A Short Treatise*, sig. Avj.

78. W. Fulke, *Antiprognosticon* (1560), sig. D7v. Cf. J. Cotta, *The Infallible, True and Assured Witch* (1624), p. 75.

79. W. Bonser, *The Medical Background of Anglo-Saxon England* (1963), pp. 155—156.

80. C. H. Haskins, *Studies in the History of Mediaeval Science* (Cambridge, Mass., 1924), p. 128; Kittredge, *Witchcraft*, p. 45. 蒙茅斯的杰弗里在下书中记载了许多君主配有占星师的情况 *Historia* (J. S. P. Tatlock, *The Legendary History of Britain* [Berkeley and Los Angeles, 1950], p. 368), 一系列中世纪宫廷占星师的名单列在以下这本15世纪的编纂本中: Symon de Phares, *Receuil des plus célèbres astrologues et quelques hommes doctes*, ed. E. Wickersheimer (Paris, 1929), e.g., pp. 195, 231, 232—233, 240, 241—242, 244, 252, 261。以下资料中有不少皇室天宫图的例子 B.M., Royal MS 12 F XVII, ff. 153^v, 180, and R. T. Gunther, *Early Science in Cambridge* (Oxford, 1937), p. 139。但是没有任何记录可以与萨比奥内塔的盖拉尔多于13世纪50年代在意大利进行的占星活动相比(see B. Concampagni in *Atti dell' Accademia Pontificia de' Nuovi Lincei*, i [1851], pp. 458—460)。

81. 理查德·特鲁伊提安的笔记中记载, 1442年至1458年间, 他曾在伦敦为其顾客提供咨询服务; Sloane 428。有关埃塞克斯的占星医生约翰·克洛普希尔, 参见 E. W. Talbert, "The Notebook of a Fifteenth-century Practicing Physician", *Studies in English* (Univ. of Texas), 1942。有关其他人, 参见 *The Paston Letters, AD 1422—1509*, ed. J. Gairdner (1904), ii, p. 147; Kittredge, *Witchcraft*, pp. 82, 227—228。

82. *Select Cases in the Council of Henry VII*, ed. C. G. Bayne and W. H. Dunham（Selden Soc., 1958）, pp. 151—169.

83. E.g., C. T. Martin in *Archaeologia*, lx（2）（1907）, p. 372.

84. Sir C. Heydon, *A Defence of Iudiciall Astrologie*（Cambridge, 1603）, sig. qq1. 海登的反对者约翰·钱伯评论说，占星问询每天发生在国土的各个角落；Bodl., Savile MS 42, f. 112. 关于类似的证言，参见 *The Workes of... William Perkins*（Cambridge, 1616—1618）, iii, p. 471。

85. P.R.O., SP 12/243, f. 354. 关于他的审判，参见 Ewen, ii, p. 431。

86. J. Raine, in *Archaeol. Journ.*, xvi（1859）, p. 80.

87. J. Halle, *An Historiall Expostulation*, ed. T. J. Pettigrew（Percy Soc., 1844）, p. 9.

88. Sir G. Clark, *A History of the Royal College of Physicians*（Oxford, 1964—1966）, i, p. 259；Sir G. Keynes, *The Life of William Harvey*（Oxford, 1966）, pp. 152—153.

89. E. Ashmole, *Theatrum Chemicum Britannicum*（1652）, p. 453. Cf. the comments by Worsop, *A Discoverie of Sundrie Errours*, sig. F4.

90. *The Diary of Abraham de la Pryme*, ed. C. Jackson（Surtees Soc., 1870）, pp. 56—57.

91. *Quarter Sessions Records for the County of Somerset*, iii(*Commonwealth*, 1646—1660), ed. E. H. Bates Harbin（Somerset Rec. Soc, 1912）, pp. lv-lvi, 331—332. 格拉斯顿伯里的托马斯·班伯里是利利在西部的学徒；Ashm. 423, f. 207。

92. W. Ramesey, *Some Physical Considerations of the Matter, Origination, and Severall Species of Wormes*（1668）, p. 81.

93. F. J. Pope, "'A Conjuror or Cunning Man' of the Seventeenth Century", *The British Archivist*, i（1914）.

94. H. Warren, *Magick and Astrology vindicated*（1651）, p. 16. 引自 Ashm. 423, cf. 168, 197；Lilly, *Autobiography*, p. 61；id., *Christian Astrology*, sig. B4v.

95. N. Homes, *Plain Dealing*（1652）, p. 57；Gataker, *His Vindication of the Annotations*, p. 188；D. Defoe, *A Journal of the Plague Year*（New York, 1960）, p. 29. Cf. W. Ramesey, *Lux Veritatis*（1651）, sig. A4.

96. Below, pp. 362—363.

97. 有关学会的信息，参见 Josten, *Ashmole*, index, *s.v.*, "Astrologers:

Club"; W. Lilly, *Merlinus Anglicus*(1649), sig. B1; Ashm. 423, ff. 168—169。为其宣讲的布道包括: R. Gell, *Stella Nova*(1649); id., *A Sermon touching God's Government*(1650); E. Reeve, *The New Jerusalem*(1652); J. Swan, *Signa Coeli*(1652); R. Carpenter, *Astrology proved harmless, useful, pious*(1657)。

98. Lilly, *Christian Astrology*, sig. B2.

99. Ashm. 423, *passim*.

100. *H.M.C., 10th rept.*, appx., iv, p. 511; E. E. Trotman, in *Somerset and Dorset Notes and Queries*, xxvii(1961), pp. 220—221.

101. *D.N.B.*; C. Goodall, *The Royal College of Physicians*(1684), pp. 3379; *H.M.C. Hatfield*, xii, pp. 290, 551—553; J. Strype, *The Life and Acts of John Whitgift*(Oxford, 1822), ii, pp. 457—458; *A Companion to Arber*, ed. W. W. Greg(Oxford, 1967), pp. 146—147; A. L. Rowse, *The Elizabethan Renaissance*(1971), pp. 144—152. 福尔曼自传中被删除的内容被J.O.哈利维尔在1849年私自按以下书名出版 *The Autobiography and Personal Diary of Dr Simon Forman*。

102. *D.N.B.*; Josten, *Ashmole*, p. 21n; *C.S.P.D., 1634—1635*, p. 378;我还没能成功破译他的速记手稿。

103. *Autobiography* 的原始文稿参见 Ashm. 421, ff. 178^v—224。牛津的阿什莫尔博物馆管理的利利判例书籍并不全面。有人曾在本世纪初在书店见过遗失卷册中的一本; L. F. Salzman, *Mediaeval Byways*(1913), pp. 18—19。

104. Josten, *Ashmole*, p. 469,统计阿什莫尔用时在7分钟到15分钟之间。

105. 计算基于 Ashm. 中相关的判例汇编。

106. 比如卡尔佩珀于1640年至1654年间从事这项活动,据说他一个早晨平均能接待40个顾客; F. N. L. Poynter, "Nicholas Culpeper and His Books", *Journ. of the Hist. of Medicine*, xvii(1962), p. 156。

107. Ashm. 185, ff. 68^v, 233, 236, 225^v.

108. W. H. Hart, "Observations on Some Documents relating to Magic in the Reign of Queen Elizabeth", *Archaeologia*, xl(1866), pp. 391—394.

109. F. A. Yates, *Theatre of the World*(1969), pp. 61—62; G. Le Neve, "Vindicta Astrologiae Judiciariae"(Ashm. 418), p. 430.

110. *Select Cases in the Council of Henry VII*, ed. Bayne and Dunham, pp. 151—169. 下书中有关于窃案之后的这个程序的描述: Parr, *Tamburlaine's Malady*, chap. 11。

第十章　占星术：实践与范围

111. 例如：福尔曼了解"该人是死是活"和"他在哪个国家"的方法（Ashm. 240, ff. 1—7）。

112. Ashm. 363, f. 252^v; Ashm. 330, f. 152^v.

113. Ashm. 210, f. 100.

114. Ashm. 427, ff. 21, 9^v, 20.

115. Ashm. 427, ff. 98, 107^v, 140, 141^v, 162.

116. Ashm. 418, p. 449.

117. J. A. Froude, *History of England from the Fall of Wolsey to the Defeat of the Spanish Armada*（n.d.）, i, pp. 539—541.

118. Ashm. 387, p. 320.

119. *D.N.B.*, "Whalley, J."

120. 参见第 379 页，以及本章第 192 条注释。

121. 有关蒙森, see e.g., R. Taylor, "Sir William Monson Consults the Stars", *The Mariner's Mirror*, xix（1933）; Ashm. 226, ff. 103, 107。关于蒙森夫人, ibid., ff. 37, 233。关于利特, Ashm. 236, f. 1v; Ashm. 802, ff. 234 ff.; Ashm. 411, f. 148; Ashm. 219, ff. 5v, 16v, 20v, 31v, 71。

122. *H.M.C., Hatfield*, xii, p. 290.

123. E.g., R. Saunders, *Apollo Anglicus*（1656）, sigs. C7^v—C8; id., *Palmistry*（1663）, ii, pp. 159—160.

124. 关于各种各样问询的例子，参见 Ashm. 427, ff. 254v, 274; Ashm. 184, f. 9; Ashm. 420, f. 3; Ashm. 178, f. 41。有关一名海军军官用占星解释他的船在第二次荷兰战争中的好运气，参见 *Three Sea Journals of Stuart Times*, ed. B. S. Ingram（1936）, pp. 27—87。

125. F. Crow, *The Vanity and Impiety of Judicial Astrology*（1690）, sig. A2v; G. L. Kittredge, *The Old Farmer and his Almanack*（Boston, 1904）, pp. 39—40.

126. J. S., *The Starr-prophet Anatomiz'd and Dissected*（1675）, p. 6.

127. Ashm. 178, f. 74; Ashm. 427, if. 84, 170, 221^v; Ashm. 184, f. 65; Ashm. 420, ff. 297, 333.

128. Lilly, *Christian Astrology*, p. 162. 当船舶确实延误入港时，人们通常都会按照惯例扣除海上保险。See below, p. 780.

129. J. Gadbury, *Nauticum Astrologicum*（1691,但在此 12 年前便已完成）, pp. 95—96, 105。考克斯是利利的顾客，也正是他把瑞典查理十世送给占星师

的金链子拿了回来；Lilly, *Autobiography*, p. 171；Ashm. 427, f. 59v。

130. *The Rules and ryght ample Documentes, touching the Use and Practise of the Common Almanackes*, trans. H. Baker [1558], sig. Giiiv. 这种估算的特有规则参见 W. Ramesey, *Astrologia Restaurata*（1653）, pp. 285—287；Ashm. 177, f. 130（玉米的价格）；Sloane 1312, f. 38（"饥馑还是丰饶的问题"）；Sloane 2535, f. 78（"得知每年麦子的价格"）；J. Middleton, *Practical Astrology*（1679）, pp. 146 ff.（土地的价格）。

131. R. Ehrenberg, *Capital and Finance in the Age of the Renaissance*, trans. H. M. Lucas（1928）, pp. 240—242.

132. Ashm. 330, f. 143ᵛ；Ashm. 185, f. 256. 类似的问题参见 Ashm. 210, f. 111ᵛ；Ashm. 427, ff. 10ᵛ, 36ᵛ, 147, 149；Josten, *Ashmole*, p. 193；J. Russel, *Astrological Predictions*（1659）, p. 15。

133. Josten, *Ashmole*, p. 1711.

134. Ashm. 184, f. 47. Cf. Ashm. 420, ff. 96, 108ᵛ, 303ᵛ；Ashm. 210, f. 118.

135. Ashm. 225, f. 308.

136. E.g., Ashm. 210, f. 126ᵛ；Ashm. 427, ff. 83ᵛ, 162.

137. Ashm. 210, f. 135v.

138. Ashm. 427, ff. 122v, 121.

139. J. Venn, in *The Caian*, vi（1896）, pp. 30—33.

140. Ashm. 389, p. 134.

141. Ashm. 183, f. 305. Cf. Ashm. 210, f. 133；Ashm. 420, p. 197.

142. Ashm. 240, f. 212. 关于安德鲁斯，参见 Josten, *Ashmole*, p. 1181, n. 3。

143. Josten, *Ashmole*, p. 559.

144. Ashm. 354, f. 296. 在埃塞克斯地区骑士爵位泛滥的期间（关于此事，参见 L. Stone, *The Crisis of the Aristocracy, 1558—1641*[Oxford, 1965], pp. 72—73），占星作家克里斯托弗·海登获得了爵士头衔。

145. Ashm. 240, f. 135；Ashm. 386, pp. 123, 122；Ashm. 178, f. 93. 约翰·沃克斯也曾给过赛马指导（*Durham High Commission*, p. 37）。16世纪中叶，罗伯特·艾伦把占星伎俩成功应用于桥牌和掷骰子游戏上（*Narratives of the Reformation*, ed. Nichols, pp. 326—327）。

146. Ashm. 354, pp. 96, 256；Ashm. 219, f. 23；Ashm. 363, f. 241.

147. Josten, *Ashmole*, pp. 189—190, 1340—1341. Cf. S. B. Baxter, *The Development of the Treasury, 1660—1702*（1957）, pp. 181, 258.

第十章 占星术：实践与范围

148. 乔斯滕博士发现了这个问题（*Ashmole*, pp. 189, 1347—1348, 1350—1351, 1362），她破译了大量阿什莫尔的速记手稿。国王有可能曾在1679年再度咨询过阿什莫尔（ibid., p. 234）。关于他在1673年10月27日的演讲，参见 *The Parliamentary Diary of Sir Edward Dering, 1670—1673*, ed. B. D. Henning (New Haven, 1940), p. 151。

149. *Mr Tho. Dangerfeilds Particular Narrative* (1679), pp. 25—26；J. Partridge, *Mene Tekel* (1688), p. 3 (2nd pagination)。

150. Ashm. 184, f. 3。

151. Ashm. 184, f. 1^v。

152. Ashm. 184, f. 40；Ashm. 178, f. 163。

153. Ashm. 178, f. 24。霍尔伯恩的财产被没收了（*H.M.C.*, vi, p. 87），并且他在1646年12月3日被要求同意不起诉（*Calendar of the Committee for Compounding*, ii, p. 1586）。

154. Ashm. 420, attached to f. 267；P. Zagorin, *A History of Political Thought in the English Revolution* (1954), p. 21。奥弗顿的不确定性大概产生于第二次内战前夕4月24日圣奥尔本斯的煽动者所做的决定，这些煽动者的目的是重新开展改革，即便这可能以威胁军队团结为代价。See S. R. Gardiner, *History of the Great Civil War* (new edn, 1894), iv, pp. 116—117。他喜好占星的关键也许是出自罗伯特·弗拉德的影响；S. Hutin, *Les Disciples anglais de Jacob Boehme aux XVIIe et XVIIIe siécles* (Paris, 1960), pp. 62, 215。

155. Ashm. 184, ff. 160, 162^v；Lilly, *Christian Astrology*, pp. 199, 455—456。

156. (B. Whitelocke), *Memorials of the English Affairs* (1732), p. 144。

157. Ashm. 420, f. 47；Ashm. 185, f. 211 (cf. Lilly, *Christian Astrology*, pp. 439—442)；Lilly, *Autobiography*, p. 189。

158. Ashm. 210, ff. 101, 125v, 133, 148；Ashm. 420, f. 188；Ashm. 185, f. 69；Lilly, *Christian Astrology*, pp. 448—449。

159. Ashm. 420, f. 201^v。

160. Ashm. 427, ff. 6^v, 33, 36^v。

161. Ashm. 389, p. 647。

162. Ashm. 180, f. 122 (the reply is at f. 125)。

163. Ashm. 423, f. 165。

164. E.g., Ashm. 385, p. 128；Ashm. 178, f. 8。

165. Ashm. 185, ff. 173, 11v.

166. Ashm. 427, f. 45^v; Ashm. 336, f. 135; Ashm. 178, f. 156; Ashm. 354, p. 128.

167. Ashm. 185, ff. 6v, 234.

168. Ashm. 390, ff. 2—36^v; B. Jonson, *The Devil is an Ass*（acted 1616）, II. iii.

169. Ashm. 390, ff. 161—165; Ashm. 182, f. 86; Ashm. 427, f. 201^v.

170. Ashm. 178, ff. 143^v, 125; Ashm. 184, f. 113^v; Ashm. 185, f. 172; Ashm. 330, f. 144^v; Ashm. 210, f. 112^v.

171. Ashm. 330, f. 130v.

172. A Weldon, *The Court and Character of King James*（1651）, in *Secret History of the Court of James the First*（Edinburgh, 1811）, i, p. 417: Ashm. 184, *passim*. 其他例子参见 Ashm. 420, ff. 334, 336^v; Ashm. 427, ff. 7, 110^v, 194。提问方式参见 R. Ball, *Astrology Improv'd*（2nd edn, 1723）, pp. 189, 191—192。

173. *Character of a Quack Astrologer*（1673）, sig. Cl^v; Lilly, *Christian Astrology*, p. 132. 然而理查德·桑德斯曾宣称他可以预示人的死期; *The Astrological Judgment and Practice of Physick*（1677）, p. 79. Cf. Russel, *Astrological Predictions*, p. 17（"关于生死的问题我从不正面回答"）。

174. H.M.C., viii（I）, p. 228.

175. Atwell, *An Apology*, pp. 26—27（阿特韦尔曾是他的患者）。

176. J. Indagine, *Briefe Introductions... unto the Art of Chiromancy, or Manuel Divination, and Phisiognomy*, trans. F. Withers（1575）, sig. Jv.

177. E.g., Ashm. 355; Ashm. 1495, ff. 45—454。

178. Ashm. 389, p. 174.

179. 这类案例组成了伦敦大量未查明的占星活动（1614—1619）, 他们被记录在 Ashm. 330。

180. Ashm. 340, ff. 151, 174; Ashm. 412, f. 296^v.

181. Ashm. 364, p. 55; Ashm. 185, f. 110.

182. Ashm. 330, f. 5^v.

183. Ashm. 427, ff. 184, 160; Ashm. 185, f. 1.

184. 关于这一点, See below, pp. 756—757。

185. Ashm. 392, ff. 1—39; Ashm. 205, ff. 124—135^v; Ashm. 177, f. 160; Ashm. 175, f. 20; N. Culpepper, *Opus Astrologicum*（1654）, sigs. F4^v—F6^v;

第十章 占星术：实践与范围

J. Gadbury, *The Doctrine of Nativities* (1658), ii, pp. 260—262; J. Middleton, *Practical Astrology* (1679), pp. 157—161; H. Coley, *Clavis Astrologiae Elimata* (2nd edn, 1676), pp. 170—172; Ball, *Astrology Improv'd* (2nd edn), pp. 116—118, 272.

186. Ashm. 354, p. 280.

187. Ashm. 427, ff. 35, 64^v, 69, 104^v, 111^v, 201; Ashm. 240, f. 119; Josten, *Ashmole*, pp. 55, 468; *The Portledge Papers*, ed. R.J. Kerr and I. C. Duncan (1928), p. 252.

188. Ashm. 354, pp. 176—177; Ashm. 219, ff. 30^v, 122^v.

189. Ashm. 420, f. 25; Ashm. 427, f. 200; Ashm. 225, f. 328^v; Lilly, *Christian Astrology*, pp. 442—444.

190. Ashm. 184, *passim*.

191. Gataker, *His Vindication of the Annotations*, p. 180.

192. 1654年6月至1656年9月间，利利记录了4403项数据（Ashm. 427）。只有582个案例（大约占15%）明确记录了顾客的职业或社会地位。这些数据可以参见下表：

上等人	24
专业人士	36
生意人、手艺人和其他职业（总计59种不同职业）	128
船员	104
军人	32
女仆	254
贫民	4

在1656年至1657年间布克的2 003名顾客中，能判定性别的有990位男性和957位女性（Ashm. 183）。

193. Lilly's *Autobiography*, pp. 89—90; Ashm. 178, f. 185^v; Ashm. 243, f. 198; *Bishop Burnet's History*, i, p. 164 (but cf. *H.M.C.*, Egmont, ii, pp. 508—509). 他众多执着的客户中有斯林斯比夫人、戴安娜·波特夫人（戈林勋爵之女，还是恩迪米恩·波特之子乔治之妻）、阿伯加文尼夫人和怀尔德古斯夫人（大约

是罗伯特·怀尔德古斯爵士之妻)。

194. Ashm. 185, f. 18; Clarendon, *History of the Rebellion*, i, p. 73.

195. Ashm. 411, f. 161^v; G. E. C (okayne), *The Complete Peerage*, ed. V. Gibbs (1910—1959), vi, p. 506.

196. *C.S.P.D., 1611—1618*, p. 339.

197. Ashm. 419, ii, ff. 49, 19.

198. Ashm. 394, if. 2 ff.; Josten, *Ashmole*, p. 471, n. 1.; Ashm. 420, f. 304; Lilly, *Autobiography*, p. 231; W. Lilly, *Monarchy or no Monarchy* (1651), p. 49.

199. Ashm. 426, ff. 120, 133, 184; Ashm. 387, p. 432; Ashm. 385, ff. 37, 404, 465. 有关内皮尔的顾客,参见以下文献罗列的名单: *Catalogue* of Ashmolean MSS。

200. Ashm. 419, i, f. 144^v; Ashm. 426, f. 295^v (给出他的生日是 1625 年 8 月 21 日,*D.N.B.* 中并没有记录这一事实)。

201. Above, p. 371; Josten, *Ashmole*, pp. 188—189, 1296 (Clifford), 659 (Ogilby), 520 (Beale), 1477 (Hoskins). 克利福德也同样咨询了加德伯里的意见并严肃认真地对待占星咨询结果(Ashm. 179, 1; Evelyn, *Diary*, ed. de Beer, iv, p. 22; C. H. Hartmann, *Clifford of the Cabal* [1937], pp. 9 n., 305—307),尽管像其他许多人一样,他也佯装成一副看不起占星术的样子 (Hartmann, op. cit., pp. 301—302)。

202. B.M., Add. MS 27, 986, f. 27*; Egerton MS 2378, f. 37^v.

203. Lilly, *Autobiography*, pp. 241—242; Lilly, *Christian Astrology*, sig. B1.

204. Ashm. 185, f. 146; Lilly, *Autobiography*, p. 168.

205. Lilly, *Autobiography*, pp. 140, 145 (and below, p. 442). 用于支付给外国情报人员的抚恤金只发了两年。

206. Lilly, *Autobiography*, pp. 85—86. Cf. ibid., p. 231.

207. J. Heydon, *The Harmony of the World* (1662), sig. c6. 其他信息参见 *The late Storie of Mr William Lilly* (1648), p. 6; C. Blagden, in *Studies in Bibliography*, xi (1958), p. 111。安东尼·伍德估计利利的年收入为 200 英镑; Wood, *Life and Times*, ii, p. 543。

208. Lilly, *Autobiography*, pp. 44, 68; *D.N.B.*, "Partridge, John". Cf. *London Inhabitants within the Walls* (London Record Soc., 1966), p. 224.

第十章 占星术：实践与范围

209. *Tatler*, no. 240（21 Oct. 1710）.
210. Lilly, *Autobiography*, pp. 68, 75, 227；J. Gadbury, *Ephemeris*（1697）, sig. A7；（J. Younge）, *Sidrophel Vapulans*（1699）, p. 31.
211. Ashm. 225, f. 295.
212. J. Gadbury, *Collectio Geniturarum*（1662）, p. 124.
213. *Durham High Commission*, pp. 34—40.
214. J. Hart, *The Diet of the Diseased*（1633）, p. 22.

第十一章

占星术：其社会与知识的作用

通常占星术的用途有以下十种：第一，它展示给我们那些让人惊异的差异的缘由，不仅涉及相关的地域，而且也触及在不同的环境之下，人的智性和他们的生活习性。第二，它证明为什么会产生如此众多的类别的原因。第三，在某个时间，一类事件或者天数可能会降临于这个国家，它也被称为星占学。第四，它预言空气的各种各样的状况，和每个时刻的其他元素的状况。第五，它告诉我们农产品、谷物、葡萄酒和油料，诸如此类大地出产的东西，它们的丰收或是灾荒：泰勒斯早就有此经历，他预先知道将有饥荒到来，提前储存了许多的农产品，后来卖了个高价。第六，战争，饥荒，突如其来的干旱，洪水，牲畜的死亡，王国的变更，王储的暴虐，等等。第七，什么时候适合播种，还有和耕种的技艺相关的一些事情。第八，他给那些教授物理学的人以知识，使得他们成了导师。第九，这类制造预言和星历表的科学对所有人而言都是有需求的。第十，它可以展示每时每刻的温度，以及各种日日月月、岁岁年年的变化和倾向。

威廉·英彭，《数字的秘密》(1624)，第68—69页

第十一章　占星术：其社会与知识的作用

> 现在一些事情已经发生了，但没有一件事情是我所宣称的那样。但是，我获得了钱财。
>
> 劳伦斯·克拉克森论自己的占星师职业生涯
> （《发现丢失的绵羊》[1660年]，第32页）

一　求知欲

占星术所炫耀的无所不包的知识性是最具有吸引力的。它为一切稀奇古怪的人类和自然的行为提供了一整套系统性解释，大体来说，没有什么问题它不能解答。中世纪的一位作者写道："对于精通天文学的人来说，在他可以通过理性来了解的世界上没有他所不知道的事情。"[1] 人间发生的每一件事都能够用占星方法来解释。如利利在其《基督教占星术》（1647）中指出的那样："在这个世界上，凡是与人类生活有关的任何事情都无不以这种或那种方式与天上的十二宫之一有着关系。"[2] 正是出于这样的理解，占星技能才如此迷人。在不存在任何对立的科学解释体系——尤其是社会科学（社会学、社会人类学、社会心理学）——的情况下，没有其他现成的思想主体（宗教除外）为光怪陆离的人类事务提供如此包罗万象的解释。同时，医学、生物学和气象学等科学也没有发展到足以肯定和完全了解自然界的程度。这就是占星术所填补的知识空白，并提出了最早期的普适自然规律。长期以来，一直采取这样的绝对取舍：要么接受占星术的理论，要么如约翰·加德伯里在1674年提出的那样，不得不承认自己对于事件的真正原因一无所知，"满足于把它们视作毫无任何理由可言的自然界的玄秘性质"。[3]

占星师的出发点便是通过占星术解释为什么每个人各不相同。他们认为，人与人的不同是因为各人诞生时的天体影响了人们的外貌、资质和脾气性格。其他因素也并非没有关系。占星师并不同意乔治·赫伯特的说法：婴儿的举止风貌"是按父母的样子而非其天宫图上的星辰而形成的"，[4] 但是他们也承认遗传、环境和教育对个人品格的形成所起的作用。然而，生辰天宫图是基本的决定因素。它不仅解释了人类的差异，而且也有助于提供一组用以描述他们的有用词汇。正确地说，占星术是"最初试图认识完整的人类类型学体系"。[5] 占星术的理论是如此头头是道，以至于从占星术中衍生出来的诸如"木星的"、"水星的"和"土星的"这类形容词在我们的语言中拥有了永久性地位。

这个体系的缺点在于它的僵化性。由于只有数量有限的行星和黄道十二宫上的宫段，所以占星师就倾向于把人类的潜在可能性简化成一组固定的类型，而且只假定有限的可能变异。更具有知识的信仰者则充分意识到了这种危险，因此就试图创造一种更加精微的技术。例如，约翰·奥布里承认："我们被行星控制了，犹如钟里的齿轮和钟摆驱动指针一样。"但是他完全意识到人类个性的无穷变幻性，觉得需要有公正表达他们的占星术词汇。所以，他在收集传记材料——这些材料后来成了著名的《小传》一书——时，详细地记下了所能发现的其笔下人物的所有生辰天宫图，这份细心与其皇家学会会员的身份是相符的；他希望通过这种方法把人类的生活经历和出生时的占星情况进行科学的比较，从而有可能创造出一种更为精确的星占学。[6] 正如培根派哲学家乔舒亚·奇尔德雷所评论的那样："这门精彩技艺进步的方式是将人类及国家的事件与天体影响进行回顾和比较，这不仅是在检验旧原则的真实性，而且还增添了新的原则，这很可能是这门技艺的继承者们尚未梦想到的。"[7]

占星师从人类之间的差异扩展到了历史进程中所出现的范围更广阔的问题。一个民族的政治史在某种程度上可用其统治者们的个人心理学来解释。在基本上是专制的王朝时代，将注意力集中在王公诸侯的天宫图上是完全正确的。威廉·卡姆登暗示，占星解释了女王伊丽莎白一世对于莱斯特伯爵的迷恋。[8] 约翰·加德伯里

第十一章　占星术：其社会与知识的作用

断言,查理一世的整个经历都隐含在其天宫图的占星情况中。[9] 还有些人则声称,瑞典的古斯塔夫斯·阿道弗斯要不是选择了一个占星术上的不吉利时刻开战,他就绝不会被杀。[10] 行星的运动可以说明每一桩历史事件。杰罗姆·卡登将亨利八世与罗马教宗关系的破裂归因于 1533 年火星、水星和木星在白羊宫的会合。[11] 亨利·科利认为:"哈维是根据土星和木星在炽三角的会合才发现了人体血液的循环。"[12] 威廉·利利根据同时代的行星运动解释了整个 16 世纪的英格兰历史。这是把君王和大人物之死与彗星出现的年代学联系起来的普通做法的扩展。[13]

今天我们觉得占星史上的这类做法是风马牛不相及的,但是它们在知识方面的重要性却十分可观。在意大利文艺复兴时期,关于循环的行星会合以及它们影响人类事务的占星学说有助于形成历史"周期"的概念。小会合(20 年一次)、中会合(240 年一次)和大会合(960 年一次)使得本来就无穷无尽和不可区别的人类事件洪流的各个环节形成了统一的整体。[14] 这种占星学说影响了 16 世纪和 17 世纪期间英格兰的历史编纂学。像利利和加德伯里等人对历史的思索通常是处于同时代历史著作的主流之外的,但是有时候各种潮流也会聚集到一块。艾萨克·牛顿爵士利用占星资料重建(否则就会失传)的古代世界编年史的著名尝试(《修正的古代王国编年史》,1728),便是知识环境的产物,在这个环境中,人们长期认为星辰的历史和民族的历史之间存在着关系。[15]

就像把民族间的差异归因于地理环境的古代气候理论一样,占星术假设旨在解释用其他方法无法解释的事情。约翰·布克认为,它的巨大优点在于"它能够找到其他技艺无法找到的道理",诸如回答"为什么居住在不同气候环境中的人们的风俗、仪式、生活方式和气质都不相同"这样的问题。[16] 奥古斯特·孔德承认,[17] 占星师乃是真正的历史解释体系的先驱。他们坚信,人类社会发展所依据的原则能由人类自己来解释,我们可以从中看到现代社会学的萌芽。

如果说是什么心态将17世纪的占星师们联合起来,那么这就是强大的对知识的好奇心,它出于将事物简化成秩序的欲望,并且确信有办法这样做。这在约翰·戈德的杰作《天体气象学》(1686)中显示出来,他是麦钱特·泰勒学校的隐蔽的天主教校长。献给詹姆斯二世的这部巨著处心积虑地想肯定行星对于天气、人类的瘟疫和不幸的影响。这本书是作者在三十年中所写的有关事件的日记基础上,再加上公元1500年以来国内外大事的其他记载扩充而成的。它旨在通过揭示同一时间内特殊事件和某些行星布局之间的一致性而获得进一步的知识。具有讽刺意味的是,戈德的著作出版的那年,正是牛顿将《基本原理》提交皇家学会的时候,我们很容易把戈德的书贬为陈旧思想体系的废物。但是读过这本被遗忘了的书的任何人都不可能不对其严谨缜密和经验主义的方法以及真正先见之明的偶然闪光留下深刻的印象。例如,戈德肯定是最早注意到自杀率随一年中的时间而异的作家之一。他借助于土星和木星的会合来解释这一点,这种解答肯定会被我们视为荒诞不经;但是我们得记住,现代的研究者只不过是更多地注意到了自杀率的变化,而不是解释了它们。[18] 他还试图寻找一直被人视为任意行为的内在规模,戈德的这种先锋作用是令人难忘的。

占星师在没有其他解释可循的情况下,主动提供答案的意愿有助于说明他们对于大众的吸引力。1644年,弗朗西斯·伯纳德写信给利利,勾勒了关于当时火灾频起之原因的一个新理论。他解释道,他长期以来一直在考虑这样一个假设:城市也可以制作天宫图,恰如人类一样。其中的困难只是在于,个人的确切出生时刻通常是可以确定的,但是一座城镇的生辰天宫图实际上无法断定,"大多数城市在不知不觉之中发展起来,它们最初兴起的时间不是有所争议就是已被遗忘"。但是伯纳德想出了一个取代的办法。这就是把火灾看成仿佛是人体的发烧一样。这样,一个城市的天宫图就可以用"事故"来重建了。伯纳德确定了伦敦历次火灾发生

第十一章　占星术：其社会与知识的作用

时的占星状况,从1212年伦敦桥被烧向后推算,他坚信自己已构想出了伦敦的天宫图,而使他极度振奋的是,他此后经常能预测伦敦未来火灾发生的确切星期了。受到伦敦成功的鼓励,他打算对阿姆斯特丹如法炮制。"只有时间才能证明我们是否能像指导人一样指导城市的命运。"[19]

由于缺乏任何其他替代物,因而以占星术解释瘟疫的道路也畅通无阻。正如加德伯里正确指出的那样:"不管怎样,没有其他的技艺能够做出这类预言。"[20] 鼠疫时期的占星解释是最受知识分子欢迎的,[21]并且一直广泛流传到17世纪后期瘟疫消灭为止。它完全符合流行的瘴气理论,因为天体状态的变化为空气的腐败提供了貌似有理的解释:星辰带来了热量与湿气,于是空气就很自然地变质了。[22]

考查这种理论的方式绝不是不科学的。占星师们列出了过去所有的大瘟疫。他们把这些瘟疫与已知的同时的星体位置进行比较,最后指出二者之间的相互关系。[23] 然后,他们便认为能够预测任何严重瘟疫的发病范围和持续时间。福尔曼曾制定规则来预测每星期的死亡人数。[24] 加德伯里吹嘘说,1665年的大瘟疫曾被他及其四个同行预言过。[25] 占星师就这样驳斥了瘟疫将二十年循环一次的说法,[26]以及君王之死导致瘟疫的理论,这一理论曾由于1603年和1625年的大瘟疫而显得颇有道理。[27] 其他的疾病也可以用占星术来说明。约翰·凯厄斯借助于行星的会合部分地解释了"盗汗"。[28] 约翰·戈德在1679年给阿什莫尔的一封信中也以类似的方式"谈到了我们的咳嗽,以及死亡名单的增长"。他声称,这种事情如果没有占星师是不可能理解的,"他们找到了空气变化的奇妙原因以及行星的古怪神秘的威力"。他回忆起1675年的情况,当时查理二世问他,咳嗽的原因是什么,他承认:"我那时候什么也不知道,但是现在我认为……"[29]

我们不必跟随戈德沿着其"楼梯精神"的道路去了解纯粹的理性快乐为什么是这种努力的驱动力。他写道:"世人不理解,我们的思索是多么的高尚,当看到天体运动遵从着我们的预测时,我们是多么地满意。"[30] 攻击占星术的大量小册子的作者正是那些暂时身陷占星术符咒的人,这绝不是偶然的巧合。[31] 但是麻烦之处在于这一学科不适宜成为一门真正的实验科学。过去事件与天体运动的精微关系乃是整个努力的关键之处,但是缓慢的生命不可能有快速的结果。威廉·塞尔登认为,如果土星和木星的大会合要八百年才发生一次,那么就极难验证或者驳斥与之有关的理论了。[32]

尽管存在着这种障碍,但是占星师们对于个人灾殃的解释似乎仍然吸引着主顾。当约翰·布雷登的两个女儿相继在两个月里去世后,深遭丧亲之痛的父亲便写信给理查德·内皮尔,讨论这次悲剧的"占星原因"。[33] 来到占星师咨询室的许多主顾都要求对他们所遭受的种种不幸进行解释:疾病、不育、流产、政治失败、破产。毫无疑问,当他们得知在出生时就注定了这种不幸,要比听到除了指责自己外别无客观原因时更能得到宽慰。约翰·奥布里常用亨利·科利的观点来安慰自己所遭受的种种世俗失败:他自从诞生以来一直"在一大批拙劣的指导下艰苦奋斗"。[34] 伊丽莎白时代的预言者和历史学家弗朗西斯·锡恩在1588年写信给伯利,把他在名利场中的失败归咎于天体的不利影响。[35] 这类例子增强了《李尔王》中埃德蒙的讽刺意味:

> 这就是世界上最厉害的纨绔习气,当我们命运不佳时——这往往是我们自己行为放纵的结果——我们便把灾难的罪责归咎于太阳、月亮和星辰:仿佛我们是由必然性造成的坏蛋,是天体强迫成的傻瓜,是苍穹主宰制成的无赖、窃贼和叛逆,是行星影响逼出来的酒鬼、扯谎者和通奸者;我们的一切邪恶都可以用卜来推卸掉;嫖客的极好遁词便是把他好色的禀性归罪于一颗星辰![36]

第十一章 占星术：其社会与知识的作用

占星术就这样以逃避责任的手段吸引人们，它基本上解脱了遭受灾殃的人们和社会的罪责。它像宗教一样，也反对把不幸看成是完全任意的观点。[37]占星师约翰·巴特勒声称，在自然界里没有真正的"偶然"。[38]占星术的假设解释了一切事情，从两个恋人[39]的投契一直到外科手术出乎意料的失败。[40]克里斯托弗·海登说，那些反对占星术的人只能在两个同样是毫不动人的说法之间进行选择：要么是盲目机会的统治，要么是一个反复无常的神灵的主宰。[41]作为对于这种索然无味的概念的取代，占星术扮演着知识上的中坚角色。

所以说，占星解释的魅力主要来源于知识方面：它提供了一个有条有理和广博的思想体系。"广博"这一点尤其实用。因为占星师通过为主顾提供其逼真的命运评估，便为自我认识的更大自主权开辟了更为自由的前景。利利解释道，他为主顾确立了生辰天宫图，便"对于此人一生中可能交上的总的好运或噩运做出判断，同时也判定他的脾气、体质、品格、外貌，等等。然后，我指出其吉利的年份，涉及健康、失财、升迁，等等。"[42]制作生辰天宫图和如今接受心理分析是同样具有吸引力的。其结果是，可以透彻地分析个人深藏着的心态、其应当发展的品格，以及他应予以小心的缺陷。当然，占星师始终声称，对于个人天宫图的计算只不过是其潜在可能性的指南，而并不表明他处于了不可避免的命运的控制之下。然而，如果隐藏着未来的意外，那么也可能事先报道。理查德·内皮尔写道："一个熟练和精明的占星师可以通过他巧妙的技能向我们演示，如何规避来自星体的邪恶影响。"[43]或者，如另一个从业者所说："占星术的用途和目的是要发现和展示普遍发生的变异和事故（诸如战争与和平、饥荒与丰收，等等），以及尤其是人类身上的健康或疾病、富裕与贫穷等的原因，最终在于预见到这类事件，以便我们就可以像贤人一样，增加好运，祛除噩运。"[44]

这样，科学的占卜体系中所固有的可能性便展现出来了。按照约翰·奥布里的说法,占星术是"最好的指南,可以告诉我们,孩子们天生最适合或最倾向于什么职业";⁴⁵ 即使都铎王朝时期指责占星术是不信神的一个教士也不得不承认:"天文学家通过对星辰的观察研究,可以说出每个人天生最倾向于什么职业,以及一生中将拥有什么财产。"⁴⁶ 约翰·加德伯里甚至提出这样的建议:牛津大学和剑桥大学只能够限于向那些"占星师认为有足够学习能力的人"开放。⁴⁷

占星师还声称能预测政治事件的进程。加德伯里写道:"我相信:我们民族在内战期间遭受的大多数不幸都可以利用占星知识避免。"⁴⁸ 威廉·佩因认为,如果苏格兰人事先读过利利的历书,那么他们早就知道他们侵略英格兰是注定要失败的。⁴⁹ 1663年,理查德·桑德斯推荐其法国同行让-巴蒂斯特·莫林,说国王的枢密院中至少应该有三个占星师,这引起了人们极大的注意。⁵⁰

就像其他占卜形式一样,占星术也帮助人们对毫无理性基础的问题做出决定。约瑟夫·布莱格拉夫在《占星术概论》中有一段典型的文字,它告诉读者:"如何选择适当的时刻去拜访亲戚、弟兄或邻居,以便从他们那里取得自己所想要的东西。"另外有几处列出了何时打官司、决斗和求婚的规则。⁵¹ 通过观察阳性星座宫,甚至还可以选择生男孩的适当时刻。约翰·凯斯的指导简单得令人着迷:"如果你想要一个继承人即一个男孩来继承你的田地,那么就在阳性的行星和星座升起时进行观察,待到它们处于全盛时刻,就招来你的妻子,投下你的种子,于是你就会有个男孩了。"做必要的修正后,这个方法同样可以用来生女孩。⁵² 布莱格拉夫开出了各种草药处方与这一方法配合使用,他声称,在他自己的经验中,这种方法是很起作用的。⁵³ 占星术虽然以解释体系作为开端,但最终也开始主张控制未来。就像其他类型的巫术一样,占星也是一种套路,人们可以在软弱无能和把握不定的时刻求助于它。

第十一章 占星术：其社会与知识的作用

二 成功与失败

一旦占星术的解释体系的前提被我们所接受，那么对占星诊断心理学方面的魅力就不难理解了。但是还有一个问题：人们是如何开始相信它的？在我们看来，人类的日常生活由天体运动所决定的观念简直是荒谬绝伦的，以至于我们很难理解，那些既有知识又聪慧的人怎么竟会接受这种看法。即使以最大热情描写早期科学家的一些现代史学家，在遇到占星术及其信徒们的历史时，也免不了会嘲笑它或者摆出一副屈尊俯就的样子。

一般来说，我们完全可以认为，占星理论是从已被人们接受的托勒密的世界构图发展而来的，并被文艺复兴时期的宏观宇宙和微观宇宙理论大大加强。正如尼古拉斯·卡尔佩珀所说：

> 如果把整个宇宙看成一个统一的整体，而人只不过是该整体的缩影，那么除了疯子和傻瓜外，没有任何人会对星辰影响人体的说法感到惊奇，作为宇宙的缩影，人体内肯定也有着一个天体世界……每一个低微的世界都由其高位控制着，并接受来自它的影响。[54]

新科学已经使得这种思想方式过时了，但是至少在17世纪中叶以前的最纯洁的社会环境中，它还是相当受人重视的。[55]

不过就大众阶层来说，占星术的魅力不仅仅在于反映了流行的科学理论，而且还在于它是扎根在社会生活的环境之中。当时的普通人民远比今天的人更为关注天体。如今街上和屋子里的人工照明设备使得我们不大意识到天体无穷无尽的变化。现在住在大城市里的居民只有很少人知道月亮的盈亏周期，除了专业的天文学家外，人们几乎不会注意到日食、月食的发生。但是在工业前社会，人们点着火把照亮道路,在满月期间旅行。在伊丽莎白时代,夏天的工作日要比冬天的长,因为夏天的日照时间长。太阳时刻——日照时间的十二分之一——仍然是大众的习惯用法。[56] 当时的人依旧用太阳来计时;17世纪确实是日晷的伟大时代。

只要人们依然十分熟悉天体运动,那么,他们把天体变化与人间现象变化联系起来的某些尝试就不足为奇了。用沃尔特·雷利爵士的话来说,就是:

> 如果我们不否认上帝给予了泉水、冻土、植物、石块、矿物以及一切生物排泄物以功效,那么我们为什么还要剥夺美丽星辰的作用威力呢?星辰是那么繁多,那么美丽辉煌,我们不能因为上帝智慧宝库的无限性而不给予每颗星辰以独特的功效和作用;因为就连装饰大地的每一样草、植物、水果、鲜花也有着各自的功效。[57]

这个说法看上去是极有道理的。众所周知,天体运动导致了日夜交替和四季循环,月亮控制着潮水。鲜花的开放反映了太阳的出现。既然流行的中世纪理论把一切疾病都说成是由过量或不足的热、冷、干、湿引起,既然这些品质的变动可以貌似有理地看成是气候的结果,那么,相信疾病由星辰决定也并不算过分。(高德认为,"当我们得知体内的血液每隔24小时循环一次时",天体对于人体的影响似乎更大了。[58])19世纪的农村,仍然广泛流传着关于月亮影响农作物和天气的传统说法,两个世纪以来一直没有受到科学的影响。弗朗西斯·基尔弗特在其1878年的日记里记载了他拜访教区中一个重病老太太的情况:"她说:'这是天狼星,我要到星期六这颗天狼星消失后才会好起来。这是颗邪恶的星。'"她这种说法可以通过17世纪的大众文学而一直上溯到希波克拉底的著作。[59] 这与古代关于垂死者随潮水而去的信仰并无不同;教区居民死亡时的潮水状

第十一章　占星术：其社会与知识的作用

况确实记录在伊丽莎白时代的一本教区登记册中。[60]这种观念与其说是关于共感和感应的知识性理论的残存物，还不如说是原始世界生活的直接产物，在那个世界里，人类基本上依赖于潮水和气候，这很自然地会令人假想人与其环境之间存在着共感关系。

即使在18世纪，英格兰多数的经济也还依赖于气候。[61]这就使得占星术的预测显得颇有道理了。对气候的预测意味着对庄稼收成的预测；而预测庄稼收成即是对随着食品短缺而出现的不满分子的预测，也就是预测了可能由不满而导致的造反。丹麦天文学家第谷·布拉赫便是精确地按照这些线索而构成了他的占星术辩护的。[62]同样地，对于占星师来说，预言疾病和死亡也是十分有道理的，因为人们通常都同意人的健康受到空气状况的影响，而空气则受到天体的影响。只要彗星仍被认为是地面炎热和干燥特性的发射物，那么预言彗星会使大地枯焦而导致饥荒，就不是那样荒诞无稽了，这正如人的血液干燥就会产生怒气，从而导致争吵和战争一样。[63]即使今天，我们还一直把健康与处境的改善归因于"空气的改变"。

简言之，一个社会的有效运行如果仍要依靠气候，并且很少有办法来使自己免受风暴或干旱的劫掠，那么，天气预言就不仅仅只是天气预言。它不可避免地会附带出一长串具有社会和政治特色的影响深远的结果。因此，占星师每年在其历书中发表的预言是相当合乎情理的。甚至加尔文也不得不承认，占星术最狡猾的特色就是从一系列无可否认的事实出发。[64]

但是，仅仅貌似有理还不足以使得这个体系在许多次预测不可避免地失败以后继续存在下去。当占星术完全无法为知识分子提供他们所需的精确预言时，为什么还会使得他们献身于此？我们获得了约翰·布克连续17年的占星业务记录，在此期间，毫无迹象表明其业务渐趋萧条。与此相反，同样的主顾反复光临，并将其朋友们带来。他是如何使得他们经常光顾的呢？为什么历书和预言并不因其大量和重复的谬误而凋敝下去？

在接触到这个问题时,我们必须记住,占星师们——或者至少是那些有名的占星师——并不声称自己的预言具有约束力和不可动摇的品质。他们所说的只是:这些预言很可能被应验。从托勒密到帕特里奇,说星辰倾向于而不是一定导致事件发生已经成为占星著述中的陈词滥调。利利的年度历书中有幅卷首插画,画中一个占星师手持一书,书的题名意味深长:不一定。一个人可以通过自由意志和自我决定的锻炼,有可能克服其天宫图上所展示的倾向。这样,两个同时出生的人就完全可能有不同的命运。一个从业者说,占星师不做明确的预言,而只是"通过自然原因进行可能性的推测,这种自然原因在天体影响不被约束的情况下是可能发生的"。[65]一旦认识到这一基本的局限性,就很容易解释占星预测并不始终是正确的原因了。占星师只说鉴别了其主顾命运安排的倾向,而不说他是否一定会屈从于它们。占星师还会提醒其主顾,个人的天宫图有可能被他所居住的国家的天宫图所克服。托勒密不是曾规定王国的命运压倒个人的命运吗?因此,在主顾所要求的精确预言和占星师更喜欢做出有条件的答复之间就存在了矛盾。[66]

所以,占星师习惯于让预言模糊地定位,并用"如果"、"但是"等词掩盖起来。这就意味着无论发生什么情况,都很难说历书作者犯了错误。例如,1607年的一份历书暗示,一次日食或月食可能导致"大量的私人怨恨、恶感和嫉妒,以及大型生物的死亡、许多人被监禁、一些基督教会人士死亡"。[67]1614年的一份历书则预言"有若干农民的牲畜会失踪和生病"。[68]这种把戏很快地被讽刺文作者揭穿了,戏仿历书《可怜的罗宾》在商业上的成功几乎可与真历书相媲美,它预测1644年2月道:"我们可以期望这个月或下个月,要不就是再下个月有暴雨或一般性的雨,否则我们就会遇到一个非常干旱的春天。"乔纳森·斯威夫特提出了一个更具有毁灭性的指控:

他们的观察和预测千篇一律地适用于世界上的任何时代

第十一章 占星术:其社会与知识的作用

和任何国家。"本月有位伟人有死亡或患病之虞。"对此,报纸上的新闻颇能说明问题;我们在年终会发现,没有一个月不是有一些名人去世的;我国至少有2000个名人,其中许多人都已衰老,历书作者完全可以选择疾病流行季节作为其预言的时期,所以如果客观情况不是如此,那倒才怪呢。还有,"本月有位杰出的教士将要升天";全国神甫成百上千,其中半数已行将就木。"某宫中的某行星展示了大阴谋将被及时揭露";此后,如果我们听到揭露了些什么,那么占星师就会声名大震,如果没有,那他的预言也仍然有效。最后还有,"上帝保佑国王威廉免遭其一切公开和秘密的敌人之害。阿门"。假如国王真的凑巧死了,那么是应验了占星师的公开预言;反之,则此话也可以看作是忠诚臣民的善意祝愿。[69]

斯威夫特这段话的夸张程度很小。暧昧含混是这类预言的基本特色,它们通常设计得"如此巧妙和模棱两可,以至于其中的词句始终能够暗示出现的事件"。[70] 此外,如雷金纳德·斯科特指出的那样,一句真话会使人相信其所有的谎话;所以从此我们就相信他们说的任何话了。[71] 更令人恼怒的是,占星师可以利用神灵干预的借口。利利主张,星占学只限于分析自然原因;它不佯装能解释上帝的奇迹。例如,诺亚洪水就没有占星原因,这是全能之神亲手的作品。[72] 空位期间混乱纷杂的事件迫使利利不断地求助于奇迹不可预测的说法,以便为错误的预言辩解。他在1652年解释道,查理一世死的方式是不能指望任何占星师预测的;此种情况是"神的奇迹而非自然的作用"。1659年,他预言在5月份护国公理查德·克伦威尔将"向全世界显示,他有能力统治"。后来,当5月成了护国公的退位之月后,这位占星师便使读者确信,这种政治变动是绝不能用占星术来发现的,因为它们显然是上帝之手的直接体现。他还暗示,即使他预见到了这些事件,也不宜宣布出来。复辟再次迫使利利求助于神灵干预说。怎么能指望他预言这样的奇迹？它们是超自然的行为，任何人类探查者都无法洞察。[73]

所有这些都给予我们一种浅陋遁词的印象，但是我们没有理由认为利利是不诚实的，或者认为读者应该拒绝接受他的解释。乔治·沃尔顿也将内战中保王派的失败归因于不可预见的超自然原因。[74] 文森特·温以虔诚的提醒口吻结束其1647年的预言："全能之神可能会另做安排，以使天上的预兆落空。"[75] 塞缪尔·塔克说："星体的影响必然发挥着作用……除非全能之神使大自然暂停，并亲自作用，我想，这就可称为奇迹。"[76]

审查制度中那种默默的暗示，同样具有说服力。毫无疑问，读者绝对分辨不出审查官是否干涉了有些被审查的历书，[77] 使得占星师无法说出真情。这一直成为占星师貌似有理的借口，直到1695年取消官方审查制度为止。蒂莫西·加德伯里发表的关于查理二世返回的预言只在真实事件之前两星期，他解释道，他当然早已料到此事，但是，一方面因为审查制度，另一方面也因为他不愿意由于预先警告了国王的敌人而伤害了国王的良机，所以他不能尽早公布这条消息。[78] 审查制度的限制以及知识性驳斥的缺乏始终培养了信仰，而不是消除了信仰。约翰·沃德（埃文河畔斯特拉特福的神甫）的笔记中有一段引人入胜的文字，证明了当时历书作者永无谬误的神话；他严肃地记录了占星师预测1666年伦敦大火的大部分报告，但是这些预言都被审查官罗杰·莱斯特兰奇爵士删除了。[79]

占星师也常以承认在计算中发生了错误作为最后一道防线。布莱格拉夫提醒读者道，假如他的钟慢了，或者递送问题的信使在途中耽搁了，那么他的预言就可能出现差错。[80] 主顾如果未能提供所有的有关事实，就会破坏计算。在任何情况下都有充分的余地来争论是否遵从正确手续的问题。犹如一个同时代人所评论的那样："创制一张天宫图的方法不下六种，每一种方法都有一个不同的预言。"[81]

因此，出现错误结果的占星师可以重新检查自己的计算，以找

第十一章 占星术:其社会与知识的作用

出产生谬误的地方。这种事后诸葛亮的最著名例子是意大利占星师杰罗姆·卡登,他在 16 世纪中期来到英格兰,并预测幼王爱德华六世至少能活到 55 岁,但是这位主顾不久后就去世了,卡登居然毫不知羞耻地发表了他的生辰天宫图,并附上一份题为《我的事后思考》的道歉书。在道歉书中他解释道,这一差错是因为他删去了一些额外的计算,这些计算至少花去他一百多个小时;他由于懒惰而使得冒险进行的计算没有应验。与此同时,他聊以自慰地承认,因为预言在位君主即将死亡,将会招致严重麻烦的。[82]

大多数其他的占星师也同样地不怕失败。他们安慰自己,没有一门人类科学是完善的,而占星术则肯定不比医学差。不同的占星师会测出不同的结果,就像不同的神学家和法学家持有不同的看法一样。[83] 人人都知道有些从业者比另一些从业者优秀,何况这一行业遭到骗子和江湖庸医的肆意骚扰。优秀的占星师十分稀少,而即使最佳的占星师也难免出现差错。他们的怪论是:任何一个占星师的错误只会起到巩固整个体系之地位的作用,因为主顾的反应是转向另一个从业者,以获取更好的咨询意见,而占星师本人则重新检查他的计算,看看错在哪里。[84] 占星同行间臭名远扬的内部争论、利利和沃尔顿以及加德伯里和帕特里奇的激烈争吵,都没有使占星术信誉扫地,不至于像宗教辩论一样使得人们不再信神。占星师把人们对于整个技艺的注意力转移到了其他占星师个人的谬误上。

但是,为了充分理解公众并不厌倦占星师及其断言的原因,就必须明白,他们的许多判决根本不是预言。占星从业者的大部分业务是提供建议,帮助人们解决个人问题,并让他们自己做出决定。这是项不会轻而易举丧失信誉的活动。即使占星师为某项行动选择了一个不吉利的日子,他也很难受到指责,因为人们没法弄清其他日子是否比这天还不吉利。事实上,他的建议可能经常建立在完全通情达理的基础上,并且对于有待解决的事情有着真正的了解。我们已经看到,现代的非洲占卜师能够表达已经存在于主顾内心的恐惧和怀疑。巫师在开始其咨询工作之前已经充分地掌握了当地的街谈巷议，并能迅速地把握其顾客给予他的任何线索。他最后的裁决强烈地受到会见时产生的状况的影响。反过来，主顾如果没有得到他想要的答复，就会再去另一个从业者那儿试试，希望获得这一答复。伊万斯·普里查德教授通过对阿赞德人神谕的研究得出结论，认为主顾是想利用任何借口，以使自己去干本来想干的事情。[85]

现存的证据不够充分，以致不可能详细比较17世纪占星师和非洲占卜者的作业情况。现在虽然留下了成千上万的占星咨询记录，这个数字肯定使人类学家观察到的占卜"降神会"的总数相形见绌，但是通常还是缺乏基本的资料。判例汇编难得揭示占星师告诉其主顾的话，并且也没有制作天宫图时的谈话记录。这使得我们无法像人类学家一样进行分析，因为他们亲眼目睹了"降神会"。

然而，还有一些"初步证据"暗示了占星咨询的方法与非洲占卜相比是不太"掺假"的。因为占星师的业务大多通过邮传进行，他们收到的许多信件都来自素不相识者。它们包括有关财物失窃和疾病的直截了当的查询，其中没有关于希望获得既定答复的任何线索，甚至也没有偏爱某个答复的任何提示。有时候，主顾很想取得问题的完美实验条件，故而有意避免使得占星师产生倾向性的意见。[86]此外，占星术被认为是一门科学。在进行判断时要遵守严格的规则。其结果并不应该含有伪造的意见，以迎合会见过程中主顾无意间泄漏出来的线索。在某些情况下，占星师的责任是判定主顾所怀疑的人实际上是个无辜者。[87]

然而，占星术除了其一切显而易见的客观性外，最后仍然由从业者的判断力和常识来决定每一件事情，这一体系绝不死板严密，而是高度灵活的。[88]就像许多种非洲占卜一样，占星术尽管有规则可循，但是解释却是完全主观的。一位人类学家写道："努佩人泥沙占卜的最显著特色，是伪装的理论框架与原始而草率的实际应用之间的鲜明对照。"[89]英格兰占星咨询的情况亦如此。规则本身减

第十一章 占星术：其社会与知识的作用

轻了主顾的怀疑。例如，利利教导说，妖术是无法诊断的，除非它已经被人怀疑了。[90]像非洲占卜师一样，占星师难得说出姓名来，而只是描述其外貌："一个女仆，耳下有个肉赘，身上也有一个。"[91]这种方法很容易使得主顾把注意力集中到自己的怀疑上。当简·谢利夫人要求伊丽莎白时代的占星师导师、剑桥大学凯厄斯学院的约翰·弗莱彻揭示其丈夫给她的遗产的现状时，她得到的是模棱两可的回答："无赖即是无赖。"[92]

不太严谨的从业者则经常给予顾客所需要的判决。利利声称，他曾为自己的占星导师、前神甫伊万斯的行为感到震惊，因为伊万斯给予一位主顾的预言结果与其天宫图所指示的完全相反；这位导师承认这是欺骗，但是他申辩说："假如他不这样判决以取悦于这位妇人，那么她就会分文不付，而他必须供养妻子和家庭。"利利认为，一个占星师绝不可以做出违反规则的判决，即便他可以获得大量酬劳。但是后来布克告诉佩皮斯说，利利也很圆滑变通。[93]在詹姆斯一世时代一部关于假占星师的戏剧中，有一位角色说："把你怀疑的人告诉他，他就能立刻猜出来。"[94]当时一本小册子中所描写的一个"骗子占星师"在开始计算窃案前，总是先问其主顾，是否有可疑之人经常进出此屋。在这样做了以后，天宫图的制作就纯粹只是一种形式了。[95]

占星师还能在某种程度上依靠预测本身去应验预测。正如一位同时代人所说的那样："如果一个人要去决斗，那么占星师就说他会取得胜利；于是求教者便勇气倍增，因而一举成功。"[96]另一个人问道："他们的技艺之效能与其说是借助星辰的力量，不如说是借助凡人的信心？"[97]众所周知，预言饥荒就等于使饥荒更可能出现。1560年，威廉·富尔克对占星师们说："你们给国家造成了怎样的粮食匮乏啊！相信你们的关于气候剧变之预言的那些乡下农人，狡猾地大量囤积了他们的商品，以致普通人遭受了严重的食品不足。"[98]北安普敦的伯爵重复了同样的观点："预言饥荒的小册子同样导致了饥荒;不是因为行星的恶感,而是因为农人的贪婪,他们被这样的风暴吓坏了……他们垄断,他们秘密地囤积谷物,因而抬高了缺货的市价。"[99] 通常,人们都将食品匮乏归咎于囤积;肯定有许多谷物的囤积居奇者,正如布道师托马斯·亚当斯所说,他们将历书作为其《圣经》。《麦克白》中看门人提到的"渴望发财而作茧自缚的农夫"也许研究过最新的预言。[100] 琼森的《人人扫兴》中的吝啬鬼之所以决定囤积谷子,是因为历书预测了一个糟糕的夏天。约翰·艾伦在1609年写道:"世俗大众对这些预言的愚蠢的崇敬是建立在它们应验的基础上的,而它们的应验是因为人们认为它们不可避免。"[101]

这就是当时政府认真看待政治预言的原因。在伊丽莎白一世继位之时,它们似乎威胁着国教会的确立。当时有人记载道:

> 人民是那么心神不宁,整个王国被察天者诺查丹玛斯的令人迷惑不解的和穷凶极恶的预言扰得苦恼不堪和动荡不安,以至于连那些由衷希望上帝荣耀及其福音繁荣昌盛的人也心灰意懒,怀疑上帝已忘记了他的允诺。[102]

诺查丹玛斯是法国的占星师和预言家,受着凯瑟琳·德·美第奇的保护;他关于1559年的半占星式的预言被译成了英文,令人沮丧地预言了"各种各样的灾难、悲哭和哀悼"以及"国内骚乱和下层阶级反对上层阶级的暴动"。大主教帕克把这些嚷嚷苏苏的话贬低为"异想天开的大杂烩",政府也采取法律行动对付销售这种预言的书商。[103] 但是它们的影响是毋庸置辩的。富尔克回忆道;

> 凡是相信预言的人几乎没有一个人敢大胆表白其信仰和宗教……人们认为,在预言所说的好运之外,是不会实现任何事情的……只有真正的上帝福音的传布者才尖锐地指责相信这类空洞预言的人,不应该有盲目的恐惧和期望。[104]

第十一章 占星术：其社会与知识的作用

然而，到了内战期间，占星预测的政治潜力才系统化地爆发出来。从1642年起，报纸上开始登载占星预言，[105]冲突双方都利用占星师，利利和布克是国会的积极支持者，乔治·沃尔顿则代表国王写作。[106]利利记载道，当新模范军尚在苏格兰时，有个士兵手中拿着他的历书站在大街上，向过路的军队大喊："瞧哪，听听利利是怎么说的吧！你们在这个月就能取胜啦！战斗吧，勇敢的小伙子们！"[107]在1648年科尔切斯特的包围战期间，利利与布克被派去为士兵们鼓气，"使他们确信这个城市很快就会被攻克，而事实果真如此"。同时，在被包围的守军中，保王派占星师约翰·汉弗莱则竭力用虚妄的解围预言来使市长查理·卢卡斯爵士打起精神。[108]据说，国王如果能把利利收买过来，则足可抵上6个团的军队。[109]在空位期的最初阶段，利利的历书是用小型社论开头的，社论论证了新政体的正确性，宣布王朝永远垮台，并鼓动读者去购买没收了的地产。[110]尼古拉斯·卡尔佩珀也怀着毫不掩饰的政治目的编写历书，他愉快地承认他关于1652年的日食将给欧洲带来共和主义的预言是没有占星基础的："让那些王公们准备好接受王国丧失的事实有什么害处？这不是教他们学得谦虚的办法吗？"[111]

直到将近该世纪末，大多数政治出版物上还习惯于登载某种形式的占星说法。例如，在空位期最后的几年里，对外政策上发生了激烈的争执，利利主张和瑞典结盟（他因此收到查理十世答谢他的一条金链），而约翰·加德伯里则主张与丹麦联合，并正确地预言了1660年瑞典国王之死。[112]复辟之后，则有支持荷兰战争以及与"排斥法案危机"有关的占星宣传，[113]因为当时约翰·帕特里奇和约翰·霍尔韦尔领导"新教徒"攻击天主教徒约翰·梅里菲尔德以及未来的詹姆斯二世党人乔治·帕克。1688年以后，一个出版商踌躇满志地重印了帕特里奇的预言，他声言自己并不相信占星术，但是确认其政治价值。[114]

长期以来，占星预言一直和阴谋及造反连在一起。托马斯·纳什在写到占星师时说:"一切企图对其王公和国家发动侵害性暴动的不满分子都轻率地听从他的预言。"后来一位评论家说,历书比弥尔顿和弑君者们的所有著作所造成的危害还要大。[115] 占星师最普通的一项工作便是计算君王的在位年数。在公众看来,这无异于恶意图谋夺去君主的性命。15 世纪便有好几个占星师因这种罪名而被处死。[116] 有些反对亨利七世的密谋者便是借助了占星意见;[117] 而所有的都铎王朝国王都被持不同意见的集团施行过这样的占星计算。[118]1581 年,国会通过法令,将预测女王寿命或其继承人的天宫图制作或公式计算都列为重罪。[119] 伊丽莎白时代的不服从国教的天主教徒以及火药阴谋案者都曾因这类计算而增强了信心。[120] 罗伯特·塞西尔曾放逐了一个苏格兰占星师,因为他预言了亨利亲王之死;还有谣传说,詹姆斯一世也被人进行了类似的计算。[121]1667 年,对白金汉公爵的指控之一便是指使约翰·海登计算查理二世的天宫图;[122] 据说早先在护国公执政时期,海登曾因预测克伦威尔之死而被监禁过。[123] 在"天主教阴谋"期间,约翰·加德伯里承认,"教宗助产士"塞利尔夫人曾要他制作国王的生辰天宫图,虽然这位占星师声称自己拒绝了她。[124]

在这种环境中,各届政府都极其关注同时代占星师们的活动,它们毫不犹豫地审查占星师的教科书,禁止其出版物,并要求他们解释其活动。都铎王朝时期的印刷商、书商以及历书作者经常因为其预言被认为超出限度而遭到拘捕。[125] 空位时期,把新获得的自由和审查制度下所受到的严格控制进行对比,成了占星术作家们的口头常见的话题。约翰·布克抱怨内战之前的主教派审查员将他的历书删去了一半。[126] 尼古拉斯·菲斯克把他在 1650 年之前无法发表任何东西一事归咎于对占星著述的长期禁止,而格洛斯特郡的占星师约翰·普尔则解释道,是 17 世纪 40 年代长老派的审查制度将他《乡村占星术》一书的出版耽搁到 1650 年。[127] 相应地,内战的后果便是保王派占星师大遭其殃。议会党人一心要处死乔治·沃尔

第十一章 占星术：其社会与知识的作用

顿，亏了利利向其庇护人布尔斯特罗德·怀特洛克说情，才救了他一命。[128] 复辟以后，又恢复了一项官方审查制度。利利的1674年历书遭到删改，而帕特里奇则在"排斥法案危机"之初被取消了出版自由权。[129] 约翰·加德伯里由于涉嫌是秘密天主教徒而于1679年遭到监禁，后于1690年又因涉嫌煽动骚乱言行而再次入狱。[130]

占星术的政治作用来自其自我履行的特性。任何预测一旦做出，便被认真对待。占星师在侦查失窃财物时也很起作用，此外还根据占星诊断逮捕人犯，这也是众所周知的。颇有意思的是，像托马斯·劳这样愚昧的乡村警官为数太多，这位埃塞克斯郡昆登的警官在1651年得到一起盗案的报告后，第一个反应便是去拜访占星师威廉·希尔斯，"旨在听听他的说法，以便据此而进行他的搜捕"。[131] 占星术像巫师们的窃案巫术一样，也是一种有用的侦探术。司汤达的读者都会记得，意大利的布朗尼斯神父为了使农民不再偷窃而施用了占星术。[132]

但是有关窃案的问题是占星师技艺中一个名声不佳的欺诈性分支。如约翰·普尔在格洛斯特郡经过二十年实践经验后所总结的那样：

> 这是一件极其困难和费劲的工作……因为我们虽然从不确切地描绘窃贼，但是如果财物未与窃贼一起取回，或者，如果我们所指控或描绘的人向治安推事申诉其清白……并伴装受了伤害，那么，无论是失主的天真还是教士的贪婪都会毫无理由地要施术者在下次开庭时发誓回答事实……有些推事的愚蠢行为无异于鼓励了窃贼。[133]

约翰·帕特里奇谈到了同样的情况："在失窃问题上，人们是永远不会满足的，他们期望从这门技艺中得到的东西要多于实际上应该得到的或者施术者所能提供的；一个不愉快的裁决可能导致他丢脸出丑。"[134] 在大城市中，这一工作尤其难做，因为所描绘的窃贼外貌很容易适合于好几个人。难怪亨利·科利在1676年绝望地断言："至今还没有人能够只借助于占星术而强行追回被窃的财物。"[135] 在这方面出现的难堪的失败不胜枚举。西蒙·福尔曼在其1584年的日记中写道："我由于侦察了一个偷了东西的人，争吵和诽谤就落到了我头上，我就这样一直被人诋毁。"奇术家巴布在詹姆斯一世在位期间由于一次错误的犯人鉴定，被处以颈手枷的刑罚；利利曾在1650年收到一封匿名信，警告他，如果再进一步指控卢克·里奇利医生，那么结果便是他自己受到"令人惊异的打击"。[136] 据说，约翰·布克曾经导致一个威克菲尔布商的婚姻一度破裂，因为他暗示，其妻应对一些钱财的失窃负责（她的丈夫曾向布克请教过这事）。[137]

占星师也很容易招致制造麻烦的名声。约翰·拉姆曾多次因为断定了夫妻间的不贞而导致他们离异；利利也因为说了"哥哥们无子息，弟弟们有若干财产继承"而被控挑起家庭争端。[138] 我们已经充分地看到，请求从业者评判的许多问题中，怀疑通常来自主顾本身，占星者只是应邀为他裁定一下。但是在处理这类事务时要不使自己卷入却颇为困难。占星师们常被指控破坏了贵族家庭中业已安排好的婚姻，并怂恿不相配的主顾们互相成婚。例如，利利就招惹了极度的憎恨，因为他涉嫌帮助诺丁汉郡朗加尔的约翰·豪把桑德兰伯爵的亲生女儿安娜贝拉·斯克罗普搞到了手，这位姑娘拥有 2500 英镑的年收入。利利所做的只是对于豪的"是否会得到这位小姐"的问题给予了肯定的答复。[139] 西蒙·福尔曼曾对一位来自怀特查佩尔的未婚女仆伊莎贝尔·威廉斯说，她怀孕了；她对于名誉被诬大感恼怒，奔回家里将其女主人找来，但是最后证明占星师还是对的。[140] 如果占星师对其邻里的所作所为显出过于详细的了解，那么也会招来相应程度的憎恶。1583年，约翰·迪伊前赴波兰后，他在莫特莱克的家遭到一伙愤怒暴民的洗劫；而约翰·拉姆尽

第十一章 占星术：其社会与知识的作用

管有着白金汉公爵的庇护和一个保镖的保护，结果还是被人用石头砸死在伦敦大街上。[141]

由于占星师的活动没有一定的法律基础，所以他们承受不起与公众舆论的对抗。在反对妖术的成文法规中并不具体地禁止占星术，但是只要它的专门术语对于外行的大众来说仍是胡诌的符文，那么从业者始终存在着因邪术罪而被捕的危险。第一个英文历书作者安德鲁·布尔德曾清醒地认为，1542年的妖术法规是旨在取缔像他这样的人的活动的，正如罗伯特·艾伦在爱德华六世在位时所抗议的那样，他说他的技艺是合法的，因为1542年的法令已经废除了。[142] 当1563年妖术再度成为法律规定的罪名后，占星师又有了被控告的危险，虽然占星师理查德·哈特在1583年断言并无反对占星师的这类法律。[143] 都铎王朝反复颁布反对游方算命者的法令成了打击这一职业中弱小者的又一根棍子。此外，伦敦的皇家医学院采取了措施对付无执照的占星医学的从业者，[144] 而国教会则要求其教区神甫和教会执事谴责那些未经许可而从事医业或者算命和占卜的教区居民。如果我们考虑到，在所有这些障碍物的顶上还有着不准计算女王之天宫图的法令，以及一系列旨在限制虚假预言出版以及处罚其作者之法规和布告的话，那么，笼罩着占星职业的大量危险便清楚地显示出来了。

爱德华六世在位期间有好几件起诉案，尽管那时1542年的法令业已废除。[145] 在伊丽莎白统治下，西蒙·福尔曼不断遭到控告，[146] 在17世纪还逮捕了不少人。[147] 在比较有名的从业者中，尼古拉斯·卡尔佩珀于1643年被判处死刑，其罪名是使用蛊术使一名妇女死亡；[148] 利利虽然在几次政治调查之后幸存了下来，但却于1654年按照妖术法规受到米德尔塞克斯法庭的起诉，罪名是以寻找失物为手段，欺诈性地赚取钱财。他终因法官的辩护——他声称占星术是一门合法的技艺——而免遭处罚。[149] 利利的保王派对手乔治·沃尔顿在发表其著作时将其姓氏沃尔顿（Wharton）的字母颠倒排列而成假名"纳沃思"（Naworth），以免被认出真实身份。他说，历书作者频频地被公众视为"贤人"，并被一些愚蠢的问题所纠缠，因而"打上了奇术家和巫师的印记"，这样他们便始终有可能遭到对占星术怀有偏见的法官利用妖术法规对他们提出的起诉。[150]

但是，如果我们考虑到有不少像约翰·布克——他在伦敦市中心开展其大规模业务达三十年之久——那样的从业者的话，那么似乎很显然，占星师通常是能够指望深得大众的宽容的。对他们提出起诉的手段确实存在，但也只是偶尔使用一下。在许多情况下，占星师是受到积极鼓励的。他们除了拥有其咨询室的有钱主顾以及在政治危机时期政府的鼓励外，还有获得正式体面身份的机会。拉姆、利利、威廉·萨蒙以及其他几个占星师都取得了主教派医业许可证，[151] 更不用说还有许许多多地位较低的流动施术者了，即如"占星术研究者"威廉·泰勒在1683年11月17日正式获得了诺里奇市的允准，"自即日起一星期内使用他在这门科学上掌握的技艺"。[152]

三 衰 落

既然占星术可以执行这么多有用的功能，那么为什么将近17世纪末，它的地位还是迅速地衰落了呢？对于这一问题，只有两种可能的答案。一个答案是占星师们声称能解决的那些问题已变得不太急迫了；这个可能性将在本书的结论部分讨论。另一个答案则是占星师们所做的解答开始显得不那么可靠了。这是个更习惯使用的答案，几乎没有必要解释。占星理论的知识性伪装被哥白尼所创始和牛顿所完善的天文学革命撕得粉碎。天体永恒不变的假说被以前没有观察到的星云——诸如1572年和1604年的"新星"——的出现所推翻；既然天体是在变化，那么怎能预测其影响？伽利略发现木星的四个卫星，使人们意识到宇宙中充满了看不见的星体，其影响是无法计算出来的。望远镜对于新天体的发现，肯定了多元

第十一章　占星术：其社会与知识的作用

世界的假设。托勒密自得其乐的以人类为中心的宇宙已经一去不复返了。但是,所有这些变化——甚至包括发现苍穹之无边无际——都不足以使占星术无法存在下去,尽管它们确实使得占星计算困难多了。地动说与占星术并不矛盾。如果说地球是在不断地改变着位置,那么有些计算确实不得不重新进行,但是这一工作并非不可能。克里斯托弗·海登爵士在1603年说:"太阳是否是世界的中心(如哥白尼所说),占星师并不在乎。"[153]

真正可能摧毁科学占星术的,是逐渐取消了亚里士多德学派关于地球和天体的区别,是培根称之为"天上事物和地上事物的假想离异"。[154]一方面,他们揭示地球是与其他任何天体同样品质的行星,并按同样的规律运动;另一方面,天体被剥夺了先前的完美性。伽利略观察到太阳上有黑斑,月亮的表面不规则。第谷·布拉赫论证了彗星是在月亮之外而不是在月亮之下,因此天体是在衰败和变化的。此外,一旦明白彗星是如此遥远时,再说它们能烤焦地球而导致旱灾就显得有悖情理了。18世纪初,埃德蒙·哈利计算出了24颗彗星的轨道,并证明了1531年、1607年和1682年出现的是同一颗彗星,他还正确地预言了这颗彗星在1758年的再现。这样就很难再把天空中的彗星看成是某一地面灾祸的天示警告了。[155]

划分天上事物和地上事物的古老的二分法,正是占星理论的基础,而这点现在则变得越来越站不住脚了。这种二分法一旦被摒弃,那么设想星辰对地球施加的单方面占星影响就不可能有明确的定义了。只要有时间,占星术就能够使自己适应任何数量的宇宙景观新发现,这不过使关于天体施加影响之方式的计算更为复杂罢了。但是如果不再认为存在着这种影响,那么占星术就无法生存下去了。世界不再被设想成一个紧凑的连锁有机体;它如今成了一个无穷大的结构,关于地球与天体的陈旧的等级隶属理论已经无可挽回地消亡了。[156]

然而,新的观念是缓慢地渗透普及的。而天文学家本身也是逐步地才认识到其潜在的含意。因为他们也相信过占星术,甚至当他们自己的发现已在暗中削弱了占星术时,他们仍还相信它。他们徒劳无功地拼命想确定来自星辰的占星力量的性质,因为他们不舍得放弃关于宇宙内部互相渗透和关联的观念,而这种观念为他们提供了振奋人心的满足。通常,他们允许一般性预测而反对具体预测,以这种方式进行折中。伽利略和开普勒都踌躇着不敢大胆地充分表明他们的发现,只是伽桑狄和培尔才给予了占星学说以致命的一击。在英格兰也可以看到这种犹豫不决和前后矛盾的态度。最早信奉哥白尼学说的人包括伦纳德·迪格斯、约翰·菲尔德这样活跃的占星师,以及历书作者爱德华·格雷沙姆和托马斯·布雷特诺。[157]亨利·伍顿爵士可以兴高采烈地说,伽利略"推翻了……整个占星术",但是他的许多同时代人却并不这么肯定。培根认为,占星术需要改革,但不是抛弃。[158]威廉·吉尔伯特嘲笑一个认为金属受行星控制的占星师,但是他并不怀疑儿童受到诞生时星体状况的影响。[159]牛津大学第一位获得萨维尔天文学教授职位的约翰·班布里奇虽然知道彗星在月亮之外,但还是忍不住要加个注释,说明一下1618年彗星的精神意义,虽然他佯装是根据"天上的难解符号"而不是"庸俗的占星术"。[160]在1657年格雷沙姆天文学教授职位的就职讲演中,克里斯托弗·雷恩声称:"一门真正的占星术被这位追根究底的哲学家发现了,这将对物理学派上大用场。"[161]一门"严肃认真和有条有理的占星术"是托马斯·布朗爵士的理想。[162]

在17世纪中叶,占星师群体决计使这一学科振兴,这是因为乔治·赫伯特的奚落激怒了他们:"占星术是正确的,尽管占星师无法把握它。"[163]法国人让-巴蒂斯特·莫林试图彻底改革占星术,其想法对英格兰有些影响。[164]培根派学者乔舒亚·奇尔德雷敦促其同行们尽量使自己的计算适应于新的天文学事实,他坚信,一旦必要的调整完成后,一切都会好转。他承认,迄今所见的占星术成就还比较小,但"这是一门科学……这毫无问题"。[165]水星运行情况的

第十一章 占星术：其社会与知识的作用

第二个观察者杰里米·谢克利充分意识到当时的大多数占星师"不懂得其技艺中的天文学部分，所以不可信赖"，但是他并不打算摒弃这一学科，而是"从哲学原则的角度来为更为精微的占星术寻找一个基础"。[166] 尽管对于彗星已有了新的认识，但是在17世纪80年代还是发表了一批关于彗星的预言意义的纷杂的短文。此时大多数历书作者已转向了哥白尼学说，[167] 不过他们的预言活动没有什么两样。

试图将占星术与新科学调和起来的这一最后阶段是相当短暂的。严肃的天文学家即使不情愿抛弃占星术，也已经不再对占星术做任何贡献了。在塞思·沃德看来，占星术是"荒谬的欺骗"。一度相信占星术的罗伯特·胡克逐渐明白，这种活动是"徒劳的"。拉尔夫·卡德沃思把占星术看成是建立在"十分脆弱和动摇的基础之上——假如不是建立在不可能的基础之上的话"。亨利·莫尔认为它是"建立在非常薄弱的基础上的空想研究"。梅里克·卡佐邦说它"仅仅是以毫无自然根据的想象中的假说和具有诗意的虚构、言辞和名字为根据"。天文学家亚伯拉罕·夏普公开藐视占星术。霍布斯索性把它从自己可论证的知识范围的清单中删去了。斯普拉特在他撰写的皇家学会史中对占星术做了含有敌意的评论，皇家学会是明确反对占星伪科学的一个组织。[168] 然而，奇怪的是，很少有人根据新的原则去认真驳斥占星术，虽然伽桑狄的驳斥著述早已在1659年译成了英文。培尔对于"彗星乃预兆"这一观念的毁灭性批判论文于1682年在荷兰发表，但是它直到1708年才出现在英格兰。[169] 这一学科的大部分都是自然死亡的。教士和讽刺文字作者一直把它追打进了坟墓，但是科学家却没有出现在它的葬礼上。

因此，迄于17世纪末，占星术已经丧失了其科学性的声誉。可能有些科学家还有点不太情愿看着它消亡，但是牛顿学说体系对天体影响的概念不能容忍。于是，占星解释的庞大结构便崩溃了。几百年的知识思索越来越走向一条死胡同。

当然,许多占星师的缺陷在新科学到来之前就被揭露出来了。人们看到,占星术是僵化的和专断的。黄道十二宫图和十二个宫段并无现实的根据。地面事件和天体状况的偶然同时发生也绝不能证明这两者之间存在着因果关系。占星术缺乏一门科学所必需的素质:能够论证。托马斯·库珀写道:"这门技艺的规则没有经验基础。"[170] 这些缺陷比长久以来的一些遁词更具根本性,那些遁词辩解了生于同时而命运相异的双胞胎,或者有着不同天宫图而死于同一战役的士兵。但是旧的宇宙论崩溃后,它们同样变得不能回答了。

观念的改变可以见于两所大学。都铎王朝时期,许多大学导师都热衷于占星术,有些人如其中世纪前辈,即乔叟的办事员尼古拉斯一样,为主顾制作些天宫图而赚点正当的外快。晚至 17 世纪 50 年代,利利还声称他在两所大学中都有许多仰慕者,而贵格会教徒亨利·克拉克则指责牛津和剑桥大学培养出了许多占星师来欺骗人民。[171] 但是从伊丽莎白在位开始,就出现了怀疑的迹象。女王于 1566 年到达牛津时,圣约翰的年轻评议员埃德蒙·坎皮恩在欢迎词中谈论了卑微星体被高贵星体统治的问题。[172] 以后,许多硕士论文都表现出对于占星术虚伪性的日益增长的反感。[173] 16 世纪 70 年代,约翰·钱伯在牛津讲学,反对占星术;而罗伯特·格林则在 1585 年认为,有学问者是把占星术的从业者当作假内行来嘲笑的。[174] 在共和政体早期,塞思·沃德发表论文认为预言占星术既空洞无物又非法违禁。此后,这种辩论的参与者通常便否认天体对疾病或人类事务的影响,并且驳斥根据彗星或其他凶兆所做的预言的可能性。[175] 同样地,1603 年剑桥大学上下一致认为星占学只是一种诈骗。[176] 1659 年,约翰·加德伯里抱怨道:"你们这些牛津和剑桥的大学新生和年轻的诡辩家……在学术界大叫大嚷'占星术不是科学'。"约翰·巴特勒在 1680 年写信给阿什莫尔说:"你听到了来自阿尔马·马特的消息了吗?整个占星术肯定要被取缔。"[177] 事实上,1619 年设立萨维尔天文学教授职位的法令早就禁止其获得者讲授星占学或者生

第十一章 占星术：其社会与知识的作用

辰天宫图的理论，尽管不太正式的占星研究仍在继续着。[178]

占星术也从正统的医学中消失了。17世纪中叶，还有少数怀疑论者[179]在涉及放血和服药日期的选择时，承认占星术的价值。但是在随后的一百年间，占星医术被悄悄地抛弃了，虽然现代历史学家尚无充分的医业证据来确切地描绘这一变化。1617年，两位作者说，有学问的医生已摒弃了占星术；而在伯顿发表其《忧郁的解剖》后四年，占星术在医学中的地位无疑颇具争议。詹姆斯·哈特医生在1633年的著作中则完全否定了它。[180]皇家医学院曾在一段时期内审查医生，禁止仅仅根据患者的尿样做出诊断。但是，占星历书作者理查德·福斯特仍在1601年至1604年以及1615年至1616年两度被选为学院的院长，而且在学院的处方书中有着占星术的痕迹。理查德·内皮尔爵士虽然是个占星师，但是到了1664年竟成为学院的名誉评议员。[181]

彻底的占星医术也许始终是例外的。甚至在伊丽莎白在位期间，据说一百个医生中没有一个懂得真正的占星规则。[182]但是，认为月亮能对人体产生影响的古老信仰继续被其中的许多人所接受，诸如弗朗西斯·培根和亨利·莫尔，不过他们否定了占星理论中其他的大部分观点。尼希米·格鲁和罗伯特·波义耳都相信月亮对大脑的影响。[183]18世纪初，伦敦的杰出医生，1717年皇家学会副主席理查德·米德在其《论日月对人体的影响》中保留了他所认为的占星术的大杂烩中所包含的这一真理因素。米德认为太阳和月亮使大气压力产生变化，从而决定了人体内的神经液的流量。在他看来，癫痫、眩晕、歇斯底里、气喘，以及月经和分娩的发生[184]都可以归因于月亮的盈亏。这种信仰的残存，使得我们在提出广义的占星医术结束的确切日期时不得不小心从事。17世纪后期尚有些著名的医生，如弗朗西斯·伯纳德（他是詹姆斯二世的御医），还用传统方式制作生辰天宫图。[185]1680年，约翰·巴特勒认为，占星医生仍是"著名的和……极受欢迎的"。甚至约翰·洛克也相信可以用占星方法选择采草药的时间。[186]

在大众之中,关于占星术观念的变化基本上无法精确描绘。文献资料所给予的一般印象是,迄于17世纪末,已在伊丽莎白时代确立起来的怀疑论推动了整个教育观念的改变。整个这段时期内,占星师们从未停止悲叹他们所遭到的打击。历书作者约翰·塞库里斯在1568年说,多数人民看不起"星学家"。约翰·费奇在1606年认为,人们把占星术看成是娱乐消遣,而不是一门真正的科学。[187]尽管利利生意兴隆,但是他仍然埋怨"英格兰民族对于占星术只有拙劣的理解和无礼的判断"。他愤愤不平于"伦敦市民对于占星术的过分低估"。[188]他像其他人一样,也被怀疑论者所苦,他们进入他的咨询室,带来了用来误导他的马尿样本,并且随时准备设置骗局,以使那些不谨慎的占星师出丑。[189]

复辟以后,知识潮流将占星师抛在后面的变化趋势已经很明显了。加德伯里抱怨说,大多数人民忽视或指责这一学科;而在约翰·威尔逊的戏剧《骗子》(1662)中,占星师穆普斯(以约翰·海登为原型)则哀叹其生意的萧条。[190]约瑟夫·布莱格拉夫埋怨道,他的业务凋敝,是因为主顾们怀疑他们咨询业务的合法性,并且(这点是很重要的)害怕一旦被邻居发现会丢面子。[191]1677年,理查德·桑德斯悲叹,普通平民像对待童话一样对待占星预言;同年,占星术同情者约翰·韦伯斯特伤心地承认,占星术"在普遍使用时实际上是一种广泛的欺骗"。[192]1679年,约翰·米德尔顿哀叹这门科学"极度受人轻视和怠慢";[193]而加德伯里则承认,即使普通民众也把历书看得一文不值。占星师威廉·亨特在1696年忧伤地归纳道,如今"这门技艺只有极少数研究者或热爱者了"。[194]

实际上,除了在最单纯淳朴的阶层中,占星术已不再被看作是一门科学或者罪行:它只被视为一种笑话。塞缪尔·巴特勒在其滑稽英雄讽刺诗《胡迪布拉斯》中以西德洛费尔和惠坎的诨名挖苦了利利和布克,并在其他著述中继续这种攻击。在康格里夫的《为爱

第十一章 占星术：其社会与知识的作用

而爱》（1695）中，占星师"先见"只是一个供人取笑的角色。在斯威夫特攻击可怜的占星师帕特里奇的喜剧《艾萨克·比克斯塔夫对1708年的预言》以及相继的一些讽刺短文发表后，占星职业可能保留的最后一点体面都丧失了。[195]这就结束了占星术的传统时期，当时有些知识分子只是应酬占星学而并非深信它，例如本·琼森，他制作天宫图，但是"不相信它们"，还有财政大臣戈利福德，他向占星师请教，但是又贬损他们。[196]1700年以后，占星著作的数量似乎急剧跌落。历书还在继续出，但是其预言比以前更为模糊和空洞，而且它们都以其17世纪创制者的名义发表，诸如桑德斯、帕特里奇以及其他人等。没有新的一代占星师成长起来使其名字出现在这类预言上。1733年，科利历书的一个编辑哀叹"这些年来占星术遭到了极大的诽谤"。[197]此时仍有一些开业的占星师为主顾做出预测，提供建议，以及干着其先辈所干的一切，但是他们几乎不再可能将名人吸引到其咨询室里来了。19世纪及其后，占星术曾有过几次复活，但是它一度拥有过的知识活力则永不复返了。

注　释

1. *Caxton's Mirrour of the World*, ed. O. H. Prior (E.E.T.S., 1913), p. 160.
2. Lilly, *Christian Astrology*, p. 50.
3. J. Gadbury, *Ephemeris* (1674), sig. A5^v.
4. *Jacula Prudentum* (1640), in *The Remains of... George Herbert* (1836), p. 184.
5. L. MacNeice, *Astrology* (1964), p. 258.
6. Bodl., Wood MS F 39, f. 206; J. Aubrey, *Brief Lives*, ed. A. Clark(Oxford, 1898), i, p. 9. 奥布里在他的书中对未出版的占星细节投入了大量关注：*Collectio Geniturarum* (1677) (Bodl., Aubrey MS 23)，而且与占星师亨利·科利交往甚密(ibid., ff. 4, 7, 104—107, 110, ff.)。

7. J. Childrey, *Britannia Baconica*（1661）, sig. B6.

8. W. Camden, *The History of the most renowned and victorious Princess Elizabeth*（3rd edn, 1675）, p. 419. 有关卡姆登赞许的占星观点，参见 T. Smith, *V. Cl. Gulielmi Camdeni, et illustrium virotum ad G. Cam-denum Epistolae*（1691）, p. 130。这些段落摘自 F. S. Fussner, *The Historical Revolution*（1962）, p. 243, n. 2, 且似乎支持他赋予它们的解读。卡姆登还将 1542 年和 1567 年的奥斯沃斯特里大火归因于日食（*Britannia*, ed. R.Gough［2nd edn, 1806］, iii, p. 8）。此外，他还谴责 1485 年、1518 年和 1551 年爆发的热汗病是行星会合和冲突的结果（ibid., p. 7）。年轻的时候，他就在占星问题上花去了非常多的时间；F. J. Levy, *Tudor Historical Thought*（San Marino, Calif., 1967）, p. 5。Cf. *Original Letters of Eminent Literary Men*, ed. Sir H. Ellis（Camden Soc., 1843）, p. 128.

9. J. Gadbury, *The Nativity of the late King Charls*（1659）, sig. A4.

10. R. Saunders, *Palmistry*（1663）, ii, pp. 18—21.

11. D. C. Allen, *Doubt's Boundless Sea*（Baltimore, 1964）, pp. 50—51.

12. Sloane 2281, f. 57^v.

13. W. Lilly, *Englands Propheticall Merline*（1644）, pp. 10—20. Cf. J. Gadbury, *De Cometis*（1665）, pp. 38—44. 博丹及其效仿者关于日食和政治变化间联系的研究，参见 F. E. Manuel, *Shapes of Philosophical History*（1965）, pp. 61—62。

14. N. Rubinstein in *Fritz Saxl. A Memorial Volume*, ed. D. J. Gordon（1957）, p. 179；Thorndike, *Magic and Science*, i, p. 648.

15. 正如下书所指出的那样：F. E. Manuel, *Isaac Newton, Historian*（Cambridge, 1963）, pp. 68—70, 274。

16. J. Booker, *A Bloody Irish Almanack*（1646）, p. 47.

17. W. E. H. Lecky, *History of the Rise and Influence of the Spirit of Rationalism in Europe*（1910）, i, p. 277.

18. J. Goad, *Astro-Meteorologica, or Aphorisms and Discourses of the Bodies Coelestial*（1686）, pp. 506—507. Cf. A. Leffingwell, *Illegitimacy, and the Influence of Seasons upon Conduct*（2nd edn, 1892）, pp. 92—98.

19. Ashm. 242, ff. 75, 83—84, 85. 伯纳德就该问题做了一些注释，参见 Sloane 1707, ff. 35—38. 有关城市天宫图的其他推断，参见 J. Gadbury, *Cardines Coeli*（1684）, pp. 45—50。

20. J. Gadbury, *London's Deliverance predicted*（1665）, p. 40.

第十一章 占星术：其社会与知识的作用

21. Thorndike, *Magic and Science*, iii, chaps 20 and 21.

22. 有关这类讨论的例子：T. S., *Sermons, Meditations, and Prayers upon the Plague* (1637), pp. 157—158; S. Bradwell, *Physick for the Sickness, commonly called the Plague* (1636), p. 3; G. Thomson, *Loimologia* (1665), pp. 4—5; N. Hodges, *Loimologia* (1720), pp. 3—4。那时候人们认为行星坠落会升高瘟疫的发病率，所以爱德华·格雷沙姆为了缓和四起的行星坠落谣言，曾于1603年写过一本专著（Ashm. 192, ii, f. 1）。

23. Gadbury, *London's Deliverance predicted*, pp. 6—8, 是这一步骤的好例子。

24. Ashm. 384, f. 30. 对比他于1607年就瘟疫问题写作的一本专著，参见 Ashm. 1436。

25. *London's Deliverance predicted*, pp. 34—35; *The Prophecies and Predictions, for London's Deliverance* (1665), p. 6.

26. 关于这个理论，参见 T. S., *Sermons*, p. 157, and Hodges, *Loimologia*, p. 3。

27. 关于这个理论：J. Brayne, *The New Earth* (1653), pp. 52—53; W. Lilly, *Merlini Anglici Ephemeris* (1658), sig. B3^v; J. Graunt, *Natural and Political Observations* (3rd edn, 1665), pp. 79—80。

28. R.S.Roberts in *Medical History*, ix (1965), p. 386.

29. Ashm. 368, f. 62.

30. Ashm. 368, f. 304.

31. See e.g., William Fulke (*Antiprognosticon* [1560], sig. Dviiv); W[illiam] P[erkins] (*Foure Great Lyers* [1585], sig. B1); Francis Coxe (D. C. Allen, *The Star-Crossed Renaissance* [Durham, N. Carolina, 1941], p. 112); John Raunce (*Astrologia Accusata* [1650], sig. A2); John Brayne (*Astrologie proved to be the Old Doctrine of Demons* [1653], p 1); John Allen (*Judicial Astrologers totally routed* [1659]), sig. A2v)。

32. *Table-Talk* (Temple Classics, n.d.), p. 33. 他在下书中发展了这个观点：*God made Man* (1661), pp. 49—51。

33. Ashm. 240, f. 97. 关于其他认为孩子的死亡与占星有关联的例子，参见 R. Kirby and J. Bishop, *The Marrow of Astrology* (1687), ii, pp. 69—70, 72—73。

34. Aubrey, *Brief Lives*, ed. Clark, i, p. 35.

35. P.R.O., SP 12/218 f. 49. 他于 1602 年成为兰开斯特预言者。

36. *King Lear*, I. ii. Cf. *All's Well that Ends Well*, I. i; *Julius Caesar*, I. ii.

37. Cf. M. Fortes, *Oedipus and Job in West African Religion*(Cambridge, 1959), p. 40.

38. J. Butler, *The Most Sacred and Divine Science of Astrology*(1680), p. 23.

39. Burton, *Anatomy*, iii, p. 310.

40. C. H. Talbot and E. A. Hammond, *The Medical Practitioners in Medieval England*(1965), pp. 61, 175.

41. Sir C. Heydon, *A Defence of Iudiciall Astrologie*(Cambridge, 1603), sig. ¶4^v.

42. W. Lilly, *Englands Propheticall Merline*(1644), sig. b2.

43. Ashm. 242, f. 190.

44. R. Edlyn, *Observationes Astrologicae*(1659), p. 5.

45. Bodl., Aubrey MS 10, f. 144. Cf. above, p. 373.

46. *The Works of Roger Hutchinson*, ed. J. Bruce (P.S., Cambridge, 1842), pp. 87—88.

47. (J. Gadbury), *A Brief Relation of the Life and Death of... Vincent Wing*(1670), p. 4.

48. J. Gadbury, *Ephemeris*(1664), sig. A1v.

49. Ashm. 423, f. 142.

50. Saunders, *Palmistry*, ii, pp. 14—15.

51. J. Blagrave, *Blagrave's Introduction to Astrology*(1682), p. 194, and part ii, *passim*.

52. J. Case, *The Angelical Guide*(1697), p. 61.

53. *Blagrave's Introduction to Astrology*, p. 200. 其他例子参见 W. Ramesey, *Astrologia Restaurata*(1653), pp. 152—153; Saunders, *Palmistry*, ii, pp. 99—100。

54. N. Culpepper, *Pharmocopoeia Londinensis: or the London Dispensatory*(1654), sigs. A3v—A4. *Epistle to the Reader* 包含对宏观世界理论的出色阐释。

55. M. H. Nicolson, *The Breaking of the Circle*(New York, 1962), pp. 133, 143, 155; V. Harris, *All Coherence Gone*(Chicago, 1949), pp. 199, 232. 有关幸存者, see e.g., J. Russel, *Astrological Predictions*(1659), and Case, *The*

第十一章 占星术：其社会与知识的作用

Angelical Guide。

56. For an example G. Langenfelt, *The Historic Origin of the Eight Hours Day* (Stockholm, 1954), p. 12.

57. Quoted by E. M. W. Tillyard, *The Elizabethan World Picture* (1948), p. 51.

58. Goad, *Astro-meteorologica*, p. 17.

59. *Kilvert's Diary*, ed. W. Plomer (new edn, 1960), iii, p. 410. Cf. Hippocrates, *Aphorisms*, iv, 5 ; J. Primrose, *Popular Errours*, trans. R. Wittiee (1651), pp. 243, 254—261.

60. 在海瑟斯顿，靠近哈特尔浦，1595 年；W. Henderson, *Notes on the Folklore of the Northern Counties* (1879), p. 58。Cf. J. Lucas, *History of Warton Parish*(C. 1710—1740), ed. J. R. Ford and J. A. Fuller-Maitland(Kendal, 1931), p. 44.

61. T. S. Ashton, *Economic Fluctuations in England, 1700—1800* (Oxford, 1959) chaps. 1 and 2.

62. J. L. E. Dreyer, *Tycho Brahe* (New York, 1963 edn), pp. 75—76.

63. Aristotle, *Meteorologica*, i, 7 ; Kocher, *Science and Religion*, pp. 166—167 ; Bacon, *Works*, iv, p. 131 ; J. Swan, *Speculum Mundi* (Cambridge, 1635), p. 103.

64. J. Calvin, *An Admonicion against Astrology Iudiciall*, trans. G. G (ylby) [1561], sig. DII.

65. Nathaniel Sparke in Ashm. 356, f. 4^v.

66. Ptolemy, *Tetrabilos*, i, 2—3 ; Russel, *Astrological Predictions*, p. 21 ; Kocher, *Science and Religion*, p. 207.

67. *Gresham. 1607*, sig. C1 ; *UpcoT. 1614*, sig. C3^v.

68. *Poor Robin* (1664), sig. A6.

69. (J. Swift), *Predictions for the year 1708... by Isaac Bickerstaff, Esq*.

70. J. S. , *The Starr-Prophet anatomiz'd and dissected* (1675), p. 29.

71. Scot, *Discoverie*, XI. xxii.

72. W. Lilly, *Merlini Anglici Ephemeris* (1656), sig. A3v.

73. W. Lilly, *Merlini Anglici Ephemeris* (1652), sig. F7v ; ibid. (1659) ; ibid. (1660), sigs. A2, A3 ; ibid. (1661), sig. A1.

74. *The Works of... Sir George Wharton*, ed. J. Gadbury (1683), p. 277.

75. *Wing*, *1647. An Almanack and Prognostication*, sig. C4v.

76. Ashm. 244, f. 149. 威廉·拉姆塞和以下几人也排除了奇迹事件（*Lux Veritatis*[1651], sig. A5v）：约翰·加德伯里（*Natura Prodigiorum*[1660], sig. A4），以及理查德·桑德斯（*Apollo Anglicanus*[1656], sig. C5）。

77. See below, pp. 408—409.

78. T. Gadbury, *A Health to the King*（1660）.

79. *Diary of the Rev. John Ward*, ed. C. Severn（1839）, p. 94.

80. Quoted by H. G. Dick, *Journ. Hist. Medicine*, i（1946）, p. 420.

81. J. Glanvill, *Saducismus Triumphatus*（1681）, i, p. 68. 根据约瑟夫·莫克森的分析有四种方式（*A Tutor to Astronomie and Geographie*[1659], p. 123），亨利·莫尔认为有五种（*Tetractys Anti-Astrologica*[1681], pp. 46—37）。

82. *Hieronymi Cardani, in Cl. Ptolemaei de Astrorum Iudiciis... Commentaria*（Basel, 1578）, pp. 603—613（总结于 H. Morley, *Jerome Cardan*[1854], ii, pp. 138—142）。然而卡登在自己的自传中吹嘘自己为爱德华六世制作过生辰天宫图，并以此证明自己的权威机智；*The Book of My Life*, trans. J. Stoner（New York, 1962 edn）, p. 200。

83. Ashm. 240, f. 128v；*Bowker*, *1634*, sig. C8；Sloane 2279, f. 37v（威廉·德雷奇对占星术的辩护）；J. Butler, *A Brief（but true）Account of the Certain Year, Moneth, Day and Minute of the Birth of Jesus Christ*（1671）, p. 300；J. Gadbury, *Cardines Coeli*（1684）, pp. 4—5。

84. J. Partridge, *Prodromus*（1679）, p. 9.

85. E. E. Evans-Pritchard, *Witchcraft, Oracles and Magic among the Azande*（Oxford, 1937）, p. 350. In general, see above, pp. 257—258.

86. 参见例子：布克的一位客户曾讲述过他如何精心求签以决定向占星师提问的最佳时机，他的问题是他是否能从租户那里讨回拖欠的租金（Ashm. 385, p. 636[19 Oct. 1654]）。

87. E.g., Sloane 1312, f. 46（17世纪从业者使用的规则）。

88. Above, pp. 340, 400.

89. S. F. Nadel, *Nupe Religion*（1954）, p. 63. Cf. E. J. and J. D. Krige, *The Realm of a Rain-Queen*（1943）, p. 227（"尽管有着复杂的规则，占卜最终并非一种精确的科学，而是通过占卜者的敏锐，他对人性的了解以及社会中错综复杂的动机进行判断的一种综合解读"）。

90. Lilly, *Christian Astrology*, p. 263.

第十一章　占星术：其社会与知识的作用

91. *Quarter Sessions Records for the County of Somerset*, ed. E. H. Bates Harbin, iii (Somerset Rec. Soc., 1912), pp. 331—332. Cf. above, pp. 256, 365.

92. P.R.O., SP 12/244, f. 112.

93. Lilly, *Autobiography*, pp. 55, 60; *The Late Storie of Mr William Lilly* (1648), p. 8; *Diary of Samuel Pepys*, 24 Oct. 1660.

94. [J. Fletcher?], *The Bloody Brother* (首演于 1617 年?), IV. ii。

95. *Character of a Quack Astrologer* (1673), sig. B4v. 15 世纪的人们认为占星知识中包含必不可少的地方性人情世故; B. L. Manning, *The People's Faith in the Time of Wyclif* (Cambridge, 1919), p. 90。

96. "A Learned Divine", *The Late Eclipse Unclasped* (1652), p. 9.

97. J. S., *The Starr-Prophet Anatomiz'd*, p. 25.

98. Fulke, *Antiprognosticon*, sig. Aviijv.

99. H. Howard, Earl of Northampton, *A Defensative against the Poyson of Supposed Prophecies* (1620; 1st pubd 1583), f. 113^v.

100. *The Workes of Tho. Adams* (1629), p. 836; *Macbeth*, II. iii; B. Jonson, *Every Man out of His Humour*, I. i; 以及其他文字上的例子摘自 *Ben Jonson*, ed. C. H. Herford, P. and E. Simpson, ix (Oxford, 1950), pp. 429—430。

101. *Judicial Astrologers totally routed*, p. 16. 有关这一运转进程的可笑例子, 参见 Lilly, *Autobiography*, pp. 117—118。

102. F. Coxe, *A Short Treatise declaringe the Detestable Wickednesse of Magicall Sciences* [1561], sig. Av.

103. *Correspondence of Matthew Parker*, ed. J. Bruce and T. T. Perowne (Cambridge, P.S., 1853), pp. 59—60. 有关诺查丹玛斯 1559 年和 1566 年已出版的预言版本, 参见 *S.T.C.* MS 副本, 该书属于拉姆利勋爵, 1560 年的预言版本参见 B.M., Royal MS 17 B xxxviii。

104. Fulke, *Antiprognosticon*, sig. Aviij. 关于这一时期也请参见 S.V. Larkey, "Astrology and Politics in the First Years of Elizabeth's Reign", *Bull. Institute of the Hist. of Medicine*, iii (1935)。

105. J. Frank, *The Beginnings of the English Newspaper, 1620—1660* (Cambridge, Mass., 1961), pp. 177, 212, 215, 222, 227, 247, 259, 326, n. 36.

106. 这三者间交换的主要小册子的描述参见 H. Rusche, "*Merlini Anglici*: Astrology and Propaganda from 1644 to 1651", *E.H.R.*, lxxx (1965)。

107. Lilly, *Autobiography*, p. 189.

108. Ibid., pp. 153—154; Wood, *Ath. Ox.*, iv, cols. 747—749.

109. *The Late Storie of Mr William Lilly*, p. 7.

110. 且因此在王政复辟时期遭到了公开指责: *A Declaration of the Several Treasons… by… William Lilly*（1660）; W. Prynne, *A True and Perfect Narrative*（1659）, p. 60。

111. N. Culpepper, *Catastrophe Magnatum*（1652）, p. 75.

112. F. Dahl, "King Charles Gustavus of Sweden and the English Astrologers, William Lilly and John Gadbury", *Lychnos*（Annual of the Swedish History of Science Soc.）（1937）, 该书是对这个事件的有价值的调查, 尽管它并不总是可靠。

113. E.g., T. Trigge, *The Fiery Trigon Revived*（1672）; *The Dangerous Condition of the United Provinces Prognosticated and Plainly Demonstrated by Mr William Lilly*（1672）.

114. *Annus Mirabilis, or Strange and Wonderful Predictions gathered out of Mr John Partridge's Almanack*（1689）. 有关帕特里奇、霍尔韦尔、帕克和梅里菲尔德, 参见 *D.N.B.*（帕特里奇的内容由下文纠正: G. P. Mayhew in *Studies in English Literature*, i[1961]）。

115. T. Nashe, *Works*, ed. R.B. McKerrow（1904—1908）, i, p. 367; (J. Younge), *Sidrophel Vapulans: or, the Quack-Astrologer toss'd in a Blanket*（1699）, sig. a3v. Cf. ibid., pp. 21—22.

116. Kittredge, *Witchcraft*, pp. 81—82, 138—139.

117. T. O. Wedel, *The Mediaeval Attitude toward Astrology*（Yale Studies in English, 1920）, pp. 28—29; C. A. J. Armstrong, "An Italian Astrologer at the Court of Henry VII" in *Italian Renaissance Studies*, ed. E. F. Jacob（1960）, p. 436.

118. Examples in *L.P.*, xv, p. 216; *A.P.C.*, iii, pp. 279, 300; *Narratives of the Days of the Reformation*, ed. J. G. Nichols（Camden Soc., 1859）, pp. 172—173; *C.S.P.D., 1547—1580*, p. 67; *1595—1597*, p. 42; Foxe, vii, p. 85; *D.N.B.*, "Fortescue, Sir Anthony"; *C.S.P.D., Spanish, 1558—1567*, p. 208; P.R.O., SP 12/244, f. 112; *H.M.C., Hatfield*, iv, p. 403.

119. 23 Eliz. C. 2. 据说是之前曾"通过罚金和监禁来加以惩罚"的事情（Sir E. Coke, *Institutes*, iii, chap. 1）。

120. Sir W. Churchill, *Divi Britannici*（1675）, p. 313; J. Hawarde, *Les*

第十一章　占星术：其社会与知识的作用

Reportes del Cases in Camera Stellata, *1593 to 1609*, ed. W. P. Baildon（1894），p. 297；*H.M.C., Hatfield*, v, p. 25；xvii, p. 530；*C.S.P.D., 1603—1610*, p. 263。

121. *Secret History of the Court of James the First*（Edinburgh, 1811），i, p. 393；*C.S.P.D., 1611—1618*, p. 303；E. Bower, *Doctor Lamb revived*（1653），pp. 26—27. 1641年，所谓的300名天主教密谋策划者求助于一名占星师的说法无疑是编造的谎言；*A Plot lately discovered for the Taking of the Tower by Negromancie*（1641）。

122. *D.N.B.*；J. Heydon, *Theomagia*（1664），iii, p. 132；Pepys, Diary, 3 Mar. 1667；*C.S.P.D., 1666—1667*, pp. 490, 541（应该是约翰·海登，而不是彼得）；*1667—1668*, pp. 286, 298, 343, 542—543；A. Browning, *Thomas Osborne, Earl of Danby*（Glasgow, 1944—1951），i, pp. 45—46。

123. T. Carte, *The Life of James, Duke of Ormond*（Oxford, 1851），iv, p. 293。

124. *Diary of the Times of Charles the Second by the Honourable Henry Sidney*, ed. R.W. Blencowe（1843），i, pp. 253—255。

125. 有关这类事件的例子参见 *L.P.*, viii, p. 2；Sheffield City Archives, Bacon-Frank collection 2/17, f. 137；C. D. Shanahan in *Essex Recusant*, iii（1961），pp. 121—122；*H.M.C., Hatfield*, i, p. 576；ibid., xvii, pp. 22—23, 25, 33, 36；*C.S.P.D., 1598—1601*, p. 585。对比1636年罗伯特·赖斯给约翰·温斯洛普的信中提及的意见；*Mass. Hist. Soc. Collectns.*, 4th ser., vi（Boston, 1863），p. 410。

126. Lilly, *Autobiography*, p. 104；Booker, *A Bloody Irish Almanack*（1664），sig. A3；id., *MDCXLIII Almanack et Prognosticon*, sigs. A4v—A5；Ashm. 190, f. 109（对出版自由的恳求，日期未注明）。布克曾因印刷未获批准的历书，而被高级委员会于1634年投入监狱（*C.S.P.D., 1634—1635*, p. 378）。据说，他于1643年被聘为数学书籍的国会证照发放人，这应归功于他在格雷沙姆大学读者办公室的职务；*Acts and Ordinances of the Interregnum*, ed. C. H. Firth and R. S. Rait（1911），i, p. 187。

127. N. Fiske, preface to Sir C. Heydon, *An Astrological Discourse*（1650），sigs. A4—5；J. Pool, *Country Astrology*（1650），sig. A2。

128. *D.N.B.*, "Wharton, Sir G."；*Commons Journals*, v, p. 316。

129. Josten, *Ashmole*, p. 1377, n. 1.；J. Partridge, *Vox Lunaris*（1679），p. 2。

130. *D.N.B.*, "Gadbury, J."。

131. Essex R.O., Q/SBa 2/76（Deposition of Thomas Law, 21 April 1651）。

有关仅因占星计算而引发的逮捕, see above, p. 365。

132. *La Chartreuse de Parme*, chap. 2.

133. Pool, *Country Astrology*, sig. A3.

134. J. Partridge, *An Astrological Vade Mecum*（1679）, pp. 69—70.

135. H. Coley, *Clavis Astrologiae Elimata*（2nd edn, 1676）, p. 209. Cf. Lilly, *Englands Propheticall Merline*（1644）, sig. b1^v.

136. *The Autobiography and Private Diary of Dr Simon Forman*, ed. J. O. Halliwell（1849）, p. 17 ; Lilly, *Autobiography*, p. 64 ; Ashm. 240, f. 350.

137. "G. Naworth"（G. Wharton）, *Mercurio-Coelico-Mastix*（1644）, sig. B3.

138. *A Briefe Description of the Notorious Life of Iohn Lambe*（"Amsterdam", 1628）, p. 2 ; *Mercurius Elenticus*（2—9 Feb. 1648）, p. 79 ; Ashm. 240, f. 350.

139. *Mercurius Elenticus*（12—19 Nov. 1647）, pp. 22—23, 有关指控, 以及利利的辩护, 参见 *Monarchy or no Monarchy*（1651）, p. 49 ; *Mr William Lilly's True History of King James the First, and King Charles the First*（1715）, pp. 102—104。有关利利牵涉进的另一起婚姻案例, 参见 *Alimony Arraign'd; or the Remonstrance and Humble Appeal of Thomas Ivie, Esq.*（1654）, p. 22 ; 以及类似的陈述（W. Rowland）, *Judiciall Astrologie judicially Condemned*（1652）, p. 7 ; *Character of a Quack Astrologer*（1673）, sig. C2。

140. Ashm. 363, f. 199.

141. T. Smith, *The Life of John Dee*, trans. W. A. Ayton（1908）, p. 52 ; *A Briefe Description of the Notorious Life of Iohn Lambe*, pp. 20—21 ; *The Court and Times of Charles the First*（1848）, i, pp. 364—365.

142. E. F. Bosanquet, *English Printed Almanacks and Prognostications*（1917）, p. 5 ; *Narratives of the Days of the Reformation*, ed. Nichols, p. 173.

143. R. Harvey, *An Astrological Discourse*（1583）, sigs. qv^v—qVI.

144. E.g., Sir G. Clark, *A History of The Royal College of Physicians*（Oxford, 1964—1966）, i, pp. 232, 259.

145. Kittredge, *Witchcraft*, p. 229.

146. *D.N.B.*

147. Examples in B. H. Cunnington, *Records of the County of Wilts.*（Devizes, 1932）, pp. 61—62（埃德蒙·兰登, 1617）; *County of Middlesex. Calendar to the Sessions Records*, new ser., ed. W. Le Hardy（1935—1941）, i, pp. 199, 372

第十一章 占星术：其社会与知识的作用

（约翰·惠勒，1613）；ibid., iv, p. 309, Ewen, ii, p. 433, Wood, Ath. Ox., ii, col. 555, and Ashm. 421, f. 170（马赛厄斯·伊万斯，1617—1618）；W. Drage, *Daimonomageia*（1665）, pp. 39—40（阿默舍姆的雷德曼）；Pool, *Country Astrology*, sig. A3（不知名占星师, c. 1650）；*C.S.P.D., 1654*, p. 146（不知名）；F. W. Jessup, *Sir Roger Twysden, 1597—1672*（1965）, p. 154（约翰·希格斯，1662）；*Middlesex County Records*, ed. J. C. Jeaffreson（1886—1892）, iv, pp. 212—213（约翰·霍尔韦尔，1683，因为出版 *Catastrophe Mundi*）。

148. Ewen, ii, p. 434（尽管被形容成来自肖尔迪奇的圣莱奥纳德，然而卡尔佩珀实际上住在斯比德菲尔德）。这或许是他一生中另一次越界，并为他同时代的传记作者所省略掉了；*Culpeper's School of Physick*（1659）, sig. C6。

149. Ewen, ii, p. 456；Lilly, *Autobiography*, pp. 167—171, 253—256。

150. *The Works of... Sir George Wharton*, pp. 275—276。

151. Below, p. 435, n. 44.

152. *Extracts from the Court Books of the City of Norwich, 1666—1688*, ed. W. Rye（Norfolk and Norwich Archaeol. Soc., 1903）, p. 173。

153. Heydon, *A Defence of Iudiciall Astrologie*, p. 371。

154. Bacon, *Works*, iv, p. 349。

155. See e.g., J. H. Robinson, *The Great Comet of 1680. A Study in the History of Rationalism*（Northfield, Minnesota, 1916）, chap. 8；C. D. Hellman, *The Comet of 1577: its Place in the History of Astronomy*（New York, 1944）, and "The Role of Measurement in the Downfall of a System: Some Examples from Sixteenth-century Comet and Nova Observations", in *Vistas in Astronomy*, ed. A. Beer, ix（1967）。

156. 有关某些占星发现对占星术之影响的讨论，参见 M. Graubard, "Astrology's Demise and Its Bearing on the Decline and Death of Beliefs", Osiris, xiii（1958）；T. S. Kuhn, *The Copernican Revolution*（Cambridge, Mass., 1957）, esp. pp. 93, 221—222；Nicolson, *The Breaking of the Circle*；Thorndike, *Magic and Science*, vi, pp. 69—71（布拉赫）；vii, pp. 17—28（开普勒）, 35—36（伽利略）, 446—451（伽桑狄）。

157. Bosanquet, *English Printed Almanacks and Prognostications*, pp. 33—34；Thorndike, *Magic and Science*, v. pp. 417, 419, 422；vi, pp. 15, 30—31, 39；F. R. Johnson, *Astronomical Thought in Renaissance England*（Baltimore, 1937）, p. 250。

158. *The Life and Letters of Sir Henry Wotton*, ed. L.P.Smith（Oxford, 1907）, i, p. 486 ; Bacon, *Works*, iv, pp. 349—355.

159. W. Gilbert, *On the Magnet*, ed. D. J. Price（New York, 1958）, I. vii ; Iii. xii.

160. J. Bainbridge, *An Astronomicall Description of the Late Comet*（1619）, p. 32.

161. C. Wren, *Parentalia*（1750）, p. 203.

162. *Pseudodoxia Epidemica*（1646）, IV. xiii.

163. *The Remains of... George Herbert*（1836）, p. 166.

164. Thorndike, *Magic and Science*, vii, chap. 16. Cf. R. Saunders, *The Astrological Judgment and Practice of Physick*（1677）, p. 10 ; *The Works of... Sir George Wharton*, pp. 105—110, 184—208.

165. J. Childrey, *Indago Astrologica*（1652）; id., *Britannia Baconica*（1661）, sig. B5.

166. H.M.C., *Various Collections*, viii, p. 61.

167. M. Nicolson, "English Almanacs and the 'New Astronomy'", *Annals of Science*, iv（1939—1940）, p. 24.

168.（S. Ward）, *Vindiciae Academiarum*（1654）, pp. 30—32 ; M. Espinasse, *Robert Hooke*（1956）, p. 119 ; R. Cudworth, *The True Intellectual System of the Universe*, trans. J. Harrison（1845）, i, p. 7 ; H. More, *Enthusiasmus Triumphatus*（1656）, p. 41 ; M. Casaubon, *Of Credulity and Incredulity in things Natural, Civil, and Divine*（1668）, p. 141 ; W. Cudworth, *Life and Correspondence of Abraham Sharp*（1889）, p. 152 ; T. Hobbes, *English Works*, ed. Sir W. Molesworth（1839—1845）, i, p. 11 ; Sprat, *History of the Royal Society*, ed. J. I. Cope and H. W. Jones（St Louis, 1959）, p. 97. Cf. J. Gadbury, *Obsequium Rationale*（1675）, p. 32.

169. P. Gassendus, *The Vanity of Judiciary Astrology*, trans. by "a Person of Quality"（1659）; P. Bayle, *Miscellaneous Reflections occasion'd by the Comet which appear'd in December 1680*（1708）.

170. Cooper, *Mystery*, p. 141. 有关同样的争论，参见 Fulke, *Antiprognosticon*, sig. Bii。

171. Ashm. 423, f. 173 ; Lilly, *Autobiography*, p. 169 ; H. Clark, *A Rod Discovered*（1657）, pp. 38—39. 16世纪著名大学的占星师包括万灵学院的

第十一章 占星术：其社会与知识的作用

约翰·罗宾斯（above, p. 342）；凯厄斯学院的约翰·弗莱彻（J. Venn in *The Caian*, vi [1896]）；纽因学院的约翰·伯克利（W. H. Hart in *Archaeologia*, xl [1866], pp. 391—394）；圣凯瑟琳学院的约翰·梅普尔特（author of *The Diall of Destiny* [1581]）。有关17世纪早期大学教师的占星嗜好，参见 W. C. Costin, "The Inventory of John English, B.C.L., Fellow of St John's College", *Oxoniensia*, xi—xii（1946—1947）, pp. 113—114。See also *Visitations in the Diocese of Lincoln, 1517—1531*, ed. A. H. Thompson（Lincoln Rec. Soc., 1940-7）, iii, p. 73；H. Rashdall, *The Universities of Europe in the Middle Ages*, ed. F. M. Powicke and A. B. Emden（Oxford, 1936）, iii, p. 161；*The Works of... Joseph Mede*（1664）, i, pp. viii—ix.

172. F. Peck, *Desiderata Curiosa*（new edn, 1779）, p. 276.

173. Register of the University of Oxford, ii（1571—1622）, ed. A. Clark（Oxford Hist. Soc., 1887）, i, pp. 170(1581), 172(1590), 178(1618), 199(1596)；Oxf. Univ. Arch. , P 15, ff. 247（1630）, 277v（1633）；Q 16, f. 178v（1635）；Qa 17, ff. 150（1651）, 152（1653）.

174. J. Chamber, *Astronomiae Encomium*（1601）, pp. 38—40（appended to *A Treatise against Judicial Astrologie* [1601]）；*The Life and Complete Works... of Robert Greene*, ed. A. B. Grosart（1881—1886）, v, pp. 17—18.

175. Oxf. Univ. Arch. , Qa 17, f. 152v（Ward）；Qb 18, f. 178（1669）；Be 20, f. 202（1681）；Bd 19, ff. 205（1674）, 206（1675）, 209（1680）. 然而，有关这种倾向的个别例外，参见 *Register of the University*, ed. Clark, p. 179(1621)；R. South, *Opera Posthuma Latina*（1717）, pp. 24—28（1657）；Oxf. Univ. Arch. , Bd 19 f. 207（1676）。

176. J. Chamber, "A Confutation of Astrologicall Demonology"（Bodl., Savile MS 42）, ff. 99ᵛ—100. 关于其他例子，参见 W. T. Costello, *The Scholastic Curriculum at Early Seventeenth-century Cambridge*（Cambridge, Mass., 1958）, p. 91。

177. J. Gadbury, *The Nativity of the late King Charles*（1659）, sig. A5v；J. B(utler), *The Most Sacred and Divine Science of Astrology*（1680）, ii, ep. ded.

178. P. Allen, "Scientific Studies in the English Universities of the Seventeenth Century", *Journ. Hist. Ideas*, x（1949）, p. 226. 约翰·普雷斯顿曾在剑桥作为王后学院学者研习占星术（C. 1609），正如阿什莫尔在牛津那样（C. 1644—1645）（T. Ball, *The Life of the Renowned Dr Preston*, ed. E. W. Harcourt

[Oxford, 1885], pp. 14—16; Josten, *Ashmole*, p. 353)。

179. E.g., Fulke, *Antiprognosticon*, sig. Dvii^v (following P. Daquet, *Almanack novum et perpetuum* [1556],该书是一本专著,主张手术应该根据居民的身体条件而选定时机,而不该通过星象来定夺)。

180. Cooper, *Mystery*, p. 144; Burton, *Anatomy*, ii, pp. 15—16; J. Hart, *The Diet of the Diseased* (1633), pp. 256 ff. Cf. Primrose, *Popular Errours*, pp. 246—247。

181. Clark, *A History of the Royal College of Physicians*, i, pp. 168, 316. 那个时代观察星象的大批著明医生, cited in *Bretnor 1619.A New Almanacke and Prognostication*, sig. C3。

182. J. Indagine, *Brief Introductions*, trans. F. Withers (1575), sig. JIIIJ.

183. Bacon, *Works*, ii, pp. 635—637; iv, p. 354; Scot, *Discoverie*, IX. ii; *Conway Letters*, ed. M. H. Nicolson (1930), p. 132; R. Hunter and I. Macalpine, *Three Hundred Years of Psychiatry* (1963), p. 285; *The Works of the Hon. Robert Boyle* (1744), v, p. 96。

184. R. Mead, *A Treatise concerning the Influence of the Sun and Moon upon Human Bodies*, trans. T. Stack (1748). 以下是一本同类书: *Mechanical Account of the Natural Causes of the Influence of the Moon upon Human Bodies* in (J.) Gibbs, *Observations of Various Eminent Cures of Scrophulous Distempers* (1712), pp. 54—64。

185. W. Munk, *The Roll of the Royal College of Physicians* (2nd edn, 1878), i, p. 499; A. Malloch, *Finch and Baines* (Cambridge, 1917), pp. 66—67. 他的一部分占星数据收于 Sloane 1707。

186. Butler, *The Most Sacred and Divine Science of Astrology*, ii, p. 27; M. Cranston, *John Locke* (1957), p. 91.

187. J. Securis, *A New Almanacke and Prognostication… MDLXVIII*, sig. Aii; J. Fage, *Speculum Aegrotorum, the Sicke-Mens Glasse* (1606), "To the Reader".

188. W. Lilly, *Anglicus* (1645), sig. A3v; id., *Christian Astrology*, "To the Reader".

189. Ashm. 363, f. 2v; 185, f. 154^v.

190. J. Gadbury, *Britains Royal Star* (1661), p. 12; J. Wilson, *The Cheats*, ed. M. C. Nahm (Oxford, 1935), p. 145. 笛福认为,大瘟疫爆发之前遍布国家的

第十一章 占星术：其社会与知识的作用

大部分城市的占星师后来再也没有回来了；*A Journal of the Plague Year*（1722）（New York, 1960）, pp. 176—177。

191. J. Blagrave, *Blagraves Astrological Practice of Physick*（1671）, Ep. ded.

192. Saunders, *The Astrological Judgment and Practice of Physick*, ii, p. 172；J. Webster, *The Displaying of Supposed Witchcraft*（1677）, p. 25.

193. J. Middleton, *Practical Astrology*（1679）, sig. A1v；(J. Gadbury), *Magna Veritas: or John Gadbury... not a Papist*（1680）, p. 10.

194. G. L. Kittredge, *The Old Farmer and his Almanack*（Boston, 1904）, p. 58；W. Hunt, *Demonstration of Astrology*（1696）, sig. A3.

195. S. Butler, *Characters and Passages from the Note-Books*, ed. A. R. Waller（Cambridge, 1908）, pp. 71, 416, 457. 针对帕特里奇的一系列讽刺文字参见 W. A. Eddy in *Studies in Philology*, xxix（1932）, pp. 38—40。17 世纪 90 年代，汤姆·布朗预料到了斯威夫特会对他进行抨击。

196. B. Jonson, *Conversations with William Drummond of Hawthornden*, xiii；above, p. 380.

197. *Merlinus Anglicus Junior*（1733）, sig. C4v. 有关 1700 年以后的占星出版物的记述，参见 E. Howe, *Urania's Children*（1967）。

第十二章

占星术与宗教

> 邪恶的艺术遍布每个角落,且受到众人的追捧,尤其是那些信奉基督教义之人。
>
> 约翰·隆斯,《反对星占学的简明宣言》(1650),第1页

一 冲 突

从基督纪元初以来,占星术与宗教的关系是以互相猜忌为特色的。宗教改革后的一个世纪中,这两种信仰体系发生了尖锐的冲突。许多国教教士指责占星术是门邪恶的技艺,它的理论与基督教的某些基本教义水火不容。他们在布道和宣传小册里所使用的论据都来自较早的欧洲大陆作者,但是他们以明白无误的热情表现了这些作者的理论。

抨击的第一个方面是占星术对于同一现象经常提出与宗教相矛盾的解释。基督教会把风暴、饥荒或地震看成是上帝神秘目的之体现,而占星师则认为它们受到天体运动的控制,因此可以用其技艺来预测。另外,占星师将运气的好坏归因于星辰,直接地威胁了

第十二章　占星术与宗教

基督教的教条,正如加尔文所说,它"将乌云遮在我们眼前,把我们驱离于上帝的神意"。主教胡珀也用类似的话警告他的听众,"富裕或灾殃、丰足或匮乏、战争或和平的出现,既不是出于太阳和月亮,也不是出于土星和火星",而是出于上帝本身。长寿乃是对于信神的报答,而不是行星的赐予。[1]反对占星术的这场战争主要就是争辩这一基本的因果要素。如长老派教徒托马斯·加塔克在1653年所说,对于基督徒来说,"不是用占星术而是用神学的眼光"来看待一切事件,这是最根本性的。[2]

占星师由于对宗教史上一些最微妙的事情做了世俗的解释,从而引起了教士们的深仇大恨。占星师毫不迟疑地认为不同宗教控制世界不同地区乃是出于星界原因;有些从业者甚至继续制作中世纪臭名昭著的基督生辰天宫图。[3]这就导致了反对这类亵渎的可怕反应,许多教士用我们看来肯定是根本反科学的语言驳斥占星术。他们认为,无论是对于宗教历史还是对于一般人类行为的先见之明,都是上帝独享的特权,而篡夺这种特权则是胆大妄为。公理会神甫威廉·布里奇声称:"如果有人想利用星辰来预言未来的事件——那些偶然的、取决于人类的意愿和行为——那么他就公开侵夺了上帝的职权。"[4]约翰·高尔说:"上帝有先见之明,预知未来之事;他不准人类有任何这样的好奇和猜测;他明确地禁止我们去查询或同意它们。"[5]毫无疑问,实际上这种禁止不像口头上那么严厉,因为它并不否定天文学对于航海、医学和农业的实用性。但是由于教会对占星术的厌恶,促使它宣布了不少原则,而这些原则构成了许多科学努力的有效障碍。另一个教士说:"天空是上帝的书,我们必须把它留给上帝;如果可以利用星盘和象限仪使我们好似接近了星辰,从而能够完成一切事情,那么上帝为什么还要把我们放得离星辰这么远呢?"[6]这种说法就像与之连在一起的其他论点一样是反科学的,它们认为,占星术应该受到谴责;因为它使得人们忘记了上帝在人类事务中的作用。约翰·格里写道:"我们在致力于观察自然原因时,不应该指望超自然的目的或用途,其他的方法则是可以的。"[7] 科学只要不使自己失去控制,就可以得到宽容。托马斯·霍尔说:"我们必须使哲学追随和服从神学。每门科学都必须保持其本来的界限。"[8] 这样,就提出了对于占星术进行抨击的基本争论点:是否应该允许人类的好奇心对造物主的作品自由地发挥作用?

如果这就是两个信仰体系之间的全部冲突,那么它就十分容易解决了。宗教着力证明自己在科学革命之前是能够适应的,它可以毫无困难地系统表述神学论点,以证明自然科学研究的正确,甚至还可以促进之。它可以强调,星辰和行星是上帝放在天上的。所观察到的它们的运动和作用只是上帝的尊严和威力的体现。它们只不过是地面事件的次级原因,没有理由认为上帝不可以通过对星辰的作用而达到这些目的——只要他愿意这么做。有关星辰作用的知识只会增加对上帝的赞美。这些就是17世纪后期大多数神学家证明自然科学研究是正确的一些论点;如果对于占星术没有其他异议,那么它也就可以像其他任何形式的自然知识一样与信神并不冲突了。当然,有些棘手的《圣经》段落尚有待于巧妙地辩解清楚,明显的便是《以赛亚书》第47章第13节中含有敌意地提到了"观天象的、看星宿的、在月朔说预言的"。但是《创世记》第1章第14节便可对付这些话,它说上帝将星辰置于苍穹之中以作为人类的征兆;而更妙的是,还有东方的星辰引导三贤人来到伯利恒的例子。钦定《圣经》译本的内容及其注释者的精巧设计,使得同化这门新科学成为轻而易举的事情。

因此,并不是由于占星术声称自己是自然科学才招来了神学方面这么强烈的反对。并且也不是因为其知识性的薄弱。在这场运动中,神学家很自然地从早期作家(自西塞罗一直到皮科·德拉·米兰多拉)所积累的反占星术的观点中搜罗了大量武器。但是对于占星术知识方面的驳斥并不是这种敌意的根本原因。说占星术开始时是异教的伊斯兰教徒(加塔克称之为"古埃及巫师")的著作中

第十二章　占星术与宗教

的知识这一情况也不是敌意的根本原因。[9]诚然,某些宗派对占星术和异教的亚里士多德著作都予以指责,[10]恰如更为极端的新教徒复活早期基督教为星期日子和月份重新起名的运动一样,因为这些名字源自异教神祇。[11]但是,这种过于周到缜密的做法只见于极端的清教主义中。大多数传统的宗教分支都有足够的能力吸收柏拉图和亚里士多德的学说,以及古典文献、阿拉伯科学和其他的异教学问。

神学家攻击占星术的真正原因是他们确信,占星师所主张的星界决定论是与基督教关于自由意志和道德自主的教义不相容的。这就是中世纪教会的代言人与占星师分歧的要点。他们始终容忍这一学科的"自然"部分。天体对于气候、植物和生理的影响,并且承认占星术是农业或医学的一个基本部分。他们所不能宽容的乃是这门技艺的"占卜"部分:不是用明确具体的预言来判断天气,而是判断群体或个体的人类行为。这种预言越具体,它就越冒犯自由意志的信仰。神学家们不能接受这样的说法:人类完全是其天生命运的牺牲者,以致无法打破星界的束缚而进行独立的道德选择。他们承认星辰可能会影响人体,但是不承认它们能触动心灵。占星师绝不能说出特定的个人会如何行动,因为意愿和智力依然是自由的。坚称其预言之肯定性的从业者至多是个邪说信奉者。对于这种肯定性预言的根本否定曾由圣奥古斯丁阐述过,并由阿奎那重新有系统地表达过。[12]在16世纪和17世纪,不断地有人重申过这一观点。换言之,神学家们明白,真正的社会科学的危险要比自然科学的危险更大。现代的护教学专家也一直展示,新教神学不大阻碍这一时期中自然科学的发展,但是它却竭力抵制对于人类行为的科学研究,因为这种研究对于信仰和伦理的威胁似乎更大。

然而即使这方面存在着冲突,也往往在实际上没有表面上那么激烈。因为如我们所见,占星师自己也首先承认他们对于人类行为的预言只是假设性的猜测。生辰天宫图所显示的是趋势而不是必然。星辰是使得某事易于发生，而不是强制其发生。占星诊断的整个关键是使主顾意识到自己有什么可能的机会，以便扩大人们的选择自由。

麻烦只是在于，这些保留条件并不始终被主顾所牢记。就一般大众来说，占星术可以充分帮助他们放松其道德责任，即使受过教育的人也轻易地将个人的缺陷和不幸归咎于行星的影响。"不要把你们的不足之处与星辰联系起来，绝望地认为自己处于邪恶命运的控制之下。"我们可以看到，托马斯·布朗的这种警告到底对多少同时代人起了适当的指导作用呢？[13] 从严格的理论角度看，占星师坚称其理论与自由意志并不矛盾是完全正确的，正如现代心理分析家可以拒不接受世俗的异议（他们的学说取消了关于道德责任的观念）一样。但是在实践中，人们并不总是能意识到这种精微的区别，教会对于占星术的深层含义的担心并非多余。教会不能容忍人类意志自由不存在的说法，因为这样一来就摧毁了宗教赖以为基础的整个奖惩理论。

一旦确认意志必然自由，教会便有理由说未来的人类行为不可能预测。如果占星师确实预测了，那么这意味着他们与魔鬼的结盟。卡尔顿主教说，符文和咒语是魔鬼的入门知识，但是星占学却是魔鬼的苍穹。与撒旦结成秘密联盟的占星师应该遭到像其他一切妖巫一样的命运。[14] 同时，占星师还因为进行数学计算而受到猜忌。罗杰·培根就是因为数学被认为是邪恶技艺的一部分而受到莫大的名声玷污；[15] 爱德华派改革者在牛津大学荒谬地把数学手卷当成奇术书销毁的事件也臭名昭著。"只要出现一个红字或者数学图式，他们就足以将这本书加上'教宗制度的'或'魔鬼的'头衔。"这可以解释这一时期中几乎所有 14 世纪默顿学院天文学家们的著述都消失了的原因。[16] 现代历史学家倾向于认为，伊丽莎白时代只有极少数的真正科学家被控施行妖术。然而，约翰·迪伊和托马斯·哈里奥特都遭到过这类猜疑；约翰·奥布里回忆起 17 世纪伊丽莎白时代的占星师托马斯·艾伦如何受到如下信仰的诽谤,"在这些黑暗年代里",占星师、数学家和奇术家都是一回事。[17] 在玛丽统治时期,神甫威廉·利文遭到逮捕,原因是一个无知的警官在其藏书中发现了一本天文学教科书,约翰·德萨克洛博斯科的《星体》,于是便惊呼道:"怪不得女王生病了,原来在阴暗的角落里藏着这种奇术家呢;但是现在好了,我相信他再也不能施行奇术了。"[18] 伊丽莎白时代的审查官爱德华·沃索普也谈及这种流行的看法:凡是有十字、数字、圆圈和希腊几何术语的书籍都可能是奇术著作。[19]

这种偏见一直持续到17世纪,并且被广泛传播的"任何神秘事情都可能有着邪恶来源"的信念煽动得更为激烈。托马斯·富勒写道:"手中拿着天然磁石的学者在一个愚昧的市民眼里足以成为一个奇术家。"[20] 据说1644年没收数学家沃尔特·沃纳的文件的那些财产查封人,"一看到在迷信的代数和邪恶的几何技艺中那么多的十字和圆圈时,就苦恼万分了"。[21] 占星师亨利·哈弗莱特悲叹道:"假如一个人比普通大学生知道得多一点,那么他就会被视为奇术家,他就是与魔鬼交往了。"[22] 1651年,约翰·罗利忧伤地向利利报告说,当他用仪器测量教堂尖顶的高度时,当地的教区神甫便指控他是在施行奇术。[23] 当时有本小册子用"邪恶技艺的荣耀"这种措辞提到利利;而利利的学生和继承者亨利·科利则因安东尼·伍德把占星师描绘成"奇术家"而大为恼怒。[24]

虽然这类诬蔑往往纯粹是出于诚心诚意的信仰,但是依然很难不得出这样的结论:教会反对占星师的原因之一,是他们把占星师看成其职业上的对手。尽管从理论上说,占星术和宗教并不矛盾,但是实际上它们无疑是竞争对手,各自有着对立的占卜方法。信神者可以通过祈祷和天启进行预言,而占星师则在研究天体运动后做出预测。那么两者可以共存吗?威廉·布里奇问:"如果一个人能够利用星辰来预告未来之事,那么还要预言何用?"[25] 像约翰·加德伯里这样的占星师经常挖苦宗派成员所声称的先见和天启,嘲笑第五王朝派教徒的幻想,并且对于任何非占星类型的预言通常都持否定态度,这就加剧了双方的冲突。[26] 占星师吹嘘自己以数学为基础的预测的科学特色,以对抗宗教天启的神秘直觉和主观的性质。托马斯·特里格声称:"我认为宗教预言和占星预测并非同一回事。宗教预言通过灵感;而占星师则有着已知的和自然的根据,他们把尘世间的结果看成是其固有原因的具体化。"[27] 相应地,贵格会教徒也认为利利的预测毫无价值,因为它们来自星辰,而不是来自内部的启发。[28]

另一个敏感问题是占星术与祈祷之间的关系。古典时代的占星师曾强调,从星辰的影响中寻求神圣的解救是没有用的;在16世纪和17世纪。英格兰的新教作者则尖锐地指出,如果星界定命说被接受的话,那么祈祷是没有用的。[29] 此外,占星选择理论似乎也暗示,如果不是利用占星术挑选一个吉利时刻,那么任何祈祷都不起作用。这一阿拉伯的观念据说是由某些英格兰占星师教授的。[30] 这和关于需要定时的行动来适应日月相位的巫术信仰有着密切关系。伊丽莎白时代的奇术家托马斯·艾伦告诉一个主顾说,如果等到日至正午,敲打三下铁砧,他就能回答主顾提出的任何问题。[31] 保王派空想家阿里斯·伊万斯在14岁时听到"有人说,任何人只要在圣灵降临节的早晨,太阳升起和发出光芒的那一瞬间向上帝提出要求,上帝都会赐予他的"。[32]

但是对于祈祷的问题就像对于自由意志的问题一样,大多数占星师都试图掩饰裂痕,以免占星术与宗教之间的分歧显得过于明显。他们敏捷地响应大主教劳德的观点:热情的祈祷甚至能够克服土星与火星会合的坏影响,因为上帝可以阻止邪恶方面,并取消会合的影响。[33] 一个布道师告诉占星师学会说,真正的宗教信仰始终能抵制行星影响。如后来一位作者指出:"祈祷和努力可以挫败星辰。"[34] 红衣主教波尔以同样的意思声称,不管一个人的生辰天宫图有多大的占星意义,它都被人的第二次诞生,即精神再生所抵消。[35]

第十二章 占星术与宗教

但是这两个体系的潜在对立并不会轻而易举地消除。因为信神者痛苦万分地看到,那些凡夫俗子把教士通常可望解决的问题都交给占星师了。占星术所提供的虽然也是一个抽象的解释体系,但它是第一流的实践者,为范围广泛的私人难题提供了咨询服务。其主顾们要求它帮助妻子、仆人、业务上的同事,或者,他们要求对一些复杂纠缠的行为或忠诚的争议问题给予指导。所以,主顾们在需要的时候去找的是观星者而不是传统的教会神甫,这一情况似乎成了教会道德优势的直接威胁,教会一直利用道德优势的特权来解决争端和给予建议。于是,用历书调节其生活的人就显示了对上帝的不信任。[36] 弗朗西斯·克劳神甫抗议道:"倾听这些占卜者,就是拒绝倾听基督。"[37] 此外,还有大量的抱怨倾泻而出。占星预言的"研究比对《圣经》的研究还多"。许多人"更多地注意到这类预言和历书的应验,而不是《圣经》语言的应验"。有些人"信任占星师胜过对福音的信任",以及"对利利比对上帝更相信"。[38]

在这一点上毫无妥协可言。而就知识层面来说,占星学说略能适合于神学框架。但是,当占星师发展的咨询业务在广度和深度上都足以威胁到教会,使神甫的作用衰落时,就爆发了激烈的反抗行动。有名的清教布道师威廉·珀金斯声称,一个人即使无可挽回地失去其财物,也比借助于占星帮助重新得回它们要好。[39] 但是这种苛刻的观点不能期望赢得只关心物质利益的普通大众赞同。唯一的办法便是镇压,这就是教会法庭想方设法要施行的措施。晚至1716年,诺里奇的主教还在设法了解,其教民中是否有人"利用巫术、符咒或占星术,假装预测命运和寻找失物或者求教于任何这类人物的行为"。[40]

在这一方面,宗教改革后的教会保持着与其中世纪前辈完全相同的态度。宗教法规一直禁止遵守占星定下的吉日良辰。[41] 当教会人士从发现约克的大主教杰勒德(卒于1108年)枕头下藏着一本占星术书的震惊事件中恢复过来后,他们便做出决议:其尸体不宜葬在大教堂。[42] 从中世纪后期以来,凡是开业的天宫图制作者被发现,都可能遭到教会法庭的惩罚。1577年,一个名叫西蒙·彭布罗克的天宫图制作者被审判他的法庭处以死刑。[43] 但是占星师出现在宗教法庭上的次数似乎要比术士和女贤人少得多;并且,宗教的法律行为是否对他们构成了相当有效的障碍,也是颇可怀疑的,尤其是在几名杰出的占星师获得主教发放的许可证从而有权像其他正统医生一样从事医业之后更是如此。[44] 除了宗教的审查制度外,国教会所采取的阻挠行动似乎基本上是无效的。甚至对付占星术的文字战也并未达到目的。1671年,占星师约瑟夫·布莱格拉夫承认道:"事实是,在那些神甫大肆反对我和我的技艺后,我的顾客却比以前增加了一倍,神甫们为我提供了绝妙的宣告,那些先前没有听说过我的人都来向我请教,听听我到底解决了些什么大问题。"[45]

虽然各派教士都猜忌占星术,但是在宗教改革后的英格兰,最持久的反对显然来自新教徒,这些新教徒最急于清除国教会中残余的"教宗制度的"成分。爱德华派的新教徒追随欧洲大陆上的大师们(加尔文、贝扎、布林格以及彼得·马特),撰写文章,激烈地反对占星术,尤其是迈尔斯·科弗代尔、约翰·胡珀、约翰·福克斯和罗杰·哈钦森。加尔文关于这一问题的文章由乔治·盖尔比在1561年译成英文。此后,这场攻击由神学上的加尔文派和一般观点上的强烈反罗马派的作者们继续进行下去。这些作者中包括约翰·朱厄尔,他是玛丽一世保王派的流亡者;还有清教神甫威廉·富尔克、道德家和社会改革家菲利普·斯塔布斯、温莎的大教堂教士会成员和拉米斯及加尔文的仰慕者约翰·钱伯、虔诚的布道师威廉·珀金斯,以及奇切斯特的加尔文派主教乔治·卡尔顿。其他参与者包括清教神甫劳伦斯·汉弗莱和托马斯·库珀,以及神学家安德鲁·威利特和乔治·黑克威尔。[46] 在内战前写了大量文章反对占星术的人中间,只有极少数人与这一宗教思想学派有密切关系。[47]17世纪40年

第十二章　占星术与宗教

代,关于占星术的论战臻于布道和宣传册子的高潮,反对派的领导者是长老派教徒托马斯·加塔克、约翰·格里、托马斯·霍尔和约翰·维卡斯,接着协助的是公理会教士(虽然不是世俗人)约翰·古德温、约翰·欧文,还有威廉·布里奇和菲利普·奈。后一组人在1652年2月请求国会把星占术全都取缔。[48]

如何解释清教主义对于占星术这种深恶痛绝的感情呢?如果说这是因为"热爱理性"的清教徒感到了占星方法上的知识性缺陷,从而把这种敌意赞美成是经常假设的清教主义与现代科学兴起之间关联的进一步证据,那倒是颇为诱人的。然而实际情况似乎并非如此。占星方法的欺骗性通常不是清教徒的主要反对理由。他们反而承认占星师可以修正其预言,只是把占星师的成功作为其技艺之邪恶性的又一个证据。约翰·格里奚落道:"占星师有时候的预测不是很正确吗?妖巫也是这样做的。"格里引用了清教数学家亨利·布里格斯的观点,布里格斯放弃了对占星术的研究,部分是因为他发现其规则不稳定,但更多地是因为他害怕"魔鬼对于那些沉溺于占卜占星术的人,首先会秘密地给予帮助,接着便逐渐地引诱他们与之结盟——除非上帝仁慈地加以阻止"。[49]这样,占星师就进退维谷了。如果其预测错误,那么就证明他们是骗子;如果预测正确,则就是与魔鬼勾结。[50]

这个观点并无新奇之处,它是从中世纪经院哲学家那里继承来的。清教会往往十分近似于赞成"无知乃虔诚之母"的陈旧的天主教观点。[51]"莫用神秘事诱惑尔等思想",弥尔顿《失乐园》[52]中拉斐尔对于亚当的忠告概括了一百年的顾虑。清教徒也可能因为感觉到从业者的许多活动体现了"教宗制度的"特征,所以对占星术特别敏感,咨询服务使人联想起忏悔,而选择时刻则显得像是教会日历中红字或黑字日期的表兄弟。占星图形和图谶与天主教俗人所佩的符文相仿,而黄道十二宫里的每一宫都分管人体一个部分的观念使人想起了每种疾病都有一个圣徒负责的罗马天主教信仰。[53]当然,给占星术打上"教宗制度"印记的努力不大可能对见闻广博者产生多大影响,因为他们知道,首先阐述反占星术观点的是中世纪教会,欧洲大陆上反宗教改革的教会继续在十分卖力地反对这门科学。[54]但是这种诽谤从表面上来看还是颇有道理的。

　　清教徒对于任何明显威胁上帝万能观念的言行也是极其敏感的,不容许有探察上帝奥秘的任何企图。他们的思想核心乃是在于这样一个基本信念:与上帝不可抗拒的威力相比,人类的处境卑微低下。与此相反,另一些教士则对独立的人类理性的潜在可能性持较为乐观的看法。[55]因此,他们不大容易被占星师的伪科学性所惹怒。相应地,占星术在教会的领袖们中间获得了很大同情,尤其是劳德派。将阿米纽派教义介绍给剑桥大学的彼得·巴罗是个占星师。[56]劳德本人也对占星术极感兴趣。[57]此外还有后来的林肯主教罗伯特·桑德森。[58]劳德的传记作者彼得·黑林也很认真地对待占星术;[59]其他的劳德派同情者中则有保王派托马斯·斯韦德林,他曾于1653年应邀在占星师学会布道,[60]还有埃德蒙·里夫,他在1652年为占星师布道。[61]利利的另一个信徒是趋炎附势者约翰·高登,其观点是清楚地反劳德派的,但是在复辟期间,他还是成了伍斯特的主教。[62]

　　阿米纽派信徒对于占星活动的明显同情在当时似乎并未招致特别的批评,此外还得承认,它也未给17世纪30年代的占星作者带来更大的自由。但是在内战的十年间,人人都很清楚,占星术的死敌是加尔文教徒,尤其是长老派信徒。这一敌意完全可从教义角度来考虑。占星师们啼笑皆非地看到,正是那些信仰最接近命运不可变观念的作者最容易被占星术的宿命论所激怒。约翰·加德伯里责问道,谁是星体科学的主要敌人呢?还不是那种"穿着黑衣服的狂妄自大者吗?""这种愤怒的长老,虽然是所有人中与占星术竞争最激烈的人,但自己却抱着比占星术中任何原则都要荒谬一百倍的观点,即是最可怕意义上的命定论观点。"[63]很清楚,由于占星学

第十二章 占星术与宗教

说在形式上与之极为接近,而在内容上又是那么对立,所以清教徒被激怒了。加尔文主义和占星术是两种对立的解释体系,它们都旨在用固定和万能的力量来说明人类生活的盛衰,它们都提供一种对于未来可能事件的一般性预言,所以两者从一开始就成了敌人。一个同时代人写到清教徒时说:"狂妄自大的清教徒利用比占星师的天体现象更为神秘的征兆与符号,毫无根据地假装能判断任何人的未来境况和得救。"[64] 实际上,大多数加尔文派思想家都强调了命定论的奥秘不是人类所应该探索的。

> 我们的第一条原则是[加尔文自己写道]:去追求福音业已阐述过的命定论以外的有关知识,就像在无路之处行走,黑暗之中找灯一样的荒谬糊涂。让我们不要因为不了解那些"无知即学问"的事情而感到羞惭。相反,我们应该心甘情愿地放弃对这种知识的追求,这种追求是愚蠢的和危险的,甚至是致命的。[65]

如果遵从这一警告,那么一切鉴别上帝选民的企图都会被贬为阴险狡猾的异端邪说。但是,占星师想做的似乎正是去探察这一奥秘。他们不仅预测了个人的生活前景,而且预测了他在尘世间的财产。他们的教科书甚至说,星辰能够展示主顾进入天堂的前途。卡尔顿主教认为,"我们必须依靠占星师来了解谁能够再生,谁不能再生",这是关键性的侮辱。[66]

所以,占星术就是这样一种思维模式:它虽然与命定论有许多相似之处,但却是与之交错而过。观星者似乎采用了加尔文派教义,但把它扭曲成了一种新的和世俗的形式:"把永恒的命定论变成了一生的必然命运,把天恩的选择变成了星体的选择。"[67] 威廉·珀金斯写道:"用制作生辰天宫图来告诉人们未来情况的占星术是荒谬和邪恶的,因为它所断定的人们的未来与上帝以其命定论断定的不一样。"[68]

二 同 化

关于占星术的合法性以及其他许多方面的争论,英格兰的新教徒则强烈地显示出分裂倾向。清教徒和长老派信徒是反对意见的中心,然而公理会以及内战期间的一些激进宗派却为占星师提供了同情者和支持者。这一联合的象征就是威廉·利利与公理会政治领袖们的密切关系。[69]利利尽管在青少年时期接受的是清教教育,但在内战开始时,他是同情保王派的。他在芒卡斯特有个名叫威廉·彭宁顿的保王党客户,而他在发表的一本著作中则精明地装出一副中立的态度。[70]他在伦敦的业务使之与国会的领袖们发生了接触。1643年,约翰·皮姆临终之时,一个朋友将他的尿样拿给利利看,这位占星师正确地预言了他正濒临死亡。皮姆本人并不知道此事;[71]而同年弑君议员约翰·莱尔的妻子莱尔夫人(她即是蒙茅斯公爵叛变后被法官贾弗里定罪的著名的爱丽丝·莱尔)将布尔斯特罗德·怀特洛克的尿样带给他后,他便很快地成了公理会顾问中极有影响的人物。利利成功预测了患者的康复,因而赢得了怀特洛克的永远信任和支持。

这位占星师通过新的庇护者,又与其他国会领袖建立了密切关系,其中包括登齐尔·霍利斯、菲利普·斯特普尔顿爵士、克里斯托弗·雷伊爵士、罗伯特·雷诺兹和罗伯特·派伊爵士。这些人的政治态度迥然有别,但是利利的立场和一般占星术的立场逐渐与世俗的公理会和军队的命运一致起来了,一齐反对教会的长老派。利利写道:

> 许多军人完全相信占星术,此外尚有许多公理会成员;我在下议院拥有大量高尚的人作为朋友,我的亲密朋友都不喜欢

第十二章　占星术与宗教

长老派,这在当时极有价值,能够保护这门技艺。如果长老派胜了,那么我清楚知道,他们就会使我的笔年年都沉默不语。

1647年秋,利利与布克去温莎正式访问新模范军,他们在那里受到费尔法克斯将军的欢迎,将军承认自己不懂占星术,但是表达了这样的希望:"它是合法的并与基督教义是一致的。"利利向他再次保证了这一点,然后离去与随军教士休·彼得讨论神秘事情。

具有讽刺意味的是,恰恰与此同时,查理一世的一名女支持者去请教利利,国王怎样才能从被囚的汉普顿宫脱逃。1648年秋天,他又提供了进一步的建议,并将锯弓和酸送给他们;与此同时,他又使围困科尔切斯特的国会军队的士气大振。[72]利利实际上具有敏锐的眼光来抓住机会,他在复辟之后仍然安然无恙便证明了这点。他在其占星术教科书中颇有特色地规劝那些自称占星师的从业者"少对你所生活的那个政府做出不利的裁判",[73]这是他始终小心遵守的一条格言。

关于利利个人忠诚的问题暧昧而琐细,而比此更为重要的是有些公理会成员对他的极度热情。在这种背景下,他成了一个知道内幕的有权威的预言者和有影响的人物。当他遇到麻烦时,他可以依赖其新朋友的帮助和保护。1645年,其历书中伤了税务局,因而与检察委员会发生了争端,他的朋友们便连忙出面相助。[74]1652年,他预言残缺议会将会因军队和人民的结合而解散,从而引起麻烦,朋友们又一次救了他。[75]在后一事件中,他声称得到了伦索尔的鼓励,以及阿瑟·哈兹尔里格爵士、沃尔特·斯特里克兰、理查德·萨尔韦、休·彼得,甚至奥利弗·克伦威尔本人的支持。在他的临时监禁期间,他受到了军队秘书约翰·拉什沃思的拜访。1653年,残缺议会的崩溃预示着利利最有影响的时期的到来。他报答了怀特洛克,即通过他的主顾、克伦威尔的女婿约翰·克莱普尔成功地推荐了这位庇护者出任瑞典大使。当克伦威尔成了护国公后,利利可以把"所有的军人"都看成其朋友了。

　　所有这些都可以见于利利的《自传》。但是他那些未发表的判例汇编和文件则可以使我们更为翔实地了解占星术与公理会成员、军队激进分子和宗派主义者之间的关系。这些交往性质充分地驳斥了任何这类的观点：政治家们只是利用利利作为宣传工具，而并不相信占星术本身。我们业已看到，理查德·奥弗顿在其作为平均主义者领袖的关键阶段请教了利利。[76] 现在还可以补充道，尚有其他的平均主义者或军队激进分子曾求助于占星咨询，通常是向利利或约翰·布克请教，其中包括陆军少校雷恩斯巴勒、[77] 陆军中校里德、[78] 副官长艾伦、[79] 骑兵旗手乔伊斯、[80] 罗杰·克雷布、[81] 第五王朝分子海军上校欧文·考克斯，[82] 以及好几个无法辨认身份的"鼓动者"，即那些被选上的军队议员。[83] 约翰·布克在1649年处理各种各样关于平均主义者的问题；弗里伯恩·约翰的妻子利尔伯恩夫人则从1653年到1667年占星师逝世，一直是他的老主顾。[84] 1648年，利利也为丝绸织工行会的法人提供过咨询意见，他们当时正在从事民主鼓动。[85] 判例汇编显示，在各种场合，利利或布克还为胡·彼得，[86] 以及两个杰出的军人约翰·雷诺兹爵士[87] 和托马斯·摩根上校[88] 提供过咨询意见。这份名单上还得添上陆军少将约翰·兰伯特的名字，他是占星师杰里米·谢克利的庇护人，并成了利利的主顾之一。据载，他于1661年曾向利利请教，他是否应该设法逃离伦敦塔，他自复辟之后一直被关在那里。[89]

　　除了这些知名人士外，还有不少据知与宗派主义者和激进分子有来往的地位较低者对于占星术颇感兴趣。1647年4月至1648年9月之间，利利的主顾中至少有五个是再浸礼教徒。1645年，一个"守寡的脱离国教者"想知道她是否能"得到所想要的男人"；在此后的几年中，这位占星师曾为一名喧嚣派教徒、一名贵格会教徒以及一名震教徒的妻子提供过建议。[90] 布克的主顾中有不少人源于清教徒，这可以从其名字上看出来：节制·博尔斯比、戒律·惠廷以及贤哲·汉普森,虽然其中没有一个及得上杰弗里·勒尼夫的一个主顾的名字那么巧妙:"满足的小鸟"。[91] 关于占星术与宗派主义之间的关系,还有其他许多证据。尼古拉斯·格雷顿便是兼为占星师和宗派集团的领袖。[92] 第五王朝派教徒约翰·斯皮特尔豪斯称赞占星术是科学的公主,而利利则是"占星师的王子"。[93] 喧嚣派教徒和前平均主义者劳伦斯·克拉克森曾在1650年从事占星业;而掘地派成员杰勒德·温斯坦利则建议在其乌托邦中讲授这门学科。[94] 有些主要的从业者都是具有进步信仰的人。西蒙·福尔曼的政治观点曾经十分激进;[95] 约翰·普尔是个热情的共和主义者;[96] 尼古拉斯·卡尔佩珀则是拥有变化无常的宗派主义历史的又一个激进分子。[97] 约翰·海登于1663年被捕,因为他在一本书中说查理二世是个暴君。[98] 利利本人虽是安立甘教的教会执事,但是其第二个妻子于1654年下葬时"没有钟声,没有仪式,也没有祭司。这是她去世前所要求的",她很可能是个贵格会教徒。[99] 此外,占星师乔治·帕克亦是如此。[100] 即使约翰·加德伯里最终成了保王派和隐蔽的天主教徒,但是在其开始从事占星业时也一度是个喧嚣派成员和艾比泽·科普的后徒。[101]

空位期间,有一大批人涌入占星业,这酷似无知的布道师们竞相布道的狂潮。约翰·海登在1664年回忆道:"在暴政的后期,人们容许织袜工、鞋匠、磨面师、石匠、泥瓦匠、枪炮制造工、运输工和厨师等来撰写和讲授占星术和医学。"[102] 激进的宗派着手复活一切玄秘科学。约翰·韦伯斯特激烈批评牛津大学和剑桥大学未能为自然巫术提供充分的教学:"凭着这崇高的知识,造物主的奇妙恩赐被发现了,并产生了不可胜数的好处。"[103] 改革者认为这一领域可以比当时主宰科学风格的机械论哲学更迅速容易地产生实际效果。韦伯斯特因此指责大学看不起占星术(这是"如此高尚和有益的一门科学"),并热情地赞扬阿什莫尔、利利、桑德斯和卡尔佩珀的努力。[104] 伴随着占星术一起被研究的,还有炼金术、密码学、磁力学、梦,以及帕拉塞尔苏斯派医学。

占星术就这样地与长老派教徒托马斯·霍尔所谓的"家庭主义—平均主义—巫术的特色"产生了特别的联系。[105] 各个宗派称赞它的实用性，以及与家庭主义、通神论或波墨派等启蒙教义的一致性，在此期间，这些学说都十分流行。1644年至1662年期间，德国神秘主义者雅各布·波墨的全部著作都被译成英文，而且"波墨主义者"的宗派被理查德·巴克斯特选为空位期间重要的宗教团体之一。主张基督"是个符号，也仅仅是个符号"的家庭主义者相信，人类有可能"完全被基督占满"。也就是说，他们是至善论者，设想人类能够在其一生中达到神圣状态。[106] 他们对于贵格会教徒有着巨大影响，并且与某些喧嚣派教徒几乎没有区别。波墨那些暧昧不堪的著作的魅力在今天看来，是很难体会的，但是他的神秘主义是建立在古代微观世界和宏观世界学说的基础上的，而且他的教导与之后斯韦登博格的学说一样，包含着赫尔墨斯传统的重要成分。因此，他把占星术看成至少是通往真理的一条支道。[107]

按照其主要的英文译者约翰·斯帕罗所说，波墨认为通向上帝的道路和通向了解宇宙的道路都要经过人类灵魂的仔细审查，因为人类作为一个微观世界，在其体内包含着自然界的缩影。这种人与宇宙的根本性亲缘关系即是人与上帝神秘融合说的基础。[108] 犹如后来一个英格兰信徒托马斯·特赖恩所指出的那样："人类体内的占星术就如其体外的占星术一样。我们自己也有着微观世界的太阳、月亮以及其他一切行星。"波墨的另一个信徒威尔士人摩根·卢埃德也认为七大行星可以见于人体内部。[109] 波墨主义者的神秘目的就是要把这一内部占星术神学化，并且使之变为一股精神力量。这一学派的一位早期德国作者瓦伦丁·韦格尔所写的一部书在1649年以《神学化占星术》之名被译成英文。然而，在许多家庭主义者看来，波墨主义是一件更为实际的事情，为人们提供了从玄秘知识中获得特殊威力的前景。一个同时代人写道："家庭主义者确信,他们能够利用占星术知识和理性力量征服整个世界。"[110] 正如此后威廉·劳所评论的那样:"17 世纪的波墨著作的读者们希望自己从上帝身上偷走自然界的某些奥秘,并且带着点金石而逃。"[111]

然而,不管其动机如何,有一点是很清楚的,正是对占星推测的极大兴趣将英格兰主要的波墨主义者联合了起来。布拉德菲尔德的教区长约翰·波达格曾施行占星术,并于 1655 年因这种玄秘活动而被暂时革职。其儿子塞缪尔是约翰·布克的老主顾。另一个占星术研究者是查尔斯·霍瑟姆,他于 1646 年将波墨主义介绍进了剑桥大学。[112] 其他杰出的家庭主义者则包括:罗杰·克雷布,此人我们已在利利的咨询室里见到过;[113] 托马斯·特赖恩,著名的绝对戒酒主义者,并热衷于占星术;罗伯特·盖尔,[114] 他曾数度在占星师学会上布道。[115] 布克笔记中称之为"施行占星术的年轻女郎"的康福特·埃弗拉德可能与波达格的一个信徒埃弗拉德有关系;而约翰·加德伯里则肯定有过一段家庭主义者的经历。即使利利,他尽管声称厌恶喧嚣派教徒,但仍是波墨的仰慕者,他把波墨看成是一个信神的人,而不是像长老派那样把他说成是"荷兰巫师"。[116]

然而,虽然宗派中的一些个人在与占星术暧昧不清,主要的宗派主义团体的态度却通常是敌对的。固然存在着个别的贵格派占星师,但是整个贵格会教派却把这一业务看成是不信神的,并激烈地抨击它。[117] 有些第五王朝派教徒认为它是邪恶和拙劣的预言。[118] 浸礼派教徒也表示了类似的疑虑,虽然其开初的态度较为踌躇。1655 年在布里奇沃特的一次非国教神甫会议上讨论了"占星术在医学上是否合法?"的问题。他们是这样解答的:

> 首先,我们对于这个问题不能确定,而只能期待上帝来弄清这件事。尽管如此,我们希望同行们谨慎提防,以免自己参与这类事务,因为如果对此竭力探索,那就会导致一个人去听从邪恶的诱惑,而《圣经》对于邪恶的作用是激烈谴责的。

> 其次,因为有好几个先前干过这一事情的同行已从中看到了邪恶的作用而洗手不干了。
>
> 最后,因为如果借助于邪恶的报告,那就不大可能不给传播福音的事业带来危害。[119]

洛多威克·马格尔顿给予了更为直截了当的回答,他自信地宣称,太阳、月亮和星辰几乎没有什么重要性,因为"其躯体的尺寸并不比我们肉眼看见的大多少"。[120]这种有组织的非国教团体最终被证明就像早先的清教徒一样对占星术并不友善。

除了各个宗派之外,也并非没有较为正统的教会人士与占星术暧昧不清。在修道院图书馆中,占星书籍和占星手稿之丰富反映了教士在中世纪占星学问中的主要作用,[121]而教士从业者一直都是精通这门技艺的人物。如约翰·加德伯里正确指出的那样:"许多最优秀的占星术作家是神职人员。"他在1656年拟订了一份英格兰主要占星师的名单,其中包括不少教会人士,他并指出,他还可以添上"分布在英格兰大部分郡里的许多受人尊敬的神职人员,他们目前仍然十分精通占星术",但是他宽宏大量地并未付诸实施,以免他们遇到麻烦。[122]在这些"受人尊敬的神职人员"中,肯定有一些是叛教者,诸如威尔士人约翰·伊万斯,他是最早教利利画生辰天宫图的人,有些流言蜚语迫使他丢下他在斯塔福德郡的俸禄而逃走(虽然他在施术时仍穿着白色法衣)。[123]另一个怪人是威廉·布雷顿,他是白金汉郡桑顿的神甫,一度担任过克里斯托弗·海登爵士的教士,曾帮助爵士撰写了《为占星术辩护》一书(1603)。布雷顿以烟草抽完就开始抽吸敲钟索的习惯而闻名,据说他是个能干的占星师,"严格信奉托勒密学说,对此学说极为精熟",他不愿意在星期日制作天宫图。[124]

其中最著名的是白金汉郡大林福德的教区长(1590—1634)理查德·内皮尔,此人是西蒙·福尔曼的学生,并是17世纪最风靡一

第十二章 占星术与宗教

时的占星术和医学从业者之一。据利利说,他指导过许多神甫施行占星术,并且"借给他们的书可满满地塞足斗篷口袋"。内皮尔虽然雇用了一个副神甫来代替他布道,但他仍以模范的虔诚者而闻名。他在制作生辰天宫图前要念诵祈祷词,并且对着每一个患者祈祷。约翰·奥布里说,他的膝盖"祈祷得长了茧"。其卷帙浩繁的文件表明他的宗教与其医学、占星术以及巫术和奇术紧密地纠缠在一起。从正统宗教观点来看,他的大多数活动都应受到谴责,但是内皮尔仍然度着其国教会的生涯,并且在每次巫术活动之前,先向万能之神祈祷。[125]

另一个教会占星师是约克郡梅思利的教区长安东尼·阿斯卡姆,他是都铎王朝时期人文主义者罗杰·阿斯卡姆的兄弟,并是最早的历书作者之一。其他发表预言或占星指南的16世纪教会人士还有理查德·哈维、托马斯·巴克明斯特、约翰·马普莱特、斯蒂芬·巴特曼和乔治·哈特吉尔。[126] 在后一世纪有着他们的对应者,虽然那时教会对于占星术的态度更加严厉了。乔舒亚·奇尔德雷因试图以哥白尼学说为基础重建占星学而闻名,他曾当过赫伯特勋爵的教士,复辟之后成了一名有俸教士。纳撒尼尔·斯帕克曾在1653年为克劳德·达略特的法文占星指南出过新版,他是肯特郡的神甫,娶了占星师乔治·阿特韦尔的继母为妻。[127] 在复辟期间被开除的非国教者中,有些人对占星术相当感兴趣,[128] 而在教会内部的则有约翰·巴特勒,他是奥蒙德公爵的教士、北安普敦郡利奇巴勒的教区长以及后来的拒绝立誓臣从者,1680年,他发表了为占星术辩护的一本重要著作,尽管他承认教士通常是不干这类事的。[129] 其他为占星术辩护或施行占星术的教士包括:埃德蒙·奇尔米德,牛津大学基督学院的院内教士;理查德·卡彭特,《论占星术之无害、有用和信神》(1657)的作者;查理·阿特金森,约克郡柯克哈默顿的非国教神甫,他在1670年至1673年间,每年发表历书,并且做广告,说他随时准备处理天宫图、丢失财物及时刻解题等事务。[130] 这类情况当然比较少,但是还有一些不太夸示的教士,如威廉·洛克,多塞特郡阿斯克斯韦尔的教区长(1674—1686),他不仅制作自己儿女们的生辰天宫图,而且把他们的天宫图记入教区登记册。[131]许多神甫都做过关于历书和预言的笔记。[132]

教士们的忠诚被分割了(对上帝和对俗世),对它的任何多余的怀疑,均被占星师判例汇编中的证据所消除,汇编中记载着经常上门的神职人员的姓名。15世纪的主教皮科克曾注意到,那些神职人员与俗人无异,也都屈从于星辰的影响。约翰·加德伯里在1658年有着同样的看法。"众所周知的是,教士们并不比别人更佯装神圣,他们也有着同样的感情,因此也可以像其他人一样通过占星技艺而获得帮助。"[133]利利将教士包括在其主顾中,其中大部分人主要关心的是他们将来的提升。有一位汉弗莱斯问,他是否能稳固地保住教士俸禄;一位海军随军教士询问自己受雇的前景如何;一个匿名的咨询者则承认自己的兴趣在于"获得一份肥缺"。[134]另一个非国教神甫德沃拉克斯先生则经常委托占星师解决其私人问题,[135]以及其他许多关于俸禄的问题。[136]利利的通信者中有好几个乡村神甫,其中一个是埃塞克斯郡小威格巴勒的教区神甫罗伯特·斯特雷尔,要利利计算一下他是否也有可能成为一名技术高超的占星师。[137]约翰·布克的顾客中包括两名伦敦教士,一位是阿尔德门外的圣博托夫教堂副神甫约翰·麦克尼斯,另一位是公爵广场圣詹姆斯教堂的威廉·哈里森。[138]1647年,有个主顾甚至要求利利用占星术来决定其兄弟是否应该去担任神职。[139]占星师们的课本中明确地包括了确定主顾的宗教神职前景的规则。[140]

信神的俗人也可能被这门极具魅力的技艺所诱惑。詹姆斯一世时代的预言者爱德华·格雷沙姆是《安息日在神学中之仪式与观点》一书的作者。[141]17世纪后期拉伊杰出的非国教徒塞缪尔·杰克及其儿子都是活跃的占星师。[142]议会议长托马斯·米德尔顿爵士雇用了理查德·内皮尔制作占星图谶,而对其适宜性没有表示出任

第十二章　占星术与宗教

何顾忌。[143] 但是有些主顾则感受到良心责备。有人告诉布克说，他只是在读了克里斯托弗·海登爵士的《为占星术辩护》一书后才来请教他的；另一个人则对利利说，他希望了解一下占星术，至少要使自己确信它与福音是一致的。[144] 一位詹姆斯一世时代的占星师说：

> 许多人有求于我们，愿意拿出大笔金钱或其他礼物，要求我们告诉他们有关失窃的钥匙、指环、珠宝以及不见的牲畜等情况，如果他们发现我们不愿倾听其诉说，他们就会发誓说绝不透露我们的建议，因此他们显然认为占星术是邪恶的，否则占星建议为什么还需要保密？[145]

在该时期的大部分占星文献中都略带辩白的口吻。历书通常都有一篇导言性论文，来证明这门学科的正确，并驳斥其教会敌手的诬蔑。

但是这种顾虑常常能被克服。占星师们甚至以神学上的论据来证明他们所得的酬劳的正当性。1633年，天宫图制作者约翰·沃克斯被高等委员会传讯，他提醒法庭说，当塞缪尔告诉扫罗关于其父亲之驴子的情况时，扫罗便打算付给他四分之一锡克尔银币作为报酬。当一个博学神甫指控约瑟夫·布莱格拉夫替人寻查被偷的亚麻布时，布莱格拉夫也引用了同样的先例。他愉快地说道，这个神甫"在略一踌躇以后，说塞缪尔是始作俑者"。[146]

没有固定的公式可以概括在如此众多的信仰者的心目中占星术和宗教之间极度混淆的状况。一位匿名主顾写给约翰·布克的一封信可以生动地说明这一复杂性。他要这位占星师回答若干典型的问题：他和他的妻子谁先死？他们会有孩子吗？他在巴巴多斯种植园的事业会兴旺吗？但是他在附言中又添上了更不平常的问题：

> 尽管星辰极其明显地展示出，无论是善人还是恶人，都会

> 受到许多不利的影响和遇到许多不利的事件,但是我仍然要问,二者所受的待遇是不是不一样,对于真正蒙受天恩的善人来说尤其如此,他们知道自己是上帝的义子,我想知道,星辰的影响对于善恶两种人所产生的效果通常是否会完全不同或者大部分不一样?[147]

这里的句法相当混乱,但是在这纷乱的句子后面的思想则十分清楚:星辰可以控制不信神者的命运,但是信神者肯定能免受它们的影响。

于是,异端的占星术和基督的宗教不再是两种对立的信仰体系了,而是被证明有着许多共同点。占星师与其主顾都发现他们有可能达成一种折中,使它们无须过多的反省就能调和其宗教与占星实践。然而布道师还是害怕占星术的流行会导致人们用古典时代的行星神祇——他们的记忆还保留在月份以及星期日的名称中——来取代基督教的上帝。他们回想起占星术是作为宗教而不是作为科学发端的,而且《圣经》中有着对于星体崇拜的警告。天体是永恒的、普遍的以及有可能是无所不能的;对于它们的默祷是不是也会转变成某种神秘的共享呢?4世纪开端的普里西林派信徒不是把星辰当成神一样崇拜的吗?伊丽莎白时代鞭挞娱乐游戏的清教徒菲利普·斯塔布斯阐述了每个人都惧怕的危险:

> 凡是倾听太阳、月亮、星辰、十二宫和行星能随意干善事和恶事、赐福和诅咒,导致成功和失败、生和死,以及它们能控制、管理和安排有关人类躯体和灵魂的一切事情的这种说法的人,哪有不背叛上帝并且不再崇拜给予人类如许幸福的造物主的?如果星体能够发挥这样的作用,那不是应该被当作神祇来礼敬和崇拜了吗?[148]

455

第十二章 占星术与宗教

当然,这种危险只是一种错觉。没有一个重要的占星者是不信神者或者是星体崇拜者。他们代表了各种各样的宗教观点,从罗马天主教一直到贵格会教派,他们都声称自己的技艺是与其宗教一致的,天体仅仅是上帝意愿的工具。然而,就大众阶层来说,占星术与宗教之间的平衡最终会在偶然中被打破。早期的基督教信仰有时被当成太阳宗教,而盎格鲁-撒克逊的诸国王不得不运用法律来反对星体崇拜。[149] 行星神祇的异端传说还残存于中世纪的插画中。黄道的十二宫装饰着许多英格兰教堂,并有助于影响大众的宗教态度。国会的偶像崇拜反对者威廉·道辛在 1643 年至 1644 年间访问了萨福克郡的几座教堂,看到了太阳和月亮的图画。[150] 教堂本身就是面朝日出方向建造的。卡姆登报告说,"爱尔兰人"仍然朝着新月下跪,并念诵《天主经》。在英格兰,月亮对于庄稼和人类身体发生影响的观念很容易被普通人民所接受,如培根所说:"由于人们崇拜天体,所以这类思想极易进入人们内心。"[151] 在 17 世纪,人们还普遍地对着新月行屈膝礼,并说:"月亮就在那里,上帝赐予她魅力。"据约翰·奥布里说,约克郡居民有裸膝跪拜月亮的习俗。乡村居民对着月亮摩擦双手,以治疗肉赘,他们确信月亮拥有一种超自然的威力,去教堂做礼拜的妇女在典礼上唱的赞美诗也是吁请免受太阳和月亮的影响之害。[152]

至于这类做法对人们的基本信仰究竟影响到何等程度,则甚难确定。15 世纪《富豪与乞丐》一书的作者抱怨道:"这些年代里人们确实崇拜太阳、月亮和星辰。"1453 年,赫特福德郡斯坦登的一个屠夫和一个劳工被正式指控持有这种主张:除了太阳和月亮没有别的神。[153] 所以当托马斯·莫尔写到其乌托邦中"有些人把太阳,有些人把月亮,还有些人则把其他行星当作上帝来崇拜"时,他心中想到了故乡的情况。17 世纪中叶,当理查德·巴克斯特到达其基德明斯特教区时,他发现有些教民是如此无知,以至于"认为基督是太阳……圣灵是月亮"。[154] 据载，伦敦的"农神"和"婚姻神"宗派在1641年崇拜行星神。1648年则有一帮聚饮者为"七大行星"的健康祝酒。3年后，一位占星作者承认，当时有些人把神圣的威力归因于星体，"把星辰看成是神灵，而不是看成造物主设立的工具"。[155] 还有另外两件案例有助于启发我们弄清当时较为普遍的现象。第一个是安妮·博登汉的案子，她于1653年因妖术罪在索尔兹伯里被处决。她是占星师约翰·拉姆的前仆人，长期从事术妇的职业，声称能够"比利利大师以及任何其他人完成更多的事情"。值得注意的是，她在处理一个有痉挛性发作的小姑娘时，据说采用了明显的异端疗法：祈祷木星，"这颗所有行星中最优秀和最幸运的星"。[156] 更为引人注目的是威尔特郡的一个案例，这是1656年季度法庭审理的。纺织工威廉·邦德被控不信神和渎神，尤其是公开主张"在行星之上并无控制着它们的上帝或威力，不是基督而只是太阳在照耀着我们"，以及"雅各的十二个儿子即是黄道十二宫"。这是肆无忌惮的占星术了，假如不知道到底有多少威廉·邦德的同时代人持有类似的观点，倒是令人十分心痒难熬的。[157]

注　释

1. J. Calvin, *An Admonicion against Astrology Iudiciall*, trans. G. G（ylby）（1561）, sig. Cviv; *Early Writings of John Hooper*, ed. S. Carr（Cambridge, P.S., 1843）, p. 333.

2. T. Gataker, *His Vindication of the Annotations by him published*（1653）, p. 153.

3. Calvin, *An Admonicion against Astrology Iudiciall*, sig. Dvj; W. E. Peuckert, *L'Astrologie*, trans. R. Jouan and L. Jospin（Paris, 1965）, p. 151; Scot, *Discoverie*, XI. xxii; Ashm. 1730, f. 170; J. G（regory）, *Notes and Observations upon Some Passages of Scripture*（1646）, p. 152; J. Butler, *A Brief*（*but true*）

第十二章　占星术与宗教

Account of the Certain Year, Moneth, Day and Minute of the Birth of Jesus Christ（1671）；H. More, *Tetractys Anti-Astrologica*（1681），p. vi.

4. *The Works of the Rev. William Bridge*（1845），i, p. 438.

5. J. Gaule, *The Mag-Astro-Mancer, or the Magicall-Astrologicall-Diviner Posed and Puzzled*（1652），p. 48.

6. J. Chamber, *A Treatist against ludicial Astrologie*（1601），p. 102.

7. J. Geree, *Astrologo-Mastix*（1646），p. 5.

8. T. Hall, *Vindiciae Literarum*（1655），p. 51.

9. Gataker, *His Vindication of the Annotations*, p. 175. Cf. *The Works of John Jewel*, ed. J. Ayre（Cambridge, P.S., 1845—1850），ii, p. 872.

10. J. Brayne, *Astrologie proved to be the old Doctrine of Demons*（1653），pp. 12—13, 25.

11. E.g., J. W. Blench, *Preaching in England*（Oxford, 1964），p. 267；G. F. Nuttall, *The Holy Spirit*（Oxford, 1946），p. 153；J. B（rinsley），*Calendar Reformation*（1648）；[E. W.], *The Life and Death of Mr Henry Jessey*（1671），pp. 63—64；J. W., *A Mite*（1653），p. 17；J. Brayne, *The New Earth*（1653），p. 19；G. F（ox），*To the Parliament... Fifty Nine Particulars*（1659），pp. 9—10.

12. Augustine, *De Civitate Dei*, V, i—ix（and Thorndike, *Magic and Science*, i, pp. 513—521）；Aquinas, *Summa Theologica*, II. xcv. 3—5, and *Summa Contra Gentiles*, III. lxxxii, lxxxv—lxxxvi. 概述参见 T. O. Wedel, *The Media-v Attitude toward Astrology*（Yale Studies in English, 1920），and R. C. Dales, "Robert Grosseteste's Views on Astrology", *Mediaeval Studies*, xxix（1967）。

13. T. Browne, *Christian Morals*, iii. 7. Cf. above, pp. 390—391.

14. G. C（arleton），*The Madnesse of Astrologers*（1624），sig. A4v. 极力主张对占星师施用死刑的作品有：John Chamber, *A Treatise against Judicial Astrology*, pp. 78—79；J. H（arvey），*A Discoursive Probleme concerning Prophesies*（1588），p. 72；J. M（elton），*Astrologaster, or, the Figure-Caster*（1620），p. 78；Geree, *Astrologo-Mastix*, p. 19。

15. Taylor, *Mathematical Practitioners*, p. 8.

16. E. Ashmole, *Theatrum Chemicum Britannicum*（1652），sig. A2^v；Bodl., Wood MS F 39, f. 282（"要不是希腊学者运气好，他们的书也会被当作奇术书付之一炬"）。On the Merton MSS, see R. T. Gunther, *Early Science in Oxford*, ii

(Oxford, 1923), pp. 42—43.

17. Kocher, *Science and Religion*, pp. 140, 153; J. Aubrey, *Brief Lives*, ed. A. Clark (Oxford, 1898), i, p. 27. 艾伦的女仆认为他的手表是魔鬼，所以就把它扔掉了（ibid., p. 28）。

18. Foxe, viii, p. 528.

19. E. Worsop, *A Discoverie of Sundry Errours* (1582), sig. C1.

20. T. Fuller, *Abel Redevivus* (1651), p. 432.

21. *A Collection of Letters Illustrative of the Progress of Science in England*, ed. J. O. Halliwell (1965 reprint), p. 80.

22. H. Harflete, *Vox Coelorum* (1645), p. 26.

23. Taylor, *Mathematical Practitioners*, p. 238. Cf. J. Dee, Preface to *The Elements of Geometrie of... Euclide*, (trans.) H. Billingsley [1570], sigs. Ajv—Aiij; F. Osborne, *Advice to a Son*, ed. E. A. Parry (1896), p. 14. 苏格兰长老会的观念认为，"牛津大学除了巫术以外，并不教授其他内容"，这一观点一直保持到18世纪; J. Hogg, *The Private Memoirs and Confessions of a Justified Sinner* (1824; 1947 edn), p. 208。

24. *The Devil seen at St Albons* (1648), p. 6; A. Powell, *John Aubrey and His Friends* (1948), p. 230.

25. *The Works of the Rev. William Bridge*, i, p. 437.

26. J. Gadbury, *Coelestis Legatus* (1656), p. 13; *Natura Prodigiorum* (1660), pp. 187 ff.; *Britains Royal Star* (1661), p. 33; *Dies Novissimus* (1664), pp. 20 ff.

27. T. Trigge, *The Fiery Trigon Revived* (1672), p. 26.

28. F. E(llington), *Christian Information concerning these Last Times* (1664), pp. 5—6. Cf. below, p. 448 n. 1. 17.

29. S. Bradwell, *Physick for the Sicknesse, commonly called the Plague* (1636), p. 4; Geree, *Astrologo-Mastix*, p. 6. Cf. E. R. Dodds, *The Greeks and the Irrational* (Berkeley, 1963), p. 262, n. 61.

30. Scot, *Discoverie*, IX. iii; XI. xxii; A. Willet, *Hexapla in Genesin* (1632), p. 9; J. Swan, *Speculum Mundi* (Cambridge, 1635), p. 352; Ady, p. 24.

31. B.M., Harley MS 6998, f. 250 (articles against William Bassett, 34 Eliz.). Cf. R. Turner, *Ars Notoria* (1657), p. 11.

32. Quoted by J. Crofts, "Wordsworth and the Seventeenth Century", *Procs.*

Brit. Acad., xxvi（1940）, p. 188. 对比广为流传的民间信仰，认为太阳会在复活节时起舞；*County Folk-Lore*, v, ed. Mrs Gutch and M. Peacock（Folk-Lore Soc., 1908）, p. 13; A. R. Wright, *British Calendar Customs*, ed. T. E. Lones（Folk-Lore Soc., 1936—1940）, i, pp. 96—98; T. M. Owen, *Welsh Folk Customs*（Cardiff, 1959）, p. 84。

33. *The Works of William Laud*, ed. W. Scott and J. Bliss（Oxford, 1847-60）, i, p. 169. Cf. W. Ramesey, *Astrologia Restaurata*（1653）, p. 5; J. B（utler）, *The Most Sacred and Divine Science of Astrology*（1680）, pp. 23—24; W. Kemp, *A Brief Treatise of the Nature... and Cure of the Pestilence*（1665）, p. 13.

34. R. Gell, *Stella Nova*（1649）, p. 19; *CometomantiA. A Discourse of Comets*（1684）, p. 217.

35. G. Hakewill, *An Apologie*（2nd edn, 1630）, p. 106. 据说人们以同样的形式传说灵魂的重生可以补偿一个人面相的缺憾；C. Camden, in *Philological Qtly*, xx（1941）, p. 403。

36. *The Workes of... William Perkins*（Cambridge, 1616—1618）, iii, p. 654.

37. F. Crow, *The Vanity and Impiety of Judicial Astrology*（1690）, p. 16.

38. J. Spencer, *A Discourse concerning Vulgar Prophecies*（1665）, p. 29; A. Burgess, *CXLV Expository Sermons*（1665）, p. 396; "A Learned Divine near London", *The Late Eclipse Unclasped*（1652）, p. 7; L.P., *The Astrologers Bugg-Beare*（1652）, sig. A3ᵛ. Brand, *Popular Antiquities*, iii, p. 344, and *Dives and Pauper*（1536）, f. 43v（"如今人们无须注意上帝所指的末日，只需注意占星师和星球运行所指向的末日。"）

39. Perkins, *Discourse*, p. 88. Cf. above, pp. 314—315.

40. *Articles to be enquired of... in the Ordinary Visitation of... Charles, Lord Bishop of Norwich, 1716*（Norwich, 1716）, p. 6.

41. *Corpus Iuris Canonici*, ed. E. Friedberg（Leipzig, 1879—1881）, i, col. 1046.

42. Sir F. Pollock and F. W. Maitland, *The History of English Law*（2nd edn, Cambridge, 1952）, ii, p. 553. 该书记录了最终成为基督徒的费尔米库斯·马特尔努斯。

43. *A Most Strange and Rare Example of the Just Judgment of God executed upon a Lewde and Wicked Conjuror*（1577）. 其他例子参见 Kittredge, *Witchcraft*, p. 228; J. S. Purvis, *Tudor Parish Documents*（Cambridge, 1948）, p. 198; *Durham*

High Commission, pp. 34—42；*Essex Recusant*, iii (1961), pp. 121—122。

44. 约翰·拉姆的医业许可证由达勒姆主教发放(H. G. Dick in *Journ. of Hist. of Medicine*, i [1946], p. 309)；利利则是由坎特伯雷大主教发放(R. R. James in *Janus*, xli [1937], p. 103)；理查德·内皮尔由白金汉的执事长发放，而他的侄子理查德爵士是由林肯大主教发放(*D.N.B.*)；罗伯特·勒尼夫、威廉·威廉斯(*Occult Physick* [1660] 的作者)，和托马斯·萨福德由伦敦主教发放(J. H. Bloom and R. R. James, *Medical Practitioners in the Diocese of London* [Cambridge, 1935], pp. 59, 74, 67—68)；以及威廉·萨蒙由诺里奇主教发放(E. H. Carter, *The Norwich Subscription Books* [1937], p. 145)。

45. J. Blagrave, *Blagraves Astrological Practice of Physick* (1671), p. 117.

46. 关于大部分作品的出处，参见本索引和下书概览，D. C. Allen, *The Star-Crossed Renaissance* (Durham, N. Carolina, 1941), esp. chap. 3；Kocher, *Science and Religion*, chap. 10；H. Schultz, *Milton and Forbidden Knowledge* (New York, 1955), pp. 52—57。科弗代尔对占星术的厌弃出自他翻译的这本书的序言：*A Faythfull and True Pronosticatiō upon the Yere MCCCCCXLVIII* (1547？) (再版而成的下书改动不多且没有致谢：J. M. as *A Christian Almanacke* [1612])。关于其他，参见 J. H. Smith, "John Foxe on Astrology", *English Literary Renaissance*, i (1971)；*The Works of John Jewel*, ed. Ayre, ii, pp. 872—873；Cooper, *Mystery*, pp. 137—144；Hakewill, *An Apologie*, pp. 107—108；Willet, *Hexapla in Genesin*, pp. 9—10。

47. 最突出的例子是隐秘天主教徒亨利·霍华德，他是北安普敦伯爵，也是下书的作者：*A Defensative against the Poyson of Supposed Prophecies* (1583)，以及后来成为斯特拉福德伯爵追随者的约翰·梅尔顿，他于1620年出版了 *Astrologaster*。

48. *The Humble Proposals of Mr Owen, Mr Tho. Goodwin, Mr Nye, Mr Sympson, and other ministers* (1652), p. 6；*Severall Proceedings in Parliament*, 131 (25 Mar.—1 Apr. 1652)；W. Lilly, *Merlini Anglici Ephemeris* (1653), sig. A2. 空位期间著名的反占星术著作，却没有在下书或本书其他部分被引用：Allen, *The Star-Crossed Renaissance*, pp. 144—145，包括加塔克在其合作的著作稿件中的讽刺，*Annotations upon all the Books of the Old and New Testament* (2nd edn, 1651), s.v. *Jeremiah*, x, 2；J. Vicars, *Against William Li-Lie* (alias) *Lillie* (1652)，以及约翰·古德温针对占星术的布道(partly extant in Ashm. 436, ff. 47—48)。

49. Geree, *Astrologo-Mastix*, pp. 11,14—15. 布里格斯仍然保持和占星师克里斯托弗·海登爵士的友好通信,他们的信件参见 Ashm. 242, ff. 164—171。

50. Carleton, *The Madnesse of Astrologers*, p. 27 ; J. Raunce, *Astrologia Accusata pariter et Condemnata*（1650）, p. 19 ; Gaule, *The Mag-Astro-Mancer*, pp. 165 ff. ; *The Works of William Bridge*, i, p. 440.

51. See Kocher, *Science and Religion*, pp. 16—17.

52. *Paradise Lost*, viii. 167.

53. Melton, *Astrologaster*, pp. 19,59 ff. ; Gaule, *The Mag-Astro-Mancer*, pp. 128,177 ; Allen, *Judicial Astrologers totally routed*, p. 15.

54. 1586 年的特伦托会议法令和 1631 年的教宗训令中都翻译了反宗教改革教派的观点;参见 D. P. Walker, *Spiritual and Demonic Magic from Ficino to Campanella*（1958）, pp. 205—206,219—220, and Thorndike, *Magic and Science*, vi, chap. 34。克里斯托弗·达文波特是英格兰天主教对占星术最著名的反对者（"Francis a Sancta Clara"）; J. B. Dockery, *Christopher Davenport*（1960）, p. 95。1635 年耶稣会士做的占星统计,参见 *The Memoirs of Gregorio Panzani*, trans. J. Berington（1793）, p. 175。

55. See J. F. H. New, *Anglican and Puritan*（1964）, esp. pp. 19—21.

56. R. Harvey, *An Astrological Discourse*（1583）, sig. AiJ. Cf. H. C. Porter, *Reformation and Reaction in Tudor Cambridge*（Cambridge,1958）, pp. 376—390.

58. Gadbury, op. cit., sig. a1v.

57. *The Works of... William Laud*, ed. W. Scott and J. Bliss（Oxford,1847—1860）, i, p. 169 ; iii, pp. 140,157. Cf. John Gadbury's admiring comments in his *Cardines Coeli*（1684）, sig. a2.

58. Gadbury, op. cit., sig. a10.

59. J. Barnard, *Theologo-Historicus, or the True Life of... Peter Heylyn*（1683）, p. 149.

60. *D.N.B.* ; Laud, *Works*, iii, pp. 193—194. 他的布道 *Divinity no Enemy to Astrology*（1653）因患病而未发表。

61. *The New Jerusalem*（1652）; *D.N.B.*

62. Lilly, *Autobiography*, p. 187.

63. J. G（adbury）, *A Brief Relation of the Life... of... Vincent Wing*（1670）, sig. A2.

64. R. H. , "Astrologia Siderata, or a Whip for Divining Soothsayers"（Sloane 412）, f. 62.

65. Calvin, *Institutes*, III. xxi. 2.

66. Carleton, *The Madnesse of Astrologers*, pp. 25—26 ; Scot, *Discoverie*, XI. xxiii ; Willet, *Hexapla in Genesin*, p. 9.

67. Gaul, *The Mag-Astro-Mancer*, sigs. *1v—*2.

68. W. Perkins, *A Golden Chaine*（1591）, sig. V8^v.

69. 下述段落依据 Lilly, *Autobiography*。目前,历史学家们都很谨慎简要地谈论"无教派独立人士"和"长老会教徒",但我仍然遵循利利的用法。

70. E.g., *Englands Propheticall Merlin*（1644）, "To the Reader". Cf. *Autobiography*, p. 107.

71. Lilly, *Englands Propheticall Merlin*（1644）, p. 130. *A Narrative of the Disease and death of... John Pym*（1643）,该书官方版本中并没有参考文献。

72. 简·沃伍德是中间人（关于她,参见 *D.N.B.*）。1648 年 9 月是她的最后一次磋商,那时利利建议国王接受纽波特条约;参见 Wood, *Life and Times*, i, pp. 227—228。

73. Lilly, *Christian Astrology*, sig. B1.

74. *Anglicus*（1645）的预兆显示"如果每 20 先令中有 11 先令落入了官员的腰包,那么消费税基本不会在我们身上起什么作用了"。利利的历书副本（Ashm. 121）中有一份手稿摘记写道:"因为这些话,一个混账（迈尔斯·科比特）像个犹太人那样质问了我,还好我乐于助人的朋友罗伯特·雷诺兹先生救了我。"

75. In his *Annus Tenebrosus*（1652）, p. 54 ; *Commons Journals*, vii, p. 195 ; Josten, *Ashmole*, p. 628.

76. Above, p. 372.

77. 他是一位平均主义者,后来还成了一位喧嚣派教徒,是著名的上校托马斯·雷恩斯巴勒的兄弟。（C. Hill, *Intellectual Origins of the English Revolution* [Oxford, 1965], p. 275 ; N. Cohn, *The Pursuit of the Millennium* [1962 edn], p. 352）。他（以及他妻子）向布克咨询占星意见,参见 Ashm. 387, ff. 86,217, and Ashm. 385, f. 120。

78. 一位充满激情的共和主义者,且精通希伯来语。1651 年,自从被指控庇护喧嚣派教徒和平均主义者之后,他在普尔地区的总督职位就被罢免了;B.M., Stowe MS 189, ff. 52—53v,74。他的占星咨询参见 Ashm. 420, ff. 76v—

77，以及 Ashm. 243, f. 173v。

79. 主要的煽动者和有坚定信仰的共和主义者；C. H. Firth and G. Davies, *The Regimental History of Cromwell's Army*（Oxford, 1940），ii, p. 614；P. H. Hardacre in *Baptist Qtly.*, xix（1961—1962）。据说曾在查理一世面前声援过利利（Lilly, *Autobiography*, pp. 144—145）。他的占星咨询（Ashm. 210, f. 134v）表明了他的出生日期在 1616 年 2 月 9 日。

80. 他的生辰天宫图由弗朗西斯·伯纳德绘制，见于 Sloane 1707, f. 11^v。

81. 就像激进主义者、禁酒主义者和素食主义者那样著名（see C. Hill, *Puritanism and Revolution*［1958］, pp. 314—322）。两次请教利利（Ashm. 210, ff. 107v, and Ashm. 427, f. 51v），虽然公开显示了对占星术的敌意，且表达了乐于通过上帝启示的鸟在空中的日常行为来预测未来的偏好（*Harleian Miscellany*, 1808—1811），vi, p. 402。

82. 关于此人，参见 J. R. Powell, *The Navy in the English Civil War*（1962），pp. 209, 215, 217—218；*C.S.P.D., 1661—1662*, pp. 128, 188；*1664—1665*, pp. 234。Above, p. 368。

83. Ashm. 420, ff. 177, 184。

84. Ashm. 419, I, ff. 82v, 83v；Ashm. 385, f. 240；Ashm. 428, ff. 192v, 200, 214v, 222v, 241v, 254v, 259, 260v, 261, 268v, 269v；Ashm. 347, ff. 71v, 75v, 77。

85. Ashm. 420, f. 188。

86. Ashm. 430, f. 11^v. Cf. Lilly, *Autobiography*, pp. 134, 148；R. P. Stearns, *The Strenuous Puritan*（Urbana, 1954），p. 332, n. 35。

87. 与 1647 年大批的煽动者有关系（*The Clarke Papers*, ed. C. H. Firth［Camden Soc., 1891—1901］, i, p. 426），但随后出于激进的原因而叛教。据说在得到利利指导之前，他不愿意担任 1157 年弗兰德斯的克伦威尔陆军指挥官，正如约翰·加德伯里轻蔑地指出（*Collectio Geniturarum*［1662］, pp. 147—148），他还是在航海归来的路上淹死了。See also Ashm. 240, ff. 205—206v, and Sloane 1707, f. 11。

88. Ashm. 241, f. 30v. 1607 年时他是雷诺兹的副手。

89. Ashm. 423, ff. 117, 119；J. Shakerley, *The Anatomy of Urania Practica*（1649），dedication；Ashm. 174, f. 153；Ashm. 427, f. 52；Josten, *Ashmole*, p. 814。兰伯特见过 Webster, *Academiarum Examen*（1654）的早期手稿，该手稿呼吁早日把占星术引入大学。参见该书的序言，and below p. 446。

90. Ashm. 420, ff. 253, 259v, 298, 310; Ashm. 184, f. 143v; Ashm. 427, ff. 107, 131v, 239.

91. Ashm. 428, ff. 66ᵛ, 74, 87ᵛ; Ashm. 418, p. 99.

92. Ashm. 423, ff. 218—219; above, p. 329.

93. J. Spittlehouse, *Rome Ruin'd by Whitehall* (1650), sigs. b3—4v.

94. L. Claxton, *The Lost Sheep Found* (1660), p. 32 (尽管他后来认为这是个"大骗局", p. 33); *The Works of Gerrard Winstanley*, ed. G. H. Sabine (Ithaca, New York, 1941), p. 578。

95. See Ashm. 195, f. 151.

96. J. Pool, *Country Astrology* (1650), sig. A3v.

97. N. Culpepper, *Catastrophe Magnatum* (1652), p. 11; *Mr Culpepper's Ghost in Two Books of Physick* (1656); *Mercurius Pragmaticus*, 21 (4—11 Sep. 1649).

98. *C.S.P.D., 1663—1664*, p. 230. Cf. above, p. 408. 然而海登公开表态厌恶平均主义者和第五王朝主义者; *Advice to a Daughter* (2nd edn, 1659), p. 161。

99. Ashm. 698, f. 9v; Ellington, *Christian Information concerning these Last Times*, p. 6; *Merlinus Phanaticus*, no. 1 (23 May 1660), p. 4; Josten, *Ashmole*, p. 1232. 他认为加尔文是个傻瓜; Ashm. 551 (2), sig. *2.

100. *Reliquiae Hearnianae*, ed. P. Bliss (2nd edn, 1869), ii, pp. 166n—167n.

101. *D.N.B.*; Ashm. 250, f. 187.

102. J. Heydon, *The Wise-Mans Crown: or, the Glory of the Rosie-Cross* (1664), sig. C3ᵛ.

103. Webster, *Academiarum Examen* (1654), pp. 69—70. 关于这个主题,参见 P. M. Rattansi, "Paracelsus and the Puritan Revolution", *Ambix*, xi (1963), and Schultz, *Milton and Forbidden Knowledge*, p. 52。

104. Webster, op. cit., p. 51. 然而他的改良同盟者诺亚·比格斯多少对占星术抱有同情态度; see his *Mataeotechnica Medicinae Praxeos* (1651), pp. 37—40。

105. T. Hall, *Histrio-Mastix* (1654), appended to *Vindiciae Literarum* (1655), p. 199. 一个同时代的耶稣会士曾谈到"有法力的加尔文派教徒"; W. Foster, *Hoplocrisma-Spongus* (1631), sig. A2. 有关宗派和炼金术, cf. above, p. 322。

106. *Reliquiae Baxterianae*, ed. M. Sylvester (1696), pp. 77—78; G. F.

Nuttall, *James Nayler. A Fresh Approach*, supplement no.26 to *Journ. Friends' Histl Soc.*, 1954. cf. above, p. 161。波墨的译作列于 S. Hutin, *Les Disciples anglais de Jacob Boehme*（Paris, 1960）, pp. 39—39。

107. See e.g., J. Boehme, *Aurora*, trans. J. Sparrow（1656）, pp. 583—584; A. Koyré, *La Philosophie de Jacob Boehme*（Paris, 1929）, pp. 83—85, 91, and *passim*; D. Hirst, *Hidden Riches*（1964）, p. 87.

108. J. Boehme, *Forty Questions of the Soul*, trans. J. Sparrow（1665）, sigs. a11—12.

109. *Some Memoirs of the Life of Mr Tho. Tryon... by himself*（1705）, p. 24; A. N. Palmer, *A History of the Older Nonconformity of Wrexham and its Neighbourhood*（Wrexham, n.d. [1888?]）, p. 16.

110. B. Bourne, *The Description and Confutation of Mysticall Anti-Christ*（1646）, sig. T1.

111. Quoted by Hirst, *Hidden Riches*, p. 246.

112. Josten, *Ashmole*, p. 527; Ashm. 428, ff. 125v, 180, 258, 271v（Samuel Pordage）; Hutin, *Les Disciples anglais de Jacob Boehme*, p. 42; A. G. Walker, *Calamy Revised*（Oxford, 1934）, p. 279; Ashm. 240, f. 256（Hotham）.

113. Above, p. 443. 关于他的家庭主义，参见 Nuttall, *James Nayler, A Fresh Approach*, p. 9 n。

114. 关于他和家庭主义的密切关系，参见 A. Gordon, *A Pythagorean of the Seventeenth Century*（1871）, p. 41。他女儿的生辰天宫图参见 Gadbury, *Collectio Geniturarum*, p. 195。1697 年，占星师约翰·凯斯把自己的 *Angelical Guide* 献给了他。他还是再洗礼派教徒（*Some Memoirs of the Life of Mr Tho. Tryon*, p. 21）时，就产生了对占星术（这门科学被某些人鲁莽地贬斥）的崇拜。

115. Above, p. 361, n. 97. See also his *An Essay toward the Amendment of the Last English-Translation of the Bible*（1659）, pp. 136 ff. 盖尔的激进思想在他攻击"高贵出身徒有虚名"的时候表露无疑（*Gell's Remaines* [1676], i, p. 626）。

116. Ashm. 419, I, f. 110ᵛ（Comfort Everard）; above, p. 445（Gadbury, 利利对波墨的看法参见他的 *Merlini Anglici Ephemeris*（1654）, sig. B6v, and ibid.（1655）, sig. A4ᵛ。Cf. his *Autobiography*, p. 156. 其他占星方面有思想的家庭主义教成员和喧嚣派成员包括：詹姆斯·巴克（L. Muggleton, *The Acts of the Witnesses* [1699], pp. 53—56）; 劳伦斯·克拉克森（above, p. 445）; 以及埃塞

克斯戈尔德汗格教区神甫爱德华·豪斯,他明显是个完美主义者,在提及自己的平庸著作(1643—1647)时,将其称为"有关此等占星术,或关于人"的作品(Sloane 979, f. 56v)。

117. 关于贵格派占星师: *The Journal of George Fox*, ed. N. Penney(Cambridge, 1911), i, pp. 292—293, 451; A. M. Gummere, *Witchcraft and Quakerism* (Philadelphia, 1908), pp. 27, 40—47, 52; Sloane 2280, f. 36,以及贵格派中占星师的顾客: Sloane 2282, f. 26; BM., Add. MS 27, 986, f. 59; above, p. 444。贵格派成员攻击占星师的例子: E. Burrough, *A Trumpet of the Lord sounded out of Sion* (1656), pp. 5—6; (G. Fox), *Here are Several Queries* (1657); H. Clark, *A Rod Discovered* (1657), pp. 38—39; G. F(ox), *A Declaration of the Ground of Error* (1657), p. 35; S. Eccles, *The Quakers Challenge* (1668), p. 5。约翰·兰斯是多部反占星术著作的作者,他也是一名贵格派的分裂派分子; R. T. Vann in *Past and Present*, xliii (1969), pp. 80—81。

118. E.g., M. Cary, *The Resurrection of the Witnesses* (2nd edn, 1653), sig. B2; *A Collection of the State Papers of John Thurloe*, ed. T. Birch (1754), iv, p. 650. 约翰·布雷恩是个千禧派神甫,他用写作的方式抨击占星术(above, p. 428, n. 10)。

119. G. Roberts, *The History and Antiquities of the Borough of Lyme Regis and Charmouth* (1834), p. 279. 浸礼派后一代的人的反对意见就不含糊了; B. S. Capp, *The Fifth Monarchy Men* (1972), p. 188。

120. (L. Muggleton), *A Divine Looking Glass* (1656; 1760 edn), p. 37 (in *The Works of John Reeve and Lodowicke Muggleton* [1832]). Cf. R. Bolton, *Some Generall Directions for a Comfortable Walking with God* (5th edn, 1638), p. 324. ("普通人通常认为太阳的大小不过和脚掌差不多。")

121. *Medieval Libraries of Great Britain*, ed. N. R. Ker (2nd edn, 1964), pp. 46, 47, 84, 141, 214.

122. J. Gadbury, *Cardines Coeli* (1684), ep. ded.; id., *Coelestis Legatus* (1656), sig. cc2^v.

123. 据说他在担任恩维尔的助理神甫期间曾充当神甫和天宫图制作者,参见 P.R.O.St CH. 8/255/24。

124. Lilly, *Autobiography*, pp. 54—59, 75; Ashm. 240, f. 98. 布雷顿似乎对预测未来没什么顾虑,而且还通知年纪较小的理查德·内皮尔说,他的婚期将定于 1629 年(ibid., f. 87)。

125. Above, p. 362; Lilly, *Autobiography*, p. 126; Aubrey, *Miscellanies*, pp. 159—161; G. Atwell, *An Apology* (1660), pp. 26—27.

126. 关于阿斯卡姆, in addition to *D.N.B.* and *S.T.C.*, see A. G. Dickens in *T.R.H.S.*, 5th ser., xii (1963), pp. 65—66, 以及关于哈特吉尔, 参见 Gadbury, *Coelestis Legatus*, sig. Ccl, and P. Morgan, "George Hartgill: an Elizabethan Parson-Astronomer and His Library", *Annals of Science*, xxiv (1968)。我还没有见过一本阿斯卡姆历书的完整副本, 但上书中清楚表示其包括一则预言: W. Fulke, *AntiPrognosticon* (1560), sig. B1。一则天气预报能在现存的 1551 年历书片段中找到 (Bodl., VeT. A 1 f. 150)。

127. *D.N.B.*, "Childrey, J."; Taylor, *Mathematical Practitioners*, p. 80; Wing; N. S (parke), *Dariotus Redivivus* (1653); Ashm. 186, ff. 185^v ff.; Ashm. 356, ff. 1 ff., 47—48^v.

128. 例如: 执业的炼金术士和占星师约翰·阿林 (*Archaeologia*, xxxvii [1857], pp. 17—18; *Sussex Archaeol. Collns*, xxxi [1881], pp. 139—140, 149—150, 154); Charles Hotham (above, p. 448)。

129. Butler, *The Most Sacred and Divine Science of Astrology*, p. 1. On him see G. Baker, *The History and Antiquities of the County of Northampton* (1822—1830), i, pp. 409—410.

130. 奇尔米德翻译了 J. Gaffarel, *Unheard of Curiosities* (1650), 其中包含了对占星术和占星巫术的辩护。关于卡彭特, 参见 *D.N.B.*。阿特金森是一个保王派军人; 他在自己的年历中做了一些评论, *Panterpe* (1670), sigs. B7v—B8。

131. Dorset R.O., Askerswell RE 1, pp. 98, 113. 有关这件事的例子, 参见 T. F. Thiselton-Dyer, *Old English Social Life* (1898), pp. 121—122; J. C. Cox, *The Parish Registers of England* (1910), p. 41; *The Registers of the Church of ST. Mary, Dymock, 1538—1790*, ed. I. Gray and J. E. Gethyn-Jones (Bristol and Glos. Archaeol. Soc., 1960), p. 51, and *Yorks. Archaeol. Journ.*, xxxvi (1944—1947), p. 121。其他 17 世纪神职占星师和同情执业占星师的人包括罗伯特·伯顿 (above, p. 345); 威廉·奥特雷德 (*A Collection of Letters*, ed. Halliwell, p. 93; Aubrey, *Brief Lives*, ed. Clark, ii, pp. 105, 108; Taylor, *Mathematical Practitioners*, p. 357); 威廉·米尔本 (Taylor, ibid., p. 207); 托马斯·古奇 (E. Calamy, *An Historical Account of My Own Life*, ed. J. T. Rutt [1830], i, p. 181); 威廉·克拉夫茨 (Gadbury, *Coelestis Legatus*, sig. cc2); 史密斯神甫 (ibid.); W. G., "福音书神甫" (他出版了 *Memento's to the World* [1680]); 威廉·贝德维尔 (Lilly,

Autobiography, pp. 59—60,书中的记载把他和威廉·比德尔弄错了)。

132. E.g., *The Diary of the Rev.Ralph Josselin*, *1616—1683*, ed. E. Hockliffe (Camden ser.,1908), p. 108; *Diaries and Letters of Philip Henry*, ed. M. H. Lee (1882), pp. 319—320; Turner, *Providences*, i, p. 61.

133. R. Pecock, *The Repressor of over much blaming of the Clergy*, ed. C. Babington (Rolls ser.,1860), ii, p. 450; J. Gadbury, *The Doctrine of Nativities* (1658), ii, p. 287.

134. Ashm. 184, f. 27; Ashm. 327, ff. 197^v, 241^v.

135. Ashm. 178, f. 205; Ashm. 420, ff. 208v, 214v;或许人们认为他与乔纳森·德弗罗有某种关联,而后者曾于1646年侵入圣安德鲁(G. Hennessy, *Novum Repertorium ecclesiasticum parochiale Lon-dinense* [1898], p. 463)。

136. E.g., Ashm. 420, ff. 166, 223v, 236; Ashm. 427, ff. 91v, 127v, 232v, 243, 269v.

137. Ashm. 423, f. 147. Cf. f. 142(威廉·潘恩,格拉夫顿被侵犯的教区神甫)。

138. Ashm. 180, ff. 52, 54; Ashm. 428, f. 272; Gadbury, *Collectio Geniturarum*, pp. 115—116; Hennessy, *Novum Repertorium*, p. 106.

139. Ashm. 420, f. 13.

140. E.g., H. Coley, *Clavis Astrologiae Elimata* (2nd edn, 1676), pp. 225, 259; J. Middleton, *Practical Astrology* (1679), pp. 254—255; J. Partridge, *An Astrological Vade Mecum* (1679), sig. A10. 其他教士咨询的例子能在以下资料中找到:Ashm. 337, f. 43; Ashm. 427, ff. 4, 197; 420, ff. 32, 85; Gadbury, *Collectio Geniturarum*, pp. 110—113, 117; Matthews, *Calamy Revised*, p. 119; A. L. Rowse, *The Elizabethan Renaissance* (1971), pp. 147—149。

141. Gresham, *A Prognostication for this present year of our Lord*, 1607 (1606), sig. B2v.

142. T. W. W. Smart, "A Biographical Sketch of Samuel Jeake, Snr, of Rye", *Sussex Archaeol. Collns.*, xiii (1861).

143. Above, p. 323. 他儿子娶了占星师的侄女作二房。

144. Ashm. 225, f. 281; Ashm. 423, f. 178.

145. *Pond. 1609*, sig. C6v.

146. 1 Samuel, ix, 8; *Durham High Commission*, pp. 34—42; Blagrave, *Blagraves Astrological Practice of Physick*, p. 163. 同样争论的其他例子,参见

第十二章 占星术与宗教

Farnworth, *Witchcraft Cast Out*, pp. 6—7 ; Lilly, *Englands Propheticall Merline* (1644), sig. b2 ; Butler, *The Most Sacred and Divine Science of Astrology*, i, p. 48。

147. Ashm. 225, f. 323.

148. P. Stubbes, *Anatomy of Abuses*, ed. F. J. Furnivall (New Shakspere Soc., 1877—1882), ii, pp. 58, 61. 星体崇拜的其他恐惧, 参见 *The Works of Roger Hutchinson*, ed. J. Bruce (Cambridge, P.S., 1842), p. 78 ; J. Swan, *Speculum Mundi* (Cambridge, 1635), pp. 312—314 ; and id., *Signa Coeli* (1652), p. 6 ; *The Works of Mr John Weemse*, ii (1636), pp. 70—72 ; Burgess, *CXLV Expository Sermons*, p. 396。

149. H. Chadwick, *The Early Church* (Harmondsworth, 1967), pp. 126—127 ; G. Storms, *Anglo-Saxon Magic* (The Hague, 1948), i, pp. 6—7。

150. *The Journal of William Dowsing*, ed. C. H. Evelyn White (Ipswich, 1885), pp. 16, 25. 大部分星象图解的例子摘自 J. Seznec, *The Survival of the Pagan Gods*, trans. B. F. Sessions (New York, 1961), 而且都来自意大利。关于英格兰的例子, 参见 *Archaeol. Journ.*, ii (1846), p. 89 ; xxxiv (1877), p. 274 ; xlv (1888), 112, 421 ; xlvii (1890), p. 224 ; J. Fowler in *Archaeologia*, xliv (1873) ; *Archdeacon Harpsfield's Visitation*, 1557, ed. L. E. Whatmore (Catholic Rec. Soc., 1950—1951), i, p. 173。

151. *Camden's Britannia*, ed. E. Gibson (1695), col. 1046 ; Bacon, *Works*, v, p. 448。

152. Swan, *Signa Coeli*, p. 8 ; Sir K. Digby, *A Late Discourse... touching the Cure of Wounds*, trans. R. White (1658), p. 43 ; Aubrey, *Gentilisme*, pp. 36—37, 83 ; T. Harley, *Moon Lore* (1885) ; above, p. 68. 伊丽莎白一世时期用来向月亮祈祷的咒语参见 B.M., Lansdowne MS 96, f. 104。

153. *Dives and Pauper*, f. 29 ; Thomson, *Later Lollards*, p. 67 (此人似乎驳斥了 K.B. 麦克法兰的言外之意, 即说话人当时喝醉了, *John Wycliffe and the Beginnings of English Non-conformity* [1952], p. 185)。

154. Sir T. More, *Utopia* (Everyman edn, 1951), p. 117 ; G. F. Nuttall, *Richard Baxter* (1965), p. 46.

155. *A Discovery of 29 Sects here in London* (1641), p. 7 ; *Strange Predictions related at Catericke in the North of England* (1648), p. 1 ; H. Warren, *Magick and Astrology vindicated* (1651), p. 27.

156. E. Bower, *Doctor Lamb revived* (1653), pp. 8, 21.

157. *H.M.C., Various Collections*, I. pp. 132—133. Cf. above, p. 203. 某些占星师无疑相信行星天使的存在(e.g., Ashm. 423, f. 218), 而有占星思想的沙夫茨伯里伯爵"想象着我们死后住在行星上"(*Bishop Burnet's History of his own Time*[Oxford, 1823], i, p. 164)。

往昔的魅力

第十三章

古代预言

> 有时候他使得我发怒,因为他对我谈的尽是些鼹鼠,蚂蚁,预言家默林和他的预言,龙,和无鳍的鱼,剪了翅膀半狮半鹰的怪物,脱了羽毛的乌鸦,蹲立的狮子,竖站的猫,这一类荒诞无稽的事物,使我违反了我的信仰。
>
> 莎士比亚,《亨利四世》,第三幕第一景

一 类 型

如我们在上文所见,当时的人们认为有许多种方法可以了解未来。而古代的预言却与迄今讨论过的这些方法全然不同。它不是直截了当的预报,而是运用难以捉摸的、含糊不清的和模棱两可的散文或诗句片段,它既没有明确的根据,也不是巫术性或宗教性的。通常它被认为来自某个历史人物或神话人物,但也并非一成不变。人们始终相信它是古老的,有时甚至极为古老。这类预言在16世纪前就长久流传,但是由于其历史纷乱不清,因而那些文字学者也就无法充分地揭示它了。

最普通形式是精巧的动物象征主义,十分类似于《启示录》中

鹰和龙怪的风格。12世纪蒙茅斯的杰弗里的《不列颠诸王史》便是这一类型的原始典型,其中,默林的预言谈到了诸如白龙怪和红龙怪、康沃尔的野猪和邪恶的驴子等角色。这些野兽后来就被用来象征性地暗喻专门的地区、家族和个人。这种盖尔弗里德式的预言是这样模糊不清和灵活可变;它还被特别巧妙地设计,以迎合以图腾风格的纹章徽记来识别家族和个人的封建社会。久而久之,诠释者便编纂了全面的预言解法,指出其同时代的某些人应该相当于什么神话动物。[1] 伊丽莎白时代的一个作家用谐音词挖苦地谈到了"鹰和猎犬(eagles and beagles)、猫和老鼠(cats and rats)、狗和猪(dogs and hogs)、乌鸦和弓(crows and bows)、石块和骷髅(stones and dead men's bones)、乡下淘气鬼和傻大个儿(country hobs and lobs)、打补丁的鞋和仲夏时的月亮(clouted shoon and midsummer moon)",[2] 但是盖尔弗里德式预言的适应性极强,只要君王和贵族使用了这类徽记,它们就能煞有介事地适用于当时的大事件。

另一种类型是"绘画预言",这是装有彩饰的卷轴或画片,描写的主题是国王、祭司和纹章符号等。这种利用图画讲故事的原始方法也见于文艺复兴时期令人喜欢的徽记书籍中,弗朗西斯·夸尔斯和乔治·威瑟使之在英格兰流行起来。然而,绘画预言比徽记预言更为深奥莫测,而且并不附有解释性的诗句。像纹章符号一样,图画是与文盲交流的有效工具,并且同样给予主观解释以广阔的余地。

第三种预言亦以模糊不清为特点,它基于字母或数字的组合。一个众所周知的例子是这种韵句:

亨普线纺光,英格兰便亡。

这里的"亨普(HEMPE)"一词被认为是都铎王朝君主亨利(Henry)、爱德华(Edward)、玛丽(Mary)、菲利普(Philip)和伊丽莎白(Elizabeth)

第十三章 古代预言

各名字的开首字母组合而成。培根写道,他第一次听到这个预言是在童年时代,当时这个预言被认为意味着伊丽莎白死后会出现什么灾祸。然而结果表明,预言是指王国的名字从英格兰改成了不列颠。[3]

若要给迄今所知的流传在都铎和斯图亚特时代或者至今保存在手卷中的所有预言列出一份全面的清单,是相当困难的。它们肯定成百上千,并且似乎是无限变化和随意排列的。中世纪的后裔经常会认领在某座古老建筑——更可取的是一座寺院——的废墟中发现的一些预报,并认为这些都是针对着他的。例如,有《近来在诺福克郡圣贝尼特修道院发现的预言》这样的书;[4] 还有一个石匠在萨默塞特的卡尔特公学的墙壁上发现的预言;[5] "在锡翁的小修道院中"发现的其他预言;[6] "在庞蒂弗拉克特城堡中的一份手稿中"的预言;[7] "爱德华六世时期拆毁圣坛时在萨福克的一个圣台中"发现的预言;[8] "肯特郡福克斯通一个铜盘里的预言";[9] "圣埃德蒙斯伯里一个下等人的铜壶底里的预言";[10] "在解散修道院以后的埃塞克斯郡哈洛的一个成衣铺里被发现的威克利夫著述中一本全文誊抄的书";[11] "康沃尔郡圣迈克尔山一块岩石上的手写古卷轴中的预言"。[12] 据说1681年有三十或四十则"古预言"在布里奇沃特附近的一座古修道院的围墙里被发现。[13] 预言惯常在这种地点被发现,反映了这样一个广泛流传的看法:修道士拥有其新教继承者们所没有的特殊玄秘威力。[14]

还有一种流行的方法是,声称某一预言长久以来一直属于某个家族或个人,但是如今第一次更广泛地传播开来。这种类型的预言有:《藏在波伊斯家族中达六十年的一份手卷中的预言》《哈德斯菲尔德的神甫史密斯先生保存四十年的奥特韦尔·宾斯的预言》,"一份古老的手写文件,据说由威廉·韦德爵士从伦敦塔内取出,并藏在家里的一个墙洞中,在他过世后被取出"。[15]

然而,大多数预言都归之于不可否认其真实性的历史上的个人。这类预言的作者,或者被人从其真实著作中选取"预言"的作者是相当众多的,其中包括比德、[16] 吉尔德斯、[17] 大主教梅里图斯、[18] 忏悔者爱德华、[19] 亨利二世、[20] 贝克特、[21] 吉拉尔都斯·坎布伦西斯、[22] 修士培根、[23] 乔叟、[24] 萨沃那洛拉、[25] 伊格内修斯·洛雅拉、[26] 詹姆斯一世、[27] 沃尔特·雷利爵士,[28] 以及大主教厄舍。[29] 其他一些人则是更加朦胧的人物:"林肯郡一个市镇的法官"特拉斯韦尔先生;[30] 戈斯纳的迪金,德比郡的一个成衣匠,[31] 200年前韦林的神甫汉弗莱·廷德尔;[32] 罗伯特·尼克松,被认为生在爱德华四世时期,他的《柴郡预言》一直流传到19世纪;[33] 最著名的是希普顿老妇,可能是红衣主教沃尔西同时代的约克郡人,但是在1641年之前没有听说过。[34]

要确定每个人是怎样获得其预言声誉的,这需要调查文献资料。其中有些人确实曾是先知或宗教幻想家,诸如菲奥雷的乔基姆,他是12世纪的修道院院长;[35] 或者一些中世纪的圣徒,希尔德加德、布里奇特和文森特,他们关于教会改革和罗马衰落的天启般的预言在新教环境中是很容易被接受的;詹姆斯·马克斯韦尔所著的《流行于以往时代的24个著名罗马天主教会关于罗马教会之缺陷的令人钦佩和引人注目的预言》(1615)一书是最早的印刷品之一,其中大部分也都是这类容易被新教徒接受的预言。可以追溯至古典时代后期的西彼拉式和新西彼拉式预言还在继续吸引着人们的注意力。[36] 其他所谓的"预言家"——诸如吉拉尔都斯·坎布伦西斯或者萨沃那洛拉——则是伦理家和宗教领袖,他们警告人们,若不进行改革就有灾祸临头,这种警告在后代人眼里看来具有了预言的性质。这种过程的一个很好范例便是诗人乔治·威瑟的情况,他反复地预言将有灾难降临到不信神的英格兰人头上,在内战爆发后,这种预言似乎真成了先见之明,预言作者很愿意鼓励这种错觉。[37]

虽然16世纪和17世纪时的许多预言是过去有意识的预测性言论的翻版,但是还有一些预言几乎只是偶然产生的。根据后来的事件来看,先前不在意的评论似乎揭示了不平常的预见。例如,大主教厄舍于1602年至1603年间根据《以西结书》布道时,采用的

第十三章 古代预言

方式使人觉得以西结似乎早已预言了 1641 年的爱尔兰叛乱。此后他在 1625 年的布道中则使人觉得，内战仿佛也是被预言过的。[38] 一则众所周知的不服从国教的天主教"预言"最初只是一名天主教同情者在一次谈话中所表达的希望。[39] 人们曾仔细地检查过在古代编年史和历史中任何明显的预言隐喻，所以一次偶然的评论便容易使已故作者获得预言者的身份。在某些情况下，预言和预言家之间甚至没有任何真正的联系，例如，"乔叟预言"只是这位诗人 1532 年版的著作中一同印出的一段无名作者的诗句，这就被伊丽莎白时代的人看成了 14 世纪的一个预言。[40]

最著名的预言家是默林，这是一个合成人物。有时候人们把威尔士吟游诗人米尔丁的民族主义预言以及蒙茅斯的杰弗里在其《历史》第 7 篇中的预言都归因于默林。杰弗里的默林部分是根据早得多的尼纽斯的作品中所描绘的预言少年安布罗修斯创造出来的；于是融合成了"安布罗修斯·默林"，犹如《安布罗修斯·默林之谜》（1683）中所记载的那样。大部分古威尔士预言都与反对撒克逊人和诺曼人的斗争有关，并且预言了威尔士人在亚瑟——或者在其他版本中是奥文或卡德瓦拉德——领导下的最后胜利。那种朦胧暧昧的语言使得它们能够适用于其他场合，而归之于"默林"的预言——无论是盖尔弗里德式（安布罗修斯·默林）的预言，还是卡利多尼亚式（西尔维斯特·默林）的预言——则以许多不同的版本流传着。伊丽莎白时代的一个人认为，在中世纪，"默林的预言被人们以极度尊敬和重视的态度拴在英国许多图书馆的书桌上"。[41]

默林的预言虽然在口头上被大量采用和改头换面，但是通常都可以归结为过去的某一段具体文字；苏格兰的预言也是如此，它们被指归于 13 世纪厄尔塞尔杜恩的托马斯·赖默，或者包括在以"布里德林顿"为作者的杂录中，这个"布里德林顿"有时候指的是 14 世纪奥斯汀天主教团团员布里德林顿的约翰，有时候则是指他的 12 世纪的前辈布里德林顿的罗伯特。[42] 这些预言作为《苏格兰、英格兰、法兰西、爱尔兰和丹麦预言大全》的一部分,于17世纪初在爱丁堡出版,后来又频频再版。[43]这些藏书成了都铎和斯图亚特王朝时期英格兰预言贩子们使用的形象化描述的最重要资料。而根据《圣经》资料,如《启示录》或《以斯拉记》,所做的预言亦然如此。

在极少数情况下我们可以得知预言的确切起源。例如,德国新教徒和《圣经》注释者保罗·格里布内的一份预言抄本曾呈交伊丽莎白一世,此后存放在剑桥大学三一学院的图书馆里。书中包括关于欧洲未来历史的预言,附有图画说明,并有明显的反天主教偏见。在此后的一个世纪中,它经常再版,并且被人不同地解释成预言了古斯塔夫斯·阿道弗斯的经历、查理一世的被处决以及查理一世之子的复辟。[44]该书极为流行,以至于像一部成功的现代电影一样,也有自己的后代,这就是以保王派宣传小册子形式出现的《以西结·格里布内(保罗·格里布内之子,奥巴代亚·格里布内之子)的先见和预言》(1661)。在此,至少其世系是直接的。

但是,不同的出版者将同一条预言指归于不同的作者也是很常见的事情。例如,关于狮子、百合花、鹰和耶稣基督的《托马斯·贝克特之预言》,据说只是在出版的1666年的前一年才在阿宾登的一座古宅中被发现,并且原来是属于格拉斯顿伯里一个教士会成员的财产。但是早在1645年出版该书的威廉·利利则声称它见于16世纪的一批预言手卷中;而《几段古怪预言》(1642)的编者则说它是林肯郡的法官特拉斯韦尔的作品,后来的一个出版者却说它是由比德撰写的。另一方面,贵格会教徒又认为它是波墨的作品。1689年该书重印,题为《尊敬的已故的阿尔杰农·西德尼的预言》。这实质上是用来支持爱德华三世对法国的干涉,也是为约克家族爱德华四世对王位的权利要求撑腰。[45]另一条流行预言的历史也同样地纠缠不清,它以"八十八过后兴盛"之语开始。关于其作者也是众说纷纭,有人说是希普顿老妇,有人说是伊格内修斯·洛雅拉,还有人说它"发现于诺福克郡圣贝内特修道院中"。[46]

第十三章 古代预言

这些预言的文本系谱学就这样提出了一些错综复杂的问题。我们在此绝无争论这些问题之意，因为我们所关心的是当时的人们对这些预言的使用，而不是它们最初构成的客观环境。就这一目的来说，可以颇有理由地认为，大部分预言可以分成两个主要流派：一是早期的真正言论，后来被人们做了重新解释，公然无视其原来的形成环境而使之适用于新的事件，这是数量大得多的一类；另一流派则是当代人以假乱真的创造，并欺骗性地声称它出自遥远的古代。后一类里的有些预言本身就证明了它出自当代人自己之口；例如，1651 年出笼的一条证明新的共和政府正确的预言，旨在使之起源于"亨利七世时代的一个耶稣会士"，而事实上耶稣会是在距那五十年以后才建立的。[47] 另一些预言的虚假性则由其内部的证据揭示出来，例如，《奥特韦尔·宾斯的预言》（1642）[48] 中包括大量毫不掩饰的对长期议会的偏见。但是即使在这种情况下，出版者也并不热心于使其成果拥有某种世系，只是说它"来自某个图书馆"或者"一个不知名的人留在店里的"。[49]

因此，可以概括地说，这些预言通常被认为起源于中世纪；它们因其古老性而博得了声誉；此外，虽然当时有些人讨论过这些预言者究竟是从上帝、从奇术还是从占星术那里获得了这种先见之明，但是总的来说，人们对于其确切起源和预言基础几乎没有什么兴趣。对于大多数人来说，它们之存在就足够了。

二 作 用

16 世纪和 17 世纪大多数老练的作家都佯装看不起这种古代预言，赞同培根在《论预言》一文中所说的话，预言除了作为"冬天炉边的谈资"外，别无益处。他们像培根一样，认为预言确实会导致大量不幸。约翰·哈林顿爵士评论道："博学的人基本上都瞧不起预言，但是我发现预言仍然展示了一种预兆，并且在那些似乎嘲笑它的人的心中留下了深刻的印象。"⁵⁰有许多评论者都提到了这一易受批评的脆弱之点,从15世纪的法国人康明斯一直到17世纪的占星师利利。1549年,一位苏格兰作者声称:"英格兰深信各种各样的默林预言以及其他不可靠的古代预言者的预言,他们对于这些想象出来的作品的信任甚于对以赛亚、以西结、耶利米以及福音书的预言的信任。"⁵¹爱德华·科克爵士认为,仔细研读英格兰历史后就会发现:"可悲和致命的事件都是由于那些虚假的预言而发生,心术不正的人发明了这些预言,伪称是古老的,实际上却是最近编造出来欺骗老实人的;而以前时代的那些乡下人又是多么地易于上当受骗啊!"⁵² 1677年,不遵奉国教的教士理查德·吉尔平抱怨道:"一份假装是在墙内发现的或见于某一古老手卷中的连作者都不能肯定的预言,却往往比明白无误和确实可靠的《圣经》规则更受人欢迎。我们每天都可以看到这类事情;外国人对于英格兰人的轻信已做了严厉的批评。"⁵³

关于这类预言影响力的最好证明便是历届政府都要下决心限制其流传和惩罚其传播者。中世纪时期,政府曾采取行动对付威尔士吟游诗人的预言以及威克利夫派教徒的预言性言论。那时,时常有伪预言者遭到逮捕,一个修士由于对布里德林顿预言的煽动性解释而于1402年被送上了绞架。⁵⁴在都铎诸君统治时期,这个运动似乎加剧了。传说亨利七世议会第一届会议对"一切形式的预言"定了重罪,⁵⁵这一说法是否有根据尚不清楚,但是亨利八世及其继承者们则肯定采取了严厉的措施来对付一切政治预言。1541年至1542年的一个法令说,三教九流人物都利用预言来预测以某些动物作为其姓氏中纹章图案或字母的那些人的未来。而以这种方式预测未来的就要定以重罪。1547年重申了这一法规。1549年至1550年,颁布了一个"反对轻率和异想天开的预言"的新法令,对于那些传播有可能导致叛乱或内部骚动的预言的人处以罚款和监禁。玛丽·都铎继位后,这一法令被废除,但是1563年又新颁布了一个法规。⁵⁶

第十三章 古代预言

此外,都铎政府的常规手段,枢密院的布告、命令、治安推事的训谕以及主教的查询,一直在持续不断地直接反对着这种"古代"预言及其作者。[57]

政府之所以这么关注,是因为预言和行动之间始终存在着密切关系。默林的预言在 14 世纪重新出现,以支持英国对于法国王位的权利要求,而在 15 世纪则用以证明约克家族和兰开斯特派各自的诉求是正确的。许多手卷中的预言被编纂起来,以推进玫瑰战争中一些参与者的权利要求。[58]在威尔士,大量的政治性预言维持了撒克逊人有朝一日会被赶走的传统说法。政治性预言在奥文·格林杜尔反对亨利四世的暴动中以及里斯·阿普格鲁菲兹反对亨利八世的暴动中都发挥了重要的作用。16 世纪后期的威尔士又流传着默林的故事,大量民族主义的预言继续使英国政府惶惶不安。[59]

爱尔兰同样希望通过散布适当的预言而将外来征服者赶出去。威尔士的杰拉尔德曾看到古代预言在亨利二世对爱尔兰的征服中得到应验;在伊丽莎白一世统治时期,"吉拉尔都斯·坎布伦西斯的预言"也用来支持对爱尔兰人的权利要求。1593 年,基尔代尔村的一个居民由于预言说奥唐奈有朝一日将成为爱尔兰国王,因此断送了自己的双耳。在 1641 年阿尔斯特叛乱期间,也流传着类似的预言;其中一则预言说,费利姆·奥尼尔爵士将把查理一世及其子孙赶出英格兰。[60]

实际上,扰乱都铎王朝的每一次造反或民众骚乱中都使用了这类或那类预言。在亨利七世统治时期从牵涉珀金·沃比克和沃里克伯爵爱德华的阴谋中,便可以见到这类证据。[61]在下一任国王统治下,红衣主教沃尔西深受下面这个预言的影响:

  一旦母牛骑公牛,
  神父就得当心头。

暗褐母牛是王室的徽记,而公牛则旋即被看成是安妮·博林。[62] 但是,这仅仅是16世纪30年代英格兰与罗马分裂而导致的预言和反预言洪流的一个先兆,这些年代的状况使神圣罗马帝国大使查普伊斯评论道,英格兰特别容易受骗,预言轻而易举地引向了骚乱。[63]

在此期间,声称源自默林、比德、托马斯·赖默、布里德林顿的约翰以及其他类似角色的预言广泛地流布至全国,尤其是英格兰北部,在那里可以见到对于政府的最积极的反抗。宗教改革的对手天主教会则系统地求助于盖尔弗里德式预言来证明其反抗的正确。几百年前蒙茅斯的杰弗里所预言的教士将服兵役的拉丁文诗句,如今被认为是意味着教士应该武装起来为教会受到的劫掠而复仇。1535年,多塞特的亚历山大·克拉维尔认为这种暴动已迫在眉睫。经过调查,证明这个说法来自住在奇德奥克的一个名为佩恩的老人,他知道教士会起来暴动反对国王,因为这五十年来一直有个已死的学者当他的老师,告诉他会出现这种事情。他说,教区的教士要统治这个地区三天三夜,"然后便有来自西北方的白隼,杀死几乎所有的教士"。[64](而白隼即是安妮·博林的徽记。)

旧秩序的代表们把许多希望都建立在对这类预言的吉利解释的基础上。弗尼斯的修道士们相信亨利八世将被教士杀死,[65] 而天恩参拜派分子则有着自己的预言来证明罗伯特·阿斯克将成为他们的领袖是适合的:"蠕虫将出现,阿斯克一只眼。"[66] 此外,还有反克伦威尔派的预言:

> 大灾难出自小纸条,
> 犹如面包屑(指克伦威尔)把喉咙卡得牢,
> 很多人因此受痛苦,
> 此事只有天知道。[67]

其他还有关于"K. L. M."[可能是指凯瑟琳(Katherine)和玛丽

女王（Lady Mary）]和"A. B. C."[可能是指安妮·博林（Anne Boleyn）和克伦威尔（Cromwell）]的西彼拉式预言。[68]

最迎合教宗制度支持者胃口的预言可以上溯至14世纪的莫尔德沃普（鼹鼠）预言，它谈到约翰之后的第六个国王邪恶的鼹鼠（莫尔），将被一条龙、一只狼和一头狮子赶出国土，此后，英格兰便会被划分成三个部分。这条预言在15世纪初曾被珀西家族用来反对亨利四世。后来，尽管在年代上存在着明显的问题，但它还是被用来对付亨利八世。莫尔德沃普本人掌握英格兰王权只是"天恩参拜"运动——在这场运动中珀西的影响很大——造反者们的一种信念，[69]而许多天主教的同情者则散布亨利将被迫逃离本国的预言。[70]艾斯尔沃思的神甫约翰·黑尔因为说了亨利八世即是默林预言过的莫尔德沃普而于1535年被处死。[71]1537年，邦盖的主教理查德因为引用了一段经过篡改的莫尔德沃普预言而遇到了麻烦，他用这段预言证明，现在的世界对于穷人来说是十分艰苦的，但是只要有两三百个人起来造反，就强大到足以斗败绅士了。[72]涉及莫尔德沃普传说的另一个牺牲者是埃克塞特的事务律师约翰·邦内范特，他于1539年被流放；他是被两个朋友指控的，他们曾经讨论了一晚上的鼹鼠、暗褐母牛、公牛和其他类似的动物。[73]

这类预言在天主教士内广泛流传。1537年，弗尼斯的修道士约翰·布劳顿谈到了一些预言，它们表明，如果教宗的影响能够再持续4年，那么就将永远维持下去。他还预告，在以后的3年中，一切都将改变，新法律将会被废除。这个说法是根据这样的预言："a. b. c."和"t. t. t."将同坐在一个位子上，并将创造出伟大奇迹，以及"红玫瑰"（即指亨利八世）将死在其母亲的子宫内[即，被教会（Mother Church）所杀]。他对修道院院长罗杰说，这是"一个令人惊异和危险的字眼"。[74]在锡翁，修道士们研究默林的预言；[75]在马尔顿，小修道院院长谈到了一份羊皮卷，上面画着月亮和拿着斧子的小孩，他给弗朗西斯·比戈德爵士看了一份关于国王逃离本国和教会在3年内复兴的预言。[76] 1537年,赫特福德郡的罗伯特·戴利维尔预言道,亨利八世如果不进行改革,那么他就活不过1538年的施洗约翰节,而且,到了那天,"一匹10先令的马"就可以驮起留在英格兰的所有贵族的血;有人错误地认为这个预测也是根据古代预言做出的。[77]

大部分这类预言传说都集中在约克郡马斯顿的神甫约翰·多布森的案例中,他在1538年被处决。他涉嫌对其教区居民说,国王将很快地被赶出国去,并最后只能收复三分之一的国土;拥有鹰徽的人(神圣罗马帝国的皇帝)将统治英格兰;暗褐母牛(教宗)将复兴教会;面包屑[Crumb,指克伦威尔(Cromwell)]将跌落;月亮(珀西家族,当时处于失宠的情况下)将再次照耀;北方公鸡(拉姆利勋爵)将进行大冒险;扇贝壳(戴克家族)将破裂。这些言论几乎是动用了所有的盖尔弗里德神话故事片段。在审讯中,这位教士承认曾向斯卡巴勒的白袍僧修道院院长借过一份默林、比德和厄尔塞尔杜恩的托马斯所做的预言纸卷,其中有着关于挪威黑色舰队、鹰、北方公鸡、月亮、A.B.C.和五花八门的戏剧人物的预言。于是白袍僧修道院院长便被传讯,他解释道,他是从贝弗利的一个教士以及斯卡巴勒的一个绅士威廉·兰代尔那里抄来的。于是威廉·兰代尔立即被拘捕,他承认曾借给修道院院长一份关于A.B.C.和K.L.M.的韵文预言,而这是他从另一个教士托马斯·布雷德利那儿得来的。布雷德利又申辩道,他的默林和比德的预言来自克罗夫特的一个教区神甫威廉·兰利。[78]

预言还可以通过口头的言语而广泛流传。然而,有时候也由半专业的预言贩子来进行传布,如理查德·莱纳姆,据说他在1546年曾积极传播和解释预言达十七年之久。他的言论涉及未来在英国的战役、查令十字街的衰落、莫尔德沃普、利利、面包屑、K.L.M.,以及将赶走国王的教士们。1535年,他声称教宗将在仲夏之前到达英格兰。莱纳姆首先出现在威尔特郡,后来则转移到伦敦进行活动,他在那里引起了托马斯·克伦威尔的注意,后者认为他是个"疯狂的预言者",但是尽管如此,还是把他关进了伦敦塔。1546 年,莱纳姆获释,他向其主顾们(其中包括布雷勋爵)保证,亨利八世是默林预言的六个国王中的最后一个,这位君王将很乐意放弃其领土的四分之三,以维持其剩余领土的和平。[79]

在 1546 年对他的审讯中,莱纳姆证实"在威尔特郡沃明斯特附近居住的一个名叫赫尔洛克的年轻人,也到处宣传预言书。这也许就是'老赫尔洛克'的一个亲戚,1532 年科尔切斯特监狱中的一个囚徒引用了他那难解的预言:白野兔将狐狸赶到卡尔的城堡去;白灵猩将在橡树根下奔跑;西方有道裂缝,要全英格兰的荆棘才能填满"。"老赫尔洛克"还说,和平缔造者将从西方来,"头盔上带着雪";这据信即是预言了 1914 年俄国军队行军进入英国时"靴上带着雪"。[80] "老赫尔洛克"肯定即是威廉·赫尔洛克,他在 1530 年的审讯中承认,他在科尔切斯特的雇主,一位外科医生和天文学家,曾给过他一份预言日历,上面有国王和领主的族徽图案。萨默塞特的一个名叫比尔特的人告诉他说,这指的是未来三年中即将发生的教士战争和大量其他的骚乱。还有一种解释是汤顿的一个金匠理查德·洛思提出来的,他深信这个预言说的是将带着露腿母鸡来到陆上的怪龙。至于怪龙,他指的是德斯蒙德的爱尔兰伯爵。洛思自己也有预言,用威尔士文写在一本黑色的书上,他说,一位有礼貌的骑士将在桑迪福德·黑文登陆(该地很久以前就被预言为大战之地),[81] 把他的战旗插在一块石头上,并前去和蓝野猪战斗。

赫尔洛克确实挤进了热衷预言者的圈子,他的熟人中包括萨福克的托马斯·拉克,此人相信,白狮将杀死国王;诺里奇的约翰·巴伯,他经常向各种各样的朋友高声朗读预言书,这些朋友中有个礼拜堂神甫威廉声称国王活不过三年,并且他自己有一本更好的预言书。赫尔洛克向诺里奇的行政司法长官告发了这位礼拜堂神甫,但是当局因为此事过于琐屑而未予受理。[82]

于是，传统的预言就这样被随意地重新解释后，广泛地用来作为反政府的宣传。但是国王的支持者也可以借助预言来证明他们与罗马分裂是正确的。理查德·莫里森伪造了一个保王派的预言，其中将亨利八世指为《以斯拉记》中的狮子，以对抗威尔士预言。[83] 托马斯·吉布森收集了有关克伦威尔的预言，以展示国王将"赢得圣十字以及若干领地"。它们来自具有浓厚天主教色彩的《赖默、比德和默林的预言》，但是重新做了解释，隐指国王将《圣经》译成英文并推翻教宗后就能取得圣地。[84] 北方的新教徒威尔弗雷德·霍姆则竭尽全力地要证明，亨利八世不是鼹鼠，而是默林预言中的狮子和鹰。[85] 但是政府的大部分努力是一种旨在抵消宗教改革之对立面的预言者的反宣传。直至其统治的结束，政府当局始终在忙于调查天主教预言者的活动，没收预言书和监禁较为露骨的冒犯者。[86]

然而，爱德华六世的整个在位期间，预言和造反之间一直有着关联，这在1549年震撼全国的造反中表现得尤为突出。约克郡北区和东区的暴动是由约翰·福克斯所谓的"盲目和异想天开的预言"所刺激出来的，这个预言说，下议院将把国王、贵族和乡绅阶级全部清除，而任命四名地区总督取代之。[87] 在伦敦，政府则调动舆论来反对阴谋者，他们在街上散发传单，上面引用了默林的预言：特洛伊（指伦敦）的议员们将失去脑袋。[88] 诺福克郡那些追随罗伯特·凯特的农民则是受到了在公共场所公开宣读的一条预言的鼓动：

> 乡下土佬乱纷纷，
> 脚穿布鞋手执棍，
> 杜辛达尔去会集，
> 杀得尸骨遍地陈。[89]

这是野心勃勃的预言反而导致其主角受害的一个典型例子，因为1549年8月27日杜辛达尔战役之后，遍地陈尸的正是造反者自己。

第十三章 古代预言

一位现代历史学者认为,凯特的追随者们并不是因为预言,而是因为给养线被切断才将营寨扎在莫斯霍尔德荒地的;[90] 很可能在事件之后,政府的支持者出于说教的目的才"修改"了这段韵诗。但是在这次暴动中,预言的因素还是十分明显的。亨利八世在位期间流传的一段预言把莫斯霍尔德荒地指为未来某件大事的现场;而诺福克郡关于"脚穿布鞋手执棍"暴动的说法可以上溯至1537年。[91]

在凯特造反的余波期间,预言有助于使战败者保持东山再起的希望。在1552年6月到1553年6月间,至少有五个人因为散布预言而被枢密院逮捕。[92] 尤其是诺里奇,预言的谣传满天飞。每年都有反抗的抱怨声。有个持不同意见者预测了1554年的三场战役:"我们将看到法兰西国主于仲夏之前出现在诺里奇。"同年,诺福克的法官奉命搜捕"空洞的预言"和"煽动性的、虚假的或不真实的谣言",即"一切反叛的基础"的散布者。[93]

玛丽·都铎政府也遇到了类似的麻烦。怀亚特暴动的一位主要参与者承认,是预言的影响导致他最终参加了这场造反。[94] 在伦敦,流传着有关女王即将死亡的预言;而在霍尔德内斯,政府则命令搜捕藏有预言书的人。[95] 彼得巴勒的主教受命查讯他的一个教士会成员,此人曾传布"出自一本旧书"的预言。在这一时期中编成的其他新教的和反西班牙的预言至今还见于手卷中。[96]

在伊丽莎白统治下,政府继续为古代预言应用于当代而担忧。1569年,德比郡钦利的一场圈地骚动的头头们受到严格的查问:是否与对涉及贵族的预言十分关心的柴郡的比特雷斯先生有来往?所熟悉的预言书的题目是什么?"比特雷斯先生"无疑即是约翰·比特雷斯,他后来曾卷入1584年前后涉嫌反对女王的密谋事件中,当时人们发现他藏有"一本旧预言书,其中有许多画像,有的长着胡子"。[97] 1572年,对于卷入里多尔菲阴谋而判叛国罪的诺福克公爵进行的审讯也展示了预言和造反之间的这种关系。证据表明,公爵是因一条预言而误入歧途的,预言谈到了一只雄狮(诺福克)和一只雌狮（苏格兰女王玛丽）将推翻另一只狮子（伊丽莎白一世）。一个证人罗伯特·希格福德宣誓作证道，公爵曾给他看过一段预言，以拉丁文句子"月亮鼎盛时，狮子被降服"开头，公爵当时不在意地说："希格福德，你看到的是一条愚蠢的预言。"[98] 但是这条预言可能上了公爵的心。

这种野心把霍华德家族相继的两个成员——萨里的诗人伯爵及其儿子，倒霉的诺福克公爵——送上了绞架，实在令人寒心，这导致该家族中的第三个成员，北安普敦的伯爵亨利·霍华德撰写了《抵制假想预言的毒害》一书（1583），旨在揭露这类预言的邪恶和非理性。他惊呼道："有多少叛逆罪，有多少邪恶行为被这类轻率的无聊话煽动和鼓励起来啊！"这些预言的编造者即是骚乱的创制者："国内的一些好事之徒，用生动的文字、绘图的书籍和飞禽走兽的图形使人们脱离当前的义务而专注于未来的希望。"这种谎话连篇的预言乃是"傻瓜的妄想、自尊心的渣滓、荣誉的毁灭者和高贵品性的毒药"。北安普敦伯爵在这本书中说，其先辈的前车之鉴使他从16岁就开始搜集这类预言例子。但是他发表此书的动机是想表白自己没有类似的不名誉之事。[99]

与西班牙的战争有助于对这类预言的兴趣继续保持下去。无敌舰队的毁灭使人回想起一度广泛传布的预言的正确性，这个预言源自柯尼斯堡的一个德国天文学家、数学家约翰·穆勒，它说1588年将是一个"令人惊异的年份"。[100] 从伊丽莎白继位开始，预言就在北方的天主教徒中流传了，[101] 并被苏格兰女王玛丽的支持者所利用；密谋者安东尼·巴宾顿有一份默林的预言抄本。[102] 当1575年到1576年威尔士人莫里斯·克莱诺格计划对英格兰进行天主教入侵时，他认为完全可以利用一下预言传说：威尔士有朝一日会解放；他怂恿说，威尔士人民习惯于来自罗马的舰队的概念，以便帮助教宗军队。[103] 天主教士预言道，教宗制度将恢复，弥撒将永远持续下去；伊丽莎白倒台和修道院复兴的"伟大日子"将要到来。[104] 这正

第十三章 古代预言

如1602年一位天主教成衣匠所承认的那样："主要的不服从国教的天主教徒向穷人发表演说以争取他们的同情是司空见惯的事情，他们鼓励穷人要耐心等待，直到这一伟大日子的到来，那时候一切就会变好了；他们还说，伟大日子不久就会到来。"[105]1603年在女王葬礼上，哀悼者们忍不住讨论到这些预言。[106]两年后，一位绅士能够引用"26位古代作家"的话来支持一个预言：宗教争端将导致6月24日施洗约翰节和8月1日收获节之间全国遍布刀剑与战火。[107]

天主教的希望往往是靠极其神秘玄妙的盖尔弗里德式的预言来鼓舞的，下文（1583）即是如此，其作者被认为是埃塞克斯郡的一位绅士约翰·图塞尔：

> 狮子……将进入诺福克，于是便有一只象被杀。穷苦的平民将以白马为首领，他们欢呼雀跃，因为将有一个已死之人进入苏格兰，与他一起来的还有高贵的E，死人将把英格兰的王冠戴到E的头上。于是法律改变，人民欢呼死人的到来，因为悲伤和忧虑从此不再复归。接着，拥有全世界最优秀血统的高贵的E将把一切异端从国内彻底铲除，重建教会，恢复天主教信仰。一只狮子、一匹马、一只豹在伟大之鹰的帮助下为E戴上王冠。[108]

要把这里所使用的一切比喻的来源都鉴别出来，殊非易事。十字石出现在布里德林顿的预言中；狮子和豹可能来自《但以理书》（第7章）或者来自"沃尔德哈夫"的预言；鹰可能来自《以斯拉记》。然而，死人则来自非《圣经》的资料。"有个预言说，将有个死人出现，搞得整个英格兰悲叹悔恨，"这是1575年英格兰的一个天主教流亡者所说的话。[109]"可怕的死人"是预言文献的一个长久性特色，而"高贵的E"也是如此。

另一个给人以深刻印象的天主教预言由莱斯特郡的刺绣工爱

德华·索福德在1586年宣讲出来。他说,如果苏格兰女王玛丽受到伤害,那么不幸就会接踵而来,议会将会开战,伊丽莎白女王将被迫逃往威尔士;外国入侵军会在切斯特登陆;王位会数度失而复得;那些勒索地租者、囤积粮食者或者一切压迫穷人的人都会在"脚穿布鞋手执棍"的暴动面前倒下去。只有当一个死人来到以后才会恢复秩序,他将设置四个统治者,然后出发去耶路撒冷,他将死在那里,并葬在三个"科隆国王"之间。当索福德被传讯时,他声称是由一个上了年纪的名叫威廉·拜厄德的天主教同情者告诉他这一精心编造的预言的,但是他承认,最终的来源是"国王亚瑟的书",他说,这本书"是他一生中读过的最好的一本预言书",并补充道,默林"是能够预言未来许多事情,甚至预言世界末日的一个人"。[110] 实际上,索福德的言论乃是当时流行的神话故事的奇妙杂录。这里说的将治理全国的四个统治者就是1549年暴动以后所谓要接管约克郡的四个地方长官。赴耶路撒冷的远征以及三个科隆国王都来自《赖默、比德和默林的预言》;而"脚穿布鞋手执棍"则是凯特暴动的特色。关于"死人",我们已在上文谈到过了。这整个插曲使人注意到,大众的激进主义有时候能够成为随教宗制度复辟而来的不服从国教的天主教乌托邦——索福德称之为"一个愉快的、金色的世界"——神话的基础。

从1586年的事件中可以看到同样的倾向,当时格洛斯特郡小迪安的西蒙·约曼斯悲叹食品的匮乏,便引用了一个预言,说在此后12个月里将有三场战争;女王将被杀死;四个贵族将进行统治;拉丁法律将予实施;因此就有了一个快乐的世界。[111] 在这个例子中,预言性的隐语与关于失却的经济秩序——食物充裕、关心穷人——的观念混合在一起了。类似的情况也发生在19世纪的诺福克,人们相信希普顿老妇曾做的预言,"天主教徒将再次掌握这个国家;并使英格兰再度成为一个美好的地方"。[112]

因此,人们对于不遵奉国教的天主教的某些看法也就不足为奇了;按约翰·哈林顿所说,他们"被指责为比新教徒以及清教徒,尤其是比其中的世俗者和无文化者更加迷信和更加易于上当受骗,并且更多地被人认为是古老预言与传说的作者"。[113] 但是,反宗教改革的领袖们仍然不太鼓励这类预言活动。他们猜疑一切占卜形式,默林预言亦肯定被列入《禁书目录》。在天主教思想中,预言成分乃是大众性事物,它在无知识者中存在得最久。国教会的情况大体上也是如此,因为朱厄尔主教及其大多数同行都把"轻率的、空洞的和撒谎的预言"看成是在内容上引人误入歧途,在来源上全属邪恶渎神的东西。[114] 然而,尽管许多早期的新教徒把默林贬低为梦魇的孩子,把西彼拉式预言者说成是"撒旦的先知",另一些人的态度却较少敌意。例如,罗拉德派教徒就曾经涉及盖尔弗里德式预言。16世纪20年代,伦敦的一个罗拉德派教徒曾散布谣言,说不久即有一场教士战争,所有人都将死于此战;教士将统治一段时间,然后即被推翻;此后就出现了一个美好的世界。莫尔(鼹鼠,即"莫尔德沃普")是罗拉德派喜欢用来称呼世俗教士的名字,这绝非偶然。[115]

在宗教改革期间,新教徒偶尔也求助于默林的预言,以证明新教主张的正确性。主教考克斯引用了一条拉丁预言,以预示修道院的废除。与罗伯特·尼克松联系在一起的某些柴郡预言则预告了圣像捣毁运动。贝尔主教认为,默林曾预言了宗教改革;有些新教徒则根据中世纪权威而将神圣的灵感归之于默林。在《长官通鉴》的作者们看来,默林是"博学的默林,上帝赋予他了解和讲述王公的未来行为品性"。犹如北安普敦郡的伯爵在1583年指出的那样,不仅仅是不信神的人才倾听古代的预言。[116]

事实上,甚至有些清教徒也打算用预言性的词句来表达他们的诉求。17世纪早期,清教徒对于主教制度的反感与詹姆斯一世的长子亨利王子的希望结合起来,于是产生了一首韵诗,据说1608年它"被许多人挂在口头":

> 亨利八世神威显，
> 摧毁大小修道院，
> 下面又要轮到谁？
> 钟和主教该翻转。

这段歪诗到了17世纪的最后10年还在流传，当时也许反映了不遵奉国教者对于安妮的儿子和理所当然的新教继承人威廉·亨利的希望。[117] 在激进的新教思想中可以看到更为明显的盖尔弗里德式预言的倾向。肯特郡的一个布朗派教徒在1626年左右遭到监禁，因为他写了本书，预言在三年之中英格兰将被来自北方和南方的两个国王所摧毁。有关主教将要衰落的一则模拟的西彼拉式预言流传在1639年，两年后，则出版了《林肯的戈斯特雷德（即格罗斯泰斯特）主教关于高级教士的一个古老预言》。[118]

然而，古代预言的真正激增是伴随内战而来的，当时盖尔弗里德式预言与占星预报和宗教天启结合起来，将空前大量的预言报告放在世俗大众面前。虽然预言的三种类型互有区别，但是并非始终保持着各自的特色；占星师利利像其他人一样，努力使得古代预言重新流传。他为其历书取名为《国教默林预言》，并在一本盖尔弗里德式预言的集子里收进了开普勒所做的一份占星预言。[119] 我们有理由怀疑多数读者是否都能区分占星预言和其他预言的区别（比如基于古籍的布莱特曼预言[120] 或是由如默林这样的先知散布的预言）。内战时期的文献表明人们喜好预言根本不在乎其本于何。没有人对比德·格罗斯泰斯特和其他圣徒曾是罗马天主教徒心存疑虑；实际上利利宣称比德的预言更为可靠，因为他被教会正式宣布为圣徒。[121]

具有讽刺意味的是，在清教徒英联邦时期，当时的出版物把大量的预言归因于中世纪的圣徒，或者反宗教改革的领导者。这种背景就加强了预言的权威。当神父沉浸于巫术的魅力而拒斥后继的

第十三章 古代预言

清教徒时，就如天主教新教徒时期被当作一个阶段一样，这也被当作圣人可以使用预言和先知的时代。

但是，仍然存在给予盖尔弗里德式预言以神学地位的尝试。托马斯·海伍德的《默林生平》（1641）提醒读者上帝可能会选出精灵作为先知。默林现在不仅被描绘成一个基督徒，而且也是一个先知者。1658年的一个编者说，默林的预言曾被特伦托宗教会议所禁止，因为"它们大声宣布了罗马教宗的毁灭"。[122] 利利也同意古代预言的神圣起源，虽然他认为它们是通过水晶球而传感给其作者的。[123]

所以这二十年中，出版了空前大量的传统预言。1640年之前，只有相当少的预言出版物，虽然它们往往见于私人的手稿收藏品中。有些预言是由旨在抨击它的作者所发表的，诸如约翰·哈维的《关于预言的推理能力问题》（1588）。但是大部分预言那时候已在口头传布了。[124] 自1641年以降，这种形势有了迅速的改变。由于海伍德《默林生平》的出版，默林的预言更为人们所熟悉，该书是英格兰历史的编年记载，旨在展示默林的预言——或者毋宁说是海伍德归属给他的预言——的作用。同年，希普顿老妇初次登台，[125] 并获得了成功。她暧昧的预言也收录在第一本预言选集《两则古怪预言》（1642）中。这一时髦事物居然备受欢迎，以至于《两则古怪预言》很快地变成了《四则古怪预言》（1642年年底以前）、《七则古怪预言》（1643）、《九则著名预言》（1644），迄于1649年有不少于"十四则"的"古怪预言"。在希普顿老妇的预言上，还添上了伊格内修斯、西彼拉、默林、托马斯·布莱特曼、"特拉斯韦尔"、"奥特韦尔·宾斯"等这类人的预言。其中许多预言分别以他们自己的名义发表。

在著名的选集中，有《预言报告》（1642），后来的有些选集便是从这本拉丁文集子而来；还有一本是《古预言集》（1643），其中收录了希普顿老妇、伊格内修斯和许多其他人的预言，它们都被说成比这位匿名编者的曾祖父的时代还早，但是仍然"直接谈到了当代的问题,仿佛这是现在编造出来的一样"。1645年,利利出版了《古今预言集》,其中收录了大量当代名流的预言,都解释了查理一世的不利处境。利利羞于说出这形形色色的预言是否被视为神圣的灵感,而只是指出它们与其占星发现偶然相合。在这前一年,他发表了《白袍国王之预言,以及可怕死人之解释》。这是对业已引起注意的藏于罗伯特·科顿爵士图书馆的一本古威尔士预言改写本的诠释。利利谨慎地避免对有关狮子的合法性和鹰之幼雏的预言进行注解,这清楚地暗示国王将要失败。与白袍国王预言一起的,还有关于"可怕的死人"的预言;据说关于西彼拉·蒂布尔蒂那的预言是在1520年瑞士的一次山崩后发现的一块雕刻大理石上见到的;另一些则见于1588年约翰·哈维对于预言的抨击文章中。利利专门请伊莱亚斯·阿什莫尔翻译了《安布罗修斯·默林的预言》,发表于1647年,该书来自1608年在法兰克福出版的一本书。[126] 另一个对立的诠释者是前军人克里斯托弗·赛姆斯,他曾几次发表白袍国王的预言,带有明显的保王派意味。他声称自己致力于此课题的研究已达十九年。[127]

国王的失败导致了人们对盖尔弗里德式预言进行更精细的研读和重新解释。上呈伊丽莎白一世的保罗·格里布内预言当时被认为是预示了国王之死,但是长老派教徒则认为它暗示了查理二世的迅速复辟。[128] 利利在其《君主制或非君主制》(1651)中反对这一说法,他这本当时最大的预言选集实际上包括了此前发表过的所有预言,并补充了反长老派的格里布内预言改编本,以及大量由赖默、沃尔德哈夫等人所做的苏格兰预言。所有的预言都指向一个方向:查理一世是英格兰的最后一个国王,他的儿子毫无政治前途。利利用了十六页的图片来做总结,旨在"完美地描绘出未来许多年之间,英格兰的民族和国家的状况"。十五年后,他陷入相当大的麻烦之中,因为这些图片中有一张画的是一个着火的城市,于是似乎涉嫌预知了伦敦的大火。[129]

第十三章 古代预言

在利利看来,空位期乃是古代预言的鼎盛期和预定的目标,他宣称:"英格兰、威尔士和撒克逊的所有或者绝大部分预言都与英国的已故国王查理·斯图亚特有关,关于他的在位年数,他的行为、生活和死亡,关于我们现在生活的时代,而不是关于其他任何此前的国王和时代。"[130] 有些同时代人与他有着同样的错觉。1651年,一本主要采自《君主制或非君主制》的预言选集声称:

> 曾核实过的原始文件来自剑桥大学和英格兰及苏格兰的其他图书馆,它经当局批准出版,现在可供大众阅读和评论……最后,这部论著可以传遍英格兰和威尔士的所有城市和集镇。[131]

翌年,便出现了《默林、比德、贝克特及其他诸人的种种古怪预言》,此书紧凑地包容了当时所熟知的所有预言的梗概,其风格仍然与托马斯·皮尤的《不列颠及国外的预言》(1658)一致。该书利用威尔士和苏格兰预言来证明查理一世乃是莫尔德沃普,奥利弗·克伦威尔是人们盼望已久的威尔士英雄,以及查理二世的复辟企图注定要失败。1650年3月出版的一书也许是篇幅最大的:《古今国内外预言》,文字达200页,其中有许多是威尔士的。

空位期是小册子大量涌现的时代,如果认为在这一热闹纷乱的时代里的每一件出版物都意义重大,则显然是错误的。但是又不能把预言轻视为仅供百无聊赖和无足轻重的普通大众观赏的短命事物。从其流通性来看,可看到它们已取得了惊人的成功。利利在其《自传》中说,他的《白袍国王之预言》在三天之内销售了1800本。我们无法就此核实,但是他的印书商偶然留下的一张账单则表明《古今预言集》(1645)重印了三次,总数达4500本。[132] 当然,真正的读者数还要大得多。当时的信件和日记显示,教士和绅士阶层像下等人一样地认真对待这种预言文献。[133] 同时,政治家也受到了它的影响。蒙特罗斯的侯爵因为预言没能证实他想为国王收复苏格兰并率军平定其他领地的希望而痛苦万分。[134] 有一个绘图预言说，1641年的爱尔兰大屠杀将由副主教琼斯（后来克拉格尔的主教）推进到英格兰，此事受到下议院爱尔兰事务委员会的严肃对待。这个预言据说见于藏在纽里要塞围墙里的一份古手卷中。[135] 希普顿老妇的言论被一个不知真实身份的"重要发言人"在各种场合提出来。据说预言在大众阶层中实际上是被视为合乎教规的。[136] 爱德华·海德在1652年认为英格兰人"对预言保持警惕，甚至被吓个半死"。[137]

无可避免的，查理二世的复辟也被认为早由古代预言所预示。利利迅速地来了个180度的大转弯，他声称，国王的复辟曾由将近千年之前的安布罗修斯·默林预言过，并且重新解读了一条用希腊字母书写的预言，"精确地解释了英国民族从1641年到1660年所遭受的长期困苦"。[138] 有些人认为复辟曾由《圣经》预言过，另一些人则极其明显地迎合当时的形势，编造提及修道士和残缺议会的预言。然而，威尔士预言者阿里斯·伊万斯却早在1653年就预言了复辟，他根据的是利利曾用来宣称君主制在英国结束的那条预言。[139] 甚至在有学问的阶层中，也有些人相信古代预言曾预见了1660年的事件。威廉·巴克豪斯后来告诉伊莱亚斯·阿什莫尔大师说，他的导师在1659年曾给他看过"一份古老的书写本"，其中的象形文字暗示了查理二世在下一年的复辟。[140] 而失败的一方也从这些古代资料中寻觅安慰。预言在不遵奉国教的诸宗派中流传了好几年。在希鲁兹伯里传布着即将来临三场战争的说法，这曾使修道士们在16世纪30年代欢呼了一阵子。[141] 赫特福德郡的浸礼会教徒则用国王将在三年后失去王国的预言聊以自慰。[142]

古代预言就这样仍然保持着某种声望。希普顿老妇关于1666年伦敦大火的预言形成了一个新的主题。佩皮斯记载道，当大火的消息传到鲁珀特亲王那儿时，"所有的王公们都说'现在希普顿的预言应验了'"。[143] 在英国与荷兰的战争中，人们也企图利用预言的宣

第十三章 古代预言

传价值。威廉·利利急于复提一条归之于贝克特的预言,把它重新发表在《伦敦公报》上。他写道:"我深信,它将大大地鼓舞陛下的臣民——而现在正是陛下准备军队的关键时刻。""英国人是所有民族中最相信预言的。"他于是概括地做了解释性的诠释,指出贝克特已预见到了查理二世将击败荷兰人,甚至最终恢复法国王位。他向其读者保证,没有任何外力强迫他进行这样的解释。"这完全是从早已过世的预言家们以及陈旧不堪的手稿中推演出来的。"[144] 然而,最后发表的这篇东西中并未包括他的解释,利利的地位似乎受到了一位竞争对手的打击。于 1666 年出版《托马斯·贝克特预言》的教士断言,该预言是"最近在阿宾登的一份古手稿中发现的",教士没有谈到预言已由利利在 1645 年发表过一事。[145]

此后的几十年中,预言被用来作为第三次荷兰战争和对法战争中的宣传工具。[146] 它们在教宗阴谋和排斥危机的政治文献中占据突出的地位,并被用来支持蒙茅斯。[147] 在这个时期中,诺查丹玛斯又成了英国历史的预报者。后来,他的言论还被用于美国独立战争和法国大革命。[148] 其他预言家也被借来解释 1688 年的革命和威廉三世的胜利。[149] 詹姆斯二世拥戴者也有他们的预言。晚至 1745 年,戈登的公爵还被认为即是 14 世纪布里德林顿预言中谈到的"北方公鸡"。[150]

在 18 世纪和 19 世纪里,诺查丹玛斯和希普顿老妇的预言仍旧经常出版供大众阅读,同时还有新的"预言家"出现,如伊丽莎白时代的巫师迪伊,以及长老会神甫克里斯托弗·洛夫,此人在共和政体时期被处决。默林预言也不时地重新流行,例如,1755 年就出版了《默林生平及其预言……他关于晚近里奇蒙猎园权利之争,以及关于尚未来临的其他事件的预言》一书。[151] 从现在存留下来的这类小册子的数量就可以看出,就崇拜古代预言这方面而言,17 世纪与19 世纪并无什么不同。尽管如此,还是有证据表明,自 17 世纪以后,这类预言通常不再被有知识者认真看待了。虽然它们继续出版和被人阅读,尤其是在骚乱时期,但是其总的声望已经根本性地衰落了。这一结论很难论证,但是熟悉这段历史的人几乎都不会反对它。

三 沉睡的英雄

我们已经看到,在危机时期人们就倾向于借助政治性预言,用来论证某些剧烈的变动——或者是所期望的,或者是业已完成的——曾被过去的哲人预见过。于是,预言就以这种方式来支持对现政权的反抗或者新生制度的巩固。

形形色色的预言执行着类似的稳定职能,有时候,相互竞争的王朝发现必须借助于预言来声援自己对于英国王位的权利要求。大多数这类预言来自12世纪蒙茅斯的杰弗里所传布的不列颠历史的神话记载。按照这一传说,古代的布立吞人是特洛伊的埃涅阿斯之孙布鲁特斯的后裔,布鲁特斯征服了戈格马戈格和其他巨人,夺得了这块土地,并建造了伦敦,以庆祝他的胜利。许多世纪后,亚瑟王击退了撒克逊人的入侵,并继续征服北欧的大部分地方,但是在国内的一次内战中他受了伤,于是便撤至阿瓦龙养伤。此后,不列颠的最后一位君主卡德瓦拉德在临死前得到了一位天使的预言:布立吞人有朝一日会光复祖业;这个国家于是被撒克逊人征服了。[152]

亚瑟或其王族后裔最终重返家园的神话流传在所有的凯尔特人地区;1113年,游访博德明的几个法国修道士否认亚瑟王仍然活着,这种怀疑论调激起了一场骚乱。[153]亚瑟王长期以来一直是威尔士和布列塔尼地方主义感情振奋的源泉;在英格兰,玫瑰战争期间的敌对双方也都利用了这一不列颠神话。首先是爱德华四世,其后是亨利七世,都强调了他们与不列颠过去的渊源关系;并建立系谱以证明他们是卡德瓦拉德血统的后裔。1486年,亨利七世的长子生于圆桌骑士的家乡温切斯特,于是便取名为亚瑟,从而鲜明地强调了这种渊源关系。

第十三章 古代预言

所以，都铎王朝的胜利就被王家辩护士欢呼为垂死的卡德瓦拉德所受预言的应验，并且出现了一种简短却又蓄意的对亚瑟和《不列颠历史》的崇拜。亨利八世利用亚瑟帝国的传说来证明他与罗马关系破裂的正确性。[154] 在伊丽莎白一世统治时期，迪伊、哈克卢特和其他类似的保王派作家进一步发展了这个神话的扩张主义方面。在斯宾塞的《仙后》中，伊丽莎白王朝被赞美成亚瑟王传说的顶峰。

詹姆斯一世也利用布鲁特斯神话来巩固他对英国王位的继承，他自称是最后一名威尔士王公格鲁菲德·阿普利韦林的后代，也是卡德瓦拉德的著名后裔亨利七世的子孙。第一位斯图亚特君主以长期失踪的不列颠国王的面目出现。此外，英格兰与苏格兰两个王国的联合也可以看成是古老传说的应验：布鲁特斯命中注定把土地分给三个儿子，后又由亚瑟暂时统一的这片领土总有一天会永久地结合在一个王公的统治之下。在英格兰和苏格兰的战争中，双方都用这个说法来证明自己的正确。爱德华一世和亨利四世都声称要重建亚瑟王国，而苏格兰人则同样貌似有理地主张，长期以来所预言的统一将由苏格兰人来完成。在16世纪，两个民族都使用了大量古代预言，[155] 1640年，在纽卡斯尔的苏格兰士兵再一次给予这些预言以扩张性的解释。[156]

1603年，两个王国的和平统一尽管从表面上来看是显现了这一预言的真实内涵，甚至在詹姆斯继位以前，他的英格兰支持者就借助这个预言来证明其权利要求的正确性了。[157] 然而在他取得王权后，则更是广泛地强调布鲁特斯传说的应验，苏格兰人甚至认为两个王国以布鲁特斯血统的第九等之联合早就由托马斯·赖默的预言所预见到了。[158]

为了与这个神话保持一致，斯图亚特诸君采用了新的尊称："大不列颠"国王（"亨普线纺光，英格兰便亡"）。据说默林曾预言："这个岛将用布鲁特斯的名字称呼之，废弃外国人给予它的名字。"[159] 下议院想仍旧分别使用苏格兰和英格兰之名，国王则不希望如此，他采用了新的称衔,宣称:"这个岛是不列颠,因此他作为整个岛的国王就应该是不列颠之王,犹如布鲁特斯和亚瑟一样,他们采用了这个尊号,并是全岛之王。"[160] 威廉·亚历山大爵士郑重地告诉这位君主:

> 自从首次预言问世以来,
> 世界盼您已经三百余载。

而霍索恩登的德拉蒙德则宣称:

> 拨乱反正乃此王,
> 预言诗人早已唱;
> 引颈久望王登位,
> 岛国重把古名扬。[161]

斯图亚特诸君就这样利用了长期以来所预言的救世者的神话为自己所用。但是一般来说,这种类型的信仰是与民众的反抗运动联系在一起的。领袖无论是像亚瑟这样的沉睡英雄,还是像葡萄牙的塞巴斯蒂安或者爱尔兰的杰拉尔丁斯和奥尼尔这样的沉睡英雄,他们都还没有死,而只是在等待良机。或者,就像犹太的弥赛亚,他还要再来,他通常对于等待救助的失败者和被压迫者具有很大吸引力。这是一个世界性的神话,实际上在每个欧洲国家的历史中都有其对应者,而这个神话是建立在预言的基础上的。[162]

在英格兰,这种信仰所激起的历次群众运动的规模始终不及中世纪德国的假弗里德里克斯所导致的运动规模之大。但是,它在英格兰却频繁重现。例如,两个被废黜的君主爱德华二世和理查二世在死后都被说成仍然活着。1330年,肯特郡的埃德蒙伯爵被处以死刑,因为他所从事的活动建立在其已故兄长爱德华二世仍然活着的

第十三章 古代预言

信念的基础上;15世纪初,有谣言说理查二世还活在苏格兰,晚至1416年这种说法仍在重复。[163]

民众的暴动失败以后,也有类似的谣言随之而起。在凯特及其追随者被屠杀一年后,有人无意中听到一个厄尔哈姆妇女在说:"有500名莫斯霍尔德人已去了大突厥和法国王太子那里,他们将在仲夏时分重返英格兰。"[164] 1570年,据说北方每天都在谈论造反者即将回来的事情,而实际上这些人已在上一年北方伯爵们的暴动中被彻底击溃了。[165] 17世纪30年代,查理一世的大臣约翰·科克爵士收到一个宗教狂发来的一封信,把他痛斥一顿,信上向他保证,新教英雄古斯塔夫斯·阿道弗斯实际上并未被杀死在吕岑,而是活在塞琉基亚,并将重返这里来打击"巴比伦的娼妓"。[166] 17世纪末,许多西部的乡下人都拒不相信蒙茅斯公爵已于1685年被处决。关于他仍然活着的谣言一直持续到乔治三世统治时期。人们说是另一个人代替蒙茅斯受刑的,一说是怀特上校,另一说是"留着胡须的一个老头";不时地有人因假冒已故公爵而被捕。[167] 但是他还不是英国历史上的最后一个沉睡英雄,因为在戈登将军和基钦内勋爵的事例中也见到了同样的拒不接受知名人物已然死亡的情况。[168] 至今在较为原始的国家里还能看到不情愿承认造反领袖死亡的事情。1965年马拉维政府实行公开处决的决定被认为是向失败者证明,其领袖是真的死了。[169]

在我们所说的这一时期中,最奇妙的沉睡英雄是幼王爱德华六世,他在1553年去世时才15岁。他生前如其他许多君主一样,必须常常公开露面,以驳斥那些说他已死的恶意谣言。[170] 然而,在他死后,这种情况居然荒唐地反过来了。1588年,约翰·哈维悲叹道:

> 天哪,长期以来,人们心目中有着多么轻率和徒劳的期待啊!不是一两个或少数人,而是英格兰的大量下等人,都认为国王爱德华六世仿佛确实死而复活,或者从耶路撒冷或其他外

国返回……因此骗子手就唆使那些出身低贱的家伙到处招摇撞骗,用国王爱德华的名字称呼自己。[171]

这个谣言开始于玛丽·都铎继位后不久。在她统治期间,有好几个人遭到监禁,还有一个磨坊主的儿子被处决,因为他们都假冒已故国王,或者散发传单,说国王仍然活着,居住在法国。[172]暗示国王于1556年回国的各种手抄预言至今还可见到。[173]在这一时期里,爱德华被视为新教制度和反西班牙情绪的象征。这一传说还进入了伊丽莎白统治时期,尽管女王本人既是新教徒又是反西班牙的。

1581年,别名曼特尔的埃塞克斯自由民、前海军炮手罗伯特·布洛斯因为从事了一系列的犯上行为而被处死,他开始时散布谣言说爱德华六世仍然活着,最后则自己假冒已故国王。关于国王仍活着的思想最初是玛丽在位时牛津大学的一位学者传输给他的,这一看法在他脑海里挥之不去。他的案例有点使伊丽莎白政府感到窘迫,因为按首席检察官的看法,仅仅说爱德华六世活着并不是叛逆之罪。曼特尔最终被定了假冒国王罪,这在先前的玛丽时代无疑是一桩罪行。曼特尔被关押在科尔切斯特监狱,但是他旋即脱逃了。枢密院大为惊慌,立即下令逮捕狱吏和应对逃跑负责的有关人员。1581年,曼特尔被重新抓获,被送往埃塞克斯再次受审,原先对于其罪行情况的一切顾虑都被其越狱行为一扫而光了。枢密院声明:"如果长久拖延着不判处他,就会让其他人有机会来制造煽动性的诽谤,扰乱女王陛下的地位。"这一次他未能逃脱叛逆死刑的可怕仪式。[174]

六年后,另一名嫌疑犯以同样的罪名出现在埃塞克斯巡回法庭上。此人名叫威廉·弗朗西斯,是哈特菲尔德佩维里尔的金属工匠,他否认爱德华国王已死,并声称,他直接认识那个带走爱德华国王的人,国王"穿着红色披风,乘'哈里号'船前往德国",他还断定,所谓的爱德华六世的坟墓中藏的只是一块空心铅。[175]同年,莱斯特的

第十三章 古代预言

一个刺绣工索福德也说,默林预言中所讲的"死人"或是亚瑟王,或是爱德华六世。[176]1589年,据从低地国回来的一个军人说,爱德华仍旧活着,并住在西班牙或法国。十二年后,这个谣言又起,这次是出自拉德纳郡一个游民托马斯·沃恩之口,他于1599年5月在牛津受到查问。按他的说法,一个孩子替代国王被杀死,国王本人则去了丹麦,并在那里当了国君;他曾以这个身份用谷物和其他给养拯救了英格兰、威尔士和爱尔兰的许多平民的性命。这可能指的是当时饥荒时期进口波罗的海的谷物一事,但是也可能反映了被认为是比德、默林等人所做的几个预言中,谈到有个丹麦国王(或公爵)将入侵英国,并夺得王位。沃恩的审讯者向财政大臣报告说,沃恩是个十分淳朴的人,"宛如一个白痴";但是这个伊丽莎白时代的穷人的巧妙语言可能源自14世纪以来苏格兰预言中一直怀有的与丹麦结盟反对英格兰的希望。[177]

　　1606年,由萨福克郡波尔斯特德教区神甫杰维斯·史密斯散布的一则关于爱德华六世的神话更为构思精巧。史密斯对詹姆斯一世未能有效地镇压罗马天主教徒颇感不满,他注意到默林预言中曾谈到 E. 之后的继承者是 I. 和 M.,最后又是 E.。他解释道,这意味着国王艾姆斯(Iames)将毁于罗马天主教徒之手,后者将扶植玛丽(Mary)来迫害新教徒,而最终则由卡德瓦拉德家族的后裔爱德华(Edward)来拯救新教徒。他认为,最后的这位爱德华,可能就是爱德华六世,他"在非洲"无论是死是活,都将奇迹般地东山再起。调查表明,史密斯曾从卒于他宅内的一个老人那儿继承了一批预言书。从这些预言中,他得知 M.(玛丽)将恢复天主教,以及 E.(爱德华)将扑灭之。他设想 E. 即是爱德华六世,"预言说他将东山再起"。史密斯是个狂热的清教徒,他觉得英国国教会与原始教会不一致,并希望将所有的天主教徒都处死。他谈论古代预言在其四邻中是尽人皆知的。几年前,他曾给一位非国教神甫看一本书,说葡萄牙国王塞巴斯蒂安还活着,这是明显沉溺于关于已故领袖的预言的又一例证。[178]

对于杰维斯·史密斯来说，爱德华六世就如一个清教英雄一样具有魅力，然而较早的冒名顶替者罗伯特·曼特尔却是个涉嫌的天主教徒，所以这位幼王的实际吸引力显然是随客观环境而变化的。有关救世主爱德华的念头可能起始于亨利七世的王位觊觎者兰伯特·西姆内尔，他曾假冒沃里克的伯爵爱德华，并在都柏林以爱德华六世的名义加冕。珀金·沃贝克也利用了关于爱德华四世之子尚未真死而是秘密地去了另一个国家的谣言。然而，这种说法还可以更往前追溯；因为1532年一个奇术家就声称，亨利六世之子爱德华王子曾有一个儿子，他去了海外，而他的孩子至今仍生活在法国或德国；或者是这个活着的人，或者是苏格兰国王，将继亨利八世之后统治英格兰。[179] 但是，基本上来说，爱德华复归的神话是期望死人或已故领袖复辟的许多盖尔弗里德式和苏格兰预言中的一种。[180] 一个可以追溯到1552年的预言明确地表明："人人都认为已死了的E.将像一个活人一样从其沉睡中醒来。"[181] 几乎可以肯定，传到约翰·图塞尔、爱德华·索福德以及杰维斯·史密斯手中的即是这条预言的翻版。晚至1652年，一本出版的预言集还包括了一则16世纪中叶的预言（将其作者指为"罗伯特·布莱克"），说"一个死人将会复活"，"到了爱德华六世，时机就成熟了"。[182]

四 预言的根源

如何解释这形形色色的预言的强大吸引力呢？确切地说，它们只能被视为一种宣传工具，其基础即是一条永恒的真理：最能使事业成功的莫过于坚信所从事的事业注定要成功。从这个观点来看，古代预言的功能与一般意义上的占星或巫术预报并无不同之处。塞尔登谈到预言时写道："它们使人满怀信心，勇往直前……如果达到了目的，他就归功于它们；如果未能如愿，他就不再思索它们，或者，

第十三章 古代预言

是不再思索自己。"[183] 霍布斯指出，预言"在许多情况下都是其预报事件的主要原因"。[184] 由于它有如此明显的政治作用，所以不难明白，为什么人们经常临时地编造预言。这类赝品很容易被辨认出来，因为它们都倾向于确切地叙说预言"被发现"日期以前的事件，而对此后将发生什么则含糊其词。例如，在教宗阴谋时期所散布的预言通常对查理一世及克伦威尔的经历都有确切的描述，然而关于新教胜利和罗马灭亡的言论就比较模糊了。

但是，这些预言的政治用途并不能解释人们一开始就倾向于相信它们的原因。它也没有告诉我们，为什么人们要在事件过后制造预言。因为预言往往不只是在它所提到的事件发生时才"被发现的"。犹如塞缪尔·巴特勒所讥诮的那样："它们不到毫无用处之时不会被人听见。"[185] 例如，大部分以模棱两可的名字为基础的预言都可能是事件之后编造出来的。亨利四世被人告知说，他将死在耶路撒冷，但是所谓的"耶路撒冷"乃是威斯敏斯特大教堂所属一所房子中的房间名称。威尔士有一则预言说德尔费尔·加达恩会"给森林（forest）点火"；这则预言传到伦敦后被亨利派改革者改头换面，最后用来烧死了方济各会修士约翰·福雷斯特（Forest）。红衣主教知道金斯敦对他来说是致命的，他恰好是被威廉·金斯敦爵士逮捕的。[186] 这类牵强附会的故事为数甚多，但是几乎没有一则是可以严格地溯源到同时代的。似乎大部分都是那些搜求训导性故事的人创造或"改编"出来的。不过，尽管它们拥有一定的故事性，却还是不能解释为什么人们觉得需要编造它们。

其真相似乎是，在预言信仰的核心有着一种推动力。人们相信即使当代最革命性的行为也早被过去的哲人预见到了。因为这些预言所做的，正是要论证当代的热切希望与遥远古代的期望之间有着联系。预言的功能是使人相信，某种安排好的变动并没有剧烈到连其祖先都未预见到。于是，这就有了一种作用：以"过去业已允准"

为幌子来伪装任何必要的革命措施。因此,预言并不单单能鼓舞士气,它们还为面对当代强大的禁制而从事的新冒险事业提供了"许可证"(借用一下人类学家的术语)。它们证明了战争或造反的正确性,并使得史无前例的变革被人们热情地接受。如约翰·哈维指出的那样。预言一再复活,"为当前的变革服务,并给纷繁嘈杂的头脑注入激动情绪,不断对这一种或那一种革新施加影响"。[187]

为了理解这种"许可证"的必要性,我们得记住,对于16世纪的英格兰说来,现有的政治秩序不能被视为单纯的实用便利品,可以随心所欲地变更。它是上苍注定的,只有神的许可才足以使造反者向它挑战。当一个人从事激烈的暴动事业时,他藐视当时的一切道德教导,并使自己脱离曾培养他的整个社会和政治秩序。在这种时期,预言就为这类激烈的行为提供了许可,并使得预言本身十分具有吸引力。从观念上来说,预言是神圣的东西,它指出造反行为是与神的意志一致的,因此并非罪恶,而是正当的义务。所以,内战期间相继的各个革命团体都以神学语言来掩盖他们的野心和欲望。作为替代物,可以求助于古代预言,它们的模糊暧昧和模棱两可使之很容易被用来迎合新环境的需要。对于这类预言的信仰便为利用非常手段孤注一掷的那些人提供了权威和信心。它给予从事造反赌博的赌徒以道德正确性;它使受挫者确信时间会帮助他们,从而鼓舞了他们的斗志。有时候,直到变革业已发生之后,预言才被发现或发明。在这种情况下,预言的作用便是掩饰背叛,并通过把它与过去的模式联系起来而使之受人尊敬。

那些纷繁的激进运动影响了内战之前一百年英格兰公众生活的方方面面,而求助于古代预言是为这些运动寻找先例的一个方面。这种期望可以从宗教改革中看出,当时与罗马的不睦不是从中引出一个新的发展方向,而是去追溯教宗"篡权"之前就存在的状况。1533年的《管制上诉罗马的法令》中借用了"好几种古代编年史",以证明英格兰本来就是独立于教宗法权的一个"帝国"。他们

第十三章 古代预言

还试图证明,在圣奥古斯丁进行天主教布道前好几百年,阿里马西的约瑟夫就在不列颠确立了基督教,或者是不列颠传说中的国王卢修斯在公元2世纪建立的。在这种做法没有达到目的后,伊丽莎白时代的大主教马修·帕克又提出,盎格鲁-撒克逊教会是新教德行的完美体现,后来被中世纪天主教搞得腐化变质,如今则又返璞归真了。[188] 当这一说法也被认为不符合历史事实时,神学家们便把《新约》中的原始教会作为楷模,或者追溯宗教改革前的新教谱系,经过威克利夫和罗拉德派教徒,一直到韦尔多派和清洁教派。大古董家西蒙兹·迪尤斯认为,新教在奥古斯丁之前四百年就繁荣在英格兰了;它毫无间断地保存在威尔士人和苏格兰人中,直到威克利夫;而在英格兰,则至少从亨利二世开始就秘密地奉行这一宗教了。[189]

早期的斯图亚特国会也显示了掩饰史无前例变革的焦急心理。没有一个在野的发言人敢肯定他们的权利要求是没有先例的。相反,他们却设法展示,他们的纲领只是要求恢复14世纪就有的,甚至盎格鲁-撒克逊时代先辈们所享有的自由。政治论战采取了合法性争论的形式——仅仅确定这条法律在过去以什么形式存在过——所有的争论都依据一个虚构的假设而进行;不变的体制结构。直到17世纪中叶以前,试图将一切政治要求与虚构的过去范例一致起来的倾向始终是很清楚的。然而,这种关系突然中断了,人们第一次打算肯定一项政治纲领的固有优点,而不管它在以前是否实施过。[190] 即使此时,大部分政治思想基本上依旧要追本溯源;处于自然状态的偶然事件或者原始的过去事件的其他翻版都仍然决定着人们在目前的政治责任。

古代预言就像伪造的历史一样,也有助于缓和当代的革命性行动。通过展示当前的政治活动与某个久离人世者的预言的一致性,就可以拔去这些活动中的螫人之刺。预言掩饰了与过去的分裂。所以,当时人们所声称的预言流传煽动了造反的观点是错误的。基本上是反叛思想的存在才导致了预言的流传。预言本身在一切时代都有着潜在的适用性。此外,它们的模棱两可完全不会明指当时的某种客观情况。只是造反者们从中辨出了预言对于当前事件的实用性,他们之所以这样说,是因为他们希望事情就是如此。在紧张时期,人们是带着某种眼光来研读这些古代神话的,这种眼光就是:从其中提炼出对他们所想从事的危险行为的许可。在变革的压力下,他们极其需要再次确信正在发生的事情是祖先们预见到的,并且从某种意义上来说是一个更大计划的一部分。预言在英格兰人生活中占据突出地位的时期,也就是造反、不满和激烈变革的时期(尤其是宗教改革和内战时期),这绝不是偶然的。

一切社会都设法与自己的过去建立联系,以展示"许可证",解释他们自己的存在,并证明其正确性。现代历史学家重写了已故祖先的历史,以表示他们也像我们一样,被性别、阶级和金钱等问题所困扰。在不太复杂的社会中,统治者的系谱无休止地被重写,以维持与过去不间断的延续的幻想;而社会暴发户的第一个行动就是为自己发明一套系谱。变革的事实被迅速地重新解释,以保持一个静态社会的幻觉。在这样的世界上,一切权利要求都必须参照业已确立的准则来进行判断。王位的觊觎者必须论证自己家系的连续性,因此就出现了15世纪对于预言的大崇拜,伊丽莎白时代北安普敦的伯爵写道:"约克家族和兰开斯特家族之间的内战最激烈;当时大量的野兽和神童预言书籍广泛流传在全国的每一个角落,双方都把它们应用于称号,并解释之。"[191]

于是就出现了冒充王族某分支——真实的或想象的——成员的骗子。除了著名的假冒者,如兰伯特·西姆内尔、珀金·沃贝克以及所有自称的沉睡英雄外,尚有许多不太闻名的怪人;约克郡的一名妇女玛丽·贝恩顿,她在1533年冒称自己是国王的女儿玛丽,国王"让她进入这广大的世界去独立谋生";[192]安妮·伯内尔,她在1587年说自己是菲利普二世的孩子;[193]巴塞洛缪·赫尔森,他在1607年声称自己是玛丽·都铎的儿子,是被人从汉普顿宫中偷出去

第十三章　古代预言

的;[194]科尼利厄斯·埃文斯在1648年冒充威尔士王子;[195]还有托马斯·塔尼,他在17世纪50年代说自己是埃塞克斯的伯爵,且是查理一世的王位继承人。[196]还有一个名为"亚瑟"的年轻人,1587年来到西班牙,声称是伊丽莎白和莱斯特的后裔,另一个青年则于1612年裸身闯入圣詹姆斯教堂,假称是亨利王子的鬼魂。[197]在我们看来,这类伪托似乎十分荒唐可笑,但是他们并不比约克家族和都铎家族将王室世系与建国祖先亚当和布鲁特斯联系起来那样更荒谬绝伦。[198]古代预言赋予当代的活动以世系,其虚假性犹如特洛伊的系谱一般,但同样是行之有效的。

当然,英格兰人在试图建立当代社会与逝去了的岁月之间的直接联系方面并无什么独特之处。罗马人、法兰西人和其他民族也声称与特洛伊世系一脉相承。罗伯特·菲尔默爵士写道:"大地上的大部分文明民族都在致力于从诺亚的某个儿子或侄儿那里寻找起源。"[199]古代预言广泛地分布于整个欧洲。由于提到了一段据说是帕拉塞尔苏斯关于北方之鹰与狮子的预言,古斯塔夫斯·阿道弗斯的征服便被证明为正确了。[200]在西班牙美洲殖民地印第安人中流传的一些预言为克伦威尔入侵西印度群岛准备了根据。[201]在波斯,有一则预期战胜突厥的预言。[202]1640年,预言伴随着加泰罗尼亚人的暴动一起出现,[203]就像预言在英格兰有助于证明英格兰之造反的正确性一样。它们是前政治性世界的普遍特色,在这个世界上,革新不得不用追溯往古的办法来加以伪装,而变革的事实基本上是不被人承认的。

但是到了17世纪末,盖尔弗里德式预言衰落了。直接的原因是日益增多的历史性批判,它粉碎了布鲁特斯和亚瑟的传说,并且揭露了古代预言的虚构性。始终有一帮属于真正少数派的批判者,他们满怀疑虑地看待蒙茅斯的杰弗里的历史,并且小心谨慎地对待默林预言。卡克斯顿在1485年说:"有好几个人认为并没有这样的亚瑟。"16世纪初,波利多尔·弗吉尔驳斥布鲁特斯传说,是近四百年来怀疑主义传统的顶峰。[204] 即使这样,他对传统观念的抨击也激起了民族主义的狂怒抗议(当时大陆上的一些学者正在怀疑特洛伊的传说),这鼓励了贝尔和利兰重申亚瑟是一个新教英雄。晚至18世纪,尚有些不列颠民族主义的中坚分子为蒙茅斯的杰弗里奋力辩护,但是这时候明达的舆论浪潮已永久性地击退了他。[205] 威廉·珀金斯称之为"默林酒醉后的预言"已被普遍认为不再是古代不列颠的遗物了,而只是杰弗里本人的创造。对于学者来说,也很难再去认真看待斯图亚特王室自称为不列颠诸王之后裔的说法了。1648年,一本主要的历史课本把默林预言贬低为"老太婆的故事",而到了18世纪,"默林"已成为知识阶层中的一个笑话了。[206]

历史的批判主义就这样证明了它与原始建国神话是不相容的。在天主教论战的压力下,盎格鲁-撒克逊人的"新教主义"凋谢了:托马斯·斯特普尔顿列举了16世纪新教和比德宗教之间的不同之处不下46条。[207] 关于国会古代性的情况也是如此。[208] 甚至古代的布立吞人也被发现与半裸体的美洲印第安人没什么区别,一个下院议员在1606年说他们是"一个崇拜偶像的民族和魔鬼的礼拜者"。[209] 在欧洲大陆上,艾萨克·卡佐邦、G. J. 沃修斯和戴维·布隆代尔对西彼拉式预言进行了严厉的批判,并揭穿了它们预知基督降世的谎言,其结果便削弱了对于一般性预言的信仰。[210]

在关于古代预言的观念中存在着一种假想:过去的哲人能够知道今天的问题。随着人们对时代错误现象的了解愈发深刻,这一前提也就变得愈发不能接受了。而我们迄今也无法确切知道人类是何时开始意识到自己与古人之间有着巨大鸿沟,这一发展是间歇且不平均的。在18世纪后期,英格兰剧院的观众才开始要求演员穿着故事发生年代的服装。欧洲大陆上的学者从16世纪开始就运用历史批判的标准来研究封建法律,并且意识到风俗和司法是与它们作为其一部分的那个社会结合在一起的,它们不可以孤立起来和挪用于不同的环境之中。[211] 正是在16世纪,人们也开始意识到英格兰艺术中现代风格与过去的区别。在后一世纪,约翰·奥布里对于英格兰中世纪建筑的进化进行了开拓性的编年学研究。[212] 在此期间也发展了古文字学以及类似的精确断定历史文书年代和鉴别赝品的方法。早在亨利时期就有证据表明,有人试图去除王室系谱中的谬误;就在同时,约翰·拉斯特尔已怀疑威斯敏斯特大教堂的一枚未经证实的亚瑟印玺了。[213] 历史学家开始将过去划分成清楚的各个时期,从而逐步发展成了如今的古代、中世纪和现代的标准分期。"时代"、"同步"和"过时"等术语首次出现在语言中。[214] 到了17世纪中叶,"时代错误"一词就出现了。[215]

当然,历史学家和文物工作者的工作没有立即渗透到大众的意识中去。空位期间,古代预言的出版臻于鼎盛,虽然暗中损害其知识声誉的历史工作在几十年之前就已进行了。显得有点荒谬的是,古代预言宛如其他中世纪玄秘学问一样,在知识分子不再认真看待它们的时候广泛地传布开来。

但是,如果把古代预言信仰的衰落看成纯粹是新的历史方法的结果,则是错误的。诚然,历史学乃是暗中摧毁奠基神话的工具,它暴露了王族系谱的虚构性,并揭示了许多"古代预言"只不过是最近的编造物。对于古今差别的比较敏锐的意识使得一份当代的改编本难以冒充黑暗时代某个巫师的作品而蒙混过去。但是,这种新的历史批判法本身只是变革的原因以及它的症状。它需要一个有利的环境才能诞生。在原始社会里,季节的展开和居民的生活周期只是给予人们一种变动和衰退的感觉,而不是结构变革的感觉。在比较先进的历史阶段则出现了周期性的历史观,认为变化确实在发生,但是经过一段较长时间后,一切事物又回复到了起始点。历史犹如月亮一样周而复始地阴晴圆缺的观念——它在古典时代极有影响——在文艺复兴时期又获得了新的流行,那时候,可以说最高的美学和伦理学价值就在于模仿古代的标准。

周期性历史观被线性历史观所取代的原因乃是知识历史上的

一个重大奥秘。但是我们可以做一个无把握的推测,即正是变革本身十分必然地会产生变革的感觉。尤其是变革使用了可以清楚分辨的技术或知识运动,把对于目前世界与祖先世界之间有着差别的认识灌输进当代人的头脑中。众所周知,火药、印刷术和航海指南针的出现使得世界的面貌在地理大发现的冲击下改变了,这种情况使文艺复兴时期的人们清楚地认识到,他们再也不可能真正地恢复希腊人和罗马人的世界了。知识依靠积累,靠每个学生努力改善老师教给他的技术,这种手艺人的观念可能有助于变革的发生。[216] 印刷术肯定大大地突出了古今之间的差别,因为每本书都有出版日期,于是流传下来的书本便成了过去的假想和观念的纪念物了。古书就像古建筑和古世系一样,是过去的遗物,但又不像古建筑和古世系那样可以被人们悄悄地借来适用于新世代的需要。

诚然,在整个中世纪期间都有着重大的技术进步。但是同样确凿却又令人迷惘的是,在15、16世纪之前,科技进步所产生的心理层面的影响却微乎其微,肯定没有产生普及的技术进步概念。相反地,"发明者"只不过是发现了业已失传的某事物,而不是创造了前人所不知道的解决问题的新办法。在16世纪以前,难得见到把最近的事件描述为"新闻",[217] 从而暗示它们是史无前例的;而具有现代特色的"最新"、"最好"等词汇是在"古代人"与"现代人"旷日持久的斗争以后才确立起来的。同时,真正的发明者则迟疑不决地不敢相信自己所做的已不仅仅是复活了历史上某个较早时期人们所拥有的知识。正如文艺复兴时期的哲学家喜欢把基督教说成也为赫尔墨斯、俄耳甫斯、柏拉图以及远在基督之前的"远古神学家"所知道的一样。当时为数众多的科学家把自己的贡献说成只是复活了古代智慧,这种智慧在人的堕落后就只残留在一小部分人中间了。例如,哥白尼学说被说成早为埃及人所知;巫术可以追溯到亚当;帕拉塞尔苏斯派化学是经由赫尔墨斯而来;甚至牛顿的世界体系也是"远古神学家"早就领悟了的,他们将它作为新入会者之"谜"而传

第十三章 古代预言

了下来。[218]

有人正确地指出,这种精心编造的神话的目的,是"不与过去割断联系",[219]并掩盖革新的事实。在政治方面,甚至1688年至1689年的革命也被说成是恢复古代的自由权,而不是创建新的自由。但是到了该世纪末,则可以日益明显地看到,人们并不是在简单地追随着祖先所走过的道路。在罗伯特·波义耳看来,建立一个完美的真理体系是不可能的,因为在任何特定的时刻总有新的事情发生,而新现象就可能否定以前的假设。这一渐进性启示的新观念与亚里士多德"几乎一切事物都已被发现"的信念简直有霄壤之别。[220]从17世纪中叶开始,"独创性"作为追求的一种品质而确立在批评家之中。[221]接受进步观念意味着我们不再相信祖先的智慧,而是确信了他们的无知。在这种环境中,注释者便对比德或吉尔达斯的预言,或者关于白袍国王和可怕死人的故事失去了兴趣。如今已毫无理由认为,来自黑暗时代的文书——尽管多么确实——对当代能显示出先见之明或者预知未来事件。换言之,人们已不再愿意接受这类古代预言的可能性了。预言鼓动士气的功能也相应地衰落了。

从一切方面都证明了17世纪从过去的束缚中解脱出来。在政治思想方面,该世纪中叶的许多激进思想家都不再求助于血统和历史权利,甚至查理一世在其去世之前也摈弃了援引先例的说法。[222]在政治上,它被认为是个空前动乱的时代;约翰·威尔金斯在1649年指出:"这是许多新的非常事件发生的时代,而这些事件是我们的祖先所不知道的。"[223]在医学方面,"新疾病",诸如坏血病、梅毒、佝偻病的一一出现使人意识到,甚至人类的生理在不同时代也会有不同的问题。1670年一位评论者写道:"在医学方面我们发现,1000多年来人们毫不怀疑的那些原理在30年不到的时间里被赶出了大门,古代原理中很少有站得住脚的。"[224]在科学方面,新领悟到的世界的无穷性巩固了对于知识进化无止境的信仰;[225]从亚里士多德完全体的永久性理论转向接受运动和变化的理论,乃是自然科学革命的本质。在技术方面,则对于经验和革新有了更加令人鼓舞的态度。[226] 甚至在讲话中,也越来越不借助传统的智慧了。伊丽莎白时代的一个下议院议员几乎完全使用证明其祖先智慧的箴言和传统格言来组成他的国会发言;[227] 但是一百年后,这种说教风格已被抛弃了。有个文字研究者指出:"各行各业和商业逐利者几乎不是靠箴言来赚钱的。"[228] 在商业方面,过去的经验越来越不适用了。

在这样一种新的环境中,再要有知识者相信古人能预见现代问题,或者其经验使之有资格预测问题的结果是越来越困难了。古代预言设想现在与过去之间存在着延续性,而经验不再能证实之。古代预言的衰落反映了一种新的历史意识的发展。这种变化是缓慢而艰难的,但是到了 18 世纪就出现了转折点,需要一个历史模式的人不得不去寻找一种新的公式。他们不再满足于一个以先祖预言为重的历史架构了。

注　释

文献说明:R. Taylor, *The Political Prophecy in England*（New York, 1911）是一本开创性研究著作,尽管它的文风并不专业且具有一定文学色彩。由于"预言的直接影响的翔实例子难以寻觅",该书并不太关注预言的社会功用。这是过分悲观了,关于其他有用的讨论参见 Kittredge, *Witchcraft*, chap. 14; J. Webb in *Archaeologia*, xx（1824）, pp. 250—271（关于中世纪后期预言); M. H. Dodds, "Political Prophecies in the Reign of Henry VIII", *Modern Language Rev.*, xi（1916); G. R. Elton, *Policy and Police*（Cambridge, 1972), chap. 2; and C. W. Previté-Orton, "An Elizabethan Prophecy", *History*, ii（1918）。M. E. Griffiths, *Early Vaticination in Welsh with English Parallels*, ed. T. G. Jones（Cardiff, 1937）主要关注中世纪时期,而下书的大部分内容也是如此:J. J. I. Döllinger, *Prophecies and the Prophetic Spirit in the Christian Era*, trans. A. Plummer（1873), 该书是中世纪欧洲预言极具价值的介绍, and N. Cohn, *The Pursuit of the Millennium*（1962 edn), 该书对救世主即将降临的大众信仰做了出色的分析。

第十三章 古代预言

H. Rusche, "Prophecies and Propaganda, 1641 to 1651", *E.H.R.*, lxxxiv（1969），在这章完成后才出版。

预言大量存在于各类手稿中。下书提供了有用的引导：H. L. D. Ward, *Catalogue of Romances in the Department of Manuscripts in the British Museum*, i（1883），esp. pp. 292—338, and the introduction to Murray, *Erceldoune*。

1. 一个不错的例子参见 Bodl., MS Arch. Selden B 8, ff. 266^v—267^v。其他例子参见 Cheshire R.O., DDX 123, f. 23；B.M., Lansdowne MS 122, f. 60^v；*Sundry Strange Prophecies*（1652），pp. 15—16。

2. J. H（arvey），*A Discoursive Probleme concerning Prophesies*（1588），p. 62.

3. Bacon, *Works*, vi, p. 464；*Collection of Ancient Scottish Prophecies*（Bannatyne Club, Edinburgh, 1833），p. 63. 有关其他版本和解释，参见 Sir J. Harington, *A Tract on the Succession to the Crown*（A. D. 1602），ed. C. R. Markham（Roxburghe Club, 1880），p. 17；Ashm. 221, f. 312；T. Heywood, *The Life of Merlin*（1641；1813 edn），p. 282；W. Lilly, *A Prophecy of the White King*（1644）；Harvey, *op. cit.*, p. 60。

4. Printed as *Ignatius his Prophecie*（1642）. Other copies in *Mercurius Propheticus*（1643）；Ashm. 242, f. 123；Ashm. 47, f. 40；Ashm. 423, f. 265；*C.S.P.D., 1625—1649*, p. 662；*H.M.C., 10th Report*, appx, pt iv, p. 23.

5. Lilly, *A Prophecy of the White King*, pp. 29 ff.

6. Bodl., MS Arch. Selden B 8, f. 268.

7. *Merlin Reviv'd*［1681?］.

8. Bodl., MS Arch. Selden B 8, f. 272.

9. *C.S.P.D., 1667*, p. 349.

10. Ashm. 423, f. 241.

11. B.M., Lansdowne MS 122, f. 31.

12. Ward, *Catalogue of Romances*, i, p. 316.

13. Bodl., Wood MS F 39, f. 354.

14. Cf. above, p. 321.

15. Broadside, n.d.（?1685）；*Six Strange Prophesies*（1642），sig. A4；*Ballads from Manuscripts*, ed. F. J. Furnivall（Ballad Soc., 1868—1872），i, p. 319.

16. Murray, *Erceldoune*, appx. ii.

17. *Collection of Ancient Scottish Prophecies*, pp. 42—44; Griffiths, *Early Vaticination in Welsh*, p. 198.

18. *C.S.P.D., 1629—1631*, p. 149.

19. 有关随后对他临终梦境的解释(*Vita Aedwardi Regis*, ed. F. Barlow [1962], pp. 75—76), 参见 M. Bloch in *Analecta Bollandiana*, xli (1923), pp. 35—38。

20. *The Mirror for Magistrates*, ed. L. B. Campbell (New York, 1960), p. 448.

21. P. A. Brown, *The Development of the Legend of Thomas Becket* (Philadelphia, 1930), pp. 225—237,提供了全面的细节。

22. *H.M.C., Pepys*, p. 87; below, p. 472.

23. 人们认为他曾在威尔士进行过预言活动; T. Pugh, *British and Outlandish Prophecies* (1658), p. 42。

24. *Doomes-day* (1647), p. 3; below, pp. 466—467.

25. *A Brief Description of the Future History of Europe* (1650), p. 18.

26. Above, p. 463, n. 4.

27. *King James his Divine Prophecie of the Warres and Distractions of the Present and Future Times* (1645).

28. *All is not Gold that Glisters* (1651). See T. N. Brushfield, *A Bibliography of Sir Walter Ralegh* (2nd edn, Exeter, 1908), p. 166.

29. *Strange and Remarkable Prophesies and Predictions of... James Usher* (1678); *The Prophecy of Bishop Usher* (1687); 并且多次再版。

30. *A True Coppie of a Prophesie* (1642); *Severall Strange Prophecies* (1642); and often reprinted.

31. Josten, *Ashmole*, pp. 624—625.

32. *The Prophecy of Humphrey Tindal* (1642); *Two Prophecies... made by Humphrey Tindall* (1644).

33. W. E. A. A(xon), *Nixon's Cheshire Prophecies* (1873). Cheshire R.O. 中有两份收集预言的手稿,人们认为这些手稿出自"威廉·尼克松"之手。另一份(DDX 123)出自韦尔罗亚尔,而且基本上是以1553年的一则预言(ibid., appx. iii)和下书为基础的大杂烩: *The Prophecies of Rymour, Beid and Marlyng* (Murray, *Erceldoune*, appx. ii). 还有一份(DCC 37/1)则是作于1700年的同

第十三章 古代预言

类剽窃作品。

34. *D.N.B.*；W. H. Harrison, *Mother Shipton investigated*（1881）. 她的预言至少在 1641 年至 1700 年间以各种形式出版过二十多次。关于其他姓名不详的预言家列表参见 Harvey, *A Discoursive Probleme*, p. 56。

35. 关于他的影响力，参见 M. E. Reeves, *The Influence of Prophecy in the Later Middle Ages*（Oxford, 1969）。

36. Harvey, *A Discoursive Probleme*, pp. 41—45；S. Batman, *The Doome Warning All Men to the Iudgmente*（1581）, pp. 36—38；*Collection of Ancient Scottish Prophecies*, pp. 45—48.

37. 他最经常被引用的预言参见 *Britain's Remembrancer*（1628）, canto 8。*Fragmenta Prophetica, or the Remains of George Wither*（1669）收集了其著作中的零星预言。他的预言也曾出现在 *Mr Wither His Prophesie of Our Present Calamity*（1643）；*Vaticinium Votivum*（Utrecht, 1649）；*Mr Geo. Withers Revived*（1683）；*A Collection of Many Wonderful Prophesies*（1691）。

38. See P. Styles in *Hermathena*, lxxxviii（1956）, pp. 20—21；N. Bernard, *The Life... of... James Usher*（1656）, pp. 89—90.

39. C. A. Newdigate, "The Tyburn Prophecy of Gregory Gunnes", *The Month*, clxiv（1934）.

40. G. H. Campbell in *Modern Language Notes*, xxix（1914）, pp. 195—196.

41. H. Howard, Earl of Northampton, *A Defensative against the Poyson of Supposed Prophecies*（1620）, f. 118^v. 关于默林，参见 E. Anwyl. "Merlin", in *Encyclopaedia of Religion and Ethics*, ed. J. Hastings（Edinburgh, 1908—1926）；Introduction by W. E. Mead to *Merlin or the Early History of King Arthur*, ed. M. B. Wheatley（E.E.T.S., 1899）；and J. S. P. Tatlock, *The Legendary History of Britain*（1950）, chap. xvii.

42. 关于这部由黑王子的坚决拥护者所著的作品，参见 P. Meyvaert, "John Erghome and the *Vaticinium Roberti Bridlington*", *Speculum*, xli（1966）。

43. 下书中包含最初的两个版本（1603 年和 1615 年）的目录：*Collection of Ancient Scottish Prophecies*。

44. 书稿内容的简要描述参见 M. R. James, *The Western Manuscripts in the Library of Trinity College, Cambridge*, ii（Cambridge, 1901）, pp. 388—389。对预言的总结参见 J. Maxwell, *Admirable and Notable Prophecies*（1615）, pp. 87—88。

45. 利利追溯到一个在 1530 年于巴黎出版的印刷版本（Josten, *Ashmole*, pp. 1260—1262），并将其纳入下书出版：*A Collection of Ancient and Modern Prophesies*（1645）。关于其中世纪的历史，参见 Ward, *Catalogue of Romances*, i, pp. 314, 317, 321；Griffiths, *Early Vatication*, pp. 170—171；Brown, *The Development of the Legend of Thomas Becket*, pp. 229—232。关于归给波墨的问题，参见F. E(llington), *Christian Information concerning these Last Times*(1664), pp. 10 ff。

46. C. Syms, *The Swords Apology*（1644）, p. 17（"9"）；*Sixe Strange Prophesies*（1643）；*Mercurius Propheticus*（1643）。

47. *Old Sayings and Predictions*（1651）。

48. 威廉·利利认为这是"某些身居高位的神父"伪造出来的；*A Collection of Ancient and Moderne Prophesies*, p. 44。

49. *The Lord Merlins Prophecy*（1651）, p. 7；*Vaticinia Poetica*（1666）。

50. Harington, *A Tract on the Succession to the Crown*, p. 17。

51. *The Complaynt of Scotlande*, ed. J. A. H. Murray（E.E.T.S., 1872）, p. 82. Cf. Taylor, *The Political Prophecy*, p. 85；below, p. 491（利利）；F. J. Levy, *Tudor Historical Thought*（San Marino, Calif., 1967）, p. 176（爱德华·霍尔）；Kittredge, *Witchcraft*, p. 58（琼·克雷顿）。

52. E. Coke, *Institutes*, iii, chap. 55。

53. R. Gilpin, *Daemonologia Sacra*（1677）, ed. A. B. Grosart（Edinburgh, 1867）, p. 174。

54. *Parliamentorum*, iii, pp. 508, 583；Meyvaert in *Speculum*, xli（1966）, p. 663 n.；*Curia Regis Rolls*, xii, p. 326。

55. C. A. J. Armstrong in *Italian Renaissance Studies*, ed. E. F. Jacob(1960), p. 436。

56. 33 Hen. VIII, c. 14；3 and 4 Edw. VI, c. 15；5 Eliz. c. 15（1559 年第一次进行辩论）。

57. See e.g., Kittredge, *Witchraft*, p. 227；J. Hawarde, *Les Reportes del Cases in Camera Stellata, 1593 to 1609*, ed. W. P. Baildon（1894）, p. 326；L. Hotson, *Shakespeare versus Shallow*（1931）, p. 177。

58. Ward, *Catalogue of Romances*, i, pp. 320, 325；Taylor, *The Political Prophecy*, pp. 83, 85；A. E. Parsons, "The Trojan Legend in England", *Modern Language Rev.*, xxiv（1929）, p. 263；C. L. Kingsford, *English Historical*

第十三章 古代预言

Literature in the Fifteenth Century（Oxford, 1913），pp. 236—237, 262, 358.

59. Griffiths, *Early Vaticination*, *passim*；Taylor, *The Political Prophecy*, p. 80；W. Garmon Jones, "Welsh Nationalism and Henry Tudor", *Trans. Hon. Soc. of Cymmrodorion*（1917—1918）；G. Williams, *The Welsh Church*（Cardiff, 1962），pp. 213—214, 242；*Original Letters Illustrative of English History*, ed. H. Ellis, 2nd ser.（1827），iii, p. 49；*H.M.C., Hatfield*, x, p. 369.

60. *H.M.C., Pepys*, p. 87；*H.M.C., Egmont*, I. p. 25；*H.M.C., Ormonde*, ii, p. 245. 关于其他爱尔兰的预言，参见 *H.M.C., Rawdon Hastings*, iv, p. 185；N. Wallington, *Historical Notices of Events*, ed. R.Webb（1869），ii, p. 34 n.；F. Moryson, *An Itinerary*（Glasgow, 1907—1908），iii, pp. 82, 88。

61. *53rd Report of the Deputy Keeper of Public Records*, pp. 32—34（这条文献归功于 C.S.L. 戴维斯先生）；*Memorials of King Henry the Seventh*, ed. J. Gairdner（Rolls ser., 1858），p. 66。

62. G. Cavendish, *The Life and Death of Thomas Wolsey*（Temple Classics, n.d.），pp. 173—175.

63. *C.S.P.D., Spanish*, *1531—1533*, p. 867.

64. *L.P.*, viii, p. 275. 阿马达斯女士就预言到神父之间会发生斗争，国王和安妮·博林的一个宿敌声称自己研习预言长达二十年，B.M., Cotton MS Cleopatra E IV, ff. 99—100；*L.P.*, vi, pp. 399—400。

65. M. H. and R. Dodds, *The Pilgrimage of Grace*（Cambridge, 1915），i, p. 81；*L.P.*, xii（1），p. 70.

66. A. G. Dickens, *Lollards and Protestants in the Diocese of York*（1959），pp. 128—129.

67. *L.P.*, xii（1），no. 318；xii（2），pp. 426—427.

68. *L.P.*, xii（2），pp. 387, 427；Cheshire R.O., DXX 123, f. 8.

69. Dodds in *Modern Language Rev.*, xi（1916），pp. 279—280；Dickens, *Lollards and Protestants*, pp. 126—130. 下书中有一篇关于莫尔德沃普预言的文章：*The Poems of Laurence Minot*, ed. J. Hall（3rd edn, Oxford, 1914），pp. 103—111。

70. *L.P.*, vi, pp. 399—400；ix, p. 267；xii（2），p. 283；xiv（1），p. 379；Dodds, *Pilgrimage of Grace*, ii, p. 169.

71. *L.P.*, viii, pp. 214—215；*Reports of the Deputy Keeper of the Public Records*, iii, pp. 237—238.

72. Sir F. Palgrave, "The Confessions of Richard Bishop and Robert Seyman", *Norfolk Archaeology*, i（1847）, pp. 216—219; *L.P.*, xii（1）, pp. 577—578, 585; Elton, *Policy and Police*, pp. 142—143.

73. *Ballads from Manuscripts*, ed. Furnivall, i, p. 476.

74. *L.P.*, vii, appx., p. 642; xii（1）, pp. 370—371.

75. *L.P.*, viii, pp. 214—215.

76. *L.P.*, xii（1）, pp. 248, 499—500.

77. *L.P.*, xii（2）, p. 25.

78. *L.P.*, xii（2）, pp. 426—428. 指控后来被否决了（ibid., p. 432）,然而多布森还是被处死了（ibid., xiii［1］, p. 267）。

79. *L.P.*, viii, p. 214; xiv（1）, p. 382; xxi（1）, pp. 513—515. 预言家总是被冠以各种各样的名称,如 Laynam、Layman 和 Latham。

80. 头盔上落着雪的入侵者在 1588 年被人们预测到了（*C.S.P.D., Spanish, 1587—1603*, p. 215）并在 *Nixon's Cheshire Prophecies*, ed. Axon, p. 41 中再度登场。Cf. A Ponsonby, *Falsehood in War-Time*（1928）, pp. 63—66（这条文献归功于 B.H. 哈里森博士）。

81. Murray, *Erceldoune*, pp. lxxx, 42—43, 57, 62—63. "Sandford" 是博斯沃思之战的一个别称（see *Tudor Royal Proclamations*, ed. P. L. Hughes and J. F. Larkin, i［New Haven, 1964］, p. 3）。

82. *L.P.*, iv（3）, pp. 2997—2998; *Addenda*, i（1）, pp. 262—263. 白狮出自 *Prophecies of Rymer, Bede and Merlin*（Murray, Erceldoune, appx. ii）。

83. Dickens, *Lollards and Protestants*, p. 130.

84. *L.P.*, xiii（2）, p. 516.

85. Dickens, *Lollards and Protestants*, pp. 128—129.

86. See e.g., *L.P.*, v, p. 694; vi, p. 685; viii, p. 290; ix, p. 133; x, pp. 59, 248, 505; xi, pp. 24, 313; xii（2）, p. 223; xiii（2）, p. 337; xiv（1）, pp. 68, 379; xiv（2）, p. 37; xvi, p. 265; xviii（2）, pp. 294, 308; xix（1）, pp. 284—285; xx（1）, p. 125; *Addenda*, i（1）, pp. 81—82; *Addenda*, i（2）, pp. 549—550, 617; *A.P.C.*, i, pp. 238—239, 449, 509.（由于这些文献,我对彭里·威廉斯博士心怀感激。）

87. A. G. Dickens, "Some Popular Reactions to the Edwardian Reformation in Yorkshire", *Yorks. Archaeol. Journ.*, xxxiv（1938—1939）, pp. 163—164.

88. P. F. Tytler, *England under the Reigns of Edward VI and Mary*（1839）, i,

pp. 208—210.

89. A. Nevil, *Norfolkes Furies, or a View of Ketts Campe*, trans. R. W（ood）（1615）, sig. Ki^v. Nicholas Sotherton, "The Commoyson in Norfolk, 1549"（B.M., Harley MS 1576）, f. 258^v, 给出了一个不同的版本（"在杜辛达尔, 伟人和平民都将死去"）。

90. S. T. Bindoff, *Ket's Rebellion*（Hist. AsSoc., 1949）, p. 6.

91. Sir F. Palgrave in *Norfolk Archaeology*, i（1847）, p. 217；*L.P.*, xii（1）, p. 591.

92. *A.P.C.*, iv, pp. 69, 156, 165, 287；*C.S.P.D., 1547—1580*, p. 46.

93. *Depositions taken before the Mayor and Aldermen of Norwich*, 1549—1567, ed. W. Rye（Norfolk and Norwich Archaeol. Soc., 1905）, pp. 20, 40, 59；Kittredge, *Witchcraft*, p. 230.

94. Howard, *A Defensative against the Poyson of Supposed Prophecies*, f. 124^v.

95. D. M. Loades, *Two Tudor Conspiracies*（Cambridge, 1965）, p. 148；Sheffield Central Lib., Bacon Frank MSS, M4/1（10 July［1555？］）,（日期记录在 *Sheffield City Libraries. Catalogue of the Arundel Castle Manuscripts*［Sheffield, 1965］, p. 220, as 1559；但是图书馆员善意地告诉我说这一文件在 Nathaniel Johnston, MS *Life of Francis Earl of Shrewsbury* 中的位置表明古文物研究者认为它属于玛丽执政时期）。

96. *A.P.C.*, v, p. 17；Murray, *Erceldoune*, p. 63.

97. R. H. Tawney, *The Agrarian Problem in the Sixteenth Century*（1912）, p. 329；L. O. Pike, *A History of Crime in England*（1873—1876）, ii, p. 23.

98. N. Williams, *Thomas Howard, Fourth Duke of Norfolk*（1964）, pp. 219—220；W. Murdin, *A Collection of State Papers*（1759）, pp. 70—73；S. Haynes, *A Collection of State Papers*（1740）, p. 538；*C.S.P.D., Addenda, 1566—1579*, p. 421. 艾默尔大主教似乎在伊丽莎白一世女王统治时期以前揭穿了这个预言版本的真相, 他断言只要室女座持续上升, 就没什么可惧怕的, Sir J. Harington, *Nugae Antiquae*, ed. T. Park（1804）, ii, p. 37—38。

99. Howard, *A Defensative*, ff. 113, 120^v；*C.S.P.D., 1581—1590*, p. 70.

100. W. B. Stone, "Shakespeare and the Sad Augurs", *Journ. English and Germanic Philology*, lii（1953）；G. Mattingly, *The Armada*（Boston, 1959）, pp. 175—186.

101. H. Aveling, *Northern Catholics*（1966）, pp. 79—80; id., *The Catholic Recusants of the West Riding of Yorkshire, 1558—1790*（Procs. Leeds Philos. and Lit. Soc., 1963）, p. 205.

102. *C.S.P.D., 1547—1580*, p. 430; Ward, *Catalogue of Romances*, i, p. 302.

103. J. M. Cleary, "Dr Morys Clynnog's Invasion Projects of 1575—1576", *Recusant History*, viii（1966）, p. 307.

104. *C.S.P.D., Addenda, 1580—1625*, pp. 105, 108, 110; H. N. Birt, *The Elizabethan Religious Settlement*（1907）, p. 441, n. 2; P.R.O., SP 12/151, ff. 112—113^v; J. Strype, *The Life and Acts of Matthew Parker*（1711）, pp. 360—361; *C.S.P.D., 1603—1610*, p. 201; T. Robinson, *The Anatomie of the English Nunnery at Lisbon*（1623）, p. 4; R. Bolton, *Some Generall Directions for a Comfortable Walking with God*（5th edn, 1638）, p. 14.

105. *H.M.C., Hatfield*, xii, p. 367.

106. J. Clapham, *Elizabeth of England*, ed. E. P. Read and C. Read（Philadelphia, 1951）, p. 113.

107. *H.M.C., Hatfield*, xvii, p. 23.

108. Essex R.O., transcript of Essex Assizes records（Assizes 35/25/T; 29 July 1583）; 由艾伦·麦克法兰博士邮寄给我。

109. *H.M.C., Hatfield*, ii, p. 95.

110. 这篇并不完整的文章保存在 Leicester City Museum, Archives Dept., B. R. II/18/2, ff. 207—211^v。许多部分重现于 J. Thompson, *A History of Leicester*（1849）, pp. 297—280; *Records of the Borough of Leicester*, ed. M. Bateson, iii（Cambridge, 1905）, pp. 230—231; and *The Cheshire Sheaf*, 3rd ser., xii（1915）, pp. 45—46。一个部分谈到正在犁地的男人和孩子看到一名神父并决定杀死他；另一部分是诗文，抗议当时流行服饰和公众的普遍虚伪。（后者可能是由约翰·哈维伪造的托马斯·德·吉诺预言；*A Discoursive Probleme*, p. 57。这几乎与下书中的一个段落一模一样：Cheshire R.O., DDX 123, f. 7^v。）

111. P.R.O., SP 12/192, ff. 92, 93.

112. J. Gunn in *Norfolk Archaeology*, ii（1849）, p. 304.

113. Harington, *A Tract on the Succession to the Crown*, p. 120.

114. P. Zumthor, *Merlin le prophète*（Lausanne, 1943）, p. 113; *The Works of John Jewel*, ed. J. Ayre（Cambridge, P.S., 1845—1850）, ii, p. 880; Foxe, iii, pp. 756—761; *The Sermons of Edwin Sandys*, ed. J. Ayre（Cambridge, P.S.,

第十三章 古代预言

1841), pp. 67—68 ; *The Workes of... William Perkins* (Cambridge, 1616—1618), iii, p. 467. 神的预言和恶魔的预言的区别由以下例子展开: A. Burgess, *CXLV Expository Sermons upon the Whole 17th Chapter of the Gospel according to St John* (1656), pp. 395—396。

115. Foxe, iv, p. 234 ; G. R. Owst, *The Destructorium Viciorum of Alexander Carpenter* (1952), p. 13, n. 1.

116. J. Strype, *Ecclesiastical Memorials* (Oxford, 1822), i (1), pp. 420—421 ; Cheshire R.O., DDX 123, f. 9 ; B.M., Cotton MS, Vespasian E vii, f. 134 (与天主教垮台有关的古英格兰预言); J. Bale, *The First Two Partes of the Actes or Unchast Examples of the Englysh Votaryes* (n.d., 1551?), i, f. 40^v ; W. G. Jones in *Trans. Hon. Soc.Cymmrodorion*, 1917—1918, p. 12 n. ; G. M. Griffiths in *Natl. Lib.Wales Journ.*, vii (1951—1952), p. 233 ; *The Mirror for Magistrates*, ed. Campbell, p. 228 ; Eloward, *A Defensative*, f. 18^v。

117. W. Westerman, *The Faithfull Subject* (1608), p. 26 ; *H.M.C., Hatfield*, xix, p. 242 ; G. M. Straka, *The Anglican Reaction to the Revolution of 1688* (Madison, 1962), pp. 27—28. 这几行诗被约翰·哈林顿爵士印在 *A Brief View of the State of the Church of England* (1653) 的扉页上, 他在 1606 年 8 月首次听说这几行诗; *Nugae Antiquae*, ed. Park, ii, pp. 3, 8。

118. C. Burrage, *The Early English Dissenters* (Cambridge, 1912), i, p. 202 ; *C.S.P.D., 1625—1649*, p. 613 ; H. W., *The Prelates Pride* (1641). 关于格罗斯泰斯特的临终思索, 参见 Döllinger, *Prophecies and the Prophetic Spirit*, p. 159。

119. Lilly, *A Prophecy of the White King*.

120. 托马斯·布莱特曼 (1562—1607) 预示世界末日的评论被认为具有神授的创见。 Cf. *A Revelation of Mr Brightman's Revelation* (1641).

121. Ashm. 241, f. 195.

122. Pugh, *British and Out-Landish Prophecies*, p. 71.

123. Lilly, *Autobiography*, pp. 197—198.

124. 除了 *Whole Prophecies of Scotland* (above, p. 467) 和詹姆斯·马克斯维尔于 1615 年收集的资料 (above, pp. 465—466), 还有一些印行的版本: *A Prophesie that hath Lyen hid above these 2000 Yeares* (1610, 1614) (from Esdras) ; *A Nunnes Prophesie* (1615) (Hildegard) ; *A Prophesie of the Judgment Day, being lately found in Saint Denis Church in France* (1620?) ;

以及 16 世纪各种版本的默林预言。一份更为重要的资料合集是：*Prophetia Anglicana et Romana*（Frankfurt, 1608）。

125. *The Prophesie of Mother Shipton*（1641）。

126. *Prophetia Anglicana et Romana*；Lilly's own copy is Ashm. 631. The translation appeared in *The Worlds Catastrophe*（1647），p. 35.

127. Syms, *The Swords Apology*；id., *The White King Raised*（1647；reissued 1649）. *The Prophecies of a White King of Brittaine* 1643 年的最初版本没有评论。

128. *C.S.P.D.*, 1649—1650, pp. 168—169；*A Prophesie of Paulus Grebnerus*［1649］；MS note in B.M., E 548（27）；*The Kingdomes Faithfull and Impartiall Scout*, 16（11—18 May 1649）；*A Brief Description of the Future History of Europe*（1650）。

129. Josten, *Ashmole*, pp. 1072—1075. 利利在 Ashm. 553(1)中的笔记指出，他曾预言 1693 年的大火灾和 1667 年的瘟疫事件。据一位同时代人说，他预测的源头是 "一卷僧侣时期的旧羊皮手卷"；Aubrey, *Miscellanies*, p. 121。

130. *Mr William Lilly's True History of King James the First, and King Charles the First*（1715；written 1651），p. 81；pp. 77—105, 该书的这部分意在展示处死查理一世的预言背景。

131. *The Lord Merlins Prophecy*（1651）。

132. Lilly, *Autobiography*, p. 106；H. R. Plomer, "A Printer's Bill in the Seventeenth Century", *The Library*, new ser., vii（1906）。

133. *The Diary of the Rev. Ralph Josselin, 1616—1683*, ed. E. Hockcliffe（Camden ser., 1908），p. 122；*Yorkshire Diaries*, ed. C. Jackson（Surtees Soc., 1877），p. 63；"The Diary of John Greene（1635—1657）", *E.H.R.*, xliv（1929），p. 111；H.M.C., v, p. 144；*Diary of John Rous*, ed. M. A. E. Green（Camden Soc., 1856），p. 65；Ashm. 423, ff. 148—149^v；Heywood, *Diaries*, iii, pp. 60—61, 82.

134. L. Echard, *The History of England*, ii（1718），p. 682.

135. Josten, *Ashmole*, p. 1283.

136. Syms, *The Swords Apology*, sig. C4^v；*Nuncius Propheticus*（1642），sig. A2.

137. *H.M.C., Portland*, ii, p. 139.

138. Lilly, *Autobiography*, pp. 194—198.

139. A. Evans, *A Voice from Heaven*（1653），pp. 7—8. Cf. *The Mystery of*

第十三章　古代预言

Prophesies Revealed（1660）; B.M., Add. MS 34, 258, f. 3; and *A Prophecy lately found amongst the Collections of famous Mr John Selden*（1659）。其他把王政复辟和古代预言联系起来的尝试包括：*The Strange and Wonderfull Prophesie of David Cardinal of France*（1660）; T. Gadbury, *A Health to the King*（1660）, p. 4。

140. MS note at end of Ashm. 539（iv）.

141. *Diaries and Letters of Philip Henry*, ed. M. H. Lee（1882）, p. 128. 关于 *Panther Prophecy* 在 1662 年的再版并预示国王和神甫的衰落，参见 C. E. Whiting, *Studies in English Puritanism, 1660—1688*（1931）, p. 551。

142. P.R.O., SP 29/99, f. 16^v.

143. Pepys, *Diary*, 20 Oct. 1666. Cf. W. G. Bell, *The Great Fire of London*（3rd edn, 1923）, p. 316.

144. Josten, *Ashmole*, pp. 1048—1050; Ashm. 436, f. 49（see Josten, *Ashmole*, p. 1040, 但很有可能放错了位置）; Ashm. 240, f. 120。Lilly, *Paraphrase upon St Thomas à Becket's Prophecy* is in Ashm. 371（3）and 241, ff. 190—200.

145. *The Prophecie of Thomas Becket*（1666）. 关于其作者身份，参见 Wood, *Ath. Ox.*, iii, col. 1056; F. Madan, *Oxford Books*（Oxford, 1895—1931）, iii, p. 204; T. T（ully）, *A Letter written to a Friend in Wilts*（1666）。

146. E.g., T. Trigge, *The Fiery Trigon*（1672）, p. 1; *The Fortune of France, from the Prophetical Predictions of Mr Truswell, the Recorder of Lincoln, and Michael Nostradamus*（1678）; *The Northern Star*（1680）, by I. Tongue according to Wood, *Ath. Ox.*, iii, col. 1263; *A Copy of a Prophecy sent... by the late Honourable Algernon Sydney*（1689）.

147. *A Prophesie, which hath been in a Manuscript in the Lord Powis's Family sixty years*; J. B., *Good and Joyful News for England: or, the Prophecy of the renowned Michael Nostradamus that Charles the II... shall have a son of his own body*（1681）; *Merlin Reviv'd*[?1681]; *C.S.P.D., 1685*, p. 30.

148. Wing 列举了他在 1672 年至 1691 年间出版的五本预言刊物。Cf. *The Poems and Letters of Andrew Marvell*, ed. H. M. Margoliouth（2nd edn, Oxford, 1952）, i, pp. 292—293; E. Leoni, *Nostradamus: Life and Literature*（New York, 1961）.

149. *A Strange and Wonderful Prophecy for the Year 1688*（n.d.）; *A Collection of Many Wonderful Prophecies... plainly foretelling the Late Great*

Revolution（1691）.

150. Murray, *Erceldoune*, pp. xli—xlii.

151. Axon, *Nixon's Cheshire Prophecies*, p. vii, n. 大英博物馆图书馆的印刷目录指出了这类文献的范围。18世纪90年代似乎曾是一个特别活跃的时期。关于第一次世界大战时期诺查丹玛斯和希普顿老妇的再度兴起，参见 C. W. C. Oman, "Presidential Address", *T.R.H.S.*, 4th ser., i（1918）, p. 25。

152. T. D. Kendrick, *British Antiquity*（1950）讲述了人们对特洛伊传说的接受和最终的排斥。See also E. A. Greenlaw, *Studies in Spenser's Historical Allegory*（Baltimore, 1932）; C. B. Millican, *Spenser and the Table Round*（Cambridge, 1932）.

153. Parsons in *Modern Language Rev.*, xxiv（1929）, p. 264, n. 2. See in general R. S. Loomis, "The Legend of Arthur's Survival", in *Arthurian Literature in the Middle Ages*, ed. R.S. Loomis（Oxford, 1959）.

154. J. J. Scarisbrick, *Henry VIII*（1968）, pp. 272—273. S. Anglo, "The British History in early Tudor propaganda", *Bull. John Rylands Lib.*, xliv（1961—1962），这篇重要文章显示，无论如何，都铎王朝时期对亚瑟的狂热崇拜通常都被夸大了。安哲鲁博士指出，亨利四世对英国血统的强调已经非常厉害了，而亨利七世上位时并没有长期强调英国的历史。在他的清单中，除了为拥护爱德华四世而编撰的宗谱以外，还可以附上对默林、比德、布里德林顿等人的预言的强调，参见 Ashm. 27。

155. D. Hay in *Procs. Soc.Antiquaries of Scotland*, lxxxix（1955—1956）, pp. 59—60; *L.P.*, xii(2), p. 28; xiv(1), p. 92. Cf. xiv(1), pp. 63, 107; xx(2), p. 246; Murray, *Erceldoune*, pp. xx, xxx; *The Complaynt of Scotland*, ed. Murray, pp. xv, xxxviii.

156. R. Howell, *Newcastle upon Tyne and the Puritan Revolution*（Oxford, 1967）, p. 119.

157. Harington, *Tract upon the Succession to the Crown*, pp. 18, 120—123. See R. F. Brinkley, *Arthurian Legend in the Seventeenth Century*（1932）, chap. 1, and H. Lhwyd, *The Breviary of Britayne*, trans. T. Twyne（1573）, f. 34^v.

158. Murray, *Erceldoune*, pp. xl—xli. Cf. *A Brief Description of the Future History of Europe*（1650）, p. 11; J. Spottiswoode, *History of the Church of Scotland*（Edinburgh, 1851）, i, p. 93.

159. *Six Old English Chronicles*, ed. J. A. Giles（1848）, p. 199.

第十三章 古代预言

160. J. A. Spedding, *The Letters and the Life of Sir Francis Bacon* (1861—1874), iii, p. 194.

161. Murray, *Erceldoune*, p. xli. 詹姆斯一世的这种新做法在下书中略带提 及: S. T. Bindoff, "The Stuarts and Their Style", *E.H.R.*, lx (1945) (at pp. 205—206)。但是威廉·莫里斯爵士在引发改变上所扮演的角色得到了宾多夫教授的验证(pp. 193, 204), *Mercurius Propheticus*, pp. 8—9 认为他考虑过这些预言。

162. 关于沉睡英雄和假弥赛亚的例子参见 Axon, *Nixon's Cheshire Prophecies*, pp. 64—67 ; Cohn, *The Pursuit of the Millennium*, pp. 55, 56—57, 77 ff, 106—112 ; E. K. Chambers, *Arthur of Britain* (Cambridge, 1964 edn), pp. 225—227 ; and C. Hill, *Puritanism and Revolution* (1958), pp. 55—56。关于其预言的根据, see e.g., M. d'Antas, *Les Faux Don Sébastien. Étude sur l'histoire de Portugal* (Paris, 1866), pp. 451—457。

163. Kittredge, *Witchcraft*, p. 53 ; *V.C.H.,City of York*, p. 58 ; Thomson, *Later Lollards*, p. 16.

164. *Depositions taken before the Mayor and Aldermen of Norwich*, ed. Rye, p. 58.

165. *C.S.P.D., Addenda, 1566—1579*, p. 223.

166. *C.S.P.D., 1633—1634*, pp. 204—205 ; *1634—1635*, p. 279.

167. N. Luttrell, *A Brief Historical Relation of State Affairs* (Oxford, 1857), i, pp. 356, 386 ; York Depositions, p. 283 ; Lyme Regis Borough Archives (Town Hall, Lyme Regis), A 3/1, p. 20 ; *Hereford City Records*, ix, p. 3569 ; Mrs Arundell Esdaile, "A Sham Duke of Monmouth in Sussex", *Sussex Notes and Queries*, xi (1946) ; T. B. Macaulay, *The History of England* (1905), i, pp. 556—557.

168. *The Journal of Beatrix Potter*, ed. L. Linder (1966), p. 146 ; P. Magnus, *Kitchener* (1958), p. 379.

169. *The Times*, 11 Nov. 1965.

170. *The Chronicle and Political Papers of King Edward VI*, ed. W. K. Jordan (1966), p. 13.

171. Harvey, *A Discoursive Probleme*, p. 61.

172. *A.P.C.*, iv, p. 363 ; v. pp. 122, 221 ; Loades, *Two Tudor Conspiracies*, p. 148 ; J. Stow, *The Annales of England* (1592), pp. 1062, 1064—1065.

173. In Sloane 2578, ff. 18ᵛ, 20, 32.

174. B.M., Lansdowne MS 16, f. 17; *A.P.C.*, xi, pp. 194, 214, 371; xii, pp. 23—24, 29, 353—354; P.R.O., SP 12/186/91—92; SP 12/187/62; Assizes 35/20/ 5A/7; 35/21/7/3; 35/21/7/24; 35/23/H/48—49（副本参见 Essex R.O.，由阿瑟·瑟尔先生友情提供）。我尚无能力处理这个例子所提供的事实和解释中的所有难点。M. E. Cornford, "A Legend concerning Edward VI", *E.H.R.*, xxiii（1908），中的描述是不完整的。

175. P.R.O., Assizes 35/29/Hilary（副本由艾伦·麦克法兰博士友情提供）。

176. Above, pp. 482—483.

177. *H.M.C., Hatfield*, ix, pp. 167—168, 173. 关于丹麦国王，参见 Murray, *Erceldoune*, pp. 56, 62; Griffiths, *Early Vaticination*, p. 209; Axon, *Nixon's Cheshire Prophecies*, p. 45。

178. *H.M.C., Hatfield*, xviii, pp. 280—281, 298, 304, 306—307; 316—318, 320—322.

179. [T. Gainsford], *The True and Wonderfull History of Perkin Warbeck*（1618），pp. 5, 55; *L.P.*, v, p. 695.

180. E.g., Griffiths, *Early Vaticination*, p. 209; Murray, *Erceldoune*, pp. lxxx, 54, 63; Harvey, *A Discoursive Probleme*, pp. 56—57; *The Prophesie of Mother Shipton*（1641）; *L.P.*, vi, pp. 399—400.

181. Murray, *Erceldoune*, p. 63. 另一个版本在 Cheshire R.O., DDX 123, f. 13。

182. *Sundry Strange Prophecies*（1652），p. 31. 这是"死人"预言之一，Harvey, *A Discoursive Probleme*, p. 56。有一个玛丽·都铎时期的版本参见 Sloane 2578, ff. 18v, 20。

183. J. Selden, *Table-Talk*（Temple Classics, n.d.），pp. 123—124.

184. *The English Works of Thomas Hobbes*, ed. Sir W. Molesworth（1839—1845），vi, pp. 398—399.

185. S. Butler, *Characters and Passages from Notebooks*, ed. A. R. Waller（Cambridge, 1908），p. 134.

186. *Notes and Queries*, 2nd, ser., iv（1857），pp. 201—203, 277; v（1858），pp. 37, 174; vii（1859），pp. 395—398; Foxe, iii, p. 319; v, p. 180; A. F. Pollard, *Wolsey*（1929），p. 298.

187. Harvey, *A Discoursive Probleme*, sig. A4.

第十三章 古代预言

188. 对许多次尝试的总结参见：G. Williams, "Some Protestant Views of Early British Church History", *History*, xxxviii（1953）, and Levy, *Tudor Historical Thought*, chap. 3。

189. Sir S. D'Ewes, *The Primitive Practise for Preserving Truth*（1645）, p. 28. 对比马修·普里多的观点，他认为鉴于威廉·鲁弗斯与安塞尔姆的争论，鲁弗斯"可能不能被定义为一个新教徒"；*An Easy and Compendious Introduction for Reading all sorts of Histories*（Oxford, 1648）, p. 315。

190. 关于这一关键的进展，参见 Hill, *Puritanism and Revolution*, chap. 3, and "'Reason' and 'Reasonableness' in Seventeenth-century England", *Brit. Journ. Sociology*, xx（1969）, pp. 238—239；J. G. A. Pocock, *The Ancient Constitution and the Feudal Law*（Cambridge, 1957）, pp. 125—127；W. H. Greenleaf, *Order, Empiricism and Politics*（1964）, pp. 269—274。

191. Howard, *A Defensative*, f. 116^v.

192. *L.P.*, vi, p. 494.

193. M. Eccles, *Christopher Marlowe in London*（Cambridge, Mass., 1934）, pp. 145—157.

194. *H.M.C., Hatfield*, xix, p. 177.

195. *C.S.P.D., 1648—1649*, pp. 72—73, 349.

196. *D.N.B.*

197. Millican, *Spenser and the Table Round*, p. 40；*The Letters of John Chamberlain*, ed. N. E. McClure（Philadelphia, 1939）, i, pp. 391—392. 有关伊丽莎白时期一位声称自己是神话英雄——沃里克的盖伊和汉普顿的比维斯——的后代的约翰逊，参见 *Original Letters illustrative of English History*, ed. Sir H. Ellis, 3rd ser.（1846）, iv, pp. 60—61。

198. W. H. Greenleaf, "Filmer's Patriarchal History", *Hist. Journ.*, ix（1966）；Anglo in *Bull. John Rylands Lib.*, xliv（1961—1962）, pp. 41—48.

199. Quoted in Kendrick, *British Antiquity*, p. 76. 关于特洛伊神话的广泛应用，参见 D. Hay, *Europe, the Emergence of an Idea*（Edinburgh, 1957）, pp. 48—49。

200. M. Roberts, *Gustavus Adolphus*（1953—1958）, i, pp. 525—527.

201. *A Collection of the State Papers of John Thurloe*, ed. T. Birch（1742）, iii, p. 59.

202. *H.M.C., Hatfield*, xx, p. 54.

203. J. H. Elliott, *The Revolt of the Catalans*（Cambridge，1963），p. 444. 关于盖尔弗里德式预言在欧洲的影响，参见 Taylor, *The Political Prophecy*, chap. 6。

204. 一些中世纪的批评家列于：R. H. Fletcher in *Studies and Notes in Philosophy and Litre.*, x（1906），pp. 136，194，200，208，225，242，244，251；Zumthor, *Merlin le prophète*, pp. 95—96；and L. Keeler, *Geoffrey of Monmouth and the late Latin Chroniclers, 1300—1500*（Berkeley and Los Angeles, 1946）。

205. G. Huppert, "The Trojan Franks and Their Critics", *Studies in the Renaissance*, xii（1965）；C. A. Patrides, *The Phoenix and the Ladder*（Berkeley, 1964），pp. 53—56；Levy, *Tudor Historical Thought*, p. 184. See also Millican, *Spenser and the Table Round*；Brinkley, *Arthurian Legend in the Seventeenth Century*；D. Bush, *English Literature in the Earlier Seventeenth Century*（Oxford, 1945），pp. 214—215. 关于一位孤立的辩护者，C. A. Ashburton, *A New and Complete History of England*（1798?），Preface。

206. *The Workes... of William Perkins*, iii, p. 467；Prideaux, *An Easy and Compendious Introduction for Reading all sorts of Histories*, p. 261；E. Jones, *Geoffrey of Monmouth, 1648—1800*（Univ. of Calif.Pubs. in English, 1944），p. 411.

207. M. R. O'Connell, *Thomas Stapleton and the Counter-Reformation*（New Haven, 1964），p. 55. Cf. H. B., *Englands Old Religion faithfully gathered out of the History of the Church of England, as it was written by Venerable Bede*（Antwerp, 1658）.

208. Pocock, *The Ancient Constitution and the Feudal Law*, pp. 111—112, 152—155, 186, 201—206.

209. *The Parliamentary Diary of Robert Bowyer, 1606—1607*, ed. D. H. Willson（Minneapolis, 1931），p. 203, n. 3. See also Kendrick, *British Antiquity*, pp. 121—125；Burton, *Anatomy*, I. p. 86；R. Eburne, *A Plain Pathway to Plantations*（1624），ed. L. B. Wright（Ithaca, New York, 1962），p. 56.

210. Blondel, *A Treatise of the Sibyls* was translated by J. D（avis）in 1661. 关于英格兰人改变观点的例子，参见 R. Gell, *Stella Nova*（1649），p. 5；T. Hobbes, *Leviathan*（1651），chap. 12；M. Casaubon, *Of Credulity and Incredulity in Things Divine*（1670），p. 144；J. Bradley, *An Impartial View of the Truth of Christianity*（1699），chap. 8；W. Whiston, *A Vindication of the Sibylline Oracles*

(1715), p. 81。

211. Pocock, *Ancient Constitution and the Feudal Law*, passim.

212. J. G. Mann, "Instances of Antiquarian Feeling in Medieval and Renaissance Art", *Archaeol, Journ.*, lxxxix (1932), esp. pp. 267—269; H. M. Colvin, "Aubrey's *Chronologia Architectonica*", in *Concerning Architecture*, ed. J. Summerson (1968).

213. Levy, *Tudor Historical Thought*, p. 74; Anglo in *Bull. John Rylands Lib.*, xliv (1961—1962), p. 47.

214. G. S. Gordon, *Medium Aevum and the Middle Age* (Oxford, 1925); N. Edelman, "The Early Uses of *Medium Aevum, Moyen Âge*, Middle Ages", *Romanic Rev.*, xxix (1938); O. Barfield, *History in English Words* (new edn, 1962), p. 161.

215. 尽管当时它的意思只是日期有错误; J. Gregorie, "De aeris et epochis", in *Gregorii Posthuma* (1650), p. 174。

216. 这个观点的有趣讨论参见 S. Lilley, "Robert Recorde and the Idea of Progress", *Renaissance and Modern Studies*, ii. (1958)。这个看法是否代表了16世纪工匠的普遍看法则是另外一个问题了。

217. O.E.D.

218. D. P. Walker, "The *Prisca Theologia* in France", *Journ. Warburg and Courtauld Institutes*, xvii (1954); A. G. Debus, "An Elizabethan History of Medical Chemistry", *Annals of Science*, xviii (1962); (T. Vaughan), *Magia Adamica: or the Antiquitie of Magic and the Descent thereof from Adam* (1650); R. Ward, *The Life of... Dr Henry More*, ed. M. F. Howard (1911), p. 77; J. E. McGuire and P. M. Rattansi, "Newton and the 'Pipes of Pan'", *Notes and Records of the Royal Soc.*, xxi (1966).

219. Walker, art. cit., p. 258.

220. E. A. Burtt, *The Metaphysical Foundations of Modern Physical Science* (2nd edn, 1932), p. 182; Aristotle, *Politics*, 1264a.

221. L. Pearsall Smith, *Words and Idioms* (1925), pp. 87—89.

222. C. Hill, *Reformation to Industrial Revolution* (1967), p. 160.

223. J. Wilkins, *A Discourse concerning the Beauty of Providence* (1649), pp. 63—64. 对比塞缪尔·丹尼尔对16世纪发生的社会政治变化的统计; Levy, *Tudor Historical Thought*, p. 279。

224. L. G. Stevenson, "'New Diseases' in the Seventeenth Century", *Bull. of the Hist. of Medicine*, xxxix（1965）; G. Firmin, *The Real Christian, or a Treatise of Effectual Calling*（1670）, p. 52.

225. M. Nicolson in *Studies in Philology*, xxvi（1927）, p. 370.

226. C. Wilson, *England's Apprenticeship*（1965）, p. 7.

227. 参见下书摘引并讨论的精彩例子: F. P. Wilson in *Procs. Brit. Acad.*, xxvii（1941）, pp. 182—183。

228. A. Taylor, *The Proverb*（Cambridge, Mass., 1931）, p. 15.

妖　术

第十四章

英格兰的妖术：罪行及其历史

在你了解事物本质以前，其成因将无从探寻。在彻底明了一个事物之前，我们通常都只停留在"这到底是怎么回事"的问题上。

约翰·塞尔登，《圆桌谈话》（1689），第121页

一 妖术的含义

关于为主顾治病和寻找失物的术士活动，上文已经谈过。现在有必要来看看当时的人们认为有害的和反社会的妖术。我们无法把它与其他种类的巫术清楚地区别开来，因为如上文所见，许多教士说，不管巫术目的为何，都应该受谴责。就大众阶层而言，每一种巫术活动，包括任何不可接受的宗教分支，都可以概括在笼统的"妖术"称号之中，没有专门的词汇来指称邪恶的巫术师。雷金纳德·斯科特在1584年写道："在这个时代，英格兰人口中的'她是个妖妇'和'她是个女贤人'，并无什么区别。"[1] 尽管如此，我们还是有可能把"妖术"这一类分离出来，即它是使用（或者被认为使用）某种玄秘的方法以通常不准许的方式去伤害他人。从这个意义上来说，

妖术信仰可以定义为：用玄秘方法导致他人不幸。妖巫有男有女，然而更多的是女性，她们能神秘地伤害别人。妖巫所干的害人之事——术语可称之为"恶业"——形式多样。通常，她涉嫌伤害别人的肉体，或者导致他们的死亡。她也可能杀害或毁坏农耕牲畜，或者扰乱其天性：阻止母牛产奶，或者破坏黄油、奶酪及蜂蜜的制作等家庭生产。她们的恶意活动范围广泛，但是在英国，一个妖巫涉嫌的活动通常就是上述项目之一。在欧洲大陆上，妖巫还有干扰天气和阻挠人们性关系的嫌疑，然而这两种说法在英国相当罕见。[2]

据说妖巫实施其玄秘威力的方式各不相同。有时候，其邪恶影响通过物理接触而传导：妖巫触摸受害者，或者从眼睛里放出一股强有力的无形发射物。在这种情况下，据说受害者就被"迷住神魂"或"震慑住"了。或者，妖巫诵念诅咒，这在适当的时候就会发生作用。这样，受害者就被"蛊惑"了。不太常见的一种妖术是使用技术性辅助手段：制作受害者的蜡像，并在上面插针；将其名字写在一张纸上，然后焚化掉；埋掉他的一件衣服，诸如此类。[3] 一般来说，当时的人们对于施术手段的关注似乎不及对于妖巫恶毒心肠的关注。

到16世纪，对于这类事情可能性的信仰已经源远流长了。就某种意义上来说，它只不过是同样广泛流传的慈善巫术信仰的逻辑上的必然结果。帮助主顾战胜法庭或情场上的对手，或将疾病转嫁到他人身上而治愈主顾的这种所谓的"善良"巫师，在受害一方看来，完全可以称之为"邪恶"巫师。一般来说，术士和邪恶妖巫被认为属于两个类别。但是有时候他们会部分重合，有许多例子都谈到了乡村巫术和魔咒师被控施行邪恶的妖术。[4]

此外，不论这一巫术是有益还是有害，对其可能性的信仰在16世纪和17世纪都因同样流行的知识潮流而获得了大发展。新柏拉图主义宇宙中玄秘的共感和生命精灵的概念可以用于邪恶的目的，犹如用于善良的目的一样。这种学说可以从知识角度令人满意地解释为什么在损害一个人的蜡像或者他的一件衣服后就会产生悲

第十四章 英格兰的妖术：罪行及其历史

惨的后果。一个人可以通过巧妙地处理别人的头发、指甲屑、汗水、粪便，以及包含其生命精华的一切东西而伤害他。过分地相信想象的威力，就同样地会使之觉得有理由相信妖巫诅咒的对象会很快得病；而假想的生命精华和无形发射物也就证明了下述看法是有道理的：有些人能够仅仅通过注目，就不自觉地毁坏自己的牲畜，只是因为察看了它们；躺在摇篮里的婴孩也会这样地被"迷住神魂"。亚里士多德甚至说，月经期间的妇女照了镜子，镜子就会晦暗。[5] 这种理论还夸大了神秘的药物或化学制备中的潜在功效；犹如在任何原始社会中那样，毒药始终是巫术的伴随物。[6]

但是，尽管文艺复兴的思索加固了知识分子对于邪恶巫术潜力的信仰，然而这类妖术信仰却与人类的历史一样悠久，而且绝不是英格兰独有的，甚至也不是欧洲独有的。只是在中世纪末新的因素添加到了欧洲的妖术概念中，才使之区别于其他原始民族的妖巫信仰。这个新概念就是：妖巫有能力与魔鬼订立蓄意的契约。为了报答她的归诚，据信魔鬼便赋予她对敌人报仇雪恨的超自然手段。鉴于这一新观点，妖术的本质便不再是它对他人的伤害了，而是其异端特征：魔鬼崇拜。妖术于是成了基督教的异端和一切罪恶中的最大罪恶，因为它抛弃了上帝而去依附其头号敌人。"恶业"完全成了一种次要的行为，成了这一异教的副产品。不论妖巫是否伤害了别人，她都应该因为不忠于上帝而被处死。围绕着这个概念，便建立了关于仪式性魔鬼崇拜的观念，其中包括恶魔聚会，即安息日或是夜间的聚会，妖巫们聚集起来崇拜其主人，并与之交合。

引入这一新概念的主要代表是罗马天主教会，它的知识分子迅速地建立起了研究魔鬼的大量文献，勾勒出妖巫（即魔鬼崇拜者）的行为方式，并拟定了控告她们的程序。这个新理论在一系列法令中发展起来，其高潮是1484年英诺森八世的教宗训谕，以及两名多米尼克派审判长所写作的简明专著《女巫之锤》（1486）。同时，自14世纪初以来，欧洲大陆上一直在进行着有组织的迫害，不是因为妖巫的邪恶行为，而是因为她们是魔鬼崇拜者。妖术新概念的起源从未被充分揭示过，虽然通常认为这是出于教会对异端的清洁教派及其继承者的摩尼教倾向（暗含着魔鬼崇拜）的反应。[7]

极难描绘这一新教义在英国传播的各个阶段，而且至今还无法确定。与魔鬼订契约的观念本身则与基督教一样古老。异教徒被视为魔鬼崇拜者，而为撒旦效忠的修士西奥菲勒斯的传说对于后期的盎格鲁-撒克逊人来说，是相当熟悉的。[8]中世纪神学的一个共同点就是断言任何巫术活动，尽管其意愿是良好的，都必然与魔鬼有着默契，因而就应受到惩罚。宗教法庭经常将水晶球占卜及类似的巫术活动当作异端来审理。[9]但是，涉及巫术的个人的心中暗含的"默契"观念与自觉的魔鬼崇拜者帮派和同撒旦所订的蓄意契约有着重大的差别。确实，有大量中世纪的故事谈到向魔鬼献祭的男人和接受魔鬼拥抱的女人，还流传着关于神秘的夜间狂欢的故事。1303年，布鲁纳的道德学家罗伯特发出警告，反对利用妖术向魔鬼献祭，而15世纪初的《富豪与乞丐》则说妖巫与其他巫术师都在设法将魔鬼"当作他们的神"。[10]欧洲大陆作者的魔鬼崇拜文章只是潜伏在中世纪早期基督教神学中的观念的扩展，所以，原则上来说，英格兰没有理由比基督教世界中的其他任何地方更不易于接受这些观念。但是不管怎样，中世纪的英格兰似乎基本上隔绝在欧洲大陆上鼓励迫害妖巫的知识和司法潮流之外。关于这一点，实质上独立的英国国教会似乎负有大部分责任。英格兰没有审判官制度，没有罗马法律；教宗权威在英格兰十分微弱。1484年的训谕只涉及德国，而《女巫之锤》则是取道博学者的图书馆，缓慢地冲击英格兰的。因为英格兰的知识分子习惯于购买和阅读外国出版的书刊；然而在英国，《女巫之锤》完全没有得到出版，这令人十分惊异，而欧洲大陆到1520年已经出版了13个版本。直到现代才出现《女巫之锤》的英文译文；与之形成对照的是，1700年以前，此书在德国发行16次，在法国发行11次。[11]

第十四章　英格兰的妖术：罪行及其历史

令人感到有点荒谬的是,结果倒是伊丽莎白时代后期的狂热新教作者才把这部中世纪天主教的伟大丰碑及其大量仿作和续作的内容介绍给了英格兰读者。当1584年雷金纳德·斯科特在其《妖术探索》中驳斥信奉魔鬼契约的可能性时,他的敌手仍然全是欧洲大陆上的作者,虽然其中有些作品开始出现英文的翻译本。但是接着的几十年,欧洲大陆的妖术概念便广泛地传播开来了,主要是通过教士传布,一系列论文的作者包括亨利·霍兰(1590)、国王詹姆斯六世(1597)、威廉·珀金斯(1608)、亚历山大·罗伯茨(1616)、托马斯·库珀(1619)和理查德·伯纳德(1627)。[12]珀金斯说,就他所知,英格兰妖巫活动与法国、西班牙、意大利或德国妖巫活动并无什么差别,这就充分地展示了知识界舆论的变化。在他看来,与撒旦的契约是妖术的本质,敦促要将所有妖巫无一例外地处死,这不是因为她们可能犯下的任何伤害罪,而是因为"她们以撒旦作为神"。[13]爱德华·科克爵士类似地将妖巫定义为"与魔鬼协商,向他请教或进行某种活动的人"。[14]在托马斯·威尔逊的《基督教大词典》(1612)中,把"妖巫"说成是"实施邪恶法术,诸如《申命记》第18章第10节以及《出埃及记》第22章第18节所提到的那种人"。但是在其第6版(1655)的补遗中,这个定义被修改了,变成了"通过任何契约或同盟与魔鬼有任何来往的任何人"。这种措辞源自内战末威斯敏斯特会议上神学家们所发表的半官方的《圣经》注释。他们在其中解释道:"曾经有人认为,妖巫不应该被处死,除非她们曾夺去过人的生命,但是他们却错了……虽然这种契约并未造成伤害,但是契约本身就可使妖巫被立即和肯定地处死。"1651年,托马斯·霍布斯在谈到妖巫时说,她们的行业"近乎一种新宗教,而不是一门技艺或科学"。[15]

英格兰的许多知识分子和神学家就这样差不多都接受了欧洲大陆上的妖术概念。而为数更多的大众则了解了偶然翻译的欧洲大陆魔鬼学者的作品,[16]以及经常发表的欧洲大陆妖术审判的记录。[17]

这些著述无疑影响了英格兰人关于妖术的观念；在好几个场合，它们确实直接影响了有些主张的结果。罗伯特·波义耳承认，在与马孔的新教神甫佩里奥德谈过以后，他的怀疑倾向大为受挫，后者是短论《马斯孔的魔鬼》的作者；托马斯·布朗爵士在丹麦对于相似案例的援引则扭转了1665年在圣埃德蒙斯的罗斯·卡伦德和艾米·杜里审讯中被告的不利局面。[18]

然而，这些新观念的影响对于一般人民来说还只是局部的。即使在欧洲大陆上，妖术乃魔鬼崇拜而非"恶业"的观念也是逐步地占上风的。1484年的教宗训谕并未提到恶魔聚会，而只是强调了妖巫可能造成的伤害；16世纪末以前，在德国的许多地方要给妖巫定罪，仍然需要"恶业"证据。[19]在英格兰，大部分魔鬼研究论著仍局限于拉丁文或其他外国语言，对于多数人来说，妖术依旧是一种行为——用超自然手段伤害他人——而不是一种信仰或异端。这可以从国会法令的措辞中看出来，这些法令第一次将妖术作为法定罪行。共有3个法令：1542年（于1547年废除）、1563年（于1604年废除）以及1604年（于1736年废除）。[20]引人注目的是，前两个法令中都未提到魔鬼契约的问题。在1542年的法令中，定为重罪（即死罪）的是：用符咒召请精灵或实施妖术、迷人神魂或施行邪术，以便寻找财宝；损伤或毁坏他人躯体、手足或财物；追求非法爱情；披露被窃财物的下落；或者"为了任何其他非法的意图和目的"。尽管其措辞有些含糊（例如，奇术本身是不是一种罪行？或者是否只在追求非法目的时才构成罪行），但是法令清楚地把妖术罪规定为是与社区敌对的实际行为，而不是与魔鬼的关系。这条规定中唯一可能的例外即是禁止利用巫术寻找失物，而这完全可以做这样的解释：法令制定者认为这种做法是欺诈性的。

前一个法令失效（1559年）后，于1563年通过的第二个妖术法规也强调了妖巫活动的邪恶性质。它比前一个法令更为严厉，即把为了任何目的而求助于"邪恶"精灵的行为都定为重罪，而不管是

第十四章 英格兰的妖术：罪行及其历史

否干了"恶业"。但是它也有更为宽厚的地方，即只有当妖术、迷人神魂、符咒确实造成了受害者的死亡之后，才定为死罪。假如其企图并未得逞，或者受害者只是残废，或者只是牲畜死亡，那么妖巫只会受到较轻的处罚，判一年监禁和四次颈手枷示众。然而，再犯者则要判死罪。对于旨在探寻财宝和失物或者追求非法爱情的巫术也从轻发落；即使再犯也不会判死罪，而只是终身监禁和没收财产。因此在这里，罪行的大小取决于受害者所遭伤害的程度，而不是取决于是否信奉魔鬼的契约（求助于恶灵的情况除外）。这种宽厚与神学家的态度形成了鲜明的对照，他们一心想把一切巫术师，不管是善良巫师还是邪恶巫师，都迅速处死。

只有在1604年的第三个亦即最后一个妖术法规中，欧洲大陆的学说才产生了效果。它像其伊丽莎白时代的前辈一样，把召请恶灵和致人死命的妖术活动定为重罪。它还规定，即使受害者仅仅受伤也要定为重罪；它并将原来较小巫术活动之再犯的终身监禁改为死刑，这些活动包括：探寻财宝或失物、追求非法爱情、毁损牲畜或财物以及杀人未遂。所以，这一法令条款的真正新奇之处，是它在英格兰历史上第一次把全部或部分地利用死尸施行巫术的行为定成重罪，而更为引人注目的是，"为了任何目的向任何恶灵请教、与之订立契约、款待、供养、雇用或报答它们"的活动都属于重罪。在此，欧洲大陆上魔鬼契约教义的影响是十分清楚的，虽然它具体地规定了"邪恶"精灵，然而仍然为巫术师们留下了一条退路：相信自己与之交往的是"善良"精灵。

此外，条款中对于伤害性较小的巫术类型处以较轻的刑罚，这清楚表明，即使1604年的立法者也不赞成欧洲大陆上认为一切妖术活动中都隐含信奉魔鬼契约的观点。不然，既然一切活动都应该受到同样谴责的话，它们区别于巫术的程度就会变得无的放矢了。法令暗示了，有可能存在无须借助于任何信奉魔鬼的契约就用巫术手段（例如杀死邻人牲畜）的情况。没有一个有知识的神学家会接受这样一个论点。[21]

1604年的法规一直维持到1736年，这时妖术方才不再成为一种法定的罪行。宗教狂热分子从未满意过，他们希望对任何类型的巫术活动者都处以死刑。但是这个法规已代表了英格兰妖术法律为了适应欧洲大陆教义而采用的最大限度的观点了。因为它意味着，与恶灵或动物听差妖精建立关系的证据已足以对被告在技术上进行司法定罪，而不必管他（她）是否伤害过谁。[22] 即使这样，从总体来看，法令全书还是暗示了英格兰妖术遭到起诉的主要原因在于其反社会的罪行而不是在于异端邪说。

这个印象被审讯记录所证实。实际上，大部分起诉都是由涉嫌伤害他人行为引起的，很少由魔鬼崇拜的嫌疑引起。尽管从中世纪流传下来的伤害巫术的案例相对较少，但它们的起因通常都是因为人们怀疑是妖巫计划或实行了伤害行为。大部分是源自政治阴谋的邪术案例，其中，被告被说成施行妖术谋杀其政治对手或者博取有权势者的恩宠。宗教法庭也审理平民利用巫术谋杀或伤害他人，或者阻挠别人日常活动的诉讼案。这类活动肯定被认为有着信奉魔鬼的含义，而被告则完全可以以自己的基督教正统信仰来为自己辩护。[23] 但是指控他们蓄意崇拜魔鬼的案例则比较少；现在仅见的三件这类讼案都来自14世纪初，都是特殊的案例。在14世纪和15世纪，有各种各样的人被说成效忠于魔鬼，但是这些异端嫌疑并未被当时的人看成与妖术有关。[24] 相反，宗教法庭上的巫术指控极难被推演成崇拜魔鬼的罪名。[25] 在中世纪后期的英国，妖术之所以遭起诉，只是因为它被认为涉嫌伤害他人，而不是因为它被视为基督教的异端。

这种状况在16世纪法规制定以前一直没有改变，因为伊丽莎白时代一般性的妖术指控仍然只集中在"恶业"上，而不是恶灵。妖巫会背弃上帝而依附魔鬼的说法业已开始出现，但是伊丽莎白时代的妖巫通常不被说成与撒旦直接接触。1612年之前的记载中，也没

第十四章　英格兰的妖术：罪行及其历史

有一件审讯案提到与魔鬼的口头契约；一直到活跃在17世纪40年代末的专业妖巫搜捕者马修·霍普金斯的调查后，才有证据表明有一份书写的经过发誓的契约。我们对于反妖巫证据的了解依赖于残留下来的不正规的口供和证词，有些是第一手的，有些则收录在当时的宣传小册子中。这说明我们实际上对于大多数的审判中的说辞一无所知。根据现有的证据表明，一直到17世纪，信奉魔鬼的契约才在妖巫审判中突出地表现出来，然而即使在当时，这也远非必不可少的特色。[26]

与英格兰妖巫控告的总方向更不相干的是关于妖巫之恶魔聚会的概念，在这种夜间聚会上，妖巫以渎神的方式对魔鬼举行仪式性崇拜。只有极少数分散的审讯记录提到妖巫在一起聚会，但是其中的大部分情况与欧洲大陆上的对应者比较起来，似乎只是一种野餐会。1612年之前的审判记录中看不到任何接近于恶魔聚会的现象，而此后提到这类聚会的资料则是零星的和不得要领的。[27]《女巫之锤》以及欧洲大陆上妖巫信仰中的一个主要论题"被梦交男妖和梦交女妖强奸"在英格兰要罕见得多。[28]妖巫会飞行或者附入动物体内的概念则更为少见，[29]而此后童话中著名的飞天扫帚，在英格兰的妖巫审判案例中只出现过一次。[30]

如果要说英格兰的妖巫审判中体现了公众心目中邪恶巫术与魔鬼之间的联系的话，那么这一特点即是：妖巫的身体上都带有这一职业的标志，这是一颗痣或一个瘤，只要检查她身上有否"非天然的"记号便可发现之，通常很容易辨认，因为它受到刺扎时不会出血，也没有痛感。早在1579年它就被说成是识别所有妖巫的一个普遍标志。此后，检查嫌疑犯身上是否有看起来可疑的疙瘩成了一项相当普遍的手续，并要刺扎一下，看看她是否受伤。[31]与之连在一起的一个信仰是英格兰独有的概念：妖巫可能拥有一个供她差遣的小鬼或恶魔，它会以动物的形状出现，通常是猫或狗，但也可能是蛤蟆、老鼠，甚或黄蜂、蝴蝶。这种听差妖精为其主人提供巫术帮助，它被认为是魔鬼本人赠送的,或者从其他妖巫那里购买或继承来的。有时人们认为,妖巫标记是个乳头,听差妖精从中吮吸妖巫的鲜血作为营养。于是就形成了侦查妖巫的一个普遍做法:将嫌疑犯隔离开来,等待某种动物或昆虫的出现,以证明她有罪。

关于妖巫标记和听差精灵的口头传说是不可忽视的,它的出现甚至在1604年的法令对其做出强调之前,法令中提到了款待和供养恶灵,从而证实了这一传说。雇用吸血鬼用于巫术的说法可见于中世纪的传说中,而用符咒召请精灵则是常见的巫术活动。初期,听差精灵在妖巫起诉中拥有公认的地位。它们于1566年、1579年和1582年出现在埃塞克斯郡的审讯中;事实上,早在1530年萨默塞特审理的一件宗教案子就成了一个突出的例子,表明大众认为妖术与嫌疑犯房子里出现的蛤蟆有着明显的关系。[32]

不管怎样,听差精灵和魔鬼远不是英格兰妖巫审判中必不可少的特色,即使在17世纪亦然。它们也不是我们有记载的大量非正式妖术指控中的必然成分,因为它们导致的不是妖巫审判,而是诽谤诉讼(或在宗教法庭或在普通法庭):感到受屈的人抗议对方的妖术指控。正式的妖巫审判由法官和律师来执行,他们受过教育,熟悉欧洲大陆上的教义,所以很可能"妖术乃魔鬼崇拜之异端邪说"这样的神学观点会压制原本导致这一诉讼案的较朴素的大众信仰。相比之下,诽谤诉讼案则更为自发,并且不太容易为律师们所操纵。这些案例绝对地肯定了这样的看法:对于当时的大多数人来说,妖术的要害不是在于它与魔鬼的密切关系,而是在于它通过后天的或先天的玄秘手段伤害生物、物体或财产的威力。保存在主教档案和民事法庭记录中的大量诉讼案例频频提到这类情况,诸如用眼光摄神、图形巫术,以及造成严重后果的诅咒。但是它们几乎从不谈及与魔鬼的关系,只是在极难得的情况下,它们才提到妖巫标记或听差精灵。这些案例是最好的证据,说明了大众阶层中妖巫信仰的流行状况以及妖巫信仰的传统性质。[33]

第十四章　英格兰的妖术：罪行及其历史

还有绝大部分巡回法庭的正式审判案例也使我们产生了这样的印象。1558年与1736年之间，在伦敦附近各郡（埃塞克斯、赫特福德、肯特、萨里和萨塞克斯）的巡回审判中有200多人按妖术法规被定罪，但是，如果将1645年马修·霍普金斯发动的控告案除外的话，其中只有七八人未见伤害邻人或其财物的罪状。有一个人被说成是欺骗女王臣民的骗子，即声称能用奇术来探寻埋藏的财宝；另外三个人则被控蓄养恶灵，旨在伤害邻人。1645年，在霍普金斯的影响下，16人被定成款待恶灵罪，但其中仍有7人同时被控杀害他人或其牲畜。[34] 埃塞克斯巡回审判区的492起邪恶妖术控告案中，只有28起的罪名是用符咒召请恶灵或款待它们；而其中又有18起是受霍普金斯的影响所致，并有14起兼有"恶业"的指控。[35] 实际上，在此期间的伦敦周围诸郡巡回审判区的起诉案中，只有22起——霍普金斯插手的除外——明显地存在着与精灵的关系。其他的巡回审判记录很不完全，以致无法令人满意地进行数据统计，但是不与"恶业"连在一起的魔鬼崇拜罪的案例是极为稀少的。

虽然1542年和1563年的法令对某些类型的奇术活动处以死罪，以及1604年法令将信奉魔鬼契约或者款待和供养恶灵的活动定为死罪，但是定这类罪名的场合并不多见，也很少把它们作为主要罪名，除非附带着实际的"恶业"证据。一个评论者说，根据伊丽莎白时代的法规，人们是把罪犯作为"杀人凶手而不是妖巫"执行处决的；罗伯特·菲尔默爵士说，甚至在詹姆斯一世的法令实施后，当时的法官也不大可能给人定妖术罪，除非涉及谋杀事件。此事的唯一例外是在霍普金斯运动期间。[36] 1645年至1647年之间，东部诸郡约有200人在他的影响下被定罪，许多人涉嫌订立契约。但是即使在这极其例外的时期里，也经常用的是"恶业"的证据，其频率完全可能大大超过起诉书中所显示的频率。[37]

因此，关于妖术的狭隘的神学定义，即认为妖术威力来自与魔鬼的契约，从未完全地征服过英格兰，即使在16世纪后期和17世纪早期也是如此，当时，欧洲大陆概念通过许多本国语文章和主要审讯报告到处传布，它们的发表是有意要刺激更多的起诉。尽管如此，欧洲大陆的教义还是影响了许多审判的处理方法，并且渲染了许多断章取义的"忏悔"。而这种"忏悔"只有按照理查德·伯纳德在其《大陪审员指南》中所推荐的方法去做后才可望出现：应该委派"充分懂得揭露妖术和其中渎神之处"的虔诚神甫去教导嫌疑犯，这样，她就可能"幸运地准备忏悔"。当一件"恶业"指控交给法庭后，如果落在有偏见的律师或教士手中，那么它很可能会转变成魔鬼崇拜案。此外，从技术角度上来说，让嫌疑人忏悔自己和魔鬼签订契约的行为更容易令迫害案件具有说服力，相比之下"恶业"总是要更加难以证明。[38]

尽管教会法庭越来越偏爱于按照欧洲大陆的路子审理案件，但是大众的妖术概念从未被成功地限制在魔鬼崇拜的观念上；在乡村，人们并不是因为对异端的恐惧才去控告妖术。在大多数人看来，"妖术"依然基本上是伤害他人的威力。1588年，一帮清教神甫讨论妖术问题，他们同意，所谓妖术就是"一定要有某种不平常的邪恶后果随着他们的不满心理而产生，最后导致人畜的死亡"。如后来有个作者评论的那样："一般来说，没有人会被认为是妖巫，而只有那些既有企图又有手段伤害人畜的人才会被认为是妖巫。"[39]这样的定义排除了善良巫师或术士，他们旨在治愈疾病或寻找失物，它也排除了那些用符咒召请精灵以寻求财富或知识的人。在神学家看来，这类从业者完全犯了与魔鬼订立契约的罪行，但是一般大众对于这种看法则漠然处之。在英格兰就如欧洲大陆上一样，对于邪恶妖术与善良巫术的混淆基本上与大众信仰不相干。如1587年埃塞克斯郡神甫乔治·吉福德所强调的那样，人民憎恶妖巫并不是一种宗教上的不宽容；邻里对她们邪恶行为的惧怕，不是出于对她们与魔鬼结盟的痛恨。[40]

第十四章　英格兰的妖术：罪行及其历史

二　妖巫信仰的年表

　　16世纪和17世纪的英格兰的妖术概念由此拥有了两条内涵。在关于邪恶巫术威力的大众信仰的顶上强加了"妖术的要害是效忠于魔鬼"的神学观点。这两个观念并存着,有时候分离,有时候混合。然而,人们是出于对"恶业"的恐惧,才导致了大多数的控告和审判。关于这种玄秘的恶毒行径之可能性的信仰到底有多么普通？这个问题无法回答,因为没有令人满意的办法来确定过去信仰的数量。仅仅计算妖术案例的总数是不够的,因为还有许多最终没有导致正式起诉的非正式指责,从而就没有留下记载。同时代医生的判例汇编表明,患者自以为受了蛊惑的情况十分普遍。在理查德·内皮尔的判例汇编(1600年至1634年)中涉嫌妖术的有120多例,而威廉·利利的汇编(1644年至1666年)中则有50多例。[41]迄今所知,其中没有一件导致司法审问,我们只是通过判例汇编中偶然留下的记载才了解了它们。我们只能推测,为什么一个案子提交了法庭,而另一个案子却仍然成为乡村中酒后饭余的谈资。毫无疑问,当地乡绅、教士和乡村官吏对这一问题的态度是很重要的。但是这绝不能确定正式起诉和非正式指责的比例。换言之,法律诉讼程序只代表了无法肯定其体积的冰山的峰巅。即使这一峰巅本身,大部分也没有被我们看见,因为留下来的司法记录残缺不全,只为我们的概括提供了一个不确定的基础。我们根本不可能对妖术控告的程度做出肯定的数字统计,所以历史学者也只能满足于合理的推测。

　　如我们所见,在1542年至1547年以及1563年至1736年间,两度实施了反妖术的法规。实际上,关于第一个阶段中妖术起诉的情况,我们一无所知。[42]对于第二个漫长得多的阶段,我们则可以根据残留下来的巡回裁判和季度法庭的记录做一个探索性的估计。伦敦周围诸郡巡回审判区的审讯文件中有77%存留下来,对于它们的分析揭示了在 1559 年至 1736 年间，有 513 人按妖术法规而被控，其中有 200 多人被定罪，109 人被绞死。[43] 英格兰另外还有五个巡回审判区和大量独立的司法辖区，所以如果推测一下全国的总数，那么案例数量肯定还要大大增加。C.莱斯特兰奇·尤恩——所有的研究者都得永远感谢他的开拓性的调查研究——推测，在整个这段时期里因妖术罪被处死者的总数大约将近 1000 人。[44] 我们很难再提出另一个数字。当然，还可以将其他一些案例添到尤恩所发现的案例上，但是即使这样，他的数字恐怕也是最大的估计了，尽管因为肯定有许多人在审判之前或之后死在狱中，所以总是有些出入的。在埃塞克斯郡，1560 年至 1603 年之间这样的死亡有 24 起。然而，按欧洲大陆上的标准来看，英格兰的数字并不算高，虽然由于缺乏关于欧洲司法记录的统计著作，因而没有可靠的估计供我们做比较。[45] 它在比例上也低于苏格兰相应的数字，那里流行着各种不同的法律诉讼程序。[46] 尽管如此，英格兰的妖术起诉案的数量已大到足以供我们做出某种解释了。它大大地超过了相似的天主教士的起诉案，因为在此期间英格兰处死的天主教殉教者——包括俗人和担任圣职者——的总数只有 264 人。[47] 它也构成了当时经司法审判的罪案总数的一个基本部分。16 世纪 80 年代是埃塞克斯巡回审判区妖术案高峰时期，它占到全部罪案的 13%。在该郡中，有半数以上的乡村先后涉及妖术控告。[48]

妖巫案的数量随时期和地区而异。由于迄今尚未解释过的一些原因，埃塞克斯郡的这类起诉特别多，在伦敦周围诸郡巡回审判区中，埃塞克斯郡的妖术起诉状数量超其他四郡（赫特福德、肯特、萨里和萨塞克斯）的总和。但是残留下来的记录数量之不平均使得我们不可能画出一幅令人满意的妖巫案分布图，没有一个郡可以例外。最厉害的时期是 1645 年至 1647 年，当时由马修·霍普金斯领导的运动导致了埃塞克斯、萨福克、诺福克和邻近诸郡中的数百名妖妇被处死。还有其他著名的审判，1582 年埃塞克斯郡涉及 14 人，

第十四章 英格兰的妖术：罪行及其历史

1612年兰开夏郡21人，1633年20人。这类著名诉讼案吸引了人们的极大关注，因为当时的人像现代的历史学家一样，依靠凑巧发表的著名诉讼案记录小册子来了解妖术情况，而对巡回审判记录所揭示的常规起诉则并不熟悉。如果认为妖术起诉是不时发生的"刺激性新闻"，那就错了。因为这一主题的大部分历史是稳定的和并不引人注目的日常起诉。伦敦周围诸郡巡回审判区的妖术审判在伊丽莎白一世时代臻于顶峰，已知的790起中有455起是在那时进行的，大部分在16世纪80年代和90年代。伦敦周围诸郡巡回审判区的案例数在1620年左右急剧下降，在霍普金斯时期又引人注目地上升，然后在该世纪剩下的时间里则衰减到稀稀落落的程度。其他地方，例如西部巡回审判区，妖巫审判在查理二世统治期间仍然保持着很高的比例。

以被告的定罪而结束的案例的百分比也随时代而异。伦敦周围诸郡巡回审判区的妖术案件似乎在16世纪末期左右的比例特别高（占总数的41%），后在霍普金斯时期再度上升（占41%）。到了查理二世在位期间，各地的数量都降了下来。例如，西部巡回审判区在1670年至1707年之间，有50人以妖术罪受审（其中两人是再犯），但是只有6人被处死，第7个人被判死刑后缓刑。在埃塞克斯郡，早在1620年，宣判无罪的比例急剧增高，1626年后则没有处决过，只是受霍普金斯影响的1645年不计在内。该郡中整个这段时期内被控的人中有151人被宣判无罪。这可与法国的无罪宣判率进行比较，它有时候低到5%。[49] 在英格兰因妖术罪被绞死的最后一个人是1685年埃克塞特的爱丽丝·莫伦德；最后一个被判死刑而随后缓刑的人是1712年赫特福德的简·韦纳姆。英格兰民事法庭最后一起有记载的妖巫审判于1717年在莱斯特进行，尽管有不下25个证人做证，但陪审团还是否决了这项指控。最后，立法机关于1736年废除了1604年法令，并代之以一条禁止这类妖术或邪术控告的规定，而对于欺诈性地自称能利用巫术算命和寻找失物的人则处以一年监禁和一年4次的颈手枷示众。在国会看来,妖术已不再是一种可怕的事情;如今,它被认为只是另一种世俗欺诈案。事实上,在此前二十年中旧法令已成一纸空文,法定的罪名已远远落后于知识观念的变化。[50]

妖巫审判记录若要作为妖巫信仰时起时伏的气压表则还是不够的。它主要反映的是有教养的各阶层的态度:处理案件的律师、审讯囚徒的教士和"郡里最有资格的世袭土地拥有者"。他们组成了大陪审团,审查来自季度法庭的控诉状;还有小陪审团,它由身份较低者组成,但是不管怎样,按照查理二世时代的法令,其成员也必须至少拥有每年20镑的地产和租金收入。[51]在17世纪,对妖术的怀疑在这类人中日益增长,即使不怀疑妖术本身,也至少怀疑能否令人满意地证明它曾发生过。例如,1692年萨里季度法庭的大陪审团严肃地警告说,虽然妖术是件重大罪行,但是"要充分证明它是极为困难的,因此任何一个陪审团无论怎样谨慎小心地处理这类起诉都不算过分"。[52]这一日益增长的批判态度导致了起诉成功率的下降,尽管法律仍然有效。

关于这种怀疑论的根源,只能留待下文再做探讨。[53]同时我们还应记住,怀疑论始终以某种程度存在着。几乎每个人都同意,至少有一些妖巫是被不公正地指控的,还有一些则是其自己幻想的牺牲品。在整个这段时期内,都有与妖术控告连在一起的威胁、毁谤和非法拘留等行为被判以赔偿损失;在17世纪后期,人们还成功地控告了一些骚扰无辜者的人。[54]

但是各个有教养阶层的观念的改变并不是立即反映到一般人民之中的。一旦妖术变得不可能在法庭上定罪后,妖术法规的废除也只是时间问题了。但非正式的指控仍然在进行。甚至尚在妖术法有效期间,就有社区无视正常的起诉手续而自行执法,他们虐待妖巫或强迫她接受"浸泡"的神裁法,有时候就造成了她的死亡。例如,这类暴行曾发生在1665年、1691年、1694年、1699年、1700年、

第十四章 英格兰的妖术：罪行及其历史

1701年、1704年、1709年、1717年、1730年和1735年。[55]尽管法庭随时准备把这类案件当作谋杀案来处理，但是这类插曲在1736年妖术法令失效后仍在进行，以私刑处死妖巫依然是英格兰农村生活中不时见到的一个特色，直至19世纪后期。[56]

知识阶层观念的改变解释了17世纪后期以后妖术控告得不到法庭同情的原因。但是我们如何来说明在短时期内集中出现的积极的妖巫起诉呢？英格兰因妖术罪被处死的案例几乎都发生在16世纪下半叶和17世纪的前四分之三中。然而这样的妖术信仰却早就存在了。中世纪的人们就相信，有些个人能够通过玄秘的方法施行"恶业"行为，就如另一些人能利用巫术干善事一样。除了恶魔聚会和魔鬼契约的概念外，英格兰人此后的妖术信仰中没有一项不是早在1500年以前就深深扎根在大众的想象之中的。[57]但是尽管如此，在16世纪以前，这些玄秘的威力似乎并未激起如后来那样的注意和愤恨。有些中世纪的律师认为巫师应该被活活烧死，罗马法已为这种刑罚提供了一个颇可尊重的先例。[58]但是在1500年之前，对被控施行邪恶巫术者处以较重刑罚的事情在英格兰十分罕见。在与之迥异的中世纪司法记录被发现之前，我们不能对此问题做出预先判断。而如今，从诺曼征服到宗教改革这段时期内，据知只有不到半打的处死妖巫嫌疑犯的案件；而且其中大部分都涉及反对君主及其朋友们的阴谋。[59]

中世纪对于妖巫的指控也不同于17世纪。在后一个时期里，十分普遍的现象是将大量伤害行为都归咎于个人的妖术阴谋。随便举些例子：伊丽莎白·皮科克被控杀死4人、致残1人，并造成8匹骟马和7匹牝马的死亡；菲利珀·格温被说成用妖术致残3人和杀死1人；玛莎·赖伦斯被控至少谋杀了5人。这3个案例均来自1670年至1675年间西部巡回审判区的记录。[60]在16世纪和17世纪这段时期里，正式归咎于妖术的死亡总数肯定要达到数千。单单在埃塞克斯郡，妖巫就正式被控杀死了233人和导致108人患病。[61]

与此形成鲜明对照的是1500年以前已知的涉嫌以妖术造成的伤害事件的总数：两个或三个死人、一条折断了的腿、一条萎缩的手臂、几次破坏性的暴风雨和一些受到蛊惑的强奸案。[62]当然，这里面肯定有相当大的出入，因为迄今所见的中世纪记载很不完全，更因为其中的大部分记录还有待于正确研究。中世纪的许多邪术案例无疑还有待于发现。但是，颇可注意的是，在现在所看到的这些案例中，通常的罪名是企图施行妖术，而不是业已成功的妖术。

文献证据也表明，16世纪的人感到妖术问题已占有了一种新的地位。朱厄尔主教在1559年说，在前一个君王治下，"各地的妖巫和邪术师的数量增多了……这类人在最近几年中令人惊异地增加了"。[63]1602年，首席法官安德森说："国内充斥了妖巫，她们分布于各处。"[64]若不迅速采取预防措施，她们将"在短期内肆虐于全国"。1650年，霍尔主教认为，在过去，妖巫一直十分少见，"然而现在却在一个郡里可以发现几百个；如果传闻不错的话，那么在北方的一个14户的村庄里，就有几个这种该诅咒的家伙"。在马修·霍普金斯活动时期内，一个书信代书人认为，现在英格兰被控告的妖巫比创世以来的任何时期的妖巫都要多。甚至到1654年，还有人觉得巫师的数量仍在明显地增加。[65]

在伊丽莎白继位后的120年左右的时间里，为什么妖术显得特别具有威胁性呢？解释这一点的一个方法是强调：这正是两种不同妖术概念融合起来而产生新神话的时代。于是，这种变化就归之于神学的妖术概念附加到古代的"恶业"可能性信仰之上这一原因了。"妖巫乃魔鬼崇拜者"的观念是刚刚从欧洲大陆过来的进口货，它旨在使妖术作为史无前例的大规模宗教迫害的替罪羊。人们可以这样说，在中世纪，"妖巫乃魔鬼崇拜者"的观念尚未扎根；因此关于她们的任何恶毒行为都可以像对待其他任何罪行一样地处理。只是在欧洲大陆观念于16世纪大量输入英格兰后，由于印刷术的发明，妖术才被肯定地认为是诸罪之中的最大罪行。一旦妖巫被视为异

第十四章 英格兰的妖术：罪行及其历史

端和上帝的死敌后，就发动一场彻底铲除她们的运动。于是审判和处决就随之而来。

这一说法最有影响力的代表者是罗塞尔·霍普·罗宾斯教授。他在其《妖术与魔鬼学百科词典》中专门论述了这个论点：神学的妖术概念"绝不是人民的"，而是由中世纪后期的教宗制度强加上去的。他认为宗教法庭的教士和律师在做着妖巫搜捕的生意，使用了拷打折磨和诱导性的提问，以便从"妖巫"口中榨取对魔鬼崇拜的忏悔，而这正是他们自己的发明。一般大众接受妖术乃异端的说法，"只是在这一新教条输入几十年以后"。迫害妖巫的实质即是由自私自利的教士和宗教法庭法官发动的一场冷酷运动的产物。它没有真正的社会基础，而只是从上面强加上去的。[66]

罗宾斯教授的解释很有价值地提醒了我们，这一时期的妖巫信仰中包含了一个没有先例的成分，他还正确地强调这一新成分没有真正的群众基础。但是他的论述很难解释英格兰在16世纪和17世纪不断增长的妖巫控告案。它还不能解释，为什么在欧洲大陆观念的宣传（14世纪和15世纪）和英格兰的开始迫害这两者之间足有100多年的时间间隔。主要的困难还在于，如我们已经看到的，英格兰的大量妖术控告都不涉及妖巫的任何异端活动嫌疑，而只是与其"恶业"（或作"邪术"，这是罗宾斯教授为了把它与狭义的"妖术"概念区别开来而给予的称呼）有关。这就是伊丽莎白时代绝大部分妖巫案的争论点。罗宾斯教授描述为"妖术幻想之核心"的与魔鬼的契约在1604年之前的英格兰一直没有正式成为一桩罪行，迄于那时，至少有一半（也许更多）妖巫审判案已出现过了。在伊丽莎白去世以前，伦敦周围诸郡巡回审判区已执行了半数以上的妖巫死刑。即使1604年以后，信奉魔鬼的契约也不是控诉的要点。

此外，欧洲大陆上迫害妖巫也有其经济动机，因为妖巫的财产可以转到领主、宗教法庭或负责审判的官员手中。[67]但在英格兰并不存在这类诱因。短命的1542年法令诚然规定要没收重罪妖巫的财物和土地,但是此后1563年和1604年的两个法案则保护了子嗣的继承权和寡妇的遗孀产——如果被告被处决的话。但这一保护也不始终有效,而且一旦妖巫没有继承人,其财产还是会落入领主手中。例如,1593年处死的沃博伊斯的三个妖巫的财产价值40镑,它们交由庄园主亨利·克伦威尔处理,他便将现钱付给亨廷顿政府,用以资助每年关于妖术的布道会。[68] 法律确实还规定要没收被判终身监禁的妖巫的财产,但是在英格兰,对妖巫的控告几乎从来没有过经济动机。大部分受害者是极其贫困的。很难设想她们的控告者会从中得到经济上的好处。只有在极少数的情况下,才能朦胧地看出一点经济动机来。[69] 罗宾斯教授说,欧洲大陆上的"妖巫搜捕是可以自给自足的,并成了一笔大买卖"。[70] 但是英格兰的情况则完全相反。有时候一件妖巫案对于社区来说还是件相当破费的事情,1645年至1646年萨福克郡的某些教区中,人们不得不向妖巫的狱吏支付费用,因为被告本人穷得支付不起。[71] 刽子手和狱吏在此过程中固然有些钱财得益,但是这也绝不比其他罪案中的收入多。

按照欧洲大陆模式自上而下推动的英格兰妖巫控告,便是专业的妖巫搜捕者马修·霍普金斯及其同事约翰·斯特恩的工作。霍普金斯运动也许为他个人带来了经济利益,虽然他和斯特恩都否认这一点。[72] 他的受害者达200人左右,这在英格兰处死的妖巫总数中占了很大的比例。但是专业的妖巫搜捕者毕竟是例外的。1649年至1650年在伯里克和纽卡斯尔有一个这样的搜捕者,其他可能还有一两个。[73] 然而,在惯常以职业煽动者来进行各种罪名的控告的时代里,这种人的相对缺少还是很明显的。地方政府偶尔资助妖术控告,而当地的教士或乡绅由于受欧洲大陆思想的影响,有时也要去榨取对于"参与信奉魔鬼的妖术"的忏悔。但是这类证据不能证实这样的观点:英格兰的许多妖巫起诉都由上层引发(霍普金斯之事除外)。

此外,即使在它们确由上层引发的情况下,这些控告也仍旧可

第十四章 英格兰的妖术：罪行及其历史

能有着真正的群众基础。在现代非洲，妖巫搜捕运动十分常见，其领导者也未必就没有个人的经济动机。但是，只有当一般人民深信妖巫是他们所有烦恼和痛苦的根源，并一旦铲除妖巫后就一切都会好转时，这种运动才有可能进行。[74] 在英格兰，霍普金斯运动似乎不完全是出于这种自卫目的，但它还是利用了业已存在的恐惧。虽然霍普金斯有点走向反面，但是仍有种种理由认为，他所做的是想把比例很高的非正式的大众指责和怀疑变成真正的起诉，并在此过程中将大众的"恶业"指控转变为魔鬼崇拜的指控。内战以后正常司法机构恢复工作的迁延帮助了霍普金斯运动的开展。1645年7月在埃塞克斯郡切尔姆斯福德进行的妖巫审判，不仅由巡回审判区的法官审理，也由沃里克的伯爵所统辖的治安推事审理，后者并无明确的司法地位。然而，使得这一插曲成为可能的是当地百姓愿意做证反对霍普金斯的牺牲者。单是在埃塞克斯就有92人出面相助。[75]

因此，没有任何理由认为英格兰对妖巫的迫害是由教士和律师领导所发动起来的反对普通百姓之天性的运动。不管欧洲大陆上的审判员和宗教法庭法官扮演什么样的角色，我们却绝不能说英格兰的司法人员曾主动地发动了对妖巫的控告。诚然，有些审判员显示了不惜一切代价要给妖巫定罪的欲望。例如，法官温奇和高级律师克鲁就曾于1616年在莱斯特以最微不足道的证据给9名妖巫定了死罪，从而招惹了詹姆斯一世的不快；或者法官布朗利于1612年对兰开夏郡被宣判无罪的妖巫说，她们无疑地与那些被判死刑的妖巫一样有罪。[76] 同样确实的是，有时候审判是在公认为不光彩的环境中进行的。1634年玛丽·斯潘塞的审问中，嘈杂声如此之大，以至于她听不到反对她的证词；而1653年安妮·博登汉审判中的喧闹声则使得审判员和犯人互相听不见对方的话。有些审判员似乎急于要使被告的定罪情况最大限度地公之于众。[77] 关于沃博伊斯妖巫审判记录的有影响的小册子（1593）便是法官芬纳委托编写的，而治安推事布赖恩·达西可能本人就是埃塞克斯郡圣奥西思的妖巫审判记录（1582）的作者。[78]

不管怎样，审判员作为一个阶层来说，似乎并不比其他同时代人对妖巫更具有惩罚的意图。他们对于首先发动控告不负有责任；而最后正是法院采取了主动行动使得妖术法令不在实际中应用，此事远在法令废除以前。早在1579年，一个涉嫌的妖术施行者可以责备当地的治安法庭法官拖延对其迫害者采取行动。[79]1633年，一个同时代人评论道，要不是审判员们的仁慈和周密判断，就有更多的无害老妇要被定为死罪了。迄于1676年，人们也可以说："可尊敬的法官们，尤其是英格兰法官，如今比别人贤明多了，不仅胜过那些贫穷的贱民，而且胜过那些自命为大哲学家的人……他们很少或者不鼓励这类控告。"[80]

为减轻妖术法的重责而做出最突出贡献的是首席法官约翰·霍尔特爵士（1689—1710），在他主持下，先后宣判了11个人无罪，他还对一个骗子定了罪，此人假装受妖术之害，从而率领一帮暴民攻击了被怀疑者。一位评论者说："他提出的问题和对于证词发出哼哼声的方式，使我认为他似乎根本不相信什么妖术。"他的同事鲍威尔法官也仿效他的榜样，据说（虽然不是同时代的资料）在1712年主持简·韦纳姆的审判时，鲍威尔在面对具有煽动性的证词时，诙谐地回应说，没有哪条法规规定人不可以飞行；他采取迅速的步骤为韦纳姆轻判成缓刑。[81]

在17世纪的最后三十多年中，妖巫审判经常反映出司法机构与来自下层的抵制压力之间的斗争。当萨默塞特的治安推事罗伯特·亨特一个人去搜捕妖巫，发现了妖巫们的"魔鬼的结合"后，"他的发现和努力受到了激烈的反对和劝阻，先是来自某些人，然后来自当局"。[82]但是审判员们在反对压倒性的群众狂热时，也是有一定限度的。首席法官诺思承认曾在1682年容忍了对埃克塞特三个无辜妇女的定罪，因为他怕仁慈反而会因为反作用而导致新的妖巫搜

第十四章　英格兰的妖术：罪行及其历史

捕。他的兄弟罗杰·诺思记道：

> 可怜的老家伙难得因为这样的罪名而被法院传讯，但是在她背后却有着一股公众的愤怒，这无异于要置她于死地；如果一个法官清楚而公开地反对平民的渎神观念，即不认为魔鬼自己有虐待和杀死无辜孩童的威力，或者他喜欢用善良人们的奶酪、黄油、猪和鹅来消遣作乐，以及诸如此类的无知和愚蠢贱民的谬见，那么乡下人就会叫起来：这个法官没有宗教信仰，因为他不相信妖术。[83]

因此，对于妖巫的仇恨显然不是审判员们灌输的，他们肯定没有这种仇恨。把它归因于欧洲大陆上关于魔鬼崇拜者的新教义，也不能令人心悦诚服。它来自大众对于"恶业"的恐惧，是这种恐惧提供了妖巫控告背后的正常驱动力，而不是任何来自上层的由律师领导的运动。之所以会激起妖巫的敌人的愤慨，是因为他们确信自己是她邪恶行径的牺牲者。他们的孩子病了，牲畜死了，黄油做坏了，都可以归咎于妖巫。妖巫成了其邻人的仇恨目标。她极易遭受非法暴力的攻击，她在巡回审判法庭的定罪往往得到造成这一指控的那个社区的全力支持。

这就剩下了一个基本问题。如果公众的妖巫信仰与他们在中世纪的妖巫信仰完全一样，那么为什么唯独在16、17世纪，反对妖术的法律行动才达到了这么大的规模？对于这个问题，只有两种可能的答案。要么对于妖术控告的需求突然增大，要么对于这种控告的机构以前尚未存在。在这两种答案中，第二种似乎更无道理。诚然，召请精灵在16世纪才成为法定的罪行，但是可能始终存在着控告"恶业"制造者的某种机构。这种法律关系绝不是很清晰明了的，但是按照中世纪的法律，一个女人用邪术杀死了一个男人，似乎会像用斧子砍死了人一样受到起诉。如果在16世纪以前鲜见这类案例,那不是因为缺乏专门处理妖术的法规。如今关于中世纪后期刑法实施状况的知识只是很初步的,这肯定阻碍了我们对此做出明确的判断,但是根据现在可以应用的证据,我们仍能合理地推测,中世纪妖巫审判案的明显缺少并不是因为没有必要的司法机构,而是因为缺乏利用它的任何明显的大众需求。[84]

因为,中世纪的邪术师通常会被高等法院或地方法庭拘押审讯,或者成为专门委任的委员会或会议的查询对象。他们也可能与其他巫师一起被宗教法庭所指控。然而,令人惊异的是,虽然有许多巫师被宗教权力机构传讯,其中却很少有人被定为施行"恶业"的罪名。而大部分则是传统的魔咒师和水晶球占卜师。他们根本算不上邪恶的妖巫。此外虽然巫术活动有时候被视为异端,[85]并存在着处以火刑的潜在危险,但是我们没有见到明显的例子,表明中世纪的妖巫被异端法律判为死刑。[86]当然,仍有几个法律专家声称应该将巫师处以火刑,[87]当时和后代都有人这样认为。[88]司法机构是可以使用的,但是似乎无论是教会,还是一般大众都没有要利用它的强烈欲望。只要大量的中世纪司法记录(或者世俗的或者宗教的)仍未发表,对于这一点做出草率的判断就是愚蠢的,但是所有的迹象都表明,在中世纪的英格兰,并不存在对于妖巫控告的基本需求。

鉴于这一点,我们就不应该把有组织迫害的开始看成是三个妖术法规的责任。历史学家们花费了大量精力,试图找出是哪些个人应对起草这些法案和促使国会通过负责,然而迄今在这方面取得的进展甚微。我们对于1542年法令的起源毫无确切的了解,而欲把1563年法规归因于玛丽流放影响的企图也终归失败。两个法规可能都是由于利用巫术反对当政君主的政治阴谋而促成的。我们对于1604年法案的议会历史比较了解,有不少杰出的律师和宗教人士,包括那些先前作为个人曾涉及妖巫案件的人,他们都在法案提交通过的各个委员会中。[89]然而,如果认为,只要辨认出各个法案的制定

第十四章 英格兰的妖术：罪行及其历史

者就能使妖巫迫害的原因真相大白，那就错了。因为我们没有理由认为其中的任何一次立法是特别有争议的，例外的只是1736年废除妖术法规时曾激起了有人用小册子进行抗议以及遭到国会中的轻微反对。[90] 法案尽管也已提出，但是若无上下两院的普遍支持，它就无法通过，在这类事情上，相当明白地代表了当时有教养者的观点。在任何情况下，大部分控告都可以无须这些法令就进行，因为它们涉及"恶业"，而这似乎始终是可以起诉的。这些法令只是对不太常见的罪行，如用符咒召请精灵、招待它们、与之订立契约或者寻找失物和宝藏等，才规定了全新的刑罚。所以至多可以说，这些法规给妖术观念增加了某种公开性，它们在法令书上出现，有助于维持这一信仰，尤其是在后来怀疑论日益增长的年代里。法令肯定使得法官难以做出不受束缚的判决。如首席法官诺思在1682年向国务大臣抱怨的那样："我们没法做到给她们缓刑而不显得否认妖术之存在，这是与法律相悖的。"[91]

即使在法庭不再受理妖巫案以后，大众仍旧维持着对妖巫的敌意，就如不时发生在农村的私刑处死事件所展示的那样。这种感情独立于法律立场，虽然必定是有了法规之后，直接反对嫌疑者的暴行才会采取合法的形式。但是，在法规颁布以前，却很少有证据表明公众存在着对于邪恶的敌意。在中世纪社会中有着大量的非官方暴行，不过似乎很少是直接反对涉嫌妖巫的。[92] 宗教法庭随时准备受理大众巫术案件，但是难得出现要求调查邪恶妖术的情况。普通法为大部分"恶业"起诉提供了便利，但是很少有人求助之。为什么唯独在16世纪60年代，大众对妖巫的憎恶感情才清楚地表达出来？如果说当局在欧洲大陆思想的影响下，感到有必要干预旧的妖术罪（因为它如今显得像是一种新的、致命的异端了），那是缺乏充分理由的。[93] 因为随之而来的控告主要涉及妖术的传统和邪恶行径方面，而不是魔鬼崇拜的罪责。公众对于妖巫控告的新要求的原因不能从立法者和司法者的态度改变中去寻找。这一定得追溯至人民本身的观念变化上。

附录一 "妖术"一词的含义

现代的社会人类学家是这样区别"妖术"和"邪术"的:妖术是先天的品质,是无意识的个人脾性,它来源于生理上的特异性,可以通过尸体解剖而发现之。妖巫通过玄秘的方式发挥其邪恶威力,无须言辞、仪式、符咒或毒药,这是一种纯粹心理性的行为。另一方面,邪术则是有意地使用邪恶魔法;它使用符咒或技术辅助工具,任何懂得正确方法的人都可以使用邪术。于是根据这一定义,妖术就成了一种不可能的罪行,它是无法根据经验观察出来的,而邪术则是在许多原始社会中实际使用的。[94]

这一区别产生于对阿赞德人的妖术的研究,然而它却被应用于其他环境中,尽管它对于其他非洲社会的适用性至今仍然大有争议。[95]它有一点可以适用于英格兰的情况,即当时至少有一些作者观察到了"妖术"与"邪术"的区别,前者是由魔鬼给予的一种玄秘威力,无须工具或符咒,后者则要使用图形、毒药等。例如,1653年,一个作者声称,邪术是"清楚区别于妖术的一种事情或危害,妖术通过魔鬼与妖巫的暗中勾结而施行,邪术则通过共感和反感,巧妙而邪恶地滥用了大自然本身产物中的性质"。出于善良目的而利用自然是正当的;"邪术则是出于邪恶目的而对自然的利用"。这与现代人类学家对邪术的描绘十分相似:"(邪术是)社会所不容许的或视为非法的破坏性巫术的一个分支。"[96]弗朗西斯·培根早先更为确切地区别了妖术和邪术,但是指出,诸如用打结来阻挠婚事的巫术技术"与妖术几无关系,因为这不是像妖巫一样是特定个人才能施行的,而是人人都能干的事情"。[97]

英格兰人像阿赞德人一样,有时候也相信妖巫具有除了标记以外的生理特异性。例如,1599年,审判员理查德·马丁爵士说,他

第十四章 英格兰的妖术：罪行及其历史

听说妖巫的头发是剪不掉的。[98]还有些人则断定,坐在阳光下的妖巫是没有影子的,[99]以及妖巫流不出眼泪。[100]一本关于1652年梅德斯通审判记录的小册子记道,有些观众要求把妖巫烧死,他们"声称许多人都接受这样的看法:妖巫的躯体被烧后,就可以免使其气质遗传给子孙以致同样地邪恶,但若绞死她,那就做不到这一点"。[101]妖术家传的观念常常有人提到。[102]但是,恐怕最接近非洲的"完全无意识妖术"概念的是相信人的眼睛里有着一种特殊的摄魂能力,就像人因偶然瞧见了自己的牲畜而杀死了它们一样,有个治安推事把这类人称为"无意识妖巫"。[103]然而,这种人主要是民间传说的创造物,而很少出现在审讯中。有个评论者说:

> 老人的躯体是不纯洁的,当他们要恶意地传染给他人时,他们就通过呼吸和眼光——这本身是容易感染的,并又通过魔鬼的推波助澜以达到此目的——来使别人痛苦和死亡。如果他们所害的称为眼炎的那种疾病确实可以传染给盯住他们看的人,那么这些身心都朽败的邪恶家伙干出这些或更大的恶事来也就不足为奇了。[104]

但是这种看法似乎也很难在法庭上引用。

因此,总的来说,人类学家关于妖术和邪术的区别在英格兰的用途是有限的。[105]可以说,邪术师使用了物质对象,而妖巫则没有。[106]但是巫术技术之有无似乎并未引起审判参与者的极大关注。他们感兴趣的是妖巫的恶毒心肠。这方面的证据可以来自她使用的图形巫术、动物听差精灵、诅咒或其他巫术技术,但是也可以从她的社会地位推导出证据来。她可以用看得见的法术来发泄其恶念,但也可以用看不见的恶毒心愿来发泄。这两种方法是可以互换的,所以不能表明她们属于不同种类的犯罪者。

历史学家甚至不能像人类学家一样,说邪术师是实在的,而妖巫则是想象的。因为某些被控为妖巫的人确实是想不用巫术技术而仅仅用恶毒心愿来伤害他人。就意图上来说，妖术至少不是不可能的罪行。在实施中，它的效果与大多数的邪术方法一模一样。被控试图使用心灵妖术的人的无辜者比例很可能要比被控使用可见巫术的人的无辜者比例高。但是，这基本上是无法证实的。我们所清楚的是，16世纪和17世纪英格兰被控施行妖术的人从来不被认为是无意识的。她是其邪恶思想的牺牲者，而不是任何先天生理特异性的受害者。

附录二　1563年前妖术在英格兰的法律地位

任何类型的巫术活动始终是易于被教会法庭起诉的宗教罪行。在1563年前后，"恶业"案件偶尔也以这种方式审理。[107]有时候，犯罪者被世俗权力机构移交给主教或者专门的宗教委员会。[108]晚至1558年，枢密院还指令伦敦主教"按照宗教法律的条文"审讯某些奇术家。[109]

困难在于要确定妖术法规通过以前，世俗法庭是否对邪术拥有独立的司法权。盎格鲁-撒克逊时代的法律制定者肯定对妖术规定过一些临时刑罚，但是此后的中世纪法律专家们便对此问题保持沉默了。[110]从13世纪的布里顿一直到16世纪的菲茨赫伯特，这些法律作者都声称邪术是行政司法长官所查询的罪行之一（有些人认为这是种应该处以火刑的罪行），但是几乎没有其他证据表明行政司法长官实际上关心过此事。[111]在巡回法官那儿很少有关于邪术的申诉案，并且有人怀疑它根本没有成为上诉法院的案件。[112]14世纪初的《法官通鉴》暗示，邪恶巫术是可以在王室法庭上审理的一种异端，但是现代的法律史家们都认为这种说法是"胡说八道"。[113]在17世纪，大多数法律作者都认为，从诺曼征服直到都铎王朝反妖术法令，妖术始终是一种宗教罪行，只是1401年以后由世俗当局按

第十四章 英格兰的妖术：罪行及其历史

《火烧异端令》而执行的火刑除外。[114]

现代学者在中世纪世俗法庭的记载中只发现极少的邪术案例。例如，在发表的理查德一世至1232年期间的《王室法庭案卷》中只有一例这类案件。[115]带有政治性质的案件则经常由枢密院的专门司法机构审理，它对这类罪案一直保持着兴趣，甚至在妖术法规实施以后也是这样。[116]在迄今所知肯定由高等法院或其他世俗法庭审理的妖巫案中，有几件涉及关于欺诈和叛国的争论，因此并未直接提及邪术的法定地位问题。迄今所见的仅有的明确由世俗司法机构审理的"恶业"案件是1199年、1270年和1325年的案子。[117]其他可能是1354年和1371年的案子。[118]还有邪术士被地方法庭处罚的几个例子，[119]以及15世纪初专门委员会要治安推事调查的两个涉嫌邪术案。在大法院也有几件案子。[120]

1331年的一件案子最清楚地说明了邪术的法律地位，当时索斯沃克的陪审团发现一个金匠曾企图利用图形巫术谋杀（未遂）另外两个人。由于无人因此死亡，所以高等法院决定不问此事；不过这个邪术师还是被关进了伦敦塔，以便国王或温切斯特的主教（此罪行发生在他的主教管区内）处理其与基督教信仰相悖的活动。这个案例清楚地暗示了，如果导致了真正的死亡，那么高等法院就可能像谋杀案一样地处理之，并通过正常的途径审理。[121]类似的情况发生在1371年，高等法院释放了一个降神者，原因是经过调查并未发现任何证据表明他欺骗或伤害了国王的臣民。[122]

但是许多同时代人依旧发现其确切的法律地位仍然不甚了了。一份14世纪的法律备忘录说，邪术师在一般情况下可由宗教法庭审理，但是国王如果高兴的话也可以处理之。[123]在1432年至1443年间，大法院的一个原告说，他没有办法利用习惯法来阻止邪术师进一步对他施行邪恶巫术，这个邪术师已经弄断了他的一条腿；约在1500年左右，一个被控雇用妖巫杀害了圣大卫教堂主教的被告申辩说，这样的罪行应该由宗教法庭来审理。其他的同时代人也认为邪术是一桩宗教罪行。[124]另一方面,爱丽丝·亨特利于1480年左右被控施行图形巫术"反对教会的法律和国王的法律"。[125]

首席法官卡特林认为,世俗法不能审判奇术家,这一看法的发表恰在1563年法令颁布前夕。他在1561年搜寻中世纪的先例,只发现了1371年一个可疑的案例;结果,他所关心的几个犯罪者便被枢密院送往高等法院,他们在那里宣誓放弃先前的信仰,并被戴上颈手枷示众。[126]既然在这个插曲中不涉及"恶业"(除了爱情巫术),那么还是不能肯定卡特林是否认为,在没有发生生理伤害的情况下,可以援引习惯法。但是在同年,约翰·萨蒙德还是在切尔姆斯福德巡回法庭受审,被控蛊惑两人致死。他被宣判无罪,但是起诉状上却谈到了"重罪者和谋杀者"。[127]1578年,爱尔兰有两个"妖巫"被处死,当时英格兰的妖术法令尚未扩展至那里,一个17世纪的作者说,他们是"按自然法判处死刑的,因为在那个年代还没有反对妖术的成文法"。[128]

这些例子表明,司法规定变幻莫测,并非所有的同时代人都知道法律。即使在1563年法令实施以后,实际施行中也还有不正规的地方。[129]根据这一颇不令人满意的证据,我们可以得出一个合理的结论:在妖术法令实施之前,用符咒召请精灵或者从事这类巫术活动都不是一件世俗罪行。但是,如果涉及欺诈,那么完全可能受到世俗法庭起诉,如果涉嫌叛国、谋杀或生理伤害,那么实际上就构成了刑事罪。这与好几个同时代的权威所持的观点是一致的,[130]但是只有彻底研究一下未发表的中世纪司法记录,才能清楚地确认这一点。

注 释

文献说明:关于这个主题的文献有很多都是无稽之谈,所以普通读者在

第十四章 英格兰的妖术：罪行及其历史

阅读时需要保持谨慎。关于欧洲妖术的概论参见以下卷帙浩繁的文献：H. C. Lea: *Materials toward a History of Witchcraft*, ed. A. C. Howland（Philadelphia, 1939）（引用时缩写作"Lea, *Materials*"）。该书关于英格兰的部分相对薄弱，但G.L.伯尔的前言为我们介绍了该文献以及存在的一些问题。关于召请精灵的用法在以下著作中有所探讨：H. R. Trevor-Roper, *The European Witch-Craze*（Harmondsworth, 1969）。关于过去三十年有关这个主题的文献参见 H. C. Erik Midelfort, "Recent Witch Hunting Research", *Papers of the Bibliographical Society of America*, lxii（1968）。

第一位越过出版文献去考察英格兰妖术迫害的实际记录的人是 C. 莱斯特兰奇·尤恩。在 *Witch Hunting and Witch Trials*（1929）（引用时缩写作"Ewen, i"）中他为巡回法庭记录中留存下来的妖术指控制作了年表，收于 *Witchcraft and Demonianism*（1933）（"Ewen, ii"），他还将对当时的手册文献和其他巡回法庭资料的进一步研究结果收录进该书。他把增补的资料印了 *Witchcraft in the Star Chamber*（1938）（"Ewen, *Star Chamber*"）and *Witchcraft in the Norfolk Circuit*（Paignton, 1939）。尤恩的著作没有受到足够的重视，它们有着极高的学术价值，也是英格兰妖术迫害研究的必读书目。大量这类信息也可参见 Kittredge, *Witchcraft*，尽管作者急于证明巫术信仰之间存在着某种连续性，这使得他模糊了不同种类的巫术活动之间的界限。Wallace Notestein, *A History of Witchcraft in England from 1558 to 1718*（New York, 1911；1965 reprint）（"Notestein, *Witchcraft*"）是一本颇有见地的著作。它是一部写作于尤恩之前的妖巫审判研究，而且非常出色地利用了当时的手册材料并提供了一份有价值的初级文献。K. M. Briggs, *Pale Hecate's Team*（1962）也对16世纪和17世纪的巫术文献提供了理性的描述。*Witchcraft*, ed. B. Rosen(Stratford-upon-Avon Library, 1969)包含着一份对伊丽莎白时代和詹姆斯一世时代手册文献的精选。

其他的著作则争议较多。R. H. Robbins, *The Encyclopedia of Witchcraft and Demonology*（1960）（"Robbins, *Encyclopedia*"）中有着丰富的内容，该书为通俗市场而写，其中包含了不少细枝末节的事实差错。其核心观点是有争议的（see below, pp. 542—543），但它依旧建立在真正的学术基础之上，包含了一份有价值的文献目录，并对这个主题做出了严肃的贡献。Margaret Murray（*The Witch-Cult in Western Europe* [Oxford, 1921]; *The God of the Witches* [1931; 2nd edn, 1952]）被人评价过高，该书认为妖巫都是异教的追随者。关于这个论点的缺陷在下文中有讨论（pp. 614—615）。默里小姐的研究得到了很多人的效仿，其中最有趣的是 A. Runeberg, *Witches, Demons and Fertility Magic*

(Helsingfors，1947），尽管他并没有增加英格兰的新资料。一些证据的变式可以参见 R. T. Davies, *Four Centuries of Witch-Beliefs*（1947），该书认为英格兰清教徒对妖巫迫害负有责任，且认为妖巫的争议是英国内战的首要原因。

现代最有趣的关于妖术话题的著作由社会人类学家写作，这一分支由下书开创：E. E. Evans-Pritchard, *Witchcraft, Oracles, and Magic among the Azande*（Oxford, 1937）。近期一部令人印象深刻的作品是 M. G. Marwick, *Sorcery in its Social SettinG. A Study of the Northern Rhodesian Ceŵa*（Manchester, 1965）。其他文献引用可以参见 *Witchcraft Confessions and Accusations*, ed. M. Douglas（A.S.A. Monograph 9, 1970），L. Mair, *Witchcraft*（1969）是一部很新的总结。历史学家如果想要在这一领域有所进步就需要考虑这些著作。他们还需要通过查阅埋藏于大量未出版的司法和教会档案中的例子来补充尤恩和基特里奇所收集的资料。同时艾伦·麦克法兰基于埃塞克斯郡记录的 *Witchcraft in Tudor and Stuart England*（1970）是第一本该主题中用人类学的方法来详细研究原始资料的著作。

1. Scot, *Discoverie*, V. ix.
2. 巫术造成婚姻中的性生活不和谐的可能性由爱德华六世时期的下书作者提出：*Reformatio Legum Ecclesiasticarum*（ed. E. Cardwell [Oxford, 1850], p. 43）。有关这种指控的一些例子，参见 Ewen, ii, p. 93；Kittredge, *Witchcraft*, pp. 113, 441—442；*The Journal of Sir Roger Wilbraham*, ed. H. S. Scott（in *Camden Miscellany*, x（1902），p. 111。Cf. below, pp. 541, 642.
3. 关于各种方法的详尽列表参见 Bernard, *Guide*, pp. 176—182；J. Gaule, *Select Cases of Conscience touching Witches and Witch-crafts*（1646），pp. 128—130；Ewen, ii, pp. 76—82。但是詹姆斯一世强调过（*Cobbett's Complete Collection of State Trials*, ii [1809], col. 800），魔鬼总会发明新的技巧。
4. See below, p. 677.
5. Aquinas, *Summa Contra Gentiles*, iii, 103（cf. Bacon, *Works*, ii, p. 648）；(C. Irvine), *Medicina Magnetica*（1656）；S. Boulton, *Medicina Magica*（1656）；Aubrey, *Gentilisme*, p. 80；id., *Miscellanies*, pp. 172—173；G. F. Still, *The History of Paediatrics*（1931），p. 259。关于视觉幻觉的可能性曾于 1600 年在牛津辩论过；*Register of the University of Oxford*, ii（1），ed. A. Clark（Oxford Hist. Soc., 1887），p. 174。
6. See e.g., M. Aston, "A Kent Approver of 1440", *Bull. Inst. Hist.*

第十四章 英格兰的妖术：罪行及其历史

Research, xxxvi（1963）；*C.S.P.D., 1595—1597*, p. 568；*1598—1601*, p. 400；Peterborough D.R., Correction Book 68（1636—1638）, f. 72（一位被指控用妖术投毒的女性）。约瑟夫·布莱格拉夫把邪术定义为投毒，以便与妖术区别开来，后者基本上是一种视觉巫术；*Blagraves Astrological Practice of Physick*（1671），p. 135。Cf. J. Beattie, *Bunyoro. An African Kingdom*（New York, 1960）, p. 73.

7. 关于新观点的出现，参见 Lea, *Materials*, and J. Hansen, *Quellen und Untersuchungen zur Geschichte des Hexenwahns und der Hexenverfolgung im Mittelalter*（Bonn, 1901）。多数相关的文献的讨论参见 C. E. Hopkin, *The Share of Thomas Aquinas in the Growth of the Witchcraft Delusion*（Philadelphia, 1940），其总结参见 G. L. Burr, "The Literature of Witchcraft", *Papers of the American Hist. AsSoc.*, iv（1890）。

8. 关于这个故事参见 P. M. Palmer and R. P. More, *The Sources of Faust Tradition*（New York, 1936）, pp. 58—77。Cf. J. T. McNeill and H. M. Gamer, *Medieval Handbooks of Penance*（New York, 1938）, pp. 198, 227, 246；Kittredge, *Witchcraft*, p. 239；J. Crawford, "Evidences for Witchcraft in Anglo-Saxon England", *Medium Aevum*, xxxii（1963）.

9. See above, chap. 9, and below, p. 549.

10. Kittredge, *Witchcraft*, p. 51；*Dives and Pauper*（1536）, f. 50. Cf. C. G. Loomis, *White Magic*（Cambridge, Mass., 1948）, pp. 74—75, 77；J. S. P. Tatlock, *The Legendary History of Britain*（Berkeley, 1950）, p. 172；Lea, *Materials*, pp. 170—171；Powicke 和 Cheney, *Councils and Synods*, p. 1062.

11. 关于《女巫之锤》的版本，参见 Lea, *Materials*, p. 306。有两本大约在 1520 年售于牛津；"Day Book of John Dome, Bookseller in Oxford, A. D. 1520', ed. F. Madan, in *Collectanea*, i, ed. C. R. L. Fletcher（Oxford Hist. Soc., 1885）, p. 132；ibid., ii, ed. M. Burrows（1890）, p. 459。另一本据说由达勒姆的一位僧侣所有：*Medieval Libraries of Great Britain*, ed. N. R. Ker（2nd edn, 1964）, pp. 72, 256。在伊丽莎白时代，持有该书的证据变得比较寻常。

12.（H. Holland）, *A Treatise against Witchcraft*（Cambridge, 1590）；（James VI）, *Daemonologie*（Edinburgh, 1597）；Perkins, *Discourse*；Cooper, *Mystery*；Bernard, *Guide*.

13. Perkins, *Discourse*, pp. 192, 170, 257.

14. *Institutes*, iii, cap. 6. 有关类似定义，参见 G. Gifford, *A Discourse of the Subtill Practises of Devilles*（1587）, sig. Bii；Ewen, i, p. 23（William West,

1594); A. Willet, *Hexapla in Exodum* (1608), p. 504; T. Tuke, *A Treatise against Painting and Tincturing* (1616), pp. 53—54。

15. *Annotations upon all the Books of the Old and New Testament* (1645), *Ex.* xxii. 18; T. Hobbes, *Leviathan* (1651), chap. 2.

16. L. Daneau, *A Dialogue of Witches*, trans. T. Twyne (1575); L. Lavater, *Of Ghostes and Spirites*, trans. R. H. (1572); S. Michaelis, *A Discourse of Spirits*, attached to his *The Admirable Historie of the Possession and Conversion of a Penitent Woman*, trans. W. B. (1613).

17. *A True Discourse declaring the Damnable Life and Death of one Stubbe Peeter* (1590?); *Newes from Scotland* (1591); *The Historie of... Doctor Iohn Faustus* (1592) (in Palmer and More, *Sources of the Faust Tradition*, pp. 134—326); *A Strange Report of Sixe Most Notorious Witches* (1601); *The Life and Death of Lewis Gaufredy* (1612); *A Relation of the Devill Balams Departure out of the Body of the Mother-Prioresse of the Ursuline Nuns of Loudun* (1636); *A Certaine Relation of the Hog-Faced Gentlewoman called Mistris Tannakin Skinker* (1640).

18. Preface to *The Devil of Mascon*, trans. P. du Moulin (2nd edn, Oxford, 1658); Ewen, ii, p. 350. 关于其他倚仗大陆妖巫案例的例子，参见 J. Darrell, *A Survey of Certaine Dialogical Discourses* (1602), pp. 54—55; *The Wonderful Discoverie of the Witchcrafts of Margaret and Phillip Flower* (1619), sig. B4v; F. Moryson, *An Itinerary* (Glasgow, 1907—1908), iv, p. 297; J. Hart, *The Diet of the Diseased* (1633), pp. 351—352; B.M., Add. MS 27, 402 f. 70, ff。(Thomas Killigrew to Ld Goring [1635], 关于法国的着魔案例); H. More, *An Antidote against Atheisme* (1653), iii, *passim*; *The Most True and Wonderful Narration of two women bewitched in Yorkshire* (1658), pp. 5—13; J. Glanvill, *Saducismus Triumphatus* (1681), ii, appx。

19. Lea, *Materials*, p. 305; *George Lincoln Burr. Selections from his Writings*, ed. L. O. Gibbons (Ithaca, New York, 1943), p. 364.

20. Hen. viii, cap. 8 (repealed by 1 Edw, vi, cap. 12); 5 Eliz., cap. 16 (cf. *Commons Journals*, i, p. 59); 1 Jac. 1, C. 12 (repealed by 9 Geo, ii, cap. 5), 23 Eliz. C. 2, 关于把通过妖术计算女王的寿命列为一项重罪，see above, p. 408。

21. Cf. Bernard, *Guide*, pp. 216—217.

22. 需要补充的是，除了犯有忤逆罪（即杀死丈夫或主人）的妇女外，被判

第十四章 英格兰的妖术：罪行及其历史

处死刑的妖巫并没有被烧死，而是被吊死。但比起后来人，当时的人们并不重视这种区别。Cf. *Book of Examinations and Depositions*, *1570—1594*, ed. G. H. Hamilton and E. R. Aubrey（Southampton Rec. Soc., 1914）, pp. 158—159；（E. Topsell）, *Times Lamentation*（1599）, p. 80.

23. 1324年，爱丽丝·凯特勒夫人妖术仪式的审判发生在爱尔兰，而不是英格兰，且审判由一位在法国接受教育的方济会修士执行。1301年对考文垂主教沃尔特·兰顿的魔鬼崇拜的指控并没有得到教宗的委任，但对于共济会会员的类似指控，尽管在整个欧洲都散布开，却没有在英格兰展开；Kittredge, *Witchcraft*, pp. 123, 241—242, 403。

24. E.g., Kittredge, *Witchcraft*, p. 242；C. Jenkins in *Tudor Studies*, ed. R.W. Seton-Watson（1924）, p. 71（一位萨福克男子在1499年做出如下宣称后死亡了："因为他向魔鬼做出了这样的许诺，我永远也不会得救。"）。

25. 关于一个可能的例外，参见 Hale, *Precedents*, pp. 36—37（1493）。

26. Kittredge, *Witchcraft*, chap. 16；Ewen, ii, pp. 50 ff., 62, 216.

27. Kittredge, *Witchcraft*, chap. 16；Ewen, ii, pp. 57—58, and index, *s.v.* "assemblies"（to which p. 317 should be added）. 关于这些例子还需要添加1667年邓斯特布尔唐斯受到控告的三位妖巫，他们涉嫌对一位孩童施用妖术（Bedfordshire R.O., H.S.A., W 1667/51[1]）。1514年，萨默塞特的一位男性被指控每年都要在施洗约翰节的前夜去"蒙迪普"向魔鬼咨询，他的这种行为被看作是一种预言行为（see above, p. 286），但教会对这个事件的解读却非常有趣；A. Watkin, *Dean Cosyn, and Wells Cathedral Miscellanea*（Somerset Rec. Soc., 1941）, p. 157。

28. 关于和魔鬼的肉体结合的指控基本上都只出现在马修·霍普金斯发起的案例中（Ewen, ii, p. 52）。但是其他一些与性有关的案件参见 Ewen, ii, p. 248；A. C. Carter, *The English Reformed Church in Amsterdam in the Seventeenth Century*（Amsterdam, 1964）, p. 185。

29. 关于一些飞行指控的案例，参见 Ewen, ii, pp. 83—84, 91—92, and index, *s.v.* "transportation"（to which p. 456 should be added）；"Vic", *Odd Ways in Olden Days down West*（Birmingham, 1892）, p. xii；More, *An Antidote against Atheisme*, p. 129；C. E. Parsons in *Procs. Cambs. Antiqn Soc.*, xix（1915）, p. 36。关于变形成动物：Ewen, ii, p. 86；W. Y. Tindall, *John Bunyan, Mechanick Preacher*（New York, 1964 reprint）, p. 218；E. Fairfax, *Daemonologia*, ed. W. Grainge（Harrogate, 1882）, p. 95；*The Diary of Abraham de la Pryme*, ed. C.

Jackson（Surtees Soc., 1870）, pp. 22—23。*Dives and Pauper* 认为对这种变形可能性的信仰应该要受到惩罚（f. 51）。

30. Ewen, ii, p. 337（1663）,尽管这个观念来自大陆,但也在同时代的文献中偶有提及, e.g., Gaule, *Select Cases of Conscience*, p. 111, M. Hopkins, *The Discovery of Witches*（1647）, ed. M. Summers（1928）, p. 58, and the third Earl of Shaftesbury's *Sensus Communis*（1709）, iv. iii。

31. J. S. Davies, *A History of Southampton*（Southampton, 1883）, p. 236; Ewen, ii, index, *s.v.* "marks"。

32. Ewen, ii, index, *s.v.* "familiar"; Kittredge, *Witchcraft*, chap. 10. 1530年的案例参见 Wells D.R., D. 1。中世纪出于巫术目的化身成动物的案例参见 Ewen, ii, pp. 33—34, and Kittredge, *Witchcraft*, chap. 10, cf. above, p. 275。

33. 大部分这些案例都未出版,尽管一部分讨论可以参见 Ewen, i, appx. iii。到目前为止,把妖术定义为邪恶巫术的控告我只找到了 11 处,关于它们可以参见 J. S. Purvis, *Tudor Parish Documents*（Cambridge, 1948）, p. 200（梦交男妖, 1595—1596）; Ely D.R., B2/14, f. 94v（商店中的魔鬼, 1597）; Ewen, *Star Chamber*, p. 48（淘气鬼和恶灵, 1615）; Carter, *The English Reformed Church in Amsterdam*, p. 185（魔鬼）; *The Reports of... Sir Henry Hobart*（4th edn, 1678）, p. 129（作为黑人出现的魔鬼）; *H.M.C., Various Collections*, i, p. 122（恶灵, 1650）; *Quarter Sessions Records*, iii（Somerset Rec. Soc., 1912）, p. 362（奇术书, 1658）; *Hereford City Records*, iv, p. 1683（变成动物, 1666）; Borthwick, R. Vii. H. 4995（魔鬼标记, 1682）; Bodl., Oxford Archdeaconry Papers, Berks, C. 170, ff. 364, ff.（听差精灵, 1715）。尽管这个数字并不多,但还有 70 多个案例中的妖术涉嫌"恶业",以及另外 47 个没有明确定位的案例。

34. Ewen, i, *passim*。实际上定罪的总数是 205 个,但有大约 4 人到 6 人是再犯。其中不包含"恶业"的 7 个案例分别是 66 号和 88 号 *（这两例涉及同一人）、417 号、511 号 *、524 号、594 号、727 号 * 和 728 号 *（带星号案例的被告人都被处决了）。霍普金斯的案例中不涉及"恶业"的有 628 号至 630 号、639 号至 640 号、645 号至 648 号。

35. A. D. J. Macfarlane, *Witchcraft Prosecutions in Essex, 1560—1680: a Sociological Analysis*（Oxford D.Phil. thesis, 1967）, p. 44。

36. E. Fairfax, *A Discourse of Witchcraft*（in *Miscellanies of the Philobiblon Soc.*, v）（1858—1859）, pp. 26—27;（Sir R. Filmer）, *An Advertisement to the Jury-Men of England*（1653）, p. 2。关于伊丽莎白时代并不涉及"恶业",却被

第十四章 英格兰的妖术：罪行及其历史

处决的三个案例（其中一例有违法庭的意愿，法庭并没有把召请精灵当作死罪来处理），参见 Ewen, ii, pp. 428, 165—166, 186—187。其他最终缓刑的案例，see above, p. 428 ; Scot, *Discoverie*, XV. xlii ; *Cal. Patent Rolls, Elizabeth*, iv, p. 169 ; Notestein, *Witchcraft*, p. 383。

37. Ewen, ii, pp. 254—314. Cf. Macfarlane, *Witchcraft Prosecutions*, chap. 11.

38. Bernard, *Guide*, pp. 237—238. 关于获得证据的困难，see below, pp. 686—688。

39. *The Presbyterian Movement in the Reign of Queen Elizabeth*, ed. R.G. Usher（Camden ser., 1905）, p. 70 ; E. Poeton, "The Winnowing of White Witchcraft"（Sloane 1954）, f. 163.

40. Gifford, *A Discourse of the Subtill Practises of Devilles*, sig. H4v. Cf. R. Mandrou, *Magistrats et sorciers en France au XVIIe siècle*（Paris, 1968）, p. 109.

41. Ashm. 1970, f. 109 ; below, pp. 756—757.

42. 以下文献中找到了两起诉讼（Ewen, i, p. 11, n. 2 ; ii, p. 408）。这一时代的巡回法庭记录基本没有保存下来。

43. Ewen, i, *passim*.［尤恩记录的 112 例处决（p. 99）和他的总结是一致的：pp. 102—108。］其他文献中获得的 13 个案例也需考虑在内；ibid., appendix iv, and Ewen, ii, pp. 429—430。

44. Ewen, i, p. 112. 尤恩收集的额外证据参见 Ewen, ii 以及他另外的作品，但它们并没有让他修订这一原有估算。尤恩的誊写和计算也存在误差，正如麦克法兰博士在埃塞克斯［这里的处决案书目是 82 例而非 74 例，另外被绞死的有 36 人）的案例中展示的那样。更重要的是，他只是粗略地查看了一些文献并忽略了其他文献——尤其是高等法院的记录以及 *C.U.L.* 中的伊利绞刑记录［关于巫术的节选: printed by C. E. Parsons in the *Procs. of the Cambs. Antiqn Soc.*, xix（1915）and by E. Porter, *Cambridgeshire Customs and Folklore*（1969）, chap. 5］; the Bedfordshire Assize Records, 1662—1680（in the Beds. R.O.），包含了 6 例指控，以及许多季度法庭和市政法庭的记录。他还忽略了当代资料中的一些巫术审判文献，这些司法记录现在已经找不到了。我的不完全搜索给尤恩发现的案例增加了超过 130 个案例和 22 例死刑，但我也不能为总数估算值做证。当代人对真实的数字更是没有概念。推测既有约翰·达雷尔于 1600 年估算的"数千人"已经忏悔了自己的妖术行径（*A Detection of that sinnful… Discours of Samuel Harshnet*, p. 40），也有一位不知名人士更清醒的估算：整个时期约有 2000 例处决（*The Impossibility of Witchcraft*[1712], sig. A3ᵛ）。

45. 关于一些估算，参见 Ewen, ii, p. 112 ; E. Brouette in *Satan*（*Etudes carmélitaines*, 1948）, pp. 367 ; H. C. Lea, *A History of the Inquisition of Spain*（1906—1907）, iv, p. 246。

46. G.F. 布莱克找到了超过 1800 位被指控的妖巫，并估计苏格兰的处决案例在 4400 例；"A Calendar of Cases of Witchcraft in Scotland, 1510—1727", *Bull. New York Public Lib.*, xli—xlii（1937—1938）。

47. G. F. Nuttall, "The English Martyrs, 1535—1680: a Statistical Review", *Journal of Ecclesiastical History*, xxii（1971）.

48. Macfarlane, *Witchcraft Prosecutions*, pp. 50—51, 299.

49. Mandrou, *Magistrats et sorciers en France au XVIIᵉ siècle*, p. 111.

50. 关于这些事实，参见 Ewen, i and ii and Macfarlane, *Witchcraft Prosecutions*, passim。一位受指控的妖巫于 1693 年在贝克斯尔斯被执行绞刑（Ewen, ii, p. 460），以及受到诺特斯坦（*Witchcraft*, pp. 375—383）质疑的小册子中，两名妖巫于 1705 年在北安普敦被处死，尤恩（ii, pp. 381—383）对此则没有那么确定。关于一位妇女和她六岁女儿于 1716 年在亨廷顿的处决，见于该年的一本小册子中，这肯定是虚构的（Ewen, ii, p. 461）。

51. *The Office of the Clerk of Assize*（1676）, p. 48 ; 16 and 17 Car. II, C. 3（由威廉和玛丽减至 10 英镑, c. 24）。

52. *Surrey Archaeol. Collns.*, xii（1895）, p. 129. 关于大陪审团在埃塞克斯的作用，尤其是在 1647 年以后，参见 Macfarlane, *Witchcraft Prosecutions in Essex*, pp. 51—52。

53. Below, chap. 18.

54. Ewen, *Star Chamber*, passim ; F. A. Inderwick, *Side-Lights on the Stuarts*（1888）, p. 166 ; *Borough Sessions Papers, 1653—1688*, ed. M. J. Hood（Portsmouth Rec. Series, 1971）, pp. 142—143 ; F. Hutchinson, *An Historical Essay concerning Witchcraft*（2nd edn, 1720）, pp. 56, 63 ; Ewen, ii, pp. 381, 458 ; East Riding Quarter Sessions, 11 Jan. 1648（E. Riding R.O.）（一个工人由于袭击受指控的妖巫而将在下一场法庭上出现）。1636 年，伊丽莎白·斯太尔在萨默塞特的巡回法庭被洗脱了妖术的罪名，并被许可反控其起诉人。这被当作观念的改变而得到赞许（*Somerset Assize Orders*, ed. T. G. Barnes [Somerset Rec. Soc., 1959], p. 28），但也需注意她（或者是该地同名同姓的另一人）又在 1665 年被指控并被执行绞刑（Ewen ii, pp. 341—345）。

第十四章　英格兰的妖术：罪行及其历史

55. See Ewen, ii, pp. 378—380, 390, 445, 458, 460—461; Notestein, *Witchcraft*, pp. 331—332; J. Sutherland, *A Preface to Eighteenth-century Poetry* (Oxford, 1963 edn), pp. 6—7; Kittredge, *Witchcraft*, p. 236; *Records of the County of Wilts.*, ed. B. H. Cunnington (Devizes, 1932), pp. 279—281; *Bedfordshire Notes and Queries*, iii (1890—1893), pp. 287—288; F. G. Emmison, An *Introduction to Archives* (1964), plate 8. 1727 年温厄姆的法庭命令教区神甫把利特尔伯恩的一位妖巫送回家,此前她被邻里从家中赶了出来 (Kent R.O., PS/W 2, 11 July 1727)。

56. Davies, *Four Centuries of Witch-Beliefs*, pp. 188—190; M. Summers, *The Geography of Witchcraft* (1927), pp. 171—183; Kittredge, *Witchcraft*, pp. 236—237; Hutchinson, *An Historical Essay concerning Witchcraft*, pp. 175—176; J. Juxon, *A Sermon upon Witchcraft* (1736). 19 世纪农村社会中非正式妖术指控的许多遗留证据参见传说协会的众多出版物。

57. 正如 Kittredge, *Witchcraft* 总结性地做出的证明。

58. Cf. C. N. L. Brooke in *E.H.R.*, lxxvii (1962), pp. 137—138; and below, pp. 549, 554—555.

59. 他们包括了 1222 年被判终身监禁的妇女 (below, p. 549 n. 86),罗伯特·勒马雷沙尔,1326 年 (Ewen, ii, p. 30;另一位男性死于狱中);马格丽·儒尔德蒙和罗杰·博林布罗克,1441 年 (Kittredge, *Witchcraft*, p. 81;另一位成员死于伦敦塔);玛贝尔·布里格,1538 年 (below, p. 612)。关于一个盎格鲁-撒克逊案例参见 Kittredge, *Witchcraft*, p. 75,以及 1279 年对一例谋杀妖巫的宽恕参见 Ewen, ii, p. 28。关于 15 世纪巡回法庭记录的缺乏,参见 Ewen i, p. 71。

60. Ewen, ii, pp. 442—443.

61. Macfarlane, *Witchcraft Prosecutions*, p. 199.

62. 对于摘自 Ewen, ii, p. 39 的非正式指控,也许还需增加 1490 年和 1493 年模糊指控的谋杀案 (Hale, *Precedents*, pp. 20, 36—37),被通常认为是奇术师引发的风暴 (Kittredge, *Witchcraft*, pp. 154—155),以及理查三世把萎缩的手臂归咎于伊丽莎白女王和简·肖 (ibid., pp. 60—61),以及 1500 年前后被公众认为是妖术导致的某位妇女的死亡 (C. T. Martin in *Archaeologia*, lx [1907], p. 374)。

63. *The Zurich Letters*, ed. H. Robinson (Cambridge, P.S., 1842—1845), I. pp. 44—45; *The Works of John Jewel*, ed. J. Ayre (Cambridge, P.S., 1845—1850), ii, pp. 1027—1028.

64. Ewen, ii, p. 127.

65. *The Works of... Joseph Hall*, ed. P. Wynter（Oxford, 1863）, viii, p. 35；*Epistolae Ho-Elianae. The Familiar Letters of James Howell*, ed. J. Jacobs（1890）, pp. 506, 511；W. Strong, *A Voice from Heaven*（1654）, p. 4.

66. Robbins, *Encyclopedia*, *passim*（quotations on pp. 9, 144）.

67. Lea, *Materials*, pp. 417, 699, 701, 702, 810—811, 1231. But cf. ibid., pp. 1124—1125；Brouette in *Satan*, p. 379；and Mandrou, *Magistrats et sorciers*, pp. 113—114.

68. Kittredge, *Witchcraft*, p. 306. In Birmingham Reference Library（MS 252, 472），那里有一份呈贡给马齐斯委员会的请愿书副本，日期在1619年到1630年之间，请愿书中记载道，诺顿庄园的庄主讲述了他如何通过援引重罪犯的财产应该被庄园主没收而获得了两个被处决的妖巫的财产。

69. 例子包括：1612年，一位阔绰的贵妇爱丽斯·纳特也被算作兰开夏郡的妖巫，以及1633年，一位名叫埃德蒙·鲁宾逊的男孩非常乐意在他对兰开夏郡妖巫的指控中被收买（Ewen, ii, pp. 223, 250）。

70. Robbins, *Encyclopedia*, p. 111. 罗宾斯在组织他的财务论据时并没有引用英格兰的例子（pp. 111—116），并承认这一点基本无法应用于英格兰（p. 9）。

71. Ipswich and East Suffolk R.O., *Quarter Sessions Order Book*, 1639—1657, ff. 79, 80v, 81, 84. 1645年，伊普斯威奇征收一项特别的税收来支付对妖巫的审判；*Memorials of old Suffolk*, ed. V. B. Redstone（1908）, p. 269。

72. Ewen, ii, p. 259, n. 1. 对比下书中的反对意见：Hopkins, *The Discovery of Witches*, ed. Summers, pp. 61—62；J. Stearne, *A Confirmation and Discovery of Witchcraft*（1648）, p. 60。

73. Ewen, ii, p. 454；Ewen, i, pp. 69—70；R. Howell, *Newcastle upon Tyne and the Puritan Revolution*（Oxford, 1967）, pp. 232—233. 1575年在汉茨的克伦戴尔，一位罗伯特·狄雷思因为"对妖巫的控告"而获得一英镑的报酬；W. A. Fearon and J. F. Williams, *The Parish Registers and Parochial Documents in the Archdeaconry of Winchester*（1909）, p. 82。

74. See A. I. Richards, "A Modern Movement of Witch Finders", *Africa*, viii（1935）；M. Douglas in *Witchcraft and Sorcery in East Africa*, ed. J. Middleton and E. H. Winter（1963）, pp. 135—136；R. G. Willis, "Kamcape: an Anti-sorcery Movement in South-West Tanzania", ibid., xxxviii（1968）；and Mair, *Witchcraft*, pp. 172—177.

第十四章 英格兰的妖术：罪行及其历史

75. Notestein, *Witchcraft*, p. 192 ; Macfarlane, *Witchcraft Prosecutions*, p. 173. Cf. Mair, *Witchcraft*, p. 71.

76. *C.S.P.D., 1611—1618*, p. 398 ; Potts, sig. X1. 关于其他党派法官，参见 Ewen, ii, pp. 126—128。

77. Ewen, ii, p. 125 ; Aubrey, *Gentilisme*, p. 261.

78. *The Most Strange and Admirable Discoverie of the Three Witches of Warboys*（1593）sig. G2 ; Notestein, *Witchcraft*, p. 348.

79. 理查德·加利斯关于伊丽莎白·斯蒂尔审判的小册子，1580(in Bodl., G. Berks. 1〔扉页丢失〕), sigs. B1v, D1。

80. Hart, *The Diet of the Diseased*, p. 356 ; *The Doctrine of Devils*（1676）, p. 96. 关于1658年一个案例中，法官试图阻止陪审团基于不充分的证据而判定被告有罪的例子，参见 *The Most True and Wonderfull Narration of Two Women Bewitched in Yorkshire*（1658）, p. 4。

81. Notestein, *Witchcraft*, pp. 320—328.

82. Glanvill, *Saducismus Triumphatus*, ii, pp. 126—127.

83. Ewen, ii, p. 372—373 ; North, *The Lives*, i, p. 166（see also iii, p. 132）.

84. 参见下文附录二, pp. 554—558。

85. *The Mirror of Justices*, ed. W. J. Whittaker（Selden Soc., 1895）, pp. 15—16. Examples are cited in C. L. Ewen, *Séances and Statutes*（Paignton, 1948）, p. 3.

86. 除了1222年在牛津法院因使用邪术蛊惑一名青年男子，并将他装扮成基督，而被判处终身监禁的女子外（F. W. Maitland, *Roman Canon Law in the Church of England*〔1898〕, pp. 167, 175），我所知的唯一可能性即马格丽·儒尔德蒙，她于1441年被烧死，但她的罪名与其说是妖术不如说是叛国罪（Kittredge, *Witchcraft*, p. 81）。以下异端审判资料中并没有邪术师出现：*Report of the Royal Commission on the Ecclesiastical Courts*（Parliamentary Papers, 1883〔xxiv〕）。关于出现在法庭上的邪恶妖巫, see below, p. 554, n. 107。

87. *Britton*, ed. F. M. Nichols（Oxford, 1865）, i, pp. 40—42 ; Sir F. Pollock and F. W. Maitland, *The History of English Law*（2nd edn, Cambridge, 1952）, ii, p. 549.

88. T. More, *The Dialogue concerning Tyndale*, ed. W. E. Campbell（1931）,

p. 234；H. D. Traill in *Social England*, ed. H. D. Traill（1901—1904）, ii, p. 518；below, pp. 554—555.

89. 关于三条法规的背景，参见 Kittredge, *Witchcraft*, pp. 65—66, 250—264, 307—314。

90. *The Witch of Endor*（1736）and *Antipas, a Solemn Appeal to the Right Reverend the Archbishops and Bishops*（1821），指向了妖术法规在爱尔兰的废除；below, p. 694。对1604年法规的一条仅有的批评（不知其特定的立场）在以下材料中被提及：*H.M.C., Hatfield*, xvi, p. 319。

91. Ewen, ii, p. 373.

92. 尽管需要与1279年的案例（above, p. 541, n. 59）对照。

93. As is suggested in Robbins, *Encyclopedia*, and Mair, *Witchcraft*, p. 197.

94. 最原始的区别由下书给出：Evans-Pritchard, *Witchcraft, Oracles and Magic among the Azande*, pp. 21, 387，并由下书进一步补充：M. G. Marwick, *African Systems of Thought*, with preface by M. Fortes and G. Dieterlen（1965）, pp. 23—24。

95. See e.g., *Witchcraft and Sorcery in East Africa*, ed. Middleton and Winter, pp. 2—3, 61, n. 2；V. W. Turner, "Witchcraft and Sorcery: Taxonomy vesus Dynamics", *Africa*, xxxiv（1964）, pp. 318—324；M. Douglas, "Witch Beliefs in Central Africa", *Africa*, xxxvii（1967）；J. R. Crawford, *Witchcraft and Sorcery in Rhodesia*（1967）, p. 95.

96. W. Freeman, "Artificiall Alligations and Suspentions shewing the Conjunction of Art and Nature"（1653）（Ashm. 1807）, f. 82^v. Cf. Marwick in *African Systems of Thought*, p. 22.

97. Bacon, *Works*, ii, p. 660.

98. Ewen, ii, p. 190.

99. "A Touchstone or Triall of Witches discoveringe them by Scripture",（B.M., Royal MS 17 C XXIII）, p. 13.

100. Scot, *Discoverie*, II. vi；Bernard, *Guide*, p. 239；Gaule, *Select Cases of Conscience touching Witches and Witchcrafts*, p. 76；Ewen, ii, p. 328；cf. Lea, *Materials*, p. 568.

101. *A Prodigious and Tragicall History of the Arraignment, Tryall, Confession and Condemnation of Six Witches at Maidstone*（1652）, p. 5.

102. Ewen, ii, index, *s.v.* "heredity in witchcraft"（to which p. 264 should

第十四章　英格兰的妖术：罪行及其历史

be added)。

103. Ewen, ii, p. 356; above, p. 520.

104. W. Fulbecke, *A Parallele or Conference of the Civil Law, the Canon Law, and the Common Law* (1618), f. 97.

105. *Pace* M. Gluckman, *Politics, Law and Ritual in Tribal Society* (Oxford, 1965), p. 266, n. 2.

106. Mair, *Witchcraft*, p. 23.

107. 关于早期的例子，参见 *Chronicles of the Reigns of Edward I and Edward II*, ed. W. Stubbs (Rolls ser., 1882—1883), i, pp. 236, 275—276; *Durham Depositions*, p. 27; W. M. Palmer in *Procs. Cambs. Antiqn Soc.*, xxxix (1938), p. 74; Hale, *Precedents*, pp. 20, 36, 77; Watkin, *Dean Cosyn and Wells Cathedral Miscellanea*, p. 157; Kittredge, *Witchcraft*, p. 254。下书中有 1563 年以后的案例：C. M. L. Bouch, *People and Prelates of the Lake Counties* (Kendal, 1948), p. 216; P. Tyler in *Northern History*, iv (1969), p. 95; Wells D.R., A 101 (1594); Ewen, ii, p. 162。

108. Kittredge, *Witchcraft*, pp. 241—242; Ewen, ii, pp. 34—35; K. H. Vickers, *Humphrey Duke of Gloucester* (1907), pp. 270—280.

109. *A.P.C.*, vii, p. 22.

110. Pollock and Maitland, *The History of English Law*, ii, p. 553; Coke, *Institutes*, iii, cap. 6; Ewen, i, pp. 3—5.

111. Pollock and Maitland, op. cit., ii, p. 554; A. Fitzherbert, *The Newe Boke of Justices of the Peas* (1538), f. xxxvi^v; ibid. (1566), f. 143^v. Cf. Ewen, ii, p. 27, 涉及由治安官于 1168 年逮捕的一位女巫。

112. *Pleas before the King or his Justices, 1198—1202*, ed. D. M. Stenton (Selden Soc., 1952—1953), i. p. 45; ii, p. 24.

113. *The Mirror of Justices*, ed. Whittaker, pp. 59—60; Pollock and Maitland op. cit., ii, p. 549.

114. Coke, *Institutes*, iii, cap. 6; N. Bacon, *The Continuation of an Historicall Discourse of the Government of England* (1651), p. 257; Sir M. Hale, *Historia Placitum Coronae*, ed. S. Emlyn (1736), i, p. 429; Sir P. Leicester, *Charges to the Grand Jury at Quarter Sessions, 1660—1677*, ed. E. M. Halcrow (Chetham Soc., 1953), pp. 16, 73—74.

115. i, p. 108 (1199)。科拉姆·雷杰·罗尔关于 1470 年复活节开庭期的总结中一个都没有提及：*Year Books of Edward IV: 10 Edward IV and 49 Henry VI. AD 1470*, ed. N. Neilson（Selden Soc., 1931），pp. xxv—xxvii, 1488 年王座法庭的陈述中也没有：M. Blatcher, *The Working of the Court of King's Bench in the Fifteenth Century*（London Ph.D thesis, 1936），pp. 317—337。（布拉切博士告诉我 1490 年的这个时段也没有任何案例。）

116. See e.g., *Select Cases before the King's Council, 1243—1482*, ed. I. S. Leadam and J. F. Baldwin（Selden Soc., 1918），pp. xxxiv—xxxv, 以及 1563 年后的案例, Notestein, *Witchcraft*, pp. 385, 387—388。

117. *Curia Regis Rolls*, i, p. 108; Ewen, ii, pp. 28, 29—30。

118. H. G. Richardson in *T.R.H.S.*, 4th ser., v（1922），pp. 36—37; *Select Cases in the Court of King's Bench under Edward III*, vi, ed. G. O. Sayles（Selden Soc., 1965），pp. 162—163。

119. Ewen, ii, pp. 29, 35; Kittredge, *Witchcraft*, p. 257; *Lathe Court Rolls and Views of Frankpledge in the Rape of Hastings, A. D. 1387 to 1474*, ed. E. J. Courthope and B. E. R. Formay（Sussex Rec. Soc., 1931），p. 153。

120. B. H. Putnam, *Early Treatises on the Practice of the Justices of the Peace*（Oxford, 1924），pp. 91, 241; Ewen, ii, p. 36。

121. *Select Cases in the Court of King's Bench under Edward III*, v, ed. G. O. Sayles（Selden Soc., 1958），pp. 53—57。

122. Ibid., vi, pp. 162—163。

123. *Britton*, ed. Nichols, i, p. 42 n。

124. Ewen, ii, p. 37; C. T. Martin in *Archaeologia*, lx（1907），p. 375. Cf. *Dives and Pauper*（1536），f. 51。

125. Martin in *Archaeologia*, 1x（1907），p. 373. 关于两个假冒的奇术师，在 1531 年的时候，他们认为没有国王的许可而召请精灵是违法的，参见 W. Hone, *The Year Book*（1832），cols. 425—427。

126. Kittredge, *Witchcraft*, pp. 258—259, 556; P.R.O., SP 12/16, f. 136;（Sir E. Coke），*A Booke of Entries*（1614），f. 1. 断绝的誓言本身像是废除 1542 年法规的用词; Ewen, *Séances and Statutes*, p. 4。

127. Ewen, ii, p. 46 n. 同年萨福克巡回法庭上一个关于用巫术搜寻钱财的案例摘自 Ewen, *Séances and Statutes*, p. 5, 以及斯科特记录了一位玛丽女王时期的弓箭手因为使用魔法而遭到惩罚（*Discoverie*, III, xv）。

128. R. Cox, *Hibernia Anglicana*（1689—1690），i, p. 354。

129. Ewen, i, pp. 35—39.

130. E.g., Sir W. Scott, *Letters on Demonology and Witchcraft* (4th edn, 1898), p. 183; Traill in *Social England*, ed. Traill, ii, p. 518; H. G. Richardson in *E.H.R.*, li (1936), p. 4, n. 3; *George Lincoln Burr. Selections from his Writings*, ed. Gibbons, p. 360, n. 20.

第十五章

妖术与宗教

我真的相信,魔鬼是由某些人类畸变而来的,他们可以随心所欲地在任何地点、时间抑或选择任意的方式来变形;因此,魔鬼如此令人害怕,以至于我在夜晚见到任何黑乎乎的东西都会认为那是魔鬼。

劳伦斯·克拉克森,《发现丢失的绵羊》(1660),第6页

没有魔鬼就没有上帝。

《梅斯特·多雷尔之案》(1599),第8页

要对英格兰的妖巫信仰做出令人满意的解释,就不得不解决几个不同观点所产生的问题。我们必须从心理学角度来解释妖术控告这出戏参与者的动机,从社会学角度来分析使这种控告产生的环境,以及从知识角度来解释使这类控告显得颇有道理的概念。本章主要从知识角度来谈论。我们试图解释妖术信仰与同时代宗教的关系,并考虑二者究竟互相依赖到何等程度。

第十五章　妖术与宗教

一　魔　鬼

很显然,如果同时代的宗教不利用自己的权威来支持关于个人与无所不在的魔鬼观念的话,那么有关魔鬼契约的传说就绝不可能流传。撒旦在《旧约》中相对来说并不重要,而此后的犹太教和基督教才把他抬高到上帝的宇宙大对手的地位。他是一股无所不在的力量,时刻准备损害人类比较脆弱的天性,并引诱人们走向邪恶的道路。他也是上帝审判的一个工具,因为尘世间的罪人在死后都构成了撒旦王国里的成员。他们在地狱中遭受着由撒旦指挥的永无休止的折磨。他有一支魔鬼和恶灵的军队帮助他执行任务,他们就像基督的圣徒和天使一样为数众多和遍布各处。他既是单独的,又是众多的,正如17世纪一个作者所解释的那样:"魔鬼是一个国家的名字,其中有大量不同品级和地位的精灵,并且恐怕还分布于各个地方与政府中,犹如我们自己一样。"[1] 他的威力无穷,因为他曾使自己一度成为上帝的天使之一,他了解自然界的所有奥秘。除了信仰最坚定的人以外,他对一切人来说都是一股无所不在的和不可抗拒的潜在力量。

世世代代的中世纪神学家发展了精心构筑和复杂巧妙的魔鬼学,它以更为粗浅和更为直接的形式渗入普通人的心里去。魔鬼没有物质的存在,但是众所周知,他们能够假借或伪造人类的外形。中世纪的布道师用魔鬼不断出现以引诱弱者和带走不可救药之罪人的恐怖故事来增添其说教的生动性。中世纪时期的角、尾巴和地狱之火,以及教堂雕塑和木刻的奇形怪状的角色,有助于形成大众的撒旦概念,直至今日,撒旦的图形仍然为人们所熟悉。[2] 然而,魔鬼观念的直接性却早已消逝了。魔鬼激起狂风和雷雨,或者戏剧般地出现,攫走正在酗酒的罪人,带着他一起飞出窗户,这对于今天的人说来,是不会认真看待的。但是直到16世纪,一切有组织的宗教力量都花费了许多世纪来构成这种个体撒旦的观念,撒旦就有了现实性和直接性,它不可能不控制住最坚强的心灵。

宗教改革丝毫没有削弱这一概念,相反,它几乎更加强了这一概念。新教乃是深信人类之罪,即面对邪恶而无能为力的一种感情的反映。路德的谈话经常显得仿佛整个可见的现实世界以及血肉之躯都属于魔鬼这位尘世之主。[3] 最后,由于新教强调唯一的上帝主宰以反对天主教关于神力的等级概念,因而有可能认为把一切超自然行为都归诸唯一源泉而使精灵天使世界解体。但是,即使是这样的话,其发展也十分缓慢。对于宗教改革时期的英格兰人来说,魔鬼比以往更为现实:"尘世的王公和上帝",这是约翰·诺克斯对他的称呼。[4] 有影响的布道师向其听众灌输魔鬼干预日常生活的故事,可以辨认得出,这些即是中世纪的《说教传说》。休·拉蒂默使其听众确信,魔鬼与他那一帮恶灵无形地散布在我们周围的空中。"我说不清现在在我们这里到底有几千。"[5] 人们就这样习惯了撒旦的真实性。在伊丽莎白时代的圣餐礼上,神父警告其会众中的任何恶人不要到圣餐桌边来,"免得在吃了这神圣的面包后,魔鬼会进入你体内,就像进入犹大体内一样,使你充满罪恶,从而毁掉你的躯体和灵魂",这种象征性的警告肯定被许多人按照字面意义来理解了。据说 1634 年一个清教神甫曾肯定地告诉一个老妇人说,她已为魔鬼效忠 60 年了,还威胁性地对另一个教区居民说这类话。约在 1597 年,诺福克郡赫尔明汉的神甫托马斯·威尔金森"在与一个名叫埃斯托尔的人的儿子进行宗教性问答时,告诉这个男孩说,魔鬼就在他的肩上,吓得这个孩子喊叫着跑出教堂,并且吓坏了在场所有人"。[6] 约翰·罗杰斯(后来的第五王朝派教徒)说,他在童年时是如何陷于极度恐怖之中的,因为他

> 害怕地狱和魔鬼,我认为我清楚地看到了好几种丑恶的模样,有时候由于我的想象,他还有着圆滚滚的发火的眼睛,像茶碟似的,一只手执着闪烁的火把,另一只手则来抓我去受折磨。

第十五章 妖术与宗教

啊,我的心剧烈跳动,我吃惊之极,我陷于恐怖之中。

这使得他在五六年间,睡觉时一直将双手合成祷告状,以便一旦魔鬼来了便会发现他已有了准备;在白天,他则看见魔鬼躲在树丛之中。[7]这种对撒旦的恐惧不只限于新教徒;伊丽莎白时代,韦尔斯的一个年轻医生一直能看见魔鬼;他只有把念珠扔过去,才能赶走魔鬼。他曾受过耶稣会士的教育。[8]

对于大部分虔诚的英格兰人来说,与撒旦及其魔鬼集团的斗争就这样成了完全确实的现实。一个加尔文派神甫詹姆斯·考夫希尔写道,这类魔鬼"会以各种不同的形状出现在人们面前,使醒着的人不安;使睡着的人烦恼;他扭曲人们的肢体;剥夺他们的健康;他用疾病伤害他们"。与撒旦的战争是一场持久的格斗,而在格斗中,敌人却似乎总是取得优势。托马斯·培根祈祷道:"哦,主啊,有不计其数的恶灵时时刻刻地在设法毁灭我。请您把您那神圣超凡的天使们派来对付这为数众多的恶灵吧,以把我从他们的暴政中拯救出来。"[9]有些新教神学家仍然持有关于护卫天使的天主教旧信仰,偶尔,这种天使的干预也被记载下来。[10]但是更通常的似乎是上帝给予撒旦一定的行动自由。气象学家否认是恶灵主宰着暴风雨,但是当时许多人都不那么肯定。埃塞克斯的一个教士在1587年写道:"大家都这样认为:当任何狂风和伴随着可怕闪电的雷雨出现时,就是魔鬼在推波助澜。"[11]疾病也以这种方式滋生。17世纪的教士托马斯·霍尔知道自己的长期失眠症是撒旦造成的,因为它总是在安息日或宗教斋期的夜间发作得更为厉害。[12]

魔鬼在执行天罚中也扮演了主要角色。他是"上帝的绞刑吏",这是詹姆斯一世对他的称呼。[13]撒旦会在那些渎神的俗人毫不介意的谈话之时突然出现,或者会对臭名昭著的罪人立即执行判决。这类故事由许多人转述和传播过,其中包括:菲利普·斯塔布斯、威廉·普林、约翰·维卡斯、爱德华·伯格霍尔、尼希米·沃林顿、塞缪尔·克拉克、奥利弗·海伍德、理查德·巴克斯特以及几十个不知名的小册子作者。[14]其中大部分逸事都谈到了惯于在日常谈话中招引魔鬼的那些人的遭遇。伦敦法学团体"格雷斯因"的一个绅士彭宁顿先生的惯用诅咒发誓语是"魔鬼抓我去!"他在1631年遇到了一条黑狗,结果给抠出双眼而死。1662年,亨廷顿郡的约翰·利奇说:"今天谁出门,魔鬼就抓走他。"他因此被抓走,在空中飞了12英里,翌日奄奄一息。还有许多这样的情况,如魔鬼突然出现在不信神的因酗酒而损害健康的人的面前,或者出现在吁请其权威的人的面前。[15]

但是撒旦不仅仅是神圣报应的代理人。他还是个诱惑者。一旦魔鬼出现在尘世的可能性被接受后,那么下述概念也只有一步之差了:有些个人与魔鬼订立了半依附性的契约,以他们的灵魂作为抵押,来换取暂时的超自然知识或威力。在16世纪和17世纪,这类浮士德式的传说十分流行。它们构成了极佳的劝喻性故事,揭露了魔鬼是个骗子,展示出他新招募的人员如何最终不得好下场。1642年,一位小册子作者谈到考文垂的一个有着19个孩子的乐师托马斯·霍尔如何将自己卖给了魔鬼。当契约期满后,人们发现这个可怜的人被折断了脖子,而他的一箱金子也变成了尘土。剑桥大学圣约翰学院有个叫阿什伯纳的学生,因为未能理解他所学习的一本书而正在沮丧万分时,魔鬼穿着文科硕士的服装出现在他面前。他解释了课文,并愿意收阿什伯纳为门生,还允诺让他去帕多瓦大学游学,并取得神学博士学位。两天后,这个倒霉学生的袍子被发现漂在河里。自由民托马斯·布朗没有什么知识上的奢望,他在1643年米德尔塞克斯的法庭上被控将灵魂出卖给魔鬼,以换取每年2000镑的收入。[16]1672年,奥利弗·海伍德记载了一个故事,说一个男孩看了关于浮士德的故事后,决定向魔鬼讨钱,但是当撒旦真的出现,并愿意使他成为学校里最优秀的学生时,他惊恐万状,只有用祈祷来拯救自己,他长大后成了约克附近的一个优秀教士。更为荒谬的是：莱斯特郡的一个男人为了要成为著名的布道师而把灵魂卖给了魔鬼；亨廷顿郡的一个女人则委身于撒旦，以换取非同一般的祈祷能力使远近神甫都羡慕她的功德。她后来在新英格兰被作为妖巫处死。[17]

由于魔鬼被描绘成"精通自然事物知识"，[18] 所以对于那些追求现世成功的人来说，与之接触的诱惑力是极大的。另一些人则可能是出于自我保护而屈从于他。马修·霍普金斯的助手约翰·斯特恩说，许多妖巫之所以被魔鬼所吸引，是因为"她们听了一些布道会；神甫们谈到魔鬼的威力，以及他对恶人的折磨"。无知的人们就这样地被引诱了：撒旦"来到他们面前，问他们：'你们怎么能得救呢？你们有着如此这般的罪过……你们不是已听到神甫说我将折磨你们吗？把你们的灵魂给我……我就让你们免受地狱之苦'。"[19] 对于地狱之火的恐惧就这样似是而非地被某些妖巫用来解释其背弃信仰的行为。

不无理由认为，撒旦的建议是一种常见的诱惑。白金汉郡的医生理查德·内皮尔的判例汇编揭示了，他有好些患者自以为曾看见过人形或动物外形的魔鬼。1634年4月，埃伦·格林"精神苦恼，被一个恶鬼作祟，她说这个恶鬼……对她说话"；罗伯特·卢卡斯"心神不宁，情绪低落，怀疑自己是否被恶灵缠住了"；还有简·托尔顿，"郁郁不乐、意志消沉……悲观失望；最初认为自己看见了像黑狗一样的东西出现在面前，它禁止她忠于上帝和做祈祷、去教堂"。[20] 罗伯特·伯顿描述了那些觉得自己该受天罚的人会"闻到地狱之火的硫黄味，与魔鬼亲密地交谈，看见奇形怪状的怪物：熊、枭、小丑、黑狗、恶魔"。[21] 约翰·班扬在其精神斗争中，认为自己被魔鬼上身了，并且感觉得出这个恶魔在扯他的衣服。他的许多信神的同时代人也经历了类似的宗教压抑时期。撒旦出现在面前，往往呈某种丑恶的动物形状，并引诱他们自杀或背弃上帝。[22] 这种明确的诱惑是如此普遍和强烈，无怪乎经历此事的人会确信别人要屈服了。

当然，有些大胆的人则没有受到这类幽灵的骚扰。剑桥大学三一学院的硕士爱德华兹在改正召请精灵的行为后说，以前魔鬼总是"像个打扮入时的人一样"在他面前现身，并且从不要求他订立契约。[23] 但是，一般情况下，撒旦是来诱惑人而使之进入歧途的。他利用了人们在宗教上的不坚定，煽动人们去谋杀和实施暴行。直到19世纪，陪审团还习惯于将人们的自杀和犯罪说成是"受魔鬼唆使而致"，而这并非是句空话。特纳夫人在谋杀托马斯·奥弗伯里爵士后被绞死，她在行刑时说，她曾由魔鬼所控制，但是现在被拯救出来了。1690年，爱德华·曼高尔在约克巡回法庭上承认，他谋杀伊丽莎白·约翰逊是因为"魔鬼使他这样做的，以一束闪光出现在他面前，带他去找到那根使他犯下了杀人罪的棍子"。[24]

宗教上的绝望和受到禁制的欲望惯于以黑人或古怪动物的粗鲁外形而形体化。这种幻象来自童年时代对这类恐惧事物的想象，雷金纳德·斯科特描绘道："一个丑陋的魔鬼，头上长着角，口中吐着火，屁股上长着尾巴，眼睛像只盆子，尖牙像只狗，爪子像只熊，皮肤像黑人，声音则像狮子吼。"[25] 大众关于这种魔鬼外貌的概念反映了当时人们所憎恶和曲解的东西，恰如善良力量的幻视反映了相反的事物一样。瓦瓦苏·鲍威尔的追随者之一曾看见过基督，他把基督比作"纽波特的老赖斯·威廉斯"，长着"一把灰色大胡子"；而出现在未来的贵格会女教徒玛丽·彭宁顿幻视中的耶稣则是"一个生气勃勃的可爱青年，穿着灰色衣服，十分朴素整洁"。[26] 只有少数人与斯科特的观点相同；撒旦只是人类邪恶诱惑物的一种象征，是不可能以物质外形存在的。[27] 对于大多数人来说，魔鬼的确实存在乃是一条基本的信仰。如一个神学家指出的那样："全部《圣经》及一切虔诚和贤明的人——从世界之初直到今天——都承认存在着恶灵和魔鬼。"[28]

关于邪恶的人格化信仰如此基本，以至于这个教条被似是而非地抬举成关于上帝存在的最大论题之一，所以谁否认这一信仰，就

第十五章 妖术与宗教

会被指控为无神论。罗杰·哈钦森写道:"如果存在着上帝——这是我们必须坚定不移地相信的——那么确实地存在着魔鬼;如果存在着魔鬼,那么就没有比这更为确实的论据、更为肯定的证明和更为清楚的证据来说明上帝的存在了。"约翰·维姆斯认为,如果人们能够被说服而"承认存在着魔鬼,那么他们必然也承认存在着上帝"。[29] 1635 年,一个怀疑论者说:"让我看看魔鬼,那么我就相信上帝的存在了。"无神论者理查德·怀特只是在一天夜里魔鬼以"一个丑陋巨人"的面目现身后,才皈依基督教的。相应地,劳伦斯·克拉克森却是在数度召请魔鬼——"以便看看他是副什么模样"——失败以后,才做出判断,认为一切宗教都是"谎话"以及"根本没有魔鬼,也没有上帝,而只有自然"。[30] 清教徒理查德·格里纳姆主张:"想说服我们相信并无魔鬼,乃是魔鬼的一个诡计。"[31] 因为,如另一个作者指出的那样:"业已相信不存在魔鬼的人马上就会认为不存在上帝。"[32]

善良的人格化所依据的与邪恶的人格化的基础一样,这两种概念是互相纠缠在一起而无法分开的。但是,这种对于魔鬼的现实性的强调几乎是摩尼教的特性,1612 年,艾格尼丝·威尔逊在北安普敦作为妖巫受审时被问她承认多少个神。她答道:"两个。天父上帝和魔鬼。"[33] 这被看作诅咒式的坦白,但是我们倒更愿意把它看作当时宗教教育导致的一个不无道理的结果。16 世纪耶稣会士彼得·卡尼修斯的《教义问答集》中,基督的名字出现了 63 次,而撒旦的名字则出现了 67 次。[34] 所以,我们不难对有的异端分子的说法产生同感了,他们的结论是:魔鬼比上帝更强大。[35]

认为魔鬼存在于宇宙万物之中的这一信仰可以为许多社会目的服务。撒旦可以很方便地被用来解释古怪的疾病、无动机的犯罪,或者不平常的成功。关于魔鬼干预日常事务的故事中谈到他惩罚做伪证者和渎神者,抓走酒鬼,杀死不信神者。魔鬼的存在支持着传统的伦理道德,他们可以执行如有些故事里提到的"审判"和"天命",而这正是教士——尤其是清教教士——用来开导其教民的宣传资料。撒旦之干预还能为职业性的事故,如沉船或矿井塌陷,提供可以接受的解释。[36] 由于性交梦境和夜间遗精引起的罪感也可以用"梦交男妖或梦交女妖在作弄"的想法来减轻之。

最重要的是,无所不在的魔鬼乃是无所不在的上帝观念中的一个基本成分。早期的希伯来人无须将邪恶原则人格化;他们可以把它归咎于其他敌对神祇的影响。唯有在一神论取得胜利以后,人们才有必要解释:既然上帝是善良的,那么为什么世界上还有邪恶?于是,魔鬼就有助于维持完美神的观念。

魔鬼也起着支持基督教正统派的作用。正如早期的基督教会把异教神祇看成是魔鬼一样,16世纪和17世纪好斗的各宗派也声称它们的对手是崇拜撒旦的。新教徒这样形容过天主教徒,天主教徒这样形容过新教徒,连印第安人中的基督徒和其他原始部落的基督徒也使用过这样的说法。[37] 有人曾断言,是撒旦亲自使路德改奉新教的;[38] 而共济会成员则将其子女献给魔鬼。[39] 人们将社会邪恶和非正统宗教的任何体现都看成魔鬼。1540 年,一个新教的偶像崇拜反对者可以把神龛里的基督圣像描绘成魔鬼的图像;而 1704 年约克郡的一个不遵奉国教者则声称,按照国教仪式接受圣餐的人不是忠于上帝而是忠于魔鬼。[40]

当时的人就这样十分习惯地乱套"魔鬼崇拜"的帽子。魔鬼的诱惑对于许多信神者来说是实在的,而魔鬼在尘世间的代理者是被普遍承认的。就这个程度上来说,关于妖巫可能与撒旦订立契约的信仰完全可以理解为是当时宗教辩论的后果。

二 着魔与祛魔

关于撒旦的现实性的信仰不仅刺激了对于与魔鬼契约的指控,而且还使得魔鬼附体的观念成为可能。被恶灵附体的人可以从其古

第十五章　妖术与宗教

怪的生理或精神后果上辨认出来。他可能出现歇斯底里发作、剧烈抽搐、四肢和面部变形、痛感缺失、莫名的呕吐,甚至全身瘫痪。他会发出魔鬼的口音、淫猥和渎神的呓语,或者用以前从不懂得的外语流利地讲话。[41]魔鬼的进攻可以是外来的("作祟"),也可以来自患者体内("着魔")。严格地说来,着魔信仰清楚地区别于妖术信仰。众所周知,被魔鬼作祟是许多清教圣徒在转换信仰的过程中出现的一个阶段,未必被认为涉及了第三者的邪恶行径。但是,既然人们经常认为,恶灵是由妖巫派遣而进入人体内的,那么这两种观念实际上是交织在一起了。在17世纪的英国,"着魔"和"受蛊惑"基本上是同义词。

中世纪教会曾对着魔和作祟的说法下过神学的定义,它也曾为这样的受苦者提供了可以忍受的有效疗法。据说,一个神父以上帝和教会的名义所施行的正式祓魔可以驱除恶灵,这种仪式也是洗礼的一部分。早期的基督教会以能够成功地驱逐魔鬼而著称,至3世纪中期,祓魔师被确定为四个低级圣职人员之一。祓魔仪式上使用十字符号,象征性地用吹气驱除妖魔,使用圣水,以及用上帝的名义命令魔鬼离开,这些都被反宗教改革的天主教会进一步发展,加上了它那为数众多的规定的祓魔祈祷书,这不仅用来对付着魔的人,也用来对付吵闹鬼、被作祟的住宅,以及遭受超自然折磨的动物或人。[42]

这种仪式并未被公认为绝对可靠,它有可能因为受害者的罪孽或旁观者的缺乏信仰而失败。尽管如此,人们还是相信,魔鬼对于基督教的符号有着天然的恐惧,而且教会曾被赋予驱除他们的特殊威力[《马可福音》(16∶17)]。在中世纪,一般的观点似乎是:如果正确地遵守一切规定,祓魔就更可能取得成功。[43]使用圣人遗物或者朝拜圣所也是驱除魔鬼的有效办法。

然而,新教徒则以相当敌视的态度对待这种祓魔活动。威克利夫派曾谴责祓魔是纯粹的魔术,宗教改革时代的新教神学家们也持有这种看法。第二版《公祷书》中废除了未受洗孩子的被魔仪式,而被魔师一职也与其他三个低级圣职一起从1550年的授任仪式书中消失了。新的理论——如朱厄尔主教所说——是:[44]驱除魔鬼的能力是一种特殊的天赋,这是在早期基督教会的英雄时代获得的,但是在如今信仰业已确立的时代就不再需要它了。这种奇迹已经过去,基督徒不再相信魔鬼会被圣水、十字架符号或者仅仅诵念些《圣经》句子就吓跑了。那些自称的被魔师与世俗的巫师相差无几。杰里米·泰勒说:"如果我们之中有谁要使用这类东西,那么他就有在下一次巡回法庭上作为妖巫或奇术家受审的危险。"[45]

被魔就这样被普遍地摒弃了。但是,着魔的情况仍有发生。在现在所留存下来的着魔例子中,16世纪后期和17世纪的例子要比宗教改革时代之前的多。但是,这些虔诚的人面对着魔鬼的进攻怎么办?他虽然仍有着信仰的保护,但是现在已经没有自动的程序来处理这类着魔了。一个教士现在不再能命令精灵离开,而只能恳求上帝显示他的仁慈,将魔鬼赶走。伊丽莎白时代的一个布道者写道,任何治疗"都不是用奇术或占卜来完成——就如教宗派的教士们所声称和实施的那样——而是用斋戒和祈祷低声下气地恳求主来完成"。正如霍尔主教所指出的那样:人们没有权力下令,就只有祈祷。[46]

人们很难理解这一新形势的全部含义。孩子在施洗仪式上啼哭乃是在斥骂魔鬼,这一观念在被魔仪式被正式剔除出洗礼后还存在了很久。[47]此外,有一个阶段,新教的斋戒和祈祷的治疗方法完全发展到了接近于主张非意识功效的一种仪式。清教徒为了批驳他们所视作的"丑恶的迷信和下流的巫术"[48]的天主教被魔仪式,便把重点放在另一个方法的功效上,这个方法根据《马可福音》第9章第29节:"非用祷告、禁食,这一类的鬼总不能赶它出来。"在宗教改革后的一个世纪里,有许多例子提到了清教神甫所处理的涉嫌魔鬼附身案例,他们与魔鬼交谈,最后通过斋戒和祈祷成功赶走了魔鬼。

第十五章 妖术与宗教

我们在没有临床证据的情况下很难确切辨认出这些猜想的着魔病例的真正性质。这种苦难似乎并不限于任何特定的时代、性别和门第,而这一概念几乎肯定地包括了各种各样不同的疾病。值得注意的是这些症状变成一种定型,这种定型是与大众概念中的模式一致的。一个受害者将撒旦描绘成"双肩高过头部的一个丑陋黑人",这是典型的描述,1573 年的一份病例记录中说,着魔者"变得奇形怪状了……极像戏里的魔鬼模样"。[49] 从中也可看出欧洲大陆上着魔病例的影响。于 1644 年诊视赫特福德郡一个小姑娘的两个医生就曾去过法国,看到过整整一个修道院的着魔修女。[50]

从我们现在拥有的着魔病例的详细资料中看出的明显特色是它们经常在宗教环境中产生。确实,似乎可以颇为有理地认为,这是受害者在对所受的宗教性训练和抑制所进行的歇斯底里的反抗。[51] 当患者不能忍受宗教事物或语言的情景或声音时,特别容易怀疑魔鬼的在场;而为患者举行祈祷或宗教仪式就成了患者是否着魔的石蕊试纸。1663 年,詹姆斯·巴罗记道:"如果他听见其他人在念《圣经》或者提到上帝或基督,他就会吼叫,发出可怕的吵闹声。"1596 年,男孩托马斯·达林在被迫参加一次祈祷会时就发作了。邓威奇的前镇长托马斯·斯帕切特发现自己不能参加宗教活动。伍斯特郡的女孩乔伊斯·多维在祈祷时就会发作。发生这种情况的还有沃博伊斯的思罗克莫顿家的孩子们。[52] 这类例子使人想起布道师托马斯·霍尔,他由魔鬼引起的失眠症在安息日前夕特别厉害,还有清教徒理查德·罗思韦尔,他知道自己被撒旦作祟了,因为他有着一股抑制不住的冲动要诅咒宗教。[53]

所以宗教活动的紧张状态有可能激起强烈的反作用。出于同样原因,法国最著名的着魔病例都发生在女修道院中。如弗洛伊德指出的那样,魔鬼是"邪恶的和该谴责的愿望,是受到否定和压抑的本能冲动的产物"。他本人将魔鬼附体看成是一种神经官能病,伴随无意识的同性恋欲望而产生。更晚近的心理学家则认为它是一种严重的精神分裂症。[54] 不管着魔的临床性质是什么,其后果则是明白无误的。它为那些否则就不可宽容的无意识行为提供了解释和正当性。当一个着魔者满口发出渎神和淫秽之语时,没有人会指责他的这种行为。只要有魔鬼代为受过,背弃其一贯的宗教教育而将《圣经》在房里乱扔的小孩也不会受到惩罚。相反,这个孩子倒将成为戏剧性祈祷和治疗仪式的中心,他将受到分外的关怀。受害者的着魔乃是发泄被禁止的冲动和吸引对他们漠不关心和压制他们的人注意的一个手段。[55]

因此,记载下来的许多着魔例子都发生在清教徒和不遵奉国教者中间,也就不足为奇了。在不怎么重视宗教的团体中很少发生着魔现象,遭受着魔之苦的经常是那些信神者或以前的信神者,当他们一看到布道师或祈祷书,歇斯底里症就会立即发作。1574年春天发生了一件典型的病例,当时由清教的殉教史作者约翰·福克斯记载了下来。此事值得一谈,因为福克斯的记载似乎曾在清教徒之间广泛流传,并且影响了后来许多病例的语言和风格。

受害者是个来自英格兰北方的学法律的学生,名叫布里格斯。他曾听了一个关于反对圣灵的罪恶的讲座,因而产生了误解,认为一切罪恶都归入此类。他自我反省,并发现了许多错误,他深信自己也犯了这种罪恶,成了被上帝摈弃的人,所以他的一切祈祷都是徒劳的。在数次自杀未遂后,他发现一直有只丑陋的狗跟随着他,驱赶不开。当他准备跳入泰晤士河时,他看到这只狗在"用那么可怕的闪光的眼睛"盯着他,他意识到这不是只普通的狗,而是在等待着其灵魂的魔鬼。此后,狗便不见了。一个好心的医生把这诊断为忧郁症,开了放血和泻药的处方。但是布里格斯堕入了精神恍惚之中,他口中发出了他与魔鬼的一部分谈话,信神的旁观者急忙记录下来。魔鬼对他威胁利诱,双管齐下。一方面,魔鬼向他保证说,没有地狱之苦,没有上帝,基督并非上帝之子,基督的父母并未结婚,《圣经》是虚假的,以及一切发生的事完全出于自然。另一方面,魔鬼竭力强调说，他注定要受诅咒，所以最好还是接受他所提供的一柜子餐具和一个极具魅力的"涂脂抹粉的女子"（此人在他面前诱人地唱歌跳舞）。这个讨论间隔地进行了两个星期，魔鬼解释道，他在星期天要去圣保罗教堂的人群中掏钱包。

最后，福克斯被召去参加一个旨在使患者改邪归正的专门祈祷会。他流利地直接向魔鬼发表讲话："你这个卑劣透顶的奸徒……啊，你这个下流的魔鬼，我命令你离开。"他显然很乐意有这样的斗争机会。撒旦狡猾地反击，指责福克斯是个妖巫，但是最后患者以上帝的名义成功地下令魔鬼离开了，他的麻烦也就过去了。[56]

自伊丽莎白在位之初以来，有一系列这样的驱魔，其中涉及许多教士，尤其是热情的新教同情者。[57]在布里格斯事件的前一年，受过大学教育的清教徒爱德华·宁奇在其弟兄亚历山大的驱魔中扮演了主要角色。是他确诊了受害者的症状，并知道正确的方式是以耶稣的名义叫魔鬼离开。[58]1574年，除了布里格斯的病例外，至少还有4个涉嫌着魔的例子。在诺里奇，帕克赫斯特主教下令为遭受魔鬼攻击的一个荷兰年轻姑娘斋戒和祈祷。但是其他地方的大部分教会领袖则怀疑这种做法，并采取行动防止驱魔记录流传开来。在伦敦，有好几个妇女因为欺诈性地假装着魔而受到惩处，当局还采取措施不准未经许可的印刷商散布着魔者遭遇的故事。[59]

在伊丽莎白统治的后期，清教被魔师约翰·达雷尔的臭名昭彰的事件最终暴露了这些着魔和驱魔活动的日益增长的政治性。[60]达雷尔是个受过大学教育的布道师，他通过祈祷和斋戒令人惊异地治愈了一系列涉嫌着魔的人，最初是1586年在德比郡，然后是1596年至1597年在诺丁汉郡、兰开夏郡和斯塔福德郡。1589年，他被高等委员会确认为犯有欺骗罪，他唆使其"患者"装出当时常见的着魔症状，以显示他的治愈能力。当日一些最著名的清教教士都成了他"驱魔"的帮手。[61]此事导致了国教会中各对立宗派的正面冲突。一场旷日持久的小册子论战不仅揭示了人们对于达雷尔患者的诚意持有异议,而且也引出了魔鬼附身之可能性的大问题,以及祈祷和斋戒治疗的地位问题。在此过程中,又重新提到了伊丽莎白早期的一些着魔例子,达雷尔把它们用来作为鼓舞人心的先例,而他的对手们则以称之为"好好先生福克斯的招摇撞骗"而进行反驳。[62]

这场争论具有高度的宗派色彩。达雷尔充分公开化的活动被用来为清教徒大做宣传,显示他们有能力施行奇迹,也许,这也是他们在16世纪80年代建设教政新制度的企图失败之后的又一个策略。达雷尔还利用机会表明魔鬼与清教并不具有共同的厌恶感情——诸如对过长的头发的厌恶。在达雷尔的影响下,诺丁汉郡先前不热心的居民现在成了福音的热情听众,以至当局害怕他的活动"将影响全体公民"。[63]清教徒还把自己的行为看成是对教宗制度的沉重打击。如达雷尔的最亲密盟友乔治·莫尔神甫所说:"如果英国国教会有驱除魔鬼的能力,那么罗马教会就是伪教会;因为只可能有一个真正的教会,而其中主要的标记即是施行奇迹(这是他们自己说的),而最伟大的奇迹便是驱逐魔鬼。"[64]

主教们采取了严厉的镇压措施。达雷尔所写的关于为托马斯·达林驱魔的小册子被收回了,印刷商遭到监禁。达雷尔与莫尔也被逮捕,他们在诺丁汉的支持者受到威胁,要他们发誓端正行为。达雷尔在其辩护书中指责主教们压制证人,以全面的阴谋掩盖事实真相。剑桥名誉副校长则采取措施不准出售达雷尔的著作。一个成衣匠遭到逮捕,清教徒威廉·布雷德则被迫暂时离开大学。[65]

追打达雷尔的发起者似乎是阿米纽派的领袖,他们刚从英国国教会中冒出来,正是他们使得关于着魔的论战变成了政治鉴别物。但是人们显然很清楚,强调斋戒和祈祷乃是清教主义的象征。实际上,这场论战还和当时的其他争论结合在一起,诸如不布道神甫的优点、五朔花柱节的正当性,以及助产士的施洗权。[66]在达雷尔事件平息以前,又出现了好几个涉嫌着魔的妇人,清教教士便忙于为她们斋戒和祈祷。[67]早先的达雷尔争论就这样与后来其他的论战蔓延

第十五章 妖术与宗教

交织在一起了。站在阿米纽派一边的包括:理查德·班克罗夫特,伦敦的主教以及后来坎特伯雷的大主教;威廉·尼尔,威斯敏斯特的副主教,后为约克郡的大主教;威廉·巴洛,主教威特吉夫特的亲随教士以及林肯的未来主教。[68]但是最杰出的人物是小册子作者约翰·迪肯和约翰·沃克,以及约克郡未来的大主教塞缪尔·哈斯尼特,当时是班克罗夫特的亲随教士。

是哈斯尼特揭露了达雷尔的"欺诈活动",他在一篇强有力的短文中指责整个事件是个清教的骗局。他与迪肯和沃克一样,明确地宣称一切被魔都是无用的,因为奇迹业已停止。祈祷和斋戒绝不能驱除魔鬼,任何形式的肉体着魔已经成为过去。阿米纽派还发表了有争议的法国马尔泰·布罗斯事件的英文译本,以展示假想的着魔现象的背后是纯粹的自然原因。在剑桥大学的毕业典礼上,威廉·巴洛公开主张,着魔再也不可能了。[69]

达雷尔反驳道,斋戒和祈祷是公认的驱魔手段。它们不涉及任何奇迹作用,因为它们不是自动起作用的,而只是通过上帝的恩赐才起作用。麻烦之处在于,达雷尔在这一点上是自相矛盾的,因为在他们的著述中有时谈到这一方法百试不爽。此外,在不少场合下,他与其他的清教神甫似乎都直接与魔鬼对话要他离开,这是陈旧的天主教方式。1574年,这样的情况有好几起,还有十年之前在切斯特,约翰·莱恩甚至把醋灌入一个着魔姑娘的鼻孔。[70]这种做法颇异于仅仅恳求上帝帮助的方法。

这场论战的顶峰是1604年新教会法规中的72号教规:从今以后,除了获得其主教的特殊批准外,任何神甫都不得试图"通过斋戒和祈祷处理任何人的着魔或遭祟而驱除魔鬼,违者则处以欺诈或招摇撞骗罪,并革除神甫职务"。这条教规有效地结束了这类活动,至少对于国教会中的遵奉国教者来说是如此,因为在此后的17世纪里,似乎未见给予这种允准的例子。[71]詹姆斯一世在位期间,国王亲自与几个主教致力于揭露这类欺诈性的着魔,当1615年詹姆斯来到剑桥大学时,学校认为上演一出讽刺整个祛魔过程的戏是适宜的。[72] 然而,许多清教教士仍然坚信斋戒和祈祷在着魔病例中的功效,他们继续主张,任何神甫都有权在他认为需要的情况下命令当地斋戒。托马斯·库珀在1617年写道,这种方法"并不是绝对的和必然有效的……但是使用起来还是有益的和方便的"。在17世纪上半叶有一系列的驱魔事例。[73] 然而,主教们对这类活动始终加以严格限制,直到内战爆发,他们随时准备揭露骗局和惩办参与者。正如理查德·巴克斯特所记载的那样,清教徒对于主教们的最大不满之一就是高等委员会对于"斋戒和祈祷,以及他们认为十分有利的其他仪式"显示了极大的敌意。[74] 在长期议会开会以后,达雷尔于1641年9月再次大胆地发表了他关于威廉·萨默斯驱魔一事的《真实关系》。

随着空位期间宗派数量的激增,涉嫌魔鬼附体的事例也大量增加。这种情况中的一个矛盾之处是,着魔的症状几乎无法与宗教入迷相区别。那些从事马拉松式斋戒的和宣说宗教预言的宗派分子往往被其对手说成是受了蛊惑,甚至其本身就是妖巫。尤其是贵格会教徒,乃是大量这类指控的目标。乔治·福克斯强烈的个人魅力招惹了许多妖术指控,而在贵格会聚会时由宗教兴奋刺激出来的身体抽搐则被称为着魔的明显症状。[75] 几个前贵格会教徒声称曾在谈话期间受到蛊惑,[76] 而法庭确实曾有几次正式提出过这类指控。[77] 其他一些宗派分子则有使用邪术吸引追随者的嫌疑。[78] 不正常的行为就这样按照人们的观点不同而被看成是神的或是撒旦的。

在传统的不遵奉国教的集团中,人们继续主张魔鬼附体的现实性和斋戒与祈祷的功效,直到17世纪末。亨利·纽科姆回忆起1659年在剑桥大学举行的旨在拯救曾将灵魂许给魔鬼的一个妇女的祈祷会时这样写道:"当时是一所大学,但是可以见到许多文科硕士和学院评议员彻夜不眠地从事这类活动。"[79] 五十年后,复兴的不遵奉国教的教士还经常举行祈祷和斋戒,以使被作祟的房屋安静下来,增强医术疗效以及消解魔鬼的附体。他们也利用一切机会发表其活动的记录。[80]

但是,不仅仅是不遵奉国教者进行着有效的宣传,从而违抗了国教会关于废除古代被魔师圣职的规定。而且,天主教徒也继续使用着欧洲大陆上的仪式,用它作为恢复伊丽莎白一世在位时的天主教信仰运动的一部分,尽管反宗教改革的教会对于这类被魔的批准通常比较谨慎。1558年,在玛丽反动的最后阶段,一个来自罗马的神父奉邦纳主教派遣去把一个恶灵逐出异端分子约翰·米尔斯体内,虽然这个假想的着魔者当着被魔师的面笑了。[81]在1585年至1586年间(此时出现了达雷尔的第一个病例),一场更有组织的被魔运动由某些主要的不服从国教的天主教徒家长发动起来,其中著名的人物是白金汉郡德纳姆的乔治·佩卡姆爵士和哈克尼的沃克斯勋爵。有若干神父在耶稣会士威廉·韦斯顿的领导下利用布置周密的仪式驱除了附在女仆和其他人身上的魔鬼,这种仪式包括:使着魔者坐在椅子里,把他的头按向冒烟的硫黄,并强迫他喝下一剂混有圣油和芸香的白葡萄酒,据哈斯尼特说,这种调料是"一个诚实的人不会给马喝的"。[82]其主要目的是证明唯有真正信仰的体现才有能力将魔鬼驱逐出去。但是在此过程中还有一些附加的争论点。例如,在冗长的询问中,魔鬼的在场显示出对于新教的强烈同情和对罗马教会的恐惧。

天主教徒的这种被魔活动最终导致了其主要参与者被当局逮捕并审讯。1603年,紧随达雷尔的论战之后,塞缪尔·哈斯尼特在其严厉的批判作品《罗马天主教之大骗局的供述》中发表了他们的口供。[83]此后,常常见到一些含有敌意的大陆天主教被魔记录公开发表。[84]然而,不服从国教的天主教徒继续进行着活动。每年,在英格兰耶稣会布道团的报告中都记载了成功的被魔例子。例如,1626年据说被拯救的人不下60个。对于圣人遗物、神龛、圣水和圣井的治疗功效也做了大量宣传。反过来,主教们则竭尽全力地揭露骗子,就如"比尔森的男孩"威廉·佩里,他在 1620 年的骗局是受到教宗派被魔师的鼓励的。[85]

许多假想的着魔事例也涉及妖术的指控。魔鬼附身不一定以人类作为中介体,但是实际上,受害者幻视中出现的通常都是妖巫模样的人在折磨他,所以就采取了相应的预防措施。与着魔连在一起的发作习惯上就被看作是妖术的结果。不少妖术指控都是在天主教被魔师的影响下进行的,而达雷尔的每一次被魔都产生一个妖巫或几个妖巫,她们被看成应对受害者的不幸负责。[86] 完全可能是他活动的这一点促成了他的毁灭。因为哈斯尼特是雷金纳德·斯科特的门徒,他严厉地谴责整个妖术概念。班克罗夫特似乎也对妖术持怀疑态度。[87]

怀疑着魔和蛊惑的少数派对于国教会摈弃古代教士威力的最深刻体现,即"驱逐魔鬼"并不关心。就在《罗马天主教之大骗局的供述》发表的 1603 年,爱德华·乔登医生有力地揭示了假想的着魔现象背后的种种可能的自然原因。[88] 他的分析虽然受当时关于女性歇斯底里病因在于子宫中即"子宫病"的假设的局限,但是他显示了对于身心疾病的深刻认识,并且在可以发现自然原因的情况下极不愿意接受超自然的解释。他还指出,斋戒和祈祷对于纯粹出于自然原因的疾病来说,可能是一种有效的治疗方法,因为它们使躯体衰弱,从而缓解了精神的紧张状态。作为最后一着,乔登并未否认魔鬼附身的可能性。但是,他随时打算寻找自然原因,只要它们能被发现。这使人想起新教神甫威廉·富尔克对于约翰·莱恩 1564 年为切斯特的一个女孩驱魔一事的评论来:"这不是奇迹,而是自然的作用;这个小姑娘可能是感染了子宫病或者其他类似的疾病。"[89] 在 17 世纪,这种态度变得越来越普遍,当时从事实际工作的医生,如亨廷顿的约翰·西姆科茨可以处理许多神秘的发作和抽搐而从不感到需要借助魔鬼来做解释。[90]

17 世纪末出现了一起引起争论的被魔案,这个"确确实实的着

第十五章 妖术与宗教

魔者"是兰开夏郡的园丁理查德·达格代尔,这起轰动一时的诉讼案大大地推动了怀疑主义在有教养阶层中的传布,从而进一步削弱了魔鬼附身的概念。最初是天主教士,其后是一群不遵奉国教的神甫,他们都声称给这个歇斯底里的青年驱了魔,而国教会的一个善辩者扎卡里·泰勒则于1697年揭露了此事。他指责这个青年是个骗子,是想吸引人们的注意,以准备指控邻近一个老妇人为妖巫。[91] 同时,有一股不断增长的神学舆论潮流正准备否认甚至在《圣经》时代的魔鬼附体的真实性,并且将《新约》中的着魔重新解释成癫痫症或其他各种各样的歇斯底里疾病。这一观念流行了一段时间,以至到了1555年,主教邦纳觉得批判异端已成必要,因为这些人声称,使徒之驱除"魔鬼",也不过是像其他使用药物和自然方法的医生一样地在施加作用。如斯科特和霍布斯这样的怀疑论者断然地把《新约》中的着魔看作为发疯或癫痫,但是即使虔诚的《圣经》学者约瑟夫·米德也认为"这些着魔者不过就像我们所说的疯子或精神病患者一样"。在汉诺威王朝时期,这成了自然神论观点的特色了。[92]

但是对于生活在复辟的余波时期的人们来说,恶灵的存在依然是真实的。还有一种危险是,新教教士似乎已放弃了他们的传统抗辩。除了相信斋戒和祈祷的那些清教徒外,大部分新教徒似乎已满足于让被魔能力成为罗马天主教的垄断物。他们准备寻求上帝的帮助来对付所谓的着魔,但是祈祷不能保证其成功。世俗人却不做这种灰心丧气的思考,他们的反应截然不同。有些人转向巫师和魔咒师,希望他们能够扮演教士所不再愿意扮演的角色。另一些人则成了自己的袚魔师;当一个自由民的妻子玛格丽特·胡珀在1641年着魔后,其丈夫和姐夫鼓足勇气,成功地以圣父、圣子和圣灵的名义叫魔鬼离去了。[93] 还有一些人则重新去求助于杂七杂八的民间药方。1653年,牛津青年安东尼·伍德发冷打战,有人告诉他说,这种疾病是魔鬼引起来的,而正确的治法则是跳入河中,然后迅速游上来,以便让恶鬼淹死在河中。[94] 还有形形色色的咒语和护身符被用来使自己免受魔鬼之害,而这种保护是宗教不再能提供的。

由于放弃了驱除魔鬼这样一个关键性的职责,新教教士便危害了自己的声望。像约翰·塞尔登这样受过教育的同时代人可以轻松地嘲笑祓魔是"纯粹的把戏",发明出来为教士博得尊敬;但是,正如塞尔登自己观察到的那样,教士在普通的国教教徒中所享有的敬重还不及在清教徒或天主教徒中享有的敬重。在天主教国家中,农民们对于神父的巫术威力的信仰有助于维持整个宗教组织的声望。1712年,一个作者写道:

> 我毫不怀疑,一个神父一旦能使其教区居民相信这种祓魔能力,那么他立刻能把许多假冒的奇迹移植到这根枝上来,并至少能够祛除时疫,治愈染瘟的牲畜,吹嘘说有一种万能的处方来医治牙痛,寻回失物,等等,简言之,其用途就像预言适用于任何情况一样。[95]

在英格兰,关于用圣物和圣像治愈患者的中世纪故事尚未忘却。它们仍然是大众文学的主题,并且在许多乡村教堂的雕塑中留下纪念。于是就不可避免地产生了对于天主教时代的某种怀念。17世纪的一位老太太抱怨说:"在玛丽女王时代,教会人士更为聪明能干,他们能教给人们许多诀窍,而这是今天的神甫所不懂的。"[96]

毫无疑问,国教会承认在这方面无能便成为其辩护士激愤烦躁的原因。1605年左右,未来的埃塞克斯主教约瑟夫·霍尔在欧洲大陆上旅行时遇到一位天主教神父,那人奚落霍尔的教会甚至不能施行一件奇迹。对于这一点,主教中唯一赞美约翰·达雷尔之功绩的霍尔尖锐地回答说:"在我们教会里,我们已经展示了用斋戒或祈祷驱除魔鬼的证据了。"那个天主教徒立即回答说,如果英国教会能够证明这种驱魔法可以驱除任何魔鬼,那么"他将脱离他的宗教"。[97] 17世纪末,一个观察试图为苏珊娜·福尔斯驱魔的妇女说:"如果我们英国国教会不能为这个女人驱除魔鬼,而教宗的神父们能够的话,那么我相信,我将成为我们教会的一名改宗者。"[98] 这就是达雷尔试图纠正的形势,他甚至将天主教徒无法治愈的患者接过来,努力从中搜寻出自己的猎物来。

难怪 1586 年不服从国教的天主教士在开始其纯属广告性的驱魔运动时,就吸引了许许多多的仰慕者。一个同时代人估计道:在短短的半年时间里,为不下 500 人驱了魔,有人则说有三四千人。[99] 赴欧洲大陆的旅行者带回来了新的被魔故事:朝臣和外交官沃尔特·蒙塔古是在 1635 年亲眼看到劳登的厄修林修士们被魔后,才改宗了罗马天主教的。在国内,不服从国教的天主教士专门处理新教神甫未能成功的那些病例。苏珊娜·福尔斯曾被告知说:"要等到来自葡萄牙大使那儿的穿着粗毛袍和赤着双脚的人到来后她的病才能被治好。"据称,甚至加尔文派教徒也曾把难以处理的病例交给罗马天主教徒。[100] 亨利·伯恩在 1725 年认为,天主教被魔仪式"使得先前的普通大众产生了一种看法,把一无所知的神父看成是最有信仰和最有学问的人……这种看法甚至流传到了今天,现在的平民经常说,除了'教宗的神父',没人能镇压精灵"。[101]

三 妖术与宗教

中世纪有组织的宗教机构提供了一个根本性的防护手段,以对付魔鬼的骚扰和妖术的邪恶行径。《女巫之锤》的作者声称:"教会的被魔就是为了这个目的,并且是使人免遭妖巫之害的绝对有效的方法。"圣水、十字架、圣烛、教堂的钟、献祭过的草药、神圣的言语以及诸如此类,基督徒可以用它们来确保自己免受魔鬼的伤害。[102] 祈祷词的反魔鬼威力极大,以至于恶人用它也必然奏效。圣餐面包和圣水是典型的处方,以三位一体和圣休伯特的名义连续 9 天每日念诵 3 遍《主祷文》和 3 遍《圣母经》,便可免遭一切疾病、妖术、疯狗和魔鬼之害。[103] 即使妖巫已经发动攻击，也可以使用这样的方法，虽然老于世故者会先承认这种做法有失败的可能。中世纪的有些神学家甚至打算允许使用巫术，只要它不求助于魔鬼或者将疾病转嫁给他人。[104]

教会在防护方面的能力始终强于治疗方面，但是欧洲大陆神学家的不确定性日益增长，其标志是中世纪后期的教士想求助于"教会的最重要的处方和最后的手段"，[105] 即把妖巫消灭。然而，这种趋势对于中世纪的英格兰似乎没有什么影响，当时的教会继续为信徒们提供大量对付超自然恐惧的防护方法。怀疑论的发展影响了欧洲大陆上的知识分子，但是在英格兰，直到宗教改革才扰乱了这种形势，大大地降低了人们对妖术的免疫力，因为这在原来只是由宗教信仰提供的。一切非意识的防护方法都被贬低为空洞的符号，本身没有任何功效。1543年，新教布道师约翰·斯考瑞质问道，既然《新约》中记载，魔鬼连基督本人都不怕，他怎么还能怕这类驱魔的玩意儿？[106] 当一个自以为受了蛊惑的妇女探询理查德·格里纳姆的意见时，他的劝告基本上是消极的：千万别去请教巫师。此外，他便推荐了祈祷、忏悔和忍耐。[107] 新教教士也像中世纪末的宗教法规学者一样，[108] 禁止求助于大众性的反巫术。他们有时允许去除妖巫遗留下来的进一步施行"恶业"的一些巫术物件，诸如拔掉插在蜡像里的钉子。但是完全禁用任何形式的巫术性缓解法。[109]

新教使得这种形势更为暗淡，它贬低了护卫天使的重要性，否定了圣徒的调解能力，同时却空前地强调魔鬼的现实性以及他在人世间的势力范围之广大。在清教的影响下，1558年，在诺里奇的圣乔治公会所举行的年度游行发生了变化，它深刻地代表了这种形势。不再让乔治和玛格丽特两个圣徒露面，而是决定"魔鬼将登场，在今后的游行中现身"。[110]

难怪许多天主教仪式在紧急时期仍能维持其价值，因为新教徒发现自己对于这位宗教仇敌已束手无策了。如威廉·珀金斯所抱

第十五章 妖术与宗教

怨的那样,"利用耶稣名义驱逐魔鬼或者预防妖术"依旧是"愚民之中的常见活动"。当1566年埃塞克斯郡12岁的阿格尼斯·布朗遭到琼·沃特豪斯的蛊惑时,她用猿的脸庞,但是念着圣人的名字来对付可怕的黑狗幽灵。[111]烤烘面包或糕饼的家庭妇女通常都将十字架符号刻印在生面团上面,以作为抵御邪恶影响的方法。甚至在17世纪后期,人们面对受蛊惑还会不由自主地画起十字。[112]术士大量使用了天主教的仪式;约翰·迪伊在1590年用圣油为一个着魔的女仆举行涂油礼;而1664年,纽卡斯尔的助产士佩珀太太则试图用圣水和银制的耶稣受难像治疗一个受蛊惑者。[113]1641年,劳德派教徒被控宣传十字符号能驱赶魔鬼的说法。萨福克郡芬宁甘的教区长埃德蒙·梅厄甚至被说成主张《圣经》放在屋里便可驱走魔鬼。[114]

然而,这类说法引起了当时大部分神学家毫不妥协的反对。新教教会强迫其信徒不准接受妖术之现实性的观点,并且还否认存在着有效和正当的防卫和治疗形式。英国国教会摈弃了非意识的宗教方法,但是它并不打算声称只有信仰才能使虔诚者免受妖术之害。它教导说,撒旦乃是上帝莫测高深的裁判工具,完全可以用来考验信神者或者使邪恶者遭殃。肯定地,对于真正信神的人来说,受到妖巫骚扰是极为罕见的,但是这并不是说这类事情绝不会发生。不管其信仰是多么地坚定,即使是最虔诚的基督徒也有可能受到邪术的"恶业"的考验,就像受到其他不幸的考验一样。说妖巫不能损害笃信者是不真实的;她们完全可能不断地使之遭殃。[115]

那么受害者该怎么办呢?他可以求助于祈祷;他可以反省,看看自己有什么罪过招致了万能之神的愤怒;他可以使自己或家庭改过自新;他可以斋戒和祈祷;他可以继续全心全意地信赖上帝。占星师约瑟夫·布莱格拉夫宣称:"在我的毕生经历中,我从未看到每日做祈祷——尤其是在清晨祈祷——的男人或女人曾落入过妖术的圈套。"[116]但是,作为最后一着,所有的神学家都认为,这种方法不是万无一失的免疫保证,并且不是绝对能治愈病患的。甚至斋戒和祈祷也被说成对付妖术的有效性差于对付着魔的有效性。[117]

这种看法并不像听起来那么悲观。新教的观点是:对于上帝的坚定信仰是抵御魔鬼进攻人类灵魂的绝对有效的防护方法,但不能绝对免除魔鬼对躯体和财物的伤害。然而,魔鬼损害人们物质财富的真正目的,是要削弱人们的信仰,诱使他们不再信仰上帝,而一心希望解脱眼前的苦难。"恶业"即是撒旦攫夺人类灵魂的运动的一部分。那些转向巫术而抵御魔鬼物质进攻的人可能暂时得到了缓解,但是其长期的后果将是极其可怕的。相反地,具有像约伯一样信仰的人可能会受到财产和躯体的损伤,但是其灵魂却因这一遭遇而更为坚强了。如乔治·吉福德所说:

> 有一个人深受病痛折磨;他怀疑是妖巫在使术。他的邻居劝他去求教术士。术士的答复是:他应该做如此这般的事情,然后就会康复。是的,他确实这样做了,并且也康复了。对于这样的驱除魔鬼,我们怎么想?这是一个可悲的驱魔。他肉体上固然不再受折磨了,但是病痛却更深地进入了他的灵魂。他被这样的驱魔征服了。[118]

对付"恶业"的正确方式是忍受,用坚定的信仰来支持,尽管魔鬼可以损害人的躯体或财物,但是他绝不能触动其不朽的灵魂。用约翰·班扬的话来说就是:

> 无论是魔鬼还是小鬼,
> 都不能使他畏缩气馁,
> 他知道自己的灵魂,
> 将千秋万代永生。

第十五章 妖术与宗教

对于这种苦行式劝告,人们并不始终遵守,这点我们并不感到惊奇。来自审讯中的证据表明,即使妖巫自己有时候也认为宗教信仰会使她们的符咒失败。例如,据说艾格尼斯·沃特豪斯的听差精灵"撒旦猫"在1566年不能伤害其邻居沃多尔,因为他"信仰极为坚定"。但是艾格尼斯是天主教徒,她的听差精灵只允许她用拉丁文祈祷,所以她的臆说可能导源于旧教。1589年被绞死的琼·科尼也承认她的精灵无法伤害其邻居中的笃信上帝者。她业已80岁,可能一直接受的是天主教教育。约翰·沃尔什在1556年说,每日念诵《天主经》和《使徒信经》可以使人免受妖术之害,他是玛丽时代的一个天主教神父的仆人和学生。对于宗教的保护性威力的信仰就这样地通常见于明显地受天主教影响的例子中。[119]

那些走上了只相信上帝而谴责一切巫术辅助手段这条狭窄道路的人,不可避免地要求助于内心的反省。约克郡不遵奉国教的神甫奥利弗·海伍德在其1683年5月的日记中记载了一种奇怪的疾病降落到其教民的身上:

> 他躺在床上,喉咙肿胀,手不能摆动,样子可怕至极……桑顿医生说,他所患的不是自然疾病,而是被邪恶的语言所伤。他说在用火检验患者的体液之前,将不开任何药方,他们必须取来患者的体液,和着面粉制成糕饼或者面包,其中还要放进一些患者的头发和马蹄铁的碎片,然后送入火中……道森先生在问了病情之后于上午来看我。我们都得出结论,此事除了祈求上帝外别无他法,这无论在自然界中还是在《圣经》的神圣启示中都没有依据。我那天去哈利法克斯拜访他,把我们的想法告诉他,我发觉他们觉得由于他们使用了这些方法,伤害他的那个妖巫就会到来,并且发现一切……我对此极其反感……我告诉他们说,正确的办法是通过斋戒和祈祷来恳求上帝,他们同意了……虽然我们力量单薄,但是上帝与我们同在……我将

等待着倾听上帝的答复。我深信这是上帝的方法,只有上帝才可能援手相助。如果不相信上帝,他就完了。[120]

一个新教教士有这样的坚定信念是值得称赞的,但是在他周围的人身上就不大可能看到。1582 年,当博蒙特的教区神甫理查德·哈里森之妻艾格尼斯怕她已受了安妮斯·赫德的蛊惑时,其丈夫对她说:"相信上帝,并且只相信上帝,他会保护你免受她的伤害以及魔鬼本人的伤害。……再说,我是个布道师,如果我妻子的信仰如此不坚定,那么人们将会说些什么?"当其妻子仍然忧虑时,他再次竭力劝她做祈祷,并意味深长地补充道:"她会被绞死的……这个安妮斯·赫德,如果她被证实有任何这类事情的话。"[121] 这番颇有启发性的谈话表明了,用只要有信仰就不会惧怕的保证来安慰那些害怕妖术的人是多么地不顶用。同时也表明,这种毫无防卫手段的状况无情地导致了最后的解决办法:处决妖巫,这是唯一肯定的方法,它可以把邪术的"恶业"确定而合法地结束掉。宗教没有提供万能的免疫法;反巫术则是被禁止的。于是,抵制妖术危险的最后责任落到了法庭的身上,而对于妖巫的起诉成为从死胡同中摆脱出来的唯一可行之道了。当霍普金斯和斯特恩来到东英格兰后,据说那里的人民"谈论妖巫搜捕者的确实可靠和奇异威力比谈论上帝、基督和《圣经》还要多"。[122]

如今,已比较容易回答前章结束时所提出的问题了,并且较容易理解为什么空前大量的妖巫审判和处决发生在伊丽莎白时代宗教确立后的 150 年里,为什么英格兰的妖巫控告与宗教改革同时发生。16 世纪中叶的宗教变化所做的正好清除了控制妖术威胁的保护性宗教巫术。因为大众相信这样的宗教巫术防护法,所以中世纪只有极少量明确的"恶业"嫌疑例子,尽管有关妖术信仰早已存在:在中世纪的英格兰,一个人只要遵奉教会所规定的方法,就一定不会被妖巫所伤。如果他未受伤害,那么就不可能去申诉。对宗教巫术的信仰就这样成了妖巫控告的障碍。莱基说:"如果人们稍不迷信,那么其迷信的作用就会可怕得多。"[123] 但是在宗教改革后,这个障碍撤除了。宗教巫术崩溃了;社会被迫采取法律行动来对付第一次有失控之虞的妖术。

这并未解释其他欧洲国家中——不像英格兰和苏格兰——妖巫控告在宗教改革前很久就开始的原因。这个原因恐怕应该从教会领袖态度的改变中去寻找。中世纪后期的神学家似乎一直在致力于贬低宗教方法的威力,而新教则圆满地完成了这一工作。他们强调,被魔不一定成功,上帝有可能允准魔鬼的攻击。欧洲大陆上的知识分子就这样摈弃了关于教会巫术之功效的说法。[124] 他们比其前辈更顽固地反对反巫术的活动。在欧洲大陆上,妖巫迫害开始得早,并且是从上层发动的。最初,当局还得克服公众对妖巫审判的巨大阻力。[125] 人民不敢控告妖巫。因此,《女巫之锤》以及类似的作品中就特别强调邪术师一旦被捕就无能为力。他们也控告"恶业"的制造者使用民间方法,因此作品中就强调这类法术的罪恶性。

但是英格兰似乎未受中世纪后期这些神学潮流的影响。那里没有从上层发动妖巫控告的需要,而人民大众则依然满足于用宗教巫术和民间巫术结合的办法来保护自己。只是在宗教改革造成的大分裂后,变化才伴随而来。当时,宗教巫术的保护性盾牌被击碎了。16世纪60年代开始的妖巫控告运动的基本特色是民间性的。欧洲大陆上将妖巫作为一帮魔鬼崇拜者而进行迫害无可避免地是由上层发动的,但是在英格兰,其原动力是对"恶业"的惧怕,所以它发动自下层。

正因为如此,所以下述的看法是种误解:将英格兰的妖巫控告归因于任何特定宗教集团的影响,甚或不同宗教集团的冲突,[126] 从而把这段历史解释成主要是政治性的。[127] 有些历史学者认为,清教徒特别注意侦察撒旦对日常生活的干预,而且直到内战之前,赞成妖术控告的大部分英格兰作者都与清教有着密切的关系。相反,不少杰出的怀疑论者则属于阿米纽派阵营。

但是,仅把妖术控告的强烈愿望和狂热新教主义这样简单地对等起来是没有意义的。亨利派天主教徒托马斯·莫尔爵士赞成对召请精灵者处以死刑,而玛丽时代的主教们的巡视项目则显示了对巫术从业者的激烈反对,其继承者们即返回的玛丽派流亡者亦然如此。邦纳主教关于信奉魔鬼之契约的观点本身就足以消除"玛丽派流亡者返回之前英格兰不存在此类观念"的说法了。[128] 在16世纪结束左右,关于达雷尔的论战揭示了搜捕魔鬼的清教徒与持怀疑论的阿米纽派在观点上的明显区别。但是清教的妖术作者不过是复述欧洲大陆魔鬼学观点。17世纪前期有证据表明,中央政府偶尔出面干预,使个别妖巫免于定罪,此外,似乎很明显的是,在劳德派审查制度实施期间,并未发表过妖巫审判的记录。[129] 但是这并不能证明,1620年至1640年间伦敦周围诸郡巡回法庭的妖术控告案的相对减少是中央政府影响的结果。迄今所见的巡视项目表明,劳德派绝未放弃与大众巫术的斗争[130](虽然这些巡视项目并未证明劳德派相信妖巫有威力;其目的可能仅仅是想铲除骗子和宗教的敌人)。劳德本人对妖术问题相当不感兴趣。他在1625年左右对白金汉公爵说,巫术治疗是他"几乎不过问"的一个问题。但是在他的同事中间,约翰·科辛则把大众巫术视为魔鬼的发明;杰里米·泰勒认为妖术是一种不可饶恕的罪过;罗伯特·桑德森则要巫术从业者"被一些严厉的法规从这里和其他一切基督教土地上彻底根除"。[131]

相反,却没有理由认为妖巫控告运动大大依赖于清教的热情。1646年,约翰·格里在回顾斯图亚特早期时说:对白金汉的巫师拉姆的宽恕乃是"我们这个堕落时代的最恶劣的污点之一"。[132] 虽然五十年前约翰·达雷尔曾声称,借助于其同盟者威廉·萨默斯的帮助,他能够"侦查出英格兰的所有妖巫",[133] 但是内战之后却并没有

第十五章 妖术与宗教

出现一场将邪术师赶出英格兰的清教十字军运动。在这一时期中,犹如先前一样,特别缺乏证据表明审讯中掺入了宗派考虑。马修·霍普金斯因政府的崩溃而获利;完全可以推测,若在劳德派时期他的事业就绝不会成功。但是他从政府那里并没有得到积极的鼓励,或者他自己有着明显的宗教偏爱。他的同事斯特恩是个清教徒,在大恐慌高潮时由虔诚的神甫塞缪尔·费尔克拉夫所做的布道会也似乎十分有节制。清教激情的唯一暗示是一段由霍普金斯自己撰写的评论,谈到魔鬼娶妖巫时用的是国教祈祷书中规定的礼拜仪式一事。[134]

在国王被处决后,不再有妖巫控告狂潮。当1650年坎伯兰的谢里夫上书询问处理妖巫的具体指导时,国会冷淡地答复说,除了本国的法律外,别无其他指导。[135] 在克伦威尔统治时期的苏格兰,妖巫迫害的情况大为减弱。[136] 在英格兰,该时期中的妖巫案则源自地方上,与清教主义在中央的胜利没有关系。1653年在索尔兹伯里被处决的安妮·博登汉的关键性证人是一个标标准准的文盲女仆,"对于宗教的根本依据毫无所知"。[137]

英格兰的妖术控告运动不需要宗教热情的刺激,基本上是本国的法律使之成为可能。在妖术法规废除以前,或者至少在法官和陪审团默默地拒绝受理以前,正式的妖巫控告用不着来自上层的推动力。再说上层也不能阻止它,除非政府出面干预。没有理由认为,妖巫控告的原因会超过宗教冲突或者不同宗教集团或强或弱的热情的间接影响的结果。

宗教信仰是妖巫控告运动必要的先决条件。研究魔鬼的神学家都主张魔鬼骚扰的现实性,而新教徒则否认了任何宗教性防护手段的可能性。这就为普通大众采取行动反对妖巫打开了方便之门,人们都认为自己遭受了妖巫的"恶业"之害。因此,要解释妖巫控告的原因,就必须把目光离开全国性的偶发事件,而转移到产生这些指控本身的社会环境上去。

注　释

1. J. Glanvill, *Saducismus Triumphatus*（1681）, i, p. 35. 有关希伯来人和基督教魔鬼学的源头，参见 Lea, *Materials*, pp. 1—105。有关英格兰 16、17 世纪的魔鬼故事，参见 T. A. Spalding, *Elizabethan Demonology*（1880）, 这是一项能够提供帮助的研究, and R. H. West, *The Invisible World. A Study of Pneumatology in Elizabethan Drama*（Athens, Ga, 1939）, 它充分利用了当代的著述。See also Brand, *Antiquities*, ii, pp. 517—522; Ewen, ii, pp. 48—54; K. M. Briggs, *The Anatomy of Puck*（1959）, chap. 11.

2. Scot, *Discoverie: A Discourse upon Divels and Spirits*, chap. 11; G. R. Owst, *Literature and Pulpit in Medieval England*（2nd edn, Oxford, 1961）, pp. 162—163, 169, 398, 424, 511—515; id., *Preaching in Medieval England*（Cambridge, 1926）, pp. 61, 170, 175—177, 181, 201, 248—249, 271, 332, 336; *Mirk's Festival*, ed. T. Erbe（E.E.T.S., 1905）, pp. 150—151; T. Wright, *A History of Caricature and Grotesque in Literature and Art*（1865）, chap. 4; P. Cams, *The History of the Devil*（1900）; A. Graf, *The Story of the Devil*, trans. E. N. Stone（1931）.

3. 这个主题在下书中得到了很好的拓展：N. O. Brown, *Life against Death*（1959）, chap. 14。

4. Quoted by M. Walzer, *The Revolution of the Saints*（1966）, p. 100. 关于其他清教徒把魔鬼形容为"世界之神"的例子，参见 E. Nyndge, *A True and Fearefull Vexation of one Alexander Nyndge*（1615）, sig. A2^v. Cf. D. Leigh, *The Mother's Blessing*（1616）, p. 177（"撒旦是这片土地的王子"）。

5. *Sermons by Hugh Latimer*, ed. G. E. Corrie（Cambridge, P.S., 1844）, p. 493. 关于这一例证的流行程度，J. W. Blench, *Preaching in England*（Oxford, 1964）; A. G. Dickens, *The English Reformation*（1964）, pp. 1—3。

6. *C.S.P.D., 1634—1635*, pp. 319—320; *Diocese of Norwich: Bishop Redman's Visitation*, ed. J. F. Williams（Norfolk Rec. Soc., 1946）, p. 148.

7. E. Rogers, *Some Account of the Life and Opinions of a Fifth-Monarchy Man*（1867）, pp. 13—15.

第十五章 妖术与宗教

8. *The Chronicle of the English Augustinian Canonesses Regular of the Lateran, at St Monica's, Louvain*, ed. A. Hamilton（1904）, i, pp. 251—252.

9. J. Calfhill, *An Answer to John Martiall's Treatise of the Cross*, ed. R.Gibbings（Cambridge, P.S., 1846）, p. 318;（H. Lawrence）, *Of our Communion and Warre with Angels*（1646）, p. 107; Spalding, *Elizabethan Demonology*, p. 124 n.

10. For some instances see *The Workes of... Richard Greenham*, ed. H. H（olland）（3rd edn, 1601）, p. 37; *The Autobiography of Mrs Alice Thornton*, ed. C. Jackson（Surtees Soc., 1875）, p. 4; H. Hallywell, *Melampronoea*（1681）, p. 113; R. Baxter, *The Certainty of the World of Spirits*（1691: 1834 edn）, p. 91; Turner, *Providences*, i, pp. 9—12. Cf. R. H. West, *Milton and the Angels*（Athens, Ga, 1955）, p. 50.

11. G. Gifford, *A Discourse of the Subtill Practises of Devilles by Witches and Sorcerers*（1587）, sig. D3^v. See also Kittredge, *Witchcraft*, pp. 156—158; Kocher, *Science and Religion*, pp. 163—164; Wood, *Life and Times*, ii, p. 184; L. Echard, *The History of England*, ii（1718）, pp. 712—713.

12.（H. Holland）, *An Exposition of the First and Second Chapter of Iob*（1596）, sig. Q4^v; F. J. Powicke in *Bull. John Rylands Lib.*, viii（1924）, p. 172.

13.（James VI）, *Daemonologie*（Edinburgh, 1597）, "To the Reader".

14. P. Stubbes, *Anatomy of Abuses*（1583）, ed. F. J. Furnivall（New Shakespere Soc., 1877—1882）, i, pp. 71—73; R. T. Davies, *Four Centuries of Witch-Beliefs*（1947）, p. 115, n. 2（Prynne）; J. Vicars, *The Looking-Glasse for Malignants Enlarged*（1645）, sig. El; E. Burghall in *Lancashire and Cheshire Rec. Soc.*, xix（1889）, pp. 5—6, 13; Sloane 1457, ff. 23, 26, 29（Wallington）; S. Clarke, *A Mirrour or Looking-Glass both for Saints and Sinners*（1646）, pp. 150—151; Heywood, *Diaries*, i, pp. 344—345; Baxter, *The Certainty of the World of Spirits*, pp. 17, 24—25, 26, 53, 66.

15. *H.M.C.*, vii, p. 548; *A Strange and True Relation of one Mr John Leech*（1662）; K. M. Briggs, *Pale Hecate's Team*（1962）, p. 161; *The Pack of Autolycus*, ed. H. E. Rollins（Cambridge, Mass, 1927）, nos. 6, 13, 24, 38; *A Wonderful and Strange Miracle or Gods Just Vengeance against the Cavaliers*（1642）; *Strange and Terrible News from Ireland*（1673）; *A Strange True, and Dreadful Relation of the Devils appearing to Thomas Cox*（1684）.

16. L. Southerne, *Fearefull Newes from Coventry*（1642）; *A Letter from Cambridge* in *A Strange and True Relation of a Young Woman possessed with the Devill*（1647）; *Middlesex County Records*, ed. J. C. Jeaffreson（1886—1892）, iii, pp. 88—89. 许多宽幅印刷品和民谣记载的类似契约, 参见 J. Ashton, *The Devil in Britain and America*（1896）。

17. Heywood, *Diaries*, i, pp. 344—345; Kittredge, *Witchcraft*, p. 579; Heywood, op. cit., ii, p. 269.

18. Cooper, *Mystery*, p. 129.

19. J. Stearne, *A Confirmation and Discovery of Witchcraft*（1648）, p. 59. Cf. below, p. 622.

20. Ashm. 412, ff. 119, 121, 115. 有关内皮尔收治的被精灵引诱的患者名单, 参见 Ashm. 1790, f. 108。

21. Burton, *Anatomy*, iii, p. 424.

22. J. Bunyan, *Grace Abounding*, ed. R.Sharrock（Oxford, 1962）, pp. 32, 34; V. Powell, *Spirituall Experiences of Sundry Beleevers*（2nd edn, 1653）, pp. 82—83, 175, 237; W. Allen, *The Captive Taken from the Strong*（1658）, p. 3. Cf. Lilly, *Autobiography*, p. 33; *The Life and Death of Mr Vavasor Powell*（1671）, p. 8; *Satan his Methods and Malice baffled. A Narrative of God's Gracious Dealings with that Choice Christian Mrs Hannah Allen*（1683）, p. 15; and p. 199 above.

23. Glanvill, *Saducismus Triumphatus*, i, p. 70.

24. *C.S.P.D., 1611—1618*, p. 329; Aubrey, *Miscellanies*, pp. 102—103.

25. Scot, *Discoverie*, VII. xv.

26. A Griffiths, *Strena Vavasoriensis*（1654）, p. 6; *Some Account of Circumstances in the Life of Mary Pennington*（1821）, p. 24.

27. 有关向象征性魔鬼观点的转变, see below, pp. 682—683。

28. *The Decades of Henry Bullinger*, ed. T. Harding（Cambridge, P.S., 1849—1852）, iv, pp. 348—349.

29. *The Works of Roger Hutchinson*, ed. J. Bruce（Cambridge, P.S., 1842）, pp. 140—141; J. Weemse, *A Treatise of the Foure Degenerate Sonnes*（1636）, p. 11. 同样的观点参见 *The Devill of Mascon*（2nd edn, Oxford, 1658）, sig. A3。

30. *Durham High Commission*, pp. 115—116; Baxter, *The Certainty of the World of Spirits*, pp. 24—25; L. Claxton, *The Lost Sheep found*（1660）, p. 32.

第十五章 妖术与宗教

31. *The Workes of... Richard Greenham*, ed. H. H(olland)(5th edn, 1612), p. 313.

32. J. Gaule, *Select Cases of Conscience touching Witches and Witchcrafts* (1646), pp. 1—2. Cf. H. More, *An Antidote against Atheisme* (1653), p. 164.

33. Ewen, ii, p. 212.

34. E. Brouette in *Satan* (*Etudes carmélitaines*, 1948), p. 353, n. 1. ; P. Canisius, *A Summe of Christian Doctrine* (ST. Omer, 1622).

35. 一个早期的例子参见 Thomson, *Later Lollards*, pp. 36—37.

36. See e.g., R. Burthogge, *An Essay upon Reason, and the Nature of Spirits* (1694), pp. 216—222.

37. See e.g., Spalding, *Elizabethan Demonology*, pp. 28—29；*C.S.P.D., 1601—1603*, p. 158；Kittredge, *Witchcraft*, p. 363；*Complete Prose Works of John Milton* (New Haven, 1953), iv (i), p. 551；A. Hildersham, *CVIII. Lectures upon the Fourth of John* (4th edn, 1656), p. 148.

38. 晚至1821年,天主教历史学家约翰·林加德协助了下书的出版：*The Confessed Intimacy of Luther with Satan, at Whose Suggestion He Abolished the Mass*。

39. D. Knoop and G. P. Jones, *A Short History of Freemasonry* (Manchester, 1940), pp. 42—43.

40. A. Gibbons, *Ely Episcopal Records* (1890), p. 419；J. Addy, *Ecclesiastical Discipline in the County of York, 1559—1714* (M. A. thesis, Leeds, 1960), appx. B, p. 67.

41. 典型症状的列表参见 Bernard, *Guide*, pp. 49—52。See also below, p. 686.

42. 反宗教改革的被魔师文献总结参见 Lea, *Materials*, pp. 1055—1069,以及关于天主教被魔的有用信息参见 C. Wordsworth, "Two Yorkshire Charms or Amulets: Exorcisms and Adjurations", *Yorks. Archaeol. Journ.*, xvii (1903)。

43. *D.T.C.*, v, *s.v.* "exorcisme",展示了该问题上的神学冲突。《女巫之锤》就被魔失效的原因提供了解释；Lea, *Materials*, pp. 325, 327；cf. Scot, *Discoverie*, XV. xxv and below, p. 594。

44. *The Works of John Jewel*, ed. J. Ayre (Cambridge, P.S., 1845—1850), iii, p. 273；i, pp. 327—328.

45. *The Whole Works of... Jeremy Taylor,* ed. R.Heber and C. P. Eden (1847—

1854), vi, p. 266.

46.(H. Holland), *Spirituall Preservatives against the Pestilence* (1603), pp. 69—70；*The Works of… Joseph Hall*, ed. P. Wynter (Oxford, 1863), vii, p. 328.

47. 有关一个 17 世纪的例子，参见 Wood, *Life and Times*, iii, p. 279。

48. 文字来自约瑟夫·霍尔（*Works*, ed. Wynter, vii, p. 327)。

49. J. Darrell, *A True Narration of the Strange and Grevous Vexation by the Devil, of 7 Persons in Lancashire*（1600）, p. 11；*A Booke Declaringe the Fearfull Vexasion of one Alexander Nyndge*（?1578）, sig. Bl. 有关沃博伊斯事件的出版物对后来案例的影响，参见 Ewen, ii, p. 183。

50. W. Drage, *Daimonomageia*（1665）, p. 38.

51. 这一观点在以下激进文章中得以发展：E. Caulfield, "Pediatric Aspects of the Salem Witchcraft Tragedy", *American Journ. of Diseases of Children*, lxv（1943）（由 R.G. 刘易斯女士向我友情提供）。

52. J. Barrow, *The Lord's Arm stretched out in an answer of Prayer*（1664）, p. 8；Ewen, ii, p. 176；below, n. 73（关于多维）and n. 80（斯帕切特）；*The Most Strange and Admirable Discoverie of the three Witches of Warboys*（1593）, sigs. Cl, C2。

53. 关于霍尔, above, p. 563；S. Clarke, *The Lives of Two and Twenty Divines*, p. 91, appended to *A Generall Martyrologie*（2nd edn, 1660）。

54. S. Freud, "A Seventeenth-century Demonological Neurosis", *Complete Psychological Works*, ed. J. Strachey, *et al.*（1955—   ）, xix；I. Macalpine and R. A. Hunter, *Schizophrenia*（1677）（1956）, p. 49. 这暗示了某些麦角中毒案例，在这些案例中，人会发生抽搐并产生幻觉（参见近期评论：J. G. Fuller, *The Day of ST. Anthony's Fire*［1969］,由门纳·普雷斯特维奇女士向我提供）。但是很难指出, 麦角中毒是如何在其发生范围内有选择地发生的。

55. Cf. I. M. Lewis, "Spirit Possession and Deprivation Cults", *Man*, new ser., i（1966）, pp. 313—314.

56. 我应用了两处描述：B.M., Harley MS 590, ff. 6—63, and B.M., Lansdowne MS 101, ff. 165—175。原本是 S. R. Maitland 的原则性文章中的这个桥段吸引了众多关注, "Puritan Thaumaturgy", in *Notes on the Contributions of the Rev.George Townsend... to the new edition of Fox's Martyrology*（1841—1842）, I。See also *H.M.C.*, vii, pp. 624—625.

57. I. F (isher), *The Copy of A Letter describing the wonderful Woorke of*

God in delivering a Mayden within the City of Chester（1565）（安娜·麦尔那，牵涉了两名清教神甫，约翰·莱恩和罗伯特·罗杰斯）；B.M., Harley MS 590, f. 69（伦敦共济会成员埃德蒙·金斯菲尔德的妻子，1565）；Scot, Discoverie, VII. iii（梅德斯通的一位荷兰人，1572）。

58. A Booke declaringe the Fearfull Vexasion of one Alexander Nyndge（1578?）；E. Nyndge, A True and Fearefull Vexation of one Alexander Nyndge（1615）（一个稍有不同的版本）。

59. The Zurich Letters, ed. H. Robinson（Cambridge, P.S., 1842—1845）, i, p. 303（两起诺里奇案例）；The Disclosing of a late Counterfeyted Possession by the Devyl in Two Maydens within the Citie of London（1574）；Correspondence of Matthew Parker, ed. J. Bruce and T. T. Perowne（Cambridge, P.S., 1853）, pp. 465—466（伦敦的阿格涅斯·布里奇斯和蕾切尔·平德）；Scot, Discoverie, VII. i—ii（肯特郡韦斯特韦尔的米尔德丽德·诺灵顿，牵涉了两名当地的神职人员）。后来的案例牵涉自耕农之妻玛格丽特·库珀，以及一连串的上帝传道者，描述参见 A True and Most Dreadfull Discourse of a Woman possessed with the Devill... at Dichet in Somersetshire（1584）。

60. 关于其活动的概述，参见 R. A. Marchant, "John Darrell — Exorcist", Trans. Thoroton Soc., lxiv（1960）and the same author's The Puritans and the Church Courts in the Diocese of York, 1560—1642（1960）, pp. 300—301；also Notestein, Witchcraft, chap. 4, and Ewen, ii, pp. 116, 181—186。C. H. Rickert, The Case of John Darrell（Gainesville, Florida, 1962）相对不太可靠。

61. 包括理查德·伯纳德、亚瑟·希尔德海姆、约翰·艾尔顿、约翰·布林斯利和罗伯特·埃文顿；J. Darrell, A Detection of that Sinnful Shamful Lying and Ridiculous Discours of Samuel Harshnet（1600）, p. 170；The Triall of Maist. Dorrell（1599）, pp. 44, 66；Marchant, Puritans and the Church Courts, p. 301。

62. J. Deacon and J. Walkeralker, A Summarie Answere to al the Material Points in any of Master Darel his Bookes（1601）, p. 238. Cf. Darrell, A Breife Narration, sig. C1^v；The Triall of Maist. Dorrell, p. 83；The Replie of John Darrell（1602）, p. 18.

63. The Triall of Maist. Dorrell, pp. 6, 76；H.M.C., Middleton, pp. 165—167.

64. G. More, A True Discourse concerning the Certaine Possession and Dispossessiō of 7 Persons in one familie in Lancashire（1600）, p. 5.

65. Darrell, *A Breife Narration*, sig. Aiij^v; B. Brook, *The Lives of the Divines*, pp. 41 ff. 达雷尔于1603年前在伦敦收治的患者托马斯·达令曾于1600年被牛津大学录取,此人因为重伤副校长而被判割掉耳朵; *The Letters of John Chamberlain*, ed. N. E. McClure (Philadelphia, 1939), i, pp. 186—187。

66. See e.g., Darrell, *A Detection*, pp. 63, 116; S. Bradwell, "Marie Glover's late woefull case" (1603) (Sloane 831), f. 7^v; *The Triall of Maist. Dorrell*, p. 80.

67. 最知名的案子是1602年玛丽·格洛弗案,此案牵涉七八名清教神甫 (Bradwell, "Marie Glover's late Woefull Case" [Sloane 831]; J. Swan, *A True and Breife Report of Mary Glovers Vexation* [1603]; L. Hewes, *Certaine Grievances* [1641], pp. 12—15),以及1605年的娜恩·冈特案 (Ewen, *Star Chamber*, pp. 28—36)。宗教狂热者威廉·哈克特在更早的时候尝试过祓魔 (H. Arthington, *The Seduction of Arthington by Hacket* [1592], pp. 10, 14; [R. Cosin], *Conspiracie for Pretended Reformation* [1592] p. 5)。其他案例摘自 Darrell, *A Survey of Certaine Dialogical Discourses* (1602), pp. 54 ff.

68. 关于尼尔, *H.M.C., Hatfield*, xvii, p. 471; xviii, p. 423,以及关于巴洛, Swan, *A True and Breife Report of Mary Glovers Vexation*, p. 57; and below, n. 69。

69. S. H (arsnet), *A Discovery of the Fraudulent Practises of John Darrel* (1599); J. Deacon and J. Walkeralker, *Dialogicall Discourses of Spirits and Divels* (1601) (关于巴洛, p. 329) and *A Summarie Answere* (1601); *A True Discourse upon the Matter of Martha Brossier* (1599), trans. A. Hartwell (and dedicated to Bancroft); *The Triall of Maist. Dorrell*, p. 82。布罗斯事件的细节参见 R. Mandrou, *Magistrats et sorciers en France au XVIIe siècle* (Paris, 1968), pp. 163—179。

70. 关于这些案例, see above, p. 575。

71. 根据 R. S. Hawker (*Footprints of Former Men in Far Cornwall* [1870], pp. 103—124),索尔兹伯里的主教塞思·沃德于1665年曾颁布过一个祓魔执照,然而此事纯属虚构;参见 R. M. Baine, *Defoe and the Supernatural* (Athens, Ga, 1968), chap. vii. 关于一个类似的传说,参见 *Country Folk-Lore*, ii, ed. Mrs Gutch (Folk-Lore Soc.1901), p. 95。

72. H. N. Paul, *The Royal Play of Macbeth* (New York, 1950), pp. 75—130; Kittredge, *Witchcraft*, pp. 325—327; J. B. Mullinger, *The University of*

第十五章 妖术与宗教

Cambridge from the Royal Injunctions of 1535 to the Accession of Charles the First（Cambridge, 1884）, pp. 537, 545.

73. Cooper, *Mystery*, p. 295. 关于这些逸事的细节，参见 W. Hinde, *A Faithful Remonstrance of the Holy Life... of Iohn Bruen*（1641）, pp. 146—147（"142—143"）（通过斋戒和祈祷治愈受蛊惑的仆人）; Clarke, *The Lives of Two and Twenty Divines*, pp. 91—94（约翰·福克斯于1612年被理查德·罗斯维尔祛魔 [此人在另一处场合（p. 91）不得不为自己祛魔]）;（R. Baddeley）, *The Boy of Bilson*（1622）, p. 50（清教徒试图治愈威廉·佩里，但没能成功, 1620）; Ewen, *Star Chamber*, pp. 55—56（为一位假装着魔的凯瑟琳·马尔帕斯的祈祷，1621—1622）; B.M., Harley MS 6865, ff. 5—8^v（萨默斯的罗杰·斯特罗普于1629年着魔，并在一次公开的斋戒中被治愈）; *C.S.P.D., 1634—1635*, p. 263（特雷泰尔教育神甫对不敬虔的教区居民的祛魔, 1634）; *1637—1638*, p. 586（虚假的着魔案例）; *A Strange and True Relation of a Young Woman Possesst with the Devill*（1647）and "A True and Briefe Relation of... Joies Dovie"（Dr Williams's Lib., Baxter Treatises, vi, no. 211 [ff. 319—322][比尤德利的乔伊斯·多维的祛魔, 1641—1646]）; Clarke, *The Lives of Two and Twenty Divines*, pp. 216—217（罗伯特·巴尔索姆在伯里克为一位苏格兰的服务生祛魔, n.d. [pre-1647]）;（M. Moore）, *Wonderfull News from the North*（1650）（巴尔索姆以及其他牵涉进受蛊惑儿童乔治·马斯卡姆案例的人）。

74. *Reliquiae Baxterianae*; ed. M. Sylvester（1696）, i, p. 33. 有关主教的活动，参见 Ewen, ii, pp. 116, 236—237; R. B., *The Life of Dr Thomas Morton*（York, 1669）, pp. 72—75; Swan, *A True and Briefe Report of Mary Glovers Vexation*, p. 61; S. B. Babbage, *Puritanism and Richard Bancroft*（1962）, p. 333; Davies, *Four Centuries of Witch-Beliefs*, pp. 76—80。

75. *Journal of George Fox*, ed. N. Penney（Cambridge, 1911）, i, pp. 3, 38, 104—105, 149, 203, 340, 411; R. Farmer, *The Great Mysteries of Godlinesse and Ungodlinesse*（1655）, pp. 79—87; *A Brief Relation of the Irreligion of the Northern Quakers*（1653）, pp. 16—20; L. Muggleton, *A Looking-Glass for George Fox*（1756 edn）, pp. 44—46; *An Account of the Convincement... of... Richard Davies*（3rd edn, 1771）, pp. 31, 41;（C. Leslie）, *The Snake in the Grass*（1696）, pp. xix—xxi; *George Fox's 'Book of Miracles'*, ed. H. J. Cadbury（Cambridge, 1948）, pp. 93—95; A. M. Gummere, *Witchcraft and Quakerism*（1908）, pp. 18, 31—35.

76. (J. Gilpin), *The Quakers Shaken* (1653)；W. Y. Tindall, *John Bunyan, Mechanick Preacher* (1934：reprint, New York, 1964), appx.

77. Tindall, op cit., appx；E. Porter, *Cambridgeshire Customs and Folk-Lore* (1969), pp. 169—172；*A Gagg for the Quakers*, "To the Reader" (1659)（五位前贵格会成员关于邪恶妖术的忏悔）。这里可以看出，高顶帽和巫师是联系在一起的，而这种巫师又源自当代童话中贵格派戴头巾的女传道士；A. M. Gummere, *The Quaker* (Philadelphia, 1901), pp. 194—195。

78. Tindall, op. cit., p. 222；Baxter, *The Certainty of the World of Spirits*, pp. 64—65；*The Harleian Miscellany* (1808—1811), vi, p. 393；*The Clarke Papers*, ed. C. H. Firth (Camden Soc., 1891—1901), ii, p. 150 n.；N. Glass, *The Early History of the Independent Church at Rothwell* (Northampton, 1871), pp. 85—87；L. Muggleton, *The Acts of the Witnesses* (1699), p. 63.

79. *The Diary of the Rev. Henry Newcome*, ed. T. Heywood (Chetham Soc., 1849), pp. xxii—xxiii.

80. 有关这类逸事的记述参见 T. A (ldridge), *The Prevalency of Prayer* (1717), passim；*The Records of a Church of Christ, Meeting in Broadmead, Bristol, 1640—1687*, ed. E. B. Underhill (Hanserd Knollys Soc., 1847), pp. 191—195；T. W. W. Smart in *Sussex Archaeol. Collns*, xiii (1861), pp. 67—68；Notestein, *Witchcraft*, pp. 256—257, 315—320；Turner, *Providences*, ii, p. 152；Baxter, *The Certainty of the World of Spirits*, pp. 23, 56；S. Petto, *A Faithful Narrative of the… Fits which Thomas Spatchet… was under by Witchcraft* (1693)（斯帕切特被牵涉进了1645年萨福克由马修·霍普金斯发起的妖巫案 [Ewen, i, p. 299]。他自己于1660年至1667年之间发作，也把原因怪罪到妖巫身上）；*H.M.C.*, v, p. 381；R. Bovet, *Pandaemonium* (1684), ed. M. Summers (Aldington, 1951), pp. 101—103；W. Clark, *A True Relation of one Mrs Jane Farrer's of Stebbin in Essex being Possess'd with the Devil* (n.d. [C. 1710])。

81. Foxe, viii, p. 485. 有关允许在欧洲大陆上施行祓魔的犹豫，参见 Lea, *Materials*, pp. 1052, 1054—1055。

82. *A Discovery of the Fraudulent Practises of John Darrel*, p. 67.

83. 这仍然是这类事情的主要原因，并且也是以下作品的基础：T. G. Law, "Devil-Hunting in Elizabethan England", *The Nineteenth Century*, xxxv (1894)。天主教的版本可以参见 Diego de Yepes, *Historia Particular de la Persecucion de Inglaterra* (Madrid, 1599), pp. 97—102；*The Troubles of our Catholic*

Forefathers, ed. J. Morris（1872—1877）, ii, pp. 99—103, 174, 282—283, 326—331; *C.S.P.D., 1581—1590*, pp. 347—348, 372。关于一个后来的案例（切斯特教区, 1598）参见 *H.M.C., Hatfield*, viii, pp. 213—214。

84. S. Michaelis, *The Admirable Historie of the Possession and Conversion of a Penitent Woman*, trans. W. B.（1613）; *A Relation of the Devill Balams Departure out of the Body of the Mother-Prioresse of the Ursuline Nuns of Loudun*（1636）.

85. H. Foley, *Records of the English Province of the Society of Jesus*（1875—1883）, ii, pp. 6, 17, 20—21, 566, 567, 569—571; iii, pp. 122—123, 446—448; iv, pp. 448, 500; vi, p. 116; vii, pp. xxvi, 1107, 1121, 1122, 1130, 1133—1134, 1137—1138, 1141, 1145, 1200; *Analecta Bollandiana*, vi（1887）, pp. 317—318; and below, pp. 587, 646. See also Ewen, ii, pp. 116—117, 216, 227, 236—237; R. Hunter and I. Macalpine, *Three Hundred Years of Psychiatry, 1535—1860*（1963）, p. 151; B. Zimmerman, *Carmel in England*（1899）, p. 258; J. Gee, The *Foot out of the Snare*（1624）, pp. 54—55（R. Challoner）, *Memoirs of Missionary Priests*（1741—1742）, i, pp. 187—188; Notestein, *Witchcraft*, p. 315; *The Troubles of our Catholic Forefathers*, ed. Morris, iii, pp. 52—53; Z. Taylor, *The Devil turn'd Casuist*（1696）, *passim*; *The Life and Miracles of S. Wenefrede*（1713）p. 116.

86. 达雷尔发现的两个妖巫列于他的 *A Detection*, pp. 109—110, and Harsnet, *A Discovery*（1599）, pp. 37, 249—250。关于其他与1574年新教徒被魔有关的被告，参见 Ewen, ii, pp. 148—149, and *The Disclosing of a Late Counterfeyted Possession*（1574）, sigs. Avj^v, Bj^v. 有关由天主教被魔引起的控告，参见 Ewen, ii, p. 115 n. 2; Baddeley, *The Boy of Bilson*, p. 70; Taylor, *The Devil turn'd Casuist*, p. 2。

87. S. Harsnet, *A Declaration of Egregious Popish Impostures*（1603）, pp. 132—138; *The Triall of Maist. Dorrell*, pp. 87—88.

88. E. Jorden, *A Briefe Discourse of a Disease called the Suffocation of the Mother*（1603）.

89. W. Fulke, *Stapleton's Fortress Overthrown*, ed. R. Gibbings（Cambridge, P.S., 1848）, p. 76.

90. F. N. L. Poynter and W. J. Bishop, *A Seventeenth-century Doctor*（Pubs Beds. Hist. Rec. Soc., 1951）; Kocher, *Science and Religion*, pp. 136—442.

91. 关于此事以下有一段简述：Notestein, *Witchcraft*, pp. 315—319, 371—373。See also *The Diary of Abraham de la Pryme*, ed. C. Jackson (Surtees Soc., 1870), pp. 199—200.

92. E. Bonner, *A Profitable and Necessarye Doctrine* (1555), sig. Dd iv^v; Scot, *Discoverie: A Discourse upon Divels and Spirits*, chap. xiv; T. Hobbes, *Leviathan* (1651), chaps. 34, 45; *The Works of... Joseph Mede* (1664), i, p. 38; D. Whitby, *A Paraphrase and Commentary on the New Testament* (1703), ii, pp. xxx—xxxi. Cf. (A. A. Sykes), *An Enquiry into the Meaning of Demoniacks in the New Testament* (1737); 以及 R. Mead, *Medica Sacra* (1749; Eng. trans. by T. Stack, 1755), chap. ix; below, p. 683.

93. *Most Fearefull and Strange Newes from the Bishoppricke of Durham* (1641; Newcastle, 1843), p. 16.

94. Wood, *Life and Times*, i, p. 179.

95. J. Selden, *Table-Talk* (Temple Classics, n.d.), pp. 39, 85; *A Full Confutation of Witchcraft* (1712), pp. 44—45.

96. Ady, p. 59.

97. *Works of... Joseph Hall*, ed. Wynter, i, p. xxxi. 关于霍尔对达雷尔的正面观点，see ibid., viii, pp. 209—210。

98. *The Second Part of the Boy of Bilson: Or, a True and Particular Relation of the Impostor Susanna Fowles* (1698), p. 12.

99. *Troubles of our Catholic Forefathers*, ed. Morris, ii, p. 99.

100. Foley, *Records of the English Province of the Society of Jesus*, ii, pp. 22—23; iii, p. 123; v, p. 993; vii, p. 1098; Zimmerman, *Carmel in England*, pp. 254—257; "The Tryal of Susannah Fowles" (BM., Add. MS 28, 645), ff. 3^v—4.

101. J. Brand, *Observations on Popular Antiquities* (1910), p. 113. 关于这一传统的长久存在，see e.g., J. C. Atkinson, *Forty Years in a Moorland Parish* (1907 edn), p. 59n。

102. *Malleus*, II. i; above, pp. 56, 570.

103. *Dives and Pauper* (1536), ff. 49^v—50; Scot, *Discoverie*, XII. xxi.

104. *Malleus*, II. ii; Scot, *Discoverie*, XII. xix.

105. *Malleus*, II. ii. 8.

106. J. Strype, *Memorials of... Thomas Cranmer* (1694), p. 103. 关于整个

进展, see above, chapter 3。

107. *Workes of... Richard Greenham*, p. 42.

108. Lea, *Materials*, pp. 262, 268, 326, 400, 411, 568.

109. E.g., Perkins, *Discourse*, p. 152; Cooper, *Mystery*, p. 70; Weemse, *A Treatise of the Foure Degenerate Sonnes*, pp. 50—52, 147.

110. D. Rock, *The Church of our Fathers*, ed. G. W. Hart and W. H. Frere (1903—1904), ii, p. 343 n.

111. Perkins, *Discourse*, p. 150; Ewen, ii, p. 146 (以及其他例子在 pp. 216, 221)。

112. Aubrey, *Gentilisme*, p. 51; *An Account of the Convincement... of... Richard Davies*, p. 41; and see above, p. 83.

113. *The Private Diary of Dr John Dee*, ed. J. O. Halliwell (Camden Soc., 1842), p. 35; *York Depositions*, p. 127. 其他例子参见 W. J. Pressey, "The Records of the Archdeaconries of Essex and Colchester", *Trans. Essex Archaeol. Soc.*, xix (1927—1930), p. 18; Ewen, ii, p. 222; and above, Chapter 7。

114. *A Large Supplement of the Canterburian Self-Conviction* (1641), p. 58; A. G. Matthews, *Walker Revised* (Oxford, 1948), p. 339.

115. 关于人们假定虔诚的人较少被袭击的情况, see e.g., Gifford, *A Discourse of the Subtill Practises of Devilles*, sig. 12; Perkins, *Discourse*, pp. 223—224; Bernard, *Guide*, p. 182; J. Butler, *The Most Sacred and Divine Science of Astrology* (1680), i, p. 43; Lea, *Materials*, p. 268。Cf. below, p. 591. 有关信仰无法获得豁免权, 参见 (James VI), *Daemonologie* (Edinburgh, 1597), p. 47; Perkins, op. cit., sig. q5^v; Cooper, *Mystery*, pp. 248—253; Gaule, *Select Cases of Conscience*, p. 136。有些作者认为, 除非此人事先宣布放弃对上帝的信仰, 不然魔鬼就无法杀死他 (Spalding, *Elizabethan Demonology*, pp. 80—82), 但这并不是一个普遍的观点。

116. *The Family-Prayers of those Poor Christians* (1675), p. 20; J. Blagrave, *Blagraves Astrological Practice of Physick* (1671), p. 141.

117. Darrell, *A True Narration*, pp. 64—65; Drage, *Daimonomageia*, p. 22.

118. G. Gifford, *Two Sermons upon 1. Peter 5*, vers. 8 and 9 (1597), p. 66. 这本书对这个论据有一个极好的阐释。类似的陈述, see e.g., Calvin, *Institutes*, I. xiv. 18; (H. Holland), *A Treatise against Witchcraft* (Cambridge, 1590), sigs. H2^v—3^v; J. Mason, *The Anatomie of Sorcerie* (Cambridge, 1612), pp. 55, 70—

71；*The Works of... Gervase Babington*（1622），iii，p. 27；Gaule，*Select Cases of Conscience*，p. 138；and above，p. 316，n. 37。

119. Ewen，ii，pp. 145，146—147，167—168. 一些类似案例，see ibid.，pp. 280，299，*York Depositions*，pp. 51，89；Scot，*Discoverie*，III. x；Potts，sig. 13v；G. Gifford，*A Dialogue Concerning Witches and Witchcraftes*（1593）（Shakespeare AsSoc.，1931），sig. I3^v。

120. Heywood，*Diaries*，iv，pp. 53—54。

121. *A True and Just Recorde of the Information，Examination and Confession of All the Witches，Taken at S. Oses*（1582），sigs. F2^v，F3。

122. Gaule，*Select Cases of Conscience*，p. 93。

123. W. E. H. Lecky，*History of the Rise and Influence of the Spirit of Rationalism in Europe*（1910 edn），i，p，39。

124. 有关15世纪至16世纪天主教当局轻视基督教在妖术和着魔案例中的保护规则和治疗功效的段落，参见 Lea，*Materials*，pp. 281，283，325，327，482，606，622，659，934，977，986。Cf. Soldan-Heppe，*Geschichte der Hexenprozesse*，ed. M. Bauer（Munich，1912），I. pp. 167—168。

125. 有关早期妖巫控告的大众抵制证据，参见 Lea，*Materials*，pp. 374，386，387，570。

126. As in Davies，*Four Centuries of Witch-Beliefs*.

127. As in H. R. Trevor-Roper，*The European Witch-Craze of the 16th and 17th Centuries*（Harmondsworth，1969），e.g.，p. 70（"英格兰妖巫迫害最严重的地区是埃塞克斯和兰开夏郡——这两个郡的天主教势力最强大，清教福音派也特别活跃"）。没有证据证明这两个郡的妖巫控告案是宗教冲突的结果。

128. T. More，*The Dialogue concerning Tyndale*，ed. W. E. Campbell（1931），p. 27；Bonner，*A Profitable and Necessarye Doctrine*，sig. Hhii. 最早的妖术调查参见 Frere and Kennedy，*Articles and Injunctions*，针对的是1538年索尔兹伯里的主教沙克斯顿，他是一位新教徒，后来转宗了（ii，p. 58）。关于圣玛丽安的主教，see above，p. 307。

129. Davies，*Four Centuries of Witch-Beliefs*，chap. v.

130. 除了第二届宗教仪式委员会的报告上选印的文献外（*Parliamentary Papers*，1867—1868，xxviii），并没有当代关于17世纪的巡视文章。此外还有下书中的临时列表 W. P. M. Kennedy，*E.H.R.*，xl（1925），pp. 586—592，但是很不完整。对现存文献的调查令我们难以接受如下论点（Davies，*Four Centuries*

of Witch-Beliefs, chap. v), 即劳德派主教放弃了反对邪术的运动。虽然17世纪30年代的巡视文章中确实鲜有对巫术活动的问询, 但是它们的出现本身就很不规律。实际上, 有很多劳德派做了问询, 例如: 安德鲁斯（温切斯特, 1625); 哈斯内特（约克, 1629); 尼尔（温切斯特, 1628; 约克, 1633和1636); 贾克森（伦敦1634); 科比特（牛津, 1629); 以及劳德自己（圣戴维, 1625; 伦敦, 1628, 1631; 林肯城市巡视文章, 1634; 诺里奇, 1635, 以及温切斯特, 1635)。类似的问询由当时各地的执事长所执行, 如贝德福德（1629, 1630), 伯克郡（1631, 1635), 坎特伯雷（1636), 诺福克（1634) 和伍斯特（1638)。戴维斯强调指出了有关1637年坎特伯雷（1637) 异状的劳德派文章的遗漏, 但并未提及其于1638年在林肯教区的巡视文章中的重现。1640年教规提出要规范巡视文章, 但我并没能找到任何一篇副本。关于这个时期的妖巫极刑, see below, p. 697, n. 53。

131.（T. Longueville）, *The Curious Case of Lady Purbeck*（1909), p. 99; *The Works of... John Cosin*, ed. J. Sansom（Oxford, 1843—1855), ii, p. 113（and cf. i, pp. 149—150); *Works of... Jeremy Taylor*, ed. Heber and Eden, iv, p. 546; *The Works of Robert Sanderson*, ed. W. Jacobson（Oxford, 1854), iii, p. 117。

132. J. Geree, *Astrologo-Mastix*（1646), p. 20。对比伊丽莎白时期清教徒对教会没能把"邪术师和妖巫"从圣餐礼中排除的抱怨; *The Seconde Parte of a Register*, ed. A. Peel（Cambridge, 1915), i, p. 152。

133. Harsnet, *A Discovery of the Fraudulent Practises of John Darrel*, pp. 141—142。

134. S. Clarke, *The Lives of Sundry Eminent Persons*（1683), i, p. 172; Gaule, *Select Cases of Conscience*, pp. 63—64。关于一个例外, 即一位萨福克的布道师把霍普金斯的活动看作是对神圣盟约中的迷信的宣战, 参见 B. Hubbard, *Sermo Secularis*（1648), p. 19。

135. *C.S.P.D., 1650*, p. 159。在国会的干涉下, 1652年梅德斯通有三位妖巫被暂缓行刑, 但其中一例的暂缓决定到达时已经太迟了; Ewen, i, pp. 241—242。

136. H. R. Trevor-Roper, *Religion, the Reformation and Social Change*（1967), p. 421; G. F. Black, "A Calendar of Cases of Witchcraft in Scotland, 1510—1727", *Bulletin of New York Public Lib.*, xlii（1938), pp. 36—38。

137. E. Bower, *Doctor Lamb revived*（1653), p. 38。

第十六章

妖巫的诞生

他们自己,凭着想象之力,认为是他们导致了这些事情的发生,多少次他满怀忧伤的期待着这些事情,当真的发生的时候又欢欣鼓舞。而正是这种悲伤的喜感,使得看起来真是他们干的。

亚瑟·威尔逊,1645
[F. 派克,《渴盼的珍品》(1779),第 476 页]

不加刑罚,他们就会吐露自己的痛苦,这见证了他们的罪恶。

詹姆斯一世国王
[《魔鬼学》(爱丁堡,1597),第 30 页]

一 诅 咒

一个人只用敌意的话语便可对他人造成身体伤害的这种信仰,有着漫长的史前史。中世纪的教会声称上帝的诅咒拥有威力,并用来抑制各种不为他们容忍的行为。教宗的许可证里附有对无视其内容之人的诅咒;证书和契约最后要加上一句对违背者的诅咒;甚

第十六章 妖巫的诞生

至修道院的图书管理员也可能在每本书上贴上一条诅咒,以制约偷书者和粗心大意的借书人。人们每年要举行四次以钟、《圣经》和蜡烛等法器来宣布将一切窃贼、凶手和教会敌人革出教会的大判决。[1] 俗人也能利用诅咒这种宗教威力。例如15世纪后期,剑桥郡吉尔登摩登的托马斯·珀恩向神甫报告失窃后,神甫便在教堂公之于众,并威胁说,如果窃贼不立即归还财物,就将受到诅咒。主教们常常使用这种方式对伤害私人的不明身份的犯罪者发布革出教会的训令。[2] 甚至受侵害的一方也可能发布这种训令,如1521年,伦敦市长对那些不正当地拿走市政会记录和书籍的人发表了一个正式诅咒。[3]

在天主教国家里,罗马教会在宗教改革以后还长期地保持着这种制裁方法。例如,1628年,教堂银器的失窃激怒了巴塞罗那主教,以致对周围的地区都做了诅咒,结果庄稼全部毁坏。[4] 但是在新教徒看来,这种由凡人宣布的上帝训令是渎神的,因为它意味着神父或教会能够指挥上帝。这是上帝威力的巫术性手法,人类不应该做这种尝试,甚至不应该允许普通人去祈求敌人的败亡。这是罗拉德派的观点,并经新教的宗教改革者反复强调。[5] 1534年废除了中世纪流传下来的每年四次对著名罪犯的诅咒仪式。[6] 此后就不再有教士以这种方式指挥上帝了;也不再允许任何个人恳请对其仇敌施以天罚。教会官吏在巡视中经常调查是否有教区居民犯有诅咒其邻居或其财物的罪行;然而关于这类诅咒者的陈诉仍十分常见。1624年,国会通过了一条反对渎神的发誓和诅咒的法令,共和政体时期又发布了同样的训令。[7] 然而,这种法律的制定正好证明了发誓和诅咒仍然十分普遍。1682年,约克郡的一个神甫写道:"甚至小孩也会以极其可怕的方式诅咒。"[8] 世俗的诅咒是如此的普遍,以至于1635年一个聪明人认为很值得拿出1000镑的现钱和200镑的年金来获取按詹姆斯一世的法规而征收罚金的权利,这是一件有利可图的买卖,只要存在着像什罗普郡的玛丽·贝布这样的人物就行了,

她被控"渎神地宣说了67条诅咒"。⁹

实际上,国教会本身对于正式诅咒的态度也是很矛盾的。它同意在极端绝望的情况下可以允许使用诅咒,诸如在遭受迫害时。¹⁰ 旧的革出教会大判决被废除了,但是被其他做法所取代,首先是朗读《申命记》第28章(它专门谈及祝福和诅咒),其次是1549年的大斋忏悔。这个仪式一年要举行好几次,要求神甫大声念出上帝对于每一种顽固罪人的大判决,例如,"诅咒那些将其邻居田里的界碑移偏的人",听众对此则说"阿门"。¹¹ 这个仪式与新教的教义一致,它被认为是祈求而不是自动地起作用,但是实际上其间的区别并不始终很清楚。劳德派则走得更远,他们在教会的献祭或者圣餐盘上都重新引用了宗教性诅咒。¹²

激进的新教徒还想复兴天主教会的诅咒权。伊丽莎白时代狂热宗教徒威廉·哈克特的同事埃德蒙·科平杰声称自己有能力鉴别出上帝的选民和报复那些该诅咒的人。¹³ 1618年,据说一个清教神甫在布道坛上大声诅咒那些在他冗长的布道中离开的人;共和政体时期塔韦斯托克不得人心的教区神甫托马斯·拉甘则被控对于教区居民施行"上帝的诅咒"。¹⁴ 内战期间,保王派教士用上帝的诅咒斥骂那些废除了主教制度和排斥国教会的人。¹⁵ 共和国时期,洛多威克·马格尔顿和约翰·里夫要求成立一个神圣的委员会来为虔诚者祝福,并对那些堕落者施以上帝的严厉诅咒。马格尔顿本人非常喜欢宣说诅咒,或是亲口说,或是通过信件;他说,宣说诅咒比有人给他40先令还快活。他的行为导致了某些令人惊异的事件,在这些事件中,自我暗示的威力似乎造成了好几个受害者的快速死亡。喧嚣派教徒约翰·罗宾斯在受到马格尔顿的诅咒后,突然感到"喉咙中犹如火烧一般";然而,他不久后自己也开始宣说诅咒了。¹⁶ 有些贵格会教徒也对敌人施以这类正式的诅咒,并且收集关于所导致的"报应"的故事。¹⁷

继续相信诅咒功效的原因不在于神学,而在于大众的感情。因

第十六章　妖巫的诞生

为人们普遍地认为,某些类型的诅咒依然保持着其功效。一条没有造成后果的诅咒只会反过来伤害其宣说者,但是,如果诅咒者的愤怒被证明得越有道理,那么其诅咒就越可能奏效。1659年,一个作者写道:"既然上帝做了诅咒,那么就有理由惧怕诅咒。"[18] 例如,修道院建造者对其地产转移所施加的诅咒,一直被许多人认为是有效的。[19] 而由极度不公正的行为所招致的诅咒还可能传给后代。中世纪有个名叫约翰·特里戈斯的人,是康沃尔郡的地产受托人,他滥用职权,自己挪用了地产而将寡妇与其孩子赶出门外。这个受到伤害的家庭每天跪着祈求上帝,恳求上帝对特里戈斯及其子孙施加报复。结果,就出现了一系列严重的报应,一直延续到查理二世统治时期。当时约翰·特里戈斯的一个后裔托马斯·特里戈斯(他是个不遵奉国教的教士)花了大量时间祈祷上帝才撤销了这一诅咒。[20] 类似的情况还有:法弗舍姆的托马斯·阿登不公正地侵占了一名水手的妻子的地产,而她的诅咒便导致他于1551年被谋杀,后来伊丽莎白时代的一出著名戏剧便是记述这件事。[21] 17世纪中叶的一位作者认为,穷人的诅咒对于圈地的地主及其家庭来说极可能奏效。[22] 有人甚至把斯图亚特王室的不幸归咎于其12世纪的祖先的行为。[23]

还有以族长权威为基础的诅咒。17世纪中叶前,一直有一种要子女跪在家长面前接受祝福的习俗,这一习俗巩固了这种形式的诅咒。这绝不是感情上的琐碎小事,而是一种严肃的行为,清教徒把它看成是教宗制度的可憎残余。都铎王朝前期的儿童教育权威理查德·怀特福德写道:"如果孩子顽固执拗,桀骜不驯,不肯这样地请求祝福,那么必然会遭到一顿痛打,并用武力强迫他这么做。"17世纪后期,罗杰·诺思回忆其所受的尊父教育时说:"继续不断地给予祝福——这是被视为神圣的——是他私人的小小享受。"[24] 当时的人们推演道,既然家长有祝福的能力,那么他为什么不能以相反的方式施行其权威?怀特福德写道:"家长的祝福巩固和稳定了对于孩子的所有权和亲缘关系。相反,家长的诅咒则完全摧毁了这二

者。"休·罗兹在亨利八世时写道：[25]

> 父母诅咒，必须敬畏，
> 事关重大，不可懈怠。

约翰·高尔在1646年写道："当家长诅咒孩子时，上帝就为之说'阿门'。于是孩子就会心神混乱或受到奇怪的折磨，恐怕还可能暴卒。这是屡见不鲜的事情。"[26] 因此就出现了如1655年在婚礼日上蒙受灾难的那种令人震惊的场面，当时赫勒福德郡的雷切尔·迪尤萨尔"扯开了自己的衣服，光着膝盖跪在地上，诅咒其儿子和女儿，愿他们永远不昌盛"。[27] 而很少有人能像玛丽时代的殉教者朱利叶斯·帕尔默那样镇静自若，在其母亲拒绝为他祝福并吁求以基督的诅咒施加于他以惩罚其异端时，他却温和地提醒母亲，她没有权力宣告上帝的判决。[28]

人们相信，穷人和被伤害者的诅咒容易产生效果。乞丐诅咒——对拒绝施舍者的致命诅咒——的传说从黑暗时代一直流传到19世纪。[29] 关于上帝将报复一切伤害，以及现世的道德报应绝不亚于下世报应的观念乃是证明诅咒正当的理由，这种诅咒是16世纪和17世纪农村生活中的长久特色。当时的人像其他原始民族一样，[30] 相信只有受到不公正待遇的人发出的诅咒才起作用。《旧约》声称，上帝将倾听寡妇和受折磨者的呼声。被压迫者使用这类诅咒固然是错误的，但是这并不意味着其诅咒不起作用。一个清教布道师指出："愤怒的人经常能够——虽然他们不应该——用诅咒对那些不帮助穷人的人报仇雪恨，而上帝始终将通过使诅咒兑现而惩罚那些对他不忠的人。"[31] 谢尔登承认："那些来自穷人的诅咒之所以能伤害我，并不是因为它们来自他们那里，而是因为我干了伤害他们的恶事，我应该受到上帝的惩罚。"此外，如18世纪中叶威廉·申斯通指出的那样："如果有谁的诅咒能导致破坏的话，那么这绝不是教宗的诅咒,而一定是穷人的诅咒。"[32]

虽然宗教改革以后的新教徒通常都否认仪式性诅咒的正当性和有效性,但是他们经常相信,如果引发诅咒的伤害确实是可恶至极的话,那么万能的主就会保证诅咒的实现。在莎士比亚戏剧中,那种人物的诅咒都产生了作用。[33] 这并不只是为了戏剧性的效果,而是一种心理必然性:当穷人和受伤害者走投无路之时,他们就会相信拥有这样的报复能力。

当时的宗教观念就这样给都铎和斯图亚特王朝时期下层人民的诅咒以一种表面上的合理性。国教会的法庭文件汇编揭示了诅咒与祈祷之间的区别是极其微小的,诅咒往往带有宗教色彩。这可以以赫勒福德主教管区的一些事件为例:1630年,马杰里·布卢克诅咒玛丽·戴维斯,"祈求上帝,使不幸降落到她头上";1614年,凯瑟琳·梅森诅咒杀害其丈夫的罗伯特·戴维斯:"祈求上帝,使他的房屋、孩子和他所有的东西都被大火烧光。"[34] 这类诅咒往往都以仪式的形式宣说,妇女跪在街中心,四周围着一圈人观看。1616年,马奇马克尔的乔安娜·纳登"双膝跪下",诅咒约翰·萨金特及其妻子。1598年左右,约翰·史密斯诅咒亚波尔的威廉·沃尔顿,"跪在教堂庭院,祈求上帝给予他与他的牲畜以严厉的报应和大瘟疫"。丘奇·斯托克的教会副执事威廉·梅里克及其牲畜遭到苏珊娜·梅里克的严厉诅咒,"她极为渎神地跪着"。1605年,欧文·阿普里斯"成了其某些邻人的公共诅咒者,他跪着走路,祈求他们家的房子着火以及其他损失,并且说其妻子儿女也将跪着走路"。更有恐吓性的是1617年韦斯特海德的乔安娜·鲍威尔,她"在上星期三诅咒一个教会执事约翰·史密斯,操着威尔士语,赤裸双膝跪着,并双手上举,她平时根本不懂威尔士语"。[35]

仪式性诅咒是威尔士边界地区的一个特色。但是这类行为乃是各地感受到不公正待遇的人的共同反应。教会法庭记载中有许多例子谈到了用这种仪式性方式祈求上帝的男子和妇女,他们要求上帝使其仇敌短寿,房屋被烧,子女被杀,财物被毁,以及子孙不发达。当然,这类话语往往是在震怒之时咒骂的,过后便感懊悔了。在许多情况下,人们似乎是冷静地宣说的,并非常希望它们产生作用。此后,又别出心裁地发展成了为受害者挑选合适的折磨:"第九代子孙得严重的天花","天花、痔疮以及严厉的报应","上帝的诅咒以及一切埃及的传染病",这些都是常见的诅咒。[36] 例如,里克曼斯沃思的伊莎贝尔·利在1567年"诅咒一个名叫鲍德温的人,当他临死时,祈求魔鬼撕碎鲍德温的躯体和灵魂"。[37] 更有独创性的是爱丽丝·斯基林,她于1608年对剑桥郡默珀尔的神甫和教会执事说,她希望"他们吃喝下去的东西在胃里上下翻滚,就像人们耙地一样";1673年,简·史密斯诅咒赫勒福德的罗德夫人,"愿她在临死之前像蛤蟆一样四肢着地爬行"。[38] 祈求"上帝的惩罚"十分常见,而祈求魔鬼的惩罚则不多见,不过,在新教的英格兰曾听说过模仿伊丽莎白·威克斯的例子,即肯特郡小伯恩的神甫抱怨她"诅咒我和我的妻子,愿教宗和魔鬼抓我去"。[39] 在内战之末,一个伦敦人因为诅咒国会将得"上帝的天花",并声称"将发明一种对付他们的新诅咒"而受审,但是她的详细做法并未保存下来。[40]

有时候诅咒与精心构思的仪式性巫术混合在一起。一些石块和井泉可以使得诅咒更有成功的可能。或者将诅咒写在一块石头上,埋在地下。现代在林肯斯因律师学院发现的一块16世纪的书板上便有巫术符号和铭文。"拉尔夫·斯克罗普永不兴旺发达。"斯克罗普是该学院在1564年至1565年的财务员。类似的书板还见于伦敦的其他地方。[41]

自中世纪以来,仪式性诅咒一直很普遍,1397年,赫勒福德的主教被告知说,布罗姆亚德的阿利森·布朗无论何时宣说的诅咒,上帝都会使之实现。类似的情况也见于1557年萨默塞特的西比尔·迪尤斯的例子,他祈求上帝和圣母玛利亚,要爱德华·蒂雷尔的身体和财物永远遭殃。[42] 这类诅咒所执行的功能是不难看出的,它们不仅产生自愤怒,而且还产生自挫折和无能。休·拉蒂默说,当我们遇到麻烦时,有些人就去找巫师,"有些人则发誓和诅咒"。1669 年,约翰·瓦格斯塔夫写道:"穷苦的老人在受到其他人的无礼侮辱和折磨后,无法通过法律或决斗为自己伸张正义,因为他们既缺乏钱财又缺乏体力,于是往往用恐吓和诅咒来发泄其愤愤不平的感情。"[43] 只有在被伤害者无力以任何明显的方式为自己复仇的情况下,他才会求助于超自然的报应。诅咒乃是弱者用来对付强者的武器,而绝不是相反。父亲是在孩子摆脱家长的正常控制手段以后才求助于可怕的诅咒武器的;乞丐是在普通的乞讨手段失败以后才诅咒拒绝赈济他的有钱人的。伊丽莎白时代的一个作者认为,穷人的一桩典型罪过,就是"在未能满足其要求后进行诅咒"。[44] 纯粹的恶意不大会激发这样的诅咒。1615 年,导致约克郡东区伊辛顿的安娜·霍奇森诅咒镇上的整个陪审团的,是由于她强烈感到受了伤害,因为他们做出了对其地产不利的判决。[45] 在邻人的敌意面前孤立无援,并且没有任何其他的补偿手段,这才导致了穷人和无能者求助于仪式性诅咒。最近有个作者把诅咒称为像邪恶巫术一样的"类似精神分裂的攻击"。[46] 当时有人写道:"他们诅咒我们,是因为他们无法杀死我们。"[47]

诅咒也可以成为政治行动的一种代用品。在 1536 年的圈地骚乱失败以后,有两名妇女被控诅咒市长及其同僚,并希望众议院失火,因为它圈了平民的土地。第三代白金汉公爵圈了格洛斯特郡索恩伯里城堡周围的土地后,受到了当地居民的诅咒;据说伊丽莎白时代末期囤地骚乱的两个参与者诅咒:"让所有的乡绅都受到上帝的惩罚……我们希望看到有一天,我们将扯着他们的头和耳朵从其屋子里拖出来。"[48] 阶级仇恨也是诺丁汉郡北莱弗顿的彼得·肖诅咒的原因,他在 1583 年被控希望"瘟疫降至富人家,他拖着他们去教堂,使其邪恶的脑袋和胡子在地上乱撞"。[49]

1571 年以叛国罪被处死的阴谋者约翰·斯托里,据说每天把诅咒女王伊丽莎白一世作为其就餐时感恩祈祷的一部分；[50] 在17世纪,这种诅咒直接针对个人统治时期的国王和主教,以及保王派失败以后的国会。[51]

虽然它只是一种取代行动,但是正式的诅咒仍可能成为一件威力巨大的武器。它利用普遍存在的神明对恶人施以报应的信仰,使轻信者和有罪者的内心充满恐惧。1596年,埃塞克斯郡莫里斯·琼斯的妻子被罗布金特的妻子请去医治其腹绞痛。但是琼斯到达后,却"跪下来,说了许多诅咒和邪恶的话,祈求罗布金特之妻永远不能治愈,而只能遭受从未遭受过的最大折磨"。[52] 从此以后,罗布金特之妻就一直生病,而且极其痛苦,无法缓解。在赫勒福德教区的梅因斯顿,托马斯·欧文的诅咒十分有效,以致"由于他的诅咒,神甫晚上无法休息";洛多威克·马格尔顿的一个受害者在受到诅咒后便成了哑巴,并于十天后病死。[53] 1677年,有个名叫约翰·邓卡夫的人急欲卸脱盗窃的嫌疑,于是轻率地发誓说犯罪者的双手将烂掉。"这样诅咒自己之后,他立即充满了恐惧,害怕上帝的公正裁判,他内心的这种恐惧一直持续了许多日子。"[54]

于是,想象力的破坏作用就像它的治疗作用一样。许多考察者都注意到,现代原始社会的居民们仅仅利用纯粹的暗示,就可以使其仇敌遭受病痛、呕吐和失眠;巫毒诅咒对于相信其功效的人的引人注目的甚至致命的后果,是完全可以验证的。这可以用心理学来解释它:惊吓会降低血压和造成脱水。[55] 所以,难怪17世纪英格兰的穷苦居民觉得大力提倡"诅咒必然会起作用"是对他们有利的。当1618年剑桥郡埃尔姆的艾格尼斯·豪诅咒其邻居家遭到"上帝之罚"时,人们立刻想起她一直惯于吹嘘说:"她向谁祈求,对方就能听见她的祈祷。"前一年,什罗普郡格里特的琼·戴维斯被逐出复活节的圣餐式,因为教区神甫曾听见她"诅咒其邻居比阿特丽克斯·霍尔……说其邻居会终生如她所诅咒的那样,她并且毫不怀疑其邻人在她诅咒后就永远不会兴旺了"。[56] 1493年,圣玛丽阿布丘奇的埃琳

第十六章 妖巫的诞生

娜·达洛克受到伦敦宗教法庭代理主教的审问。因为她曾吹嘘说,凡是被她诅咒过的人此后都死了。1634年,昂德尔附近温威克的一个居民声称,他懂得一个缩短人寿命的祈祷。[57]

正是在这一点上,这些诅咒才导致了施行妖术的罪名。当时有个人写道:"诅咒者即是杀人者,因为它即使喜欢让上帝来承担诅咒应验的责任,实际上仍是魔鬼谋杀了被诅咒者。"[58] 在这类情况中,未必始终涉嫌有魔鬼的帮助,下面的事例中就没有这样的暗示:1557年,罗伯特·贝利被萨默塞特郡斯托克吉福德教区指控为其邻居的臭名昭著的骂街泼妇和诅咒者,"诅咒以后,立刻就有灾祸发生"。[59] 成功的诅咒十分容易招来正式的妖术指控。例如,1602年,一个14岁的女仆玛丽·格洛弗向其女主人报告说,在门口乞讨的打短工老太伊丽莎白·杰克逊对着她诅咒说,"愿她不得好死"。这个小姑娘马上就憔悴下去,在此后的妖术审讯中,这个老太婆被说成"施行预言性的威胁,并产生了效果,安德森法官认为这是明显的妖巫特征"。[60] 另一个诅咒者是北安普敦郡斯拉斯普顿的老头切里,他在狱中等候作为妖巫受审时死去,时间是1646年。他曾咒其邻人的舌头烂掉,后来果然如此。[61] 这是妖术指控的常见模式。托马斯·库珀写道:"如果一个言辞刻毒的妇人诅咒了一个人,而那人很快死去,那么这就成为她是妖巫的清楚标志。"无论是在魔鬼学者的著述中,还是在法庭的起诉中,成功的诅咒被看成是妖术的有力推断。[62]

这样随心所欲地做出这类推断真令人有点啼笑皆非。如果诅咒者是因受真正的伤害所引起的,那么就很难理解为什么当时的人们这么不情愿把它看成是天罚的结果。除了反对渎神以及反对伤害家长的几种有限的诅咒外,人们通常是厌恶诅咒的。上帝将响应穷人的请求而为之复仇的观念是教会(以及整个社会)所不愿意正视的。托马斯·库珀显然没有意识到自己话里所包含的讽刺意味,他声称:当妖巫"光膝跪着(其习俗便是如此)祈求上帝对其压迫者施以报复"时,所产生的邪恶不管怎样都不是上帝的而是撒旦的作品。[63]

但是妖巫有时也把她自己看成是上帝的工具。1628年,伦敦一个妇女控告古迪·克罗斯蛊惑其孩子。克罗斯直接迎击了这一挑战,承认自己有罪,虽然她声称这是另一个人搞的。她解开诅咒的方式是对孩子说"上帝保佑你",于是便表明了她认为其言辞所拥有的威力的来源。[64]

二 魔鬼崇拜的诱惑

因此诅咒是弱者和无自卫能力者报复敌人的一种手段。但它只是达到同样目的的许多公认做法中的一种。仪式性斋戒有时候——尤其是在宗教改革之前——就堕落成了一种恶意行为,因为它企图招致某一特定受害者的死亡。1519年,鲍兰的伊丽莎白·鲁宾逊在沃利的宗教法庭受审,因为她公开声称,她旨在实施一个针对埃德蒙·帕克的"黑心斋戒";梅布尔·布里奇因为对亨利八世和诺福克公爵施行了同样的仪式而于1538年被处决。[65] 此后还有少数资料提到了这种做法,尽管达勒姆的主教在1577年就认为有必要禁止黑心斋戒了,1645年,马修·霍普金斯揭露的一个妖巫承认她的一个听差小鬼名叫"黑心斋戒"。[66]1607年,人们揭示了与之相关联的一个信仰:肯特郡的一名妇女被控要求其两个邻居和她一起跪拜一条蛇,以及感谢上帝帮她战胜了敌人。她否认了这个指控,解释道,她只是在门口发现了一条死蛇后想到"有人说如果在年初看到了死蛇,那么就将战胜仇敌"。[67] 这个例子表明,有些大众占卜形式会演变成恶意的巫术。

最常见的恶意法术是使用图形巫术,用蜡或陶土制作所设想的受害者的模型,然后将小针或者鬃毛刺入所欲伤害的部位。毫无疑问,这类巫术广泛地实施着。它起源于古典时代,在盎格鲁-撒克

第十六章 妖巫的诞生

逊时代以及中世纪都是尽人皆知的。[68] 都铎王朝政府往往在发现某个刺有小针的蜡像后就发动搜捕邪术师的运动，它们怀疑这是在位君主或其家族的模型。这类虚惊存在于整个 16 世纪。伊丽莎白一世在位期间，女王及其主要顾问们的生命都被认为受到过这样的威胁。[69]

伊丽莎白时代的不满分子，常常雇用那些吹嘘懂得使人衰弱的法术的巫师，犹如 15 世纪时阴谋者常被雇用一样。迪尤斯夫人对钱伯林勋爵、大法官、伦敦市法院法官以及其他一些人恨之入骨，因为他们对她丈夫的罢官负有责任，据说她在 1589 年声称："她将制作所有这些人的画像，刺入小针，以使他们认为这是上帝的作用，他们将遭逢盗贼，以报应他们无缘无故地罢免其丈夫。"如果这个做法失败，她就会请奇术家罗伯特·伯奇"利用法术使我丈夫的所有仇敌都死于一种湿气，如我听说牛津巡回审判中的一些人的命运那样"。[70] 这指的是 1577 年的黑色巡回审判，当时有大量的人死于监狱热病，人们把它归咎于一个天主教书商的邪恶巫术。据说 1587 年一个教宗阴谋者就是使用了散布这种传染病的办法。[71]

图形巫术时时出现在妖巫审判中。1580 年，据说在温莎有些妖巫大量使用红蜡做的图形，他们在蜡像头部插入一根"山楂刺"。[72] 拉特兰侯爵的长子在 1619 年死去，被认为是因为他的一只手套被人恶意地掩埋了，并任其在土中烂掉。1653 年，安妮·博登汉也涉嫌寻求其受害者的一点衣物，以便其符咒奏效。[73] 有时候，有人还施行死灵术，即使用一个头盖骨，或者从腐烂的尸体中提炼出来的一种据信能致人死命的毒药。[74] 其他的一些方法则难以归类。1662 年，赫勒福德的一个市民菲利普·本尼报告说，他知道玛丽·霍奇斯在阴谋伤害某个人，因为他看见她在家里施行妖术。

> 在就寝时分看见她从烟囱里取出一些柴架，互相交叉放置，然后双膝跪下做妖术祷告……她在盆子里调了些水，喷洒

在那些柴架上,随后便去园子散步。这是她每天夜里的不变常套。75

所以,这种邪恶的巫术活动绝不纯粹是当时的想象。诅咒书板和巫术公式的物质残余证明了确实存在着试图对仇敌造成神秘莫测之伤害的法术。同样无可怀疑的是,在这一时期中正式被控施行妖术的人里,大部分人——虽然无法计数——都确实对其邻人怀有恶意,虽然他们未必施行了真正的巫术。如我们将要看到的那样,往往是一句牢骚,一句咕哝的咒骂,或者一句空洞的暗示性恐吓就成了其恶意的证据。

然而,极少证据能表明被控的妖巫是魔鬼崇拜者或者是异教的繁殖崇拜者。许多同时代的神学家和魔鬼学研究者都持以上的观点;而下一个观点则源自雅各布·格里姆的看法(见其《德意志神话学》,1835):妖巫信仰从古代的条顿族宗教衍生而来。在本世纪里,这个说法又经玛格丽特·默里博士的一系列著述进行了渲染,对此有一些颇具影响的信奉者。她写道:

> 在西欧,有大量妖巫受到司法审讯并被处以死刑,对于这种情况的唯一解释是:我们所接触到的是分布于整个欧洲大陆上的一个宗教,它的成员位于社会的各个阶层,从最高层到最低层。

她相应地也就从字面意义上接受了"恶魔聚会"和魔鬼(即"有角上帝")之仪式性崇拜的真实性,把妖巫描绘成"古老宗教"的成员。她甚至认为,晚至14世纪,该宗教"完全可能仍然是这一民族中大部分人的主要崇拜"。76

默里博士解释道,她在撰写的时候将副题定为"人类学的一个研究",这是以另一种方式最好地体现了"理性主义的一个观点:所

第十六章 妖巫的诞生

谓的妖术完全是一种幻想,对它的迫害乃是褊狭和无知的产物"。她努力洞察妖巫审判之外的大众信仰的现实性,这反映了一个值得赞美的愿望:用通常研究原始部落的精神来处理欧洲的妖巫问题。尽管如此,她的结论,至少是涉及英格兰的结论,几乎是毫无根据的。她一开始就没有利用对 C.L.尤恩系统性揭示的妖巫审判记录进行研究的优势,她宁可无视它们可被应用的内在含义,却代之以依靠当时记载较著名案例的小册子。事实上,她的大多数证据都来自欧洲大陆魔鬼学研究者的著述以及苏格兰与法国的被控者的口供,而这些地方惯常都是使用拷打折磨的方法进行逼供,以获得所期望的回答。她也引用了一些英格兰的口供,尤其是由马修·霍普金斯获取的那些。此外,她使用的这些口供和忏悔是极有选择性的,我们也看到她大大地歪曲和删节了这些资料,使之必然地展示一切妖巫都实行十三人的"大聚会"。事实上,她从未成功地证明过英格兰的"大聚会"一词除了"同事交往"的含义外还有更深层的意思,也不能证明它与妖术观念有任何密切的关系。[77]

事实上,关于仪式性魔鬼崇拜真实性的真正可以接受的证据,无论在英格兰还是欧洲大陆上都是极为稀少的。现代学者很少有人支持魔鬼研究者的主张和虚构的"口供"(这是通过与一套固定的讯问相应的折磨而榨取来的),这表明即使在欧洲大陆上,所谓的仪式性魔鬼崇拜也可能是个神话。[78] 在英格兰,几乎可以毫无疑问地说,从未有过当时的魔鬼研究者或其现代信徒们所设想的那种"妖巫崇拜"。恶意的巫术确实存在(虽然通常是由个人而不是集团施行),但是妖巫的"恶魔聚会"则几乎肯定没有。在现代非洲,考察者们发现同样难以证实当地居民所设想的"夜间妖巫"的存在。[79]

因此,英格兰的妖术既不是宗教也不是有组织的。当然,其中有着许多异端的残余物:巫术井泉、日历风俗、繁殖仪式,犹如有许多种巫术活动一样。但是,这些仪式性活动并不正式违背基督教义,而且,也不是由那些会愤愤驳斥诬蔑其宗教信仰言论的男男女女所从事。在任何情况下，它们都与妖巫审判毫不相干。妖巫控告并不是旨在查询异端的宗教，而通常是被"恶业"指控刺激出来的。导致不幸后果的邪恶行径的证据已足以使观众和陪审团确定妖巫的罪行了，尽管更工于心计的魔鬼学研究者偏爱"信奉魔鬼之契约"的证据。

然而，有时候确实存在妖巫与听差精灵和恶鬼关系的指控，甚至与魔鬼的契约，并取得了招供状。这虽然不是英格兰妖巫审判中的主要成分，但是它们在17世纪经常出现就足以要求我们做点解释了。这些口供的真实性是极有争论的历史问题。现代人类学者发现其非洲的对应者同样令人困惑，于是将它们归因于"营养不良"或"情绪低落"，[80] 犹如17世纪的一些怀疑论者将它们归因于"忧郁症"一样。很显然，没有一道公式可以解释它们。1649年，约翰·帕尔默在圣奥尔本斯坦白说，他曾变成一只蛤蟆，以折磨一个受害者，这可能是受其迫害者的劝诱和威吓所致，也可能确实是出现了妄想症。对于遥远时代的事情，我们没法分辨清楚。但是，这个案例表明，人们可能会坦白一些不可能的现象，因此，我们不能从字面上来看待这些口供。然而，帕尔默的显然毫无价值的叙述却仍被默里小姐广泛使用，因为它是英文史料中最近似于"有组织妖术"的证据。它列举了其他许多妖巫的名字，并提到了邓斯特布尔的马什（他是当时著名的占星师和巫术师），说他是"整个妖巫会的头儿"。于是"妖巫崇拜"的整个编织物就建立在这一脆弱的基础上了。[81]

雷金纳德·斯科特及其英格兰的追随者充分洞察到了建造大多数这类"口供"的两个基本成分：幻想和威逼，耶稣会士弗雷德里克·斯皮在威斯特法利亚亲眼目睹后也明白了这一点。[82] 英格兰的妖巫审讯虽然在理论上禁止拷打，但是17世纪的许多案例表明，受害者被迫许多日子不得睡觉，挨饿、挨揍，或者遭受其他的恶劣对待。不给被告睡觉，直至其听差精灵出现，似乎是霍普金斯的常规做法。所以，他在榨取对魔鬼崇拜的口供上比其他任何人都更为成

第十六章 妖巫的诞生

功,这绝非出于偶然。如一个同时代人所观察到的那样:"妖巫们受到长期的折磨,日夜被监视、禁止饮食,瞌睡得要命,于是只得无缘无故地指控自己,以便减轻目前的痛苦。"[83] 我们还得举些例子来说明这样的趋势:大部分口供都与榨取者的先入之见是一致的。霍普金斯使用了标准的审讯形式,其中包括的问题清楚地具有诱供性,就如"你已经不再打你妻子了吗?"这一类。对于这些问题,只要受害者回答"是"或"不是"就可以了;而魔鬼契约及听差精灵等细节则由审问者来提供了。这种方式甚至在马修·霍普金斯之前就流行了。1621年,新门的巡视员亨利·古德科尔盘问伊丽莎白·索耶的第一个问题就是:"你是通过什么方法与魔鬼结识的?"在这个问题得到回答后,其余的问题便相对顺利了,尽管过后仍承认这份口供"费了好大的劲……才迫使她招认的"。[84] 其他一些令人惊异的口供也是由具有欧洲大陆妖术思想的有知识教士录取下来的,或者通过允诺钱财和其他各种诡计骗取而来。[85]

事实真相诚如一个同时代人于1624年所指出的那样,妖巫"自己的自愿坦白……极为罕见"。[86](在估量这一说法的含义时,我们得记住,直到此时英格兰的大部分妖巫死刑业已执行。)迄今所见的大多数口供都来自当时的小册子,因此只涉及妖巫审判和定罪的总量的一小部分。我们不知道到底有多少案例类似于玛格丽特·兰迪什的情况,她于1645年拒不认罪,并且"在法庭上怪声号叫,使整个法官席都大受骚扰"。[87] 所以难怪有些魔鬼学研究者满怀深情地谈到拷打的好处了,[88] 并且主张法庭不必根据妖巫的认罪与否就可以给他们定罪。[89] 在迫害的前阶段,妖术信仰者被迫解释这种不愿招供的情况,人们推测,可能是妖巫的一个同伙,甚至是魔鬼本身使之缄默不语。[90]

上述各条理由都有助于降低存留下来的这些口供的价值,对于马修·霍普金斯及其同类所榨取的特别公式化的口供来说,尤其如此。口供越是与欧洲大陆魔鬼学研究者的观念一致,其可靠性就显得越差。但是并不是所有承认与魔鬼有关系的口供都是可以如此容易否定的。有些人是主动承认的,如屠户梅格斯,他自愿跑了10英里或12英里去请霍普金斯把自己抓起来,旋即作为妖巫被处决了。还有一些资料则颇不习见,似乎不像是专业审问者编造的。有的嫌疑犯甚至坚持表白并未要求他们承认的罪行,如贾尔斯·芬德林便是,他于1652年声称在牢房里款待其听差精灵,虽然看守者并未见到。[91]这些坦白使得当时像托马斯·霍布斯这样的人困惑异常,他说:"虽然从理性上来说,不应该相信有妖巫,但他仍不能完全满足于认为没有妖巫,因为经严格查核,他们确是自己坦白的。"[92]

今天,我们也许更习惯于这种自觉的坦白了,并有更好的视角来理解那些承认从未犯过之罪或无视证据而顽固坚持自己有罪的人。人们的这种坦白,有可能是为了引起注意,或者通过公开承认对社会中其他成员长期隐藏着的敌意而换取心灵上的宁静。还有些人则是出于对于事件本身无足轻重的忧郁感,才指控自己犯有一切可能的罪行。[93]他们甚至更愿意有机会经受一下神裁法的检验,以消除长期以来受人忽视的状况,或者期望得到更多的怜悯。托马斯·库珀在1617年评论了为什么有些涉嫌的妖巫会主动要求成为被处决的牺牲者;似乎很清楚,1736年妖术法令废除以后的一些非正式被控者,只是那种急于想用"浸泡"神裁法来表白自己而最后未能成功的人。人类学家注意到了非洲涉嫌者的同样情况,他们志愿接受妖术测试,以证明自己的清白无辜。[94]

上述理由有助于解释嫌疑犯颇愿协助妖巫搜捕者的讯问以及甚至主动编造口供的原因。同时也表明,对于历史学家来说,没有得到旁证支持的这类口供几乎证明不了什么。当然,也不能排除这样的可能性:至少有些嫌疑犯确实相信自己能使用诅咒、巫术性技术,甚至动物听差精灵来报复仇敌。他们由于习惯了当时神学家关于邪恶感情和欲念之人格化的说教,所以完全可能以为自己遇上了魔鬼这个一切邪恶和反社会思想的象征物,犹如其他人确信自己看见了上帝或听见了上帝的声音一样。他们甚至还可能以为自己与魔鬼订了契约,恰如信神者以为与上帝有了誓约一样。它们所涉及的心理学过程都被我们忽视了,值得予以考虑。

三 妖术的诱惑

虽然口供作为任何真正妖术活动的证据来说,存在着疑问,但是它们无可比拟的价值仍有助于弄清审问者和被告都易于将妖巫作为目标的动机和诱惑力。在评价这类证据之前,我们必须记住,司法记录揭示了有关被控妖巫的两个基本事实:他们是贫穷的;并通常是妇女。博学的作者从未怀疑过,较弱的性别更容易受到撒旦的诱惑。詹姆斯一世估计女性妖巫和男性妖巫的比例是 20∶1。而亚历山大·罗伯茨则估计二者的差距更大:100∶1。事实上,尤恩曾指出,在伦敦周围诸郡巡回法庭处决的 109 人中间只有 7 名是男子。[95] 同时代的作者们还一致同意,妖巫来自社会的最底层。斯科特认为,他们通常是乞丐;理查德·伯纳德说:"(他们)极其贫困,是最下等的人。"约翰·邓恩也认为"妖巫……绝大部分生活在赤贫状况下"。尤恩计算,在伦敦周围诸郡巡回法庭上被控的将近 600 人中,除了 4 人外都是生意人、农民和劳工,或者他们的女眷。其他地方的模式亦然如此。劳工及其妻子或孀妇始终占妖巫的绝大多数。[96] 这并不是因为妖巫信仰不流行于社会上层。恰恰相反,每个社会阶层对此都非常熟悉。然而在妖巫审判中,被告绝大多数来自社会底层。

所以,无怪乎这些口供——无论是真实的还是威逼出来的——都一致表明,绝大部分被告生活在软弱无助和失望沮丧的环境之中。他们最大的动机被认为是切望逃避难熬的贫困。魔鬼允诺让他们不再匮乏;他提供食品、衣服和金钱,并随时替他们还债。虽然魔鬼有时候展示巨富的前景,但是他一般的开场白都是只保证其追随者不再缺食少衣。1667年,伊丽莎白·普拉特被允"将生活得和邓斯特布尔镇上最富的女人一样好"。⁹⁷ 然而,大多数这类诱惑的可怜之处是,魔鬼只给予小小的诱饵。如果提到一笔专门的钱财时,也只是几个先令,有时候则更少。1645年,萨瑟恩在去威斯特莱顿的路上遇到了魔鬼,他允诺给她2先令6便士,但随后又未能使她得到,并且"抱怨时日之艰辛"。他对普里西拉·科利特的劝告是:应该离开其子女,否则将继续穷下去。⁹⁸ 我们没有理由怀疑这类诱惑的现实性。魔鬼的解救办法与这些可怜妇女的悲惨处境密切相关。在许多情况下,他引诱她们去盗窃、自杀,或者杀死子女,以便多留下一点食物。⁹⁹ 托马斯·库珀认为,"极端的痛苦遭遇"乃是被诱惑的主要原因。魔鬼直至适当的时刻才前来谈交易,那时候,其受害者的丧亲之痛或穷困会使之欢迎他的到来。然后,他就允诺食品、金钱,甚至用对于老处女和寡妇的性满足来与之达成交易。¹⁰⁰

霍普金斯的有些受害者的口供表明,不仅仅是贫困,而且宗教上的绝望也可能为魔鬼的诱惑提供肥沃的土壤。他出现在玛丽·贝克特面前,告诉她说,她的罪孽如此深重,以至于"对她来说是没有天堂的"。他偷听到了苏珊·马钱特一边挤牛奶一边在唱圣诗,于是就"问她,为什么还要唱圣诗,因为她已是个注定要受天罚的家伙了;从此以后,她就接受了小恶魔"。¹⁰¹ 安妮·博勒姆被允免受地狱之苦;而琼·鲁西则被告知说,撒旦的小恶魔"比上帝更能拯救她的灵魂"。对于伊丽莎白·里奇蒙,魔鬼则装成先知但以理的模样。¹⁰²

这种宗教上的沮丧和物质上的贫困结合起来所造成的失望便足以使人产生强烈的愿望去追求非正统的拯救方法。下述情况足以证明大众宗教教导的性质:玛丽·斯基珀承认被魔鬼引诱而当了妖巫,因为魔鬼答应"他将为她还债,并且将她带至天堂,而且……她将永不匮乏"。¹⁰³ 如果无知的男女被说服,认为值得追随撒旦,那么创造这种魔鬼概念的神学家首先应该责备自己。然而,那些神学上更为成熟的人也会感觉到撒旦的诱惑力。魔鬼崇拜乃是处于忧

第十六章 妖巫的诞生

郁状态中的人所经历的诱惑之一,这通常发生在清教的改宗过程之前。第五王朝派教徒约翰·罗杰斯承认,他年轻时穷得进不了剑桥大学。"魔鬼确实经常引诱我去学习死灵术,并使用巫术,以及与他结盟;然后我将永不匮乏。"[104] 无望者追随魔鬼,象征了他们与社会的疏远,他们对这一社会几乎无感激之处。从这个意义上来说,魔鬼崇拜的观念不全是幻想,它具有所谓的"主观现实性"。当一个妖巫走向魔鬼时,她是屈服于一种人人都熟悉的激愤之情,而社会便是建立在抑制这种感情的基础上的。[105]

妖术就这样被普遍认为是个人在其他所有方法都失败以后改善其环境的一个办法。就像大部分巫术形式一样,它是软弱无能的取代物,是治疗忧虑和绝望的处方。但是它与其他巫术的不同之处是,它往往涉及对别人怀有恶念的行为。虽然妖巫被认为从她与魔鬼的契约中获得了物质利益,但它的主要目的在于报复邻人。这样的目的见于社会各个阶层,但是一般只有穷人和孤立无援者才希望通过妖术而达到这一目的,因为他们无法利用正常的法律行动或武力的渠道。于是,报仇的欲望以及用正常手段达到目的的不可能性,就成了妖巫处境的基本成分。纳撒内尔·霍姆斯认为,"地位低下"乃是造成妖巫的第一要素:

> 人们遭受挫折、冤屈、烦恼、匮乏等以后,便深怀不满;于是他们在内心说,不是真的去干,他们将报复某人某事;在这种时候,魔鬼就会前来,或者只用声音,或者同时现形,以他的一些条件作为交换而向他们提供帮助。[106]

用这一超自然威力武装以后,妖巫便能大胆对付其敌手了。乔治·吉福德写道:"那可怜的老妖巫认为自己已强大了,她有了两三个仆人,似乎可以折磨她所痛恨的人了。"[107]

既然当时普遍认为存在着妖术的可能性,那么出现像埃塞克斯郡雷恩汉的玛丽·卡特福德这样的人就不足为奇了,据称,她在1632年"极恶毒地希望自己做一段时间的妖巫,以便报复她的仇敌"。¹⁰⁸ 用赫里克的话来说,就是:

> 老寡妇普劳斯为使邻居遭祸殃,
> 宁可把自己的灵魂奉献给魔鬼。¹⁰⁹

社会中许多较穷的成员由于受到街坊的苛待,便将其孤立无援的心情转变成了明显恶意的威胁和诅咒。如果在这样的威胁之后出现了受害者的疾病和死亡,那么旁观者很容易认为这是使用了妖术。当然,只有妖巫才能这样做。斯科特评论道:

> 由于有时候事情按照着她的愿望、诅咒和符咒而发生了,妖巫当然要去核对一下情况,看看她的诅咒和期望是否与其邻人所受的伤害和损失同时发生……于是她就会承认,是她(像个女神一样)使得事情这样发生的。

1667年,邓斯特布尔的厄修拉·克拉克被控施行妖术,因为她表达了这样的希望:威廉·梅特卡夫将"憔悴得像对着太阳的露水一样",并吹嘘说:"有些人不公正地对待了她,但是他们最好还是不要来招惹她,因为她……已看到了普拉特的末日,还看到了哈登的末日,她希望她还看到梅特卡夫的末日,她终生从未诅咒过什么,但事情却发生了。"¹¹⁰

那些批评整个妖术观念为毫无根据的现代历史学家就像当时的魔鬼研究者一样地犯了错误,后者认为自己被一派仪式性的魔鬼崇拜者包围着。尽管被告是如此胡编乱造,但至少有一些妖巫确实对周围的人满怀仇恨。虽然她们所借助的诅咒只是真实行动的取代物,但是她们确实相信一种超自然的威力正在使其诅咒发生作用。固然，不能认为一切被控施行妖术的人都对四邻怀有恶念，但是其中的大部分人肯定怀有恶意，是妖巫的敌意才使得这种罪名在大众眼里看来显得颇有道理，这种敌意可以从妖巫的社会地位推演出来，当然她本人的实际行为也经常证明了它。

这就是17世纪一些最有影响力的人物也认为应该惩处这种所谓妖巫的原因，尽管他们怀疑妖术的真正威力。约翰·邓恩说："妖巫有时候在她们并未杀人的情况下认为自己杀了人，因此应该像杀了人一样受到惩罚。"霍布斯写道："我并不认为妖巫的妖术有任何真正的威力；但是对她们的惩处仍然是公正的，这是惩罚她们自以为能干这类事情的虚假信仰，以及她们想这样干的意图——如果她们办得到的话。"谢尔登所说的与此相仿：

> 如果有人声称，他将其帽子转三圈，并喊一声"啪"就能夺去一个人的生命的话（尽管他事实上做不到这一点），那么，国家所制定的这条法律还是公正的。凡是将其帽子转三圈并喊一声"啪"，旨在取人性命者，一律处以死刑。

妖术法规就这样变成了对于邪恶念想的镇压，虽然斯科特指出，如果仅仅恶念就会受到处罚，那么就有成千上万的人要被赶进屠宰场了。[111]

于是，被控妖巫的诅咒就象征了她与社会的关系。魔鬼惯常在听到妇女的诅咒声后才第一次现身。[112]他通过使她的空话产生作用，从而逐步介入进来。爱丽丝·杜克在1665年承认，她曾被说服而将灵魂交给撒旦，因为他许诺，"如果她用'遭瘟的'一语诅咒任何事物，她就会达到目的"。1566年，琼·沃特豪斯做了类似的坦白，当邻居的一个孩子拒绝给她面包和奶酪后，她就回家请撒旦变成一条大狗去吓唬那个小姑娘，撒旦同意这样做，但是要以其身体和灵魂作为报答。[113]像其他任何人一样，妖巫们是将其邪恶的思想人格化成撒旦的介入。她们屈服于诱惑,象征性地加入了撒旦的队伍。少数人甚至认为撒旦听到了她们的祈祷,并答应了她们的愿望。

在这些精神上与撒旦结盟的人之中,有些人已经有过无视宗教和非正统宗教的记录了;少数人甚至确实憎恨上帝,如埃琳娜·多洛克,她于1493年在对别人进行恶毒恐吓的同时还恬不知耻地发誓说,只要上帝仍留在天堂,她就宁愿待在地狱。[114] 有些人可能是被其罪行迷住了心窍的罪人。另一些人则是自觉的叛教者;如简·汤森,她在1670年曾提出愿意教女孩子们如何成为妖巫,即去教堂躺在洗礼盘前,发誓7遍放弃其教名。[115] 动物听差精灵也可能被使用,1566年,一个巫师所提供的十分肯定的证据表明,妇女有时候蓄养蛤蟆以伤害他人;与此同时,埃塞克斯郡的哈特菲尔德佩维里尔村庄里有只名唤"撒旦"的猫在一些贫苦人家周围转悠。威廉·哈维在一个著名的场合实验性地解剖了一只蛤蟆听差精灵,清楚地证明了它的客观存在。[116]

但是,这些家庭宠物或者未受邀请的动物伙伴是否被视为巫术性的,则是另一码事了。这些东西可能是孤独老妇所拥有的唯一朋友,而给它们取个名字也不过表明了其感情深厚的关系。埃塞克斯郡遭受马修·霍普金斯之难的人中有个叫玛丽·霍基特,她被控款待"三个恶灵,每个都呈老鼠状,名为'小男人'、'标致男人'和'戴恩蒂'";而布里奇特·迈耶斯则款待"一个老鼠模样的恶灵,名为'竖耳朵'"。最近的小说家J.R.阿克利描写其母亲道:

> 她正在丧失其官能,她最后的朋友中有一只苍蝇,我从未见过,但是母亲却经常说到它,并跟它交谈。它有着忧郁的黄色大眼睛和长长的眼睫毛,居住在浴室里;她有时拿它开个小玩笑,但是每天早晨都十分认真地用面包屑喂它,把面包屑撒在它常待的浴盆的木沿上。[117]

第十六章 妖巫的诞生

不难想象,马修·霍普金斯将会如何对待这种关系。

由于在妖巫中没有任何组织、合作、连续性或共同的仪式,所以我们不可能同意默里小姐的"妖巫崇拜",更不用说什么"古老的宗教"。心肠最恶毒的妖巫也只是一个被孤立了的个人,这是她自己幻想的产物。她不追求什么"大聚会,即使有魔鬼崇拜,也只是她的私人事务"。在气味相投者之间可能有少量会面,一心想用巫术手段制造不幸,[118]但是并无证据表明她们曾举行仪式性的"恶魔聚会"。这种夜间聚会的想法可能是受流浪乞丐群的趋势影响而形成的,他们替别人挤牛奶,集体睡在谷仓或户外,晚上以吹笛和跳舞自娱。[119]被控的妖巫与过去的异端之间没有可以论证的关联。即使其中有人崇拜魔鬼,那显然是当时惯常的宗教训导中所描绘的魔鬼。

这种内心叛教并不能使我们认为一切英格兰妖巫都是这一象征意义上的魔鬼崇拜者。大部分的妖术指控都涉及假想的"恶业",而并未暗示被控者打算哪怕是在内心中效忠于魔鬼。即使加上了魔鬼崇拜的罪名,那也往往是那些受过教育的自称的魔鬼研究者进行的干预。既然这种罪行只是思想上的,那么历史学家就不可能把一小部分犯有此罪的人与那些受到不公正指控的人区别开来。对于有点象征性事实的指控和从各种意义上来说都是虚假的指控,我们今天如何加以区别呢?

具有讽刺意味的是,后一类可以混入前一类。因为即使是最清白无辜的人,在审讯的压力下也可能承认她是有罪的。最大的自相矛盾之处是:有些嫌疑犯承认,她们施用妖术是用以报复那些不公正地把她们称为妖巫的人。[120]社会就这样地将妖巫的角色强加到了受害者身上。《埃德蒙顿的妖巫》一书中有这样一段诗:

> 有人称我为妖巫,
> 可我不懂怎么做。
> 他们纷纷来教我:

蛊惑牲畜诅咒谷，
兼及婴儿和奴仆。
他们强迫我相信，
这可不是我的错。[121]

四　社会与不合规范者

　　要领会妖巫与其邻里的关系，就必须记住16世纪和17世纪的英格兰人民是十分重视社会的一致性的，他们使用种种手段反对争吵或不合规范的一切迹象。这种趋势也许在密集的村落里尤其明显，人们拥有由庄园习俗所严格规定规则和共用的土地。但是这种倾向在各地都有。许多村庄都有举行社区宴会和舞会的时节，此时，杂七杂八的不满和牢骚都被暂时掩盖起来了。在赫勒福德郡和什罗普郡的一些教区中，甚至还有在圣餐桌上吃喝宴饮的风俗。[122] 我们很容易夸大这些"喜宴"、教堂啤酒节、复活节"酒宴"以及传统节日的作用。实际上，吵架和公然的暴力始终是农村生活的特色，而在喜庆节日期间喝醉后的争斗往往会激发新的仇恨。但是，这些节日则象征了对和睦一致的重视。[123]

　　如果都铎和斯图亚特王朝时期农村生活的记载给人留下什么深刻印象的话，那么这就是地方舆论的专横性以及对不合规范或偏离社会的人与事的不宽容。农村社会基本上没有现代的私人生活概念。乡村习俗要求社区中的每个成员都一起分享欢乐和分担忧愁，一起参加婚礼和丧礼；那里没有"摆脱一切"的假日观念。那里的人都赞成这一观点，即社区理应关心个人哪怕最隐私的事情。也就是说，每个人都有权知道其他任何人的所作所为。宗教法庭上陪审官的报告和证词清楚地展示了这一点。在法律条文上，偷听可能是有罪的，但是这并未阻止证人在通奸案中做证说，他们从窗户或墙上小孔中看到了犯罪情况。他们对此不以为耻，并且假如自己尚无把握,还会跑去将朋友们叫来,让他们亲眼察看。[124] 这些邻人的观察力十分敏锐;他们知道一个家庭里是否有多余的人睡在同一张床上,或者是否在婚后过快地生了孩子。他们一直密切注意着别人的客人,并且会迅速散布任何丑闻嫌疑。当一对男女新迁入村庄后,居民们会毫无疚意地要求他们证明是结过婚的。[125]

这种现象迥异于伦敦及类似的大都市社会中日益发展的"与个人无关性"。[126] 农村生活的气质更类似于今天东非民族尼奥鲁人流传的一个故事中所表达的那种意见:有个人新搬入了一个村庄,他想知道四邻的态度如何。于是他便在半夜假装毒打妻子,想看看他们是否会前来劝架。尽管他抽打着羊皮而且妻子尖叫着说他要杀人了,但是没有人前来。于是,他在第二天便与妻子收拾行装离开了村庄,去寻找其他地方居住了。[127] 这个传说在工业前的英格兰是完全可以理解的。当斯德丁的公爵于1602年访问英格兰时,他被告知说:"英格兰的每个公民都要发誓密切注意其邻居的家庭,看看已婚夫妇是否和睦相处。"[128] 除了在教会法庭上投呈陈诉状外,乡下人还有许多非正式的方法来表示不赞成某对夫妇拥有自己的生活方式,例如,在他们窗下演奏难听的音乐,或者"乘坐斯基明顿",即举行一种游行,旨在揶揄怕老婆的丈夫或揍丈夫的妻子。[129]

街坊舆论的重要性得到整个社会的认可。在宗教法律中,一个"坏名声"就足以证明起诉之正确,[130] 而在普通法庭上,人们不但容许陪审团不仅仅由无偏见的人组成,还可以由来自犯罪者所在社区并充分了解犯人在社区中的一般情况的人员组成。1680年,约克郡的一个绅士因阴谋罪出庭受审,他要求陪审团由他自己家乡的有身份的乡绅组成,因为"这样可以知道我在那里的生活状况",法庭接受了这个要求。[131]

还有些司法制度旨在反对那些威胁社会协调一致的人。地方民事法庭和季度法庭设有处理诅咒者、寻衅闹事者、搬弄是非者和形形色色争吵者的机构。自13世纪以来,"惩椅"一直是人们所熟悉的一种刑具,但是在都铎王朝时期,它主要用于将骂街泼妇示众或沉入水中。骂街泼妇是农村社区中具有特色的角色,法律上的定义是"吵闹和发怒的女人,在其邻人中吵骂骚动,破坏了公众的宁静,招致、培养和助长了公众的不睦"。为了控制这样的悍妇,有些社区使用了惩椅,还有一些社区则将犯人放在一只笼子里,用金属链拖着她游街。¹³²

教会也专心致志于维持其成员中的良好关系。祈祷书指示主持神甫要拒绝任何互相怀有怨恨的教区居民参加圣餐礼。教区神甫在探访患者时,必须先问患者是否爱其邻里,有否暗怀恶意。主教和副主教在巡视中要调查一切骂街泼妇或不睦散布者的行为,并应将犯人带至教会法庭予以惩处。

在描述这类罪行时所用的词句使我们清楚地了解了内战之前的这个世纪中乡村社区的社会准则。一个麻烦制造者可能以下列罪名受审:"街坊的拙劣嘲笑者"、"爱管闲事的多嘴女人"、"夫妻不和的制造者,爱情的破坏者"、"挑起毁谤的韵诗作者"、"不爱其四邻"、"只要有人在镇上的生意或事务略违她的心意或未能讨其欢心,她便吵架骂街,几乎得罪了每一个人"、"全教区的悍妇和骚扰者"、"街坊中毁谤和淫秽的打油诗的作者"、"曾说过镇上没有好女人"、"据称他与教区中所接触到的一切女人(除了七个)都发生过性关系"、给人起绰号、在邻居门外挂动物角、"把教区居民说成一帮乌鸦"。¹³³

这些饶舌的人一旦被带上宗教法庭,就易于受到谴责,这种谴责旨在像平息教会不睦一样平息社区的不和。标准的宗教处罚是向其四邻公开承认错误,然后才能与社区重归于好。世俗法庭和宗教法庭都可以下令施行这种忏悔。在中世纪的城镇里,犯罪者有时由吟游诗人、鼓手和风笛手陪随着送入监狱。在17世纪,可能由星法院或季度法庭下令戴颈手枷或足枷示众,或者身上贴着列数其过失的公告在集市上示众。宗教法庭所施加的最重处罚是革出教会,世俗法庭的制裁与此相同,这意味着罪犯不仅与教会的圣礼脱离了

第十六章　妖巫的诞生

关系,而且也与整个社区断绝了往来。从理论上来说,被革出教会的人不能和其他人同吃或同劳动。他的证词不被法庭所接受。如果他未曾与社区和解便死去了,那么其尸体将被抛在荒野。这种惩罚强调了违法者的主要罪行就是背离了他所属社会的准则。

如果我们要领悟这一紧凑和不宽容的世界对于社会一致性的高度重视,那么理解这样的事例是必不可少的,而妖巫则是与这个世界不一致的。妖巫是地方社区为了社会一致性而一直进行的讨伐战争所反对的怀有敌意的人之中的极端例子。雷金纳德·斯科特写到妖巫时说,她们的"主要过错在于她们是骂街泼妇"。在公众心目中,骂街泼妇与妖巫的关系极其密切,以至于当1760年一位外国游客在霍尼顿看到展览的惩椅时,有人明确地告诉他,这曾用来处罚妖巫。[134]

因此,最后求助于恶意恐吓的老妇人很容易为如此换来的慰藉而付出高昂的代价。她可能作为骂街泼妇或诅咒者而受到惩罚,并且有遭到更严重的妖巫指控的危险。即使最终宣判无罪,她的家庭也会在其监禁期间大遭其难;兰开夏郡季度法庭的记录中有好几份诉状,被控者抱怨说,她们供养的直系亲属被禁止领取穷人救济,或者,她们自己被迫卖掉衣物来支付狱吏的费用。[135]但是,除了这种正式起诉的风险外,涉嫌的妖巫还可能被邻里斥逐。德维齐斯一个织工的妻子于1653年被诬为妖巫,当地的面包师便不让她将生面团带入面包房;此外,肯特郡的古德威夫·吉尔诺特于1641年也被诬为妖巫,据说"如果她被看成这类人物,那么人人都会怕她,没人会给她一项工作做,因此她实际上完全毁了"。[136]1665年,一个跛足的劳工因为涉嫌施行妖术而被撵出了兰开夏郡的一个村庄;1710年死于大雅茅斯的萨拉·利芬"是个孤独无助和可怜巴巴的人,她被诬为妖巫,在此罪名下艰苦度日,镇上的年轻人和其他下等人……经常在路上和她的家门口羞辱和欺侮她"。[137]

涉嫌的妖巫也容易遭到非法的暴力攻击。1604年,被控施行妖术的94岁的艾格尼丝·芬恩说,托马斯·格罗斯爵士和其他人对她拳打脚踢,并用火把和火药威胁她,最后还用小刀刺伤了她的脸。[138]玛丽·萨顿在1612年遭到拘押,被棍棒打得"几乎不能动弹";[139]1661年,安德鲁·坎普怀疑古德威夫·贝利蛊惑了他的孩子,于是把她从家里一直拖到街上,殴打她的背部,并掐她,然后用膝盖抵住她的胸脯,"当她这样被打倒在地时,他的妻子便上前抓她的脸,并说,要挖出她的眼球,拔出她的舌头,并称她为该遭天罚的……老妖巫"。[140]有一种公众信仰鼓励了这样的暴力行为。受害一方如果能把蛊惑他的人"抓破"或使之流出血来,他就会恢复健康。1664年,乔治·朗在两个武装士兵的协助下,强行闯入安妮·奥伯顿的家中(后者曾致命地伤害了朗的孩子),然后扎她和抓她,直到她流出了足够的血。还有许多类似的攻击例子,使用了刺、针、锥或刀。[141]

这样的制裁必然抑制了发怒、发誓、诅咒,或者类似的恶意的表达。16世纪和17世纪的英格兰就如现代的非洲各社会一样,妖巫信仰可以如此地阻止邪恶感情的表达,[142]并有助于加强睦邻和社区一致性的道德准则的推行。但是,这也增强了与四邻疏远的那些人的孤独感,从而也增强了其复仇的欲望。

对于与社区中其他人发生纠纷的孤立无援的老妇人来说,只有一个合适的报复方法,其吸引力绝不亚于妖术,而且难以侦破,这就是纵火。17世纪像其他时期一样,纵火是那些感到自己被街坊伤害后的人经常使用的复仇手段。纵火不需要多大的体力,也不需要钱财,而且很容易隐瞒。然而,它是一种不分青红皂白的复仇手段,因为火一旦点着就很可能蔓延。正因如此,它可能对于那些憎恨所有邻居的人特别具有吸引力。

有些社会的弃儿满足于祈求其邻人遭火灾,还有一些人则采用更为直接的手段。赫勒福德郡的托马斯·威廉斯于1616年因闹事斗殴罪被捕,他发誓说,只要一被释放,他就要烧掉控告者的房子。一个臭名昭著的泼妇埃莉诺·马克利在1625年被控,因为她声称

第十六章 妖巫的诞生

只要约翰·莫尔的房子再离其他人的家远一点,她就会把它烧得掉到他头上。另一个悍妇萨拉·普赖斯据说在1613年"经常双膝跪下诅咒其邻居",并同时威胁说要放火烧邻居的房子,另外7个人旋即也仿效起来。[143]

几乎没有哪个地区的记载里不揭示类似的敌意。1615年,玛格丽特·比克斯和埃伦·彭德尔顿因为企图烧毁诺福克郡的怀蒙德汉地区而被处决。天主教徒被怀疑唆使此事,但是玛格丽特·比克斯就像其他涉嫌的妖巫一样,是被魔鬼劝说参与此事的,他答应把她带到其他地方,在那里"她将过着美好的生活,比她以前过得更好"。[144] 两年后,酒鬼和渎神者罗杰·赖特说:"他希望看到南特威奇镇被火烧得炽热通红。"1631年,伯里有3个人因为烧毁了萨福克郡沃尔伯斯威克的40所房子而被处决。1634年,寡妇多萝西·沃波尔"手中拿着一根火柴,以上帝的血发誓"说,她要在戈德曼彻斯特放一场大火;1641年,"一个淫妇"安娜·克拉克则在"威胁要烧毁索霍的房子"后被强迫发誓保证其平安。[145]

类似的插曲发生在整个17世纪内。1667年,玛丽·阿姆斯特朗被控纵火烧毁在北希尔兹的一所房子,并威胁说要烧掉全镇;1679年,伊丽莎白·阿博特则声称:

> 她要放火烧掉纽卡斯尔城;她已看准了动手的地点,她要搞些破布和柏油,在市长的店里或者其他有棉绒和碎麻屑的店里放火,她要站在旁边以便点火,她将亲自动手,并将当着任何权威的面起誓,里德尔先生和他的妻子,以及邓顿的埃林顿夫人和其他一些人是这次事件的根源。[146]

社会对于这类疯狂奸计的反应是可想而知的。长期以来,纵火一直是件重罪,在都铎王朝统治下,教士被剥夺了裁判它的特权。但是,社区完全能够不借助于法律而自己处理这类事件。奥利弗·海伍德在其 1680 年 3 月的日记中写到了威克菲尔德的情况：

> 我们坐在屋里听到街上发出了惊心动魄的喧闹声，无数的人在呼喊着，我们便去询问原因。他们说，这是在把躺在雪橇上的一个女人送到教养院去，她曾威胁说要烧掉全镇。有人说她疯了，有人则说她醉了，但是他们却以可怕的方式折磨她的身体，猛烈地鞭打她，并把她送入一个像门洞样的阴暗处，可能是放粪的地窖。她在那里躺了整整一夜。早晨，她身上都起了疱疹，痛苦异常。唉，真是令人发指的野蛮行为。据说她来自哈利法克斯。[147]

这一插曲与大众在施行妖巫"浸泡"或准私刑中所体现的仇恨极为相似，这是毋庸赘言的。1618 年，威尔特郡卡尔纳的一帮人，约有两三百之数，吹着号角敲着钟，由一个鼓手领队，闯进了托马斯·韦尔斯的家，抓走其妻子艾格尼丝，粗暴地对待她，并想把她放进惩椅。[148] 纵火、骂街和妖术都是穷人和社会的弃儿采用的对付社会的敌对行动。它们显然提供了报复这充满敌意的世界的手段，并且是对于其绝望处境的不可言喻但激动人心的抗议形式。有时候纵火与邪术这两种罪名交织在一起。例如，1674 年，北安普敦的安妮·福斯特的罪名是蛊惑一个富裕牧主的羊群（因为他不肯卖给她羊肉），以及此后放火烧了他的谷仓。1615 年，有人用奇术招来了一阵大风，以助长怀蒙德汉地区的火势。[149]

当然，这类抗议的无效是不必强调的。妖巫像纵火者一样，将生活的艰辛归咎于其他人的个人错误，而不是非个人的社会原因。他们都设法通过伤害他人来为自己报仇，而不是寻求某种形式的政治或社会改革。换言之，他们的态度是不能与政治激进主义相提并论的，前者最终被后者所取代。

17 世纪后期，妖巫控告运动逐步衰落，但是恶毒伤害财产的行

第十六章 妖巫的诞生

为却大大增多了。¹⁵⁰ 焚烧房屋、拆毁墙篱、践踏庄稼,这些都是贫民报复富人的方法。国会用新的法律来反对这类罪行,将拆毁墙篱或焚烧禾堆定为重罪。但是单纯的镇压并非良方。17世纪中叶的一个作者认为:"一旦压迫和对于上帝法律的无知从穷人肩上卸掉后,纵火烧屋以及诸如此类不合人情的妒忌也就会消失了。"¹⁵¹ 他的话对妖术来说同样适用。

注 释

1. 一般性质的宣判内容参见 W. Maskell, *Monumenta Ritualia Ecclesiae Anglicanae*(2nd edn, Oxford, 1882), iii, pp. 309—330; *York Manual*, pp. 86*—94*。这一宗教仪式在表面上被取缔后,于1434年重又兴盛起来; J. Johnson, *A Collection of the Laws and Canons of the Church of England* (Oxford, 1850—1851), ii, p. 493。

2. C. T. Martin in *Archaeologia*, lx (2) (1907), p. 361; R. Hill, "The Theory and Practice of Excommunication in Medieval England", *History*, xlii (1957), p. 10. 其他例子参见 *The Cheshire Sheaf*, 3rd ser., xxix (1934), p. 91; *Durham Depositions*, pp. 25—26; *H.M.C., Various Collections*, ii, pp. 48—49; ibid., viii, p. 319; *Medieval Libraries of Great Britain*, ed. N. R. Ker (2nd edn, 1964), p. xvii; W. Tyndale, *Doctrinal Treatises*, ed. H. Walter (Cambridge, P.S., 1848), p. 273; R. Hill, "Public Penance", *History*, xxxvi (1951), p. 214。

3. *H.M.C., 14th rep.*, appx., pt viii, p. 29.

4. J. H. Elliott, *The Revolt of the Catalans* (Cambridge, 1963), p. 33.

5. *An Apology for Lollard Doctrines*, ed. J. H. Todd (Camden Soc., 1842), pp. xxvi—xxvii; Tyndale, *Doctrinal Treatises*, p. 272; *V.C.H.,City of York*, p. 142; J. Marbecke, *A Booke of Notes and Common Places* (1581), p. 268; W. Perkins, *A Golden Chaine* (1591), sig. H1ᵛ; *The Workes of... Gervase Babington* (1622), iii, p. 28; J. Dod and R. Cleaver, *A Plaine and Familiar Exposition of the Ten Commandments* (18th edn, 1632), p. 97; above, p. 59.

6. *Miscellaneous Writings and Letters of Thomas Cranmer*, ed. J. E. Cox

(Cambridge, P.S., 1846), pp. 281—282, 461.

7. 21 Jac. 1, C. 20 ; *Acts and Ordinances of the Interregnum, 1642—1660*, ed. C. H. Firth and R. S. Rait (1911), ii, pp. 393—396.

8. Heywood, *Diaries*, ii, p. 295.

9. *C.S.P.D., 1635*, p. 287 ; *Shropshire County Records*, vi, ed. L. J. Lee (1901?), p. 5.

10. H. I (saacson), *Institutiones Piae or Directions to Pray* (1630), pp. 345, 347—349.

11. Frere and Kennedy, *Articles and Injunctions*, ii, p. 55 n ; iii, pp. 254—255, 278, 304.

12. *English Orders for Consecrating Churches*, ed. J. W. Legg (Henry Bradshaw Soc., 1911), p. 310.

13. *C.S.P.D., 1591—1594*, pp. 75—76, above, p. 158.

14. *C.S.P.D., 1611—1618*, p. 609 ; F. G (lanvile) et al., *The Tavistocke Naboth proved Nabal* (1658), p. 15.

15. E.g., A. G. Matthews, *Walker Revised* (Oxford, 1948), pp. 264, 295, 336, 337.

16. L. Muggleton, *The Neck of the Quakers Broken* (Amsterdam, 1663), pp. 18, 20 ; id., *The Acts of the Witnesses* (1699), pp. 22, 119—120, 49—51, 53—55, 61—63 ; *A Journal of the Life of... John Gratton* (1720), pp. 25, 74 ; *D.N.B.*, "Robins, J.".

17. See e.g., F. Nicholson and E. Axon, *The Older Nonconformity in Kendal* (Kendal, 1915), p. 48 ; and above, p. 127.

18. C. B (urges), *No Sacrilege nor Sinne to aliene or purchase the Lands of the Bishops* (2nd edn, 1659), p. 174 ; S. Clarke, *A Mirrour or Looking-Glass, both for Saints and Sinners* (4th edn, 1671), i, p. 134.

19. Above, pp. 112—118.

20. *The Life and Death of Thomas Tregosse* (1671), pp. 3—4.

21. *Holinshed's Chronicles of England, Scotland and Ireland* (1807—1808), iii, pp. 1024—1031.

22. S. T (aylor), *Common-Good: or, the Improvement of Commons, Forrests, and Chases by Inclosure* (1652), p. 38.

23. (L. Magalotti), *Travels of Cosmo the Third, Grand Duke of Tuscany*

第十六章 妖巫的诞生

through England（1821）, p. 335.

24. R. Whytforde, *A Werke for Housholders*（n.d., copy in Ashm. 1215）, sigs. Div^v—Ei; *The Autobiography of the Hon. Roger North*, ed. A. Jessopp（1887）, p. 2. 其他描述参见 R. W（illis）, *Mount Tabor*（1639）, p. 211; F. Peck, *Desiderata Curiosa*（1779）, p. 340; L. Claxton, *The Lost Sheep Found*（1660）, p. 5; *The Autobiography of Mrs Alice Thornton*, ed. C. Jackson（Surtees Soc., 1875）, p. 64; G. Firmin, *The Real Christian*（1670）, p. 268。清教徒的反对意见参见 *The Works of Robert Sanderson*, ed. W. Jacobson（Oxford, 1854）, ii, p. xxxv。

25. Whytforde, op. cit., sig. Ei^v; *Education in Early England*, ed. F. J. Furnivall（E.E.T.S., 1867）, p. 73.

26. J. Gaule, *Select Cases of Conscience touching Witches and Witchcrafts*（1646）, p. 185. Cf. W. Gouge, *Of Domesticall Duties*（3rd edn, 1634）, p. 456（"445"）（"上帝的诅咒确实常常紧跟家长的诅咒"）。

27. *Hereford City Records*, iii, f. 1404（日期只是一个大概的估算）。

28. Foxe, viii, p. 209.

29. Kittredge, *Witchcraft*, p. 132; *C.S.P.D., 1634—1645*, p. 377. 华兹华斯的诗歌 *Goody Blake and Harry Gill* 正是基于这个观点。

30. See e.g., P. Middelkoop, *Curse-Retribution-Enmity as Data in Natural Religion*, especially in Timor（Amsterdam, 1960）, pp. 62 ff.

31. W. Whately, *The Poore Mans Advocate*（1637）, pp. 70—71. Cf. *Exodus*, xxii, 22—23; *Deuteronomy*, x, 18; *Proverbs*, xxviii, 27.

32. J. Selden, *Table-Talk*（Temple Classics, n.d.）, pp. 1—2; *O.E.D.*, s.v."curse".

33. Cf. E. E. Stoll, in *Pubs. Modern Language AsSoc.*, xxii（1907）, p. 231.

34. Hereford D.R., C. B. 144; 69（多数记录未编页）。

35. Hereford D.R., C. B. 70; 76; 145; 141 f. 86^v; 71.

36. See e.g., Hereford D.R., C. B. 71; 75; *Hereford City Records*, iii, f. 1004.

37. Hertfordshire R.O., A.S. A., 7/7, f. 24.

38. Ely D. R., B 2/29, f. 139; *Hereford City Records*, iv, f. 1775.

39. "P. de Sandwich", "Some East Kent Parish History", *Home Counties Mag.*, ii（1900）, p. 131.

40. *Middlesex County Records*, ed. J. C. Jeaffreson（1886—1892）, iii, pp.

183—184。

41. W. P. Baildon in *Procs. of the Soc. of Antiquaries of London*, 2nd ser., xviii（1899—1900）, pp. 140—147; Kittredge, *Witchcraft*, pp. 132—133; W. Sikes, *British Goblins*（1880）, p. 355。

42. A. T. Bannister, "Visitation Returns of the Diocese of Hereford in 1397", *E.H.R.*, xlv（1930）, p. 98; Wells D.R., A 27. 关于中世纪的诅咒，参见 W. A. Pantin, *The English Church in the Fourteenth Century*（Cambridge, 1955）, p. 197。

43. *Sermons by Hugh Latimer*, ed. G. E. Corrie（Cambridge, P.S., 1844）, p. 345; J. W（agstaffe）, *The Question of Witchcraft Debated*（1669）, p. 64。

44. H. Arth（ington）, *Provision for the Poore*（1597）, sig. C2。

45. Borthwick, R. VI A 18, f. 221。

46. M. J. Field, *Search for Security*（1960）, pp. 202, 316. 菲尔德博士将其与她所谓的"类似普通吵架的攻击"做了对比（p. 208）。

47. R. Younge, *The Cause and Cure of Ignorance*（1648）, p. 89。

48. *York Civic Records*, ed. A. Raine（Yorks. Archaeol. Soc. 1939—1953）, iv, pp. 1—3; R. H. Tawney, *The Agrarian Problem in the Sixteenth Century*（1912）, p. 148; E. Skelton, *The Court of Star Chamber in the Reign of Elizabeth*（London M. A. thesis, 1931）, i, pp. 174—175。

49. *Southwell Act Books*, xxii, p. 130。

50. W. Camden, *The History of... Princess Elizabeth*（3rd edn, 1675）, p. 168。

51. E.g., *C.S.P.D., 1633—1634*, p. 409; *1639*, p. 190; *Middlesex County Records*, ed. Jeaffreson, iii, p. 92; Matthews, *Walker Revised*, p. 223; above, p. 602。

52. Hale, *Precedents*, p. 213。

53. Hereford D.R., C. B. 71（1616—1617）; Muggleton; *The Acts of the Witnesses*, pp. 49—51。

54. J. Illingworth, *A Just Narrative*（1678）, p. 5（in S. Ford, *A Discourse Concerning Gods Judgments*[1678]）。

55. W. B. Cannon, "Voodoo Death", *American Anthropologist*, new ser. xliv（1942）; E. E. Thompson, "Primitive African Medical Lore and Witchcraft", *Bull. of the Medical Library Assoc.*, liii（1965）. 一位妇女在由伏都教诅咒导致的"严

重的恐惧和出汗"之后死于美国巴尔的摩市的案例见诸 1966 年 11 月 18 日的《泰晤士报》。

56. Ely D. R., B 2/34, f. 12ᵛ; Hereford D.R., C. B. 71.

57. Kittredge, *Witchcraft*, pp. 130—131.

58. R. Kilby, *The Burthen of a Loaden Conscience*（6th edn, Cambridge, 1616）, p. 48.

59. Wells D.R., A 27. 1611 年一例类似案例参见 Ewen, ii, p. 394。

60. S. Bradwell, "Marie Glover's late woefull case"（Sloane 831）, ff. 3, 33.

61. Ewen, ii, pp. 306—307.

62. Cooper, *Mystery*, p. 275; Scot, *Discoverie*, I. iii; *The Presbyterian Movement in the Reign of Queen Elizabeth*, ed. R.G. Usher（Camden ser., 1905）, p. 70; Perkins, *Discourse*, p. 202; Bernard, *Guide*, pp. 204—205.

63. Cooper, *Mystery*, pp. 208—209.

64. Ashm. 1730, f. 164ᵛ.

65. *Act Book of the Ecclesiastical Court of Whalley*, ed. A. M. Cooke（Chetham Soc., 1901）, p. 67; Kittredge, *Witchcraft*, p. 129.

66. *The Injunctions and other Ecclesiastical Proceedings of Richard Barnes*, ed. J. Raine（Surtees Soc., 1850）, p. 17; Ewen, ii, p. 292.

67. A. Hussey, "Visitations of the Archdeacons of Canterbury", *Archaeologia Cantiana*, xxvi（1904）, p. 40.

68. Kittredge, *Witchcraft*, pp. 73—86 and 139 该书中给出的事例能够得到许多材料的补充。

69. 对于 Kittredge, *Witchcraft*, pp. 86—90 的例子,也许还应增加以下例子: Ewen, ii, p. 449（推测是 1581 年; see *A.P.C.*, xiii, p. 80）;（R. Cosin）, *Conspiracie, for Pretended Reformation*（1592）, sig. K1ᵛ。Cf. R. C. Strong, *Portraits of Queen Elizabeth I*（Oxford 1963）, p. 40.

70. W. H. Hart, "Observations on Some Documents relating to Magic in the Reign of Queen Elizabeth", *Archaeologia*, xl（1866）, pp. 395—396; Kittredge, *Witchcraft*, pp. 89, 419—420.

71. *C.S.P.D., 1581—1590*, p. 391. Cf. below, p. 667.

72. Ewen, ii, p. 153. Cf. ibid., pp. 79—80, and index, *s.v.* "puppet".

73. *The Wonderful Discoverie of the Witchcrafts of Margaret and Phillip Flower*（1619）, sig. E1ᵛ; E. Bower, *Doctor Lamb revived*（1653）, p. 8.

74. 一个不错的例子,参见 M. Aston, "A Kent Approver of 1440", *Bull. of Inst. of Hist. Research*, xxxvi（1963）。Cf. below, p. 274.

75. *Hereford City Records*, ix, f. 3547.

76. M. A. Murray, *The Witch-Cult in Western Europe*（Oxford, 1921）and *The God of the Witches*（1931）（quotations on pp. 34 and 54）; J. Grimm, *Teutonic Mythology*（4th edn, trans. and ed. J. S. Stallybrass, 1883）, iii, chap. xxxiv. 默里小姐的观点早就在以下两篇文章中有所概述了, in *Folk-Lore*: "Organizations of Witches in Great Britain", xxviii（1917）, and "Witches and the Number Thirteen", xxxi（1920）。其理论的拥趸包括乔治·克拉克爵士（*The Seventeenth Century*[2nd edn, Oxford, 1947], p. 246）;史蒂文·朗西曼爵士（foreword to reprint of *The Witch-Cult in Western Europe*[Oxford, 1962]）;以及克里斯托弗·希尔博士（*History*, xxxiv[1949], p. 138; *Society and Puritanism in Pre-Revolutionary England*（1964）, pp. 187, n. 4, 486; *History and Theory*, vi（1967）, p. 121）。希尔博士现在已然默默地放弃了这一观念。Cf. the revised edition of his *Reformation to Industrial Revolution*（Harmondsworth, 1969）, pp. 115—118, with the first edition（1967）, pp. 89—90.

77. Cf. M. A. Murray, *The Divine King in England*（1954）, pp. 253—254. 关于"聚会"的谈论会因为以下文献而站不住脚: Ewen, ii, pp. 59—60。默里小姐的历史学方法的不足在很久以前就被下书详尽指出了: G. L. Burr（*American Hist. Rev.*, xxvii[1921—1922], pp. 780—783; ibid., xl[1934—1935], pp. 491—492; Preface to Lea, *Materials*, pp. xxxviii—xxxix）。基特里奇正确地选择忽视她的作品,虽然他展示了自己与她的分歧,并指出了一些细节性的错误（*Witchcraft*, pp. 275, 421, 565）。尤恩在其书中郑重地回复了她,其态度刻薄到令人难以想象, *Some Witchcraft Criticisms*（1938）。默里小姐在自传中说,她不愿再重新阅读自己的著作; *My First Hundred Years*（1963）, p. 103。

78. 尤其参见下书中的评论: E. Delcambre, *Le Concept de la sorcellerie dans le Duché de Lorraine au XVIe et au XVIIe siècles*（Nancy, 1948—1951）, i, pp. 19, 129—131; iii, p. 226。与心思缜密的历史学家 E. 勒华拉杜里对指控和忏悔的完全接受形成了鲜明的对比（*Les Paysans de Languedoc*[Paris, 1966], pp. 407—414）, and also H. G. Koenigsberger and G. L. Mosse, *Europe in the Sixteenth Century*（1968）, p. 91。

79. *Witchcraft and Sorcery in East Africa*, ed. J. Middleton and E. H. Winter

(1963), pp. 62—63, 171—172.

80. J. R. Crawford, *Witchcraft and Sorcery in Rhodesia* (1967), p. 65; Field, *Search for Security*, pp. 149 ff.

81. Ewen, ii, p. 315; Murray, *The Witch-Cult in Western Europe*, pp. 220—221, 229, 252. 关于沼泽，参见 Lilly, *Autobiography*, pp. 121—122; and below, p. 760。

82. Scot, *Discoverie*, II. xii; III. vii—xiii, xvi, xviii; Ady, pp. 124—127; J. Webster, *The Displaying of Supposed Witchcraft* (1677), pp. 66—71. 斯皮的评论总结于下书中：Lea, *Materials*, pp. 697—726。

83. T. Fuller, *The Church History of Britain* (1837), ii, p. 215. 关于暴力的使用，参见 Robbins, *Encyclopedia*, pp. 103—104, 509; Notestein, *Witchcraft*, p. 77; Ewen, ii, pp. 123—124。

84. H. G（oodcole）, *The Wonderful Discoverie of Elizabeth Sawyer a Witch* (1621), sigs. C1, B4.

85. E.g., Ewen, ii, pp. 122, 156, 157, 206, 267.

86. J. Cotta, *The Infallible True and Assured Witch* (1624), p. 102. 关于类似的评论，参见 Potts, sig. R4。

87. Ewen, ii, p. 256.

88. E.g., Perkins, *Discourse*, p. 204; Cooper, *Mystery*, p. 276.

89. Ewen, ii, p. 127（L. C. J. Anderson, 1602）.

90. *Malleus*, II. i. 2.

91. M. Hopkins, *The Discovery of Witches*, ed. M. Summers (1928), p. 56（Meggs）; Robbins, *Encyclopedia*, p. 104（Fenderlyn）.

92. *The Life of William Cavendish, Duke of Newcastle*, ed. C. H. Firth (1886), p. 198.

93. Field, *Search for Security*, pp. 36—39, cf. J. Caro Baroja, *The World of Witches*, trans. N. Glendinning (1964), pp. 250—251.

94. Cooper, *Mystery*, p. 128; *County Folk-Lore*, I（Folk-Lore Soc., 1895）, ii, pp. 186—187; iii, p. 52; M. Douglas, *The Lele of Kasai* (1963), p. 249; id., in *Witchcraft and Sorcery in East Africa*, ed. Middleton and Winter, pp. 133—135.

95.（James VI）, *Daemonologie*（Edinburgh, 1597）, pp. 43—44; A. Roberts, *A Treatise of Witchcraft* (1616), p. 40; Ewen, i, pp. 102—108. 当时有两位著名的反对者，其一是温莎的教士约翰·钱伯，他在其《对占星鬼神学的驳

斥》(1604)中提出了反对意见，试图"证明巫术或是魔术的罪责不应该更多地落到女人头上"(Bodl., Savile MS 42, f. 131ᵛ)，其二是怀疑论者托马斯·艾迪，他指出《旧约》中的妖巫通常都是男性(Ady, p. 36)。

96. Scot, *Discoverie*, I, iii ; Bernard, *Guide*, p. 155 ; *The Sermons of John Donne*, ed. G. R. Potter and E. M. Simpson (Berkeley and Los Angeles, 1953—1962), i, p. 159 ; Ewen, i, p. 39.

97. Bedfordshire R.O., H.S.A., Winter 1667/54 (i). See in general, Ewen, ii, index, *s.v.* "Devil ; promises of".

98. Ewen, i, p. 299.

99. E.g., Ewen, ii, pp. 294, 296, 297, 298.

100. Cooper, *Mystery*, p. 69 ; J. Stearne, *A Confirmation and Discovery of Witchcraft* (1648), p. 5. 关于魔鬼成为性替代品，参见 Ewen, i, pp. 224, 300。

101. Ewen, i, pp. 306, 297. Cf. above, p. 565.

102. Ewen, ii, pp. 284, 296, 295.

103. Ewen, i, p. 313.

104. E. Rogers, *Some Account of the Life and Opinions of a Fifth-Monarchy-Man* (1867), p. 19. Cf. above, pp. 565—566.

105. H. R. Trevor-Roper, *The European Witch-Craze of the 16th and 17th Centuries* (Harmondsworth, 1969), p. 52. Cf. G. Lienhardt, "Some Notions of Witchcraft among the Dinka", *Africa* xxi (1951), pp. 317—318.

106. N. Homes, *Daemonologie* (1650), pp. 34—35.

107. G. Gifford, *A Discourse of the Subtill Practises of Devilles* (1587), sig. G1ᵛ.

108. Hale, *Precedents*, p. 254.

109. *The Poetical Works of Robert Herrick*, ed. L. C. Martin(Oxford, 1956), p. 266.

110. Scot, *Discoverie*, I. iii ; Bedfordshire R.O., H.S.A., Winter 1667/52 (i). Cf. *The Life of William Cavendish*, *Duke of Newcastle*, ed. Firth, p. 198.

111. *The Sermons of John Donne*, ed. Potter and Simpson, ix, p. 323 ; T. Hobbes, *Leviathan* (1651), chap. 2 ; Selden, *Table-Talk*, p. 150. 德莱顿也表达过同样的观点, *An Essay of Dramatic Poesy* (1668), in *Dramatic Essays* [Everyman edn, n.d.], p. 7。Cf. Scot, *Discoverie*, Epistle to Sir Roger Manwood (sig. Aiiij in 1584 edn)。

第十六章 妖巫的诞生

112. E.g., Ewen, ii, pp. 238, 294, 308—309；R. H. West, *The Invisible World. A Study of Pneumatology in Elizabethan Drama*（Athens, Ga, 1939）, pp. 95—96.

113. Ewen, ii, p. 345；Ewen, i, p. 320.

114. Hale, *Precedents*, pp. 36—37（also quoted above, p. 200）。关于对有嫌疑妖巫表现出宗教怀疑、愚昧和冷漠的其他例子，参见 Ewen, i, p. 309；Ewen, ii, p. 231；（R. Galis）, *The Horrible Acts of Elizabeth Style*（?）（copy in Bodl., G. Berks 1, lacking t. -p.）（1579）, sig. Bii^v。

115. Ewen, ii, p. 441.

116. *The Examination of John Walsh*（1566）, sig. Avij^v；Ewen, i, pp. 317—324；Notestein, *Witchcraft*, pp. 160—162.

117. J. R. Ackerley, *My Father and Myself*（1968）, p. 174.

118. 关于部分为人所知的事例，see above, p. 529, n. 27。托马斯·霍普的案例也十分有趣，1638 年，兰开夏郡阿斯普尔的一位术士宣称，附近有十几个妖巫，而艾格尼丝·亨特是"Platt-fold"的首领（Lancashire R.O., QSB 1/02/89）。我没有弄清楚这个说法的含义。

119. 除了伯克夏郡的"无赖"在 1603 年声称曾在黑灯瞎火的羊圈里跳舞（Ewen, ii, p. 57），还要比较在以下资料中提及的每周宗教盛会的案例：*Tudor Economic Documents*, ed. R.H. Tawney and E. Power（1924）, ii, p. 345；以及下书中的各种案例：C. Bridenbaugh, *Vexed and Troubled Englishmen*（Oxford, 1968）, p. 387；以及下书中描述的著名的晚间一幕：M. Prestwich, *Cranfield*（Oxford, 1966）, p. 529。关于挤别人奶牛的奶的流浪汉的例子参见 *Middlesex County Records. Calendar of Session Rolls, Sessions Registers and Gaol Delivery Registers for July to 1 October, 10 James 1*（1933）, p. 45。

120. E.g., Ewen, ii, pp. 312, 343；Bedfordshire R.O., H.S.A., Winter 1667/51（2）.

121. *The Witch of Edmonton*（1621）, ii. i（据称是"威廉·罗利、托马斯·德克尔、约翰·福德等人"）。

122. *H.M.C., 11th Report*, appx, pt. vii, p. 148.

123. 关于惯常的娱乐活动和它们的功能，see e.g., Aubrey, *Gentilisme*, p. 5；*Shropshire Folk-Lore*, ed. C. S. Burne（1883—1886）, pp. 341—342；A. C. Chibnall, *Sherington*（Cambridge, 1965）, p. 1；Hill, *Society and Puritanism in Pre-revolutionary England*, p. 192；F. D. Price in *Oxoniensia*, xxix—xxx（1964—

1965), pp. 203—204。

124. E.g., Bodl., Oxford Diocesan Papers, C. 27, f. 239b (adultery, 1637); Leicester City Museum, 1. D. 4/4/590. 关于对偷听者的审判,参见 J. P. Dawson, *A History of Lay Judges* (Cambridge, Mass, 1960), p. 270, n. 212。

125. 关于邻居爱打听的癖好的典型事例可参见 Wells D.R., A 27; Ely D.R., B 2/13, f. 20^v; Bodl., Oxford Archdeaconry Papers, Berks. b 14, f. 122; Borthwick, R. VI. A 18, f. 38^v。

126. 引自威廉·托马斯对威尼斯16世纪居民享有的隐私的评论:"没人会评价他人的所作所为,或者……干涉他人的生活……没人会问你为什么不去教堂……结婚或者不结婚,他人都无权置喙。任何时日都可以在自家吃肉,没有任何关系。其他任何事务也是如此,你不侵犯他人的隐私,他人也不侵犯你,大约这就是为什么许多外人都被吸引去那里。" *The History of Italy* (1549), ed. G. B. Parks (Ithaca, New York, 1963), p. 83.

127. J. Beattie, *Bunyoro, An African Kingdom* (New York, 1960), p. 61.

128. "Diary of the Journey of Philip Julius, Duke of Stettin-Pomerania, through England in the year 1602", *T.R.H.S.*, new ser., vi (1892), p. 65.

129. 关于这个主题的细节讨论,参见 E. P. Thompson, "Le Charivari anglais", *Annales (économies, sociétés, civilisations)*, 27e année (1972)。

130. H. Conset, *The Practice of the Spiritual or Ecclesiastical Courts* (2nd edn, 1700), p. 391. 一位主教提醒说,人对自己的名声都负有责任,即便是枉受的名声,关于这个观点参见(W. Fleetwood), *The Bishop of ST. Asaph's Charge to the Clergy of that Diocese in 1710* (1712), p. 42。

131. *The Tryal of Sir Tho. Gascoyne* (1680), p. 5; Sir W. S. Holdsworth, *A History of English Law*, i (3rd edn, 1922), pp. 333, 336.

132. 这个主题的语义学意义讨论参见 J. W. Spargo, *Juridical Folklore in England Illustrated by the Cucking-Stool* (Durham, N. Carolina, 1944), 关于器械构造(附有配图)参见 T. N. Brushfield in *Journ. Architectl, Archaeol., and Hist. Soc. for Chester*, ii (1855—1862)。

133. 这些规则(全部出自16世纪晚期和17世纪早期)出自 Gloucester D.R., 125, f. 279; Ely D.R., D 2/8, f. 89^v; Gloucester D.R., 40, f. 151^v; Hereford D.R., C. B. 64; Borthwick, R. VI A 18, f. 114; Ely D.R., B 2/36, f. 217^v; Gloucester D.R., 20, p. 34; Ely D.R., B 2/24, f. 142^v; ibid., B 2/30, ff. 64^v—65, 70; ibid., B 2/32, f. 70; Hereford D.R., C. B. 145; Ely D.R., B 2/18, f. 67; Hereford D.R., C. B. 71。

第十六章 妖巫的诞生

134. Scot, *Discoverie*, II. x ; Spargo, *Juridical Folklore in England*, p. 100.

135. Lancashire R.O., QSB/15½1 ; 165/12.

136. *H.M.C., Various Collections*, i, p. 127 ; *The Oxinden Letters, 1607—1642*, ed. D. Gardiner（1933）, p. 220.

137. Lancashire R.O., QSP/268/6 ; Norwich D.R., DEP 56（Bell. *c.* Norton *et al*）.

138. Ewen, *Star Chamber*, pp. 18—19.

139. *Witches Apprehended, Examined and Executed*（1613）, sig. C2^v.

140. *Hertford County Records*, i, ed. W. J. Hardy（1905）, p. 137.

141. *Records of the County of Wilts.*, ed. B. H. Cunnington（Devizes, 1932）, pp. 155—156 ; Ewen, i, pp. 30—31 ; Ewen, ii, pp. 190—193 ; *York Depositions*, p. 96.

142. Cf. M. Gluckman, *Politics, Law and Ritual in Tribal Society*（Oxford, 1965）, p. 220.

143. *Hereford City Records*, ii, ff. 705, 899, 1027.

144. Kittredge, *Witchcraft*, p. 155 ; *The Official Papers of Sir Nathaniel Bacon*, ed. H. W. Saunders（Camden ser., 1915）, pp. 31—33.

145. *Quarter Sessions Records... for the County Palatine of Chester, 1559—1760*, ed. J. H. E. Bennett and J. C. Dewhurst（Rec. Soc.of Lancs. and Cheshire, 1940）, p. 75 ; Kittredge, *Witchcraft*, p. 130 ; *Diary of John Rous*, ed. M. A. E. Green（Camden Soc., 1856）, p. 61 ; *Survey of London*, xxxiii, ed. F. H. W. Sheppard（1966）, p. 25.

146. *York Depositions*, pp. 237—238.

147. Heywood, *Diaries*, ii, p. 270.

148. Spargo, *Juridical Folklore in England*, pp. 7—8.

149. Ewen, ii, pp. 362—363 ; above, p. 635. 关于其他受指控的妖巫纵火事例参见 Ewen, ii, pp. 194, 302 ; Ewen, i, pp. 145, 250。Cf. below, p. 668.

150. By F. A. Inderwick（*Side-Lights on the Stuarts*［1888］, pp. 174—175）, 他通过研究1670年至1712年间西部巡回法庭的记录得出了他的结论。

151. J. Brayne, *The New Earth*（1653）, p. 73.

第十七章

妖术及其社会环境

周济贫穷的,不至缺乏;佯为不见的,必多受诅咒。

《箴言篇》(28:27)

我卖苹果时,有个孩子从我这拿了一个,而他的母亲却从他手中拿走了苹果;这事令我很气恼,但那孩子却死于天花。

登普伦斯·劳埃德因施行妖术而被处决前所做的供述,《反对三妖巫的真实且公正的叙述》(1682),第39页

一 妖巫信仰的功用

我们现在已经看到,妖巫信仰受到了当时宗教教谕的鼓励,这种教谕强调了魔鬼的威力以及他所攻击的那些人的孤立无援。我们还看到,在社会的弱小和无望的成员中存在着实施超自然报复的强烈愿望,他们常常毫不掩饰自己的怨恨之意。但是,没有理由认为一切被控施行妖术的人都在思想上与魔鬼结盟,或者都曾威胁和诅咒过其仇敌。因此,我们最后的任务是要了解,为什么另一些人认为他们有这样的罪行。为了回答这个问题,我们必须分析妖术指

第十七章 妖术及其社会环境

控得以产生的社会环境。

对于技术上十分落后于我们的社会来说,妖术信仰的巨大吸引力是不难理解的。它作为一种方法来说明日常生活中本来无法解释的不幸。出乎意料的灾祸,例如孩子的暴卒、奶牛的丢失、一些日常家务活计的差错,如果没有更为明显的解释,那么一切都可以归咎于某个恶毒邻居的影响。实际上,没有一种私人灾殃不可以归罪于妖术,有时候,受伤害的清单可能是极其驳杂的。例如,1652 年,梅德斯通的一帮妖巫被控对下列事件负责:9 名儿童和 2 个成人的死亡,价值 500 镑的牲畜的失踪,以及装有大量谷物的一只船舶的失事。[1]

超自然的解释在医务领域特别具有吸引力,在那里,人们面对形形色色的意外事故而表现出来的无能为力是最明显的。例如,对于我们今天归因于癌症和心脏病的突发死亡,当然不会有令人满意的解释,而细菌理论的缺乏又使得许多种传染病的发作变得完全不可理解。既然没有自然的解释,人们就转向了超自然的解释。一位医生在 1735 年写道:

> 普通人民在不能洞察其身体病痛的原因时,就过分地倾向于把它们归因于上层的无形力量的影响和作用,用他们的话来说,就是被邪恶的话语控制了,或者受到了某种恶毒眼光的伤害,他们把自己的疾病归罪于降神术或妖术,并喜欢用符文、咒语或反巫术的处方来治疗。[2]

于是,人们长久地倾向于将各种各样的死亡、疾病、身心痛苦归因于妖术,而这在今天则根本不会引起知识上的问题。风湿病、关节炎、中风、结核病都可以从 17 世纪所谓的妖巫受害者的疾病症状中分辨出来。例如,今天的医生可以毫无困难地诊断罗杰·博伊登的病例,他在打谷时"突然跌倒在地,成了跛子,右臂和左脚都残废了,一直到死";还有其女儿卢斯·博伊登,她"尽管狼吞虎咽地超量进食,但仍然骨瘦如柴,憔悴而死"。前者显然是中风;后者则可能是癌或者急性肺痨病。但是,1605年,玛格丽特·科顿依然被控用妖术导致了这两人的死亡。这种判断确确实实迎合了感情上的需要。[3]如威德林顿夫人在1652年听说一场重病压垮了亚历山大·尼克尔的女儿时所认为的那样:"她不相信这个孩子得了任何病……除非她是被蛊惑了。"[4]

世俗人就从这样的解释中得到了知识上的某种满足。妖巫信仰还有助于掩盖当时医务工作者的不足之处。托马斯·艾迪写道:

> 很少有任何男人或女子去医生那儿医治疾病,他们只问一个问题:"先生,你认为患者是受了恶意触摸之害还是恶毒言语之害?"或者,更坦率的是:"先生,你认为患者是被蛊惑的吗?"对于这种问题,许多庸医就会回答:"是的,确实如此。"这样回答是因为"恶业和蛊惑掩盖了无知",这是医生无知的一件大披风。当他找不到疾病的自然原因时,他就说是受了蛊惑。

这番描写显然惟妙惟肖。我们不乏详细记载的例子证明当时的医生暗示或肯定了妖术的诊断。[5]虽然有些权威认为妖巫能够引起自然疾病,[6]但是更为通常的看法是:如果没有任何可以识别的自然病因,那么就表明了是妖术。即使全国最高学术团体伦敦的皇家医学院偶尔也准备赞成妖巫信仰——如果看不到其他的病因解释的话。例如,1623年在约翰·帕克的病例中,医学院便不排除妖术的可能性,只是判道:"从患者症状的古怪性来看,有这种可能。"[7]较早的1602年,医学院在伊丽莎白·杰克逊的著名诉讼案上出现了分歧,杰克逊被控使用妖术导致14岁的玛丽·格洛弗惊厥。这次审判中引人注目之处是约翰·阿金特和爱德华·乔登的辩护,他们满足于认为惊厥具有自然原因。但是,最后起诉还是成功了,它至少得到

第十七章 妖术及其社会环境

了医学院中另外三个成员所提供的证据的支持,其中包括此后连任7届会长的托马斯·蒙德福德。[8]

于是,人们就普遍地认为,博学医生无法识别病因便是施行妖术的有力证明。迈克尔·多尔顿在他的大众手册中指导治安推事道,妖术的第一个标志是"一个健康的人突然患病……看不出有任何道理或自然原因"。[9]而判断者则应该是医生。即使在社会的最高阶层,在拥有最佳医疗条件的地方,也可以随便指控妖术。1594年,德比郡伯爵之暴卒最初便归咎于图形巫术;1619年有两个妖巫嫌疑者被处死,罪名是杀害拉特兰伯爵的长子,并使其家庭中的其他成员遭受病痛。1621年,塔苏的优秀翻译家爱德华·费尔法克斯指控6个妇女蛊惑他的女儿们。其他的妖术或邪恶巫术的假想受害者还包括:布里奇沃特的伯爵夫人、珀贝克勋爵、约翰·华盛顿爵士、詹宁斯小姐和温泽勋爵。[10]

如果中世纪的医学知识无法很好地诊断人类的疾病,那么它在遇到牲畜疾病时其能力就更加有限了。尽管有专业的兽医,但兽医科学仍然相当粗浅。当然,农民也并非全然没有这方面的知识。17世纪前期的家畜学指导手册没有谈及超自然的疾病;[11]当1600年尼古拉斯·斯托克戴尔被控蛊惑约翰·里彻斯的羊时,诺福克的陪审团很快开释了他,陪审团判决这些牲畜是因为被不明智地放到一块新收割的大麦残茬田里,吃得过饱而导致的疾病。[12]但是如有较不常见的情况则仍然归咎于妖术。例如,在一个农夫的畜群中传播的瘟疫并未感染到另一个人的畜群中,或者出现令人迷惑不解之症状的疾病,如南安普敦郡的一个制革工的猪在1589年突然发病,"以极古怪的方式蹦跳腾跃,仿佛遭了蛊惑一般"。[13]

我们从中不难看出,对于妖术的信仰有着其有用的功能,它可以在没有其他原因显露出来的情况下为遭难者的灾殃提供一个解释。它弥补了当时技术上,尤其是医学技术上的不足之处。然而,它绝对没有填补当时的空白,因为妖术习惯上只被用来解释某些情况而不解释另一些情况。例如，极难得把妖术作为原因来解释商业或工业上的失误，也很少用来解释恶劣的气候和性无能，这在欧洲大陆上很常见。可能是残存的证据所造成的错觉。法庭上所做的指控是根据英格兰法规所强调的杀伤人畜的专门罪行而确定的。例如，在埃塞克斯郡，全部控告中70%涉及人的死亡或疾病，其他控告中的大部分则涉及牲畜的伤害。当然，与之相应的有关审讯背景的小册子中，也有指责妖巫造成了轻微的灾殃，虽然这些并未构成对其进行司法起诉的基础。[14] 我们很难知道法庭在选择证据时到底有多大的挑选余地，但是有一个印象则是肯定的，即关于妖术的解释理论有其程式化的特征。这种理解不能无限地扩大以说明任何不幸，但是它在解释习惯上认为应由妖巫负责的那些灾祸时则是很有用的。

我们还必须认识到，有时候遭难者或者蓄意或者无意地撇开可以适用的自然解释，而寻求超自然的解释。对于那些由于个人的疏忽或无能造成的灾祸来说，将责任推给其仇敌的邪恶行径和巫术本领的做法则更具有魅力。亨利八世在审判安妮·博林时说，他在最初之所以被她吸引住，是因为她施行妖术诱惑了他。[15] 处于类似情况的地位较低的人也求助于这种假设。詹姆斯一世时期，萨塞克斯的第五代伯爵为了一个情人而遗弃其妻子后，伯爵夫人的朋友们便力图证明，是邪恶巫术使她未能保持其丈夫的爱情。1619年，一位贵妇人在发现其女儿与一个确确实实的庄稼汉私奔后，除了将小伙子的父亲以重罪处死外，还把这一"下嫁"归咎于"魔鬼的邪术"。[16] 这就是妖术的所谓"挽回面子"的功能。[17]

这种得到魔鬼帮助的指控被那些在对手面前遭到挫折的不成功的政客们随意地发展了，从红衣主教沃尔西一直到奥里弗·克伦威尔，前者被认为受到了亨利八世的蛊惑，后者则据知曾在伍斯特之战的前夕与魔鬼签订了条约。[18] 其他种种失败也被不成功者归咎于妖术，他们很自然地更愿意相信其对手是作了弊，而不愿意承认

第十七章 妖术及其社会环境

自己败在一场公正的决斗中。在原始社会里,这样的妖巫信仰成了技术进步的重大阻力,它打击了效率和革新的积极性。部落社会中跑在前头的人很容易招惹其邻人的猜忌。例如,在北罗德西亚(现名赞比亚)的本巴人中间,据说在树林里找到一窝有蜜的蜂是好运气;找到两窝是极佳运气;而找到三窝的则是妖术。在这种环境中,妖巫信仰有助于维持低级的平均主义。它们是一股保守力量,用以抵制过分的个人努力。同样地,12世纪的英格兰编年史家马姆斯伯里的威廉抱怨道,普通人民贬低一切领域的优秀事物,把这归因于魔鬼的帮助。[19]

但很少有证据表明,妖巫信仰在16世纪和17世纪的英格兰也有着这种平均主义的作用,当时英格兰商业生活已呈公开竞争性,领先的欲望也越来越多地被人接受。在都铎王朝时期,机械技术上的独创性往往被归因于邪术,玛丽统治时期的一个例子是:一名弓箭手因为射术过好而以妖术罪被捕。[20] 但是很少见到——虽然并非没有——将商业对手的成功解释成是其巫术的威力。[21]16世纪,妖术就像隐藏的财宝一样,偶尔被用来暗示特别明显的社会可变性事例的原因,这种社会可变性是当时人们完全无法调节的。据说约克郡布里格纳有个名叫詹姆斯·菲利普的人曾为博尔顿的斯克罗普的第八代勋爵(卒于1549年)施行魔术,"使他获得大量土地和财产,因而从一个自由民的地位上升到了几乎可称绅士的身份,与其说他身份提高了,还不如说他更富裕了"。这个故事的隐含意义有助于解释报答并不始终与其德行成比例的原因,但是这种情况似乎并不常见。在英格兰,妖术是用来解释失败而不是解释成功的。雷金纳德·斯科特写道:"我认为他们的蛊惑是要使蜡突然少产,而不是使之迅速增多。"[22]

有时候军事领域的灾难也卸责于敌方的妖术。15世纪英格兰在法国的失败便归因于贞德的邪术,甚至在查理二世在位期间,康沃尔郡的一个妖巫还被人指责应该对约克公爵未能在海上战胜荷兰人负责。²³ 内战期间,当瓦尔杜城堡突然抵抗住保王派的进攻时,围城者便将这出乎意料的抵抗归咎于守军中的一个清教布道师罗伯特·鲍尔森的妖术。²⁴ 传闻詹姆斯二世有顶巫术帽,能够揭示阴谋反对他的人的身份;还有一个罗马天主教的降神士,他能够控制风,从而沉掉了荷兰威廉一世的舰队。²⁵

然而,许多这样的指控要么是虚假的,要么是自欺的产物。伊丽莎白时代肯特郡布伦奇利的神甫在举行圣礼时一直嗓子发哑,他把这归咎于教区居民中有人在施行邪术,但是较聪明的听众则不相信,他们怀疑他得了法国花柳病,即梅毒。²⁶ 船长们也同样地用妖术来解释他们所指挥的船只的失事或被掳。²⁷ 许多指控也来自设法为自己的玩忽职守寻找借口的仆人和儿童,如1634年兰开夏郡的二十妖巫案那样,她们的麻烦源于一个名叫埃德蒙·鲁宾逊的男孩所编造的离奇故事,他旨在免挨父亲一顿鞭打,因为他贪玩而未将牲畜赶回家。²⁸ 1582年,母牛踢翻了爱丽丝·巴克斯特的牛奶桶,因此失去了一早晨所挤的牛奶,她便奔到东家那里解释道,那只畜牲被一个恶鬼吓坏了。²⁹ 谢尔登注意到,"一个乡下女工只要做不成黄油,她就说她的搅乳桶里有妖巫"。今天非洲的妖术仍然在为失误提供可以接受的借口,并且可以用来说明各种各样的失败:不育、阳痿以及没能通过测试。³⁰

所以,对于妖巫指控的研究就复杂化了,因为存在着许多将妖巫信仰用于自私目的(往往是明显欺诈性的)的案例。有时候,其主要目的是要除掉被控者,以免她揭露出某种犯罪秘密;如琼·彼得森便是在1652年被控告成功而处决的,那些人要阻止她暗示他们参与了一件阴谋案。³¹ 有时候的告发则来自家庭纠纷;在詹姆斯一世统治时期,托马斯·梅斯沃尔德娶了安妮·利,从而违背了她的三个姊妹的愿望,于是这个三人小组就密谋用妖术罪诬陷他。³² 像这样的欺骗性告发有时候会被法庭发现,也有一些未被侦查出来。但是,必须把这些例子看成基本上是妖巫信仰的寄生物,而绝不是

第十七章 妖术及其社会环境

妖巫信仰的原因。它们体现了一些有趣的病态问题,不过我们在此将忽略不计。

如果没有先前真正的妖术控告,就绝不会有此后虚假的妖术告发。许多人利用其同时代人的轻信而谋取利益,但是这并不能解释这一信仰之最初的存在。即使年轻的骗子威廉·佩里("比尔森的男孩")受不服从国教的天主教士唆使而假装着魔,他也承认之所以挑选了简·科克斯作为"蛊惑"他的人,是因为她已经是"一个遭人厌恶和涉嫌这类事情的女人了"。[33]埃德蒙·鲁宾逊在1634年也以当地的一个饶舌者为对象编造了他的故事。许多私人的宿怨就在妖术告发的幌子下得以报复了,举个同样性质的例子,犹如在玛丽时代迫害新教异端一样,当时的受害者往往被邻居和"朋友"所指控。[34]但是这并不能解释新教徒(或妖巫)在最初遭迫害的原因。

那么,为什么一个完全诚实的人也会倾向于用其邻人的玄秘恶意来解释他的不幸呢?到目前为止,人们认为是因为在直接的自然原因没有显露的情况下,他只能这样做。但是,妖术并不是可以适用的唯一替代解释。如果一个人遭受了意想不到的挫折,他可以寻求星体方面的占星术解释;他也可以指责恶灵或妖仙,他还可以反省自己是否忽略了什么仪式性的预防措施;或者,他也可以耸耸肩,只怨自己倒霉。在许多原始社会中,一切死亡——除了高龄者的死亡外——都被归因于妖术或远古神灵或某种类似的现象。但是在我们所讨论的这一时期中的英格兰,人们已经完全习惯于意外事故和飞来横祸的可能性了。[35]即使他们想指责某人,也不必利用妖术。他们可以指控其他的社会敌人,就像指控天主教徒那样,为他们编造其大量残暴的虚构故事。据说,天主教徒通过伪装渗入了国会派内部,从而挑起了内战。他们导致查理一世被处死,并伪装成平均主义者、贵格会教徒和其他革命者。他们是17世纪许多城市火灾的幕后策划者。他们也攻击个人。虔诚的世俗人威廉·布雷特格居住在利物浦附近的天主教徒中间,据说他的马匹和家畜有好几次

"被潜伏在附近的神学院的教士和不服从国教的天主教徒"在夜间杀死。[36]

在可供选择的一切灾祸解释中,最明显的是这样一种神学观点:上帝导致了灾难,或者用来惩罚罪人,或者用来考验信徒,或者出于另一种未知的但无疑是公正的目的。然而,这绝不是一个可以囫囵吞下去的令人舒适的说法。首先,它反映了一个人的罪过会被挑出来供上帝巡视,而这样做并不能给人带来安慰。按照肯特郡一个绅士亨利·奥克辛登的说法,正是因为不愿忍受上帝的纠正,才导致他们将其不幸归罪于邻人的妖术。布伦奇利的神甫正是因为不相信上帝会惩罚他,所以才将其儿子的疾病归咎于老玛格丽特·西蒙斯的妖术。斯科特讽刺地说,如果伊丽莎白时代的每个人都像约伯一样被上帝用这种方法对待,那么不知道要有多少妖巫会被处死呢![37]

关于灾祸之神学解释的最大难题在于这种诊断没有提供十拿九稳的消弭方法,这与占星术解释及其他解释的情况相同。一个人可以祈求上帝来解脱灾厄,但是没有成功的把握。而妖巫信仰则相反,其吸引力在于它明确地展现了神学家所无法展示的解脱前景。在将其灾殃人格化后,遭难者就能改善其处境。开初,他们可以使用传统的巫术预防法来保卫自己,防止进一步的攻击。这些预防法中最流行的一种是草药(马鞭草、莳萝、花楸),把它们挂在门槛的上方。还有其他的护身符,诸如马蹄铁,据说在17世纪伦敦西区的绝大部分人家都藏有马蹄铁。[38]即使妖巫已经发动攻击,也有大量的反巫术,旨在迫使她自我暴露或撤销魔力。一种普通的做法是将受害者的尿样煮烧、烘烤、埋掉,或者使用其他的处理方法。在这样做了以后,妖巫就会极不舒服,通常是不能小便,于是就被迫自我暴露了。[39]最近在伦敦和东英格兰的考古发掘发现了二十件"妖巫瓶"样品,这种长颈瓶里装着正在寻求解脱的受害者的头发、指甲屑等物。化学测试肯定了瓶内曾装过人尿。[40]这些东西的使用反映了当时关于共感力的假想。例如,约翰·洛克曾劝谢夫兹伯里的伯爵夫人把自己的尿埋掉,以治疗肾炎;农村中的家庭主妇为使孩子们不再在大门口大小便,惯于将烧红的拨火棍插入孩子们的粪便中,相信这样便会引起他们的疼痛。[41]另一种方法是烧掉嫌疑犯屋顶上的一片瓦或一片屋盖;[42]或者,把遭到蛊惑的牲畜中的一只烧掉或活埋。[43]其他的方法包括:剪掉并烧去嫌疑犯的头发,以及制作一个妖巫的像,刺入小针。正如一个同时代人所评论的那样:"为了努力保护自己免受妖术之害,人们往往自己变成了妖巫。"[44]

大多数方法都试图将妖巫带到犯罪现场。一旦她出现了,受害者就能用抓破她使之出血的方法来结束病患;1717年在莱斯特的妖巫审判中,一个证人认为这是"最可靠的治疗方法"。[45]这种"抓"包括了各种各样的暴力。殴打妖巫被认为是一种康复的方法;1593年,当年迈的罗杰斯老妇涉嫌蛊惑一个孩子时,黑斯廷斯的术士扎卡赖亚斯劝说受害者将小刀刺入她的臀部。[46]

但是最好的治疗方法是控告妖巫并处死她。因为这类妖巫审判的目的不仅在于使受害者产生报仇后的满足感,而且,按照当时的信仰,它们确实能使受害者康复。约翰·高尔写道:"妖巫被处决后,邪恶作用被阻止或自然消除了。"在沃博伊斯的妖巫们被处死后,罗伯特·思罗克莫顿的孩子们都康复了。[47]如果从人们相信妖术审判对于受害者确实有治疗效果这点上着眼的话,那么妖巫控告的恶意就更能理解了。妖巫的毁灭变成了詹姆斯一世所谓的"对于患者的有益于健康的牺牲"。[48]此外,这是神学家所允许的唯一方法,因为他们是禁止一切反巫术的,在他们看来抓破妖巫皮肉也是带有恶魔属性。[49]

与其他各种灾殃解释相比,妖巫信仰的巨大魅力在于它为遭难者提供了一条明确的解脱途径。妖巫信仰不仅通过识别灾祸原因而提供了知识上的满足,而且还使得人们有可能马上采取措施予以纠正:请教术士和使用适当的巫术处方。多年来一直倒霉的人也可以不顾一切地抓住这个唯一的解释作为可能的解决办法。例如，威廉·戈弗雷于1662年从弗利特监狱写了封长信给占星师布克，他在信中详细地列数了长达10年的不幸事件。最初，他曾在军事法庭受审，并被革职；随后一个外科医生试图毒死他；后来他去海外，结果遭受了一系列的灾难。现在他回到了国内，但是又因负债而被拘押。结果，"这个戈弗雷确实认为自己被某个坏蛋蛊惑了"。他因此要求占星师找出这个妖巫来，以便采取适当的纠正行动。[50]当然，有时候这类要求源自纯粹的偏执狂。埃塞克斯郡马格达伦拉弗的埃莉诺·艾利特夫人在10多年里先是向两位内皮尔，后来是向利利抱怨妖术使她家庭和她本人饱受折磨。[51]1652年和1657年之间，诺福克的玛丽·奇尔德豪斯曾向季度法庭申诉，她认为至少有8个人在对她施行妖术。[52]这些抱怨的主要目的始终是想知道怎样对付这种灾殃。如一个现代人类学家所说："妖巫是可以由社会控制的；而环境的突发异常则不可控制。"[53]

病例之间的比较也会扯上妖术，因为医术无法为每种疾病提供肯定的治疗方法，尽管它可以诊断出来。这一点在1602年的审判中体现得很清楚，伊丽莎白·杰克逊以用妖术导致玛丽·格洛弗之歇斯底里发作的罪名而在首席法官安德森面前受审。乔登医生辩护说，小姑娘的疾病是有自然原因的，安德森则追问他："你怎么称呼这种病？"医生答道："歇斯底里症。""那么你会治疗吗？""我说不准。我不想担保，但是我认为应该做一次发作试验。"

> 安德森勋爵：你认为她是伪装的吗？
> 乔登医生：不，就我看来，她不是伪装的。
> 安德森勋爵：那么就我看来，这种病不是自然的。因为既然你说不出它的自然原因，也没有自然的处方，那么我将告诉你，它是非自然的……告诉我自然的原因和自然的处方，否则你的医术就是轻率的。[54]

在此，法官的看法似乎是，唯一真正的诊断是兼以病因和治疗方法为前提的诊断。由于乔登医生不能保证用医学方法来解脱病痛，所以法官更愿意接受根据妖术而做的解释。

妖术信仰既可作为灾殃的解释，又可作为有希望的解脱手段。但是，为什么其信奉者在某一时期使用它而在另一时期里却不求助于它？是什么环境导致了这种信仰发挥作用？个人的妖巫告发是怎样开始的？只有在研究了妖巫与其告发者的关系之后，在分析了进行这些控告的各种环境背后的共同因素后，才能找到这些问题的答案。在这一点上，历史学家有赖于社会人类学家，他们在其他地方的妖术研究中开拓了这一方法。

二 妖巫与其控告者

仔细检查妖术控告后总结出的第一个特色，即是：很少有人不首先在内心有了嫌疑者后再确认自己成了妖术受害者的。这一特色虽不重要，但是甚为明显，人们在用巫术解释灾殃时，不大会花费很多时间才识别出可能的妖巫来。他们通常会立即知道某人肯定是妖巫。有时候甚至在妖术罪行犯下以前，他们已在心中认定了一个嫌疑犯。1573年，玛丽·丁利对马杰里·辛格尔顿说："我已怀疑你了，如果我家里发生什么不幸，你就得负责。"[55]但是一般来说，妖巫的确认是紧随妖术业已发生作用之后才来的。

这一特色显然难以在一切案例中得到认定，因为现存的最早证据通常为正式的诉状，其中同时提及罪行和被控者，所以不可能用它来重建控告者此前内心的思想过程。尤其是它们并未告诉我们控告者有过什么其他的怀疑。诉状甚至并未揭示最初的指控者的身份。然而，这些枯燥的叙述毕竟告诉了我们一点东西。它们表明，被控的妖巫并不是远在他方而对陌生人施术的，她与原告生活在同一个聚居区，通常是在同一个村庄里。[56]换言之，妖巫在被认为干恶事之前已经与其受害者有着某种关系。

这种倾向——它有时候与诉状一起存留了下来——表明,指控者是以少数几个标准方式来鉴定妖巫的。通常,受害者会想起他最近与之吵架的某人曾发出过威胁。他甚至还可能梦见过这个妖巫,或者在发病时曾对着这个假想的迫害者大声叫喊。1653年,肯特郡本尼登的一个劳工爱德华·霍奇的6岁儿子突然在夜间得了一种怪病,他叫喊着:"爸爸!爸爸!有个长着黑毛的东西要耍弄我和杀死我。"他又说:"贝丝·伍德……她要杀我!"他父母知道他是被伊丽莎白·伍德蛊惑了,她已有施行妖术的臭名声,而且最近还与孩子的母亲吵过架。[57] 着魔的人常常被要求说出使其遭难的人的名字,并在稍经劝诱之后通常会这么做的。1626年,爱德华·戴汉陷入昏睡状态,用三种不同的口音讲话,经过一番怂恿后,他在其中的一个口音中揭示了折磨他的妖巫们的身份,他说,她们已经毁了一个受害者。于是,两个被告爱德华·布尔和琼·克里迪立即被汤顿巡回法庭起诉。同时还有一位贵妇人得了一种神秘的胁侧抖颤病,并呼喊"布尔,布尔,布尔",于是便绝对认定了这两个妖巫的罪行。[58] 较为罕见的是人们看到涉嫌者家里出现蛤蟆或者某种明显的动物听差精灵后去告发;[59] 或者一个妖巫的口供株连到另一个妖巫。[60]

在许多情况下,受害者或其家庭并不独立地辨认妖巫。他们会求助于善良巫师——术士、占星师或女贤人,这些人被认为拥有找出灾殃原因所必需的巫术本领。主顾会去找当地的巫师,描述症状,并要求诊断。巫师在使用了形形色色巫术手段中的一种后,便有望说出患者是否确实受了蛊惑,并确定作恶者的身份。这表明确认妖巫的责任,甚至最初对妖术的怀疑都不在于受害者而在于巫师。在有些情况下确实如此,肯定有些术士培植了此前所没有的妖术怀疑,并指控本来不会被怀疑的人。例如,1619年,埃塞克斯郡科尔德诺顿的威廉·沃尔福德的"程序是,在探访任何生病的邻居后,便说服他们确信自己已受蛊惑,然后告诉他们,如果不相信他的话,病患

第十七章 妖术及其社会环境

便难有康复之望"。[61]在沃博伊斯的案子中,第一个提到妖术的是剑桥大学的巴罗医生,他在最初开给思罗克莫顿的孩子们的处方失败以后就提出,是否应该考虑到邪术或妖术的可能性。[62]

几乎可以毫无疑问地认为,这类人物鼓动了本来绝不会发生的妖术控告。关于邪恶妖巫和术士的这两种信仰是互不可缺地联系在一起的,双方互为支持。当时的人们自然地把二者都称为"妖术"。1582年,汉普郡的一个人说:"一方缠绕上去,另一方则松解开来。"[63] 1582年以妖术罪在切尔姆斯福德被绞死的厄修拉·肯普曾抗议:"她虽然能解除妖术,但是不会施行妖术。"此后,约翰·维姆斯写道:"有些妖巫被普通大众称为松解妖巫,她们不伤害任何人,而只是祛除被缠缚妖巫施加在患者身上的痛苦。"[64]还有一些人则把两者的作用看成是医生和药房老板的关系:"一方使得人畜的身体遭受痛苦,而另一方便可设法兜售他的药物;所以一方是另一方的工具。"[65]总之,术士对于诊断妖术颇感兴趣,因为他们拥有近乎垄断的处理技术。在当时的英格兰,就如今天的非洲一样,妖术概念以一个与之并存的概念为基础:妖巫医生和巫术。托马斯·艾迪毫不犹豫地把术士列在妖术信仰的原因之中。约翰·布林利认为,许多老实人因为听了他们的劝告而被赶向绞架。[66]

然后,若非患者自己觉得有理,巫师之"恶业"诊断也依然不会被接受;有证据表明,在确认妖巫时,主顾完全能够拒绝他所不欢迎的任何暗示。巫师所做的只是使主顾内心业已存在的怀疑得到肯定,并进一步增强他采取行动的决心。我们可以再次引用人类学家的研究成果,这些研究表明,非洲的占卜师尽管有着给人以深刻印象的巫术设备,但是这些器具也只是表达主顾心中已经形成的怀疑的媒介,而且在一般情况下,是让主顾自己说出嫌疑犯的名字。一位考察者写道:"在多数情况下,大部分询问者都是首先暗自肯定了有罪之人,而占卜师则是提到了此人。"另一个人说,这样的巫师通常"仅仅是对于涉嫌妖巫的共同敌意的代言人"。还有人说,妖巫侦查者的裁决必须"与普遍的期望一致"。[67] 我们可以说,英格兰的情况亦然如此。例如在鉴别窃贼时,巫师会给主顾看一面镜子或者一块抛光的石头,问他能否认出里面所显示的面相。或者,他会要求主顾提出一系列嫌疑者,并逐一进行测试,旨在把有罪者筛选出来,在他宣读每个名字时都极其仔细地观察主顾的反应。当时的一位布道师概括了这一过程:"一个人的脚跛了;他怀疑受了蛊惑,于是去找术士;术士要求他说出怀疑之人,然后给他看镜子里的图像。"[68] 通常,巫师都是让主顾自己说出犯罪者的名字。1630年左右,兰开夏郡福顿的女贤人肯定了约翰·威尔逊对自己遭了蛊惑的怀疑,但是当问到施术者是谁时,她则说"即使给1000镑也不讲"。[69]

在这一方面,历史学家只能羡慕人类学家了,他们能参与某些关键性的时刻,而历史学家则必然缺少这些秘密咨询的全部细节。但是,似乎术士通常都竭力设法肯定主顾自己已经怀疑的人。1579年,温莎的一个马夫在与老妇人斯太尔吵架后就得了背痛。他去看法纳姆的一个贤人,巫师便"说他是被蛊惑了,并问他在温莎的许多邪恶女人中他不信任的是哪个,马夫回答说:'斯太尔'。贤人道:'好吧,如果你遇到她,就抓破她,使之出血,这样你马上就会康复了'"。17世纪中叶,一个忧心如焚的母亲向巫师约翰·赫顿请教,想知道孩子的病因。通过仆人带回去的答复是:"你的女主人像我一样清楚地知道是谁使她的孩子遭受了痛苦。"[70] 从这两个例子中可以看到,术士的职能是肯定受害者业已形成的怀疑,因而就创造了将单纯的怀疑转变为正式控告的环境。占星师利利劝告其同行道,"只在人们受到妖巫骚扰的地方"诊断妖术。约翰·达雷尔和马修·霍普金斯这类妖巫搜捕者的情况亦然如此。达雷尔的同伴威廉·萨默斯承认,他只指控那些已被人疑为妖巫的人。[71]

反巫术的使用也以事先的怀疑为前提。如果不首先确定谁是嫌疑犯,就不可能去焚烧嫌疑犯的屋顶。这类测试几乎不会导致控告一个出乎意料的人。通常,它们都是自我认可的。这只需要涉嫌邻人的出场,看看将会发生些什么就够了,因为她的罪行早就确认了。这个女人一旦登场,她就很难自救,声辩无辜也毫无用处。过分关切地询问患者症状便是一种不祥之兆;祈求患者康复的一个善意手势只会被认为是妖巫在撤销她的符咒。[72] 如果她允许患者抓她,那么患者日后的康复就足以确证其罪行;如果她拒绝,那么人们所得到的结论更是一清二楚了。在沃博伊斯一案中,克伦威尔夫人剪去了塞缪尔老妇的一绺头发,以便把它烧掉而使遭蛊惑的孩子们康复。这个老妇人抱怨道:"夫人,你为什么这样对待我?我至今还没有给你造成过任何伤害呢!"而这却成了致命的招供。[73]

在妖巫案件中,从最初的告发到最后的法庭听证,整个程序中的每一个阶段都使我们感到,人们对于他们业已相信的事情很少去寻求高度的证据。在当时,不管什么种类的罪行,被告在司法程序中的地位往往对他不利,而且对于妖术定罪的证据标准尤其不确实。17世纪的魔鬼研究者试图提高这一标准,但是他们将明确"证据"与这一不可能的罪行的"假设"区别开来的尝试必然是不会成功的。[74] 就大众阶层而言,给任何涉嫌者定罪是轻而易举的事情。如果在她身上查出了适当的痣和瘤,那么这就成了魔鬼的标志;如果没有,那么她肯定是把它割去了,或许是用巫术把它隐去了;尽人皆知,这类标记是神秘地或现或隐的。[75] 至于她的听差精灵,则可被认为即是当时嗡嗡飞过窗户的一只苍蝇。如果患者在实施反巫术以后康复了,那么嫌疑者的罪行就证实了。[76] 如果妖巫招认了,那么问题也就解决了;如果她拒不承认,那么她将被添上做伪证的罪名,就如詹尼特·戴维斯那样,她在1612年表白自己无辜的抗议被视为"对于所有在场的人来说,都是一件可怕的事情,大家都知道她是有罪的"。[77]

在所有的被控者中,只有对妖巫可以使用古代的神裁法。一种大众化的翻版是:将她丢入水中,如果浮起来,就是有罪的。在1590年以前的英格兰,这种方法一直使用于妖巫案件中。这是因为水是洗礼的工具,所以它将不接受背弃它的人。[78] 法庭上经常使用的一种更为矫揉造作的测试法乃是要求嫌疑犯背诵《天主经》或一段《圣经》。任何不流利和疏漏都会被看成是经文对她的主人魔鬼抱有反感的证据。[79] 法官甚至可能要求妖巫命令魔鬼停止对其受害者的折磨;如果患者此时康复了,那么被告就更糟糕了。[80] 于是,一切都取决于妖巫审判者的先入之见。如果他们已经这样认为,任何人都难逃魔掌。[81]

关键的问题是怎样形成最初的怀疑?我们现在已经看到,妖巫是受害者所熟识的人。如果我们在简短的起诉状上再补充一些更为详细的口供书和小册子故事,那么就会看到有关她的更多事实,即她始终被认为早已对受害者怀有怨恨。虽然它显然至少排除了无动机恶意的可能性。当时的人们可能因妖巫的活动而胆战心惊,但是他们从不否认她确有理由加害于患者。当沃博伊斯的思罗克莫顿家把孩子的病患归罪于爱丽丝·塞缪尔时,最初的旁观者是拒绝接受这一指控的,因为他们想象不出她有什么理由要干这种恶事。[82]

感到受了蛊惑的人是通过自问何人可能对他怀有怨恨这样的方式来鉴别嫌疑犯的。通常,人们是在灾殃发生以后才进行这种思考,但是,有时候事先存在的某种恶感会使之寻找妖术的存在。例如,伊丽莎白·福斯特已经于1621年被费尔法克斯家所怀疑,当她触摸了他家小女儿的头后,母亲就得胜似的喊叫起来:"看吧,如果贝丝·福斯特是个妖巫的话,孩子就要生病了。"[83] 妖巫控告需要事先存在的怨恨。即使最欺骗性的指控也需要被告的恶意表现来证实。

现在,就出现了整个分析中的关键问题。即有可能总结一下,妖巫对受害者怀有哪些怨恨?或者,它是否包括了每一种可以想象出来的怨恨呢?这个问题的答案只能从那些拥有充分详细的口供书和小册子记录的案子中去寻找,因此无从得出精确的统计数据。但是,在仔细检查了能适当重建当时环境的那些案件后,我们发现,

第十七章 妖术及其社会环境

一般来说,只有当控告者不仅感到妖巫对他怀有怨恨,而且感到这种怨恨是有正当理由的情况下,才会提出控告。换言之,妖巫的行为并不是被认为出于纯粹的仇恨,而是出于对明确伤害的报复。这不是受害者和妖巫曾经吵过架所能导致的问题。重要的一点是——颇为矛盾地——从道德上来说,基本上是妖巫处于正义一方,而受害者处于错误一方。这一结论与许多人类学家在其他地方的发现是一致的。[84]

有各种各样的情况会导致妖巫犯下具有正当理由的罪行。有时候是受害者拒绝偿还合法的债务。例如,1659年,赫特福德郡的弗朗西斯·拉斯塔特"古怪地患了大病,苦痛不堪",她"经常说,如果她死于此病……那么古迪·弗里就是她死亡的根源",她还意味深长地补充道,她买了这个老太婆的鸡蛋并且以没有零钱为借口而没有付钱,从此以后身体就一直没有好过。[85]类似的情况还发生在1652年,伦敦的术妇琼·彼得森治愈了克里斯托弗·威尔逊,但是他拒绝支付他答应过的费用,因而她确实预言了他的毛病会加重十倍。1632年,约克郡的玛格丽特·阿特金森拒绝偿还欠玛格丽特·奥科克的钱,结果她照料的小孩立刻生病了。[86]更为直接的攻击也可能招来严重的后果。1616年,金斯林的约翰·奥克顿打了玛丽·史密斯的儿子后,他便感到"胃里越来越不舒服",并且手指和脚趾也开始烂掉。1579年左右,埃塞克斯郡的一个仆人从诺克老妇的女儿口袋里偷了一副手套后,突然四肢不能动弹,以致在床上躺了八天。该郡中的威廉·比尔德在1651年得了病,他想起以前曾剪掉过玛格丽特·伯吉斯的猫的尾巴。伊丽莎白时代布伦奇利神甫的14岁儿子用一把出鞘的小刀去追赶玛格丽特·西蒙斯的一条狗,此后便病倒了,直到一个善良巫师设法把他治好。[87]于是,无缘无故地冒犯老年妇女及其直接赡养者就被认为易于招致她们的巫术报复,现存的许多妖术案例都体现了同样的模式,其中,毫无理由地伤害妖巫的行为迅速招致了报复。

但是最常见的情况是,受害者——或者,若受害者是婴儿,则是受害者的父母——之错误在于有违睦邻原则:逐出了上门乞讨或者商借食品饮料及家用器具的老年妇人。托马斯·艾迪描述了当灾殃紧随这种冲突而来之后户主可能的反应:

> 他马上向某个穷苦的清白邻居大声嚷嚷,说是他或她蛊惑了他。他说:"这个老头或老太最近来我家要点施舍,我拒绝了,而现在——上帝原谅我——我真地恨她了……如今我的孩子、我的妻子、我自己、我的马、我的牛、我的羊、我的猪、我的狗、我的猫,还有其他东西都成了这副怪模样,我敢发誓,她一定是个妖巫,要不事情怎么会变得这样?"[88]

有详细文献资料的妖术案例中的绝大部分都落入这样一个简单的模式。妖巫被两手空空地打发走,也许嘟哝着什么诅咒;家庭旋即遭了殃,于是要她直接承担罪责。[89] 通常,她们是讨些食品或饮料:黄油、奶酪、酵母、牛奶或啤酒。有时候,她们可能要求借点钱或者一件器具。在所有的情况下,一旦遭到拒绝,报复便接踵而至,而惩罚往往与罪行适配。1637年左右,萨福克的罗伯特·韦兹拒绝给予帕尔默老妇一壶啤酒后,他的仆人再也酿不出可以保持新鲜的啤酒了。1652年,伊夫舍姆一个园丁的女儿玛丽·埃林斯向凯瑟琳·赫克斯利扔了石头,此后她就开始排泄石子,一直持续到这个妖巫被处决。[90] 1530年左右,卡斯尔卡里的伊莎贝尔·特纳拒绝给予克里斯蒂安·谢尔斯顿1夸脱啤酒,因而"12加仑的啤酒就像炉子上的空锅罐一样迅速地沸腾起来"。琼·维卡斯没有给她牛奶,此后其奶牛除了血和水以外什么也不产了。亨利·拉塞也是拒绝给她牛奶后发现自己再也不会做奶酪,一直到米迦勒节。[91]

温比希的马杰里·斯坦顿是个典型的例子,她于1579年在切尔姆斯福德以妖术罪受审。在审问中发现,她的第一个受害者托马

第十七章 妖术及其社会环境

斯·普拉特曾用针扎破过她的脸，于是就受到了病痛的折磨，此后，他又偷了她一把谷喂自己的小鸡，而大部分小鸡都迅速送了命。理查德·桑德的妻子拒绝给她酵母，结果其孩子"得了一种稀奇古怪的重病"。罗伯特·佩迪的妻子曾把她赶出门去，于是她的孩子便病了。威廉·托纳拒绝了她的要求后，孩子便得了惊风。罗伯特·科内尔的妻子不给她牛奶，结果生了个大肿瘤。约翰·霍普伍德拒绝给她一条皮带，于是他的骟马突然死了。约翰·科内尔没答应她的要求，其奶牛就只产血不产奶了。神甫的妻子把她赶走后，其小儿子就生病了。最后，罗伯特·拉思伯里拒绝了她的要求，结果导致了20只猪的失踪。[92]

这种挨家挨户乞讨的可怜生活——这是马杰里·斯坦顿被控告的背景——是大量类似案件的典型。它们与流浪漂泊的乞丐生活尚有区别，但是揭示了互相帮助之传统的崩溃，而这种传统曾是许多英格兰乡村社区的基础。借些器具，给些食品饮料，乃是对大家都有益处的睦邻活动。互相借贷长期以来一直是村社生活的标准特色。托马斯·图塞尔对都铎王朝时期的农民说："你对邻居的爱将有益于你。"艾迪在1655年认为："没有一个有本事的人能长期不让穷人进他的门。"[93] 马杰里·斯坦顿的要求极具代表性；其区别只在于它们一致遭到拒绝。指控她为妖巫的人正是那些未能对她履行应有的社会义务的人，这个事实表明在邻里友谊和个人主义之间发生了根本性的冲突，它所产生的紧张状态成了最可能导致妖术告发的原因。马杰里的邻居们拒绝给予她按照传统所应该给予的友谊和帮助。然而，当他们拒她于门外时，他们完全意识到自己背离了应当遵奉的道德准则。他们知道自己把私人利益放到了社会义务之上。所以，当此后他们的孩子或牲畜身上发生了一些小事时，是他们自己的罪感导致他们去寻找灾殃原因的。

拒绝施舍是那些对妖巫不履行义务的所谓的妖巫受害者的最大特色；如斯科特所指出的那样，许多被控告的人是妇女，她们惯于

"从这家到那家,从这户到那户地讨1壶牛奶、酵母、饮料、菜汤或这类救济品,没有这些,她们就很难活下去"。[94]但是,另外还有一些产生冲突的原因。关于拾落穗、公地、道路权和非法侵占的争端也可能导致妖巫案件。[95]有时候妖巫被控施行报复是因为她们反抗地方上的暴君诸如强迫其儿子当兵的乡村警官,或者责令其孩子从事杂务劳役的教区救济工作管理员,等等。[96]1582年在切尔姆斯福德受审的琼·皮奇便是因为与贫民救济品管理员发生了争吵,她认为他发给她的是劣质面包。[97]

邻里友谊和日益增长的私有财产意识之间的冲突清楚地展示在玛格丽特·哈克特的案子中,她是米德尔塞克斯郡斯坦莫尔的一个60岁寡妇,1585年在泰伯恩被处决。她曾擅自采了邻居的一篮豌豆。在被要求归还时,她恼怒地将豌豆撒在地上;从此以后,田里再也长不出豌豆了。后来,威廉·古德温的仆人拒绝给她酵母,结果,他家酿造的酒都干涸了。她从一个地主田里拾柴火的时候被其管家抓住打了一顿,管家旋即发疯了。一个邻居拒绝给她一匹马,结果全部马都死了。还有个邻居付给她的鞋钱低于她的要价,后来他也死了。一个绅士吩咐其仆人不要给她酪乳,此后他家就再也做不出黄油或奶酪。[98]

导致报复的另一个原因是未能邀请妖巫参加某个公共庆典。在乡村社区中,每个人都有社会义务邀请其邻居参加他家的施洗仪式、葬礼、剪羊毛节或收割完毕节的庆典。客人们都把参加这类庆典当作一种权利,如果有资格者未受到邀请,那就是一种明显的侮辱。1599年,安妮·内勒的葬礼没有让伦敦布罗肯沃夫的安妮·柯克分享传统的贫民施舍分发品(因为前者的神秘死亡被猜测由后者负责),安妮·柯克便"对她作为一个教区居民而一无所获痛恨至极",此后就对该家的成员施行巫术。[99]1570年,埃塞克斯郡的一个证人宣誓做出不利于马尔特妻子的证词,说他在"这次剪羊毛节没有邀请这位邻居,结果她就蛊惑了他的两只羊,因为紧接着它们就得病了"。[100]1663年,纽卡斯尔的简·米尔本直截了当地不邀请多萝西·斯特兰奇参加她的婚礼晚宴,满腹委屈的多萝西便声称要让她为此感到后悔;后来简便遭到好几individual神秘之猫的骚扰,她立刻知道这些猫是多萝西的超自然的伪装。[101]经典童话《睡美人》中邪恶妖仙的恶意正是导源于睡美人的父母未邀请她参加施洗仪式。

妖术也可能是对其他无缘无故行为的正当反应。理查德·内皮尔爵士的一个患者简·斯莱德在1634年突然得了一种怪病,她的第一个反应就是怀疑琼·布鲁斯的儿子,他是她以前的追求者,后来她无故遗弃了他而爱上了另一个人。我们可以相当合乎情理地推测,她自己感到有负于他。[102]其他有代表性的妖术受害者还包括:一个将沃博伊斯的塞缪尔老妇锁在床柱上的狱卒;解除了玛格丽特·弗劳尔在贝尔瓦城堡的职务的拉特兰伯爵;一直凌辱斯托克斯老妇的罗伊斯顿酒馆的酒鬼;一切无礼地嘲弄过作为妖巫的老年妇女的人,最终发现受到了打击的只是自己。[103]在这类情况中,良心的责备是个必不可少的因素,即使没有导致不幸,那么至少为受害者提供了一个解释。甚至在马修·霍普金斯所鼓动起来的控告中,也存在着同样的因素;虽然正式指控的罪名可能是魔鬼崇拜,但是作为受害者的证人都曾以不同的方式吝啬地对待过她们。[104]

于是,就有两个基本特色构成了16世纪和17世纪英格兰大多数妖术控告的背景。第一,发生了个人的灾殃,但是又没有立即显示出自然的解释。第二,受害一方意识到了曾得罪过一个邻居,通常是未能履行习惯上的社会义务。由于无视义务而招致不幸,其间的关联往往清楚地表达在涉嫌妖巫的怨恨言语中。例如,1620年左右,当兰开夏郡埃勒尔的托马斯·哈里森与其妻子将老寡妇詹尼特·威尔金森逐出自家家门时,她恨恨地诅咒他们:"听着,你们听着(她拍拍手)……你们将要损失40镑。"而他们的牲畜马上就患病并死去了。[105]当然,妖巫所发出的这类威胁,从法律上来讲,她比其受害者更错误。例如,她不肯还债或者付租;她要求借钱;或者在非法侵占和偷窃时被抓住。[106] 但是,这很清楚地暗示了,只要受害一方仁慈一点,友好一点,少考虑一点个人的财产权,多理解一下弱者的悲惨处境,这种争吵就不会发生了。

再说,在许多情况下,涉嫌妖巫未必就有显露恶意的证据。受害者的罪感就足以激起一场指控了,一旦有什么灾祸发生,他的第一个反应就是自问有否做过应该遭罚的事。1589 年,当威廉·霍普古德的小猪举止古怪时,他立刻想起前一天寡妇韦尔斯曾两次上他家门,"坐着,不要求什么;最后什么也没给她(我们应该注意到,他意识到本来是应该给点什么的),她就离开了"。根据这一巧合,他就警告她:"如果他今后受到她的伤害,他就要使她被烧死。"从霍普古德事件的记载中可以清楚巫术的根源即是他自己受到的良心责备。[107] 伊丽莎白的案例也与此类似,她于 1602 年被定为蛊惑罪。当小姑娘玛丽·格洛弗正在门口吃一只新烤的面包时,这位老太太走过。"她满怀欲望地望着玛丽,但是一句话也没说就走了过去;然后她又立刻返回来,同样地望着她并默默地走开了。就在这时,玛丽·格洛弗正在嚼着的面包掉了下来,人也从坐着的板凳上跌了下来,患上了严重的惊风。"[108] 将詹尼特·威尔金森赶出家门的哈里森夫妇据说被这位寡妇诅咒了,但是是他们自己的不良行为解释了妻子夜不能寐的原因,因为她深信"詹尼特正在床边烦扰她"。[109]

1680 年,贝德福德的黛娜·威芬的叙述十分确切地表明了她是被自己苛待穷人的行为而扰得心神不宁的:

> 她好几次在街上和自家门口看到乞讨的约翰·赖特,她一看见他就吓得发抖;她的丈夫禁止她给他任何东西,她一直克制着,自从上个米迦勒节以来的两个星期中,她已有两三次什么东西也没有给他了;她说,她在过去的三四个月里已有好几次梦见(或者她想象她梦见)那个约翰·赖特站在她床边,而有时候她

第十七章 妖术及其社会环境

是醒着的,有一次她梦见他把手搭上她的身体;另一次她则认为他正要躺到她身上来……两个星期以前的星期五,约在中午1点钟的时候,那个约翰·赖特来到她家乞讨,当时,这位宣誓做证者身体还很好,告诉他说,没有东西给他,他就走了,而这位宣誓做证者突然就颤抖不止,患了极度严重的惊风。

她的惊风一直持续到约翰·赖特以妖术嫌疑罪被关入贝德福德监狱为止,尽管毫无证据表明他有任何恶意行为。[110] 因此,在把一件不幸貌似有理地归咎于妖术之前,必须先把它看成是某种社会形势的产物。这就是为什么很难见到把大规模的灾难,诸如饥荒、时疫或火灾归罪于妖巫。因为在妖巫案件中,嫌疑犯通常是与受害者有着真正的或假想的敌对关系的人。而时疫或洪水的受害者则不是一个人或一个家庭,而是整个社区。要使导致这种灾难的怀疑显得似有道理,就必须建立一种不是针对某一个人而是针对整个社区的敌意。那么,犯罪者只能是人人都自感歉疚的那种人。一个老太婆可以被想象成一个小小社区中的公敌,如纵火案件所展示的那样;但是她很难作为整个城市或整个国家的敌人。替罪羊可能另有出处,比如法国人、天主教徒或类似的国家敌人等五类人中,但通常是因为宏观的罪,这种罪不是针对一个乞丐,而是针对上帝本身。所以,那些寻求罪过与灾殃之间关系的人只能把这种大规模的灾难看成是上帝的行为,而不是妖巫的"恶业"。

例如鼠疫的发生是不分青红皂白地指向任何人的,这就不是用个人原因所能解释得通的了。细菌战的观念并不陌生,有时候一些个人曾被控利用自然方法散播传染病。[111] 据说苏格兰人曾于1639年在纽卡斯尔的井泉里下毒。传闻1665年曾有人从法国带来了装有传染病气体的瓶子。1577年牛津监狱的热病被认为应由天主教徒的邪术负责,据称他们在1641年曾将一个传染鼠疫的疮装在信封中寄给约翰·皮姆。[112] 人们也可能把这归之于约拿,他降下了这样的天罚;当鼠疫于1646年袭击巴恩斯特普尔时,有些居民便责怪当地的公理会,要求它的成员搬离市镇。[113]虽然瘟疫有时候被认为是由国家敌人所引起,但是,它们在鼓励妖术控告方面实质上并未发挥作用。

火灾也没有归罪于妖巫,只有烧毁了个人财产(而非整个社区的财产)的例子除外。1582年,埃塞克斯郡小克拉普顿的理查德·罗斯之所以指控亨利·塞勒斯,是因为他的谷仓神秘地遭了火灾,[114]但是毫无疑问,没有人会把蒂弗顿或北安普敦的全城大火归之于同样的原因。海洋上使单只船舶遭难的风暴有时候可能被归咎于妖术,[115]但是陆地上暴风雨的影响通常是毫无固定对象的,这就使得这种解释不合情理了。当然,在战场上阻碍一方或双方的暴风雨又另当别论。[116]换言之,妖术信仰并未解释一般的灾殃,而只是解释了特定的不幸。通常来说,对于妖巫的恐惧是不可与对于天主教徒或犹太人的恐惧互易的。它们有着截然不同的社会功能。妖术指控导源于和嫌疑者生活上的关系十分密切的人,并意味着解释地方性和个人的不幸。与此相反,天主教的妖魔则涉及民族危亡,并且不是产生于个人关系。只在按欧洲大陆的方式将妖巫看成魔鬼崇拜的宗派后,才似乎可以言之成理地把她们视为一般的社会敌人(就如天主教徒一样),并因此像欧洲大陆上有时采用的方式那样,指责她们应对暴风雨或时疫负责。[117]

所以,是受害者事先招惹的敌对关系才使得人们用妖术来解释灾殃。因为如果没有这种纠纷,不管灾殃是多么神秘,都无法用妖术来解释。有了这种纠纷,即使最自然的事故也会显得阴险邪恶。1636年,兰开夏郡纽顿因麦克菲尔德的托马斯·巴克斯特和伊丽莎白·巴克斯特(没能留下子嗣)之所以指控琼·埃尔德森施行妖术,并不是因为婴孩不平常地死亡,而是因为他们知道,如果他们没有直接继承人,那么琼的儿子将继承他们的住宅,而且她已经阻止了他们买断其儿子继承权的企图。[118]

三 妖术与社会

在社会历史学家看来,妖巫信仰的意义在于它揭示了当时社会结构中的弱点。妖巫及其受害者基本上是应该和睦相处的两类人,但是他们没有这样做。[119]他们生活在一种隐含敌意的状态中,而社会对此敌意并未提供正当的排泄渠道,他们不能互相诉诸法律,也不能求助于公开的暴力。在非洲,妖术指控经常导源于家庭的纠纷,例如,在一夫多妻家庭中的各个妻子之间。[120]但是在英格兰,妖巫与其控告者很少是亲戚关系。这类控告通常反映出其紧张状态产生自贫民及社区受赡养成员的地位。妖术指控是用可以接受的借口表达深刻怨恨的一种方式。只有嫌疑犯的社会或经济地位低于其假想的受害者时,才会出现合理的妖术指控。只有这样,她才会被认为有可能采用巫术方法进行报复,因为如果她是一个更有力量的人物,那就会随意使用更为直接的复仇方式。这就是为什么几乎没有一件案例中妖巫的社会地位是高于受害者的;[121]这也是为什么妖巫基本上都是贫民。这也很可能是因为指控一个穷人比较容易,他往往没自卫能力。[122]但是大致的原因是,贫民处于最可能招致妖术指控的社会地位中。

大量的妖巫控告就这样反映了一场不可解决的冲突:一方是陈旧的村落道德准则所要求的睦邻行为,另一方则是伴随着16世纪和17世纪经济变革而来的不断发展的个人主义行为方式。当然,每个时代都有个人需要与博爱要求之间的冲突。若认为在中世纪乡村里没有这类难题和冲突,那是错误的。但是,当时的这类紧张状态有着其他的消解途径,如我们所见,唯独在宗教改革去除了天主教的保护仪式之后,才使妖术对普通人民来说显得极其危险了。

此外,我们不无理由认为,在都铎和斯图亚特王朝时期,农村中的这类冲突变得格外尖锐。旧的庄园制度利用固定的贫民救济制度来尽量安置寡妇和老人。寡妇享有遗孀产权利,即有权继承其已故丈夫的一部分财产,其比例按照当地庄园的习俗从 1/4 到 100% 不等。如果她已无力亲自耕种,那么她可以将田产交给家庭中的年轻人,而换回一份赡养保证金。这是比普通的习惯法规更为宽厚的安排,按照后者,寡妇继承付租田地,这样,其遗孀产就只能限于 1/3 了。[123] 还有各种各样的地方性贫民传统特权,如在残茬用作放牧以前拾落穗 3 日的权利(此权利在 18 世纪之前还是被习俗承认的,但在 1787 年的一次法律裁决中被取消了);以及允许贫民在没有其他宿处时可以睡在教堂里。[124]

庄园制度的衰落尚未被现代历史学家所描绘,而继承法的实施状况也有待于更充分的研究。似乎颇为清楚的是,许多这类传统措施在这一时期中都衰落了。人口的压力腐蚀了许多旧时的租借传统,并导致了公用地的缩小和竞争性地租的产生。这些变化对于寡妇来说是不利的。还有圈地和垄断性的大量收购也使许多古老的合作性村社解体了。受赡养者和老年人的地位恶化有助于解释妖巫主要为妇女,并且可能主要为老年妇女以及寡妇的原因。一个同时代人说:"她们通常是没有朋友的年老体弱者。"[125] 她们的名字出现在妖术起诉状上,恰如她们出现在当地救济品领取者中间一样。[126] 她们是最依赖于邻里帮助的人。

随着村社中贫穷成员地位的日益恶化,古老的博爱互助传统也受到了经济新发展的腐蚀,诸如渴望土地、物价上涨、农业专业化的发展,以及城镇的扩大和商业性道德价值观的发展。伴随这些趋势而来的是解决村庄纠纷的旧机制的消失,这些机制本来是由庄园法庭和宗教性行会所提供的。[127] 当时的许多人认为,他们的时代是一个分裂的时代,与消逝了的中世纪的协调一致形成了鲜明的对照。罗伯特·伯顿把空前大量的诉讼案归咎于古老社会契约的衰落:"仁慈、博爱、友谊、对上帝的恐惧、同盟、亲密关系、血缘、基督精神都不复存在了。"[128]

第十七章　妖术及其社会环境

我们只有进行更多的历史研究后,才能从想象的欢乐英格兰的模糊怀古中做出正确和清晰的真正社会分析。16世纪里有一项革新无疑削弱了互相友爱的古老传统,这就是全国性的《济贫法》,它由都铎王朝的一系列法规所构成,它设立了贫民管理员,负责征收地方税和供应教区受赡养成员的食品。它令户主的道德义务变得模棱两可。政府一方面禁止任意的乞讨,另一方面又继续主张每个教区的居民都得对其贫民负责,甚至允许在教区内乞讨——只要贫民管理员许可的话。布道坛上的教士仍然竭力主张博爱的道德义务,尽管许多地方政府已经禁止户主施舍上门乞讨的乞丐。[129]在都铎王朝时期,全国性制度只在特别紧急的时候使用。在许多地方,向邻居借贷食品和器具仍旧是年老体弱者日常生活中必不可少的手段。作为贫民救济的方式,它的重要性也许不亚于向公众征收的贫民税或者私人的大规模慈善事业;所以约翰·黑尔斯将虔诚的博爱比作使国家团结在一起的肌肉,并非无的放矢。[130]

公共慈善事业和私人慈善事业之间的貌合神离加剧了同时代人对待贫民的含糊性。他们憎恨贫民是社区的负担和公共秩序的威胁。但是他们也承认,在没有公共救济的情况下,他们给予贫民施舍也是其基督徒的义务。憎恨和义务感之间的冲突便产生了矛盾心理,使得他们有可能一方面粗暴地把乞食妇女赶出门去,另一方面又受到良心上的责备。[131]这随后的罪感便是妖术控告的肥沃土壤,接踵而来的任何灾殃都会被看成是妖巫的报复,阶级仇恨成了控告她的主要动力。导致大众阶层的妖术控告的紧张局势——必须强调的是,在极富者和极穷者之间没有这种冲突,它只发生在较穷者和极穷者之间——乃是社会的紧张局势,因为社会对于如何赡养以及由谁赡养社会依附成员的问题不像过去那样持有明确的观点了。

在这样的环境下,妖巫信仰有助于在其他社会和经济力量暗中削弱博爱和睦邻的传统义务时支持这种义务。对妖术报复的恐惧是抵制背弃旧道德准则的一股强大的威慑力量,因为它表明对一个邻人缺乏仁慈就会迅速受到伤害。有人说得好,妖巫伤害不了公正对待穷人的人,而最高尚的预防妖术法就是仁爱宽厚。[132]托马斯·艾迪认为,当我们得病时,不应该问自己"最近有哪个老头或老太上了我的门?需要把他或她作为妖巫绞死,我们应该说:'由于我没有施舍最近上门的一个穷人,粗暴而难听地骂了他,因此上帝把这病痛加到了我的身上'"。[133]这完全符合教士的训导:帮助穷人者自己昌盛,贪得无厌者永不发达。

反过来,一个老妇人的妖术名声也可以成为她的最后一道防线,保证她受到同村人的公正对待。一位小品文作者在写《妖巫》(1615)时说:"拒绝一位高贵者的要求比拒绝她对于酪乳和少量啤酒的要求容易得多。"雷金纳德·斯科特也有同感,他注意到,"这些可怜的家伙对其邻里来说是那么可憎,但又是那么可怕,以致几乎没有人敢得罪她们,或者敢拒绝她们的要求"。[134]乔治·吉福德《关于妖巫的对话》(1593)中的一个人物评论一个嫌疑犯道:"我小心翼翼地讨好她,就像以前讨好我自己的母亲一样,不时地给她这样或那样东西。"托马斯·库珀说:"我们施舍她们,以使她们不伤害我们。"[135]

这些记载进一步确定了小册子作者在这方面的观点。1580年时一个农民说:"我不愿意使我的邻居奥尔德雷奇不高兴,因为只要我一触怒他,我的牲畜就要遭殃。"[136]1565年,德文郡的爱德华·古德里奇劝告一个邻居不要对涉嫌妖巫阿尔塞·马丁提起诉讼,"因为他知道她能造成什么伤害"。[137]1612年兰开夏郡的妖巫大审判揭示了詹尼特·戴维斯的母亲曾教过她一种"获取饮料"的咒语;如果有人触犯了伊丽莎白·萨瑟恩("老登迪克")的家庭,或者拒绝给予他们所要的东西,那么就绝对逃不过她的激烈报复;约翰·德维斯极其害怕遭到老太婆安妮·查托克斯的蛊惑,以致与她订了1年施舍1次饭食的契约,交换条件是她不伤害他和他的财物,但是在

第十七章 妖术及其社会环境

他临终时,他仍坚信自己遭了蛊惑,因为他最近一期的施舍没有支付。[138] 詹姆斯一世时代,约克郡的伊丽莎白·弗莱彻"是个卓有妖巫名声的女人……强大到足以支配最富有的邻居,以致没有人敢拒绝她所要求的任何事情;并且不用她开口讨取,他们就会把自己桌上的灯和食品送给她"。[139] 在护国公执政时期,弗林特郡的安妮·埃利斯依靠乞讨和织袜为生,对她的袜子,人们都准备多付点钱,因为他们怕她的妖术。[140] 1575 年,汉普郡的托马斯·古特知道亨特老妇是个妖巫,因为"我只要对她的猪挥挥拳头或轰赶一下她的牛,我或我的东家马上就会吃苦头"。[141] 只要妖术信仰还存在,那么被认为拥有巫术威力的人就享有妖术的半保护特性。宪章运动者威廉·洛维特回忆起他在康沃尔郡的童年时代,当时村子里有个人们不敢冒犯的著名妖巫,"塔姆大婶想要的任何东西,怕她的人几乎没有敢拒绝的"。[142]

在早期现代的英格兰,妖巫信仰所履行的职能与它们在今日许多原始社会中执行的功能是类似的。它们以睦邻行为准则破坏后所带来的自然秩序的反击为先决条件,加强了公认的道德标准。它们抑制了可能的妖巫和未来的受害者之间的恶语相向。伊万斯-普里查德教授描写阿赞德人道:"他们的妖术信仰是对不仁爱的感情冲动的可贵的矫正办法,因为发怒、吝啬或敌意都可能马上带来严重的后果。"[143] 妖术信仰就如天罚信仰一样,体现了同样的假设:物质灾殃的原因可能就在于违背了道德行为的准则。

从这个观点来看,妖术信仰可以公正地被称为"保守的社会力量",[144] 它支持着村社生活的准则。但是它也有着较为激进的功能。虽然大多数同时代人都警告人们仁慈慷慨一点,以免遭到超自然的报复,但是还有一些人则强调,将任何东西给予涉嫌的妖巫都是危险的,并劝告说社区应该摈弃妖巫。[145] 有着妖巫名声的人会受到暴力和苛刻的对待。简·韦纳姆在 1712 年被描绘成"在妖巫身份下生活了十六年的穷苦女人,被其一切邻人所憎恶,以致不给予她任何普通的生活必需品……其邻人越是坚信她是个妖巫,他们就越恶劣地对待她"。146

对待妖巫的这两种不同方式并不真正地矛盾,因为只是涉嫌施行妖术的人才遭到斥逐;而只要人们还是和睦友爱地相处时,就不可能产生这种怀疑。换言之,妖巫信仰支持着博爱和睦邻的契约,但是一旦这一契约遭到破坏,人们便为邻里不和寻找理由,这就使得人们有可能将注意力从自己的罪过上转移到妖巫的罪过上,从而变得不宽厚了。同时,妖巫也会不再去敲那些不友善人家的门了,以免扩大其指控者的队伍。英格兰就像非洲一样,在这里妖术信仰有助于分解"已经变得累赘的关系"。147

我们并不是说,这一解释能够适用于该时期中发生的任何妖术指控。在大部分诉状中所留下的证据太少了,以至于无法使我们得知这一解释到底适用与否。但是在证据比较充分的诉状中,通常能推演出妖巫与告发者的关系类型。这种模式也可适用于欧洲大陆上的许多控告案以及新英格兰的一些妖术指控。148 但是它们未必就可以用来自其他环境中的证据予以论证,因为我们没有理由认为不同社会中妖术控告的社会环境会相同。

在英格兰,人们有时候还涉及其他一些次要因素。例如,将妖术指控加到那些已经享有巫术本领名声的人——诸如善良巫师或术士——身上,就显得更有道理。许多术士都被控施行邪恶的妖术。149 当时的一些资料表明,外貌上的不寻常也至关紧要。有本大众手册具体地警告读者"提防一切有天然肢体缺陷的人,诸如脚、手、眼睛或其他部分;跛足的人;尤其是没有胡须的男人"。150 约翰·高尔说,妖术控告可能施之于"有着皱纹脸、浓眉毛、多毛嘴唇、斜视眼、尖嗓子或刻毒语言的老年妇女"。151 人们有时候声称能通过外表识别出妖巫,就如肯特郡邓斯坦的轮匠尼古拉斯·威杰尔一样,他在1651年深信酿酒人的妻子多萝西·罗林斯是个妖巫,因为"她的眼睛就

第十七章 妖术及其社会环境

像在法弗舍姆被绞死的妖巫的眼睛一样"。托马斯·波特斯在1613年认为:"普通百姓经常会说:'她的眼睛深凹;上帝保佑我免受她害。'"[152] 已经妇孺皆知的是,有须的女人很可能是妖巫,外貌的丑陋或畸形也易于招致怀疑。[153]

但是当我们仔细检查一下妖巫告发案件后就可以发现,是嫌疑者的行为和社会地位,而不是她的外貌长相导致了她的毁灭。即使约翰·高尔所列个人特征中的最后一条"刻毒的语言"也是一种社会现象,而不是生理现象。马修·霍普金斯的第一个受害者是个一条腿的人,但是毁了她的是此后的其他证据,而不是她的身体残疾。[154] 对于被视为妖巫的大部分丑陋老妇人来说,情况都是如此。没有证据表明她们的外貌与她的被控紧密相关。在口供书中很少谈到这类理由与道德上的背离,如私生、乱交等,可能它们有一定比重,但是绝不会比在其他类型的罪行确认中更为重要。[155] 现存证据的性质使得我们完全不可能确切地评估这两种因素的作用。但是很清楚,两者都不是根本性的。

对于大部分被控妖巫是妇女这一事实,似乎也不必寻求心理学或心理分析的解释。在这方面用经济和社会方面的理由来解释好像更为有理,因为妇女是社区中最有依赖性的成员,所以最容易受到指控。确实,这一特色吸引住了当时的魔鬼研究者,他们轻率地夸大了她们在性别上的软弱性以及对于撒旦更易受感染的特性。毫无疑问,这类修道士的怪念头(诸如《女巫之锤》)中带着强烈的反女性色彩,其中,关于与魔鬼性交的问题以及梦交男妖和梦交女妖的传说被做了彻底的探索。但是在英格兰,妖术中较为明显的性问题是审判中非常麻烦的事,也许霍普金斯时期除外。妖术控告乃两性之间的一场战争这一观念肯定应该打个折扣,因为受害者和证人中至少有男也有女。[156]

我们现在对于妖巫审判中的性问题至多能说,妖术神话所在的时代正是普遍相信妇女的性欲要强于男人的时代。罗伯特·伯顿在1621年写道:"哪一个地方,哪一个村庄不抱怨女人不自然和无法满足的性欲?"[157] 在18世纪的中产阶级中,这一看法逐渐被另一个观点所取代,塞缪尔·理查德森的《帕米拉》便代表这一观点:妇女在性欲上是被动的,根本不是淫荡的。[158] 这一变化正与另一信仰的消失同时发生:妖巫通过与魔鬼的交合而满足其性欲。这两种发展都反映了想抑制公开讨论性欲问题的企图。出现在18世纪文献中的明显增强的性禁止使得伦理学家和布道师难以传播关于恶魔聚会和梦交女妖的古老故事,代之以性欲乃是一件罪恶,从而禁止其作为话题而得到讨论。[159]

毫无疑问,关于妖术的异想天开方面还有许多有待解释的问题。[160] 妖术概念为那些并未直接卷入妖术控告的许多人提供了一个察看世界的方式和一个富于想象力的词汇。妖巫的形象是由许多成分构成的,其中有一些是英格兰独有的信仰,如动物听差精灵,这种信仰基本上还未得到说明。这里所提出来的只是对产生妖巫控告的环境的社会学解释和使控告显得有理的知识上假想的概括,希望将来的著作能说明妖巫控告的其他方面。

注　释

1. H. F., *A Prodigious and Tragicall History of the Arraignment... of Six Witches at Maidstone*（1652）, p. 6.

2. Sir R. Blackmore, *Discourses on the Gout, Rheumatism, and the King's Evil*（2nd edn, 1735）, Preface, p. xl.

3. Ewen, *Star Chamber*, p. 38.

4. E. Mackenzie, *A Historical, Topographical, and Descriptive View of the County of Northumberland*（2nd edn, Newcastle, 1825）, ii, p. 35（date corrected by Ewen, ii, p. 323）.

第十七章 妖术及其社会环境

5. Ady, p. 115. See e.g., Ewen, ii, pp. 132—136, 169, 176, 250, 256, 272, 350, 369, 403, 457; *A True and Impartial Relation of the Informations against Three Witches*(1682),pp. 2,3,5; Heywood,*Diaries*,iv,p. 53; Wells D.R.,D 7(罗伯特·安德鲁斯的证据, 1555); *Analecta Bollandiana*, vi (1887), p. 319。医生反对如此诊断的案例参见 Ewen, i, p. 274; Ewen, ii, pp. 134—135; *H.M.C. Hatfield*, xvii, pp. 65, 222—223; E. Jorden, *A Briefe Discourse of a Disease called the Suffocation of the Mother* (1603), sig. F1; (D. Oxenbridge), *General Observations and Prescriptions in the Practice [sic] of Physick... by an Eminent London Physician* (1715), pp. 46—47。

6. Below, p. 686.

7. C. Goodall, *The Royal College of Physicians of London* (1684), pp. 403—404; Sir G. Clark, *A History of the Royal College of Physicians* (Oxford, 1964—1966), i, p. 199.

8. R. Hunter and I. Macalpine, *Three Hundred Years of Psychiatry 1535—1860* (1963), pp. 70—75; Ewen, ii, pp. 132—133, 196—199.

9. Quoted in Ewen, i, p. 269. Cf. Bernard, *Guide*, p. 25. 关于区别妖术和普通疾病的方法, see below, p. 686。

10. Ewen, ii, pp. 174—175, 202—203, 231—234, 239—244; [T. Longueville], *The Curious Case of Lady Purbeck* (1909), p. 98; Ashm. 1730, f. 251; Notestein, *Witchcraft*, p. 185.

11. E.g., G. Markham, *Markhams Maister-peece, or What doth a Horse-Man Lacke* (1610); L. Mascal, *The Government of Cattell* (1633).

12. Ewen, *Star Chamber*, p. 20.

13. *Books of Examinations and Depositions, 1570—1594*, ed. G. H. Hamilton and E. R. Aubrey (Southampton Rec. Soc., 1914), pp. 158—159.

14. A. D. J. Macfarlane, *Witchcraft Prosecutions in Essex, 1560—1680* (Oxford, D.Phil. thesis, 1967), pp. 199—201. Cf. above, p. 532.

15. *L.P.*, x, p. 70.

16. C. L. Ewen, "Robert Radcliffe, 5th Earl of Sussex: Witchcraft Accusations", *Trans. Essex Archaeol. Soc.*, xxii (1936—1940); Ewen, *Star Chamber*, p. 12.

17. M. J. Field, *Search for Security* (1960), p. 109.

18. A. F. Pollard, *Wolsey* (1929), p. 101; W. C. Abbott, *The Writings and*

Speeches of Oliver Cromwell（Cambridge, Mass., 1937—1947）, ii, p. 458.

19. *Willelmi Malmesbiriensis monachi de Gestis Regum*, ed. W. Stubbs（Rolls ser., 1887—1889）, i, p. 195. 这个观点首先由下书提出：Sir J. G. Frazer, *Aftermath*（1936）, pp. 1—3, 之后由下书发展完善：M. Gluckman, *Custom and Conflict in Africa*（Oxford, 1955）, chap. iv, and id., *Politics, Law and Ritual in Tribal Society*（Oxford, 1965）, pp. 59, 221—222。

20. Scot, *Discoverie*, III. xv. Cf. below, p. 793.

21. 涉及伊丽莎白时期葡萄干商人的案例参见 P.R.O., SP 12/232, f. 122^v（*C.S.P.D., 1581—1590*, p. 674）。关于詹姆斯一世时期的一起诽谤案，其中原告的财产损失被归咎给魔鬼的夜间出没，参见 *The Reports of... Sir Henry Hobart*（4th edn, 1678）, p. 129。南海公司的会计约翰·格里格斯比有"很坏的名声，传闻他学习黑暗之术"（P. G. M. Dickson, *The Financial Revolution in England*［1967］, p. 116）。

22. *Collectanea Topographica and Genealogica*, v（1838）, p. 250; Scot, *Discoverie*, XII. v.

23. Ewen, ii, pp. 36, 459. 对无敌舰队战败的一个类似解释，参见 H. Boguet, *An Examen of Witches*, trans. E. A. Ashwin and ed. M. Summers（1929）, p. 63。

24. S. Clarke, *A Generall Martyrologie*（2nd edn, 1660）, ii, p. 213.

25. *Revolution Politicks*（1733）, ii, p. 44; B. Magee, "The Protestant Wind", *The Month*, clxxvii（1941）, p. 337.

26. Scot, *Discoverie*, I. ii.

27. *C.S.P.D., 1667—1668*, p. 4; Ewen, ii, p. 458; A. C. Carter, *The English Reformed Church in Amsterdam in the Seventeenth Century*（Amsterdam, 1964）, p. 184; below, p. 668.

28. *C.S.P.D., 1634—1635*, pp. 141, 152—153. 这个案例的全面描述参见 Ewen, ii, pp. 244—251。

29. W. W., *A True and Just Recorde of the Information, Examination and Confession of all the Witches*, taken at S. Oses（1582）, sig. D4. 一个非常相似的案例参见 J. Strype, *The Life of... Sir Thomas Smith*（Oxford, 1820）, p. 98。

30. J. Selden, *Table-Talk*（Temple Classics, n.d.）, p. 98; G. Parrinder, *Witchcraft*（Harmondsworth, 1958）, p. 124; *Witchcraft and Sorcery in East Africa*, ed. J. Middleton and E. H. Winter（1963）, p. 216.

31. Ewen, i, pp. 272—281.

32. Ewen, *Star Chamber*, p. 12.

33. (R. Baddeley), *The Boy of Bilson* (1622), p. 70.

34. P. Hughes, *The Reformation in England*, ii (1953), p. 274.

35. L. W. Simmons, *The Role of the Aged in Primitive Society* (New Haven, 1945)讨论到的 47 人中只有 4 人认为死亡是完全自然的(pp. 219—220)。Cf. J. G. Frazer, *The Belief in Immortality and the Worship of the Dead* (1913 ; 1968 reprint), i, pp. 33—53 ; and above, p. 130.

36. *A Briefe Discourse of the Christian Life and Death*, of Mistris Katherin Bettergh (1612), pp. 5—6. 内战前以及其期间的反天主教恐惧情绪由罗宾·克利夫顿在他未出版的博士论文中详细研究过, *The Fear of Catholics in England, 1637 to 1645* (Oxford, 1967)。此外还有两篇文章: B. Magee ("Popish Plots in the Seventeenth Century. The Great Panic of 1641", *The Month*, clxxv [1940]and "The Protestant Wind" ; ibid., clxxvii [1941])，以及下书中对教宗阴谋这一神话传统的总结: W. M. Lamont, *Marginal Prynne* (1963), chap. 6。下书中指控天主教应对许多火灾的发生负责: Capt. W. Bedloe, *A Narrative and Impartial Discovery of the Horrid Popish Plot* (1679)。

37. *The Oxinden Letters, 1607—1642*, ed. D. Gardiner (1933), p. 221 ; Scot, *Discoverie*, I. ii ; V. viii.

38. Aubrey, *Miscellanies*, pp. 140—141 ; id., *Gentilisme*, pp. 27, 82, 104, 191, 204, 231—232 ; Ewen, ii, pp. 161, 324 ; Ashm. 219, f. 182 ; W. Coles, *Adam in Eden* (1657), p. 38 ; T. Jackson, *A Treatise containing the Originall of Unbeliefe*(1625), p. 177. 其他保护措施包括置于房屋结构内部的"妖巫杆"(see M. Nattrass in *Yorks. Archaeol. Journ.*, xxxix [1956—1958], pp. 136 ff.)。

39. See e.g., Ewen, ii, pp. 230, 363, 364, 386, 390 ; Ewen, i, p. 314 ; Heywood, *Diaries*, iv, p. 53 ; Aubrey, *Miscellanies*, p. 140 ; Sloane 3846, f. 98 ; Ashm. 1473, p. 658.

40. R. Merrifield, "The Use of Bellarmines as Witch-Bottles", *Guildhall Miscellany*, iii (1954) ; id., in *Folk-Lore*, lxvi (1955), p. 200n. ; id. and N. Smedley, "Two Witch-Bottles from Suffolk", *Procs. Suffolk Inst.of Archaeol.*, xxviii (1958—1960) ; N. Smedley and E. Owles, "More Suffolk Witch-Bottles", ibid., xxx (1965) ; Kittredge, *Witchcraft*, p. 103.

41. M. Cranston, *John Locke* (1957), p. 201 ; Sir K. Digby, *A Late*

Discourse... touching the Cure of Wounds by the Powder of Sympathy, trans. R. White（1658）, pp. 126—128.

42. Kittredge, *Witchcraft*, p. 434; Ewen, ii, pp. 165, 238, 334; *The Municipal Records of the Borough of Dorchester*, ed. C. H. Mayo（Exeter, 1908）, pp. 664—665; J. Heydon, *A New Method of Rosie Crucian Physick*（1658）, pp. 43—44; Bodl., Oxford Archdeaconry Papers, Berks. c. 170, f. 379.

43. Kittredge, *Witchcraft*, pp. 96, 430—431; Ewen, ii, p. 362; Hale, *Precedents*, pp. 249—250; *Camden Miscellany*, x（1902）, p. 69; J. Glanvill, *Saducismus Triumphatus*（1681）, ii, p. 193.

44. R. Bovet, *Pandaemonium*（1684）, ed. M. Summers（Aldington, 1951）, p. 53; Ewen, ii, p. 169; Bodl., MS e Mus. 173, f. 37. 其他许多方法都保留下来了。关于反巫术以及其解决方案的专家, see above, pp. 219—221。

45. Ewen, i, p. 315. 这一解决方法早在 1279 年就实践过; Ewen, ii, p. 28。Cf. Kittredge, *Witchcraft*, pp. 399—400.

46. L. A. Vidler, *A New History of Rye*（Hove, 1934）, p. 69. 关于对可疑妖巫施用的暴力, see above, pp. 633—634。

47. J. Gaule, *The Mag-Astro-Mancer, or the Magicall-Astrologicall Diviner posed, and puzzled*（1652）, p. 197; *The Most Strange and Admirable Discoverie of the Three Witches of Warboys*（1593）, sig. P4^v.

48.（James VI）, *Daemonologie*（Edinburgh, 1597）, p. 49.

49. *The Most Strange... Witches of Warboys*, sigs. B3, Cl; W. Gilbert, "Witchcraft in Essex", *Trans. Essex Archaeol. Soc.*, n.s., xi（1909—1910）, p. 215; above, pp. 589, 591—592.

50. Ashm. 225, ff. 336—337.

51. Ashm. 412, ff. 13^v, 16, 19^v, 117, 125, 141^v, 145^v—146, 153^v, 157, 175^v, 279, 282^v, 292^v Ashm. 184（inside back cover）; Ashm. 178, f. 31; Ashm. 185, f. 270^v.

52. *Norfolk Quarter Sessions Order Book, 1650—1657*, ed. D. E. H. James（Norfolk Rec. Soc., 1955）, pp. 39, 64, 93.

53. C. Kluckhohn, *Navaho Witchcraft*（Boston, 1967）, p. 107.

54. Hunter and Macalpine, *Three Hundred Years of Psychiatry*, pp. 74—75.

55. Winchester D.R., C. B., 37, 6. 216.

56. 麦克法兰博士指出, 埃塞克斯的 460 个妖巫案例中, 有 410 个妖巫和其受害者出自同一个村庄: *Witchcraft Prosecutions in Essex*, p. 223。

57. Kent R.O., Q/SB/4, ff. 3—5.

58. B.M., Add. MS 36, 674, ff. 189—194v.

59. See e.g., Wells D.R., D1 (1530); Lancashire R.O., QSP., ½68/6.

60. E.g., Ewen, ii, pp. 152—153, 314—315.

61. Hale, *Precedents*, pp. 244—245.

62. *The Most Strange... Witches of Warboys*, sigs. B1^v—B2. 贤人扮演的重要角色的例子参见 Ewen, ii, pp. 147, 154, 163, 178, 189, 190, 192, 196, 199, 230, 318, 348, 363, 364。

63. Winchester D.R., C. B. 6, p. 10.

64. *A True and Just Recorde, of... All the Witches, taken at S. Oses*, sig. A2; J. Weemse, *A Treatise of the Foure Degenerate Sonnes* (1636), p. 146.

65. J. Halle, *An Historiall Expostulation*, ed. T. J. Pettigrew (Percy Soc., 1844), p. 30. Cf. E. Lawrence, *Christs Power over Bodily Diseases* (1662), pp. 116—118.

66. Ady, p. 169; J. Brinley, *A Discovery of the Impostures of Witches and Astrologers* (1680), pp. 20—21. Cf. Bernard, *Guide*, pp. 143—144; E. E. Evans-Pritchard, *Witchcraft, Oracles and Magic among the Azande* (Oxford, 1937), p. 257; above, pp. 219—220, 247.

67. M. Hunter, *Reaction to Conquest* (1936), pp. 308—309; B. Reynolds, *Magic, Divination and Witchcraft among the Barotse of Northern Rhodesia* (1963), pp. 126—127; L. Mair, *Witchcraft* (1969), p. 71; cf. E. K. Gough, "Cults of the Dead among the Nayars", in *Traditional India*, ed. M. Singer (Philadelphia, 1959), pp. 261—262; and above, pp. 257—259 and pp. 402—404.

68. G. Gifford, *Two Sermons upon 1. Peter 5, vers. 8 and 9* (1597), pp. 67—68.

69. Lancashire R.O., QSB/1/64/21.

70. (R. Galis), *A Rehearsall both Straung and True of Hainous and Horrible Actions committed by Elizabeth Stile* (1579), sigs. Bi^v—ii; (M. Moore), *Wonderfull News from the North* (1650), p. 7. 关于客户事先的怀疑所扮演的重要角色的文字例证, 参见 Scot, *Discoverie*, V. viii; XII. xvi; G. Gifford, *A Dialogue Concerning Witches* (1593) (Shakespeare AsSoc.facsimiles, 1931), sigs. B1, C1, D4^v, E4; J. Blagrave, *Blagraves Astrological Practice of Physick*

（1671），p. 35。

71. Lilly, *Christian Astrology*, pp. 464—465; S. H（arsnet）, *A Discovery of the Fraudulent Practises of John Darrel*（1599）, p. 102. Cf. above, p. 403.

72. 关于这类的例子，参见 Kent R.O., Q / SB2, ff. 14v, 52, 每个案例中的圈套由贤人安东尼·哈洛特设下。关于过分关心患者病征所导致的怀疑，see e.g., J. Cotta, *A Short Discoverie of the Unobserved Dangers of Severall Sorts of Ignorant and Unconsiderate Practisers of Physicke*（1612）, pp. 51—53; Cooper, *Mystery*, p. 128; Borthwick, R. VII. H. 1327（1618）; Bedfordshire R.O., H.S.A., 1680 Winter/97。

73. *The Most Strange... Witches of Warboys*, sig. E3.

74. See below, pp. 686—687. 关于证据的有限，参见 Ewen, ii; pp. 119—122; Kittredge, *Witchcraft*, p. 364。

75. J. Stearne, *A Confirmation and Discovery of Witchcraft*（1648）, pp. 19, 44—45.

76. 19 世纪早期的一位神甫因为目睹了患者施用巫术护符后康复，由此打消了自己的疑虑的例子，see above, p. 329。

77. Potts, sig. P2^v.

78. *The Most Strange... Witches of Warboys*, sig. B3. See Ewen, ii, index, s.v., 有关于"溺水测试"的一些例子。关于其背后的理论（詹姆斯六世），*Daemonologie*, pp. 80—81; J. Cotta, *The Infallible True and Assured Witch*（1624）, p. 131. 浸没有时被认为是一种阻断了妖巫与魔鬼之间联系的方法；Bedfordshire R.O., H.S.A.1667 W54/（i）（伊丽莎白·普拉特的忏悔，1667）。

79. See e.g., Ewen, ii, pp. 175, 177, 186, 197, 212, 242, 338, 350, 367, 385. Cf. L. Hewes, *Certain Grievances*（1641）, pp. 9—10. 一个特别详尽的版本参见 "A Touchstone or Triall of Witches discoveringe them by Scripture"（B.M., Royal MS 17 C XXIII）（early seven-teenth century）。

80. *The Most Strange... Witches of Warboys*, sigs. O4^v—P1.

81. 关于获得开释的情况，see below, pp. 687—688。

82. *The Most Strange... Witches of Warboys*, sig. B2.

83. E. Fairfax, *A Discourse of Witchcraft*（in *Miscellanies of the Philobiblon Soc.*, v [1858—1859]）, p. 99. Cf. Evans-Pritchard, *Witchcraft, Oracles and Magic among the Azande*, p. 105; R. W. Lieban, *Cebuano Sorcery. Malign Magic in the Philippines*（Berkeley and Los Angeles, 1967）, p. 117.

84. M.G. 马维克教授发现赞比亚原始部落的案例中，大约 60% 的受害者都为一些道德的不端而心有愧疚。*Sorcery in Its Social Setting*（Manchester, 1965）, pp. vii—viii, 8, 241—246, and Table xxv. 关于邪术只能对罪人产生效果的观点，参见 Lieban, *Cebuano Sorcery*, pp. 26, 38—39。

85. Ewen, ii, p. 456.

86. *The Witch of Wapping*（1652）, pp. 4—5（Ewen, ii, p. 320）; Borthwick, R. Vii. H. 1961.

87. 关于这些案例，参见 Ewen, ii, pp. 229—230; *A Detection of Damnable Driftes, Practiced by Three Witches arraigned at Chelmsford*（1579）, sigs. Bi^v—ii; *The Essex Notebook*, viii（1885）, p. 88; Scot, *Discoverie*, I, ii.

88. Ady, p. 114. Cf. Scot, *Discoverie*, 前言中给托马斯·斯科特爵士的信："她在我家里待到很迟；她想要一罐牛奶；她生气地离开，因为她没能得到；她怒骂、她诅咒、她细声细语地说着什么；最后她说会跟我扯平；此后我的孩子、我的牛、我的猪，或者我的鸡就死掉了，或者是奇怪地失踪。"

89. 以统计形式充分提供这类模式的任务难倒了我。我所能做的只是鼓励那些持怀疑观点的读者自己去审视巫术案例。我应当提醒他们，以下资料的总结时而会略去一些相关的细节：Ewen, ii。

90. Ewen, i, p. 305; Ewen, ii, p. 455.

91. Wells D.R., D 1.

92. *A Detection of Damnable Driftes*, sigs. Avi^v—BI. 这位神甫是威廉·哈里森，*Description of England*（1577）的作者。

93. W. Notestein, *The English People on the Eve of Colonization*（New York, 1954）, pp. 81—82; Ady, p. 129.

94. Scot, *Discoverie*, I. iii.

95. See e.g., Strype, *The Life of Sir Thomas Smith*, pp. 99—100; *York Depositions*, p. 74; Wells D.R., D 7（1555）.

96. E.g., Ewen, ii, pp. 290, 347.

97. *A True and Just Recorde, of... all the Witches, taken at S. Oses*, sig. A4.

98. *The Several Facts of Witchcraft approved and laid to the charge of Margaret Harkett*（1585）, reprinted in W. H. Dunham and S. Pargellis, *Complaint and Reform in England, 1436—1714*（New York, 1938）, pp. 191—194.

99. *The Triall of Maist. Dorrell*（1599）p. 102.

100. Strype, *The Life of Sir Thomas Smith*, p. 97.

101. *York Depositions*, pp. 112—114.

102. Ashm. 412, f. 126 (and ff. 169, 182v, 219v) .

103. Ewen, ii, p. 172 ; *The Wonderful Discoverie of the Witchcrafts of Margaret and Philip Flower* (1619), sigs. E2^v, F3^v—F4 ; Ewen, ii, pp. 200—202 ; above, p. 628.

104. See e.g., C. E. Parsons, "Notes on Cambridgeshire Witchcraft", *Procs. Cambs. Antiqn Soc.*, xix (1915), p. 48 ; [H. F.], *A True and Exact Relation... of the late Witches, arraigned... at Chelmsford* (1645), p. 35 ; *The Lawes against Witches and Coniuration* (1645), p. 8 ; (J. Davenport), *The Witches of Huntingdon* (1646), pp. 5, 7, 8.

105. Lancashire R.O., QSB 1/64/23. Cf. above, pp. 605—611.

106. Examples in Strype, *The Life of Sir Thomas Smith*, pp. 99—101 ; *Diaries and Letters of Philip Henry*, ed. M. H. Lee (1882), p. 152 ; Ewen, *Star Chamber*, p. 42 ; *The Case of the Hertfordshire Witchcraft Consider'd* (1712), p. 19.

107. *Book of Examinations and Depositions, 1570—1594*, ed. Hamilton and Aubrey, pp. 158—159.

108. S. Bradwell, "Marie Glovers late woeful case"(1603)(Sloane 831), f. 6.

109. Lancashire R.O., QSB 1/64/23.

110. Bedfordshire R.O., H.S.A., Winter 1680/96—97.

111. Kittredge, *Witchcraft*, chap. 6 ; *H.M.C., Hatfield*, vii, p. 167 ; Sir G. Clark in *Medical History*, x (1966), p. 218. 大陆上关于妖巫尸体会引发瘟疫的观点同样见于英格兰(e.g., W. Kemp, *A Brief Treatise of... the Pestilence*[1665], p. 8), 但似乎没有任何影响力。

112. *C.S.P.D., 1639*, p. 189 ; C. F. Mullett, *The Bubonic Plague and England* (Lexington, 1956), p. 220 ; Kittredge, *Witchcraft*, pp. 89, 419—420 ; S. R. Gardiner, *History of England, 1603—1642* (1904—1905), x, p. 38. Cf. *York Depositions*, p. 154.

113. *Five Wonders seene in England* (1646), sig. A2.

114. Ewen, ii, p. 162. 还有些类似的案例: ibid., p. 90 ; Ewen, i, pp. 86, 154—155 ; J. Spedding, *The Letters and the Life of Francis Bacon* (1861—1874), vii, pp. 30—31 ; S. Clarke, *A Mirrour or Looking-Glass both for Saints and Sinners* (4th edn, 1671), ii, pp. 593—596。Cf. above, p. 635.

115. E.g., Ewen, ii, pp. 89—90, 291—292, 448—449, 461 ; H. F.,

A Prodigious and Tragicall History of the Arraignment... of Six Witches at Maidstone, p. 6. 利利曾被问及一艘逾期未还的船是"迷航了,还是中了妖术"（Ashm. 178, f. 41）。

116. Kittredge, *Witchcraft*, chap. 8.

117. Cf. Lea, *Materials*, pp. 616, 911, 1254; R. T. Davies, *Four Centuries of Witch-Beliefs*（1947）, pp. 6—8.

118. Lancashire R.O., QSB 1/170/55—60.

119. Cf. P. Mayer, *Witches*（Grahamstown, 1954）, p. 12.

120. Cf. M. Fortes, *The Web of Kinship among the Tallensi*（1949）, pp. 131—132; E. J. and J. D. Krige, *The Realm of a Rain-Queen*（1943）, p. 263; J. Middleton, *Lugbara Religion*（1960）, p. 245.

121. 我所知的这种案例只有教区居民对萨福克郡勃兰德斯顿神甫约翰·洛斯的一系列指控,最后导致他在1645年被处决(see C. L. Ewen, *The Trials of John Lowes, Clerk*［1937］, and above, p. 330),以及伊丽莎白·霍尔于1680年对亨利·亨洛克爵士的指控（J. C. Cox, *Three Centuries of Derbyshire Annals*［1890］, ii, p. 90）。

122. Cf. F. Hutchinson, *An Historical Essay concerning Witchcraft*（2nd edn, 1720）, p. 253.（"通常妖巫来到相对上层的社区中会被揪出来而遭到指控。"）约翰·韦伯斯特评论道,如果人体上任何不寻常的记号都会被当作妖巫标记,"那么几乎没人能够免除这种怀疑,尤其是那些穷人,他们吃得最差,长得也最糟糕"（*The Displaying of Supposed Witchcraft*［1677］, p. 82）。尤恩则认为妖巫会被吸引到穷人中去,因为他们更加迷信(ii, p. 67）。

123. 关于这些安排,参见 F. M. Page, "The customary poor-law of three Cambridgeshire manors", *Cambridge Hist. Journ.*, iii（1930）; id. *The Estates of Crowland Abbey*（Cambridge, 1934）, pp. 108—112; G. L. Gomme, "Widowhood in Manorial Law", *Archaeol. Rev.*, ii（1888—1889）; J. A. Raftis, *Tenure and Mobility*（Toronto, 1964）, pp. 36—40, 42—43; W. G. Hoskins, *The Midland Peasant*（1957）, pp. 75, 201—202; R. J. Faith, "Peasant Families and Inheritance Customs in Medieval England", *Agricultural Hist. Rev.*, xiv（1966）, pp. 88, 91; D. Roden, "Inheritance Customs and Succesion to Land in the Chiltern Hills in the Thirteenth and early Fourteenth Centuries", *Journ. Brit. Studies*, vii（1967）, p. 5 and n. 18。

124. W. O. Ault, "By-Laws of Gleaning", *Econ. Hist. Rev.*, 2nd ser., xiv

(1961); [Sir G. Gilbert], *The Law of Evidence* (3rd edn, 1769), p. 253; H. Blackstone, *Reports of Cases* (1791—1796), i, p. 51; *Depositions taken before the Mayor and Aldermen of Norwich, 1549—1567*, ed. W. Rye (Norfolk and Norwich Archaeol. Soc., 1905), p. 18.

125. J. Juxon, *A Sermon upon Witchcraft* (1736), p. 24. 我们并不知道被指控妖巫的年龄, 但是同时代人对妖巫年长的设想与现存的证据是一致的。Cf. Macfarlane, *Witchcraft Prosecutions in Essex, 1560—1680*, pp. 215—218. 我们同样并不知其中寡妇的比例, 因为即便其他材料证明她们是寡妇, 但是诉讼书一般不会提及。巡回审判中处决的102位女性中, 仅有32人确知是有在世的伴侣的 (Ewen, i, *passim*)。

126. 已知的穷人常常都是一些年老的妇女, see e.g., J. F. Pound, "An Elizabethan Census of the Poor", *Univ. of Birmingham Hist. Journ.*, viii (1961—1962), pp. 138, 141; F. G. Emmison, "Poor Relief Accounts of Two Rural Parishes in Bedfordshire, 1563—1598", *Econ. Hist. Rev.*, iii (1931—1932), p. 106; S. and B. Webb, *English Local Government: English Poor Law History: Part I. The Old Poor Law* (1927), p. 160; *Poor Relief in Elizabethan Ipswich*, ed. J. Webb (Suffolk Rec. Soc., 1966), pp. 22, 23, 39, 102—103。

127. 关于这些仲裁机制, see e.g., *Cambridge Gild Records*, ed. M. Bateson (Pubs. Cambs. Antiqn. Soc., 1903), pp. 66, 86, 103, 118; C. B. Firth, "Village Gilds of Norfolk and the Fen Country", *Norfolk Archaeology*, xviii (1911—1913), pp. 193—194。

128. Burton, *Anatomy*, i, p. 64. For a characteristic *Balade declaring how Neighbourhood, Love, and True Dealing is Gone* (1561) see *A Collection of Seventy-Nine Black Letter Ballads* (1870), pp. 134—138.

129. See e.g., *York Civic Records*, ed. A. Raine (Yorks. Archaeol. Soc., 1939—1953), viii, p. 134; *Norfolk Archaeology*, xxxii (1961), p. 231; E. M. Leonard, *The Early History of English Poor Relief* (Cambridge, 1900), pp. 55, 77, 105, 332; Webb, *English Local Government... The Old Poor Law*, p. 318。神职人员关于慈善的观点总结于 W. K. Jordan, *Philanthropy in England, 1480—1660* (1959), pp. 152 ff。

130. Quoted in P. F. Tytler, *England under the Reigns of Edward VI and Mary* (1839), i, p. 115. 乔登 (op. cit., p. 42) 计算大概只有0.17%的慈善基金用于帮助老年人。邻人的施舍与借贷并没有留下任何证据, 因为并没有任何规

范的穷人接济历史研究予以讨论。

131. 关于这种矛盾的鲜明例子,由于太长不便于在此摘录,可参见下书选段: Abiezer Coppe, *A Fiery Flying Roll*(1649), quoted by J. Crofts in *Procs. Brit. Acad.*, xxvi(1940), pp. 189—191。

132. F. Trigge, *A Godly and Fruitfull Sermon*(Oxford, 1594), sig. F4^v.

133. Ady, p. 130.

134. J. Stephens, *Essayes and Characters*(1615), p. 376; Scot, *Discoverie*, I. iii.

135. Gifford, *A Dialogue Concerning Witches*, sig. Bl; Cooper, *Mystery*, p. 18.

136. Winchester D.R., C. B. 50, p. 449.

137. "Vic", *Odd Ways in Olden Days down West*(Birmingham, 1892), p. xii.

138. Potts, sigs. G4, B2, E4.

139. E. Fairfax, *Daemonologia*, ed. W. Grainge(Harrogate, 1882), p. 34.

140. Ewen, ii, p. 333.

141. *Winchester Consistory Court Depositions, 1561—1602*, ed. A. J. Willis(Folkestone, 1960), pp. 25—26.

142. *Life and Struggles of William Lovett*(1920), i, p. 18.

143. Evans-Pritchard, *Witchcraft, Oracles and Magic among the Azande*, p. 117. Cf. Marwick, *Sorcery in its Social Setting*, chap. 8; *Witchcraft and Sorcery in East Africa*, ed. Middleton and Winter, pp. 51—52; V. W. Turner, *Schism and Continuity in an African Society*(Manchester, 1957), p. 142; B. B. Whiting, *Paiute Sorcery*(Viking Fund Pubs. in Anthropology, New York, 1950), pp. 80—82.

144. Marwick, op. cit., p. 221.

145. See e.g., Cooper, *Mystery*, pp. 287—288; Stearne, *A Confirmation and Discovery*, p. 35; *The Hartford-Shire Wonder*(1669), sig. A4. 兰开夏的一位贤人建议其客户在施舍妖巫东西之前一定要在里面放盐; Lancashire R.O., QSB/½02/89(1638)。关于埃塞克斯的一位绅士表达的以下意愿(1603),即要在接受他施舍的人当中剔除有妖巫嫌疑的人,参见 F. G. Emmison, *Elizabethan Life: Disorder*(Chelmsford, 1970), p. 196。

146. *The Case of the Hertfordshire Witchcraft Consider'd*, p. 69. 关于暴力和

虐待, see above, pp. 633—634。

147. M. G. Marwick, "The Social Context of Ceŵa Witch-Beliefs", *Africa*, xxii（1952）, p. 232. Cf. Macfarlane, *Witchcraft Prosecutions in Essex*, pp. 280—281.

148. 关于暗示性的迹象,参见 Lea, *Materials*, pp. 251—252, 311, 417, 564—565, 612—613, 616—617, 620; *Narratives of the Witchcraft Cases, 1648—1706*, ed. G. L. Burr（Original Narratives of Early American History, New York, 1914）, pp. 132, 230, 232, 238, 239 259—260, 422。

149. 这类案例我大概查到了四十多例。

150. *The Compost of Ptolomeus*（n.d.［?1600］; copy in B.M., 718 b 41）, sig. H7.

151. J. Gaule, *Select Cases of Conscience touching Witches*（1646）, 4—5.

152. Kent R.O., Q/SB/2, f. 27; Potts sig. M2. Cf. chap. 14 appx. A.

153. J. Wodroephe, *The Spared Houres of a Souldier in his Travels*（1623）, p. 488; Notestein, *Witchcraft*, p. 215 n.; Potts, sig. Gl; *The Wonderful Discoverie of the Witchcrafts of Margaret and Phillip Flower*, sig. C3.

154. Notestein, *Witchcraft*, p. 166; Ewen, ii, p. 266.

155. 关于被指控的人牵涉乱交行为的例子,参见 Ewen, ii, pp. 168, 204; Notestein, *Witchcraft*, pp. 40, 42—43, 54, 115。

156. Cf. Macfarlane, *Witchcraft Prosecutions in Essex*, p. 213.

157. Burton, *Anatomy*, iii, p. 55.

158. Cf. M. Schlauch, *Antecedents of the English Novel, 1400—1600*（1963）, pp. 122—123, and F. L. Utley, *The Crooked Rib*（Columbus, Ohio, 1944）, pp. 49, 50, 163—164, 255—256, and R. P. Utter and G. B. Needham, *Pamela's Daughters*（1937）. 但是这一改变是否对工人阶级有影响是值得怀疑的: 19世纪流行的性爱手册《亚里士多德性爱大全》（*Aristotle's Masterpiece*）依然认为女性在性行为中获得比男性更多的愉悦。

159. 来自下书的出色观点: E. Jones, *On the Nightmare*（1931）, pp. 229—230。

160. Cf. the comments of M. Douglas in *New Society*, no. 358（7 Aug. 1969）.

第十八章

妖术的衰落

> 人家说奇迹已经过去了,我们现在这一辈博学深思的人们,惯把不可思议的事情看作平淡无奇。
>
> 威廉·莎士比亚,《终成眷属》,第二场第三幕

17世纪后期的英格兰,出现了妖巫控告的衰落和关于这一罪行的怀疑论的传播。早在1736年废除妖术法令之前,妖术控告就越来越难以被法庭受理并最终胜诉了。对于这一点的解释是:有教养阶层的态度改变了,其中包括法官、律师、大陪审员和小陪审员,他们的集体抵制有效地结束了妖术审判。

但是,如何来说明这种态度的改变?在此,我们遇到了这一难题中最令人难以理解的方面。因为关于妖术的观念革新就如占星术知识声望的衰落一样,是悄无声息的。诚然,这个课题激发了一系列的书面争论,然而双方所使用的论点几乎没有什么变化。我们所要解释的是,为什么怀疑论者的观点在经过一百多年以后才被人们普遍接受?

怀疑论者的观点未必与关于自然界的任何新假设有关。恰恰相反,大部分的争论都审慎地在新教的原教旨主义的框架中进行。

主要的怀疑论作者——雷金纳德·斯科特、塞缪尔·哈斯尼特、罗伯特·菲尔默爵士、托马斯·艾迪、约翰·瓦格斯塔夫、约翰·韦伯斯特、弗朗西斯·哈钦森——都竭力主张,把妖术看成魔鬼崇拜的"欧洲大陆概念"是不可接受的,因为它在《圣经》中找不到证据。韦伯斯特着重指出,《圣经》中找不到这种妖术,"《圣经》中没有揭示的有关撒旦王国之威力的东西就是应该被摈弃的和不予相信的东西"。[1] 当然,《出埃及记》第22章第18节中说,不能让妖巫活在世上。这段文字导致约翰·韦斯利断言"排除妖术实际上就是排除《圣经》"。但是,怀疑论者认为,《旧约》中的妖巫并非魔鬼崇拜者;他们仅仅是巫师和占卜者;他们只是使用毒药和类似的自然手段伤害仇敌。其中的大部分人都是骗子,他们因为欺诈而遭罚,无法与撒旦签订肉体上的契约。现代的魔鬼崇拜神话与其夜间飞行和恶魔聚会的说法一样,都是"修道士作者"的拙劣发明,是教宗虚构物与古代异教迷信的混合。[2] 怀疑论者在构筑这一论题时基本上继承了新教的传统做法;攻击见于罗马天主教会的教谕和实践中的异教遗风。

但是,因为在争论大众的撒旦形象时缺乏《圣经》根据,于是怀疑论者只能从当代哲学新潮流中汲取强大的增援力量。唯物主义者诸如托马斯·霍布斯及笛卡尔的追随者,都摈弃了用抽象概念去进行驳斥。通过这一方式,他们有效地将魔鬼从自然界中排除出去。霍布斯并不否认,可能有些精灵的躯体小到人类的肉眼观察不到,但是他肯定地说,他们绝不能操控人的躯体或者呈现人的外形。他说大部分魔鬼"只是大脑中的幻象"。洛克并未说没有精灵,但是他认为不可能获得有关他们的任何肯定的知识。[3] 妖术控告反对者的主要原则是:魔鬼没有世俗权威;他不可能存在有形躯体,他的攻击纯粹是精神性的。[4] 既然撒旦在《旧约》中是个相当不显眼的角色,那么关于这一观点的貌似有理的论据便可完全以《圣经》为基础了。空位时期的好几个宗教派别也都鼓励这种思考方式。洛多威克·马

第十八章　妖术的衰落

格尔顿着重指出,魔鬼并非有形存在,而只是人们内心的邪恶思想。⁵ 喧嚣派教徒也把魔鬼解释成符号:他代表了受压抑的欲望,而不真是一个人或怪物。⁶

迄于 17 世纪末,这种解释在正统派圈子里已变得更加被人接受了。艾萨克·牛顿爵士认为,恶灵仅仅是内心的欲望。斯蒂林弗利特主教说,在基督教出现以前,魔鬼可能曾有过物质威力,但是业已接受福音的人就再也不会被魔鬼伤及他们自己、孩子及财物了。⁷ 魔鬼附体的比喻性解释在《新约》中也可找到根据。1676 年,一位作者解释道:"魔鬼存在的表述,只是一种措辞或说话的方式。"⁸ 地狱的衰落加强了这些趋势:17 世纪的许多知识分子都对作为折磨肉体的固定处所的地狱的存在提出了疑问,并且重新把它解释成一种心理状态的象征,这是一种内在的地狱。⁹ 晚至 19 世纪,宗教法庭仍有可能将否认魔鬼人格的人判为"臭名昭著的恶人"。这种观点后来被枢密院的司法委员会所推翻;按照第 12 版《不列颠百科全书》:"可以完全肯定,关于撒旦之信仰现在已普遍地被认为不是基督教信仰中的基本项目了。"¹⁰ 但是仅仅把魔鬼从其地狱王国中驱逐出去,已足以驳斥妖巫与之订立契约的可能性了——除非"契约"存在于她们自己内心;即使一个老妇人想投靠魔鬼,她也没有希望获得源源不断的超自然威力。

受到这些神学思想潮流影响的人越来越感到,上帝不可能允许妖巫施行任何超自然的威力,或者倾向于认为,她们不应该因为被假想成做这类事而受到迫害。雷金纳德·斯科特在其《妖术探索》(1584)中给标准的怀疑论观点下了很好的定义,这一定义此后也没有多大改变。斯科特说,所有的妖巫都属于以下四个类型。第一类是无辜者,他们由于别人的恶意或无知而被虚假地指控。第二类是妄想者,那些怀有恶毒心肠或半疯狂的人,自以为是与魔鬼一伙的,并荒谬地承认这种影响,但是他们实际上无害于任何人。第三类是真正有恶行的妖巫;然而,他们不是用超自然手段,而是用毒药来秘密伤害其邻人的。最后一类是招摇撞骗者,巫师和魔咒师便属此类,他们假装能医病、算命和寻找失物,以欺骗乡下人。后两类即是《圣经》中所说的不能让他们活着的人。从这个程度上说,斯科特是承认"妖巫"存在的。但是他肯定地说,其中没有一个人能够与魔鬼订立肉体上的契约,或者随后用超自然手段伤害其邻居。他完全同意控告术士和女贤人。但是他坚决反对用不可能有的罪名把老年妇女处死。[11]

当时,据说斯科特的著作"给地方行政官和教士造成了深刻的印象"。尽管它直至 1651 年才重印,但是它的影响仍然相当可观。伊丽莎白时代的怀疑论者——诸如塞缪尔·哈斯尼特和约翰·哈维医生——在其出版的著述中大量引用了该书中的文字,有证据表明,它的观点也为有知识的俗人所熟悉。例如,肯特郡的怀疑论者亨利·奥克辛登在 1641 年的一封私人信函中流利地复述了它们。[12] 即使妖术信仰的支持者也基本上接受斯科特关于妖术骗子的观点。但是,有教养阶层中的大多数人是逐步地接受斯科特观点中的全部含义的。罗伯特·伯顿在 1621 年写道:"许多人全盘否认妖术,即使有一点也并无伤害作用,但是与此相反的是大部分律师、教士、医生和哲学家都不这么认为。"斯科特的观点仍然是自觉的少数派的认知。许多同时代人把它看成是与无神论一样地否认精灵之现实性或者日常生活中超自然干预的可能性。[13] 它肯定比那些结束妖巫审判的法官和陪审员实际上采纳的观点更为严厉。我们可以说,法官和陪审员不是被任何这类有条有理的思想体系所推动的。他们的态度较为温和,所影响他们的并不是这种对妖术可能性的否定,而是在逻辑上难以证实任何案件中妖术作用的强烈感觉。

这是长期以来人人都意识到的一个难题。即使最热忱的妖巫搜捕者也从未说过所有的灾殃都来自妖巫的作用。与此相反,主要的权威都始终强调,对于明显的"恶业"所做的一切其他可能的解释——上帝的行为,魔鬼未经妖巫而直接施加的作用,诈骗的结果,或者纯粹的自然原因——被考虑之前,不应该断定它为妖术。在妖巫起诉提出以前,所有这些可能性都要经过仔细的调查和研究。[14]但是这一劝告提出了两个使人困惑的问题:如何将妖术从其他可能的原因中区别出来?怎样才能肯定妖巫的身份?

为了区别"恶业"和自然疾病,魔鬼学家们列出了各种各样的标准。这些标准通常可以归结为:对于具有超自然症状的疾病就不可能做自然的解释;例如,一个着魔者展示了超人的力气,或者用他本来不懂的外语流利地讲话;或者,对患者使用常规的处方时产生了不合乎常规的结果。[15]显然,这种"测试"完全取决于见识广博的医生们的一致意见:是不是自然的。如果意见发生分歧,那么事情将无法进行下去。由于在任何案例中总有少数知识分子认为妖巫有可能使受害者出现像普通自然疾病一样的症状,[16]因而辨认妖术的困难就更大了。

一旦我们用比较开放的眼光看待妖术的同时代人,我们就会越来越意识到提出起诉的逻辑困难。认识到这一问题的人包括伦敦的布道师,他在1603年指出,无法肯定地识别魔鬼附身,"因为不可能确定任何正确的症状来确诊某人基本上着魔了;这种症状必须明确到只表现在着魔者身上而不表现于其他任何疾病中"。[17]还有负责苏格兰事务的前大臣,他在1697年写道,他曾毫不怀疑妖巫的存在,但是"使人相信存在着妖巫的法国最高法院和其他法院现在已不再审判妖巫了,因为经验告诉它们,要把着魔和其他自然疾病区别开来是不可能的;它们宁愿让罪犯漏网,也不愿处罚无辜者"。[18]

即使妖术的事实得到确认,也还存在着鉴别妖巫的问题。如我们所见,在大众阶层里这是没有问题的。"恶业"的证据,再加上表达出来的或者默默的敌意,就足以使四邻确信了。这在伊丽莎白时代的法庭上似乎也可确保定罪。威廉·珀金斯悲叹道:"经验表明,无知的人……会为自己的臆断做出强势的证明使陪审员做出了对无辜者的判决。"[19]在17世纪初,1604年法规——它强调了信奉魔鬼的契约——实施以后,人们撇开了"通常使用的""假设",而偏向于要求更为严格的证明,这种证明主要建立在契约证据的基础上。他们现在要的是经过发誓的证词:妖巫蓄养了一个听差精灵或者身上有魔鬼的标记;最为关键的是他们希望要有她关于和撒旦订立契约的自觉自愿的口供。[20] 这种对于契约证据的新的强调可以见于17世纪的司法程序中,尤其是在霍普金斯运动之后。但是仍然没有一件新的"证据"是确实可靠的。"听差精灵"可以是无害的家庭小玩物,而"标记"则可以是天生的赘疣。[21] "口供"本身就被怀疑论者不无道理地认为是妄想症或"忧郁症"的产物。怎样才能区别真口供和假口供?[22] 魔鬼学者越是坚持要肯定的证据,他们所遭遇的逻辑困难就越大。矛盾的情况是,他们的更为严厉的妖术即魔鬼崇拜的观点,最终导致了无罪释放率的上升,因为在不使用欧洲大陆上的拷打方式的情况下,像这种罪名的口供往往是得不到的。

在欧洲大陆上,控告的手段有时候是万无一失的,以致当一个人问一些有经验的德国法官,一个无辜者一旦以妖术罪被逮捕后如何才能避免被定罪时,这些人竟然无言以答。[23] 在英格兰,情况倒没有那么糟糕,即使霍普金斯借助他那改进了的折磨方法也未能获得百分之百的定罪率。遗憾的是,资料的不足使得我们不知道当时的大部分无罪开释的判决是如何获得的,以及是什么理由使得大陪审团不接受有的起诉书或劝告小陪审团拒绝定罪的。理查德·伯纳德在1627年开列了大陪审团可能提出的若干条反对理由:受害者可能是个骗子;他也许患了一种较好的医生能鉴别出的自然疾病,或者这恐怕是魔鬼没有借助于妖巫的中介而直接施加的一种超自然病。[24]

这里的证据暗示了无罪宣判通常是按照这种或类似方式做出的。在当时的小册子文献中特别充分地记载了受害者欺骗性的论证。还有一些案例显示陪审团在下列情况下也可能做出无罪宣判:妖巫的怨恨未能证实;反对她的证人名声不佳;所提供的证言过于

第十八章 妖术的衰落

强词夺理；或者被告有着上教堂和过宗教生活的正规记录。如果法官或陪审团对案子感到不快，那么无论是"口供"还是一大帮敌对的证人都未必能确保定罪。[25]

可以肯定的一点是，无罪开释率的上升乃是审判员的工作成果，他们也许并不否认像这样的妖术，但是由于不可能在任何案子中取得确定的证据而困惑不安。这在一定程度上也是彻底怀疑论的法官们所采用的一种策略，如 L.C.J. 诺思，他劝告其同行显示出"一种非常稳健和温和的姿态"来对付公众对妖巫的愤恨，努力"依靠侦查骗子，而不是通过命令式地否认老年妇女拥有这类威力的方式来定案"。詹姆斯一世在位期间，艾博特大主教在处理埃塞克斯郡伯爵的阳痿蛊惑案时，也是采取了这种态度。他并不否认存在着像妖术那样的事，但是怎样通过其外表症状来把它与其他自然疾病区别开来？[26] 这是一个真正的难题，而且未必只是不相信妖术而又怕这样说的怯懦者所使用的一个计谋。这个难题从一开始就包含在妖巫审判中了。为什么过了这么长的时期人们才开始意识到它？这是无法直接回答的问题。我们所能做的一切便是勾画出似乎促成这一变化的客观环境中的若干方面。

首先，必须认识到，妖术的假设就像任何其他解释手段一样，如果过分经常地使用，就会在其自身的压力下碎裂。控告容易提出而难以证伪，因此它特别可能被恶意和欺诈激发起来。目睹一场明显不公正的控告后，见证人就会认为今后必须更为谨慎。主要的怀疑论作者似乎毫无例外地都是因为个人了解了这类事件后才被激怒而发表看法的；如雷金纳德·斯科特，他曾亲眼看到肯特郡村庄附近的不少欺诈的妖巫控告；而后来唐郡主教弗朗西斯·哈钦森的《关于妖术的历史随笔》（1718）则是被赫特福德郡妇女简·韦纳姆的案子激发出来的，她起初被判处死刑，此后又于1712年缓刑，他在她获释后曾去访问过她，他深信她的虔诚。[27] 在法国，则是一系列伪装的歇斯底里案丑闻导致最高法院撤销了妖术控告。[28] 在英格兰，刺激物似乎完全一样。

且不论个人误判的影响，我们可以看到有两种基本上是新的态度在发展。第一，假设宇宙是有秩序和有规则的，不可能被上帝或魔鬼的反复无常的干预所扰乱。这个世界观由于机械论哲学而得到加强，但是接受它的道路则是长期以来由神学家们铺平的，他们强调上帝有秩序地处理着各种事务，通过易被人类接受的自然原因而起作用。面对着这样的理性，再谈论奇迹的发生便显得越来越不合乎情理了。正是这种信念，而不是任何新的心理学上的洞察力才解释了怀疑论者对于老年妇女的口供所持的态度，她们说自己看见了魔鬼在空中飞行，或者用其神秘的诅咒杀死了人。魔鬼学研究者们如此重视的妖巫忏悔就这样通过从原因推及结果的演绎法而被否定了，如约翰·韦伯斯特所说："魔鬼或妖巫根本不可能改变或替换上帝业已安排好了的自然过程。"[29] 所以，魔鬼妖术指控被摈弃，不是因为它们经仔细地审查后发现了某个方面的缺陷，而是因为它们包含了现在显得有点荒谬的一个概念。

这种看法的日益流行使得17世纪后期某些知识分子的最后抵抗归于失败，他们企图把古代的妖术信仰建立在真正科学的基础上，即从许多流传下来的超自然故事中筛选出无疑可以认证的事实。这就是梅里克·卡佐邦、亨利·莫尔、乔治·辛克莱、约瑟夫·格兰维尔和理查德·巴克斯特的心理研究的动机，甚至罗伯特·波义耳也认为，"一个经过充分证实的详细故事"是完全可以驳倒怀疑论者的。[30] 但是这件任务被证明是不可能成功的，因为没有人会被自己认为不合理的证据说服而改变其看法。自然神论者查理·布朗特认为："任何人对神迹的证词都应该被怀疑。"许多逸事奇闻被收集起来出版，但是没有一件有力到足以经得住怀疑论者的检验。后来大卫·休谟把这种检验上升为一条哲学原则：没有证词能够证实奇迹，除非其对立面的虚假比它所欲证实的事实更令人吃惊。[31]

作为怀疑论者态度的基础的第二个假定是一个乐观的信念：

第十八章　妖术的衰落

人们有朝一日能够揭示那些至今仍然神秘莫测的事件的自然原因。现在我们已经可用自然原因来解释的现象包括妖巫的无痛感的"标记"或者令人难以理解的"坦白"。妖巫的想入非非的背后是"忧郁症";"梦交男妖"不是天罚,而是一种疾病;自然病症可以用来说明魔鬼附身。虽然大部分现象仍旧是令人困惑不解的,但是正如约翰·瓦格斯塔夫所指出的那样,[32] 心理疾病的研究才刚开始,谁都说不准将来会发现什么。17世纪科学家所取得的进展十分引人注目,它足以使大多数同时代人意识到自然知识的灵活性,并且感染了其中一些人使他们坚信未来人类成就的可能性。这就是有些怀疑论者所鼓吹的论点,[33] 这种论点使得他们有可能既摈弃妖术的解释而又不留下过分难以承受的真空。

此外,在短时期里,尤其是16世纪晚期和17世纪早期,与许多尚未揭示的玄秘影响一起搏动的新柏拉图主义宇宙观大大地推动了怀疑论态度。许多作者之所以怀疑妖术,是因为他们轻信其他的事情。他们接受了共感治疗和远距离作用的可能性,他们相信石头有着神秘的性能,尸体在其谋杀者接近时会出血;以及有些人能用眼睛里的发射物"摄人神魂"。斯科特的怀疑论就可能是他对于这种说法的信仰所造成的,而约翰·韦伯斯特的妖巫怀疑与他相信武器药膏、星体精灵、森林神、矮人、美人鱼和海怪一样并不是偶然的巧合。正因为他们认可了如此广泛的所谓自然现象,才能够摈弃妖术的神秘解释。他们比那些受过亚里士多德派学术传统教育的人要更容易对妖巫的"恶业"提出"自然的"解释。[34] 于是,怀疑论者就用在我们看来是完全荒谬的关于自然事件的假设解释了魔鬼附身,把它说成是"子宫病"导致的歇斯底里,这是一个自然的但是错误的解释。[35]

文艺复兴时期的新柏拉图主义及其附属的各思想学派为这种假设提供了支持它们所必需的生气勃勃的知识台架,即一切事件都有其自然原因。当17世纪后期这一台架在机械论哲学的攻击下崩溃时，它就不再需要替换了。此后，妖术的荒谬性可以由皇家学会和新哲学的成就来证明。[36] 诚然，一些早期改信机械论哲学的人曾很难下决心对妖术问题持有这种看法，但是他们的观点在长时期中被证明是对自然现象的一种全面解释，并且是无须外界帮助的一种解释。颇为凑巧的是，在1736年首先发动废除妖术法令的3个哲学硕士之一约翰·康杜伊特娶了艾萨克·牛顿的侄女为妻，并且是牛顿的主要追随者和回忆录作者之一。

这就形成了贯穿英格兰妖术控告时期的一股连续的怀疑论潮流。斯科特的巨著也许不过是业已流行的理性主义批判风格的精巧应用。早在1578年，诺里奇郡一个布朗医生就被控"散布对法律的厌恶言论，说并没有妖巫"。[37] 斯科特本人则深深被妖术文献所迷，并尤其被克累弗医生约翰·韦尔的医学发现所吸引，他在《幻想的魔鬼》（1563）中主张，许多所谓的妖巫实际上是清白无辜的忧郁症患者，即使真犯了罪的妖巫也不过是撒旦的工具，她们无法用自己的行为来伤人。斯科特进一步发挥了他的观点，认为甚至撒旦都没有任何物质威力。

在知识分子范围之外的公众见解的变动则难以描绘。许多迹象表明，"怀疑只是默默的和没有把握的"。[38] 关于这一点的证据，我们不能从怀疑论者孤立的言论中去找，如伊丽莎白时代的律师萨金特·哈里斯1593年在法庭上所说的那样，通过熔化蜡像可以伤害别人的说法乃是"虚假和轻率的奇想"；[39] 而是见于当时社会的许多领域里，那里似乎很少甚至绝不谈及妖术问题，如工商业者和金融家阶层、医务行业以及大部分政治和行政管理部门。

17世纪后期，怀疑论的迅速发展是明白无误的事实。1668年，约瑟夫·格兰维尔承认："大部分放荡的绅士和哲学与智慧的卑劣假冒者都已是妖巫信仰的嘲笑者。"[40] 翌年，约翰·瓦格斯塔夫的《妖术争论问题》出版，这是一件扫荡性的怀疑论作品，它在剑桥大学的

第十八章　妖术的衰落

著名学者中间引起了争论，但是在其他地方受到了广泛的重视。[41] 1677年，罗伯特·波义耳写信给格兰维尔说："我们生活在一个伟大的时代和伟大的地方，在这里，有关妖术或其他巫术本领的一切故事都被许多人怀疑，以致它们无法躲避头脑健全者的嘲笑和摈弃。"亨利·哈利韦尔在1681年认为，有这么多自命的无形物质的批驳者，谈论魔鬼和着魔简直就是自招嘲笑和侮辱。约在1694年，哈利法克斯的侯爵编纂了他的"基要信念"表，他不得不在"有妖巫"的主张上加上意味深长的限定词"近来大受动摇"。[42]

当然，这一信仰在教士圈子里还保持着一点生气；当1718年弗朗西斯·哈钦森撰写关于这一主题的著作时，他还可以引用1660年以来近30篇为此观点辩护的著述。但是即使那些比较相信的人也意识到在任何特定案例中都难以获得满意的证据，[43] 而许多受过教育的俗人则开始把妖术观念看作荒唐无稽的想法。甚至在1736年废除妖术法令以前，法庭就已把一个人对妖巫的恐惧作为他精神错乱的证据了。当1736年苏格兰法官格兰奇勋爵反对废除妖术法规时，据说沃波尔评论道，从他知道此事开始，他再也不在政治上怕格兰奇了。[44] 到了该世纪中叶，科尼尔斯·米德尔顿就已说"妖术信仰业已完全绝迹"了。[45]

当然，普通大众的情况远非如此。在16世纪偶然有些怀疑论的迹象。1555年，萨默塞特郡班韦尔的约翰·塔基说，按他的看法，没有一个男人或女人能用妖术干什么事；[46] 肯定后来也有人持有同样的看法。但是很少有苏格兰乡下人或下等人中的怀疑论者在记载中留下线索。如果说在17世纪的农场雇工和农民中妖术信仰衰落了，那还有待论证。告发数量的下降并不能证明人们不再指控妖巫，它只表明法庭不再认真地看待它们。

虽然在1736年废除法令后大众中仍旧保留着对妖巫的恶感，但是可能控告的数量已经减小了。如果是这样的话，那么其社会原因与知识原因是同等重要的。因为到了17世纪后期，曾经在过去导致了许多妖巫控告的慈爱精神和个人主义之间的冲突已经走上了解决的道路。全国性《济贫法》的发展把对于穷人的资助变成了法定的责任;在此过程中,它不再被看成是道德义务。[47] 威廉·科贝特写道:"当穷人让教区官吏得知他的悲惨处境后,他们给予他的就不是施舍,而是他的法定权益。"[48] 当然,《济贫法》是在都铎王朝时期制定的。但其含义在最初并未被充分认识,因为它只是被断断续续地使用,并且是作为最后的手段。私人的施舍仍然是维持贫民生活的重要来源,官方对于上门乞讨的情况也熟视无睹。[49] 然而,自17世纪初以来,《济贫法》逐步改变了原来作为权宜之计的状况,而更像是一种常规的救济制度了。在这个世纪中,每年用于这方面的款项增加了十倍以上。由于有了这种组织资助的途径,穷人不再像以前那样十分依赖于其邻人的自愿帮助了。17世纪末的一个评论者写道:"我可以肯定,现在因为穷人是由每个教区公开推举的贫民管理员来照料,所以大量富有同情心的人不再像以前那样致力于此事;更为自然的是人们认为这类照料不再需要……许多人不仅认为去干教区所应干的事是不必要的,而且认为是愚蠢的。"[50] 私人的施舍仍在继续,但是其性质已经改变。建立大笔慈善基金的商人和绅士不再在家里施舍食物,而老年妇女也不再上门乞讨。

在这种环境中,原来导致妖术指控的紧张状态和罪感便逐步消失。如今将其邻人双手空空地赶走的人可以比较问心无愧了,因为他可以用"现在已有其他方式解决这类问题"的想法来安慰自己。他不必再受到良心责备的折磨,而这在以前却导致了妖术指控。妖术指控反映了互助的社区道德准则与自助的个人主义道德原则之间的冲突。但是直到17世纪末,随着旧道德原则的消失,这种冲突也开始解决。在这种情况发生以后,对于妖术指控的刺激也就衰减了。

意味深长的是,妖巫信仰在乡村社区中持续得最久,在那里灾殃的原因仍然被归之于个人。在乡村中,睦邻和互助的习俗一直残

第十八章 妖术的衰落

留到 19 世纪。妇女依旧上门乞讨或借贷,户主则以一种矛盾的心理让她们空手而归。鲁思·奥斯本于 1751 年在赫特福德郡被一群暴民以妖术罪用私刑处死,她先前曾被一个农民拒绝给予酪乳,而此人后来的神秘疾病便导致了对她的妖术指控,这种情况并不是偶然的。18 世纪、19 世纪,乃至 20 世纪所记载的其他非正式妖巫指控中的大部分都符合于特定的古老模式:逃避施舍的义务,随后发生了灾殃。[51]

1736 年以后,正式控告的可能不再存在,村民们便转向非官方的暴力、反巫术和偶尔施之的私刑。这种程序是以前妖巫审判的非法和拙劣的取代物。因为正式的妖术控告不仅有着精神发泄的作用,而且还需要得到认可和证实,[52] 但是 1736 年以后控告变得难以证实,而弥补的途径也被禁止了。在这种情况下,妖巫信仰不可避免地衰落了。

英格兰的妖术控告的历史就这样反映了控制法庭机构的有教养阶级在知识上的变迁。一方面,正式指控的衰落是他们对于罪行之可能性或者至少是对于证实它之可能性的日益增强的怀疑的结果。而另一方面,妖术指控的历史只能根据妖巫与其指控者所处的直接的社会环境来解释。它们之极不正式的性质使得我们不可能精确地估计其数量的变动状况。我们似乎无法说出 18 世纪初法庭上起诉状数量的下降,究竟在多大程度上是由法官和陪审团对这类指控的厌恶所引起,以及在多大程度上反映了村民们自己对控告要求的衰减。

这些考虑使得我们不能轻率地从正式控告的实际趋势中得出过多的结论。但是,可以断言的是,在妖巫控告编年史与诸如鼠疫、饥荒、失业或物价浮动等普遍的事件之间并无明确的关系。此外,按照我们业已看到的将个人不幸归咎于妖巫的情况来看,也没有理由要设想这类关系的存在。认为全国到处充满恐慌也是错误的,这类印象来自断断续续的关于耸人听闻的妖巫审判的小册子记载。司法记录表明,妖巫控告是这一阶段大部分时期中的常规现象。在内战前二十年里,控告数量似乎开始下降,尽管这可能在一定程度上是由不平衡的残存记录所造成的乐观想象。[53] 在马修·霍普金斯时期,控告数肯定有所上升,他的行动表明,从上层来推动控告到底可以达到什么程度。但是,他的运动如果没有农村社会中的紧张状态作为基础也是不可能展开的。导致其受害者提出起诉的仇恨与导致该世纪中其他妖巫审判的仇恨完全相同。妖术指控是英格兰社会的特产,但是它基本上是一种地方现象,如果我们对英格兰农村的历史和结构知道得更多一点的话,那就会更好地理解这一现象。

注　释

1. J. Webster, *The Displaying of Supposed Witchcraft* (1677), p. 47.

2. Scot, *Discoverie*, esp. V. ix; VI. i, ii, v; VII. i; S. Harsnet, *A Declaration of Egregious Popish Impostures* (1603), pp. 132—138; J. Gaule, *Select Cases of Conscience touching Witches and Witchcrafts* (1646), p. 57; (Sir R. Filmer), *An Advertisement to the Jury-Men of England touching Witches* (1653); Ady; J. W (agstaffe), *The Question of Witchcraft Debated* (1669); Webster, op. cit., esp. pp. 57—58; B. B(ekker), *The World Turned Upside Down* (Eng. trans., 1700); F. Hutchinson, *An Historical Essay concerning Witchcraft* (1718: 2nd edn, 1720), chap. xii; *A Discourse on Witchcraft occasioned by a Bill now Depending in Parliament* (1736); J. Juxon, *A Sermon upon Witchcraft* (1736). Cf. *Journal of John Wesley*, ed. N. Curnock (1909), v, p. 265.

3. T. Hobbes, *Leviathan* (1651), chaps. 34, 44 and 45; J. Locke, *An Essay Concerning Human Understanding* (1690), ii. 23, 31; iv. 3. 27.

4. Scot, *Discoverie*, III. iv, vi, xix; VIII. iv; *A Discourse upon Divels and Spirits*; Webster, *The Displaying of Supposed Witchcraft*, pp. 73, 95.

5. L. Muggleton, *A True Interpretation of the Witch of Endor* (1669), p. 4; id., *The Acts of the Witnesses* (1699), p. 12; id., *A Looking-Glass* (1756 edn), p. 47.

第十八章　妖术的衰落

6. *H.M.C., Leybourne-Popham*, p. 57 ; J. Bauthumley, *The Light and Dark Sides of God*（1650）, pp. 28—31. 异端天主教徒托马斯·怀特对魔鬼幻想一事也持极其自然主义的观点 ; *The Middle State of Souls*（1659）, p. 190。

7. F. E. Manuel, *Portrait of Isaac Newton*（Cambridge, Mass., 1968）, p, 369 ; *Letters Illustrative of the Reign of William III*, ed. G. P. R. James（1841）, ii, pp. 302—303.

8. *The Doctrine of Devils*（1676）, p. 36. Cf. above, p. 585.

9. See D. P. Walker, *The Decline of Hell*（1964）; and C. A. Patrides, "Renaissance and Modern Views on Hell", *Harvard Theol. Rev.*, lvii（1964）; above, pp. 202—203.

10. T. A. Spalding, *Elizabethan Demonology*（1880）, p. 83 ; *Encyclopaedia Britannica*（11th edn, Cambridge, 1911）, s.v. "Devil".

11. 特雷弗-罗珀教授则认为,斯科特及其追随者并没有撼动妖术信仰的根基,他们仅仅是质疑了它在应用上的阐释:"这一神话体系的根基是他们鞭长莫及的"; *The European Witch-Craze of the 16th and 17th Centuries*（Harmondsworth, 1969）, pp. 75, 88—89, 94, 101。然而这是对斯科特拒绝否认"妖巫"存在的错误解读。斯科特承认江湖骗子、投毒者、骂街者和自欺欺人之辈的存在,但他并没有在这些人具有超自然神力的问题上做出过妥协,("我想回答的问题,就像很多人乐意揣测的那样,并不是世上是否有妖巫;而是他们是否有行那些归咎到他们头上的神迹的能力";（*Discoverie*, sig. Aviij^v）。

12. Ady, sig. A3 ; *The Oxinden Letters, 1607—1642*, ed. D. Gardiner（1933）, pp. 220—223. 关于斯科特的支持者,参见 Kocher, *Science and Religion*, chap. 6 ; Notestein, *Witchcraft*, p. 77, p. 9 ; *Discoverie* was reprinted in 1651, 1654 and 1665。

13. Burton, *Anatomy*, i, pp. 202—203. Cf. M. Casaubon, *Of Credulity and Incredulity in Things Divine*（1670）, p. 171.

14. Cf. Bernard, *Guide*, and Gaule, *Select Cases of Conscience, passim*.

15. J. Cotta, *The Infallible True and Assured Witch*（1624）, esp. chap. 10 ; Bernard, *Guide*, pp. 26—28, 49—52.

16. 在 1664 年圣埃德蒙斯伯里两名妖巫的审判中,托马斯·布朗爵士宣传魔鬼可以使自然产生的疾病进一步恶化（Ewen, ii, pp. 350—351）。Cf. Cooper, *Mystery*, pp. 265—268.

17. *Diary of John Manningham*, ed. J. Bruce（Camden Soc., 1868）, p. 128.

18. *H.M.C.,* 14th rep., appx., pt. iii, p. 132.

19. Perkins, *Discourse*, p. 210.

20. Perkins, *Discourse*, pp. 199—219; Ewen, i, p. 61; Cotta, *The Infallible True and Assured Witch*, *passim*; Cooper, *Mystery*, pp. 276—279; Bernard *Guide*, ii, chaps. 17—18; Gaule, *Select Cases of Conscience*, pp. 80—83.

21. 关于对区分"自然的"和"非自然的"记号的尝试, see e.g., Gaule, *Select Cases of Conscience*, pp. 104—106; M. Hopkins, *The Discovery of Witches*, ed. M. Summers (1928), pp. 52—53。

22. 然而,霍普金斯宣传他能做到这样(op. cit., pp. 57—59)。

23. Lea, *Materials*, p. 707.

24. R. B(ernard), *The Isle of Man* (1627), *Epistle to the Reader*.

25. 关于这类因素起作用的例子,参见 Ewen, i, p. 59—60; Ewen, ii, pp. 116—118, 149, 190, 229, 236—237, 243, 251, 364—365, 378, 381, 390。

26. R. North, *The Lives of the... North*, ed. A. Jessopp (1890), i, pp. 166—167; Notestein, *Witchcraft*, p. 234.

27. Scot, *Discoverie*, I. ii; VII. i—ii; XII. xvi; Hutchinson, *An Historical Essay concerning Witchcraft*, p. 165. 对比哈斯尼特的案例,这些案例由达雷尔以及其他不服从国教的天主教徒的行为所激发;乔登,改观于伊丽莎白·杰克逊的获罪(above, pp. 610, 651);阿瑟·威尔逊改观于 1645 年发生在切姆斯福德的死刑(F. Peck, *Desiderata Curiosa* [new edn, 1779], ii, p. 476);费尔默改观于 1652 年发生在肯特的处决(*An Advertisement to the Jury-men*, sig. A 2);艾迪因布雷恩特里的一名女骗子和马修·霍普金斯的回忆而改观(pp. 79, 101—102);韦伯斯特因为埃德蒙·鲁宾逊的欺诈而改观(*The Displaying of Supposed Witchcraft*, p. 277);《魔鬼的教义》(*The Doctrine of Devils*)的作者因为其教区的一个案例而改观(pp. 60, 197)。甚至伯纳德的修正主义也是由 1626 年汤顿巡回法庭的一桩案子被激发出来的(*Guide*, sig. A3; *The Isle of Man*, sigs. A8^v—9),就像约翰·高尔对霍普金斯的活动所做出的评价一样。托马斯·库珀也同样亲历了妖巫控告(*Mystery*, sig. A3, p. 14)。

28. R. Mandrou, *Magistrats et sorciers en France au XVIIe Siècle* (Paris, 1968).

29. Webster, *The Displaying of Supposed Witchcraft*, p. 68.

30. *The Works of the Honourable Robert Boyle* (1744), v. p. 244. 关于其他,参见 Robbins, *Encyclopedia*, pp. 44—45, 223—224, 350—351, 470; Notestein, *Witchcraft*, chaps. xii and xiv。

第十八章 妖术的衰落

31. C. Blount, *Anima Mundi* (1679), p. 51 (in *The Miscellaneous Works of Charles Blount, Esq.* [1695]); D. Hume, *Essays, Moral, Political, and Literary*, ed. T. H. Green and T. H. Grose (1875), ii, pp. 88—108.
32. Wagstaffe, *The Question of Witchcraft Debated*, p. 67.
33. E.g., Scot, *Discoverie*, sig. Biij; Filmer (Cf. below, p. 790); Webster, *The Displaying of Supposed Witchcraft*, p. 17 and chap. 13.
34. See e.g., Scot, *Discoverie*, XIII and XVI. viii—ix; J. H(arvey), *A Discoursive Probleme concerning Prophesies* (1588), p. 79; S. Boulton, *Medicina Magica* (1656), pp. 166—167; Webster, *The Displaying of Supposed Witchcraft*, pp. 290—311; above, p. 520. 一旦牵涉到对精灵的信仰,新柏拉图主义的影响往往另辟蹊径来支持各种玄秘的力量。Cf. Wagstaffe, *The Question of Witchcraft Debated*, pp. 75—77. 以下文献中有关于这个主题的非常简短但极有价值的评论:Kocher, *Science and Religion*, pp. 67—70, and Trevor-Roper, *The European Witch-Craze*, pp. 59—60。
35. Above, p. 584.
36. 对比理查德·本特利:"到底是什么减少了英格兰邪术故事的传布?它并非来自(自由思考者)派系的壮大,而应归功于医药和哲学的进步。它并非来自无神论者,而应归功于皇家医学院;归功于波义耳们和牛顿们,归功于西德纳姆们和拉特克利夫们。"("Phileleutherus Lipsiensis", *Remarks upon a late Discourse of Free-Thinking* [2nd edn, 1713], p. 33)。Cf. Webster, *The Displaying of Supposed Witchcraft*, p. 268, and Hutchinson, *An Historical Essay concerning Witchcraft*, pp. 169—170.
37. *C.S.P.D., Addenda, 1566—1579*, p. 551.
38. *George Lincoln Burr. Selections from his Writings*, ed. L. O. Gibbons (Ithaca N.Y., 1943) p. 372.
39. P. B. G. Binnall, "Fortescue *versus* Hext", *Folk-Lore*, liii (1942), pp. 160—161.
40. J. Glanvill, *Saducismus Triumphatus* (1681), Preface (1668), sig. F3.
41. North, *The Lives of the... North*, ed. Jessopp, ii, p. 287; Casaubon, *Of Credulity and Incredulity in Things Divine*, p. 177.
42. *The Works of the Honourable Robert Boyle*, v, p. 244; H. Hallywell, *Melampronoea* (1681), p. 3; *The Complete Works of George Savile, First Marquess of Halifax*, ed. W. Raleigh (Oxford, 1912), p. 210.

43. Hutchinson, *An Historical Essay concerning Witchcraft*, sigs. a1^v—a2^v. Cf. R. T. Petersson, *Sir Kenelm Digby*（1956）, p. 171；Notestein, *Witchcraft*, p. 341；Bentley, *Remarks upon a Late Discourse*, p. 33.

44. N. Walker, *Crime and Insanity in England*, i（Edinburgh, 1968）, pp. 55, 58；*D.N.B.*, "Erskine, James, Lord Grange".

45. Quoted in L. Stephen, *History of English Thought in the Eighteenth Century*（3rd edn, 1902）, i, p. 268.

46. Wells D.R., D 7（16 May 1555）. 然而他当时正面对着一项邪术指控。

47. Cf. R. Bernard, *The Ready Way to Good Works*（1635）, p. 439.

48. Quoted in M. D. George, *England in Transition*（1935）, p. 137.

49. 1597 年至 1598 年法令允许在得到官方许可的情况下在教区中乞讨, cf. *Poor Relief in Elizabethan Ipswich*, ed. J. Webb（Suffolk Rec. Soc., 1966）, pp. 18—19。《济贫法》的时断时续在以下文献中得到证明：W. K. Jordan, *Philanthropy in England*, *1480—1660*（1959）, chap. 5。

50. D. North, "Some Notes concerning the Laws for the Poor"（B.M., Add. MS 32, 512）, f. 31. 据统计，1614 年的年度贫民救济税有 30000—40000 英镑。到 1685 年时则达到了 665362 英镑，Jordan, op. cit., p. 141 n；*The Political and Commercial Works of... Charles D'Avenant*（1771）, i, p. 41。关于穷人救济对私人慈善的影响在下文中有讨论：C. Wilson, "The Other Face of Mercantilism", *T.R.H.S.*, 5th ser., ix（1959）, pp. 93—94。

51. Robbins, *Encyclopedia*, pp. 368—369（关于奥斯本）。For others, see e.g., *Folk-Lore Journ.*, v（1887）, p. 158；*Shropshire Folk-Lore*, ed. C. S. Burne（1883—1886）, pp. 147, 151, 154；*County Folk-Lore*, i（Folk-Lore Soc., 1895）, ii, pp. 168—169；*County Folk-Lore*, v（Folk-Lore Soc., 1908）, pp. 73, 78；E. J. Begg, "Cases of Witchcraft in Dorsetshire", *Folk-Lore*, lii（1941）, pp. 70—72；R. L. Tongue, *Somerset Folk-Lore*, ed. K. M. Briggs（Folk-Lore Soc., 1965）, pp. 69—70；E. J. Rudsdale, "Witchcraft in *Essex*", *Essex Rev.*, lv（1946）, pp. 187—189；E. W. Martin, *The Shearers and the Shorn*（1965）, pp. 72—73.

52. Cf. J. R. Crawford, *Witchcraft and Sorcery in Rhodesia*（1967）, pp. 281—282.

53. 在 17 世纪 30 年代已知至少发生了 8 起处决（Ewen, ii, pp. 394, 409—410, 416, 439；Kent R.O., SA/AC 7, f. 198）。

共生的信仰

第十九章

幽灵与妖仙

> 呸,呸。他们所谓的游走红尘的精灵不过是幻想的无稽之谈,现实的自然界中根本不存在这种东西。
>
> C. 特纳,《无神论者的悲剧》,第四章,第 3 页

> 对于某些读者而言,提到这些假想的超自然现象似乎显得挺幼稚。假想的事物本身并没什么,然而,一旦那个时代的乡野民众把他们的想法和行为在某种程度上联系起来,甚至相互碰撞出火花,这些超自然幻想就会比其最初呈现的样子可怕得多。
>
> 《塞缪尔·班福德自传》,
> W. H. 查洛纳编辑(1967),第一章,第 33—34 页

一 关于幽灵的神学

在中世纪的英格兰,人们完全接受死者有时候会回来作祟活人的说法:天主教会把这一古代的幽灵信仰合理化了,它说这种幽灵是关在炼狱受苦之人的灵魂,他们等到赎清了罪孽以后才会安静下

来。关于幽灵的故事很多，还有人声称自己遇到过这类鬼魂。[1] 15世纪《富豪与乞丐》一书的作者警告说："这样的精灵通常是魔鬼。"但是，他又承认死者的幽灵完全可能是由上帝派遣回来的，"有时候是为了出手救助，有时候则是要显示躯体消亡之后灵魂仍然活着，以使信仰脆弱的人坚定起来"。[2]

残留下来的大部分中世纪幽灵故事都见于教会人士为了说教目的而编纂的逸闻故事集里，但是它们的细节足以明确显示这些故事并不是胡乱的编造，而是真实人物的经历。对于幽灵的现实性的大众信仰也为当时的伦理学者和作家所证实。如果一个垂死者发誓此后再返回人间以清理他留存的账目，那就成了滔天大罪；而试图与已故之人的灵魂交往也被认为极不正当。中世纪行会的规定中有时包括禁止守夜人在夜间召唤幽灵而取乐的任何企图。[3]

教会不允许散布未经查核的鬼魂故事。1397年，赫勒福德教区的一个居民被控散播谣言，他声称其已故的父亲在夜间出没于这一地区；1523年，一名妇女被莱斯特郡的主教法庭传讯，她也是说其父亲死后仍然出现。[4] 神学家说，死者自己没有能力返回人间；生者也没有办法迫使他这么做，只有上帝才能决定这类问题。但是像这种幽灵的基本可能性则从未有过争论。

宗教改革使得这种情况有了引人注目的改变。改革者否认存在炼狱，断言人死后就毫不容情地立即按其功过或进天堂或进地狱，两个地方的人都不再能返回人间。这并不意味着这种幽灵不可能有，而是意味着这种幽灵不可能是死者的灵魂，因为死者的灵魂已经去了：

> 那渺渺茫茫的地方，
> 已去的旅客从此不返故乡。

在宗教改革的第一个世纪里，新教的教导似乎明显地肯定了这

第十九章 幽灵与妖仙

一点,它要比此后的年代里人们所理解的坚定得多。18世纪的约翰逊博士把幽灵的存在说成是"经过五千年后尚未确定的一个问题",这说明了人类的记忆力是多么差。据博斯韦尔(他对此问题特别感兴趣)说,约翰逊认为,鬼魂的可能性是灵魂不死教义的必然结果,唯一不肯定的只是活人是否能感觉到他们。他在其妻子死后便祈求让他仍能得到她的帮助,"通过幻象、梦境或任何其他方式"。[5]

约翰逊的观点揭示了早期新教改革者在这方面以及其他许多方面的观点在后来被削弱到了何种程度。在今天看来,询问一个人是否相信幽灵似乎毫无意义,但是在18世纪,它却是区别新教徒和天主教徒的一个有效鉴别法,犹如关于弥撒或者教宗最高管辖权的信仰一样。

到了一定的时候,有些天主教的神学家也怀疑起幽灵的可能性来了,至少是怀疑有着可见外形的幽灵的可能性。但是反宗教改革的神学家中很少有人否认死者可能重返以前的出没之所,他们说,一切死者的灵魂可以划归为三类。前两类是下地狱者和升天堂者,人人都认为,他们再也不会返回了;而第三类则是陷于炼狱中的灵魂,按天主教的说法,完全有可能出于某种目的而把他们送归人间。[6] 另一方面,新教徒则把幽灵的信仰看成是罗马天主教的欺诈和骗局的产物。甚至接受灵魂乃无形物质之说的亨利·莫尔也相信中世纪的天主教士经常在螃蟹背上缚了蜡烛,放到教堂墓地里去冒充死者的灵魂。至于仍然被人遇到的幽灵,新教徒则认为那不应该被误解为死者的灵魂,而应该看成是精灵,其中善良的很少,通常是邪恶的,由魔鬼派遣出来诱使人们归顺他。他们的资格经过严格的检查,唯有坚定的怀疑论才能抵制他们的奉承讨好。《圣经》中恩多尔妖巫所召唤的撒母耳的"幽灵"被解释为只是魔鬼的骗局,可能是魔鬼本身在其中扮演了撒母耳的角色。[7]

对于第一代宗教改革者来说,幽灵并未成为问题。他们认为,这种幽灵最初是由天主教士杜撰出来,把它作为一种工具来利用大众的轻信,从而达到扩大自己财富和权威的目的。[8]有些人甚至认为,在过去鬼魂确实更多,因为魔鬼被这样一个大有希望的环境所吸引了。1650年左右,范肖夫人在爱尔兰看到了一个幽灵,这天夜里的其余时间里她便与丈夫一直讨论这个问题。为什么鬼魂在这里要比英格兰常见得多?他们得出了满意的结论:其原因在于爱尔兰人更为迷信,缺乏坚定的信仰来保护自己免遭魔鬼的攻击。[9]

虽然在宗教改革以后人们继续见到幽灵,但是他们被谆谆告诫说,不要从表面现象来看待幽灵。詹姆斯一世在位期间,当托马斯·怀斯爵士看到一个精灵现身后,当地的副主教倾向于认为这可能是天使性质的幽灵。但是神学家丹尼尔·费特利则肯定地声称,这一定是个恶灵,因为众所周知,善良精灵是从不现身的。[10]多佛·威尔逊博士用哈姆雷特父亲的幽灵卓越地展示了同样使人左右为难的状况。这出戏中第一场的大部分情节都以幽灵形象之不确定为转移。马塞勒斯把他看作魔鬼。霍雷肖在开初时是个不折不扣的怀疑论者,甚至哈姆雷特自己也把握不定。[11]尽管幽灵所说的故事是真实的,但是观众中每一个坚定的新教徒都把这个鬼魂看作人形魔鬼是有道理的;鉴于他最终的悲惨结局,我们可以添上一句:这当是莎士比亚自己的看法。魔鬼的目的是攫取人们的灵魂,他时刻准备利用一切机会这么做。在向哈姆雷特揭穿了父亲之死的真相后,这个幽灵引发了一连串的后果,其中涉及奥菲丽亚最后的畏罪自杀和哈姆雷特接连的杀人。如果幽灵不出现,或者假如哈姆雷特不为所动,那么这些事件及其对于灵魂和肉体的可怕后果也就不会发生了。这即是伊丽莎白时代和詹姆斯一世时代戏剧的总风格,鬼魂在戏中的现身使得我们去推测,他们是否真是人形魔鬼而不是像所声称的那样是人的灵魂。[12]

当然,新教徒并不断言上帝没有能力把人类灵魂遣返人世执行特别任务,他们只是争辩说上帝实际上从不这样做。但是,少数先进的怀疑论者追随雷金纳德·斯科特和托马斯·霍布斯之后,也否认任

第十九章 幽灵与妖仙

何真正的幽灵。到了17世纪末,已有许多受过教育的人嘲笑有关幽灵和被祟住宅的故事了。他们不轻信的程度犹如今日许多人所表现出来的那样。天主教徒托马斯·怀特在1659年写道:"我倾向于认为,如果彻底检查一下就会发现,我们的大部分故事都出自生者对于已故朋友的思念和热烈的感情。"[13]但是大多数神学家却不愿意放弃可见精灵的说法。确实,由于无神论比教宗制度更严重地威胁到真正的宗教,新教的神学家们变得更加同情幽灵的观念了,正如剑桥大学的柏拉图主义者拉尔夫·卡德沃思指出的那样,对于这种鬼魂的信仰至少构成了对付无神论的一道障碍:"一旦任何可见幽灵或精灵作为永恒事物而得到认可,那么任何人都不容易提出理由反对这样的说法了:有个最高幽灵在统率着他们及全世界。"[14]到了艾迪生的《旁观者》时代,相信幽灵比当一个彻底的怀疑论者更受人尊敬,高教会派教徒都为死者祈祷。鲍斯韦尔的《约翰逊博士传》中收集的故事表明,在18世纪,幽灵的可能性在许多有知识的人看来都是一种现实,尽管理性主义者拼命地嘲笑他们。[15]

所以,当伊丽莎白时代的主教埃德温·桑兹说"福音已驱走了现身的精灵"时,[16]他实在是过于乐观了。伊丽莎白一世在位的初期,主教皮尔金顿谈及最近在布莱克本见到的一个幽灵时说,这类东西"在此极为常见,没有一个权威会否认它,而只是相信它和肯定它,人人都相信它"。20年后,雷金纳德·斯科特评论这种矛盾状况道,否定炼狱并不曾结束幽灵信仰,"我们认为灵魂和精灵来自天堂或地狱,并且以人形现身"。[17]威廉·珀金斯悲叹道,"我们之中的许多无知者"认为死者会重新出现。17世纪早期的一位作者做了同样的抱怨;确信死人能够出现的说法"今日仍然出于迷信者的口中和存在于他们轻信的信仰中"。[18]据伊丽莎白时代的清教徒沃尔特·特拉弗斯的看法,妖巫是否能使死尸站起来乃是"博学者的一个问题"。查理一世在位期间,牛津大学的著名学者们仍在争论死者的幽灵有时候是否会出现。这种可能性在深奥的哲学层面上依旧活跃在新柏拉图主义者、帕拉塞尔苏斯主义者以及波墨主义者的玄秘理论中,他们相信在人体朽败以后星体精灵仍然游荡着。[19]

大众阶层中的许多人则毫无疑问地相信幽灵。1656年,贵格会教徒乔治·福克斯被捕以后,发现朗塞斯顿城堡的同监犯人确信有不少幽灵在死刑犯单身牢房里定时地出现。[20]其他许多作者也都证实了大众对于幽灵、吵闹鬼和其他类似鬼魂的信仰。[21]许多这类逸事都涉及了一些不很坚定的新教徒。伊丽莎白时代洛斯特威瑟尔的神甫亨利·西泽认为,灵魂脱离现世生活后又出现是有道理的,他引用了沃尔特·迈尔德梅爵士的例子,他说迈尔德梅曾经成功地召请了红衣主教波尔的幽灵。西泽被怀疑是一个隐蔽的天主教徒,尽管他后来成了伊利一个受人尊敬的副主教。[22]还有一些故事则涉及坚定的新教徒。著名的清教神甫威廉·特威斯于16世纪90年代在温切斯特念书时曾经经历过精灵对话,一个声名不佳的已故同学的鬼魂向他现身,并说他现在已成了受天罚的灵魂。[23]詹姆斯一世时代的一帮阴谋者想吓走埃塞克斯郡拉德温特的教区神甫,他们认为值得在教堂墓地里假装一下鬼魂出现以达到这个目的。[24]1649年,被委任勘查伍德斯托克王宫的国会特派员们被当地的一个鬼魂吓得逃走了,而附近伍顿教区的神甫则忙于寻求神的帮助来对付鬼魂出现。[25]

约翰·奥布里认为,17世纪中叶的骚乱结束了这种关于幽灵和精灵的老太婆故事:"战争开始后,带来了信仰的自由和宗教审查的自由,于是鬼魂就不见了。"[26]但是事实上内战期间的各宗派比其国教教会的前辈更倾向于接受幽灵的故事。当1638年迈尼赫德的教区神甫声称看见了一个已故教民的鬼魂出现时,巴斯和韦尔斯的劳德派主教则坚决地斥之为骗局;[27]与此相反,此后理查德·巴克斯特在其《精灵世界的确实性》(1691)中所收集的大量幽灵故事则被与国会积极合作的那些人所确认。宗派主义者经常看见幽灵,宗教狂乔治·福斯特声称,魔鬼"不是别的,只是恶人死后的精灵"。[28]

第十九章 幽灵与妖仙

如果把幽灵信仰与魔鬼信仰联系在一起则是错误的。幽灵信仰几乎见于所有的宗教团体中以及实际上见于每个社会阶层中。晚至1684年,新英格兰的神甫英克里斯·马瑟还感到有必要重申中世纪关于订立死后再现誓约的精神危害的警告。[29] 在17世纪的许多这类条约中,最著名的是罗切斯特的伯爵约翰·威尔莫特与一位绅士订立的条约,此人后来被荷兰人的一发炮弹打死在海上,伯特纳主教——他后来影响了这位放荡的伯爵,使之在临终时改变了信仰——告诉我们,这次协议的失败是罗切斯特的伯爵长期不信神的原因之一:"那个绅士死后从未出现是伯爵余生中的巨大陷阱。"[30] 新学院的亲随教士罗伯特·格里比所签订的条约则获得了较大的成功,他同样地允诺再现,让其熟人知道灵魂是不灭的,他们原先对于这点都感到怀疑。他死于1654年,后来他戏剧性地重现在巴利奥尔学院的导师约翰·古德的房间里,从而解决了这一问题。[31]

与幽灵信仰并存的一个信仰是关于抵御此类鬼魂的巫术活动的信仰。17世纪的罗马天主教会有着为被作祟房屋驱鬼的仪式,[32] 但是,新教徒是避开这种方法的,他们只依靠祈祷,清教徒和不遵奉国教者则再加上斋戒。[33] 正式的召请鬼神是完全禁止的,这里也像其他方面一样,由乡村巫师填补了这个真空。为了对付被作祟的房屋,人们经常请教术士,[34] 虽然也有一些叛教的信鬼教士,如17世纪后期默顿学院的评议员,据说他曾使好几所房子安静下来。[35]

幽灵信仰也与妖术信仰密切相关,因为当一个人受到鬼魂的骚扰时,他很容易归罪于恶意邻人的侵犯。1613年,索斯沃克的一个妇女称另一个人为"女妖",并断言"她的幽灵不断地作祟她和她的丈夫,以致使他们不能兴旺"。[36] 1660年,占星师西蒙·福尔曼被要求处理一件类似的事情,这涉及在夜间被作祟的一个妇女,她把这归咎于其女婿的妖术。[37] 认为自己遭到"女妖折磨"的人会去请教医生或巫师解决问题:理查德·内皮尔的判例汇编中载有几十个"被精灵作祟"的病例。[38] 他们也可能使用某种传统的预防方法,例如,据说割去卵巢的母狗可以免使住宅被作祟。[39]

这里像在其他地方一样,巫师致力于消解他们自己创造出来的恐惧。罗伯特·图利是一个很好的例子,他是威迪库姆荒野的"医生和奇术家",他的活动记录在17世纪后期两个德文郡自由民的诉状中(未注明日期)。图利曾说服一个神经过敏的患者,使之相信其烦恼来自最近上吊自杀的一个邻居的幽灵。他用召请精灵的办法替他治疗。

> 患者的妻子在夜间偕同两个带剑的健壮男子来到上吊自杀者的坟地。他们俩一个站在坟前,一个站在坟后,挥舞着剑,达一个小时。同时,图利则手执一瓶白兰地召请这个精灵。在这个程序完成后,当一把剑舞到坟的中部时,召鬼的医生便告诉患者妻子说,她将听到屋子里面和周围有奇怪的喧闹声。他假装用这样的方法来治疗患者:把一只活的猫头鹰一剖为二,并与一块新的马蹄铁一起缚在患者的头上,马蹄铁的每个眼子都用指甲塞满,患者就这样在腋窝下的皮肤旁佩戴着它。约在午夜12点,妻子便去上吊自杀者的屋子里取七根稻草,医生做成一个针盒佩戴在患者另一只手臂的腋窝下,这样就会治愈了。

图利对这些仪式要价20先令。但是当患者非但不见好转反而更为糟糕时,病家便拒绝付给报酬,巫师则威胁说要扣押其房子作为赔偿:

> 于是他们就无法安宁地生活了,一见他来便只得将门关上,怕他会把他们赶出去。[40]

这个事例揭示了骗子图利的别出心裁以及这种观念的残存:在把一根桩穿通尸体心脏后,自杀者的幽灵才会安宁下来。这作为法定的自杀者埋葬方法一直持续到1823年。围绕着普通尸体也有着各种类似的观念：魔鬼会附入罪孽尚未得到赦免的人的尸体中。中世纪早期，有时候人们会举行死后的赦罪仪式，以免这类事情发生。[41]拉蒂默主教在一次布道会上说，当他的一个亲戚死后，其表姐便给他一支蜡烛，要他在尸首上方画十字，因为她认为这样一来，魔鬼马上就会逃走了。这事可能发生在15世纪末，但是与之相联的观念则继续残存着。在林肯郡的各地，直到第一次世界大战之前，人们还习惯于将死者的双脚捆起来，以免他走动。[42]

二　幽灵的用途

人们相信幽灵之存在，甚至有些人相信自己亲眼看见了幽灵，这一情况提出了许多有趣的心理学问题。但是我们在此并非旨在考虑这种幻觉如何使目睹者坚信不疑。社会历史学家始终承认，心理和知觉过程广泛地受到人们所生活的社会文化内涵的制约，在这一时期内，人们所接受的是：承认幽灵或类似的鬼魂的存在，人们就更容易看见他们。但是在现在的知识状况下，这种心理和知觉过程必须留给心理学家和精神现象研究者去探索了。即使这样，我们也可以指出，当时出现的不少所谓的幽灵故事乃是有关当事人的虚构物，其中有些最终被发现只是骗局，是由那些无耻之徒为了达到某个私人目的而设计出来的。1621年，有个叫亨利·丘奇的人企图追求伊普斯威奇的一位寡妇伊丽莎白·埃德加。当发现她不愿意时，他就安排了几个同伙去说服她相信是"上帝的神秘天命要他成为她的丈夫"，接着便假装种种鬼魂，旨在吓得她接受他的求婚。这个阴谋最终在星法院被揭露，[43]但是很可能还有其他一些阴谋未被揭穿。晚至1762年，所谓的公鸡巷幽灵还在伦敦引起了轰动，这是一个恶意的骗局，其中的"幽灵"指控受害者毒死了其妻的姊妹。[44]同样地，房客为了压低房租也可能讲一些鬼魂作祟住宅的故事。[45]如果相信当时的新教宣传者的话,那么耶稣会士有时也假装鬼魂,以证明炼狱之存在,使易受影响的妇女皈依罗马天主教。[46]

若不是人们业已普遍地认可了鬼魂存在的可能性的话,那么这类骗局便是多余的了。此外,它们还显示了17世纪幽灵故事的一个基本特色:幽灵的再现始终有着某种目的,他的活动不是无的放矢的。人们始终相信,他们打算达到某个目的和传递某个信息,尽管未能确定他们所传达的信息究竟是什么。幽灵不像妖巫那样是无动机的,他们扮演着重要的社会角色。例如,莎士比亚戏剧中的许多幽灵总是带有目的的,他们是复仇或保护的工具,他们做出预言,或者恳求正当的埋葬。人们一直严肃地看待幽灵,所以他们很少出现在伊丽莎白时代的喜剧中,在18世纪以前,这并不是一个无足轻重的课题。在我们所讨论的这一时期中,幽灵是十分活跃的,如一个同时代人指出的那样,他们积极地"侦查凶手,安置财产,惩戒有害的遗嘱执行人,探访其妻子和儿女,预先向他们发出有关某些事件的警告,以及从事诸如此类的其他事务"。[47]

在中世纪,幽灵的主要目的是惩戒性的,他们维护教会的道德教导。一个幽灵从炼狱中返回,是因为尚有一些罪恶没有清偿,一直要到神父为他做了忏悔和赎罪,他才能安息。1343年,林肯主教伯格什的鬼魂再现,是为了弥补他在世时犯下的恶劣行为。[48] 其他有特色的中世纪幽灵还包括:纽堡的一个天主教成员,他回来是为他曾偷了修道院院长的银匙而做出忏悔;一位神父回来报告说,他遭受天罚是因为他曾劝阻一位同事不要当修道士;还有一个姘妇,她要其以前的情人为其灵魂做弥撒,以减轻她的痛苦。[49] 幽灵就这样为没有清偿的罪孽忏悔,描述滔天大罪将受到的惩罚,或者证明各种道德行为可能收到的回报。

有些中世纪幽灵的出现,是为了矫正某种现有的社会状况,恢复被不公正地夺去的财物,或者谴责一个尚未被查出的恶人,这是宗教改革以后十分常见的一类鬼魂。幽灵不能安息,是因为他在世时干了恶事;他要重现后才会安宁:1674年,威尔特郡的一个不遵奉国教者遇到其岳父的幽灵,他承认曾犯过谋杀罪;1679年,伦敦的助产士事件吸引了人们的极大注意,此人的幽灵回来承认她曾弄死了两个私生子。[50] 这类忏悔有着去除生者身上嫌疑的社会意图。然而,这种假想的幽灵访问的目的通常更为直接,主要是谴责某种具体的不公正,要求不再为其灵魂做弥撒。反之,他倒希望改变生者之间特定的关系。他谴责的不仅是日常的不公正事情,而且有些是极为例外的和耸人听闻的事件。他不与普通的侦探方法或法律强制手段竞争,而是干预那些用正常手段无法发现的罪案。[51] 只是在通常的方法被证明不适用的情况下人们才求助于超自然手段。

有时候,只有有罪者才能看见幽灵。就像班戈的鬼魂一样,他慢慢地折磨凶手,直至凶手被迫自首为止。约克郡北区的一件事例涉及一个名叫弗莱彻的幽灵,他约在1640年出现,作祟其妻子的情夫,这个情夫曾谋杀了他。在他的压力下,罪犯被迫做了坦白。10年前,萨默塞特有个凶手曾拒绝使用接触被害者尸体的神裁法,但是最终在被害者幽灵的敦促下承认了这件罪行。[52] 1654年,一个名叫约翰·鲍多克的人坦白说,他在根西岛的一艘私掠船上曾经抢劫并杀死了一个英格兰军人,他由于被死者的幽灵作祟得十分厉害,所以只得自首。[53] 在这类戏剧性事件中,犯罪意识将恐惧人格化,它所发挥的作用是极其明显的。在另一些情况下,则是被害者幽灵出现在第三者面前,恳求他来谴责罪犯或揭示尸体的下落。1666年,一个贵格会教徒在已故儿子再现后,要求公正惩治被错误释放的凶手。[54] 在这种情况下,幽灵的作用是通过在习惯证据不足以确保起诉时提供有力证人的方式来公开控诉罪犯。

从潜在罪犯的观点看,幽灵信仰的作用更为明显;它们通过主张超自然侦查的可能性而对犯罪施加附加制约,即使一个人知道法庭不能证明其罪行,他也仍然面临着被害者幽灵返回来控诉他的可能性。1679年出版的一本小册子的标题是:《来自林肯郡的稀奇古怪的新闻,或者关于一个极其凶残和嗜血的凶手的可怕报道。他用其长兄的奸计谋杀了卡特先生,他雇用了三个以上的坏蛋干下了这件恐怖的罪行,但是由于万能的主派遣了一个最可怕和最恐怖的幽灵现身,这桩罪案很快被揭露了》。这类骗钱的小册子的重要性不可低估。它们警告说,即使最天衣无缝的罪行也不可能不遭到报应,从而强化了当时的道德标准。一个同时代人指出,幽灵在揭发未被查出的凶手时是那么有用,以至于不能说他们是恶灵,而是上帝派来的天使。[55]

幽灵返回所欲报复的范围不只限于谋杀或暴行。许多故事谈到鳏夫被已故妻子作祟,因为他们违背了不再娶妻的诺言,或者苛待了前妻的孩子。[56] 还有些故事则更为驳杂。占星师尼古拉斯·卡尔佩珀的幽灵向其孀妻爱丽丝现身,叮嘱她发表声明,否认书商在他死后盗用其名出版的著作的权威性。[57] 据说著名的东方学学者亨利·雅各布在死后曾出现了好几次,他没有开口,但是一般都认为他是要解释他的手稿被别人用另一个名字剽窃了。[58]

鬼魂出现的另一个动机是遗嘱未被很好执行,或者遗赠被侵占了。在此,幽灵信仰是一种制约,强迫人们尊重死者的遗愿,并保护遗产不受侵犯。中世纪的许多幽灵故事都产生自教会,所以鬼魂出现往往是由拒付教区什一税的事件引起的,[59] 但是到17世纪,所要纠正的弊病则往往涉及私人财产。典型的例子是贝克勒斯的一名妇女,她由于未能执行丈夫临终前要求赔偿他伤害过的穷人的遗愿而被丈夫作祟。[60] 另一个故事涉及诗人威廉·达文南特,他在死后重现,指责女演员玛丽·贝特顿只把其遗赠中的一部分付给了正当的受益者。[61] 本·琼森所描写的一个人物说:"继承人和遗嘱执行者越来越漫不经心了,自从立遗嘱人的幽灵不再出现以来,尤其如此。"[62] 幽灵还可以防止对尸体遗物的犯罪,将教堂墓地的盗尸者和亵渎神圣者吓跑。[63] 其他一些事例则涉及清理死者留下来的未解决业务,制止冒占财产,以及保证遗嘱得到正确执行。[64]

第十九章　幽灵与妖仙

当时的人们也把幽灵看成发出警告或预言的潜在角色。一个伦敦居民的幽灵在空位期间回来告诉其已婚女儿处理财产纠纷的最好方法。[65] 另一些幽灵则揭示了他们在世时藏匿钱财和文件的地点。[66] 他们还事先警告突然的死亡，例如，白金汉的公爵在1628年被暗杀之前不久，其父亲的幽灵曾出现过。[67] 幽灵在亲属面前出现之时正是其生命结束之日：1680年，哲学硕士兼布里斯托尔的市长理查德·哈特爵士在伦敦看见女儿的幽灵时，正是她在家中死去的日期。[68]

偶尔，幽灵还会带来有关国家的重要信息。1587年，一个幽灵向赫特福德郡一个劳工的妻子玛丽·科克尔现身，激动人心地详细说明了有关女王安全的问题。从她的描述中可以清楚地看到，许多世纪以来，幽灵的模样并无多大改变。她说："这是一个细长而没有形状的发光物，仿佛用白色丝绸笼罩着……在她的床边经过。"在他出现好几次后，她才敢正常地发问："以上帝的名义，你到底是谁？为什么这样骚扰我？"对此，这个"幻影或幽灵"回答：

"去女王那儿，告诉她不要接见任何陌生人，因为对方为她制作了一块宝石，非要她亲手接受不可，否则就不会给她；但是假如她亲手接了，那么就会被杀死。如果你不把主要的情况告诉她，那么你将以从未有过的最残酷的方式死去。"说完他立即不见了。[69]

就像其他的精灵一样，幽灵也把人们的希望和恐惧人格化，并且使之明确到不言而喻的地步。他们也是社会道德准则的有益制约者。在12世纪的伦敦，人们惯常对着死者的坟墓发誓，这是基于这样的原则：潜藏在那里的幽灵会对任何伪誓施加报复，这个风俗在莫纳岛上一直残留到17世纪。[70] 炼狱概念的特别重要之处在于鼓励人们博爱仁慈。约克郡的各地都相信，送鞋给穷人是精明之举，因为每个人在死后都要走过遍布石子的乡间。而那些生时捐赠过鞋子的人便会遇到一个老年妇人,得回一双以前施舍出去的鞋子。[71] 同样的传统也保留在惠尼莫尔的民谣中:所有的死者灵魂都得走过荆棘地带,在世时未曾施舍过的人都将被刺痛并备受折磨。这些传说是天主教关于善举之美德的教导的劣质翻版,死者灵魂必须赤脚走过针尖桥的说法乃是标准的神话作品。[72] 众所周知,在某个名义上的新教团体中还残留着关于炼狱的信仰。[73] 但是值得注意的是,在大众阶层中,他们的出现,在于要加强博爱和睦邻的义务。如我们所见,妖术信仰使人们认识到,拒绝给予邻居帮助的人最容易受到妖术的攻击,所以这个信仰维护了博爱的义务。博爱确实还有一种巫术价值,它反映了这样的原始信仰:一件赠予物的威力足以消解对于捐赠者的潜在危险。这即是绅士葬礼上给贫民分发赈济品的原因之一,这种做法一直延续至17世纪中叶,在有些地方则更久。1591年,在谢菲尔德的希鲁兹伯里第六代伯爵的葬礼上,曾向8000人发放赈济品,周围30英里内的乞丐都蜂拥而至,估计多达2000人。[74] 曾竭力追逐私利的一些人在临终时要求予以大规模的施舍,这也是赎罪功能在起着作用。[75] 但是,正如新教改革者所强调的那样,事实证明,对炼狱的恐惧绝不足以阻止人们不再讨取债务,也不足以促使他们归还不义之财。[76]

三　社会与死者

像在其他社会里一样,幽灵在此也是一般道德准则的制约力,他们维持良好的社会关系,扰乱犯罪者的清梦。[77] 但是其特别重要之处在于强迫人们履行对于祖先的义务。幽灵的基本任务是保证对死者的遵奉,以及制止侵害其尸骨或者违背其遗愿的行为。这种功能并不是在每个社会中都是清晰明了的,虽然所有的社会都达到了要求活人保证祖先遗愿的地步,但是各社会履行这一义务的程度

第十九章 幽灵与妖仙

则截然不同。于是,幽灵信仰在一个相对来说比较传统的社会里就可能更加重要,亦即是说在这样的社会中,人们相信在生活的重大方面,生者的行为都应该受到死者遗愿的控制,生者小心谨慎地保持着与死者的关系。

即使在今天的英国,死者的遗愿也得到尊重。现在遗嘱安排享受着广泛的自由,但要改变立遗嘱者原来的遗产赠予意向并非轻而易举之事。基本的原则仍然是:临终者正式表达的意愿在社会可以接受的范围内具有法律强制性。但是我们认识到,我们已然在社会、政治、道德和审美上偏离了先祖的偏爱,我们只是把遗嘱的习俗当作一种理所应当来继承。社会和技术变革的步伐是如此迅速,我们不可能沿袭古代的做法。从这个角度来说,我们实际上已经完全脱离了过去社会的根基。

我们已经看到,古代预言的功能如何为当代的制度确立了一个伪造的系谱,以及预言的衰落如何反映了一个新态度的出现和对于基于习俗和先例的论点的摈弃。幽灵信仰的重要性的减小也遵循着同样的过程。人们越来越倾向于接受新事物,而不为其祖先从坟墓中出来的可能性所动。他们与祖先的关系不再密切到足以惧怕幽灵报复的威胁,这点具有很大的意义。

与过去的决裂受到许多事件的推动:宗教改革,尤其是对炼狱的否定,以及伴随着的为死者唱祈祷诗的许多宗教基础的毁坏。这种祈祷在中世纪是大众宗教的一个重要方面。除了修道院,还有永久性的歌祷堂,在解散国会期间,这类歌祷堂达 2374 所。这些设施通常用来为抚慰建造者或其家属的亡灵而举行弥撒,他们的礼拜仪式和日常活动往往反映出建造者所表达的愿望的细节。威克利夫指出,歌祷堂是永久保留建造者名字的一个方法。[78] 中世纪的遗嘱往往要求为立遗嘱者唱颂专门的(非永久性的)弥撒。这种祭奠把对于贫民的施舍和为死者举行的弥撒结合在一起了。中世纪社会中有相当一部分钱财花费在确保亡灵的繁荣上,为死者祈祷的活动直到 16 世纪仍保持着生命力。[79] 在有些地区,这类仪式残留到宗教改革以后:在万灵节前夜、周月纪念日以及类似的死者的每年纪念日所举行的典礼上的鸣钟,在葬礼上施舍现钱和食物,以及雇用替罪者为承担死者罪孽而举行的"吃罪"仪式。[80] 只要炼狱说教继续存在,它就能有力地强调"社会是统一生死两界的社区"的观念。

这种活动并不是持续不断的,这可以从巴尔金的各个女修道院不再为百年之前的死者举行弥撒这件事上看出来。[81] 宗教改革时期的暴力行动是史无前例的,摧毁了许多男女修道院,违背了许多死者的遗愿,公然蔑视虔诚地立下的不计其数的遗嘱。[82] 中世纪的天主教徒相信,若不为死者举行弥撒,上帝就会让灵魂留在炼狱中,而新教教义则意味着,每一代人都可以不关心其前辈灵魂的命运,每个人都有自己的平衡表,他再也不能由其子孙的祈祷来替他赎罪了。这意味着一个更为原子论式的概念:社会中各成员是互不渗透的关系。[83] 他们不再花费那么多的钱财来举行旨在使祖先亡灵繁荣昌盛的仪式了。天主教徒威廉·艾伦在 1565 年悲叹道:"如今根本不再为已故者祝福了。"正如现代法国一个历史学家所指出的那样:"生人不再在死者身上找前途了。"[84]

然而,在宗教改革后的 100 年里,人们着了迷似的建立对于死者的物质纪念,以此取代了修道院和歌祷堂。对于贵族和乡绅们来说,这是一个陵墓建筑的伟大时代。这些纪念物也是门第和家族的记录,它们旨在纪念遥远的先祖和最近的死者。据认为,在詹姆斯一世去世前的四五十年间,贵族在建造这类纪念物方面的花费达到了高峰。此后的纪念风格则比较有节制了。[85] 但是,破坏与新建同步前进,对于过去的记忆继续从大众的头脑里消退。在任何情况下,普通人民都没有这样的纪念物。他们之欣然与过去决裂反映在伴随宗教改革和内战一起发生的圣像破坏运动中。

同时,丧礼中也清除了许多传统伴随仪式。在 16 世纪,贵族的丧礼开始从作为整个社区的体现变成了较为适度的家庭事务。斯

第十九章 幽灵与妖仙

图亚特王朝早期的古物收藏家约翰·威弗认为,当时的整个哀悼风格是不充分的。[86]清教徒反对仪式性哀悼,并且认为坟墓和墓志铭颇有点教宗制度的味道。他们谴责丧礼布道会,因为只有富裕家庭才支付得起这笔费用。宗派主义者甚至根本否认丧礼是宗教仪式:[87]炼狱信仰既已结束,似乎再无必要举行仪式安抚亡灵了,诸如专门的圣钟这类天主教的做法也不再需要了。据杰里米·泰勒说,爱尔兰人相信:

> 如果在尸体进入坟墓以前敲响圣钟,那么就会使他脱离炼狱……因此一个人死后,他的朋友就为他租用圣钟。[88]

到了1649年,英格兰的丧礼变得简单多了,以至于一个同时代人可以把它们描述为"一种世俗的方式,在许多地方,死者像狗一样地被葬入土中而不念一句经文"。另一个评论者在1635年谈到了罗马天主教徒考究的丧礼和"我们的默不作声的葬礼"之间的鲜明对照。[89]在此同时,人们对于用防腐药品保存尸体和制成木乃伊的做法越来越反感。[90]这种发展为今日的草率丧礼铺平了道路,而火葬的实施又象征性地加速了死者的物质分解。当时许多评论者都注意到,没有一种新的仪式足以对付死亡和丧亲之痛带来的剧变。[91]这种传统的"跨界仪式"的开始衰落似乎应该追溯到宗教改革所导致的分裂,尽管这种变化也有着社会学的原因,明显的方面是紧密型社区的衰落,在这种社区中,一个人的死亡会造成直接的空虚。

当然,幽灵信仰并未完全消衰。鬼魂出现和住宅被作祟的故事在19世纪极其流行,即使在今天也不罕见。现代的调查表明,大部分人或者认为自己看见过幽灵,或者相信有可能看见幽灵。新丧亲的人会栩栩如生地梦见死者。[92]但是幽灵信仰的社会功能显然大大减弱了。其中的一个原因是,现代人的寿命通常都较长,他们多在退休后或不再成为社会的活跃分子后才死去,这就减小了他们死后留下的真空。现代社会中幽灵的相对稀少,可以看成是人口统计学变化的一个结果:"大部分死者脱离社会的状态。"[93] 换言之,死者在去世之前已经退隐了。与此相反,在较早时期,人们在壮年时死去的情况比现在更为常见;他们在其身后留下了一定的社会骚动,而幽灵信仰则有助于消除这种骚动。鬼魂到处游荡的时期即是生者适应新的社会关系模式的时候。[94] 今天,这种过渡时期往往是很短促的,甚至是不存在的。

幽灵消失的主要原因是:社会不再对父辈留下的意愿负责。对于有一定社会地位的阶层来说,这只是一种渐进的变化,因为有地产的家族长期以来一直保持着一种追溯至过去和延伸至未来的制度,这就为埃德蒙·柏克的著名概念"社会是生者、死者和未生者的合营公司"提供了背景条件。1660年废除了以服兵役为条件的土地占有权以后,土地变得完全可以自由转让了,但是豪富继续继承严格冻结的财产,这种财产无异于以终身租借权的形式给家族中当时的代表。此外,每一种财产都通过遗嘱转让。在我们讨论的这一时期里,只有少数大胆的精英人物才敢期望死者决定生者财产的权力应予废除。[95] 在这种环境中,虚伪地说死者已经失去了他们的权力或者死者的遗愿已不再受到尊重是毫无益处的。实际上,家族、学会和其他合作团体的永久性很快就会和业务公司的连续性匹配上。

不管怎样,18世纪的英格兰已非15世纪英格兰的那种传统社会了。人们的行为不再明确地受到对祖先遗愿或其灵魂繁荣的关注的制约。如果说他们不再看见幽灵,那是因为这种鬼魂正在丧失其社会现实意义,而不是因为他们在知识上被认为是不可能的。

四 妖 仙

今天的儿童所想象的妖仙都是性格仁厚的小生物,但是中世纪

第十九章 幽灵与妖仙

的妖仙既不小巧玲珑,也不特别宽厚仁慈。哥布林、小妖精和妖仙都是横行于人世间的善良精灵和恶灵大军中的一部分,它们各具特性,互不相同。现代一位民俗学学者认为,中世纪的大部分妖仙都可以分属于下列四类中的一类:"群聚妖仙",它们在欢宴和跳舞中度过时光;小妖精或护卫精灵,如别名罗宾·古德费洛的帕克,它们为人类干些家务杂活;美人鱼和水中精灵;以及巨兽和怪物。[96]但是,能否如此生硬和清楚地划分则是值得怀疑的。英格兰各地的大众信仰五花八门,而且是许多不同传说的混合物。祖先精灵、幽灵、沉睡英雄、繁殖精灵和异教神祇都可以从中世纪英格兰繁多纷杂的妖仙传说中辨认出来,现代人对于妖仙起源的探讨从来都只是猜测。

然而清楚的是,小妖精、妖怪和妖仙经常被认为是极其邪恶的。如我们已经看到,"妖仙"一词本身就包含着精灵导致的恶性疾病的观念,这种疾病只能用符咒或被魔的办法医治。盎格鲁-撒克逊人曾把一种超自然病称为"妖精袭击症",而此词在凯尔特人地区则使用于病畜身上,直至现代。[97]1677年,约翰·韦伯斯特写道,约克郡的居民使用"妖仙侵袭"一词来描述被作祟或受蛊惑的人。[98]

人们通常认为,这类超自然的疾病需要超自然的治疗方法。15世纪艾厄的女巫马杰里·乔德梅因颇有用符咒镇治"妖魔和妖仙"的名气。[99]许多术士也都想用符咒诊断和治疗这类病例,在当时的符咒书中,有对付窃贼、疾病和恶鬼的处方,也有对付妖仙的法术。[100]天主教的方法也被使用。16世纪的一个巫师声称,妖仙只能对那些缺乏宗教信仰的人发挥威力。还有些人则推荐人们使用《约翰福音》或者圣水。[101]

在许多人看来,妖仙乃是必须利用仪式防护使之不致危害人们的一种精灵。伊丽莎白时代的一些博识之士都倾向于把妖仙信仰说成是过去的事情。例如,雷金纳德·斯科特在1584年写道,罗宾·古德费洛再也不像一百年前那样普遍地使人害怕了,以他之见,对于妖怪的恐惧已被对于妖巫的恐惧所取代。然而17世纪末的威廉·坦普尔则仍然认为妖仙信仰只是在前三十年里才衰落的。约翰·奥布里也把它们说成是不久以前的事:"我童年时,家乡的人经常谈论妖仙。"[102]似乎评论者们总是把妖仙信仰归之于过去。甚至乔叟的《巴斯夫人》也把小妖精女王的统治时期放在"好几百年以前",并嘲笑地说,妖仙已被神圣修士们的祈祷和博爱赶跑了。[103]

大多数评论者都把妖仙信仰与童年时代联系起来,这一情况使得我们很难估计它们究竟活跃在哪一段时期里。迄于伊丽莎白时代,妖仙传说已经主要是一种神话故事而不是一种有生命力的信仰了,但是在大众阶层中,人们有时候还是按照字面意义接受它的。约翰·彭里——晚于斯科特三年——写道,威尔士的农民以"令人惊讶的尊崇"看待妖仙,不敢"不崇敬地提及它们"。一百年后,英格兰的普通百姓仍旧说相信它们。据说妖仙传说在18世纪受到忽视,但是19世纪英格兰乡间民俗的收集者依然收集到了大量活跃着的妖仙信仰证据。[104]就所见的文献资料来看,妖仙幻想的高峰似乎在16世纪末和17世纪初。但正如最近一位学者指出的那样,这只是表明拥有大众基础的文学作品的增多,而不是妖仙信仰的发展。在法国,对妖仙故事的嗜好直到17世纪末才臻于高峰。[105]英格兰在莎士比亚时期就有一股广泛传播的妖仙信仰了,人们把妖仙看成是一种淘气的但基本上是友好的矮神。人们也热衷于家庭小妖精罗宾·古德费洛的妖仙王国,罗宾先前根本未被视为真正的妖仙。然而,把妖仙或妖怪看成恶灵的旧信仰并未完全消失。我们记得,班扬的"朝圣者"没有被"妖怪或丑魔"所吓退。

对于当时的巫术师来说,妖仙是超自然威力的宝贵来源:该时期中的许多巫术书籍里都记载着召请它们以了解种种奥秘的指导方法。[106]这种仪式与召请一般精灵的仪式完全相同。威廉·利利曾好几次想与妖仙女王接触,认为她会教人懂得他想了解的任何事情。[107]乡村巫师也声称是借助于妖仙施术的。我们业已提及萨默塞特的妇女琼·泰里,她于1555年从妖仙那里获悉其邻居是否遭

第十九章 幽灵与妖仙

了蛊惑。得妖仙之助而治病、算命、探宝或施行其他巫术项目的术士包括：马里奥纳·克拉克（萨福克郡，1499年）、克罗克斯顿的妻子（伦敦，1549年）、约翰·沃尔什（多塞特郡，1566年）、玛格丽特·哈珀（约克郡，1567年）、苏珊·斯纳珀（萨塞克斯郡，1607年）以及16世纪萨里郡沃林甘的一个神甫。[108] 据说伊丽莎白时代的威尔士有大批占卜师和巫师声称在星期二和星期四的夜间与妖仙一起散步。[109] 1648年，康沃尔郡的安妮·杰弗里斯被认为依靠六个绿衣小人提供的甜食为生。它们教她预言以及施行奇迹治疗。[110]

这类精灵与妖巫的听差精灵和奇术家的妖魔属于同一类型。英格兰的妖巫审判中至少有一次（1619年对琼·威林莫特的审判）被告承认魔鬼给过她一个妖仙。[111] "奥白龙"是个妖魔的名字，它在15世纪和16世纪经常受到巫师的召请，此事早在该名得到妖仙王的称号之前。[112] 多塞特的术士约翰·沃尔什在1566年说，有三种颜色的妖仙：白色、绿色和黑色。黑色妖仙最恶，在他看来，它们与魔鬼并无区别。[113]

在17世纪，妖仙神话开始定型成与现代大致类似的形式。妖仙被说成是一种小人，居于森林或古墓中，组有自己的王国。有时候它们在草地的蘑菇上跳舞，并容许某些选定的人看见。它们偶尔也要掠夺，并可能突然攫取一个无人看护的婴儿，然后留下一个替换的丑孩。它们也可能咬、掐或用其他方法折磨一个粗心大意的家庭主妇或者不修边幅的女仆。正确的抚慰方法是在晚上把屋子打扫干净，准备好供它们吃的食品和水及毛巾——它们可能要刷洗，因为妖仙依靠人类供应食品，并且有洁癖。这样做了以后，它们就会报答这种好意，在鞋子里放钱，或者如罗宾·古德费洛那样帮助主人操持家务，以换回一碗奶油。如若怠慢它们，就会遭到报复：它们会让自己的孩子在啤酒里洗澡，偷挤牛奶，盗窃田里庄稼，敲击水桶，使黄油和奶酪做坏，以及处处惹人憎厌。

在中世纪，为妖仙准备食品饮料的做法是尽人皆知的，并且必然会受到教会领袖的谴责。[114] 教会当然憎恨人们讨好其他神灵,在教会看来,供养妖仙以期致富或交好运的人实际上是信奉一种对立的宗教。中世纪后期的不少作者声称,小妖精和妖仙都是邪恶的妄想。[115] 宗教改革运动加强了这种敌意,新教神学家排除了妖仙是死者幽灵的可能性。妖仙不是善良精灵就是恶灵,而后者的可能性更大。据说清教徒理查德·格里纳姆是把妖仙看成善良精灵的。即使此事属实,他也只是这些神学家中的例外。托马斯·杰克逊认为,区别善良妖仙和邪恶妖仙是毫无意义的,它们的背后都是魔鬼。[116] 这就是大部分新教教导的正式教义,虽然像其他许多正式教义一样,它对于一般人民的影响只是部分的。

另一方面,新教把妖仙信仰说成是中世纪天主教会的发明,这一说法倒颇有影响。他们说,妖仙就像幽灵一样,是教宗派设计出来掩盖其诈骗行为的。它们是"教宗派维持无知者之畏惧的精巧构思物"。[117] 这一反复强调的观点是极不公正的,这不仅因为妖仙信仰比罗马天主教的教义更为古老,而且因为中世纪教会本身就是反对妖仙神话的。但是,在宗教改革后的一个世纪里,新教的善辩者却大量地运用了这一观点,并在科尔贝特主教的《妖仙告别辞》中做了颇具魅力的诗意表达。大部分同情妖仙信仰的人都承认妖仙王国具有罗马天主教的特色。罗伯特·赫里克写道:"它们的王国是个混合的宗教,部分是异教的,部分是罗马天主教的。"[118] 古德温·沃顿被帕里什夫人骗得相信自己与妖仙有着范围广泛的关系,他被告知说,它们是"基督徒,以与罗马天主教徒同样的方式效忠于上帝,相信圣餐变体说,并有个居住在英格兰的教宗"。[119]

人们提出了种种理论来解释妖仙信仰的持久性。那些寻求心理学解释的人指出了至今仍为精神病医生所熟悉的小人国式幻想的存在。早在17世纪,妖仙幻想就与心理疾病联系在一起了。[120] 另一方面,所谓"矮人理论"的信徒则更偏向于认为妖仙信仰反映了对于一度居住在新石器时代洞穴中的矮种人的回忆。[121] 这类推测

第十九章 幽灵与妖仙

恰恰与我们的目的毫不相干。我们可以认为,妖仙信仰早就存在,并且世世代代地传授给了幼儿时期的儿童。我们的任务是要确定这一信仰如此继承下来的社会后果。

现代社会人类学家在研究了爱尔兰农民中残存的妖仙信仰后证明,这种观念有着重要的社会功能,有助于强制推行一定的社会准则。他们说:"妖仙信仰强迫规定了农村人的明确行为。"[122] 在12世纪初的爱尔兰,人们相信只要把屋子打扫得干净整洁,就不会受到妖仙的骚扰。17世纪的英格兰亦是如此:

> 如果要使梅布宽厚温顺,
> 瓶盆锅罐都得安放齐整;
> 余火要收拾,清水须满盛,
> 做完这些后,太阳才西沉;
> 洗刷奶桶,扫净牛棚,
> 妖仙最恨邋遢女人。
> 要是不把房屋洒扫干净,
> 梅布就会狠狠揍她一顿。[123]

赫里克的诗文既是一个仔细周到的家庭女仆的日程表,又是对违背者的制裁警告。本·琼森描述了妖仙女王:

> 假若不把长凳擦拭干净,
> 女王对姑娘的惩罚绝不会轻,
> 要是炉中余烬没有收拾,
> 须记住尖指甲不会容情。

如果说17世纪的女仆只是因为害怕妖仙的折磨才认真工作的,那未免有些夸张,但是妖仙信仰显然影响了相信者的行为方向(妖巫信仰的情况亦是如此：人们习惯上认为有臭味的器具和房间乃是动物听差精灵的栖身之所，所以他们被告诫说，将粪便置于其仇敌可能发现的地方是危险的）。[124]

家庭不整洁并不是受到妖仙惩罚的唯一不良行为。妖仙还外罚不注意个人卫生以及不好好洗净主人马匹的仆人。它们极其憎恶淫荡好色的行为，狠狠地掐、咬那些正在从事下流勾当的人。[125]妖仙甚至还维护睦邻的美德，它们做主借出家庭用具，并坚持要人们及时归还，那些拖延归还烤肉铁扦和白蜡器皿的人将再也得不到妖仙的帮助。[126]同样地，妖仙以丑孩调包的危险提醒人们应该小心照看初生婴儿，稍有疏忽便会换来妖仙的瘦小、丑陋和迟钝的孩子。在新生儿的最初几个星期里尤应注意，因为据信妖仙最可能在孩子洗礼或赴教堂以前采取行动。[127]当时的人们有明显的宗教理由相信这是婴孩最易遭受攻击的时期，但是也可以用更为实用的理由证明孩子在此期间不能独处是正确的：新生儿特别需要照顾。对于婴孩被攫的恐惧在某些乡村地区是十分现实的，它只会产生有益的影响。

妖仙信仰就以这种方式强调了某些准则，而社会机器正是依赖这些准则才有效地运转的。妖仙信仰也可以用来解释某些本来不能令人满意的情况。一个家长可以声称孩子是调包丑孩，从而解除了对迟钝孩子的义务。一个庸医可以用同样的方式掩饰其无知。1590年，哈特菲尔德季度法庭上谈及赫特福德郡伊克勒福德的著名巫师托马斯·哈定，他对一位妇女说，她那既不会走路又不会说话的孩子乃是一个调包丑孩，唯一的弥补办法是在一个晴天让孩子在粪堆上的椅子里坐上一个小时，以期妖仙来把偷去的孩子换回。[128]妖仙信仰还可以解释其他的不幸或不当行为。迷路人可以辩解说，是一个幻象将他引入歧途的，因为妖仙专门引得旅行者迷路是妇孺皆知的事情。[129]不负责任的仆人可以责怪妖仙扰乱他的工作："女仆打翻了牛奶锅或者闯了随便什么祸，都可以把责任推在罗宾身上。"[130]

第十九章 幽灵与妖仙

当古德温·沃顿发现自己在性生活上过于痿弱,难以维持他与帕里什夫人的关系时,他便猜测是妖仙女王在其睡梦中贪婪地吸尽了他骨头里的精髓。[131]

此外,必然有些招摇撞骗者随时打算利用他人的轻信。15世纪中叶,肯特郡的一帮偷猎者从白金汉公爵在彭舒斯特的猎园里偷走了一些鹿,他们涂黑了脸,声称自己是妖仙女王的仆人。[132]有证据表明,在伊丽莎白时期和詹姆斯一世时期,有许多骗子谎称与妖仙合资而骗取别人的钱财。1595年,伦敦术妇朱迪思·菲利普斯受笞刑游街,她的罪名是以索取与妖仙女王会面的特权费为名从轻信的主顾那儿骗走了大笔钱财。[133]1614年,一对作恶多端的夫妇爱丽丝·韦斯特和约翰·韦斯特被揭露,他们以即将得到妖仙金子的许诺从一个主顾那里骗取了40英镑。[134]在此数年以前的一个例子更接近本·琼森在《炼金术士》中描述的骗子。当时,安东尼·阿什利爵士及其兄弟卷入了一件大法院诉讼案,原因是他们允诺一个受骗者得以娶妖仙女王为妻,从而竭力骗取他的钱财。[135]17世纪末,天真的古德温·沃顿被帕里什夫人说得居然相信她已设法利用妖仙王国的政治危机而让他当上了国王。每当沃顿想与其新臣民会面时,她就用种种借口来拖延,而且遗憾的是,妖仙女王的每次偶然现身总是在他酣睡之时。然而沃顿在这些显而易见的"不凑巧"后仍然相信她,这种异乎寻常的骗局持续了十多年。[136]

妖仙信仰的引人注目的方面是其自我认可的特性。相信妖仙的人就像占星师和巫术师一样,能够容忍每个挫折和失落而不丧失其信仰。信仰者明白自己绝不能指望亲眼看见妖仙,因为这些小家伙以谨慎提防泄露其隐私而闻名,它们绝不会在怀有强烈好奇心的人面前现身。帕里什夫人告诉沃顿说,妖仙有办法招呼它们想与之交谈的人,这种招呼是"如此迅速,以至于除了它有意让他看见的人之外没有人能看见它"。它们也不会在泄露其秘密的人面前重现。1555年,琼·泰里说,她在宗教法庭上做了这样的坦白后就再也看

733 不见妖仙了。[137] 人人都知道,定时接受妖仙金子的人一旦向人吹嘘后,其供应就立即停止了。[138] 正是这种狡猾的遁词使得妖仙成了骗子极好的工具。例如,爱丽丝·韦斯特对其受害者施加影响道,"最必要者莫过于保密了,如果此事被除了他们三个当事人以外的别人知晓,那么他们不仅会失去美好的前景,而且会给妖仙招来危险,结果就会导致巨大的祸殃和可怕的灾难"。当此后这位主顾瘸了腿时,她就立刻指责说,这是因为他将秘密告诉了别人。妖仙信仰有着不可测知性,这就保护了它们,使之不会轻易暴露。[139] 如约翰·法尔
734 斯塔夫所说:"它们是妖仙,与之交谈的人就要死亡。"[140]

注　释

1. See e.g., M. R. James, "Twelve Medieval Ghost-Stories", *E.H.R.*, xxxvii (1922); H. E. D. Blakiston, "Two More Medieval Ghost Stories", ibid., xxxviii (1923); H. Thurston, "Broucolaccas; a Study in Mediaeval Ghost Lore", *The Month*, no. 401 (1897); G. R. Owst, *Literature and Pulpit in Medieval England* (2nd edn, Oxford, 1961), p. 113; *Catalogue of the Romances in the Department of Manuscripts in the British Museum*, iii, ed. J. A. Herbert (1910) *passim*; B. Hauréau, "Mémoire sur les récits d'apparitions dans les sermons du moyen âge", *Mémoires de l'Institut National de France*, *Académie des Inscriptions et Belles-Lettres*, xxviii (1876); (S. Johnson), *Purgatory Prov'd by Miracles* (1688).

2. *Dives and Pauper* (1536), f. 60. Cf. Aquinas, *Summa Theologica*, III, supp. q. 69. iii.

3. *Dives and Pauper*, f. 59; *Catalogue of Romances in the British Museum*, iii, p. 391; C. J. Holdsworth, "Visions and Visionaries in the Middle Ages", *History*, xlviii (1963), p. 150; *English Gilds*, ed. Toulmin Smith (E.E.T.S., 1870), p. 194.

4. A. T. Bannister, "Visitation Returns of the Diocese of Hereford in 1397", *E.H.R.*, xliv (1929), p. 446; A. P. Moore, "Proceedings of the Ecclesiastical

第十九章　幽灵与妖仙

Courts in the Archdeaconry of Leicester, 1516—1535", *Assocd Architectl Socs., Repts and Papers*, xxviii（1905—1906）, p. 613.

5. *Boswell's Life of Johnson*, ed. G. B. Hill and L. F. Powell（Oxford, 1934—1950）, iii, p. 298；iv, p. 94；i, p. 235.

6. M. Yardley, "The Catholic Position in the Ghost Controversy of the Sixteenth Century", in L. Lavater, *Of Ghostes and Spirites Walking by Nyght*（1572）, ed. J. D. Wilson and M. Yardley（Oxford, 1929）, pp. 221—251. 关于异端天主教徒托马斯·怀特的怀疑论, see below, p. 705。

7. 关于新教立场的典型陈述, 除了拉瓦特于 1572 年译入英文的专著（见上一条注释）外, 参见 G. A（lley）, *The Poore Mans Librarie*（1571）, ff. 53—54；J. Northbrooke, *Spiritus est Vicarius Christi in Terra*（n.d.［?1575］）, chap. 24；Scot, *Discoverie*, XV. xxxix；*A Discourse of Divels and Spirits*, xxvii；（James VI）, *Daemonologie*（Edinburgh, 1597）, pp. 60—61；Randall Hutchins, *Tractatus de Spectris*（C. 1593）, trans. V. B. Heltzel and C. Murley in *Huntington Lib.Qtly*, xi（1947—1948）；*The Workes of... Gervase Babington*（1622）, ii, pp. 188—189；H. More, *A Modest Enquiry into the Mystery of Iniquity*（1664）, p. 134。

8. Scot, *Discoverie*, VII. xv；XV. xxxix；T. Hobbes, *Leviathan*（1651）, chap. 2；Ady, p. 147；J. Aubrey, *Brief Lives*, ed. A. Clark（Oxford, 1898）, ii, p. 318.

9. *Memoirs of Lady Fanshawe... by herself*（new edn, 1830）, pp. 92—93.

10. Wood, *Ath. Ox.*, iii, cols. 166—168.

11. J. Dover Wilson, *What Happens in Hamlet*（3rd edn, Cambridge, 1959）, chap. iii.

12. 含有幽灵的戏剧的清单, 参见 H. Ankenbrand, *Die Figur des Geistes im Drama der Englischen Renaissance*（Leipzig, 1906）。关于它们的讨论参见 R. H. West, *The Invisible World*（Athens, GA., 1939）, chap. 9, and Briggs, *The Anatomy of Puck*, chap. 9。

13. T. White, *The Middle State of Souls*（1659）, p. 196, and chap. 19, *passim*. Cf *The Diary of Abraham de la Pryme*, ed. C. Jackson（Surtees Soc., 1870）, pp. 42, 45.

14. Quoted by J. Tulloch, *Rational Theology and Christian Philosophy in the Seventeenth Century*（2nd edn, 1874）ii, p. 260.

15. *Spectator,* ex（1711）; *Reliquiae Hearnianae*, ed. P. Bliss（2nd edn, 1869）, ii, p. 188; *Boswell's Life of Johnson*, ed. Hill and Powell, ii, pp. 178, 182; iii, pp. 297, 349. 对比以下著作中的怀疑论: *Anti-Canidia, or Superstition Detected and Exposed*（?1754）, pp. 3—4, and R. Mead, *Medica Sacra*, trans. T. Stack（1755）, p. 82。

16. *Sermons*, ed. J. Ayre（Cambridge, P.S., 1841）, p. 60.

17. *Correspondence of Matthew Parker*, ed. J. Bruce and T. T. Perowne（Cambridge, P.S., 1853）, p. 222; Scot, *Discoverie: A Discourse of Divels and Spirits*, xxvii.

18. Perkins, *Discourse*, p. 115; G. Strode, *The Anatomie of Mortalitie*（2nd edn, 1632）, p. 205.

19. B. Brook, *The Lives of the Puritans*（1812）, ii, p. 318; *The Diary of Thomas Crosfield*, ed. F. S. Boas（1935）, p. 17. 关于星体精灵准则的解释,参见 J. Webster, *The Displaying of Supposed Witchcraft*（1677）, pp. 311—320。

20. *The Journal of George Fox*, ed. N. Penney（Cambridge, 1911）, i, p. 228.

21. 除下文引用的幽灵故事外,还可参见 Aubrey, *Miscellanies*, pp. 70 ff.; *York Depositions*, pp. 161—162; *Fearfull Apparitions or the Strangest Visions that ever hath been heard of*（1647）; *Memoirs of the Life of Mr Ambrose Barnes*, ed. W. H. D. Longstaffe（Surtees Soc., 1867）, pp. 228—229; Wood, *Life and Times*, ii, p. 4; B.M., Lansdowne MS 207（c）, ff. 413^v—414; *Yorkshire Diaries*, ed. C. Jackson（Surtees Soc., 1877）, p. 283; J. Glanvill, *Saducismus Triumphatus*（1681）, *passim*; R. Baxter, *The Certainty of the World of Spirits*（1691）, *passim*; *The Correspondence of Richard Bentley*（1842）, i, pp. 105—109; J. B. Burke, *Family Romance; or Episodes in the Domestic Annals of the Aristocracy*（1853）, i, pp. 9—14。

22. A. L. Rowse, *Tudor Cornwall*（1941）, pp. 335—336; P.R.O., SP 12/173, f. 114; SP 12/176/46（*C.S.P.D., 1581—1590*, p. 205）.

23. Aubrey, *Miscellanies*, pp. 86—87.

24. Ewen, *Star Chamber*, p. 15.

25. *The Woodstock Scuffle*（1649）; *The Just Devil of Woodstock*（1660）; R. Plot, *The Natural History of Oxfordshire*（1677）, pp. 206—210.

26. Aubrey, *Brief Lives*, ed. Clark, ii, p. 318.

27. *C.S.P.D., 1637—1638*, p. 276.

28. G. Foster, *The Pouring Forth of the Seventh and Last Viall*（1650）, p. 51. Cf. Turner, *Providences*, i, p. 40.

29. I. Mather, *An Essay for the Recording of Illustrious Providences*（Boston, 1684）, pp. 243—245.

30. G. Burnet, *Some Passages in the Life and Death of John, Earl of Rochester*（1787 edn）, p. 27.

31. Wood, *Life and Times*, ii, p. 55; id., *Fasti Oxonienses*, ed. P. Bliss（Oxford, 1815—1820）, i, cols. 387—388. 关于类似的条约，参见 Turner, *Providences*, i, p. 36。

32. *Notes and Queries*, 3rd ser., viii（1865）, pp. 334—335; H. Thurston, *Ghosts and Poltergeists*, ed. J. H. Crehan（1953）, appx; above, p. 570.

33. E.g., R. Baxter, *The Certainty of the World of Spirits*（1691: 1834）, p. 34; *C.U.L.*, MS DD. iii. 64, f. 151（被祈祷赶走的乱响恶鬼, 1661）。

34. E.g., Aubrey, *Gentilisme*, p. 104; *Sad and Wonderful Newes from the Faulcon at the Bank-Side*（1661）, p. 9; *A Full and True Account of a Strange Apparition... in Cherrey-tree Alley*（1685）, p. 3; *An Exact Narrative of Many Surprizing Matters of Fact uncontestably wrought by an Evil Spirit or Spirits, in the House of Master Jan Smagge, Farmer, in Canvy Island, near Leigh in Essex*（1709）, p. 9.

35. Bodl., MS Wood F39, f. 145^v. 关于其他，参见 M. A. Courtney, "Cornish Folk-Lore", *Folk-Lore Journ.*, v（1887）, pp. 23—26。

36. Ewen, *Star Chamber*, p. 11.

37. Ashm. 236, f. 201. 1683 年柴郡斯普斯通村的房屋闹鬼事件被归咎给一个有嫌疑妖巫; B.M., Add. MS 22, 548, f. 99。

38. 下述文献中有一份清单, Ashm. 1790, f. 108。

39. Aubrey, *Gentilisme*, p. 53.

40. Royal Institution of Cornwall, Truro, RIC. GAT/8/3（手稿由 H.L. 杜奇先生友情提供）。

41. H. Thurston in *The Month*, xc（1897）, pp. 502—520.

42. *Sermons by Hugh Latimer*, ed. G. E. Corrie（Cambridge, P.S., 1844）, p. 499; E. L. Backman, *Religious Dances*, trans. E. Classen（1952）, p. 133.

43. Ewen, *Star Chamber*, pp. 15—16.

44. D. Grant, *The Cock Lane Ghost*（1965）. 关于其他案例, see e.g., B.

Zimmerman, *Carmel in England*（1899）, pp. 258—259；"Hieronymus Magomastix", *The Strange Witch at Greenwich*（1650）, p. 5。

45. Aubrey, *Gentilisme*, p. 104.

46. J. Gee, *New Shreds of the Old Snare*（1624）, pp. 1—7, 20—25. 关于一个抱有不同目的，声称自己是天主教徒的骗子，参见 *Revolution Politicks*（1733）, v. p. 3。

47. H. More, *The Immortality of the Soul*（1659）, p. 296. Cf. E. E. Stoll, "The Objectivity of the Ghosts in Shakspere", *Procs. Modern Lang. AsSoc.*, xxii（1907）, p. 203；West, *The Invisible World*, p. 58.

48. *York Depositions*, p. 161 n.

49. M. R. James in *E.H.R.*, xxxvii（1922）, p. 419；*Catalogue of Romances in the British Museum*, iii, p. 171；H. E. D. Blakiston in *E.H.R.*, xxxviii（1923）.

50. Glanvill, *Saducismus Triumphatus*, ii, pp. 209—215；*Great News from Middle-Row in Holbourn: or a True Relation of a Dreadful Ghost*（1679）；*The Pepys Ballads*, ed. H. E. Rollins（Cambridge, Mass., 1929—1932）, iii, pp. 30—36. 另一次死后的忏悔记录在 *The Ghost, or a Minute Account of the Appearance of the Ghost of John Croxford Executed at Northampton, August the 4th, 1764*, by "a Minister of the Gospel"（1764）。

51. 这个观点在下书中得到强调：Mather, *An Essay for the Recording of Illustrious Providences*, pp. 219—220。

52. Webster, *The Displaying of Supposed Witchcraft*, pp. 297—298；*The Autobiography and Correspondence of Sir Simonds D'Ewes*, ed. J. O. Halliwell（1845）, i, pp. 60—61.

53. *C.S.P.D., 1654*, p. 218. 对比认为自己被两只乌鸦持续跟踪的谋杀犯：R. Gough, *Antiquities and Memoirs of the Parish of Myddle*（1875）, p. 72。

54. *C.S.P.D., 1664—1665*, pp. 206—207. 类似案例参见 Turner, *Providences*, i, p. 23；R. Surtees, *The History and Antiquities of the County Palatine of Durham*（1816—1840）, ii, pp. 147—149；Aubrey, *Miscellanies*, pp. 94—105；*The Portledge Papers*, ed. R.J. Kerr and I. C. Duncan（1928）, p. 173；M. A. Shaaber, *Some Forerunners of the Newspaper in England, 1476—1622*（Philadelphia, 1929）, p. 151, n. 35；T. Heywood, *An Apology for Actors*（1612；1841 edn）, pp. 57—58；*The Diary of Thomas Isham of Lamport*（1658—1681）, trans. N. Marlow（Farnborough, 1971）.

第十九章　幽灵与妖仙

55. Webster, *The Displaying of Supposed Witchcraft*, p. 312.

56. *The Works of Thomas Nashe*, ed. R.B. McKerrow（1904—1908）, i, p. 383.

57. J. Heydon, *The Harmony of the World*（1662）, p. 182.

58. Wood, *Ath. Ox.*, iii, cols. 332—333；Aubrey, *Miscellanies*, p. 82；M. Cranston, *John Locke*（1957）, p. 188.

59. E.g., Blakiston in *E.H.R.*, xxxviii（1923）；Johnson, *Purgatory prov'd by Miracles*, pp. 22—24.

60. Ashm. 221, f. 223^v. 下书中有一个类似案例：G. Sinclair, *Satan's Invisible World Discovered*（Edinburgh, 1685；1871 reprint）, pp. 128—131。

61. B.M., Lansdowne MS 207（c）, f. 413^v.

62. *Every Man out of His Humour*, II. i.

63. *Games and Gamesters of the Restoration*, ed. C. H. Hartmann（1930）, p. 239；W. Sikes, *British Goblins*（1880）, pp. 145—146.

64. Glanvill, *Saducismus Triumphatus*, ii, pp. 235—237, 238—242, 276—285；*A Narrative of the Demon of Spraiton*（1683）；*A Full and True Relation of the Appearing of a Dreadfull Ghost to one John Dyer in Winchester-Yard in Southwark*（1690）；Baxter, *The Certainty of the World of Spirits*, pp. 17—18；C. J. Stranks, *The Life and Writings of Jeremy Taylor*（1952）, pp. 251—254.

65. *C.U.L.*, MS DD. iii. 64, f. 150.

66. *Strange and Wonderful News from Northamptonshire*（1674）；*A Most Strange and Dreadful Apparition of Several Spirits and Visions*（1680）；C. R. Beard, *The Romance of Treasure Trove*（1933）, pp. 77—80.

67. 这个广泛流传的故事在下书中有多个版本：Clarendon, *The History of the Rebellion*, ed. W. D. Macray（Oxford, 1888）, i, pp. 51—55；B.M., Lansdowne MS 207（b）, ff. 130—131；Aubrey, *Miscellanies*, pp. 79—80；and "A. Moreton"（D. Defoe）, *The Secrets of the Invisible World Disclos'd*（3rd edn, 1738）, pp. 280—290。对比圣马可节出现在教堂墓地的幽灵；above, p. 286。

68. B.M., Lansdowne MS 207（c）, f. 413（雷丁记录员约翰·多尔比讲述的杰维斯·霍利斯的故事）。

69. P.R.O., SP 12/200, f. 65.

70. *Borough Customs*, ed. M. Bateson（Selden Soc., 1904—1906）, i, p. 48；ii, p. xxxiii；M. Bateson, "A London Municipal Collection of the Reign of John",

E.H.R., xvii (1902), p. 489.

71. "A Description of Cleveland", *Topographer and Genealogist*, ii (1853), p. 429. 关于 13 世纪一个几乎相同的幽灵故事,参见 *Catalogue of Romances in the British Museum*, iii, p. 383。

72. Aubrey, *Gentilisme*, pp. 31—32. Cf. Briggs, *The Anatomy of Puck*, p. 125.

73. See e.g., W. Maskell, *Monumenta Ritualia* (2nd edn, Oxford, 1882), i, p. 158, n. 1. 2; J. White, *The First Century of Scandalous, Malignant Priests* (1643), pp. 41—42; above, p. 706; below, p. 720.

74. J. C. Cox, *Three Centuries of Derbyshire Annals* (1890), ii, p. 136. Cf. L. Stone, *The Crisis of the Aristocracy* (Oxford, 1965), pp. 575—576. 17 世纪乃至以后的例子参见 *Yorkshire Diaries*, ii (Surtees Soc., 1886), p. 105; *The Autobiography of William Stout of Lancaster, 1665—1752*, ed. J. D. Marshall (Manchester, 1967), p. 107; *Surrey Archaeol. Collns*, x (1890—1891), pp. 59, 66; *John Lucas's History of Warton Parish*, ed. J. R. Ford and J. A. Fuller-Maitland (Kendal, 1931), pp. 23—24; *County Folk-Lore, Vol. II*, ed. Mrs. Gutch (Folk-Lore Soc., 1901), pp. 307—308, 310—311。然而这种活动的衰落早在 1565 年就引起了威廉·艾伦的哀叹: *A Defense and Declaration of the Catholike Churchies Doctrine touching Purgatory* (Antwerp, 1565), f. 158。

75. Cf. S. L. Thrupp, *The Merchant Class of Medieval London* (Ann Arbor, 1962), pp. 177—178; J. A. F. Thomson, *Clergy and Laity in London, 1376—1531* (Oxford, D.Phil. thesis, 1960), pp. 68—69.

76. *Sermons and Remains of Hugh Latimer*, ed. G. E. Corrie (Cambridge, P.S., 1845), p. 363.

77. Cf. E. E. Evans-Pritchard, *The Position of Women in Primitive Societies* (1965), pp. 252—255; J. Beattie, *Bunyoro, an African Kingdom* (New York, 1960), p. 76; G. Lienhardt, *Divinity and Experience* (Oxford, 1961), p. 154; M. Gluckman, *Politics, Law and Ritual in Tribal Society* (Oxford, 1965), pp. 226—229.

78. K. L. Wood-Legh, *Perpetual Chantries in Britain* (Cambridge, 1965), pp. 304—305.

79. W. K. Jordan, *Philanthropy in England* (1959), pp. 306—308; id., *The Charities of London* (1960), p. 278; R. B. Dobson in *Studies in Church History*,

iv, ed. G. J. Cuming (Leiden, 1967).

80. E.g., *The Remains of Edmund Grindal*, ed. W. Nicholson (Cambridge, P.S., 1843), pp. 325—326; *County Folk-Lore. Vol. I* (Folk-Lore Soc., 1895), ii, pp. 51, 53; E. Porter, *Cambridgeshire Customs and Folklore* (1969), pp. 26—27; Aubrey, *Gentilisme*, pp. 35—36.

81. G. Baskerville, *English Monks and the Suppression of the Monasteries* (1937), p. 31.

82. N. Sander, *Rise and Growth of the Anglican Schism*, trans. D. Lewis (1877), p. 170. Cf. J. Gwynneth, *A Declaracion of the State* (1554), f. 45^v; Allen, *A Defense and Declaration of... Purgatory*, f. 217.

83. Cf. C. Hill, *Reformation to Industrial Revolution* (1967), p. 26; Wood-Legh, *Perpetual Chantries in Britain*, p. 313.

84. Allen, *A Defense and Declaration*, f. 169^v; L. Febvre, *Au Coeur religieux du XVIe siècle* (Paris, 1957), p. 58 ("生人不再在死者身上找前途了"),对比西方反叛者于1549年要求重新发起为那些炼狱中灵魂的名字祈祷的仪式; F. Rose-Troup, *The Western Rebellion of 1549* (1913), p. 221。

85. Stone, *The Crisis of the Aristocracy*, pp. 579—581; E. Mercer, *English Art, 1553—1625* (Oxford, 1962), chap. vi; J. Weever, *Ancient Funerall Monuments* (1631), "The Author to the Reader".

86. M. E. James, "Two Tudor Funerals", *Trans. Cumbd and Westmld Antiqn and Archaeol. Soc.*, n.s., lxvi (1966); Weever, *Ancient Funerall Monuments*, p. 17.

87. (R. Bolton), *Mr Boltons Last and Learned Worke of the Foure Last Things* (1632), p. 152; C. Hill, *Economic Problems of the Church* (Oxford, 1956), pp. 182—183; Weever, op. cit., pp. 17—18, 37—38; *C.S.P.D., 1634—1635*, p. 319; S. Clarke, *The Lives of Sundry Eminent Persons* (1683), i, p. 129; E. Harris, *A True Relation of a Company of Brownists* (1641); above, p. 75.

88. *The Whole Works of... Jeremy Taylor*, ed. R. Heber and C. P. Eden (1847—1854), vi, p. 176.

89. N. Strange in Preface to (R. Carier), *A Missive to his Majesty of Great Britain* (1649), p. 12; D. Person, *Varieties* (1635), pp. 164—165.

90. Stone, *The Crisis of the Aristocracy*, p. 579. 另外一个例子(被其编辑所误解)in *Journ. Hist. Medicine*, xx (1965), p. 217。

91. See e.g., G. Gorer, *Death, Grief, and Mourning in Contemporary Britain* (1965), pp. 110—111; A. MacIntyre in *Listener*, 6 June 1968.

92. Gorer, op. cit., p. 54, and id., *Exploring English Character* (1955), pp. 263—264.

93. R. Blauner, "Death and Social Structure", *Psychiatry*, xxix (1966), 这是一篇出色的文章, 令我深受启发。

94. Gluckman, *Politics, Law and Ritual in Tribal Society*, pp. 7—8.

95. E.g., J. Brayne, *The New Earth* (1653), p. 94.

96. Briggs, *The Anatomy of Puck* (1959), pp. 13—16. 该书与 M. W. Latham, *The Elizabethan Fairies* (New York, 1930) 一道为该时期的妖仙信仰提供了出色的指南, 但两本书都没有涉及其社会功能。

97. T. Davidson, "Elf-Shot Cattle", *Antiquity*, xxx (1956), and id., "The Cure of Elf-Disease in Animals", *Journ. Hist. of Medicine*, xv (1960).

98. Webster, *The Displaying of Supposed Witchcraft*, pp. 323—324.

99. *The Mirror for Magistrates*, ed. L. B. Campbell (New York, 1960), p. 435; Ewen, ii, p. 447; C. M. L. Bouch, *Prelates and People of the Lake Counties* (Kendal, 1948), p. 216; above, pp. 217—219.

100. Latham, *Elizabethan Fairies*, pp. 37—39, 162—163, 244—245, 247—248; Bodl., Add. MS B 1, f. 20^v; Brand, *Popular Antiquities*, ii, p. 503.

101. *The Examination of John Walsh* (1566), sig. Avj^v; Briggs, *The Anatomy of Puck*, p. 80; Latham, op. cit., p. 166.

102. Scot, *Discoverie*, "To the Readers"; *The Works of Sir William Temple* (1770), iii, p. 418; Aubrey, *Gentilisme*, pp. 29—30, 102, 125—126, 235. Cf. T. Richards, *Religious Developments in Wales (1654—1662)* (1923), p. 297; Lucas, *History of Warton Parish*, ed. Ford and Fuller-Maitland, pp. 39—40.

103. *Canterbury Tales*, "Wife of Bath's Tale", 11. 1—16.

104. J. Penry, *Three Treatises concerning Wales*, ed. D. Williams (Cardiff, 1960), p. 33; F. Knolles, *The Turkish History*, ed. Sir P. Rycaut (6th edn, 1687), ii, p. 180; K. M. Briggs, *The Fairies in Tradition and Literature* (1967), p. 11.

105. Latham, *Elizabethan Fairies*, pp. 14—18, 32—33; Briggs, *The Anatomy of Puck*, p. 6; M. Storer, *Un Episode littéraire de la fin du XVIIe siècle, La Mode des contes de Fées (1685—1700)* (Paris, 1928), p. 15.

106. Some are printed in Briggs, op. cit., appx ix. Others may be found in

第十九章　幽灵与妖仙

Sloane 3851, f. 129 ; Bodl., MS e Mus. 173, f. 72^v ; Scot, *Discoverie*, XV. x ; Latham, *Elizabethan Fairies*, p. 107.

107. Lilly, *Autobiography*, pp. 229—232.

108. *Tudor Studies*, ed. R.W. Seton-Watson（1924）, pp. 72—73 ; *Narratives of the Days of the Reformation*, ed. J. G. Nichols（Camden Soc., 1859）, p. 334 ; *The Examination of John Walsh* ; Borthwick, R. VI. A 2, f. 22 ; G. S. Butler in *Sussex Archaeol. Collns*, xiv（1862）, pp. 26—32 ; *The Gentleman's Magazine Library: Popular Superstitions*, ed. G. L. Gomme（1884）, p. 155 ; above, p. 220. See also Latham, op. cit., pp. 137—141.

109. Penry, *Three Treatises concerning Wales*, p. 33.

110. Turner, *Providences*, ii, pp. 116—120 ; above, p. 237.

111. *The Wonderful Discoverie of the Witchcrafts of Margaret and Phillip Flower*（1619）, sig. E3^v.

112. Kittredge, *Witchcraft*, pp. 110, 208, 210 ; *The Historical Collections of a Citizen of London*, ed. J. Gairdner（Camden Soc., 1876）, p. 185 ; Briggs, *The Anatomy of Puck*, pp. 16, 114—115.

113. *The Examination of John Walsh*, sig. Av.

114. J. T. McNeill and H. M. Gamer, *Medieval Handbooks of Penance*（New York, 1938）, p. 335 ; *Life in the Middle Ages*, ed. G. G. Coulton, i（Cambridge, 1930）, p. 33 ; *Dives and Pauper*（1536）, f. 50.

115. *Malleus*, II. 2. viii ; A. G. Little, *Studies in English Franciscan History*（Manchester, 1917）, p. 230.

116. *The Workes of... Richard Greenham*, ed. H. H(olland)(3rd edn, 1601), p. 42 ; T. Jackson, *A Treatise containing the Originall of Unbeliefe*（1625）, p. 178.

117. Cooper, *Mystery*, p. 123. 类似观点参见 E. Fairfax, *A Discourse of Witchcraft, in Miscellanies of the Philobiblon Soc.*, v（1858—1859）, pp. 18—20 ; *The Workes of... Joseph Hall*, ed. P. Wynter（Oxford, 1863）, viii, p. 202 ; R. Gough, *Antiquities and Memoirs of the Parish of Myddle*（1875）, pp. 37—38 ;（T. G.）, *The Friers Chronicle*（1623）, sig. B3^v ; Webster, *The Displaying of Supposed Witchcraft*, pp. 175—176 ; Latham, *Elizabethan Fairies*, pp. 62—63。

118. *The Poetical Works of Robert Herrick*, ed. L. C. Martin（Oxford, 1956）, p. 91.

119. B.M., Add. MS 20, 006, f. 36^v.

120. Cf. R. Hunter and I. Macalpine, *Three Hundred Years of Psychiatry, 1535—1860*（1963）, p. 156.

121. 这种非主流观点的代表性陈述参见 M. J. Field, *Search for Security*（1960）, pp. 45, 318, and M. A. Murray, *The God of the Witches*（1931）, chap. 2。下书中有关于过去的理论的巡礼: J. A. MacCulloch in *Encyclopaedia of Religion and Ethics*, ed. J. Hastings（Edinburgh, 1908—1826）, *s.v.* "Fairy"。

122. C. M. Arensberg, *The Irish Countryman*（1937）, p. 195, and chap. 6 *passim*.

123. Quoted in Briggs, *The Anatomy of Puck*, pp. 10, 84. Cf. Latham, *Elizabethan Fairies*, pp. 129—131; J. Ritson, *Fairy Tales*（1831）, p. 92.

124. Ewen, i, pp. 268—269; S. Boulton, *Medicina Magica*（1656）, pp. 40, 162.

125. Latham, *Elizabethan Fairies*, pp. 131, 133—134, 249.

126. Aubrey, *Gentilisme*, pp. 123, 235.

127. Latham, *Elizabethan Fairies*, chap. iv; L. Spence, *The Fairy Tradition in Britain*（1948）, chap. 13; R. W（illis）, *Mount Tabor*（1639）, p. 93.

128. Hertfordshire R.O., HAT/SR 2/100（summerizd in *Hertford County Records*, ed. W. J. Hardy, i [Hertford, 1905], p. 3）。后来一个程序类似的例子参见 Latham, op. cit., pp. 160—161。

129. Latham, op. cit., pp. 135—136; Owst, *Literature and Pulpit in Medieval England*, p. 113.

130. Latham, op. cit., pp. 237—238; Brand, *Popular Antiquities*, ii, p. 484.

131. B.M., Add. MS 20, 006, f. 48.

132. *Kent Records. Documents Illustrative of Medieval Kentish Society*, ed. F. R. H. du Boulay（Kent Archaeol. Soc., 1964）, pp. 254—255. 编辑指出, 前一年的一场政治运动中, 其指挥者也冒过这样的名（p. 217）。

133. *The Brideling, Sadling and Ryding, of a Rich Churle in Hampshire, by the Subtill Practise of one Judeth Philips*（1595）; H.M.C., Hatfield, v, pp. 81—83; L. B. Wright, *Middle-Class Culture in Elizabethan England*（Chapel Hill, 1935）, p. 443.

134. *The Severall Notorious and Lewd Cousnages of Iohn West, and Alice West*（1613）.

135. C. J. Sisson, "A Topical Reference in *The Alchemist*", in *Joseph Quincy*

第十九章 幽灵与妖仙

Adams Memorial Studies, ed. J. G. McManaway *et al.* (Washington, 1948).
    136. B.M., Add. MS 20,006, f. 77 and *passim*.
    137. Wells, D.R., A 21.
    138. Aubrey, *Gentilisme*, pp. 29, 102.
    139. *The Severall Notorious and Lewd Cousnages of Iohn West*, sig. B1.
    140. *The Merry Wives of Windsor*, V. 5. 关于参与和精灵交易的危害,参见L. C. Wimberly, *Death and Burial Lore in the English and Scottish Popular Ballads* (Lincoln, Nebraska, 1927), p. 77。

第二十章

时节与预兆

俗语有云,如若圣斯威辛节下雨,
天气将持续糟糕四十日。
但这个事情中(除开些许晴日),
仍有例外。
农夫辛勤工作,不去浪费时间,
那么依然可以依靠天命,而不是俗语。

亚当·马丁代尔,《国家历书》(1675), sig. B2

一 时节的守奉

关于吉日和不吉日的信仰至少可以追溯到古典时代。罗马人有其"不祥日子",而类似的概念广泛地流传在中国与古代东方。实际上,关于某些日期鉴于神秘原因利于某些活动而另一些日期则不利的观念见于大多数工业前的民族中。它不同于农学家所发展的季节惯例,甚至也不同于最好在某一特定月亮相位期干某事的半占星观念。这类活动有着自觉的"理性"基础,尽管其理论假设实际上是错误的。与此相反,不吉日信仰的基本特色是:没人知道它们为什么不吉利。守奉它们的规定是继承来的,建立在无法辨认的基础上。

在中世纪的欧洲,人们假想的最著名的不吉时节是所谓"埃及的"或"阴郁的"日子。[1]这种日子有一长串,人们认为在这些日子干任何事情都是危险的,出门旅行者可能永远不会归来,生病者将不能康复。似乎无人知晓这些日期为何被称为"埃及的",有人说,是因为古埃及人最早观察到这种现象,另一些人则认为这些日期正是种种瘟疫袭击《圣经》时代埃及的时候。[2]

同时,关于一年中哪些日子属于"埃及日",似乎也没有明确的一致意见,因为流传着好几组对立的日期。在 16 世纪和 17 世纪的英格兰,历书和大众手册上通常都列出这样的"凶日",但是这种预报很少相互一致,细心的读者会得出结论:实际上没有一天是完全安全的。

许多个人也编纂不吉日期表,这经常见于他们的私人文件中。在这些时节,应该避免婚礼、旅行、手术、放血以及其他关键活动。[3]我们无法说清人们究竟认真对待它们到何种程度,不过,即使伊丽莎白一世的财政大臣伯利勋爵也认为值得在其《对儿子的忠告》里谈到它们:"虽然我认为没有任何日子不宜于从事手头正在进行的正当冒险事业或业务,但我仍然发现有人——很有身份的教士——在每年的三个星期一是极其谨慎地克制自己的。"这即是 4 月份的第一个星期一(被认为是亚伯去世纪念日)、8 月份的第二个星期一(所多玛城与蛾摩拉城毁灭之日)以及 12 月份的最后一个星期一(加略人犹大的生日)。[4]在伯利的三个禁忌星期一(晚至 19 世纪的大众传统中还保存着对于它们的记忆)中,我们可以识别出任意篡改了的三个不宜放血日的《圣经》化翻版,这原来是希波克拉底提出来的,并且由塞维利亚的伊西多传播到中世纪的欧洲,这即是 4 月和 8 月的朔日,以及 12 月的最后一天。[5]

与不吉日信仰十分接近的是关口年观念,这是个人一生中周期性的日期,是其健康和命运的转折点。该观念基于这样的说法:人体每七年改变一次特性,因此其生命就由"七年周期"构成。按照某些作者的看法,每隔七年便是一个关键时节;而另一些人则认为,只有为七之倍数的奇数年(即 7、21、35、49 等)才是关口年。通常认为 63 岁是大关,它由 7 与 9 相乘而得,而这两个数字乃是毕达哥拉斯哲学赋予了神秘意义的数字,17 世纪相信此说的人很少能解释出道理来。这个观念虽然遭到知识分子的嘲笑和教士的驳斥,但是仍被当时的许多人认真看待。一个作者在 1603 年说:"现在很少有人超过 63 岁,因为这一岁是致命的大关。"[6] 与此极为类似的一个观念:一年中有某些星期日子和月份日子对某些家族或个人具有特殊意义。奥利弗·克伦威尔死于 1658 年 9 月 3 日,而这天正是其在邓巴和伍斯特之胜的纪念日,这个巧合大大有助于这一观念活跃在 17 世纪下半叶。[7]

中世纪的教会与这些认为不同时节具有固有性质的迷信进行了颇有生气的——即使是不成功的——斗争(虽然 1537 年亨利八世似乎不愿意让主教们在其《基督徒之制度》中谴责守奉"阴郁日")。[8] 神学家在其反对埃及日信仰的运动中引用了《旧约》中对于守奉时节的警告。他们也抨击季节守奉,例如在元旦施舍东西以给施主及其财产带来好运。[9] 中世纪教会还不得不与围绕其本身仪式的类似信仰进行斗争,例如某些日子不宜举行洗礼这类根深蒂固的观念。[10]

但是教会自己却赋予每个日期以某种象征意义,所以强调时间不同质之信仰的莫过于宗教日历了。即使在宗教改革以后,宗教年里也还散布着季节性的禁忌和守奉。星期五和大斋期的戒食使得某些时节具有了饮食上的独特性。诸事不宜的圣日在乡村人民的生活中具有更大的意义,它们把一年分成了若干个可以记忆的单位,使人们更易知道每件年度工作应当何时进行。17 世纪中叶,约克郡的农民亨利·贝斯特极其严格地用宗教历审查他的年度工作,他知道在米迦勒节怀孕的羊羔将在圣烛节前生下、犁地须在安德烈节前进行、小母羊应在圣路加节与公羊交配、仆人应在圣马丁节雇用、牧草地只能在报喜节过后的四十天之内放牧。[11] 有些日子就这样变成了宜于特定活动的传统日期。在圣斯蒂芬节放血,在圣腓力节和圣雅各节给小羊羔断奶,以及在报喜节交租。16世纪的农业作者托马斯·图塞尔向其读者推荐了二十条这样的准则:

> 在圣埃德蒙国王节种植大蒜和豆,
> 在圣母玛利亚的两个节日之间修剪番红花,
> 在万圣节前夕播种小麦。[12]

几乎所有的年度集市都在具体的圣徒节或其前夕和次日举行。这类宗教节日标志了交租或其他世俗活动的日期,正是这一重要价值才解释了伊丽莎白时代的教会日历依旧宽容地夹杂着用黑色字母书写的圣徒节日的原因,尽管这些日子已不再作为圣日来庆祝了。[13]

这种习俗绝非全然没有道理,因为英格兰就如其他地方一样,教会年和农业年也是密切相关的,尽管绝不是确切地重合。亚里士多德指出,古希腊人的主要宗教节日都定在庄稼收割以后,"因为在那个季节他们最有空闲"。在黑暗时代的北欧民族中,大节日都放在冬天,因为那时的严酷天气迫使他们的大部分工作停了下来。今日厄瓜多尔的印第安人仍把其宗教节日和婚礼放在收割之后。[14] 归结起来,都铎王朝时期的英格兰将某些活动放在某些时节的做法可以用"收割应该先于其他一切事情"的原则来证明其正当性,尽人皆知的谚语是:

> 须选吉日来娶妻,
> 大小镰刀期间最应忌;

> 一旦违背此规定,
> 永不昌盛永不吉。[15]

它也方便地限制了可能导致混乱的公共庆典的机会。[16]

人们对于这类守奉和禁忌的一般态度并不那么遵照理性。例如,耶稣受难日是可变的,它本来不宜于使用在农历中。除了这类规定外,还有一股用传统的权威而不是方便的考虑来证明日历守奉之正确的持久趋势。中世纪的教士曾鼓励这样的观念:圣徒的节日有一种超自然的气氛。他们强调说,在圣日犯的罪要比其他日子犯的罪更为严重,[17]他们还传播许多关于天罚降诸无视宗教历守奉之人身上的逸事。这种观念在宗教改革以后仍然残留着。像圣斯威辛节这样的圣徒节日在许多大众占卜体系中仍然占有重要地位。有些日期中还保持着禁忌。星期五是耶稣被钉死在十字架上的日子,所以此日被认为不利于任何事情,无论是婚礼、旅行,还是剪指甲,也不宜于钉马掌或犁地,人们可以在地里捡石子,但是不得翻土。[18]圣洛伊节也是钉马掌的不吉日。[19]婴儿蒙难日则是极其不祥的日子,约翰·奥布里写道:"在婴儿蒙难日,我们不敢做生意。"他的许多同时代人也有同感。有些人甚至认为,在紧接婴儿蒙难日的那一星期里也不宜从事任何新工作。[20]查理一世在位期间,一个清教布道师与当局发生了纠纷,因为他在布道时反对人们接受"凡在圣诞节期的十二天内工作的人都会变得不洁净"的说法。[21]同时期内,约克郡的仆人则认为在星期一换东家是不吉利的。[22]

教会对于婚礼举行日期的规定也助长了时间不同质的教条。中世纪规定了不准举办婚事的几段日期,按《塞勒姆手册》,这样的日期有三段:从降灵节期的星期天到显现节的第八天;从四旬斋前的第三个星期天到复活节的第八天;从耶稣升天节到圣灵降灵节的第八天。宗教改革以后,特伦托宗教会议改善了这种情况,即只是禁止在大斋期和降灵节期内举行婚礼。但是英国国教会保留了全部的中世纪禁忌,尽管并未正式载入复辟时期《公祷书》或教规中,它们却存留在许多主教的巡视项目中。在禁期内结婚的许可证可以出钱购买,但是若未经许可而在禁期内结婚则会受到宗教法庭的起诉。[23] 清教徒和以前的罗拉德派教徒一样,把这种禁忌指责为迷信,[24] 主教区会议和国会是清教徒为使全年都可举行婚礼而努力活动的场所。但是,他们的努力都是徒劳,这种禁忌在18世纪初仍在实施。[25]

这类规定是关于结婚之吉凶时节的古代传统的宗教性翻版。在14世纪的英格兰,有人认为月亏期间结婚是轻率的。在大斋期结婚者会后悔的格言反映了在神圣时节不准性交的宗教禁忌。[26] 大斋期禁食最初可能是为了配合每年这一时期内的食品匮乏,但是它后来包含了其他不实用的意思。许多天主教士把它视为不宜于房事的时节,现代统计学家的研究表明,在早期现代的欧洲的早期,大斋期间怀孕的人要少于其他时期内怀孕的人。对于各教区登记册的研究显示,大斋期是17世纪前怀孕最少的时期,也是19世纪前结婚最少的时期。[27]

清教徒激烈地反对这类观念。正如他们抨击结婚禁期一样,他们也严厉抨击守奉大斋期、[28] 圣斯威辛式占卜、[29] 以及一般的圣徒节日纪念。詹姆斯一世时期的一个讽刺诗作者模仿清教的一条誓言道:

"此日不及那日神圣",
作此想者乃标准蠢人。[30]

以往传统年中不规则地分布着基督教的节日,而清教徒竭力主张建立一个正规的日程;在六天工作过后跟随一个安息日。这种做法的影响颇大,迄至17世纪末,该观念已基本上被社会所接受。[31] 这一工作习惯的改变是重要的一步,它使社会接受了时间同质的现代概念,而否定了时间不平均和不规则的原始意识。

正如犹太教的安息日开始时是个禁忌日一样,清教徒的星期天最初也被其支持者看成是必须绝对遵守的一条严格规定,尽管其实际结果并不方便。于是就出现了清教徒的极端主张:在星期天出门旅行或烹烧食品都是错误的,按照有些宗派主义者的看法,甚至吃东西也是不对的。1651年,布道师在萨里一位绅士的丧礼布道会上赞扬了死者的虔诚:他得病之日正是星期天,[32]所以便拒绝请医生诊视。这件事表明,星期天守奉中合理计算的因素已经明显地受到了更为原始的观念的腐蚀。在较近的时代,基督教传教团体向外输出的严守安息日习惯基于一种超自然的制约。当传教师向爱斯基摩人解释了星期日不应干工作的禁忌后,爱斯基摩人认为自己终于发现了灾殃的原因,于是严格地守奉着这一新规定。[33]17世纪,许多布道师都全盘接受严守安息日习惯与物质繁荣之间存在关系的说法,但是他们通常是从神圣作用的角度而不是从以最经济方式组织人类劳动的功利角度来考虑问题的,而后者对于其维多利亚时代的继承者来说却是极具魅力的。上溯至盎格鲁-撒克逊时代的一条巫术符文对于某些人来说,乃是星期天神秘属性的象征,它保证佩符者免遭一切危险,只要他在安息日戒除一切劳动,包括不洗脸不梳头。[34]

即使是清教徒也会完全背离"时间同质"的设想,他们认为有的时节天生更宜于从事关键的事务。这类观念的副作用是很明显的:将重要的有风险事务限制在一年之中的某些日期内,由于强调了其关键性,所以就使人们注意到需要十分谨慎小心地对待之。吉日和不吉日信仰通常关系到非常规性的活动:结婚、搬家、动手术,这些活动都极其需要深谋远虑和周密谨慎,然而,圣徒节日和安息日使得日常活动也停了下来。这种共同的守奉有助于加强社会的一致性,它把统一的工作和休息模式强加到了个人头上,否则这些个人的活动就会互不相同。17世纪是没有交错的假日的。

第二十章　时节与预兆

吉日和不吉日信仰还有着解释功能，它可以说明此人的成功和那人的失败。17世纪的一个怀疑论者评论道，人人都想知道其命运的原因，而在没有其他明显因素的情况下，"时间和空间是成功、良好或糟糕的卓有声望的主宰和安排者"。[35]

当一个社会基本上以农业为特色，并且技术相当原始时，时间不同质信仰便是它的自然产物。对于从事农业或简单手工操作——在此，气候是关键因素——的人来说，时间必然是有不同价值的，这就反映在时间不同质信仰中。在以季节作为基本生活模式的社会里，关于不吉日子、圣徒节日、关口年、闰年等形形色色的观念更容易被人们所接受。旧的教会历产生于密切依附于土地者的需要，但是清教以星期节奏代替季节节奏的要求则导源于城市而非农村。即使在中世纪晚期的英格兰，农民对于时间不同质的信仰也比城镇居民强烈。15世纪的一位作者说："在城镇中，人们用时钟来调节。"[36] 更为精确的机械计时法的发展使得把时间看成连续和均匀的带尺般的数学概念有了传播的可能。到了17世纪后期，不断增长的多样化经济生活正在打破先前控制着大多数居民生活的季节惯例，摆钟的发明（1657）最终使得精确计时成为可能。这些变化意味着牛顿的时间连续和同质的概念不仅具有知识上的确实根据，而且也具有社会方面的可接受性。旧的时间观迅速地消逝了。约翰·雷有意从其开拓性的英国谚语集（1703）中删去了一切迷信的和毫无根据的对预兆、日期、时刻以及诸如此类之守奉的内容，因为他希望从人们的记忆中抹去这些东西。1714年，一位作者谈及吉日与不吉日信仰时说："一些软弱和无知的人也许会这样认为，但是明智的人则鄙视它们。"[37]

二　预兆与禁忌

对时节的守奉只是16世纪和17世纪英格兰居民认为可以避

免不幸的方法之一。他们同时还关注着其他大量信仰,我们知道这类信仰广泛地流传着,尽管我们没法精确地计算出其广度和深度。它们涉及驳杂繁多的行为和环境,人们认为这种行为和环境出于某种说不出的原因会导致不利后果,其现代对应物乃是这样的观念:若撒落了盐或在梯子下经过则会导致噩运。较早时代的这类预兆和禁忌要多得多。1612 年,一位作者写道:"我们所使用的禁忌不可胜数。"[38]

但是,我们仍有可能将这种做法理性化。有些禁忌只不过是保守地警告人们背离公认方式后招致的危险。时至今日,从床的"错误的"(即不习惯的)一侧起身也是不好的。在 17 世纪,解除长子继承权或者失掉一件祖传宝物(即"吉祥物")是颇不吉利的,"吉祥物"被视为贵族繁荣赖其代代相传的事物,它是连续性和占有权的象征,有时甚至作为占有者称号的标志。[39]

还有些禁忌可以视为考虑周到的禁戒:鉴于分娩所冒之风险,我们不难理解为何人们认为不宜选择孕妇做孩子的教母了。[40] 有些禁忌来自可以辨认得出的观念:餐桌前坐十三个人非常不吉利,这出自《最后的晚餐》;过早立遗嘱也不吉利,[41] 因为许多人这样做了以后就死了。[42] 有的禁忌则反映了过时了的法律禁令:中世纪教会禁止教士狩猎,因此人们认为与教士一起打猎是不吉利的。[43] 还有一些规定明显有助于维持日常的工作惯例:屠夫或马贩子对一头牲畜的讨价还价被认为即使最后不买也是祝愿牲畜康健的表示;但是如果他不出一声就轻蔑地拒绝了,那么一旦牲畜随后死了,他就要担负责任。[44]

这种表面上的理性化很容易过头。为什么克利夫兰的人认为天黑之后吹口哨就不对呢?为什么发现四瓣叶子的三叶草或旧熨斗,以及把酒溅到别人身上就是幸运的呢?为什么将重要意义赋予奇数或偶数、左侧或右侧?为什么人人都认为绊倒在门槛上或者佩戴钻石结婚戒指是不吉利的?为什么宰杀燕子极为不祥,甚至掏燕

第二十章　时节与预兆

子窝也被"某些老年妇女认为是比从教堂盗窃圣餐杯更为可怕的渎圣罪？"[45]

同样成为不解之谜的是，有些显然是任意选择的行为和物体也被认为会带来超自然的保护。人们赋予某些有形物体的功效大大超过了其自然性能：月桂树可以避雷雨之害；南流的水具有巫术性能；马鞭草和蕨籽可以驱邪；牛奶能扑灭雷电引起的火灾；小儿胎膜会带来好运。[46]然而没有任何纯粹的功利理论可以肯定地解释为何某些事物有着这类功效，而另一些事物则没有。

当时的人们在周围自然界中发现的五花八门的形迹和预兆提出了同样的难题。飞禽走兽的行为往往有预报的能力：喜鹊喳喳叫便意味着客人将到；渡鸦可能预告了鼠疫；野兔在人前蹿过乃是不祥之兆。[47]我们今天对于这类观念也十分熟悉，因为我们都知道，黑猫是吉利（或不吉）的，以及单只喜鹊主忧虑，两只喜鹊主欢乐。但是我们缺乏17世纪农民尽人皆知的大量口头传说，我们也没有从琐碎小事中发现重要意义的素质。很难设想现在的下议院会像1601年伊丽莎白时代的前辈一样以那种方式做出反应：当财政大臣的秘书在争论中晕过去后，"人们可以听到有关此事的种种奇谈怪论，有人说是'凶兆'，有人说是'吉兆'"。[48]

头脑不是那么单纯的同时代人则常常把这些概念斥为迷信的胡言乱语。中世纪教会坚定地反对飞禽走兽乃噩运预兆的说法，许多作者把这类观念视为无知农民的想入非非，尽管他们承认"粗鄙的教士"也往往持有这种看法。[49]都铎和斯图亚特王朝时期的怀疑论者指出，这类信仰是利用了人们的想象力。一个人之所以感到其事业注定要失败，是因为他出发时在门槛上绊了跤，而这种预感往往是正确的，因为他的心思已经不再放在事业上面。他的决心随着他对成败的估计也会或强或弱，所以结果是可以预料的了。1665年，一位作者指出："当一个人相信前途无望的预兆时，其支撑事业的双手便会软弱无力，于是再好的事业也会一败涂地。"雷金纳德·斯科特、罗伯特·伯顿、斯普拉特主教及其他一些人也都持有同样看法。[50]有人则走得更远，他们试图揭示这些被认为是显然毫无根据的迷信所赖以为基础的"合理"根据。他们指出，自然原因是动植物行为的基础，用鸟作为气候预测的工具并不荒唐，因为它们对于大气的变化比人类更敏感。克罗伊登附近一条河流的涨水，完全可能如当地居民所想的是预报了瘟疫的降临，因为潮湿的年份往往会使疾病多发。失贞的姑娘也完全可能确实通不过圣威尔弗里德教堂的狭缝——它是里彭神甫墓穴中的一条狭窄通道——因为她们若是怀了孕，就会身体发福，从而通不过狭缝。[51]17世纪的研究者就是以这种方式来处理大众迷信的。他们的解释尽管似乎并不令人信服，但至少为知识风气的变化提供了证据。这种"理性主义"并非新事物，但是它从未被如此系统地应用过。

17世纪以来，在解释人们将重大的迷信意义归之于琐屑小事的原因方面进展甚微。在现代，处理这一问题的方式有三种，总的来说，每种方式都有参考意义，但是没有一种是完全令人信服的。它们可以方便地归纳为"功利主义的"、"功能的"和"象征的"。例如，功利主义的解释是这样说明撒落盐而导致坏运气的信仰的：盐是供不应求的值钱物品，所以不应该不必要地泼撒出来。根据这一解释，被赋予巫术重要性的物体明显地具有社会重要性。这种方法的局限性我们已经看到了。许多预兆、禁忌和巫术方面使用的物件似乎都没有任何功利主义的意义，而另一些在社会方面有用的物件却没有任何巫术意义。

第二种方法是功能性的。它是将重要性放在该信仰有益于社会的结果上，而不管其内在的优点。例如，对撒落盐的禁忌使得行为沿着有用的方向标准化了，它避免浪费，并敦促人们在餐桌上的节制行为。它也可以作为随后任何灾殃的适宜托词，暗示了事业的失败是由个人无法控制的外界环境造成的，从而把注意力从个人的失误或疏忽大意转移开。这类迷信尤其围绕着重大的人类活动或状态:结婚、怀孕、旅行、高难度技术操作。由于它们使人们集中注意力,小心细致地从事正在进行的活动,所以它们颇有价值。这一说法虽然有助于解释某些信仰的持久性,但是并不能说明其起源即是如此。而且,当仪式或禁忌以并无明显有价值的积极功能结束时,它就无法说明问题,例如,路遇野兔蹿过乃不吉征兆的观念以及打嗝时应将左拇指放在右手中的信仰。[52]

第三种方法是象征性的。这来自这样的解释:为了理解为什么盐被撒落是不吉利的,就必须首先知道盐对于当时的人们来说象征着什么,这可以使用心理分析的方法。例如,认为盐象征了精液,不想撒落它是反映了对于"早泄"的无意识恐惧,这个方法是有局限性的。[53]但是,也可以用这样的假设探讨它:盐的观念只有在列入原始分类体系时才有意义,它是(或者曾是)一种隐语中的一个结构分子。这是结构人类学家的方法,倡导者是克劳德·列维-斯特劳斯。他们揭示了原始民族有着精心构思的分类体系,并用语言含义指挥着他们的经验。这些体系以人类和植物、走兽或飞禽以及自然界中其他事物的象征性类似为前提,环绕着两极性——诸如左右、黑白、雌雄——组成了精巧的相应和相似。仪式禁忌只有在这整个框架中才有意义。例如,只有将"盐"的概念置于这一体系中才能发现撒落盐的意义。符号本身是任意选择的,其意义只在于它们在"密码"中的地位。为了理解为什么将重要性赋予特定的预兆、仪式、禁忌或巫术物体,就必须找到"总计划"。盐的象征意义不能从其内在性能上来推测,而是必须破译"密码"。[54]

这个方法应用于文化上统一的原始民族时是成功的,但是在处理如16世纪和17世纪的英格兰这样错综复杂的社会时,是否能取得进展则令人怀疑。诚然,自从古典时代以来,利用相似性和相应性思考一直很流行,并且是有影响的微观—宏观理论的一个基本组成部分。但是,对这一时期的文化遗产做出贡献的"密码"和"隐语"

车载斗量，以至于无法轻易地识别出来。在这一时期中我们所面临的不是一种简单的密码，而是许多不同思想方式的文化碎片的混合物：基督教的和异教的，条顿的和古典的。如果声称所有这些成分都混合成了一个新的有条有理的系统的话，那么将十分荒谬。我们有可能调查任何特定物体所象征的事物，但是其结果通常杂乱无章且毫无用处。例如，兔子是异教神弗雷亚的随从，它又与兔唇即残废有关。谁能说清其中哪一样事物使得都铎王朝时期的乡下人感到有不祥特性？[55]我们怎么能确定盐的许多种象征意义中的哪一种在大众迷信中占有稳固的地位？在《旧约》中，盐象征着契约或誓约。在中世纪教会中，它被用来驱赶精灵，在较近的时代里则多变地与重要性、痛苦、慷慨、怀疑和社会差别联系在一起。[56]我们无法说清，究竟是其中的哪一种作用产生和保持了撒落盐乃不吉之兆的信仰。

　　对于这些含有潜在意义的种种事物之象征性伴随物的探讨是个范围广泛的课题。迷信被定义为"早期崇拜活动的一系列无组织残存物"。[57]但这只是以假定为论据的狡辩。盐、黑猫或梯子在早期具有宗教意义这一事实未必是它们在今天具有迷信价值的原因。因为古代宗教中的许多成分都已消失了，现在明显残留下来的那些成分事实上已获得了新的含义。直到我们所讨论的时期，这类符号的原有意义往往都已丧失或走样了。人们之所以守奉它们，是因为从小就是这样做的，并不是因为它们依旧构成了人人都能说的一种语言的一部分。正是由于这类迷信建立在这种模糊不清的基础上，17世纪后期的善于思考者才越来越不愿意去接受它们了。

注　释

1. 典型的中世纪清单，参见 M. Forster, "Die altenglischen Verzeich-nisse

第二十章 时节与预兆

von Glücks-und Unglückstagen", in *Studies in English Philology. A Miscellany in Honor of Frederick Klaeber*, ed. K. Malone and M. B. Ruud (Minneapolis, 1929); Thorndike, *Magic and Science*, i, pp. 685—689; H. Webster, *Rest Days* (Lincoln, Nebraska, 1911), p. 155; R. Steele, "Dies Aegyptiaci", *Procs. Royal Soc.Medicine*, xii (1919); R. H. Robbins in *Philological Qtly*, xviii (1939), p. 321, n. 2; *H.M.C., Montagu of Beaulieu*, pp. 1—2。下文中有一个不错的讨论: C. F. Buhler, "Sixteenth-century Prognostications", *Isis*, xxxiii (1941)。

2. Thiers, *Superstitions*, i, pp. 291—292; M. del Rio, *Disquisitionum Magicarum Libri Sex* (Lyons, 1608), p. 236. 事实上, 埃及人把所有的日期都分出了好坏; W. R. Dawson, "Some Observations on the Egyptian Calendars of Lucky and Unlucky Days", *Journ. Egyptian Archaeol.*, xii (1926)。

3. Examples in *Letters and Exercises of... John Conybeare*, ed. F. C. Conybeare (1905), p. 68; *The Gentleman's Magazine Library: Popular Superstitions*, ed. G. L. Gomme (1884), p. 154.

4. Cited by Forster, in *Studies in English Philology*, p. 277.

5. See e.g., C. L. S. Linnell, "The Commonplace Book of Robert Reynys", *Norfolk Archaeology*, xxxii (1958—1961), p. 113; and cf. Webster, *Rest Days*, p. 155; Steele, in *Procs. Royal Soc.Medicine*, xii (1919), p. 120.

6. A. Gethyn in Ashm. 749, f. 11v. 关于其他同时代的文献, see e.g., T. W (right), *A Succinct Philosophicall Declaration of the Nature of Clymactericall Yeeres* (1604); *H.M.C., Hatfield*, vi, p. 139; vii, p. 266; J. Hart, *The Diet of the Diseased* (1633), chap. 3; B.M., Harley MS 6998, f. 250^v; *Diaries and Letters of Philip Henry*, ed. M. H. Lee (1882), pp. 245, 376; Sir T. Browne, *Pseudodoxia Epidemica* (1646), IV. xii; *Original Letters Illustrative of English History*, ed. H. Ellis (2nd ser., 1827), iii, p. 179; A. Macfarlane, *The Family Life of Ralph Josselin* (Cambridge, 1970), p. 99; *O.E.D.*, s.v. "climacteric"。

7. 这个类型的拓展性传说收录在 J. Gibbon, *Day-Fatality: or Some Observation of Days Lucky and Unlucky* (1679)。Cf. J. Smyth, *The Berkeley Manuscripts*, ed. Sir J. Maclean (Gloucester, 1883—1885), ii, p. 100; *Crosby Records. A Cavalier's Notebook*, ed. T. E. Gibson (1880), pp. 158—159; J. Barnard, *Theologo-Historicus, or the True Life of... Peter Heylyn* (1683), p. 185; Aubrey, *Miscellanies*, pp. 1—24.

8. *Miscellaneous Writings and Letters of Thomas Cranmer*, ed. J. E. Cox

(Cambridge, P.S., 1846), p. 100. Cf. *Corpus Iuris Canonici*, ed. E. Friedberg (Leipzig, 1879—1881), i, col. 1046; G. G. Coulton, *Life in the Middle Ages*, i (Cambridge, 1930), p. 33; G. R. Owst, *The Destructorium Viciorum of Alexander Carpenter*(1952), p. 35, and id., in *Studies Presented to Sir Hilary Jenkinson*, ed. J. C. Davies (1957), pp. 291, 302.

9. E. K. Chambers, *The Medieval Stage* (Oxford, 1903), i, p. 269; *Corpus Iuris Canonici*, ed. Friedberg, i, col. 1046; *Mirk's Festial*, ed. T. Erbe (E.E.T.S.1905), p. 45; Aubrey, *Gentilisme*, p. 89; above, p. 82.

10. Powicke and Cheney, *Councils and Synods*, pp. 247, 297—298, 368, 590, 703, 749, 836.

11. *Rural Economy in Yorkshire in 1641, Being the Farming and Account Books of Henry Best*, ed. C. B. Robinson (Surtees Soc., 1857), pp. 3, 27, 76, 134—135. 农历与教历的关系的讨论参见 G. C. Homans, *English Villagers of the Thirteenth Century* (Cambridge, Mass, 1941), chap. 23。

12. T. Tusser, *Five Hundred Pointes of Good Husbandrie*, ed. W. Payne and S. J. Heritage (1878), pp. 57, 128, 223. 下书中有一系列这样典型的准则: *Verus Pater* (1622), sig. C1。

13. C. Wheatly, *A Rational Illustration of the Book of Common Prayer* (Oxford, 1839), p. 54.

14. Aristotle, *Nichomachean Ethics*, 1160a; M. P. Nilsson, *Primitive Time-Reckoning*, trans. F. J. Fielden (Lund, 1920), p. 339; B. R. Salz, "The Human Element in Industrialization", *Econ. Development and Cultural Change*, iv (1955), p. 99.

15. J. Ray, *A Complete Collection of English Proverbs* (5th edn, by J. Belfour, 1813), p. 47; *Norfolk Archaeology*, ii (1849), p. 303.

16. 这是古罗马"允许日"(*dies fasti*)背后的观念; A. K. Michels, *The Calendar of the Roman Republic* (Princeton, N. J., 1967), p. 21。

17. J. Myrc, *Instructions for Parish Priests*, ed. E. Peacock(E.E.T.S., 1868), p. 46.

18. Webster, *Rest Days*, pp. 155—156; Brand, *Popular Antiquities*, iii, p. 178; F. G. Lee, *Glimpses of the Supernatural* (1875), i, pp. 281—282.

19. *Homilies*, p. 226.

20. Aubrey, *Gentilisme*, p. 63; T. Jackson, *A Treatise containing the*

第二十章　时节与预兆

Originall of Unbeliefe（1625）, p. 158；Brand, op. cit., ii, p. 167；T. Gataker, *Of the Nature and Use of Lots*（2nd edn, 1627）, p. 352；R. H., "Astrologia Siderata"（Sloane 412）, f. 46^v；*O.E.D.*, *s.v.* "Childermas"。

21. *C.S.P.D., 1634—1635*, p. 361.

22. *Rural Economy in Yorkshire in 1641*, ed. Robinson, p. 135.

23. 关于时节以及强制执行时节的例子,参见 *Sarum Manual*, p. 45 and n. 1.；*The Works of... John Cosin*（Oxford, 1843—1845）, ii, p. 109；Frere and Kennedy, *Articles and Injunctions*, iii, pp. 85, 142；*2nd Report of the Ritual Commission*（Parlty. Papers, 1867—1868, xxxviii）, pp. 464, 471, 493；J. C. Cox, *The Parish Registers of England*（1910）, pp. 81—82；*V.C.H., Oxon*, ii, p. 43；R. M. Serjeantson, *A History of the Church of St Giles, Northampton*（Northampton, 1911）, p. 41；Herts. R.O., A. S. A. 7/17/5。

24. Thomson, *Later Lollards*, p. 157；*Puritan Manifestoes*, ed. W. H. Frere and C. E. Douglas（1907）, p. 127；A. Peel, *The Second Parte of a Register*（Cambridge, 1915）, i, p. 259.

25. J. Strype, *Annals of the Reformation*（2nd edn, 1725—1731）, i, appx, p. 92；id., *The Life and Acts of John Whitgift*（Oxford, 1822）, i, pp. 391—392；E. Gibson, *Codex Juris Ecclesiastici Anglicani*（1713）, i, pp. 517—518；*C.S.P.D., 1628—1629*, p. 129；E. Cardwell, *Synodalia*（Oxford, 1842）, i, p. 134, n.；*The Archdeacon's Court: Liber Actorum, 1584*, ed. E. R. Brinkworth（Oxon. Rec. Soc., 1942—1946）, ii, p. ix.

26. Above, p. 352.

27. R. Mols, *Introduction á la démographie historique des villes d'Europe*（Louvain, 1954—1956）, ii, pp. 298—299；*L.P.*, xvii（2）, p. 293；R. R. Kucynski, "British Demographers' Opinions on Fertility, 1660—1760", *Annals of Eugenics*, vi（1935）, p. 147；U. M. Cowgill, "Historical Study of the Seasons of Birth in the City of York, England", *Nature*, ccix（1966）, p. 1069；L. Bradley, "An Enquiry into Seasonality in Baptisms, Marriages and Burials", *Local Population Studies*, 4—6（1970—1971）. Cf. E. Takahashi, "Seasonal Variation of Conception and Suicide", *Tokohu Journ. Experimental Medicine*, lxxxiv（1965）, p. 219.

28. E.g., J. Hitchcock, "Religious Conflict at Mapperton, 1597—1599", *Procs. Dorset Natl Hist. and Archaeol. Soc.*, lxxxix（1967）, p. 228.

29. J. Booker, *Telescopium Uranicum*（1665）, sig. C8ᵛ; *Diaries and Letters of Philip Henry*, ed. Lee, p. 142; T. Gataker, *His Vindication of the Annotations*（1653）, pp. 125—126.

30. *The Letters and Epigrams of Sir John Harington*, ed. N. E. McClure（Philadelphia, 1930）, p. 179.

31. See C. Hill, *Society and Puritanism in Pre-revolutionary England*（1964）, chap. 5.

32. E. Hinton, *The Vanity of Selfe-Boasters*（Oxford, 1651）, p. 51. 关于对星期日进食的反对, C. Burrage, *The Early English Dissenters*（Cambridge, 1912）, ii, p. 23。类似的禁令, cf. H. T. Buckle, *History of Civilization in England*（1904）, iii, p. 275, n. 538。

33. L. Lévy-Bruhl, *Primitives and the Supernatural*, trans. L. A. Clare（1936）, p. 50. Cf. M. Wilson, *Communal Rituals of the Nyakyusa*（1959）, p. 181.

34. C. A. Parker, "A Seventeenth-century Charm", *Trans. Cumb. and Westmld Antiqn and Archaeol. Soc.*, n.s., xii（1912）; *Folk-Lore*, xxviii（1917）, pp. 318—319; *County Folk-Lore*, V, ed. Mrs Gutch and M. Peacock（Folk-Lore Soc., 1908）, pp. 91—3, 126—127.

35. Jackson, *A Treatise containing the Originall of Unbeliefe*, p. 156.

36. *Dives and Pauper*（1536）, f. 30ᵛ.

37. Ray, *A Complete Collection of English Proverbs*, p. xv; W. Taswell, *The Church of England not Superstitious*（1714）, p. 38.

38. J. Mason, *The Anatomie of Sorcerie*（Cambridge, 1612）, p. 90. 典型的清单参见 Scot, *Discoverie*, XI. xiii, xv; G. Gifford, *A Discourse of the Subtill Practises of Devilles*（1587）, sigs. C1ᵛ—C2; *The Workes of... William Perkins*（Cambridge, 1616—1618）, i, p. 43; J. Melton, *Astrologaster*（1620）, pp. 45—47; Bernard, *Guide*, p. 183; *The Works of... Joseph Hall*, ed. P. Wynter（Oxford, 1863）, vi, pp. 109—110; N. Homes, *Daemonologie*（1650）, pp. 59—61; Aubrey, *Gentilisme*, p. 26 and *passim*; Brand, *Popular Antiquities*, iii, pp. 160 ff。

39. C. R. Beard, *Lucks and Talismans*（n.d.）, pp. 34—35, and chap. 5.

40. *Original Letters illustrative of English History*, ed. Ellis（3rd ser., 1846）, ii, p. 226.

41. J. Puckle, *The Club*（1711; 1900 edn）, p. 157; Brand, *Popular*

第二十章 时节与预兆

Antiquities, iii, pp. 264—265.

42. P.S.Clarkson and C. T. Warren, *The Law of Property in Shakespeare and the Elizabethan Drama*（Baltimore, 1942）, p. 236.

43. *Dives and Pauper*, f. 68; Scot, *Discoverie*, XI. xv.

44. Scot, *Discoverie*, XVI. viii. 由此种事件导致的控告参见 Gloucester D.R., 50（1582）。

45. "A Description of Cleveland", *Topographer and Genealogist*, ii（1853）, pp. 428—429; Aubrey, *Gentilisme*, pp. 20, 26, 56, 114; Mason, *Anatomie of Sorcerie*, p. 90; Scot, *Discoverie*, XI. xiii, xv; T. Fuller, *The Holy State*（2nd edn, Cambridge, 1648）, p. 208; Jackson, *A Treatise containing the Originall of Unbeliefe*, p. 177.

46. Browne, *Pseudodoxia Epidemica*, ii. VI. 6（月桂树）; Jackson, op. cit., pp. 176, 179—180（马鞭草和南流的水）; *Folk-Lore Journ.*, vi（1888）,p. 211（牛奶）; above, p. 222（胎膜）.

47. 关于这些以及类似的信仰,参见 *C.S.P.D.*, 1665—1666, p. 51; R. Bovet, *Pandaemonium*, ed. M. Summers（Aldington, 1951）, pp. 130—131; T. C., *Isagoge ad Dei Providentiam*（1672）, p. 515。

48. *The Journals of all the Parliaments during the Reign of Queen Elizabeth*, ed. Sir S. D'Ewes（1682）, p. 688.

49. Kittredge, *Witchcraft*, p. 45; Owst, *The Destructorium Viciorum of Alexander Carpenter*, p. 34, n. 6; W. A. Pantin, *The English Church in the Fourteenth Century*（Cambridge, 1955）, p. 209.

50. J. Spencer, *A Discourse concerning Vulgar Prophecies*（appended to *A Discourse concerning Prodigies*［1665］）, p. 9; Scot, *Discoverie*, XI. xvii; Burton, *Anatomy*, i, pp. 363—364; T. Sprat, *History of the Royal Society*, ed. J. I. Cope and H. W. Jones（St Louis, 1959）, pp. 364—365; Brand, *Popular Antiquities*, i, p. 130.

51. Gifford, *A Discourse of the Subtill Practises of Devilles*, sig. C2; J. Childrey, *Britannia Baconica*（1661）, pp. 54—55, 163—164, cf. Bacon, *Works*, ii, p. 576; iv, p. 296; W. Charleton, *Physiologia-Epicuro-Gassendo Charltoniana*（1654）, pp. 350—351.

52. Scot, *Discoverie*, XI. xv.

53. 这个特别的解释由下书提供: E. Jones, *Essays in Applied Psycho-*

Analysis（1923），chap. iv。

54. 关于这个切入点，see e.g., C. Lévi-Strauss, *The Savage Mind*（Eng. trans., 1966）; and *Totemism*, trans. R. Needham（Harmondsworth, 1969）。

55. Cf. W. G. Black, "The Hare in Folk-Lore", *Folk-Lore Journ.*, i（1883）; ii（1884）, pp. 25—26; v（1887）, pp. 263—265; vii（1889）, pp. 23—24; *Folk-Lore*, iii（1892）, pp. 441—446.

56. *O.E.D.*, *s.v.* "salt".

57. E. O. J（ames）in *Chambers Encyclopaedia*（1950 edn）, "superstition".

尾 声

第二十一章

若干相互关系

> 布里格老妇无论何时用诅咒伤害你的猪,圣安东尼都将施舍福祉挽救它,若非如此,我本不想再多说这类事。
> 雷金纳德·斯科特,《妖术探索》,第八章,第 1 页

> 第五王朝……像极了穆罕默德降临土耳其的故事,以及默林预言中亚瑟王统治布立吞人的故事。这些故事有着近似的奇思妙想,你甚至能在其中发现同样的纹理。
> 塞缪尔·巴特勒,《笔记中的人物和段落》,
> A.R. 沃勒编辑(剑桥,1908),第 46 页

一 巫术信仰的统一性

在对于 16 世纪和 17 世纪精神生活的许多方面进行了冗长的研究后,现在我们应该把讨论中的各条线索汇聚起来了。首先,我们必须强调主要巫术信仰之间的相互关系。巫术、占星术和妖术之间既有知识上的联系,又有实践上的联系。占星术在知识方面合乎道理地证明了泥土占卜、手相术、面相术和其他类似活动的正当性。

科尼利厄斯·阿格里帕说："一切占卜技术都以占星术为基础。"[1]手相家和面相家以天体和人世之间的感应为前提,把脸和手的不同部位归属于黄道十二宫的不同星系。泥土占卜使用了占星术的十二宫段,这一专题的主要教科书说,泥土占卜"不是别的,它就是占星术"。[2]炼金术也按照行星将金属归类,它有时候被说成只不过是"厨房巫术或烟囱占星术"。[3]占星术的时间选择不仅对于炼金术操作,而且对于采集巫术草药和召唤精灵来说也是十分重要的。[4]据罗伯特·弗拉德说,甚至武器药膏的成分选择也取决于占星研究。1619年,妖巫埃伦·格林承认,她的精灵在一定的月亮相位时前来吮吸她的鲜血。[5]

不同信仰之间的知识关系由于它们在实践上的互相关联而得到了进一步的强调。占星师往往从事着范围广泛的活动:福尔曼从事占星术、泥土占卜、医务、面痣占卜、炼金术和精灵召唤等业务;阿什莫尔的活动同样驳杂;理查德·桑德斯撰写了一系列关于手相术和面相术的教科书;即使比任何人都更"纯粹"占星术的利利也从事着传统的医务、精灵召唤、探宝和祈请天使及妖仙。难怪在1649年,一位向占星师学会布道的教士感到有必要警告其听众应该坚守其本职工作:"如果滥用你们的正当技艺,它就会变成邪术师、贤人和巫师的技艺了。"[6]

巫术和占星术的关系说明了不同类型的巫术或半巫术信仰的互相支持。占星师像术士一样,处理许多自以为受蛊惑的患者,因而有助于维持妖术信仰。理查德·桑德斯和约瑟夫·布莱格拉夫竟声称占星诊断是发现妖术的唯一可靠方法。他们把善良巫术和术士看成只是骗子或者邪恶妖巫的同盟者。[7]利利的判例汇编中共有50多起涉嫌妖巫的判例,其中有23起以上发生在1654年施洗约翰节和1656年9月之间,[8]但是留有判断意见的只有5例,而且全部都是否定的。他告诉一位主顾说,他并未受到蛊惑,而只是得了一种怪病,"因纵欲过度而引起";一位贵妇人得到保证说,她不会死于

第二十一章　若干相互关系

妖术，而可以指望自然死亡；一个绅士和肖尔迪奇一个丝织工之妻都被告知说他们并未受蛊惑；还有一例则被视为"水肿结石"。[9]

但是另一些占星师有时候则确证了对妖术的怀疑。据知，约翰·迪伊就曾诊断过一个邻居的妖术。[10]1654 年，诺福克的鞋匠克里斯托弗·霍尔接诊了一位患有乳腺癌的妇女。他制作了占星图后说，她的疾病起源于自己所在的希林顿村庄里的"三个妖巫"。[11]这种诊断与巫师并无区别。占星师很愿意被人视作关于妖术的全面权威，他们认真地对待一切嫌疑，并开出使患者康复的处方。妖术信仰就这样一直由于他们的活动而得到巩固。

但是占星术和妖术通常是对立的解释体系，因为将疾病归因于邻人的恶意就意味着排除了星体原因的可能性。例如，1635 年，一个"因闷闷不乐而生病"的人来见理查德·内皮尔爵士，他"怀疑自己遭受了蛊惑或者受到了恶星的摧残"。[12]人们常常把行星作为神秘疾病的直接原因。直到进入了 18 世纪，伦敦的死亡统计表还经常包括直接归因于"行星"的死亡例子，例如，1662 年 3 例，1665 年 6 例，1679 年 4 例。所谓"受行星影响"的疾病就是突然和不可解释的瘫痪、中风或者其他类型的暴卒，[13]丧失肢体功能的畜牲也同样被说成是"受行星影响"，[14]正如一个发疯的人可被称为"受月亮影响"一样。[15]这个字眼也用于庄稼的突然毁坏。[16]术士就像处理遭蛊惑之人一样地处理"遭受恶星影响"的人。17 世纪初拉伊的市长生病后，一个精灵告诉苏珊·斯纳珀可去一个术妇那儿取点"行星水"。类似的情况还有，伦敦的庸医玛丽·格林在 1693 年声称曾治愈了一个"左臂受行星影响"的男人。[17]19 世纪末，善良巫师有时候仍被称为"行星裁判者"。[18]1619 年在莱斯特郡被控妖术罪的安妮·贝克精心编造了一套行星神话，她声称行星有四种颜色，"黑色、黄色、绿色和蓝色，黑色始终主宰死亡"，她曾看见蓝星影响了一个名叫托马斯·费尔巴恩的人。在此，所谓的"行星"似乎发展成了听差精灵和恶鬼。[19]她的说法酷似多塞特郡术士约翰·沃尔什在

1566年的说法,他说的不是行星而是"妖仙",它们有三种颜色:白色、绿色、黑色,黑色始终意味着死亡。[20]

各种巫术信仰的混合乃是这一时期中的特色。更为野心勃勃的占星师则竭力主张,其他一切巫术活动都隶属于占星术规则。但是占星术的最高地位并不是那么容易保持的。利利自己也承认神灵直接启示知识的可能性,他认为,"现在有许多人"就是这样获益的,同时,炼金术知识只可能通过这样学习。[21]据雷金纳德·斯科特说,有人认为,即使占星知识也可以通过"神启"而得,而一个名叫"比弗龙斯"的精灵能够使人对于占星术"出奇地老练"。[22]有些低级的占星师则求助于许多传统的反巫术。[23]所以,即使他们的活动有着知识基础,那也是个混乱不堪的知识体系。

占星图谶与护身符是两种使用广泛且完全建立在占星术基础上的巫术,其中的星体之力犹如落下的果子被储存起来以备不时之需。占星师将星体放射物捕捉起来,把天体的威力用于他们自己的目的。他们用铜或锡制成图谶,在吉利的占星时刻镌刻占星符号。占星师把它们用于一切传统的巫术方面:获取大人物的恩宠、博取女人的爱情、维持妻子的忠贞、预防疾病和妖术,以及免遭雷击。1667年,利利把许多这样的图谶送给了阿什莫尔,并把它们形容为"全欧洲私人拥有的最伟大的秘方,这是博思韦尔勋爵十年之中的收藏品,他送给了霍尔本爵士,爵士又送给了我"。[24]阿什莫尔在其个人的重大时刻经常使用这种方法,用它们来对付骚扰其住宅的跳蚤和老鼠,以及妻子的呕吐。他是1678年利奇菲尔德的国会候选人,他制作了巫术图谶,"以提高其声望和大人物对他的评价"。福尔曼、内皮尔以及其他许多人也都使用过这类巫术。[25]17世纪90年代,据说利利的继子及占星术继承人亨利·科利以4先令1枚的价格出售占星图谶,供女仆避孕之用。[26]于是,占星术就导向了巫术、奇术、炼金术和漫无边际的巫术探索。阿什莫尔写道:"星占术是自然巫术的钥匙,而自然巫术则是通往点金石的门户。"[27]

第二十一章 若干相互关系

当然，占星术毕竟是不同于乡村巫师之巫术的一门技艺，它有着精心构筑的理论基础，并吸引着受过教育的人，他们纯粹出于知识上的享受而对它进行研究。占星术还提供了更为全面广泛的服务。女贤人则无法为其主顾提出有关未来决断的系统性忠告，也无法像占星师一样对主顾及其亲属进行有个性特色的精辟分析。尽管如此，占星活动的基本成分还是与乡村巫术的基本成分雷同：解决失物、失踪者、疾病等问题。许多主顾是否看到了这两类施术者的差别是颇有疑问的。他们前去请教占星师，有一半是预料他会施行巫术：布克的一个来访者在看到占星师的玻璃罩里的时钟后便退缩了，他抗议说，他不愿意看水晶球里的东西。[28]约翰·加德伯里抱怨说："我们之中有些人打着占星术的金字招牌……经常使用水晶球或其他欺诈手段来蒙骗那些愚昧的人。"[29]有大量自命的占星师玩弄五花八门的欺骗手法来加深其主顾的印象，诸如邓斯特布尔的天主教占星师威廉·马什之流的奇术家便是，他对一个熟人透露，他使用的占星术只是一种掩护，"实际上是借助于一个赐福精灵而从事其业务"。[30]帕特里克和桑德斯都使用过水晶球。[31]

然而，占星术之所以长期以来能使其威力大于大多数其他类型的大众巫术，是因为它假装自己有一套真正的科学体系。并非所有的占星师都是背离占星原则而不分青红皂白地涉猎其他巫术，或者将盖尔弗里德式预言包括在自己的历书中。例如约翰·加德伯里便代表了最纯粹的占星术理性主义。他反对使用占星图谶，就如他嘲笑在医术中使用符咒一样。他看不起利利和卡尔佩珀引用西彼拉式预言或希普顿老妇预言的那种做法，就像看不起第五王朝派的幻想和不遵奉国教者所收集的"天罚"和"预兆"一样。他声称，他从未见过哪怕一例最终不可归纳为"自然的星体原因"的妖术。在他看来，占星术乃是建立在严谨地研究原因与结果的基础上的一个纯粹自然的占卜体系。[32]正是占星术的这一方面才使之在许多知识分子中保持着声誉，他们对于符咒或其他类型的大众巫术是不屑一顾的。

二 巫术与宗教

各种巫术信仰的统一性是容易观察到的,但是它们与当时宗教的关系又如何呢？本书便是强调了它们基本相似的功能。宗教、占星术和巫术都是旨在帮助人们解决日常问题,指导他们如何避免不幸以及如何解释已遭受的灾殃。强调这一点并不等于轻视宗教,或者把它贬低为只是一种巫术体系。当时的基督教是一种多方面的事物,它精巧的仪式提供了人类经验的象征主义,这种象征主义在社会和心理学方面的现实意义远远超越了它所涉及的纯粹巫术方面的有限而具体的范围。有人正确地指出:"宗教涉及的是人类经验的根本问题,而巫术则始终环绕着具体而细小的问题。"[33] 英格兰大众巫术只履行着有限的职能,它提供了妖术防护方法、各种治病处方以及处理窃案和不愉快私人关系的办法,但是它从未提供对世界的全面看法、对人类存在的解释或者对来世生活的前景。它是驳杂纷繁的秘方集合体,而不是全面综合的学说体系。基督教信仰是对于生活的每个方面都具有现实意义的指导原则,而巫术则仅仅是克服各种具体困难的方法。诚然,巫术有时候也有着意味深长的方面,它那治病或鉴别窃贼的仪式颇似令人满意的小小戏剧,并非不像基督教的典礼。[34] 有知识的巫师甚至还有着浮士德式的梦想,他们认为巫术乃是存在之解答。但是,不可否认的事实是,在大众阶层中,巫术的作用比宗教的作用有限得多。

不管怎样,当时的教会人士是将术士和占星师视为死敌的。他们之所以这样认为,是因为他们憎恨一个与之竞争的神甫代理阶层,并且急于用神学解释来取代巫术的灾殃解释。当鼠疫、火灾或其他灾难出现后,他们便竭力驳斥把它们归因于星体、巫术、命运或噩运的解释理论。他们代之以肯定上帝惩罚的最高权威,用上帝意

第二十一章　若干相互关系

志的概念来解释他的判决。1609年,圣保罗十字教堂的一位布道师说,人们的罪过乃是国家衰落的原因,无论是伊壁鸠鲁派的"命运"还是斯多葛派的"天数",或是毕达哥拉斯派的神秘数字以及占星师的星辰都不能代替宗教做出令人满意的解释。[35] 另一个人说,瘟疫并非如"巫师轻率想象"的那样,是源自行星的会合或者日食,它们来自上帝的意愿。[36] 在大危机时期,宗教解释不得不直接与占星师、算命者和古代预言的贩子所做的解释竞争。有时候,他们有可能调和宗教教义与其他解释,即可以争辩说,上帝通过星体发挥作用,或者说上帝是预言者和术士的灵感之源,以及上帝有意让魔鬼用妖术折磨人们,以惩治罪人。如我们所见,当时有许多人是如此推理的。[37] 但是普通大众则通常对这种理论解释一无所知,他们把妖术、预言、妖仙或者幽灵作为灾殃的解释,这与教士的解释迥然不同。把占星术或自然巫术与宗教调和起来比较容易,因为这些学说被当时的知识分子看成是纯粹"自然的",而其他解释则涉及灾殃之神秘起源的对立概念。

　　非宗教的灾殃解释引人注目的地方是它们往往像神学家一样做伦理上的假设:也许正是由于个人的道德错误才使自己遭了难,很可能有罪者即是遭难者。布道师虽然承认上帝有可能出于只有他自己清楚的原因而降灾于人,但是他们一直主张,人不会因为不曾作孽而遭难。妖仙和幽灵也更易于折磨那些未履行其社会义务的人。尽管妖术信仰在表面上是将罪责推给第三者,但是如我们所见,如若遭难者不意识到某种道德错误,他也不会提出妖术指控。这种灾殃与罪过的隐含关系乃是该时期中精神环境的基本特色,它引导遭难者回顾自己的道德行为,从而有助于巩固现存的社会准则。于是,巫术与宗教就成了社会控制的重要手段。

　　巫术信仰除了提供对立的灾殃解释外,还声称拥有影响人间问题的超自然威力,并以此与宗教竞争。宗教改革剔除了宗教里的大量巫术,给了占星师和术士填补空白的机会。但是宗派分子则将都铎王朝前期的先辈所努力清除的巫术又带回了宗教里。空位期间，他们开拓了用宗教治病和预言的可能性，并且达到了自早期基督教时代以来无与伦比的程度。在这些年代里，狂热宗教的实际吸引力几乎可与巫术匹敌。当时有人认为，一条西彼拉式预言和一条贵格会的天启并无区别。还有人谈到第五王朝派教徒时说："在他们的演讲和集会中，你可以看到狂喜的场面，以致会误认为这是占星术的诵读。"[38] 1659年约翰·迪伊的奇术记录发表时，许多清教神甫还曾怀疑这是一个宗派分子在企图损害宗教热忱的名誉。[39] 在比较单纯的人看来，给人治病和预言的术士与宗教领袖之间，或者正确预测天罚将降诸仇敌身上的妖巫与虔诚神甫之间并没有什么区别。难怪有人在见过安妮·博登汉的施术后说，她"不是妖巫就是上帝的女人"。[40]

我们无法说清大众巫术的解释究竟距罗马天主教的解释有多远。斯科特感到，当时的女贤人正在取代天主教圣徒治病圣地的地位，她们肯定满足了同样主顾的需要。伊丽莎白时代的一位神学家指出，在鼠疫流行期间，人们"竞相寻求处方……有些人求助于圣洛克或圣安东尼这样的圣徒，有些人则求助于迷信的妖术"。[41] 罗伯特·索西于1807年写道："在天主教国家里，告解神父要求窃贼物归原主，而我们这里的被盗者则依靠男女巫师。"[42] 宗教改革以后，占星术无疑经历了一次大繁荣，17世纪流通的历书和占星指南的数量之大是前所未有的。但是其他占卜活动是否扩展开来填补了告解神父和圣徒留下的空白，则是有疑问的。15世纪的巡视记录表明，善良巫师出现的频率与一百年后几乎相同。布道文献证实了他们在早期的广泛流行，而教会记录则未充分显示这一点。诚然，我们所知的都铎和斯图亚特王朝时期的巫师要比其中世纪前辈多得多，其实并无大量现存证据反映出其数量真的有大量增加。

所以，宗教改革后的一百年间是个转化时期，在此期间，形形色色的巫师继续为人们提供服务，在这些主顾看来，新教的自救观念

第二十一章 若干相互关系

过于严峻。广大群众对任何正统宗教从来都是半信半疑。正如《布道书》的一位作者指出的那样，如果人们确实相信一切都来自上帝，那么他们就不会随时准备转求他人了，"日常经验表明……如果我们想要身体健康，那么普通人除了求助于符咒、妖术和其他关于魔鬼的幻想外，还能去哪儿呢"？[43] 即使坚持宗教的人有时候也将宗教用于神学家为之皱眉的巫术目的。然而教会方面还可以借助于有组织的政治权力，苛刻地排挤大部分巫术活动。巫术仍能如此有效地与国教会的方法竞争，这一事实证明了它们拥有"人民需要"这一自发的基础。

当然，宗教最终比其巫术竞争者存在得更为久长。巫师和占星师在17世纪就丧失了声誉，教会则一直进入现代，为许多社会的活动提供了框架。但是这一过程并不是"宗教排挤了对手"这样一件简单的事情，因为巫术衰落后的宗教已非都铎王朝时期的宗教了。当魔鬼被逐入地狱后，上帝自己也只能通过自然原因而发挥作用。"天佑"和个人天启让位给服从自然规律——它易受人类研究的影响——的天命观念了。苏格兰启蒙运动的一位领袖写道，迷信"只屈服于真正宗教的光芒或者对自然的研究，通过这些，我们用自然原因操纵的贤明天命取代了使愚昧者恐惧或欢乐的幻象"。[44] 约翰·韦斯利在1781年写道："特殊天命的教义在英格兰肯定是过时了，独一无二的天命就是根本没有天命。"[45]

我们讨论的时期虽然以宗教战胜巫术而告终，但是宗教已有所不同。如今的神学家在解释个人灾殃时更加顾虑重重，他们比以前更易于承认灾殃经常会出现赏罚不当的情况。雷金纳德·斯科特在开始驳斥那些将不幸归咎于妖巫的人时引用了约伯的例子，这是一个竭力忍受上帝出于神秘目的而折磨之的无辜者。自然神学的成就导致了罪过与灾殃关系的最后破裂，而这种关系在我们已讨论过的许多信仰中都是完整无缺的。于是，17世纪后期的机械论哲学就能融洽地与正统的宗教教导协调了，斯多葛主义成了遭受不幸者的基本宗教启示。在 17 世纪以后,神力能够解决人世问题的可能性只是断断续续地得到外围宗教圈子的认可。是宗教普遍的社会重要性才使之存在得比巫术更久长。因为巫术没有教会,它没有圣餐仪式来象征信仰者的统一性。依然颇有意思的一个问题是:当巫术已经成为多余的时候,宗教的社会功能如何使宗教有可能存留下来? 如果我们不记住工业化英格兰的官方宗教乃是原始的"巫术"成分被基本上铲除了的宗教的话,那么这个问题就无法解答了。在这一时期之末,我们可以在宗教与巫术之间划一条清楚的界限了,而这在该时期初是无法办到的。

注 释

1. H. C. Agrippa, *Of the Vanitie and Uncertainty of Artes and Sciences*, trans. J. San(ford)(1569), f. 54.

2. *The Geomancie of Maister Christopher Cattan*(1591), sig. C2. 拉尔夫·特雷斯维尔于 1616 年宣传自己通过泥土占卜法解决问题的能力时几乎说了同样的话: *A Publication of Surveying*(1616), sig. B1(一个明显很独特的副本藏于牛津科学历史博物馆)。

3. J. Gaule, *The Mag-Astro-Mancer, or the Magicall-Astrologicall-Diviner Posed, and Puzzled*(1652), p. 192.

4. *Doctor Fludds Answer unto M. Foster*(1631), pp. 47—48, 134("135")。

5. *The Wonderful Discoverie of the Witchcrafts of Margaret and Phillip Flower*(1619), sig. F2v.

6. R. Gell, *Stella Nova*(1649), p. 21.

7. R. Saunders, *The Astrological Judgment and Practice of Physick*(1677), p. 80; J. Blagrave, *Blagraves Astrological Practice of Physick*(1671), p. 124(misprinted as 140)。关于妖术的占星规则,see e.g., Ashm. 1473, p. 63(Napier); W. Andrews, *The Astrological Physitian*(1656), pp. 74—78; W. W(illiams), *Occult Physick*(1660), p. 158; R. Saunders, *Palmistry*(1663), ii,

pp. 143—144, 186—187；W. Salmon, *Synopsis Medicinae*（1671）, pp. 50—52；*Thesaurus Astrologiae*, ed. J. Gadbury（1647）, p. 238；J. Middleton, *Practical Astrology*（1679）, p. 91；R. Ball, *Astrology Improv'd*（2nd edn, 1693）, p. 30。

8. Ashm. 427, ff. 5, 38^v, 40^v, 54^v, 60^v, 67^v, 75, 81^v, 87^v, 105, 121^v, 124, 136^v, 173, 191, 216, 219, 220^v, 227, 243^v, 244^v, 255, 273（该例与一间闹鬼的房子有联系）。

9. Lilly, *Christian Astrology*, pp. 468—469；Ashm. 184, ff. 79, 82^v；W. Lilly, *Merlini Anglici Ephemeris*（1651）, sig. F8；Ashm. 427, f. 5.

10. Josten, *Ashmole*, p. 1299.

11. D. E. H. James, "Rex versus Hall — a Case of Witchcraft, 1654", *Norfolk Archaeology*, xxx（1952）.

12. Ashm. 412, f. 235^v.

13. J. Graunt, *Natural and Political Observations*（3rd edn, 1665）, p. 26.

14. E.g.,（G. Markham）, *Cheape and Good Husbandry for the Well-Ordering of all Beasts*（1614）, p. 13.

15. R. Hunter and I. Macalpine, *Three Hundred Years of Psychiatry, 1535—1860*（1963）, p. 131. 关于"月亮疾病"，参见 J. C. Hodgson, "The Diary of Timothy Whittingham of Holmside", *Archaeologia Aeliana*, 3rd ser., xxi（1924）, p. 208。

16. *Verus Pater*（1622）, sig. B6^v（开出了用角屑以及动物粪便为燃料点燃的篝火的药方[sig. B8]）。

17. G. S. Butler, "Appearance of Spirits in Sussex", *Sussex Archaeol. Collns* xiv（1862）, p. 31；C. J. S. Thompson, *The Quacks of Old London*（1928）, p. 146. 关于另一位女江湖医生的类似言论，参见 C. Goodall, *The Royal College of Physicians of London*（1684）, pp. 354—355。

18. *O.E.D.*, *s.v.* "planet". Cf. E. P（oeton）, "The Winnowing of White Witchcraft"（Sloane, 1954）, f. 175v；Bernard, *Guide*, p. 143.

19. *The Wonderful Discoverie of… Phillip Flower*, sig. D4.

20. *The Examination of John Walsh*（1566）, sig. Av.

21. W. Lilly, *The Starry Messenger*（1645）, p. 11；id., *Christian Astrology*, pp. 442—333.

22. Scot, *Discoverie*, XV. ii.

23. 关于他们推荐手写符咒、草药以及其他传统药方来对抗巫术，参见例子: Blagrave, *Blagraves Astrological Practice of Physick*, pp. 168—173, 174—175, 183; *Culpeper's School of Physick* (1659), pp. 118, 149。

24. Josten, *Ashmole*, p. 1076. 制作图谶的典型指南参见 I. Hibner, *Mysterium Sigillorum*, trans. B. Clayton (1698), pp. 158—193。

25. Josten, *Ashmole*, pp. 226, 227, 245, 537, n. 3, 565, 1533, 1539; E. Ashmole, *Theatrum Chemicum Britannicum* (1652), pp. 463—465; Sloane 3822, and Ashm. 431, ff. 122^v, 144—146 (Forman); Ashm. 240, f. 126, and Lilly, *Autobiography*, p. 124 (Napier).

26. H. G. Dick in *Journ. of Hist. of Medicine*, i (1946), p. 426.

27. Ashmole, *Theatrum Chemicum Britannicum*, p. 443.

28. Ashm. 183, p. 500.

29. Quoted by H. G. Dick in his edition of T. Tomkis, *Albumazar: a Comedy* (1615) (Berkeley and Los Angeles, 1944), p. 37.

30. Aubrey, *Miscellanies*, p. 161.

31. Ashm. 419, ii, f. 1; *William Lilly... His Past and Present Opinions* (1660), sig. A1^v.

32. Gadbury, *Thesaurus Astrologiae*, sig. A8; id., *Nauticum Astrologicum* (1691), p. 77; and reference cited above, p. 432, n. 26.

33. B. Malinowski, *A Scientific Theory of Culture and Other Essays* (Chapel Hill, 1944), p. 200.

34. 关于在其他语境中研究巫术的方法, see e.g., J. Beattie, "Divination in Bunyoro, Uganda", *Sociologus*, xiv (1964), p. 61。尽管它被下文一针见血地批评了: J. D. Y. Peel, "Understanding Alien Belief-Systems", *Brit. Journ. Sociology*, xx (1969), pp. 73—75。

35. L. Dawes, *Sermons* (1653), p. 36. 下书中有一个类似的段落: A. Dent, *A Sermon of Gods Providence* (4th edn, 1611), sigs. A5—6。

36. R. W (right), *A Receyt to stay the Plague* (1625), p. 15.

37. Above, pp. 316—317, 427, 484, 590.

38. Gadbury, *Natura Prodigiorum*, p. 190; E. Pagitt, *Heresiography* (6th edn, 1662), p. 282.

39. *C.S.P.D., 1658—1659*, p. 118; Ashm. 1788, f. 65v; U. Lee, *The Historical Backgrounds of early Methodist Enthusiasm* (New York, 1931), p. 104 n.

40. E. Bower, *Doctor Lamb Revived* (1653), p. 3.

41.(R. Day), *A Booke of Christian Prayers* (1578), sigs. Ggij^v—GgiiJ.
42. R. Southey, *Letters from England*, ed. J. Simmons (1951), p. 295.
43. *Homilies*, pp. 480—481.
44. A. Ferguson, *An Essay on the History of Civil Society, 1767*, ed. D. Forbes (Edinburgh 1966), pp. 90—91.
45. *Journal of John Wesley*, ed. N. Curnock (1909), vi, p. 326.

第二十二章

巫术的衰落

现在我的魔法已尽数瓦解，
我所拥有的只剩下自己的力量，
它是多么微不足道。

威廉·莎士比亚,《暴风雨》,收场白

一　知识方面的变化

不仅原始思想体系具有自我确认的特征，还有其他许多思想体系也是如此。人们一旦接受了其最初的前提，此后的任何发现就不再能动摇其信仰，他可以用已经存在的体系来把它巧辩过去。如果某个已被接受的仪式未能达到预期目的，则也不会削弱他的坚定信念，这也是可以解释的。这种信仰系统具有一种弹力，使得信仰实际上不受外界争论的影响。

这种自我确认的性质反复出现在我们业已审视过的所有信仰中。巫师或占星师总是能巧辩其施术中出现的任何明显的失败，认为肯定是计算中出现了错误，或者是由于他省略了一个必不可少的仪式步骤。当时一个人记道，如果患者未被治愈，"巫师便责备他们来得不及时，或者没有正确使用处方；说他们缺乏信心，或者至多

第二十二章 巫术的衰落

承认自己的威力不够强大,建议他们另请高明"。[1] 主顾即使因为施术者无能为力而转求他人时,他对整个巫术的信仰也不一定受到影响。主顾可能怀疑某一特定的预言,但是从不怀疑一般的预言。他们从不和其他顾客交流经验,因为他们的咨询是半秘密的,而且并无业余的顾客团体抱有检验结果和比较各种答复的目的。所以,对于巫术的反动力并非来自主顾的长期失望造成的怨恨,而是来自体系之外。[2]

炼金术的情况亦然如此。炼金术士常常相信自己即将发现点金石,只不过是因为锅子的碎裂才功败垂成。阿瑟·迪伊曾坚信他即将发现点金石,只是在关键时刻出了事故,他的同行也都抱有这种乐观态度:

> 此类事情常常有:
> 壶碎罐裂,一切付东流。
> 这次虽然祸事陡生,
> 下回可能大功告成。[3]

炼金术是个困难的精神探索,因为一直要等到炼金术士涤除一切恶习,尤其是去除贪欲后,嬗变才能实现。也就是说,当他不想要金子时,点金石才会炼成。

其他一些信仰具有更为露骨的自我确认特征。当时的人可以和雷金纳德·斯科特一起嘲笑一位炼金术士:因为他相信,如果能把某种巫术卵石含在嘴里渡过英伦海峡,那么他将永不晕船。但是,他们对于恳请祈祷之功效的信仰却并未因上帝屡次不理睬其子民而稍稍减弱,他们认为上帝必有充分理由拒绝他们的请求。赴圣威尼弗雷德井泉的朝圣者同样相信圣比尤诺不会不治愈他们。要是他们第三次朝圣时仍未治愈,他们就会死去,然而这也只意味着圣比尤诺给予他们额外的精神奖励。[4] 占梦信仰并不因为知道许多梦是虚妄和魔鬼的而有所减弱。⁵ 对《圣经》预言特性的信仰也未因基督未在指定日期第二次降临而被推翻,它只意味着计算上的错误——千禧年信徒可以反复计算《圣经》而不动摇基本信念。这些信仰的追随者们正是做了这样的假设,才在无数次必然的失望之后仍保持基本信仰。⁶ 人们绝不可能从自发地破坏这些思想体系。

巫术信仰研究中最困难的问题是:如何解释人们对这些信仰的背弃?这是社会人类学家至今尚未明了的一个问题,⁷ 也是研究都铎和斯图亚特王朝的历史学家感到特别棘手的问题,这一时期内有着大量怀疑论者,但是几乎没有人留下有文献依据的个人丧失信仰的事例。当时的文献都由拥有十分显赫地位的人撰写,它几乎无助于我们弄明白大众是如何改变观点的。尽管如此,我们仍须努力确定那种使传统的巫术思想模式显得日益过时的客观环境。

第一个客观环境是一系列知识上的变化,它们构成了17世纪的科学与哲学革命,这些变化对于优秀的知识分子有着决定性的影响,并且及时渗透开来,影响了一般大众的思想和行为。这场革命的本质即是机械论哲学的胜利,它摈弃了一度威胁机械论哲学的经院的亚里士多德主义和新柏拉图主义理论。随着微观宇宙理论的崩溃,占星术、手相术、炼金术、面相术、星体巫术及其一切伴随物的整个知识基础也被摧毁了。宇宙服从永恒的自然规律的观念扼杀了奇迹概念,削弱了祈祷的物质效用的信仰以及直接神启之可能性的信仰。笛卡尔的物质概念将精灵一股脑儿地驱进了纯粹的精神世界,召唤精灵不再是一个有意义的奢望了。

17世纪初的知识分子是很难预见到这种结果的,因为最初巫术与科学是平行地发展着的。想获得力量的巫术欲望曾为实验和归纳推理创造了一个有利的知识环境,它标志着与中世纪具有特色的听天由命心态的分道扬镳。新柏拉图主义和赫尔墨斯主义的思想方式推动了科学历史上的重大发现,诸如日心说、世界之无穷性以及血液循环,等等。⁸ "数字乃解开一切哑谜之钥匙"的神秘信念促成了数学的复兴,占星研究帮助人们更加精确地观察天体、计算天体的运动以及测量时间。[9]

巫术与科学的这种统一是短命的。17世纪前期欧洲一系列知识上的冲突便预告了这种统一的解体:1614年,艾萨克·卡佐邦重新确定赫尔墨斯诸书的年代;1623年之后的十年内,马林·默塞纳和皮埃尔·伽桑狄驳斥了罗伯特·弗拉德的巫术泛灵论。[10]巫术与科学的伙伴关系在17世纪后期崩溃了:罗伯特·波义耳的化学研究摧毁了炼金术士的猜想所赖以为基础的许多假设;皇家学会用实验驳斥了昆虫能自发产生的观念,约翰·雷彻底抛弃了已被早期植物学家所否定的外征说;早先被视为玄秘影响力的磁力和电力,如今被人们用纯粹机械论的字眼解释为粒子的运动。[11]机械哲学的胜利意味着构成巫术思想的理论基础的宇宙泛灵概念已然寿终正寝。

艾萨克·牛顿爵士对于神秘炼金术[12]的研究提醒人们注意到,嬗变不是骤然发生的。涉猎巫术或炼金术的大师在其科学同行的眼中显得越来越胡思乱想了,市面上供下层大众使用的巫术指南业已丧失了知识上的活力。

新科学同时坚决主张一切真理都要经过论证,它强调了直接经验的必要性,并憎恶不做检验便贸然接受因袭教条的做法。塞缪尔·巴特勒宣称:"经过论证的才是知识。"这一新态度的含义可以见于下列事例中:医生威廉·哈维仔细地解剖了据称是妖巫的听差精灵的一只蛤蟆;数学家亨利·布里格斯自从发现占星术的原则无法论证,便放弃了这方面的兴趣。[13]实际上,这种对确认知识的认识论要求正在侵蚀着所有巫术信仰的地位,它使得妖术控告无法继续,使得占星术信誉扫地,并谆谆劝导怀疑论者公然反对宗教狂热分子声称直接由上帝启发的说法。[14]它也促使人们重新审查古老的传说。早先的科学家,尤其是新柏拉图主义者,倾向于接受每个故事而不管它如何稀奇古怪,并在随后竭力为它寻求解释。这种态度在17世纪后期改变了。如约翰·韦伯斯特在1677年指出的那样:"最愚蠢的莫过于费尽心机去追究一个自己从未经验过的现象的原因了,因此我们应该谨慎行事,先要充分肯定结果的真实性,然后才能试图解释其原因。"[15] 咒语、符文和古代预言都经不起这样的调查研究。它们导源于古代的权威,并根据经验而予以修正。巫术不像科学,它从来不会从失败中汲取教训,而只会巧辩过去。最有特色的是中非的阿赞德人,他们的巫术信仰成了伊万斯-普里查德的古典人类学研究的主题,据说他们"没有实验的爱好"。[16] 与此相反,英格兰的巫术信仰反对者则自觉地检验古老的观点,并摈弃不能证实的学说。[17]

各种各样的知识发展就这样剥夺了古老的巫术体系令受过教育的精英感到满意的能力。一般大众则是在隔了一段时间后才充分认识到这些含义的。18世纪前期,一些手册和百科全书开始将新的知识观念传播到有阅读能力的大众中去。这些著述有时候对旧的巫术信仰抱有进攻性的敌视态度。皇家学会会员约翰·哈里斯在其《艺术与科学大辞典》(1704)中把占星术贬为"荒谬可笑的愚蠢行为",把炼金术说成是"以谎言开头,以圈套和苦干维持,以乞讨告终的一门技艺"。[18] 然而,他的继承者伊齐基尔·钱伯斯在其有影响的《百科全书》(1728)中则要谨慎多了,他更喜欢对许多旧信仰做理性分析,而不是整个地抛弃它们。他虽然把手相术斥为"空洞而无聊的技艺",并认为邪术"归根结底不过是巧妙的毒害",但是他相当认真地看待炼金术,并认可占星术的自然部分。他还接受了护身符、玄秘影响力以及用目光施行妖术的可能性。他的著作提醒我们注意,科学革命的含义要到很久以后才能被人们充分认识。[19]

在这一点上,伽利略或牛顿的工作成果是在"理性主义"态度存在了很久以后才出现的。具体地说,早在16世纪前期,帕多瓦学派的著述中就出现了"理性主义"的看法。皮特罗·庞波内齐(1462—1525)肯定了自然界的规律性、奇迹的不可能性以及灵魂的必然消亡性,这种观点被16世纪意大利和17世纪法国的"自由思想家"

再三重申。这些作者的灵感并非新科学,而只是古典时代理性主义思想的翻版:希波克拉底否认癫痫具有超自然原因;亚里士多德将大部分"预言"梦境说成只是巧合;西塞罗驳斥了占卜技艺;伊壁鸠鲁和卢克莱修展示了如何无须神的干预而解释世界的进程;蒲鲁塔克则揭露了犹太人的迷信。[20] 在英格兰,最初的巫术反对者也是更多地使用了古典作家的观点而不是同时代的科学。在科学革命几乎还未开始之前,雷金纳德·斯科特就毫无困难地驳斥了魔鬼的影响。[21] 在伊丽莎白时代,社会中坚分子藐视庸俗的"迷信"是司空见惯的事情,犹如在奥古斯都时代的罗马一样。

但是,斯科特及其模仿者就像庞波内齐一样,只能借助根据共感、反感和玄秘影响力的伪"自然"原因,来填补清除宗教或巫术的解释后产生的空白。他们承认每一件稀奇古怪的事情,因此就堵塞了通往关于自然界的真正概念的道路。科学革命所做的即是废除这种形式的推理,用基于机械论哲学的更为稳固的知识基础来鼓励旧的理性主义态度。至于 18 世纪英格兰的普通大众未曾听说过波义耳或牛顿,以及不能解释其发现的性质,那倒无关紧要。在所有的时代里,大多数人都是根据别人的权威来接受其基本假设的,新的技术和观点总是比作为其基础的科学理论更易于传播。心理分析家欧内斯特·琼斯写道:"今天的普通人毫不犹豫地摈弃了三百年前人们所确信的妖术证据,虽然现代人并不比古代人更多地了解真正的解释。"如今嘲笑巫术或奇迹观念的亿万人中,大多数人都难以解释其原因。在社会促成知识一致性的持续压力面前,他们只是被动的接受者。[22] 在这种压力下,巫师不再受人尊敬,知识声誉的接力棒已经交给了其他人。

二　新技术

我们可以认为,这些原始信仰之所以衰落,是因为它们在知识方面显得不能令人满意,但是我们必须承认,这一觉醒过程的细节绝不是清楚的,我们不能把变化仅仅归因于科学革命。在此前已有许多"理性主义者",此后还有许多信徒,所以这样一个简单的解释并不完全合理。让我们从另一个角度来检查一下这个问题。我们不再将眼光仅盯在这些信仰的知识地位,而将考虑一下它们的社会环境。

就这点来说,20世纪上半叶的人类学家布罗尼斯拉夫·马林诺夫斯基所提出的论点是值得我们考虑的。虽然他的理论在今天已经过时,但是它们仍然是直接解决"巫术信仰为何衰落"这一难题的少数几种说法中的一种。他说巫术是"当人们遇到无法越过的鸿沟,缺乏知识或实际控制的能力,但仍要追逐其目标时所期望的和通常使用的方法"。野蛮人在孤立无援和软弱无能的情况下只能求助于巫术仪式。有时候,这种仪式是与实用技术联系在一起的。例如,人们一方面小心培植和浇灌蔬菜,另一方面又念诵咒语以促其生长。更具特色的是,人们单独使用符咒来处理越出常规的困难问题。这种巫术仪式所提供的控制必然是幻想的,因为符咒不可能使庄稼生长或创口愈合。巫术本身虽然是空洞的,它却有着心理作用。它减弱了焦忧之感,缓解了被压抑的失败情绪,并且使施术者感到自己是在采取积极措施解决这一问题。通过它的媒介,人们从无依无靠的旁观者变成了积极的活动者。巫术给原始人以自信,"它使人的乐观主义仪式化了"。马林诺夫斯基下结论道,没有它的力量和指导,"早期的人类就无法克服其实际困难"。[23]

因此,按照这一解释,人类求助于巫术的最重要原因乃是他缺乏必要的经验知识或技术知识来处理摆在他面前的困难。"当对于环境的控制能力过弱时,巫术便是主宰。"[24] 随着技术的发展,巫术就日益成为多余,并且消亡了。只有在人们尚无合适办法解决问题的情况下,巫术才能保持其吸引力。是科学和技术使得巫术成

第二十二章 巫术的衰落

为多余的,人类对于环境的控制能力越强,他就越少求助于巫术方法。

当然,这一解释并没有说清为什么巫术仪式采取某种形式而不采取另一形式,它把构成个人巫术幻想和巫术信仰的心理因素的起源撇开了。但是它确实解释了人们为什么在某一时代而非另一时代求助于巫术。当这一解释应用于16世纪和17世纪社会的现实时,就特别具有意义。大部分人正是因为缺乏适当的技术才求助于符咒或术士的。例如在农业上,农民在正常情况下是依靠自己的能力的,迄今未见用于收割庄稼或挤牛奶等工作的巫术符咒。但是当他依赖于无法控制的客观环境(土地的肥沃程度、天气、牲畜的健康)时,他就更可能在劳动的同时使用某种仪式措施。传统的繁殖仪式和季节守奉极多:首耕周一用以确保庄稼成长;欢宴用以保佑苹果树;耶稣升天节前3天举行祈祷游行、施洗约翰节点燃篝火以保庄稼茂盛、在收割季节捣谷。[25] 据说1532年科尔切斯特一个铁匠的妻子施行巫术,"使人们相信他们将打制一把幸运的犁"。[26] 由于没有除草剂,于是就有除去庄稼中杂草的符咒。[27] 此外,人们用巫术配方替代杀虫药和灭鼠药,还有增强土地肥沃程度的符咒。[28]

环绕着其他潜在的不稳定操作也有着类似的措施。人们十分注意控制播种或砍树的时间,使之与月亮的相位或者其他吉利因素一致。[29] 还有确定气候或未来谷物价格的占卜体系。[30] 有的符咒旨在使马更卖力地干活、预防奶牛遭受妖术之害、保证家畜壮健,甚至影响未生牛犊的性别。[31] 养蜂和养鸡方面也有半巫术措施。[32] 其他如制作面包、啤酒、酵母饼和黄油,即特别害怕妖术的一切方面,也都有着巫术措施。月经期内的妇女不能腌制牛肉或火腿,这是家务操作方面的仪式措施。[33] 类似的规定还见于渔猎这两项带有风险的事务,直至19世纪,渔业中还残存着对于妖术的恐惧。[34] 此外,尚有旨在对付人类精神和肉体上之缺陷的巫术,防备谷物被盗的符咒,解除犁地疲劳的草药,以及诸如在手中吐唾沫以恢复精力的各种

方法。³⁵

其他许多行业在困难太大，人力无法解决时，也求助于巫术辅助手段。航海的风险使得水手变得出名地迷信，他们有大量的仪式措施，旨在确保天气的良好和船只的安全。³⁶ 军事行动所冒的风险也鼓励了护身符和种种防护性辟邪物的使用。当时医务条件的欠缺使得患者落到了术士和女贤人的手中。通讯联络的缓慢以及警察力量的缺乏促使人们去依赖乡村巫师寻找被窃财物和失踪者。对未来的无知使得人们竭力寻觅预兆或者进行占卜，以便做出决定。这些方法都可以看成是人们为对付在自然和社会环境面前的孤弱无能状况而做出的努力。

相应地，巫术的衰落是与人们的能力显著改善到可以控制环境相一致的。17世纪后期，生活的物质条件在好几个重要方面有了改善：在此前一百年中造成苦难的人口压力如今有所缓解；农业的改进带来了食品产量的增加。17世纪后期，英格兰的粮食实际上已能自给自足，而增加进口只是为了在荒年保持粮价的低廉。海外贸易的发展以及新工业的兴起创造了一个更加多样化的经济环境，1665年以后的英国没有发生过大规模的鼠疫，到了17世纪70年代，这种瘟疫便从英格兰彻底消失了。到了1700年，英格兰人比世界上其他任何民族——除了荷兰——都享有更大的物质繁荣。³⁷ 这样的总体环境肯定对于提高人们的自信心有所帮助。此外，还有几项发展尤其有助于使巫术解决法的吸引力进一步衰落。

第一项即是通讯状况的普遍改善。17世纪前期开始出现印刷报纸，这在空位期间急剧发展，虽然在1695年之前一直受到许可法规的限制，但是到了该世纪末，报纸已成了伦敦生活中不可缺少的特色。此后它们便传播至各地，在1701年至1760年之间，至少出现过130种报纸，它们在35个以上的城镇发行。³⁸ 1680年，伦敦推行了一便士邮政制度，此后送信业务便大大改善了。³⁹ 伴随这些发展而来的是大众识字能力的提高，这在17世纪50年代至70年代间

第二十二章 巫术的衰落

臻于高峰,当时的成年男子中几乎有40%的人能够阅读。[40] 人口流动的变化比较难以测量,但是很清楚的是,即使在都铎王朝时期的英格兰,农村中的人口也不是恒定不变的。17世纪后期,随着新工业的发展以及伦敦人口的不断流动,人口的迁移率可能增加了。[41] 这些趋势使得乡村与都市的接触更加密切,打破了地方孤立状态,并传播了复杂的观念。

报纸开始登载广告也十分重要。关于丢失财物和失踪者的告示是共和政体时期报纸的特色,并在此后一直继续下去。不见了的狗、被盗的马、逃跑的学徒工、涉嫌的窃贼,如今这一切都可以告诉公众,晓喻的范围远比乡村巫师或传布公告者所管辖的范围大。1657年,一位规划者宣告要创建一个公共咨询事务局,在伦敦地区设立八个分局,处理关于丢失财物的查询,并每周出一份逃亡仆人和学徒的公报。[42] 从该年的5月至9月,16页的《公共咨询者》每周专门登载这类广告。其对手是《来自情报局的每周信息》,它于7月出版,也由广告组成。后来还有许多发展这类广告机构的尝试。[43] 对于城市里的中产阶级来说,咖啡馆或报社已成为处理失物问题的机构,对术士的需要相应地减小了。

同时,社会还推行了一些方法来减少人们的不幸事故。银行储蓄的兴起为有产者提供了更大的安全性,17世纪末保险事业的发展最能证明新的自助精神。当然,旨在救济窃案、火灾、疾病或其他祸殃的遭难者的方案也并非没有先例。中世纪英格兰的行会就像互助会一样,集体负担费用来安葬其成员或者补偿他们在火灾中的损失。世袭的庄园习俗往往为老人提供赡养费。但是,行会业已消失,庄园习俗也正受到腐蚀。对于都铎晚期和斯图亚特时期的大多数居民来说,火灾、洪水或者一个近亲的突然死亡都意味着一场大祸。

为对付意外事故,商人和船主首先采取的步骤是提供人为的保险。14世纪的意大利发展了海洋保险,它于16世纪中叶在英格兰扎下了根。1574年,公证人宣布确立"法律不能追溯的年代"的政策。⁴⁴但是在相当长的时期内,这一制度仍然是初级的。海上保险业是由个人而不是由公司和只想在船舶误期后保全其货物的大多数商人发起的。他们从事的船舶与货物保险在威廉三世在位之前一直没有普及开来。有关保险争端的仲裁法律也依然不能令人满意。在这种情况下,商人更愿意将船只和货物的所有权分给若干个人,以减小所冒的风险。提交占星师威廉·利利解决的许多保险问题中便反映了这些不确定性。至18世纪前期情况有了改变,劳埃德咖啡馆发展成了水上保险商的正规开会地点,1720年创立了两个主要的股份公司,专注于海洋保险,这便是伦敦保险公司和皇家交易所。⁴⁵

其他类型的保险业也在出现。查理二世统治的末期似乎出现了陆上运货马车的保险。⁴⁶与此同时也发展了火灾保险,这主要是伦敦大火的结果,尽管许多规划者在17世纪前期已经开始推行火灾保险计划了。⁴⁷1680年以前有几次没有成功的水上保险尝试,与此同时尼古拉斯·巴邦预告要创建火灾保险公司,他是三个成功的保险公司中的第一个。它们分别是"火灾局"(1681年,此后称为"火鸟")、"互助会"(1684年)、"携手"(1696年)。"火灾局"收取的保险费是:砖瓦房每镑租金收6便士,木房每镑租金收1便士。其他两个公司根据互助的原则经营,会员们共同偿付火灾损失费。三家公司都生意兴隆,这反映了人们对于这类保险事业的巨大需求。"火灾局"在其头四年中为4 000所房屋保了险,"携手"公司在1704年前已发行了7 313份保险单,保险财产的总值中砖瓦房为128 4615镑,木房达125 767镑。⁴⁸然而,这些早期保险公司的业务范围只限于伦敦,并只为房屋保险。到了18世纪前期,火灾保险便扩展到了家庭财物和贸易货品,地域也伸展到了全国各地。几家为此目的而建立的主要保险公司中,最著名的是查理·鲍维的保险局,这家公司成立于1706年,至1710年改名"太阳",直至1720年,它发行的保险单达17 000份,它为国内许多地方保险的财物总值达1000万镑。⁴⁹

第二十二章 巫术的衰落

发展最慢的是人寿保险，尽管它早就开始为短期的明确风险担保赔偿。都铎王朝时期的船主有时候为他们在海上的灾难保人寿险。人寿年金的买卖乃是以利息支付贷款并避开高利贷法律的一种方法。有许多种投机方案将赌注下在对个人寿命的预测上，就如聚金养老制那样，整个团体中的所有捐赠金到头来都落入最后死去的人手中。[50]但是如果不精确计算投保者的平均寿命就不可能实施收取固定保险费的人寿保险制度。伦敦的缝纫用品商约翰·格朗特首先试制了展示个人平均寿命的"寿命表"，他在1662年发表的《对于死亡统计表之自然和政治的考察》为人口统计科学奠定了基础。31年后，天文学家埃德蒙·哈利按照布勒斯劳的数字编纂了一份更为系统化的寿命表，他根据表格设计了一种计算年金购买价格的方法。[51]这些技术在18世纪得到了进一步的改善。

在1699年至1720年之间有500家以上的人寿保险公司，其中只有1706年成立的"和睦会"——依据改善了的聚金养老制原则——在"南海泡影"事件以后残存下来。统计学上的无知乃是大部分这类早期保险事业破产的原因，因为如果没有适当的数学技术，它们至多以认捐方式募集基金，而要为死亡支付的金额却不可预测。至1762年，公平保险协会才成功地研制了一种标准契约，使受保的金额和每年的保险费系统地调节到了适合于捐款者的投保年龄。[52]

虽然早期的大部分保险事业都是一种投机性买卖，但是其内在的含义却深远而重大。保险业尽管在开初时有些踌躇，但是它终于在18世纪确立了地位，成为英国中产阶级最基本的安全保障之一。至1805年，英格兰的财物保险总值达到2.4亿英镑。[53]在18世纪，下层社会中也出现了为工业企业中雇工服务的萌芽状态的保险业，而且工人的互助会也数量激增。保险事业最大幅度地缩小了原来作为抵御灾殃之唯一形式的巫术的势力范围。犹如丹尼尔·笛福在1697年所指出，互助保险原则使"生活中的一切事故都有了保障，诸如失窃、陆上的洪水、海上的风暴、所有财产的丧失以及死亡本身"。[54]

消防活动是直接向灾祸发起挑战而不是采用取代方法的新努力的另一方面。[55]16世纪最后十年里手提水枪引入英格兰,人们对于机械喷水方法的设计显示了很大兴趣。1625年,人工救火车获得专利权,通过一组人可以将水喷到高空。它在17世纪后期有了发展,并普及开来,当时许多市政府都购买了该市的第一台救火车。皮制水龙软管是荷兰的发明,它于17世纪70年代被引入英格兰。此后,气室的发明使得稳定的水流成为可能,而不再是脉冲喷射。早期的保险公司有自己的消防队,18世纪初开始出现火灾通道。安妮女王时期国会的一项法令要求伦敦的每个教区都备有一辆大救火车、一支手提水枪、一根皮制水龙软管和一套接通街道供水系统的套座。伦敦大火后,许多城市禁止或重新禁止茅草屋和木结构建筑物,砖瓦的使用范围不断扩大。尽管没有一项措施根除了火灾或使之极易控制,但是它们对于都铎时期大部分城市缺乏消防设备这一情况来说,则是一个巨大的进步,并且,它们也反映了技术解决方案的最大可能性。

当时的人们就这样越来越不容易遭受某些灾祸之害了。他们还发展了新的知识来取代用妖术、幽灵或天罚所做的神秘灾殃解释。在此,社会科学与自然科学同样重要。在此时期内,初级的经济学和社会学已有了相当发展。到17世纪末,知识分子通常都认识到经济和社会的萧条可归因于非个人原因,不同民族和不同社会阶层的差别可以用教育和社会制度来解释。[56]这成了启蒙时代的主要课题之一。占星咨询的解释热望被这些新的学科所取代。它们摈弃了"社会现象纯属任意"的观点,而认为凡事都有原因,尽管它们暂时隐藏着。这即是培根将"幸运"列为"非存在物"的原因,新的历史规律取代了它。詹姆斯·哈林顿认为:"没有一个政府如人们习惯想象的那样,是一种偶然或任意的制度。社会就像自然界一

第二十二章 巫术的衰落

样存在着产生其必然结果的自然原因。"[57] 由于人们假想上帝就像通过自然原因一样通过社会学原因发挥作用,所以"天罚"教义的直接性就不可避免地大大减小了。妖巫信仰在最初受到的影响最小,因为它致力于解释个人的不幸,社会科学则旨在说明整个社会的发展。但是从长远看,心理学和社会学还是取代了妖术观念,它们提供了一条新途径,使受难者可以将噩运归罪于其他方面。他可以不必指控妖巫,而把不幸归咎于父母的培养方式或者社会制度。

更加侵蚀原始的灾殃解释的又一新发展,是人们(尤其是数学家)越来越意识到平均的机遇和灾殃服从于统计规律,因此最终能被合理地预测出来。概率理论的系统性表达是许多欧洲大陆数学家的工作成果,他们包括:卡登、费马、惠更斯、帕斯卡尔、伯尔诺伊以及棣莫弗。英格兰人中则有格朗特、佩蒂和哈利等人,他们对死亡登记表的经验研究做出了巨大贡献,皇家学会对这个问题显示了很大的兴趣。[58] 17 世纪的最后十年内,英格兰科学界对概率理论展开了广泛的讨论。也正是在 17 世纪后期,"巧合"一词才以与事件无因果关系的意义首次出现。1692 年,阿巴思诺特翻译了惠更斯关于赌博胜算的一篇文章,从而使得这些新理论适用于更广大的公众。他在前言中说,一个偶然的事件只是其原因未被知道的一个事件,我们有可能计算出它采取这一形式而非那一形式的概率来,涉及人类时亦是如此。政治学除了是"对于偶然事件的概率值的一种分析"外,还能是什么呢?阿巴思诺特认为,几乎任何问题都可以简化为数学的计算。[59]

正是这种萌芽状态的统计学概念,即对于明显任意性行为的模式意识,取代了先前关于好运和噩运原因的思索。今天,人们甚至有可能预测来年重大伤亡事故或暴力罪案的大致数量。我们采取措施使自己避免灾祸,但是即使灾祸发生了,我们也不再感到需要追寻其神秘原因。毫无疑问,我们之中只有少数人能够不以苦乐为意地接受反复无常的灾殃,但是,意识到它们确实是任意的这一事实就足以把我们与祖先区别开来了。

三 新的热望

巫术是随着自然科学、社会科学以及形形色色技术手段的发展而衰落下去的,科学帮助人们理解自己所处的环境,技术手段——从保险事业直到消防活动——则增强了人们控制环境的能力。但是,马林诺夫斯基关于巫术给技术让路的构图越是受到仔细检查,就越显得缺乏说服力。因为巫术与社会需要之间的对应性从来只是大致的。诚然,人们在可以使用技术解决方式时,很少求助巫术。但是,其推论并不确凿,技术方法的缺乏不足以产生巫术,因为巫术在内容与技艺上都是保守的。这一时期里的乡村巫师的全部技能与其中世纪前辈,甚或与盎格鲁-撒克逊先辈的技艺几无区别,他们的方法是传统的,他们设法解决的问题也是传统的。占星师解答的问题类似于生活在不同社会环境中的阿拉伯人所提出的问题。换言之,英格兰的巫术并未如马林诺夫斯基设想的那样,自动扩展开来填补着新技术的一切空白之处。社会的巫术资源是其文化遗产的结果,也是文化问题的结果。巫术始终事出有因。[60]在都铎和斯图亚特王朝时期,巫术来自中世纪和古典时代,它是缓慢地适应新形势的。

这使我们涉及了本质问题。巫术为什么不与变化着的社会环境同步?为什么正当英格兰经济扩展入新领域的时候,巫术的势力范围却已变得更为有限了?矛盾之处在于,巫术在英格兰丧失吸引力是在适当的技术解决办法被发明出来取代它之前。是巫术的废弃才使技术高涨成为可能,而不是相反。诚如马克斯·韦伯所强调的那样,巫术是"经济生活理性化的最严重障碍之一"。我们可以认为,西方文明在技术上的优越地位很大程度上取决于这样的事实:欧洲不像世界上其他地区那样根深蒂固地依赖于巫术。[61]对于这一点,知识和宗教的因素起着很大的作用。古典的理性主义传统与基督教的唯一万能上帝的教义融合在一起，产生了韦伯所谓的"世界的祛魅"，这是一个秩序和理性的宇宙观念，在这个宇宙中，根据原因可以预测结果。有秩序的宗教信仰乃是此后自然科学家的工作赖以为基础的必要前提。这是使得技术胜利成为可能的有利的精神环境。

究竟是经济发展造成了适宜的精神特征，还是有利的精神环境促成了经济发展，这里不可避免地带有"鸡与蛋孰先"的争论色彩。大多数热衷于社会学的历史学家当然倾向于认为社会与经济结构的变革位于信仰变化之前。但是就迄今所见的巫术和技术状况来看，我们似乎可以认为，英格兰的巫术信仰的衰落位于社会和经济变革之前。14世纪的罗拉德派指责教会用超自然方法对付疾病和不育，但是他们自己也没有更有效的取代方法。他们的教义只给予了精神上的安全感，但并无新的物质辅助手段。宗教改革也并未与任何技术革命同时发生，16世纪的人们与其中世纪前辈一样易于遭受瘟疫、歉收、疾病、火灾及其他一切环境事故的袭击。但是新宗教仍在许多方面可以抛弃旧的教会机器而无须设计新的巫术来取代之。

17世纪后期，巫术被更为普遍地摈弃，但是并未伴有填补其空白的新方法。人们常常说，妖巫信仰是医疗技术欠缺的结果。但是在英格兰，妖巫信仰的衰落是在医疗方法大大发展之前。诚然，17世纪在心理学、解剖学和植物学的研究上有着显著的贡献，没有一本医学史可以不谈哈维在血液循环方面、格利森在佝偻病方面、威利斯在神经系统方面以及西德纳姆在传染病方面的成就，显微镜的发明使得罗伯特·胡克得以开拓细胞研究，并为最终发现细菌和系统阐述病菌理论铺平了道路，罗伯特·波义耳的化学研究则摧毁了旧的体液生理学的整个基础。

但是17世纪在实际治疗法方面则进展甚微。哈维的伟大发现并未马上产生实用结果，一个同时代人说："它似乎阐述了医学的理论,而未改善医学的实践。"[62] 另一个人说,可悲的是,虽然医生们竭力专注于化学和解剖学,但是他们对于疾病诊断却几乎没有做出贡献。[63] 我们还可以补上一句:他们对于治疗方面的贡献更小。一位现代医学史家解释道:"在讨论病体的活动之前,必须首先获得关于健康躯体活动的清楚概念。"[64] 最近有人认为,除了18世纪引入的天花预防针外,医学上的革新几乎没有增加人类平均寿命,至少在19世纪以前是这样,而且,直到20世纪30年代至40年代都没有重大贡献(卫生改革除外)。[65] 这未免过分悲观。[66] 但是有一点似乎很清楚:17世纪末的平均寿命低于伊丽莎白时代,至18世纪末才恢复到都铎中期的水平。[67]

18世纪相对于16世纪的差别不在于技术成就而在于人们的热望。在这段时期内,人们开始积极改善医疗水平:帕拉塞尔苏斯派引入了新的无机物配方,培根发起了提高平均寿命和改善医疗条件的系统研究,西德纳姆开拓了流行病学,他盼望着这样一个时代:"这时的世界尊重为了人类的美好生活而必需的学问,它像看重博学地谈论疾病的人一样看重治疗疾病的人。"[68] 不断增长的东方贸易使得新的药物学成为可能,17世纪末输入的药物量至少是该世纪初的25倍。虽然其中只有少量的药物——如用于疟疾的奎宁和用于梅毒的愈疮树脂——最后在药典中获得了永久性地位,但是它们的引入则反映了意义重大的对实验之迫切要求。[69] 18世纪内新建了50所医院。[70] 这些机构是否在传播疾病上比治愈疾病上的作用更大固然可以争论,但是它们毕竟加速了业余医生、江湖庸医和女贤人的撤换。它们也反映了一种实际和乐观的新态度。

在预防医学中同样可以见到这种现实的自助精神。17世纪的城镇采取了日益有力的措施来避免流行病的感染;它们强制推行卫生法,隔离患者,严格限制从感染区迁出货物和人员。人们毫无消极和听天由命的态度。[71] 如我们所见,天罚信仰和自救信仰是绝不矛盾的,伊丽莎白时代一件诉讼案中的一个证人巧妙地表达了它们

第二十二章 巫术的衰落

的组合,他谈到西卢尔码头有个人从船上掉入了水中,他本来要淹死的,"但是上帝突然让他学会游泳,从而救了他的命"。[72] 在把鼠疫视为惩罚罪孽的无数作者中,很少有人完全持听天由命的态度。他们在开初通常都敦促读者忏悔,但是到最后大部分作者都劝告人们实施卫生法、服用适当的药物以及在一切都归诸无效后逃离疫区。

当然,当时人们未能成功地诊断出鼠疫的病因。人们从未将疾病与黑鼠联系起来,17世纪后期鼠疫的消失几乎不是依靠人类的直接行动,而是有赖于生活条件的改善。但是,把这一知识上的失误归咎于当时神学中的宿命论成分则是不对的。错误更在于上层阶级和知识分子,他们按理可以更关心鼠疫问题,但是他们并未这样做,他们知道这基本上只是穷人的疾病。这显然是皇家医学院持漠然态度的原因。1631年,布道师威廉·古奇的话也揭示了其同情心的社会局限性,他说想逃离鼠疫发病区的人是正当的,但是有三种人例外:行政人员,因为他们负有特殊责任;老年人,因为他们不易感染;以及"穷人和下等人",因为他们"不那么有用,最好是放弃掉"。[73]

因此,医学就像其他方面一样,在有效技术出现以前,超自然理论就已消失了。18世纪的医生已不再把癫痫视为超自然疾病,尽管他们尚未懂得以其他方式来理解它。但是他们领悟到,癫痫是一个可供人们研究的技术问题,而一百年前的情况则如一个同时代人所说,人们"倾向于把每一件弄不懂的事都看作超自然作品"。[74] 这种变化与其说是源于真正的技术进步,还不如说是源于对未来取得更大进步的期望。人们更倾向于把面对灾殃的无能为力与坚信有朝一日会有技术解决办法的信仰结合起来,这种精神酷似我们今天对待癌症的态度。犹如罗伯特·菲尔默在1653年所表达的那样:"每天有许多事情被发现,而每天有更多的事情是我们的祖先从不认为是可能的。"[75] 当时的人们展示了更能容忍无知的能力,这是科学态度的基本特征。[76]

在其他领域,巫术也是在没有直接的技术取代物的情况下衰落的。在日益不依赖媚药的同时,人们并未发明某种更有把握博得他人爱情的新方法,尽管人们十分相信化妆品、除臭剂或者富有魅力的举止和服装的威力。乡村巫师的地位也没有完全被警察和报纸广告所取代;今天侦查窃贼和寻找失物的机构也只有中等程度的成功率。

　　占卜的衰落不能用"出现了更高级的预测方法"来解释。17世纪的科学家花费了大量精力用以改善天气预报[77]的方法,而今天的这类预报无疑要比当时先进多了。疾病结果的预测亦是如此。但是,相较于相对静止和为习俗所束缚的社会,在今天的社会预测未来会更为困难。现在的个人有着更大的选择余地,所需考虑的客观环境也更为复杂。令人费解的并不是旧的占卜体系竟会持续这么长的时间,而是我们竟会感到没有它们也行。例如,现代公司的投资方案往往需要在不可能形成对结果的合理看法时做出对未来政策的决定。难怪有时候企业家会使用几乎没有实质意义的统计预测来证明他们黑暗之中的孤注一掷是正确的,[78]或者有时候个人会借助于抛掷钱币的私人判断,但是没有一个实业家会向其股东承认这就是他所使用的统计学。[79]占卜术的衰落就这样留下了社会至今还不能填补的空白。也许随着社会科学日益正确地预测未来,它们有朝一日能够担任占星术一度扮演过的角色。[80]如果是这样的话,那么这将是一门仿效过去预言信仰的姗姗来迟的学问。

　　17世纪发生的变化与其说是技术上的还不如说是思想上的。在这一时期内,生活的许多方面都出现了对人类创始力的潜在能力的新信仰。都铎王朝虽然没能成功地控制贫困和消除流浪汉,但人们没有放弃努力。农业作家开展了反对所谓的"古代愚昧模式"的运动,犹如政治家藐视先例的魅力一样。这是革新和实验的持续发展时期,牧草种植、沼泽排干和新品种的庄稼纷纷出现,肥料取代了旧时的繁殖力仪式。约翰·诺登在1607年写道:"如果一次实验失败了,那么就再来第二次、第三次、许许多多次。"[81]工业上也有着种

第二十二章 巫术的衰落

种新发明,通过多种方式将煤用于炼铁的长期实验已经到达了完全成功的前夜。空位期间各激进团体同样显示了对于积极精神和实验潜力的信仰,他们打算通过立法行动重新塑造整个社会。复辟粉碎了他们的希望,但是政治办法可以解决社会和经济问题的概念却不是可以轻易消除的。

最重要的是,科学家把这些新的热望具体化了。弗朗西斯·培根列为当务之急的事情是:延长寿命、恢复青春、治疗不治之症、缓解病痛、加速自然进程、发现新的食物源、控制天气,以及增强人们的欢娱感。他要求占卜术以自然为基础,以便合理地预测每年的气候、收成和时疫。他的热望与占星师、巫术师和炼金术士的相同,尽管他设想的方法并不一样。他厌恶他们偷偷摸摸的行为,并指责他们的信仰"与其说是某种人类的理性,还不如说是与人类的想象力一致的智力盟友"。但他也承认他们的"目的或企图还是高尚的"。[82]

科学本身仍带有一点巫术色彩,这体现在科学家一心想让科学成就取得比巫术更惊人的效果上。科学家对于设计魔术般的把戏和撰写神秘著作的兴趣往往比对于迎合当代社会需要的兴趣更大。17世纪的科学家和发明家即使在最胡思乱想的时候也体现了对于人类独创性的惊人信仰。这可以见于内战前那些年里所批准的专利发明中,其中有永动机,不用牛马的犁地发动机,全天候航船,改善土壤肥沃程度的方法,使房屋免遭水火之灾的方法,控制风的方法以及"用音乐或不用音乐"而使失眠者入睡的方法。[83] 约翰·威尔金斯的《信使》(1641)中载有大量方法,可使人们"与任何地方的朋友秘密和快速地交流思想"。这即是伊丽莎白时代伦纳德·迪格斯的传统,他像巫师那样吹嘘说,他的望远镜可以看清七英里外发生的事情;或者如约翰·内皮尔,他设计了一种镜子来捕捉阳光,以焚烧尚在远方的战船。1648年出版的《数学巫术》(这样称呼"是遵循了世俗大众的幻想,他们通常将一切奇怪的行为都归因于巫术的威力")中,威尔金斯继续着设计潜水艇和"飞行战车"的尝试。[84]

科学家的方法不同于巫师,他们主张应该对实验和新发明予以检查,他们的灵活性使之随时考虑到出现的新问题。他们逐步失去了对过去的赫尔墨斯智慧的崇拜态度,开始认识到自己的成就是史无前例的。至关重要的是:他们依赖于人类的力量。但是他们的勃勃雄心仍然酷似"东方三贤人"。培根的代言人在《新大西岛》上说:"我们的建设旨在了解原因,事物的神秘运动,人类帝国疆界的扩大,以及一切可能存在的事物的影响。"[85]自然科学在其长期的发展过程中改变了人类与其环境的关系。到20世纪中叶,科学对于自然界的控制程度已使得它在某些人眼里成了神灵。[86]

四 遗 风

因此,我们不得不得出这样的结论:人类不一定要创设有效的技术来取代巫术,就可以使自己脱离巫术信仰的束缚。17世纪的人们之所以能采取这种步骤是因为巫术在知识上不再被人接受,以及宗教教导人们首先自救,而不是先去祈求超自然的帮助。这种对于人类自助能力的信仰的最初起源仍是神秘莫测的。我们不知道罗拉德派为何感到若要抛弃过去的教会巫术就必须依赖自己。最显得有理的解释似乎是:他们顽强的自救精神反映了其职业的精神。这些早期异端分子中只有少数人是依靠不可控制的自然力的纯粹农民。在15世纪,他们大多数人是工匠:木匠、铁匠、皮匠,尤其是纺织工人。[87]他们用实用的语言谈到宗教,驳斥弥撒的奇迹,因为"上帝创造了人而不是人创造了上帝,正如是木匠造了房屋而不是房屋造了木匠"。他们或者声称:"木匠鲍尔和石匠派克的手艺不会比圣坛上的那些人差。"[88]他们的职业使之认识到,事情的成功与否取决于自己独立的努力,他们看不起巫术的替代性安慰。

人们通常认为,自助信仰绝不可能源自纯粹的农业环境。克里斯托弗·希尔博士写道:"在英格兰,20世纪比16世纪更少巫术,

第二十二章　巫术的衰落

因为现在有着更多的工业。巫术即是农业。"[89]H.T.巴克尔在19世纪中叶说:"农民正是出于其日常生活的环境,所以自然比手工业者更为迷信,因为涉及的事务更为神秘,亦即是说,更难概括和预测。"[90]大卫·休谟也持有这种看法,他评论道:"我们总是发现,一个人生活中被偶然事件控制的比例越大,他就越迷信。"[91]即使追溯到17世纪,乡下人也被认为由于依赖于自然而更把事物想象成超自然的。詹姆斯一世时代的一位教士说:"城市里和镇上的居民更需要频繁的布道,因为他们耳闻目睹的都是人的功绩,需要加强上帝的教诲,农田里和森林里的居民则对此比较熟悉,他们继续期待着上帝的功绩。"[92]犹如托马斯·富勒所说:"不是农夫而是好气候使得庄稼生长。"[93]

事实上,巫术并非如此明显地属于农业。与此相反,其他社会中的证据表明,手艺和简单制造技术可以给愚昧者带来大量神秘之谜。工具可以作为偶像来崇拜,工匠可以创设典礼规则与技术一起使用。任何专门职业都可以被假想成拥有巫术威力,尤其是铁匠和金属工匠,在许多原始民族中,他们有着巫术能力。[94]中世纪英格兰的棉布纺织业中有许多符咒和巫术守奉。[95]工业时期早期,采矿业中产生了大量半巫术活动,从相信地下精灵或"敲打者"的存在一直到禁止在矿下吹口哨以及不得在耶稣受难日工作。人们还宣传探矿的巫术方法,以严格的仪式削制和使用占卜棍,它于10世纪中叶从德国引入,在此后一百年或更长的时期里一直很流行。[96]建筑业同样设有神秘的兄弟会。石匠由于流动性较大,所以发明了暗号以从陌生人中辨认同行。在17世纪,英格兰的石匠会社开始吸引寻求玄秘智慧的业余爱好者,于是诞生了并不操持石匠工作的共济会。[97]这类事实提醒我们必须谨慎小心,不要过于轻率地在农业与巫术、工业与理性主义之间画等号。毕竟,农业是英格兰经济中首先彻底资本化和以"理性"方式发展的一个部分,巫术是被信仰技术革新潜力的人所摈弃的,但是必须记住的是,在16世纪和17世纪,大多数这类革新都出在农业方面。

过分强调17世纪的城市居民代表着"理性"是错误的。正是在伦敦,各宗派与其预言和愈病奇迹一起获得了最大的成功,在那里有着业务最兴旺的占星师。[98]伦敦并非没有妖术指控,并且这个城市里似乎集中了大众巫术中的每一种信仰。我们至多能说,长期的事实证明,人口集中的大城市对于过去的绝大部分传统巫术有着天生的不适应性。例如,窃案巫术在一个密集型村落里可以很好地发挥作用,受害者和巫师都认识嫌疑者。但是17世纪后期伦敦的人口已达到50万,一个人有可能在街上认不出擦身走过的人,甚至有可能不认识其邻居。筛子和剪刀的巫术也没有什么用武之地。人际关系的日益非个人化导致妖术指控的冲突类型几乎没有了市场。此外,新观念在城市中的流传更为自由,那里有着更高的识字率和更快的人口周转。至19世纪,传统的巫术信仰基本上只见于乡村中人际关系更密切的社区里了。

因此,我们可以把巫术信仰的衰落与城市生活的发展、科学的兴起以自助思想的传播联系起来。但是这个关系只是大致的,我们目前尚无法构筑更为精确的社会学系谱。这件事中的许多参与者还没有被我们发掘出来,就是发掘出来的那些参与者的代表资格也不是十分肯定的。唯一可以识别的始终领导着反巫术运动的社会集团是教士阶层,但是他们对于一般超自然主张的态度也极其矛盾。我们似乎无法说清,不断发展的自然神学的"理性主义"究竟是自发的神学进展,还是仅仅响应了自然科学的压力。如果谁能证明是城市的中产阶级、店主和工匠领导人们抛弃了旧信仰,那倒是颇有意思的,但是目前似乎无法做到这一点。对于17世纪前期的阿米纽派教士和复辟时期的贵族怀疑论者都可以做出同样有说服力的论证。

可以清楚看到的是,到17世纪中叶,知识的新发展大大拉开了有文化阶层与农村下层人民之间的差距。当然,古典时代就有知识

第二十二章 巫术的衰落

分子鄙视大众"迷信"的情况。17世纪,由于出身名门的大众民俗收集者——诸如托马斯·布朗爵士的《世俗谬见》和约翰·奥布里的《异教与犹太教的残余》——的出现,这一差距更突出了;他们尽管宽容地对待旧方法,但是人们可以清楚地意识到这类人属于另一个精神世界。奥布里确信,旧信仰在内战时丧失了活力。[99]但是大量证据表明,这种思想方式在农村地区仍然有着巨大生命力。1795年,一个布道师声称:"尽管最近两百年内学问和知识有了巨大进步,但是可悲的事实仍然清楚表明,巫术观念依旧扎根在千百万人心中。"[100] 19世纪各地的大众民俗研究者都发现,英格兰农民并未放弃对占卜、术士、妖术、预兆或幽灵的信仰。1856年来自林肯郡的报告说:"不是每天与农民打交道的人很难相信或理解符咒、妖术、贤人和其他健身药方对这些人的影响力。"[101]

大众的宗教也未必有所改变。雅各布·伯克哈特说,19世纪的宗教"对于少数人来说是理性主义的,对于多数人来说则是巫术的"。[102]许多有影响的教士经常赞成"天罚"信仰,而许多遭了灾的人则仍然反躬自省:究竟干了什么"该遭罚"的事?关于宗教会"起作用"和祈祷能产生效果的坚定信念支持着无数受挫折者。每一种宗教狂热、神秘治病、千禧年预言、救世主的说教,都周期性地复现,而且不只是见于劳工阶层中。19世纪的许多中产阶级人士都对招魂术和扶乩、占星术、被作祟房屋以及一切玄秘事情感兴趣。即使是对于妖术(这是他人之恶毒行为造成的玄秘伤害)的恐惧也复活在玛丽·贝克·艾迪关于"邪恶的动物磁力"的概念中。[103]今天,对于有些人来说,精神病医生和心理分析师提供不了满意的取代方案,他们继续赞助占星师和算命者。报纸上的生辰天宫图和轿车上的吉祥物是与最近一位研究者的结论一致的:"约有四分之一的人认为宇宙可以恰当地称为巫术的。"[104]这个数字即便与17世纪的数字——如果这种分析是可能的话——比较起来可能要小得多了,但也绝不是微不足道的。

798

事实上，巫术在现代社会里发挥的作用要比我们所理解的更大。马林诺夫斯基关于巫术填补了科学空白的论点有着同义反复的特征，因为凡是未被专门研究者承认为真正科学的东西都被认为是"巫术的"，反之亦然。如果巫术行为不能勇敢地改善在事件面前无能为力的状况，那么怎么能为它们确定"科学的"身份？我们信仰它们，但结果证明是无用的，这就是在16世纪作为民间疗法的主要对手的盖伦医学的命运，这也将是今日大部分医术的命运。社会学家已观察到，当时的医生和外科医生举行了许多非职业的仪式活动。现代医学与魔咒师及女贤人分享了同样的乐观主义偏见，它可以用类似的方式将任何失败巧辩过去。[105] 在现代生活的许多领域，我们也相信旨在"起作用的"一些活动（例如，相信外交会议是避免战争的一种途径），但是一切证据——即使我们希望尊重它们——都表明事实并非如此。[106]

现代的人类学家并不赞成巫术乃拙劣科学的观点。他们强调其象征和表达的作用，而不是其实际的作用。因此他们主张巫师的召请精灵和女贤人的符咒实际上是不可与伪科学类比的，因为我们可以明显看出，这两种活动有着不同的起源和不同的知识地位。16世纪和17世纪的一切证据都表明，普通人从未清楚区别过巫术和医学。当时的人认为："我去请教医生，我们接受他的处方，但是我们不知道它意味着什么；然而我们还是用了，并且发觉是有益的。如果这是正当的，那么为什么我们不能同样地从我们也不知道其方法的贤人那儿获得益处呢？"[107] 现代的劳动妇女说她"相信"医生，即是承认了这样的事实。[108] 患者对于医生仍然基本上持一种盲目的信任。现代的患者并不比术士的主顾更了解其治疗方法背后的理论根据。在这种情况下，很难说"科学"止于何处以及"巫术"始于何处。

我们可以肯定的是，本书中所讨论的各种巫术信仰今天不是业已消失就是声望一落千丈了，这就是我们能够将它们分离出来进行分析的原因。但是这并不意味着它们天生比我们今天继续持有的信仰更不值得尊重。如果我们给巫术下的定义是：巫术是人们在缺乏有效的焦虑缓解技术的情况下所使用的无效缓解技术，那么我们必须承认，没有一个社会可以少得了它。 800

注 释

1. Bernard, *Guide*, p. 147. Cf. Cooper, *Mystery*, p. 268（"1. 要么他们拜访得太迟。2. 要么他们没有正确用药。3. 要么他们不相信处方的效果。4. 要么处方在其他人那里有效。5. 要么起了一定作用,还需要继续处理。或者去找个技法更高超的人。"）。

2. 关于在巫师失败之后相应巫术依然保持声望的现代解释,参见 E. B. Tylor, *Primitive Culture*（1871）, i, pp. 212—213 ; Sir J. G. Frazer, *The Magic Art*（3rd edn, 1913）, i, pp. 242—243 ; E. E. Evans-Pritchard, *Witchcraft, Oracles and Magic Among the Azande*（Oxford, 1937）, pp. 475—478 ; S. F. Nadel, *Nupe Religion*（1954）, p. 151。

3. Chaucer, *Canon Yeoman's Tale*, ll. 906—907, 944—945. Cf. *The Autobiography and Personal Diary of Dr Simon Forman*, ed. J. O. Halliwell（1849）, p. 28 ; Bacon, *Works*, i, pp. 192—193 ; iii, p. 497.

4. Scot, *Discoverie*, XIII. xv ;（W. Fleetwood）, *The Life and Miracles of St Wenefrede*（1713）, pp. 103 n—104 n. Cf. above, pp. 136—137.

5. Cf. R. Firth, "The Meaning of Dreams in Tikopia", *Essays presented to C. G. Seligman*, ed. E. E. Evans-Pritchard, et al.（1934）, pp. 71—72 ; above, p. 151.

6. 关于这一过程的其他例子, see above, pp. 247, 400—401, 656—657, 733—734。

7. Cf. I. C. Jarvie and J. Agassi, "The problem of the rationality of magic", *British Journ. of Sociology*, xviii（1967）, p. 71（"巫术所提出的真正迫切的社会学问题是那些不那么相信巫术的人在什么条件下会开始批判巫术,且会批判到什么程度？ "）。

8. 涉及该主题的近期著作的评述,参见 F. A. Yates, "The Hermetic

Tradition in Renaissance Science", in *Art, Science, and History in the Renaissance*, ed. C. S. Singleton (Baltimore, 1967)。See also her *Giordano Bruno and the Hermetic Tradition* (1964); T. S. Kuhn, *The Copernican Revolution* (Cambridge, Mass., 1957), pp. 129—130 ; A. G. Debus, "Robert Fludd and the Circulation of the Blood", *Journ. Hist. Medicine*, xvi (1961).

  9. Taylor, *Mathematical Practitioners*, pp. 79, 181, 195, 230, 235, 320.

  10. Yates, *Giordano Bruno and the Hermetic Tradition*, chaps. 21 and 22 ; L. Cafiero, "Robert Fludd e la polemica con Gassendi", *Rivista Critica di Storia Della Filosofia*, xix—xx (1964—1965). 默塞纳对泛灵论的反对在下书中有全面的讨论: R. Lenoble, *Mersenne, ou la naissance du mécanisme* (Paris, 1943)。

  11. M. Purver, *The Royal Society: Concept and Creation* (1967), pp. 87, 91 ; A. Arber, *Herbals* (new edn, Cambridge, 1938), chap. 8 ; C. E. Raven, *Synthetic Philosophy in the Seventeenth Century* (Oxford, 1945), pp. 20—21 ; M. Boas, "The Establishment of the Mechanical Philosophy", *Osiris*, x (1952).

  12. F. E. Manuel, *A Portrait of Isaac Newton* (Cambridge, Mass., 1968), chap. 8.

  13. S. Butler, *Characters and Passages from Note-Books*, ed. A. R. Waller (Cambridge, 1908), p. 282 ; above, pp. 626, 437.

  14. Above, pp. 685—686, 390, 173. Cf. p. 127.

  15. J. Webster, *The Displaying of Supposed Witchcraft* (1677), p. 251. 塞尔登把同样的观点表达得更为简洁: above, p. 517。

  16. Evans-Pritchard, *Witchcraft, Oracles and Magic among the Azande*, p. 477.

  17. Scot, *Discoverie*, "To the Readers" ; (Sir R. Filmer), *An Advertisement to the Jury-Men of England touching Witches* (1653), p. 8 ; Webster, op. cit., chap. 1.

  18. J. Harris, *Lexicon Technicum: or, an Universal English Dictionary* (1704).

  19. E. Chambers, *Cyclopaedia: or, an Universal Dictionary of Arts and Sciences* (1728), and the discussion in P. Shorr, *Science and Superstition in the Eighteenth Century* (Columbia Univ. thesis, New York, 1932). See also A. Hughes, "Science in English Encyclopaedias, 1704—1875", *Annals of Science*, vii (1951).

  20. A. H. Douglas, *The Philosophy and Psychology of Pietro Pomponazzi*,

ed. C. Douglas and R. P. Hardie (Cambridge, 1910), chap. xi; R. Pintard, *Le Libertinage érudit dans la première moitié du XVIIe siècle* (Paris, 1943); H. Busson, *Le Rationalisme dans la littérature française de la Renaissance, 1533—1601* (Paris, 1957); E. Garin, *Italian Humanism*, trans. P. Munz (Oxford, 1965), chap. viii.

21. 关于斯科特引述西塞罗和希波克拉底，参见 *Discoverie*, X. iv; XV. xxx, 以及关于约翰·瓦格斯塔夫引述吕西安，参见 *The Question of Witchcraft Debated* (1969), appendix。对比维吉尔早期的西塞罗式的怀疑论; D. Hay, *Polydore Vergil* (Oxford, 1952), pp. 34—45。

22. E. Jones, *Papers on Psycho-Analysis* (3rd edn, 1923), p. 122. Cf. M. G. Marwick, *Sorcery in its Social Setting* (Manchester, 1965), p. 255; G. Jahoda, *The Psychology of Superstition* (1969), pp. 48—50.

23. 马林诺夫斯基在他以下文章中简洁地表达了他的观点: "Magic, Science and Religion", in *Science, Religion and Reality*, ed. J. Needham (1925), and in his essay on "Culture" in *Encyclopaedia of Social Sciences* (1930—1935), 这两处是我引文的出处。关于它的典型应用，参见 R. Firth, *Primitive Economics of the New Zealand Maori* (1929), chap. 7。

24. G. and M. Wilson, *The Analysis of Social Change* (Cambridge, 1945), p. 95. Cf. E. E. Evans-Pritchard, *Theories of Primitive Religion* (Oxford, 1965), p. 113 ("科学和技术的进步使巫术变得多余")。

25. Above, pp. 54, 71—73. See also N. J. Hone, *The Manor and Manorial Records* (1906), p. 98; Aubrey, *Gentilisme*, pp. 9, 40, 96—97; G. L. Gomme, *The Village Community* (1890), p. 113; H. Bourne, *Antiquitates Vulgares*, ed. J. Brand (1810), pp. 256—257; *Sussex Archaeol. Collns*, i, (1848), p. 110 n.; *County Folk-Lore*, v (Folk-Lore Soc., 1908), pp. 171 ff.; T. M. Owen, *Welsh Folk Customs* (Cardiff, 1959), pp. 48, 115—121; Frazer, *The Magic Art*, ii, 103—104; id., *Spirits of the Corn and of the Wild* (3rd edn, 1912) i, pp. 146—147; ii. pp. 328—323; M. Campbell, *The English Yeoman* (1960), p. 305; A. R. Wright, *British Calendar Customs*, ed. T. E. Lones (Folk-Lore Soc., 1936—1940), ii, pp. 85—87, 93—103; iii, pp. 220—221, 287—288.

26. *Essex Rev.*, xlvii (1938), p. 167.

27. Brand, *Popular Antiquities*, iii, pp. 309—310; *Trans. Devon AsSoc.*, ix (1877), p. 90; Kittredge, *Witchcraft*, p. 35; M. R. James, *A Descriptive*

Catalogue of the Manuscripts in the Library of Gonville and Caius College, Cambridge（Cambridge, 1907—1914）, ii, p. 444；above, pp. 275, 759.

28. Sloane 3846, f. 45（seventeenth century）.

29. Brand, *Popular Antiquities*, iii, pp. 142 ff.；above, pp. 351—352.

30. G. Markham, *The English Husband-Man*（1613；1635 edn）, pp. 16—18；above, pp. 284, 351.

31. Scot, *Discoverie*, XII. xiv；Kittredge, *Witchcraft*, pp. 35, 41, chap. ix；E. Fairfax, *Daemonologia: A Discourse on Witchcraft*, ed. W. Grainge（Harrogate, 1882）, p. 35；Aubrey, *Gentilisme*, p. 89；J. G. Frazer, *Balder the Beautiful*（3rd edn, 1913）, ii, pp. 85—86.

32. Brand, op. cit., ii, pp. 300—301；iii, p. 263.

33. Brand, op. cit., iii, pp. 312—333, Aubrey, *Gentilisme*, p. 260；Kittredge, *Witchcraft*, p. 35；Ady, p. 58；Frazer, *Balder the Beautiful*, i. p. 96, n. 2；*County Folk-Lore*, v, pp. 97—98.

34. Brand, op. cit., iii, p. 14；Frazer, *Aftermath*（1936）, pp. 28—29；*The Folk-Lore Journ.*, iii（1885）, pp. 378—379；"A Description of Cleveland", *The Topographer and Genealogist*, ii（1853）, p. 414；*County Folk-Lore*, ii（Folk-Lore Soc., 1901）, pp. 46—53；*Notes and Queries for Somerset and Dorset*, x（1906—1907）, p. 49. 关于捕鱼的符咒, K. M. Briggs, *Pale Hecate's Team*（1962）, p. 260；Sloane 3846, f. 54。Cf. P. Sébillot, *Le Folk-Lore des pêcheurs*（Paris, 1901）.

35. （D. Defoe）, *A System of Magick*（1727）, pp. 316—317；Brand, op. cit., iii, pp. 259—263, 313.

36. Brand, op. cit., iii, pp. 5, 239—241；Aubrey, *Gentilisme*, p. 67；Ewen, ii, p. 405.

37. P. Deane and W. A. Cole, *British Economic Growth, 1688—1959*（2nd edn, Cambridge 1967）, p. 38.

38. G. A. Cranfield, *The Development of the Provincial Newspaper, 1700—1760*（Oxford, 1962）, pp. 22, 27.

39. H. Robinson, *The British Post Office, a History*（Princeton, 1948）.

40. L. Stone, "Literacy and Education in England, 1640—1900", *Past and Present*, xlii（1969）, p. 125.

41. 关于这个主题的暗示性证据, 参见 S. A. Peyton, "The Village Population

in the Tudor Lay Subsidy Rolls", *E.H.R.*, xxx（1915）; E. A. Wrigley, "A Simple Model of London's Importance... 1650—1750", *Past and Present*, xxxvii（1967）; and the references assembled by L. Stone in *Past and Present*, xxxiii（1966）, p. 30 n。

42. *The Office of Publick Advice newly set up*（1657）.

43. *C.S.P.D., 1666—1667*, p. 433; *London Gazette*, lxii（14—18 June 1666）; *Publick Advertisements*（1666）; *The Cambridge Bibliography of English Literature*, ed. F. W. Bateson（Cambridge, 1940）, ii, p. 717; D. Ogg, *England in the Reign of Charles II*（2nd edn, Oxford, 1955）, i, p. 97. 所有这些都受哈特立伯的办事处所影响（1646）; 参见 *Samuel Hartlib and the Advancement of Learning*, ed. C. Webster（Cambridge, 1970）, pp. 44 ff。

44. *Tudor Economic Documents*, ed. R.H. Tawney and E. Power（1924）, ii, p. 249.

45. See W. W. Blackstock, *The Historical Literature of Sea and Fire Insurance in Great Britain, 1547—1810*（Manchester, 1910）; V. Barbour, "Marine Risks and Insurance in the Seventeenth Century", *Journ. of Econ. and Business Hist.*, i（1929）; R. Davis, *The Rise of the English Shipping Industry*（1962）, pp. 87—88, 318, 320, 377; C. Wright and C. E. Fayle, *The History of Lloyds*（1928）; W. R. Scott, *The Constitution and Finance of English, Scottish and Irish Joint-Stock Companies to 1720*（Cambridge, 1910—1912）, iii, pp. 263—266, 396—409.

46. Scott, op. cit., iii, p. 374 n.

47. E.g., *C.S.P.D., 1635—1636*, p. 80; *1637—1638*, pp. 392—393.

48. P. G. M. Dickson, *The Sun Insurance Office, 1710—1960*（1960）, pp. 13, 16.

49. Dickson, op. cit., p. 40; Scott, *Joint-Stock Companies*, iii, pp. 372—378.

50. 关于这些早期的尝试, 参见 C. Walford, "History of Life Insurance in Great Britain", in *Yale Readings in Insurance. Life Insurance*, ed. L. W. Zartman（New Haven, 1909）and Scott, op. cit., iii, pp. 366—372。亨廷顿伯爵夫人的人身保单参见 Herrick Papers（Bodl., MS Eng. Hist. c 474）, Vol. i。

51. Reprinted from *Philos. Trans.*, xvii（1693）in *Journ. of the Inst. of Actuaries*, xviii（1878）.

52. M. E. Ogborn, *Equitable Assurances*（1962）, chaps. 1—3; Scott, *Joint-*

Stock Companies, iii, pp. 389—395. 关于早期数据的不完备, 参见 J. Smart, *Tables of Interest, Discount, Annuities*, etc. (1726), p. 113。

53. J. H. Clapham, *An Economic History of Modern Britain*, i (Cambridge, 1926), pp. 284—285.

54. Quoted by Dickson, *The Sun Insurance Office*, p. 12.

55. G. V. Blackstone, *A History of the British Fire Service* (1957) 是最新近的描述。C. Walford, *The Insurance Cyclopaedia* (1871—1880), iii, and C. F. T. Young, *Fires, Fire Engines and Fire Brigades* (1866) 也都有用。当地记录中关于物质资源的客观数量的记载还没有得到全面研究。但关于这个主题的严肃研究的发端, 参见 E. L. Jones, "The Reduction of Fire Damage in Southern England, 1650—1850", *Post-Medieval Archaeology*, ii (1968)。

56. 关于这类发展, see e.g., A. B. Ferguson, *The Articulate Citizen and the English Renaissance* (Durham, N. C., 1965); W. Letwin, *The Origins of Scientific Economics. English Economic Thought, 1660—1776* (1963); M. T. Hodgen, *Early Anthropology in the Sixteenth and Seventeenth Centuries* (Philadelphia, 1964)。

57. Bacon, *Works*, iv, p. 61; J. G. A. Pocock, *The Ancient Constitution and the Feudal Law* (Cambridge, 1957), pp. 145—146; J. Toland in *The Oceana of James Harrington, Esq. and his other Works* (Dublin, 1737), p. xvii.

58. See e.g., *The Correspondence of Isaac Newton*, ed. H. W. Turnbull et al. (Cambridge, 1959—   ), iii, pp. 293—305. 这个主题的完整讨论参见 I. Todhunter, *A History of the Mathematical Theory of Probability* (Cambridge, 1865), and F. N. David, *Games, Gods and Gambling* (1962)。 See also E. Coumet, "La théorie du hasard est-elle née par hasard?", *Annales* (*économies, sociétés, civilisations*), 25ᵉ année (1970), and above, pp. 143—144.

59. (J. Arbuthnot), *Of the Laws of Chance, or, a Method of Calculation of the Hazards of Game* (1692), Preface; *O.E.D.*, s.v. "coincidence".

60. See the shrewd comments of A. L. Kroeber, *Anthropology* (new edn, 1948) pp. 308—310.

61. M. Weber, *General Economic History*, trans. F. H. Knight (New York, 1961), p. 265; K. F. Helleiner, "Moral Conditions of Economic Growth", *Journ. Econ. Hist.* xi (1951), pp. 108—109.

62. A. Broun (1691), quoted in Sir G. Clark, *A History of the Royal College*

第二十二章 巫术的衰落

of Physicians (Oxford, 1964—1966), i, p. 301.

63. J. W (agstaffe), *The Question of Witchcraft Debated* (1669), pp. 66—67.

64. C. Singer and E. A. Underwood, *A Short History of Medicine* (2nd edn. Oxford, 1962), p. 168. But cf. A. B. Davis, "Some Implications of the Circulation Theory for Disease Theory and Treatment in the Seventeenth Century", *Journ. History of Medicine*, xxvi (1971).

65. T. McKeown and R. G. Brown, "Medical Evidence related to English Population Changes in the Eighteenth Century", *Population Studies*, ix (1955); T. McKeown and R. G. Record, "Reasons for the Decline of Mortality in England and Wales during the Nineteenth Century", ibid., xvi (1962).

66. See E. Sigsworth, "A Provincial Hospital in the Eighteenth and Early Nineteenth Centuries", *Royal Coll. of General Practitioners, Yorks. Faculty Journ.*, June 1966, and M. Drake, *Population Growth and the Brain Drain*, ed. F. Bechhofer (Edinburgh, 1969), p. 228.

67. E. A. Wrigley in *Daedalus* (Spring 1968), pp. 562, 574; T. H. Hollingsworth, *The Demography of the British Peerage* (Supplement to *Population Studies*, xviii [1964]), pp. 56, 70.

68. A. G. Debus, *The English Paracelsians* (1965); Bacon, *Works*, iv, pp. 383, 388; K. Dewhurst, *Dr Thomas Sydenham* (*1624—1689*) (1966), p. 124.

69. See R. S. Roberts, "The Early History of the Import of Drugs into Britain", in *The Evolution of Pharmacy in Britain*, ed. F. N. L. Poynter (1965).

70. W. H. McMeneney, "The Hospital Movement of the Eighteenth Century", in *The Evolution of Hospitals in Britain*, ed. F. N. L. Poynter (1964).

71. As is shown by C. F. Mullett, *The Bubonic Plague and England* (Lexington, 1956).

72. Quoted by A. Everitt: *The Agrarian History of England and Wales* (Cambridge, 1967—), iv, ed. J. Thirsk, p. 631. Cf. above, p. 131.

73. W. Gouge, *Gods Three Arrows* (1631), p. 25. 同样的意见参见 R. Kephale, *Medela Pestilentiae* (1665), p. 27。

74. O. Temkin, *The Falling Sickness. A History of Epilepsy* (Baltimore, 1945); E. Jorden, *A Briefe Discourse of a Disease called the Suffocation of the Mother* (1603), sig. A3.

75. Filmer, *An Advertisement to the Jury-Men of England* (1653), p. 8. Cf. above, p. 691.

76. Cf. R. Horton, "African Traditional Thought and Western Science", *Africa*, xxxvii (1967), pp. 173—174.

77. T. Birch, *The History of the Royal Society* (1756—1757), i, pp. 300, 305, 308, 309, 311, 334, 372.

78. E. Devons, "Statistics as a Basis for Policy", *Lloyds Bank Rev.*, new ser., xxxiii (1954).

79. O. Fenichel, *The Psychoanalytical Theory of Neurosis* (1946), pp. 300 ff.; R. R. Willoughby in *A Handbook of Social Psychology*, ed. C. Murchison (Worcester, Mass., 1935), p. 481.

80. 有关它们潜力的调查，参见 B. de Jouvenel, *The Art of Conjecture*, trans. N. Lary (1967)。

81. J. N (orden), *The Surveyors Dialogue* (1607), p. 210. Cf. E. Kerridge, *The Agricultural Revolution* (1967), *passim*.

82. Bacon, *Works*, ii, pp. 602—609; iii, pp. 167—168, 289; v, pp. 187—194, 199—200. 培根与巫术传统的关系的分析参见 P. Rossi, *Francis Bacon. From Magic to Science*, trans. S. Rabinovitch (1968)。See also H. Fisch, *Jerusalem and Albion* (1964), pp. 83—86.

83. B. Woodcraft, *Titles of Patents of Invention Chronologically arranged* (1854), pp. 2, 9, 12, 13, 15. 类似的热望反映在休·普拉特(*The Jewell House of Art and Nature* [1594])，以及科内利斯·德雷贝尔的作品中(G. Tierie, *Cornelis Drebble* [*1572—1633*] [Amsterdam, 1932])。

84. J. Wilkins, *Mercury: or the Secret and Swift Messenger* (1641; 2nd edn, 1694); R. T. Gunther, *Early Science in Oxford*, ii (1923), p. 290; E. W. Hobson, *John Napier and the Invention of Logarithms* (Cambridge, 1914), pp. 10—11.

85. Bacon, *Works*, iii, p. 156. 下文中提出了这一主题：Sir P. Medawar, "On the Effecting of All Things Possible", *Listener*, lxxxii (1969)。

86. E. R. Leach, *A Runaway World?* (1968), p. 1.

87. 罗拉德派与纺织业的关联参见 J. F. Davis, "Lollard Survival and the Textile Industry in the South East of England", in *Studies in Church History*, iii, ed. G. J. Cuming (Leiden, 1966)。Thomson, *Later Lollards* 并没能展示这个主

题的社会学方面,但是提到了罗拉德派成员的不同职业,其中大部分是手工业者和纺织工。一幅类似的职业画像展示于 J. Fines, "Heresy Trials in the Diocese of Coventry and Lichfield, 1511—1512", *Journ. Eccl. Hist.*, xiv (1963)。Cf. A. G. Dickens, *The English Reformation* (revd edn, 1967), pp. 51—52.

88. Thomson, *Later Lollards*, pp. 83, 112.

89. C. Hill, *Society and Puritanism in Pre-revolutionary England* (1964), p. 486.

90. H. T. Buckle, *History of Civilization in England* (1904 edn), iii, pp. 36—37. Cf. i, pp. 307—308.

91. *The Natural History of Religion*, sect. iii.

92. T. Jackson, *A Treatise containing the Originall of Unbeliefe* (1625), p. 196.

93. Quoted in *Agriculture and Economic Growth in England, 1650—1815*, ed. E. L. Jones (1967), p. 5.

94. M. Weber, *The Sociology of Religion*, trans. E. Fischoff (1965), pp. 97—98 ; id., *The Religion of India*, trans. H. H. Gerth and D. Martindale(Glencoe, Ill 1958), p. 99 ; H. Webster, *Magic* (Stanford, 1948), pp. 165—167 ; G. B. Depping and M. Michel, *Wayland Smith, A Dissertation on a Tradition of the Middle Ages*, ed. S. W. Singer (1847) ; V. G. Childe, *Magic, Craftsmanship and Science* (Liverpool, 1950). 关于一位伊丽莎白时期工匠的治疗能力,参见 C. M. L. Bouch, *People and Prelates of the Lake Counties* (Kendal, 1948), pp. 215—216。

95. Frazer, *Aftermath*, p. 18 ; G. G. Coulton, *Life in the Middle Ages*, i (Cambridge, 1930), p. 34. 关于妖术妨碍纺织的案例参见 A. D. J. Macfarlane, *Witchcraft Prosecutions in Essex, 1560—1680* (Oxford, D.Phil. thesis, 1967), p. 201, and Brand, *Popular Antiquities*, iii, p. 22。曾有人就中了妖术的染色间咨询过利利 ; Ashm. 427, f. 121^v。

96. P. Sébillot, *Les Travaux publics et les mines dans les traditions et les superstitions de tous les pays* (Paris, 1894), pp. 389—589 ; C. S. Burne, "Staffordshire Folk and Their Lore", *Folk-Lore*, vii (1896), pp. 370—371 ; *Folk-Lore Journ.*, iii (1885), p. 186 ; Wright, *British Calendar Customs*, i, p. 83 ; Sir W. Barrett and T. Besterman, *The Divining-Rod* (1926) ; J. Webster, *Metallographia* (1671), p. 104 ("我们一些轻信的矿工对此非常相信") ; R. Fludd,

Mosaicall Philosophy（1659），p. 260；Lord Hylton, *Notes on the History of the Parish of Kilmersdon*（Taunton, 1910），p. 111；J. W. Gough, *The Mines of Mendip*（2nd edn, 1967），pp. 6—7；id., *Sir Hugh Myddelton*（Oxford, 1964），p. 104；A. K. Hamilton Jenkin, *The Cornish Miner*（3rd edn, 1962），p. 43；W. J. Lewis, "Some Aspects of Lead Mining in Cardiganshire in the Sixteenth and Seventeenth Centuries", *Ceredigion*, i（1950），p. 180。

97. D. Knoop and G. P. Jones, *The Genesis of Freemasonry*（Manchester, 1947）.

98. Above, chap. 10. 一个同时代的人认为伦敦人特别轻信占星师；F. Wilde, *Prophecy Maintain'd*（1654），p. 67。

99. Aubrey, *Gentilisme*, pp. 22, 24, 26, 33, 34, 36, 41, 43, 59, 81, 103, 120, 138, 171, 202, 205 n.

100. M. J. Naylor, *The Inantity [sic] and Mischief of Vulgar Superstitions*（Cambridge, 1795），p. iv.

101. E. Peacock in *Notes and Queries*, 2nd ser., i（1856），p. 415.

102. Quoted by E. R. Dodds, *The Greeks and the Irrational*（Berkeley and Los Angeles, 1963），p. 192.

103. Described in B. R. Wilson, *Sects and Society*（1961），pp. 126—127, 130, 349.

104. G. Gorer, *Exploring English Character*（1955），p. 269.

105. T. Parsons, *Essays in Sociological Theory*（revd edn, Glencoe, Ill, 1963），p. 204, n. 1. 0；J. A. Roth, "Ritual and Magic in the Control of Contagion", *American Sociological Rev.*, xxii（1957）.

106. 关于这个论点的暗示性评论参见 R. Benedict, "Magic", in *Encyclopaedia of the Social Sciences*（1933）；J. M. Yinger, *Religion, Society and the Individual*（New York, 1957），pp. 47—48；and J. D. Y. Peel, "Understanding Alien Belief-Systems", *British Journ. Sociology*, xx（1969）。

107. Perkins, *Discourse*, p. 155. Cf. above, pp. 226—227.

108. Cf. R. Hoggart, *The Uses of Literacy*（Harmondsworth, 1958），p. 17.

索 引

（条目后的页码是原书页码，见本书边码）

英格兰和威尔士的地名都在各自郡下做了索引。《圣经》及相关内容的索引在《圣经》条目下。圣日、教会节日和其他节日列在历法条目下。单个圣徒列在圣徒条目下，贵族成员列在头衔下。

Abbot, George, Abp of Canterbury, 阿博特, 乔治, 坎特伯雷大主教, 16, 155, 688
Abbott, Elizabeth, 阿博特, 伊丽莎白, 635
Abel, 亚伯, 736; 作为弥赛亚, 160; 作为巫师, 324 & n
Abergavenny, Catherine, Lady, 阿伯加文尼, 凯瑟琳, 夫人, 379n
abortifacients, 堕胎药, 223
abstinence, miraculous, 斋戒, 神奇的, 148—149, 580
accident, 意外, see chance
Ackerley, J. R., 阿克利, J.R., 626
Acts of Parliament, 议会法令: 亨利八世第3年第11号法令（医务）, 14, 308, 310; 亨利八世第22年第12号法令（流浪汉）, 292, 412; 亨利八世第24年第12号法令（上诉）, 504; 亨利八世第25年第26号法令（首年金）, 121; 亨利八世第33年第14号法令（预言）, 471; 亨利八世第33年第8号法令（妖术）, 280, 292, 306, 412, 413, 525—526, 532, 543, 549; 亨利八世第34年和第35年第8号法令（医学实践）, 14; 爱德华六世第1年第1号法令（恶意评判圣礼）, 86; 爱德华六世第1年第12号法令（重罪的撤销）, 292; 爱德华六世第3年和第4年第15号法令（预言）, 412, 471; 爱德华六世第5年和第6年第4号法令（墓园里的打斗）, 36; 伊丽莎白一世第5年第15号法令（预言）, 413, 471; 伊丽莎白一世第5年第16号法令（妖术）, 292, 306, 412, 525, 532, 543, 549—550, 557; 伊丽莎白一世第14年第5号法令（流浪汉）, 292, 412; 伊丽莎白一世第23年第2号法令（煽动性言论）, 408, 412—413; 伊丽莎白一世第39年第3号法令（救济穷人）, 695n; 詹姆斯一世第1年第7号法令（流浪汉）, 292, 412; 詹姆斯一世第1年第12号法令（妖术）, 79n, 292, 305—306, 413, 525, 526—527,

530,532,538,543,550,687；詹姆斯一世第 21 年第 20 号法令（发誓），600；查理二世第 14 年第 33 号法令（印刷），112；查理二世 16 年和第 17 年第 3 号法令（陪审团），538；威廉三世第 4 年第 24 号法令（陪审团），538n；安妮女王第 6 年第 58 号法令（消防），785；乔治二世第 9 年第 5 号法令（妖术），525，527,538,540,550,619,681,692,694—697

Adam,亚当：作为巫师,324,511

Adams, 亚当斯：玛丽,162；托马斯,118,404

Adamson, Patrick, Abp of St Andrews,亚当森,帕特里克,圣安德鲁斯大主教,325

Addison, Joseph,艾迪生,约瑟夫,381,706

adultery,通奸：神裁,97,108,125；起诉,629

advertising,广告,779,791

advice,建议：来自神甫,186—188,314,433—434；来自妖巫和巫师,287—289,314；来自占星师,370—375,378,402,433—444。See also decision-making

Ady, Thomas,艾迪,托马斯：论妖术,620,640,655,674,681,689

aetites (eagle-stone),发声鹰石,224 bis

afflictions, proof of God's love, 苦难,上帝的爱的证据,95—96。See also misfortune

Africa,非洲：宗教信仰,52,148,174,182,332；此处的妖术,545,616,619,634,643,645—646,654,669,677；爱德华六世时期的避难,500。See also Azande；diviners, African

after-birth,胞衣,see caul

aged, changing position of,老人,变化的地位,670—672,779—780

Agitators,煽动者,443

agnus dei,神羔：作为护身符,33,53,83—85,583；被抵制,60

agrarian year,农业年,81—82,739。See also calendar

agriculture, improvement of,农业,改善,3,778,792,796；和宗教仪式,32,35,52,54—55,71—74,81—82,133；和巫术,38,54—55,141,775—777,794—796；和占卜,284,776；和占星术,338,348,349,353,368,404—405；和月亮,351—352,395,456,735,758,776。See also agrarian year; fertility; harvests

Agrippa, Henry Cornelius,阿格里帕,亨利·科尼利厄斯,265,267,270,272,757；《阿格里帕第四书》,268n,273

alchemy,炼金术：变化的知识地位,268,269—271,768,770—771,792；法律地位,292—293；宗教方面,320—324,446,447,760；和占星术,377,757—758,760；实践者,321—322,362—363,377—178,450—452,756,770—771

alcohol, role of,酒的作用,21—23；麦芽酒,21—23；酒馆,100

Alexander, Sir William,亚历山大,威廉,爵士,496

Alldridge, John,奥尔德里奇,约翰,674

Allen,艾伦：约翰,助理神甫,328；约翰,作家,405；尼古拉斯,353；罗伯特,奇术师,317,370n,412；托马斯,占星师,342,343,430,432；威廉,红衣主教,718n,721；威廉,副官长,443

Allestree, Richard,阿莱斯特里,理查德,356

Alley, William, Bp of Exeter,阿利,威廉,埃克塞特主教,306

Allin,阿林：约翰,224,322,451n；马蒂尔达,218

Allyn, John,阿林,约翰,34

索引

almanacs,年历：流通,348,353；内容,347—350,398—399,454,736,761；价格,349；颁发许可证,363,408—409；影响,352—356,404,407,434,452；对它的嘲讽,353,398

almanac-makers,年历制作者：数量,360；收入,356；神甫之中的,450—451；和哥白尼学说,416,417

Amadas, Mistress, prophetess,阿马达斯,女士,女预言家,473n

America, North, astrology in,北美,占星术,367

America, Spanish, prophecies in,西班牙语美洲,预言,507

American War of Independence,美国独立战争,492

Ambrosius,安布罗修斯,see Merlin

Amsterdam,阿姆斯特丹,162,388

amulets, religious,护身符,宗教的,33,35,56,328—329,438,588；其他种类的,11,224—225,229,231,232,247,276,586,648,777；知识基础,270,772；效用,249,289；中世纪教会的态度,33—34,56—57；被罗拉德派抵制,59。See also agnus dei

Anabaptists,再洗礼派,160,448n；和誓言,76；和预兆,104；和灵魂灭绝论,200；和占星术,444；论正式祷告,79—80；试图升入天堂,161。See also Baptists

anachronism, sensitivity to,时代错误,意识,509—510

anagram,回文,163

ancestors, obligations to,对祖先的义务,719—724

ancient prophecies,古代预言,see prophecies

Anderson,安德森：埃德蒙,爵士,542,611,651；吉尔伯特,165n

Andrews, Lancelot, Bp of Winchester,安德鲁斯,兰斯洛特,温切斯特主教,117,596n；作为先知,155

Andrews,安德鲁斯：马修,370；罗伯特,640n

angels,天使：现身,104,562,704；治愈,149；受启示,166,323,378,758；带来瘟疫,101；帮助巫师,273,282,317,319,320；和占星师,458n。See also conjuration；spirits

Anglo-Saxons,盎格鲁-撒克逊：教堂,301—302,504,508；皈依,28,53；宪章,50；符咒,214,743；和巫术,53—54,271,301—302,786；和妖术,522,541n,554,612；和占星术,357,456；妖精袭击症,725；自由,504

animals,动物：宗教保护,29,31—35,40,81；宗教治疗,29,38,40,56,147,211,220,570,586；巫术保护,775—776；巫术治疗,38,213,215,216,226—227,298—299,317,328；受蛊惑,219,296,519,520,533,541,553,636,638,640,641,642,645,661,662,663,665；受行星影响,757—758；失踪,用巫术寻找,254,299；受洗礼,41；举行安产感谢礼,87；讨价还价,746；作为预兆,286,747,750；预言,chap. 13, passim；妖巫的伪装,529,617,664；用于巫术治疗,649。See also familiar

Anne, Queen,安妮女王,228

anointing the sick,为患者涂油,45,65,83,149。See also holy oil

anthropology, social,社会人类学,see social anthropologists

Anti-Christ,敌基督,166,167,168,178

anti-clericalism,反对神甫,79—80,86

Antinomians,唯信仰论者,159,203

Antwerp, astrology at,安特卫普的占星术,368

Apostles, 使徒;被蔑视,198;奇迹,27—28;see also miracles;复活,160
apothecaries,药剂师,13—14,15,360
apparitions, in sky,天空中的幻影,104—105,111。See also angels;Devil;dreams;ghosts;spirits
Arabs,阿拉伯人:和占星术,336,357,428;和科学,428
Arbuthnot, John,阿巴思诺特,约翰,785
Arcandam,《秘术》,283,351,358
architecture, historical study of,对建筑的历史研究,509
Arden, Thomas,阿登,托马斯,603
Argent, John,阿金特,约翰,641
aristocracy,贵族,see nobility;gentry
Aristotelianism,亚里士多德主义,see Aristotle
Aristotle,亚里士多德:科学学说,9,304,415,512,513,520,692,768;论梦,773;宗派主义者的态度,428;归功于他的著作,223,285n,679n
Armada, Spanish,无敌舰队,西班牙:和预言,480—481;和巫术,645n;和天命,106
Arminians,阿米纽派:和占星术,438—439 和着魔,577—578;论妖术,595,596;作为理性主义者,797
Armstrong, Mary,阿姆斯特朗,玛丽,635
arrest, magical and astrological recipes to escape,逮捕,巫术和占星术的逃跑方法,274,275,370
arsenic, as protection against plague,砒霜,作为抵抗瘟疫的防护手段,11
arson,纵火,634—637,667;和妖术,636—637,668;预测到的,153;用巫术侦查到的,258,296
Artemidorus of Ephesus,以弗所的阿尔特米多鲁斯,153

Arthington, Henry,阿丁顿,亨利,158
Arthur, King,亚瑟王:期待他归来,467,482,493—496 passim,499;拆穿,507—508
Arthur, son of Henry VII,亚瑟,亨利七世的儿子,494
"Arthur", an impostor,"亚瑟",一个骗子,506
Arundel, Henry Fitzalan, 24th Earl of,阿伦德尔,亨利,菲查伦,伯爵二十四世,344
Ascham,阿斯卡姆:安东尼,历书制造者,451;安东尼,大使,276;罗杰,343n,451
Ashbourner, Cambridge scholar,阿什伯纳,剑桥学者,564
Ashmole, Elias,阿什莫尔,伊莱亚斯,359,369,371,377,380,420n;使用护身符和图谶,224,760;巫术活动,756;论磁力,266;写作,270;手稿,362;通信,389,420
Ashley, Sir Anthony,阿什利,安东尼,爵士,733
Ashmore, Edward,阿什莫尔,爱德华,297,360
Ashton, Dr. Robert,阿什顿,罗伯特,医生,234
Aske, Robert,阿斯克,罗伯特,473
assize courts and circuits,巡回法庭,see witch-trials
Aston, Thomas,阿斯顿,托马斯,202
astral magic,星体巫术,264—265,275,323,438,452,759—760,761,769
astral spirits,星体精灵,691,707
astrologers,占星师:数量,358,359—360,364;手段与技能,358—359,375;其他职业,255,356—362,362—363,365,450—452,756;咨询,356—382,401—404;费用,375,381—382,454,760;判例汇编,362—364;客户和主顾,342—

347,358,364—382,441—445；争吵，401；制造麻烦的人，411—412；威慑窃贼，410；政治角色，405—409，see also politics；借口，398—402；宗教，438—439,445—454；作为神职人员的对手，431—435,762；被神职人员攻击，405—406,435—440,454；被错当作奇术师和巫师，413,430—431,437,756,760；对付妖术，377,756—757,758；阐释梦境，153；被控告，407—409,412,413,435,442,454；被容忍，413—414。See also almanac-makers；astrology

Astrologers, Society of, 占星师学会，361,433,439,448,756

astrology, 占星术：学说：起源，335—337,428,786；主要法则，108,265,271,337—341,364,758—759,760；分支，338—340；知识地位，337—338,393—395,414—424,760—761,772；知识弱点，338,340—341,385,390,414—419,424,427—428,437,772；和新科学，414—418,769—770；怀疑论，422—424；衰落，338,414—424,769,772；实践，356—382；1500年以前，341,346,356—357；1700年以后，423—424,799；出版物，336,341—342,346—347,358,361,393,424,450,764—765；法律地位，412—413,422—423；特点：解释性作用，340,384—391,425—426,439,647,762,784；提供控制的前景，391—393；作为建议的来源，373—374,378,401—402,433—434；作为宣传手段，406—407,442；灵活性，340,392,397—398,400—401,403；可供操控，402—404；政治作用，405—409；作为一种宗教，455—458；社会根源，394—396；信仰的原因，393—405；和其他实践：医学，338,339,343—344,350,356,362,375—377,391,395,396,412,417,420—422；宗教，425—458 passim；炼金术，377,755—756,762；巫术，755—756,758—760, see also astral magic；妖术，377,430—431,437,756—758；其他预言体系，755,760—761

astronomy, 天文学，与占星术联系起来，337,346n,414—418；及其年表，387；

atheism, 无神论：范围，112,127—128,132,198—205,323,458；被怀疑有，99,685；诱惑，132,198—200,574—575；被驳斥，112,706

Atherton, Alexander, 阿瑟顿，亚历山大，277

Atkinson, 阿特金森：查尔斯，452；玛丽，660

Atterbury, Francis, Bp of Rochester, 阿特伯里，弗朗西斯，罗切斯特主教，178

Atwell, 阿特韦尔：乔治，375n,451；休，328

Aubrey, John, 奥布里，约翰：历史学家，509；民俗学者，798；论天罚，113；论圣徒，31,81；论梦，153；论忏悔，184；论皇家触摸治疗法，230 bis；论面相术，283；论守夜，286；和占星术，346,385,390,392,430；论月亮崇拜，456；论幽灵，708；论妖仙，725；论内战，708,798；逸事，17,138,230,255—256,264,450

aurum potabile, 液体状态的金子，271

autobiographies, 自传，108

Averroism, Paduan, 阿维洛伊学说，帕多瓦，198

Aves,《圣母经》, see prayers

Awcock, Margaret, 奥科克，玛格丽特，660

Aylett, Eleanor, 艾利特，埃莉诺，651

Aylmer, John, Bp of London, 艾尔默，约翰，伦敦主教，480n

Ayr, 艾尔, 156
Azande, magical beliefs of, 阿赞德人的巫术信仰, 402, 551, 552, 675—676, 772

Babington, 巴宾顿: 安东尼, 481; 杰维斯, 246n
Backhouse, Sir William, 巴克豪斯, 威廉, 爵士, 491
Bacon, Francis, 1st Viscount St Albans, 培根, 弗朗西斯, 圣阿尔本斯子爵一世: 热望, 792; 观点: 医学, 16, 789; 巫术, 331, 792; 接触尸体, 261; 面相术, 283; 符咒, 289; 占卜, 258n; 共感与反感, 267; 梦与预感, 152, 172; 天命, 110; 幸运, 784; 妖术, 552; 占星术, 415, 416, 421, 792; 星体崇拜, 456; 预言, 469—470
Bacon, 培根: 尼古拉斯, 198; 罗杰, 270, 319n, 430, 464
Baggilie, Henry, 巴吉利, 亨利, 221
Bailey, Goodwife, 贝利, 古德夫人, 633
Bainbridge, John, 班布里奇, 约翰, 416
Baker, 贝克: 安妮, 758; 大卫, 145
Baldock, 鲍多克: 约翰, 714; 拉尔夫, 伦敦主教, 302
Baldwyn, 鲍德温, 606
Bale, 贝尔: 贾斯珀, 360; 约翰, 奥索雷主教: 论弥撒, 38, 61; 和默林, 484; 论亚瑟, 508
Balmford, James, 鲍姆福德, 詹姆斯, 143
Balsom, Robert, 贝森, 罗伯特, 580n, 645
Baltic, corn imports from, 从波罗的海进口谷物, 499
Baltimore, Md., USA, Voodoo in, 巴尔的摩, 美国马里兰州, 巫毒教, 610n
Banbury, 班伯里: 爱德华, 360; 托马斯, 360n
Bancroft, Richard, Bp of London and future Abp of Canterbury, 班克罗夫特, 理查德, 伦敦主教和未来的坎特伯雷大主教, 201, 578, 584
banking, deposit, 银行储蓄, 279, 779
Banks, John, 班克斯, 约翰, 175
banning, 咒骂, see cursing
baptism (christening), 洗礼: 仪式, 40—42, 54, 63—64, 65, 180, 190, 571, 663, 664, 731, 738; 被逃避, 197; 被反对, 165
Baptists, 浸礼派教徒: 和占星术, 449; 和疗法, 149, 150, 234; 和大众巫术, 309, 329; 和古代预言, 491; 被提及, 145。
See also Anabaptists
Barbados, 巴巴多斯, 362, 367, 454
Barber-Surgeons, Company of, 理发匠医生行会, 310
Barbeyrac, Jean, 巴贝拉克, 让, 144
Barbon, Nicholas, 巴邦, 尼古拉斯, 781
Barbour, John, 巴伯, 约翰, 477
Barcelona, Bp of, 巴塞罗那主教, 600
Barckseale, William, 巴克西尔斯, 威廉, 275, 323
Barker, James, 巴克, 詹姆斯, 448n
Barlow, William, Bp of Lincoln, 巴洛, 威廉, 林肯主教, 568
Baro, Peter, 巴罗, 彼得, 438
Baronius, Cesare, 巴隆纽斯, 西泽尔, 267
Barrow, 巴罗: 亨利, 论国教神职人员和仪式, 66, 68—69, 73, 79; 詹姆斯, 575
Barton, 巴顿: 克里斯托弗, 237; 伊丽莎白, 肯特郡修女, 46—47, 154, 177
Basire, Isaac, 巴西尔, 艾萨克, 117
Bassett, William, 巴西特, 威廉, 432n
Bateman, Roland (Reynold), 贝特曼, 罗兰 (雷诺), 160
Batman, Stephen, 巴特曼, 斯蒂芬, 109, 451
Baxter, 巴克斯特: 爱丽丝, 645; 伊丽莎白, 669
Baxter, 巴克斯特: 理查德: 论医疗问题,

索引

12,13,224；论奇才,111；宗教怀疑,199；论大众对宗教的态度,193,457；论幽灵,708；和妖术,690；论天罚,111,563；论启示,154；作为先知,156；被提及,129,159,446,580；托马斯,669
bay trees,月桂树,747
Bayle, Pierre,贝尔,皮埃尔,416,418
Bayly,贝利：刘易斯,班戈主教,98；罗伯特,610；托马斯,117
Baynton, Mary,贝恩顿,玛丽,506
Beale, Martha,比尔,玛莎,380
Beard,比尔德：托马斯,109；威廉,660
Bebb, Mary,贝布,玛丽,601
Becket,贝克特,玛丽,620；托马斯,see saints
Beckett, Isabella,贝克特,伊莎贝拉,211
Becon, Thomas,贝肯,托马斯,562
Bede,比德,see saints
Bedell, William,比德尔,威廉,452n
Bedfordshire,贝德福郡,329,536n；贝德福德,666；贝德福德执事长,596n；邓斯特布尔的唐斯,529n,617,621,624,760；卢顿,232n；渥本市,18
Bedo, William,贝多,威廉,365
Bedwell, William,贝德韦尔,威廉,452n
beer (ale),啤酒（麦芽酒）：消费,21—23；被妖术破坏,519,661,663；喜欢它更甚于宗教,203
beggars,乞丐；诅咒,604,608；聚会,627；和《济贫法》,672—673
Behmen,波墨,see Böhme
Behmenists,波墨主义者,see Familists
bell, holy,圣钟,722
Bell, Rev, John,贝尔,约翰,神甫,328
Bellarmine, Robert, Cardinal,贝拉明,罗伯特,红衣主教,85
Bellers, John,贝勒斯,约翰,13
bells, church,教堂钟声：保护性力量,34,35,56,303,589；被否认,59,60,65,67,85
benedictions, ecclesiastical,教会赐福,32,58,59,89,327
Benny, Philip,本尼,菲利普,613
Berkshire,伯克郡,94,627n；执事长,596n；阿宾登,468,492；布拉德菲尔德,448；库克姆,97；纽伯里,157,161；雷丁,140,279,422,454；萨切姆,324；沃林福德,168；温莎,441,613,656
Berkeley, George, 8th Lord,伯克利,乔治,勋爵八世,380
Bernard,伯纳德：弗朗西斯,388,422,143n；理查德：论巫术,315；论妖巫和巫师,247,249,297；论妖术,523,533,621,688,689n；和达雷尔,576n
Bernouilli, family of mathematicians,伯尔诺伊,数学世家,784
Berwick, diabolical possession in,伯威克,此地的着魔,580n
Best, Henry,贝斯特,亨利,738
Betson, John,贝特森,约翰,329
Betterton, Mary,贝特顿,玛丽,716
Bettyson, Joan,贝蒂森,琼,220,296
Beverley, John,贝弗利,约翰,124
Bevis of Hampton, offspring of,汉普顿的比维斯,后代,506n
Beza, Theodore,贝扎,西奥多,436
Bible,《圣经》：论奇迹,92,93；论妖术,682—684；其真理性,受到怀疑或否认,198—205 passim,574—575；《创世记》1：14,427；《出埃及记》22：18,524,681—682；《申命记》18：10,524；18：18,160；18：28,601；《撒母耳记上》9：8,454；《诗篇》91,102,129；121,68,69；《箴言》16：3,138；16：33,142 & n（36）；《以赛亚书》,470；47：13,427；《耶利米书》,470；《以西结书》,

466；《但以理书》，162，167，168n，173，482；7：18，27，167；《玛拉基书》3：9，114；3：5，157，160；《马可福音》16：17，570；16：18，227；《约翰福音》1，328；15：26，160；《使徒行传》3：22，160；7：22，323；7：37，160；《雅各书》5：14，149；《启示录》，166，167，173，462，467；11：3—11，157，159，167；13：18，167；20：4，167；《以斯得拉书》，467，477，482，486n

Bibles，《圣经》：在占卜中的运用，51，52，139，254；保护性价值，51，83，123，590；用巫术召回，324n；贩卖，348

Biggs, Noah，比格斯，诺亚，446n

Bigod, Sir Francis，比戈德，弗朗西斯，爵士，475

Billingsley, Henry, his *Euclid*，比林斯利，亨利，他的《欧几里德》，271

Bilney, Thomas，比尔尼，托马斯，134

Bilson, Leonard，比尔森，伦纳德，277，329—330

Bindoff, Prof. S. T.，宾多夫，S.T.，教授，496n

Binns, Otwell, *Prophecy of*，宾斯，奥特韦尔，《奥特韦尔·宾斯的预言》，464，469，487

Birche, Robert，伯奇，罗伯特，613

Bircles，比特雷斯，see Birtles

Bird, Contented，满足的小鸟，444

birds, charming of，受迷惑的鸟，51；作为预兆，286，747，748

births, monstrous，畸形儿，see childbirth

birth-control，生育控制，223；通过巫术，223，760

Birtles, John，比特雷斯，约翰，479

Bishop，毕晓普：约翰，346n；理查德，474

black-fasts，黑斋戒，49，614

black magic，黑巫术，see conjuration；devil-worship；witchcraft

Black Monday，黑色星期一，354—355

Blagrave, Joseph，布莱格拉夫，约瑟夫：占星学说，393，400；职业起伏，422—423，435，454；论妖术，591，756

Blake, a Catholic healer，布莱克，一名天主教医治者，240

Blake，布莱克：罗伯特，先知，501；罗伯特，海军上将，366

blasphemy，渎神：在格洛斯特，192；受到诱惑，199，573；《亵渎上帝言行条例》（1648年），202；对其的天罚，107，108，112，122；控告，458

blessers，赐福者，*see* wizards

blessing, parental，家长祝福，603

blindness，失明：保护，39；治愈，38，41，149，239；天罚，123

Bloch, Marc, on the royal touch，布洛赫，马克，论国王触摸疗法，227n，228n，243—244

Blomfield, Miles，布洛姆菲尔德，迈尔斯，324

Blondel, David，勃朗德尔，大卫，509

Blood, Col Thomas，布拉德，托马斯，上校，124

blood, circulation of, discovered，发现血液循环，386，395，770，787

Blosse (*alias* Mantell), Robert，布洛斯（别名曼特尔），罗伯特，498—499，500

Blount, Charles，布朗特，查理，126，690

Bluck, Margery，布鲁克，马杰里，605

Bodenham, Anne，博登汉，安妮：贩卖符文，275，281；祈祷行星，457；治疗者，246，764；妖巫，23，613；审判和处决，23，546，598

Bodin, Jean，博丹，让，386n

Böhme, Jacob，波墨，雅各布：教义，447；被翻译，446 & n；信徒和崇拜者，241，447，

448；作为先知，468
Boethius，波伊修斯，91
Bogan, Zachary，博根，圣扎迦利，97
Boisgaudre, Jacques-Philippe，布瓦戈德里，雅克-菲利普，237—238
Boleyn, Anne, queen，博林，安妮，王后：和巫师，289；和预言，472, 473 bis；作为妖巫，643；被提及，154
Bolingbroke，博林布洛克：亨利·圣约翰，子爵，380；罗杰，540n
Bollsby, Sobriety，博尔斯比，节制，444
Bolton，博尔顿：普赖尔，341；托马斯，218
Bonatus, Guido，博纳图斯，吉多，343
Bond, William，邦德，威廉，458
Bonnefant, John，邦内范特，约翰，474
Bonner, Edmund，邦纳，埃德蒙：和驱魔，582；论临终涂油礼，45；论巫术，307, 595—596
Book of Common Prayer，《公祷书》，see Prayer
Book of Daniel, a dream manual，《但以理书》，一本释梦手册，323
Book of Sports，《娱乐之书》：反对活动，110；支持者，439
Booker, John, astrologer，布克，约翰，占星师：职业，362, 363, 409n；判例汇编，363, 448；顾客及其问题，364, 366, 369, 370, 373, 377, 380, 382, 397, 402n, 443—444, 453, 454, 650—651, 760；费用，381；论占星术，387；政治，406, 441, 443, 444；惹上麻烦，411；被嘲笑，423
Booker, Robert，布克，罗伯特，20
Books of Experiments，《实验书》，273
Books of Fate，《算命书》，284
Books of Magic，《巫书》，273, 280
Boorde, Andrew，布尔德，安德鲁，348, 412
Boreham, Anne，博勒姆，安妮，622
borrowing and neighbourliness，借用和睦邻，660—664
Bostock, George，博斯托克，乔治，275
Boswell, James，鲍斯韦尔，詹姆斯，706
Bothwell, Lord (? Francis Stewart, 5th Earl)，博思韦尔，勋爵（？弗朗西斯·斯图尔特，伯爵五世），759
Bourne, Henry，伯恩，亨利，587
Bowckeley, John，伯克利，约翰，269n, 271n, 365, 419n
Bowle, Mr. John，鲍尔，约翰，神甫，329n
Bownd, Nicholas，邦德，尼古拉斯，195
Bowreman, Alice，鲍尔曼，爱丽丝，219
Boyden，博伊登：卢斯，639；罗杰，639
Boye, Rice，博伊，赖斯，147
Boyes, Mary，博伊斯，玛丽，232
Boyle, Robert，波义耳，罗伯特：论天命，93；论真理，512；论触摸疗法，240, 242；他的化学研究，770, 787；和占星术，346n, 421；和妖术，524, 690, 692n, 693
Bradford, John，布雷德福德，约翰：论命运，91；作为先知，155
Bradshaw, William，布雷德肖，威廉，577
Bradley, Thomas，布雷德利，托马斯，475
Brahe, Tycho，布拉赫，第谷，396, 415
Bray, John, 2nd Lord，布雷，约翰，勋爵二世，476
Brayne, John，布雷恩，约翰，177, 449n
bread, holy，圣餐面包，神圣，see holy bread
bread, baking of，面包，烘烤，31, 589—590
Bredon, William，布雷登，威廉，390, 450
Brettergh, William，布雷特格，威廉，647
Bridge, William，布里奇，威廉：论《诗篇》91, 102
Bridges, Agnes，布里奇斯，阿格尼斯，57
Bridget, alias Goldenbeard，布里奇特，别名金胡子，318
Bridgwater, Frances, Countess of，布里奇沃特，弗朗西斯，伯爵夫人，641

Bridlington, prophecy of, 布里德林顿, 预言, 467, 470, 472, 482, 492

Brigge, Mabel, 布里奇, 梅布尔, 540n, 612

Briggs, 布里格斯: 法学院学生, 574; 亨利, 437, 771

Brightman, Thomas, 布赖特曼, 托马斯, 486n, 487

Brightlinge, a fence, 布莱特林格, 销赃犯, 100

Brinley, John, 布林利, 约翰, 655

Brinsley, John, 布林斯利, 约翰, 576n

Bristol, 布里斯托尔, 3, 81n, 163, 717

Bristol, George Digby, 2nd Earl of, 布里斯托尔, 乔治·迪格比, 伯爵二世, 344

Britain, 不列颠: 作为英格兰和苏格兰的新名字, 463, 495

British history, myth of, 英国史, 神话, 493—501, 506—508

British Medical Association, 英国医学会, 251

Britons, ancient, resemble Red Indians, 古代布立吞人, 像印第安人, 508

Brittany, and Arthur, 布列塔尼, 和亚瑟王, 494

Britton, John, 布里顿, 约翰, 554

Bromley, Sir Edward, judge, 布朗利, 爱德华, 爵士, 法官, 546

Bromyard, John, 布罗姆亚德, 约翰, 196

broomsticks and witches, 扫帚把和妖巫, 529

Brossier, Marthe, 布罗斯, 马尔泰, 578

Broughton, John, 布劳顿, 约翰, 474

Brouncker, William, 2nd Viscount, 布龙克尔, 威廉, 子爵二世, 346

Brown, 布朗: 阿利森, 607; 汤姆, 423n

Browne, 布朗: 阿格尼斯, 589; 医生, 693

Browne, Sir Thomas, 布朗, 托马斯, 爵士: 民俗学者, 798; 论祈祷, 135; 论交媾, 222—223; 论巫师, 295; 论妖术, 524, 686n; 和占星术, 346, 417, 429

Browne, Thomas, yeoman, 布朗, 托马斯, 自由民, 564

Brownists, 布朗派教徒, 485

Bruce, Joan, 布鲁斯, 琼, 664

Brudenell, William, 布鲁德内尔, 威廉, 73

Bruen, John, 布鲁恩, 约翰, 76, 124

Brunsdon, Simon, 布伦斯登, 西蒙, 81

Brute, Walter, 布鲁特, 沃尔特, 59

Brutus, legend of, 布鲁特斯, 神话, 493—496, 506, 507

Bubb, Captain, 巴布, 奇术家, 275, 297, 411

Buckingham, Humphrey Stafford, 3rd Duke of, 白金汉, 汉弗莱·斯塔福德, 公爵三世, 154, 608

Buckingham, George Villiers, 1st Duke of, 白金汉, 乔治·维利尔斯, 公爵一世: 其死亡被预测到, 162, 716; 和巫术, 278, 297, 597; 被提及, 237

Buckingham, George Villiers, 2nd Duke, 白金汉, 乔治·维利尔斯, 公爵二世, 408

Buckinghamshire, 白金汉郡, 113, 565; 阿默舍姆, 145, 413n; 艾尔斯伯里, 349; 比德斯登大教堂, 116; 白金汉的执事长, 435n; 德纳姆, 582; 法纳姆, 656; 大林福德, 362, 450; 黑德杰里, 304; 桑顿, 450; 沃特斯特拉特福德, 171

Buckle, H. T. 巴克尔, H.T., 795

Buckminster, Thomas, 巴克明斯特, 托马斯, 451

Bulkeley, Jane, 巴尔克利, 简, 262

Bull, 布尔: 爱德华, 653; 约翰, 159, 171

Bullinger, Heinrich, 布林格, 海因里希, 436

Bunyan, John, 班扬, 约翰, 他的宗教疑惑, 199, 565; 被引用, 592, 727

Burckhardt, Jacob, 伯克哈特, 雅各布, 798

Burges, Cornelius, 伯吉斯, 科尼利厄斯,

119
Burgess, Anthony, 伯吉斯, 安东尼, 210
Burghall, Edward, 伯格霍尔, 爱德华, 152, 563
Burghesh, Henry, Bp of Lincoln, 伯格什, 亨利, 林肯主教, 713
Burghley, William Cecil, 1st Baron, 伯利, 威廉·塞西尔, 男爵一世: 论命运, 92n; 论渎神, 118; 和占星术, 343; 论不吉日, 736; 通信, 157, 281, 390
Burgis, Margaret, 伯吉斯, 玛格丽特: 她的猫, 660; 埋葬仪式, 44, 75, 190, 721—722; 自杀, 711。See also funerals
Burke, Edmund, 柏克, 埃德蒙, 723
Burnell, Anne, 伯内尔, 安妮, 506
Burnet, Gilbert, 伯内特, 吉尔伯特: 论渎神, 121; 被引用, 344, 379, 712—713
Burr, G. L. 伯尔, G.L., 615n
Burton, Henry, 伯顿, 亨利, 110
Burton, Robert, 伯顿, 罗伯特: 论医生和疾病, 15, 16, 328; 论巫术和巫师, 246, 249, 291—292; 和占星术, 345, 420, 452n; 论受天罚, 565; 论慈善的衰落, 672; 论妖术, 685; 论女性, 679; 论预兆, 748
business advice, 生意建议: 来自巫师, 287—288; 来自占星师, 367—369, 454
business failure, 生意失败: 占星原因, 369; 由于妖术, 642, 644
Butler, 巴特勒: 约翰, 论占星术, 391, 420, 422, 451; 尼古拉斯, 290; 塞缪尔, 226, 502, 771; 《胡迪布拉斯》, 423
butter-making, spoiled by witchcraft, 制作黄油, 被巫术破坏, 519, 547, 645, 663, 777
Byard, William, 拜厄德, 威廉, 482
Byrte, 比尔特, 476
Byx, Margaret, 比克斯, 玛格丽特, 635
Cabalism, 犹太神秘主义, 322

Cade, Jack, 凯德, 杰克, 276
Cadwalader, 卡德瓦拉德, 467, 493, 495, 500
Caernarvonshire, 卡那封郡: 卡那封, 262; 克雷诺格, 81
Caesar, Henry, Dean of Ely, 西泽, 亨利, 伊利主持神甫, 707
Caius, John, 凯厄斯, 约翰, 389
Calamy, Edmund, 卡拉米, 埃德蒙, 97
cake, holy, 圣餐饼, 82
calendar, 年历: 农历, 81—82, 735, 738; 教会历, 438, 738—745; 固定的节日: 1月1日（新年；割礼）, 54, 80, 82, 350; 1月12日（第十二日；主显节）, 71, 743; 1月25日（圣保罗节）, 284; 2月2日（圣烛节）, 738; 3月25日（报喜节）, 49, 738; 4月24日（圣马可节前夜）, 286, 716n; 4月25日（圣马可节）, 35, 71; 5月1日（五朔节；圣腓力节和圣雅各节）, 54, 738; 5月3日（圣十字节）, 70; 6月23日（仲夏前夜；施洗圣约翰节前夜）, 54, 82, 286, 529n; 6月24日（仲夏节；施洗圣约翰节）, 54, 776; 6月25日（圣洛伊节）, 740; 6月28日（圣彼得节前夜）, 82; 7月15日（圣斯威辛节）, 284, 740, 742; 8月15日（圣母升天日）, 738; 9月29日（米迦勒节）, 82, 738; 10月18日（圣路加节）, 738; 10月31日（万圣节前夜）, 739; 11月1日（万灵节前夜）, 720; 11月11日（圣马丁节）, 738; 11月20日（圣埃德蒙国王节）, 739; 11月30日（安德烈节）, 738; 12月25日（圣诞节）, 54, 82, 284, 303, 351, 740; 12月26日（圣斯蒂芬节）, 738; 12月28日（婴儿蒙难日）, 740; 可变的节日: 降灵节期的星期天, 740—741; 耶稣升天节, 71, 72; 复活节, 82, 189, 190, 433n; 复活节后第八天, 741;

耶稣受难节,82;大斋期,738,741;棕枝全日,71;圣灵降临节,433;圣灵降临节后第八天,741;首耕周一,54,75,81,776;守护神节,82;祈祷周,71,74,75;四旬斋前的第三个星期天,741;忏悔星期二,75,82

calendar customs,节日习俗,54,75,81—82,616,776

Calfhill, James,考夫黑尔,詹姆斯,60,562

Calvin, John,加尔文,约翰:论天主教圣礼,60;论上帝的力量,92,94,99;论命运,439—440;论摩西,323;论占星术,396,425,436;利利对他的观点,445n

Calvinism,加尔文教派:和炼金术,321;和占星术,435—440

Cambridge Platonists,剑桥大学柏拉图主义者,240,706

Cambridge University,剑桥大学:巫术和巫师,269n,297,446;天文学和占星术,354,358,362,363,369,419,420;预言,489;对格雷特雷克斯的观点,241;波墨主义,448;对妖术的观点,693;对驱魔的观点,579;祈祷会,581;被提及,39,92n,139,172,283,291,373,392,438;学院:凯厄斯学院,269n,403,419n;圣凯瑟琳学院,419n;国王学院,269n;女王学院,420n;圣约翰学院,564;三一学院,468,566

Cambridgeshire,剑桥郡,192,216,217;布林克利,239;剑桥,191,372,373,654;康伯顿,82n;德莱德雷顿,15;都林汉姆,218;埃尔姆,610;伊利:执事长教区,329;教堂,168;伊利教区,197,200,204,311;免于进监狱的记录,535n;吉尔登摩登,329,599;默珀尔,606;斯坦普尔福德,226;斯陶尔布里奇集市,346;萨顿,278;威灵厄尔,82n;威斯贝奇,192

Camden, William,卡姆登,威廉:和占星术,385;论爱尔兰人,456

Camisard prophets,法国逃亡新教徒先知,150,171

Camp, Andrew,坎普,安德鲁,633

Campion, Edmund,坎皮恩,埃德蒙,419

candles, holy,圣烛, see holy candles

Canisius, Peter,卡尼修斯,彼得,568

Canne, John,坎内,约翰,65,322n

Canons, Anglican Church,教规,国教会,1604年,135,186,579;1640年,596n

Captain Pouch,钱袋头儿,165,276

Cardan, Jerome,卡登,杰罗姆,343,386,400,784

Cardiganshire,卡迪根郡,49

Carier, Benjamin,凯瑞尔,本杰明,184

Carleton, George, Bp of Chichester,卡尔顿,乔治,奇切斯特主教,107,430,436,440

Carmarthenshire,卡马森郡,221

Carpenter, Richard,卡彭特,理查德,452

Carr, Widow,孀妇卡尔,219

Carthusians,加尔都西会教士,154

Cartwright, Thomas,卡特赖特,托马斯,134,187

Cary,卡里:格雷丝,163;玛丽,162

Case, John, astrologer,凯斯,约翰,占星师,342,381,393,448n

Casaubon,卡佐邦:艾萨克,267,509,770;梅里克,172,322,417,690

Casson, John,卡森,约翰,254

Castlehaven, George Touchet, 1 st Earl,卡斯尔黑文,乔治·图谢特,伯爵一世,162

casuistry,决疑法,124,188

Catalans,加泰罗尼亚人,和预言,507

catechizing,教义问答,64,180,561

Cathars,清洁教派,504,521

Catherine de Medici,凯瑟琳·德·美第奇,405

Catholic Church, 天主教教会, see Church

Catholics in post-Reformation England, 宗教改革运动后英格兰的天主教徒：数量, 84; 殉难者, 536; 强调宗教奇迹的一面, 84, 85, 88, 582, 587; 使用宗教性保护措施, 33, 236, 583; 和忏悔, 184—185; 由其治疗, 239—240, 583; 目睹预兆和天罚, 105, 112, 117, 118; 但不总是看到, 122—123; 使用预言, 154, 168n, 466, 472—477, 479, 480—484; 使用驱魔, 582—584, 585, 587, 646; 使用巫术, 613, 645; 和占星术, 369, 407, 408, 438n, 456, 760; 和幽灵, 703; 和纵火, 635; 关于他们的幻想, 647, 667, 668; 需要对付他们, 99, 107, 164; 被提及, 113, 134, 189, 500

Catlin, 卡特林：罗伯特, 爵士, 高等法院法官, 557; 罗伯特, 155

caul, 洗礼袍, 41; 幸运的, 222, 747

Caxton, William, 卡克斯顿, 威廉, 28, 507

celibacy, clerical, 禁欲, 神甫, 43, 87

Celles, Henry, 塞勒斯, 亨利, 668

Cellier, Elizabeth, 塞勒, 伊丽莎白, 371, 408

Celsay, Elizabeth, 赛尔西, 伊丽莎白, 48

censorship, 审查：出版, 181; 历书, 399—400, 405, 408—409, 435; 妖巫手册, 575, 596。See also licensing

ceremonial magic, 仪式巫术, 265。See also conjuration

Chaderton, Laurence, 查德顿, 劳伦斯, 100

Chamber, John, canon of Windsor, 钱伯, 约翰, 温莎教士, 358n, 419, 436, 620n

Chamberlen, Peter, 张伯伦, 彼得, 15

Chambers, 钱伯斯：伊齐基尔, 772; 老妇, 226

chance, games of, 抽签法, 142—144。See also gambling

chance, idea of, 运气的概念：被接受, 91, 129—130, 647; 被占星师否认, 391; 被神学家否认, 91, 94, 97—78, 108, 122—132 passim, 143—144; 但仍然存在, 122—123, 129—130, 144; 情感上不能忍受, 94; 对不成功的人的魅力, 131。See also luck

chance, laws of, 运气, 规律, 144, 784—785

Chandos, John Brydges, 1st Lord, 钱多斯, 约翰, 布里奇斯, 勋爵一世, 278

changelings, 调包丑孩, 728, 731, 732

Channel, Eleanor, 钱侬, 埃莉诺, 165n

chantries, 歌祷堂, 46, 119, 720

Chapuys, Eustace, 查普伊斯, 尤斯塔斯, 472

charity, 慈善：其重要性, 672—474; 其变化的特点, 672—673, 695—696; 其巫术价值, 717—718; 被妖术信仰支撑, 720; 被炼狱概念支撑, 717—718, 720; 对它的违背, 导致妖术指控, 660—663, 665—667

Charles I, 查理一世, 160—161, 162, 344, 385, 399, 472, 497; 向其提供占星建议, 381, 442, 443n; 和王邪, 230—234 passim, 238; 针对他的预言, 468, 488, 502; 论抽签和神裁, 140, 143; 和教会土地, 120; 排斥先祖, 512;

Charles II, 查理二世, 240, 360, 371, 400, 408, 445; 询问占星建议, 345, 371, 380, 389; 和王邪, 228, 231, 234; 针对他的预言, 489。See also Restoration

Charles X of Sweden, 瑞典查理十世, 368n, 407

Charleton, Walter, 查尔顿, 沃尔特, 346

charmers, 魔咒师, see wizards

charms, 符咒：被巫师使用以及在大众巫术中使用, 153n, 210—217, 220, 222, 229, 234, 237, 246, 250, 273, 275, 296, 300, 316, 328, 329, 586, 675, 711, 725, 775—777, 795, 798; 套语, 211—214, 743;

区别于祈祷,46,70;与祈祷混淆,47—48,210—222,227,328;对其的宗教态度,56,292,301—18 passim;被理性化,266,269,270;被嘲笑,761,772;效用,56,245—246,249—250

chastity, test of,贞洁,测试,748。See also celibacy; virginity

Chattox, Anne,查托克斯,安妮,675

Chaucer, Geoffrey,乔叟,杰弗里,56,202,419,726;作为先知,464,466—467

cheese-making,制作奶酪,和妖术,519,547,661,663

Cheke, Sir John,奇克,约翰,爵士,343

Cherrie,切里,611

Cheshire,柴郡,76,152,204,465,479,484;切斯特,35,240,280,482,579,584;教区,583n;南特威奇镇,635;斯普斯通房屋,710n;Vale Royal 韦尔罗亚尔,465n

Childbirth,分娩:风险,15,145,746;畸形儿,104,105,109,124,125;导致的死亡,15,43,151;对其的宗教保护,31,33,37,40,41,47,51,84,133,135,136,222;巫术辅助,213,222,223,308;对其的占星帮助,376;和月亮,421。See also churching of women; midwives

Childerhouse, Mary,奇尔德豪斯,玛丽,651

Childes, William,蔡尔斯,威廉,256

children,儿童:预言,156,165—166;和巫术指控,645;作为占卜师,256,320;不服从,受惩罚,122;诅咒,601;家长的诅咒和祝福,603。See also changelings; child-training

Childrey, Joshua,奇尔德雷,乔舒亚,385,417,451

child-training,养育幼儿,130—131

chiliasm,千禧年说,see millenarianism

Chilmead, Edmund,奇尔米德,埃德蒙,451

chiromancy,手相学,see palmistry

chrism,圣油,41。See also holy oil

chrisom,洗礼服,41,63,86

Christ,基督,see Jesus Christ

christening,洗礼,see baptism

Christianity,基督教:皈依,27,50,52,53;和占星术,425;神话起源,在不列颠,504。See also Church; religion

Church attendance,教堂出席人数,67,189—190;其社会影响,175

Church bells,教堂钟,see bells

Church briefs,教堂简讯,19

Church, Catholic, in medieval Europe,中世纪欧洲的天主教教会;和行使奇迹,28;和神裁,259;发展新的妖术概念,521—523,542—543;对其对抗妖术的手段失去信心,594

Church, Catholic, in post-Reformation Europe,宗教改革运动后的欧洲天主教教会:论弥撒,39—40;论奇迹,84—85;论施洗,63;和自助,331—332;和驱魔,570;和大众巫术,325,483—484;和占星术,438;诅咒,600。See also Counter-Reformation

Church courts,宗教法庭,181,189,192,741;效率,310—313;和巫师以及大众巫术,292,294,299,302,306,309—313,315,325,329,330—331,521,528,548—549,553;和占星师,434—436,454;和妖巫,528,550,553;和诅咒的人,600—601,604—405,610;和骂街泼妇,631;和怀疑论者,199—205;被提及,211 bis,217,226,253,277,286,610,702。See also High Commission

Church, early Christian,早期基督教会:皈依,27—28;奇迹,28;使用抽签,139;和梦,151;和太阳崇拜,456;论异教神,568—569;作为新教徒原型,504

Church, English medieval,中世纪英格兰

的教会：保护性仪式，31—52，89，588，594；巫术作用，27—57，325，330；跨界仪式，40—45，64，88；圣礼，36—45；独立，522；宗教作用，87—89；和祈祷，45—49；论抽签，139；和时节守奉，352，434，737—741；和幽灵，701—702；和占星术，434，437—438；和妖仙，728；和预兆，747；和大众迷信，52—57，303；对大众巫术的态度，288，301—303，308，325—326，330—331；诅咒，599—600，601—602；其仪式被罗拉德派和新教徒抵制，58—71，75—80，85—89，670，794
Church, Henry, 丘奇，亨利，711
Church of England, 英国国教：其圣礼和仪式，61—74；其社会作用，179—182，631—632；其土地，117—121，373，406；忽视穷人，148，189—190；缺少告解室，183—184，186—188；守奉斋戒和祈祷，135，575—576，585；攻击天主教驱魔，582—585；但缺乏自己的祛魔手段，315—316，584，585—587；和妖术，588—590，595—598；和结婚时节，740—742；论预言，484；和大众巫术，292，298，305—332；和占星师，362，412，425—440，450—454；和大众节日，75；其官方祈祷书，137；给医生颁许可证，12；对其的天罚，111；其衰落被预测到，163。See also Church courts；clergy；visitation articles
churches, 教会：成圣仪式，35—36，62，65—67，601；位置，456；规模，189；robbery of, 抢劫，see sacrilege；座位数，140，180；此处的行为，191—192；特殊地位，35—36，66—67，120
churching of women, 产妇的安产感谢礼，42—43，68—69，87，456，731
churchyard, special status of, 墓园，特殊地位，35—36，274；被否认，67，87

Cicero, Marcus Tullius, 西塞罗，马库斯·图里乌斯，428，773
cities, 城市，3；此处的宗教，205，795；此处的时间记录，744—745；非个人化，629；天宫图，388；此处占星术的困难，410
Civil War, 内战：被预测，155，466；导致人间苦难，366，371；期间的破坏习俗，86—87；期间的占星术宣传，406；期间的预言，163—164，168，485—488，505；期间的天罚，122；和妖术，518n；由天主教徒发起，647；没有先例，169—170，512；作为分界线，170，708，797—798；被解释，127。See also Interregnum
Clapham, Henoch, 克拉彭，亨诺克，101—102
Clarendon, Edward Hyde, Earl of, 克拉伦登，爱德华·海德，伯爵，118，127，490
Claridge, John, 'shepherd of Banbury', 克拉里奇，约翰，《班伯里的牧羊人》，282
Clark, 克拉克：乔治，爵士，614n；亨利，419
Clarke, 克拉克：塞缪尔，收集天罚案例，110，563；厄修拉，624
Clarkson, Lawrence, 克拉克森：劳伦斯，141，203，383，445，448n，567
class hatred, examples of, 阶级仇恨，例子，9，608，669—670，673
classification, systems of, 分类系统，219，224，750
Clavell, Alexander, 克拉维尔，亚历山大，473
Claypole, John, 克莱普尔，约翰，380，442
cleanliness, 清洁：和妖仙信仰，728，730—731；和妖巫信仰，731
Cleaver, Robert, 克利弗，罗伯特，102
clergy, medieval, 中世纪神甫，see priests
clergy, 神甫：地位被宗教改革所改变，87—88，188，585—586；受宗派挑战，79—80；作为提供建议者，186—188，314，

315,433—434；作为仲裁者,182—183；作为医生,328；收入,298；不足,188,193；作为巫师,78—80,253,254,264,328—330,764；嫉妒巫师,313—318,762；成为巫师的客户,324—325；作为炼金术士,321—322；作为新柏拉图主义者,319；对占星术的态度,405,425—440,452—454；对占星师的态度,431—435,451—454；自身作为占星师,450—452；对科学的怀疑,426—429 passim,437；和妖术,533,534,545—546,617—618,684；被贬斥为妖巫,78—80,330,764；和着魔,574—588；和幽灵,707—709；论慈善,673；诅咒,601—602；带来不幸,746；和巫术,797

Clerk,克拉克,艾格尼丝,317；马里奥纳,727

Clerke, Anna,克拉克,安娜,635

Clifford of Chudleigh, Thomas, 1st Lord,查德莱的克利福德,托马斯,勋爵一世,380,423

climacteric years,关口年,737

clocks,钟,744

clothing industry,纺织工业,3；和罗拉德派,794；和巫术,795—796

Clynnog, Morys,克莱诺格,莫里斯,481

Clobbie, William,科贝特,威廉,695

Cocke, John,科克,约翰,373

Cocker, Mary,科克尔,玛丽,717

Cocks, Jane,科克斯,简,646

coffee,咖啡,22；和占卜,285

coincidence,巧合,785；and see chance; luck; misfortune

coitus interruptus,体外射精,223

Coke,科克：爱德华,爵士,论预言,470；论妖术,523—524；约翰,爵士,497

Coker, Mathew,柯克,马修,149

Coley, Henry, astrologer,科利,亨利,占星师,385n,386,390,410,424,431,759—760

Collit, Priscilla,科利特,普里西拉,621

Cologne, 'kings' of, "科隆国王",482—483

Colman, Nicholas,科尔曼,尼古拉斯,153

colours, significance of,颜色,意义,219,265,758

comets,彗星：作为预兆,104 *bis*,106,354,386,416；被否认,415,418,419—420；被预测,106,415；在月亮之外,415,416；被认为的物理效应,396

Commination service,大斋忏悔,601

Commonwealth,共和国,*see* Interregnum

Common Prayer,《公祷书》,*see* Prayer Books

Commons, House of,下议院,84,282,490,495,747

communications, improved,通讯进步,778—780

communion bread,圣餐面包,38,61,83

communion silver, magical role of,圣餐银器,巫术作用,36,83,235,236

communion wine,圣餐酒,85,180

compact with Devil,魔鬼契约：法律中,526—527,543 妖巫审判中,528,543,615—616；信仰中,540。*See also* Devil; devil-worship; witchcraft

Compost of Ptolomeus,《托勒密综成》,283n,351

compurgation,做证无罪,300,312

Comte, Auguste,孔德,奥古斯特,387

conception, control of,避孕,222—223,271,760

Conduitt, John,康杜伊特,约翰,692

confession, auricular,聆听忏悔,46,182—188,302,438,764

confessions, 忏悔, see witch-trials

confirmation, 坚振礼, 41—42, 64—65, 197

conjurers, 奇术师, see wizards; conjuration of spirits

conjuration, 奇术: 天主教仪式, 32, 34, 36—37, 56, 58—62 passim, 319; 被当作巫术抵制, 58—63, 86—88 passim, 328。See also exorcism

conjuration of spirits, 召唤精灵: 通过巫师, 255—257, 272—276 passim, 299, 318—319, 329, 331, 469, 530, 760—761; 大学中, 268, 566; 占星师被指控, 430—431; 正当使用, 756; 仪式, 272—273, 326, 358, 756; 装备, 272—274, 273n; 吸引力, 274; 法律地位, 273, 299, 526—527, 548, 554—558; 教会的态度, 302—303, 318—319; 通过神甫, 329; 召唤妖仙, 726—727; 被认为不可能, 770

conscience, troubled, as punishment, 良心的不安, 作为惩罚, 128。See also guilt 也请参见罪感

consecrations, 成圣礼, see Church, Catholic; churches; conjuration

conspiracies, 密谋: 其中使用的巫术, 274, 276—277, 288, 326—327, 527, 540, 549—550; 和占星术, 342, 353—354, 371, 407—408; 和预言, 470—483, 502—506, 507; 和沉睡英雄, 496—497, 500。See also rebellions

contraception, magical, 避孕, 巫术, 223, 760

Conway, Anne, Viscountess, 康韦, 安妮, 子爵夫人, 240

Cony, Joan, 科尼, 琼, 592

Cooper, 库珀: 玛格丽特, 576n; 托马斯, 温切斯特主教, 91, 92; 托马斯, 妖术作家: 论巫师, 305, 317; 论占星术, 418, 436; 论妖巫和妖术, 523, 611, 619, 621, 674, 689n; 论斋戒和祈祷, 579

Cope, Sir Walter, 科普, 沃尔特, 爵士, 380

Copernicanism, 哥白尼学说, 416, 417, 451, 511

Copernicus, Nicolaus, 哥白尼, 尼古拉斯, 414

Copinger, Edmund, 科平杰, 埃德蒙, 158, 159, 601

Coppe, Abiezer, 科普, 艾比泽, 445

Coppin, Richard, 科平, 理查德, 203

Corbet, Miles, 科比特, 迈尔斯, 442n

Corbett, Richard, Bp of Oxford, 科比特, 理查德, 牛津主教, 596n, 729

Corfe, Joan, 科菲, 琼, 290

corn, 谷物: 祝福, 71—74; 价格, 被预测, 284, 285。See also agriculture

corn dollies, 稻草人, 82, 776

Cornell, 科奈尔: 约翰, 662; 罗伯特, 662

Cornwall, 康沃尔, 237, 322—323, 675, 727; 博德明, 494; 朗塞斯顿, 707; 洛斯特威瑟尔, 707; 圣迈克尔山, 464; 圣尤尔, 328; 西卢尔, 789

coronation ceremony, 加冕仪式, 230, 232

corpses, 尸体: 碰触, 作为神裁法, 261, 262, 691, 714; 位置, 44; 赦免, 711; 巫术用途, see necromancy。See also funerals

correspondences, 通信, 265, 337—338, 396, 750, 755

Cosin, John, 科辛, 约翰, 597

Cotta, John, 科塔, 约翰, 246n, 332

Cotton, 科顿: 夫人, 277; 玛格丽特, 639; 罗伯特, 爵士, 487

Council, King's, jurisdiction in witchcraft cases, 王室法庭, 妖术案件裁决, 555

Council of State (during Interregnum), 国会 (空位期间), 98, 355, 373, 381, 598

Councils, Church, 教会会议, 52, 301; 拉特兰会议 (1215), 39; 牛津会议 (1222), 549n; 特伦托会议 (1545—1563), 42,

44—45,63,438n,486,741；梅赫伦会议（1607），55
Counter-Reformation,反宗教改革：和巫术，325,483—484；和占星术,438；和预言，483—484；和驱魔,570,582；和幽灵，703。See also Church, Catholic
counter-witchcraft,反妖术：形式,43,55—56,272,297,589,592—593,648—649,656,657,759,776—777；神学家的态度,315—316,589—590,593,594—595,650；自我确认的特点,656
courts, local,地方法院,630—631。See also witch-trials
'covens', of witches, non-existent,妖巫"集会",并不存在,615,627
Coverdale, Miles,科弗代尔,迈尔斯,436
Cowdale, a centenarian,考台尔,百岁老人,211
Cox,考克斯：欧文,航海家,368,443；理查德,伊利主教,484
Coxe, Francis,考克斯,弗朗西斯,353,390n
Crab, Roger,克雷布,罗杰,443,448
Cracklow, Elizabeth,克拉克洛,伊丽莎白,216,313n
crafts, and magic,手艺,和巫术,795—796
Crafts, William,克拉夫茨,威廉,452n
cramp-rings,痉挛指环,235—236
Cranmer, Thomas, Abp of Canterbury,克兰默,托马斯,坎特伯雷的大主教：论梦,151
Creedie, Joan,克里迪,琼,653
Creeds,《使徒信经》,see prayers
Crew, Margaret,克鲁,玛格丽特,369
Crewe, Sir Ranulph,克鲁,雷纳夫,爵士,546
crime,罪行,see arson；scolding；theft；violence；witchcraft
Croft, Herbert, Bp of Hereford,克罗夫特,赫伯特,赫勒福德主教,241n
Cromwell,克伦威尔：亨利,爵士,544；夫人,657
Cromwell, Oliver,克伦威尔,奥利弗：论命运,92；论天罚,123,125；和利利,442,443；和魔鬼,643；关于他的预言,156,166,408,489,502；被提及,109,110,129,164,170,175,240,366,380,406,442,507,737
Cromwell, Richard,克伦威尔,理查德,399
Cromwell, Thomas (later Earl of Essex),克伦威尔,托马斯(后来的埃塞克斯伯爵),72,115；被认为使用巫术,277,324n；论启示,177；关于他的预言,473,475；和先知,476,477
Crophill, John,克洛普希尔,约翰,357n
crossdays,"十字架日",74
crossdiggers,十字架挖掘者,280
cross, sign of the,十字记标：保护性力量,31,34,41,53,56,83,588,711；被使用,33,34,41,83,214,216,238,240,570,589—590；被抵制,60,62,63,65,315,571
Cross, Goody,克罗斯,古迪,611
crosses,十字架：和埋藏的宝藏,280；路边的,73,280
Crow, Francis,克劳,弗朗西斯,434
Crown lands,王室的土地,373,406
Croxton's wife,克罗克斯顿的妻子,727
cryptography,密码学,446
crystal-gazing,察看水晶球,219,255,256,258,274,288,307,486,522,760
cucking-stool,惩椅,631 bis,632,636
Cudworth, Ralph,卡德沃思,拉尔夫,240,417,706
Cullender, Rose,卡伦德,罗斯,525
Culpepper, Alice,卡尔佩珀,爱丽丝,715
Culpepper, Nicholas,卡尔佩珀,尼古拉斯,

14—15,446；著作,342,355；论占星术,377,394；政治,406,445；麻烦,413；和预言,761；他的幽灵,715
Cumberland, 坎伯兰郡,195,598；芒卡斯特,441
Cumberland, George Clifford, 3rd Earl, 坎伯兰,乔治·克利福德,伯爵三世,159
cunning men and women, 术士和女术士, see wizards
Curia Regis Rolls,《王室法庭案卷》,555
curses, 诅咒：被证实是正当时生效,146,603—605；与教会土地相关,113—121,602
cursing, 诅咒：来自教会,35,599,600；被否认,59,600,605；来自穷人,603,604—605,607—608；来自家长,603—604,607—608,611；来自分派主义者,159—160,601—602；来自妖巫,519,520,531,610,613,623—625,665；推定为妖术的前提,610—611；作为魔鬼的暗示,625；对其的天罚,107,108；教会的反对行动,600；法律的反对行动,600—601,630；仪式性形式,605—608,613,635；社会背景,608—609；效用,609—610。See also oaths (expletives)
Curteis, Edmund, 柯蒂斯,埃德蒙,325
Cutford, Mary, 卡特福德,玛丽,623

Dacre family, 戴克家族,475
Dade, William, 达德,威廉,356
Dalkeith, 达尔凯思,355
Dalok, Elena, 达洛克,埃琳娜,610,626
Dalton, Michael, 多尔顿,迈克尔,641
Dalyvell, Robert, 戴利维尔,罗伯特,475
damnation, fear of, 害怕受天罚,565,622。See also Hell；reprobation
Dane, John, 戴恩,约翰,139
Dangerfield, Thomas, 丹杰菲尔德,托马斯,371
Daniel, prophet, 但以理,先知,622
Daniel, Samuel, 丹尼尔,塞缪尔,513n
Dante, 但丁,91,303
Darcy, Brian, J.P., 达西,布赖恩,治安推事,546
Dariot, Claude, 达略特,克劳德,451
Darling, Thomas, 达林,托马斯,573,577
Darrell, John, 达雷尔,约翰：作为驱魔师,576—580,582,587,596；和妖术,536n,584,597,656,689n
Davenant, 戴夫南特：约翰,索尔兹伯里主教,94；威廉,爵士,716
Davenport, Christopher, 达文波特,克里斯托弗,438n
David, Margaret, 大卫,玛格丽特,221
Davies, 戴维斯：琼,610；玛丽,605；C.S.L.,神甫,472n；R.T.,596n；理查德,圣大卫教堂主教,78；罗伯特,605
Davis, 戴维斯：埃莉诺,夫人,162—163；约翰,爵士,162
Dawson, Joseph, 道森,约瑟夫,593
days, 日子："十字架日",74；名字；428,455；吉日和不吉日,350,735—745 passim
Days of Humiliation, 受难日,135,174
Deacon, John, 迪肯,约翰,578
dead, the, 死者：愿望,715,719—724 passim；为其祈祷,706,720—721,721n；纪念,721；复活,161,162。See also ghosts
death, 死亡：早夭,6；阻止,169；被预言,48,105,155,375,395；因为灾难,130；超自然解释,647；占星解释,390；归因于妖术,519,527—528,532,533,541,612,613,624,625,638—642,647,653,669,675。See also childbirth；diseases；funerals；mortality；plague

death, sudden, 猝死: 宗教性保护, 29, 37, 39, 49, 134; 巫术保护, 275, 276; 作为神裁, 80—81, 96—99 passim, 108, 111, 124

debts, and witchcraft accusations, 债务, 和妖术指控, 660

decision-making, 做决定, 通过祈祷, 137—138; 通过抽签, 139—146; 通过梦, 153; 通过神甫的帮助, 185—188; 通过占卜, 287—290; 通过占星术, 370—375, 378, 392—393, 401—402; 通过数据, 791。See also divination

decumbiture, 疾运盘, 339

Dee, Arthur, 迪伊, 阿瑟, 768

Dee, John, 迪伊, 约翰: 著作, 270, 271, 273; 奇术师, 255, 273, 274, 320, 764; 占星师, 343, 358; 调解人, 290; 寻宝, 280, 320n; 保王派, 494; 先知, 492; 精神治疗医师, 188; 和妖术, 430, 590, 757; 和巫术, 267, 271; 和数学, 341; 宗教, 326; 贫穷, 381; 不受欢迎, 412; 被提及, 201

defamation, witchcraft accusations as, 作为毁谤的妖术指控, 531

defecating habits, 处理排泄物的习俗, 649, 731

Defoe, Daniel, 笛福, 丹尼尔, 329; 论罗马天主教, 78—79; 论预言, 361; 论占星师, 422n; 论保险, 782

deformity, 畸形, 125; 和妖术, 677—678

Degge, Sir Simon, 德格, 西蒙, 爵士, 116

de haeretico comburendo, 《火烧异端令》, 555

Delahay, 德拉海: 理查德, 381; 德拉·波塔, 270, 272

Demdike, Old (Elizabeth Southernes), 老登迪克 (伊丽莎白·萨瑟恩), 39, 675

demonic possession, 着魔, see possession

demonology, literature of, 魔鬼学, 521—525, 533, 560, 678—679

demons, 恶魔, see Devil; evil spirits

demonstrability, demanded of old dogmas, 可证性, 对旧学说的要求, 771—772

Den, Oliver, 登, 奥利弗, 216

Denbigh, Basil Feilding, 2nd Earl, 登比, 巴兹尔·费尔丁, 伯爵二世, 344

Denbighshire, 登比郡: 切尔克, 372; 登比, 13n

Denne, Henry, 德恩, 亨利, 149

Derbyshire, 德比郡, 87, 297, 465, 576; 钦利, 479;《德比红皮书》, 49; 霍普, 328

Dering, Sir Edward, politician, 迪尔林, 爱德华, 爵士, 政客, 162

Dering, Sir Edward, merchant, 迪尔林, 爱德华, 爵士, 商人, 345

Dering, Edward, Puritan divine, 迪尔林, 爱德华, 清教徒, 156

Descartes, Rene, 笛卡尔, 勒内, 682; 笛卡尔的物质概念, 770

Desmond, Thomas FitzThomas (FitzGerald), 11th Earl, 德斯蒙德, 托马斯·菲茨托马斯 (菲茨杰拉德), 伯爵十一世, 476

destiny, 命运, 91—92, 762。See also fate

Devereux, Jonathan, 德弗卢, 乔纳森, 453n

Device, 戴维斯: 詹姆斯, 39; 詹尼特, 658, 675; 约翰, 675

Devil, the (Satan), 魔鬼, (撒旦): 概念, 561—569; 力量, 304, 519n, 561—569, 688; 此世的王, 561; 他的存在是上帝的明证, 567; 他的力量潜藏在许多奇迹现象的背后, 55, 241, 276, 303, 304, 305, 430, 437; 和妖巫签订契约, 521—534, 564, 595—596, 619, 621—623, 687; 在其他宗教中被崇拜, 568—569; 现身, 560, 565—566; 作为爱人, 522, 529, 678—679; 作为引诱者, 564—566,

621—623,625；和幽灵,704；和妖仙, 727—728；崇拜者,200,522；被诅咒者召请,563,606；施行诅咒,610；维系道德的概念,563,568；解释作用,568, 642—643；针对他的宗教性保护,33, 42,83；保护不足,590—591；*see also* exorcism；其存在受到怀疑,199,202, 683；象征上被重新阐释,566—567, 682,683；驱逐至地狱,765。See also possession

devils,魔鬼,*see* evil spirits

devil-worship, idea of,魔鬼崇拜观念, 521—522；对英格兰有限的影响,522—529；捏造,614—616,624,627,684；对虔诚者的诱惑,622—623；被驳斥,687

Devonshire,德文郡,81,212,668；卡尔佛莱,328；埃克塞特,3,12,110,150,474, 537,547；教区,201；霍尼顿,632；普利茅斯,367；塔韦斯托克,602；蒂弗顿, 18,20,98,668

Devorax, Mr.,德沃拉克斯,神甫,453

D'Ewes, Sir Simonds,迪尤斯,西蒙兹,爵士 193,504

Dews, Sibyll,迪尤斯,西比尔,607

Dewsall, Rachell,迪尤萨尔,雷切尔,604

Dewse, Mrs.,迪尤斯,夫人,613；日记,108, 187

Dickin of Gosner,戈斯纳的迪金,465

diet,饮食,7,21—22

Digby,迪格比：埃弗拉德,114；凯内尔姆, 爵士,225,345

Diggers,掘土派,176

Digges family,迪格斯家族,341

Digges, Leonard,迪格斯,伦纳德,349—350,416,793

dill,莳萝,648

Dingley,丁利：玛丽,652；罗伯特,102

Directory of Public Worship,《公共礼拜指南》,63

diseases, illnesses and pains,疾病和疼痛：疟疾,10,30,35,211,213,224,240,246, 250,329,586；贫血,7；痛感缺失,569；中风,10,757；关节炎,639；哮喘,421；疮瘤,30；痛心,30；鼠疫,*see* plague；癌症,119,246,639,757,790；萎黄病,7；霍乱,175；疝痛,224；抽搐,235,569, 573n；咳嗽,389；白喉,96；水肿结石, 757；痢疾,8,10；耳痛,247；癫痫,10, 30,172,235—236,237,239,246,421, 585,773,790；麦角中毒,573n；发烧, 10,40,100,247；瘘管,246；歇斯底里发作,271,569,585,651,666；监狱热病, 613,667；肠胃不适,7,136；甲状腺肿, 242；痛风,7,10,246；面色苍白症,7；肠绞痛,7,136；大出血,136,212,213；幻觉,573n；头疼,240；心脏病,641；歇斯底里症,15,271,421,569；流感,8；失眠,51,563,573；黄疸病,136,224, 246n；麻风,149；疟疾,789；肾炎,649；全身瘫痪,569,639；偏执狂,651；痔疮, 606；"受行星影响",757,758；风湿,42, 235,639；佝偻病,7,513,787；金钱癣, 211；疝病,150；头部疾病,237；精神分裂,573；坏血病,513；晕船,768；天花, 8,96,129,638,788；肿痛,211,227；肌肉痉挛,235；结石,7,10,14；痛性尿淋沥,10；盗汗,137,389；梅毒,513,789；*see also* venereal disease；湿疹,211；牙痛,40,212,213,246,328,586；肺结核, 7,639；肿瘤,10,227；斑疹伤寒,8；溃疡,10,14；性病（花柳病）,10,30,99, 129,513,606,645,757,789；晕眩,96, 421；疣,247,456；百日咳,57；干眼病, 7,30,45n,553；各种各样的病,213, 238—240。See also blindness；King's Evil；plague；sickness

Disney, Gervase, 迪斯尼, 杰维斯, 138
dispossession, 袯魔, 569—590。See also exorcism ; fasting and prayer
Dissenters, 持异议者 : 利用奇才（预兆）, 105, 101—112, 241—242 ; 论天罚 97, 761 ; 行使斋戒和祈祷, 150, 581, 709 ; 论祈祷, 135, 138 ; 和占星术, 449, 451 ; 和皇家触摸治疗法 234—235 ; 和古代预言, 470, 485, 491 ; 和着魔案例, 573—574, 581, 584—585 ; 组建社区, 181—182 ; 被迫害, 171 ; 被提及, 189
Dissolution of the Monasteries, 修道院的瓦解, 105, 464, 720 ; 被预测, 105, 484 ; 紧跟的天罚, 112—121, 123。See also monasteries
Dives and Pauper, quoted,《富豪与乞丐》, 引用, 37, 42, 48, 51, 100—101, 457, 522, 701
divination, 占卜 : 各种各样的技巧, 40, 48, 51, 52, 54, 138, 143—146, 219, 222, 253—264, 265, 282—285, 286, 288, 350—351, 432, 443n, 529n, 612, 655, 742, 756 (see also astrology ; fortune-telling ; prophecy) ; 知识基础, 269—271 ; 来自神甫, 78, 326, 329 ; 社会功能, 287—291, 777 ; 客户感觉的作用, 257—259, 288, 402—404, 410, 655—656 ; 被否认, 773 ; 衰落, 790—791 ; 遗留, 792—794, 798
Divine Right, doctrine of, 神权, 学说, 165, 244
diviners, 占卜师, see astrologers ; divination ; fortune-tellers ; wizards
diviners, African, resemble English astrologers and wizards, 非洲占卜师, 类似英格兰占星师和巫师, 257—258, 259, 289, 295, 298, 402, 403, 655
divining rods, 占卜棍, 266, 280, 289, 362, 796
Dobson, John, 多布森, 约翰, 475
doctors, 医生, see medical profession
Dod, John, 多德, 约翰, 94, 99, 102, 193
dog star, 天狼星, 395
dogs, 狗, see mad dogs
Dolbye, John, 多尔比, 约翰, 717n
Donne, John, 邓恩, 约翰, 236, 621, 625
Doomsday, 最后审判日, 157, 169 ; 预测的日期, 167, 168 ; 第二次降临, 167, 168, 769
Dorislaus, Isaac, 多里斯劳斯, 艾萨克, 186
Dorset(shire), 多塞特（郡）, 64, 322, 473, 727, 758 ; 阿尔夫帕德尔, 329 ; 阿斯克斯韦尔, 452 ; 贝明斯特, 20 ; 布兰德福, 20, 256 ; 奇德奥克, 473 ; 多尔切斯特, 20 ; 弗丁顿, 197 ; 普尔, 443n ; 舍伯恩, 118 ; 托纳斯帕德尔, 329
Douch, Mr. H. L., 道奇, M.L., 神甫, 711n
Douglas, 道格拉斯 : 阿奇博尔德, 爵士, 162 ; Lady Eleanor, 埃莉诺夫人, see Davis ; 玛丽教授, 680n
Dover, 'my lord of', 多佛老爷, 278
Dovey, Joyce, 多维, 乔伊斯, 573, 580n
Dowe, William, 道, 威廉, 299
Downame, John, 董那门, 约翰, 95
Dowsing, William, 道辛, 威廉, 456
Drake, Sir Francis, 德雷克, 弗朗西斯, 爵士, 377 ; 乔安, 夫人, 145 "可怕的死人", 482, 487
dreams, 梦, 723 ; 作为预言, 151—153, 286, 768—769 ; 阐释, 152—153, 323 ; 作为许可, 176 ; 被研究, 446 ; 神学态度, 151—153 ; 被轻视, 773
Drebbel, Cornelis, 德雷贝尔, 科内利斯, 793n
drink, preferred to religion, 酒, 喜欢它更甚于宗教, 203

drinking habits, 饮酒习俗, 21—23, 24; 见于巡视, 73, 74
drowning, 溺水: 宗教性保护, 31, 33; 作为神裁, 96, 121
drugs, new, 新药物, 14, 788—789
Drummond of Hawthornden, William, 霍索恩登的德拉蒙德, 威廉, 496
drunkenness, 醉酒, 21—23; 预防的巫术, 275; 对其的神裁, 100, 109; 没有受到神裁, 128
Dryden, John, 德莱顿, 约翰, 346; 381, 625n
Dublin, 都柏林, 366, 500
Dugdale, Richard, 达格代尔, 理查德, 585
Duke, Alice, 杜克, 爱丽丝, 625
du Moulin, Peter, 杜穆林, 彼得, 163
Duncalf, John, 邓卡夫, 约翰, 609
Durden, Ralph, 德登, 拉尔夫, 157
Durham, 达勒姆, 86, 202, 523n; 主教, 29, 435n, 612; 海瑟斯顿, 396n; 圣海伦教堂, 奥克兰, 382
Durkheim, Emile, 涂尔干, 埃米尔, 205
Dury, Amy, 杜里, 艾米, 525
Dutch, wars with, 英荷战争: 被预测, 166; 期间的宣传, 407, 491; 期间的妖术, 644—645 "荷兰先知", 164n
Dyeres, Robert, 狄雷思, 罗伯特, 545n
Dynham, Edward, 戴汉, 爱德华, 653

E, the royal, 高贵的 E, 482
eagle-stone (aetites), 发声鹰石, 224 bis
earthquakes, divine judgements or portents, 地震, 神裁或者预兆, 92, 97, 104, 111, 129, 425
Earwacker, Elizabeth, 埃厄克, 伊丽莎白, 122
eavesdropping, 偷听, 629
Eccles, Solomon, 埃克尔斯, 所罗门, 145

eclipses, 日食、月食: 作为预兆, 104, 354, 355, 386n, 406; 被否认, 355
Ecuador Indians, 厄瓜多尔的印第安人, 739
Edinburgh, Presbytery of, 爱丁堡, 长老会, 175
Eddy, Mary Baker, 埃迪, 玛丽·贝克, 799
Edgar, Elizabeth, 埃德加, 伊丽莎白, 711
education, 教育, 4—5; 受到占星术影响, 392
Edward the Confessor, 忏悔者爱德华, 228, 232, 233; 作为先知, 464
Edward I, 爱德华一世, 228, 495
Edward II, 爱德华二世, 235, 496
Edward III, 爱德华三世, 276, 468
Edward IV, 爱德华四世, 468, 494, 500
Edward VI, 爱德华六世, 115, 139, 236; 生辰天宫图, 343, 400; 作为沉睡的英雄, 498—501
Edward, Prince of Wales, son of Henry VI, 爱德华, 威尔士王子, 亨利六世之子, 501
Edwards, Mr., M. A., 爱德华, M.A., 神甫, 566
Edwin, king of Northumbria, 埃德温, 诺森布里亚国王, 357
Egerton, Stephen, 埃杰顿, 斯蒂芬, 159
Egyptian days, 埃及日, 350, 735—736, 738
Egyptians, magical wisdom of, 埃及人, 巫术智慧, 323, 428, 511
Elderson, Joan, 埃尔德森, 琼, 261, 669
elections, 占星选择, 339, 393; 议会选举中的巫术使用, 759; "妖仙侵袭", 725
Eli, 伊莱, 157
Elias, 伊莱亚斯, 157, 160, 171
Elijah, 以利亚, 157, 160, 171n
Eliot, Sir John, 艾略特, 约翰, 爵士, 79
Elisha, 以利沙, 323
Elisha's ring, 以利沙指环, 323

Elizabeth I,伊丽莎白一世:关于她的预言,408;和护身符,224,276;和占星术,343,354,358;和王邪,231;受洗,42;受诅咒,609;针对她的巫术,612;被提及,385,419,468,488,506,736

Elizabeth, wife of Edward IV,伊丽莎白,爱德华四世之妻,541n

Elizabeth, wife of Henry VII,伊丽莎白,亨利七世之妻,31

Elizabeth, queen of Bohemia,伊丽莎白,波希米亚王后,163

Elkes,埃尔克斯,275

Ellins, Mary,埃林斯,玛丽,661

Ellis, Anne,爱丽丝,安妮,317,675

Ellwood, Thomas,埃尔伍德,托马斯,127

Elmet, Mother,埃尔姆特老妇,211

elves,精灵,see fairies

embryology,胚胎学,125

empirics,江湖医生,14,16

enclosures,圈地:骚动,165,479,608;天罚,113—114,602—603;巡视时的守奉,74;被诅咒,602,608;效果,671

England,英格兰:经济和社会结构,3—5,778;作为神选的国家,106—107,170;私生子,184;知识孤立,267,341,522—523;变成不列颠,463,495

English,英格兰人:容易相信自然异象,103—104;容易相信预言,469—470,472—473

Enlightenment,启蒙,784

Enoch,以诺,157,323;《以诺书》,324n

enthusiasm, religious,宗教狂热,156—171,176—178;被轻视,172—173,771

ephemerides,星历表,347,358,375

Epicurus,伊壁鸠鲁,773

epidemics,瘟疫,7,8;作为天罚,129;占星解释,388—389;怪罪约拿,668;和妖术,668,697。See also diseases; plague; sickness

Erasmianism,伊拉斯谟式的,72,73n

Erbury, Dorcas,埃尔伯瑞,多卡斯,150

Erra Pater,《以拉·佩特》,350

Errington, Mrs.,埃林顿女士,635

Ersfield, Lady,厄斯菲尔德太太,376

eschatology,末世论,166—171

Esdras,《以斯拉记》,467

Eskimos,爱斯基摩人,743

Essex,埃塞克斯,381,563;此处的宗教,67,73,80,138,194—195,196,609;此处的占星术,357n;此处的预言,160,482,499;此处的巫师,226,253n,294,299,318,324;此处的妖术,145,531—540 passim,545,589,595n,626,642,652n,660,664;巴尔金,720;博蒙特,593;伯顿,362;布拉德韦尔近海地区,202;布雷恩特里,689n;切尔姆斯福德,324,545,557,654,662,663,689n;科尔切斯特,37,141,190,406,442,476,498,776;科吉歇尔,369;科尔德诺顿,654;厄斯科恩,96;戈尔德汗格,448n;大托瑟姆,43;哈特菲尔德佩维里尔,499,626;哈洛,464;霍兰麦格纳,191;霍恩切奇,219;小克拉普顿,668;小威格伯勒,453;马格达伦拉弗,651;昆登,410;拉德温特,707;雷恩汉,623;雷利,157;萨弗伦沃尔登,349;圣奥西思,546;温比希,662

Essex,埃塞克斯,see also Cromwell, Thomas;弗兰西斯,伯爵夫人,222,278,363,380;罗伯特·德弗卢,伯爵二世,276,343,370;罗伯特·德弗卢,伯爵三世,168,688

Estall,埃斯托尔,561

Ettrick, William,埃特里克,威廉,329

Eure, Mary,厄尔,玛丽,230

Europe,欧洲:占星术,341,357;此处的符咒,214—215;此处的预言,506—507;此处的妖巫,519,522—523,677;此处的妖巫信仰,521—525 passim,529,534,542,668;此处的妖巫迫害,522,524,536,543,544,594,615,687;此处的着魔观念,572,587;此处的的巫术研究,266—267;其从巫术中解放,786—787

Evan, Enoch ap,阿普埃文,伊诺克,176

Evangelicals,福音派,129

Evans,伊万斯:埃塞克斯的神甫,191;阿里斯,165n,433,490;科尼利厄斯,506;约翰,403,450;马赛厄斯,297,413n

Evans-Pritchard, Prof. E. E.,伊万斯-普里查德, E.E.,教授,402,551n,675,772

Evelyn, John,伊芙琳,约翰,355

Everard,埃弗拉德:康福特,448;约翰,268,322;罗伯特,448;威廉,176,448

evil spirits,恶灵,241;数量和力量,56,561—562,727—728;此世的王,320n;针对它的保护,32,34,47,48,56,60—61,71—72,81,328—329;解释疾病和不幸,130—131,219,586,647;召唤,272,319,320n (see also conjuration);作为幽灵,703,704,708;作为妖仙,728;契约,see witchcraft;作祟,565;存在被肯定,566—567;被否认,682—683,693;对它的象征观点,683,770。See also Devil; familiars; possession

Evington, Robert,埃文顿,罗伯特,576n

Exclusion Crisis,排斥危机:和占星的宣传,407,409;和预言,492

excommunication,驱逐出教,52,181,190,204,312—313,632;通常的惩罚,301—302,599;放弃,600,601;驱逐巫师,312

executions,死刑:由抽签决定,140,141;公众场合,497。See also witch-trials

exempla,劝喻性故事,108,112,561

Exeter, Frances, Countess of,埃克塞特,弗朗西斯,伯爵夫人,278

exorcism,驱魔:天主教仪式的一部分,32;施洗过程中,40,62,572;坚振礼中,41;对田地,35;对分娩的妇女,41;对着魔的人,56,240,326,570,582—589;来自宗派,150—151;来自不服从国教的天主教徒,150—151,240,582—584,585,587—589,709;来自巫师,215,280;被宗教改革者抵制,58,60—63 passim,86,87,315,327,570—571,572,709;有条件的效用,32,570,588,594;对神甫地位的重要性,586—587

expectation of life,寿命,5—6,20,723;占卜,222;在位皇室,407—408;其近亲,287,297,375,454

extreme unction,临终涂油礼,44—45,62,65

Eyre, Adam,艾尔,亚当,138

Fage, John,费奇,约翰,422

Fairclough, Samuel,费尔克拉夫,塞缪尔,182,597

Fairebarne, Thomas,费尔巴恩,托马斯,758

Fairfax,费尔法克斯:爱德华,641;家族,659;托马斯,勋爵三世,441

faith, gives immunity,信仰使人免疫:疾病,101—102;妖术,592

fairies,妖仙:种类,724—727,758;作为家养精灵,220,221,281—282,317,727—729,756;宗教地位,728—729;针对其的符咒,725;解释不幸,647,731—732;对其信仰的效果,730—734

'fairy' ('fairy-taken'), a supernatural disease,"妖仙侵袭",超自然疾病,217,219,725

familiars,妖精:由巫师使用,219,256,274,275,317,758;和妖巫,527,530—531,

897

592,616,619,626,653,657,680,687, 727,731,756,758,771
Familists (Family of Love),家庭主义者（慈爱教）：教义,100,200,202,446—447；和炼金术,322；和犹太神秘主义,322；和占星术,446—448；和星体精灵,707
family, the,家庭：其中的争吵,411；和妖术,552,669。See also child-training; parents
Family of Love,慈爱教, see Familists
famine,饥荒,96,97,134,169,425；被占星术预测到,404—405,425；并未责怪妖巫,667,697。See also starvation
Fanshawe, Anne, Lady,范肖,安妮,夫人,704
Fansome, Thomas,范索姆,托马斯,278
Farnham, Richard,法纳姆,理查德,159,171,177
fascination, ocular,用眼睛施行妖术,519,520 & n,531,553,691,772。See also witchcraft
Fast Days,斋戒日,134—135,174
fasting,斋戒：寻求保护,35,49；由巫师及其客户执行,239,255,273,320,323,324；黑斋戒,49,612；清教徒教义,134—135；作为祈祷的伴随仪式, see fasting and prayer 意外效果,164,174,176—177。See also abstinence
fasting and prayer,斋戒和祈祷：作为魔手段,571—581 passim,585,587；针对妖术,590—591,593；针对幽灵,709；关于其的神学争论,575—581
fatalism,宿命论：底层阶级,20,24；面对疾病,99—102
fate, a pagan idea,命运,异教观念,91,129—130。See also chance; fortune; luck
Faust, legend of,浮士德的传说,274,564

feasts, village,宴会,村庄,75,628,663—664。See also festivals
Featley, Daniel,费特利,丹尼尔,144,704
Feckenham, John, abbot of Westminster,费克纳姆,约翰,威斯敏斯特修道院院长,114n
Field, John,菲尔德,约翰,416
Fell, John, Bp of Oxford,菲尔,约翰,牛津主教,319n
Fenderlyn, Giles,芬德林,贾尔斯,619
Fenn, Agnes,芬恩,艾格尼丝,633
Fenner,芬纳：达德利,143；爱德华,法官,546
Fermat, Pierre de,费马,784
fern seed,蕨籽,747
Ferrar, Nicholas,费拉尔,尼古拉斯,155
Ferrier, Ogier,费里尔,奥吉尔,358
fertility,繁殖力：仪式,54,85,616,775—776；精灵,724；被认为神秘,614；宗教方法,32,35,38,71—74（针对土地）；32（针对动物）；32,40,49（针对女人）；和科学,793
festivals,节日,74—75；异教遗留,54—55,74—75；和繁殖力,54；和年历,738—740。See also calendar; feasts; saints' days
Ficino, Marsilio,菲奇诺,267
Field,菲尔德：约翰,109；M.J.,博士,608n
Fifth Monarchists,第五王朝派教徒,111,161,162,169—171,178,432,443,445,761,763
Fifth Monarchy,第五王朝,355
Filmer, Sir Robert,菲尔默,罗伯特,爵士,507,532,681,689n,790
fire engines,消防车, see fire-fighting
fire insurance,火灾保险, see insurance
fires,火灾：发生率,17—20,787；后果,19—20,98；被预测,156,166,400；占

星解释,388,762;被诅咒者召唤,605—606,634;怪罪于天主教徒,647;怪罪于妖巫,636,668;针对其的宗教性保护,28,32,33—34,38,60,85,135;针对其的巫术手段,38,275,746—747;作为季节性仪式,54,776。See also arson; fire-fighting; insurance; London
fire-fighting,消防,18—19,783,793
Firmicus Maternus,费尔米库斯·马特尔努斯,435n
First Fruits and Tenths,首年金与什一税,121
fishing and magic,渔业和巫术,777
Fiske, Nicholas,费斯克,尼古拉斯,344,380,381,409
Fitzherbert, Sir Anthony,菲茨赫伯特,安东尼,爵士,554
Fitz-James, Richard, Bp of London,菲茨-詹姆斯,理查德,伦敦主教,308
Flamsteed, John,弗拉姆斯蒂德,约翰,240
Flavell, John,弗拉维尔,约翰,111
Fletcher,弗莱彻:鬼魂,714;伊丽莎白,675;约翰,剑桥大学占星师,269n,369,403,419n
Flintshire,弗林特郡,317,675;霍利韦尔,80
Flood, the,大洪水:没有奇迹,126
floods,洪水:不祥的,104;被占星术预测到,341;针对其的宗教性保护,28,31;针对其的科学性保护,793;神圣起源,92,97。See also Flood
Flower, Margaret,弗劳尔,玛格丽特,664;"井之花",80
Floyer, Sir John,弗洛耶,约翰,爵士,229
Fludd, Robert,弗拉德,罗伯特:赫尔墨斯学者,267;著作,271,342;赞助人,319,322;童身,320;论武器膏药,266,304,756;和占星术,365;影响力,372n;被

驳斥,770
flying,飞行:妖巫,529;并非不合法,547
folklore, collectors of,大众民俗收集者,798
fonts, locked up,被锁上的洗礼盆,39
food supply,食物供应,7—8,778,792;因为出席弥撒而得到确保,39
'forespoken',"预言到",219,220,247,296,519,656
Forest, John, friar,福雷斯特,约翰,修士,502
Forman, Simon,福尔曼,西蒙:职业,362—363;判例汇编,361,363;实践,364,756;设定的占星规则,370,373,374,376,377,389;政治观点,445;财富,381;作为巫师,278,314,759;和炼金术,362,377,756;门徒,450;顾客及其问题,365,367,370—371,374—380 passim,382,709
Forster, Richard,福斯特,理查德,343,421
Fortescue, Sir Anthony,福蒂斯丘,安东尼,爵士,276
Fortuna, goddess,福耳图娜,女神,91,131
fortune, 命 运,91,762,784。See also chance; fate; Fortuna; luck; misfortune
fortune-tellers, 算命师,252,285—289 passim,297,359,727,762,799;被控告,292—293;被神甫咨询,324
fortune-telling,算命,282—291;指南,272,282—285 passim,350,358;法律地位,292,538;回报,297;教会态度,301—303,307;来自占星师,369—372, and see astrology。See also divination
Foster,福斯特:安妮,636;伊丽莎白,659;乔治,165n,708;威廉,神甫,304,319
Fowles, Susannah,福尔斯,苏珊娜,587
Fox, John,福克斯,约翰,580n
Fox, George,福克斯,乔治,127,709;作为奇迹的治疗者,149,150,175,234;作为

先知,166;被看作妖巫,150,580
Foxe, John, 福克斯, 约翰, 147; 先知, 155; 提供忠告的人, 188; 驱魔者, 574, 575, 576; 记录天罚, 109; 论奇才, 104; 论神选之国, 106; 论梦, 152; 论先知和预言, 155, 166—167, 478
Foxgale, Katherine, 福克斯盖尔, 凯瑟琳, 286
France, 法国, 171, 479, 498, 499, 501, 667, 773; 此处的巫术, 250; 此处的性道德, 184; 此处的教会出席率, 189;《女巫之锤》在此处的影响, 523; 此处的妖巫, 523, 537, 615, 644, 686; 此处的着魔, 572, 575, 689; 来自此处的感染, 667; 此处的妖仙故事, 726; 和它的战争, 120, 468, 471, 491, 492。See also French
Francis, William, 弗朗西斯, 威廉, 499
Franklin, William, 富兰克林, 威廉, 161, 203
Frazer, Sir J. G., 弗雷泽, J.G., 爵士, 644n
Free, Goody, 弗里, 古迪, 660
Freemasons, 共济会, 569, 796
French, 法国人: 声称与特洛伊系一脉相承, 507; 作为五类国家敌人之一, 667
French Revolution, 法国大革命, 492
Freud, Sigmund, on demons, 弗洛伊德, 西格蒙德, 论恶魔, 573
Friends, Society of, 教友公会, see Quakers
Fry, Miles, 弗莱伊, 迈尔斯, 157
Fulke, William, 富尔克, 威廉, 246, 356, 390n, 404, 405, 436, 584
Fuller, 富勒: 约翰, 374; 托马斯, 121, 431, 795
funerals, 葬礼, 44, 75, 190, 664, 720, 721—723; 赈济品, 44, 75, 664, 718

Gabriel, archangel, 加百列, 天使长, 158, 176
Gadbury, John, astrologer, 加德伯里, 约翰, 占星师, 345n; 出版物, 342, 354, 368; 客户, 368, 371, 380n; 政治, 407, 408, 409; 宗教, 399n, 409, 432, 439, 445, 448; 论同行, 401, 444n; 论占星术, 368, 377, 384—389 passim, 392, 420, 422, 423, 439n, 450, 452, 760; 他的理性主义, 432, 761
Gadbury, Timothy, 加德伯里, 蒂莫西, 400;
Galenic physic, 盖伦医学, 9, 10, 14, 16, 242, 245, 395, 799
Galiel, Galileo, 伽利略, 414, 415, 416, 773
Galloway, James, Lord, 盖洛韦, 詹姆斯, 勋爵, 379
gambling, 赌博, 24, 131, 142—144; 和祈祷, 135; 和巫术, 275; 和占星术, 370 游行日, 74
Gardiner, 加德纳, 斯蒂芬, 温切斯特主教, 191, 236; 威廉, 治安推事, 202
Garnett, John, 加内特, 约翰, 279
Garret, Thomas, 加勒特, 托马斯, 366
Garsett, John, 加西特, 约翰, 329
Gascoigne, George, 加斯科因, 乔治, 198
Gassendi, Pierre, 伽桑狄, 皮埃尔, 416, 418, 770
Gataker, Thomas, 加塔克, 托马斯: 论占卜和巫术, 258, 315; 论抽签, 143—144; 和占星术, 352, 361, 425—426, 428, 436
Gauden, John, Bp of Worcester, 高登, 约翰, 伍斯特主教, 439
Gaule, John, 高尔, 约翰: 论占星术, 353, 426; 论家长的诅咒, 604; 论妖术, 650, 677, 678, 689n
Gauntlett, Arthur, wizard, 冈特利特, 阿瑟, 男巫, 319n
Gell, Robert, preacher, 盖尔, 罗伯特, 传道者, 448
genealogies, 谱系: 皇室, 244, 493—494, 505—506, 510; 普通人, 511

900

generation, spontaneous, 自发产生, 770

gentry, 绅士阶层, 4; 对其的厌恶, 608; 作为占星师的客户, 344, 379; 和妖术指控, 641

Geoffrey of Monmouth, 蒙茅斯的杰弗里, 357n, 462, 467, 472, 493; 其批评者和支持者, 507—508

geomancy, 泥土占卜法, 344; 理论, 255, 265, 271, 755; 由巫师实践, 255; 由占星师实践, 377, 756

George, a ghost, 乔治, 鬼魂, 281

Gerald of Wales, 威尔士的杰拉尔德, see Giraldus Cumbrensis

Geraldines, 杰拉尔丁, 496

Gerard, Abp. of York, 杰拉德, 约克大主教, 434

Gerard, 杰拉德: 查尔斯, 勋爵四世, 379; 约翰:《草本志》, 365

Geree, John, 格里, 约翰, 427, 436, 437, 597

Germans, ancient, 日耳曼人, 古代, 140

Germany, 德国, 85, 496, 499, 501, 796; 此处的妖术, 523, 525, 687

Gewen, Philippa, 格温, 菲利珀, 541

ghosts, 幽灵, 44, 702, 707, 724; 神学理论, 701—711, 715; 在戏剧中, 704—705, 712; 假装的, 703, 707—708, 712; 由巫师侦查出来, 219, 710; 针对其的宗教手段, 570, 578n, 708; 作为灵魂不朽的证据, 702, 708—709; 对其的巫术使用, 274; 和妖术, 710; 其目的, 711—718, 719, 763; 其道德, 714, 719, 763; 怀疑论, 704—705; 消失的原因, 723—724; 遗留, 798

Gibbon, Edward, quoted, 吉本, 爱德华, 引用, 139

Gibbons, 吉本斯, 216; 格林林, 369

Gibson, Thomas, 吉布森, 托马斯, 477

Gifford, George, 吉福德, 乔治: 论巫师, 297, 314; 论妖术, 534, 591, 623, 674

Gilbert, 吉尔伯特: 理查德, 男孩医治者, 238; 威廉, 科学家, 266, 267, 416

Gilby, Anthony, minister, 吉尔比, 安东尼, 神甫, 152

Gildas, as prophet, 吉尔达斯, 预言者, 464, 512

gilds, medieval, 中世纪工会, 205, 702; 和保险, 779; 衰落, 75, 81—82, 672

Gilnot, Goodwife, 吉尔诺特, 古德威夫, 633

Gilpin, 吉尔平: 伯纳德, 布道者, 332; 理查德, 教士, 470

Giraldus Cambrensis, as prophet, 吉拉尔都斯·坎布伦西斯, 预言者, 464, 466, 472

girdle-measuring, 腰带检测法, 217—218, 270

Glanvill, Joseph, 格兰维尔, 约瑟夫, 690, 693

gleaning, rights of, 拾落穗的权利, 671; 对此的争议, 663

Glisson, Francis, physician, 格里森, 弗朗西斯, 医生, 787

Gloucestershire, 格洛斯特郡, 291, 409; 巴恩士列, 215; 切尔滕纳姆, 67; 克罗姆霍尔, 234; 格洛斯特, 318; 主教, 194; 海利斯修道院, 51; 金斯伍德, 196; 小迪安, 483; 圣欧文, 254; 斯利姆布里奇, 86; 索恩伯里城堡, 608; 韦斯特伯里, 192; 乌顿, 201

Glover, Mary, 格洛夫, 玛丽, 578n, 610, 641, 651, 666

Glyndwr, Owain, 格林杜尔, 欧文, 471

Goad, John, astrologer, 戈德, 约翰, 占星师, 387, 389—390, 395

goblins, 哥布林, 724。See also fairies 也请参见妖仙

God, 上帝: "上帝之行为", 97n; 概念, 180, 197; 万能, 90—94 passim, 107, 126,

129—132 passim, 438, 561, 762；统辖星辰, 425—427, 433；好运和坏运的创造者, 90—132 passim；回应祈祷, 133—135, 136, 138；决定抽签, 139—146；直接起作用, 92, 98, 138, 146, 318, 399 bis；或通过自然原因起作用, 92, 98, 100, 106, 126—127, 427, 690, 762, 765, 784；或通过魔鬼起作用, 205, 689；容忍妖巫, 590—591, 684；支撑社会秩序, 503；不可试探, 142, 146；创世, 被否认, 200, 201；存在, 被质疑, 145, 199 bis, 200—203 passim, 457, 458, 567, 574。See also judgements；providence；revelation

Godfridus, 戈弗里杜斯, 351

godly, the, 虔诚的人：兴旺发达, 102—103；并不免疫妖术, 590

godparents, 教父、教母, 41, 746

Godwin, Francis, Bp of Hereford, 戈德温, 弗朗西斯, 赫勒福德主教, 117

gold, as remedy, 黄金, 作为药物, 225, 271。See also alchemy；aurum potabile

Golden Legend, 《金色传奇》, 28

Good, John, 古德, 约翰, 709

Goodcole, Henry, prison chaplain-interrogator, 古德科尔, 亨利, 监狱巡视神甫, 618

Goodfellow, Robin, 古德费洛, 罗宾, see Robin

Goodridge, Edward, 古德里奇, 爱德华, 674

Goodwin, 古德温：约翰, 436；托马斯, 先知, 156；威廉, 663

Gooter, Thomas, 古特, 托马斯, 675

Gordon, Charles George, 'Chinese Gordon', 古特戈登, 查尔斯·乔治, "中国戈登", 497

Gordon, Duke of, 戈登, 公爵, 492

Gospel of St John, 《约翰福音》：作为护身物, 34, 39, 60, 221, 296—297, 328；阅读, 39

Gospels, 《福音书》：携带, 33, 34；阅读, 51；对其发誓, 50。See also Gospel of St John

Gouge, 古奇：托马斯, 452n；威廉, 790

Gowrie, John Ruthven, 3rd Earl, 高里, 约翰·鲁思文, 伯爵三世, 276

Grand Jury, 大陪审团, see juries

Grange, James Erskine, Lord, 格兰奇, 詹姆斯·厄斯金, 勋爵, 694

Granville, Denis, Dean of Durham, 格兰维尔, 丹尼斯, 达勒姆主持神甫, 249

Graunt, John, demographer, 格朗特, 约翰, 人口统计学家, 6, 781—782, 784

Grave, John, 格雷夫, 约翰, 226

Great Britain, name of, 大不列颠, 名字来源, 495—496

Greatrakes, Valentine, healer, 格雷特雷克斯, 瓦伦丁, 治疗者, 240—242, 247, 248

Grebby, Robert, 格雷比, 罗伯特, 709

Grebner, Paul, prophecy of, 格里布内, 保罗, 预言, 468, 488

Greeks, ancient, 古希腊人, 125, 511, 739

Green, 格林：安, 217；埃伦, 565, 756；玛丽, 758

Greene, Robert, 格林, 罗伯特, 343n, 419

Greenham, Richard, 格里纳姆, 理查德：论不幸的神圣起源, 96, 100；论神甫和巫师, 69—70；论梦, 152；论忏悔, 187；论巫师, 299, 305；论魔鬼, 567；他针对巫术的方法, 589；论妖仙, 729

Greenhill, 格林希尔：玛格丽特, 254；威廉, 104

Gregory VII, Pope, 格雷戈里七世, 教宗, 78

Gresham, Edward, almanac-maker, 格雷沙姆, 爱德华, 年历制造者, 389n, 416, 453

Gretton, Nicholas, sectary and wizard, 格雷

顿,尼古拉斯,宗派主义者和男巫,288,329,445
Grew, Nehemiah,格鲁,尼希米,126,421
Grig, healer,格里格,治疗师,317
Grigsby, John,格里格斯比,约翰,644n
Grimm, Jacob,格里姆,雅各布,614
Grimstone, Sir Harbottle,格里姆斯通,哈博特尔,爵士,152
Grindal, Edmund, Abp of Canterbury,格林德尔,埃德蒙,坎特伯雷大主教,72,99,189
Grindletonians,格林莱顿人,159
Grosse, Sir Thomas,格罗斯,托马斯,爵士,635
Grosseteste, Robert, Bp of Lincoln, as prophet,格罗西特斯特,罗伯特,林肯主教,485,486
Groves, a sorcerer,格罗夫斯,邪术士,221
Gruffydd, Rhys ap,阿普格鲁法德,里斯,471
Grymocke, Henry,格里莫科,亨利,100
Guildford, Francis North, 1st Lord, L. C. J.,吉尔福德,弗朗西斯·诺斯,勋爵一世,高等法院法官,547,550,688
guilt,罪感:养育幼儿,130;可继承的,113;性,568;和不幸,125—126,128,130,665—667,763,766,798;和妖术指控,662—663,665—667,673,696。See also sin
Guino, Thomas de, prophecy of,桂诺,托马斯,预言,483n
Gunpowder Plot,火药阴谋案,106,371,408
Gunter,冈特:埃德蒙,346;娜恩,580n
Gustavus, Adolphus, king of Sweden,古斯塔夫斯,阿道弗斯,瑞典国王,386,468,497,507
Guy of Warwick,沃里克的盖伊,506n

Gylby, George,盖尔比,乔治,436
Hacket,哈克特:约翰,考文垂和利奇菲尔德主教,154;威廉,狂热分子,147,158,171,177,578n,601
Haddon,哈登,624
hagiography,圣徒传记, see saints
Haigh, Widow,孀妇黑格,219
Hakewill, George,黑克威尔,乔治,436
Hakluyt, Richard,黑克卢伊特,理查德,494
Hale, John,黑尔,约翰,474
Hales, John,黑尔斯,约翰,673
Halifax, George Savile, Marquis of,哈利法克斯,乔治·萨维尔,侯爵,128,694
Hall,霍尔:比阿特丽克斯,610;克里斯托弗,757
Hall, Joseph, Bp of Norwich and later of Exeter,霍尔,约瑟夫,诺奇主教以及后来埃克塞特主教,152;论护身符,34,83;论《以拉·佩特》,350;论妖巫,542;论驱魔,571,587
Hall, Thomas, divine,霍尔,托马斯,神甫:论占星术,427,436,446;和魔鬼,563,573
Halley, Edmond,哈利,埃德蒙,126,415,782,784
Hallywell, Henry,哈利维尔,亨利,694
Halywell, Robert,哈利韦尔,罗伯特,286
Hamlet, ghost in,《哈姆雷特》,剧中鬼魂,704
Hammond, John,哈蒙德,约翰,276
Hamont, Matthew,哈蒙特,马修,203
Hampden, John,汉普顿,约翰,156,380
Hampshire,汉普郡,84n,161,196,268,654,675;贝辛豪斯,372;克伦戴尔545n,米恩斯托克,122;纽艾尔里斯福德,222;朴茨茅斯,67;林伍德,263;南安普顿,275,320,323,642;西沃尔德

汉,232;温切斯特,161,177,191,277,330,494,707;主教,556
Hampson, Wisdom,汉普森,贤哲,444
Hampton Court Conference,汉普顿法院会议,71
Hancock, Agnes,汉考克,艾格尼丝,217
Harding, Thomas, wizard,哈丁,托马斯,男巫,258,296,732
hares, unlucky,野兔,不幸运,747,749;意义,750
Harflete, Henry,哈弗莱特,亨利,431
Harington,哈林顿:爱德华,爵士,380;约翰,爵士,76,470,483,485n
Hariot, Thomas,哈利奥特,托马斯,198,430
Harkett, Margaret,哈克特,玛格丽特,663
Harlokke (Harlock, Hurlok), William,赫洛克,威廉,476
Harlott, Anthony,哈洛特,安东尼,657n
Harper, Margaret,哈珀,玛格丽特,727
Harrington, James,哈灵顿,詹姆斯,784
Harris,哈里斯:萨金特,693;约翰,772;罗伯特,285
Harrison,哈里森:阿格尼斯,593;B.H.,博士,476n;约瑟夫,328;理查德,593;托马斯,665,666;威廉,伦敦神甫,21,195,453,662n
Harsnet, Samuel, Abp of York,哈斯尼特,塞缪尔,约克大主教:论驱魔,578,583,587;针对妖术的怀疑论,584,596n,681,685,689n
Hart,哈特:亚历山大,299;詹姆斯,421;理查德,爵士,市长,717
Hartlib, Samuel,哈特立伯,塞缪尔,270,346,779n
Hartgill, George,哈特吉尔,乔治,343,451
harvests,收获,7,45,133;被上帝破坏,94,129;重要性,396,739,787

Harvey, Gabriel,哈维,加布里埃尔,351
Harvey, John, physician,哈维,约翰,医生,498;论预言,483n,486,488,503;和雷金纳德·斯科特,684—685
Harvey, Richard,哈维,理查德,412,451
Harvey, William,哈维,威廉,386,787;和占星术,346;和妖术,626,771
Haselrig, Sir Arthur,哈兹尔里格,阿瑟,爵士,442
Hasylwoode, William,哈斯尔伍德,威廉,253
Hatton, Sir Christopher,哈顿,克里斯托弗,爵士,224,344
haunted houses,作祟的房屋,570,581,705,709,712,798—799
Hawkins, Jane,霍金斯,简,163
healing,疗法,see medical profession
healing, magical,巫术疗法,36,39,209—227 passim,236—242,252,272,317,327,597,727,777;技巧,218—219,220—221;法律地位,292—293,298—299;收费,210,238,244—245,297,298;教会态度,306—307;通过触摸,149,227—235,237—242。See also charms; King's Evil; sickness
healing, religious,宗教疗法:早期教会,27—28;中世纪教会,28;19世纪,798—799;在神殿,28;通过圣徒,29,30,81;通过祈祷,135—138,147—149,210—213;通过圣水,33,211,583;通过弥撒,37,38,57;通过圣油,83,150 (see also anointing);通过天使,149;通过十字架符号,217。See also Catholics; sects
health of population,人民的健康,5—9。See also sickness
healths, drinking of,祝愿健康而干杯,76
Heard, Agnes,赫德,阿格尼斯,593

Hearne, Thomas, 赫恩, 托马斯, 116
Heaven, 天堂, 702; 其中的社会划分, 180; 和其的距离, 192; 尝试升入, 161; 拜访, 157; 对其的冷漠, 200; 存在被质疑, 198, 199, 200, 202—203, 204; 象征的阐释, 202, 203
Hebrew words, used in charms, 希伯来语, 用于咒语, 213, 275
Hebrews, 希伯来人, see Jews
heliocentrism, 地动说, 770; 和占星术, 414
Hell, 地狱, 561, 702; 拜访, 157; 存在被质疑, 145, 198, 200, 202—203; 被说成不包含痛苦, 574; 对其的恐惧, 妖术的动机, 565, 622; 象征的阐释, 202—203, 683
Helson, Bartholomew, 赫尔森, 巴塞洛缪, 506
Henrietta Maria, Queen, 亨利埃塔·玛利亚, 女王, 164
Henry II, King of England, 亨利二世, 英格兰国王, 176, 472; 作为先知, 464
Henry IV, King of England, 亨利四世, 英格兰国王, 471, 473, 495, 502
Henry VI, King of England, 亨利六世, 英格兰国王, 501
Henry VII, King of England, 亨利七世, 英格兰国王, 31, 228, 471, 472, 500; 和占星术, 342, 407; 和亚瑟王传说, 494 ter
Henry VIII, King of England, 亨利八世, 英格兰国王, 277, 289, 386, 612; 渎神, 113, 119; 和占星术, 342; 和不吉的日子, 737; 和亚瑟王传说, 494; 受蛊惑, 643; 和预言, 154, 471, 473, 476, 477 bis, 485, 494, 501
Henry, Prince, son of James I, 亨利, 王子, 詹姆斯一世之子, 107, 118, 408, 485, 506
Henry, 亨利: 马修, 135; 菲利普, 111

herbal remedies, 草药, 14—15, 211—212, 213—214, 221, 226, 246, 376, 393, 520, 777; 仪式性采摘, 46, 47, 213—214, 422, 756; 针对妖术, 221, 588, 648
Herbert, George, 赫伯特, 乔治, 131n; 论教士的责任, 90, 182, 328; 论占星术, 384, 417; 论家长的榜样, 384
Herbert, Henry Somerset, Lord, 赫伯特, 亨利·萨默塞特, 勋爵, 451
Herbert of Cherbury, Edward, Lord, 舍伯里的赫伯特, 爱德华, 勋爵, 345
Herefordshire, 赫勒福德郡, 256, 628, 702; 布罗姆亚德, 607; 赫勒福德, 205, 236, 604, 606, 613, 634, 702 (主教), 607; 教区, 605, 609; 马奇都切奇, 193n; 马奇马克尔, 605; 韦斯特海德, 606;
heresy, 异端: 宗教改革之前, 23, 199—200, 366 (see also Lollards; religious skepticism); 宗教改革之后, 200—201; 烧死, 160, 203; 大众巫术被当作异端, 521, 522, 549, 555; 妖术被当作异端, 528, 542—543, 549, 551
Hermes Trismegistus, 赫尔墨斯·特里斯梅杰斯图, 267, 268, 270, 322, 511
hermetic magic, 赫尔墨斯巫术, 78, 266—268, 270, 272, 319, 321—322, 323, 770, 771
Herrick, Robert, 赫里克, 罗伯特, 624, 729, 730
Hertford, Edward Seymour, 9th Earl of, 赫特福德, 爱德华·西摩, 伯爵九世, 379
Hertfordshire, 赫特福德郡, 717; 浸礼派教徒, 234, 491; 此处的巫师, 258, 291, 296; 此处的预言, 475; 此处的妖术, 531, 536, 572, 660, 689, 696; 此处的着魔, 572; 哈特菲尔德, 732; 赫特福德, 536; 希钦, 100; 伊克勒福德, 732; 里克曼斯沃思, 606; 罗伊斯顿, 664; 圣奥尔

905

本斯,28,372n,617(修道院,34);斯坦登,457;瓦里,297

Heydon, Sir Christopher, astrological writer,海登,克里斯托弗,爵士,占星作家,358,370n,391,414,437n,450,454

Heydon, John, astrologer,海登,约翰,占星师,408,422,445

Heylyn, Peter,黑林,彼得,152,438

Heynes, Joseph,海恩斯,约瑟夫,297

Heywood, Oliver, Dissenting minister,海伍德,奥利弗,持异议的神甫:目睹天罚,123,563;论罪的回报,128;论祈祷,138;讲述故事,564,592—593,636

Heywood, Thomas,海伍德,托马斯,487

Hickes, George,希克斯,乔治,185

Higford, Robert,希格福德,罗伯特,480

Higgs, John,希格斯,约翰,413n

High Commission, Court of,高等委员会,法院:惩罚先知,159,162,163;和巫师,278,328,329;和占星师,363,409n,454;和驱魔师,576;压制斋戒,580。

High Churchmen,高教会派教徒,123;为死者祈祷,706。See also Arminians; Laudians

Hildersham, Arthur,希尔德海姆,亚瑟,187,576n

Hill,希尔:克里斯托弗,博士,179n,614n,794—795;托马斯,153;"土丘挖掘者",280

Hills, William,希尔斯,威廉,362,410

Hippocrates,希波克拉底,9,395,736,773

Hispaniola, expedition to,伊斯帕尼奥拉岛,远征,123,366,507;

historical consciousness, evolution of,历史意识,演进,508—510

historical criticism, shatters prophecies,历史批判,瓦解预言,508—510

historical explanation,历史解释:作为天命,106—108,127;社会学的,783—785,785—787;来自占星师,385—8;来自古代预言,487

history,历史:天命视角,106—108,127;周期性和线性,509—511

Hobbes, Thomas,霍布斯,托马斯:论成圣礼,62;论医生,16—17;论奇迹,126;论梦,172;论天启,173;论誓言,77;论预言,501;和占星术,418;论妖巫,524,619,625;论着魔,585;论精灵,682;论幽灵,705;惧怕因异端而被烧死,204;影响,199

Hockett, Mary,霍基特,玛丽,626

Hodge, Edward,霍奇,爱德华,653

Hodges, Mary,霍奇斯,玛丽,613

Hodgson, Anna,霍奇森,安娜,608

Holborne,霍伯恩,罗伯特,爵士,759;和占星术,372,380,382;夫人,372

Hole, Elizabeth,霍尔,伊丽莎白,670n

holidays,节日,190,744。See also feasts; festivals

holiness, associated with occult power,神圣,和神秘力量联系在一起,318,321—322。See also religion

Holland,荷兰,see Dutch; Netherlands, United Provinces of

Holland, Henry,霍兰,亨利,291,523,565

Holles,霍利斯:登齐尔,勋爵一世,441;弗雷希维尔,爵士,368;杰维斯,151,286n,717n

Holme, Wilfrid,霍姆,威尔弗里德,477

Holt,霍尔特:约翰,爵士,高等法院法官,547;托马斯,564

Holwell, John, astrologer,霍尔韦尔,约翰,占星师,407,413n

holy bread,圣餐面包,32,51,59,60,61,65,86,589

holy cake,圣餐饼,82

holy candles, 圣烛, 35, 48, 49, 65, 87, 589; 用于召唤, 273
Holy Communion, 圣餐, 38—39, 40, 61, 65, 142, 176, 186, 561, 569; 马洛论, 24; 作为神裁, 50; 出席, 189; 缺席, 190; 被逐出, 610, 631, 632
holy days, 圣日, 75, 81—82, 190, 739—740。See also calendar; festivals; holidays
holy oil, 圣油: 用于教会仪式, 41, 45; 用于加冕仪式, 230, 236; 用于治疗, 149; 用于驱魔, 220, 582, 590。See also anointing
holy water, 圣水: 保护性力量, 32—33, 51, 83, 85, 570, 588 bis, 725; 神学地位, 53, 303; 对抗妖术和着魔的手段, 56, 583, 590; 用于治疗, 211, 236; 被巫师使用, 273, 590; 被罗拉德派抵制, 58, 59n; 被宗教改革者抵制, 60, 62, 65, 75, 86, 87, 315, 571; 效用, 249; 被盗窃, 39
holy wells, 圣井, see wells
Home Circuit, witch-trials on, 巡回审判, 巫术审判, 531—532, 535, 536 bis, 543, 596, 620
Homes, Nathanael, 霍姆斯, 纳撒内尔, 361, 623
Homilies, Book of, quoted, 《布道书》, 引用, 91, 96, 107, 113, 131, 133, 764—765
homunculi, 侏儒, 222, 271
Honywood, Mrs. 霍尼伍德夫人, 145
Hooke, Robert, 胡克, 罗伯特, 417, 787
Hooker, 胡克: 伊迪丝, 222; 理查德, 155, 197
Hooper, John, Bp of Gloucester, 胡珀, 约翰, 格洛斯特主教, 194; 论神裁, 101, 107; 论弥撒, 61; 和巫术书, 319n; 论占星术, 425, 436; 作为先知, 155
Hooper Margaret, 胡珀, 玛格丽特, 586

Hope, Thomas, 霍普, 托马斯, 215, 627n
Hopkinne, James, 霍普金, 詹姆斯, 219
Hopkins, Matthew, witch-finder, 霍普金斯, 马修, 妖巫搜捕者, 542, 565, 582n, 689n; 活动, 528, 532, 537, 544—545; 由其引出的忏悔, 615, 617, 618; 公众吸引力, 593, 656, 665, 678; 关注魔鬼崇拜, 528, 529n, 532, 687; 宗教, 597; 受害者, 612, 678
Hopkins, Nicholas, 霍普金斯, 尼古拉斯, 154
Hoppgood, William, 霍普古德, 威廉, 665
Hopwood, John, 霍普伍德, 约翰, 662
horary questions, 时刻解题, 339—341, 452。See also astrology
horoscopes, 天宫图, 337; 教区记录中, 452。See also astrology
horse-racing, 赛马, 24; 对其的占星建议, 345, 370
Hoskins, Sir John, 霍斯金斯, 约翰, 爵士, 380
hospitals, 医院, 15, 789。See also London
Host, miraculous qualities of, 圣体, 超自然特性, 37—39, 51, 55; 关于其的盗窃, 39, 51
hot cross buns, 热腾腾的带有十字架图案的圆形圣糕, 82
Hotham, Charles, 霍瑟姆, 查尔斯, 322n, 448, 451n
Houlbrooke, Dr. R. A., 霍尔布鲁克, R. A., 博士, 201n, 263n
hours, artificial, 太阳时刻, 394
House of Commons, 下议院, see Commons
House of Lords, 上议院, see Lords
Howard family, 霍华德家族, 480
Howard, Sir Robert, 霍华德, 罗伯特, 爵士, 371, 380
Howe, 豪: 阿格尼斯, 610; 约翰, 411

Howes, Edward, 豪斯, 爱德华, 448n
Huguenots, and magic, 胡格诺派和巫术, 250, 309
Hume, David, 休谟, 大卫: 论奇迹, 126, 690; 论迷信, 795
humours, theory of, 体液理论, 10, 11, 351, 787
Humphrey, 汉弗莱: 安德鲁, 139; 约翰, 381, 406; 劳伦斯, 344, 436
Humphries, 汉弗莱斯, 453
Hunloke, Sir Henry, 亨洛克, 亨利, 爵士, 670n
Hunt, 亨特: 阿格尼斯, 627n; 玛格丽特, 210—211; 老妇, 675; 理查德, 373; 罗伯特, 治安推事, 547; 威廉, 占星师, 423
hunting, luck in, 打猎, 运气, 746, 777
Huntingdon, Katherine, Countess of, 亨廷顿, 凯瑟琳, 伯爵夫人, 781n
Huntingdonshire, 亨廷顿郡, 163, 563, 564; 戈德曼彻斯特, 635; 大格兰斯登, 73; 汉廷顿, 538n, 544, 584; 圣艾夫斯, 357, 365; 沃博伊斯, 此处的妖术, 544, 546, 573, 650, 654, 657, 664; 温威克, 610
Huntley, Alice, 亨特利, 爱丽丝, 555
Huntly, George Gordon, 2nd Marquis of, 亨特莱, 乔治, 戈登, 侯爵二世, 344
Hutchinson, 哈钦森: 弗朗西斯, 唐郡主教, 681, 689, 694; 露西, 夫人, 233; 约翰, 上校, 152; 罗杰, 436, 567
Hutton, John, 赫顿, 约翰, 656
Huxley, Catherine, 赫胥黎, 凯瑟琳, 661
Huygens, Christiaan, 惠更斯, 克里斯蒂安, 784
Hyde, Edward, 海德, 爱德华, see Clarendon
hygiene, lack of, 卫生, 缺乏, 8; 进步, 11, 789

iconoclasm and iconoclasts, 破坏习俗和破坏习俗的人, 86—87, 113, 233, 280, 502, 569, 721
illegitimacy, 私生, 374, 678; 比例, 184
illiteracy, 文盲, 4—5 158, 177, 778
illness, 疾病, see diseases; sickness
image-magic, 图形巫术: 来自妖巫, 520, 531, 612—614; 针对妖巫, 649; 效用被否认, 693
images, miraculous, 影像, 神效, 29, 586。See also iconoclasm
imagination, belief in power of, 想象, 相信其力量, 243, 249—250, 266, 288—289, 520, 747—748
impotence, 阳痿: 治疗, 245, 277; 和巫术, 519 & n, 541, 642, 689
impropriators, divine judgements upon, 对接受教会财产的人的神裁, 115—116, 118
incest, judgements upon, 对乱伦的天罚, 125
incubi, 梦交男妖, 529, 568, 679, 691
Index Expurgatorius, 《禁书目录》, 484
Indians, Red, 印第安人, 像古代的布立吞人, 508; 作为魔鬼崇拜者, 569
Individualism, growth of, connected with witchcraft accusations, 个人主义的增长, 与巫术指控联系在一起, 662, 670, 672—673, 667, 695—696
Industrial Revolution, 工业革命, 205
Industrialization, 工业化, 3; 和世俗主义, 197, 205
industry, 工业, 3; 保护仪式, 32; 和巫术, 795—796;
infinity of worlds, 世界之无穷性, 414, 415, 513, 770
inheritance, systems of, 赡养制度, 671, 779—780
Inns of Court, 律师学院, 4, and see London
initiation rites, 入教典礼, 75—76
Injunctions, 禁令: 皇家(1547年), 60, 71,

307；皇家（1559年），72，307；对约克教省下达的（1571年），189
Innocent VIII, Pope, 英诺森八世，教宗，521
innovation, 创新：对其的怀疑，502—505，643—644；被接受，511，719，791—793，796
inoculation, smallpox, 天花疫苗，129，788
Inquisition, 宗教法庭，542；英格兰之外，522
insanity, 精神疾病：治疗，15—16；和宗教狂热，156—157，172，177；由妖术引起，663；巫术治疗，297；和月亮，351—352
insurance, 保险：发展，779—782；海洋保险，780；财产保险，780；火灾保险，19，779，780—781；人身保险，781；和占星术，368，780；公司，780—781，782
Interregnum, 空位期（1649—1660）：期间的斋戒，135；期间王邪的治疗，233，234；预言和天启的时期，164，165，168—171 passim，176—178；期间的宗教怀疑论，202—203；期间的千禧年主义，168—171；和巫术出版，270；和炼金术，321—322；和占星活动，341—342，355—356，361，446；和古代预言，469，487—4890，510
invisibility, magic for, 隐身巫术，275
Ireland, 爱尔兰，141，147，240，297，366，372；妖术，528n，557；幽灵，704；妖仙，730；月亮崇拜，456；预言，472；盗贼，135；治疗者，240；宗教实践，33，50，88；爱尔兰叛乱（1641年），466，472，490
Irish accent, 爱尔兰口音，see spirits
Irish girls, their chastity, 爱尔兰女子，她们的忠贞，185
Isidore of Seville, 塞维利亚的伊西多，737
Isle of Man, oath-taking in, 莫纳岛，此处的发誓，717

Italy, 意大利，319，369，523，773，780
Jackson, Elizabeth, 杰克逊，伊丽莎白，610，640—641，651，666，689n
Jackson, Thomas, theologian, 杰克逊，托马斯，神学家：论瘟疫，102；论预兆，106n；论炼金术士，321；论妖仙，729；作为先知，155
Jacob, Henry, 雅各布，亨利，715
Jacobites, 詹姆斯二世拥戴者，231，407，492
Jamaica, 牙买加，97；此处的占星术，367
James I, King of England (and VI of Scotland), 詹姆斯一世，英格兰国王（以及苏格兰詹姆斯六世），160，276，277，288，500，563；论医学，16；和彗星，354；和梦，151；作为先知，354，465；和布鲁特斯神话，495—496；和王邪，228，229n，234；论妖术，293n，519n，523，546，620，650；和被魔，579；他的死亡被预言，168n，408
James II, King of England, 詹姆斯二世，英格兰国王，387，422，645；和王邪，228，234，235，236；和痉挛指环，236；其坟墓的治疗奇迹，232n
Jeake, Samuel, father and son, 杰克，塞缪尔，父与子，453
Jefferies, Anne, 杰弗里斯，安妮，237，727
Jeffrey, William, 杰弗里，威廉，157
Jeffreys, George, 1st Lord, 杰弗里斯，乔治，勋爵一世，441
Jennings, Lady, 詹宁斯，夫人，641
Jerusalem, 耶路撒冷，502；赴此处的旅行，157，161，483；从此处来的拥有治疗效果的物品，221
Jessey, Henry, 杰西，亨利，111
Jesuits, 耶稣会士，see Jesus, Society of
Jesus Christ, 耶稣基督：制作他的生辰天宫图，426；对他的统治的等待，167—

171；出现，165，166，566；被认为是同性恋，198；被认为是私生子，198，574；多重性被认可，201；神性被否认，198，201，202，574；复活被否认，200；自称是耶稣，156，157，161，549n；第二次降临，see Doomsday。See also Messiahs

Jesus, Society of，耶稣会，122，151，377，446n，562，568，583，617，712；和占星术，438n；作为先知，469；来自其中的治疗者，240

Jewel, John, Bp of Salisbury，朱厄尔，约翰，索尔兹伯里主教：论神羔，60；论仪式，79；论奇才，104；论审判日，167；论忏悔，187；论宗教无知，195；论巫师和妖巫，323—324，541；论召请恶魔和占卜，330；论驱魔，571；和占星术，436；论预言，484

Jews，犹太人：皈依，161，162，167；博学的名声，350；对其的恐惧，668

Joachim of Fiore，菲奥雷的乔基姆，465

Joan of Arc，圣女贞德，644

Job, example of，约伯的榜样，96，591，648，765

John of Bridlington，布里德林顿的约翰，467，472

Johns, Richard，约翰斯，理查德，269n

Johnson，约翰逊：冒牌者，506n；伊丽莎白，566；凯瑟琳，164n；塞缪尔，博士，228；论幽灵，702—703，706

Joncourt, Pierre de，容古，皮埃尔·德，144n

Jones，琼斯：伊丽莎白，67；欧内斯特，774；亨利，克洛赫主教，490；约翰，上校，136；琼，374；神甫，328；莫里斯，夫人，609

Jonson, Ben，琼森，本，374，405，716，730—731，733；论占星术，423

Jorden, Dr. Edward, naturalistic views of，乔登，爱德华医生，自然观，249，584，641，

651，689n，692

Joseph of Arimathea，阿里马西的约瑟夫，504

Josselin, Ralph，若瑟兰，拉尔夫，96，138

Josten, Dr. C. H.，乔斯腾，C.H.，博士，371n

Jourdemain, Margery，乔德梅因，马杰里，540n，549n，725；

journeys，旅途：宗教性保护，32，37，40，84，133，135，136；在不吉的日子，735—736，740；其前景，由占星术决定，339，367—368，378

Joyce, Cornet George，乔伊斯，科尼特·乔治，443

judges，法官，see witch-trials

Judgement Day，审判日，see Doomsday

judgements, God's，天罚：降于罪人，92—103 passim，106—126 passim，128—129，146，562—563，568—569，740；降于迫害者，108，109，122，127；降于渎神，51，112—121；但并不降于妖巫的受害者，611；影响，92—103 passim，106—126 passim；选编，108—112，127，602，761；不可探究，98，102，124，127，128；避免天罚的祈祷，136；信教的论据，112；和道德，107，122—123，125；该观念的主观性，123；仍旧被认可，798。See also providence, divine

'Junonians'，"婚姻神"宗派，457

juries，陪审团：社会构成，538；使用抽签，141；当地知识，630。See also witch-trials

Justices of the Peace，和平时的正义：和预言，471

Juxon, William Abp of Canterbury，贾克森，威廉，坎特伯雷大主教，596n

Kalender of Shepherdes，《神甫日历》，350—351

索 引

Katherine of Aragon,阿拉贡的凯瑟琳,473
Kelly, Edward,凯利,爱德华,201,273
Kemp, Ursula,肯普,厄休拉,654
Kennett, White, Bp of Peterborough, 肯尼特,怀特,彼得堡主教,197
Kensington, Eleanor, Lady, 肯辛顿, 埃莉诺, 夫人,379
Kent, 肯特郡,365,451,575,732；宗教,59n,180；魔咒师,219；预言,485；妖术,531,536,633,689 & n；阿什本汉,229；阿什福德,63；本尼登,653；贝瑟斯登,33,219,256,297；贝克斯利,200；布莱克希思,105；布拉斯特德,117；布伦奇利,645,648,660；坎特伯雷,12,28,32,48,315；教区,278,294；大主教,173n,310,435n；执事长,596n；克兰布鲁克,100；达特福德,201；东兰登,285；法弗舍姆,66,603,678；福克斯通,463；哈尔登,256；小伯恩,539n,606；梅德斯顿,8n,211,219,285,359,552,575n,598n,639；马格特,277；邓斯坦,678；圣彼得教堂,萨尼特,114；桑德威奇,34,149；滕斯托尔,201；特罗特斯克里夫,161；韦斯特韦尔,576n；温厄姆,539n；伍德丘奇,201
Kent, Edtmund, Earl of,肯特郡的埃德蒙伯爵,496
Kent, Nun of,肯特郡的修女, see Burton, Elizabeth
Kepler, John,开普勒,约翰,416,485
Kerke, Anne,柯克,安妮,664
Ket, Robert,凯特,罗伯特,478,497；其造反,478,483,497
key and book, divination by,钥匙和书,占卜,254—255,262,307
Key of Solomon,《所罗门的钥匙》,272
Kiffin, William,基芬,威廉,149
Kildare, County,基尔台尔村,472

Kilkenny,基尔肯尼,136
Kilvert, Rev. Francis,基尔沃特,弗朗西斯,神甫,197,395
King, Gregory,金,格雷戈里：估算,3,22；和占星术,380
kings,国王：神秘地位和力量,229—233,235—236,243—245,276；作为治疗者,227—237；see also King's Evil；计算出来的平均寿命,407—408
King's Bench,英国高等法院,237,274,548,555,556,557
King's Evil(scrofula),王邪（淋巴结核）：皇家治疗,209,210n,227—235,241—244；症状,227；可能原因,227；导致的死亡,227；其他治疗方法,229；治疗竞争者,234,236—242
Kingsbury, Anne,金斯伯里,安妮,362
Kingsfield, Edmond, wife of,金斯菲尔德,埃德蒙,妻子,575n
Kingston, Sir William,金斯敦,威廉,爵士,502
kinship,亲属关系, see family
Kiterell, a wizard,凯特雷尔,巫师,219,297
Kittredge, G. L., 基特里奇, G.L.,517n,615n
Knightley, John,奈特利,约翰,329
knighthood, superstitions in order of,爵位次序的迷信,76
Knollys, Hanserd,诺利斯,汉塞德,149
Knox, John,诺克斯,约翰,91,155,561
Kratzer, Nicholas,克拉泽,尼古拉斯,342
Kytler, Dame Alice,凯特勒,爱丽丝,女爵士,528n

labour, potentialities of,劳动力,潜力,332。See also self-help
Lake, Sir Thomas,莱克,托马斯,爵士,277
Lambarde, William,兰博德,威廉,79

911

Lambe, John, wizard, 拉姆, 约翰, 巫师, 457; 费用, 297; 获得许可证, 414, 435n; 对占星术的无知, 359; 制造麻烦, 291, 411; 死亡, 412
Lambent, Maj -Gen. John, 兰伯特, 约翰, 陆军少将, 444
Lancashire, 兰开夏郡, 83, 362; 巫师, 215, 221, 245, 254, 277; 妖术, 39, 537, 544n, 546, 576, 585, 595n, 633, 645, 675; 阿斯普尔, 627n; 布莱克本, 706; 鲍兰, 612; 埃勒尔, 665; 福顿, 656; 弗尼斯, 473, 474; 霍克斯黑德, 212; 利物浦, 647; 曼切斯特, 363; 纽顿因麦克菲尔德, 669; 奥姆斯柯克, 261, 279; 沃利, 612
Lancastrians, and prophecies, 兰开斯特派, 和预言, 471, 494, 506
land, mobility of, explained, 土地流动性, 解释, 116
Landish, Margaret, 兰迪什, 玛格丽特, 618
Lane, John, 莱恩, 约翰, 575n, 579, 584
Langdale, William, 兰代尔, 威廉, 475
Langdon, Edmund, 兰登, 埃德蒙, 216
Langley, William, 兰利, 威廉, 475
Langton, Walter, Bp of Coventry and Lichfield, 兰顿, 沃尔特, 考文垂和利奇菲尔德主教, 528n
Larke, Thomas, 拉克, 托马斯, 477
Larkham, Thomas, 拉甘, 托马斯, 602
Laslett, Mr. Peter, 拉斯利特, 彼得, 爵士, 6n
Last Judgement, 最后审判, see Doomsday
Lathbury, Robert, 拉思伯里, 罗伯特, 662
Latimer, Hugh, Bp of Worcester, 拉蒂默, 休, 伍斯特主教: 论医疗开支, 13; 论祈祷, 133—134; 论大众巫术, 209, 308; 论天主教信仰, 35, 51; 论忏悔, 187; 论大众对宗教的不喜, 195; 论魔鬼, 561; 论诅咒, 607; 论幽灵信仰, 711
Laud, William, Abp of Canterbury, 劳德, 威廉, 坎特伯雷大主教, 50, 162; 和抽签, 140; 梦, 152; 论祈祷, 433; 和占星术, 433, 438; 和妖术, 597; 看见预兆, 105。See also Laudians
Laudians, 劳德派, 107; 其宗教仪式, 66, 74, 79, 601; 祖什悔, 186, 187; 和十字架, 590; 和大众巫术, 325, 597; 和占星术, 409, 439; 和幽灵, 708; 论异端, 204; 以及妖术, 590。See also Arminians
law, reform of, 法律改革, 169, 355, 483
Law, 劳: 托马斯, 410; 威廉, 447
law-courts, 法庭, see witch-trials
Lawkiston, Richard, 劳基斯顿, 理查德, 277
Lawse, William, 劳斯, 威廉, 256
lawsuits, 诉讼案件, see litigation
lawyers, 律师: 与宗教法庭竞争, 183; 在妖术审判中, 531, 533, 685。See also witch-trials
Laynam (Layman, Latham), Richard, prophet, 莱纳姆, 理查德, 先知, 475
Lea, Anne, 利, 安妮, 646
Leate, Nicholas, 利特, 尼古拉斯, 367
Lecky, W. E. H., 莱基, W.E.H., 144n, 594
Leech, John, 利奇, 约翰, 563
legacies, 遗产, see wills 参见愿望
Legate brothers, 三使节兄弟, 160n
Leicester, Robert Dudley, Earl of, 莱斯特, 罗伯特·达德利, 伯爵, 343, 385, 506
Leicestershire, 莱斯特郡, 30, 363, 564; 758; 阿什比德拉祖什, 152, 贝尔瓦城堡, 664; 博斯沃思, 476n; 弗勒克尼, 328; 莱斯特, 482, 499, 538, 546, 649; 圣威斯坦教堂, 30; 萨普科特, 218
Leighe, Isabel, 利, 伊莎贝尔, 606
Leland, John, 利兰, 约翰, 280, 508
Le Mareschal, Robert, 勒马雷沙尔, 罗伯特, 540n
Le Neve, 勒尼夫: 杰弗里, 444; 罗伯特,

435n
lending, and neighbourliness,出借和睦邻,660—663,673,674,731
Lent,四旬斋,*see* calendar 参见年历
Lenthall, William,伦索尔,威廉,442
L'Estrange, Sir Roger,莱斯特兰奇,罗杰,爵士,400
Levellers,平均主义者,165,647;和占星术,372,443,445;抵制先例,170
Leverett, James,莱弗里特,詹姆斯,238,242
Levi-Strauss, Claude,列维-斯特劳斯,克劳德,750
Lewis, Mrs. R. G.,刘易斯,R.G.,女士,572n
Liber Spirituum,《精灵手册》,272
libertins,自由主义者,198,775
licensing,颁发许可证,112;巫术书,319;年历,363,408—409。See also censorship
life, expectation of,寿命,*see* expectation of life
Liffen, Sarach,利芬,萨拉,633
lightning,闪电:作为上帝的行为,97,102,111;针对它的保护措施,33,34,275,747,759。*See also* storms; weather
Lilburne,利尔伯恩:伊丽莎白,约翰之妻,443—334;理查德,143
Lilly, William, astrologer,利利,威廉,占星师,212,314,403;职业,360,361,362,363—364 *passim*,413,414,435n,756;著作,336n,342,350,352,355,363—364;年历,348,354,363,392,406,409,485;判例汇编,364,756;通信,361—362,388,411,431,453;顾客及其问题,364—79,380,382,411,443—444,452—453,651,780;门徒,360,362,381,431;对手,401,409,491;继任者,759—760;政治活动,381,406,

407,440—444,487—491 *passim*;收入,380—381;宗教,399,445,448;朋友,409,439,442—443;崇拜者,419,445,446;方法,391—392,756;受嘲笑,423;被指控,413,442,488;被看作妖巫,431;出版古代预言,468,470,485—492 *passim*,761;论占星术,384,397,399,403—404,422,441—442;和星体巫术,759;和精灵,274,756;论妖术,403,534,651,656,668n,756—757;和妖仙,727,756;他的历史解释,386;制造麻烦,411 *bis*
Limerick,利默里克,377
Lincolnshire,林肯郡,176,297,359,465,711,715,798;伯顿,286;阿斯霍姆岛,196,286;林肯,87,468;主教,435n;教区,596n;市长,600
Lingard, John,林加德,约翰,569n
Lisle,莱尔:爱丽丝,441;约翰,441
Litany,连祷,71,134
literacy,识字率,4—5,778
litigation,诉讼:避免的方法,182;巫术,275;占星手段,369—370,393;不向妖巫开放,669—670
Living, William,利文,威廉,430
Lloyd, Temperance,劳埃德,登普伦斯,638
Lloyds coffee house,劳埃德咖啡馆,780
Llwyd,卢埃德:汉弗莱,344;摩根,447
Lywelyn, Gruffydd ap,阿普利韦林,格鲁菲德,494—495
Locke, John,洛克,约翰,4,193;和占星术,422;和共感,649;论精灵,682
Locke, William,洛克,威廉,452
Loder, Robert,洛德,罗伯特,94,95
Lollards (Wycliffites),罗拉德派(威克利夫派),107,504;抵制中世纪教会巫术,58—59,70,85,787,794;抵制:洗礼,63;坚振礼,64;驱魔,571;教会成

913

圣礼,65,67;教会诅咒,600;十字架符号,83;论婚姻,65,741;论誓言,76;论神殿,70;和预言,470,484;包括巫师,325;千禧年派倾向,157,166;社会起源,85,794;错误地和怀疑论联系起来,199—200

London,伦敦,22 bis,51,61,110,141,493,575,577n,607,686,716,717,797;占星术,355,356,360—382,413,422,423n,441,453,796;死亡统计,227,389,757;主教,239,435n,554;通讯,778—779;教区,201;医生,11,13—14,242—243,247;火灾,19,20,122—123,388,400,488,780,783;治疗,220,228,240,317;没有人情味,629,797;人均寿命,6;巫术,39,263 & n,648,660,727,732,797;瘟疫,8—9;人口,3—4,12,778—779,797;预言和先知,157,159,161,168,171—172,478,479,484;宗教,182,196,204,796—797;妖术,611,648—649,660,797;阿尔德盖特,369;圣玛利亚疯人院,16;布莱威,157,238;布罗肯沃夫,664;查林十字街,475;切普赛德街,158;公鸡巷,712;科尔曼街,375;公爵广场,453;弗利特监狱,650;格雷斯因,365,563;格拉布街,365;霍尔伯恩,281,453n;林肯斯因,149,607;卢德盖特监狱,366;中殿律师学院,373;纽盖特监狱,160n,234,369,618;圣巴塞洛缪医院,15;阿尔德门外的圣博托夫教堂,453;圣詹姆斯教堂,240,247,506;圣玛丽阿布丘奇,610;圣保罗大教堂,29,119;圣托马斯医院,15;萨瓦,377;肖尔迪奇,283n,413n,757;史密斯菲尔德,160n,341;索霍,635;萨默塞特府邸,281;索斯沃克,365,380,556,709;斯比德菲尔德,413n;斯特兰德大街,123,374;锡翁学院,110;伦敦塔,

366,444,464;泰伯恩,663;威斯敏斯特,28;威斯敏斯特大教堂,281,509;怀特查佩尔,411;怀特霍尔宫殿,18。See also Middlesex

London Gazette,《伦敦公报》,8,353,491

Long, George,朗,乔治,634

Long Parliament,长期议会,174,469

Lords, House of,上议院,14,181

Lords of Misrule,节庆司仪,75

Lord's Prayer,《天主经》, see prayers

Lord's Supper, exclusion from,从圣餐(仪式)中逐出,309

Lorraine, witchcraft in,洛兰,巫术,317n

lost property,失物:占星寻回方法,364—365;教会寻回方法,40,71,316;巫术寻回方法,252—264,299,302,314—315 (see also wizards);广告,779。See also theft

lots and lotteries,抽签:使用,139—46,402n;态度,139—146

Loudun, exorcism at,劳登,驱魔,587

Louis XIV,路易十四,171,230,345

love,爱情:和占星术,373—374,391;爱情巫术,277—279,292,301,359,525,759,790;符咒,38,277—278;春药,269,277—278;失去爱情,怪罪于妖术,643

Love, Christopher,洛夫,克里斯托弗,492

Love, Family of,慈爱教, see Familists

love-magic,爱情巫术, see love

Lovell, Thomas,洛弗尔,托马斯,201n

Lovett, William,洛维特,威廉,675

Lowe, John,洛,约翰,102n

Lowes, John,洛斯,约翰,330,670n

Loweth, Richard,洛思,理查德,476

Lowys, Elizabeth,洛维斯,伊丽莎白,145

Loyola, Ignatius, as prophet,洛雅拉,伊格内修斯,作为先知,465,469,487

Lucas,卢卡斯:查尔斯,爵士,406;罗伯特,565

Lucian,卢西恩,773n

Lucina, goddess,生育女神,30

Lucius, King of Britain,卢修斯,不列颠国王,504

luck,运气:和时节,735—745;和物体,745—747;对其信仰的重要性,739,744,746,738—751;可能的源头,43,81—82,113,745—751。See also chance;misfortune;superstition;unlucky days

lucky days,吉日,see unlucky days

lucks (heirlooms),吉祥物(祖传宝物),745

Lucretius Carus,卢克里修斯·卡勒斯,773

Lufkyn, Thomas,勒夫金,托马斯,359

Lumley,拉姆利:约翰,勋爵五世,475;约翰,勋爵六世,405n

lunacy,精神错乱,see insanity

Luther, Martin,路德,马丁,561,569

Lydgate, John,利德盖特,约翰,109

lynchings,私刑:处死妖巫,see witches;处死纵火犯,636

Macfarlane, Dr. A. D. J.,麦克法兰,A.D.J.,博士,67n,80n,145n,223n,283n,293n,482n,499n,518n,535n,652n

McFarlane, K. B.,麦克法兰,K.B.,457n

Mackerness, John,麦克尼斯,约翰,453

macrocosm and microcosm, doctrine of,宏观宇宙理论和微观宇宙理论,125—126,265,394,447,749—750,769

mad dogs, remedies against,疯狗,针对其的手段,36,213,216,246,588

Madrid,马德里,362

magic,巫术:如何区别于拙劣的科学,224—227,242,799—800;表达作用,762,800;自我确认的特征,733—734,767—769;社会功能,748—750,761—762,774—775;经济功能,787,794—797;和技术的关系,89,246—247,775—778 passim,785—789;衰落的原因,332,765—766,769—774,775—800。See also magic and religion;magic as intellectual study;magic, popular

magic and religion,巫术与宗教:它们在中世纪的关系,53—54,57, and 27—57 passim;宗教改革者尝试的分离,58—89 passim,304,763;但没能成功, chap. 5 passim,318—319,325,742,763;它们之后的关系,301—332,761—766

magic, as intellectual study,作为知识研究的巫术,264—273,325—326,519—520,760,762,769—770;自然巫术,265—273;关于其的出版物,270,271—273 passim。See also astral magic;conjuration

magic, black,黑巫术, see devil-worship;witchcraft

magic, maleficent, practice of,邪恶巫术,实践,37—38,48,612—614。See also witchcraft, maleficent

magic, popular,大众巫术:宗教改革后的规模,764;实践, chaps 7 & 8 passim (see also wizards);教会对其的态度,301—332 passim,762—764;对有益和有害的区别,517—518

magic, white,白巫术, see magic, popular;wizards

magical beliefs,巫术信仰:它们相互的关联,755—761;它们与科学的关系,264—273,769—774,799—800;它们自我确认的特征,733—734,767—769;衰落的声誉,769—774;遗留,798—800。See also alchemy;astrology;geomancy, etc.

magicians, 巫师, see witches; wizards

Magna Carta,《大宪章》,176

magnetism, 磁力理论, 266, 431, 446; 动物, 799

magnetical cures, 磁疗法, see sympathy

Maitland, S. R., 梅特兰, S.R., 375n

Malawi, executions in, 马拉维, 此处的处决, 497

maledictions, 诅咒, see curses

maleficium, "恶业": 形式, 519—520, 540—543 passim, 667—668; 1500 年以前十分稀少, 541, 549; 在欧陆妖巫信仰的次要地位, 521, 523—525, 542—543; 但在英格兰处于中心地位, 525—534, 543, 548, 551—554, 595, 598, 627; 法律地位, 525—530, 548—549, 550, 554—558; 在妖巫审判中, 527—534, 616; 如何识别, 685—686, 688; 难以确证, 533; 通过解释消除, 691—692; 撒旦行为的一部分, 591; 面对其的正当行为, 591—593; 由对妖巫的处决告终, 650。See also witchcraft

Malinowski, Bronislaw, 马林诺夫斯基, 布罗尼斯拉夫, 774—775, 785—786, 799

Malleus Maleficarum,《女巫之锤》, 521; 在英格兰传播, 523; 引用, 308, 529, 588, 595, 679

Malpas, Katherine, 莫尔帕斯, 凯瑟琳, 580n

Malter's wife, 马尔特妻子, 664

Man, Isle of, 莫纳岛, 717

Mangall, Edward, 曼格尔, 爱德华, 566

manorial system, 庄园制度, 670—671, 779—780

Mansel, Sir Lewis, 曼塞尔, 刘易斯, 爵士, 96

Mantell (alias Blosse), Robert, 曼特尔 (别名布洛斯), 罗伯特, 498—499, 500

Maplet, John, 梅普尔特, 约翰, 344, 419n, 451

Marchant, Susan, 马钱特, 苏曾, 622

Marian exiles, 玛丽流放, 549

marine insurance, 海洋保险, see insurance

Markley, Eleanor, 马克利, 埃莉诺, 634

Marlowe, Christopher, outrageous religious opinions of, 马洛, 克里斯托弗, 骇人的宗教观点, 24, 198, 323

marriage, 婚姻: 仪式, 43—44, 50, 62, 65, 75, 190; 盛宴, 664; 关于此的占星建议, 374, 393; 恰当的时节, 352, 736, 740, 741—742

Marsh, William, 马什, 威廉, 617, 760

Marten, 马滕: 安东尼, 167; 亨利, 233; 玛利亚, 176

Martin, Sir Richard, 马丁, 理查德, 爵士, 552

Martindale, Adam, 马丁代尔, 亚当, 96

Marton, Alice, 马登, 爱丽丝, 226—227

Martyn, Alse, 马丁, 阿尔塞, 674—675

Martyr, Peter, 马特, 彼得, 436

Marwick, Prof. M. G., 马威克, M.G., 551n, 659n

Mary I, Queen of England, 玛丽一世, 英格兰女王, 473, 498; 和皇家治疗, 232, 235; 关于其的预言, 479, 500 bis

Mary, Queen of Scots, 玛丽, 苏格兰女王, 154, 155, 480, 481, 482

Mason, 梅森: 凯瑟琳, 605; 约翰, 171

Mass, 弥撒, 87, 481; 和巫术的联系, 36—40, 60—61, 303, 319, 326; 作为神裁, 50; 和宗教改革者, 60—61, 62, 65, 87

masses, 弥撒: 数量上的价值, 37, 46; 用于世俗目的, 37, 84—85; 用于死者, 720—721; 恶意的, 37—38

Massachusetts, 马萨诸塞州, 111

Master, Robert, 马斯特, 罗伯特, 201

materialism, 唯物主义, 682—683

mathematics and mathematicians, 数学和数学家, 784 bis; 神秘的一面, 265, 770; 怀疑论, 430—431
Mather, Increase, 马瑟, 英克里斯, 111, 144, 708
Matthew, Henry, 马修, 亨利, 211
Maurice, Sir William, 莫里斯, 威廉, 爵士, 496n
Maxwell, James 马克斯韦尔, 詹姆斯, 465—466, 486n
May-games, 五月游艺, 75
maypoles, 五朔花柱节, 75, 82, 577—578
Mayers, Bridget, 迈耶斯, 布里奇特, 626
Maynwaring, Sir Christopher, 梅恩韦林, 克里斯托弗, 爵士, 278
Mayor, Edmund, 梅厄, 埃德蒙, 590
Mead, Joseph, 米德, 约瑟夫, see Mede
Mead, Richard, 米德, 理查德, 127, 421
measuring, girdle-, as magical technique, 腰带检测法, 作为一种巫术技巧, 217—218
mechanical philosophy, 机械哲学, 446, 769; 和特殊天命, 92—94, 128—129; 和宗教, 766; 和巫术, 268, 770; 和妖术, 692; 和新柏拉图主义, 692, 769, 773
Mede, Joseph, 米堤亚, 约瑟夫, 117, 585
medical profession, 医学职业: 规模, 11—14; 分支, 11—17, 137—138, 328—329; 许可, 11, 14, 308; 费用, 12—13, 14, 244—245; 名声, 16—17, 98—99; 不足, 10—11, 244, 640, 641, 642; 如何区别于巫师, 226—227; 和王邪, 228—229, 229; 和占星术, 356, 421—422; 和着魔, 574—575; 和妖术, 593, 640—642, 653—654, 685, 686, 693; 和预言, 476; 方法, see medicine
medicine, 医学: 理论, 9, 10, 242, 395; 局限, 10—11, 251, 639—640, 651, 777,

787—788; 如何区别于巫术, 224—225, 242, 799—800; 古代医学与西医的区别, 245; 和占星术, 339, 340, 343, 350, 356, 362, 375—376, 391, 395, 396, 414, 417, 420—421, 449, 450—451; 和宗教, 46, 98, 227, 229, 318; 患者的态度, 16—17, 226; 帕拉塞尔苏斯派医学, 446; 和不吉日, 736—737; 进步, 513, 787—790
Meggs, 梅格斯, 619
Melanesia, cargo cults of, 美拉尼西亚, 货物崇拜, 170
melancholy, 忧郁症, 15, 47, 188, 565, 617, 691。See also mental illness
Mellitus, Abp of Canterbury, 梅里图斯, 坎特伯雷大主教, 464
Melton, John, 梅尔顿, 约翰, 436n
menstruation, 月经, 43, 520, 777
mental illness, 精神疾病, 15—16, 157—159, 172, 176—177, 188
Meriwether, Joanna, 梅里韦瑟, 乔安娜, 48
Merlin, prophecies of, 默林预言, 462, 467; 关于它们的观点, 484, 508; 引用, 471, 472, 474, 477, 481, 482—487 passim, 490, 492, 495, 499—500
Merrifield, John, 梅里菲尔德, 约翰, 407
Mersenne, Marin, 麦尔赛纳, 马林, 770
Messiahs, pseudo-, 假弥赛亚, 156—158, 159—162, 171, 172, 496ff, 798
metamorphosis, by witches, 伪装变形, 妖巫, 529, 617, 664
Metcalfe, William, 梅特卡夫, 威廉, 624
Methodists, 循道宗教徒, 129, 141—142
Methwold, Thomas, 梅斯沃尔德, 托马斯, 646
Meyrick, 梅里克: 苏珊娜, 606; 威廉, 606
microcosm theory, 微观宇宙理论, see macrocosm
Middle Ages, 中世纪: 新教徒的观点, 78,

917

184,325,486,672,703,728—729；杜克海姆的观点,205
Middlesex,米德尔塞克斯：法庭,413,564；哈克尼,582；汉普顿宫,232,381,442,506；哈罗山,341；艾斯尔沃思,474；锡翁修道院,463,474；斯坦莫尔,663
Middleton,米德尔顿：科尼尔斯,126,694；伊丽莎白,123；詹姆斯,239；约翰,423；约翰,陆军中将,366
Midland peasants' revolt,米德兰起义（1607年）,165,276
midwives,助产士：技术,15；信仰,125；在安产感谢礼仪式,68；和占星师,371,376；由其洗礼,63,308；巫术和宗教辅助手段,30,84,222,223n,308。See also childbirth
Milburne,米尔本：简,664；威廉,452n
Mildmay, Sir Walter,迈尔德梅,沃尔特,爵士,707
millenarianism,千禧年派,167—171,449n,771,798
Millenary Petition,千人请愿,64
Mills, John,米尔斯,约翰,584
Milton, John,弥尔顿,约翰,4,407,437；论妇女安产感谢礼,68；论渎神,121
minerals, properties of,石头的性能,224,270,271,416,691
mining, and magic,探矿和巫术,289,796。See also divining rods
Mirabilis Annus,《奇迹年》,111—112
miracles,奇迹：宗教改革之前,27—29,31,35,36,39—40,53,126,146—147,149,571—572；发生在天主教徒间,84,146—147；发生在宗派间,147—151,158,159,173；被强调的重要性,148,149,577,587；新教徒的不信任,87—88；被认为已经停止,92,93,126,146—147,241,304—305,571—572,578；天主教奇迹被视作妖术或骗术,78—79,87—88；可能性被否认,59—60,126,584—585,690—691,769—770；仍然有人相信,92—93,94,226,240—241；凌驾于占星预测,399
Mirror for Magistrates,《治安官的写照》,109—110,484
Mirror of Justices,《法官通鉴》,555
mirrors, used by wizards,镜子,由巫师使用,138,219,255,263,297,302,655
misfortune,不幸：发生情况,5—20, see also death；fire；sickness；etc.；人在其面前的脆弱性得到降低,781,782—783；对其宿命论的接受,20,24,785；使人们转向宗教,94—95；对手对其的解释,5—8,130,646—647,763；神圣起源,90—132 passim,648,667,762；和罪的关系,93—104 passim,106—32 passim,762—763,765—766,798 (see also morality)；占星解释,369,388—391 passim (see also astrology)；归咎于妖术,519,638—646,650—651,667—669,685—686 (see also witchcraft)；其社会原因,175,783—784；怪罪于妖仙,647,731—732；和魔鬼,568—569；不守奉节时,743；其他疏忽,749；只是运气不好,130；其经过计算的可能性,785
missing goods,失物, see lost property；theft
missing persons,走失的人,278—279,297,358—359；通过占星术寻找,365—366；寻人广告,779
mobility,流动性：土地,116,117；of population,人口流动性, see population；社会流动性,当时的解释,123,279,644
Moivre, Abraham de,棣莫弗,亚伯拉罕,784
mole,鼹鼠预言, see Mouldwarp
moles, divination by,黑痣占卜,283

Molland, Alice, 莫伦德, 爱丽丝, 537
monarchy, fall of, predicted, 王国垮台, 被预测, 177—178, 355, 406
monasteries, 修道院, 31; 藏富之地, 279; 炼金术配方的地点, 321; 古老预言的地点, 463—464; 它们的回归被预言, 481。See also Dissolution; monks
monastic lands, curse attaching to, 修道院土地, 关联的诅咒, 113—121, 123
Monck, 蒙克, see Monk
Monk, 蒙克: 克里斯托弗, 139; 乔治, 将军, 118, 490
monks, 修道士: 和巫术, 327n; 巫师的客户, 324; 和预言, 473—475, 491。See also monasteries
Monmouth, James Scott, Duke of, 蒙茅斯公爵, 詹姆斯·斯考特, 281, 366, 441, 492; 和王邪, 231; 采纳占星建议, 345; 和巫术, 276—277; 被认为还活着, 497
Monmouthshire, 蒙茅斯郡: 斯肯弗里斯城堡, 281
Monson, 蒙森: 夫人, 199, 367; 威廉, 爵士, 367
Montagu, Walter, 蒙塔古, 沃尔特, 587
Montgomeryshire, 蒙哥马利郡: 彻奇斯托克, 606
months, to be re-named, 月份, 重新起名, 428
Montrose, James Graham, 1st Marquis of, 蒙特罗斯, 詹姆斯·格雷厄姆, 侯爵一世, 344, 490
moon, 月亮: 根据其相位的预言, 284, 351; 被认为有影响力, 351—352, 395, 421, 449, 456—457, 758; 受其影响的活动, 352, 432, 735, 741, 776; 在巫术中, 432; 和妖术, 756; 被崇拜, 456, 457
Moore, 穆尔: 约翰, 假弥赛亚, 157; 赫勒福德的约翰, 634—635

moral order, linked to natural order, 自然现象的道德意义, 103—104, 105—106
morality, 道德: 和好运和坏运联系起来, 125—126, 128, 130, 675, 676, 763; 制裁: 妖巫信仰, 634, 676; 幽灵, 714—715, 719; 妖仙, 730—732; 神裁, 106—108, 122—123, 146 (see also judgements); 公共祈祷, 145—146, 173—174
More, 莫尔: 阿格尼斯, 312; 乔治, 577
More, Henry, 莫尔, 亨利, 240; 和占星术, 417, 421; 和妖术, 690; 和幽灵, 703
More, Sir Thomas, 莫尔, 托马斯, 爵士, 47, 135, 137, 154; 论巫师, 314, 597; 论星体崇拜, 457
Mores, Joan, 莫斯, 琼, 285
Morgan, 摩根: P.T.J., 博士, 342n; 托马斯, 上校, 444
Morin, Jean-Baptiste, 莫林, 让-巴蒂斯特, 393, 417
Morison, Richard, 莫里森, 理查德, 477
morris-dancing, 莫里斯舞, 75, 82
mortality, rates, 死亡率, 5—6, 667—669
Mortality, Bills of, 死亡统计表, see London
Mortlock, Elizabeth, 莫特洛克, 伊丽莎白, 217
Morton, John, Cardinal-Abp of Canterbury, 莫顿, 约翰, 坎特伯雷红衣大主教, 78
Mosaical rods, 摩西杖, 218, 280, 281, 323
Moses, as magician, 摩西, 作为巫师, 323
'mother, rising of the', "子宫病", 692
Mouldwarp prophecy, 莫尔德沃普预言, 473—474, 475, 477, 484, 489
Moundeford, Thomas, PRCP, 蒙德福德, 托马斯, 641
mourning, 哀悼, see funerals
Muggleton, Lodowick, 马格尔顿, 洛多威克, 203; 职业, 160; 作为诅咒者, 159,

602,609；论占星术,449；论魔鬼,683；论医生,17

Müller, Johann (Regiomontanus), 缪勒, 约翰(雷格蒙塔努斯),481

mumming, 82—83

Munday, Anthony, 曼德,安东尼,109

murder, 谋杀：对其的天罚,108；其动机,176,566,622；被梦探测到,176；被幽灵探测到,712—714；被巫师探测到,279；被神裁探测到,261—262

Murray, 默里：吉尔伯特,引用,131；玛格丽特,博士,理论,518n,614—615,627

Muschamp, George, 马斯卡姆,乔治,580n

Myddelton, Sir Thomas, 米德尔顿,托马斯,爵士,323,453—454

Myddleton of Chirk, Sir Thomas, 切尔克的米德尔顿,托马斯,爵士,372

Myrc, John, 米耶克,约翰,39

Myrddin, 米尔丁, see Merlin

Napier, Sir Richard, 内皮尔,理查德,爵士,421；有许可证的医生,435n；患者,376,565,651,664,757

Napier, Richard, 内皮尔,理查德(理查德·内皮尔爵士的叔叔)：职业和实践,362,435n,450；宗教,450—451；顾客及其问题,344,370,374,376,380,390,454,651,710；方法,375；和占星术,376,392,450；和巫术,454,759；和妖术,534,651

Napier of Merchiston, John, 默奇斯顿的内皮尔,约翰,346,793

Naples, 那不勒斯,362

Nashe, Thomas, 纳什,托马斯,407

nativities, 生辰天宫图,338—339。See also astrology

"natural", varying definitions of, "自然的",各种各样的定义,303—305

natural magic, 自然巫术,264—271

natural theology, 自然神学,765—766,797

nature, 自然：上帝的同义词,92—94；作为一切事物的源头,202,574；唯一的神,203；其进程无法改变,689—690 (see also miracles)；其规律,92,106,126,769—770

Nayler, James, 内勒,詹姆斯,145,150,161

Naylor, Anne, 内勒,安妮,664

Neale, Margaret, 尼尔,玛格丽特,299

necromancy, 死灵术,242,274,613,622,706—707；法律地位,526；"死灵术士",358

neighbourliness, 睦邻：和炼狱,718；和妖仙信仰,731；和妖术信仰,634,673—677；破坏睦邻导致妖术指控,660—665 passim,670—677 passim；和有组织的慈善,695—696

Neile, Richard, Abp of York, 尼尔,理查德,约克大主教,63n,204,578,596n

Nelson, Nicholas, 纳尔逊,尼古拉斯,162n

Neoplatonism, Renaissance, 新柏拉图主义,文艺复兴,78,225,250,265,266,267,270,272,303,319,325—326,706,707,769,770,771；和妖巫信仰,520,691—692

Nevelson, Anne, 内韦尔森,安妮,217

Neville, 内维尔：亨利,勋爵(后来的威斯特摩兰伯爵),275,280；威廉,277

New England, 新英格兰,110,708；此处针对伪证的法律,77；此处的妖术,564,677

New Model Army, 新模范军,141,174,175,372,406,442,443

Newry, 纽里,490

'new stars', "新星",354,414

New Testament, 《新约》,28,585；"污秽文字",198；"充其量是一个寓言",203—

204。See also Bible
Newcastle,纽卡斯尔:伊丽莎白,伯爵夫人, 224;玛格丽特·卡文迪许,公爵夫人, 163
Newcome, Henry,纽科姆,亨利,581
newness, as a commendation 新的概念,作为褒义,511
Newport, William,纽波特,威廉,254
newspapers,报纸,181,778,779
Newton, Sir Isaac,牛顿,艾萨克,爵士, 172;论奇迹,93;作为赫尔墨斯主义者, 268,771;和占星术,346,418;编年史家,387;和"远古神学家",511—512;和时间,744—745;和恶灵,683
Nicholson, Mrs., a midwife,尼科尔森,夫人,助产士,376
Nickle, Alexander,尼克尔,亚历山大,640
Nixon,尼克松:埃塞德丽达,296;罗伯特,先知,465,484;威廉,see Robert
Noah,诺亚,323;其子嗣,244,507
nobility,贵族,4;关于其的预言,169, 474,478,479;和巫师,278;和占星术, 343—344;和妖术,641;葬礼,721—722
nobles (coins), as amulets,钱币,作为护身符,276
Nokes, Alice,诺克斯,爱丽丝,660
Nonconformists,不遵奉国教的天主教徒, see Dissenters
Non-Jurors,拒绝立誓臣从者,451
Norden, John,诺登,约翰,195,792
Norfolk,诺福克,116,129,479,482,757; 宗教,42,86,201;巫师,291,317,323; 妖术,537,641—642,651,757;预言, 463,469,478—479,483;执事长,596n; 阿克来,48;布伦霍尔姆,28;杜辛达尔, 478;厄尔哈姆,497;大雅茅斯,191, 633;赫尔明甘,561;黑文汉姆,201n;

希林顿,757;金斯林,660;莫斯霍尔德荒地,478,497;诺里奇,3,12,102n, 153,203,259,287,362,414,477,479, 575 & n,693;教区,294n,596n;主教, 310,313n,434;圣乔治公会,589;劳罕姆,116;沃尔辛厄姆,28,29,70;怀蒙德汉,635,636
Norfolk rising (1549),诺福克暴动(1549年),478
Norfolk,诺福克:托马斯·霍华德·公爵三世,612;托马斯·霍华德,公爵四世, 480
Norrington, Mildred,诺灵顿,米尔德丽德, 576n
North,诺思:达德利,勋爵四世,204;罗杰, 547,603
North of England,英格兰北部:宗教愚昧, 84,196n;此处的预言,473—475
Northampton, Henry Howard, 1st Earl of,诺桑普顿,亨利·霍华德,伯爵一世,404, 436n,480 bis,484,506
Northamptonshire,北安普敦郡,113,182, 362;布拉克利,280;格拉夫顿,453n; 霍尔姆比府邸,231;金萨顿,311;利奇巴勒,451;内兹比,372;北安普敦,18, 20,538n,568,636,668;彼得巴勒主教, 479;罗思韦尔,124;思雷斯普顿,611
Northern Earls, rising of,北方伯爵,暴动, 497
Northumberland,诺森伯兰郡,195,217, 219;伯里克,545,580n;邓顿,635;林迪斯法纳,28;纽卡斯尔,3,13n,495, 545,590,635,664,667;
Northumberland, John Dudley, Duke of,诺森伯兰公爵,约翰·达德利,139
Nostradamus,诺查丹玛斯,405,492
Notestein, Wallace,诺特斯坦,华莱士, 518n,538n

Nottingham, Thomas, 诺丁汉, 托马斯, 259

Nottinghamshire, 诺丁汉郡, 92, 220, 576; 朗加尔, 411; 纽瓦克, 15, 276; 北莱弗顿, 608; 诺威尔, 290; 诺丁汉, 138, 221, 297, 360, 577; 南韦尔, 312; 威尔士比, 286; 威沙尔, 239

notory art, 著名技术, 273n。See also conjuration

Notory Art of Solomon,《所罗门的著名技术》, 273

numbers, 数字: 神秘价值, 265, 770; 不吉的, 746; 数字 666, 167

Nun of Kent, 肯特郡修女, see Barton, Elizabeth

Nurden, Joanna, 纳登, 乔安娜, 605

Nutter, Alice, 纳特, 爱丽丝, 544n

Nye, Philip, 奈, 菲利普, 436

Nyndge, 宁奇: 亚历山大, 575; 爱德华, 575

Nyoro, 尼奥鲁人, 630

oaths (expletives), 誓言（咒骂）, 83, 107, 563 bis, 600—601。See also curses

oaths, judicial, 誓言, 司法, 49, 76—78, 717

Oberon (Oberion), a demon, 奥白龙, 一个魔鬼, 727

obits, 祭奠, 720

obsession, diabolical, 魔鬼附身, see possession

occult qualities, 玄秘影响力, 224—225, 265, 266, 272—273, 303, 520, 770—771, 772

Odo, Bp of Bayeux, 奥多, 巴约主教, 324

O'Donnell family, 奥唐奈家族, 472

Ogilby, John, 奥格尔比, 约翰, 380

oil, holy, 圣油, see holy oil

Old Demdike, 老登迪克, see Demdike

Old Testament,《旧约》, 27, 738; 其中的妖术, 620n, 682。See also Bible

Oldenburg, Henry, 奥尔登伯格, 亨利, 346

Oldham, John, 奥尔德姆, 约翰, 127

omens, 预兆, 103—106, 285—286, 288—289, 745, 747, 777, 798

O'Neill, 奥尼尔: 家族, 496; 费利姆, 爵士, 472

optics, 光学系, 269

oracles, 大预言家, 古典时代, 287, 290; 神甫作为大预言家, 187—188。See also divination; wizards

ordeals, judicial, 神裁法, 143, 146, 259—260, 658; 弥撒, 50; 圣餐, 50—51; 非正式, 261—262, 657—658。See also corpse-touching; 'swimming' of witches

Ordinal(1550), 授任仪式书 (1550), 571

ordination, 神甫奉献礼, 65

originality, as a virtue, "独创性" 作为美德, 512

Orkton, John, 奥克顿, 约翰, 660

Ormonde, James Butler, 1st Duke of, 奥蒙德, 詹姆斯·巴特勒, 公爵一世, 451

Orpheus, 俄耳甫斯, 275, 511

Orton, Elizabeth, 奥顿, 伊丽莎白, 155n

Osborne, 奥斯本: 弗朗西斯, 233; 鲁思, 696

Osmund, Bp of Salisbury, 奥斯芒德, 索尔兹伯里主教, 117—118

Ostend, siege of, 奥斯坦德之围, 371

Oughtred, William, 奥特里德, 威廉, 105, 264, 322, 452n

Overbury, 奥弗伯里: 安娜, 365; 托马斯, 爵士, 82, 278, 356, 363, 566

Overton, Richard, 奥弗顿, 理查德, 372, 443

Owain, 欧文, 467

Owen, 欧文: 约翰, 436; 托马斯, 609

Oxford, Edward de Vere, 17th Earl, 牛津, 爱德华, 伯爵十七世, 198, 344

Oxford University, 牛津大学, 270, 366, 392, 498, 577n; 此处的誓言, 77; 此处的

宗教改革,430;此处的入教典礼,75—76;国会视察,373;此处的占星术,365,416,419—420,451—452;此处讨论的幽灵,707;此处的巫术,269,446;学院:万灵学院,269n,419n;巴利奥尔学院,275,709;基督学院,127,451;默顿学院,430,709;新学院,366,709;纽因学院,269n,365,419n;圣约翰学院,365,419

Oxfordshire,牛津郡,190;阿德伯里,216,313n;班伯里,282;宾锡,288;德丁顿,73;戈林,74;牛津,82,240,499,586;黑色巡回审判(1577年),613,667;教区,197,596n;南利,223;斯坦德雷克,73;伍德斯托克,708;伍顿,708

Oxinden, Henry,奥克辛登,亨利,648,685

Padua, University of,帕多瓦大学,564,773;阿维洛伊学说,198

paganism,异教:同化,54—55,616,724—725;对其敌意,74—76,301—302,427—428,568—569。See also calendar customs

Page, Elizabeth,佩奇,伊丽莎白,215,221

Paget, William, 1st Lord,佩吉特,威廉,勋爵一世,343

pain, liability to,常遭受病痛折磨,6

Paine, William,佩因,威廉,393,453n

palaeography, development of,古文字学的发展,509

Palmer,帕尔默:约翰,617;朱利叶斯,604;老妇,661

Palmerston, Henry John Temple, 3rd Viscount,帕默斯顿,亨利·约翰·坦普尔,子爵三世,175

palmistry (chiromancy),手相术(手相学),265,271,282—283,290,755,756,769,772

Papacy,罗马教宗职位, see Popes

Papal bulls,教宗训令, see bulls

Papists,天主教徒, see Catholics; Church, Catholic

Paracelsus (Theophrastus Bombastus von Hohenheim),帕拉塞尔苏斯(德奥弗拉斯特·博姆巴斯茨·冯·霍恩海姆),16,267,272;和炼金术,271;其预言,507;化学511;医学,446,788;其著作翻译,270;影响,271n;对其的敌意,304

Paracelsians, and astral spirits,帕拉塞尔苏斯主义者,和星体精灵,707

parents, bless and curse children,家长,祝福和诅咒儿童,603—604

Parfoothe,帕福德,226,299

Parish, Mrs. 'Lucretia', mistress of Goodwin Wharton,帕里什夫人,古德温·沃顿的情妇,223,282,729,732,733

parish boundaries,教区边界,72,74

parish registers,教区记录:早期研究,185;和星位,452

Parker,帕克:埃德蒙,612;乔治,407,445;约翰,640;马修,坎特伯雷大主教,405,504

Parkhurst, John, Bp of Norwich,帕克赫斯特,约翰,诺里奇主教,577

Parliament,国会,233,353,371,372,436,482,504,598n;古老传统被否认,508。See also Commons; elections; Lords; Rump

Parliamentarians,国会议员,160,409,647;和占星术,371—372,441

Parron, William,帕龙,威廉,342

Partridge, John,帕特里奇,约翰:著作,342,354,407,409,423;财富,381;政治,407;争吵,401;论占星术,397,410;被嘲笑,353,423

Pascal, Blaise, 帕斯卡尔, 布莱兹, 784
past, the, 过去: 试图与其建立连续性, 502—507, 511—514, 719; 破裂, 504—505, 508—514, 719—720, 723—724
Paternosters,《主祷文》, see prayers
Paulet, 波利特, see Winchester
Payne, 佩恩, 473
peace-making, 调节: 通过神甫, 182—183, 631—632; 在村庄, 628—632; 通过法庭和公会, 672; 通过巫师, 290—291
Peacham, Henry, 皮查姆, 亨利, 350
Peacock, 皮科克: 伊丽莎白, 541; 塞缪尔, 277
Pearson, Susanna, 皮尔森, 苏珊娜, 150
Pechey, Joan, 皮奇, 琼, 663
Peckham, Sir George, 佩卡姆, 乔治, 爵士, 582
Pecock, Reginald, Bp of Chichester, 皮科克, 雷金纳德, 奇切斯特主教, 85, 452
Pele, Roger, Abbot of Furness, 贝利, 罗杰, 弗内斯的院长, 474
Pell, John, 佩尔, 约翰, 138
Pemble, William, 潘布, 威廉, 194
Pembroke, 彭布罗克: 菲利普·赫伯特, 伯爵四世, 281, 379; 西蒙, 435; 威廉·赫伯特, 伯爵三世, 379
Pembrokeshire, 彭布罗克郡: 圣戴维, 主教, 556, 596n
penance, 忏悔, 65, 181, 186, 312, 632
Pendleton, Ellen, 彭德尔顿, 埃伦, 635
pendulum clock, 摆钟, 744
Penn, Sir William, admiral, 佩恩, 威廉, 爵士, 上将, 366
Pennington, 彭宁顿: 玛丽, 566; 先生, "格雷斯因", 563; 威廉, 441
Penny, John, 彭尼, 约翰, 159, 196, 726
Pepper, Mrs., midwife, 佩珀, 夫人, 助产士, 590

Pepys, Samuel, 佩皮斯, 塞缪尔, 224, 404, 491; 论赌博者, 24
perambulations, 巡视, 71—74
Percy, 珀西: 家族, 473—474, 475; 托马斯, 371
Perfectionists, 完美主义者, 161, 446—447, 448n. See also Familists
perjury, 伪证, 49, 50, 77, 112, 122, 717
Perkins, John, 珀金斯, 约翰, 284n
Perkins, William, 珀金斯, 威廉: 论抽签, 142, 144n; 论忧郁症, 16; 论巫师和大众巫术, 300, 305, 316; 论占星术, 353, 390n, 434, 436, 440; 论默林, 508; 论妖术, 523, 686—687; 论幽灵信仰, 706
Perne, Thomas, 珀内, 托马斯, 599
Perry, William, 'boy of Bilson', 佩里, 威廉, "比尔森的男孩", 580n, 583, 646
Persia, prophecy in, 波斯, 预言, 507
Persore, Mother, 珀索老妇, 219
pests, 害虫: 诅咒, 35; 针对其的巫术手段, 38, 776。See also vermin
Peter, Hugh, and astrologers, 彼得, 休, 和占星师, 442, 444
Peter of Blois, 布卢瓦的彼得, 357
Peterson, Joan, 彼得森, 琼, 646, 660
Petie, Robert, 佩迪, 罗伯特, 662
Petty, Sir William, 佩迪, 威廉, 爵士, 784; 论誓言, 77
pews, allocation of, 分配座位, 140
Philadelphians, Society of, 费城协会, 171
Philip II of Spain, 西班牙菲利普二世, 506
Philips, Judith, 菲利普斯, 朱迪思, 734
Phillipe, James, 菲利普, 詹姆斯, 646
Phipps, John, 菲普斯, 约翰, 223
phrenology, 颅相学, 283
physic, 医学, see medicine; Galenic physic
physicians, 医师, see medical profession
Physicians, Royal College of, 皇家医学院,

see Royal College of Physicians
physiognomy,面相术,265,282—283,755,756,769;和宗教,433n
physiology,生理学,9—10,787—788
Pickering, Thomas,皮克林,托马斯,314
Pilgrimage of Grace,天恩参拜派分子,473—474
pilgrimages,朝圣者,28,30,49,80,84,85,140,768
Pilkington, James, Bp of Durham,皮尔金顿,詹姆斯,达勒姆主教,60,91,157,706
Pinder, Rachel,平德,雷切尔,576n
Pinnell, Henry,平内尔,亨利,164n,177 & n
Pitches, Thomas,皮切斯,托马斯,366
placebo effect,安慰剂效果,248—249
plague, bubonic,鼠疫:发生率,8—9,778;原因,8,789—790;社会影响,9,20,22,789—790;官方预警,9,11,20,101—102,190,790;医学(和其他)解释,11,99—100,388—389;宗教解释,91,96—97,99—102,108,112,128,762,789;占星解释和预测,388—389,488n,762;其他解释,72,389,562—563,762;其他预测,166,748;针对其的宗教手段,30,32,37,45,85,101—102,134,136,156,173—174,586;针对其的巫术保护手段,247,764;由诅咒者召唤,158,605,606,608;大规模传播,667—668;和妖术,667—668,697;1665年大瘟疫,9,11,128,166,389,423n
plague, cattle,牲口瘟疫,129
planetary angels,行星天使,458n
planetary divinities,行星神祇,455—458
planets,行星,348;和巫术,758;作为疾病的原因,757—758;影响,264,265,337,339,340, *and see* astrology
'planet-struck', a cause of death,"受行星影响",死亡的原因,757—758
planet (or star) worship,行星(或者星辰)崇拜,203,455—458
Plantagenet, Emmanuel,金雀花王朝的以马内利,157
Plato,柏拉图,511;《柏拉图体》,284,329
Platt,普拉特,624
Platte, Sir Hugh,普拉特,休,爵士,793n
ploughs,犁:保存在教堂,81—82;和巫术,776
plurality of worlds,多元世界, *see* infinity of worlds
Plutarch,蒲鲁塔克,773
poison, associated with magic,毒药,和巫术联系在一起,226,520,772
Pole,波尔:阿瑟,276;埃德蒙,276;雷金纳德,坎特伯雷红衣大主教,39,433,707
politics,政治:和占星术,342—345,348,349,355,370—373,381,392,405—409;和古代预言,470—514 *passim*;和巫术,277 (*see also* conspiracies; rebellions);和宗教预言,152,155,157—171 *passim*,175—178;和祈祷,174—175;和妖术,527,643;其创新,512—513
poltergeists,恶作剧的鬼,570,708,709 & n
Pomponazzi, Pietro,庞波内齐,皮特罗,773
Pond, Edward,庞德,爱德华,356
Pool, John, astrologer,普尔,约翰,占星师,409,410,445
Poole, Elizabeth,普尔,伊丽莎白,164n
poor, the,穷人:生活条件,4,8,9,14,15,18,148;年龄,672n;镇压,637,662—663;安慰,20,22—23,24;世界观,20,131—132;热望,148;和宗教,180,190—193;对其的态度,673,695—696,789—790;和纵火,636—637;和妖术,544,620—621,636—637,662—663,

669—677,694—695;其诅咒,602—603,604—605,607,611
Poor Law,济贫法,663,664,672—673,695,791—792
Poor Robin,《可怜的罗宾》,398
Pope, the, invoked by cursers,被诅咒者牵连的教宗,606—607
Pope, Mary,波普,玛丽,164n
Popery,教宗制度,305,705;被罗拉德派和新教徒看作妖术,58—67,70 bis,75—79,84—88;其中异教因素被贬斥,74—77;和大众巫术,325;和大众的激进主义,482—484;对其的怀念,482—484,586。See also Church, Catholic; Catholics
Popes,教宗:和巫术,78—79;和妖术指控,521—523,542
Popish Plot,教宗阴谋,123,408,492,502;期间的预言,406—407,502;其神话传统,647n
population,人口:数量,3 bis;增加,7;其压力,671,777—778;流动性,3—4,189,778—779
Pordage, John,波达格,约翰,448
portents,预兆,103—106,125,126—127,353—354,747。See also omens; prodigies
Porter, Lady Diana,波特,黛安娜,夫人,379n
Portugal, sleeping hero of,葡萄牙,沉睡英雄,496,500
possession, diabolical,着魔,569—570;案例,249—250,569—588 passim,590,711;症状,569,572—573,686;解救方法,570—589 passim;牵涉妖术指控,570,583—584,646;社会影响,573—574;通过解释消除或否认,576,578,584—585,683 691,693,693—694;本

质,572—573
postal services,邮政服务,778
Potts, Thomas,波茨,托马斯,678
Pouch, Captain,钱袋头儿,165,276
Povey, Charles,波维,查尔斯,781
Powis, Lori,波伊斯,洛丽,464
Powell, Joanna,鲍威尔,乔安娜,606
Prabury, Alice,普拉布里,爱丽丝,215
Pranell, Frances (later Countess of Hertford),普兰尼尔,弗朗西斯(后来的赫特福德伯爵夫人),379
Pratt, Thomas,普拉特,托马斯,662
Pratt, Elizabeth,普拉特,伊丽莎白,621,658n
prayer,祈祷:代祷的,45—49,133—138,141—142,146—147,147,149,174—175;占卜的,138;配合药物,46,210,227,230,328;区别于咒语,46,69—70;这一区别淡化,47,56—57,588 (see also charms);用作符咒,46—49,51,70,71,84,102—103,210,211,227,234,299,305,318,328;不应该不配合使用,146,318;但有时还是会不配合使用,147—148,318;and see charms;拉丁文,318,592;当地语,70,194;倒过来说,48,591;恶意的,48,605;非胁迫的,46,53,136—137,648;自我确认的,137,768;效用,133—134,136,137—138,173—175;作为成功的原因,102—103,108;副作用,173—175,180;作为抵抗妖术的防御,220,588,589,591,593;和占星术,432—433,450;向行星祈祷,456,457;对其信仰的衰落,175,769—770。See also prayers
Prayer Books《公祷书》:第一版(1549年),38—39,40,63;第二版(1552年),61,63,65,571;伊丽莎白《公祷书》,63,66,68,98,134,186,597,631;(1634年),

228；复辟时期《祈祷书》，741；《公共礼拜指南》，63
prayers, 祈祷书：《圣母经》，46，47，48，211，217，218，220，221，588；《使徒信经》，46，64，194，211 217，220，221，318，592；《主祷文》，46—48 passim，69，211，213，217，218，220，221，318，588；《天主经》，64，80，146，194，195，456，591，592，658；圣布里奇特"O"字头祈祷词，48；《白色主祷文》，213；念诵祈祷书作为妖巫的神裁，146，658。See also prayer
preaching, 布道：对其的反感，191—192；朴素，193—194；作为对抗巫术的手段，332
precedent, 先例：寻找，503—505；抵制，169—170，512—513，792
predestination, 天命，94；不允许探究，439—440；和占星术，440
pregnancy, 怀孕：由巫术决断，254；由占星术诊断，376 bis，379—380；不宜选择孕妇做孩子的教母，746。See also childbirth
Pregnani, Abbé, 普雷格内尼神父，345
Presbyterians, 长老会成员，110，111，135，183，234；和洗礼，63；和大众巫术，309；和占星术，409，436，439，440，441；论波墨，448；和古代寓言，488；苏格兰的，185；衰落被预言，355，372—373
Prest, Dr. W. R., 普雷斯特，W.R.，博士，309n
Preston, John, 普雷斯顿，约翰，420n
Prestwich, Mrs. Menna, 普雷斯特维奇，曼纳，夫人，573n
Price, Sarah, 普赖斯，莎拉，635
pricking of witches, 刺妖巫，530。See also witches
Prichard, Vicar Rees, 普里查德，里斯，教区神甫，96
Prideaux, Matthew, 普里多，马修，504n
priests, Catholic, 天主教神甫：地位，35，586；教会仪式中的作用，32，36，37；和巫师相比较，55—56，59；作为巫师，78，79—80，326—327；侦查盗贼，184；忏悔中的作用，184—187；禁止狩猎，746；作为提供建议的人，185—186；和占星术，434—435；作为驱魔者，586—587；受攻击，79—80，87；因为宗教改革而数量减少，327—328；教士战争，被预言，473，476，483—484
printing, 印刷，5，346—347，511，542
prisci theologi, 远古神学家，268，511
Priscillianists, 普里西林派信徒，455
prisons, 监狱，23
privacy, lack of, 隐私，缺乏，184，631—632
Privy Council, 枢密院，158，498；和巫师，238，296；和先知，471，479；和妖术，554，557；司法委员会，683
probability theories, 概率理论，784
processions, 游行：代祷的，45，71，72，180；首耕周一，75；灯草节游行，75。See also perambulations
prodigies, 奇才，103—106，109，126，129。See also omens; portents 也请参见预兆；预兆
prognostications, 预言，see almanacs; astrology; fortune-telling; prophecies; prophecy; weather-forecasting
progress, 进步：感觉，510—514；希望，790
prohibitions, ritual, 禁忌，仪式，745—751
property, crimes against, 财产，犯罪，637。See also arson; theft
prophecies, ancient, 古代预言，461—514 passim；种类，461—469；没有和其他类型进行区别，485；起源，464—469，493—494，502，503—504；出版，465—

927

469,486—493,761；在中世纪,467, 468,470,494,506；在16世纪,471—484,494—495,500,501；在17世纪,485—493,494—496,500,501；1700年以后,492—493；宗教地位,484—486；在欧洲,507；和沉睡英雄,493—501；政治用途,470—486,487—493；功能,493—496,502—14,719,762

prophecy,预言,151—173,175—178, 461—469 passim；英格兰人对其的沉迷,361,470—471,472；来自幽灵,712, 716—717；衍生于《圣经》,167—168, 170,467,485—486,490；来自圣灵的提醒,151,153,172—173,431,469—470,484,486；来自魔鬼,151,484；法律地位,172,173,471；政府针对其的行动,171,470,474—479；医学解释,172, 177；其吸引力,164,177；作为变革的许可,164—166,176—178,493—496, 503—514；女预言家,see Sibylline。See also prophecies, ancient；prophets

prophets,先知：女先知,466,509；圣徒,28, 155,464—465,466,486；僧侣,114, 154,463,465；新教英雄,155—156, 464—465,467—468；儿童,156；宗派主义者,157—172 passim,580—581；其他,167,464—467；匿名,461—464, 466—469 passim；被等待,157；官方的对待,158—165 passim,170—171,173；复活,159—160。See also Merlin

prosperity and godliness,繁荣和虔诚,95, 102—103,126。See also morality

prostitute, as cause of plague,妓女,作为瘟疫的原因,100

Protectorate,护国公执政时期,see Interregnum

Protestantism,新教：成长,86；和天主教中的巫术因素,59—89 passim,90,787；和

异教因素,74—76,682；试图从宗教中剥离巫术,87—88,304；但不总能成功, 147—149；理性主义的屏障,79；牵涉新的宗教观念,88—89；强调上帝的神权,91；把道德与成功联系起来,102—103；强调自助,330—332；和妖术,523, 588—592,681；和魔鬼,559—561, 589；和科学,428；和占星术,440—441；和幽灵,702—708；和预言,155—156；和妖仙,728—729；和大众巫术, 304—332 passim；其胜利被预言,167, 502；其古老性被认可,503—504,508—509；其原子论,721。See also Church of England；Puritans；Reformation；sects

proverbs,箴言,113,130,513,745

providence, divine,神圣天命,90—132 passim,676,786；其机制,93,98—99, 100,101,105,126—127,765—766, 784；作为对人类行为的支持,123—124；不可探究,99,102,124—125,127, 131—132；其存在受争议,126—128, 132,202,773。See also providence, divine, doctrine of；providences, special

providence, divine, doctrine of,神圣天命学说,90—132 passim；其带来的安慰, 94；其模糊性,124—125；其解释功能, 125—126；吸引成功的人,131；和自助, 789,794—795；对其引证的衰落,127—129,144；自我确认,95；受到,425—429；遗留,128—129

providences, special,特殊天命,92,97—98,104,128—129,142；其文集,109—112；对其信仰的衰落,765

Prynne, William,普林,威廉,151,563

psalter,《诗篇》,48；用于占卜,139,254

pseudo-Messiahs,假弥赛亚,see Messiahs

psychotherapy,心理疗法,16,188,245, 248—251

Ptolemy, *Tetrabilos*, 托勒密, 《占星四书》, 336, 342, 397, 414, 450
puberty, 青春期, 65n
Public Advice, Office of, 公共咨询事务局, 779
Puck, 帕克, 724。 See also Robin Goodfellow
Pugh, Thomas, 皮尤, 托马斯, 489
Pundall, Mr., 庞达尔, 神甫, 315
Purbeck, John Villiers, Viscount, 伯陪克, 约翰·维利尔斯, 子爵, 237, 643
Purgatory, 炼狱, 29, 48n, 701, 703, 712, 717—722 *passim*; 被否认, 702, 706, 720, 722
purification of women, 净化妇女, *see* churching
Puritans, 清教徒, 77, 84, 164; 和国教仪式, 41, 43, 63—65, 63n, 68—69, 69—71, 73, 76, 79, 88, 134, 722, 741—742; 和家长祝福, 603—604; 和异教传统, 75—76; 和皇家触摸疗法, 233, 234—235; 论抽签, 142—144; 论梦, 151—152; 和预言, 155—156 (*see also* prophecy); 和大众巫术, 305—307, 309, 315, 323, 329, 597n; 和炼金术, 321, 322, 和占星术, 352, 428, 435—440, 444, 449, 455; 和科学, 143, 437; 和预兆, 104; 和日记, 108—109, 187; 和妖术, 330, 331, 517—518n, 533—534, 595—598; 论斋戒和祈祷, *see* fasting and prayer; 由其被魔, 572, 574—580; 把虔诚和繁荣联系起来, 102—103; 论上帝的天罚, 96, 99, 106—112, 121—122, 124; 和同时是巫师的神甫, 329; 和主教地产, 119; 和古代预言, 483, 485, 500; 作为上帝特别关切的事情, 109, 124; 试图败坏清教, 159; 他们的诱惑, 199, 570, 573, 622
Pye, Sir Robert, 派伊, 罗伯特, 爵士, 441

Pym, John, 皮姆, 约翰, 441, 667
Pymander, 《派曼德》, 268
Pythagoras, 毕达哥拉斯, 284; 《毕达哥拉斯体》, 284, 329, 351; 毕达哥拉斯哲学, 737, 762
pyxes, theft of, 圣餐盒, 盗窃, 51

Quakers, 贵格会教徒, 77, 80, 107, 159, 447, 566, 647; 数量, 173; 礼拜堂, 68; 论誓言, 77; 和神裁, 107, 127 bis, 602; 和大众巫术, 309; 和皇家触摸治疗法, 234, 235; 论神甫, 80; 治疗奇迹, 149, 150; 使死人复活, 150; 论预言, 173, 468; 作为先知, 166, 763; 和赫尔墨斯巫术, 322—323; 和占星术, 419, 432, 444, 445, 448, 456; 被指控为妖术, 580—581; 和幽灵, 714; 试探上帝, 145—146; 和弥赛亚幻觉, 161。 See also Fox, George
Quarles, Francis, 夸尔斯, 弗朗西斯, 462
Queen Anne's Bounty, 安妮女王奖金, 140—141
quicksilver, as amulet, 水银, 作为护身符, 11
Quimper, Bp of, 坎佩尔, 主教, 85

Radcliffe (Ratcliff), Dr. John, 拉德克利夫(拉特克利夫), 约翰, 博士, 692n
radicalism, 激进主义, 792; 缺乏, 20; 从其转向, 24, 132; 和预言, 165—166, 177—178, 483—484; 和妖术, 636—637; 和纵火, 637; 和占星术, 443—446; 和天主教, 482—484; 和与过去断裂, 512
Radnorshire, 拉德诺郡, 499
Rainolds (Reynolds), John, 雷昂纳多斯(雷诺兹), 约翰, 188
Rainsborough, 雷恩斯巴勒: 威廉, 少校, 443; 托马斯, 上校, 443n

Raleigh, Sir Walter, 雷利, 沃尔特, 爵士, 118; 宗教, 198; 论巫术, 267, 320; 和占星术, 345, 395; 作为先知, 465

Ramesey, 拉姆塞: 戴维, 281; 威廉, 342, 360, 381, 399n

Ranters, 喧嚣派教徒, 448, 602; 教义, 202, 203, 447, 683; 声称奇迹, 148, 149—150, 161, 162; 和占星术, 443n, 444, 445

Rastell, John, 拉斯特尔, 约翰, 509

rationalism, 理性主义: 和新教, 79; 其古典起源, 773, 786

Raunce, John, 瑞斯, 约翰, 390n, 449n

Rawlins, 罗林斯: 多萝西, 678; 沃尔特, 186n

Ray, John, 雷, 约翰, 745, 770

Read (Rede, Reed), Lt Col John, 里德, 约翰, 陆军中校, 443

reason, human, potentialities of, 人类理性的潜在可能性, 438

rebellions, 叛乱: 天罚, 122; 其中的巫术辅助手段, 276—277, 288; 宗教许可, 164—166, 176—178, 503—504; 预言许可, 472—493 passim, 496—497, 502—505。See also conspiracies; Fifth Monarchists

Recorde, Robert, 雷科德, 罗伯特, 354

recusants, 不遵奉国教的天主教徒, see Catholics

Redman, 雷德曼: 萨顿(剑桥郡)的, 约翰, 278; 阿默舍姆, 413n

Rees, Owen ap, 阿普里斯, 欧文, 606

Reeve, 里夫: 埃德蒙, 439; 约翰, 160, 602

Reformation, 宗教改革运动: 前兆, 104; 被预言, 167, 465, 484; 对天主教仪式的影响, 59—89 passim, 763—764; 期间对预言的使用, 472—478, 484, 505; 伪装成复辟, 503; 对大众巫术的影响, 304, 763—764; 强化魔鬼的概念, 560—563 (see also Devil); 和《圣经》预言, 166—167; 对幽灵信仰的影响, 702—705; 涉及和过去世代的断裂, 720—721, 723; 和妖术控告的关系, 594—595, 670; 技术背景, 787。See also Protestantism

Reformation of Manners, campaigns for, 风俗改良运动, 24, 107

Regiomontanus, 雷格蒙塔努斯, see Müller

relics, 遗物: 崇拜, 56, 84; 由其治疗, 29, 326, 570, 583, 586; 保护力量, 29, 31, 34, 83; 在其上发誓, 50; 作为神裁, 50—51; 被丢弃, 60, 70

religion, 宗教: 作用, 27, 173—174, 179, 180—181; 多维度的特点, 181—182, 761—762, 766; 作为超自然力量的源泉, chap. 2, passim; 其本质, 在中世纪, 88—89, 196; 在宗教改革时期变化的特征, 86—87, 88; 其安慰作用, 93—95; 解释作用, 425—426, 439, 762 (see also misfortune; providence); 和占星术, 425—458 passim; 和妖术, 559—598 passim, and see witchcraft; 和科学, 426—427, 428—429; 对其的无知, 84, 88, 189, 193—197, 316, 457; 对其的冷漠, 189—193, 204—206, 626; 其控制从不完整, 206, 764—765, and see religious skepticism; 与巫术区别开, 46, 87—88, 763—764, 766; 但不总能成功, 33, 56—57, 318—325, 798; 保留施行奇迹的方面, 173, and chap. 5, passim; 比巫术存在得更久, 765—766; 但改变了自身的特点, 765—766, 797; 其衰落, 205—206, see also religious skepticism

religion, distribution of, explained astrologically, 宗教分布, 占星解释, 426

religious depression, 对宗教的沮丧, 103, 565—566, 570, 572—575, 622, 626

religious skepticism, 宗教怀疑论, 127—

128, 145, 198—206
Renaissance, 文艺复兴, 271, 272, 386, 510
reprobation, 遗弃: 证据, 95, 102—103; 恐惧, see religious depression
reputation, importance of, 名誉, 重要性, 630
Restoration of Charles II, 查理二世复辟, 105, 111, 171, 231, 241, 276, 309, 399; 被预测, 165n, 400, 490—491
Resurrection of Christ, denied, 耶稣复活, 被否认, 200; 复活死人, 被怀疑, 200, 202, 204
revelation, divine, 神启: 宣称, 147—148, 151—166, 168, 171—173, 176, 177; 其可能性被认可, 151—154, 171, 173; 被否认, 151, 171, 172—173, 178, 770; 优势, 165, 175—178; 与占星术竞争, 431—432; 对其信仰的衰落, 765, 771—772。See also dreams; prophecy
revolts, 反抗, see rebellions
Revolution of 1688, 1688年革命: 预兆, 105; 和古代预言, 492; 和皇家治疗, 228, 235, 236; 和占星术, 407; 作为复辟, 512
Reynolds, 雷诺兹: 约翰, 爵士, 444; 约翰（商人）, 110; 约翰（"钱袋头儿"）, 165, 276; 罗伯特, 441, 442n
Reynys, Robert, 雷内斯, 罗伯特, 48
Rhodes, Hugh, 罗兹, 休, 604
Richard II, King of England, 理查二世, 英格兰国王, 496
Richard III, King of England, 理查三世, 英格兰国王, 541n
Richardson, Samuel, *Pamela*, 理查森, 塞缪尔,《帕梅拉》, 679
Richers, John, 里彻斯, 约翰, 641
Richmond, Elizabeth, 里士满, 伊丽莎白, 622
Ridgeley, 里奇利: 卢克, 411; 托马斯, 17

Ridley, Nicholas, Bp of London, 里德利, 尼古拉斯, 伦敦主教, 66, 187, 236n
Rigden, Paul, 里格登, 保罗, 226
rights of way, 公用路线穿越用地: 争议, 663; 阻碍, 74
rings, magic, 指环, 巫术, 275, 277, 289, 297, 323, 324n。See also cramp-rings; sigils
Ripley, George, 里普利, 乔治, 321n
Ripton, conjurer, 里普顿, 奇术家, 297
rites of passage, 跨界仪式, 40—45, 64—65, 88, 180, 197, 723
Rivers, Thomas, 8th Earl, 里弗斯, 托马斯, 伯爵八世, 380
Robartes, Foulke, 罗巴茨, 福克, 115
Robert of Bridlington, 布里德林顿的罗伯特, 467
Robert of Brunne, 布鲁纳的罗伯特, 522
Roberts, Alexander, 罗伯茨, 亚历山大, 523, 620
Robbins, Prof. Rossell Hope, 罗宾斯, 罗塞尔·霍普, 教授, 518n, 542—544
Robgent's wife, 罗布金特的妻子, 609
Robin Goodfellow, 罗宾, 古德弗洛, 724, 725, 726, 728, 732
Robin Hood, 罗宾汉, 195
Robins, 罗宾斯: 约翰, 占星师, 342, 419n; 约翰, 喧嚣派成员, 149, 161, 602
Robinson, 鲁宾逊: 埃德蒙, 544n, 645, 646, 689n; 伊丽莎白, 612; 神甫, 372
Rochester, John Wilmot, 2nd Earl of, 罗切斯特, 约翰, 威尔莫特, 伯爵二世, 708
Rod, Mrs., 若德, 女士, 606
Rogation week processions, 祈祷周游行, 71—75, 776
Rogers, 罗杰斯: 约翰, 药剂师, 365; 约翰, 第五王朝派教徒, 71, 561—562, 622; 老妇, 649; 理查德, 102; 罗伯特, 575n

Roman Catholics,罗马天主教徒,see Catholics
Roman Catholicism,罗马天主教,see Church, Catholic ; Popery
Roman Law,罗马法,522,540
Romans,罗马人,507,511;"不吉日",735,739n
Rome,罗马,85,215,481;衰落,被预测,167,355,465,502
Root and Branch petition,根枝请愿书,67
Roper, Margaret,波佩尔,玛格丽特,137
rosaries,念珠,88;保护性,34
Roses, Wars of,玫瑰战争,see Wars of the Roses
Rosewell, Thomas,罗斯韦尔,托马斯,234
Rosicrucians,玫瑰十字会,222,320,322
Rosse, Richard,罗斯,理查德,668
Rothwell, Richard,罗思韦尔,理查德,573,580n
rough music,难听的音乐,630
rowan,花楸,648
Rowley, John,罗利,约翰,431
Royal College of Physicians,皇家医学院,227,346,370;规模和功能,11,13;和没有许可证的从业者,237,238,328,359,362,363,375,412,421;反对通过尿液诊断,10,421;和新药物,14;和瘟疫,790;和妖术,640,692n
Royal Society,皇家学会,110,346,361,692;和共感治疗,266;和占卜棍,266;和巫术,270,770;和占星术,418;和概率理论,784;和自发产生的昆虫,770
Royalists,保王派,373,399,645;和天罚,122,123;和先知,161,165n;和占星术,345,372,409,439,442;和古代预言,488,490
Ruce, Joan,鲁西,琼,622
Rudierd, Edmund,鲁迪特,埃德蒙,110

Rudolph II, Emperor,鲁道夫二世皇帝,320
Rudyerd, Sir Benjamin,鲁戴尔德,本杰明,爵士,84
Runciman, Sir Steven,朗西曼,史蒂文,爵士,614n
Rump Parliament,残缺议会,293n,309,490;其解体,被占星术预言,442
Rupert, Prince,鲁珀特,亲王,366,491
rush-bearing,灯草节,75
Rushworth, John,拉什沃思,约翰,442
Russe, Henry,拉塞,亨利,661
Rust, George, Dean of Connor,拉斯特,乔治,康纳主持神甫,241
Rustat, Frances,拉斯塔特,弗朗西斯,660
Rutland, Francis Manners, 6th Earl of,拉特兰,弗朗西斯·曼纳斯,伯爵六世,613,641,664
Rutland(shire),拉特兰郡,197,200,362;温,202
Ryece, Robert,赖斯,罗伯特,409n
Rylens, Martha,赖伦斯,玛莎,541
Rymer, Thomas, of Erceldoune,赖默,托马斯,厄尔塞尔杜恩,467,472,475,488,495

sabbatarianism,守安息日(星期六),743
sabbath-breakers, judgements on,亵渎安息日的人,天罚,98,108,109,121
sabbaths, witches',安息日,女巫的,521,529,614;其存在受质疑,616,627
sacrament, reservation of,圣礼,保留,37
sacraments,圣礼,53;与其相关的迷信,36—45;作为神裁,51;作为象征性的,53,65;被看作妖术,85;数量减少,63—65
sacrilege, judgements on,渎神者,天罚,112—121,123,611
Sacrobosco, John de, *Sphere*,德萨克罗博斯

科,约翰,《星体》,430
Saffold, Thomas,萨福德,托马斯,435n
sailors,海员:和占星师,367—368,379n;和妖术,645;和巫术,777;其发誓,49
St Albans, Viscount,圣奥尔本斯,子爵, see Bacon, Francis
saints,圣徒,284;《圣徒传》,28;作为行使奇迹的人,28—29,30,31,53,81,303,331—332;作为保护者和治疗者,29,30—31,80—81,326,438,764;作为先知,28,154—155,464,465—466,486;对其的崇拜,29—31,53,54,80—81;其神殿,28,29,51,54,70,151,299;和圣井,54,55,80—81;发誓,76—77;其吸引力的衰落,31,85,87;被宗教改革者抵制,66,70,318,589;由巫师替代,315—316,763 阿加莎,30,35,60;安塞尔姆,504n;安东尼,29,31,316,764;阿波琳,30;阿诺德,30;亚他那修,324;希波的圣奥古斯丁,39,147n,429;坎特伯雷的圣奥古斯丁,504;巴巴拉,34;比德,464,468,472,475,486,499,508,512;比尤诺,81,768,布里奇德,48,88,465;查理特,217;查尔斯·博罗梅奥,34n;克里斯托弗,29;克莱尔,30;克莱门特,35;科伦巴努,88;科隆贝可勒,35;科斯姆斯,30;克里斯平,30;卡斯伯特,86;戴米安,30;德费尔·格达恩,29,502;邓斯坦,78;腓利西塔斯,31;弗朗西斯,88;弗朗西斯·泽维尔,85;古德曼,30;戈尔,30;希尔den加德,465,486n;休伯特,588;伊娃,81;伊格内修斯, see Loyola;伊夫,211;乔布,30;施洗约翰,157,161;约翰,福音作者,30,213 (see also Gospel);凯瑟琳,81;劳伦斯,29;洛伊,30,31;路加,30,213;玛格丽特,30,31,288;马可,213;马普格,30;玛利亚, see Virgin Mary;马修,213;迷迦勒,81;奥斯瓦德,31;奥西蒂,31;帕特里克,50,88;保罗,213,253;彼得,157,176,192,213,253;彼得罗,30;洛克,30,47,85,764;罗马尼,30;灵,211;史蒂文,30,31,220n;托马斯·阿奎那,91,429;托马斯·贝克特,28,324,464,468,486,492;托马斯·莫尔, see More;安康伯,29;瓦伦丁,30;文森特,81n,316,465;圣母玛利亚,29,31,81,84,85,88,161,211,217,222,318;维尔贝加,35;威尔弗里德,29,748;维尔福特,29;威尼弗雷德,80,768;威斯坦,30。See also calendar
saints' days,圣徒节日,75,181,284,738—740,742。See also calendar; feasts
Salisbury, Robert Cecil, 1st Earl of,索尔兹伯里,罗伯特·塞西尔,伯爵一世,211,408
Salmon, William,萨蒙,威廉,342,414,435n
salt,盐:和巫术,676n;撒落,含义,745,749—751 passim;和水的赐福,32
Saltmarsh, John,索尔特马什,约翰,164n,177
salvation, short cuts to,拯救,捷径,35
Salway, Richard,萨尔韦,理查德,442
Samond, John,萨蒙德,约翰,557
Samuel ('Mother'), Alice,塞缪尔("老妇),爱丽丝,657,659,664
Sancroft, William, Abp of Canterbury,桑克罗夫特,威廉,坎特伯雷大主教,152
Sanderson, Robert, Bp of Lincoln,桑德森,罗伯特,林肯主教,291,438,597
Sandys, Edwin, Abp of York,桑兹:埃德温,约克大主教,139,307,706
Sarum Manual,《塞勒姆手册》,42,740
Sarum Missal,《塞勒姆弥撒书》,37
Satan,撒旦, see Devil

'Saturnians',"农神",457
Saunder, Richard,桑德,理查德,662
Saunders,桑德斯：帕特里克,380,760；理查德,占星师,342,375n,393,399n,423,446,756,760
Savonarola, Girolamo, as prophet,萨沃那洛拉,吉罗拉莫,作为先知,464—465,466
Sawford, Edward,索福德,爱德华,482—483,499,501
Sawyer, Elizabeth,索耶,伊丽莎白,618
scapulars, protective power of,无袖圣服,保护的力量,35
scepticism,怀疑论：宗教的, see religious skepticism；针对妖术的, see witchcraft
schools,学校,4
science,科学：和巫术联系起来,264—266,270,769—774,799—800；和宗教,426—427,429,437,797；和妖术,430—431,691—692；和占星术,346,394,414—419；和自然规律,92,126；和奇迹与奇才,93,126；和进步的观念,511,513,691,791,792—793。See also technology
scolds and scolding,骂街泼妇和骂街,291,631,632,633,636；和妖术,677—678
Scory, John,斯考瑞,约翰,66,589
Scot, Reginald, author of Discoverie of Witchcraft,斯科特,雷金纳德,《妖术探索》的作者,61,684—685,726；其前辈,692—693,773；和自然现象,773；论天主教中的巫术,61—62；论圣人崇拜,30,316；论圣徒和妖巫的关系,56,316,764；论皇家触摸治疗法,229；论占卜,258n；论接触尸体,261；论符咒,768；论预兆,748；论妖仙,725；论自然巫术,271；论巫师,291,316；论占星师,398,759；论约伯,765；论魔鬼,566,566—567；论奇才,773；论幽灵,705,706；论着魔,585；论妖术,518,523,557n,617,620—621,624,625,632,644,648,663,674,681,684—5,689；信徒,584,684—685
Scotland,苏格兰,120,151,175,185,282,406,431n,490,497；此处的妖术审判,536,598,615；此处的预言,467,488,489,495；与英格兰的联合,495,495—496
'scratching' witches,"抓破"妖巫,633—634,649
Scrope,斯克罗普：安娜贝拉,411；拉尔夫,607
Scrope of Bolton, John, 8th Lord,博尔顿的斯克罗普,约翰,勋爵八世,644
Scriptures,《圣经》, see Bible
scryers,水晶球占卜,256,274
seafarers,航海家, see sailors
Searle, Mr. Arthur,瑟尔,阿瑟,神甫,161n,499n
Sebastian, King of Portugal,塞巴斯蒂安,葡萄牙国王,496,500
Second Coming,基督再临, see Jesus
second sight,千里眼,285。See also divination；fortune-telling；prophecy
sects, Protestant,宗派,新教：数量,173；社会起源,177；针对教会仪式的观点,64—67 passim,79—80,722；论祈祷,69—71,79—80；和誓言,76—77；和幽灵,708—709；和巫术,270；和占星术,440—441,443—449；和古代预言,485—486；把巫术重新带回到宗教,763—764；奇迹,147—151,158,160,173,176,234,241—242,763,797；预言,148,156—173,177—178,763—764；和梦,153；斋戒,135；被指控为妖术,581；末世观,169—171；构建团体,181—182；神学异端,200—203；

对魔鬼的象征性观点,682—683。See also Baptists ; Brownists ; Familists ; Quakers ; Ranters, etc.
secularism, origins of, 世俗主义的起源, 204—206
Securis, John, 塞库里斯, 约翰, 422
Sedgwick, William, 塞奇威克, 威廉, 168, 177
Seekers, 追索者, 159
Selden, John, views of, on, 塞尔登, 约翰, 论: 修道院地产, 121 ; 神裁, 127 ; 妖仙, 264 ; 神甫, 264 ; 占星术, 390 ; 预言, 501 ; 驱魔, 586 ; 妖术, 625, 645 ; 历史研究方法, 772n
self-help, 自助: 信仰, 89, 131, 331—332, 783—784, 791—792, 794—798 passim ; 和妖术, 695—696 ; 和天命, 789 ;
separatists, 分离主义者, see sects
Sergeant, 萨金特: 琼, 218 ; 约翰, 605
servants, female, and astrologers, 女仆, 和占星师, 373, 379n
seventh daughters, 第七女, 237, 239, 285n
seventh sons, 第七子, 237—239
sex, prior determination or control of, 性别, 预先的决定或控制: 孩子, 31, 223, 289, 393 ; 牛犊, 776
sexual immorality, 性道德败坏: 神裁, 97—98, 99—100, 125, 129 ; 被妖仙惩罚, 731 ; 原因, 185 ; 后果, 128
sexual intercourse, 性交: 孩子出生之后, 43 ; 在临终涂油礼之后, 44 ; 圣餐礼之前, 43 ; 大斋期和其他斋戒期间, 134, 741—742 ; 体外射精, 223 ; 被妖术干扰, 519 (see also impotence) ; 和魔鬼, 529, 622 (see also incubi) ; 和妖仙, 732 ; 不洁的, 68 ; 见不得人的, 125
sexuality and witchcraft, 性别与妖术, 678—679
Shaftesbury, 沙夫茨伯里: 伯爵一世, 379, 458n ; 伯爵三世, 530n ; 玛格丽特, 伯爵夫人, 649
Shakerley, Jeremy, 谢克利, 杰里米, 417, 444
'Shakers', 震教徒, 444
Shakespeare, William, 莎士比亚, 威廉, 4, 404, 726 ; 和诅咒, 605 ; 和幽灵, 704—705, 712 ; 戏剧被提及, 289, 391, 714, 734
Sharp, Abraham, 夏普, 亚伯拉罕, 418
Sharpe, Richard, 夏普, 理查德, 202
Shaw, 肖: 玛丽, 赐福者, 245 ; 彼得, 诅咒者, 608
Shaxton, Nicholas, Bp of Salisbury, 沙克斯顿, 尼古拉斯, 索尔兹伯里主教, 596n
sheep-shearings, 剪羊毛, 664
Sheffield, Edmund, 3rd Lord (later 1st Earl of Mulgrave), 谢菲尔德, 埃德蒙, 勋爵三世 (后来马尔格雷夫的伯爵一世), 286
Shelley, Jane, 谢利, 简, 369, 403
Shenstone, William, 申斯通, 威廉, 605
Sherbrook, Michael, 舍布鲁克, 迈克尔, 114
Sherfield, Henry, 舍菲尔德, 亨利, 113
Sherlock, William, 夏洛克, 威廉, 93
shipowners, and astrologers, 船主, 和占星师, 367—368
ships, 船, 丢失, 366 ; 367—368 ; 保险, see insurance
Shipton, Mother, supposed prophetess, 希普顿老妇, 被认为是女先知, 465, 469, 483, 487, 490, 491, 492, 761
shipwrecks, 船只失事: 噩运之结果, 130 ; 怪罪于妖巫, 645, 668 ; 魔鬼的行径, 568
Shirston, Christian, 谢尔斯顿, 克里斯蒂安, 661
Shonnke, John, 肖恩克, 约翰, 299

Shore, Jane,肖,简,541n

Shrewsbury, George Talbot, 6th Earl of,希鲁兹伯里,乔治·塔尔博特,伯爵六世,718

shrines,神殿,see saints

Shropshire,什罗普郡,173n,601,628；布里奇诺斯,156；克兰,176；格里特,610；利勒夏尔,39；梅因斯顿,609；纽波特,98；奥斯沃斯特里,386n；希鲁兹伯里,491

Shute, Frances,舒特,弗朗西斯,278,297

Sibylla,西彼拉,487；蒂布尔蒂那,487

Sibylline prophecies,女预言家的预言,466,484,509,761,763

sickness,疾病:发病率,5—6,17,787—788；and see diseases；plague；针对其的宗教手段,28,30,32,37,39,57,81,83,98,133,134,135,137,148—151,173—174,174—176,210—211；针对其的宗教保护手段,29,32—33,100—101,156,588；其神圣起源,96,98—103,108,119,126,127,128—129,318；针对其的宿命论,20,99—100,101—102；身心的,248—251；占星解释,388—391 (see also astrology)；针对其的皇家手段,227—236；由妖术导致,518—519,540—541,609—610,612—613,638—642,652—657,660—664,666—667,686—688；由恶灵导致,562—563,568,688 (see also Devil；possession)。See also healing；medicine

Sidney, Sir Philip,西德尼,菲利普,爵士,344

sieve and shears, divination by,筛子和剪刀,占卜,219,224n,253—254,258,307,797

sigils, magical,巫术图谶,270n,275,289,323,759,761

sign of the cross,十字标记,see cross

signatures, doctrine of,外征说,224,265,770

Silk-Weavers Company,丝绸织工行会,444

Simnel, Lambert,西姆内尔,兰伯特,500,506

Simons, Margaret,西蒙斯,玛格丽特,648,660

sin,罪:作为不幸的原因,92—103,106—126,128—129,676,763；作为繁荣的原因,95；有其自身的回报,128。See also guilt

Sinclair, George,辛克莱,乔治,690

sinfulness, sense of,罪感,198—200 passim,565—566,572—574,622—623

Singleton, Margery,辛格尔顿,马杰里,652

Skelton, Margery,斯克尔顿,马杰里,318

Skilling, Alice,斯基林,爱丽丝,606

skimmington, riding the,"乘坐斯基明顿",630

Skipper, Mary,斯基珀,玛丽,622

skulls,颅骨,see necromancy

Slade, Jane,斯莱德,简,664

sleeping heroes,沉睡英雄,496—501,506,724

Slingsby, Lady,斯林斯比夫人,379n

Smith,斯密斯,杰维斯,500,501；约翰,606；玛丽,660；哈德斯菲尔德的神甫,464；托马斯,爵士,343

smiths, and magic,铁匠,和巫术,795

smoking,吸烟,see tobacco

Smyth,史密斯:简,606；约翰,605；塞缪尔,278—279

snakes,蛇:想象的崇拜物,612；迷惑,51

Snapper, Susan,斯来普,苏珊,727,758

sneezing, as ominous,打喷嚏,视为不祥,76n

social anthropologists, on witchcraft,社会人

类学家,论妖术,518n,551—554
social sciences,社会科学:神甫的怀疑,429;占星术填补空白,383—4;其发展,783—784,791
social mobility,社会流动性,see mobility
Society of Astrologers,占星师学会,see Astrologers
Socinians,索齐尼派,160n,202,203
Solemn League and Covenant,神圣盟约,598n
Solomon, as magician,所罗门,作为巫师,273,323
Solomon's ring,所罗门指环,323,324n
Somerset,萨默塞特,262,714;此处的巫师和治疗者,215,217,238,290,296;此处的预言,463,476;此处的妖术,539n,547,607;班韦尔,694;巴斯,226;巴斯和韦尔斯的主教,708;教区,119;贝德敏斯特,216;布里奇沃特,281,362,449,464;卡斯尔卡里,661;切登菲兹佩得,360;道恩海德,86;格拉斯顿伯里,28,87,360,468;蒙迪普,529n;米德尔佐伊,186n;迈尼赫德,218,708;斯托格西,192;斯托克吉福德,610;汤顿,220,360,476;汤顿巡回法庭,653,689n;韦尔斯,246,562;韦尔斯大教堂,140
Somerset,萨默塞特:爱德华·西摩,公爵一世,342;罗伯特·克尔,伯爵一世,118,278,288
Sommers, William,萨默斯,威廉,580,597,656
sorcery,邪术,同时代的定义,520n;试图和妖术区别,520n,551—554。See also magic; witchcraft; wizards
sorrow, sanctifying power of,悲伤,神圣化力量,94n
sortes Virgilianae,"维吉尔抽签法",139。

See also lots
soul, immortality of, doubted,灵魂不朽,被怀疑,198,200,202,204,708—709。See also ghosts
South, Robert,索思,罗伯特,117,131
south-flowing water,南流的水,218,747
Southern, Elizabeth,萨瑟恩,伊丽莎白,621
Southernes, Elizabeth (Old Demdike),萨瑟恩,伊丽莎白(老登迪克),39,675
Southey, Robert,索西,罗伯特,295,764
Sowton, a charmer,索顿,符咒师,216
Spain,西班牙,231,276,366,368,506;此处的妖巫,523
Sparke, Nathaniel,斯帕克,纳撒尼尔,451
Sparrow, John,斯帕罗,约翰,447
Spatchet, Thomas,斯帕切特,托马斯,573,582n
special providences,特殊天命,see providences
spectres,鬼怪,see ghosts
Spee, Friedrich von,斯佩,弗里德里希·冯,617
Spectator,《旁观者》,706
spells distinguished from prayer,区别于祈祷的咒语,46。See also charms; conjuration
Spelman, Clement,斯佩尔曼,克莱门特,115,116n
Spelman, Sir Henry,斯佩尔曼,亨利,爵士:关于渎神的天罚记录,115—116;影响,120,121;继承者,120
Spenser, Edmund,斯宾塞,埃德蒙,494
spheres of life and death,生命和死亡的体,284,329,351
Spink, Ellen,斯平克,埃伦,290
Spinoza, Benedict de,斯宾诺莎,本尼迪克特·德,126,199
spirits,精灵:神学地位,318—319;地下

的,796;其现身,274;爱尔兰口音,
    274;其观念,682,692n,770。See also
    conjuration;evil spirits;Devil;ghosts
Spittlehouse, John,斯皮特尔豪斯,约翰,
    445
Sprat, Thomas, Bp of Rochester,斯普拉特,
    托马斯,罗切斯特主教:论奇才,103—
    104,126;论预兆,748;论天启,154,
    172;和占星术,418
Squire, Adam,斯夸尔,亚当,275
Staffordshire,斯塔福德郡,116,314,450,
    576;比尔森,583,646;恩维尔,450n;
    利奇菲尔德,239,288,329,759;利奇菲
    尔德大教堂,162
Stanton, Margery,斯坦顿,马杰里,662—
    663
Stapleton,斯特普尔顿:菲利普,爵士,441;
    托马斯,508
Staplehurst, Valentine,斯特普尔赫斯特,瓦
    伦丁,285
Star Chamber,星法院,201,277,632,712
stars,星辰:在插画中,456;影响力,see
    astrology;对其的崇拜,203,455—458
starvation,饥饿,7
statistics, development of,统计数据,发展,
    782,784—785
Stearne, John,斯特恩,约翰:论巫师的受欢
    迎程度,316;和马修·霍普金斯的联系,
    544,593—594,597;论妖巫,565
Stephen, Sir Leslie,斯蒂芬,莱斯利,爵士,
    79
Stephens, Jeremiah,斯蒂芬,耶利米,115
sterility,不孕,see fertility
Sterrell, Robert,斯特雷尔,罗伯特,453
Sterrop, Roger,斯特罗普,罗杰,580n
Stettin, Philip Julius, Duke of,斯德丁,菲利
    普·朱利叶斯,公爵,630
Stevens, Joan,史蒂文斯,琼,278

Steward, John,斯图尔德,约翰,359
Stile,斯太尔:伊丽莎白,539n;老妇,656
Stillingfleet, Edward, Bp of Worcester,斯蒂
    林弗利特,爱德华,伍斯特主教,683
Stoics,斯多葛派,762
Stockdale, Nicholas,斯托克戴尔,尼古拉
    斯,641—642
Stokes, Mother,斯托克斯,老妇,664
stolen property,偷来的财产,see theft
storms,暴风雨:针对其的宗教保护,32—
    33;由恶灵引起,32,55,560,562—563;
    占星解释,425;归咎于妖巫和巫师,
    263,325,541,668。See also weather
Story, John, plotter,斯托里,约翰,阴谋者,
    609
Stothard, Margaret,斯托瑟德,玛格丽特,
    219,296
Stout, William,斯托特,威廉,234
Strafford, Thomas Wentworth, 1st Earl,斯特
    拉福德,托马斯·温特沃斯,伯爵一世,
    118
Strangers, Dorothy,斯特兰奇,多萝西,664
Strickland, Walter,斯特里克兰,沃尔特,
    442
strokers (healers by stroking),抚摸者(使用
    抚摸进治疗的人),233,236—242
Stuart dynasty,斯图亚特王朝,228,231,
    239,495—496,603
Stubbes, Philip,斯塔布斯,菲利普:列举神
    裁,109;和占星术,436,455;记录魔鬼
    的现身,563
succubi,梦交女妖,529,568,679
Suckling,萨克林,287
Suffolk,萨福克,152,456;此处的巫师,
    51,296,727;此处的妖术,528n,544n,
    557n,582n,597n,661;此处的预言,
    463,477;奥尔德堡,299;阿什菲尔德,
    317;贝克尔斯,17,538n,716;勃兰德斯

顿,330;邦盖,474;圣埃德蒙斯伯里,463,525,635,686n;圣埃德蒙斯伯里修道院,35;邓威奇,573;艾厄,725;芬宁甘,590;伊普斯威奇,30,544n,711;纽马克特,345;波尔斯特德,500;斯托马克特,299,313n;沃尔伯斯威克,635;威斯特莱顿,621
suicide,自杀,108,150,710,711;其诱惑,199,314,565,574,621;其比例,占星解释,388
sun,太阳:在巫术中,432;其尺寸,449
Sunderland, Emanuel Scrope, 1st Earl of,森德兰,伊曼纽尔·斯克罗普,伯爵一世,344,411
sun-dialling,日晷,395
superstition,迷信:由中世纪教会定义,32—33,55—57,139,303;由17世纪知识分子解释,747—748;可能原因,748—751,795。See also omens; portents, prohibitions; times
surgery,手术,10,16,310;外科医生,10,13,310
Surrey,萨里,202,532,536,538,743;阿尔伯里,264;凯佩,328;克罗伊登,748;埃什尔,325;加达尔明,239;莫特莱克,412;里奇蒙猎园,493;圣乔治山,176;沃林甘,727
Surrey, Henry Howard, Earl of,萨里,亨利·霍华德,伯爵,480
Surridge, Dr. David,瑟里奇,戴维,博士,248n
Survey of the Ministry (1586),《神甫概观》(1586),329
Sussex,萨塞克斯,532,536,727;百特大教堂,116;奇切斯特主教,45,325;库克菲尔德,325;费尔珀姆,216;黑斯廷斯,650;拉伊,57,453,758;松普廷,216;瓦尔伯顿,112

Sussex,萨塞克斯:布里奇特,伯爵夫人,643;罗伯特·拉德克里夫,伯爵五世,278,297,643
Sutton, Mary,萨顿,玛丽,633
Swadlin, Thomas,斯韦德林,托马斯,439
swallows, unlucky to kill,燕子,宰杀极为不祥,746
Swan, Goodwife,斯旺,古德威夫,277
Swayne, Richard,斯韦恩,理查德,322
swearing,发誓, see oaths
Sweden,瑞典,386,407,443
Swedenborg, Emanuel,斯韦登博格,伊曼纽尔,447
Swift, Jonathan,斯威夫特,乔纳森,353,354,398,423
'swimming' witches,"浸泡"妖巫,146,261,539,619,636,658
Switzerland,瑞士,488
Sydenham, Thomas,西德纳姆,托马斯:论流行病,8,787,788;论医生,17;和妖术,692n
Sydney, Algernon,西德尼,阿尔杰农,468
Sykes, James,赛克斯,詹姆斯,212
Sylvester II, Pope,西尔维斯特二世,教宗,78
Symcotts, John,西姆科茨,约翰,584
sympathy,共感,773;和巫术,217—218,267,270,280,612—613;其治疗,225,242,246,266,269,691
Syms, Christopher,赛姆斯,克里斯托弗,488

Tacitus, P. Cornelius,塔西佗,P.科尼利厄斯,140
talismans,护身符, see amulets
Tammy, Aunt,塔姆大婶,675
Tany, Thomas,塔尼,托马斯,161,506
Taverner, Richard,塔弗纳,理查德,72—73

939

Taylor, Anne,泰勒,安妮,380
Taylor, Jeremy, Bp of Town,泰勒,杰里米,唐主教:论天主教徒与祈祷,47
Taylor,泰勒:约翰,水边诗人,23n;玛丽,155n;威廉,占星师,414;威廉,219;扎卡里,585
technology,技术:和巫术的关系,247,281,774—777,785—797;和科学,270;和妖巫信仰,638—642;和线性时间的观念,510—511;创新,513
tempests,暴风雨,see storms
Templars, prosecution of,对共济会成员的指控,528n
Temple, Sir William,坦普尔,威廉,爵士,725
theatres, as cause of plague,剧院,作为瘟疫的原因,99
theft,盗窃:针对其的教会手段,51,138,184,316,599—600,764;巫术侦查和预防手段,138,143,252—60,262—264,272,290,292,324,326—327,329,525—526,538,764,777,797;占星侦查手段,357—358,359,362,365,380,403,409—411,454;对其的神裁,100;作为神裁,108;盗自教会,see sacrilege
Theophilus, legend of,西奥菲勒斯,传说,522
Theosophy,通神论,see Familists
theurgy,神通,320。See also conjuration
thief-detection,盗贼侦查,see theft
thieves, begin with a prayer,盗贼,行窃前先祈祷,135
thirteen, an unlucky number,十三,一个不吉的数字,746
Thomas (Rymer) of Erceldoune,厄尔塞尔杜恩的托马斯(赖默)
Thomas, William,托马斯,威廉,629n
Thomason, George,托马森,乔治,354—355
Thompson, Katherine,汤姆森,凯瑟琳,217
Thomson, Dr. J. A. F.,汤姆森,J.A.F.,博士,200n
Thoresby, Ralph,陶瑞斯拜,拉尔夫,106
Thornborough, John, Bp of Worcester,索恩巴勒,约翰,伍斯特主教,322
Thornton,桑顿:爱丽丝夫人,152;博士,592—593;约翰,218
Throckmorton, Robert, children of,思罗克莫顿,罗伯特,孩子,573,650,654,659
Throgmorton, Lady Frances,思罗格莫顿,弗朗西斯,夫人,278
thunder,闪电,32,33,134,747,759。See also storms; weather
Thynne, Francis,锡恩,弗朗西斯,390—391
tides,潮水:和月亮,395;和死亡,395—396
Tilney, Francis,蒂尔尼,弗朗西斯,152
time,时间:划分时期,509—10;同质,742—745
time-keeping,记时,395,744,770
times,时节:吉利的和不吉的,735—745;用于宗教仪式,41,42,44;占星选择,352,393,437—438。See also astrology; calendar; elections
Tindall, Humphrey,廷德尔,汉弗莱,465
tithes,什一税,169,181,715;被占用,115,118—121
toads,蛤蟆:和妖术,530,617,626,653;晒干,作为护身符,11
tobacco,烟草:吸烟,23—24;消费,23—24;作为护身符,11
tombs,坟墓,721,722
Tongue, Israel,唐,伊斯雷尔,322n
Tooley, Robert,图利,罗伯特,710—711
Topcliffe, Richard,托普克利夫,理查德,33
Topsell, Edward,托普赛尔,爱德华,193
Torner, William,托纳,威廉,662

torture, 折磨, see witch-trials
touch, healing by, 触摸治疗法, see healing; King's Evil; strokers
touch-pieces, 触摸治疗片, 227, 229, 232, 243
Towerton, Jane, 托尔顿, 简, 565
towns, 城镇, 3; 此处的时间观念, 744。See also cities; plague
Townsend, Jane, 汤森, 简, 626
transmutation, 变化, see alchemy
transubstantiation, 圣餐变体, 36—37, 55, 60, 61, 62, 327, 729
Trapnel, Hannah (Anna), 特拉普奈尔, 汉娜（安娜）, 161
Traske, John, Judaist, 特拉斯克, 约翰, 犹太教信徒, 160, 171, 283
Travers, Walter, 特拉弗斯, 沃尔特, 706
treasure, 财宝: 寻找的巫术手段, 279—282, 317, 327, 362, 727, 756; 这种活动的法律地位, 292 bis, 525, 526, 532; 寻找的占星手段, 377; 作为社会流动性的解释, 644
Treaty of Newport, 纽波特条约, 442n
Trefulacke, Stephen, 特里富拉克, 斯蒂芬, 358
Tregoss, John, 特里戈斯, 约翰, 602—603
Trenchard, Sir John, 特伦查德, 约翰, 爵士, 345
Trent, Council of, 特伦托会议, see Councils
trespass, disputes over, 非法侵占, 争端, 663
Treswell, Ralph, 特雷斯维尔, 拉尔夫, 755n
Trevor-Roper, Prof. H. R., 特雷弗-罗珀, H.R., 教授, 517n, 684n
Trewythian, Richard, 特鲁伊提安, 理查德, 357n
trial by battle, 通过决斗裁决, 143, 260—261
Trigge, Thomas, 特里格, 托马斯, 432

Troy, legend of, 特洛伊神话, 478, 493, 506
'Truswell, Mr.', prophet, "特拉斯韦尔先生", 先知, 465, 468, 487
Tryon, Thomas, 特赖恩, 托马斯: 和赫尔墨斯巫术, 322; 和占星术, 447, 448
Tucker, Samuel, 塔克, 塞缪尔, 399
Tuckie, John, 塔基, 约翰, 694
Tudor dynasty, 都铎王朝, 494, 506
Turks, defeat of, expected, 土耳其人, 被击败, 被预期, 167, 507
Turner, 特纳: 安妮, 夫人, 278, 566; 伊莎贝尔, 661; 乔安娜, 262; 罗伯特, 269n, 273; 威廉, 瓦尔伯顿神甫, 112; 威廉, 雷丁的狱卒, 279; 威廉, 韦尔斯主持神甫, 99
Tusser, 图塞尔, 约翰, 482, 501; 托马斯, 17, 352, 662
Twisse, William, 特威斯, 威廉, 707
Two Witnesses, 两个见证人, 157, 159, 171n
Tyler, Dr. Philip, 泰勒, 菲利普, 博士, 294n, 312n
Tyndale, William, 廷代尔, 威廉, 147; 论天主教仪式, 29, 39, 70, 72
Tyrell, Edward, 蒂勒尔, 爱德华, 607
Tyrry, Joan, friend of the fairies, 泰里, 琼, 妖仙的朋友, 220, 221, 296, 317, 727, 733

Udall, Ephraim, 尤德尔, 伊弗列姆, 119
Ulster Rebellion, 阿尔斯特叛乱, see Ireland
unction, extreme, 临终涂油礼, 44, 62, 65
Underhill, Sir John, 昂德希尔, 约翰, 爵士, 380
United Provinces, 荷兰共和国, see Netherlands
universities, 大学, 4, 12, 181, 392; 此处的巫术, 268, 271, 319, 446; 和占星术, 419—420, 444n, 446。See also Cambridge; Oxford

941

unlucky actions, 不吉的行为, see prohibitions
unlucky days, 不吉日, 350。See also Egyptian days; times
unlucky numbers, 不吉的数字, 746
urine, 尿液: 在医学诊断中, 10, 225; 在巫术治疗中, 217, 218, 219, 225, 297, 593; 基于其的占星诊断, 339—340; 在妖术中, 613; 在反妖术中, 219, 648—649
Ussher, James, Abp of Armagh, 厄舍, 詹姆斯, 阿尔马大主教: 作为先知, 155, 465, 466; 论忏悔, 187; 害怕失去上帝的爱, 95
uterus ('mother'), as source of mental illness, 子宫, 作为精神疾病的一种源头, 15, 584, 692

Vaughan, 沃恩: 托马斯, 赫尔墨斯主义者, 270, 322; 托马斯, 游民, 499
Vaux, John, 沃克斯, 约翰, 356, 370n, 382, 454
Vaux of Hackney, William, 3rd Lord, 哈克尼的沃克斯, 威廉, 勋爵三世, 582
Veazy, Goodwife, 维齐, 古德威夫, 211
Venice, 威尼斯, 34n, 629n
Venner, Thomas, 文纳, 托马斯, 169
Vergil, Polydore, 维吉尔, 波利多尔, 507, 773n
vermin, 害虫: 应对手段, 35, 47, 275, 759, 776。See also pests
vervain, magical qualities of, 马鞭草, 巫术特性, 214, 648, 747
veterinary science, state of, 兽医科学, 状况, 641—642
Vicars, 维卡斯: 琼, 661; 约翰, 436, 563
Vickers, William, 维克斯, 威廉, 228n
Victoria, Queen, 维多利亚女王, 175, 229
vigils, 守夜, 151, 286

village communities, 乡村群体: 巡视作为其证明, 74; 社会一致性, 628—632; 其睦邻标准, 662; 其中的冲突, 670—674; 其中的经济变化, 670—671; 其中遗留的妖术信仰, 696—697; 其中的宗教, 189—206 passim
violence, 暴力, 20; 墓园中, 36; 针对妖巫, 539—540, 546, 550, 632—634, 649—650, 676; 针对纵火犯, 636; 针对骂街泼妇, 636; 导致妖术指控, 660, 661—662; 妖术作为其替代品, 669
Virginia, 弗吉尼亚, 366, 367
virginity, 贞洁: 和神圣, 43, 320; 和巫术, 256, 320, 326
virtue, and success, 美德, 和成功, 125, 128, 131—132。See also morality
visitation articles, ecclesiastical, 教会巡视记录, 133, 186, 631, 741; 其中关于巫术的问题, 294, 307, 308—309, 595—596, 596n
Visitation of the Sick, 探望患者, 62, 65, 98—99, 186, 631
voodoo curses, 巫毒诅咒, 609
Voragine, Jacopus de, Abp of Genoa, 沃拉吉纳, 雅各·德, 热那亚大主教, 28
Vossius, Gerard John, 沃修斯, 杰勒德·约翰, 509
vows, conditional, 有条件的发誓, 49

Wade, Sir William, 韦德, 威廉, 爵士, 464
Wagstaffe, John, 瓦格斯塔夫, 约翰, 773n; 论诅咒, 607; 论妖术, 681, 693; 论精神疾病, 691
Wake, William, 韦克, 威廉, 275
Waldenses, 韦尔多教派, 504
Waldhave, prophecy of, 沃尔德哈夫, 预言, 482, 488
Wales, 威尔士, 34, 43, 482, 727; 此处的宗

教无知,196n;此处的盗贼,135;此处的预言,467,470,471,476,481,487,488,494
Walford, William,沃尔福德,威廉,654
Walker,沃克:布赖恩,喜欢乔叟更甚于《圣经》,202;约翰,578
Waller,沃勒:约翰,269n;威廉,爵士,145
Wallington, Nehemiah, collects judgements,沃林顿,尼希米,收集天罚,110,563
Walpole,沃波尔:多萝西,635;罗伯特,爵士,173n,694
Walsh, John, cunning man,沃尔什,约翰,术士,256,592,728,758
Walter, John,沃尔特,约翰,216
Walton, William,沃尔顿,威廉,605
Warbeck, Perkin,沃贝克,珀金,472,500,506
Warberton, Anne,奥伯顿,安妮,634
Ward,沃德:约翰,神甫,400;塞思,索尔兹伯里主教,417 419,579n;沃尔特,216
Warde, William,沃德,威廉,283
Warden, Joan,沃登,琼,226
Wardol,沃多尔,592
Wariston, Archibald Johnston, Lord,沃瑞斯顿,阿奇博尔德·约翰斯顿,勋爵,141
Warner, Walter,沃纳,沃尔特,431
Wars of the Roses,玫瑰战争,107
Warwickshire, Edward, Earl of,沃里克,爱德华,伯爵,472,500
Warwickshire,沃里克郡,329n;伯明翰,3;考文垂,47,564;拉格利,240;上阿旺河畔斯特拉特福德,400;沃里克,20
Washington, Sir John,华盛顿,约翰,爵士,641
water ordeal,水神裁法, see 'swimming' of witches
Waterhouse,沃特豪斯:爱格妮思,592;琼,589,625

Watkins, Elizabeth,沃特金斯,伊丽莎白,278
Watts, Agnes,瓦茨,艾格尼丝,259
Wayts, Robert,韦兹,罗伯特,661
weapon-salve,武器药膏,225,236,266,272,691,756
weather,天气:和经济,396,744;针对其的教会保护措施,32,32—33,33,55,60,85;控制的尝试,28,35,37,45,134,135,136,147,150,792;有预兆性,103—104;星辰对其的影响,338;和魔鬼,560,562;和妖术,519,541,642,645,668。See also weather-forecasting
weather-forecasting,天气预报,282,284,303,348,351,353,396,740,776,791,792
Webbe, Thomas,韦伯,托马斯,148
Weber, Max,韦伯,马克斯:论清教,103;论巫术,786
Webster, John,韦伯斯特,约翰,725,771;论神甫,80;和巫术,322,446;论占星术,423,444n,446;论妖术,670n,681,690
wedding rings,结婚戒指,44,746
weddings,婚礼, see marriage
weeds,杂草:针对的手段,35,776;上帝作为原因,94
Weekes, Christiana,威克斯,克里斯蒂安娜,297
Weeks, Elizabeth,威克斯,伊丽莎白,606
Weemse, John,维姆斯,约翰,142,567,654
Weever, John,威弗,约翰,722
Weigel, Valentine,韦格尔,瓦伦丁,447
wells,井:崇拜,54,55,80,88,301;基督教化,54,81;世俗化,80;用于治疗,54,80,768,798;用于占卜,54,288;巫术,54,607,616;圣井,54,55,80,583,768
Wells, Agues,韦尔斯,奥格斯,636

943

Welsh, cursing in, 威尔士, 此处的诅咒, 606
Welsh, John, 威尔士, 约翰, 156
Wenham, Jane, 韦纳姆, 简, 537, 547, 676, 689
Wentworth, Paul, 温特沃思, 保罗, 159
Wesley, John, 韦斯利, 约翰, 141, 682, 765
West Indies, 西印度群岛, 366, 507
West, 韦斯特: 爱丽丝, 297, 733, 734; 约翰, 733
Western circuit, witch-trials on, 西方巡回审判, 妖巫审判, 537 bis, 541
Western Rebellion (1549), 西方叛乱, 721n
Westminster Assembly, 威斯敏斯特会议, 76, 524
Westmorland, Kendal, 威斯特摩兰郡, 肯德尔, 175
Weston, 韦斯顿: 理查德, 勋爵一世（后来的波特兰伯爵）, 344; 威廉, 582
Westphalia, witch-trials in, 威斯特伐利亚, 妖巫审判, 617
Weyer, Johan, 韦尔, 约翰, 693
Whalley, John, 沃利, 约翰, 366
Wharton, 沃顿: 乔治, 爵士, 占星师, 399, 401, 406, 409, 413; 古德温, 223, 282—283, 729, 732; 托马斯, 医生, 370
Wheeler, John, 惠勒, 约翰, 413n
Whichcote, Benjamin, 惠奇科特, 本杰明, 240
Whinny-Moor, ballad of, 惠尼莫尔, 民谣, 717
whistling after dark, unlucky, 天黑之后吹口哨, 不吉, 746
Whiston, William, 惠斯顿, 威廉, 112, 172
Whitby, Mr. 惠特比, 神甫, 371
White, 怀特: 爱丽丝, 365; 上校, 497; 弗朗西斯, 伊利主教, 186n; 约翰, 157; 理查德, 567; 托马斯, 683n, 703n, 705
White Paternoster,《白色主祷文》, see prayers
Whitefield, George, 怀特菲尔德, 乔治, 196
Whitelocke, Bulstrode, 怀特洛克, 布尔斯特罗德, 372, 409, 441, 442
Whitford, Walter, 惠特福德, 沃尔特, 186
Whitgift, John, Abp of Canterbury, 惠特吉夫特, 约翰, 坎特伯雷大主教, 117, 134
Whiting, Discipline, 惠廷, 戒律, 444
Whittingham, William, Dean of Durham, 惠廷厄姆, 威廉, 达勒姆教务长, 86
Whorwood, Jane, 霍伍德, 简, 442n
Whytforde, Richard, 怀特福德, 理查德, 316, 603
Widgier, Nicholas, 威杰尔, 尼古拉斯, 678
widows, 寡妇: 改变的地位, 670—672; 和妖术, 671
Wiffin, Dinah, 威芬, 黛娜, 666
Wight, Sarah, 维特, 莎拉, 145
Wightman, Edward, 怀特曼, 爱德华, 160
Wildgoose, Lady, 怀德古斯夫人, 379n
Wildman, John, as treasure-seeker, 怀尔德曼, 约翰, 作为探宝者, 281—282
Wilkins, John, Bp of Chester, 威尔金斯, 约翰, 切斯特主教, 128, 240, 513, 793
Wilkinson, 威尔金森: 珍妮特, 665, 666; 约翰, 160; 托马斯, 559
Willet, Andrew, 威利特, 安德鲁, 436
William II (Rufus), 威廉二世（鲁弗斯）, 114, 504n
William III, King of England, 威廉三世, 英格兰国王, 228, 234, 398, 492, 645
William, a chaplain, 威廉, 神甫, 477
William Henry, son of Queen Anne, 威廉·亨利, 安妮女王的儿子, 485
William of Malmesbury, 马姆斯伯里的威廉, 643
Williams, 威廉斯: 伊莎贝尔, 411; 约翰, 约克大主教, 163, 182, 281; 彭里, 博士,

索引

477n；赖斯,566；托马斯,634；威廉, 435n
Williamson, Cuthbert,威廉森,卡斯伯特, 220
Willimot, Joan,威林莫特,琼,727
Willis,威利斯：布朗,116；托马斯,16,787
Willoughby, Capt.,威洛比,船长,372
wills,愿望,181,720；和运气,746；和幽灵, 715
Willson, John,威尔逊,约翰,656
Wilson,威尔逊：阿格尼斯,568；阿瑟,250, 689n；克里斯托弗,660；约翰,422；多 佛,704；托马斯,神学家,524；托马斯, 占星师客户,370
Wiltshire,威尔特郡,31,196,246,281, 362,457,476,713；卡尔纳,636；奇彭 纳姆,197；克莱菲皮帕特,297；德维齐 斯,633；法德当,31；马尔伯勒,20,98； 圣奥斯,31；索尔兹伯里,23,113,118, 457,598；索尔兹伯里大教堂,47,330； 瓦尔杜城堡,645；沃明斯特,476；威尔 登,281；温特伯恩巴塞特,81
Winch, Sir Humphrey,温奇,汉弗莱,爵士, 546
Winchester, William Paulet, 1st Marquis of, 温切斯特,威廉·保利特,侯爵一世, 343
Windsor, Thomas, 6th Lord,温莎,托马斯, 勋爵六世,641
wine,酒,22；圣餐,180
Wing, Vincent,温,文森特,399
Wingate, Edmund, *Arithmetic*,温盖特,埃德 蒙,《算术》,359
Winstanley, Elizabeth,温斯坦利,伊丽莎 白,277
Winstanley, Gerrard,温斯坦利,杰勒德：论 神甫,80；论天罚,123；论天堂,203；论 占星术,445

Winter, Dr. Samuel,温特,塞缪尔,医生, 136
Winthrop, John,温思罗普,约翰,124,409n
Wise, Sir Thomas,怀斯,托马斯,爵士,704
wise men, women,贤人,女贤人, *see* wizards
Wiseman,怀斯曼：简,33；理查德,10,242
witch-beliefs,妖巫信仰：1500 年以前, 520—521,540；成分,521—534,542— 543；和宗教,534,559—598 *passim*, 681—683,762；带有欺骗性质的运用, 546—547,642—643,645—646,688— 689；提供纠正的希望,648—52；解释 性作用,638—45,691—692,762,763, 784；社会影响,634,643—644,673— 677,731；和占星术,755；衰落,538— 539,681—698,787；1736 年以后, 539,696—697,777,798,799。 See also devil-worship; *maleficium*; witchcraft; witchcraft, maleficent; witches; witch-trials
witch-bottles,妖巫瓶,648
witchcraft,妖术：同时代笼统的使用,517— 518,523—524；罗拉德派和新教徒在天 主教中识别出妖术,33,58—65,69— 71,78—79,84—88；清教徒和宗派主 义者在国教中识别出,79—80；被如此 指控的宗派主义者,158,580—581；被 分为有益的(白)和有害的(黑),316, 534；这一区分被神甫抵制,305,316, 517—518,519,533—534；作为魔鬼崇 拜,521—534, *and see* devil-worship； 作为恶业的施加, *see* witchcraft, maleficent。 *See also* witch-beliefs; witches; witch-trials
witchcraft, maleficent,邪恶妖术：被定义, 518—519,533,551—554；想象的来 源和技术,220,519—520,521,533,

945

551—554,611 (see also Devil; devil-worship); 归咎于其的损害,540—542 (see also maleficium); 法律地位,525—527,531—533,539—542,548—549,554—558; 针对其提出的新法律,306,519n,523,524; 证明的困难,533,538—539,686—687,694,697; 试图从科学角度证明,690; 关于其的怀疑论,524,538—539,546—547,550,584,616—617,625,681—698,761—766; 指控: 频率,534—535; 来自着魔的人,570,583—584,585,646; 不公正指控的损害,539; 其社会背景,659—678,694—698; 诊断:来自占星师,377,756—757; 来自医生,592—593,640—642,654,685,686; 来自算命师,359; 来自巫师,219—220,247,315,654—656; 针对其的保护:巫术的,219—220,296—297,315,588,593,634,649,653—654,656,660 (see also counter-witchcraft); 宗教的,221,315—316,588—591,592,594 (see also exorcism); 和幽灵信仰,709—710; 性方面,678—679; 作为失败的借口,247,643—645; 作为不幸的解释,519,638—652,665,685—686; 指控, see witch-trials。See also witches; witch-beliefs

witchcraft ritual, 妖术仪式, see devil-worship

'witch-cult', non-existence of, "妖巫崇拜",不存在,616,627

witches, maleficent, 邪恶妖巫:想象的活动和技术,518—519,540,551—554,613—614,625—626,656,665,668; 数量,541—542; 性别,519,620—622,671,678—679; 年龄,671; 服饰,581n; 生理特征,530,552—553,677—678 (see also witch's mark); 社会和经济地位,200,544,620—621,632—633,662,669—670,671,674—675,678; 诱惑,564—565,620—626,627—628,636—637,659—669,674—675; 意图,276,553—554,611,614,619,621—622,634,636,671—676,与受害者事先存在的关系,652—653,658—670,673,696—698; 忏悔,533,615—622,653,658,687,690,691,727,756,758; 宗教,568,592,611,614,622—626; 指控时的困难,633; 对其慈善的对待,674—676; 针对其的非正式暴力,539—540,546,548,550,632—634,636,649,676,696; 对其的驱逐,633,676—677; 对其的惩罚,正当的,624—625。See also witchcraft, maleficent; witch-trials

witch-finders, witch-hunters, 妖巫搜捕者: 活动,544—545,547; 经济动机,543—545; 对大众的吸引力,545,593—594,619—620,656,664—665。See also Hopkins, Matthew

witch-posts, 妖巫杆,648n

witch's mark, 妖巫标记,530,531,657,687,691

witch-trials, 妖巫审判,530,531; 存在的证据,528—529,615,618—619; 地理分布,536—537; 在中世纪,527—528,540—541,548—549,555—557; 数量,292—294,534—538; 编年史,537—538,540—541,548—349,595—596,636,637,670,696—697; 年代解释,540—543,547—551,594—598 passim,670—674,694—698; 治疗目的,649—651; 如何开始,542—547,595—598; 控告的本质,526—533,611—612,613—614,641—643; 法官的作用,531—533,545,546—548,681,685,697; 陪审团的作用,533,538 & n,547n,

681,685,687—688,697；过程,546；证据,261,262,528,530—531,533,552,610—611,616,618—619,624,652—653,656—659,686—688,771；证人545；其中的折磨,615,617,618,687；质问,533,615,616,617—619,628；忏悔, see witches；定罪和无罪,531—632,535—538,539,681,687—689；处决,23,532n,535—753,540,544—545,592,646,697n；监狱中的死亡,536,538n,611；费用,544；小册子的描述,528,538n,546,596,618,688,697。See also Europe；witchcraft, maleficent；witches

Wither, George,威瑟,乔治,462,466

wizards, (cunning/wise men/women, good/white witches, conjurers, sorcerers, etc.) 巫师（术士/女术士/贤人/女贤人/善良妖巫/奇术师/邪术士等）,14,16,138,143,209—210,252—264,517,520,613,684,764,791；数量,291—296,326；职业,295—296；生意的大小,被叫作"妖巫",518；费用,210,238,244—245,278—279,295—298,710；想象中他们力量的来源,215,219—220,237,242,316—318,323—324,762；如果习得技术,221,271—272,786；装备,217—220,252—256,272—273,275—276,280—281,285,323,351；对书的使用,271—272,284—285,323,351；使用非巫术手段,215,226—227,246—247；使用符咒和祈祷,209—222,225—227 (see also charms)；宗教态度,316—317,319—320,321,323—324,592；法律地位,292,298—299,306,525—527；骗子？,289—290,298 服务：see divination；dreams, interpretation of；fortune-telling；healing, magical；love-magic；missing persons；theft, magical detection of；treasure；其他服务,275—277；作为提供建议者,314；取代圣徒,316,764；神甫的对手,313—317,762—763；诊断并处理妖术,218—221,247,296—297,315—316,648—649,650,653—656,600；处理幽灵,710；以及妖仙,725,727,732；以及受行星影响,757—758；受欢迎程度,291,292,298,299,311—312；不受欢迎程度,291；对其的指控,237,292—295,302—313,548—549；被指控为黑妖术,311,520,677,756；教会对其的态度,301—332 passim；他们的客户被指控,293,308—309,315—316；借口,767；他们名声的由来,244—251,289—291,767—768；其遗留,294—295,798；衰落的声誉,765

Wolsey, Thomas, Cardinal-Abp of York,沃尔西,托马斯,约克红衣大主教,78,115,465；和占星术,342；和巫术,277,643；和预言,472,502

women,妇女：作为占星师,356,380,448；作为占星师的客户,369,373,376,379n；宗派主义者,159；次要的地位,163；和预言,163,164；作为妖巫,519,620—621,678—680；更强的性欲望,679—680

Wood,伍德：安东尼,381n,431,586；伊丽莎白,653；布道师,315

Woodcock, B. L.,伍德科克,B.L.,294n

Woodhouse, John,伍德豪斯,约翰,356

Woods, Mary,伍兹,玛丽,222,287

Woodward, William,伍德沃德,威廉,161

Woolston, Thomas,伍尔斯顿,托马斯,126

Worcestershire,伍斯特郡,276,291,573；比尤德利,580n；布罗姆斯格罗夫,192；伊夫舍姆,88,661；基德尔明斯特,457；

947

诺顿庄园,544n;伍斯特,643,737;
Worden, Mr. Blair,沃登,布莱尔,神甫,141n
words,话语:巫术价值,36—37,47,215,229;被否认,59,313—314;被新柏拉图主义者证实,225,266,270;被讨伐,269。See also charms; prayer; prayers
Wordsworth, William,华兹华斯,威廉,604n
Worship, Mary,沃希普,玛丽,375
Worsop, Edward,沃索普,爱德华,431
Wotton,沃顿:尼古拉斯,152;亨利,爵士,416
Wray, Christopher,雷伊,克里斯托弗,441
Wren, Sir Christopher,雷恩,克里斯托弗,爵士,4,416
Wright,赖特:吉尔伯特,287;约翰,664;罗杰,635
Wrigley, E. A.,里格利,E.A.,6n
Wryte, Elizabeth,赖特,伊丽莎白,221
Wulfstan, Abp of York,伍尔夫斯坦,约克大主教,313
Wyatt, Sir Thomas,怀亚特,托马斯,爵士,479
Wyche, Richard,威奇,理查德,147
Wycherley, William, wizard,威彻利,威廉,巫师,291,298
Wycliffe, John,威克利夫,约翰,463,504,720
Wycliffites,威克利夫派,see Lollards

Yates, Dr. F. A.,耶茨,F.A.,博士,268n
Yomans, Simon,约曼斯,西蒙,483
Yorkists,约克族:和预言,468,471,494,506;和谱系,494,506
Yorkshire,约克郡,78,114,138,152,506,569,601,630,717,738,740;此处的宗教,84,159;巫师和治疗者,219,226—227,229,234,727;预言,465,478,483;妖术,660,675;妖仙,725;幽灵,714;月亮崇拜,456;贝弗利,90,475;布里德林顿,467;布里格纳,644;巴特克兰,290;克利夫兰,746;克罗夫特,475;伊辛顿,608;吉斯莱,212;哈利法克斯,593,636;哈德格荒野;179;希克尔顿,218;霍尔德内斯,479;哈德斯菲尔德,464;柯克哈默顿,452;纳雷斯伯洛,359;马尔顿,299,474;梅思利,451;马斯顿,475;纽堡,713;奥斯顿,211;波克林顿,162;庞蒂弗拉克特,372;庞蒂弗拉克特城堡,463;里彭神甫墓穴,748;斯卡巴勒,475;谢菲尔德,263,718;威克菲尔德,179,411,636;瓦利,138;约克,3,12,138,220,564,566,608;教省,189,596n;教区,294,312;约克大教堂,83;巡回法庭,566
Yule Log,圣诞柴,54

Zacharias, a cunning man,扎卡赖亚斯,奇术士,650
zodiac, signs of,黄道十二宫:影响,337,338,339,438,755 (see also astrology);被画在教堂里,456

人文与社会译丛

第一批书目

1. 《政治自由主义》(增订版),[美]J.罗尔斯著,万俊人译　　48.00元
2. 《文化的解释》,[美]C.格尔茨著,韩莉译　　89.00元
3. 《技术与时间:1.爱比米修斯的过失》,[法]B.斯蒂格勒著,
   　裴程译　　62.00元
4. 《依附性积累与不发达》,[德]A.G.弗兰克著,高铦等译　　13.60元
5. 《身处欧美的波兰农民》,[美]F.兹纳涅茨基、W.I.托马斯著,
   　张友云译　　9.20元
6. 《现代性的后果》,[英]A.吉登斯著,田禾译　　45.00元
7. 《消费文化与后现代主义》,[英]M.费瑟斯通著,刘精明译　14.20元
8. 《英国工人阶级的形成》(上、下册),[英]E.P.汤普森著,
   　钱乘旦等译　　168.00元
9. 《知识人的社会角色》,[美]F.兹纳涅茨基著,郏斌祥译　　26.00元

第二批书目

10. 《文化生产:媒体与都市艺术》,[美]D.克兰著,赵国新译　29.00元
11. 《现代社会中的法律》,[美]R.M.昂格尔著,吴玉章等译　　39.00元
12. 《后形而上学思想》,[德]J.哈贝马斯著,曹卫东等译　　35.00元
13. 《自由主义与正义的局限》,[美]M.桑德尔著,万俊人等译　30.00元

14.《临床医学的诞生》,[法]M.福柯著,刘北成译 25.00元
15.《农民的道义经济学》,[美]J.C.斯科特著,程立显等译 42.00元
16.《俄国思想家》,[英]I.伯林著,彭淮栋译 35.00元
17.《自我的根源:现代认同的形成》,[加]C.泰勒著,韩震等译
　　　　　　　　　　　　　　　　　　　　　　　88.00元
18.《霍布斯的政治哲学》,[美]L.施特劳斯著,申彤译 29.00元
19.《现代性与大屠杀》,[英]Z.鲍曼著,杨渝东等译 59.00元

第三批书目

20.《新功能主义及其后》,[美]J.C.亚历山大著,彭牧等译 15.80元
21.《自由史论》,[英]J.阿克顿著,胡传胜等译 58.00元
22.《伯林谈话录》,[伊朗]R.贾汉贝格鲁等著,杨祯钦译 23.00元
23.《阶级斗争》,[法]R.阿隆著,周以光译 13.50元
24.《正义诸领域:为多元主义与平等一辩》,[美]M.沃尔泽著,
　　褚松燕等译 24.80元
25.《大萧条的孩子们》,[美]G.H.埃尔德著,田禾等译 27.30元
26.《黑格尔》,[加]C.泰勒著,张国清等译 118.00元
27.《反潮流》,[英]I.伯林著,冯克利译 48.00元
28.《统治阶级》,[意]G.莫斯卡著,贾鹤鹏译 98.00元
29.《现代性的哲学话语》,[德]J.哈贝马斯著,曹卫东等译 78.00元

第四批书目

30.《自由论》(修订版),[英]I.伯林著,胡传胜译 69.00元
31.《保守主义》,[德]K.曼海姆著,李朝晖、牟建君译 16.00元
32.《科学的反革命》(修订版),[英]F.哈耶克著,冯克利译 58.00元

33.《实践感》,[法]P.布迪厄著,蒋梓骅译　　　　　　　　52.00元
34.《风险社会》,[德]U.贝克著,何博闻译　　　　　　　17.70元
35.《社会行动的结构》,[美]T.帕森斯著,彭刚等译　　　　80.00元
36.《个体的社会》,[德]N.埃利亚斯著,翟三江、陆兴华译　15.30元
37.《传统的发明》,[英]E.霍布斯鲍姆等著,顾杭、庞冠群译　21.20元
38.《关于马基雅维里的思考》,[美]L.施特劳斯著,申彤译　78.00元
39.《追寻美德》,[美]A.麦金太尔著,宋继杰译　　　　　35.00元

第五批书目

40.《现实感》,[英]I.伯林著,潘荣荣、林茂译　　　　　30.00元
41.《启蒙的时代》,[英]I.伯林著,孙尚扬、杨深译　　　 35.00元
42.《元史学》,[美]H.怀特著,陈新译　　　　　　　　　89.00元
43.《意识形态与现代文化》,[英]J.B.汤普森著,高铦等译 68.00元
44.《美国大城市的死与生》,[加]J.雅各布斯著,金衡山译 29.50元
45.《社会理论和社会结构》,[美]R.K.默顿著,唐少杰等译 128.00元
46.《黑皮肤,白面具》,[法]F.法农著,万冰译　　　　　 14.00元
47.《德国的历史观》,[美]G.伊格尔斯著,彭刚、顾杭译　 58.00元
48.《全世界受苦的人》,[法]F.法农著,万冰译　　　　　17.80元
49.《知识分子的鸦片》,[法]R.阿隆著,吕一民、顾杭译　 45.00元

第六批书目

50.《驯化君主》,[美]H.C.曼斯菲尔德著,冯克利译　　　68.00元
51.《黑格尔导读》,[法]A.科耶夫著,姜志辉译　　　　　45.00元
52.《象征交换与死亡》,[法]J.波德里亚著,车槿山译　　 45.00元
53.《自由及其背叛》,[英]I.伯林著,赵国新译　　　　　48.00元

54.《启蒙的三个批评者》,[英]I.伯林著,马寅卯、郑想译　　48.00元
55.《运动中的力量》,[美]S.塔罗著,吴庆宏译　　23.50元
56.《斗争的动力》,[美]D.麦克亚当、S.塔罗、C.蒂利著,
　　李义中等译　　31.50元
57.《善的脆弱性》,[美]M.纳斯鲍姆著,徐向东、陆萌译　　55.00元
58.《弱者的武器》,[美]J.C.斯科特著,郑广怀等译　　42.00元
59.《图绘》,[美]S.弗里德曼著,陈丽译　　49.00元

第七批书目

60.《现代悲剧》,[英]R.威廉斯著,丁尔苏译　　45.00元
61.《论革命》,[美]H.阿伦特著,陈周旺译　　59.00元
62.《美国精神的封闭》,[美]A.布卢姆著,战旭英译,冯克利校　68.00元
63.《浪漫主义的根源》,[英]I.伯林著,吕梁等译　　28.00元
64.《扭曲的人性之材》,[英]I.伯林著,岳秀坤译　　22.00元
65.《民族主义思想与殖民地世界》,[美]P.查特吉著,
　　范慕尤、杨曦译　　18.00元
66.《现代性社会学》,[法]D.马尔图切利著,姜志辉译　　32.00元
67.《社会政治理论的重构》,[美]R.J.伯恩斯坦著,黄瑞祺译　25.00元
68.《以色列与启示》,[美]E.沃格林著,霍伟岸、叶颖译　　48.00元
69.《城邦的世界》,[美]E.沃格林著,陈周旺译　　85.00元
70.《历史主义的兴起》,[德]F.梅尼克著,陆月宏译　　48.00元

第八批书目

71.《环境与历史》,[英]W.贝纳特、P.科茨著,包茂红译　　25.00元
72.《人类与自然世界》,[英]K.托马斯著,宋丽丽译　　35.00元

73.《卢梭问题》,[德]E.卡西勒著,王春华译　　　　　　15.00元
74.《男性气概》,[美]H.C.曼斯菲尔德著,刘玮译　　　　28.00元
75.《战争与和平的权利》,[美]R.塔克著,罗炯等译　　　25.00元
76.《谁统治美国》,[美]W.多姆霍夫著,吕鹏、闻翔译　　35.00元
77.《健康与社会》,[法]M.德吕勒著,王鲲译　　　　　　35.00元
78.《读柏拉图》,[德]T.A.斯勒扎克著,程炜译　　　　　28.00元
79.《苏联的心灵》,[英]I.伯林著,潘永强、刘北成译　　 59.00元
80.《个人印象》,[英]I.伯林著,林振义、王洁译　　　　35.00元

第九批书目

81.《技术与时间:2.迷失方向》,[法]B.斯蒂格勒著,
　　赵和平、印螺译　　　　　　　　　　　　　　　　 59.00元
82.《抗争政治》,[美]C.蒂利、S.塔罗著,李义中译　　　 28.00元
83.《亚当·斯密的政治学》,[英]D.温奇著,褚平译　　　 21.00元
84.《怀旧的未来》,[美]S.博伊姆著,杨德友译　　　　　38.00元
85.《妇女在经济发展中的角色》,[丹]E.博斯拉普著,陈慧平译 30.00元
86.《风景与认同》,[美]W.J.达比著,张箭飞、赵红英译　 68.00元
87.《过去与未来之间》,[美]H.阿伦特著,王寅丽、张立立译 58.00元
88.《大西洋的跨越》,[美]D.T.罗杰斯著,吴万伟译　　　108.00元
89.《资本主义的新精神》,[法]L.博尔坦斯基、E.希亚佩洛著,
　　高銛译　　　　　　　　　　　　　　　　　　　　 58.00元
90.《比较的幽灵》,[美]B.安德森著,甘会斌译　　　　　48.00元

第十批书目

91.《灾异手记》,[美]E.科尔伯特著,何恬译　　　　　　25.00元

92.《技术与时间:3.电影的时间与存在之痛的问题》,
  [法]B.斯蒂格勒著,方尔平译　　　　　　　　　65.00元
93.《马克思主义与历史学》,[英]S.H.里格比著,吴英译　78.00元
94.《学做工》,[英]P.威利斯著,秘舒、凌旻华译　　　68.00元
95.《哲学与治术:1572—1651》,[美]R.塔克著,韩潮译　45.00元
96.《认同伦理学》,[美]K.A.阿皮亚著,张容南译　　　45.00元
97.《风景与记忆》,[英]S.沙玛著,胡淑陈、冯樨译　　78.00元
98.《马基雅维里时刻》,[英]J.G.A.波考克著,冯克利、傅乾译108.00元
99.《未完的对话》,[英]I.伯林、[波]B.P.-塞古尔斯卡著,
  杨德友译　　　　　　　　　　　　　　　　　65.00元
100.《后殖民理性批判》,[印]G.C.斯皮瓦克著,严蓓雯译　58.00元

第十一批书目

101.《现代社会想象》,[加]C.泰勒著,林曼红译　　　　45.00元
102.《柏拉图与亚里士多德》,[美]E.沃格林著,刘曙辉译　54.00元
103.《论个体主义》,[法]L.迪蒙著,桂裕芳译　　　　　30.00元
104.《根本恶》,[美]R.J.伯恩斯坦著,王钦、朱康译　　78.00元
105.《这受难的国度》,[美]D.G.福斯特著,孙宏哲、张聚国译39.00元
106.《公民的激情》,[美]S.克劳斯著,谭安奎译　　　　49.00元
107.《美国生活中的同化》,[美]M.M.戈登著,马戎译　　35.00元
108.《风景与权力》,[美]W.J.T.米切尔著,杨丽、万信琼译45.00元
109.《第二人称观点》,[美]S.达沃尔著,章晟译　　　　69.00元
110.《性的起源》,[英]F.达伯霍瓦拉著,杨朗译　　　　58.00元

第十二批书目

111.《希腊民主的问题》,[法]J.罗米伊著,高煜译　　　　48.00元
112.《论人权》,[英]J.格里芬著,徐向东、刘明译　　　　62.00元
113.《柏拉图的伦理学》,[英]T.厄温著,陈玮、刘玮译(即出)
114.《自由主义与荣誉》,[美]S.克劳斯著,林垚译　　　　62.00元
115.《法国大革命的文化起源》,[法]R.夏蒂埃著,洪庆明译　38.00元
116.《对知识的恐惧》,[美]P.博格西昂著,刘鹏博译　　　38.00元
117.《修辞术的诞生》,[英]R.沃迪著,何博超译　　　　48.00元
118.《历史表现中的真理、意义和指称》,[荷]F.安克斯密特著,
　　周建漳译　　　　　　　　　　　　　　　　　　　45.00元
119.《天下时代》,[美]E.沃格林著,叶颖译　　　　　　78.00元
120.《求索秩序》,[美]E.沃格林著,徐志跃译　　　　　48.00元

第十三批书目

121.《美德伦理学》,[新西兰]R.赫斯特豪斯著,李义天译　55.00元
122.《同情的启蒙》,[美]M.弗雷泽著,胡靖译　　　　　48.00元
123.《图绘暹罗》,[美]T.威尼差恭著,袁剑译　　　　　58.00元
124.《道德的演化》,[新西兰]R.乔伊斯著,刘鹏博、黄素珍译65.00元
125.《大屠杀与集体记忆》,[美]P.诺维克著,王志华译　　78.00元
126.《帝国之眼》,[美]M.L.普拉特著,方杰、方宸译　　　68.00元
127.《帝国之河》,[美]D.沃斯特著,侯深译　　　　　　76.00元
128.《从道德到美德》,[美]M.斯洛特著,周亮译　　　　58.00元
129.《源自动机的道德》,[美]M.斯洛特著,韩辰锴译　　　58.00元
130.《种族与文化少数群体》,[美]G.E.辛普森、[美]J.M.英
　　格尔著,马戎、王凡妹译(即出)

第十四批书目

131. 《城邦与灵魂:费拉里〈理想国〉论集》,[美]G. R. F. 费拉里著,刘玮编译　　　　　　　　58.00元
132. 《人民主权与德国宪法危机》,[美]P. C. 考威尔著,曹晗蓉、虞维华译　　　　　　　　58.00元
133. 《16和17世纪英格兰大众信仰研究》,[英]K.托马斯著,芮传明、梅剑华译　　　　　　168.00元
134. 《民族认同》,[英]A. D.史密斯著,王娟译　　55.00元
135. 《世俗主义之乐:我们当下如何生活》,[英]G.莱文编,赵元译　　　　　　　　　　58.00元
136. 《国王或人民》,[美]R.本迪克斯著,褚平译(即出)
137. 《哲学解释》,[美]R.诺齐克著,林南、乐小军译(即出)
138. 《自由与多元论:以赛亚·伯林思想研究》,[英]G.克劳德著,应奇等译　　　　　　58.00元
139. 《暴力:思无所限》,[美]R. J.伯恩斯坦著,李元来译　　59.00元
140. 《中心与边缘:宏观社会学论集》,[美]E.希尔斯著,甘会斌、余昕译　　　　　　　　88.00元

有关"人文与社会译丛"及本社其他资讯,欢迎点击www.yilin.com浏览,对本丛书的意见和建议请反馈至新浪微博@译林人文社科。